Kuckenburg · Perleberg-Kölbel
Unternehmen und Unternehmer im Familienrecht

D1673526

Kuckenburg · Perleberg-Kölbel

Unternehmen und Unternehmer im Familienrecht

Vermögen und Einkommen

von

Bernd Kuckenburg
Rechtsanwalt, Fachanwalt für Familien- und Steuerrecht, vereidigter
Buchprüfer, Mediator, Gutachter, Dozent, Coach

Renate Perleberg-Kölbel
Rechtsanwältin, Fachanwältin für Familien-, Steuer- und Insolvenzrecht,
Mediatorin, Gutachterin, Dozentin, Coach

Luchterhand Verlag 2018

Bibliografische Information der Deutschen National Bibliothek

Die Deutsche National Bibliothek verzeichnet diese Publikation in der Deutschen Nationalbibliografie; detaillierte bibliografische Daten sind im Internet über http://dnb.ddb.de abrufbar.

ISBN 978-3-472-08982-7

www.wolterskluwer.de
www.luchterhand-fachverlag.de

Umschlagkonzeption: Martina Busch, Grafikdesign, Homburg Kirrberg
Satz: Innodata Inc., Noida, Indien
Druck: Williams Lea & Tag, GmbH, München

Gedruckt auf säurefreiem, alterungsbeständigem und chlorfreiem Papier.

Vorwort

Verfahrensbeteiligte in familienrechtlichen Verfahren, die über überdurchschnittliche Einkommensverhältnisse und/oder Vermögen verfügen, liefern Problemstellungen von erheblicher rechtlicher Schwierigkeit. Dabei werden Kenntnisse aus ungewohnten bis exotischen Rechtsbereichen und auch aus außerrechtlichen Bereichen, wie zum Beispiel der Betriebswirtschaftslehre, verlangt.

Damit korrespondieren bedeutende wirtschaftliche Interessen und somit auch interessante Streitwerte. Dies führt leider auch zu einem erhöhten Haftungsrisiko.

Das vorgelegte Werk soll bei der Ermittlung des Unterhaltseinkommens insbesondere dann Hilfe leisten, wenn andere Einkunftsarten, über die nichtselbstständigen hinaus, einschlägig sind.

Bei der vermögensrechtlichen Auseinandersetzung der Eheleute ist die Bewertung der Vermögensgegenstände von ausschlaggebender Bedeutung. Oft sind den Beratern und Entscheidern nicht einmal die einschlägigen Bewertungsmethoden mit ihren Bewertungskalkülen bekannt, geschweige denn haben sie angemessene Wertvorstellungen.

Bei der Ermittlung des Unterhaltseinkommens und der Bewertung der Vermögenswerte sind externe Berater, insbesondere Steuerberater, regelmäßig überfragt, weil der für die Subsumtion relevante Normzweck des Familienrechts von ihnen mangels rechtlicher Durchdringung nicht nachvollzogen werden kann.

Der Inhalt dieses Buches wird aus Fortbildungstätigkeit der Verfasser für Familienrichter und Rechtsanwälte, insbesondere Fachanwälte für Familienrecht, hergeleitet. Dies gewährleistet hohe Aktualität und praktische Verwertbarkeit für alle Rechtsanwender des Familienrechts.

Die Verfasser sind für Anregungen und Hinweise dankbar und freuen sich auch über alle Rückmeldungen durch die Leser.

Bernd Kuckenburg   *Renate Perleberg-Kölbel*

Inhaltsverzeichnis

Inhaltsverzeichnis

Inhaltsverzeichnis

Abkürzungsverzeichnis

abl.	ablehnend
Abs.	Absatz
abzgl.	abzüglich
AfA	Absetzung für Abnutzung
a.F.	alte Fassung
AgraB	Agrarbetrieb
AktG	Aktiengesetz
Alt.	Alternative
Anh.	Anhang
Anm.	Anmerkung
AnwBl	Anwaltsblatt
AO	Abgabenordnung
Art.	Artikel
AsylblG	Asylbewerberleistungsgesetz
Aufl.	Auflage
ausf.	ausführlich
BB	Betriebs-Berater (Zeitschrift)
BeckRS	Rechtsprechungsbank des Beckverlages
Beschl.	Beschluss
BewG	Bewertungsgesetz
BFH	Bundesfinanzhof
BFH/NV	nicht veröffentlichte Entscheidungen des BFH
BFHE	Sammlung der Entscheidungen des Bundesfinanzhofs
BGBl	Bundesgesetzblatt (Teil Jahr, Seite)
BGH	Bundesgerichtshof
BGHZ	Entscheidungen des Bundesgerichtshofes in Zivilsachen
BilMoG	Bilanzrechtsmodernisierungsgesetz
BilRUG	Bilanzrichtlinie-Umsetzungsgesetz
BMF	Bundesfinanzministerium
BR-Drucks.	Bundesratdrucksache
bspw.	beispielsweise
BStBl	Bundessteuerblatt (Teil Jahr, Seite)
Bsp.	Beispiel
BT-Drucks.	Bundestagsdrucksache
BVerfG	Bundesverfassungsgericht
BVerfGE	Sammlung der Entscheidungen des Bundesverfassungsgerichts
bzgl.	bezüglich
bzw.	beziehungsweise
ca.	circa
DB	Der Betrieb (Zeitschrift)
ders.	derselbe
d.h.	das heißt
DStRE	Deutsches Steuerrecht (Zeitschrift)
DStZ	Deutsche Steuer-Zeitung

EFG	Entscheidungen der Finanzgerichte (Zeitschrift)
Einl.	Einleitung
ErbStG	Erbschaftsteuer- und Schenkungsteuergesetz
EStDV	Einkommensteuer-Durchführungsverordnung
ESt	Einkommensteuer
EStG	Einkommensteuergesetz
EStR	Einkommensteuerrichtlinien
etc.	et cetera
EuGH	Europäischer Gerichtshof
EÜR	Einnahmen-Überschuss-Rechnung
f., ff.	folgend, folgende
FamFG	Gesetz über das Verfahren in Familiensachen und in den Angelegenheiten der freiwilligen Gerichtsbarkeit
FamFR	Familienrecht und Familienverfahrensrecht (Zeitschrift)
FamRB	Der Familien-Rechtsberater (Zeitschrift)
FamRZ	Zeitschrift für das gesamte Familienrecht
FAKomm-FamR	Weinreich/Klein (siehe Literaturverzeichnis)
FA-FamR	Gerhardt/Heintschel-Heinegg/Klein (siehe Literaturverzeichnis)
FA-InsR	Wimmer/Dauernheim/Wagner/Gietl (siehe Literaturverzeichnis)
FF	Forum Familienrecht (Zeitschrift)
FG	Finanzgericht
Fn.	Fußnote
FördG	Fördergebietsgesetz
FuR	Familie und Recht (Zeitschrift)
GbR	Gesellschaft bürgerlichen Rechts
gem.	gemäß
GewStG	Gewerbesteuergesetz
ggf.	gegebenenfalls
ggü.	gegenüber
GrEStG	Grunderwerbsteuergesetz
GVG	Gerichtsverfassungsgesetz
Halbs.	Halbsatz
HGB	Handelsgesetzbuch
h.M.	herrschende Meinung
i.a.R.	in aller Regel
i.d.R.	in der Regel
IDW	Institut der Wirtschaftsprüfer
i.e.S.	im engeren Sinne
i.H.v.	in Höhe von
inkl.	inklusive
insb.	insbesondere
insg.	insgesamt
InsO	Insolvenzordnung
i.R.d.	im Rahmen des/der
i.S.d.	im Sinne des/der

i.S.v.	im Sinne von
i.Ü.	im Übrigen
i.V.m.	in Verbindung mit
i.w.S.	im weiteren Sinne
Kap.	Kapitel
KG	Kapitalgesellschaft
krit.	kritisch
KStG	Körperschaftsteuergesetz
KV	Krankenversicherung
LSG	Landessozialgericht
LStDV	Lohnsteuer-Durchführungsverordnung
MAH	Volk, Münchner Anwaltshandbuch (siehe Literaturverzeichnis)
m.E.	meines Erachtens
m.H.a.	mit Hinweisen auf
MicroBilG	Kleinstkapitalgesellschaften-Bilanzrechtsänderungsgesetz
mind.	mindestens
Mizi	Anordnung über Mitteilungen in Zivilsachen
m.w.N.	mit weiteren Nachweisen
m.W.v.	mit Wirkung vom
n.F.	neue Fassung
NJW	Neue Juristische Wochenschrift (Zeitschrift)
NJW-RR	Neue Juristische Wochenschrift Rechtsprechungsreport Zivilrecht
Nr.	Nummer
NWB	Steuer- und Wirtschaftsrecht (Zeitschrift)
NzG	Neue Zeitschrift für Gesellschaftsrecht
o.ä.	oder ähnliches
OFD	Oberfinanzdirektion
o.g.	oben genannt/e/en
OLG	Oberlandesgericht
PG	Prütting/Gehrlein (siehe Literaturverzeichnis)
PV	Pflegeversicherung
PWW	Prütting/Wegen/Weinreich (siehe Literaturverzeichnis)
RAP	Rechnungsabgrenzungsposten
Rdn.	Randnummer (bei internen Verweisen)
Rn.	Randnummer (bei externen Verweisen)
Rspr.	Rechtsprechung
S.	Seite
s.	siehe
s.a.	siehe auch
SBV	Sonderbetriebsvermögen
SBW	Schulte-Bunert/Weinreich (siehe Literaturverzeichnis)
SchwArbG	Gesetz zur Bekämpfung der Schwarzarbeit

SGB	Sozialgesetzbuch
s.o.	siehe oben
s.u.	siehe unten
sog.	sogenannt, sogenannte/r/s
StB	Steuerberater
StGB	Strafgesetzbuch
SvEVÄndV	Neunte Verordnung zur Änderung der Sozialversicherungsentgeltverordnung
Tz.	Textziffer
u.a.	unter anderem
u.ä.	und ähnliches
UmwStG	Umwandlungsteuergesetz
UStG	Umsatzsteuergesetz
usw.	und so weiter
v.A.w.	von Amts wegen
VAZ	Veranlagungszeitraum
Verf.	Verfügung
vGA	verdeckte Gewinnausschüttung
vgl.	vergleiche
Vorb.	Vorbemerkung
WG	Wirtschaftsgut/-güter
Wj	Wirtschaftsjahr
WM	Zeitschrift für Wirtschafts- und Bankrecht
WpG	Die Wirtschaftsprüfung (Zeitschrift)
z.B.	zum Beispiel
ZFE	Zeitschrift für Familien- und Erbrecht
ZfHF	Schmalenbachs Zeitschrift für betriebswirtschaftliche Forschung
ZInsO	Zeitschrift für das gesamte Insolvenzrecht
ZIP	Zeitschrift für Wirtschaftsrecht
zit.	zitiert
ZPO	Zivilprozessordnung
z.T.	zum Teil
zvE	zu versteuerndes Einkommen
zzgl.	zuzüglich

Literaturverzeichnis

Ahrens/Gehrlein/Ringstmeier	Fachanwaltskommentar Insolvenzrecht, 3. Aufl. 2017, zit. Ahrens/Gehrlein/Ringstmeier/*Bearbeiter* InsO § Rn.
Arens/Daumke/Spieker	Steuerfragen zum Ehe-und Scheidungsrecht 3. Aufl. 2014 zit. *Arens/Daumke/Spieker* Kap. Rn.
Baetge/Kirsch/Thiele	Übungsbuch Bilanzen, 5. Aufl. 2017, zit. *Baetge/Kirsch/Thiele* Übungsbuch Rn.
Ballwieser/Hachmeister	Unternehmensbewertung, 5. Aufl. 2016, zit. *Ballwieser/Hachmeister* Unternehmensbewertung S.
Baumbach	Handelsgesetzbuch: HGB, 37. Aufl. 2016, zit. Baumbach/*Bearbeiter* § Rn.
Beck'sches Steuerberater-Handbuch	Beck'sches Steuerberater-Handbuch, 16. Aufl. 2017, zit. Beck'sches Steuerberater-Handbuch Kap. Rn.
Behringer	Unternehmensbewertung der Mittel- und Kleinbetriebe, 5. Aufl. 2012, zit. *Behringer* Unternehmensbewertung S.
Berscheid/Kunz/Brand/Nebeling	Praxis des Arbeitsrechts, 4. Aufl. 2013, zit. Berscheid/Kunz/Brand/Nebeling, Praxis des Arbeitsrechts, Kap. Rn.
Blümich	EStG, KStG, GewStG, Loseblatt Kommentar, 137. Aufl., Stand: Juni 2017, zit. *Bearbeier* in: Blümich, EStG, § Rn.
Braun	Insolvenzordnung (InsO), 7. Aufl. 2017, zit. Braun/*Bearbeiter* InsO, § Rn.
Büte	Zugewinnausgleich bei Ehescheidung, 5. Aufl. 2017, zit. *Büte* Zugewinnausgleich Rn.
Eder/Horndasch/Kubik/Kuckenburg/Perleberg-Kölbel	Das familienrechtliche Mandat – Unterhaltsrecht, 2. Aufl. 2016, zit. *Bearbeiter* FamRMandat – Unterhaltsrecht, § Rn.
Engels	Steuerrecht für die familienrechtliche Praxis, 2. Aufl. 2015, zit. *Engels* Rn.
Federmann/Kußmaul/Müller	Handbuch der Bilanzierung, Loseblatt, zit. *Federmann/Kußmaul/Müller* Stichwort
Finke/Ebert	Bonner Fachanwaltshandbuch für Familienrecht, 7. Aufl. 2010, zit. Finke/Ebert/*Bearbeiter* § Rn.
Franzen/Gast/Joecks	Steuerstrafrecht, 7. Aufl. 2009, zit. *Franzen/Gast/Joecks* § Rn.
Gerhardt/v. Heintschel-Heinegg/Klein	Handbuch des Fachanwalts Familienrecht, 10. Aufl. 2015, zit. FA-FamR/*Bearbeiter* Kap. Rn.
Grandel/Stockmann	StichwortKommentar Familienrecht, 2. Aufl. 2014, zit. Grandel/Stockmann/*Bearbeiter* SWK FamR Stichwort Rn.

Literaturverzeichnis

Grashoff/Kleinmanns	Aktuelles Steuerrecht 13. Aufl. 2017, zit. *Grashoff/ Kleinmanns* Aktuelles Steuerrecht, Rn.
Gräfer	Bilanzanalyse, 13. Aufl., 2016, zit. *Gräfer* Teil, S.
Großfeld/Egger/Tönnes	Recht der Unternehmensbewertung, 8. Aufl. 2016, zit. *Großfeld/Egger/Tönnes* Rn.
Haußleiter/Schulz	Vermögensauseinandersetzung bei Trennung und Scheidung, 5. Aufl. 2011, zit. *Haußleiter/Schulz* Vermögensauseinandersetzung Kap. Rn.
Herr	Nebengüterrecht, 2013, zit. *Herr* Nebengüterrecht S.
HK-InsO	Insolvenzordnung (Kayser/Thole), 8. Aufl. 2016, zit. HK-InsO/*Bearbeiter* § Rn.
Hommel/Dehmel	Unternehmensbewertung case by case, 7. Aufl. 2013, zit. *Hommel/Dehmel* Unternehmensbewertung S.
Hüttemann/Fleischer	Rechtshandbuch Unternehmensbewertung, 2015, zit. *Hüttemann/Fleischer* Unternehmensbewertung S.
Janlewing	Insolvenzrecht für die familienrechtliche Praxis, 2015, zit. *Janlewing* Rn.
Johannsen/Henrich	Familienrecht, 6. Aufl. 2015, zit. Johannsen/Henrich/ *Bearbeiter* BGB § Rn.
Kirchhof	Einkommensteuergesetz: EStG,16. Aufl. 2017 zit. Kirchhof/ *Bearbeiter* EStG, § Rn.
Kleffmann/Klein	Unterhaltsrecht Kommentar, 2. Aufl. 2014, zit. Kleffmann/ Klein/*Bearbeiter* § Rn.
Kleffmann/Soyka	Praxishandbuch Unterhaltsrecht, 2. Aufl. 2014, zit. *Bearbeiter* in: Kleffmann/Soyka Praxishandbuch Unterhaltsrecht, Kap. Rn.
Klein	Handbuch Familienvermögensrecht, 2. Aufl. 2015, zit: Klein/*Bearbeiter* FamVermR Kap. Rn.
Kogel	Strategien beim Zugewinnausgleich, 5. Aufl. 2016, zit. *Kogel* Strategien beim Zugewinnausgleich Rn.
Kohte/Ahrens/Grote/Busch	Verfahrenskostenstundung, Restschuldbefreiung und Verbraucherinsolvenzverfahren, 7. Aufl. 2015, zit. Kohte/ Ahrens/Grote/Busch § Rn.
Kottke	Schwarzgeld – was tun? Handbuch für das Schwarzgeld – Steuerrecht, zit. *Kottke* S.
Köhne	Landwirtschaftliche Transaktionslehre, 4. Aufl. 2007, zit. *Köhne* S.
Krauß	Immobilienkaufverträge in der Praxis, 8. Aufl. 2017, zit. *Krauß* Rn.
Krause	Zugewinnausgleich in der Praxis, 2009, zit. *Krause* Kap. Rn.

Kuckenburg	Der Selbstständige im familienrechtlichen Verfahren, 2001, zit. *Kuckenburg* S.
Kuckenburg/Perleberg-Kölbel	Schriftenreihe der Arbeitsgemeinschaft Familienrecht im Deutschen Anwaltverein, Unterhaltseinkommen AG Familienrecht im DAV, zit. *Kuckenburg/Perleberg-Kölbel* Unterhaltseinkommen, Kap. Rn.
Kübler/Prütting/Bork	InsO – Kommentar zur Insolvenzordnung, Loseblattwerk, 2017, zit. Kübler/Prütting/Bork/*Bearbeiter* InsO § Rn.
Laws	Steuerliche Unterlagen im Unterhaltsrecht, 2. Aufl., zit. *Laws* S.
Metzger	Wertermittlung von Immobilien und Grundstücken, 5. Aufl. 2013, zit. *Metzger* S.
Meyer-Götz	Familienrecht, 3. Aufl. 2014, zit. *Bearbeiter* in: Meyer-Götz Familienrecht, § Rn.
Mohrbutter/Ringstmeier	Handbuch Insolvenzverwaltung, 9. Aufl. 2015, zit. *Bearbeiter*, in: Mohrbutter/Ringstmeier, Insolvenzverwaltung, § Rn.
Moxter	Grundsätze ordnungsgemäßer Unternehmensbewertung, 2012, zit. *Moxter* S.
Münch	Ehebezogene Rechtsgeschäfte, 4. Aufl. 2015, zit. *Münch* Rn.
Münch	Die Unternehmerehe, 2007, zit. *Münch* Die Unternehmerehe Rn.
Münch	Die Scheidungsimmobilie, 2. Aufl. 2013, zit. *Münch*, Die Scheidungsimmobilie, Rn.
Münchner Kommentar	Münchner Kommentar zum Bürgerlichen Gesetzbuch: BGB, Band 8, 7. Aufl. 2017, zit. MüKo-BGB/*Bearbeiter* § Rn.19
Münchner Kommentar	Münchner Kommentar zur Insolvenzordnung: InsO, Aufl., zit. MüKo-InsO/*Bearbeiter* § Rn.
Palandt	Bürgerliches Gesetzbuch: BGB, 76. Aufl. 2017, zit: Palandt/*Bearbeiter* BGB, § Rn.
Peemöller	Praxishandbuch der Unternehmensbewertung, 6. Aufl. 2015, zit. Peemöller/*Bearbeiter* S.
Perridon/Steiner/Rathgeber	Finanzwirtschaft der Unternehmung, 17. Aufl. 2017, zit. *Perridon/Steiner/Rathgeber* Finanzwirtschaft der Unternehmung S.
Piltz	Recht und Bewertung landwirtschaftlicher Betriebe, 2. Aufl. 2015, zit. *Piltz* S.
Prütting/Gehrlein	ZPO Kommentar, 9. Aufl. 2017, zit. PG/*Bearbeiter* ZPO § Rn.
Prütting/Wegen/Weinreich	BGB Kommentar, 12. Aufl. 2017, zit. PWW/*Bearbeiter* § Rn.

Literaturverzeichnis

Pump/Leibner	Abgabenordnung – Kommentar, Loseblatt, zit. Pump/Leibner/*Bearbeiter* AO Komm. § Rn.
Pump/Fitkau	Die Vermeidung der Haftung für Steuerschulden, 1. Aufl. 2009, zit. *Pump/Fitkau* S.
Schmidt	Einkommensteuergesetz: EStG, 36. Aufl. 2017, zit: Schmidt/*Bearbeiter* EStG, § Rn.
Schmidt	Hamburger Kommentar zum Insolvenzrecht, 6. Aufl. 2017, zit: HamKomm/*Bearbeiter* § Rn.
Schröder	Bewertungen im Zugewinnausgleich, 5. Aufl. 2011, zit. *Schröder* Bewertungen im Zugewinn Rn.
Schröder/Bergschneider	Familienvermögensrecht, 3. Aufl. 2016, zit. *Schröder/Bergschneider* FamVermR Rn.
Schulte-Bunert/Weinreich	FamFG Kommentar, 5. Aufl. 2016, zit. SBW/*Bearbeiter* § Rn.
Schulze zur Wiesche/Ottersbach	Verdeckte Gewinnausschüttungen und verdeckte Einlagen im Steuerrecht; 2004; zit. *Schulze zur Wiesche/Ottersbach* S.
Schulz/Hauß	Vermögensauseinandersetzung bei Trennung und Scheidung, 6. Aufl. 2015, zit. *Schulz/Hauß* Vermögensauseinandersetzung Kap. Rn.
Schwab	Handbuch des Scheidungsrechts, 7. Aufl. 2013, zit. Schwab/*Bearbeiter* Kap. Rn.
Staudinger	Kommentar zum Bürgerlichen Gesetzbuch, Buch 4, Familienrecht 2017, zit. Staudinger/*Bearbeiter* BGB § Rn.
Strohal	Unterhaltsrechtlich relevantes Einkommen bei Selbständigen, 5. Aufl. 2017, zit. *Strohal* Rn.
Svensson	Estimating and interpreting forward intrest rates; Sweden 1992–1994; IWF Working Paper, Sep. 1994., zit. *Svensson* IWF Working Paper 114, Sep. 1994
Uhlenbruck	Insolvenzordnung: InsO, 14. Aufl. 2015, zit. Uhlenbruck/*Bearbeiter* § Rn.
Volb	Der Umwandlungsteuererlass, 2012, zit. *Volb* Der Umwandlungsteuererlass, S.
Volk	Münchner Anwaltshandbuch Verteidigung in Wirtschafts- und Steuerstrafsachen zit. Volk/*Bearbeiter* MAH § Rn.
Weinreich/Klein	Fachanwaltskommentar Familienrecht, 5. Aufl. 2013, zit. FAKomm-FamR/*Bearbeiter* § Rn.
Wendl/Dose	Das Unterhaltsrecht in der familienrechtlichen Praxis, 9. Aufl. 2015, zit. Wendl/Dose/*Bearbeiter* § Rn.
Wever	Vermögensauseinandersetzung der Ehegatten außerhalb des Güterrechts, 6. Aufl. 2014, zit. *Wever* Rn.

Wimmer	Frankfurter Kommentar zur Insolvenzordnung: FK-InsO, 8. Aufl. 2015, zit. FK-InsO/*Bearbeiter* § Rn.
Wimmer/Dauernheim/Wagner/Gietl	Handbuch des Fachanwalts Insolvenzrecht, 7. Aufl. 2015, zit. FA-InsR/*Bearbeiter* Kap. Rn.
Wöhrmann	Landwirtschaftserbrecht, 10. Aufl. 2012, zit. *Wöhrmann* § Rn.
Zacher	DAV-Skript Familienrecht 2015, zit. *Zacher* S.
Zöller	Zivilprozessordnung, 31. Aufl. 2016, zit: Zöller/*Bearbeiter* ZPO § Rn

A. Unterhaltseinkommen

I. Selbstständige/Unternehmer

1 Der Rechtsanwender in familienrechtlichen Verfahren mit beteiligten Selbstständigen
bzw. Unternehmern wird vor große Herausforderungen gestellt. Zur Fallbearbeitung
sind u.a. Kenntnisse aus dem Teilrechtsgebiet Steuerrecht und Insolvenzrecht erforderlich. Sowohl der Tatrichter als auch der mandatierte Anwalt hat das geltende Recht
zu kennen und anzuwenden.[1]

2 Der Begriff des »**Selbstständigen im Familienrecht**« ist angelehnt an die Einkommensarten des EStG und umfasst folgenden Personenkreis:
– Land- und Forstwirte (§§ 2 Abs. 1 Nr. 1, 13, 13a EStG),
– Gewerbetreibende einschließlich Gesellschafter von Personenhandelsgesellschaften (§§ 2 Abs. 1 Nr. 2, 15 EStG),
– Freiberufler, auch in Form des Zusammenschlusses in einer GbR (§§ 2 Abs. 1
   Nr. 3, 18 EStG), dazu zählen u.a. Ärzte, Rechtsanwälte, Notare, Ingenieure, Archi-
   tekten, Wirtschaftsprüfer, Steuerberater, Krankengymnasten, Journalisten, Dol-
   metscher, Lotsen, selbstständig tätige Wissenschaftler, Künstler und Abgeordnete,
– Gesellschafter von Kapitalgesellschaften (§§ 2 Abs. 1 Nr. 5, § 20 EStG, insb. Gesellschafter einer GmbH).[2]

---

1 BGH, AnwBl 2009, 306.
2 BGH, FamRZ 1982, 680.

Zu den **steuerlichen Einkünften aus selbstständiger Tätigkeit** zählen die Einkünfte aus Land- und Forstwirtschaft (§§ 2 Abs. 1 Nr. 1, 13 EStG), Gewerbebetrieb (§§ 2 Abs. 1 Nr. 2, 15 EStG) und selbstständiger Tätigkeit (§§ 2 Abs. 1 Nr. 3, 18 EStG).

Nicht selten verfügen Unternehmer auch über weitere Einkünfte aus den Einkunfts-   3
arten der Überschusseinkünfte.
– Einkünfte aus Land- und Forstwirtschaft gem. § 13 EStG
– Einkünfte aus Gewerbebetrieb gem. § 15 EStG
– Einkünfte aus selbstständiger Arbeit gem. § 18 EStG
– **Einkünfte aus nichtselbstständiger Arbeit gem. § 19 EStG**
– **Einkünfte aus Kapitalvermögen gem. § 20 EStG**
– **Einkünfte aus Vermietung und Verpachtung gem. § 21 EStG**
– **sonstige Einkünfte i.S.d. § 22 EStG**
  = **Summe der Einkünfte gem. § 2 Abs. 2 EStG.**

Steuerliche Relevanz besitzen Einkünfte der in § 2 EStG beschriebenen Art nur, wenn sie in **Gewinnerzielungsabsicht** gezogen werden.

Die maßgebliche Größe zur Bestimmung des unterhaltsrechtlich relevanten Einkom-   4
mens ist der **Gewinn.** Bei Freiberuflern und Gewerbetreibenden, die keine Bilan-
zierungspflicht trifft, wird der Gewinn durch Einnahme-Überschussrechnung, bei
Vollkaufleuten u.a. durch Betriebsvermögensvergleich ermittelt.

Als Ersatz einer Einkommensermittlung kann die **Gewinnschätzung** nach § 13a   5
EStG, § 162 AO genauso wenig herangezogen werden wie eine Cashflow-Rechnung.[3]
Zulässig ist ausnahmsweise allerdings eine Schätzung nach § 287 ZPO.[4] Auf Entnahmen als Hilfsgröße kann abgestellt werden, wenn konkrete Hinweise auf Manipulationen der steuerlichen Gewinnermittlung bestehen.

1. Betrachtungszeitraum und Wechsel der Einkommensart im Familienrecht

Grds. ist bei Einkünften aus selbstständiger Tätigkeit ein Betrachtungszeitraum von   6
drei Jahren zugrunde zu legen.[5] Untere Umständen kann auch ein längerer Zeitraum
in Betracht gezogen werden.[6] Ein mehrjähriger Schnitt beschreibt die Einkommensverhältnisse jedoch dann nicht zutreffend, wenn es sich um die Anfangsphase eines
neu gegründeten Betriebs handelt oder anhaltend sinkende Umsätze zu verzeichnen
sind. In derartigen Konstellationen kann es angebracht sein, nur auf das letzte abgeschlossene Geschäftsjahr[7] abzustellen oder die Einkünfte aus dem Mehrjahreszeitraum
zu gewichten. Bereits der 14. Deutsche Familiengerichtstag[8] hat dafür plädiert, insb.

3 *Durchlaub* FamRZ 1987, 1223.
4 BGH, FamRZ 1993, 789.
5 BGH, FamRZ 2004, 1355; BFH, 28.04.2016 – VI R 21/15, www.bundesfinanzhof.de.
6 BGH, NJW 84, 1614.
7 BGH, NJW 84, 1614.
8 FamRZ 2002, 296.

bei unklarer Situation oder bei Verdacht von Manipulationen den Ermittlungszeitraum auch über 3 Jahre hinaus zu erweitern. Insoweit kommt dann eine **fünf-jährige Ermittlungsperiode** in Betracht. Auch kann dadurch eher die Aufdeckung stiller Reserven nachgewiesen werden.

▶ **Verfahrenshinweis**

7   Sofern sich ein Erwerbstätiger **selbstständig macht** und hohe Anfangsverluste hat, kann die Verminderung der Leistungsfähigkeit durchaus dann **beachtlich** sein, wenn die Aufnahme der selbstständigen Tätigkeit der typischen beruflichen Entwicklung entspricht (z.b. angestellter Oberarzt eröffnet eine eigene Praxis) und wenn nach den Umständen mit einer dauerhaften Sicherung der Einkommensverhältnisse in der Selbstständigkeit zu rechnen ist. Dabei ist auch eine unverschuldete Fehleinschätzung durch den Unterhaltspflichtigen hinzunehmen. Besondere Bedeutung ist dabei dem Umstand beizumessen, ob die Zukunftsplanung der Ehegatten vor der Trennung bereits die Selbstständigkeit vorsah.

8   **Unbeachtlich** ist hingegen eine Flucht des Pflichtigen in eine seiner Qualifikation nicht entsprechende Selbstständigkeit. In einem solchen Fall ist **das frühere Einkommen als fiktives Einkommen** zugrunde zu legen. Bei einer Beurteilung ist abzuwägen, ob das Interesse des Pflichtigen an der beruflichen Veränderung die in Rede stehenden Auswirkungen auf die ehelichen Lebensverhältnisse rechtfertigt oder ob dem Interesse des Berechtigten an der Beibehaltung des bisherigen Lebensstandards das größere Gewicht zukommt.

9   Auch wenn die Entscheidung für die Selbstständigkeit beachtlich ist, so wird dem Pflichtigen geraten, für eine Übergangszeit im Interesse des Berechtigten durch **Bildung von Rücklagen oder Aufnahme von Krediten** den Einkommensrückgang zu überbrücken. Ferner muss, wer sich selbstständig macht, auch dafür sorgen, dass er bei unvorhergesehenen **Krankheitsfällen leistungsfähig** bleibt.

10   Nach einer Übergangszeit kann der Unterhaltspflichtige auch gehalten sein, die selbstständige Tätigkeit wieder aufzugeben. Dies wird nicht bereits bei einem einmaligen Gewinnrückgang der Fall sein müssen. Bei einem **gravierenden und dauerhaften Einkommensrückgang** besteht aber eine Obliegenheit zur Beendigung der selbstständigen Tätigkeit, wenn der Pflichtige auf eine andere Einkommenserzielung verwiesen werden kann. Gleiches gilt, wenn die Aufnahme der selbstständigen Tätigkeit von Anfang an nicht rentabel ist. Ggf. besteht bei einem starken Absinken des Einkommens auch Anlass, der Frage nachzugehen, ob der Pflichtige im Rahmen seiner selbstständigen Tätigkeit das Ausreichende unternimmt, um seiner Erwerbsobliegenheit nachzukommen.

11   Auch ein Selbstständiger darf **mit Erreichen des 65. Lebensjahres** seine berufliche Tätigkeit einstellen. Seine weitere Tätigkeit ist daher überobligatorisch. Inwieweit solches Einkommen in die Unterhaltsberechnung einzubeziehen ist, wollen die Gerichte im Einzelfall beurteilen.[9]

---

9 BGH, NJW 2011, 670; OLG Brandenburg, FuR 2013, 336.

Bei einer **Gesellschaftsbeteiligung** an einer Personengesellschaft oder als Gesellschaf- **12** ter an einer Kapitalgesellschaft ist zu prüfen, ob es sich um einen Minderheits- oder Mehrheitsgesellschafter handelt. Bei **Mehrheitsgesellschaftern** von Personen- und Kapitalgesellschaften, d.h. bei einer Beteiligungsquote von 50 % oder mehr gilt, dass diese unterhaltsrechtlich nicht besser, aber auch nicht schlechter, behandelt werden dürfen als Selbstständige, die Einkünfte als Einzelunternehmer oder Freiberufler erzielen. Unterhaltsrechtlich kann sich die Leistungsfähigkeit dieser Mehrheitsgesellschafter nicht nur nach den tatsächlichen Entnahmen bzw. den tatsächlich vorgenommenen Gewinnausschüttungen bemessen. Bei Mehrheitsgesellschaftern ist vom Grundsatz der **Vollausschüttung** auszugehen.[10]

Bei der Beurteilung der Leistungsfähigkeit eines **geschäftsführenden Gesellschaf- 13 ters einer GmbH** ist grds. auf dessen im tatsächlichen Unterhaltszeitraum erzieltes Jahreseinkommen entsprechend seiner Geschäftsführervergütung abzustellen. Zur Ermittlung seines unterhaltsrelevanten Einkommens ist auf den Drei-Jahres-Durchschnittswert aus dem Unterhaltszeitraum vorangegangener Jahre nur dann abzustellen, wenn der Unterhaltsschuldner als sog. »verkappter Selbstständiger« zu behandeln ist, d.h., wenn er sein Geschäftsführergehalt entsprechend den jeweiligen Gewinnen und Verlusten unmittelbar an diese anpasst und somit wie ein selbstständiger Kaufmann oder Freiberufler den jeweiligen Jahresgewinn des Betriebs bzw. der Kanzlei oder Praxis als Einkommen zur Bedarfsdeckung verwendet.[11]

2. Unterschied von Unterhaltseinkommen und Steuereinkommen

Das Familienrecht unterscheidet das unterhalts- und das steuerrechtliche Einkom- **14** men.[12]

Während das Steuerrecht von der **reellen Leistungsfähigkeit** ausgeht, legt das Unter- **15** haltsrecht die **potenzielle Leistungsfähigkeit** zugrunde.[13] Dies wird schon aus den unterschiedlichen Definitionen[14] deutlich:

Die **Unterhaltseinkünfte** basieren auf den steuerrechtlich ordnungsgemäß ermittelten **16** Einkünften/Einkunftsarten des Einkommensteuerrechts nach deren unterhaltsrechtlicher Modifikation.[15] Die Summe der Unterhaltseinkünfte nach Berücksichtigung von Vorsorgeaufwendungen und Einkommensteuer ergeben das **Unterhaltseinkommen**.

---

10 OLG Hamm, FamRZ 2009, 981; *Fischer/Winkelmann/Maier* FamRZ 1996, 1391.
11 OLG Köln, 11.04.2006 – 4 UF 218/05, NJW-RR 2007, 941.
12 BGH, BGHZ 87, 36, 39; BGH, FamRZ 2003, 741 ff.
13 *Fischer-Winkelmann* FamRZ 1993, 880 ff.; *Kuckenburg* S. 2.
14 *Kuckenburg/Perleberg-Kölbel* Unterhaltseinkommen, Einleitung Rn. 1.
15 Wendl/Dose/ § 1 Rn. 51 ff.

17 Über das Unterhaltseinkommen hinaus umfasst das **unterhaltsrechtlich relevante Einkommen** auch alle anderen dem Unterhaltsschuldner zufließenden Einkommenspositionen wie fiktive Einkünfte[16] und Wohnvorteile.[17]

▶ Hinweis

Das unterhaltsrechtlich relevante Einkommen ist somit regelmäßig nicht mit dem steuerpflichtigen Einkommen identisch.

18 Das Steuerrecht privilegiert einzelne Einkommensarten. Der Selbstständige genügt daher seiner **Darlegungs- und Beweislast** nicht, wenn er nur sein steuerrechtliches Einkommen aufzeigt.[18] Die Darlegungs- und Beweislast für die Angemessenheit der Ausgaben und Absetzungen trägt der Pflichtige.[19] Erst wenn eine schlüssige und erläuternde Darstellung der Einkünfte vorliegt, obliegt es dem Berechtigten konkret darzulegen, inwieweit er bestimmte Positionen als unzutreffend ansieht.[20]

II. Ermittlung des Unterhaltseinkommens

1. Unterhaltseinkommen im Überblick

19 Wenn das unterhaltsrechtlich relevante Einkommen mit dem steuerrechtlich relevanten Einkommen nicht identisch ist (siehe Rdn. 17), aber korreliert, so wird das **Unterhaltseinkommen** zunächst aus dem steuerrechtlichen Einkommen abgeleitet. Nach Feststellung des steuerrechtlich relevanten Einkommens erfolgen unterhaltsrechtliche Korrekturen und Anpassungen in Bezug auf einzelne Positionen i.R.d. Ermittlung der Einkünfte sowie Abzüge von Vorsorgeaufwendungen und Steuern.[21]

20 Nach § 1577 Abs. 1 BGB wird das Einkommen aus **zumutbarer Erwerbstätigkeit** stets berücksichtigt. Hierzu zählt insb. das Erwerbseinkommen in Gestalt des bereinigten Nettoeinkommens (also der Bruttoeinkünfte abzgl. Steuern und Sozialversicherungsabgaben) inklusive aller Zulagen, Prämien, Urlaubs- oder Weihnachtsgelder. Zum realen Einkommen zählen aber auch Renten und Pensionen oder Sozialleistungen mit Lohnersatzfunktion wie z.B. das Arbeitslosengeld. Arbeitslosenhilfe oder Sozialhilfe bzw. ALG II nach § 20 Abs. 2 SGB II sind hingegen subsidiäre Leistungen mit Unterhaltsersatzfunktion, die nicht auf den Unterhalt anrechenbar sind.

---

16 Kleffmann/Klein/*Kleffmann,* Grundlagen der Einkommensermittlung, Rn. 302 ff.
17 Kleffmann/Klein/*Kleffmann,* Grundlagen der Einkommensermittlung, Rn. 250 ff.
18 BGH, FamRZ 2003, 741; 98, 357.
19 BGH, FamRZ 2006, 387; BGH, FamRZ 2012, 288; FamRZ 2012, 514; OLG Brandenburg, FamRZ 2007, 1020; OLG Frankfurt am Main, FamRZ 2007, 404.
20 KG, FamRZ 2006, 1868.
21 BGH, BGHZ 87, 36, 39; BGH, NJW 1994, 21 ff.; BGH, FamRZ 2003, 741 ff.; *Kuckenburg/Perleberg-Kölbel* Unterhaltseinkommen, Einleitung Rn. 1; *Strohal* Rn. 34, 244 erwägt sogar eine Unterhaltsbilanz.

Bei der Prüfung der Leistungsfähigkeit sind **sämtliche erzielten Einkünfte** des Ver- 21
pflichteten zu berücksichtigen, **auch solche, die nicht eheprägend waren,** oder solche, die auf **überobligationsmäßiger** Arbeit beruhen. Bei überobligationsmäßiger
Arbeit soll es allerdings wohl entsprechend § 1577 Abs. 2 Satz 2 BGB eine Abwägung
geben.

Unter Einkünften versteht man hierbei das **bereinigte Nettoeinkommen**, so dass 22
insb. Steuern und Sozialabgaben, aber auch berufsbedingte Aufwendungen in Abzug
gebracht werden können.

Hinsichtlich der **Steuerberücksichtigung** hatte der BGH lange Zeit eine **fiktive** 23
Steuerberechnung vermeiden wollen. Dann hatte das BVerfG[22] entschieden, der
Gesetzgeber habe bei einer Wiederheirat des Pflichtigen den **Splittingvorteil nur der**
bestehenden Ehe zugeordnet, er dürfe daher durch die Gerichte nicht dieser Ehe wieder entzogen und der geschiedenen Ehe zugeordnet werden, indem er den Unterhalt
des geschiedenen Ehegatten erhöht. In der Unterhaltsberechnung wirkte sich daraufhin die Entscheidung des BVerfG so aus, dass der Splittingvorteil eliminiert werden
muss. Es ist daher ein **fiktives Einkommen** dergestalt zu bilden als wäre der Unterhaltspflichtige nach **Steuerklasse I** zu veranlagen. Ggf. ist ein Realsplittingvorteil zu
berücksichtigen. Damit ergeben sich z.T. erheblich niedrigere Unterhaltsbeträge für
den geschiedenen Ehegatten.

Nachdem der BGH dieser Rechtsprechung des BVerfG zunächst gefolgt war, hatte er 24
mit Blick auf die im neuen Unterhaltsrecht geänderte Rangfolge und die Abschaffung
des Vorranges der geschiedenen Ehefrau die gesetzliche Grundlage für die Rechtsprechung des BVerfG geändert gesehen und hatte den Splittingvorteil im Zuge seiner
Rechtsprechung zur Bedarfsdreiteilung nicht mehr herausgerechnet. Nachdem das
BVerfG die Rechtsprechung des BGH zur Bedarfsdreiteilung als verfassungswidrig
beanstandet hatte, ist der BGH wieder zum strengen Stichtagsprinzip zurückgekehrt
und rechnet den Splittingvorteil wieder ausschließlich der neuen Ehe zu.[23]

Im Folgenden sollen **Krisen und der Insolvenzfall** erläutert werden. 25

Nach § 1581 BGB sind **Verbindlichkeiten** des Unterhaltsverpflichteten für die Frage
der Leistungsfähigkeit zu beachten. Hierzu ist allerdings eine umfassende Abwägung der
Interessen von Unterhaltsverpflichtetem, -berechtigtem und Drittgläubiger erforderlich.
Hiernach können insb. Luxusverbindlichkeiten und solche ohne nachvollziehbaren
Grund nicht abgezogen werden. Allerdings ist der Abzug von Verbindlichkeiten –
anders als bei der Bedarfsberechnung – nicht auf ehebedingte Schulden beschränkt.

Im Fall eines **Insolvenzverfahrens** soll sich die Leistungsfähigkeit des Schuldners auf 26
den Differenzbetrag zwischen pfändungsfreiem Betrag und dem Selbstbehalt beschränken. Nach der Erhöhung der Pfändungsfreigrenzen ab dem Jahr 2002 halten die
Gerichte den Unterhaltsschuldner zunehmend für verpflichtet, ein Insolvenzverfahren

---

22 BVerfG, Beschl. v. 07.10.2003, FamRZ 2003, 1823 = FuR 2003, 507 = NJW 2003, 3466.
23 BGH, 07.12.2011 – XII ZR 151/09, NJW 2012, 384, 387, Rn. 26.

mit **Restschuldbefreiung** (RSB) einzuleiten, denn nunmehr steht zwischen Selbstbehalt und Pfändungsgrenze noch ein erheblicher Betrag für den Unterhaltsgläubiger zur Verfügung. Zudem wird der Unterhaltspflichtige nach Ablauf der Wohlverhaltensphase von den Einschränkungen des Insolvenzverfahrens wieder frei. Der BGH hat sich daher der Auffassung angeschlossen, dass im Fall der gesteigerten Unterhaltspflicht nach § 1603 Abs. 2 BGB eine Obliegenheit zur Einleitung eines Verbraucherinsolvenzverfahrens besteht, wenn das Verfahren zulässig und geeignet ist, den laufenden Unterhalt der minderjährigen Kinder sicherzustellen, es sei denn, der Unterhaltspflichtige trägt Umstände vor und beweist sie, wonach für ihn die Einleitung eines solchen Verfahrens unzumutbar ist.[24]

▶ **Verfahrenshinweis**

27   Hierbei ist nach der Rechtsprechung eine umfassende Interessenabwägung in jedem Einzelfall und unter Einbeziehung der Interessen aller Betroffenen vorzunehmen. Eine Unzumutbarkeit kann insb. vorliegen, wenn entweder die Drittschulden oder die gesteigerte Unterhaltspflicht eine wesentlich geringere Laufzeit haben als die Wohlverhaltensphase oder wenn der Betrag der Drittschulden relativ niedrig ist und die kinderbetreuende Ehefrau als Gesamtschuldnerin mithaftet.

28   Für den Ehegattenunterhaltsanspruch hat der BGH[25] eine solche Obliegenheit jedoch ausdrücklich abgelehnt. Die Entscheidung erging zwar zu einem Fall beim Trennungsunterhalt, der BGH hat jedoch betont, dass dies in gleicher Weise für den nachehelichen Unterhalt zu gelten habe, denn nur die gesteigerte Unterhaltspflicht ggü. Kindern rechtfertige die Obliegenheit. Ggü. einer Kindesmutter mit Ansprüchen nach § 1615l BGB besteht ebenso keine Obliegenheit zur Einleitung eines Verbraucherinsolvenzverfahrens mit RSB.[26] Wird ein Insolvenzverfahren schließlich eingeleitet, so ist dieses im Regelfall bedarfsprägend.

29   I.d.R. berücksichtigungsfähig sind ehebedingte Schulden, die aus der früheren Ehe stammen und in der gemeinsamen Lebensführung gründen. Dies gilt ganz besonders, wenn der unterhaltsberechtigte Ehegatte als Gesamtschuldner oder Bürge die Schulden hätte mittragen müssen. Die Beträge, die der Unterhaltspflichtige bei fortdauernder Ehe an Schuldentilgung und Verzinsung hätte leisten können, wird er regelmäßig abziehen dürfen. Ggf. ist mit Rücksicht auf die allseitige Interessenabwägung ein zeitlich großzügigerer Tilgungsplan anzustreben und der Berechtigte muss eine Kürzung seiner Ansprüche hinnehmen, wenn ansonsten die Einkünfte des Verpflichteten nicht einmal zur Zinszahlung ausreichen und somit die Schuld immer weiter anwüchse. Zu den, das Nettoeinkommen grds. die Leistungsfähigkeit mindernden, Verbindlichkeiten gehören auch die Unterhaltsverpflichtungen ggü. anderen Berechtigten, sofern diese dem geschiedenen Ehegatten nicht nachrangig sind.[27]

---

24 BGH, FamRZ 2005, 608.
25 BGH, FamRZ 2008, 137.
26 OLG Koblenz, ZFE 2005, 410.
27 Palandt/*Brudermüller* BGB, § 1581 Rn. 13; MüKo-BGB/*Maurer* § 1581 Rn. 19, Fn. 75.

Hinsichtlich der Darlegungs- und Beweislast gilt: Wenn der Berechtigte ein bestimm- 30 tes Einkommen nachvollziehbar darlegt,[28] so muss der Verpflichtete dies unter Umkehr der Darlegungslast **substantiiert bestreiten**, denn die Umstände unterliegen seiner Auskunftspflicht, stammen aus seiner Sphäre[29] und seinen Wahrnehmungsmöglichkeiten. Hat der Verpflichtete seine Bilanz oder Überschussrechnung vorgelegt, so ist es an dem Berechtigten, einzelne Positionen **gezielt zu bestreiten**. Hierzu ist dann erneut der Verpflichtete auch bzgl. der unterhaltsrechtlichen Relevanz[30] darlegungs- und beweispflichtig.[31]

Arbeitshilfe »Vollständige Erfassung der Einkünfte«: 31

	2015	2016	2017
Einkünfte aus			
1. selbstständiger Arbeit			
+ Gewinn			
+ AfA			
+ sonstige Korrekturen			
2. Vermietung u. Verpachtung			
+ Überschuss			
+ AfA			
+ Modernisierungsaufwendungen			
3. Kapitalvermögen			
+ Überschuss			
+ Zurechnung/Vollausschüttung, z.B. bei Beherrschung			
4. Land- und Forstwirtschaft			
+ Gewinn			
+ AfA			
+ geldwerte Vorteile z.B. Deputate			
5. Gewerbebetrieb			
+ Gewinn			
+ AfA			
+ sonstige Korrekturen			

---

28 Vgl. OLG Celle, FuR 2004, 313 f.
29 BGH, NJW 1999, 3485.
30 OLG Hamm, FamRZ 1996, 1216, 1217.
31 FA-FamR/*Kuckenburg/Perleberg-Kölbel* Kap. 13 Rn. 123.

	2015	2016	2017
6. sonstigen Einkünften			
+ Überschuss			
+ steuerfreie Einnahmen			
7. nichtselbstständiger Arbeit			
+ Entgeltersatzleistungen			
+ Überschuss			
+ steuerfreie Einnahmen			
Unterhaltseinkünfte			
Bereinigung des Einkommens			
– Steuervorauszahlungen			
– Steuerzahlungen			
– fiktive Steuerbelastung			
+ Steuererstattungen			
+ fiktive Steuerentlastung			
– Beiträge zur KV und PV			
– Altersvorsorge			
= Unterhaltseinkommen			

2. Ermittlung des steuerrechtlichen Einkommens

a) Unterscheidungen

32   Das Einkommen nach § 2 Abs. 4 EStG wird aus dem Gesamtbetrag der Einkünfte, vermindert um den Verlustabzug nach § 10d EStG, Sonderausgaben, außergewöhnliche Belastungen und Steuervergünstigungen z.B. der zu Wohnzwecken genutzten Wohnungen, erhöht um ein zuzurechnendes Einkommen gem. § 15 Abs. 1 AStG, ermittelt.

33   Das zu versteuernde Einkommen nach § 2 Abs. 5 EStG, das die Bemessungsgrundlage für die tarifliche Einkommensteuer bildet, leitet sich danach wesentlich aus dem Einkommen nach § 2 Abs. 4 EStG ab, vermindert um die Freibeträge für Kinder nach §§ 31, 32 Abs. 6 EStG und dem Härteausgleich nach § 46 Abs. 3 EStG, § 70 EStDV für 2016:

▶   Einkünfte aus Land- und Forstwirtschaft gem. § 13 EStG

+ Einkünfte aus Gewerbebetrieb gem. § 15 EStG

+ Einkünfte aus selbstständiger Arbeit gem. § 18 EStG

+ Einkünfte aus nichtselbstständiger Arbeit gem. § 19 EStG

+ Einkünfte aus Kapitalvermögen gem. § 20 EStG

+ Einkünfte aus Vermietung und Verpachtung gem. § 21 EStG

<u>+ sonstige Einkünfte i.S.d. § 22 EStG</u>

= **Summe der Einkünfte gem. § 2 Abs. 2 EStG**

− Altersentlastungsbetrag nach § 24a EStG

− Entlastungsbetrag für Alleinerziehende nach § 24b EStG

− Freibetrag für Land- und Forstwirte nach § 13 Abs. 3 EStG

<u>+ Hinzurechnungsbetrag nach § 52 Abs. 3 Satz 5 EStG sowie § 8 Abs. 5 Satz 2 AlG</u>

= **Gesamtbetrag der Einkünfte nach § 2 Abs. 3 EStG**

− Verlustabzug nach § 10d EStG

− Sonderausgaben nach §§ 10, 10a, 10b, 10c EStG

− außergewöhnliche Belastungen nach §§ 33–33b EStG

− sonstige Abzugsbeträge wie z.b. nach § 7 FördG

+ Erstattungsüberhänge, § 10 Abs. 4b Satz 3 EStG

<u>+ zuzurechnendes Einkommen gem. § 15 Abs. 1 AStG</u>

= **Einkommen nach § 2 Abs. 4 EStG**

− Freibeträge für Kinder nach §§ 31, 32 Abs. 6 EStG

<u>− Härteausgleich nach § 46 Abs. 3 EStG, § 70 EStDV</u>

= **zu versteuerndes Einkommen nach § 2 Abs. 5 EStG**

b) Unterscheidungen der Einkünfte

Der Besteuerung unterliegen »nur« die in § 2 Abs. 1 EStG aufgezählten Einkünfte   34
aus sieben Einkunftsarten. § 2 Abs. 2 EStG unterscheidet bei den Einkunftsarten
zwischen den Gewinneinkünften und den Überschusseinkünften.

aa) Gewinneinkünfte

Gewinneinkünfte sind die Einkünfte aus   35
−   aus Gewerbebetrieb, § 15 EStG und
−   selbstständiger Arbeit, § 18 EStG und
−   Land- und Forstwirtschaft, § 13 EStG.

Nach § 2 Abs. 2 Nr. 1 EStG bezeichnet man diese Einkünfte als Gewinn.

▶ **Hinweis**

36   Bei den Katalogberufen des § 18 EStG besteht die Gefahr, dass es zu einer sog. **Abfärbung**[32] durch gewerbliche Einkünfte kommt. Nach § 15 Abs. 3 Nr. 1 EStG können derartige Einkünfte damit der **Gewerbesteuer** unterliegen.

37   Nach § 18 Abs. 1 Nr. 1 Satz 3 EStG ist nämlich Voraussetzung die geistige, leitende und eigenverantwortliche Tätigkeit als Einzelunternehmer oder in der Mitunternehmerschaft des Berufsträgers. Daran kann es z.b. fehlen, wenn es am unternehmerischen Risiko fehlt und eine Beteiligung am Betriebsvermögen nicht stattfindet.

▶ **Hinweis**

38   Die drohende Infizierung besteht somit auch für die anwaltliche Tätigkeit, wenn z.B.
   – ein Rechtsanwalt an einer Rechtsanwaltssozietät beteiligt ist, der seinen Beruf nicht mehr ausübt,
   – ein Sozius ausschließlich mit der Akquise und Pflege der Mandanten beschäftigt ist oder
   – eine Sozietät Berufsträger im Angestelltenverhältnis beschäftigt und dieser ohne Anleitung oder Überwachung durch einen Gesellschafter eigenverantwortlich tätig ist.[33]

39   Dies hat darüber hinaus zur Folge, dass bei fehlender Beteiligung am Gesamthandsvermögen die Buchwertverknüpfung nach § 24 UmwStG nicht möglich ist, sodass es bei Übertragungen und Umwandlungen zur **Aufdeckung stiller Reserven** kommt. Die Mitunternehmerstellung erfordert mithin Mitunternehmerrisiko und Mitunternehmerinitiative. Auch teilweise als gewerblich eingestufte Einkünfte infizieren mithin alle Einkünfte und führen zur Gewerblichkeit nach § 15 Abs. 3 Nr. 1 EStG.

bb) Überschusseinkünfte

40   **Überschusseinkünfte** sind Einkünfte aus
   – nichtselbstständiger Arbeit, § 19 EStG,
   – Einkünfte aus Kapitalvermögen, § 20 EStG,
   – Einkünfte aus Vermietung und Verpachtung, § 21 EStG und
   – sonstigen Einkünften i.S.d § 22 EStG.

41   Nach § 2 Abs. 2 Nr. 2 EStG sind die Einkünfte der **Überschuss der Einnahmen über die Werbungskosten**. Die Überschussquelle ist hierbei ein Ertrag im Privatbereich.

---

32 BVerfG, Beschl. v. 15.01.2008 – 1 BvL 2/04; BFH, 27.08.2014 – VIII R 6/12 mit Bagatellgrenze von 3 % vom Umsatz und Höchstgrenze 24.500 €.
33 *Buhmann/Stange* BRAK Magazin 2017, 16 m.H.a. BFH, VIII R 6/12, VIII R 16/11 und VIII R 63/13, www.bundesfinanzhof.de.

c) Gewinnerzielungsabsicht

Einkünfte i.S.d. Steuerrechts liegen nur vor, wenn der Steuerpflichtige beabsichtigt, 42
langfristig einen Gewinn, bzw. Überschuss zu erzielen. Eine einkommensteuerlich
relevante Betätigung liegt nach dem BFH nur vor, wenn die Absicht besteht, auf Dauer
gesehen nachhaltig Überschüsse zu erzielen.[34] Das ist der Fall, wenn ein betrieblicher
Totalgewinn erstrebt wird.[35] Auch bei der Einkunftsart »selbstständige Arbeit« muss
eine derartige Gewinnerzielungsabsicht bestehen.[36]

Für die Einkünfteerzielungsabsicht bei langjährigem Leerstand einer Wohnung 43
kommt es nach dem BFH[37] zusätzlich darauf an, ob und ggf. in welchem Zeitrahmen
der Steuerpflichtige die Betriebsbereitschaft des Vermietungsobjekts wieder herstellen
kann.[38]

Die **Gewinnerzielungsabsicht** ist eine innere Tatsache, die nur anhand äußerer Merk- 44
male beurteilt werden kann. Aus objektiven Umständen muss auf das Vorliegen oder
das Fehlen der Absicht zur Gewinnerzielung geschlossen werden, wobei einzelne
Umstände einen Anscheinsbeweis liefern können.[39]

Persönliche Gründe sind alle einkommensteuerrechtlich unbeachtlichen Motive.[40] 45
Hierzu zählt auch die Absicht, Steuern zu sparen.[41] Als Indiz für die Weiterführung
des Verlustbetriebs aus persönlichen Gründen kann auch der Umstand gewertet werden, dass es der Steuerpflichtige trotz ständiger und nachhaltiger Verluste unterlassen
hat, Maßnahmen zur Herstellung und Steigerung der Rentabilität des Betriebs zu
ergreifen.[42]

Bei den **Katalogberufen** des § 18 Abs. 1 Nr. 1 Satz 2 EStG müssen zusätzliche 46
Anhaltspunkte dafür vorliegen, dass die Verluste aus persönlichen Gründen oder Nei-
gungen hingenommen werden.[43] Ein für eine Gewinnerzielungsabsicht sprechender
Anscheinsbeweis entfällt bereits dann, wenn die ernsthafte Möglichkeit besteht, dass
im konkreten Einzelfall nicht das Streben nach einem Totalgewinn, sondern persönliche Beweggründe des Steuerpflichtigen für die Fortführung des verlustbringenden
Unternehmens bestimmend waren.[44]

---

34 BFH, 31.05.2001 – IV R 81/99, BStBl II 2002, 276; BFH, 07.11.2012 – X B 4/12.
35 BFH, 25.06.1984 – GrS 4/82, BStBl II 1984, 751.
36 BFH, 22.04.1998 – XI R 10/97, BStBl II 1998, 663; BFH, 07.11.2012 – X B 4/12.
37 BFH, 31.01.2017 – IX R 17/16, JurionRS 2017, 12035.
38 *Schallmoser* JM 2017, 299.
39 BFH, 14.11.2004 – XI R 6/02, BStBl II 2005, 392.
40 BFH, 19.11.1985 – VIII R 4/83, BStBl II 1986, 289.
41 BFH, 02.06.1999 – X R 149/95, BFH/NV 2000, 23.
42 BFH, 29.06.1995 – VIII R 68/93, BStBl II 1995, 722.
43 BFH, 14.11.2004 – XI R 6/02, BStBl II 2005, 392.
44 BFH, 14.11.2004 – XI R 6/02, BStBl II 2005, 392.

▶ **Hinweis**

47 Auch bei einer **Anwaltskanzlei** entfällt ein für die Gewinnerzielungsabsicht sprechender Anscheinsbeweis, wenn die ernsthafte Möglichkeit besteht, dass nicht das Streben nach einem Totalgewinn, sondern persönliche Beweggründe für die Fortführung des verlustbringenden Unternehmens bestimmend sind.[45]

48 Die Gewinnerzielungsabsicht kann bei einer **Schenkung eines Anteils an einer Personengesellschaft** (z.B. einer Beteiligung an einem Medienfonds) dann fehlen, wenn der Schenker die Verluste in der Schuldenphase nutzt und zu Beginn der Gewinnphase die Beteiligung an die Beschenkten überträgt.[46]

d) Liebhaberei

49 Liegt keine Gewinnerzielungsabsicht vor, spricht man von Liebhaberei.[47] Das Institut der Liebhaberei[48] hat im Steuerrecht bei der Frage Bedeutung, ob negative Einkünfte mit positiven Einkünften wegen einer fehlenden Gewinnerzielungsabsicht verrechnet oder ausgeglichen werden können.

50 Typische Beispiele können **Verluste** in Zusammenhang mit
– Flugzeugen,
– Yachten,
– Ferienhäusern und der
– Jagd sein.

51 **Liebhaberei und Unterhaltsrecht:** Was bereits aus steuerrechtlicher Sicht als Liebhaberei einzuschätzen ist, kann aus unterhaltsrechtlicher Sicht ebenfalls nicht mit positiven Einkünften verrechnet werden. Ergeben sich Überschüsse, sind sie als Einkommen zu berücksichtigen.

▶ **Hinweis**

52 Ob Liebhaberei vorliegt, ist einem ggf. vorliegenden **Betriebsprüfungsbericht** (Auskunfts- und Beleganspruch!) zu entnehmen.

53 Unabhängig davon und darüber hinaus hat bei der Ermittlung des Unterhaltseinkommens eine autonome Überprüfung durch den Familienrechtler zu erfolgen. Problematisch ist der Umfang des Prognosezeitraums. Bei der Einkunftsart **Vermietung und Verpachtung**[49] ist es zulässig, den Mietzins für Verwandte auf unter 66 % der ortsüblichen Miete zu senken, was naturgemäß leicht zu Verlusten führen kann. Bei negativer Prognose kann Teilentgeltlichkeit vorliegen. Bei der Einkunftsart **Landwirtschaft und Forsten** kann z.B. bei einer Aufforstung mit Eichen erst mit der Abholzung

---

45 FG Münster, 14.12.2011 – 7 K 3913/09 E, 7 K 1731/10 E, 7 K 2134/11 E.
46 BFH, 10.12.2013 – IV B 63/13, BFH/NV 2014, 512.
47 u.a. FG Köln, 19.05.2010 – 10 K 3679/08, DStRE 2010, 1298.
48 *Kuckenburg/Perleberg-Kölbel* FamRMandat – Unterhaltsrecht, § 1 Rn. 73 ff.
49 Leitfaden des BayLfSt v. 01.09.2014, BeckVerw 288429.

und Nutzbarmachung nach vielen Jahrzehnten mit positiven Einkünften gerechnet werden. Die Qualifizierung als Liebhabereibetrieb hat auch Auswirkung auf die Versteuerung des Aufgabegewinns/Veräußerungsgewinns (**latente Steuer** im Zugewinnausgleich[50]).[51] Zunächst einmal führt der Übergang zu Liebhaberei nicht zu einer Betriebsaufgabe. Ab dem Zeitpunkt des Übergangs ist das bisherige Betriebsvermögen jedoch (für die laufende Ertragsbesteuerung) zwingend als Privatvermögen anzusehen.

Die Realisierung der stillen Reserven erfolgt im Jahr der tatsächlichen Betriebsver- 54
äußerung bzw. Betriebsaufgabe. Maßgeblich sind jedoch ausschließlich die auf den Zeitpunkt des Übergangs zur Liebhaberei vorhandenen stillen Reserven. Diese sind gem. § 8 VO zu § 180 Abs. 2 AO gesondert (und ggf. einheitlich) festzustellen.

Die Höhe des Veräußerungserlöses bzw. Entnahmewerts im Jahr der tatsächlichen 55
Betriebsveräußerung bzw. Betriebsausgaben (dann Privatvermögen) ist steuerlich unbeachtlich.

Der Übergang von einem Gewerbebetrieb zur einkommensteuerlich unbeachtlichen 56
Liebhaberei ist keine Betriebsaufgabe und führt deshalb noch nicht zu einem steuerpflichtigen Aufgabegewinn. Der Betrieb besteht fort, solange er nicht ausdrücklich aufgegeben oder veräußert wird. Die Wirtschaftsgüter des Betriebsvermögens bleiben sog. »**eingefrorenes Betriebsvermögen**«. Die Veräußerung oder Aufgabe eines Liebhabereibetriebs ist eine Betriebsveräußerung oder -aufgabe nach § 16 Abs. 1, Abs. 3 EStG. Der Veräußerungs- oder Aufgabegewinn hieraus ist steuerpflichtig, soweit er auf die einkommensteuerlich relevante Phase des Betriebs entfällt. Der steuerpflichtige Teil des Gewinns ist im Jahr der Veräußerung oder Aufgabe zu versteuern. Eine negative Wertentwicklung während der Liebhabereiphase berührt die Steuerpflicht des auf die einkommensteuerlich relevante Phase entfallenden Gewinnanteils nicht. Die Veräußerung eines Liebhabereibetriebs kann daher auch dann zu einem steuerpflichtigen Gewinn führen, wenn der erzielte Erlös die festgestellten stillen Reserven nicht erreicht.[52]

e) Einnahmen

Der Einkommensteuer unterliegen nur die **Einnahmen** der sieben in § 2 EStG aufge- 57
führten Einkunftsarten. Steuerbar sind nur die Betriebseinnahmen und die Einnahmen i.S.v. § 8 EStG, soweit sie den Gewinneinkünften bzw. Überschusseinkünften zugeordnet werden können.

Bei den Einnahmen handelt es sich um alle Güter, die in Geld oder Geldeswert beste- 58
hen. Aus wirtschafts- und sozialpolitischen Gründen sind bestimmte steuerbare Einnahmen nach § 3 EStG steuerfrei, wie z.B. der Lotto-, Totogewinn, Schenkungen, Erbschaften und die Einnahmen aus Liebhaberei.

---

50 BGH, FamRZ 2011, 622, 1367.
51 FG Düsseldorf, 16.10.2014 – 11 K 1509/14 E, EFG 2015, 1431.
52 BFH, 11.05.2016 – X R 15/15, JurionRS 2016, 28126.

f) »Schwarzeinkünfte« als steuerpflichtige Einnahmen

aa) Allgemeines

59 Schwarzeinkünfte oder Schwarzgeld[53] können bei allen Steuerarten entstehen.[54]

Die zivilrechtliche Nichtigkeit der **Schwarzgeldabrede** führt nach § 134 BGB i.V.m. § 1 Abs. 2 Nr. 2 SchwarzArbG zum Wegfall des Vergütungsanspruchs,[55] z.b. des Werkunternehmers und sämtlicher Gewährleistungsansprüche und führt zur Schenkungsteuerbarkeit nach § 7 Abs. 1 Nr. 1 ErbStG.[56] Zudem begeht der Besteller **Beihilfe zur Steuerhinterziehung** und ist **Haftungsschuldner,** wenn es zum Steuerausfall beim Haupttäter nach § 71 AO kommt. Auch ergibt sich daraus zwingend, dass die **Buchführung nicht ordnungsgemäß** ist und damit verworfen werden kann (§ 158 AO).

▶ **Hinweis**

60 Nach § 158 AO (gesetzliche Vermutung) sind **steuerrechtlich** grds. für die Besteuerung und damit auch für das Unterhaltseinkommen die Buchführung und die Aufzeichnungen, die den §§ 140–148 AO entsprechen, zugrunde zu legen.

61 Nur wenn eine formell ordnungsgemäße Buchführung mit an Sicherheit grenzender Wahrscheinlichkeit sachlich unrichtig ist, kann ihr Ergebnis ganz oder teilweise verworfen werden.[57] Wenn sich der Unternehmer auf eine formal ordnungsgemäße Buchführung i.S.d. § 158 AO berufen kann, muss nachgewiesen werden, dass Schwarzeinkünfte vorliegen.

bb) Auswirkungen im familienrechtlichen Verfahren

62 Zwar trägt grds. der Anspruchsteller im **familienrechtlichen Verfahren** die **Darlegungs- und Beweislast.** Ist jedoch allein der Prozessgegner (z.B. der Unternehmer) zur Informationserteilung und Informationsbeschaffung in der Lage, weil sich die Informationen in seiner Sphäre befinden, führt dies zu einer **Umkehr der Darlegungs- und Beweislast** mit den Folgen des § 138 Abs. 3 ZPO.[58]

63 Eine **Zuschätzung** ist nach § 37 Abs. 1 FamFG und § 287 ZPO dann zulässig, wenn die Beweisaufnahme ansonsten unverhältnismäßig schwierig und zur Unterhaltsforderung in keinem Verhältnis steht (z.B. durch Neuerstellung der Buchführung). Hierfür muss eine hinreichend klare Schätzungsgrundlage vorhanden sein.[59] Wenn eine

---

53 Ausf. *Kuckenburg/Perleberg-Kölbel* FamRMandat – Unterhaltsrecht, § 1, Rn. 1004 ff.
54 *Kottke* S. 49.
55 BGH, DB 2014, 1131; *Hartmann* ErbStB 2014, 220.
56 BGH, 10.04.2014 – VII ZR 241/13, DB 2014, 1131 und 01.08.2013 – VI ZR 6/13, Beck-RS 2013 13275; OLG Schleswig, 21.12.2012 – 1 U 105/11, Becklink 1024843.
57 BFH, BStBl II 1992, 55.
58 BGH, NJW 1999, 3485.
59 PG/*Laumen* ZPO § 287 Rn. 15; BGH, NJW RR 2009, 1404; NJW 2010, 3434; OLG Hamm, FamRZ 1996, 1216 f.; *Kuckenburg/Perleberg-Kölbel* Unterhaltseinkommen,

Zuschätzung wegen Schwarzeinkünften erfolgt, sind **Sozialversicherung und geschuldete Ertragsteuer** zu berücksichtigen.[60]

Nach dem 2. Teil, 1. Abschnitt unter 7, der **Mitteilung in Zivilsachen (MiZi)**[61] sind **64** von den Familienrichtern dienstlich bekannt gewordene Tatsachen, die auf eine Steuerstraftat, eine Steuerordnungswidrigkeit u.ä. schließen lassen (insb. § 116 AO), den entsprechenden Behörden, insb. den Finanzbehörden, mitzuteilen.

Für die **Kassenaufzeichnung** gilt: **65**

Grds. muss der Einnahmen-/Überschussrechner kein Kassenbuch führen. Eine Einzelaufzeichnungspflicht gilt z.b. nicht für Einzelhändler, die im Allgemeinen Waren über den Ladentisch gegen Barzahlung an unbekannte Kunden verkaufen.

Etwas anderes gilt für **bargeldintensive Betriebe.** Diese haben ein detailliertes Kas- **66** senkonto und Kassenbuch[62] zu führen, wobei ein Eintrag von Tagessummen in den Kassenbüchern oder auch eine Kassenerfassung der Daten nicht ausreicht.[63] Die Kassenbons sind vielmehr aufzubewahren und ggf. vorzulegen. Zudem ist ein täglicher Abgleich zwischen den Summenzahlen und den Ist-Beständen (sog. Kassensturzfähigkeit) erforderlich. Auch z.b. bei einem Taxiunternehmer, der seinen Gewinn durch Einnahmenüberschussrechnung ermittelt, müssen die Betriebseinnahmen und -ausgaben durch Belege nachgewiesen werden. Hierbei ist jede einzelne Bareinnahme aufzuzeichnen, so dass tägliche und wöchentliche Aufzeichnungen der Bareinnahmen nicht genügen. Von dieser grds. auch für Taxiunternehmer geltenden Pflicht zur Einzelaufzeichnung der Bareinnahmen gibt es wegen der branchenspezifischen Besonderheiten des Taxigewerbes aber eine Ausnahme. Diese gilt dann, wenn die sog. Schichtzettel in Verbindung mit den Angaben, die sich auf dem Kilometerzähler und dem Taxameter des einzelnen Taxis ablesen lassen, vorhanden sind und nach den Vorgaben des § 147 Abs. 1 AO aufbewahrt werden.

Bei **Verletzung der Aufbewahrungspflicht** als auch bei Verletzung der Aufzeichnungs- **67** pflicht ist das Finanzamt dem Grunde nach zur **Schätzung** berechtigt.[64]

Die Finanzbehörde hat gemäß § 162 Abs. 1, Abs. 2 Satz 2 AO u.a. dann eine **Schät-** **68** **zung** der Besteuerungsgrundlagen vorzunehmen, wenn die Aufzeichnungen des Steuerpflichtigen der Besteuerung nicht nach § 158 AO zugrunde gelegt werden können,

---

Kap. C Rn. 12; *Kuckenburg* FuR 2006, 255 ff. zur Einkommensschätzung bei Selbstständigen/ Gewerbetreibenden, insb. bei Schwarzeinkünften im Unterhaltsrecht, FuR 2006, 255 ff.

60 OLG Brandenburg, FamRZ 2013, 631.
61 Anordnung über Mitteilungen in Zivilsachen, www.verwaltungsvorschriften-im-internet. de/bsvwvbund.
62 Ordnungsmäßigkeit der Kassenbuchführung, OFD Karlsruhe, 31.10.2016 m.w.N. zum BMF-Schreiben, www.ofd-karlsruhe.de.
63 FG Saarland, EFG 2012, 1816.
64 BFH, 18.03.2015 – III B 43/14, www.bundesfinanzhof.de.

sie also nicht den Vorschriften der §§ 140 bis 148 AO entsprechen oder sonst nach den Umständen des Einzelfalls Anlass besteht, ihre sachliche Richtigkeit zu beanstanden.

69 Zwar berechtigen formelle Mängel der Aufzeichnungen nach ständiger höchstrichterlicher Rechtsprechung nur insoweit zur Schätzung, als sie Anlass geben, die sachliche Richtigkeit des Ergebnisses der Gewinnermittlung anzuzweifeln.[65] Jedenfalls dann, wenn vorwiegend Bargeschäfte getätigt werden, können Mängel der Kassenführung aber den gesamten Aufzeichnungen die Ordnungsmäßigkeit nehmen.[66]

70 Die Rechtsprechung, wonach Einzelaufzeichnungen der Erlöse in bestimmten Fällen aus Zumutbarkeitsgründen nicht geführt werden müssen, ist nicht auf Einzelhändler beschränkt, sondern kann auch auf Klein-Dienstleister anwendbar sein.

71 Die Anforderungen, die der BFH in seiner bisherigen Rechtsprechung an die Durchführung eines **Zeitreihenvergleichs** gestellt hat,[67] gelten bei summarischer Betrachtung auch dann, wenn die Ergebnisse des Zeitreihenvergleichs durch Vornahme einer **Quantilsschätzung**[68] zur Begründung der Schätzungshöhe herangezogen werden.

72 Es ist bisher nicht geklärt, ob die monatlichen Rohgewinnaufschlagsätze, die von der Software der Finanzverwaltung geschätzt werden, der **Gauß'schen Normalverteilung**[69] folgen, und ob die in einem üblichen Prüfungszeitraum (drei Jahre mit 36 Monats-Einzelwerten) erhobene Grundgesamtheit groß genug für die Anwendung der bei einer Gauß'schen Normalverteilung geltenden Gesetzmäßigkeiten ist.[70]

cc) Schwarzgeldentstehung

73 Die **Schwarzgeldentstehung** wird wie folgt systematisiert:[71]
 – Schwarzgeldbildung durch Manipulationen bei den Einnahmen
 – Schwarzgeldbildung durch Manipulationen bei den Ausgaben
 – Schwarzgeldbildung durch Manipulationen bei den Aktiva und Passiva
 – OR (ohne Rechnung) bzw. partielle OR Rechnung

74 Die gängigsten Mittel, Schwarzgeld zu generieren, findet man im gewerblichen Bereich: Einkommen-, Umsatz- oder/und Körperschaftsteuer sollen hinterzogen und mit den entzogenen Erlösen Schwarzgeld gebildet werden.

---

65 BFH, 17.11.1981 VIII R 174/77, BFHE 135, 11, BStBl II 1982, 430; BFH v. 25.11.1990 IV B 140/88, BFH/NV 1990, 484.
66 BFH, 14.12.2011 – XI R 5/10, www.bundesfinanzhof.de.
67 BFH, 25.03.2015 – X R 20/13, BFHE 249, 390, BStBl II 2015, 743.
68 Methode, bei der aus den betriebseigenen Daten des Steuerpflichtigen eine Spannbreite des Normalen herausgelesen wird, vgl. https://www.steuertipps.de/selbststaendig-freiberufler/themen/buchfuehrungsdaten-muessen-lesbar-bleiben
69 Die Gauß'sche Normalverteilung kommt im Zusammenhang mit zufälligen Zahlen vor, vgl. http://www.gauss-goettingen.de/gauss_kniffelig_norm.php?navid=3&supnavid=7
70 BFH, 12.07.2017 – X B 16/17, www.bundesfinanzhof.de
71 *Perleberg-Kölbel* in: Meyer-Götz Familienrecht, § 8 Rn. 20 ff.

▶ **Hinweis**

Man spricht in diesem Zusammenhang von sog. OR- (»ohne-Rechnung«) bzw. Otto-Richter-Geschäften oder auch BAT (»bar auf Tatze«) -Tarifen.

Auch sind Schwarzgeldmanipulationen bei der **Umsatzsteuer** denkbar, z.b. bei der **75** Gründung von Scheinfirmen zum Inkasso von Vorsteuern.[72] Häufig werden nicht deklarierte Einkünfte von der Außenprüfung (u.a. durch Kontrollmitteilungen) oder von der Steuerfahndung aufgedeckt.

▶ **Beispiel für Einnahmemanipulationen[73]**

Der Unterhaltschuldner U betreibt bereits ein Jahr vor der Gewerbeanmeldung **76** seinen Gebrauchtwarenhandel. Die so verkürzten Einnahmen werden dem Konto seines Vaters gutgeschrieben.

▶ **Beispiel für Ausgabenmanipulationen[74]**

Der Unternehmer A deklariert die Hochzeitsfeier seiner Tochter als Vertretertagung und verbucht die Ausgaben als Betriebsausgaben.

dd) Methoden der Schwarzgeldaufdeckung

Als Methoden der **Schwarzgeldaufdeckung** kommen in Betracht: **77**

– **Interner Betriebsvergleich**

Beim internen Betriebsvergleich[75][76] werden durch Nachkalkulation betriebsinterne Daten wie Wareneinsatz und vorgegebene Verkaufspreise in Beziehung gesetzt und hochgerechnet. Gerade bei Fertigungsbetrieben des Handwerks führt die Methode zu brauchbaren Ergebnissen, z.b. über Relationen von Waren- und Personaleinsatz bzw. durch Nachkalkulationen über Maschinenstunden.

– **Interner Betriebsvergleich durch Zeitreihenvergleich**[77]   **78**

Beim internen Betriebsvergleich als Verprobungsmittel für den zutreffenden Ausweis des Betriebsergebnisses werden die Zahlenverhältnisse vergleichbarer Merkmale in aufeinander folgenden Zeiträumen des gleichen Betriebes miteinander verglichen.

Eine Stetigkeit der Kontierung und eine annähernde Konstanz der Betriebsverhältnisse über eine längere Zeit hinweg sind zur einwandfreien Vergleichbarkeit erforderlich.

---

72 FA-FamR/ *Kuckenburg/Perleberg-Kölbel* Kap. 13 Rn. 90 ff.

73 *Kottke* S. 73.

74 *Kottke* S. 75.

75 *Kuckenburg/Perleberg-Kölbel* FamRMandat – Unterhaltsrecht, § 1, Rn. 1022 ff.

76 *Kuckenburg/Perleberg-Kölbel* Unterhaltseinkommen, Kap. C Rn. 24 ff.

77 *Kuckenburg/Perleberg-Kölbel* FamRMandat – Unterhaltsrecht, § 1 Rn. 1032 ff.; *Kuckenburg/ Perleberg-Kölbel* Unterhaltseinkommen, Kap. C Rn. 32 ff.; FG Köln, 27.01.2009 – 6 K 3954/07, EFG 2009, 1092.

Der Sinn des internen Betriebsvergleichs liegt darin, Schwankungen beim Rohgewinn, also beim Jahresüberschuss, sichtbar zu machen und auf ihre Ursachen hin zu untersuchen.

▶ **Beispiel aus der Betriebsprüfungskartei[78]**

79

	2005	2006	2007
wirtschaftlicher Umsatz	300.000 €	500.000 €	1.000.000 €
Wareneinsatz	210.000 €	350.000 €	700.000 €
Rohgewinn	90.000 €	150.000 €	300.000 €
Miete	15.000 €	15.000 €	40.000 €
Sonstige Kosten	60.000 €	100.000 €	200.000 €
Gewinn	15.000 €	35.000 €	60.000 €

Lösung

Die Schwankungen im Reingewinn im vorstehenden Beispiel sind neben Umsätzen und variablen Kosten auf die Mietzahlungen zurückzuführen.

Im Geschäftsjahr 2005 war die Kapazität im Unternehmen noch nicht voll ausgelastet. Dies ist daran zu ersehen, dass die Miete im Zeitabschnitt 2006 trotz starken Ansteigens des Umsatzes nicht höher wurde. Die Folge davon ist das Ansteigen des Reingewinns.

Um aber den Umsatz des Geschäftsjahres 2007 tätigen zu können, reichten die vorhandenen Betriebsräume nicht aus. Es mussten neue Räume angemietet werden, wodurch höhere Ausgaben hervorgerufen wurden.

Insoweit wird in vielen Fällen ein Ansteigen der atypischen Kosten eine Auswertung der Kapazität des Unternehmens belegen können.

Im vorgenannten Beispiel führt also eine Verdoppelung des Umsatzes mit einer Verdoppelung des Wareneinsatzes nicht zwangsläufig zu einer Verdoppelung des Gewinns.

Im konkreten Fall wäre natürlich noch eine weitere Überprüfung der sonstigen Kosten als Sammelposition dringend erforderlich.

80 Insg. lässt sich feststellen, dass selbstverständlich stets betriebswirtschaftliche, unternehmerische Entscheidungen das Ergebnis beeinflussen, die auch unterhaltsrechtlich anerkannt sind, ohne dass dieses stets mit der Intention verknüpft sein muss, das Unterhaltseinkommen zu reduzieren.

---

78 BP-Kartei der Oberfinanzdirektionen, Teil I, »Betriebsvergleich«, »Schätzung«, D, II, 5.

▶ Eine **Schwäche** des internen Betriebsvergleichs bleibt:

Weisen alle Vergleichsjahre des Betriebes Besonderheiten oder gar Unrichtigkeiten auf, erschwert dieses die Vergleichbarkeit erheblich.

– **Äußerer Betriebsvergleich und amtliche Richtsatzsammlungen**[79]   **81**

Anders als beim internen Betriebsvergleich werden beim Äußeren Betriebsvergleich[80] nicht Kennzahlen bestimmter Art desselben Betriebes gegenübergestellt, sondern die maßgeblichen Zahlen des zu prüfenden Betriebes werden mit (der Branche, Größe und Struktur) vergleichbaren Betrieben verglichen.

Die Finanzverwaltung nimmt den äußeren Betriebsvergleich unter Anwendung der   **82** Richtsatzsammlungen[81] vor. Die **Richtsatzsammlungen**[82] weisen die üblichen Spannen im Rohgewinnaufschlag auf den Wareneinsatz, Rohgewinn, Reingewinn und Halbreingewinn aus. Die Zulässigkeit der Anwendung dieser Methode ist durch die Rechtsprechung des BGH[83] bestätigt worden.

– **Vermögenszuwachsrechnung**   **83**

Bei der **Vermögenszuwachsrechnung**[84] wird das gesamte Vermögen des Steuerpflichtigen innerhalb zweier Stichtage erfasst. Dabei wird davon ausgegangen, dass sich die Vermögensmehrungen nur aus versteuerten Einkünften, steuerfreien Einnahmen und einmaligen Vermögensanfällen, wie Erbschaften oder Schenkungen, ergeben. Zeigen sich hier Differenzen, ist dies ein Indiz für nicht vollständig erfasste Einnahmen. Die Informationsbeschaffung[85] ist durch das Gericht mithilfe des Sachverständigen vorzunehmen und betrifft auch Informationen, die die Privatsphäre erfassen.[86] Auch diese Methode ist uneingeschränkt unterhaltsrechtlich tauglich, damit das Gericht eine Gewinnschätzung erforderlichenfalls gem. § 287 ZPO vornehmen kann.

---

79 *Kuckenburg/Perleberg-Kölbel* Unterhaltseinkommen, Kap. C Rn. 34 ff.
80 *Kuckenburg/Perleberg-Kölbel* FamRMandat – Unterhaltsrecht, § 1 Rn. 1037 ff.
81 aktuell Richtsatzsammlung für das Kalenderjahr 2016, http://www.bundesfinanzministerium.de/Content/DE/Downloads/BMF_Schreiben/Weitere_Steuerthemen/Betriebspruefung/Richtsatzsammlung/001_2.pdf;jsessionid=80A7FB430A0F2A2003D-86483C5F3F4F1?__blob=publicationFile&v=5; http://www.bundesfinanzministerium.de/Content/DE/Downloads/BMF_Schreiben/Weitere_Steuerthemen/Betriebspruefung/Richtsatzsammlung/001_2.pdf?__blob=publicationFile&v=12.
82 *Kuckenburg/Perleberg-Kölbel* FamRMandat – Unterhaltsrecht, § 1 Rn. 1041.
83 BGH, FamRZ 2006, 387; OLG Frankfurt am Main, FamRZ 2007, 404.
84 *Kuckenburg/Perleberg-Kölbel* FamRMandat – Unterhaltsrecht, § 1 Rn. 1045 ff.; *Kuckenburg/Perleberg-Kölbel* Unterhaltseinkommen, Kap. C Rn. 39 ff.
85 Liste zur Informationsbeschaffung: *Kuckenburg/Perleberg-Kölbel* FamRMandat – Unterhaltsrecht, § 1 Rn. 1048.
86 BGH, FamRZ 1983, 996; 1980, 37.

84 Berechnung des Vermögenszuwachses

Vermögen (Betriebs- und Privatvermögen) zu Beginn des Prüfungszeitraums

– Vermögen am Ende des Prüfungszeitraums

= **Vermögenszuwachs**

+ Verbrauch im Prüfungszeitraum

= **erforderlicher Vermögenszuwachs**

– Einkünfte laut Steuererklärung

– Einnahmen aus anderen (privaten) Quellen

= **Verprobungsergebnis**

85 – Geldverkehrsrechnung

Die Geldverkehrsrechnung[87] ist eine auf den Geldbereich beschränkte Vermögenszuwachsrechnung. Sie beruht auf der Überlegung, dass ein Steuerpflichtiger in einem bestimmten Zeitraum nicht mehr Geld ausgeben kann, als ihm aus seinen Einkünften und sonstigen Quellen zufließt. Die Kassenfehlbetragsrechnung[88] ist geeignet für kleinere und mittlere Betriebe.

86 Berechnung des Geldverkehrs

Geldbestände zu Beginn des Prüfungszeitraums

+ Schulden am Ende des Prüfungszeitraums

+ Einnahmen lt. Steuererklärung

+ Einnahmen aus anderen (privaten) Quellen

= **verfügbare Mittel im Prüfungszeitraum**

– Verbrauch im Prüfungszeitraum

= **erforderlicher Vermögenszuwachs**

– Schulden zu Beginn des Prüfungszeitraums

– Betriebsausgaben und Werbungskosten

– steuerlich nicht abziehbare Ausgaben

– Aufwendungen für Vermögenszugänge

---

87 *Kuckenburg/Perleberg-Kölbel* FamRMandat – Unterhaltsrecht, § 1 Rn. 1055 ff.; *Kuckenburg/Perleberg-Kölbel* Unterhaltseinkommen, Kap. C Rn. 46 ff.
88 *Kuckenburg/Perleberg-Kölbel* FamRMandat – Unterhaltsrecht, § 1 Rn. 1558 ff.; *Kuckenburg/Perleberg-Kölbel* Unterhaltseinkommen, Kap. C Rn. 49 ff.

– Einnahmen aus anderen (privaten) Quellen

– Verbrauch im Prüfungszeitraum

= **Verprobungsergebnis**

▶ **Checkliste eines Fragenkatalogs für die Vermögenszuwachs- bzw. Geldverkehrsrechnung:**[89]

– Ist Grundvermögen vorhanden und wie wird dieses bewertet?   87
– Gibt es Kapitalvermögen, Geldanlagen, Lebensversicherungen, Bausparkassenguthaben und Sparverträge? Gibt es hieraus eine Auszahlung?
– Gibt es Schulden außer Betriebsschulden?
– Sind Einkommen- und Kirchensteuer, Lastenausgleichsabgaben, außer von betrieblichen Konten, gezahlt worden?
– Wie hoch waren die gezahlten Beiträge zu Kranken-, Unfall-, Lebensversicherungen, sonstigen Versicherungen, Sterbekassen, außer von betrieblichen Konten?
– Gibt es Beiträge zu Bausparkassen und Sparratenverträgen einschließlich gutgeschriebener Zinsen, außer von betrieblichen Konten?
– Gibt es Krankheitskosten, soweit nicht von dritter Seite erstattet?
– Gibt es Vereinsbeiträge und Ausgaben für Liebhabereien?
– Gibt es Aufwendungen für Reisen privater Art?
– Gibt es Ausgaben für Erziehung, Ausbildung der Kinder, Aussteuer, Mitgift, Geschäftserrichtung usw., Unterhaltszuschüsse und Zuwendungen an Kinder oder sonstige Verwandte, Schenkungen an Dritte, außer von betrieblichen Konten?

Ferner sind Fragen zur Höhe und Zahlung folgender Positionen zu beantworten:
– Ausgaben für die Beschaffung von Hausrat, Möbeln, Kleidung, Büchern, Schmuck, usw.?
– Anschaffung und Unterhalt von privaten Kraftfahrzeugen?
– Private Prozesskosten, Strafen und Spenden?
– Anschaffung von privatem Grundbesitz, falls im Endvermögen nicht enthalten?
– Aufwendungen für Verbesserungen an privaten Grundstücken?
– Mietzahlungen und Mietwert der eigenen Wohnung?
– Aufwendungen für eine Haushaltshilfe?
– Schuldzinsen und Renten?
– Mindererlöse aus Veräußerungen von Vermögensteilen, soweit im Anfangsvermögen (01.01. des Jahres) enthalten, sowie sonstige tatsächliche Vermögensverluste, z.B. aus Bürgschaften und Kursverlusten?
– Erwerb durch Erbschaft oder Schenkung von Dritten (abzgl. Erbschaftsteuer)?
– Ausgezahlte Kursgewinne?
– Steuerfreie Einkünfte und Pauschbeträge für Werbungskosten?
– AfA für Privatgrundbesitz?

---

89 *Kuckenburg/Perleberg-Kölbel* FamRMandat – Unterhaltsrecht, § 1 Rn. 1048 ff.

– Mehrerlöse aus dem Verkauf von Teilen des sonstigen Vermögens und von Privat-
   grundbesitz, falls diese im Anfangsvermögen aufgeführt sind?
– Gesamterlös aus dem Verkauf von Privatgrundbesitz, falls dieser nicht im Anfangs-
   vermögen aufgezählt ist?
– Geldbestände zu den Stichtagen auf Bank- und Sparkonten, außer auf betriebli-
   chen Konten?
– Außerbetriebliche Gewährung von Darlehen?
– Gelder aus außerbetrieblichen Schuldaufnahmen?
– Rückzahlungen von außerbetrieblichen Schulden?
– Gelder aus Rückzahlungen außerbetrieblich gewährter Darlehen?
– Erstattung nicht abzugsfähiger Steuern?
– Erstattung aus Versicherungsleistungen?
– Privater Geldverbrauch für Nahrungs- und Genussmittel, Bekleidung, sonstige
   Haushaltsführung, Körper- und Gesundheitspflege, Bildung und Unterhaltung,
   Vereinsbeiträge, Liebhabereien, Reisen und Urlaub, öffentliche und private Ver-
   kehrsmittel, Miete, Strom, Gas, Brennstoffe, Wasser-, Müll- und Kanalgebühren,
   Nachrichtenübermittlungen, insb. Telefon, Anschaffung privater Investitionsgüter
   wie Fahrzeuge, Wohnungseinrichtung, Prozesskosten, Strafen, Spenden, Schuld-
   zinsen, sonstige Lebenshaltung etc.?
– Schadenersatzleistungen von Dritten, Spielgewinne, Spekulationsgewinne?

▶ **Verfahrenshinweis**

88   Bei unvollständigen und zweifelhaften Angaben kann eine **Schätzung**[90] des Ein-
     kommens nach §§ 37 Abs. 1 FamFG, 287 Abs. 2 ZPO unter Würdigung aller
     maßgeblichen Umstände nach freier tatrichterlicher Würdigung auch unter Zu-
     hilfenahme allgemeiner Erfahrungssätze vorgenommen werden.[91] Im Steuerrecht
     erfolgt insb. eine Schätzung nach § 162 AO, wenn eine Steuererklärung nicht ab-
     gegeben wird.[92]

89   –   **Chi-Quadrat-Test**

Beim sog. Chi-Quadrat-Test[93]werden Verteilungseigenschaften einer statistischen
Grundgesamtheit untersucht. Er stellt eine Methode dar, bei der empirisch festgestellte
und theoretisch erwartete Häufigkeiten (z.B.»Lieblingszahlen«) verglichen werden.
Er fußt auf dem Gedanken, dass derjenige, der bei seinen Einnahmen unzutreffende
Werte in das Kassenbuch eingibt, unbewusst eine Vorliebe für bestimmte Zahlen hat

---

90   *von Wedelstädt* www.1.nwbdatenbank.de.
91   OLG Frankfurt am Main, 26.07.2006 – 3 UF 96/06, FamRZ 2007, 404.
92   Schreiben FinMin NRW v. 08.05.2017-S 0335, http://datenbank.nwb.de/Dokument/
     Anzeigen/699246/
93   *Kuckenburg/Perleberg-Kölbel* FamRMandat – Unterhaltsrecht, § 1 Rn. 1036.

und diese dementsprechend häufiger verwendet. Eine Schätzung kann aber nicht allein mit der Durchführung eines sog. »Chi-Quadrat-Test« begründet werden[94].

g) Nicht abzugsfähige Ausgaben, § 12 EStG

aa) Kosten der allgemeinen Lebensführung

Bei der Ermittlung der Einkünfte dürfen Aufwendungen für die allgemeine Lebens-   **90** führung entsprechend § 12 Nr. 1 EStG (nicht abzugsfähige Ausgaben) nicht abgezogen werden. Eine **Ausnahme** wird in den §§ 10 EStG und 33 EStG bei den Sonderausgaben und außergewöhnlichen Belastungen gemacht.

Zur allgemeinen Lebensführung zählen i.d.R. Aufwendungen für die Ernährung, Auf-   **91** wendungen für Kleidung, Aufwendungen für Wohnung, Repräsentationsaufwendungen und Geldstrafen. Eine Abgrenzung erfolgt über die Betriebsausgaben, § 4 Abs. 4 EStG, und die Werbungskosten, § 9 Abs. 1 Satz 1 EStG.

Lässt sich z.B. bei Aufwendungen für einen sog. **Herrenabend** ein Zusammenhang   **92** mit der Lebensführung der begünstigten Geschäftsfreunde nicht ausschließen, weil die Aufwendungen für Zwecke der Unterhaltung oder der Repräsentation geleistet werden, sind sie insgesamt nach § 4 Abs. 5 Satz 1 Nr. 4 EStG nicht abzugsfähig, wenn sich aus der Art und Weise der Veranstaltung und ihrer Durchführung ableiten lässt, dass es sich um Aufwendungen handelt, die für eine überflüssige und unangemessene Unterhaltung und Repräsentation getragen werden.[95] Unerheblich ist, ob der Unternehmer mit den Aufwendungen weitere Zwecke verfolgt. Die mit dem Herrenabend verbundene Bewirtung, die ohne Abendveranstaltung grds. als Betriebsausgabe bei Vorliegen der Voraussetzungen abzugsfähig sein könnte, fällt ebenfalls unter das Abzugsverbot. § 4 Abs. 5 Satz 1 Nr. 4 EStG ordnet an, dass auch die mit den dort aufgeführten Aufwendungen zusammenhängenden Bewirtungen nicht abzugsfähig sind.

bb) Gemischte Aufwendungen

Gemischte Aufwendungen sind teilweise betrieblich und teilweise privat veranlasst.   **93** Lassen sie sich leicht und einwandfrei trennen, stellen sie entweder Betriebsausgaben oder Werbungskosten dar, es sei denn, sie sind von untergeordneter Bedeutung. Bei nicht einwandfreier und leichter Trennung gehören die gesamten Beträge nach § 12 Nr. 1 EStG zu den nicht abzugsfähigen Ausgaben.[96]

Bei der Frage der Abzugsfähigkeit wird eine Untergrenze dahingehend definiert, dass   **94** – bei **untergeordneter betrieblicher/beruflicher Mitveranlassung** (< 10 %) ein Abzug als Betriebsausgaben/Werbungskosten nicht zulässig ist.

---

94 FG Rheinland-Pfalz, 24.08.2011 – 2 K 1277/10, EFG 2012, 10; FG Köln, 27.01.2009 – 6 K 3954/07, EFG 2009, 109.

95 FG Düsseldorf, 19.11.13 – 10 K 2346/11 F; BFH, 13.07.2016 – VIII R 26/14, www. bundesfinanzhof.de

96 R 12.2, S. 3 EStR 2012.

– Bei **untergeordneter privater Mitveranlassung** (< 10 %) sind die Aufwendungen im vollen Umfang als Betriebsausgaben/Werbungskosten abziehbar.[97]

▶ Beispiele für gemischte private/betriebliche Aufwendungen nach BMF-Schreiben vom 06.07.2010[98]

95   Fall 1

Rechtsanwalt R nimmt 2010 während eines 14-tägigen Urlaubs auf Mallorca an einem eintägigen Fachseminar zum Familienrecht in Calvia teil. Die Flugkosten betragen 115 €, die Kosten für das Hotel in Palma 1.190 € und die für das Seminar 150 €. Für Taxifahrten von Palma nach Calvia und zurück zahlt R 50 €.

Sind die Kosten Betriebsausgaben und wenn ja, in welcher Höhe?

Lösung Fall 1

R kann 212 € als Betriebsausgaben geltend machen.

Die Aufwendungen für die Urlaubsreise selbst sind nicht abziehbar.

Die Aufwendungen, die unmittelbar mit dem Fachseminar zusammenhängen, wie die Seminargebühren i.h.v. 150 €, die Fahrtkosten vom Urlaubsort zum Tagungsort i.h.v. 50 € und ggf. ein Pauschbetrag für Verpflegungsmehraufwendungen i.h.v. 12 € (Übersicht über die ab 01.01.2010 geltenden Pauschbeträge für Verpflegungsmehraufwendungen, BStBl I 2008 S. 1077 ff.),[99] sind als Betriebsausgaben bzw. Werbungskosten abziehbar.

Gem. § 4 Abs. 4 EStG (Betriebsausgaben) und § 9 Abs. 1 EStG (Werbungskosten) werden bei der Ermittlung der Einkünfte nur Aufwendungen berücksichtigt, die durch die Einkunftserzielung veranlasst sind.

Fall 2

Der niedergelassene Arzt A besucht 2010 einen Fachkongress in Dublin, Irland. Anreise ist Samstagfrüh. Die Veranstaltung findet ganztägig von Dienstag bis Donnerstag statt. Am Sonntagabend reist er zurück nach Hause. Die Kosten betragen:

Hotel 900 €

Kongress 400 €

---

97 BFH, 29.09.2009 – GrS 1/06, www.bundesfinanzhof.de; BMF-Schreiben v. 06.07.2010, BStBl I 2010, 614.

98 BMF-Schreiben v. 06.07.2010 unter www.bundesfinanzministerium.de.

99 Steuerliche Behandlung von Reisekosten und Reisekostenvergütungen bei betrieblich und beruflich veranlassten Auslandsreisen ab 1. Januar 2014 s. BMF-Schreiben v. 11. 11.2013 – GZ IV C 5 – S 2353/08/10006: 004.
    DOK 2013/0998649, http://www.bundesfinanzministerium.de/Content/DE/Downloads/BMF_Schreiben/Steuerarten/Lohnsteuer/2013-11-11-reisekosten-reisekostenverguetung-auslandsreisen-2014.pdf?__blob=publicationFile&v=2.

Flug 500 €

Wie hoch ist der Aufteilungsmaßstab der Kosten?

Wie hoch sind die Betriebsausgaben?

Lösung Fall 2

Der Aufteilungsmaßstab ist 3/9.

Entgegen der früheren Rechtsprechung ist die Reise nach Ansicht des BFH[100] nicht mehr als Einheit zu betrachten. Die Kosten für zwei Übernachtungen von Dienstag bis Donnerstag, sowie die Kongressgebühren, sind ausschließlich dem betrieblichen Bereich zuzuordnen und daher vollständig als Betriebsausgaben abziehbar.

Die Flugkosten sind gemischt veranlasst und entsprechend den Veranlassungsbeiträgen aufzuteilen.

Aufteilungsmaßstab zwischen betrieblichen und privaten Zeitanteilen ist hier 3/9. Der Abzug der Verpflegungskosten ist als Betriebsausgaben nur in Höhe der Pauschbeträge für Verpflegungsmehraufwendungen auf die betrieblich veranlassten Tage mit 42 € zulässig (14 € x 3).

Fall 3

Steuerberater S begehrt die hälftige Anerkennung der Kosten für ein Abonnement einer überregionalen Zeitung i.H.v. 26 €, die er neben der regionalen Tageszeitung bezieht, als Betriebsausgabe. Diese überregionale Zeitung informiert umfassend auch über die steuerrechtliche Entwicklung.

Lösung Fall 3

S kann keine Kosten für das Abonnement geltend machen.

Eine Trennung nach den Veranlassungsbeiträgen ist hier nicht möglich. Es fehlt die Möglichkeit zur Aufteilung nach objektivierbaren Kriterien.

Nach dem BMF-Schreiben v. 06.07.2010 (Tz. 17) kommt ein Abzug der Aufwendungen insg. nicht in Betracht, wenn die betrieblich/beruflichen und privaten Veranlassungsbeiträge so ineinandergreifen, dass eine Trennung nicht möglich und eine Grundlage für die Schätzung nicht erkennbar ist.

▶ **Hinweis**

Für eine Dienstreise im Inland werden seit Anfang 2014 **Verpflegungsmehraufwendungen** zu folgenden Beträgen pro Kalendertag angesetzt: 96

Mehrtägige auswärtige Tätigkeiten:
- 24 € für jeden Kalendertag, an dem der Arbeitnehmer/Unternehmer 24 Stunden von seiner Wohnung abwesend ist,

---

100 BFH, 21.09.2009 – GrS 1/06, www.bundesfinanzhof.de.

– jeweils 12 € für den An- und Abreisetag, wenn der Arbeitnehmer/Unternehmer an diesem, einem anschließenden oder vorhergehenden Tag außerhalb seiner Wohnung übernachtet, wobei eine Mindestabwesenheitszeit ist nicht erforderlich ist.

Auswärtige Tätigkeiten ohne Übernachtung:

– 12 € für den Kalendertag oder die Nacht, an dem der Arbeitnehmer/Unternehmer ohne Übernachtung außerhalb seiner Wohnung mehr als acht Stunden von seiner Wohnung und der ersten Tätigkeitsstätte abwesend ist.

Maßgebend ist die Abwesenheitsdauer von der Wohnung und der regelmäßigen Arbeitsstätte. Führt jemand an einem Kalendertag mehrere Dienstreisen durch, können die Abwesenheitszeiten an diesem Kalendertag zusammengerechnet werden.

97 Im Falle einer Einsatzwechseltätigkeit hat der Arbeitnehmer keine regelmäßige Arbeitsstätte, so dass nur die Abwesenheitsdauer von der Wohnung maßgebend ist. Ein Vollzeit-Einsatz von mehr als drei Monaten am selben Einsatzort gilt nicht mehr als Einsatzwechseltätigkeit für diesen Zeitraum. Wird eine Tätigkeit nach 16:00 Uhr begonnen und endet sie vor 08:00 Uhr des darauffolgenden Kalendertages ohne Übernachtung, ist die gesamte Abwesenheitsdauer dem Kalendertag zuzurechnen, der die überwiegende Abwesenheit beinhaltet.

98 Bis Ende 2013 wurden Verpflegungsmehraufwendungen zu folgenden Beträgen pro Kalendertag angesetzt:

– 24 € bei einer Abwesenheit von 24 Stunden,
– 12 € bei einer Abwesenheit von weniger als 24 Stunden, aber mindestens 14 Stunden,
– 6 € bei einer Abwesenheit von weniger als 14 Stunden, aber mindestens 8 Stunden (§ 4 Abs. 5 Satz 1 Nr. 5 Satz 2 EStG).

99 Für eine Dienstreise im Inland werden seit Anfang 2014 Verpflegungsmehraufwendungen zu folgenden Beträgen pro Kalendertag angesetzt:

– Mehrtägige auswärtige Tätigkeiten
   – 24 € für jeden Kalendertag, an dem der Arbeitnehmer 24 Stunden von seiner Wohnung und der ersten Tätigkeitsstätte abwesend ist,
   – jeweils 12 € für den An- und Abreisetag, wenn der Arbeitnehmer an diesem, einem anschließenden oder vorhergehenden Tag außerhalb seiner Wohnung übernachtet; eine Mindestabwesenheitszeit ist nicht erforderlich.
– Auswärtige Tätigkeiten ohne Übernachtung
   – 12 € für den Kalendertag oder die Nacht, an dem der Arbeitnehmer ohne Übernachtung ab acht Stunden von seiner Wohnung und der ersten Tätigkeitsstätte abwesend ist.

100 Maßgebend ist die Abwesenheitsdauer von der Wohnung **und** der »Ersten Tätigkeitsstätte« (bis 2013: regelmäßigen Arbeitsstätte). Führt jemand an einem Kalendertag mehrere Dienstreisen durch, können die Abwesenheitszeiten an diesem Kalendertag zusammengerechnet werden.

Für **Dienstreisen im Ausland** gelten vom Zielland abhängige Pauschalen, die meis-   101
tens über den inländischen Pauschalen liegen. Für nicht aufgeführte Länder sind die
Beträge für Luxemburg anzusetzen.

Bei Dienstreisen vom Inland in das Ausland bestimmt sich der Pauschbetrag nach dem   102
Ort, den der Steuerpflichtige vor 24:00 Uhr Ortszeit zuletzt erreicht hat. Für eintägige
Reisen ins Ausland und für Rückreisetage aus dem Ausland in das Inland ist der Pau-
schbetrag des letzten Tätigkeitsortes im Ausland maßgeblich.[101]

3. Gewinneinkünfte

Gewinneinkünfte sind die Einkünfte aus   103
– Land- und Forstwirtschaft, § 13 EStG,
– Einkünfte aus Gewerbebetrieb, § 15 EStG und
– Einkünfte aus selbstständiger Arbeit, § 18 EStG.

Nach § 2 Abs. 2 Nr. 1 EStG bezeichnet man die Einkünfte als Gewinn. Die Einkünfte   104
werden dadurch ermittelt, dass von den Betriebseinnahmen und Einnahmen i.S.d.
§ 8 EStG bestimmte, mit diesen Einnahmen im wirtschaftlichen Zusammenhang stehende, Ausgaben abgezogen werden.

a) Einkünfte aus Landwirtschaft und Forsten, § 13 EStG

Nicht nur bei der Bewertung (§ 1376 Abs. 4 BGB), sondern auch bei der Bewertung   105
des Anlage- und Umlaufvermögens und formal mit Spezialkontenrahmen weist die
Einkunftsart Landwirtschaft und Forsten i.S.d. § 13 EStG diverse Besonderheiten im
Rechnungswesen auf. Hierauf spezialisieren sich die landwirtschaftlichen Bruchstellen.

Die ertragssteuerliche Zuordnung zu den Einkünften aus Land- und Forstwirtschaft   106
zieht steuerliche Vorteile nach sich:
– Keine Gewerbesteuerpflicht gem. § 2 Abs. 1 GewStG (allerdings ggf. Anrechnung
  über § 35 EStG bei Doppelbetrieben);
– Pauschalierung der Umsatzsteuer gem. § 24 UStG mit 10,7 % ohne Vorsteueran-
  rechnung.

Unter **Land- und Forstwirtschaft** versteht man die planmäßige Nutzung der natür-   107
lichen Kräfte des Bodens zur Erzeugung von Pflanzen und Tieren sowie der Verwertung der dadurch selbst gewonnenen Erzeugnisse[102]. Jeweils nach dem Gesamtbild der
Verhältnisse ist zu entscheiden, ob eine land- oder forstwirtschaftliche Tätigkeit des
Steuerpflichtigen vorliegt.

Folgende Arten der Einkünfte aus Land- und Forstwirtschaft sind nach   108

---

101 Vgl. für die Rechtslage ab 2017 das neue BMF-Schreiben v. 14.12.2016 – IV C 5 – S
    2353/08/10006: 007.
    DOK 2016/1105355, BStBl I 2015 S. 1058.
102 R 15.5 Abs. 1 Satz 1 EStR 2012.

§ 13 Abs. 1 EStG zu unterscheiden:

– Einkünfte aus dem **Betrieb von Landwirtschaft**, Forsten, Weinbau, Gartenbau und aus allen Betrieben, die Pflanzen und Pflanzenteile mit Hilfe der Naturkräfte gewinnen (§ 13 Abs. 1 Nr. 1 Satz 1 EStG);
– Einkünfte aus Viehzucht und **Tierhaltung** (§ 13 Abs. 1 Nr. 1 Satz 2 EStG);
– Einkünfte aus der sonstigen land- und forstwirtschaftlichen Nutzung i.S.d. § 62 BewG, wie z.b. Binnenfischerei, Teichwirtschaft, Fischzucht, Imkerei, Wanderschäferei und Saatzucht (§ 13 Abs. 1 Nr. 2 EStG);
– Einkünfte aus der Jagd (§ 13 Abs. 1 Nr. 3 EStG).

109   Nach § 13 Abs. 3 EStG wird bei der Ermittlung des Gesamtbetrags der Einkünfte unter bestimmten Voraussetzungen ein **Freibetrag von 900 €** (bis 2014 670 €) bzw. **bei zusammen veranlagten Ehepartnern 1.800 €** (bis 2014 1.340 €) berücksichtigt. Dieser Freibetrag ist nur dann abzuziehen, wenn die »Summe der Einkünfte« 30.700 €, bzw. bei zusammenveranlagten Ehegatten 61.400 €, nicht übersteigt (§ 13 Abs. 3 EStG).

110   Zu den Einkünften gehören auch Einkünfte aus einem **land- und forstwirtschaftlichen Nebenbetrieb.** Die Einkünfte aus dem Nebenbetrieb müssen dem Hauptbetrieb dienen[103] (Umsatzbesteuerung nach § 24 UStG und nicht Regelbesteuerung mit 19 %).

▶ Beispiele[104]

111   – Verarbeitung und Vertrieb der Erzeugnisse des Hauptbetriebes, durch Brennerei, Molkerei, Käserei, Fisch Heuchelei, Mühle, Brauerei, Metzgerei, Sägewerk, Hofladen;
– dies gilt auch für Substanzgewinnung aus dem Grund und Boden mit hauptsächlicher Verwertung im Hauptbetrieb wie Ziegelei, Torfstich;
– Dienstleistungsbetriebe für den Hauptbetrieb wie Schmiede, Maschinen, Werkstatt, Kfz-Instandhaltung. Auch ein Pensionsbetrieb (»Ferien auf dem Bauernhof«) gehört dazu.

Ertrag und Aufwand dieser Betriebe gehen in die Ertragsbewertung des Hauptbetriebes ein.

112   Einzelheiten zu der Einkunftsart Landwirtschaft und Forstwirtschaft ergibt sich aus der **Anlage L,**[105] **und Anlage 13a**[106] **mit Anlage AV13a zur Einkommensteuererklärung,** auf die ein **Auskunfts- und Beleganspruch** besteht.

113   Dort ergeben sich Informationen zu:
– Gesamtergebnis,
– Gewinn,

---

103 *Wöhrmann* § 1HöfeO Rn. 28.
104 *Piltz* S. 114.
105 Formular-Management-System; www.formulare-bfinv.de.
106 Formular-Management-System; www.formulare-bfinv.de.

- Veräußerungsgewinn,
- Saldo der Entnahmen und Einlagen,
- Schuldzinsen zum Anlagevermögen,
- Antrag und inhaltliche Voraussetzung für die Anwendung des § 13a EStG,
- gesonderte Angaben für Gewinne zur Forstwirtschaft und Holznutzung.

Auch sind Veräußerungsgewinne gem. §§ 14, 16 EStG zu versteuern.　　114

Danach gehören zu den **Einkünften aus Land- und Forstwirtschaft** (LuF) Gewinne aus:
- Veräußerung eines LuF-Betriebes
- Veräußerung eines LuF-Teilbetriebes
- Veräußerung eines Anteils an einem LuF-Betriebsvermögen
- Betriebsaufgabe.

Auch hier gilt der **Freibetrag des Veräußerungsgewinns** nach § 16 Abs. 4 EStG, ggf.　115
i.V.m. § 34 EStG. Gem. § 16 Abs. 4 EStG besteht ein Freibetrag für Veräußerungs-gewinne, wenn der Steuerpflichtige das 55. Lebensjahr vollendet hat, bzw. dauernd berufsunfähig ist. Der Freibetrag beträgt 45.000 € mit Abschmelzung, wenn der Ver-äußerungsgewinn mehr als 136.000 € beträgt. Dieser Freibetrag kann noch einmal in Anspruch genommen werden.

Der Veräußerungsgewinn ist oberhalb des Freibetrages gem. § 34 Abs. 2 Nr. 1 EStG　116
mit der 1/5-Regelung zu erfassen. Gem. § 34 Abs. 3 EStG gilt dann der Steuersatz von 56 % des durchschnittlichen Steuersatzes (mit Voraussetzungen wie bei § 16 Abs. 4 EStG: maximal 5 Millionen Euro und Objektbegrenzung).

aa) Abgrenzung zum Gewerbebetrieb

Die **Abgrenzung zwischen Einkünften aus LuF zur Einkunftsart Gewerbebetrieb**　117
insb. zur gewerblichen Tierhaltung, hat folgende Konsequenzen:
- gewerbliche Einkünfte gem. § 15 EStG,
- Gewerbesteuerpflicht mit Anrechnung gem. § 35 EStG,
- Einkünfte aus Gewerbebetrieb,
- Wegfall der Umsatzsteuerpauschalierung,
- Verluste aus gewerblicher Tierhaltung sind nicht mit anderen Einkünften aus-gleichsfähig (§ 15 Abs. 4 EStG); nur mit Gewinnen aus gewerblicher Tierhaltung,
- keine Lohnsteuerpauschalierung gem. § 40a Abs. 3 EStG i.H.v. 5 %,
- Investitionsabzugsbetrag nach gewerblichen Größenmerkmalen und
- höhere Grundsteuerbelastung (Grundsteuer B).

Die gewerbliche Tierhaltung kann durch Verringerung der Produktion, Erhöhung　118
der zulässigen Vieheinheitzahl, durch Vergrößerung der Fläche oder auch durch eine Betriebsaufteilung entstehen. Letzteres erfolgt insb. durch Einbringung in eine Tier-haltungskooperation i.S.d. § 51a BewG. Die Möglichkeit zur landwirtschaftlichen Tierzucht und Tierhaltung wird dabei auf die Kooperation übertragen, ohne dass die Bewirtschaftung der landwirtschaftlichen Flächen durch diese zu erfolgen hat. Dabei darf die Rechtsform keine gewerbliche Prägung haben.

119   Die Abgrenzung zur gewerblichen Tierhaltung erfolgt über die **Vieheinheitenzahl:**

landwirtschaftliche Nutzfläche x Faktor aus § 13 Abs. 1 EStG

Die Faktoren ergeben sich aus R 13.2 Abs. 1 EStR für erzeugte und gehaltene Tiere.

Die Vieheinheitenstaffel nach § 13 Abs. 1 EStG lautet:
- für die ersten 20 ha LF 10 Vieheinheiten pro Hektar,
- für die nächsten 10 ha LF 7 Vieheinheiten pro Hektar,
- für die nächsten 20 ha LF 6 Vieheinheiten pro Hektar,
- für die nächsten 50 ha LF3 Vieheinheiten pro Hektar und
- für die weitere Fläche 1,5 Vieheinheiten pro Hektar.

120   Dabei betragen die Höchstgrenzen für den Einzelbetrieb:

Betriebsgröße in Hektar LF	Vieheinheiten-Höchstzahl
1	10
20	200
30	270
40	330
50	390
60	420
70	450
80	480
90	510
100	540
200	690
1000	1890

bb) Buchführungspflicht und Betriebsvermögensvergleich

121   Die **Buchführungspflicht** regelt sich nach § 141 AO. Die Umsatzgrenze beträgt für Geschäftsjahre, die nach dem 31.12.2015 beginnen 600.000 € und davor 500.000 € (Umsatzgrenze).

122   Der Wirtschaftswert der selbst bewirtschafteten Land- und forstwirtschaftlichen Fläche beträgt mehr als 25.000 € (Vermögensgrenze).

123   Der Gewinn aus Land- und Forstwirtschaft beträgt mehr als 60.000 € im Kalenderjahr nach dem 31.12.2015 und davor 50.000 € (Gewinngrenze).

124   Bei Beginn der Buchführungspflicht erfolgt eine Aufforderung durch das Finanzamt (§ 141 Abs. 2 AO).

Bei Buchführungspflicht besteht die Verpflichtung, einen Betriebsvermögensvergleich **125** (Rdn. 226 ff.) nach § 4 EStG zu erstellen.

cc) Gewinnermittlung nach Durchschnittssätzen (§ 13a EStG)

Werden die im Vorabschnitt genannten Grenzen nicht überschritten, kann eine Ein- **126** nahmen-/Überschussrechnung (EÜR) gem. § 4 Abs. 3 EStG erstellt werden. Diese ist dann sogar entbehrlich, wenn die Gewinnermittlung nach Durchschnittssätzen zulässig ist.

Eine **Gewinnermittlung nach Durchschnittssätzen** gem. § 13a EStG ist unter folgen- **127** den Voraussetzungen möglich:[107]
– Keine Buchführungspflicht,
– selbstbewirtschaftete Fläche ohne Sonderkulturen beträgt nicht mehr als 20 ha,
– nicht mehr als 50 Vieheinheiten,
– Betriebe mit forstwirtschaftlicher Nutzung bis 50 ha,

Sondernutzung mit Grenzen in Anlage 1a Nummer 2, Spalte 2 zu § 13a Abs. 6 EStG **128** dürfen nicht überschritten werden.

Bei **Sondernutzungen**, die die in Anlage 1a Nummer 2 Spalte 3 genannten Grenzen überschreiten, ist ein Gewinn von 1.000 € je Sondernutzung anzusetzen (§ 13a Abs. 6 Satz 2 EStG).

Für die in Anlage 1a Nummer 2 nicht genannten Sondernutzungen ist der Gewinn **129** nach § 4 Abs. 3 EStG zu ermitteln (§ 13a Abs. 6 Satz 3 EStG).

Nutzung	Grenze	Grenze	**130**
1	2	3	
Weinbauliche Nutzung	0,66 ha	0,16 ha	
Nutzungsteil Obstbau	1,37 ha	0,34 ha	
Nutzungsteil Gemüsebau Freilandgemüse/Unterglas Gemüse	0,67 ha/0,06 ha	0,17 ha/0,015 ha	
Nutzungsteil Blumen/Zierpflanzenbau Freiland Zierpflanzen Unterglas Zierpflanzen	0,23 ha 0,04 ha	0,05 ha 0,01 ha	
Nutzungsteil Baumschulen	0,15 ha	0,04 ha	
Sondernutzung Spargel	0,42 ha	0,1 ha	
Sondernutzung Hopfen	0,78 ha	0,19 ha	

---

107 Neufassung des § 13a EStG durch das Zollkodex-Anpassungsgesetz v. 22.12.2014, BGBl 2014, 2417; vgl. dazu BMF-Schreiben v. 10.11.2015, BStBl I 2015, 877.

Nutzung	Grenze	Grenze
1	2	3
Binnenfischerei	2.000 kg Jahresfang	500 kg Jahresfang
Teichwirtschaft	1,6 ha	0,4 ha
Fischzucht	0,2 ha	0,05 ha
Imkerei	70 Völker	30 Völker
Wanderschäfereien	120 Mutterschafe	30 Mutterschafe
Weihnachtsbaumkulturen	0,4 ha	0,1 ha

131 Gem. § 13a Abs. 3 Satz 4 EStG erfolgt die Übermittlung der Gewinnermittlung auf elektronischem Wege.

Der **Durchschnittssatzgewinn** umfasst
– Gewinne aus landwirtschaftlicher Nutzung,
– Gewinne aus forstwirtschaftlicher Nutzung,
– Gewinne aus Sondernutzungen,
– Sondergewinne, Einnahmen aus V & V von Wirtschaftsgütern des LuF-Betriebsvermögens,
– Einnahmen aus Kapitalvermögen, soweit sie zu den Einkünften aus Land- und Forstwirtschaft gehören (§ 20 Abs. 8 EStG).

▶ Hinweis

132 Es ist kein Abzug von Miet-und Pachtzinsen mehr möglich; nicht anwendbar sind § 4 Abs. 4a EStG (Schuldzinsen), § 6 Abs. 2 und 2a EStG (GWG/Sammelposten), § 7g EStG (IAB). Die lineare AfA gilt als in Anspruch genommen.

133 Der Gewinn aus **landwirtschaftlicher Nutzung** wird sodann wie folgt ermittelt:
– Grundbetrag = 350 € pro Hektar (unabhängig von der Bodengüte)
– Zuschlag für verstärkte Tierhaltung ab 26. Vieheinheit = 300 €/VE
– »gilt« als Gewinnermittlung gem. § 4 Abs. 1 EStG

134 Der Gewinn aus **forstwirtschaftlicher Nutzung** wird wie folgt ermittelt:

Zwingende Anwendung von § 51 EStDV (pauschaler Betriebsausgabenabzug 55 % bzw. 20 % bei »Verkauf auf dem Stamm«).

135 Der Gewinn aus Sondernutzungen wird wie folgt ermittelt:

Anlage 1a Nr. 2 Spalte 3: Für die Gewinnermittlung werden besondere Flächengrößen je Sonderkulturen festgelegt; bei Überschreiten dieser Flächengrenzen wird ein Gewinn von 1.000 € je Sondernutzung angenommen.

136 Gem. § 13a Abs. 7 EStG sind **Sondergewinne** nach § 4 Abs. 3 EStG zu ermitteln.

Nach dieser Vorschrift sind Sondergewinne Gewinne aus:

- Verkauf bzw. Entnahme von Grund und Boden und den dazugehörigen Aufwuchs, Gebäuden, immateriellen Wirtschaftsgütern und Beteiligungen (Verzeichnis über Grund und Boden muss deshalb geführt werden),
- Verkauf bzw. Entnahme von sonstigen Anlagevermögen, Tiere zum Veräußerungspreis inkl. Umsatzsteuer von mehr als 15.000 €,
- Gewinne aus Entschädigungen, die gewährt worden sind für den Verlust, den Untergang/die Wertminderung der vorgenannten Wirtschaftsgüter,
- Gewinne aus der Auflösung von Rücklagen, z.b. §§ 6b, 6c EStG.
- Bei dieser Sonder-Gewinnermittlung sind die Anschaffung- bzw. Herstellungskosten (AK/HK) der veräußerten abnutzbaren Wirtschaftsgüter um fiktiv abgegoltene lineare AfA zu kürzen.

Verfahrenshinweis zum Auskunfts- und Beleganspruch 137

Alles das (zum Beispiel Sondernutzungen, Sondergewinne), was der Gewinnermittlung nach § 13a EStG dient, ist in laufend zu führenden Verzeichnissen nach § 13a Abs. 7 Satz 3 EStG zu dokumentieren.[108] Hierauf besteht ein Auskunfts-und Beleganspruch.

Die vorstehenden Ausführungen zu den pauschalierenden Annahmen in der steuer- 138 lichen Gewinnermittlung entsprechen nicht einer konkreten und exakten Gewinnermittlung, so dass die vorstehenden Methoden der Ermittlung nach Durchschnittssätzen gem. § 13a EStG zu unterhaltsrechtlichen Zwecken der Einkommensermittlung nur eingeschränkt tauglich sind. Mind. wird zur Erfüllung der Darlegungs- und Beweislast eine EÜR gem. § 4 Abs. 3 EStG verlangt. Will man aber den periodengerechten Gewinn dargestellt wissen, ist ein Betriebsvermögensvergleich gem. § 4 Abs. 1 EStG erforderlich.

▶ **Hinweis zu Ehegatten-Mitunternehmerschaften**

Sofern Eheleute aufgrund vertraglicher Vereinbarung oder auch ohne ausdrückliche 139 Vereinbarung eines Gesellschaftsverhältnisses aufgrund einer Mitunternehmerschaft gemeinsam Einkünfte aus Land- und Forstwirtschaft erzielen, ist eine gesonderte und einheitliche Feststellung nach § 180 Abs. 1 Nr. 2a AO durchzuführen, sofern diese ihren Gewinn nach § 4 Abs. 1 bzw. § 4 Abs. 3 EStG ermitteln.[109]

b) Einkünfte aus Gewerbebetrieb

aa) Gewinne

Einkünfte aus Gewerbebetrieb sind Gewinne aus gewerblichen Einzelunterneh- 140 men nach § 15 Abs. 1 Nr. 1 EStG sowie Gewinne der Gesellschafter aus Personengesellschaften nach § 15 Abs. 1 Nr. 2 EStG. Dazu gehören insb. die Gewinne aus gewerblichen Unternehmen wie z.B. Handwerksbetriebe, Einzelhandelsbetriebe,

---

108 Merkblatt zu den besonderen, laufend zu führenden Verzeichnissen nach § 13a Abs. 7 Satz 3 EStG des Bay LA f Steuern, Stand: Mai 2017.
109 Verfügung der OFD Frankfurt S 2230 A – 078 -St 216 v. 18.5.2017 (StEd S. 377).

Großhandelsbetriebe, Industriebetriebe, Handelsvertreter oder Handelsmakler (§ 15 Abs. 1 Nr. 1 EStG).

▶ Hinweis

Unbeschränkt körperschaftsteuerpflichtige Kapitalgesellschaften erzielen gem. § 8 Abs. 2 KStG kraft Rechtsform Einkünfte aus Gewerbebetrieb.

141 Eine unternehmerische Tätigkeit ist Voraussetzung für die Annahme von gewerblichen Einkünften. Nicht erforderlich sind feste Einrichtungen oder ein fester Ort, an dem die Tätigkeit ausgeübt wird. Einkünfte aus Gewerbebetrieb können auch erzielt werden, wenn eine Tätigkeit gegen gesetzliche Verbote verstößt. Eine steuerrechtliche Zurechnung der Einkünfte aus Personengesellschaften erfolgt nicht beim Unternehmen (kein ertragsteuerliches Steuerrechtssubjekt[110]), sondern bei dem Unternehmer bzw. Mitunternehmer als natürliche Person, für dessen Rechnung und Gefahr ein gewerbliches Unternehmen betrieben wird.

142 Körperschaftsteuerpflichtige Kapitalgesellschaften sind demgegenüber **Steuerrechtssubjekt.**

bb) Voraussetzungen für eine gewerbliche Betätigung

143 Ein Unternehmen erzielt Einkünfte aus Gewerbebetrieb, wenn es
– eine selbstständige Betätigung ausübt,
– diese Betätigung nachhaltig erfolgt,
– mit Gewinnerzielungsabsicht handelt,
– sich dabei am allgemeinen wirtschaftlichen Verkehr beteiligt und,
– wenn die Betätigung
– weder als Ausübung von Land- und Forstwirtschaft
– noch als Ausübung eines freien Berufs oder einer anderen selbständigen Arbeit
– noch als bloße Vermögensverwaltung anzusehen ist.

cc) Thesaurierungsbegünstigung/besonderer Steuersatz für nicht entnommene Gewinne

144 Durch die Unternehmenssteuerreform 2008 gilt für Jahresabschlüsse ab 2009 der besondere Steuersatz für nicht entnommene Gewinne für Einzelunternehmen und Personengesellschaften (**Thesaurierungsbegünstigung**) bei Anwendung des Betriebsvermögensvergleichs mit 28,25 % zzgl. Solidaritätszuschlag und ggf. Kirchensteuer sowie einer **zusätzlichen Nachversteuerung** im Falle der Ausschüttung i.H.v. weiteren 25 % (diese ohne Solidaritätszuschlag und Kirchensteuer). Die Thesaurierungsbegünstigung kann wirtschaftlich nur von Interesse sein, wenn das Unternehmen langfristig keine Gewinne ausschütten will und muss (vermögensverwaltende, gewerbliche Gesellschaften, insb. KG).

---

110 BFH, BStBl II 1995, 617.

Die Höhe dieses Steuersatzes hat vermutlich verhindert, dass diese Gestaltungsmög- 145
lichkeit im Unterhaltsrecht Bedeutung erlangt hat.

dd) Mitunternehmer

Zu den Einkünften aus Gewerbebetrieb gehören auch die Einkünfte aus **Mitunter-** 146
nehmerschaft, wie die einer Personengesellschaft (§ 15 Abs. 1 Nr. 2 EStG). Mitunternehmer ist, wer Mitgesellschafter einer Personengesellschaft ist und eine gewisse
unternehmerische Initiative entfalten kann und das unternehmerische Risiko trägt.
Hieran kann es fehlen, wenn ein »Mitgesellschafter«, z.b. in einer Ärztepartnerschaft
oder auch Anwaltsgroßsozietät nur zugewiesene Patienten behandeln bzw. Fälle bear-
beitet und/oder an den stillen Reserven/Vermögenswert des Unternehmens (Betriebsvermögen) nicht beteiligt ist[111].

Die Einkünfte werden den einzelnen Mitunternehmern zugerechnet.[112] Die Zurech- 147
nung erfolgt entsprechend dem **Gesellschaftsvertrag, Ergebnisverwendungsbeschluss**
oder Gesetz.

▶ **Verfahrenshinweis**

Auf den Gesellschaftsvertrag und den jährlichen Ergebnisverwendungsbeschlüssen 148
besteht folglich ein unterhaltsrechtlicher **Auskunfts- und Beleganspruch**, denn die
jährlichen Ergebnisse können auch der Quote nach variieren, weil Gewinnverteilung
und Beteiligung an der Gesellschaft keineswegs identisch sein müssen.

Auch Vergütungen, die der Gesellschafter von der Gesellschaft für seine Tätigkeit im 149
Dienste der Gesellschaft (Gehalt) oder die Hingabe von Darlehen (Zinsen) oder die
Überlassung von Wirtschaftsgütern (Miete/Pacht) bezieht, gehören zu den Einkünf-
ten aus Gewerbebetrieb und werden dem Gesellschafter zugerechnet.

ee) Sonderbetriebsvermögen (SBV)/Sonderbetriebseinnahmen und -ausgaben

Die Einkünfte eines Mitunternehmers können als Unterhaltseinkünfte nur dann voll- 150
ständig beurteilt werden, wenn auch das Ergebnis aus dem **Sonderbetriebsvermö-**
gen (entsprechende Vorgehensweise bei der EÜR mit Anlagen SE 2015 und Anlage
AVSE 2015) herangezogen wird. SBV ist ein steuerrechtlicher Begriff für Wirtschaftsgüter, die im Privateigentum von einem, mehreren oder allen Mitunternehmern einer
Personengesellschaft stehen.

Die Wirtschaftsgüter gehören zum **SBV I**, wenn sie unmittelbar dem Betrieb der 151
Mitunternehmerschaft dienen. Zum **SBV II** gehören Wirtschaftsgüter, die unmittelbar zur Begründung oder Stärkung der Beteiligung des Mitunternehmers an der
Personengesellschaft eingesetzt werden und damit die Beteiligung des Gesellschafters
fördern. Gewillkürtes SBV ist möglich, wenn das Wirtschaftsgut geeignet ist, dem

---

111 FG Düsseldorf, EFG 2014, 840.
112 BFH, BStBl II 1993, 616.

Gewerbebetrieb, der Mitunternehmerschaft oder der Beteiligung zu dienen. Die Willkürung erfolgt durch Aktivierung in der **Sonderbilanz.**

Die **Sonderbilanz** weist aktive und passive Wirtschaftsgüter des SBV I und II aus.

152 Die **Sonder-Gewinn- und Verlustrechnung** weist Sonderbetriebseinnahmen und Sonderbetriebsausgaben aus. Hierunter fallen z.b. Sondervergütungen der Mitunternehmerschaft an den Mitunternehmer, sonstige Sonderbetriebseinnahmen aus dem Sonderbetriebsvermögen oder Sonderbetriebsausgaben beim Sonderbetriebsvermögen.[113]

153 Als Sonderbetriebseinnahmen bezeichnet man neben den Gewinnanteilen auch alle zufließenden Vergütungen. Diese Sonderbetriebseinnahmen werden ebenfalls den Einkünften aus Gewerbebetrieb hinzugerechnet. Als Aufwand mindern sie zwar den Handelsbilanzgewinn der Gesellschaft, nicht aber den steuerlichen Gewinn (damit auch Beispiel für das Auseinanderfallen von Handels- und Steuerbilanz).

▶ Beispiel

154 A und B sind jeweils mit 50 % an der C-KG beteiligt. Der Handelsbilanzgewinn wird nach dem Gesellschaftsvertrag in dem Verhältnis 1:1 verteilt.

Nach den handelsrechtlichen Vorschriften wird der Bilanzgewinn der KG ermittelt und beträgt 500.000 € für das Kalenderjahr 2015.

A ist gleichzeitig als Geschäftsführer der KG tätig und erhält für seine Tätigkeit in 2015 einen Betrag i.H.v. 60.000 €.

B hat der KG ein Darlehen i.H.v. 150.000 € zur Verfügung gestellt, für das er im Jahr 2015 15.000 € Zinsen erhalten hat. Außerdem hat B der KG Räumlichkeiten gegen Zahlung einer Jahresmiete von 30.000 € überlassen.

Gehalt sowie Zinsen und Miete von insg. 105.000 € haben den Handelsbilanzgewinn gemindert.

Lösung

A und B haben folgende Einkünfte aus Gewerbebetrieb:

Handelsbilanzgewinn	500.000 €
+ Vergütung für Tätigkeit	60.000 €
+ Vergütung für Hingabe eines Darlehens	15.000 €
+ Vergütung für Überlassung von Räumlichkeiten	30.000 €
= **steuerlicher Gewinn** (§ 15 Abs. 1 Nr. 2 EStG)	**605.000 €**

---

113 *Gabler* Wirtschaftslexikon, Stichwort: Sonderbetriebsvermögen.

Gesellschafter	Vorweggewinn	Handelsbilanz (1:1)	Einkünfte aus Gewerbebetrieb
A	60.000 €	250.000 €	310.000 €
B	45.000 €	250.000 €	295.000 €
Summen	105.000 €	500.000 €	605.000 €

▶ Verfahrenshinweis: Auskunfts- und Beleganspruch

Da Mitunternehmer den auf sie entfallenden Gewinnanteil in dem Veranlagungs-   155
zeitraum zu versteuern haben, in dem sie den Gewinn erzielt haben, bezieht sich
der Auskunfts- und Beleganspruch auf
– **Sonderbilanzen** und Sonder-Gewinn- und Verlustrechnungen (auch bei EÜR
  Sondergewinnermittlungen!);
– das handelsrechtliche und das steuerrechtliche Ergebnis ausweislich der »**Erklärung und dem Bescheid zur gesonderten und einheitlichen Feststellung von
  Grundlagen für die Einkommensbesteuerung**« gem. § 180 AO (Formular:
  ESt 1B) sowie
– auf die gesellschaftsvertragliche bzw. schuldvertragliche Regelung bzgl. des
  Sonderbetriebsvermögens, der Sonderbetriebseinnahmen und der Sonderbetriebsausgaben.
– Gleiches gilt für die bei Personengesellschaften fakultativen **Ergebnisverwendungsbeschlüsse**, weil Beteiligung an der Gesellschaft und Gewinnbeteiligung
  nicht identisch sein müssen.

▶ Beispiel

A erhält seinen Gewinnanteil für 2015 (Wirtschaftsjahr = Kalenderjahr) in 2016   156
ausgezahlt.

Lösung

Weil der Gewinn im Veranlagungszeitraum 2015 erzielt worden ist, hat A seinen
Gewinnanteil im Veranlagungszeitraum 2015 zu versteuern.

Bei abweichendem Wirtschaftsjahr wird der Gewinn bei Gewerbetreibenden in
dem Kalenderjahr bezogen, in dem das Wirtschaftsjahr endet, § 4a Abs. 2 Nr. 2
EStG.

▶ Beispiel

A ist Gesellschafter der X-OHG. Der Gewinnanteil für das Wirtschaftsjahr
2014/2015 (01.04.2014 bis 31.03.2015) beträgt 10.000 €.

Lösung

Hier gilt, dass der Gewinn i.H.v. 10.000 € für A im Kalenderjahr 2015 als bezogen
gilt, weil das Wirtschaftsjahr auch 2015 endet.

▶ **Hinweis**

157 Die Rechtsprechung des IV. Senats des BFH[114] stärkt die Möglichkeit der Buchwertübertragung von Sonderbetriebsvermögen bei Schenkung des Mitunternehmeranteils, bei Übertragung auf Schwesterpersonengesellschaften und bei Übertragung in das Gesamthandsvermögen. Bei Umwandlungen kann es deshalb zur Buchwertfortführung, zum Ansatz von Zwischenwerten und zum Ansatz des Teilwerts, also unter (teilweiser) Aufdeckung der stillen Reserven, kommen.

ff) Atypisch/typisch stille Gesellschaft

158 Zu den Einkünften aus Gewerbebetrieb gehören weiterhin auch **Einkünfte unechter (atypischer) stiller Gesellschafter.** Unechte stille Gesellschafter gelten deshalb als Mitunternehmer, weil sie nicht nur am Gesellschaftserfolg, sondern auch am Betriebsvermögen, einschließlich der stillen Reserven, und am Geschäftswert, d.h. Firmenwert, beteiligt sind.

▶ **Merke:**

Die Einkünfte unechter (atypischer) Gesellschafter werden den Einkünften aus Gewerbebetrieb nach § 15 EStG, Einkünfte echter (typischer) stiller Gesellschafter den Einkünften aus Kapitalvermögen nach § 20 EStG zugeordnet.

159 Typische stille Gesellschafter sind lediglich Kapitalgeber und somit am Erfolg, d.h. am Gewinn und ggf. auch am Verlust der Gesellschaft beteiligt, nicht jedoch am Betriebsvermögen und am Geschäftswert (§§ 230 ff. HGB). Echte stille Gesellschafter können somit keine Einkünfte aus Gewerbebetrieb, sondern lediglich Einkünfte aus Kapitalvermögen erzielen.

▶ **Verfahrenshinweis: Auskunfts- und Beleganspruch**

160 Zur Beurteilung der Art und Höhe der Einkünfte besteht ein unterhaltsrechtlicher Auskunfts- und Beleganspruch auf das vertragsrechtliche Statut (Gesellschaftsvertrag) und die jährliche Ermittlung des Gewinnanteils.

161 Zu den Einkünften aus Gewerbebetrieb gehören per se auch **Gewinnanteile der Gesellschafter einer GmbH & Co. KG.** Die GmbH & Co. KG wird auch steuerlich als Personengesellschaft (KG) behandelt.

gg) Veräußerungsgewinne

162 **Veräußerungsgewinne,** die bei der Veräußerung eines Betriebes (siehe auch unter latenter Steuerlast) erzielt werden, gehören nach § 16 Abs. 1 Satz 1 EStG ebenfalls zu den Einkünften aus Gewerbebetrieb, wobei sich die Veräußerung beziehen kann auf:
–   den ganzen Gewerbebetrieb oder einen Teilbetrieb,

---

114 BFH, 02.08.2012 – IV R 41/11; BFH, 21.06.2012 – IV R 1/08 und BFH, 19.09.2012 – IV R 11/12.

- einen Mitunternehmeranteil oder
- einen Anteil eines persönlich haftenden Gesellschafters an einer KGaA.

Die **Aufgabe eines Betriebes** wird nach § 16 Abs. 3 EStG der Veräußerung gleich- 163
gestellt. Hierbei werden die Veräußerung bzw. die Aufgabe des Betriebes als letzte
gewerbliche Handlung des Unternehmers angesehen.

▶ Beachte:

- Ein Veräußerungsgewinn ist steuerpflichtig (§ 16 Abs. 3 Satz 1 EStG).
- An die Stelle des Veräußerungserlöses tritt der gemeine Wert der in das Privat-
  vermögen überführten Wirtschaftsgüter (§ 16 Abs. 3 Satz 6, 7 EStG).
- Freibetrag (§ 16 Abs. 4 EStG) und Tarifermäßigung (§ 34 EStG) sind anwend-
  bar, wenn alle stillen Reserven aufgedeckt werden.
- Keine Gewerbesteuer
- Eine Betriebsaufgabe ist auch die **Realteilung** eines Unternehmens.

Veräußerungsgewinne nach § 16 Abs. 2 EStG ermitteln sich durch Betriebsvermö- 164
gensvergleich; § 16 Abs. 2 Satz 2 i.V.m §§ 4 Abs. 1, 5 EStG (einmal bilanziert jeder
Unternehmer), wie folgt:

Veräußerungspreis

abzgl. Wert des Betriebsvermögens/Reinvermögens (Vermögen minus Schulden)

abzgl. Veräußerungskosten

=**Veräußerungsgewinn**

▶ Beispiel

Der 60 Jahre alte A betreibt seit 40 Jahren in Hannover eine Gemüsegroßhandlung. 165
Er veräußert seinen Betrieb in 2014 im Ganzen für 300.000 €. Er stellt gleichzeitig
seine gesamte gewerbliche Tätigkeit auf Dauer ein.

Zum Veräußerungszeitpunkt betrug der Wert des Betriebsvermögens (Aufgabebilanz) 90.000 €. An Veräußerungskosten sind 10.000 € (Makler-, Notarkosten etc.)
angefallen.

Lösung

Der Veräußerungsgewinn für A wird für den Veranlagungszeitraum 2014 wie folgt
ermittelt:

Veräußerungspreis	300.000 €
./. Veräußerungskosten	10.000 €
./. Wert des Betriebsvermögens	90.000 €
= **Veräußerungsgewinn**	**200.000 €**

166   Der Veräußerungsgewinn wird gem. § 34 EStG als **außerordentliche Einkünfte** versteuert.

167   Wenn der Veräußerungsgewinn 5 Mio. Euro nicht übersteigt und der Steuerpflichtige das 55. Lebensjahr vollendet hat oder dauernd erwerbsunfähig im sozialrechtlichen Sinne ist, gibt es eine Steuerermäßigung auf 56 % des Durchschnittsteuersatzes (§ 34 Abs.3 Satz 2 EStG) und es wird der Veräußerungsgewinn um einen **Freibetrag** von 45.000 € nach § 16 Abs. 4 Satz 1, § 34 Abs. 3 EStG gemindert. Dieser Freibetrag ist nach § 16 Abs. 4 Satz 2 EStG einem Steuerpflichtigen nur einmal zu gewähren. Er ermäßigt sich um den Betrag, um den der Veräußerungsgewinn 136.000 € als Grenzbetrag übersteigt (§ 16 Abs. 4 Satz 3 EStG).

▶ **Beispiel**

168   Bei der Veräußerung des Einzelunternehmens des A entsteht ein Veräußerungsgewinn i.H.v. 150.000 €.

Lösung

Auf Antrag kann A einen Freibetrag nach § 16 Abs. 4 EStG erhalten. Da der Gewinn den Grenzbetrag um 14.000 € (150.000 € ./.136.000 €) übersteigt, ermäßigt sich der Freibetrag auf 31.000 € (45.000 € ./.14.000 €).

Der steuerpflichtige Veräußerungsgewinn beläuft sich damit auf (150.000 € ./. 31.000 € =) 119.000 €.

169   **Sog. Fünftelregelung**

Ziel des § 34 Abs. 1 EStG ist es, eine **verschärfte Progressionswirkung** durch die Zusammenballung von laufend bezogenen und außerordentlichen, nicht regelmäßig erzielbaren Einkünften in einem Jahr zu verhindern. Die verschärfte Progressionswirkung durch die Zusammenballung von Einkünften soll mittels einer rechnerischen Verteilung der Einkünfte auf fünf Jahre verhindert werden.

170   Die ESt für das Einkommen ohne die außerordentlichen Einkünfte wird der ESt für das Einkommen ohne die außerordentlichen Einkünfte zzgl. eines Fünftels der außerordentlichen Einkünfte gegenübergestellt. Der Unterschiedsbetrag wird verfünffacht und der ESt für das verbleibende zu versteuernde Einkommen hinzugerechnet. Der so ermittelte Betrag ist im Jahr des Zuflusses der außerordentlichen Einkünfte zu zahlen.

▶ **Beispiel**

171   Der verheiratete A hat im Jahr 2014 laufende Einkünfte i.H.v. 40.000 € und außerordentliche Einkünfte aus einem Veräußerungsgewinn i.H.v. 150.000 €.

Lösung Schritt 1

Unter Berücksichtigung von sonstigen Abzügen zur Ermittlung des zu versteuernden Einkommens (zvE) i.H.v. 10.000 € ergibt sich bei Anwendung der Fünftelregelung folgende Einkommensteuer:

Laufende Einkünfte:	40.000 €
a.o. Einkünfte:	150.000 €
Abzüge zur Ermittlung des zvE	10.000 €
zvE ohne Anwendung des § 34 EStG	180.000 €

Lösung Schritt 2

Ermittlung der Steuer lt. Splittingtabelle
(Tarif 2014):

zvE ohne Anwendung des § 34 EStG	180.000 €
abzgl. a.o. Einkünfte	150.000 €
verbleibendes zvE	30.000 €
Steuer lt. Splittingtabelle	2.686 €

Lösung Schritt 3

Ermittlung der Steuer mit 1/5 der a.o.
Einkünfte:

verbleibendes zvE	30.000 €
zzgl. 1/5 der a.o. Einkünfte	30.000 €
erhöhtes zvE	60.000 €
Steuer auf erhöhtes zvE	11.116 €

Lösung Schritt 4

Ermittlung des Unterschiedsbetrags:

Steuer auf erhöhtes zvE	11.116 €
Steuer auf verbleibendes zvE	2.686 €
Unterschiedsbetrag	8.430 €
Fünffaches des Unterschiedsbetrags	42.150 €

Lösung Schritt 5

Steuerfestsetzung:

Steuer auf verbleibendes zvE	2.686 €
Steuer auf a.o. Einkünfte	42.150 €
Einkommensteuer 2014	44.836 €

172 Die **Veräußerung eines Mitunternehmeranteils** führt zu folgenden steuerrechtlichen Folgen:
- Der Gewinn ist steuerpflichtig (§ 16 Abs. 1 Nr. 2 EStG).
- Der Freibetrag (§ 16 Abs. EStG) und die Tarifermäßigung (§ 34 EStG) sind anwendbar, wenn insoweit alle stillen Reserven aufgedeckt werden.
- Es entsteht keine Gewerbesteuer, wenn der Veräußerer eine natürliche Person ist (§ 7 Satz 2 GewStG).
- Die Veräußerung des Teils eines Mitunternehmeranteils (Teilanteilsveräußerung) ist gem. § 16 Abs. 2 EStG nicht begünstigt und unterliegt daher dem laufenden Gewinn.

▶ **Verfahrenshinweis Auskunfts- und Belegenanspruch**

173 Einkünfte aus Gewerbebetrieb und Veräußerungsgewinne aus Gewerbebetrieb sind in der Anlage G auszuweisen. Auf dieses Formular und die Dokumentation der Ermittlung der Höhe des Veräußerungsgewinns besteht ein unterhaltsrechtlicher Auskunfts- und Belegenanspruch.

hh) Betriebsaufspaltung

174 Zur Aufdeckung von stillen Reserven und somit zu **Veräußerungsgewinnen** kann es auch kommen, wenn eine **Betriebsaufspaltung durch eine Scheidungsfolgenvereinbarung** beendet wird. Auch stellt sich hier in besonderer Weise die Frage, woher die Einkünfte stammen und insb., ob Einkommensverlagerungen und unzulässige Vermögensbildung vorliegen.

175 Eine **Betriebsaufspaltung** liegt dann vor, wenn wirtschaftlich einheitliche Unternehmen in grds. zwei der Rechtsform nach verschiedene Betriebe gegliedert werden,[115] d.h. wenn ein wirtschaftlich einheitliches Unternehmen in eine Betriebsgesellschaft und in eine Besitzgesellschaft gegliedert ist. Hierbei unterscheidet man zwischen einer echten und unechten Betriebsaufspaltung, wobei steuerlich beide Arten gleichbehandelt werden.

176 Grundlage zwischen dem Besitzunternehmen und dem Betriebsunternehmen bildet hier meistens ein **Pachtvertrag** hinsichtlich der Überlassung der Wirtschaftsgüter, meistens Grundstücke/Firmengebäude. Wenn die überlassenen Wirtschaftsgüter zu den **wesentlichen Grundlagen** der Betriebsgesellschaft gehören und eine enge **personelle Verflechtung** zwischen dem Besitz- und dem Betriebsunternehmen besteht, geht die Überlassung über den Rahmen einer bloßen Vermögensverwaltung hinaus. Es besteht eine sog. **sachliche und personelle Verflechtung**.

177 Steuerrechtsfolge: Die Einkünfte werden dann nicht mehr der Einkunftsart »Vermietung und Verpachtung« nach § 21 EStG zugeordnet. Die Einkünfte sind vielmehr gewerblich i.S.d § 15 EStG.

---

115 Vgl. BFH, BStBl II 1972, 63.

Die Beurteilung aus steuerrechtlicher Sicht basiert darauf, dass die hinter dem Besitz- und dem Betriebsunternehmen stehenden Personen einen einheitlichen geschäftlichen Betätigungswillen haben, der über das Betriebsunternehmen auf die Ausübung einer gewerblichen Betätigung gerichtet ist.[116]   **178**

Eine Beteiligungsidentität ist nicht erforderlich,[117] sondern Voraussetzung ist allein, dass die Willensbildung bei beiden Unternehmen einheitlich ist und dass das Besitz- unternehmen dem Betriebsunternehmen zumindest eine wesentliche Betriebsgrund- lage überlässt.   **179**

Bei beiden Gesellschaften muss die gleiche Willensbildung möglich sein.[118] Hierbei ist es auch nicht zwingend nötig, dass es sich bei der Betriebsgesellschaft um eine Kapitalgesellschaft und bei dem Besitzunternehmen um ein Einzelunternehmen bzw. eine Personengesellschaft handelt.   **180**

Das Betriebsunternehmen kann auch eine Personengesellschaft oder ein Einzelunter- nehmen sein. Ebenso ist eine Betriebsaufspaltung zwischen zwei Personengesellschaften möglich. Im Gegensatz zur Mitunternehmerschaft sind bei einer Betriebsaufspaltung mindestens zwei Unternehmen vorhanden.   **181**

▶ **Hinweis**

Nach der aktuellen Rechtsprechung des **BFH** ist jedes Grundstück, das die räumliche   **182** und funktionale Grundlage für die Geschäftstätigkeit des Betriebsunternehmens bildet und es ihr ermöglicht, den Geschäftsbetrieb aufzunehmen und auszuüben, eine wesentliche Betriebsgrundlage.[119]

Eine **wesentliche Betriebsgrundlage** liegt somit vor, wenn das Grundstück nach dem   **183** Gesamtbild der Verhältnisse zur Erreichung des Betriebszwecks erforderlich ist und besonderes Gewicht für die Betriebsführung hat. Es ist nicht mehr erforderlich, dass eine besondere Gestaltung für den jeweiligen Unternehmenszweck vorliegt (sog. bran- chenspezifische Herrichtung und Ausgestaltung). Ohne Belang sind auch Maßstäbe, die von außen ohne Bezug auf die Betriebsstruktur an das Grundstück angelegt werden. Es spielt somit keine Rolle mehr, ob das Grundstück auch von anderen Unternehmen genutzt werden könnte oder ob ein Ersatzgrundstück gekauft oder angemietet werden kann bzw. ob das Grundstück und die aufstehenden Baulichkeiten ursprünglich für die Zwecke eines anderen Betriebes genutzt und ohne nennenswerte Investitionen und Veränderungen in den Dienst der Gesellschaft gestellt werden.[120] Ebenfalls uner- heblich ist, ob das Betriebsunternehmen auch von einem anderen gemieteten oder gekauften Grundstück aus hätte betrieben werden können.

---

116 BFH, BStBl II 1981, 39.
117 BFH, BStBl II 1975, 266.
118 BFH, BStBl II 1973, 447.
119 Vgl. BFH, BStBl II 2002, 662 und 665, BFH/NV 2003, 1321.
120 BFH/NV 2003, 41.

184 In Hinblick auf die **personelle Verflechtung** ist es nicht notwendig, dass an beiden Unternehmen die gleichen Beteiligungen derselben Person bestehen. Es reicht aus, wenn die Personen, die das Besitzunternehmen **tatsächlich beherrschen**, auch in der Lage sind, in dem Betriebsunternehmen ihren Willen durchzusetzen oder umgekehrt. Es reicht somit Beherrschungsidentität aus.[121]

Nach Ansicht des **BFH**[122] genügt es, wenn eine Besitzpersonengesellschaft von ihrem nicht mehrheitlich beteiligten alleinigen Gesellschaftergeschäftsführer beherrscht wird.

185 **Ausnahme:** Eine personelle Verflechtung liegt nur dann nicht vor, wenn die Beteiligungsverhältnisse in Besitz- und Betriebsunternehmen weit auseinanderliegen und damit unwesentlich sind, wie z.b. bei der Beteiligung von 98 % zu 2 % und umgekehrt. Ebenso liegt keine Betriebsaufspaltung vor, wenn ein Gesellschafter der Besitzgesellschaft auch gleichzeitig Gesellschafter der Betriebsgesellschaft ist und nach dem Gesellschaftsvertrag der Besitzgesellschaft für alle Geschäfte im Zusammenhang mit den überlassenen Betriebsgrundlagen Einstimmigkeit herrschen muss.[123]

186 Sind **Ehepartner** beteiligt, so galt nach früherer Rechtsprechung und Auffassung der Finanzverwaltung, dass den Ehepartnern bei intakter Ehe ein einheitlicher geschäftlicher Betätigungswille unterstellt wurde. Für die Ermittlung der Beherrschungsidentität wurden die Anteile der Ehepartner zusammengerechnet. Diesem Rechtsgedanken widersprach das BVerfG.[124] Nach Ansicht des BVerfG darf eine Addition der Anteile nur dann noch erfolgen, wenn zusätzliche konkrete Umstände dies nahelegen.

187 Nach dem sog. **Wiesbadener Modell** liegt dann **keine** Betriebsaufspaltung vor, wenn ein Ehepartner nur am Besitzunternehmen und der andere Ehepartner nur am Betriebsunternehmen beteiligt ist.[125]

▶ **Verfahrenshinweis**

188   Es sollte durch Scheidungsvereinbarungen vermieden werden, **Betriebsaufspaltungen** »entstehen« zu lassen. Auch sollte vermieden werden, durch derartige Vereinbarungen eine Betriebsaufspaltung zu beenden. Hierdurch werden nämlich die stillen Reserven aufgedeckt und der Besteuerung zugeführt.[126] I.R.d. Ehescheidung sollte deshalb darauf hingewirkt werden, dass sich die Beteiligungsverhältnisse in der Besitz- und der Betriebsgesellschaft nicht ändern. Möglich ist auch, dass der ausscheidende Ehepartner die Beteiligung sowohl an der Besitz- als auch an der Betriebsgesellschaft auf den anderen Ehepartner überträgt. In diesem Fall bleiben

---

121   Vgl. BFH, GmbHR 2000, 575.
122   BFH, DStR 2000,1431.
123   Vgl. BFH, FR 1999, 596.
124   BVerfG, BStBl II 1985, 475.
125   BFH, BStBl II 1997, 28.
126   BFH, BStBl II 1994, 23; BFH, BB 1993, 2356.

die Voraussetzungen der Betriebsaufspaltung, nämlich die Beherrschungsidentität, in beiden Gesellschaften erhalten.

c) Einkünfte aus selbstständiger Arbeit, § 18 EStG

aa) Merkmale

Im Einkommensteuergesetz werden in § 18 EStG beispielhaft Tätigkeiten aufgezählt, **189** die unter die **Einkünfte aus selbstständiger Arbeit** zu subsumieren sind. Es gelten zunächst die gleichen Voraussetzungen wie bei den Einkünften aus Gewerbebetrieb. Jedoch muss ein Selbstständiger im Gegensatz zum Gewerbetreibenden auch bei Einsatz von Mitarbeitern aufgrund eigener Fachkenntnisse leitend und eigenverantwortlich tätig sein und der Arbeit sein Gepräge geben.

Nach H 15.6 EStH 2012 müssen folgende Merkmale für eine selbstständige Arbeit **190** vorliegen:
- Selbstständigkeit
- Nachhaltigkeit
- Gewinnerzielungsabsicht
- Beteiligung am allgemeinen wirtschaftlichen Verkehr und
- persönlicher Arbeitseinsatz des Steuerpflichtigen

bb) Unterscheidungen

Unterschieden wird nach Einkünften aus **freiberuflicher Arbeit** nach § 18 Abs. 1 Nr. 1 **191** EStG sowie Einkünften aus sonstiger **selbstständiger Arbeit** nach § 18 Abs. 1 Nr. 3 EStG. Im Gegensatz zu den gewerblichen Tätigkeiten wird die selbstständige Arbeit durch die Persönlichkeit des den Beruf Ausübenden geprägt (§ 18 Abs. 1 Nr. 1 EStG).

▶ **Beispiele für eine freiberufliche Tätigkeit sind**

Selbstständige, wissenschaftliche, künstlerische, schriftstellerische, unterrichtende **192** oder erzieherische Tätigkeit

oder

selbstständige Arbeit bestimmter Berufsgruppen, der sog. Katalogberufe wie

Ärzte, Rechtsanwälte und Steuerberater

oder

selbstständige Arbeit, die den Katalogberufen ähnlich ist wie

Hebammen, Heilmasseure und EDV-Berater.

▶ **Beispiele für Einkünfte aus sonstiger selbstständiger Arbeit (§ 18 Abs. 1 Nr. 3 EStG) sind**

Testamentsvollstrecker, Vermögensverwalter und Aufsichtsratsmitglieder. **193**

Zur Abgrenzung der selbstständigen zur gewerblichen Tätigkeit wird auf H 15.6 EStH 2012 verwiesen.

cc) Besserstellung gegenüber Einkünften aus Gewerbebetrieb

194 Es besteht keine Gewerbesteuerpflicht (§ 2 Abs. 1 Satz 1 GewStG). Dies stellt keinen Verstoß gegen den Gleichheitsgrundsatz des Art. 3 Abs. 1 GG dar.[127]

dd) Abfärbung

195 Sind aber Teile der Einkünfte gewerblich, kann das zur Gewerblichkeit aller Einkünfte führen (Gewerbebetrieb kraft **Abfärbung**[128]). Ist bspw. ein zivilrechtlicher Mitgesellschafter nur weisungsgemäß für gewisse Aufgaben zuständig und nicht bei Ausscheiden an den stillen Reserven beteiligt, kann dies bei einer Arztpraxis zur Gewerblichkeit bzgl. aller Einkünfte führen.

196 Steuerrechtlich ist eine Mitunternehmerstellung erforderlich, die Unternehmerinitiative und Mitunternehmerrisiko erfordert. Fehlt es an einer Vermögensbeteiligung und somit auch an einer Beteiligung an den stillen Reserven der Gesellschaft und liegt eine umsatzabhängige Gewinnbeteiligung vor, fehlt es am Unternehmerrisiko. Alle Einkünfte sind infiziert und damit gewerbliche Einkünfte gem. § 15 Abs. 3 Nr. 1 EStG.

197 Das Problem der Abfärbung stellt sich auch bei der **vermögensverwaltenden Personengesellschaft**, meistens in der Form der KG, sog. **Zebragesellschaft**, die ebenfalls durch gewerbliche Beteiligungen in die Gewerbesteuerpflicht geraten kann. Dies soll nicht gelten, wenn ein »äußerst geringer Anteil« (3 % der Umsätze und nicht mehr als 24.500 €) an gewerblicher Tätigkeit gegeben sein soll.[129] Freiberufler können die Art der Gewinnermittlung wählen: entweder die EÜR gem. § 4 Abs. 3 EStG oder den Betriebsvermögensvergleich nach § 4 Abs. 1 EStG ohne allerdings die besonderen Vorschriften des Handelsgesetzbuches beachten zu müssen, da diese nur von Kaufleuten anzuwenden sind.

▶ **Verfahrenshinweis Auskunfts- und Beleganspruch:**

198 Einkünfte aus selbstständiger Arbeit sind in die Anlage S der Einkommensteuererklärung (ggf. Betriebsvermögensvergleich) sowie bei EÜR in der Anlage EÜR, AVEÜR, SZE, ER, SE, AVSE einzutragen. Diese Unterlagen sind vorzulegen.

---

127 BVerfG, 15.01.2008 – 1 Bvl 2/04, BVerfGE 120,1-55.
128 FG Düsseldorf, EFG 2014, 840.
129 BFH, DStR 2015, 345.

4. Ermittlung der Gewinneinkünfte und unterhaltsrechtliche Anpassungen

a) Betriebseinnahmen/Einnahmen i.S.d. § 8 EStG

Entstehen i.R.d. Gewinneinkünfte, also Einkünften aus Land- und Forstwirtschaft **199**
nach § 13 EStG, den Einkünften aus Gewerbebetrieb nach § 15 EStG und den Einkünften aus selbstständiger Arbeit nach § 18 EStG, Einnahmen, handelt es sich um
Betriebseinnahmen. Neben Geldeinnahmen zählen hierzu auch geldwerte Einnahmen, wie z.B. Sachbezüge (z.B. PKW-Nutzung).

Zu den Einnahmen gem. § 8 EStG gehören auch die Einnahmen aus den Über- **200**
schusseinkunftsarten, also aus den Einkünften aus nichtselbstständiger Arbeit nach
§ 19 EStG, den Einkünften aus Kapitalvermögen nach § 20 EStG, den Einkünften
aus Vermietung und Verpachtung nach § 21 EStG und den sonstigen Einkünften
i.S.d. § 22 EStG.

Auch hier fallen alle Güter in Geld oder Geldeswert unter die Einnahmen, z.B. die **201**
Wohnung, Kost, Waren, Dienstleistungen und die im Unterhaltsrecht oft relevante
PKW-Gestellung.

b) Betriebsausgaben, § 4 Abs. 4 EStG

Betriebsausgaben liegen vor, wenn Ausgaben mit den Gewinneinkünften in Zusam- **202**
menhang stehen und vom Betrieb veranlasst worden sind (§ 4 Abs. 4 EStG). § 4 Abs. 5
EStG regelt darüber hinaus, dass Aufwendungen für Jagd oder Fischerei, Segelyachten
oder Motoryachten sowie für ähnliche Zwecke und für die hiermit zusammenhängenden Bewirtungen nicht den Gewinn mindern dürfen.[130]

Nicht alle Betriebsausgaben dürfen bei der Ermittlung der Einkünfte Berücksichti- **203**
gung finden. Nicht abziehbar sind u.a. (neben den in § 12 EStG genannten Ausgaben
wie z.B. den Aufwendungen für die Lebensführung) nach § 4 Abs. 5 Nr. 1 EStG
folgende Aufwendungen:
- **Aufwendungen für Geschenke an Personen**, die nicht Arbeitnehmer des Steuerpflichtigen sind. Hierunter fallen auch Geschenke an Geschäftsfreunde, es sei
  denn, die Anschaffungs- oder Herstellungskosten in einem Wirtschaftsjahr betragen weniger als 35,01 €.
- **Aufwendungen für die Bewirtung von Personen**, § 4 Abs. 5 Nr. 2 EStG, sind
  Betriebsausgaben aus geschäftlichem Anlass, soweit sie 70 % der Aufwendungen
  übersteigen, die nach der allgemeinen Verkehrsauffassung als angemessen anzusehen sind. Der Vorsteuerabzug bei der Umsatzsteuer bleibt hiervon unberührt.
- **Bewirtungsaufwendungen** sind im Wesentlichen Aufwendungen für den Verzehr **204**
  von Speisen, Getränken und sonstiger Genussmittel. Sie liegen vor, wenn Personen verköstigt werden und hierbei die Darreichung von Speisen und Getränken
  im Vordergrund steht. Typische Annehmlichkeiten und Gesten der Höflichkeit

---

130 BFH, 16.12.2015 – IV R 24/13, www.bundesfinanzhof.de.

wie z.B. die Verköstigung mit Getränken oder Gebäck anlässlich eines Besprechungstermins d.h. i.R.d. Arbeitsausübung usw. zählen nicht hierzu.

205   Zu den Bewirtungsaufwendungen gehören alle Aufwendungen, die zwangsläufig mit der Bewirtung anfallen und im Verhältnis zur Hauptsache eine untergeordnete Rolle spielen. Dies sind neben der Rechnung des Restaurants bspw. Trinkgelder, Garderoben- oder Parkgebühren.

206   Bewirtungsaufwendungen können danach als **Betriebsausgabe oder Werbungskosten** steuermindernd in voller Höhe, regelmäßig zu 70 % oder überhaupt nicht berücksichtigt werden. Es kommt auf die betriebliche/geschäftliche Veranlassung an.

207   –   **Betrieblich veranlasste Bewirtungsaufwendungen** von Mitarbeitern anlässlich von Schulungsveranstaltungen oder sonstigen betrieblichen Veranstaltungen sind uneingeschränkt als Betriebsausgaben zu berücksichtigen. Bei Schulungsveranstaltungen/Vorträgen etc. gilt dies auch bei der Teilnahme von Nichtarbeitnehmern, soweit diese den Bewirtungsanteil zusätzlich zur Schulungsgebühr bezahlt haben (R 4.10 EStR 2012).

208   Ebenso abzugsfähig ist auch die Verköstigung durch einen Herstellungsbetrieb oder Händler anlässlich einer Verkaufsveranstaltung. In diesen Fällen steht der Verkauf der Produkte im Vordergrund. Typischer Fall ist bspw. das Essen eines Unternehmers mit einem Kunden, Lieferanten oder Berater.

209   Übersteigen die Bewirtungsaufwendungen den allgemein verkehrsüblichen Rahmen (Besuch eines Nacht-Clubs), so ist der übersteigende Betrag weder als Werbungskosten noch als Betriebsausgaben zu berücksichtigen.

▶ **Hinweis zur Angemessenheit**

210   Bewirtungsaufwendungen können nur berücksichtigt werden soweit sie angemessen sind. Hier kommt es auf die Üblichkeit im branchentypischen Geschäftsverkehr und auf die Höhe des Umsatzes und Ertrages des Unternehmers im Verhältnis zum Bewirtungsaufwand an.

Aufwendungen für die Bewirtung aus geschäftlichem Anlass in der Wohnung des Steuerpflichtigen sind grds. nicht als Betriebsausgaben abzugsfähig.

211   –   **Privat veranlasste Bewirtungskosten** sind weder Betriebsausgaben noch Werbungskosten.

Keine steuerliche Berücksichtigung finden ferner Bewirtungsaufwendungen die nicht unwesentlich (mehr als 10 %) privat veranlasst sind. Hierbei kann es sich um Geburtstagsveranstaltungen des Unternehmers, eines leitenden Arbeitnehmers oder einer Jubiläumsveranstaltung oder ähnliches handeln.[131]

---

131   Zur unterhaltsrechtlichen Berücksichtigungsfähigkeit von Betriebsausgaben/Personalkosten eines Rechtsanwalts: BGH, 23.11.2005 – XII ZR 51/03, FamRZ 2006, 387; zum Herrenabend: FG Düsseldorf, 19.11.2013 – 10 K 2346/11F, NJW 2014, 10.

Sonderfälle die individuell zu betrachten sind, sind Bewirtungsaufwendungen von   212
Unternehmern oder auch Arbeitnehmern die aus persönlichem Anlass wie einem run-
den Geburtstag, einem Dienstjubiläum oder anderen Gründen erfolgen. Hier kommt
es im Einzelfall auf den Ort der Veranstaltung, die Gästeliste oder sonstige Kriterien
an, die einen objektiven Maßstab zur Überprüfung der wesentlichen betrieblichen
Veranlassung oder einer plausiblen Kostenaufteilung zwischen betrieblichen und privaten Aufwand ermöglichen.

Die Bewirtungsaufwendungen sind zu belegen. Es ist ein Bewirtungsbeleg nach amt-   213
lichen Muster zu erstellen.

Bei Bewirtung in Gaststätten reichen der maschinelle Ausdruck (ordentliche Rechnung) und die dann anzubringenden ergänzenden Hinweise auf der Rückseite oder
einem Beiblatt. Die Rechnung hat insb. die Anschrift der Gaststätte, das Datum,
die Steuer-Nr., die Rechnungs-Nr., Menge und Ware und die Umsatzsteuer zu
enthalten.

Ab einem Rechnungsbetrag von über 150 € ist bei Vorsteuerabzugsberechtigung des   214
Gastgebers die Umsatzsteuer gesondert auszuweisen und der Rechnungsempfänger
mit vollständiger Anschrift anzugeben.

Die Anschrift ist vom Rechnungsaussteller, dem Gastwirt, einzutragen und nicht
durch den Gastgeber.

Zusätzliche Angaben sind durch den Steuerpflichtigen auf dem Rechnungsbeleg oder   215
angehefteten Zusatzbeleg wie folgt zu machen:
- Namen der Teilnehmer inkl. Gastgeber (Rechtsanwälte können sich dabei nicht
  auf die berufliche »Schweigepflicht« berufen)
- Anlass der Bewirtung – plausibler Bezug zu einem geschäftlichen Anlass (Der Hin-
  weis »Arbeitsessen« etc. reicht nicht aus.)
- Tag der Bewirtung und Höhe der Aufwendung (inkl. Trinkgeld)
- Unterschrift des Steuerpflichtigen auf dem Abrechnungs- oder Ergänzungsbeleg
  (Vordruck nach amtlichen Muster).

Die Angaben können nicht im Rahmen einer Betriebsprüfung nachgeholt werden.   216
Nur wenn der Bewirtungsbeleg allen gesetzlichen Anforderungen genügt, kann er bei
einer Steuerprüfung nicht aus formalen Gründen beanstandet werden. Für Bewirtungskosten gelten gem. § 4 Abs. 8 EStG besondere Aufzeichnungspflichten.

▶ **Verfahrenshinweis**

Bewirtungskosten sind einzeln und getrennt von den sonstigen Betriebsausgaben   217
zeitnah zu verbuchen. Dies erfolgt bei buchführungspflichtigen Unternehmern
durch die Verbuchung auf einem eigenen Konto.

Bei nichtbuchführungspflichtigen Unternehmern und sonstigen Steuerpflichtigen   218
erfolgen die Aufzeichnungen und Belegablage separat von den übrigen Betriebsausgaben oder Werbungskosten in einer Aufstellung (Anlage zur Gewinnermittlung/

Steuererklärung) und werden in der EÜR getrennt von den übrigen Betriebsausgaben/ Werbungskosten ausgewiesen.

219   Eine zeitnahe Verbuchung der Bewirtungskosten bei einem buchführungspflichtigen Unternehmer ist nach den »Grundsätzen ordnungsmäßiger Buchführung« anzunehmen, wenn der Beleg zehn Tage nach dem Aufwand in der Buchhaltung erfasst wurde. Damit will der Gesetzgeber verhindern, dass Bewirtungskosten zur Ergebnisveränderung i.R.d. Buchhaltung/Abschlusserstellung nachgeschoben werden.

220   Liegen gesonderte Aufzeichnungen der Bewirtungskosten nicht vor, so führt dies selbst dann zur Versagung des Betriebsausgabenabzugs von Bewirtungskosten, wenn die Bewirtung beruflich veranlasst gewesen sein soll. Bewirtungsbelege werden von den Steuerprüfern anlässlich einer Betriebsprüfung grds. geprüft und bei Mängeln wird der steuerliche Gewinn um die vorher als Betriebsausgaben verbuchten Kosten erhöht.

c) Betriebsausgaben, die den Gewinn nicht mindern dürfen

221   Hierbei handelt es sich um:
- Aufwendungen für Gästehäuser, wenn sie sich außerhalb des Ortes eines Betriebes befinden
- Aufwendungen für Jagd oder Fischerei, für Segel- oder Motoryachten sowie für ähnliche Zwecke und die damit zusammenhängenden Bewirtungen
- Verpflegungsmehraufwendungen, wenn bestimmte Pauschbeträge überschritten werden nach § 4 Abs. 5 Satz 5 EStG (Abwesenheit von 24 Stunden = **24 €**, Abwesenheit von mind. 14 Stunden = **12 €**, Abwesenheit von mind. 8 Stunden = **6 €**; ab VZ 2014: 24 Stunden Abwesenheit, **24 €** und ab 8 Stunden Abwesenheit, **12 €**)
- Aufwendungen für die Wege des Steuerpflichtigen zwischen Wohnung und Betriebsstätte und für Familienheimfahrten, wenn bestimmte Pauschbeträge überschritten werden
- Aufwendungen für ein häusliches Arbeitszimmer sowie die Kosten der Ausstattung, soweit das Arbeitszimmer nicht den Mittelpunkt der gesamten betrieblichen Betätigung darstellt[132]
- andere Aufwendungen, wenn sie die Lebensführung des Steuerpflichtigen oder anderer Personen berühren, wenn sie nach allgemeiner Verkehrsauffassung unangemessen sind
- vom Gericht oder einer Behörde festgesetzte Geldbußen, Ordnungsgelder und Verwarnungsgelder
- Zinsen auf hinterzogene Steuern (§ 235 AO)
- Ausgleichszahlungen nach §§ 14, 17 und 18 KStG
- Schmier- und Bestechungsgelder sowohl im In- als auch im Ausland
- Zuschläge nach § 162 Abs. 4 AO (nicht vorgelegte oder nicht verwertbare Aufzeichnungen des Steuerpflichtigen)
- Gewerbesteuer

---

132   Zur Abgrenzung zur »Betriebsstätte«, BFH-Beschuss v. 09.05.2017 – X B 23/17.

▶ **Verfahrenshinweis Anrechnung der Gewerbesteuer**

Ab VZ 2009 sind die Gewerbesteuern[133] und die darauf entfallenen Nebenleistungen   **222**
keine Betriebsausgaben mehr und damit nicht mehr in der steuerrechtlichen G&V,
sondern nur noch in den Gewerbesteuererklärungen und -bescheiden und bei
der Anrechnung auf die Einkommensteuer bei EU und Personengesellschaften
erkennbar (§ 4 Abs. 5b EStG, § 35 EStG).

Seit dem VZ 2009 erfolgt diese Anrechnung in Höhe des 3,8-fachen des Gewerbe-   **223**
steuermessbetrages des Unternehmens, also des mit der Gewerbesteuermesszahl mul-
tiplizierten Gewerbeertrags. Die Anrechnung ist maximal auf die tatsächlich bezahlte
Gewerbesteuer begrenzt. Davon profitieren auch Mitunternehmer, d.h. natürliche
Personen als Gesellschafter einer Personengesellschaft.

▶ **Beispiel[134]**

zu versteuerndes Einkommen vor Gewerbesteuer	124.500 €	**224**
Gewerbesteuerhebesatz: 440 %		
Gewerbesteuerfreibetrag für Personengesellschaften	24.500 €	
Gewerbeertrag nach Freibetrag	100.000 €	
Gewerbesteuermessbetrag	3.500 €	
Gewerbesteuer	**15.400 €**	
zu versteuerndes Einkommen vor Gewerbesteuer	124.500 €	
Einkommensteuer gemäß § 32a EStG im VZ 2012	44.118 €	
Anrechnungsfaktor: 3,8		
Anrechnung	**13.300 €**	
(Faktor X Gewerbesteuermessbetrag)		
ESt nach Anrechnung	30.818 €	
SolZ	1.695 €	
absolute Steuerbelastung	47.913 €	

Steuerquote: 38,5 %

Die Nettomehrbelastung aus der Gewerbesteuer beim Hebesatz von 440 % errechnet sich aus der Differenz zwischen der

Gewerbesteuer (15.400 €) und der

---

133 *Perleberg-Kölbel* FuR 2015, 649.
134 *Grashoff/Kleinmanns* Aktuelles Steuerrecht 2015, Rn. 353.

Anrechnung mit 1.368,50 €

(13.300 € zzgl. 13.300 € × 5,5 % = 731,50 € SolZ).

In gleicher Weise erfolgt die **unterhaltsrechtliche Anrechnung** und Berücksichtigung der Gewerbesteuer.[135]

5. Gewinnermittlungsmethoden

225 Das EStG unterscheidet folgende Gewinnermittlungsmethoden:
- den **Betriebsvermögensvergleich** nach § 4 Abs. 1 EStG und § 5 EStG (Gewinnermittlung durch Betriebsvermögensvergleich),
- die **Einnahmenüberschussrechnung** (EÜR) nach § 4 Abs. 3 EStG und
- die **Gewinnermittlung nach Durchschnittssätzen** nach § 13a EStG (Gewinnermittlung ohne Betriebsvermögensvergleich).

6. Betriebsvermögen/Rechnungslegung und Buchführung

226 In HGB und AO finden sich Generalnormen, die Vorschriften zur **Rechnungslegung** liefern und die die vom Gesetzgeber verfolgten Zwecke deutlich machen. Das HGB stellt Buchführung und Jahresabschluss unter folgende Generalnormen.

227 Für Einzelkaufleute, Personenhandelsgesellschaften und Kapitalgesellschaften (»alle Kaufleute«) gilt:

§ 238 Abs. 1 Satz 1 HGB/Generalnorm für die Buchführung (Parallelvorschrift in § 140 AO):

»Jeder Kaufmann ist verpflichtet, Bücher zu führen und in diesen seine Handelsgeschäfte und die Lage seines Vermögens nach den Grundsätzen ordnungsgemäßer Buchführung ersichtlich zu machen.«

§ 243 Abs. 1 HGB/§ 141 Abs. 1, 2 AO/Generalnorm für den Jahresabschluss:

»Der Jahresabschluss ist nach den Grundsätzen ordnungsgemäßer Buchführung aufzustellen.«

§ 264 Abs. 2 Satz 1 und 2 HGB/Generalnorm für den Jahresabschluss für Kapitalgesellschaften und Personengesellschaften mit Haftungsbeschränkung

»Der Jahresabschluss der Kapitalgesellschaft hat unter Beachtung der Grundsätze ordnungsgemäßer Buchführung ein den tatsächlichen Verhältnissen entsprechendes Bild der Vermögens-, Finanz- und Ertragslage zu vermitteln. Führen besondere Umstände dazu, dass der Jahresabschluss ein den tatsächlichen Verhältnissen entsprechendes Bild i.S.d. Satz 1 nicht vermittelt, so sind im Anhang zusätzliche Angaben zu machen.«

Ergänzt wird dies noch durch die **Formvorschrift** des § 243 Abs. 2 HGB, wonach der Jahresabschluss klar und übersichtlich sein muss (GOB = Grundsätze ordnungsgemäßer Buchführung).

---

135 Wendl/Dose/*Spieker* § 1 Rn. 338, 854.

Diese gesetzlichen Normen verlangen nach den Vorschriften des HGB und der AO   228
also eine besondere Form der Dokumentation, die speziellen Regeln folgt und die sich
von den anderen Einkunftsarten, insb. den Überschusseinkunftsarten, ganz wesentlich
unterscheidet.

▶ **Hinweis**

Das Rechnungswesen stellt Parteivortrag dar, da es von der buchführungspflichtigen   229
Verfahrenspartei eigenständig oder mithilfe eines Erfüllungsgehilfen erstellt wird.[136]
Der insoweit häufig zu findende »Beweisantrag«, »Zeugnis: Steuerberater«, stellt
dabei eine Wiederholung des Parteivortrages dar.[137]

Bei den Normen des Steuerrechts und des Handelsrechts handelt es sich um anzu-
wendendes Recht, das der Rechtsanwalt zur Vermeidung von Haftungsfehlern zu
kennen und ordnungsgemäß anzuwenden hat. Dass diese Teilrechtsgebiete für
Familienrechtler eine »schwer verdauliche Kost« darstellen, entlastet nicht.[138]

Dabei haben es das Gericht und der anwaltliche Berater zunächst mit einem betriebli-   230
chen Rechnungswesen zu tun, das die Geschäftsvorfälle erfasst, speichert und betriebswirtschaftlich relevante Informationen über realisierte oder geplante Geschäftsvorfälle
und -ergebnisse liefert.[139]

Die Kodifizierung der Buchführungspflicht nach § 238 Abs. 1 HGB bzw. §§ 140 ff.   231
AO verdeutlicht, dass es dem Gesetzgeber um eine übersichtliche, vollständige und
für Dritte nachvollziehbare Aufzeichnung der Geschäftsvorfälle geht, damit i.R.d. Jahresabschlusses eine zusammenhängende Auskunft über die wirtschaftliche Lage des
Unternehmens möglich wird. Diesen grundlegenden Zweck der Buchführung subsumieren wir unter den Begriff der Dokumentation.[140]

Weitere originäre **Aufzeichnungspflichten** bestehen: 232
- Aufzeichnung des Wareneingangs (§ 143 AO),
- Aufzeichnung des Warenausgangs (§ 144 AO),
- Aufzeichnung bestimmter Betriebsausgaben (§ 4 Abs. 5 und 7 EStG),
- Aufzeichnung geringwertiger Wirtschaftsgüter, GWG (§ 6 Abs. 2 EStG),
- umsatzsteuerliche Aufzeichnungspflichten (§ 22 UstG).

▶ **Hinweis zum Auskunfts- und Beleganspruch**

Wichtig für den unterhaltsrechtlichen Auskunfts- und Beleganspruch: 233

Neben der allgemeinen Buchführungspflicht ergibt sich aus Gesetzen und
Verordnungen noch eine Vielzahl von Aufzeichnungspflichten für bestimmte

---

136 BGH, FamRZ 1985, 357, 359; FuR 2004, 35, 37; so schon BGH, FamRZ 1980, 770.
137 BGH, FamRZ 1985, 357, 359; FuR 2004, 35, 37.
138 *Kogel* Buchbesprechung Fachanwaltshandbuch, FamRZ 2011, 1207 f.
139 *Baetge/Kirsch/Thiele* Übungsbuch, S. 1 f., 96 ff.
140 *Baetge/Kirsch/Thiele* Übungsbuch, S. 97.

Berufsgruppen. Verstöße gegen diese außersteuerlichen Buchführung- und Aufzeichnungspflichten stehen den Verstößen gegen steuerliche Buchführung- und Aufzeichnungspflichten gleich und können nach § 162 Abs. 2 AO (Schätzung)[141] und § 379 Abs. 1 AO (Verfolgung wegen Steuergefährdung) geahndet werden.

Auf diese Unterlagen besteht ein unterhaltsrechtlicher Auskunfts-und Beleganspruch, da sie die Ordnungsgemäßheit der Gewinnermittlungen dokumentieren und belegen.

▶ **Beispiele**

234

Apotheker	Herstellungsbücher
Banken	Depotbücher
Bauträger und Baubetreuer	Bücher nach der Gewerbeordnung
Fahrschulen Fahrschüler-	Ausbildungsbücher
Gebrauchtwarenhändler	Gebrauchtwagenbücher
Handelsmakler	Tagebuch nach HGB
Heimarbeiter	Entgeltbücher
Hotel-, Gaststätten und Pensionsgewerbe	Fremdenbücher
Metallhändler	Einkaufsbücher
Reisebüros	Bücher nach der Gewerbeordnung
Vieh- und Fleischverkäufer	Bücher gemäß Vieh- und Fleischgesetz
Winzer	Keller-/Weinlagerbücher nach Weingesetz

235   **Besondere Aufzeichnungspflichten** für Aufwendungen bestehen nach § 4 Abs. 7 EStG für die Einkommensteuerermittlung:
- § 4 Abs. 5 Nr. 1 EStG: für bestimmte Geschenke
- § 4 Abs. 5 Nr. 2 EStG: für bestimmte Bewirtungsaufwendungen
- § 4 Abs. 5 Nr. 3 EStG: für bestimmte Einrichtungen, die der Bewirtung, Beherbergung oder Unterhaltung dienen
- § 4 Abs. 5 Nr. 4 EStG für Jagd oder Fischerei, für Segel- oder Motoryachten sowie für ähnliche Zwecke und für die hiermit zusammenhängenden Bewirtungen
- § 4 Abs. 5 Nr. 6b EStG: für häusliche Arbeitszimmer
- § 4 Abs. 5 Nr. 7 EStG: für die Lebensführung des Steuerpflichtigen oder anderer Personen, soweit sie nach allgemeiner Lebensauffassung als unangemessen anzusehen sind

---

141 Schreiben FinMin NRW v. 08.05.2017-S0335, http://datenbank.nwb.de/Dokument/Anzeigen/699246/.

- §§ 4 Abs. 3, 5 EStG: nicht abnutzbare Wirtschaftsgüter des Anlagevermögens bei EÜR §§ 6 Abs. 2, 4 EStG: geringwertige Wirtschaftsgüter
- § 7a Abs. 8 EStG: Wirtschaftsgüter des Betriebsvermögens, für die erhöhte Abschreibung bzw. Sonderabschreibung beansprucht werden
- § 4 Abs. 4a EStG: Schuldzinsen durch Überentnahmen

▶ **Hinweis zum Auskunfts- und Beleganspruch**

Der unterhaltsrechtliche Auskunfts- und Beleganspruch erstreckt sich zur Erfassung   236
des Unterhaltseinkommens auf alle vorgenannten Dokumentationen. Bei der
familienrechtlichen Fallbearbeitung mit Selbstständigen/Gewerbetreibenden
müssen die Grundzüge der Regeln der Erfassung und Dokumentation des Handels-
und des Steuerrechts erkannt und beachtet werden, weil sonst eine Ermittlung des
Unterhaltseinkommens unmöglich ist.

Gem. § § 238–245 HGB, § 5 EStG sind die **Grundsätze ordnungsgemäßer Buchfüh-**   237
rung zu beachten:
- jeder Geschäftsvorfall muss erfasst werden, jeder Geschäftsvorfall muss sachlich richtig aufgezeichnet werden,
- die Geschäftsvorfälle müssen zeitgerecht in Grundaufzeichnungen dokumentiert werden,
- die Geschäftsvorfälle müssen durchgängig in der vorgesehenen Ordnung festge-halten werden.

Kaufmännische Unternehmen sind bestrebt, Gewinne zu erzielen und Verluste zu ver-   238
meiden. Vom Erreichen dieser Ziele hängt der Fortbestand des Unternehmens ab.
Der Geschäftserfolg (Gewinn oder Verlust eines Geschäfts-/Wirtschaftsjahres) ist der
Unterschiedsbetrag zwischen dem Betriebsvermögen am Schluss des Geschäfts-/Wirt-
schaftsjahres und dem Betriebsvermögen am Schluss des vorangegangenen Geschäfts-/
Wirtschaftsjahres, soweit er betrieblich veranlasst ist.

Dies bedeutet, dass statt des Zufluss- und Abflussprinzips eine Bilanzierung nach
tatsächlicher wirtschaftlicher Verursachung unter Ansatz von Forderungen, Verbindlichkeiten, Rückstellungen und Rechnungsabgrenzungsposten erfolgt. Dabei ist es
unerheblich, ob der Betriebsvermögensvergleich aufgrund einer gesetzlichen Verpflichtung (z.B. § 238 HGB oder § 141 AO) oder aufgrund freiwilliger Buchführung
durchgeführt wird.

Dieser Gewinnermittlung durch Betriebsvermögensvergleich im Bilanzsteuerrecht   239
entspricht die **handelsrechtliche Gewinnermittlung.**

Idee des § 4 Abs. 1 EStG: Endkapital – Anfangskapital + Entnahmen – Einlagen =
Gewinn

Sie ergibt nach dem System der doppelten Buchführung in der Gewinn- und Verlustrechnung zusätzlich den Geschäftserfolg als Saldo aus Jahresüberschuss und Jahresfehlbetrag. Mit einer Gewinnermittlung durch Betriebsvermögensvergleich wird der
Gewinn periodengerecht ausgewiesen. Die Basis zur Ermittlung des Geschäftserfolgs

schafft die **Organisation der Buchführung**. Sie ist die Grundlage für die handelsrechtliche und unter Beachtung der steuerlichen Besonderheiten auch der steuerlichen Gewinnermittlung.

a) Einfache und Doppelte Buchführung

240 Die **einfache Buchführung** ist dadurch gekennzeichnet, dass die einzelnen Geschäftsvorfälle lediglich mit einer Buchung, d.h. ohne Gegenbuchung erfasst werden. In einer Grundaufzeichnung (heute meist Excel-Tabelle) werden die Geschäftsvorfälle in zeitlicher Reihenfolge meist differenziert nach Ertrag- und Aufwandverbuchungen aufgezeichnet. Ein Kassenbuch dient der Dokumentation der Barvorgänge. Die einfache Buchführung ist in der Praxis lediglich für Gewerbetreibende i.S.d § 15 EStG mit geringem Geschäftsumfang (Handwerkerbuchhaltung/Größenklassen siehe oben) und Selbstständigen i.S.d § 18 EStG von Bedeutung, da die Aussagekraft und Kontrollmöglichkeiten über die geschäftlichen Vorgänge in einem Unternehmen erheblich eingeschränkt sind.[142]

▶ Hinweis

241 Gerade bei Selbstständigen nach § 18 EStG besteht nach Steuerrecht aufgrund der Einführung der **Anlage »EÜR«** ab VZ 2005 (Übersendung per Datenfernübertragung auf amtlich vorgeschriebenem Datensatz, § 60 Abs. 4 EStDV) die Möglichkeit, wieder auf die einfache Buchführung zurückzugreifen, weil das Formular EÜR alle wesentlichen Informationen erfasst, wie bspw. auch die für die steuerliche Veranlagung oder für den Unterhaltsfall stets interessierenden privaten Nutzungsanteile, AfA etc. Die Finanzverwaltung nimmt damit einen internen bzw. externen Betriebsvergleich vor, der der elektronischen Datenverarbeitung überlassen bleiben kann und nur bei Auffälligkeiten eine »individuelle Betreuung« des Sachbearbeiters zur Folge hat.

Neben Anlage EÜR gehören zur Einkommensteuererklärung der Selbstständigen auch die **Anlage AVEÜR**, die die relevanten Informationen über das Anlage- und das Umlaufvermögen beinhaltet, und die **Anlage SZE** zur Ermittlung der nicht abziehbaren Schuldzinsen und damit zu Privatentnahmen (beide ab VZ 2009).

Weitere Anlagen ab VZ 2015:
- **Anlage ER** = Ergänzungsrechnung des Gesellschafters für Korrekturen des Wertansatzes der Wirtschaftsgüter des Gesamthandsvermögens, z.B. bei Gesellschafterwechsel;
- **Anlage SE** = Sonderrechnung für Betriebseinnahmen und/oder Sonderbetriebsausgaben, wie eine Vergütung für die Tätigkeit im Dienst der Gesellschaft, Hingabe von Darlehen und/oder die Überlassung von Wirtschaftsgütern.

---

142 Beck'sches Steuerberaterhandbuch 2013/2014, Kap. A Rn. 271.

- **Anlage AVSE** = Anlageverzeichnis zu Anlage SE ist nur zu übermitteln, wenn Sonderbetriebsvermögen vorliegt. Das sind Wirtschaftsgüter, die nicht Gesamthandseigentum sind, sondern einem, mehreren oder allen Beteiligten gehören und dem Betrieb der Gesellschaft oder Stärkung der Beteiligung der Gesellschafter dienen.

In den vorgenannten Fällen kann deshalb eine einfache Buchführung per Excel vorliegen (ohne gesonderte Gewinnermittlung durch Einnahmen-/Überschussrechnung), da der gesetzlichen Verpflichtung zur Gewinnermittlung nach § 4 Abs. 3 EStG allein durch die Nutzung der Formulare »EÜR« genüge getan wird.

Bei **Betriebseinnahmen unter 17.500 €** im Wirtschaftsjahr wird es nicht beanstandet, wenn der Steuererklärung anstelle des Vordrucks eine formlose Gewinnermittlung beigefügt wird.[143]

Im Gegensatz zu der einfachen Buchführung werden durch die **doppelte Buchführung** die Geschäftsvorfälle nicht nur in zeitlicher, sondern auch in sachlicher Hinsicht gesondert festgehalten. Jeder Geschäftsvorfall wird nach dem System der Doppik auf zwei Konten, und zwar einmal im Soll und einmal im Haben, festgehalten. Dabei werden Bestands- und Erfolgskonten geführt. Der Periodenerfolg ergibt sich sowohl aus der Bilanz als auch aus der G&V-Rechnung. Die doppelte Buchführung stellt nunmehr das handelsrechtlich allein zulässige Buchführungssystem dar, da jeder Kaufmann gem. § 242 HGB einen, mindestens aus Bilanz und G&V-Rechnung bestehenden, Jahresabschluss aufzustellen hat.[144]   242

aa) Kontenarten und Kontenrahmen

Von größter Bedeutung sind zunächst einmal die Sachkonten, in denen die Geschäfts- 243 vorfälle des jeweiligen Geschäftsjahres verbucht werden. Dies geschieht getrennt nach Veränderung des Bestandes, sowie nach Aufwand und Ertrag.

Daneben gibt es als weitere Untergliederungen die **Debitorenbuchführung** und die 244 **Kreditorenbuchführung**.

Debitorenbuchhaltung wird jener Teil der Aufbauorganisation von Unternehmen 245 genannt, der sich mit der Erfassung und Verwaltung der offenen Forderungen aus Lieferungen und Leistungen oder sämtlicher Forderungen befasst.

Die Kreditorenbuchführung ist speziell für die Buchführung der Kontokorrentbezie- 246 hungen zwischen dem eigenen Unternehmen und den Kreditoren (externe Lieferanten bzw. externe Anbieter einer Dienstleistung) zuständig.

---

143 BMF Schreiben v. 27.10.2015.
144 Beck'sches Steuerberater-Handbuch 2013/2014, Kap. A Rn. 272.

247 Die Sachkonten werden wie folgt nach Bestands- und Erfolgskonten unterschieden:

Sachkonten					
Bestandskonten				Erfolgskonten	
Aktiva		Passiva		Aufwand	Ertrag
	Bilanz			G&V	

248 Die Bestandskonten dienen dazu, Veränderungen des Vermögens- und des Kapitalbestandes festzuhalten (Bsp.: Kauf eines Lieferwagens). Die Bestandskonten bilden die Basis für die Bilanz.

249 Erfolgskonten hingegen werden gebucht, sobald das Eigenkapital verändert wird, ein Geschäftsvorfall also direkt den Gewinn oder einen möglichen Verlust beeinflusst. Hier erscheinen somit die Aufwendungen und Erträge, aus denen die Gewinn- und Verlustrechnung besteht.

▶ Hinweis

250 Die Erfolgskonten stellen Unterkonten des Eigenkapitalkontos dar und sind untergliedert in Aufwands- und Ertragskonten, die in einer Periode der Gewinnermittlung anfallen und deren Ergebnis sich aus ihrer Differenz zum Jahresende in Form eines Gewinns oder eines Verlustes zeigt. Dieses Ergebnis erhöht oder reduziert das Eigenkapital.

251 Der sog. **Kontenrahmen** ist ein Organisations- und Gliederungsplan für das Rechnungswesen und dient dazu, die formelle Ordnungsmäßigkeit der Buchführung zu gewährleisten. Er ist nicht gesetzlich vorgeschrieben und folgt, wie auch die DATEV-Kontenrahmen »SKR« (Sonderkontenrahmen), üblicherweise folgenden Kontenklassen:

DATEV SKR 03	Prozessgliederungsprinzip
Kontenklasse 0	Anlage- und Kapitalkonten
Kontenklasse 1	Finanz- und Privatkonten
Kontenklasse 2	Abgrenzungskonten
Kontenklasse 3	Wareneingangs- und Bestandskonten
Kontenklasse 4	betriebliche Aufwendungen
Kontenklasse 7	Bestände an Erzeugnissen
Kontenklasse 8	Erlöskonten
Kontenklasse 9	Vortragskonten

DATEV SKR 04	Abschlussgliederungsprinzip
Kontenklasse 0–1	Aktiva

Kontenklasse 2–3	Passiva
Kontenklasse 4	betriebliche Erträge
Kontenklasse 5	Materialaufwendungen sowie Fremdleistungen
Kontenklasse 6	sonstiger betrieblicher Aufwand
Kontenklasse 7	sonstige Erträge und Aufwendungen
Kontenklasse 9	Vortragskonten

bb) Doppelte Buchführung nach Pacioli

Unabhängig von dem Faktum, dass der Jahresabschluss nur **Parteivortrag** dar-   252
stellt, zeigen die Schlussbilanzwerte von den Eröffnungsbilanzwerten ausgehend das Ergebnis der Verbuchungen über ein Geschäftsjahr, korrigiert um die
Jahresabschlussverbuchungen.

▶ **Verfahrenshinweis**

> Eine vorgelegte Gewinnermittlung besagt nicht, dass die darin zusammengefassten   253
> Geschäftsvorfälle, die im laufenden Geschäftsjahr angefallen sind, ordnungsgemäß
> erfasst und verbucht worden sind. Eine lückenlose Überprüfung des »Parteivortrags«
> Buchführung ist also letztlich nur dann möglich, wenn die Geschäftsvorfälle
> progressiv und retrograd nachvollzogen werden können. Der Geschäftsvorfall
> muss sich also vom Beleg bis zum Jahresabschluss und umgekehrt nachvollziehen
> lassen. Das Jahresergebnis basiert also auf den über das gesamte Geschäftsjahr
> vorgenommenen Verbuchungen.

Der Familienrechtler muss daher wenigstens Elementarkenntnisse der Buchführung   254
haben, da die Prüfung des Rechnungswesens nur die umgekehrte Seite der Aufstellung
ist.

Diese Elementarkenntnisse der Buchführung werden im Folgenden vermittelt.

Das oben schon dargestellte Buchführungssystem der doppelten Buchführung wurde   255
bereits im Jahre 1494 von dem italienischen Zisterziensermönch und Mathematik-
professor *Luca Pacioli*[145] entwickelt und wird heute noch, auch von modernsten
EDV-Systemen, angewendet.

Der aus dem Englischen stammende Begriff der Doppik, nämlich »**double entry**«,   256
charakterisiert die doppelte Buchführung markant. Es werden zwei Konten angesprochen, um einen Geschäftsvorfall in den Büchern zu erfassen. Doppik ist ein
reines Erfassungs- und Dokumentationssystem, das ohne jegliche Bewertung der
Geschäftsvorfälle auskommt. Es basiert auf nur sieben Regeln, wobei eine Regel
rein formaler Natur ist, drei sich auf Bestandskonten (s. unten Bilanzposten zum

---

145 *Pacioli* Summa de arithmetica, geometria, proportioni et proportionalita, 1494.

Betriebsvermögensvergleich Rdn. 305 ff.) und drei sich auf Erfolgskonten beziehen. Voraussetzung für das Verständnis der folgenden Regeln ist das Wissen, was Bestands- konten und Erfolgskonten (s.o. Rdn. 247) sind. Danach wird jeder Buchungssatz auf- gestellt, bzw. kann damit überprüft werden.

257 Da die doppelte Buchführung zwei Erfassungen haben muss, unterteilt man diese in Soll und Haben. Dies ermöglicht Buchungen ohne Plus- und Minuszeichen.

Als Konvention bezeichnet Soll die linke Seite und Haben die rechte Seite eines Kon- tos. Dabei bedeutet Soll nicht immer das, was da sein soll, und Haben nicht nur das, was man hat.

cc) Buchführungsregeln nach Pacioli zur Überprüfung ordnungsgemäßer Buchung

258 »Links« steht für die Sollbuchung;   »rechts« steht für die Habenbuchung.

1. aktive Bestandskonten	
Anfangsbestand steht links	Endbestand steht rechts
Zugang steht links	Abgang steht rechts
2. passive Bestandskonten	
Abgang steht links	Anfangsbestand steht rechts
Endbestand steht links	Zugang steht rechts
3. Buchungssätze (formale Regel)	
erst Soll-Konto,	dann Haben-Konto nennen
4. Aufwand	
Aufwand wird links gebucht	
5. Ertrag	
	Ertrag wird rechts gebucht
6. G&V	
Aufwand wird links gebucht	Ertrag wird rechts gebucht
(Zusammenfassung der Regeln 4 und 5)	
7. Eigenkapital	
Endbestand steht links	Anfangsbestand steht rechts
Abgang steht links	Zugang steht rechts
(wie Regel 2, weil passives Bestandskonto)	

▶ **Beispiele**

Geschäftsvorfall 1 259

Eine Maschine im Wert von 119.000 € wird auf Ziel gekauft, also finanziert. Es werden die Regeln 1 und 2 tangiert.

Der Zugang ist links bei den aktiven Bestandskonten im Soll zu buchen, während der Zugang beim passiven Bestandskonto, bei den Verbindlichkeiten rechts zu buchen ist.

Der Buchungssatz lautet:

»**Anlagevermögen 100.000 €**

& Vorsteuerforderung 19.000 €

> **an Verbindlichkeiten aus Lieferungen und Leistungen 119.000 €«**

Geschäftsvorfall 2

Ein Unternehmen hat eine Warenlieferung in Höhe von 10.000 € netto, Rechnungsbetrag 11.900 €, vorgenommen. Die G&V-Konten haben keine Vorträge aus den Vorjahren, sondern zeigen ausschließlich die Geschäftsvorfälle der laufenden Periode!

Hier sind die Regeln 1 und 5 und auch die Regel 2 angesprochen, so dass der zusammengesetzte Buchungssatz lautet:

»**Forderungen (Umlaufvermögen/Forderungen aus Lieferungen und Leistungen, 10.000 € und 1.900 € Vorsteuerforderung) = 11.900 €**

> **an Erträgen 10.000 € und an Umsatzsteuerverbindlichkeiten 1.900 €«**[146]

dd) BilMoG

Mit dem **Bilanzrechtsmodernisierungsgesetz BilMoG**[147] wurde die weitreichendste 260 Bilanzreform seit dem Bilanzrichtliniengesetz 1985 für handelsrechtliche Jahresabschlüsse ab 2010 umgesetzt. Ziel des BilMoG ist, das deutsche Bilanzrecht einerseits den international üblichen Methoden (IFRS) der Rechnungslegung anzunähern. So soll der handelsrechtliche Jahresabschluss an Aussagekraft und Vergleichbarkeit gewinnen. Auch die Bilanzierung bei mittelständischen Unternehmen wird in vielen Teilen an international übliche Rechnungslegungsprinzipien angenähert. Andererseits bleibt die HGB-Bilanz weiterhin Grundlage für die Ausschüttungsbemessung und die steuerliche Gewinnermittlung.

---

146 Wer noch üben möchte, sei auf die Beispiele bei Wendl/Dose/*Spieker* § 1 Rn. 133 ff. und folgendes Bsp. zur Bilanzentwicklung verwiesen, s. Rdn. 320.
147 BGBl I 2009, 1102.

261   Ein Schwerpunkt der Reform liegt in der Deregulierung und Kostensenkung zugunsten kleiner und mittlerer Unternehmen. **Einzelkaufleute** sind von der handelsrechtlichen Buchführungspflicht befreit, wenn sie nur einen kleineren Geschäftsbetrieb unterhalten. Dies soll gelten, wenn sie **600.000 € Umsatz und 60.000 € Gewinn** (ab 2016, davor 500.000 € Umsatz bzw. 50.000 € Gewinn) an zwei aufeinanderfolgenden Geschäftsjahren nicht überschreiten, § 241a HGB, § 141 AO. Sofern diese Grenzen nicht überschritten werden, ist eine EÜR ausreichend.

262   Darüber hinaus wurden die Schwellenwerte des § 267 HGB, der die Einteilung von **Kapitalgesellschaften in die drei Größenklassen** klein, mittelgroß und groß vornimmt, für die Bilanzsumme und die Umsatzerlöse um 20 % wie folgt angehoben:

§ 267 Umschreibung der Größenklassen

(1) Kleine Kapitalgesellschaften sind solche, die mindestens zwei der drei nachstehenden Merkmale nicht überschreiten:
1. 6 000 000 EUR Bilanzsumme
2. 12 000 000 EUR Umsatzerlöse in den zwölf Monaten vor dem Abschlußstichtag
3. Im Jahresdurchschnitt fünfzig Arbeitnehmer

(2) Mittelgroße Kapitalgesellschaften sind solche, die mindestens zwei der drei in Absatz 1 bezeichneten Merkmale überschreiten und jeweils mindestens zwei der drei nachstehenden Merkmale nicht überschreiten:
1. 20 000 000 EUR Bilanzsumme
2. 40 000 000 EUR Umsatzerlöse in den zwölf Monaten vor dem Abschlußstichtag
3. Im Jahresdurchschnitt zweihundertfünfzig Arbeitnehmer

(3) Große Kapitalgesellschaften sind solche, die mindestens zwei der drei in Absatz 2 bezeichneten Merkmale überschreiten. Eine Kapitalgesellschaft im Sinn des § 264d gilt stets als große.

(4) Die Rechtsfolgen der Merkmale nach den Absätzen 1 bis 3 Satz 1 treten nur ein, wenn sie an den Abschlußstichtagen von zwei aufeinanderfolgenden Geschäftsjahren über- oder unterschritten werden.

(4a) Die Bilanzsumme setzt sich aus den Posten zusammen, die in den Buchstaben A bis E des § 266 Absatz 2 aufgeführt sind. Ein auf der Aktivseite ausgewiesener Fehlbetrag (§ 268 Absatz 3) wird nicht in die Bilanzsumme einbezogen.

(5) Als durchschnittliche Zahl der Arbeitnehmer gilt der vierte Teil der Summe aus den Zahlen der jeweils am 31. März, 30. Juni, 30. September und 31. Dezember beschäftigten Arbeitnehmer einschließlich der im Ausland beschäftigten Arbeitnehmer, jedoch ohne die zu ihrer Berufsausbildung Beschäftigten.

(6) Informations- und Auskunftsrechte der Arbeitnehmervertretungen nach anderen Gesetzen bleiben unberührt.

263   Im Falle der Umwandlung oder Neugründung treten die Rechtsfolgen bereits ein, wenn die Voraussetzungen des Absatzes 1, 2 oder 3 am ersten Abschlußstichtag nach der Umwandlung oder Neugründung vorliegen. Satz 2 findet im Falle des Formwechsels keine Anwendung, sofern der formwechselnde Rechtsträger eine

Kapitalgesellschaft oder eine Personenhandelsgesellschaft im Sinne des § 264a Abs. 1 ist.

▶ **Hinweis**

Die Vorschriften sind für Geschäftsjahre anzuwenden, die nach dem 31.12.2009 **264** beginnen. Die Größenklassen bestimmen unter anderem den Umfang der Informationspflichten der Unternehmen. Sie wirken sich außerdem auf die gesetzliche Prüfungspflicht aus, indem kleine Kapitalgesellschaften nicht prüfungspflichtig sind (Anlehnung an internationale Rechnungslegungsstandards).

Ziel des BilMoG ist es, die Aussagekraft des handelsrechtlichen Jahresabschlusses zu **265** verbessern. Wie der Gesetzesbegründung zu entnehmen ist, erfolgt dies durch eine Annäherung an die Bilanzierungsregeln nach IFRS (International Financial Reporting Standards), wobei aber insgesamt ein überschaubares eigenes Regelwerk beibehalten werden soll.

Wesentliche Änderungen: **266**
– Durch die Abschaffung der umgekehrten Maßgeblichkeit ergeben sich unmittelbare Auswirkungen auf das HGB. Die handelsrechtlichen Öffnungsklauseln in § 247 Abs. 3 HGB a.F., § 273 HGB a.F. und § 279 HGB a.F. wurden aufgehoben bzw. abgeändert. Die Aufhebung der umgekehrten Maßgeblichkeit ist bereits beim Inkrafttreten des BilMoG unabhängig von den handelsrechtlichen Übergangsvorschriften wirksam geworden.
– Einführung eines Ansatzwahlrechts für selbst geschaffene immaterielle Vermögensgegenstände des Anlagevermögens (u.a. Patente, Know-how), sofern sich die Herstellungskosten auf die Entwicklungsphase beziehen (§ 248 HGB und § 255 HGB)
– Veränderte Bewertung, insb. Abzinsung von Rückstellungen (z.B. Pensionsrückstellungen)
– Verbot für die Bildung von bestimmten Aufwandsrückstellungen
– Aktivierungspflicht eines entgeltlich erworbenen »Goodwills« im Einzelabschluss
– Anpassung der Herstellungskosten an die international üblichen produktionsbezogenen Vollkosten
– Veränderte Vorschriften zur Währungsumrechnung
– Neukonzeption der Abgrenzung latenter Steuern
– Einbeziehungspflicht für Zweckgesellschaften in den Konzernabschluss und damit mehr Transparenz
– Verpflichtende Anwendung der Neubewertungsmethode
– Aktivierungspflicht des Goodwills im Konzernabschluss und planmäßige Abschreibung
– Neben die materiellen Änderungen treten hinsichtlich Ansatz und Bewertung zahlreiche neue sog. Anhangsvorschriften nach §§ 284 ff. HGB, die für mehr

Information sorgen sollen. In einer Stellungnahme hat sich das IDW[148] zu den Übergangsregelungen des BilMoG geäußert.

267   Das führt zum Auseinanderfallen von Handels- und Steuerbilanz.

▶ **Beispiel für ein Auseinanderfallen von Handels- und Steuerbilanz**

aktiviertes Patent, § 248 Abs. 2 HGB

steuerliches Aktivierungsverbot nach § 5 Abs. 2 EStG

XY-GmbH	Handelsbilanz	Steuerbilanz	StBil-Ergebnis	steuerlicher Ausgleichsposten
Aktiva	31.12.2010	31.12.2010	31.12.2010	31.12.2010
Patent	500.000 €	0 €	./. 500.000 €	
Abschreibung	50.000 €	0 €	+ 50.000 €	
Buchwert	450.000 €	0 €		./. 450.000 €

▶ **Verfahrenshinweis zum Auskunfts- und Beleganspruch**

268   Der handelsrechtlich geprägte Ausweis nach BilMoG führt zu abweichenden Ergebnissen der Handelsbilanz ggü. der Steuerbilanz und in der G&V. Die Einheitsbilanz aus Steuerbilanz und Handelsbilanz ist weggefallen, sodass bei Unternehmen, die die oben genannten Größenklassen überschreiten, auch ein familienrechtlicher Auskunfts- und Beleganspruch auf die handelsrechtlichen Jahresabschlüsse für die unterhaltsrechtlich relevanten Jahre besteht. Das handelsrechtliche Ergebnis und die kaufmännischen Erforderlichkeiten für die Gewinnauswirkungen sind zu würdigen.

ee) MicroBilG

269   Der Gesetzgeber verfolgt mit dem MicroBilG[149] für Jahresabschlüsse ab 2012 das Ziel, über 500.000 Kleinstkapitalgesellschaften in Deutschland bei der Erstellung umfangreicher Jahresabschlüsse zu entlasten, ohne dabei das Informationsinteresse von Eigenkapital- und Fremdkapitalgebern der betreffenden Gesellschaften sowie der Allgemeinheit im Hinblick auf die relevanten Jahresabschlussdaten zu vernachlässigen.

270   Dabei erhofft sich der Gesetzgeber durch das MicroBilG Kosteneinsparungen bei den betreffenden Unternehmen i. H. v. insgesamt 36 Mio. €. Den geplanten Ersparnissen soll ein einmaliger Umstellungsaufwand i.H.v. 9 Mio. € gegenüberstehen.[150]

271   Das Gesetz enthält Rechnungslegungserleichterungen, die bereits für den Jahresabschluss zum 31.12.2012 in Anspruch genommen werden können.

---

148 IDW RS HFA 28.
149 BGBl 2012 I S. 2751.
150 Wikipedia: MicroBilG.

Laut Kleinstkapitalgesellschaften-Bilanzrechtsänderungsgesetz (MicroBilG) bestehen 272
erhebliche Vereinfachungsregeln für Kapitalgesellschaften, die die Bilanzsumme von
350.000 €, Umsatzerlöse i.H.v. 700.000 € und im Jahresdurchschnitt die Anzahl von
zehn Mitarbeitern nicht überschreiten. Es darf eine vereinfachte Bilanz aufgestellt werden. Darüber hinaus kann auf den Anhang verzichtet werden, eine verkürzte Darstellung der Gewinn- und Verlustrechnung erfolgen und insb. auf die Offenlegung des
Jahresabschlusses verzichtet werden. Stattdessen erfolgt die »konventionelle« Hinterlegung der Bilanz.

§ 267a HGB Definition der Kleinstkapitalgesellschaft/Größenkriterien 273

Eine Kleinstkapitalgesellschaft i.S.d. § 267a HGB liegt vor, wenn die betreffende
Gesellschaft zwei der drei nachstehenden Merkmale an zwei aufeinanderfolgenden
Geschäftsjahren (vgl.§ 267a Abs. 1 HGB i.V.m. § 267 Abs. 4 HGB) nicht überschreitet (für Neugründungen etc. vgl. auch§ 267 Abs. 4 HGB). Es ist nicht erforderlich, dass an beiden Bilanzstichtagen die gleichen Größenklassen nicht überschritten
werden.
- 350.000 € Bilanzsumme
- 700.000 € Umsatzerlöse
- im Jahresdurchschnitt 10 Arbeitnehmer

§ 264c HGB Anwendung für bestimmte Personenhandelsgesellschaft 274

Die Erleichterung für Darstellung/Gliederungstiefe der Bilanz, die Kleinstkapitalgesellschaften in Anspruch nehmen können, gelten auch für die unter § 264c HGB
fallenden Gesellschaften wie offene Handelsgesellschaften und Kommanditgesell-
schaften i.S.d. § 264a HGB.

§ 264 Abs. 1 Satz 5 HGB Verzicht auf einen Anhang 275

Zentrale Erleichterung ist, dass Kleinstkapitalgesellschaften dann auf die Aufstellung
eines Anhangs verzichten können, wenn die folgenden Angaben »unter der Bilanz«
gemacht werden:
- Haftungsverhältnisse, §§ 251, 268 Abs. 7 HGB,
- Angaben zu Vorschüssen und Krediten für Mitgliedern von Organen der Gesellschaft, § 285 Nr. 9 Buchstabe c HGB,
- Angaben zum Bestand eigener Aktien, § 160 Abs. 1 Satz 1 Nr. 2 AktG.

§ 266 HGB Gliederung der Bilanz 276

Kleinstkapitalgesellschaften wird eine verkürzte Darstellung der Bilanz gestattet. Dabei
ist ausreichend, die Buchstabenposten aus § 266 Abs. 2 und 3 HGB aufzuführen.

Die Minimalbilanz einer Kleinstkapitalgesellschaft sieht demnach wie folgt aus (wegen 277
der Gliederungstiefe der E-Bilanzen wird sich diese »Erleichterung« jedoch nicht auf
den Umfang der Buchführung auswirken):

Minimalbilanz

Anlagevermögen	Eigenkapital
Umlaufvermögen	Rückstellungen
RAP	Verbindlichkeiten
RAP	

278 Folgende Angaben sind zusätzlich erforderlich
- nicht durch Eigenkapital gedeckter Fehlbetrag, § 268 Abs. 3 HGB,
- ausstehende Einlagen auf das gezeichnete Kapital, § 272 Abs. 1 HGB,
- eigene Anteile, § 272 Abs. 1a HGB,
- Ausweis latenter Steuern bei freiwilliger Anwendung des § 274 HGB,
- Ausweis von Verrechnungsvermögen bei insolvenzsicheren Planvermögen für die Finanzierung von Altersvorsorgeverpflichtungen i.S.d § 264 Abs. 2 HGB.

279 Fraglich, da hier der Gesetzeswortlaut nicht angepasst wurde:
- Restlaufzeit bei Forderungen von mehr als einem Jahr, § 268 Abs. 4 HGB,
- Restlaufzeit bei Verbindlichkeiten bis zu einem Jahr, § 268 Abs. 5 HGB,
- Ausleihungen, Forderungen und Verbindlichkeiten gegenüber Gesellschaftern, § 42 Abs. 3 GmbHG.

280 G & V nach § 275 Abs. 5 HGB für Kleinstkapitalgesellschaften

Durch den neu eingeführten § 275 Abs. 5 HGB wird dem Unternehmen das Wahlrecht eingeräumt, folgende vereinfachte Gliederung für die Darstellung der G & V zu verwenden:
- Nettoumsatzerlöse,
- sonstige Erträge,
- Materialaufwand,
- Personalaufwand,
- Abschreibungen,
- sonstige Aufwendungen,
- Steuern,
- Jahresergebnis.

281 § 326 HGB, Hinterlegung anstelle Offenlegung

§ 326 Abs. 2 HGB erlaubt Kleinstkapitalgesellschaften, ihrer Offenlegungsverpflichtung durch Hinterlegung ihrer Bilanz nachzukommen. Zu diesem Zweck haben die gesetzlichen Vertreter einen Hinterlegungsauftrag beim Betreiber des Bundesanzeigers zu erteilen. Dabei ist zu erklären, dass die Voraussetzungen des § 267a HGB vorliegen.

282 Die Anforderung der hinterlegten Bilanzen ist weiterhin jedermann gestattet, was § 9 Abs. 6 HGB klarstellt. Erforderlich ist ein Antrag an das Unternehmensregister, das nach Zahlung einer Gebühr die Bilanz elektronisch verschickt. Dies erspart langwierige Auskunftsklagen.

ff) BilRUG

Durch das **BilRUG**/Bilanzrichtlinie-Umsetzungsgesetz ergeben sich folgende **283** Änderungen:

Die **Schwellenwerte** »Bilanzsumme« und »Umsatzerlöse« zur Ermittlung der Größenklassen nach § 267 HGB für Kapitalgesellschaften und Personengesellschaften i.S.d § 264a HGB werden **angehoben.** Dadurch wird sich die Anzahl der »kleinen« Gesellschaften erhöhen. Dies führt zu Erleichterungen, da bspw. kein Lagebericht (§ 264 Abs. 1 Satz 4 HGB) erstellt werden muss und die gesetzliche Prüfungspflicht entfällt (§ 316 Abs. 1 Satz 1 HGB). Die Offenlegung umfasst für diese Gesellschaften nur Bilanz und Anhang (§ 326 Abs. 1 Satz 1 HGB).

Folgende neue Schwellenwerte werden eingeführt: **284**

klein: Umsatzerlöse	bisher 9.680.000 €	neu 12.000.000 €
klein: Bilanzsumme	bisher 4.840.000 €	neu 6.000.000 €
mittelgroß: Umsatzerlöse	bisher 38.500.000 €	neu 40.000.000 €
mittelgroß: Bilanzsumme	bisher 19.250.000 €	neu 20.000.000 €

Diese neuen Größenklassen können bereits für Jahresabschlüsse angewendet werden, die nach dem 31.12.2013 beginnen. Dabei ist zu beachten, dass die Umsatzerlöse nach der neuen Definition (§ 277 Abs. 1 HGB) berechnet und ausgewiesen werden müssen.

Die Erleichterungen für Kleinstgesellschaften (§ 267a HGB) dürfen nun auch von **285** Genossenschaften in Anspruch genommen werden (§ 336 Abs. 2 Satz 3 HGB). Für diese ist es damit möglich, den Jahresabschluss beim Betreiber des Bundesanzeigers zu hinterlegen und auf die Erstellung eines Anhangs zu verzichten, wenn bestimmte Angaben unter der Bilanz erfolgen (§ 264 Abs. 1 Satz 5 HGB).

Einige Gesellschaften werden in Abhängigkeit von deren Tätigkeit von den Erleichte- **286** rungen für Kleinstkapitalgesellschaften ausgenommen, u.a. Investmentgesellschaften und Unternehmensbeteiligungsgesellschaften (§ 267a Abs. 3 HGB).

– Änderungen in der Bilanz **287**

Kann die voraussichtliche Nutzungsdauer von selbst geschaffenen immateriellen Vermögensgegenständen nicht verlässlich geschätzt werden, sind diese über **10 Jahre** abzuschreiben. Diese Maßnahme kann auch auf einen entgeltlich erworbenen Geschäfts- oder Firmenwert angewendet werden (§ 253 Abs. 3 Satz 3–4 HGB).

Außerdem gibt es zukünftig eine Ausschüttungssperre für Unterschiedsbeträge zwi- **288** schen den in der GuV ausgewiesenen und tatsächlich vereinnahmten Beteiligungserträgen bei phasengleicher Gewinnvereinnahmung, der in eine Rücklage einzustellen ist (§ 272 Abs. 5 HGB).

Beim Ausweis der Verbindlichkeiten in der Bilanz müssen zukünftig auch die Rest- **289** laufzeiten »größer als ein Jahr« angeben werden (§ 268 Abs. 5 Satz 1 HGB).

290 – Änderungen im Anlagenspiegel

Die Wahlmöglichkeit (§ 268 Abs. 2 HGB), die Entwicklung der einzelnen Posten des Anlagevermögens in der Bilanz oder im Anhang darzustellen, entfällt. Zukünftig ist der Anlagenspiegel mit zusätzlichen Angaben zu den Abschreibungen verpflichtend im Anhang darzustellen (§ 284 Abs. 3 HGB). Kleine Kapitalgesellschaften sind wie bisher von der Aufstellung eines Anlagenspiegels befreit (§ 288 Abs. 1 Nr. 1 HGB).

291 Außerdem sind für die Herstellungskosten bei jedem Posten des Anlagevermögens die aktivierten Zinsen für Fremdkapital anzugeben (§ 284 Abs. 3 HGB). Diese Angabe muss jedoch nicht zwingend im Anlagenspiegel erfolgen.

292 – Änderungen in der Gewinn- und Verlustrechnung

Die Definition der Umsatzerlöse in § 277 Abs. 1 HGB wird geändert. Zukünftig werden darunter alle Erlöse aus dem Verkauf, der Vermietung oder Verpachtung von Produkten sowie aus der Erbringung von Dienstleistungen verstanden. Die Differenzierung nach Erlösen aus der gewöhnlichen Geschäftstätigkeit und dem »typischen Leistungsangebot« entfällt. Dies spiegelt sich auch in der Änderung der Gliederung der Gewinn- und Verlustrechnung (§ 275 HGB) wieder.

293 Das »Ergebnis der gewöhnlichen Geschäftstätigkeit« sowie »außerordentliche Erträge und Aufwendungen« werden nicht mehr gesondert ausgewiesen. Dies hat Auswirkungen auf die Vorjahresvergleiche und die Jahresabschlusskennzahlen.

294 – Weitere Änderungen

Daneben werden weitere Angaben zum Jahresabschluss (u.a. Firma, Sitz, Registergericht, Registergerichtsnummer, § 264 Abs. 1a HGB) gefordert, auch bezüglich der Anhangangaben ergeben sich umfangreiche Änderungen.

b) Betriebsvermögen

295 Als **Betriebsvermögen** (BV) i.S.d. § 4 Abs. 1 Satz 1 EStG definiert man den Unterschiedsbetrag zwischen dem Vermögen und den Schulden des Unternehmens. Es handelt sich um das Betriebsreinvermögen bzw. das Eigenkapital.

296 Beim **Betriebsvermögensvergleich** i.S.d. § 4 Abs. 1 Satz 1 EStG ist der Gewinn der Unterschiedsbetrag zwischen dem Betriebsvermögen am Schluss des Wirtschaftsjahres und dem Betriebsvermögen am Schluss des vorangegangenen Wirtschaftsjahres zzgl. des Werts der Entnahmen und abzgl. des Werts der Einlagen. Um den Gewinn ermitteln zu können, muss zunächst das Betriebsvermögen ermittelt werden.

▶ **Beispiel für den Betriebsvermögensvergleich**

297 Das Betriebsvermögen (Aktiva/Fremdkapital= Eigenkapital) des G beträgt nach der Bilanz zum 31.12.2015 80.000 € und nach der Bilanz zum 31.12.2014 30.000 €.

In 2015 entnimmt G für 20.000 € Geld und Waren. Er hebt außerdem in 2015 von seinem privaten Sparkassenkonto 10.000 € ab und zahlt sie auf das betriebliche Konto ein.

Lösung

	Betriebsvermögen am Schluss Wj 2012	80.000 €
./.	Betriebsvermögen am Schluss Wj 2011	<u>30.000 €</u>
=	Unterschiedsbetrag	50.000 €
+	Entnahme	20.000 €
./.	Einlage	10.000 €
=	**Gewinn aus Gewerbebetrieb 2012**	**60.000 €**

c) Notwendiges Betriebsvermögen, R 4.2(1) Abs. 1 EStR

Hierzu zählen Wirtschaftsgüter (WG), die ausschließlich und unmittelbar für eigen- 298
betriebliche Zwecke genutzt werden oder dazu bestimmt sind. und WG, die nicht Grundstücke oder Grundstücksteile sind und die zu mehr als 50 % eigenbetrieblich genutzt werden.

▶ **Hinweis**

Das **notwendige Betriebsvermögen** gelangt u.a. bei der 1 %-Regelung zur 299
Bedeutung, weil nach § 6 Abs. 1 Nr. 4 Satz 2 EStG die private Nutzung eines betrieblichen PKWs, der zu mehr als 50 % betrieblich genutzt wird, als Entnahme mit 1 % des Bruttolistenpreises bewertet wird.

d) Gewillkürtes Betriebsvermögen, R 4.2 (1) Abs. 1 EStR

Dabei handelt es sich um Wirtschaftsgüter (WG), die in einem objektiven Zusam- 300
menhang mit dem Betrieb stehen und diesen zu fördern bestimmt und geeignet sind, sowie um WG, die weder zum notwendigen Betriebsvermögen noch zum notwendigen Privatvermögen zählen und die **zu mindestens zu 10 %, höchstens aber zu 50 % betrieblich genutzt** werden.

e) Notwendiges Privatvermögen, R 4.2 (1) Abs. 1 EStR

Wirtschaftsgüter, die ausschließlich und unmittelbar für private Zwecke genutzt wer- 301
den oder dazu bestimmt sind und WG, die nicht Grundstücke oder Grundstücksteile sind und die **zu mehr als 90 % privat genutzt** werden, gehören zum **notwendigen Privatvermögen**.

f) Betriebsvermögensvergleich, § 4 Abs. 1 EStG

Diese gesetzliche Regelung (Def. Rdn. 296) findet hauptsächlich für Land-und Forst- 302
wirte, die buchführungspflichtig sind oder freiwillig Bücher führen und für selbst-ständig Tätige, die freiwillig Bücher führen, unmittelbar Anwendung. Bei dieser

Bewertungsvorschrift sind nur einkommensteuerliche Bewertungsvorschriften zu befolgen, u.a. die AfA.

g) Betriebsvermögensvergleich, §§ 4 Abs. 1, 5 EStG

303   Hier handelt es sich um eine gesetzliche Regelung für Gewerbetreibende, die buchführungspflichtig (Rdn. 240 ff.) sind oder freiwillig Bücher führen. Buchführungspflichtig i.S.d. § 140 AO sind Kaufleute, § 1–7 HGB oder Gewerbetreibende, die bestimmte Umsatz-, bzw. Gewinngrößen nach § 141 AO[151] überschreiten (**600.000 € Umsatz** im Kalenderjahr, bzw. **60.000 € Gewinn** im Wirtschaftsjahr). Gewerbetreibende haben zudem § 283 ff. HGB zu beachten. Sie sind zur ordnungsgemäßen Buchführung nach § 238 HGB und zur Erstellung von Jahresabschlüssen gem. § 242 HGB verpflichtet.[152] Für Jahresabschlüsse, die nach dem 31.12.2011 beginnen, müssen von Steuerpflichtigen, die den Gewinn nach §§ 4 Abs. 1, 5 oder 5a EStG ermitteln, die Bilanz und Gewinn- und Verlustrechnung elektronisch (Elektronische Bilanz oder E-Bilanz) an das zuständige Finanzamt übermittelt werden, § 5b EStG.

304   Die **Bilanz und die Gewinn-und-Verlust-Rechnung** bilden bei allen Kaufleuten den Jahresabschluss.

Gem. § 247 HGB sind in der Bilanz das Anlage- und das Umlaufvermögen, das Eigenkapital, die Schulden sowie die Rechnungsabgrenzungsposten gesondert auszuweisen und hinreichend aufzugliedern. Bestandteil des Jahresabschlusses ist auch die Anlagekartei (§ 240 HGB, auch Anlagespiegel/Anlageverzeichnis), in die jeder Zugang und jeder Abgang von Wirtschaftsgütern des Anlagevermögens eingetragen werden muss und aus der die am Bilanzstichtag vorhandenen Gegenstände des Sachanlagevermögens ermittelt werden können (§ 241 Abs. 2 HGB; EStR 5.4 Abs. 4).

305   **Bilanzgliederung nach § 266 HGB**

Aktiva	Passiva
A. Anlagevermögen	**A. Eigenkapital**
I. Immaterielle Wirtschaftsgüter	I. Gezeichnetes Kapital
II. Sachanlagen	II. Kapitalrücklage
III. Finanzanlagen im Anlagevermögen	III. Gewinnrücklage
	IV. Gewinn-/Verlustvortrag
	V. Jahresüberschuss/Jahresfehlbetrag
B. Umlaufvermögen	**B. Rückstellungen**
I. Vorräte	

---

151   Gesetz i.d.F. v. 25.05.2009, BStBl I 2009, 1102.
152   FA-FamR/*Kuckenburg/Perleberg-Kölbel* Kap. 13 Rn. 33, 34; zu den Methoden der Bilanzanalyse: *Gräfer* Teil 1, S. 2 ff.

Aktiva	Passiva
II. Forderungen und sonst. Vermögensgegenstände	
III. Wertpapiere im Umlaufvermögen	
IV. Liquide Mittel	
	C. Verbindlichkeiten
	I. Verbindlichkeiten ggü Kreditinstituten
	II. Verbindlichkeiten aus Lieferung & Leistung
	III. sonstige Verbindlichkeiten
C. Aktive Rechnungsabgrenzungsposten	D. Passive Rechnungsabgrenzungsposten

▶ **Verfahrenshinweis zum Auskunfts- und Beleganspruch**

Die **Anlagekartei** ist zum Jahresabschluss eine unterhaltsrechtlich bedeutende 306 Informationsquelle, weil dort die Vermögensgegenstände des Sachanlagevermögens aufgelistet sind und Art und Umfang der Abschreibung erkennbar wird.

Bei allen Kapitalgesellschaften und über § 246a HGB auch die KapCo-Gesellschaften (Personengesellschaften ohne natürliche Personen als Vollhafter) ist obligatorischer und damit gesetzlicher Bestandteil des Jahresabschlusses zusätzlich der **Anhang** (§ 264 HGB), auf den sich ebenfalls der unterhaltsrechtliche Auskunfts- und Beleganspruch bezieht. Fehlt ein Anhang des Jahresabschlusses, ist der Jahresabschluss nichtig!

Der **Anhang** dient der Erläuterung der Positionen in Bilanz und G&V, §§ 284 ff. 307 HGB.[153] In der Informationsbeschaffungsphase ist es erforderlich, eine Auskunft ausdrücklich durch Vorlage der vollständigen Jahresabschlüsse (oder Gewinnermittlungen) mit Bilanzen, Anlage- und Abschreibungsverzeichnissen, Erläuterungen, Gewinn- und Verlust-Rechnungen, sämtlich mit Kontennachweisen, Anhang sowie Ergebnisverwendungsbeschlüsse zu verlangen.[154]

Die Wirtschaftsgüter des Betriebsvermögens unterliegen einer **Bewertung**, die sich 308 wegen der Erfolgswirksamkeit auch auf das Unterhaltseinkommen auswirkt und nach Regeln des Bilanzsteuerrechts erfolgt.[155] Die vorstehende Tabelle zeigt den Bilanzaufbau nach § 266 HGB in seinen wesentlichen Elementen.

Finanzanlagen/Wertpapiere können bspw. im Anlagevermögen, aber auch im 309 Umlaufvermögen erscheinen. Vermögensgegenstände gehören dann zum Anlagevermögen, wenn sie dauernd im Unternehmen dienen.

---

153 *Kuckenburg/Perleberg-Kölbel* Unterhaltseinkommen, Kap. B Rn. 77 ff.
154 Ausf. Arbeitshilfe in Anhang.
155 *Kuckenburg/Perleberg-Kölbel* Unterhaltseinkommen, Kap. B Rn. 157 ff., 238 ff.

Die einzelnen Positionen der Bilanz sowie deren Wertberichtigungen werden weiter unten detailliert dargestellt.

310   Das in der obigen Bilanzgliederung dargestellte »Eigenkapital« entspricht der Gliederung des Eigenkapitals einer Kapitalgesellschaft. Ist das Eigenkapital aufgezehrt, kann es auf der Passivseite mit einem Minuszeichen erscheinen oder auf der Aktivseite an deren Ende, um in jedem Fall das Wesen der Bilanz, auf beiden Seiten der gleiche Betrag und aus dem italienischen Wort »bilancia« für Waage abgeleitet, sicher zu stellen.

h) Besonderheiten einzelner Bilanzposten, Anhang und G&V

311   Kann die voraussichtliche Nutzungsdauer von selbst geschaffenen **immateriellen Vermögensgegenständen** nicht verlässlich geschätzt werden, sind diese über 10 Jahre abzuschreiben. Dies kann auch auf einen entgeltlich erworbenen Geschäfts- oder Firmenwert angewendet werden (§ 253 Abs. 3 Satz 3–4 HGB).

312   Außerdem gibt es zukünftig eine **Ausschüttungssperre** für Unterschiedsbeträge zwischen in der GuV ausgewiesenen und tatsächlich vereinnahmten Beteiligungserträgen bei phasengleicher Gewinnvereinnahmung, der in eine Rücklage einzustellen ist (§ 272 Abs. 5 HGB).

313   Beim Ausweis der **Verbindlichkeiten** in der Bilanz müssen auch die Restlaufzeiten »größer als ein Jahr« angeben werden (§ 268 Abs. 5 Satz 1 HGB).

314   Daneben werden weitere Angaben zum Jahresabschluss (u.a. Firma, Sitz, Registergericht, Registergerichtsnummer, § 264 Abs. 1a HGB) gefordert.

315   Die frühere Wahlmöglichkeit (§ 268 Abs. 2 HGB), die Entwicklung der einzelnen Posten des Anlagevermögens in der Bilanz oder im Anhang darzustellen, entfällt. Zukünftig ist der **Anlagenspiegel** mit zusätzlichen Angaben zu den Abschreibungen verpflichtend im Anhang darzustellen (§ 284 Abs. 3 HGB). Kleine Kapitalgesellschaften sind wie bisher von der Aufstellung eines Anlagenspiegels befreit (§ 288 Abs. 1 Nr. 1 HGB). Außerdem sind für die Herstellungskosten bei jedem Posten des Anlagevermögens die aktivierten Zinsen für Fremdkapital anzugeben (§ 284 Abs. 3 HGB). Diese Angabe muss jedoch nicht zwingend im Anlagenspiegel erfolgen.

316   Die Legaldefinition der Umsatzerlöse in § 277 Abs. 1 HGB wurde geändert. Jetzt werden darunter alle Erlöse aus dem Verkauf, der Vermietung oder Verpachtung von Produkten sowie aus der Erbringung von Dienstleistungen verstanden. Die Differenzierung nach Erlösen aus der gewöhnlichen Geschäftstätigkeit und dem »typischen Leistungsangebot« entfällt. Dies spiegelt sich auch in der Änderung der Gliederung der Gewinn- und Verlustrechnung (§ 275 HGB) wider. Das »Ergebnis der gewöhnlichen Geschäftstätigkeit« sowie »außerordentliche Erträge und Aufwendungen« werden nicht mehr gesondert ausgewiesen. Dies hat Auswirkungen auf die Vorjahresvergleiche und die Jahresabschlusskennzahlen, s. Rdn. 286.

i) Wesen der Bilanzierung (anhand eines Beispiels)

▶ **Merke**

Die **Bilanz** ist eine von statischen Gesichtspunkten geprägte Bestandsrechnung. **317** Sie ist perioden- und stichtagsbezogen und unter Beachtung der Grundsätze ordnungsgemäßer Buchführung zu erstellen. Eine Entwicklung der einzelnen Bestandskonten lässt sich nur aus dem Vergleich mehrerer Bilanzen ableiten.

Auf der Aktivseite sind die Vermögenswerte des Betriebes dargestellt. Die Passivseite **318** weist das Eigen- und Fremdkapital, das dem Betrieb von den Kapitalgebern zur Verfügung gestellt worden ist, also die Finanzierung des Unternehmens, aus.

Im Folgenden wird die Systematik des Betriebsvermögensvergleichs anhand eines **319** einfachen Beispiels dargestellt. Da ohne Gewinn- und Verlustkonto gearbeitet wird, zeigt dieses Beispiel die Wirkungsweise des Betriebsvermögensvergleichs in reinster Form. Gleichzeitig macht es anschaulich deutlich, dass das Gewinn- und Verlustkonto nur ein Unterkonto des Eigenkapitalkontos ist. Da in der Realität der Umfang der Geschäftsvorfälle erheblich umfangreicher ist, bedarf der Ausweis in den einzelnen Sachkonten (Debitoren und Kreditoren), aber auch in der Gewinn- und Verlustrechnung einer weitergehenden Differenzierung, damit das Rechnungswesen seiner Ausweis- und Dokumentationsfunktion nachkommen kann.

▶ **Methode der Gewinnermittlung im Betriebsvermögensvergleich nach §§ 4 Abs. 1, 5 EStG anhand eines Beispiels**

Rechtsanwalt R. macht sich selbstständig. Da er auch Steuerberatung und Buch- **320** führung anbieten möchte, will er seine Gewinne durch Betriebsvermögensvergleich ermitteln.

Er verfügt über ein Eigenkapital von 50.000 € und nimmt darüber hinaus bei der Bank einen Kredit i.H.v. 150.000 € auf.

Lösung

Die Eröffnungsbilanz von R sieht wie folgt aus:

Aktiva		Passiva	
Bank	200.000 €	Eigenkapital	50.000 €
		Darlehensverbindlichkeiten	150.000 €
Bilanzsumme	200.000 €	Bilanzsumme	200.000 €

Ferner

Für Inventar und Bürogeräte erhält er von einem Lieferanten eine Rechnung über 119.000 € brutto mit einem Zahlungsziel von drei Monaten.

Lösung

Aktiva		Passiva	
Anlagevermögen	100.000 €	Eigenkapital	50.000 €
Bank	200.000 €	Darlehensverbindlichkeiten	150.000 €
Vorsteuerforderung	19.000 €	Verbindlichkeiten aus L&L	119.000 €
Bilanzsumme	319.000 €	Bilanzsumme	319.000 €

Bilanzierungstechnisch führt der Geschäftsvorfall zu einer sog. Bilanzverlängerung, d.h. also zu einer Erhöhung der Bilanzsumme.

Würde der Steuerpflichtige eine EÜR erstellen, würde bei diesem Geschäftsvorfall keinerlei Buchung erfolgen, da es am Geldfluss fehlt.

Das bilanzierende Unternehmen muss aber dem Realisationsprinzip folgen und bucht deshalb den Geschäftsvorfall.

Dies gilt umgekehrt auch für eine Forderungsverbuchung.

Ferner

Nach zwei Monaten zahlt R per Bankanweisung die Rechnung des Lieferanten i.H.v. 119.000 € brutto.

Die Vorsteuer wird ihm durch die Umsatzsteuervoranmeldung erstattet, ohne dass er zu diesem Zeitpunkt schon Erlöse hat.

Lösung

Aktiva		Passiva	
Anlagevermögen	100.000 €	Eigenkapital	50.000 €
Bank	100.000 €	Darlehensverbindlichkeiten	150.000 €
Bilanzsumme	200.000 €	Bilanzsumme	200.000 €

Hier liegt bilanztechnisch eine Bilanzverkürzung durch eine Reduzierung der Bilanzsumme vor.

Die Verbindlichkeit ggü. dem Lieferanten ist vollständig – brutto – erloschen.

Zwischen Unternehmern im umsatzsteuerrechtlichen Sinn stellt die Umsatzsteuer nur eine durchlaufende Position dar. Bei Geschäftsvorfällcn im umsatzsteuerrechtlichen Sinn zwischen Unternehmern zahlt niemand die Umsatzsteuer. Dies ist allein Aufgabe eines nichtunternehmerischen Endverbrauchers.

Ferner

Im Laufe des Geschäftsjahres kann R ggü. einem Mandanten eine Honorarrechnung i.H.v. brutto 35.700 € stellen.

Lösung

Aktiva		Passiva	
Anlagevermögen	100.000 €	Eigenkapital	80.000 €
Bank	100.000 €	Darlehensverbindlichkeiten	150.000 €
Forderung	35.700 €	Umsatzsteuerverbindlichkeit	5.700 €
Bilanzsumme	235.700 €	Bilanzsumme	235.700 €

Auch hier wird der Geschäftsvorfall in einer EÜR nicht gebucht, weil es am Geldfluss fehlt.

In diesem Beispiel zeigt sich die erfolgswirksame Buchung durch Erhöhung des Eigenkapitals um netto 30.000 €.

Ausgewiesen wird aber auch eine Umsatzsteuerverbindlichkeit i.h.v. 5.700 € (Ausweis der Umsatzsteuer nach vereinbarten Entgelten!).

Ferner

Am Jahresende zahlt R 100.000 €an Bankverbindlichkeiten zurück.

Die AfA beläuft sich auf 20 % des Anlagevermögens.

Lösung

Aktiva		Passiva	
Anlagevermögen	80.000 €	Eigenkapital	60.000 €
Forderung	35.700 €	Darlehensverbindlichkeit	50.000 €
		Umsatzsteuerverbindlichkeit	5.700 €
Bilanzsumme	115.700 €	Bilanzsumme	115.700 €

Die vorstehende Bilanz ist die Abschlussbilanz des Geschäftsjahres zum 31.12. Sie ist gleichzeitig auch Eröffnungsbilanz für das kommende Geschäftsjahr.

Das Anlagevermögen reduziert sich um 20.000 € durch die Abschreibung.

Auf der Passivseite reduziert sich das Eigenkapital aufgrund des AfA-Aufwandes in entsprechender Höhe.

Die Tilgung der Darlehensverbindlichkeit ist erfolgsneutral und führt mit der AfA zu einer Bilanzverkürzung.

Ergebnis des Beispiels

Das Eigenkapital am Schluss des Geschäftsjahres mit 60.000 € abzgl. 50.000 €, Eigenkapital zu Beginn des Geschäftsjahres, ergibt den Gewinn i.H.v 10.000 €. Da die Forderung am 31.12. noch nicht ausgeglichen ist, würde bei der EÜR dieser Geschäftsvorfall erfolgswirksam noch nicht erscheinen. Das Unternehmen hätte dann einen Verlust in Höhe der AfA von 20.000 € gemacht.

j) Erfolgswirksamkeit bei Bilanzierung (Finanzbuchhaltung) versus EÜR

321   Die **Erfolgswirksamkeit** von Buchungen und dem Zeitpunkt der Buchungen sollen
noch an einem weiteren Beispiel verdeutlicht werden, wobei darauf hinzuweisen ist,
dass dies auch für die **unterhaltsrechtliche** Betrachtung von besonderer Bedeutung
ist, weil hierbei eine **Ungleichbehandlung** hingenommen wird. Aus diesem Grund
müsste von jedem Unternehmer, der eine EÜR erstellt, konsequenterweise unterhaltsrechtlich eine Bilanz verlangt werden!

322   In dem **folgenden Beispiel** handelt es sich um ein holzverarbeitendes Unternehmen,
wobei bei einem Gewerbetreibenden allein wegen der Größenklassen nach § 141 AO
entschieden wird, ob eine Finanzbuchhaltung (§§ 4 Abs. 1, 5 EStG) zu erstellen ist
oder ob eine EÜR nach § 4 Abs. 3 EStG ausreicht. Das Beispiel zeigt nur Erfolgsaus-
wirkungen von Geschäftsvorfällen.

▶ **Beispiel**

323

Geschäftsvorfall	§§ 4 Abs. 1, 5 EStG	§ 4 Abs. 3 EStG
Kauf von Anlagevermögen		
Kauf von Holz/Umlaufvermögen		-10.000 €
Holzverarbeitung zu Fenstern minus	20.000 €	
Reduzierung des Lagerbestandes	-5.000 €	
Verkauf von Fenstern	40.000 €	40.000 €
- obiger	-15.000 €	
Abschreibung Anlagevermögen	-10.000 €	-10.000 €
Wertberichtigung	-1.000 €	
Gewinnauswirkung	29.000 €	20.000 €

Der Materialeinkauf ist nur bei der EÜR erfolgswirksam.

Die »Produktion auf Lager« führt beim bilanzierenden Unternehmen zur Aktivierung von teilfertigen Erzeugnissen im Umlaufvermögen (siehe Rdn. 548 ff.).

Der aktivierte Betrag der teilfertigen Leistungen i.H.v. 15.000 € ist bei der Forde-
rungsbuchung in Abzug zu bringen.

Auch zeigt das kleine Beispiel, dass die Wertberichtigung des Lagerbestandes durch
eine vorgenommene Teilwertabschreibung (siehe Rdn. 376 ff.) nur bilanzierenden
Unternehmen möglich ist.

Im **Ergebnis** bleibt festzuhalten, dass das bilanzierende Unternehmen zeitlich früher und zudem einen höheren Gewinn ausweist.

Dies ist immer dann der Fall, wenn Wareneinkauf und Warenverkauf in einer Periode nicht korrespondieren.

▶ **Verfahrenshinweis zum Auskunfts- und Beleganspruch**

Ein Korrekturposten bei der Bilanzierung ist die Verbuchung der **Bestandsverän-**   324
derungen aufgrund der Inventur, so dass auch unterhaltsrechtlich ordnungsgemäße Inventurerstellung stets zu überprüfen ist.

Auf die Inventurunterlagen besteht wegen der Erfolgswirksamkeit ein unterhaltsrechtlicher Auskunfts- und Beleganspruch. Die Inventur ist die Erfassung aller
vorhandenen Bestände. Durch die Inventur werden Vermögenswerte und Schulden eines Unternehmens zu einem bestimmten Stichtag ermittelt und schriftlich
niedergelegt. Das Ergebnis einer Inventur ist das Inventar, ein Bestandsverzeichnis,
das alle Vermögensteile und Schulden nach Art, Menge und Wert aufführt.

k) Betriebswirtschaftliche Auswertung (BWA)

Die **betriebswirtschaftliche Auswertung** dient sowohl extern als auch intern als Infor-   325
mations-, als Kontroll- und als Präsentationsmedium. Sie ist ein wichtiges Instrument
i.R.d. Finanzhaushaltes eines Unternehmens und basiert auf den Daten, die der laufenden Finanzbuchhaltung entnommen werden können. Dies bedeutet, dass sie einen
aktuellen Einblick und vor allem Überblick über die Kosten- und auch die Erlössitu-
ation eines Unternehmens gibt.

Hieraus ergibt sich die Ertragslage aus dem laufenden Geschäftsjahr. Die betriebs-   326
wirtschaftliche Auswertung steht im Kontrast zu der Bilanz, da sie nicht zeitverzögert
angefertigt wird, sondern sich auf die aktuelle Lage des Unternehmens bezieht. Den
Unternehmen dient sie zur Kontrolle und Übersicht und den Kreditinstituten zur
Überprüfung der Bonität und der Kreditwürdigkeit.

Auch bei der Ermittlung der Unterhaltseinkünfte ist die **BWA** als Informationsquelle   327
hilfreich.

Die BWA auf das Ende des Geschäftsjahres weist allerdings nicht das tatsächliche Jahresergebnis des Jahresabschlusses aus, da die Jahresabschlussverbuchung fehlt.

Die BWA macht also den Jahresabschluss nicht verzichtbar.

l) Betriebsprüfung

Eine **Betriebsprüfung** ist nicht nur nach § 193 Abs. 1 AO bei Steuerpflichtigen zuläs-   328
sig, die einen gewerblichen oder land- und forstwirtschaftlichen Betrieb unterhalten
oder freiberuflich tätig sind, sondern nach § 193 Abs. 2 AO auch bei anderen unternehmerisch tätigen Personen, z.B., wenn diese für Rechnung eines anderen Steuerpflichtigen Steuern zu entrichten oder einzubehalten und abzuführen haben.

Wie oft ein Unternehmer geprüft wird, hängt statistisch von der Größe des Unterneh-   329
mens, der wirtschaftlichen Zuordnung und der Betriebsart ab. Das BMF legt hierzu in
regelmäßigen Abständen die Kriterien für die Einordnung in Größenklassen neu fest.
Die maßgeblichen Unterscheidungsmerkmale sind dabei die Betriebsart, der Umsatz
und der steuerliche Gewinn. Aufgrund dieser Merkmale wird jedes Unternehmen der

passenden Größenklasse und damit auch der unterschiedlichen **Prüfungshäufigkeit** zugeordnet.

330   Die Einteilung erfolgt in drei **Größenklassen**: Großbetriebe, Mittelbetriebe, Klein- und Kleinstbetriebe. Die Einordnung erfolgt **stichtagsbezogen** im Dreijahresturnus. Für den 22. Prüfungsturnus ab dem 01.01.2016 hat das BMF die Abgrenzungsmerkmale gem. § 3 Betriebsprüfungsordnung (BpO) neu festgelegt (die nächste Festlegung geschieht zum 01.01.2019):

Betriebsart	Großbetriebe	Mittelbetriebe	Kleinbetriebe
	a) Umsatzerlöse	a) Umsatzerlöse	a) Umsatzerlöse
	oder	oder	oder
	b) steuerlicher Gewinn	b) steuerlicher Gewinn	b) steuerlicher Gewinn
Handelsbetriebe	a) über 8,0 Mio. €	a) über 1,0 Mio. €	a) über 190.000 €
	oder	oder	oder
	b) über 310.000 €	b) über 62.000 €	b) über 40.000 €
Fertigungsbetriebe	a) über 4,8 Mio. €	a) über 560.000 €	a) über 190.000 €
	oder	oder	oder
	b) über 280.000 €	b) über 62.000 €	b) über 40.000 €
Freie Berufe (FB)	a) über 5,2 Mio. €	a) über 920.000 €	a) über 190.000 €
	oder	oder	oder
	b) über 650.000 €	b) über 150.000 €	b) über 40.000 €
Andere Leistungsbetriebe (AL)	a) über 6,2 Mio. €	a) über 840.000 €	a) über 190.000 €
	oder	oder	oder
	b) über 370.000 €	b) über 70.000 €	b) über 40.000 €

331   Je größer das Unternehmen ist, desto häufiger wird eine Außenprüfung durchgeführt:
–   **Großbetriebe** »sollen« durchgehend geprüft werden (die Finanzverwaltung interpretiert »sollen« als »müssen«).
–   Mittelbetriebe werden durchschnittlich ca. alle zwölf Jahre geprüft.
–   Bei **Klein- und Kleinstbetrieben** ist eine Aussage über einen regelmäßigen oder typischen Turnus nicht möglich. Vielmehr wird das Finanzamt eher nach Anlass prüfen, z.B., wenn Steuererklärungen nicht oder nur schleppend abgegeben werden oder die letzte Steuererklärung auffällige Werte enthält. Denkbar ist dies z.B., wenn die Vorsteueranmeldungen laufend Überschüsse ergeben und kein plausibler Grund hierfür erkennbar ist.

332   Abgesehen von o.g. üblichen Häufigkeiten können Prüfungen im Einzelfall insb. angesetzt werden, wenn ein besonderer Anlass besteht.

Anlassbezogene Prüfungen sind: 333
- das Unternehmen wurde durch einen ehemaligen Arbeitnehmer oder einen Konkurrenten angezeigt;
- es besteht eine Kontrollmitteilung, die aus der Betriebsprüfung bei einem Geschäftspartner herrührt (z.b. eine Kopie einer hohen Ausgangsrechnung);
- das Finanzamt führt eine sog. Branchenprüfung durch und das Unternehmen gehört dieser Branche an.

Typische Prüfungsanlässe sind: 334

Äußere Anlässe	»Verdachtsmomente« aus vorangegangenen Prüfungen	Sonstige »Verdachtsmomente«
Betriebsaufgabe bzw. -veräußerung, Gesellschafterwechsel, Verträge mit Gesellschaftern	Vorangegangene Betriebsprüfung mit hohen Mehrsteuern (Anschlussprüfung), vorangegangene Umsatzsteuer-Nachschau mit Auffälligkeiten	Knappe Privatentnahmen zum Lebensunterhalt, private Grundstückserwerbe/Investitionen bei niedrigen Privatentnahmen, Teilwertabschreibungen auf Grundstücke, Beteiligungen oder Vorratsvermögen, nicht plausible Rückstellungen, niedrige teilfertige Arbeiten bei hohen Kundenanzahlungen, Kontrollmitteilungen/Selbstanzeigen.

Dem Finanzamt können Informationen über den Mandanten aufgrund vielfältiger 335
Quellen vorliegen:
- abgegebene Bilanzen und Steuererklärungen
- Informationen aus Außenprüfungen bei Geschäftspartnern
- Informationen im Internet (z.b. viele Unternehmen stellen sich als besonders erfolgreich dar)
- Mitteilungen von anderen Behörden (z.b. Sozialversicherung) und Gerichten
- Handelsregister, Grundbuch, elektronischer Bundesanzeiger, Datenbanken der Finanzverwaltung
- Anschwärzungen bei Trennung und Scheidung, Kündigung und sonstigen Streitigkeiten (typischer Denunziantenkreis: Ehepartner, enttäuschte Geliebte und ehemalige Arbeitnehmer).

▶ **Exkurs: Außenprüfung und Selbstanzeige**

Solange der Betriebsprüfer noch nicht zur Prüfung des Unternehmens erschienen 336
ist, war eine steuerliche Selbstanzeige noch möglich (§ 371 Abs. 2 Nr. 1 Buchst. a
AO a.F.).

2011 wurde die Regelung der Selbstanzeige zunächst verschärft und eine
Selbstanzeige ist gem. § 371 Abs. 2 Nr. 1 Buchst. a AO (in der Fassung des

Schwarzgeldbekämpfungsgesetzes[156]) bereits mit der Bekanntgabe der Prüfungsanordnung für die in ihr genannten Steuerarten gesperrt.

Seit dem 01.01.2015 gibt es nach § 371 Abs. 2 Nr. 1 Buchst. a AO die Sperrwirkung der Prüfungsanordnung nur für die Zeiträume, die in der Prüfungsanordnung aufgeführt sind. Diese Erleichterung gilt unstreitig für Selbstanzeigen, die ab dem 01.01.2015 abgegeben werden. Nach einer durchgeführten Außenprüfung kann die Möglichkeit einer Selbstanzeige erneut aufleben.

Neuer Sperrgrund ist, dass ein Amtsträger der Finanzbehörde zu einer Umsatzsteuer-Nachschau oder Lohnsteuer-Nachschau erscheint und sich ausweist (§ 371 Abs. 2 Buchst. e AO n.F.).

Ein Sperrgrund besteht außerdem, wenn die Hinterziehung 25.000 € Steuern der betreffenden Steuerart je Tat übersteigt (§ 371 Abs. 2 Nr. 3 AO n.F.).

Ist diese Schwelle überschritten, so kann sich der Steuerpflichtige Straffreiheit »erkaufen«, wenn er den Zuschlag gem. § 398a AO zahlt.

Dieser ist für die Hinterziehungsbeträge seit dem 01.01.2015 gestaffelt: 10 % ab 25.001 €, 15 % ab 100.001 € und 20 % ab einem Hinterziehungsbetrag ab 1.000.001 €.

7. Bewertung von Bilanzpositionen

a) Bewertungsgrundsätze und Grundsätze ordnungsgemäßer Buchführung (GOB)

337   Zum Verständnis der Vorstellungswelt der Bilanzierung nach HGB und EStG, auch für die unterhaltsrechtliche Würdigung, ist es geboten, die wesentlichen Prinzipien der Bilanzierung nachvollziehen zu können. Diese sind konkretisiert in den »Grundsätzen Ordnungsgemäßer Buchführung und Bilanzierung (GOB)« und sind vielfach normiert.

338   –   **True and Fair View**

Der Jahresabschluss kann in Inhalt und Aufbau seine Aufgabe nur erfüllen, wenn er ein den tatsächlichen Verhältnissen entsprechendes Bild der Vermögens-, Finanz- und Ertragslage des Unternehmens vermittelt (**True and Fair View**). Diese Leitfunktion ist in § 264 Abs. 2 Satz 1 HGB normiert. Ansatz und Bewertung erfolgen unter der Prämisse der Fortführung des Unternehmens, § 252 Abs. 1 Nr. 2 HGB. Ist die Fortführungsprognose für ein bilanzierendes Unternehmen negativ, hat die Bewertung der Vermögensgegenstände grds. unter Liquidationsgesichtspunkten zu erfolgen.[157]

–   **Fortführungsgrundsatz/Going Concern Prinzip**

339   Ansatz und Bewertung erfolgen unter der Prämisse der Fortführung des Unternehmens, § 252 Abs. 1 Nr. 2 HGB. Ist die Fortführungsprognose für ein bilanzierendes

---

156 BGBl I 2011, 676.
157 Klein/*Kuckenburg* FamVermR Kap. 2 Rn. 1490 ff., 1552 ff.

Unternehmen negativ, hat die Bewertung der Vermögensgegenstände grundsätzlich unter Liquidationsgesichtspunkten zu erfolgen.

– **Vollständigkeitsgrundsatz, Grundsatz der wirtschaftlichen Zurechnung und Saldierungsverbot**   340

Gem. § 246 Abs. 1 Satz 1 HGB sind sämtliche Vermögensgegenstände, Schulden, Rechnungsabgrenzungsposten sowie Aufwendungen und Erträge zu erfassen, soweit gesetzlich nicht etwas anderes bestimmt ist. Die Vollständigkeit kann nur durchbrochen werden durch Ansatzwahlrechte und Ansatzverbote. Die bilanzielle Zurechnung von Vermögensgegenständen erfolgt nach dem wirtschaftlichen Eigentum, das dem zivilrechtlichen Eigentum folgt, solange nicht im Einzelfall wirtschaftliche Gesichtspunkte eine abweichende bilanzielle Zurechnung gebieten (**Leasing**, Sale and Lease Back-Gestaltungen. Der Einzelbewertungsgrundsatz verlangt, dass Vermögensgegenstände und Schulden am Abschlussstichtag i.d.R. einzeln zu bewerten sind (§ 252 Abs. 1 Nr. 3 HGB, § 240 HGB).

– **Einzelbewertung**   341

Der Einzelbewertungsgrundsatz verlangt, dass Vermögensgegenstände und Schulden am Abschlussstichtag i.d.R. einzeln zu bewerten sind (§ 252 Abs. 1 Nr. 3 HGB, § 240 HGB).

Dieser Grundsatz wird durchbrochen in gesetzlichen Fällen der Bewertung bestimmter Vermögens- oder Schuldengesamtheiten wie dem **Festwertverfahren** nach § 240 Abs. 3 HGB, der **Gruppenbewertung** nach § 240 Abs. 4 HGB und den **Bewertungsvereinfachungsverfahren** nach § 256 HGB.[158]   342

– **Anschaffungskostenprinzip**[159]   343

Die aufgewendeten Kosten für Anschaffung von Wirtschaftsgütern sind Grundlage der späteren Bewertung (zum Beispiel durch Abschreibungen). Der Wert kann auch bei Wertsteigerungen nicht höher sein als die historischen Anschaffungskosten. Diese stellen die Wertobergrenze dar. Werden die Güter durch das Unternehmen selbst hergestellt, wird von Herstellungskosten gesprochen (§ 255 Abs. 2 Satz 1 HGB).

– **Vorsichtsprinzip**   344

Es dient in der deutschen Rechnungslegung immer noch dem zentralen Element des **institutionalisierten Gläubigerschutzes**, wonach nach kaufmännischer Vorsicht zu bewerten ist. Ausprägung davon ist das Realisationsprinzip, wonach ohne Umsatz keine Gewinnrealisierung möglich ist. Demgegenüber werden nach dem Imparitätsprinzip Einzelrisiken für das Unternehmen bereits erfasst, wenn sie drohen und nicht erst, wenn sie entstanden sind.

---

158 *Kuckenburg/Perleberg-Kölbel* Unterhaltseinkommen, Kap. B. Rn. 244 ff.
159 Rdn. 350; *Kuckenburg/Perleberg-Kölbel* Unterhaltseinkommen, Kap. B. Rn. 161 ff. mit div. Beispielen.

345 – **Wertaufholungsgebot**

Die Vorschrift des § 253 Abs. 5 Satz 1 HGB schreibt bei Wegfall der Gründe für eine außerplanmäßige Abschreibung von Vermögensgegenständen eine Zuschreibung im Umfang der zwischenzeitlich eingetretenen Werterhöhung vor.

346 – **Bilanzidentität/Bilanzkontinuität**

Der Grundsatz der Bilanzidentität verlangt, dass die Werte der Abschlussposten aufeinander folgender Geschäftsjahre aneinander anschließen. Dies ist die formelle Bilanzidentität nach § 252 Abs. 1 Nr. 1 HGB. Die Bilanzkontinuität verlangt in aufeinanderfolgenden Jahresabschlüssen eine Darstellungsstetigkeit bei der Ausübung von Ansatz- und Bewertungswahlrechten (§ 265 Abs. 1 HGB, § 252 Abs. 1 Nr. 6 HGB).

347 – **Stichtagsprinzip und Periodenabgrenzung**

Die Bilanz wird auf einen **Stichtag** erstellt. Sie ist damit stichtagsbezogen. Wesentliches Element der Bilanzierung ist die periodengerechte Gewinnermittlung, insb. mit
348 ihren Ausprägungen der Rechnungsabgrenzungsposten und den Rückstellungen.

Folgende Bewertungsmaßstäbe sind bilanzrechtlich zu unterscheiden:	
Handelsrecht	**Steuerrecht**
Anschaffungskosten	Anschaffungskosten
Herstellungskosten	Herstellungskosten
fortgeführte AK/HK	fortgeführte AK/HK
Börsen- oder Marktpreis	Teilwert
beizulegender Wert	

▶ Hinweis

349 Die Bewertungsvorschriften geben im Einzelnen vor, welche Bewertungsmaßstäbe anzuwenden sind. Sie gelten nur für die Bewertung des Betriebsvermögens.

b) Anschaffungs- und Herstellungskosten, § 255 HGB/§ 6 EStG

aa) Anschaffungskosten

350 Die **Anschaffungskosten** ergeben sich aus:

Kaufpreis (Anschaffungspreis)

+ Anschaffungsnebenkosten (ANK)

− Anschaffungspreisminderungen

= Anschaffungskosten (AK)

351 Anschaffungsnebenkosten sind Kosten, die neben dem Kaufpreis anfallen, z.B. bei Grundstücken:

- Maklerprovisionen netto
- Vermessungsgebühren netto
- Notar- und Rechtsanwaltsgebühren netto
- Grundbuchgebühren
- Grunderwerbsteuer (§ 11 GrEStG)

Bei anderen Vermögensgegenständen: 352
- Eingangsprovisionen netto
- Eingangsfrachten netto
- Anfuhr- und Abladekosten netto
- Transportversicherungen
- Montagekosten netto
- Preisminderungen für die Anschaffungskosten sind:
- Rabatte netto
- Skonti netto
- Boni netto
- Preisnachlässe netto

▶ **Hinweis**

Geldbeschaffungskosten wie Zinsen, Damnum, Wechseldiskont, die bei der Fi-   353
nanzierung anfallen, sowie anrechenbare Vorsteuer fallen nicht unter die Anschaffungskosten.

▶ **Beispiel**

Unternehmer A kauft 2013 ein Wirtschaftsgut des beweglichen Anlagevermögens.   354

Der Verkäufer V erteilt Rechnung wie folgt:

Aufstellung

Wirtschaftsgut netto	100.000 €
+ 19 % Umsatzsteuer	19.000 €
Rechnungsbetrag	119.000 €

A zahlt diese unter Abzug von 2 % Skonto.

Für Transportkosten erhält er von F folgende Rechnung:

Transportkosten netto	10.000 €
+ 19 % Umsatzsteuer	1.900 €
Rechnungsbetrag	11.900 €

Lösung

Die Anschaffungskosten ermitteln sich wie folgt:

Kaufpreis netto	100.000 €
+ Anschaffungsnebenkosten	10.000 €

– Anschaffungspreisminderung netto (2 % von 100.000 €)	– 2.000 €
Anschaffungskosten	108.000 €

355 Die Bewertung für **selbst hergestellte Wirtschaftsgüter** richtet sich nach den Herstellungskosten. Es handelt sich hierbei um Wirtschaftsgüter des Vorratsvermögens, d.h. regelmäßig um Erzeugnisse. Allerdings können auch Gebäude selbst hergestellte Wirtschaftsgüter sein.

bb) Herstellungskosten

356 **Herstellungskosten** sind Aufwendungen, die durch den Verbrauch von Sachgütern und die Inanspruchnahme von Diensten die Herstellung eines Vermögensgegenstandes, seine Erweiterung oder für eine über den urspr. Zustand hinausgehende wesentliche Verbesserung entstehen (§ 255 Abs. 2 HGB).

357 Zu den Herstellungskosten gehören handelsrechtlich mindestens nach § 255 Abs. 2 Satz 2 HGB die

        Materialeinzelkosten

  +   Fertigungseinzelkosten

  <u>+</u>   <u>Sondereinzelkosten der Fertigung</u>

  =   Wertuntergrenze der Herstellungskosten (HK)

358 Steuerrechtlich sind die Materialeinzelkosten, die Fertigungseinzelkosten, die Sondereinzelkosten der Fertigung sowie die Materialgemeinkosten und die Fertigungsgemeinkosten in die zu aktivierenden Herstellungskosten einzubeziehen.[160]

359 Zu den Materialgemeinkosten und den Fertigungsgemeinkosten gehören nach R 6.3 Abs. 2 EStR 2012 z.B. Aufwendungen für folgende Kostenstellen:
– Lagerhaltung, Transport und Prüfung des Fertigungsmaterials
– Vorbereitung und Kontrolle der Fertigung
– Werkzeuglager
– Betriebsleitung, Raumkosten, Sachversicherungen
– Unfallstationen und Unfallverhütungseinrichtungen der Fertigungsstätten
– Lohnbüro, soweit in ihm die Löhne und Gehälter der in der Fertigung tätigen Arbeitnehmer abgerechnet werden

▶ **Hinweis**

360 In die Herstellungskosten können allgemeine Verwaltungskosten wie z.B. Aufwendungen für die Geschäftsleitung oder das Rechnungswesen seit BilMoG eingerechnet werden. Ferner dürfen nicht mit einbezogen werden die Vertriebskosten (§ 255

---

160 R 6.3 EStR 2012.

Abs. 2 Satz 6 HGB). Zu den Herstellungskosten können die Zinsen für Fremdkapital gehören.

▶ **Verfahrenshinweis zum Auskunfts- und Beleganspruch**

Die Ermittlung erfolgt über den **Betriebsabrechnungsbogen** (BAB).   **361**

Die Dokumentation dieser Ermittlung durch BAB ist wegen der Erfolgswirksamkeit der Ermittlung der AHK über die Abschreibungen und Wertberichtigungen Gegenstand des unterhaltsrechtlichen Auskunfts- und Beleganspruchs.

Herstellungskostenuntergrenze seit BilMoG und R 6.3 Abs. 1 EStÄR 2012[161]   **362**

	HBG aF	HGB nF	R 6.3 EStR 2008	R 6.3 EStR 2012
Kosten der Forschung und Vertriebskosten	Verbot	Verbot	Verbot	Verbot
Fremdkapitalzinsen	Wahlrecht	Wahlrecht	Wahlrecht	Wahlrecht
Aufwendungen für soziale Einrichtungen und betriebliche Altersversorgung	Wahlrecht	Wahlrecht	Wahlrecht	Gebot
Allgemeine Verwaltungskosten	Wahlrecht	Wahlrecht	Wahlrecht	Gebot
Abschreibungen	Wahlrecht	Gebot	Gebot	Gebot
Fertigungs- und Materialgemeinkosten	Wahlrecht	Gebot	Gebot	Gebot
Sondereinzelkosten der Fertigung, Fertigungseinzelkosten und Materialkosten	Gebot	Gebot	Gebot	Gebot

Die Herstellungskosten sind zu aktivieren, d.h. auf der Aktivseite der Bilanz auszu- **363** weisen, und sie als erfolgswirksamer Abschreibungsaufwand über die Nutzungsdauer abzuschreiben.

Dabei kommt es häufig zur Abgrenzungsfrage, ob nicht bloßer Erhaltungsaufwand **364** vorliegt, der sofort als Betriebsausgaben/Werbungskosten in Abzug gebracht werden kann.

Grundsätzlich führen dabei Funktionsänderungen von Räumen zu Herstellungs- **365** kosten, es sei denn, dass die zur künftigen Wohnnutzung umgebauten Räume nicht erweitert werden und die Grundfläche unverändert bleibt. Zudem darf es zu keiner Substanzmehrung kommen und es dürfen nicht nachträglich Bestandteile eingebaut werden, die vorher nicht vorhanden waren.[162]

---

161 EStÄR in: BMF Schreiben v. 25.03.2013 – IV C 6 – S 2133/09/10001.
162 IDW RS IFA 1, IDW-FN 3/2014.

366   Also gerade bei Investitionen im Gebäude stellt sich diese Problematik und bei Gebäuden im Privatvermögen in der Einkunftsart Vermietung und Verpachtung.

367   Eine Funktion- oder Wesensänderung wird verneint bei Änderung der Raumaufteilung.[163]

368   Dagegen wurde eine Funktionsänderung angenommen bei
- Umbau einer Apotheke in eine Wohnung,[164]
- von Mietwohnungen in eine Arztpraxis,[165]
- eines Wohnhauses in ein Bürogebäude,[166]
- eines Zweifamilienhauses in ein Einfamilienhaus,[167]
- eine eigengenutzten, sich über zwei Geschosse erstreckenden Wohnung, in zwei fremd vermietete Arztpraxen,[168]
- Umbau einer Wohnung in ein Sonnenstudio.[169]

c) Fortgeführte Anschaffungs- oder Herstellungskosten

369   Nach § 7 EStG sind die **fortgeführten Anschaffungs- oder Herstellungskosten** die um die AfA oder Substanzverringerung verminderten Anschaffungs- bzw. Herstellungskosten z.B. bei Rechtsübergang.

▶ **Beispiel**

Anschaffungskosten	500.000 €
– AfA nach § 7 EStG	– 125.000 €
= fortgeführte Anschaffungskosten	375.000 €

d) Systematisierung der einzelnen Wirtschaftsgüter in der Handelsbilanz/ Vermögenswerte in der Steuerbilanz

370   Zum Zweck der Bewertung werden Bilanzposten nach § 266 HGB in § 6 EStG wie folgt eingeteilt:
I. Abnutzbare Wirtschaftsgüter des Anlagevermögens (§ 6 Abs. 1 Nr. 1 EStG)
- Immaterielle Wirtschaftsgüter z.B. Geschäfts- oder Firmenwert
- Gebäude
- Maschinen
- Maschinelle Anlagen
- Kraftfahrzeuge
- Betriebs- und Geschäftsausstattung

163   BFH, 16.01.2007 – IX R 39/05, BStBl 2007 II S. 922.
164   BFH, 29.06.1965 – VI 236/64, BStBl 1965 III S. 507.
165   BFH, 15.10.1996 – VIII R 44/94, BStBl 1997 II, S. 533.
166   BFH, 04.03.1998 – X R 151/94, BeckRS 1998 14351.
167   BFH, 22.01.2003 – XR 20/01, BeckRS 2003 25001661.
168   BFH, 23.11.2004 – IX R 59/03, BeckRS 2004 25007428.
169   BFH, 09.02.2005 – XR 52/03, BeckRS 2005 25007951.

II. andere als in § 6 Abs. 1 Nr. 1 EStG genannte Wirtschaftsgüter nach § 6 Abs. 1 Nr. 2 EStG wie
- Grund- und Boden
- Beteiligungen
- Wirtschaftsgüter des Umlaufvermögens
- Vorräte (z.b. Waren)
- Forderungen aus Lieferungen und Leistungen
- Wertpapiere
- Kassenbestand
- Guthaben bei Kreditinstituten
III. Verbindlichkeiten (§ 6 Abs. 1 Nr. 3 EStG)
- Verbindlichkeiten ggü. Kreditinstituten
- Verbindlichkeiten aus Lieferungen und Leistungen
- Sonstige Verbindlichkeiten

e) Anlagevermögen versus Umlaufvermögens

Wirtschaftsgüter, die am Bilanzstichtag dazu bestimmt sind, dauernd dem Betrieb **371** zu dienen, gehören zum Anlagevermögen (R 6.1 Abs. 1 Satz 1 EStR 2012). Dafür ist allein die Zweckbestimmung von Bedeutung. Zum Umlaufvermögen teilt man Wirtschaftsgüter ein, die zur Veräußerung, Verarbeitung oder zum Verbrauch angeschafft oder hergestellt worden sind, z.b. Roh-, Hilfs- und Betriebsstoffe (R 6.1 Abs. 2 EStR 2012).

▶ **Beispiele**

Das betriebliche Kfz des Rechtsanwalts R ist Anlagevermögen; die Gebrauchtwagen **372** des Kfz-Händlers sind Umlaufvermögen.

Wertpapiere einer Bank sind Umlaufvermögen.

Werthaltigkeit ist also ohne Relevanz. Diese Abgrenzung gilt nicht nur für Sachanlagen, sondern auch für immaterielle Wirtschaftsgüter und Finanzanlagen.

f) Teilwertabschreibung und ihre Bedeutung im Familienrecht

Gewinnreduzierend und damit unterhaltsrelevant ist die **Teilwertabschreibung**, die **373** von Familienrechtlern praktisch nicht beachtet wird und dabei mindestens die wirtschaftliche Bedeutung der AfA hat.[170]

▶ **Merke**

Im Gegensatz zur AfA, die nur für das Anlagevermögen relevant ist, gilt die **374** Teilwertabschreibung auch für das Umlaufvermögen.

---

170 Teilwertabschreibung gem. § 6 Abs. 1 Nr. 1 und 2 EStG; BMF-Schreiben v. 02.09.2016.

375   Gerade der in Anspruch genommene Unterhaltsschuldner hat ein vitales Interesse, seine Einkünfte über die Teilwertabschreibung zu reduzieren. Mangelnde Beachtung dieses Instituts durch die Familienrechtler führt zu Haftungsrisiken.

aa) Teilwert

376   Was ist unter dem steuerrechtlichen Begriff des **Teilwerts** zu verstehen?[171]

Nach § 6 Abs. 1 Nr. 1 Satz 3 EStG (gleichlautend § 10 BewG) ist der Teilwert der Betrag, den ein Erwerber des ganzen Betriebes i.R.d. Gesamtkaufpreises für das einzelne Wirtschaftsgut ansetzen würde, wobei davon auszugehen ist, dass der Erwerber den Betrieb fortführt (**going-concern-Prinzip**).

377   Die Funktion des Teilwerts ist ein **Wertansatz anstelle** des Wertansatzes auf Basis der **Anschaffungskosten**. Dieser Wertansatz der Steuerbilanz gleicht dem sog. **beizulegenden Wert** der Handelsbilanz.

378   Es muss aber eine voraussichtlich dauernde Wertminderung vorliegen, d.h. ein voraussichtlich nachhaltiges Absinken des Wertes des Wirtschaftsgutes unter den maßgeblichen Buchwert. Eine nur vorübergehende Wertminderung reicht für eine Teilwertabschreibung nicht aus.[172] Dabei besteht die Besonderheit, dass die Vornahme einer außerplanmäßigen Abschreibung in der Handelsbilanz nicht zwingend in der Steuerbilanz durch eine Teilwertabschreibung nachvollzogen werden muss (somit Beispiel für Auseinanderfallen von Steuer- und Handelsbilanz).[173]

bb) Ziel der Teilwertabschreibung

379   Überbewertungen der Wirtschaftsgüter und damit einhergehend ein zu hoher Ausweis des Vermögens oder Gewinns sowie die Bildung ungerechtfertigter stiller Reserven sollen vermieden werden.

cc) Teilwertabschreibung im abnutzbaren Anlagevermögen

380   Für die Wirtschaftsgüter des abnutzbaren Anlagevermögens kann von einer voraussichtlich **dauernden Wertminderung** ausgegangen werden, wenn der Wert des jeweiligen Wirtschaftsguts am Bilanzstichtag mindestens für eine halbe Restnutzungsdauer unter dem planmäßigen Restbuchwert liegt. Das gilt auch dann, wenn beabsichtigt ist, dass Wirtschaftsgut vor Ablauf der betriebsgewöhnlichen Nutzungsdauer zu veräußern.[174] Die verbleibende Nutzungsdauer ist für Gebäude nach § 7 Abs. 4, 5 EStG, für andere Wirtschaftsgüter grds. nach den amtlichen AfA-Tabellen zu bestimmen.[175]

---

171 *Kuckenburg* FuR 2008, 386.
172 BMF-Schreiben v. 25.02.2000; BStBl I 2000, 372, Rn. 3.
173 R 6.8 EStR i.d.F EStÄR 2012.
174 BFH, BStBl II 2009, 899.
175 BMF-Schreiben v. 25.02.2000; BStBl I 2000, 372, Rn. 6.

Kann ein niedrigerer Teilwert gem. § 6 Abs. 1 Nr. 2 Satz 3 EStG statt der Anschaf- **381** fung- oder Herstellungskosten angesetzt werden, ist im jedem der Folgejahre neu zu prüfen, ob die Voraussetzungen einer Teilwertabschreibung weiterhin gegeben sind.[176]

▶ **Beispiel**

Ein Unternehmen hat eine Maschine zu Anschaffungskosten von 100.000 € **382** erworben. Die Nutzungsdauer beträgt zehn Jahre, die jährliche AfA beträgt linear 10.000 €.

Im zweiten Jahr beträgt der Teilwert bspw. wegen eines Schadensfalls nur noch 30.000 € bei einer Restnutzungsdauer von acht Jahren.

Lösung

Hier ist gewinnreduzierend eine Teilwertabschreibung um 60.000 € auf 30.000 € zulässig.

Die Minderung ist voraussichtlich auch von Dauer, weil der Wert des Wirtschaftsgutes zum Bilanzstichtag bei planmäßiger Abschreibung erst nach fünf Jahren, d.h. erst nach mehr als der Hälfte der Restnutzungsdauer, erreicht wird.[177]

Es gilt die **Faustregel** für dauernde Wertminderung: Buchwert halbieren, wenn dann der Teilwert niedriger ist als der halbierte Buchwert, ist die Wertminderung dauernd.

▶ **Abwandlung des Beispiels**

Der Teilwert beträgt 50.000 €.   **383**

Lösung

Eine Teilwertabschreibung ist nicht zulässig.

Die Minderung ist voraussichtlich nicht von Dauer, da der Wert des Wirtschaftsguts zum Bilanzstichtag bei planmäßiger Abschreibung schon nach drei Jahren und damit früher als nach mehr als der Hälfte der Restnutzungsdauer erreicht wird.

dd) Teilwertabschreibung beim nicht abnutzbaren Anlagevermögen

Für die Wirtschaftsgüter des nicht abnutzbaren Anlagevermögens ist grds. darauf abzu- **384** stellen, ob die Gründe für eine niedrigere Bewertung voraussichtlich anhalten werden. **Kursschwankungen** von börsennotierten Wirtschaftsgütern des Anlagevermögens

---

176 BFH, 08.11.2016, DStR 2017, 645.
177 BMF-Schreiben v. 25.02.2000; BStBl I 2000, 372, Rn. 7, 8; weitergehend FG Münster, das die Teilwertabschreibung auch dann zulässt, wenn die Wertminderung durch Normal-AfA bei weniger als der Hälfte der Restnutzungsdauer erreicht wird, EFG 2005, 683.

stellen eine nur vorübergehende Wertminderung dar und berechtigen deshalb nicht zum Ansatz des niedrigeren Teilwertes.[178]

▶ **Beispiel**

385 Das Unternehmen hat Aktien einer Aktiengesellschaft zum Preis von 100 €/Stück erworben.

Die Aktien sind als langfristige Kapitalanlage dazu bestimmt, dauernd dem Unternehmen zu dienen. Der Kurs der Aktien schwankt nach der Anschaffung zwischen 70 € und 100 €. Am Bilanzstichtag beträgt der Börsenpreis 90 €.

Lösung

Eine Teilwertabschreibung ist unzulässig.

Der durch die Kursschwankungen verursachte niedrigere Börsenpreis am Bilanzstichtag stellt eine nur vorübergehende Wertminderung dar.

386 Entgegen dieser Ansicht hat im BMF-Schreiben der BFH[179] eine Teilwertabschreibung nach § 6 Abs. 1 Nr. 2 Satz 2 EStG bei börsennotierten Aktien angenommen, die als Finanzanlagen gehalten werden, wenn der Börsenwert zum Stichtag unter die Anschaffungskosten gesunken ist und zum Zeitpunkt der Bilanzaufstellung keine konkreten Anhaltspunkte für eine alsbaldige Wertaufholung vorliegen (im Entscheidungsfall Anschaffungskosten von Infineon-Aktien mit 44,50 €/Stück, Wert am Bilanzstichtag 22,70 €/Stück und Wert bei Aufstellung der Bilanz 26,00 €/Stück).

387 Überzeugend führt der BFH hierzu wörtlich aus:

»Spiegelt aber der aktuelle Börsenkurs die Einschätzung der Marktteilnehmer (auch) über die künftige Entwicklung des Börsenkurses wider, kann vom Bilanzierenden nicht erwartet werden, dass er über bessere prognostische Fähigkeiten verfügt als der Markt. Der Börsenkurs ist dann nicht nur identisch mit dem jeweils beizulegenden Wert, sondern er ist – mangels besserer Erkenntnismöglichkeiten – als der dauerhafte Wert der Bilanz zugrunde zu legen.«

Im konkreten Beispielsfall war eine Teilwertabschreibung auf 26 € je Aktie möglich.

Dem folgt das BMF[180] mit seinem, indem es die Behandlung von Wertveränderungen innerhalb einer gewissen Bandbreite durch eine zeitliche und rechnerische Komponente ausfüllen will.

»Von einer voraussichtlich dauernden Wertminderung ist danach nur dann auszugehen, wenn der Börsenkurs von börsennotierten Aktien zu dem jeweils aktuellen Bilanzstichtag um mehr als 40 % unter den Anschaffungskosten gesunken ist oder zu dem jeweils aktuellen Bilanzstichtag und dem vorangegangenen Bilanzstichtag um mehr als 25 % unter den Anschaffungskosten gesunken ist.«

---

178 BMF-Schreiben v. 25.02.2000; BStBl I 2000, 372, Rn. 11.
179 BFH, 26.09.2007 – I R 58/06, BFH/NV 2008, 432.
180 BMF-Schreiben v. 26.03.2009, www.bundesfinanzministerium.de.

Die Teilwertabschreibung kann auch für ein Betriebsgrundstück bei nicht Verwirkli- **388** chung eines Gewerbeparks bei Grundstücksvermögen vorliegen.[181]

ee) Teilwertabschreibung im Umlaufvermögen

Die Wirtschaftsgüter des Umlaufvermögens sind nicht dazu bestimmt, dem Betrieb **389** auf Dauer zu dienen. Sie werden stattdessen regelmäßig für den Verkauf oder den Verbrauch angeschafft. Demgemäß kommt dem Zeitpunkt der Verwendung oder Veräußerung für die Bestimmung einer voraussichtlich **dauernden Wertminderung** eine besondere Bedeutung zu.

Hält die Minderung bis zum Zeitpunkt der Aufstellung der Bilanz oder dem voraus- **390** gegangenen Verkaufs- oder Verbrauchszeitpunkt an, so ist die Wertminderung voraussichtlich von Dauer.[182]

▶ **Beispiel**

Der Kaufmann/Unterhaltsschuldner hat eine Forderung aus einem Kredit im **391** Nennwert von 100.000 € an der Y-KG. Wegen unerwarteter Zahlungsausfälle ist die Y-KG im Laufe des Wirtschaftsjahres notleidend geworden.

Am Bilanzstichtag kann die Forderung deshalb nur i.H.v. 20 % bedient werden. Bis zum Zeitpunkt der Bilanzaufstellung stellt die Y-KG wider Erwarten eine Sicherung i.H.v. 30 % der Forderung.

Lösung

Am Bilanzstichtag ist eine Teilwertabschreibung auf die Forderung des Steuerpflichtigen i.H.v. 80 % zulässig, da mit überwiegender Wahrscheinlichkeit nur mit einem Zahlungseingang von 20 % gerechnet werden konnte.

Zwar gewinnt die Forderung bis zum Zeitpunkt der Bilanzaufstellung durch die Gestellung der Sicherheit nachträglich an Wert. Ein unerwartetes Ereignis dieser Art ist jedoch keine »zusätzliche Erkenntnis«.[183]

ff) Wertaufholungsgebot

Hat sich der Wert des Wirtschaftsgutes nach einer vorangegangenen Teilwertabschrei- **392** bung wieder erhöht, so ist diese Betriebsvermögensmehrung bis zum Erreichen der Bewertungsobergrenze steuerlich (d.h. gewinnerhöhend) mit den oben genannten Einschränkungen zu erfassen. Dabei kommt es nicht darauf an, ob die konkreten Gründe für die vorherige Teilwertabschreibung weggefallen sind. Auch eine Erhöhung des Teilwerts aus anderen Gründen führt zu einer Korrektur des Bilanzansatzes.

---

181 BFH, 21.09.2016 – X R 58/14, JurionRS 2016, 30830.
182 BMF-Schreiben v. 25.02.2000; BStBl I 2000, 372, Rn. 23.
183 BMF-Schreiben v. 25.02.2000; BStBl I 2000, 372, Rn. 32, 33, 4, 23.

Gleiches gilt selbstverständlich auch, wenn die vorherige Teilwertabschreibung steuerlich nicht oder nicht vollständig wirksam wurde.[184]

gg) Teilwertabschreibung versus Verlustrückstellung

393 Die Teilwertabschreibung ist durch die Rückstellungen für drohende Verluste (§ 249 Abs. 1 Satz 1 Halbs. 2 HGB) nicht ausgeschlossen, obwohl nach Steuerrecht die Drohverlustrückstellung nicht gebildet werden darf (§ 5 Abs. 4a EStG). Dies schließt aber eine Teilwertabschreibung z.b. bei unfertigen Bauten und unfertigen Erzeugnissen (Werkverträgen) mit erheblicher Erfolgswirksamkeit nicht aus.

▶ **Beispiel**

394 Der Verlust aus einem Werklieferungsvertrag (Bauvorhaben) beläuft sich bei einem Abwicklungsfortschritt/Fertigungsgrad von 20 % auf 100.000 € bei bereits aktivierten Herstellungskosten von 40.000 €.

Beläuft sich die Teilwertabschreibung auf 60.000 € oder 100.000 €?

Der BFH führt hierzu aus:

»Das Verbot der Rückstellungen für drohende Verluste begrenzt eine mögliche Teilwertabschreibung nicht. Die Teilwertabschreibung auf teilfertige Bauten auf fremdem Grund und Boden ist nicht nur hinsichtlich des, dem jeweiligen Stand der Fertigstellung entsprechenden, auf die Bauten entfallenden Anteils der vereinbarten Vergütung, sondern hinsichtlich des gesamten Verlustes aus dem noch nicht abgewickelten Bauauftrag zulässig.«[185]

Lösung

Das Unternehmen kann mithin in nicht zu beanstandender Weise eine Teilwertabschreibung in Höhe des gesamten Verlustes von 100.000 € vornehmen.

▶ **Verfahrenshinweis zum Auskunfts- und Beleganspruch**

395 Eine erfolgte Teilwertabschreibung im Anlage-, bzw. Umlaufvermögen des bilanzierenden Unternehmens, ist insb. der Gewinn- und Verlustrechnung zu entnehmen. Sie bedarf naturgemäß einer Dokumentation, weil den Steuerpflichtigen ggü. dem Finanzamt die Darlegungs- und Beweislast trifft.[186]

Wenn bei der Ermittlung des Unterhaltseinkommens, bzw. des Gewinnes des Unternehmens des Unterhaltsschuldners, eine Teilwertabschreibung ersichtlich und bestritten wird, ist die entsprechende Dokumentationen zur Erfüllung der Darlegungs- und Beweislast vorzulegen.

---

184 BMF-Schreiben v. 25.02.2000; BStBl I 2000, 372, Rn. 34.
185 BFH, DStR 2005, 1975 ff.
186 BMF-Schreiben v. 25.02.2000; BStBl I 2000, 372, Rn. 2.

g) Bewertung von Wirtschaftsgütern des Anlagevermögens

Auf der Aktivseite der Bilanz ist gem. § 266 HGB das **Anlagevermögen** der Gesell- 396
schaft ausgewiesen. Nach der gesetzlichen Regelung des § 247 Abs. 2 HGB sind als
Posten des Anlagevermögens nur die Gegenstände auszuweisen, die dauernd bestimmt
sind (mindestens mehr als ein Jahr), dem Geschäftsbetrieb zu dienen (Rdn. 371). Für
die dauernde Nutzung ist es nur erforderlich, dass das Unternehmen einen weiteren
Gebrauch des Vermögenswertes für eine gewisse Zeit beabsichtigt, während die Wirtschaftsgüter des **Umlaufvermögens** durch eine nur einmalige Nutzung (Verbrauch,
Verarbeitung, Verkauf, Forderungen: Überführung in liquide Mittel) gekennzeichnet
sind. Die Werthaltigkeit des Vermögenswerts ist kein Abgrenzungskriterium.

▶ Merke

Diese Abgrenzung ist bedeutend, weil die erfolgswirksamen Maßnahmen wie AfA
und/oder Teilwertabschreibung von der systematischen Einordnung abhängen, ob
es sich um Anlage- oder Umlaufvermögen handelt.

Die AfA ist eine Methode der Bewertung von Wirtschaftsgütern des abnutzbaren Anlagevermögens. Die Bewertung im Umlaufvermögen folgt gänzlich anderen
Regeln.

Wirtschaftsgüter des Anlagevermögens, die nicht der AfA unterliegen, sind bspw.
Grund und Boden, Beteiligungen oder Finanzanlagen.

Der Teil der Anschaffungs- bzw. Herstellungskosten (AHK), der auf ein Jahr entfällt, wird als AfA bezeichnet.

Nach der gesetzlichen Gliederungsvorschrift des § 266 Abs. 2 HGB wird zwischen 397
drei Gliederungspositionen unterschieden:
- immaterielle Vermögensgegenstände
- Sachanlagen
- Finanzanlagen

Die **immateriellen Vermögensgegenstände** werden nach der vorgenannten Vorschrift 398
bezeichnet und gegliedert als:
- selbst geschaffene gewerbliche Schutzrechte und ähnliche Rechte und Werte
- entgeltlich erworbene Konzessionen, gewerbliche Schutzrechte und ähnliche
  Rechte und Werte sowie Lizenzen an solchen Rechten und Werten
- Geschäfts- oder Firmenwert
- geleistete Anzahlungen zu vorstehenden Positionen

Die **Sachanlagen** werden in der genannten Vorschrift bezeichnet und gegliedert als: 399
- Grundstücke, grundstücksgleiche Rechte und Bauten, einschließlich der Bauten
  auf fremden Grundstücken
- technische Anlagen und Maschinen
- andere Anlagen, Betriebs- und Geschäftsausstattung
- geleistete Anzahlung und Anlagenbau

400 Die **Finanzanlagen** werden wie folgt bezeichnet und gegliedert als:
- Anteile an verbundenen Unternehmen
- Ausleihungen an verbundene Unternehmungen
- Beteiligungen
- Ausleihungen an Unternehmen, mit denen ein Beteiligungsverhältnis besteht
- Wertpapiere des Anlagevermögens

401 AfA-Methoden

Es können die AfA-Methoden angewendet werden, die nach § 7 EStG wie folgt zu unterscheiden sind:[187]
- AfA in gleichen Jahresbeträgen (lineare AfA), bei Gebäuden und beweglichen Anlagegütern
- AfA in fallenden Jahresbeträgen (degressive AfA), bei Gebäuden und beweglichen Anlagegütern
- AfA, verbrauchsbedingt (Leistungs-AfA), nur bei beweglichen Anlagegütern
- Absetzung für außergewöhnliche technische oder wirtschaftliche Abnutzung bei Gebäuden und beweglichen Anlagegütern (AfaA =Absetzung für außergewöhnliche Absetzung)

402 Unabhängig von der AfA ist im Anlagevermögen die **Teilwertabschreibung** (Rdn. 373 ff.) zu beachten.

h) AfA immaterieller Wirtschaftsgütern

403 Als unkörperliche, d.h. immaterielle Wirtschaftsgüter kommen Rechte, rechtsähnliche Werte und sonstige Vorteile in Betracht (R 5.5 Abs. 1 S. 1 EStR 2012).

404 Hierunter fällt auch der Goodwill/Geschäfts- oder Firmenwert, der wie folgt ermittelt wird:

Kaufpreis minus Buchwert = Geschäfts- oder Firmenwert/Goodwill

Dabei muss es sich zunächst einmal um ein eigenständiges bewertbares Wirtschaftsgut handeln. Andernfalls ist die Abschreibung (natürlich auch bei der EÜR), nicht möglich.

405 Die Problematik kann an der **Kassenarztzulassung**[188] erläutert werden.

Diese stellt zunächst einmal grds. kein neben dem Praxiswert stehendes Wirtschaftsgut dar. Erwirbt der Praxiserwerber/Praxisnachfolger eine bestehende Arztpraxis, einen Teilbetrieb oder einen Mitunternehmeranteil mit Vertragssitz und zahlt er unter Berücksichtigung des wirtschaftlichen Interesses des ausscheidenden Vertragsarztes oder seiner Erben einen Kaufpreis, der den Verkehrswert der Praxis nicht übersteigt,

---

187 *Kuckenburg* FPR 2003, 415, zit.: bei Palandt/*Brudermüller* BGB, 73. Aufl., § 1361 Rn. 3.
188 OFD NRW, Kurzinformation v. 29.10.2015; DB 2015, 2603.

ist der Kassenzulassung kein gesonderter Wert beizumessen und diese wird somit einheitlich mit dem Praxiswert abgeschrieben.

Gem. Urteil des BFH[189] kann die Kassenarztzulassung dann ein eigenständiges Wirtschaftsgut darstellen, wenn es sich als Gegenstand des Veräußerungsvorgangs besonders konkretisiert hat. Im Regelfall wird die Vertragsarztpraxis samt deren wertbildenden Faktoren übertragen. Dabei erfolgt eine Aufteilung des Kaufpreises in diverse materielle Wirtschaftsgüter und in ein einheitliches abnutzbares immaterielles Wirtschaftsgut »Praxiswert«. Dabei wird eine Abschreibungsdauer des Praxiswerts über drei Jahre nicht beanstandet, wobei der BFH[190] auf die anerkannte Nutzungsdauer für entgeltlich erworbene Einzelpraxiswerte von 3–5 Jahren hinweist.   **406**

Nur wenn die mit der Vertragsarztzulassung verbundenen Marktchancen isoliert übertragen werden, liegt ein nicht abnutzbares immaterielles Wirtschaftsgut vor.   **407**

Eine Abschreibung gem. § 7 Abs. 1 EStG ist **nicht** möglich, da die Vertragsarztzulassung zeitlich unbegrenzt erteilt wird.   **408**

Der bei einem Kauf einer freiberuflichen Praxis erworbene Praxiswert stellt keinen Geschäftswert oder Firmenwert i.S.v. § 7 Abs. 1 Satz 3 EStG dar. Diese Norm bezieht sich lediglich auf gewerbliche oder land- und forstwirtschaftliche Unternehmungen.   **409**

Die **Abschreibungsdauer** eines Praxiswertes, wegen seiner Personenbezogenheit, liegt zwischen drei und fünf Jahren bei Ausscheiden des Praxisinhabers bzw. sechs bis zehn Jahren bei dessen fortgesetzter Tätigkeit.[191] Die Neufassung des § 253 Abs. 3 Satz 3, 4 HGB nimmt eine bei fehlenden Anhaltspunkten regelmäßige Abschreibungsdauer von 10 Jahren an.   **410**

Der derivative, d.h. der abgeleitete und erworbene Firmenwert ist steuerlich mit den Anschaffungskosten zu aktivieren und linear abzuschreiben (§ 246 Abs. 1 Satz 4 HGB). Diese Aktivierungspflicht besteht auch im Steuerrecht (§ 7 Abs. 1 Satz 3 EStG), wonach von einer betriebsgewöhnlichen Nutzungsdauer des Geschäfts- oder Firmenwertes von 15 Jahren auszugehen ist.   **411**

▶ Beispiel

A erwirbt am 03.01.2013 ein Unternehmen mit einem Firmenwert. Die Anschaffungskosten hierfür betragen 150.000 €. A will eine einheitliche Handels- und Steuerbilanz erstellen. Er passt sie handelsrechtlich an die steuerrechtliche 15-jährige Abschreibungsdauer an.   **412**

---

189 BFH, BStBl II 2011, 875; weitere Revisionen unter BFH, VIII R 7/14 & VIII R 56/14 anhängig.
190 BFH, 21.02.2017 – VIII R 7/14, NWB Dok. ID YAAAG-45105; VIII R 56/14, NWB Dok. ID OAAAG-45104.
191 H 7.1 EStH.

Lösung

Die Abschreibung beträgt folglich 10.000 € (100 %: 15 Jahre = 6,66 % von 150.000 € pro Wirtschaftsjahr).

▶ **Verfahrenshinweis**

413   Der bei einem Kauf einer freiberuflichen Praxis erworbene Praxiswert stellt keinen Geschäftswert oder Firmenwert i.S.v. § 7 Abs. 1 Satz 3 EStG dar. Diese Norm bezieht sich lediglich auf gewerbliche oder land- und forstwirtschaftliche Unternehmungen.

414   Die Abschreibungsdauer eines Praxiswertes liegt – wegen seiner Personenbezogenheit – zwischen drei und fünf Jahren bei Ausscheiden des Praxisinhabers bzw. sechs bis zehn Jahren bei dessen fortgesetzter Tätigkeit.[192]

415   Höchstrichterliche familienrechtliche Entscheidungen zur Berücksichtigung von AfA bei immateriellen Wirtschaftsgütern liegen nicht vor. Das Unterhaltsrecht kann, wie so häufig, mit den stringenten steuerrechtlichen Regeln operieren, was insb. deshalb gilt, weil deren Abschreibungsdauer dem tatsächlichen Werteverzehr nach allgemeiner Erfahrung entspricht.[193] Auch hier entspricht die steuerliche Regelung jahrelanger Erfahrung der Finanzverwaltung.[194]

416   Die handelsrechtliche Aktivierungsfähigkeit des **originären Geschäftswerts**/Goodwills nach BilMoG (Handelsbilanz) beschränkt sich lediglich auf solche selbst erstellten immateriellen Werte, die die Kriterien eines Vermögensgegenstandes erfüllen. Wird die Vermögensgegenstandseigenschaft erfüllt, besteht für den originären Firmenwert ein **Aktivierungswahlrecht**, es sei denn, es handelt sich um Marken, Drucktitel, Verlagsrechte, Kundenlisten oder vergleichbare immaterielle Vermögensgegenstände des Anlagevermögens, die nicht entgeltlich erworben wurden (§ 248 Abs. 2 Satz 2 HGB). Dabei bezieht sich das Aktivierungswahlrecht insb. auf die Entwicklungskosten. Das Bestehen des Wahlrechts hängt davon ab, ob hierfür die handelsrechtlichen Kriterien eines Vermögensgegenstands erfüllt sind.

417   Nach Handelsrecht bestand nach § 248 Abs. 2 HGB a.F. ein **Aktivierungsverbot** für originäre Firmenwerte. Das für den originären Firmenwert geltende generelle Aktivierungsverbot wurde durch das BilMoG im Mai 2009 abgeschafft. Seither besteht für den originären Firmenwert ein Aktivierungswahlrecht, dem nach § 266 Abs. 2 Buchst. A Abs. 1 HGB mit der Bilanzposition »selbst geschaffene gewerbliche Schutzrechte« ein formaler Bilanzansatz geschaffen wurde (Angleichung an internationale Rechnungslegung).

---

192 H 7.1 EStH.

193 *Kuckenburg/Perleberg-Kölbel* FuR 2009, 187; dem folgend Palandt/*Brudermüller* BGB, § 1361 Rn. 32.

194 Rechtsgedanke aus BGH, FamRZ 2003, 741 ff.

Werden derartige selbst geschaffene Firmenwerte aktiviert, sind sie automatisch mit **418**
einer **Ausschüttungssperre** nach § 268 Nr. 8 HGB belegt. § 246 Abs. 1 Satz 4 HGB
und § 253 Abs. 5 Satz 2 HGB fingieren lediglich den derivativen Firmenwert als
Vermögensgegenstand, nicht jedoch den originären; das Aktivierungswahlrecht nach
§ 255 Abs. 4 HGB a.F. ist entfallen. Diese auf den derivativen Firmenwert beschränkte
Fiktion führt dazu, dass bei Wahrnehmung des Aktivierungswahlrechts für einen originären Firmenwert die Eigenschaften eines Vermögensgegenstandes nachgewiesen
werden müssen.

▶ Hinweis

Das Aktivierungswahlrecht für originäre Firmenwerte ist ein weiteres Beispiel für
die Möglichkeit von Auseinanderfallen von Steuer- und Handelsbilanz.

Denkbar ist auch ein ausgewiesener »**Badwill**«. Der »Badwill« ist im Rechnungswesen **419**
ein negativer Geschäfts- oder Firmenwert. Er entsteht i.R.d. Kapitalkonsolidierung,
wenn bei einem Unternehmenskauf der Kaufpreis für das Unternehmen oder die
Beteiligung unter dem Wert des Reinvermögens liegt. Der »Badwill« als »negativer
Unterschiedsbetrag« ist als negative Ertragsaussicht oder als »lucky buy« zu erklären
und nach § 301 Abs. 3 Satz 1 HGB als Rückstellung zu passivieren (als »Unterschiedsbetrag aus der Kapitalkonsolidierung«). Er mindert also unter sonst gleichbleibenden
Bedingungen das Reinvermögen des erwerbenden Unternehmens.

Diese Rückstellung darf nur aufgelöst werden, wenn entweder die erwartete ungüns- **420**
tige Ertragsentwicklung eingetreten ist oder am Bilanzstichtag feststeht, dass der »Badwill« einem realisierten Gewinn entspricht (§ 309 Abs. 2 HGB).[195] Ähnlich wird der
steuerliche Übergangsverlust[196] bei Wechsel von der EÜR zur Bilanzierung behandelt.

i) AfA von Gebäuden

aa) Lineare AfA

Ausgangspunkt für die Berechnung der **Gebäudeabschreibung** sind die Anschaffungs- **421**
oder Herstellungskosten für das Gebäude. Nicht zur Bemessungsgrundlage gehören
die anteiligen Grundstückskosten. Fallen Kosten auf die Einheit von Grundstück und
Gebäude, so sind die Kosten aufzuteilen.

Maklerprovisionen und Notargebühren müssen zum Teil dem Gebäude und zum Teil **422**
dem Grundstück zugerechnet werden. Wurde im Kaufvertrag der Gebäudewert nicht
vom Grundstück getrennt, ist für die Abschreibung eine Aufteilung vorzunehmen.
Der Wert des Grundstücks kann dabei an Hand von Bodenrichtwertkarten[197] ermit-

---

195 Wikipedia, Geschäfts- oder Firmenwert: »Badwill«.
196 AG Elze, 15.01.2015 – 32 F 138/09 UE.
197 http://www.brd.nrw.de/kommunalaufsicht_finanzaufsicht/oberer_gutachterausschuss/
     borisplus.html.

telt werden. Informationen zu den Bodenrichtwerten geben auch die Bewertungsstellen des Finanzamts.

423 Wird ein Gebäude unterschiedlich genutzt, existieren **selbstständige** Gebäudeteile, die auch selbstständig abschreibungsfähig sind. Dabei können unterschiedliche Abschreibungsmethoden zur Anwendungen kommen.

424 In R 7.2 der Einkommensteuerrichtlinien (EStR 2012) werden folgende selbstständige Nutzungen unterschieden:
   – Nutzung zu eigenen Betriebszwecken
   – Vermietung für fremde Betriebszwecke
   – Vermietung zu fremden Wohnzwecken und
   – Nutzung zu eigenen Wohnzwecken

425 Die lineare AfA beträgt nach § 7 Abs. 4 EStG:
   – Satz 1 Nr. 1: bei Wirtschaftsgebäuden (Abschreibungsdauer 33 Jahre) 3 % (vor 2001: 4 %)
   – Satz 1 Nr. 2: bei allen anderen Gebäuden (Abschreibungsdauer 50 bzw. 40 Jahre)
     a) die nach dem 31.12.1924 fertig gestellt worden sind 2 %
     b) die vor dem 01.01.1925 fertig gestellt worden sind 2,5 %

426 Beträgt die tatsächliche Nutzungsdauer eines Gebäudes in den Fällen unter Nr. 1. weniger als 33 Jahre, in den Fällen Nr. 2a weniger als 50 Jahre, in den Fällen Nr. 2b weniger als 40 Jahre, so können anstelle der angegebenen Abschreibungen die der tatsächlichen Nutzungsdauer entsprechenden Abschreibungen vorgenommen werden.

▶ Beispiel

427 A besitzt eine Halle, die zum Betriebsvermögen gehört. Sie ist am 05.02.2013 errichtet worden und stellt ein Wirtschaftsgebäude dar. Die Herstellungskosten haben 300.000 € betragen.

Lösung

A kann jährlich 3 % von 300.000 €, mithin 9.000 € zur vollen Absetzung abziehen.

Der Wert von Grund und Boden gehört nicht zur Bemessungsgrundlage der Gebäude-AfA. Dieser unterliegt nicht der Abnutzung.

▶ Beispiel

428 A hat 2013 ein bebautes Grundstück gekauft. Die Anschaffungskosten betragen 450.000 €. Von den Anschaffungskosten entfallen auf das Gebäude, das 1952 fertig gestellt worden ist, 350.000 €.

Lösung

Hier kann A jährlich 2 % von 350.000 € = 7.000 € bis zur vollen Absetzung abziehen.

Das Jahr der Anschaffung ist grds. nicht maßgeblich. Es kommt entscheidend darauf an, wann das Gebäude fertig gestellt worden ist. Dies ist hier das Jahr 1952.

Bei Anschaffung im Laufe eines Jahres kann die lineare Gebäude-AfA für das erste   **429** Jahr nur zeitanteilig vorgenommen werden. Dementsprechend ist auch im Jahr der Veräußerung zu verfahren (R 7.4 Abs. 2 EStR 2012).

► Hinweis

Die lineare Gebäude-AfA richtet sich nach den Anschaffungs- oder Herstellungskosten.

bb) Degressive AfA

Unter bestimmten Voraussetzungen kann der Steuerpflichtige auch die degressive AfA   **430** in Form fallender Staffelsätze nach § 7 Abs. 5 EStG wählen (sog. **staffeldegressive AfA**).

Hierbei sind folgende AfA-Staffeln mit verschiedenen Abschreibungssätzen nach   **431** dem Herstellungsjahr (s. in den folgenden Normen) und der Nutzungsart zu unterscheiden:

► § 7 Abs. 5 Satz 1 Nr. 1 EStG: vor 1.1.1994 hergestellt oder angeschafft

     3 J. 10 %; 3 J. 5 %, 18 J. 2,5 %

     § 7 Abs. 5 Satz 1 Nr. 2 EStG: vor 1.1.1995 hergestellt oder angeschafft

     7 J. 5 %, 6 J. 2,5 %, 36 J. 1,25 %

     § 7 Abs. 5 Satz 1 Nr. 3a EStG: vor 1.1.1996 hergestellt nach 28.2.1989 angeschafft

     3 J. 7 %, 6 J. 5 %, 24 J. 1,25 %

     § 7 Abs. 5 Satz 1 Nr. 3b EStG: nach 31.12.1995 & vor 1.1.2004 hergestellt oder angeschafft

     7 J. 5 %, 6 J. 2,5 %, 36 J. 1,25 %

     § 7 Abs. 5 Satz 1 Nr. 3c EStG: nach 31.12.2003 & vor 1.1.2006 hergestellt oder nach 31.12.2003 & vor 1.1.2006 angeschafft

     9 J. 4 %, 8 J. 2,5 %, 32 J. 1,25 %

► Eine Anwendung höherer oder niedrigerer Staffelsätze ist bei der degressiven AfA   **432** nach § 7 Abs. 5 EStG ausgeschlossen (R 7.4 Abs. 6 EStR 2012). Die degressive AfA ist im Jahr der Fertigstellung bzw. Herstellung oder Anschaffung mit dem vollen Jahresbetrag abzuziehen, wenn das Gebäude zur Erzielung von Einkünften verwendet wird. Anderenfalls ist das Gebäude zeitanteilig abzuschreiben (R 7.4 Abs. 2 S. 1 EStR 2012).

433 Bemessungsgrundlage: Ein Gebäude ist fertig gestellt, wenn die wesentlichen Bauarbeiten abgeschlossen sind und der Baufortschritt einen Bezug der Wohnung zulässt. Noch nicht fertig gestellt ist ein Gebäude z.b. dann, wenn Türen, Böden und der Innenputz noch fehlen.[198] Bemessungsgrundlage der AfA sind die Herstellungs- oder Anschaffungskosten des Gebäudes.

434 Ein Wechsel von der degressiven Gebäude-AfA zur Abschreibung nach tatsächlicher Nutzungsdauer (lineare AfA) ist nicht möglich.[199]

▶ Beispiel

435 A ließ 2007 ein Mietgrundstück bauen. Den Bauantrag hierfür stellte er 2005. Die Bautätigkeit endete 2007, und ab 2008 wurde das Gebäude zu Wohnzwecken vermietet.

Die Anschaffungskosten von Grund und Boden betrugen 200.000 €, die Herstellungskosten des Gebäudes 1.400.000 €.

Lösung

A kann das Gebäude ab 2007 wie folgt degressiv abschreiben: 9 J. 4 %, 8 J. 2,5 %, 32 J. 1,25 % (4 % von 1.400.000 €) degressiv abschreiben, weil der Bauantrag nach dem 31.12.2003 und vor dem 01.01.2006 gestellt worden ist. Ferner wird das Gebäude zur Erzielung von Einkünften verwendet (R 7.4 Abs. 2 EStR 2012).

▶ Hinweis

436 Für Mietwohngebäude, die degressiv nach § 7 Abs. 5 Satz 3c EStG abgeschrieben werden, entfällt ab dem Veranlagungszeitraum 2006 die Abschreibungsmöglichkeit, soweit es sich um Neufälle handelt. Da die Wohnraumversorgung in Deutschland inzwischen angeblich über Bedarf liegen soll (?), entfällt diese Steuersubvention für Neufälle ab 2006. Es gilt jetzt nur noch der vereinheitlichte Abschreibungssatz von 2 %, der dem tatsächlichen Wertverlust entsprechen soll.

437 Der Neubau von Mietwohnungen soll über eine befristete Sonderabschreibung (10 %) gefördert werden. Das Bundeskabinett hatte einen Gesetzentwurf beschlossen, mit dem der Wohnungsbau steuerlich gefördert werden soll. Demnach soll für Wohnungen, für die **2016, 2017 oder 2018** ein Bauantrag gestellt wird, eine Sonderabschreibung gelten.

Dies ist nicht Gesetz geworden.[200]

---

198 H.7.4, Fertigstellung EStH.
199 FG BW, 27.10.2015 – 5 K 1909/12, EFG 2017, 25, Revision eingelegt unter BFH, IX R 33/16.
200 http://www.meineimmobilie.de/geld-steuern/steuern-sparen/neues-steuergesetz-sonderabschreibung-fuer-mietwohnungsbau-gestoppt.

Ziel der Förderung sollte sein, Investoren zum Bau von Wohnungen im unteren und   **438** mittleren Preissegment zu bewegen, sodass Wohnungen mit hohem Standard (Luxusausstattung) vollständig von der Förderung ausgeschlossen gewesen wären.

Zu den Fördergebieten hätten Gemeinden gezählt, deren Mietniveau um mindestens   **439** 5 % über dem Bundesdurchschnitt liegt. Zusätzlich wären auch Gebiete mit Mietpreisbremse und Gebiete mit abgesenkter Kappungsgrenze in das förderfähige Gebiet einbezogen worden. Die begünstigten Flächen hätten laut Entwurf mindestens zehn Jahre nach Fertigstellung vermietet werden müssen.

cc) Gebäudeabschreibung im Unterhaltsrecht   **440**

Der **BGH** hat in seiner überkommenen Rechtsprechung eine AfA für Wohngebäude für unterhaltsrechtlich unbeachtlich erachtet, weil hier – unter Berücksichtigung der Marktentwicklung – ein tatsächlicher Werteverzehr nicht zu beobachten sei.[201] Die genannte Entscheidung aus 1984 erging zur Einkunftsart »Vermietung und Verpachtung« bei einem Einfamilienhaus. Zu jener Zeit konnte der BGH argumentieren, der tatsächliche Substanzverlust werde durch einen steigenden Verkehrswert von Immobilien stets aufgefangen.[202] So wurde von der Literatur schon stets zu Recht eingewandt, dass sowohl der Substanzverlust als auch der Erhaltungsaufwand nicht gänzlich außer Acht bleiben dürften. Hierfür müssen Rücklagen gebildet werden.[203]

▶ **Verfahrenshinweis zum Auskunfts- und Belegansprch**

Weiter wird man noch differenzieren müssen,   **441**

ob das Objekt eigengenutzt oder vermietet ist,
ob es sich um ein Einfamilienhaus oder ein Mehrfamilienhaus handelt und insb.
wie sich die Lage des Gebäudes auf die Marktpreisentwicklung auswirkt.

Dies gilt insb. auch bei gewerblicher Nutzung von Gebäuden.

Liegen negative Einkünfte vor, ist zunächst weiter zu überprüfen, ob diese nicht auf steuerlichen Sonderabschreibungen beruhen, so dass diese ohnehin zu eliminieren wären.[204]

Zudem wird die Frage zu prüfen sein, ob nicht Vermögensbildung zum Nachteil des Unterhaltsberechtigten vorliegt. Auch die obergerichtliche Rechtsprechung

---

201 Vgl. BGH, NJW 1984, 303 = FamRZ 1984, 39, 41.
202 *Schürmann* FamRB 2006, 187.
203 *Strohal* Rn. 261; *Schürmann* FamRB 2006, 187, *Laws* S. 265; *Kuckenburg* S. 146.
204 *Kuckenburg* S. 147.

scheint sich einig zu sein, dass die unterhaltsrechtliche Berücksichtigung von steuerlicher AfA für Gebäudeabschreibungen ausscheidet.[205]

442   Die Literatur vertritt – die Rechtsprechung des BGH aufgreifend – teilweise die Ansicht, Abschreibungen für Gebäudeabnutzung berühren, ebenso wie Tilgungsbeträge, das unterhaltsrechtlich maßgebliche Einkommen nicht.[206]

443   Diese Rechtsprechung hat der BGH[207] präzisiert und seine ältere Rechtsprechung eingeschränkt. In dieser Entscheidung will der BGH Abschreibungen bei der Einkommensermittlung nur dann unberücksichtigt lassen, wenn es gleichwohl bei negativen Einkünften aus Vermietung und Verpachtung verbleibt. Damit gibt es auch keine Möglichkeit, durch Nichtberücksichtigung der Abschreibungen zu geringeren, negativen Einkünften zu gelangen mit der Folge, dass ein Teil der auf die negativen Einkünfte entfallenden Steuervorteile dem Unterhaltsberechtigten zugutekommen. Der BGH stellt weiter darauf ab, dass die Abschreibungen im Zusammenhang mit den Zinszahlungen gesehen werden müssen und darauf beruhende negative Einkünfte insgesamt unberücksichtigt zu bleiben haben, wobei in diesem Fall auch die gesamten Steuervorteile dem Unterhaltspflichtigen zugutekommen. Dies soll aber nur dann gelten, wenn durch die Nichtberücksichtigung der Abschreibungen aus Verlusten aus Vermietung und Verpachtung positive Mieteinnahmen werden. In diesem Falle sind die positiven Einnahmen als Einkommen zu berücksichtigen, ohne dass eine fiktive Steuerberechnung durchzuführen ist.

444   In der Entscheidung wird auch nochmals der Unterschied zwischen notwendigen Erhaltungsmaßnahmen und wertsteigernden Aufwendungen[208] deutlich gemacht. Während notwendige Erhaltungsmaßnahmen unterhaltsrechtlich zu berücksichtigen sind, braucht sich der Unterhaltsberechtigte wertsteigernden Maßnahmen nicht entgegenhalten zu lassen, da es sich bei derartigen Aufwendungen um einseitige Vermögensbildung handelt. In seiner neueren Rechtsprechung lässt der BGH[209] ausdrücklich offen, ob er seine Ansicht der Nichtabzugsfähigkeit der Abschreibungen bei Gebäuden aufrechterhalten will, weil diese grds. Frage zur Entscheidung nicht anstand.

Die Gebäude-AfA ist nach der vorgenannten Entscheidung aber dann zu berücksichtigen, wenn sich z.B. durch Veräußerungsvorgang konkret feststellen lässt, dass die Immobilie einem Wertverlust in Höhe des Abschreibungsbetrages erfahren hat (stichtagsnaher Veräußerungspreis oder Wertgutachten).

Hier deutet sich eine Rechtsprechungsänderung an.

---

205   Vgl. statt vieler die Rechtsprechungsübersicht bei *Gottwaldt* FPR 2003, 419, 421.
206   Vgl. auch Wendl/Dose/*Gerhard* § 1 Rn. 300, 301.
207   BGH, FuR 2005, 361 ff. mit Praktikerhinweis von *Soyka*.
208   Siehe zur Abgrenzung Herstellungskosten zu Erhaltungsmaßnahmen: Rdn. 356 ff.
209   BGH, FuR 2012, 374 = NJW 2012, 1144.

▶ **Hinweis**

Auch wegen der geringen Höhe der Abschreibungssätze des Steuerrechts, die oben   445
dargestellt worden sind, ist eine familienrechtliche Anerkennung der Abzugsfähigkeit der steuerlichen AfA geboten. Eine Rezeption der Abschreibungssätze des
Steuerrechts ist möglich, weil auch diese Steuersätze langjähriger Erfahrung der
Finanzverwaltung entsprechen. Dies muss wenigstens für die lineare Gebäudeabschreibung gelten.

▶ **Verfahrenshinweis und Prüffolge**

Beruhen die Verluste aus Vermietung und Verpachtung ausschließlich auf   446
der Abschreibung, sind diese in Fortführung der bisherigen Rechtsprechung
unbeachtlich.

Daraus lässt sich umgekehrt schließen, dass bei positiven Einkünften die AfA abzugs-   447
fähig sein dürfte. Dabei bleibt aber zu differenzieren, ob es sich um notwendigen
Erhaltungsaufwand oder um wertsteigernde Verbesserungen nach obigen Grundsätzen handelt. Bleiben auch im Falle der Nichtberücksichtigung der Abschreibungen
Verluste übrig, die auf Zinsleistungen beruhen, dürfen diese wegen einseitiger Vermögensbildung dem Unterhaltsberechtigten nicht entgegengehalten werden. Er ist so zu
stellen, als ob die vermögensbildenden Aufwendungen nicht stattfinden. In diesem
Kontext ist *Schürmann* zu folgen, der bei Nichtberücksichtigung der Abschreibungen und Zinsen von Gebäuden im Gegenzug die Tilgungsleistung bei Bedarfsprägung
als Ausgabe absetzen will.[210] Lässt sich ein konkreter Wertverzehr durch Marktpreis
oder Bewertung nachweisen, führt dies zur Abzugsfähigkeit der Gebäudeabschreibung
auch nach der Rechtsprechung des BGH.[211] Hieraus lässt sich eine Tendenz zugunsten
der Berücksichtigung der steuerlichen Gebäude-AfA im Familienrecht erkennen.

j) AfA von beweglichen Anlagegütern

aa) Lineare AfA

Mit der Abschreibung erfasst man im betrieblichen Rechnungswesen planmäßige oder   448
außerplanmäßige Wertminderungen von Vermögensgegenständen.

Die Anschaffungs- bzw. Herstellungskosten (AHK) werden bei der linearen AfA auf
bewegliche Anlagegüter gleichmäßig auf die Zeit der betriebsgewöhnlichen Nutzungsdauer verteilt (§ 7 Abs. 1 EStG).

---

210 OLG Hamm, FamRZ 1992, 1175; *Schürmann* FamRB 2006, 187. Die obige Entscheidung des BGH, FuR 2005, 361 ff. führt i.Ü. auch die Rspr. zum Wohnvorteil fort, die
die Vorteile aus der Veräußerung des Miteigentumsanteils als Surrogat für das weggefallene
Wohnrecht und damit als eheprägend ansieht und dies auch auf die Vorteile erstreckt,
die sich ergeben, wenn ein Ehegatte seinen Miteigentumsanteil an den anderen überträgt.
211 BGH, FuR 2012, 374 = NJW 2012, 1144.

449 Indem man die Anschaffungs- bzw. Herstellungskosten durch die Anzahl der Jahre der betriebsgewöhnlichen Nutzungsdauer dividiert, erhält man die jährlichen linearen AfA-Beträge wie folgt:

▶ **Beispiel Lineare AfA = AHK: Nutzungsdauer**

Die Anschaffungskosten einer Produktionsmaschine betragen 60.000 €. Die betriebsgewöhnliche Nutzungsdauer beträgt zehn Jahre.

Lösung

Jährlicher linearer AfA-Betrag = 60.000 €/ 10 Jahre = 6.000 €

Dividiert man die Zahl 100 durch die Anzahl der Jahre der betriebsgewöhnlichen Nutzungsdauer, so ergibt dies den linearen AfA-Satz in Prozent:

Linearer AfA-Satz (%) = 100: Nutzungsdauer

Der lineare AfA-Satz in Prozent im vorgenannten Beispiel ermittelt sich wie folgt:

Linearer AfA-Satz (%) = 100/10 = 10 %

▶ **Hinweis**

Bei allen abnutzbaren Wirtschaftsgütern und bei allen Einkunftsarten kann die lineare AfA zur Anwendung gelangen. Sie beginnt bei der Anschaffung mit dem Zeitpunkt der Lieferung und bei der Herstellung mit dem Zeitpunkt der Fertigstellung (R 7.4 Abs. 1 EStR 2012).

450 Wird ein Anlagegut im Laufe eines Wirtschaftsjahres angeschafft oder hergestellt, ist die AfA in diesem Wirtschaftsjahr zeitanteilig (**pro-rata-temporis**) anzusetzen. Sie wird auch entsprechend beim Ausscheiden eines Anlagegutes im Laufe eines Wirtschaftsjahres berechnet (so schon R 7.4 Abs. 2 Satz 1 EStR 2008 und jetzt R 7.4 Abs. 8 EStR 2012). Unterlassene AfA kann nicht nachgeholt werden, wenn ein Wirtschaftsgut des notwendigen Betriebsvermögens im Wege der Fehlerberichtigung erstmals als Betriebsvermögen ausgewiesen wird.[212]

▶ **Beispiel**

451 Ein Unternehmen erwirbt am 01.03.2013 eine Maschine mit Anschaffungskosten von 15.000 €, dessen betriebsgewöhnliche Nutzungsdauer fünf Jahre beträgt.

Lösung

Nach der Pro-Rata-Temporis-Regel ermittelt sich die AfA wie folgt:

AHK (15.000 €): 5 Jahre = 3.000 € Jahres-AfA

Zeitanteiliger AfA-Betrag für 2013: 3.000 €/12 Monate = 250 € x 10 Monate = 2.500 €

---

212 H 7.4 EStH mit Hinweis auf BFH, BStBl II 1981, 255, BStBl II 1981, 491.

bb) Degressive AfA

Im Gegensatz zur linearen AfA werden bei der **degressiven AfA** die Beträge von Jahr   452
zu Jahr niedriger (§ 7 Abs. 2 EStG). Die jährlichen Absetzungsbeträge werden nach
einem gleichbleibenden Prozentsatz vom jeweiligen Buch- bzw. Restwert bemessen.

▶ **Beispiel**

Die Anschaffungskosten für eine Maschine betragen 15.000 € am 31.12.2006. Der   453
degressive AfA-Satz beträgt 30 %.

Lösung

Die jährlichen Absetzungsbeträge werden wie folgt ermittelt:

Aufstellung

Anschaffungskosten	15.000 €
– AfA 1. Jahr: 30 % von 15.000 €	4.500 €
Restbuchwert nach dem 1. Jahr	10.500 €
– AfA 2. Jahr: 30 % von 10.500 €	3.150 €
Restbuchwert nach dem 2. Jahr	7.350 €
– AfA 3. Jahr: 30 % von 7.350 €	2.205 €
Restbuchwert nach dem 3. Jahr	5.145 €

Die gesetzgeberische Entwicklung zu § 7 Abs. 2 EStG:[213]   **454**

vor dem 01.01.2006	20 %
2006, 2007	30 %
2008	0 %
2009, 2010	25 %[209]
ab 2011	0 %

Die Gesetzesänderungen machen deutlich, dass die degressive AfA ein steuerge-
setzgeberisches Regulierungsinstrument ist und, dass sie damit nur bedingt einem
tatsächlichen Werteverzehr entsprechen kann.

cc) Übergang von der degressiven zur linearen AfA

Nach § 7 Abs. 3 EStG ist ein Übergang von der degressiven AfA zur linearen AfA   455
generell möglich (anders bei degressiver Gebäude-AfA: Rdn. 434). Hierbei ist der
Restbuchwert auf die noch verbleibende Restnutzungsdauer gleichmäßig zu verteilen

---

213 Konjunkturpaket I, FuR 2009, 147.

und wird wie folgt hinsichtlich des sich hieraus ergebenden linearen AfA-Betrages berechnet:

Linearer AfA-Betrag (EUR) = Restbuchwert: Restnutzungsdauer

▶ **Beispiel**

456   Unternehmer U schafft sich 2006 ein Wirtschaftsgut des beweglichen Anlagevermögens für 60.000 € netto an.

Die tatsächliche Nutzungsdauer beträgt zehn Jahre.

A nimmt eine 30 %-ige degressive Abschreibung auf sieben Jahre vor.

Lösung

Im 8. Jahr (2013) beträgt die AfA bei degressiver AfA:

30 % von Restbuchwert 1.482 € = 445 €

Beim Übergang zur linearen AfA:

1.482 €: drei Jahre Restnutzungsdauer = 494 €

2013 findet folglich der Wechsel auf die lineare AfA statt.

▶ **Hinweis**

457   Es empfiehlt sich ein Wechsel zur linearen AfA bei einem degressiven Abschreibungssatz von 30 %, wenn die Restnutzungsdauer kleiner oder gleich drei Jahre ist.

dd) Leistungsabschreibung

458 **Leistungsabschreibung** als verbrauchsbedingte Abschreibung kann anstatt der linearen AfA nach § 7 Abs. 1 Satz 6 EStG z.B. für bewegliche Güter, insb. Fahrzeuge wie Flugzeuge, Kraftfahrzeuge, Transportkraftfahrzeuge nach Maßgabe des nachgewiesenen Umfangs der auf die einzelnen Wirtschaftsjahre entfallenden Leistungen vorgenommen werden. Man teilt den abzuschreibenden Betrag (AfA-Bemessungsgrundlage) durch den geschätzten Gesamtleistungsvorrat und multipliziert die Leistungsentnahme pro Periode mit diesem Betrag.

▶ **Beispiele**

459   1. So ergeben sich bei einer Maschine mit einem Nutzungsvorrat von 24.000 Laufstunden bei Anschaffungskosten von 480.000 € die folgenden Abschreibungsbeträge gem. den Nutzungsstunden pro Jahr:

1. Jahr:	2.000 Stunden =	40.000 €
2. Jahr:	4.000 Stunden =	80.000 €
3. Jahr:	8.000 Stunden =	160.000 €
4. Jahr:	4.000 Stunden =	80.000 €

5. Jahr:	5.000 Stunden =	100.000 €
6. Jahr:	1.000 Stunden =	20.000 €
	24.000 Stunden =	480.00 €

2. Es wurde ein neuer Pkw für einen Nettobetrag von 60.000 € angeschafft. Die voraussichtliche Gesamtleistung soll bei 200.000 km liegen.

Abschreibungsbetrag je Leistungseinheit = 0,30 € pro km (60.000 €/200.000 km)

Jahr	Jahresleistung	Abschreibungsbetrag	Restbuchwert (am Ende des Jahres)
1	65.000 km	19.500 €	40.500 €
2	45.000 km	13.500 €	27.000 €
3	50.000 km	15.000 €	12.000 €
4	40.000 km	12.000 €	0 €

Bei der Leistungsabschreibung gibt es keine Beschränkung in Höhe der Abschreibung. Sinnvoll ist diese Methode nur, wenn sie steuerlich wenigstens günstiger ist als die lineare Abschreibung.

▶ **Verfahrenshinweis**

Wenn der BGH für die familienrechtliche Anerkennung der AfA einen entsprechenden tatsächlichen Werteverzehr verlangt, stellt gerade die Leistungsabschreibung ein unterhaltsrechtlich anerkennungswürdiges Institut dar. 460

ee) Sonder-AfA, insb. AfA nach § 7g EStG

Unter **Sonderabschreibungen** sind Abschreibungen zu verstehen, die neben den normalen Absetzungen für Abnutzung, in Anspruch genommen werden können. Zurzeit ist jedoch nur die Sonderabschreibung zur Förderung von Investitionen von kleinen und mittleren Unternehmen von wesentlicher Bedeutung. Ansonsten kommen höchstens noch individuelle Sonderabschreibungen in Katastrophenfällen in Betracht, die aber nicht konkret gesetzlich fixiert sind. Im Gegensatz zu Absetzung für Abnutzung (AfA), Absetzung für außergewöhnliche technische oder wirtschaftliche Abnutzung (AfA, § 7 Abs. 1 Satz 7 EStG) und zur Teilwertabschreibung steht die Sonderabschreibung in keiner Beziehung zur Wertminderung eines Wirtschaftsguts; ihr Zweck ist die Gewährung einer Steuervergünstigung durch Manipulation der Bemessungsgrundlage für den »Gewinn«. 461

Von Sonderabschreibungen i.w.S. spricht man im Allgemeinen beim abnutzbaren Anlagevermögen; wird die Steuervergünstigung dabei anstelle der AfA nach § 7 EStG gewährt, so spricht das Gesetz i.d.R. von erhöhten Absetzungen (z.B. §§ 7b–d, 7g, 7h, 7i, 7k EStG), während Sonderabschreibungen i.e.S. (Bewertungsfreiheiten) zusätzlich zur linearen AfA nach § 7 EStG in Betracht kommen (z.B. § 7f EStG, § 82f EStDV). 462

463 Für die Wertherabsetzung beim nicht abnutzbaren Anlagevermögen und beim Umlaufvermögen ist der Begriff »Bewertungsabschlag« üblich. Dem Wesen nach stellen auch die Abzüge von den Anschaffungs- oder Herstellungskosten nach § 6b EStG (sog. Reinvestitionszulage, 6b-Rücklage) oder R 6.6 EStR (Ersatzbeschaffungsrücklage) Sonderabschreibungen dar.

▶ **Verfahrenshinweis**

464 Die Sonderabschreibungen entsprechen damit regelmäßig nicht einem tatsächlichen Werteverzehr im unterhaltsrechtlichen Sinne, vielmehr dienen sie steuerlicher Entlastung für volkswirtschaftlich förderungswürdige Zwecke.

465 Übersicht der wesentlichen Sonderabschreibungen/erhöhten Absetzungen:

Investitionsabzugsbetrag	§ 7g Abs. 1–4 EStG
Sonderabschreibungen des Kohlen- und Erzbergbaus	§ 81 EStDV
Sonderabschreibungen für deutsche Schiffe und Luftfahrzeuge	§ 82f EStDV
Sonderabschreibungen für Gebäudeteile und Eigentumswohnungen, die eigenen Wohnzwecken und als Baudenkmal dienen oder in einem Sanierungsgebiet/Entwicklungsbereich belegen sind	§ 10f EStG
Gebäude in Sanierungs- oder städtebaulichen Entwicklungsbereich	§ 7h–i EStG
Gebäude mit Sozialbindung	§ 7k EStG
Gebäude in Berlin-West (Bauantrag vor dem 01.07.1991)	§§ 14, 15 BerlinFG
Zonenrandförderung (bis 1985/Ausbauten bis 1995)	§ 3 ZonenRFG
Fördergebietsabschreibungen (bis 1997)	§ 4 FördergebietsG

▶ **Verfahrenshinweis zum Auskunfts- und Beleganspruch**

466 Bei Betriebsvermögensvergleich im Kontennachweis der G&V-Rechnung, in den Steuererklärungen und mit der Steuererklärung einzureichenden Unterlagen, in den jeweiligen Anlagen zu den Einkommensteuererklärungen erfolgt ein Hinweis bei Sonderabschreibungen auf die angewandten Normen. Auf diese Unterlagen besteht ein unterhaltsrechtlicher Auskunfts- und Beleganspruch, um die Anwendung von Sonderabschreibungsvorschriften überprüfen zu können. Gleiches gilt für Dokumentation der Ermittlung der Höhe der Abschreibungssätze.

(1) Investitionsabzugsbetrag nach § 7g EStG

467 Die Regelung des Investitionsabzugsbetrags wurde durch die Unternehmenssteuerreform 2008 eingeführt und ist seit Verkündung des Gesetzes am 18.08.2007 anwendbar. Steuerpflichtige können für die künftige Anschaffung oder Herstellung eines abnutzbaren beweglichen Wirtschaftsguts des Anlagevermögens bis zu 40 % der

voraussichtlichen Anschaffungs- oder Herstellungskosten gewinnmindernd abziehen (Investitionsabzugsbetrag).[214]

Der **Investitionsabzugsbetrag** kann nur in Anspruch genommen werden, wenn 	**468**
1. der Betrieb am Schluss des Wirtschaftsjahres, in dem der Abzug vorgenommen wird, die folgenden Größenmerkmale nicht überschreitet:
   a) bei Gewerbebetrieben oder der selbstständigen Arbeit dienenden Betrieben, die ihren Gewinn nach § 4 Abs. 1 EStG oder § 5 EStG ermitteln, ein Betriebsvermögen von 235.000 €;
   b) bei Betrieben der Land- und Forstwirtschaft einen Wirtschaftswert oder einen Ersatzwirtschaftswert von 125.000 € oder
   c) bei Betrieben i.S.d. Buchstaben a und b, die ihren Gewinn nach § 4 Abs. 3 EStG ermitteln, ohne Berücksichtigung des Investitionsabzugsbetrags einen Gewinn von 100.000 €; die nachträgliche Bildung (vor Bestandskraft der Steuerveranlagung) eines IAB dürfte wegen der Änderung im Jahressteuergesetz 2015 zulässig sein.[215] Dies müsste dann entgegen BMF auch für die nachträgliche Erhöhung des IAB gelten.[216]
2. der Steuerpflichtige beabsichtigt, das begünstigte Wirtschaftsgut voraussichtlich
   a) in den dem Wirtschaftsjahr des Abzugs folgenden drei Wirtschaftsjahren anzuschaffen oder herzustellen;
   b) mindestens bis zum Ende des dem Wirtschaftsjahr der Anschaffung oder Herstellung folgenden Wirtschaftsjahres in einer inländischen Betriebsstätte des Betriebs ausschließlich oder fast ausschließlich betrieblich zu nutzen und
3. der Steuerpflichtige das begünstigte Wirtschaftsgut in den beim Finanzamt einzureichenden Unterlagen seiner Funktion nach benennt und die Höhe der voraussichtlichen Anschaffungs- oder Herstellungskosten angibt. Zwischenzeitlich sehen auch die Anlagen zur Einkommensteuererklärung, z.B. Anlage EÜR, die Angabe des Investitionsabzugsbetrags dort vor.
4. Der IAB erhält durch das Steueränderungsgesetz 2015 neue Regelungen, die für Wirtschaftsjahre gelten, die nach dem 31.12.2015 (also für **Wirtschaftsgüter, die ab Anfang 2016 angeschafft** werden) enden:
   a) Wegfall der Investitionsabsicht
   b) Wegfall der wirtschaftsgutbezogenen Betrachtung
   c) Wegfall der Pflicht zur Benennung der Funktionen der Wirtschaftsgüter, Wegfall der Pflicht zur Benennung der voraussichtlichen Anschaffungskosten bzw. Herstellungskosten des Wirtschaftsgutes.
   d) Wegfall der Pflicht zur gewinnerhöhenden Hinzurechnung des IAB zugunsten eines Wahlrechts zur Hinzurechnung

---

214 Zur bis 2008 geltenden Altfassung des § 7g EStG, der Ansparabschreibung, vgl. mit Beispielen *Kuckenburg/Perleberg-Kölbel* Unterhaltseinkommen, Kap. B Rn. 217, 276, 285.
215 Abl. zur alten Rechtslage: BMF-Schreiben v. 20.11.2013, BStBl I 2013, 1493.
216 BMF-Schreiben v. 15.01.2016, DStR 2016, 128.

e) elektronische Übermittlung der Bildung und (auch nachträglichen) Auflösung des IAB (dies ist auch die Dokumentation!)

Dass die anteilige Auflösung eines IAB freiwillig zulässig ist, ergibt sich jetzt auch aus dem Gesetzeswortlaut, § 7g Abs. 3 Satz 1 Halbs. 2 EStG.

469 **Investitionsabzugsbeträge** können auch dann in Anspruch genommen werden, wenn dadurch ein Verlust entsteht oder sich erhöht. Die Summe der Beträge, die im Wirtschaftsjahr des Abzugs und in den drei vorangegangenen Wirtschaftsjahren nach Satz 1 insg. abgezogen und nicht nach Abs. 2 hinzugerechnet oder nach Abs. 3 oder 4 rückgängig gemacht wurden, darf je Betrieb 200.000 € nicht übersteigen. Im Wirtschaftsjahr der Anschaffung oder Herstellung des begünstigten Wirtschaftsguts ist der für dieses Wirtschaftsgut in Anspruch genommene Investitionsabzugsbetrag i.H.v. 40 % der Anschaffungs- oder Herstellungskosten gewinnerhöhend hinzuzurechnen; die Hinzurechnung darf den nach Absatz 1 abgezogenen Betrag nicht übersteigen. Die Anschaffungs- oder Herstellungskosten des Wirtschaftsguts können in dem in Satz 1 genannten Wirtschaftsjahr um bis zu 40 %, höchstens jedoch um die Hinzurechnung nach Satz 1, gewinnmindernd herabgesetzt werden; die Bemessungsgrundlage für die AfA, erhöhten Absetzungen und Sonderabschreibungen sowie die Anschaffungs- oder Herstellungskosten i.S.v. § 6 Abs. 2 und 2a EStG verringern sich entsprechend.

470 Zu den Herstellungskosten nach R 6.3 EStR (in der Fassung EStR 2012 für die Veranlagungszeiträume ab 2012) gehören auch die angemessenen Kosten der allgemeinen Verwaltung, angemessene Aufwendungen für soziale Einrichtungen des Betriebes, für freiwillige soziale Leistungen und für die betriebliche Altersversorgung.

471 Soweit der Investitionsabzugsbetrag nicht bis zum Ende des dritten auf das Wirtschaftsjahr des Abzugs folgenden Wirtschaftsjahres nach Absatz 2 hinzugerechnet wurde, ist der Abzug nach Absatz 1 rückgängig zu machen. Wurde der Gewinn des maßgebenden Wirtschaftsjahres bereits einer Steuerfestsetzung oder einer gesonderten Feststellung zugrunde gelegt, ist der entsprechende Steuer- oder Feststellungsbescheid insoweit zu ändern. Das gilt auch dann, wenn der Steuer- oder Feststellungsbescheid bestandskräftig geworden ist; die Festsetzungsfrist endet insoweit nicht, bevor die Festsetzungsfrist für den Veranlagungszeitraum abgelaufen ist, in dem das dritte auf das Wirtschaftsjahr des Abzugs folgende Wirtschaftsjahr endet.

472 Wird in den Fällen des Absatzes 2 das Wirtschaftsgut nicht bis zum Ende des dem Wirtschaftsjahr der Anschaffung oder Herstellung folgenden Wirtschaftsjahres in einer inländischen Betriebsstätte des Betriebs ausschließlich oder fast ausschließlich betrieblich genutzt, sind der Abzug nach Abs. 1 sowie die Herabsetzung der Anschaffungs- oder Herstellungskosten, die Verringerung der Bemessungsgrundlage und die Hinzurechnung nach Abs. 2 rückgängig zu machen. Wurden den Gewinnen der maßgebenden Wirtschaftsjahre bereits Steuerfestsetzungen oder gesonderte Feststellungen zugrunde gelegt, sind die entsprechenden Steuer- oder Feststellungsbescheide insoweit zu ändern. Das gilt auch dann, wenn die Steuer- oder Feststellungsbescheide bestandskräftig geworden sind; die Festsetzungsfristen enden insoweit nicht, bevor die

Festsetzungsfrist für den Veranlagungszeitraum abgelaufen ist, in dem die Voraussetzungen des Abs. 1 Satz 2 Nr. 2b erstmals nicht mehr vorliegen. § 233a Abs. 2a AO ist nicht anzuwenden.

Bei abnutzbaren beweglichen Wirtschaftsgütern des Anlagevermögens können unter **473** den Voraussetzungen des Abs. 6 im Jahr der Anschaffung oder Herstellung und in den vier folgenden Jahren neben den AfA nach § 7 Abs. 1 oder Abs. 2 EStG Sonderabschreibungen bis zu insg. 20 % der Anschaffungs- oder Herstellungskosten in Anspruch genommen werden.

Die **Sonderabschreibungen nach § 7g Abs. 5 EStG** können nur in Anspruch genom- **474** men werden, wenn

1. der Betrieb zum Schluss des Wirtschaftsjahres, das der Anschaffung oder Herstellung vorangeht, die Größenmerkmale des Abs. 1 Satz 2 Nr. 1 nicht überschreitet, und

2. das Wirtschaftsgut im Jahr der Anschaffung oder Herstellung und im darauf folgenden Wirtschaftsjahr in einer inländischen Betriebsstätte des Betriebs des Steuerpflichtigen ausschließlich oder fast ausschließlich betrieblich genutzt wird; Abs. 4 gilt entsprechend.

Bei Personengesellschaften und Gemeinschaften sind die Abs. 1–6 mit der Maßgabe **475** anzuwenden, dass an die Stelle des Steuerpflichtigen die Gesellschaft oder die Gemeinschaft tritt.

Sonderabschreibungen i.S.d. § 7g EStG können nicht in Anspruch genommen wer- **476** den, wenn bspw. eine **Photovoltaikanlage** zu mehr als 10 % für private Zwecke genutzt wird (R 4.3 Abs. 4 Satz 2 EStR 2012). Dies gilt, obwohl mit der Photovoltaikanlage keine Vermietungseinkünfte, sondern gewerbliche Einkünfte erzielt werden.[217] Dabei ist die **Photovoltaikanlage**[218] entgegen dem **Blockheizkraftwerk**[219] als selbstständiges, bewegliches Wirtschaftsgut zu behandeln.

▶ Merke

Wegen der Vollverzinsung ist die Nichtvornahme der Investitionen kein sinnvolles Gestaltungsmittel zur Steuerentlastung.

Etwas anderes gilt, wenn die Investition tatsächlich durchgeführt wird.[220]

---

217 FG BW, 05.04.2017 – 4K 3005/14, HLBS-Dokumenten Nr.: 4.1.8.
218 R 4.2. Abs. 3 Satz 4 EStR 2012.
219 Gem. FiMi Brandenburg, Schreiben v. 17.07.2015, für Anschaffungen nach dem 31.12.2015 kein IAB und auch keine Investitionszulage, weil wesentlicher Gebäudebestandteil mit Gebäudeabschreibung, http://www.stbverband.de/klcms2/mediathek/files/MdF_BB_Info_BHKW.pdf.
220 Vgl. zu Zweifelsfragen das BMF-Schreiben v. 14.12.2016 – IV C 6 – S 2139-b/07/10002-02. DOK 2017/0202664, www.bundesfinanzministerium.de.

▶ **Verfahrenshinweis zum Auskunfts- und Beleganspruch**

477 Unterhaltsrechtlich ist besonders zu beachten, dass bei Nichtvornahme der Investitionen die betroffenen und vergangenen Veranlagungszeiträume unter Vollverzinsung (§§ 233a, 238 AO) neu beschieden werden, so dass sich hierauf auch der unterhaltsrechtliche Auskunft- und Beleganspruch beziehen muss. Es ergehen somit korrigierte Steuerbescheide für die vergangenen Jahre, in denen der Investitionsabzugsbetrag in Anspruch genommen wurde. Bei Nichtinvestition bringt die neue ggü. der alten Regelung kaum noch steuerliche Entlastung. Sie ermöglicht eher nur noch eine Steuerpause. Der Ausweis erfolgt neben und nicht mehr in der Gewinnermittlung, so dass ein gesonderter Auskunftsanspruch familienrechtlich gegeben ist.

478 ▶ **Beispiel für Gewinnauswirkungen bei Investition**

Im Jahr 2010 für das Jahr 2012 geplante Investition	80.000 €
Investition 2012	100.000 €
Lösung	
2010 – 1. Jahr	
Investitionsabzugsbetrag 40 % von 80.000 = Aufwand 2010	32.000 €
2012 – 2. Jahr	
Vorwegabzug 40 % von 100.000	40.000 €
Auflösung Investitionsabzug	–32.000 €
Differenz	**8.000 €**
Bemessungsgrundlage AfA	60.000 €
Sonder-AfA nach § 7g Abs. 5 EStG 20 %	12.000 €
Normal-AfA 10 %	6.000 €
Aufwand 2012!	26.000 €
Gewinnreduzierender Gesamtaufwand 2010 und 2012!	**58.000 €**

479 Da bei Nichtvornahme der Investition die Veranlagung des Wirtschaftsjahres zu korrigieren ist, in dem der Investitionsabzugsbetrag in Anspruch genommen worden ist, sind **fiktive Steuerberechnungen**, wie sie der BGH[221] für die bisherige **Ansparabschreibung** vornimmt obsolet, falls die Bildung und Auflösung des Investitionsabzugsbetrages nicht innerhalb des unterhaltsrelevanten Betrachtungszeitraumes vorgenommen wird. Es erfolgt eine Neuveranlagung.

---

221 BGH, FamRZ 2004, 1177 ff.

Die Gewinnerhöhung ergibt sich danach rückwirkend für den Betrachtungszeitraum **480** mit einer Nachversteuerung für das korrigierte Wirtschaftsjahr. Dies gilt es wegen der unterschiedlichen Ergebnisse i.R.d. In- bzw. Für-Prinzips zu beachten.

▶ **Hinweis**

Weil darüber hinaus der Ausweis der geplanten Investitionen und der dazu be- **481** nötigte Investitionsbetrag in den beim »Finanzamt einzureichenden Unterlagen« ab 2016 durch elektronische Übersendung erfolgt und damit nicht mehr in der Bilanz und G & V erscheinen, ist auch hier ein Auskunfts- und Beleganspruch gegeben. Dies gilt auch für den Fall der Nichtinvestitionen für die Einkommensteuerbescheide der neu veranlagten VAZ (unter Vollverzinsung nach §§ 233a; 238 AO).

Bei Investitionen wird die vorgezogene Abschreibung mit der damit korrespondieren- **482** den Steuerentlastung mangels Werteverzehr unterhaltsrechtlich nicht zu akzeptieren sein. Dies verlangt dann eine **fiktive AfA-Liste** (Rdn. 518 ff.)und eine **fiktive Steuerberechnung** (Rdn. 526 ff.).[222]

Das Bilanzrechtsmodernisierungsgesetz, **BilMoG** (Rdn. 260 ff.), führt zu einem Aus- **483** einanderfallen von Steuer- und Handelsbilanz. Dies wird auch beim **Investitionsabzugsbetrag** deutlich.

▶ **Beispiel**

Das Unternehmen nimmt in der Steuererklärung für 2008 einen Investitions- **484** abzugsbetrag nach § 7g Abs. 1 EStG i.H.v. 40.000 € in Anspruch und plant im Jahr 2010 eine neue Fertigungsmaschine mit voraussichtlichen AK von 100.000 € zu erwerben. Diese wird tatsächlich im Januar 2010 angeschafft (bei der Nutzungsdauer von 10 Jahren). Es sollen Investitionsabzugsbetrag, Sonderabschreibung und die AfA höchstmöglich in Anspruch genommen werden.

Lösung

außerbilanzielle Gewinnänderungen	2008 in €	2010 in €
voraussichtliche AK 100.000 € × 40 %, § 7g Abs. 1 EStG außerbilanzieller Abzug	/40.000	
außerbilanzielle Auflösung im Jahr der Anschaffung, § 7g Abs. 2 Satz 1 EStG		+ 40.000

---

222 In konsequenter Weiterentwicklung v. BGH, FamRZ 2004, 1177 ff. und BGH, FamRZ 2003, 741 ff.

2010	Handelsbilanz	Steuerbilanz
Zugang der Maschine im Januar 2010	100.000	100.000
gewinnmindernde Absetzung von AK, § 7g Abs. 2 Satz 2 EStG (Wahlrecht)		/40.000
= AfA-Bemessungsgrundlage, § 7g Abs. 2 Satz 2 EStG		= 60.000
degressive AfA 25 %	/.25.000	/15.000
Sonderabschreibung max. 20 % der AK/HK, § 7g Abs. 5,6 EStG		/12.000
Buchwert 31.12.2010	75.000	33.000
Summe Gewinnauswirkungen	**/ 25.000**	**/ 67.000**
2008 & 2010		

(2) Sonderabschreibung und lineare AfA

485 Wird lineare AfA neben einer Sonderabschreibung und folgendes exemplarisches Beispiel nach § 7g EStG a.f. zur Ansparabschreibung vorgenommen, ändern sich die Bemessungsgrundlagen und der AfA-Satz.

▶ **Beispiel**

486 Ein Unternehmen hat 2007 ein Wirtschaftsgut des beweglichen Anlagevermögens mit 100.000 € angeschafft.

Dieses hat eine Nutzungsdauer von zehn Jahren.

Die Voraussetzungen des § 7g a.F. EStG sind erfüllt und Geschäftsführung wählt die Verteilung auf den fünfjährigen Begünstigungszeitraum wie folgt:

2007:	10 %	von 100.000 €	=	10.000 €
2008:	5 %	von 100.000 €	=	5.000 €
2009:	5 %	von 100.000 €	=	5.000 €
2010:	0 %	von 100.000 €	=	0 €
2011:	0 %	von 100.000 €	=	0 €
insgesamt	20 %	von 100.000 €	=	20.000 €

Lösung

Die AfA wird im fünfjährigen Begünstigungszeitraum wie folgt vorgenommen:

AK 2007	100.0000 €
lineare AfA (10 % von 100.000 €)	10.000 €
1. Jahr: Sonder-AfA (10 % von 100.000 €)	10.000 €
Restwert 31.12.2007	80.000 €

lineare AfA (10 % von 100.000 €)	10.000 €
2. Jahr: Sonder-AfA (5 % von 100.000 €)	5.000 €
Restwert 31.12.2008	65.000 €
lineare AfA (10 % von 100.000 €)	10.000 €
3. Jahr: Sonder-AfA (5 % von 100.000 €)	5.000 €
Restwert 31.12.2009	50.000 €
lineare AfA (10 % von 100.000 €)	10.000 €
4. Jahr: Sonder-AfA (0 % von 100.000 €)	0 €
Restwert 31.12.2010	40.000 €
lineare AfA (10 % von 100.000 €)	10.000 €
5. Jahr: Sonder-AfA (0 % von 100.000 €)	0 €
Restwert 31.12.2011	**30.000 €**

▶ **Verfahrenshinweis**

Wird eine familienrechtliche Korrektur bei der Abschreibung mangels tatsächlichen   **487**
Werteverzehr bei Sonderabschreibungen vorgenommen, stellt sich generell die
Frage, ob in diesen Fällen, eine fiktive AfA-Liste mit fiktiver Steuerberechnung zu
erstellen ist. Dies wird zu bejahen sein.

(3) Sonderabschreibungen und degressive AfA

Wird neben der Sonderabschreibung die degressive AfA vorgenommen, gilt das zuvor   **488**
Dargestellte. Die Abschreibungsdauer verkürzt sich hier aber nicht, weil die degressive AfA – im Gegensatz zur linearen AfA – vom jeweiligen Restwert, d.h. Buchwert,
berechnet wird. Für diesen Fall wird die Sonderabschreibung auch neben der degressiven AfA von den Anschaffungs- oder Herstellungskosten vorgenommen.

▶ **Beispiel**

Sachverhalt wie vorstehend, nur mit degressiver Abschreibung.   **489**

100/10 = 10 (lineare AfA) x 3 = 30 %,

aber:

(Höchstbetrag nach § 7g Abs. 2 Satz 3 EStG, Fassung 2006, 2007) = 25 %

Lösung

Entsprechend entwickelt sich die AfA im künftigen Begünstigungszeitraum wie
folgt:

AK 2007	100.000 €
degressive AfA (25 % von 100.000 €)	25.000 €

1. Jahr	Sonder-AfA (10 % von 100.000 €)	10.000 €
	Restwert 31.12.2007	65.000 €
	degressive AfA (25 % von 65.000 €)	16.250 €
2. Jahr	Sonder-AfA (5 % von 100.000 €)	5.000 €
	Restwert 31.12.2008	43.750 €
	degressive AfA (25 % von 43.750 €)	10.938 €
3. Jahr	Sonder-AfA (5 % von 100.000 €)	5.000 €
	Restwert 31.12.2009	27.812 €
	degressive AfA (25 % von 27.812 €)	6.953 €
4. Jahr	Sonder-AfA (0 % von 100.000 €)	0 €
	Restwert 31.12.2010	20.859 €
	degressive AfA (25 % von 20.859 €)	5.215 €
5. Jahr	Sonder-AfA (0 % von 100.000 €)	0 €
	Restwert 31.12.2011	15.644 €

Die degressive AfA bemisst sich nach Ablauf des fünfjährigen Begünstigungszeitraumes nach dem Restwert und der Restnutzungsdauer.

In den folgenden Jahren wird für die degressive AfA der entsprechende AfA-Satz (100: 5 x 3 = 60 %, höchstens 30 %) auf den jeweiligen Restwert angewandt.

Im 6. Jahr stellt sich dies wie folgt dar:

degressive AfA (30 % von 15.644 €)	4.693 €
Restwert 31.12.2012	10.951 €

(4) Ansparabschreibung nach § 7g EStG a.F. (Sonderposten mit Rücklageanteil)

490 Das vorherige Beispiel macht deutlich, dass auch noch in den gegenwärtigen relevanten unterhaltsrechtlichen Betrachtungszeiträumen die Altregelung der Ansparabschreibung hereinwirkt. Auf den obigen Hinweis zur generellen Rechtsfrage, ob eine fiktive AfA-Tabelle mit fiktiver Steuerberechnung vorzunehmen ist, wird verwiesen (s. Rdn. 518 ff.).

491 Kleinere und mittlere Betriebe i.S.d. § 7g Abs. 2 Nr. 1 EStG a.F. können seit 1995 eine sog. **Ansparabschreibung** vornehmen (§ 7g Abs. 3–8 EStG a.F.). Damit erhalten bilanzierende kleinere und mittlere Betriebe die Möglichkeit, für neue bewegliche Wirtschaftsgüter des Anlagevermögens, die sie voraussichtlich in den nächsten zwei Jahren anschaffen oder herstellen wollen, eine gewinnmindernde Rücklage zu bilden.

▶ **Hinweis**

Ebenfalls in Anspruch nehmen können diese Ansparabschreibung kleine und mittle- **492**
re Betriebe, die ihren Gewinn nach § 4 Abs. 3 EStG ermitteln. Die Ansparabschreibung erfolgt hier durch Ansatz einer fiktiven Betriebsausgabe (§ 7g Abs. 6 EStG).

Zu berücksichtigen ist, dass die Rücklage 40 % der Anschaffungs- bzw. Herstellungs- **493**
kosten des begünstigten Wirtschaftsgutes nicht übersteigt und sie nicht mehr als
154.000 € beträgt (§ 7g Abs. 3 EStG).

▶ **Hinweis**

Der Höchstbetrag erhöht sich für Existenzgründer für den Gründungszeitraum **494**
von sechs Jahren auf 307.000 € (§ 7g Abs. 7 EStG).

Kleinere und mittlere Betriebe üben mit der **Rücklagenbildung** ein steuerliches Wahl- **495**
recht aus. Eine Rücklage in der Steuerbilanz darf nur ausgewiesen werden bei bilanzierenden Betrieben, wenn sie auch in der Handelsbilanz einen entsprechenden Posten
ausweisen (seinerzeitiger umgekehrter Maßgeblichkeitsgrundsatz). In diesen Fällen ist
ein Sonderposten mit Rücklageanteil in der Handelsbilanz nach § 247 Abs. 3 HGB
zu bilden.

▶ **Verfahrenshinweis**

In der Bilanz ist der Sonderposten mit Rücklageanteil auf der Passivseite vor den **496**
Rückstellungen auszuweisen (§ 273 HGB). In der Buchführung müssen Bildung
und Auflösung der Rücklage verfolgt werden können (§ 7g Abs. 3 Nr. 3 EStG).
Der Gewinn wird durch die Bildung der Rücklage gemindert, die Auflösung wirkt
gewinnerhöhend.

▶ **Beispiel**

A erfüllt die Voraussetzungen des § 7g EStG und ist vorsteuerabzugsberechtigt. Er **497**
plant 2007 die Anschaffung einer dringend für den Betrieb benötigten Maschine
für das Jahr 2009.

Der voraussichtliche Kaufpreis beträgt 238.000 € (200.000 € + 19 % USt).

Die Nutzungsdauer beträgt fünf Jahre.

Lösung

In 2007 bildet A eine Rücklage von 80.000 € (40 % von 200.000 €).

Diese Rücklage mindert den Gewinn des Jahres 2007 um 80.000 €.

▶ **Hinweis**

Im Gegensatz zur Sonderabschreibung nach § 7g Abs. 1, 2 EStG ist es für die **498**
Bildung der Rücklage ohne Bedeutung, wie hoch der private Nutzungsanteil ist.
Für die Rücklage gelten die Voraussetzungen des § 7g Abs. 2 Nr. 2 EStG, d.h.
die verbleibende Frist und der Grad der betrieblichen Nutzung, nicht. Auch der

geplante Erwerb eines neuen betrieblichen Kraftfahrzeuges, das voraussichtlich zu 50 % privat genutzt wird, ist somit rücklagefähig.

499   Nach § 7g Abs. 4 EStG ist die Rücklage i.H.v. 40 % der Anschaffungs- bzw. Herstellungskosten gewinnerhöhend aufzulösen, sobald für das begünstigte Wirtschaftsgut Abschreibungen vorgenommen werden können. Wenn Steuerpflichtige ihren Gewinn nach § 4 Abs. 3 EStG ermitteln, tritt an Stelle der Rücklageauflösung eine »Betriebseinnahme«. Diese wird also fingiert. Die Rücklage ist zwangsweise am Ende des zweiten auf ihre Bildung folgenden Wirtschaftsjahres (Investitionszeitraum) gewinnerhöhend aufzulösen, wenn die geplante Investition später nicht durchgeführt wird. Es ist dann ein Gewinnzuschlag vorzunehmen, soweit die Auflösung einer Rücklage nicht auf § 7g Abs. 4 Satz 1 EStG beruht.

▶ Hinweis

Existenzgründer brauchen keinen Gewinnzuschlag vornehmen (§ 7g Abs. 7 EStG).

500   Für jedes volle Wirtschaftsjahr, in dem die Rücklage bestanden hat, beträgt der Gewinnzuschlag 6 % des Betrages, zu dem die Rücklage nicht nach § 7g Abs. 4 Satz 1 EStG aufgelöst wird (§ 7g Abs. 5 EStG). Bei der Ermittlung des steuerlichen Gewinns ist der Gewinnzuschlag außerhalb der Buchführung dem in der handelsrechtlichen Gewinn- und Verlustrechnung ausgewiesenen Gewinn hinzuzurechnen. Eine Buchführung für den Gewinnzuschlag entfällt jedoch.

k) AfA und Sonder-AfA im Familienrecht

501   Die Abschreibung ist ein immer wiederkehrendes und uraltes Problem in Unterhaltsrechtstreitigkeiten und allen Beteiligten an derartigen Verfahren bestens bekannt. Die unterhaltsrechtlichen Leitlinien befassen sich mit dieser Fragestellung.

502   Die familienrechtliche Rechtsprechung und Lehre haben sich zu keinem Zeitpunkt mit der Frage befasst, ob bei **Leasing** unterhaltsrechtliche Korrekturen oder wenigstens nur eine Angemessenheitsüberprüfung stattzufinden hat. Das durch die Finanzierungsmargen wirtschaftlich teurere Leasing ist dem Unternehmer, der sich im unterhaltsrechtlichen Verfahren befindet, deshalb zu empfehlen.

503   In diesem Kontext darf auch die für den Unterhaltsberechtigten günstige Wirkungsweise der **Verteilung der Abschreibung über die betriebsgewöhnliche Nutzungsdauer** nicht verkannt werden. Demgegenüber fließen die Ausgaben des Unternehmens durch Liquiditätsverlust sofort bei Vornahme der Investitionen ab. Beim Leasing sind die laufenden Aufwendungen vollumfänglich sofort erfolgswirksam.

504   Dem ist zunächst einmal vorauszuschicken, dass grds. dem Unternehmer ein betriebswirtschaftliches Ermessen einzuräumen ist, welche Investitionen er überhaupt vornimmt.[223] Über die Abschreibungen, aber auch über die Zinsen für die Investition,

---

223 *Strohal* Rn. 290 ff.; *Münch* FamRB 2007, 150, 155; *Schwab/Borth* Kap. IV Rn. 748, 760; BGH, FamRZ 2011, 1367, 622; m. Anm. *Kuckenburg* FuR 2011, 512, 515 im

kommt es zunächst zu Aufwendungen und erst zu einem späteren Zeitpunkt zu Einnahmen für das Unternehmen. Diese Einnahmen führen dann allerdings auch zu höherem Einkommen, die die Leistungsfähigkeit des Unternehmers erhöhen.

Darüber hinaus kann eine **Rücklagenbildung** für spätere Investitionen erforderlich sein, die die Liquidität des Unternehmens mit Kreditwürdigkeit nach Basel III[224] (und diskutierten Konsultationspapier nach Basel IV) erhöht und damit die Fremdfinanzierungskosten reduziert. **505**

Eine unterhaltsrechtliche Überprüfung von Investitionen soll nur dann geboten sein, wenn eine erhebliche Veränderung des Investitionsverhaltens vorliegt oder die Investitionen privaten Interessen dienen oder ein Mangelfall vorliegt.[225] Eine allgemeine Angemessenheitsüberprüfung wird zu Recht abgelehnt. **506**

Auch insoweit ist dem Gedanken der **Vollausschüttung** der Gewinne, wie sie das Unterhaltsrecht regelmäßig annimmt, entgegenzutreten.[226] Selbst der unterhaltsrechtlich modifizierte steuerliche Gewinn ist nicht mit dem Unterhaltseinkommen gleichzusetzen (**Gewinn ≠ Einkommen**).

▶ **Verfahrenshinweise**

Kalkulatorischer Unternehmerlohn **507**

Die Rechtsprechung des BGH[227] zum Zugewinnausgleich, der im Kontext zum individuellen kalkulatorischen Unternehmerlohn eine Differenzierung zwischen Einkommens- und Vermögenssphäre vornimmt, verlangt eine **Aufteilung** des auf steuerlichen Grundlagen basierenden und unterhaltsrechtlichen Korrekturen unterliegenden Gewinn in **Unterhaltseinkünfte** und **Vermögenselemente**. Element des Einkommens ist dabei der kalkulatorische Wert der Tätigkeit, während der Gewinn gleichzeitig den Ausgleich für das **unternehmerische Risiko** und die **Verzinsung des eingesetzten Eigenkapitals** zu repräsentieren hat.[228] Der BGH[229] will nur das der subjektiven Leistung entsprechende Einkommen unterhaltsrechtlich berücksichtigt wissen. Dies setzt dezidierten Vortrag des Anwalts des Unternehmers voraus, weil das Gericht von sich aus die entsprechende Differenzierung nicht vornehmen wird und muss.
– Der **Anwalt des Unternehmers** sollte beim Mandanten und seinem Steuerberater unterhaltsrechtliches Problembewusstsein wecken und bei anstehenden Gestaltungen (eventuell Änderung der AfA-Methode, Neuinvestitionen)

    Zusammenhang mit dem individuellen kalkulatorischen Unternehmerlohn bei der Unternehmensbewertung im Zugewinnausgleich.

224 Wikipedia.org/wiki/ »Basel_III«.de.
225 *Münch* FamRB 2007, 155.
226 *Kuckenburg* FuR 2012, 278, 282 f.
227 BGH, FamRZ 2011, 1367 und ausf. hierzu *Kuckenburg* FuR 2011, 515, 516, Fn. 100.
228 BGH, FamRZ 2011, 1367 m.H.a. *Kuckenburg* Anmerkungen, insb. auch aus Sicht des Unternehmensbewerters zu BGH, 06.02.2008 – XII ZR 45/06, FuR 2008, 270.
229 BGH, 06.02.2008 – XII ZR 45/06, FuR 2008, 295, NJW 2008, 1221 Rn. 23 (Tierarztfall).

darauf hinwirken, dass eine Abwägung zwischen Steuervorteilen durch möglichst hohe AfA und Unterhaltsproblemen erfolgt. Eine eher zurückhaltende Abschreibung kann im Unterhaltsprozess Gutachten und Rechtsmittel ersparen. Bei allen Investitionen, die die private Lebensführung berühren (Pkw), ist Zurückhaltung zu empfehlen. Es ist an die umfassende Darlegungslast des Selbstständigen zu denken.

– Der **Anwalt des Gegners** muss sein Augenmerk demgegenüber darauf richten, dass möglichst viele vollständige Jahresabschlüsse mit Anlage- und Abschreibungsverzeichnissen vorgelegt werden. Er muss diese zutreffend auswerten (lassen) und verwerten. Oft ist es sinnvoll, detaillierte Erläuterungen vom Selbstständigen zu verlangen.

– Der **Familienrichter** hat bei streitigem Vortrag ggf. ein Sachverständigengutachten einzuholen.

aa) Unterhaltsrechtsprechung zur AfA (bewegliche Wirtschaftsgüter!)

508   Der BGH hat in seinem Urteil aus dem Jahre 1980[230] grundlegend zur AfA festgestellt, dass der durch das steuerliche Institut der Abschreibung pauschal berücksichtigte Verschleiß von Gegenständen des Anlagevermögens entspreche oft keiner tatsächlichen Wertminderung in Höhe des steuerlich anerkennungsfähigen Betrages, erst recht keiner entsprechenden Minderung des Einkommens. Präzisiert wird diese Rechtsprechung aber durch das richtungweisende Urt. v. 19.02.2003.[231]

509   **Der BGH hält dort an der Werteverzehrthese fest, vertritt aber nun die Auffassung, dass die zur linearen Abschreibung von der Finanzverwaltung herausgegebenen amtlichen AfA-Tabellen allgemein verwendbarer Wirtschaftsgüter[232] regelmäßig den tatsächlichen Werteverzehr wiedergeben.**

510   Diese Auffassung löst aber nicht alle Probleme im Zusammenhang mit der AfA, nicht einmal die der linearen AfA. Dabei ist zunächst einmal zu beachten, dass der BGH sich ausschließlich mit der linearen Abschreibung befasst. Die Anwendung der **degressiven AfA** (Rdn. 452 ff.), soweit nach Steuerrecht zulässig, wird nicht ausdrücklich ausgeschlossen. Insb. die **Leistungsabschreibung** (Rdn. 458 ff.) entspricht gerade einem tatsächlichen Werteverzehr.

▶ Verfahrenshinweis

511   Anwälte, die den Unternehmer vertreten, sollten in derartigen Fällen die Gründe für eine etwaige Abweichung von der amtlichen AfA-Tabelle oder der Anwendung der degressiven AfA vortragen.

Bzgl. der **degressiven AfA** ist zunächst mit dem allgemeinen Erfahrungssatz zu argumentieren, dass der Werteverzehr von Wirtschaftsgütern in den ersten Nutzungsjahren höher ist als in den folgenden.

---

230 BGH, FamRZ 1980, 780 ff.
231 BGH, FamRZ 2003, 741 ff.
232 BMF-Schreiben v. 15.12.2000, www.bundesfinanzministerium.de.

Dies gilt insb. für Wirtschaftsgüter, die einem schnellen technischen Wandel unterliegen, bspw. wie bei EDV mit Zubehör oder auch der Mode unterliegenden Wirtschaftsgütern. Schon die Inbetriebnahme derartiger technischer Wirtschaftsgüter führt zu einem erheblichen Werteverzehr zu Beginn der Nutzung.

Auch die oben schon dargestellte und in Fällen messbaren Werteverzehres außerordentlich sinnvolle und dem tatsächlichen Werteverzehr entsprechende **Leistungsabschreibung** ist keineswegs ausgeschlossen. Auch hier bedarf es aber detaillierten Vortrags.

Die Rechtsprechung des BGH[233] führt zu zwei Folgeproblemen, die in den nächsten Abschnitten behandelt werden.

bb) AfA-Tabellen für Wirtschaftszweige (Spezial-AfA-Tabellen)

Der BGH hat ausschließlich die amtliche **AfA-Tabelle allgemein verwendbarer Wirt-** 512
schaftsgüter erörtert und anerkannt.

Dabei bleibt unberücksichtigt, dass diverse Branchen über sog. »**AfA Tabellen für** 513
Wirtschaftszweige«, also Spezial-AfA-Tabellen verfügen.

▶ Beispiele

- Abfallentsorgungs- und Recyclingwirtschaft   514
- Aluminiumfolienindustrie
- Baugewerbe
- Bekleidungsindustrie
- Beton- und Fertigteilindustrie
- Bimsbaustoffindustrie
- Binnenfischerei, Teichwirtschaft, Fischzucht, fischwirtschaftliche Dienstleistungen
- Borstenzurichtung und Pinselindustrie
- Brauereien und Mälzereien
- Braunkohlenbergbau
- Brot- und Backwarenindustrie, Herstellung von Tiefkühl-/ Kombinationsbackwaren, Bäckereien, Konditoreien
- Chemische Industrie
- Chemische Reinigung, Wäscherei, Färberei
- Druckereien und Verlagsunternehmen mit Druckerei
- Eisen-, Blech- und Metallwarenindustrie
- Eisen-, Stahl- und Tempergießereien
- Energie- und Wasserversorgung
- Erdölgewinnung
- Erdölverarbeitung
- Erfrischungsgetränke- und Mineralbrunnenindustrie

---

233 BGH, FamRZ 2003, 741 ff.

- Essig- und Senffabrikation
- Feinkeramische Industrie
- Feinmechanische und Optische Industrie
- Fernmeldedienste
- Fernseh-, Film- und Hörfunkwirtschaft
- Filmtheater
- Fischverarbeitungsindustrie und Tierkörperbeseitigung
- Fleischmehlindustrie
- Fleischwarenindustrie, Fleischer, Schlachthöfe
- Forstwirtschaft
- Friseurgewerbe und Schönheitssalons
- Fruchtsaft- und Fruchtweinindustrie
- Garnbearbeitung in der Textilindustrie
- Garten-, Landschafts- und Sportplatzbau
- Gartenbau
- Gastgewerbe
- Gesundheitswesen
- Gewerbliche Erzeugung und Aufbereitung von Spinnstoffen, Spinnerei, Weberei
- Glaserzeugende Industrie (Flachglas, Hohlglas und Glasfaser)
- Hafenbetriebe
- Heil-, Kur-, Sport- und Freizeitbäder
- Herstellung von Schreib- und Zeichengeräten
- Hochsee- und Küstenfischerei
- Hochsee-, Küsten- und Binnenschifffahrt
- Holzverarbeitende Industrie
- Hopfenanbau
- Hut- und Stumpenindustrie
- Hutstoff-Fabrikation
- Kaffee- und Teeverarbeitung
- Kalk-, Gips- und Kreideindustrie
- Kalksandsteinindustrie
- Kautschukindustrie
- Kies-, Sand-, Mörtel- und Transportbetonindustrie
- Kraftfahrzeugindustrie
- Kreditwirtschaft
- Kunststoffverarbeitende Industrie
- Landwirtschaft und Tierzucht
- Lederindustrie (Ledererzeugung)
- Lederwaren- und Kofferindustrie
- Leichtbauplattenindustrie
- Luftfahrtunternehmen und Flughafenbetriebe
- Maler- und Lackiererhandwerk
- Maschenindustrie
- Maschinenbau

- Molkereien und sonstige Milchverwertung
- Mühlen (ohne Ölmühlen)
- Naturstein-Industrie für den Wege-, Bahn-, Wasser- und Betonbau
- Naturwerksteinindustrie, Steinbildhauer, Steinmetze
- NE-Metallhalbzeugindustrie (NE-Metallhalbzeugwerke und NE-Metallgießereien)
- Obst- und Gemüseverarbeitungsindustrie
- Ölmühlen und Margarineindustrie
- Papier und Pappe verarbeitende Industrie
- Personen- und Güterbeförderung (im Straßen- und Schienenverkehr)
- Rauchwarenverarbeitung
- Sägeindustrie und Holzbearbeitung
- Schiefer- und Tonindustrie
- Schiffbau
- Schrott- und Abbruchwirtschaft
- Schuhindustrie
- Seilschwebebahnen und Schlepplifte
- Sektkellereien
- Spielwarenindustrie
- Stahl- und Eisenbau
- Stahlverformung
- Steinkohlebergbau
- Süßwarenindustrie
- Tabakanbau
- Textilveredelung
- Torfgewinnung und -aufbereitung
- Uhrenindustrie
- Vertrieb von Erdölerzeugnissen
- Vulkanisierbetriebe
- Waren- und Kaufhäuser
- Weinbau und Weinhandel
- Zahntechniker
- Zellstoff, Holzstoff, Papier und Pappe erzeugende Industrie
- Zementindustrie
- Ziegelindustrie
- Zigarettenindustrie
- Zigarrenfabrikation

In diesen Spezial-AfA-Tabellen werden die Besonderheiten der Branche mit den gerade in dieser spezifischen Branche genutzten Wirtschaftsgütern berücksichtigt.

Der Abschreibungszeitraum in diesen AfA-Tabellen ist aufgrund höherer Abnut- 515 zung regelmäßig kürzer als in der Tabelle für allgemein verwendbare Wirtschaftsgüter. Die kurze Abschreibungsdauer gilt insb. für Wirtschaftsgüter, die sich in der Tabelle der allgemein verwendbaren Wirtschaftsgüter nicht finden lassen. Auch diese

Spezial-AfA-Tabellen dürften den langjährigen Erfahrungswerten der Finanzverwaltung entsprechen, so dass auch diese Tabellen den angemessenen Werteverzehr unterhaltsrechtlich repräsentieren.[234]

▶ **Verfahrenshinweis**

516   Auch unterhaltsrechtlich dürften die Abschreibungssätze und ihre Dauer dem tatsächlichen Werteverzehr entsprechen. Sollte es gleichwohl einmal zu **stillen Reserven** (Differenz zwischen Buchwert und Teilwert/»Verkehrswert«) gekommen sein, partizipiert der Unterhaltsgläubiger an der Aufdeckung derselben im Zeitpunkt der Veräußerung des Wirtschaftsguts. Dies setzt aber einen möglichst langen Betrachtungszeitraum für die Ermittlung des Unterhaltseinkommens voraus, um diese Aufdeckung der stillen Reserven zu erfassen.

517   Auch der BGH[235] führt hierzu aus, dass bei ordnungsgemäßer Erlöserfassung eine etwaig überhöhte Absetzung ausgeglichen wird, so dass die unterhaltsrechtliche Leistungsfähigkeit bei der Berücksichtigung mehrerer Jahre richtig wiedergegeben wird. Da die amtliche AfA-Tabelle für allgemein verwendbare Wirtschaftsgüter oftmals eine Abschreibungsdauer für Wirtschaftsgüter von **fünf Jahren** zugrunde legt, sollte dieses auch der **Mindestanknüpfungszeitraum für die Auskunftserteilung** und die Unterhaltsberechnung sein.

cc) Fiktive AfA-Liste (Abschreibungsliste)

518   Wenn der BGH[236] in den **Abschreibungssätzen** der AfA-Tabellen allgemein verwendbarer Wirtschaftsgüter einen angemessenen Werteverzehr sieht, führt das im Fall einer steuerlich korrekt vorgenommenen Sonderabschreibung stets dazu, dass zu unterhaltsrechtlichen Zwecken eine **fiktive AfA-Liste** nach der amtlichen AfA Tabelle für allgemein verwendbare Wirtschaftsgüter zu erstellen und vorzutragen ist. Die Entscheidung weist ausdrücklich darauf hin, ohne dass in der Praxis hierauf hinreichend geachtet wird. Das beinhaltet anwaltliche Haftungsrisiken, wenn die fiktive AfA-Liste, ggf. mit Hilfe des StB, nicht vorgetragen wird.

▶ **Beispiel**

519

	tatsächliche AfA	fiktive AfA
Jahr 00 AHK	100.000 €	100.000 €
Jahr 01 Normal-AfA	20.000 €	20.000 €
Jahr 01 Sonder-AfA	20.000 €	
Buchwert 31.12.01	60.000 €	80.000 €
Jahr 02 Normal-AfA	20.000 €	20.000 €

---

234 So auch AG Ilmenau, 06.04.2006 – 2 F 328/02 (nv).
235 BGH, FamRZ 2003, 741, 743.
236 BGH, FamRZ 2003, 741, 743.

	tatsächliche AfA	fiktive AfA
Buchwert 31.12.02	40.000 €	60.000 €
Jahr 03 Normal-AfA	20.000 €	20.000 €
Buchwert 31.12.03	20.000 €	40.000 €
Jahr 04 Normal-AfA	19.999 €	20.000 €
Buchwert 31.12.04	1 €	20.000 €

Erläuterungen

Die **mittlere Spalte** zeigt die tatsächliche, ordnungsgemäß nach Steuerrecht ermittelte Abschreibung unter Berücksichtigung einer Sonder-AfA (denkbar wäre aber auch jede andere unterhaltsrechtliche Korrektur, z.b. wegen überhöhter linearer AfA oder degressiver AfA).

Die fiktive Abschreibung in der **rechten Spalte** macht die Auswirkungen der fiktiven unterhaltsrechtlichen AfA-Ermittlung durch Änderung der Bemessungsgrundlage für die Folgejahre deutlich.

In diesem einfachen Beispiel gibt es erfolgswirksame Auswirkungen auf das Unterhaltseinkommen in den Jahren 01 und 05, in dem im letzten Jahr noch ein Abschreibungsvolumen von 19.999 € vorhanden ist bzw. ein buchhalterischer Erinnerungswert von 1 € verbleibt.

Eine **fiktive Steuerberechnung** will der BGH[237] nicht vornehmen, da er in dieser Entscheidung auf die real geflossenen Steuern, dem In-Prinzip folgend, abhebt. Bei Anwendung des Für-Prinzips ist eine fiktive Steuerberechnung unumgänglich.

8. Fiktive Steuerberechnung im Unterhaltsrecht

Fünf Fälle **fiktiver Steuerberechnung** sieht die Rechtsprechung des BGH ausdrücklich   **520**
vor. Dies stellt eine Durchbrechung des In-Prinzips dar, weil eine tatsächliche Veranlagung (Für-Prinzip) mit einer fiktiven verglichen wird:
I.   **Verluste aus Bauherrenmodellen**[238]
II. Nichtausschöpfung **steuerlicher Gestaltungsmöglichkeiten**[239]
III. Eliminierung von **Ansparabschreibungen**[240]
IV. Eliminierung des **Splittingvorteils** des wieder verheirateten Ehegatten[241]

---

237 BGH, FamRZ 2003, 741, 743.
238 BGH, FamRZ 1987, 36, 37.
239 BGH, FamRZ 2007, 1229, 1231; OLG Hamm, FamRZ 2000, 311; OLG Schleswig, FamRZ 2000, 825.
240 BGH, FamRZ 2003, 741 ff.; BGH, FamRZ 2004, 1177 ff.
241 BGH, ZFE 2005, 449 ff.; BGH, FuR 2007, 367; BVerfG, FamRZ 2003, 1821 = FuR 2003, 507 = NJW 2003, 3466.

V. **Aufteilung der Steuerschuld** zwischen Ehegatten nach § 207 AO[242]
VI. **Elternunterhalt**[243]

521   Die Entscheidung des BGH[244] vom 02.06.2004 zur **Ansparabschreibungen nach § 7g EStG a.F.** bezieht sich ausschließlich auf den Fall, dass während des unterhaltsrelevanten Zeitraumes Ansparabschreibungen zwar gewinnreduzierend gebildet, jedoch nicht gewinnerhöhend aufgelöst worden waren und keine entsprechenden Investitionen vorgenommen wurden. Bei dieser Eliminierung der Ansparabschreibung soll bei gewinnerhöhender unterhaltsrechtlicher Hinzurechnung dem Unternehmen der steuerliche Vorteil mit der Folge verbleiben, dass eine fiktive Steuerberechnung vorzunehmen ist. Diese Steuervorteile sollen weiterhin der betriebswirtschaftlichen Liquidität des Unternehmens dienen.

▶ Verfahrenshinweis

522   Der steuerliche Gewinn wird um die Ansparabschreibung unterhaltsrechtlich erhöht und um die fiktive Steuerersparnis reduziert.

Dabei hat sich der BGH ausschließlich zum Fall der Bildung der Ansparabschreibung im Betrachtungszeitraum geäußert, nicht jedoch zum umgekehrten Fall der ausschließlichen Auflösung oder den am häufigsten auftretenden Fällen der parallel laufenden Bildung und Auflösung der Ansparabschreibungen.

523   In der Literatur wird, wenn die Ansparabschreibung im Betrachtungszeitraum nicht gebildet, sondern aufgelöst wird (umgekehrter Fall zum BGH), die Auffassung vertreten, eine Korrektur des Gewinns sei dann nicht angezeigt.[245]

524   In der Praxis werden aber im Betrachtungszeitraum darüber hinaus meist Bildung und Auflösung in unterschiedlicher Höhe vom Unternehmen vorgenommen. Auch dieser Fall ist vom BGH bislang nicht entschieden. Hierzu deutet der BGH[246] allerdings in den Entscheidungsgründen unter II 2b an, auch hier eine vollständige Eliminierung der Ansparabschreibung vornehmen zu wollen, indem er einen länger als dreijährigen Betrachtungszeitraum, nämlich fünf Jahre, empfiehlt.

▶ Hinweis

Dies entspricht einer konsequenten Anwendung der Rechtsprechung des BGH zum tatsächlichen Werteverzehr der Abschreibung.

525   Hieraus folgt, dass die Entscheidung des BGH keine Einzelfallentscheidung für die ausschließliche Bildung der Ansparabschreibung darstellt. Es ist daher stets eine

---

242 BGH, FamRZ 2006, 1178; 2007, 1229; mit Bsp. *Kuckenburg/Perleberg-Kölbel* FuR 2004, 160 ff.
243 BGH, FamRZ 2015, 1594.
244 BGH, FamRZ 2004, 1177 ff.
245 *Götsche* ZFE 2006, 55 ff. (58).
246 BGH, FamRZ 2004, 1177 ff.

Eliminierung der Ansparabschreibung mit fiktiver Steuerberechnung vorzunehmen; außer im Fall der vollständigen Bildung und Auflösung im Betrachtungszeitraum.

Die Unternehmenssteuerreform 2008 für VAZ ab 2009 brachte eine Neuregelung des **526**
§ 7g EStG,[247] deren Anwendung wirtschaftlich nur dann Sinn macht, wenn auch die Investitionen tatsächlich vorgenommen werden. Man spricht seitdem vom **Investitionsabzugsbetrag** (Rdn. 467 ff.).[248]

Das Tatbestandsmerkmal »künftige Anschaffung« hindert nicht, dass der Investitions-   **527**
abzugsbetrag nach Erstellung der Gewinnermittlung und noch im Einspruchsverfahren nachträglich geltend gemacht wird.[249] Die geplante Investition muss dabei genau beschrieben werden. Die Bezeichnung »Studiobedarf« bspw. ist unzureichend.[250] Dabei ist die Aufteilung des Einsatzes des Wirtschaftsgutes in mehreren Unternehmen nicht zulässig.[251]

▶ **Verfahrenshinweis zum Auskunfts- und Beleganspruch**

Unterhaltsrechtlich ist besonders zu beachten, dass bei Nichtvornahme der   **528**
Investitionen die betroffenen und vergangenen Veranlagungszeiträume unter Vollverzinsung (§§ 233a, 238 AO) neu beschieden werden, so dass sich hierauf auch der unterhaltsrechtliche Auskunft- und Beleganspruch beziehen muss. Es ergehen somit korrigierte Steuerbescheide für die vergangenen Jahre, in denen der Investitionsabzugsbetrag in Anspruch genommen wurde.

Bei **Nichtinvestition** bringt die neue ggü. der alten Regelung kaum noch steuerli-   **529**
che Entlastung; sie stellt eher nur eine Steuerpause dar. Der Ausweis erfolgt neben und nicht mehr in der Gewinnermittlung, so dass ein gesonderter Auskunftsanspruch familienrechtlich gegeben ist!

Da die Veranlagung des Wirtschaftsjahres zu korrigieren ist, indem der Investitions-   **530**
abzugsbetrag in Anspruch genommen worden ist, sind fiktive Steuerberechnungen, wie sie der BGH[252] für die bisherige Ansparabschreibung vornimmt obsolet, falls die Bildung und Auflösung des Investitionsabzugsbetrages nicht innerhalb des unterhaltsrelevanten Betrachtungszeitraumes vorgenommen wird. Es erfolgt eine rückwirkende Neuveranlagung. Die Gewinnerhöhung ergibt sich danach neuerlich für den Betrachtungszeitraum mit einer Nachversteuerung für das korrigierte Wirtschaftsjahr. Dies gilt es wegen der unterschiedlichen Ergebnisse i.R.d. In- bzw. Für-Prinzips zu beachten.

---

247 *Kuckenburg/Perleberg-Kölbel* FuR 2009, 140 f. mit Bsp.
248 BMF-Schreiben v. 08.05.2009.
249 BFH, 17.01.2012 – VIII R 48/10, BFH/NV 2012, 1038.
250 BFH, 19.10.2011 – X R 25/10, BFH/NV 2012, 718.
251 Niedersächsisches FG, 03.11.2011 – 11 K 435/10, EFG 2012, 602; Revision eingelegt unter BFH, X R 46/11.
252 BGH, FamRZ 2004, 1177 ff.

531 Weil darüber hinaus der Ausweis der geplanten Investitionen und der dazu benötigte Investitionsbetrag in den, dem Finanzamt einzureichenden, Unterlagen/Einkommensteuererklärung und damit nicht mehr in der Bilanz erscheinen, ist auch hier ein Auskunfts- und Beleganspruch zu beachten. Bei Investitionen wird die vorgezogene Abschreibung mit der damit korrespondierenden Steuerentlastung unterhaltsrechtlich nicht zu akzeptieren sein.

▶ Hinweis

Daraus folgt unterer konsequenter Anwendung der BGH-Rechtsprechung[253] zur Ansparabschreibung, dass bei durchgeführten Investitionen eine fiktive Steuerberechnung vorzunehmen ist.

9. Geringwertige Wirtschaftsgüter (GWG)

532 Nach der Regelung des § 6 Abs. 2 EStG können (**steuerliches Wahlrecht**) die sog. geringwertigen Wirtschaftsgüter (**GWG**) im Jahr der Anschaffung in voller Höhe als Betriebsausgaben abgesetzt werden, wenn der Wert des Wirtschaftsgutes 410 EUR (netto, VAZ bis 2007) nicht übersteigt und es sich um selbstständig nutzbare Wirtschaftsgüter des Anlagevermögens handelt. Diese gesetzliche Regelung soll der Arbeitserleichterung und der Eigenfinanzierung des Unternehmens dienen und kann damit einem tatsächlichen Werteverzehr grds. nicht entsprechen. Insoweit ist durch das Unternehmensteuerreformgesetz 2008 (ab VAZ 2009) eine erhebliche Änderung eingetreten.

533 Die im Folgenden dargestellte Regelung dürfte im Wesentlichen der Gegenfinanzierung der Herabsetzung der Körperschaftsteuer von 25 % auf 15 % dienen.

534 Neu ist seitdem, dass nunmehr der Steuerpflichtige verpflichtet ist, die betreffenden Kosten für geringwertige Wirtschaftsgüter sofort als Betriebsausgaben geltend zu machen. Es besteht kein Wahlrecht mehr. Allerdings sind die Anschaffungs- und Herstellungskosten bei den Gewinneinkünften von 410 € auf 150 € gesenkt worden.

Das Gesetz stellt i.Ü. in seiner Neufassung des § 6 Abs. 2 EStG ausdrücklich klar, dass diese Regelung auch für die EÜR gilt.

535 Neben den sofort abschreibbaren GWG gibt es im neuen Recht sog. **Sammelposten-güter** (mittelwertige Wirtschaftsgüter) nach § 6 Abs. 2a EStG. Diese »mittelwertigen Wirtschaftsgüter« sind in den Sammelposten einzustellen. Unabhängig von der tatsächlichen Nutzungsdauer der Wirtschaftsgüter ist der Sammelposten »jahrgangsbezogen« im Wirtschaftsjahr der Bildung und in den folgenden vier Wirtschaftsjahren mit jeweils 1/5 gewinnmindernd unabhängig von der tatsächlichen Nutzungsdauer aufzulösen. Die Wertgrenze liegt zwischen 150,01 € bis 1.000 € netto.

---

253 BGH, FamRZ 2004, 1177 ff.

In der Literatur hat bspw. das IDW[254] auch unterhaltsrechtlich relevante Bedenken **536**
geäußert, da durch die Bildung des Sammelpostens der Grundsatz der Einzelbewertung
und der Grundsatz des Verbotes des Ausweises nicht mehr vorhandener Wirtschaftsgüter verletzt werden. Es wird deshalb verlangt, dass die Wirtschaftsgüter nur untergeordnete Bedeutung haben dürfen und dass eine **Wesentlichkeitsgrenze** beachtet werden
müsse. Das IDW sagt allerdings nicht, wo die Wesentlichkeitsgrenze liegen soll. M.E.
kann hier das Argument aus § 240 Abs. 3 HGB zur Festwertbewertung herangezogen
werden, nachdem die dort zusammengefassten Wirtschaftsgüter **nicht mehr als 10 %
des Sachanlagevermögens** sowie der Roh-, Hilfs- und Betriebsstoffe ausmachen dürfen.

▶ Verfahrenshinweis

Diese Wesentlichkeitsgrenze ist unterhaltsrechtlich auch zur Beachtung des Prinzips **537**
des **tatsächlichen Werteverzehrs** und der Angemessenheit zu beachten. Die
Neuregelung (Unternehmenssteuerreform 2008) ist erstmals auf Wirtschaftsgüter
anzuwenden, die nach dem 31.12.2007 angeschafft werden.

Das Jahressteuergesetz 2010 ändert § 6 Abs. 2 EStG für die VAZ ab 2011 nochmals. Bei Überschusseinkünften, wie z.B. Einkünften aus Vermietung und Verpachtung verbleibt es bei der bisherigen Regelung, wonach Anschaffungs- und
Herstellungskosten bis 410 € als Werbungskosten abgesetzt werden können (§ 9
Abs. 1 Nr. 7 EStG).

▶ Hinweis

Die Grenze von 410 € gilt auch für die Investitionszulage weiterhin nach § 2 Abs. 1 **538**
Satz 2 InvZulG.

Das Jahressteuergesetz 2010 führt für die **VAZ ab 2011** die alte Regelung mit der
Sofortabschreibung von beweglichen Wirtschaftsgütern des Anlagevermögens mit
Anschaffungs- oder Herstellungskosten bis 410 € wieder ein. Bei Anschaffungs-
oder Herstellungskosten über 150 € ist ein besonderes Verzeichnis zu führen.
Es besteht ein **Wahlrecht** zwischen **Sofortabschreibung** bis 410 € und **Bildung
des Sammelpostens** für Wirtschaftsgüter bis 1.000 €, der über eine Dauer von
fünf Jahren gewinnmindernd aufzulösen ist. Wirtschaftsgüter bis 150 € können
in den Sammelposten aufgenommen werden. Beim Sammelposten ist unterhaltsrechtlich weiterhin die Wesentlichkeitsgrenze[255] zu beachten.

Ab **VAZ 2018**[256] gelten folgende Wahlrechte:
– Lineare Regelabschreibung nach § 7 EStG
– Sofortabschreibung bei Netto-AHK bis 800 €[257] (letzte Anhebung der Wert-
  grenze 1965): Sofortabschreibung nach § 6 Abs. 2 EStG oder

---

254 IDW Fachnachrichten 2007, 506.
255 Bsp. nach BFH/NV 2009, 1879.
256 Zweites BürokratieentlastungsG, BT-Drucks. 18/9949, 18/11778, 305/17,
    Beschl. v. 12.05.2017
257 Gesetz gegen schädliche Steuerpraktiken, BR-Drucks. 366/17 v. 12.05.2017

– für alle GWG mit Netto-AHK zwischen 250 € und 1.000 €: **Poolabschreibung,** § 6 Abs. 2 EStG

▶ **Verfahrenshinweis zum Auskunfts- und Beleganspruch**

539   Steuerrechtlich handelt es sich bei § 6 Abs. 2 EStG um eine Vereinfachungsregelung, die schon wegen der Sofortabschreibung einem tatsächlichen Werteverzehr nicht entsprechen kann.

Es wird deshalb teilweise auch im Familienrecht die Ansicht vertreten, dass die GWG gem. dem tatsächlichen Werteverzehr fiktiv linear abzuschreiben sind.[258]

Die herrschende Meinung[259] erkennt die Abschreibung geringwertiger Wirtschaftsgüter auch im Unterhaltsrecht an, es sei denn, diese Anschaffungskosten liegen ohne betrieblichen Anlass weit über denen früherer Jahre.

Dies dürfte nun umso mehr gelten, nach dem die Regelung seit dem Unternehmenssteuergesetz 2008 erheblich restriktiver ist.

540   Darüber hinaus wird eine »fiktive Abschreibung« ähnlich der Rechtsprechung des BGH zur fiktiven AfA-Tabelle[260] über fünf Jahre bei Überschreiten der Wertgrenze von 150 € vorgenommen.

▶ **Verfahrenshinweis**

541   Auf die Dokumentation der sofort abgeschriebenen Wirtschaftsgüter und der über fünf Jahre abzuschreibenden Wirtschaftsgüter des Sammelpostens/Poolabschreibung besteht ein **Auskunfts- und Beleganspruch,** da anderenfalls die in der Literatur geforderte Angemessenheitsüberprüfung nicht stattfinden kann.

Zudem ist die Wesentlichkeitsgrenze mit 10 % vom Sachanlagevermögen in Rechtsanalogie zu § 240 Abs. 3 HGB zu beachten. Diese steuerlichen Regelungen sind deshalb grds. unterhaltsrechtlich zu akzeptieren, weil sie restriktiv sind und bei Sammelposten/Poolabschreibung der Idee des BGH zur fiktiven Abschreibungsliste entsprechen.

10. Bewertung weiterer Wirtschaftsgüter (Aktiva) und deren Gewinnauswirkung im Unterhaltsrecht

a) Vorbemerkungen zu den Aktiva

542   Die Darstellung folgt systematisch den handelsrechtlichen Regelungen zu den Aktiva ohne die Grundstücksrechte und das bewegliche Anlagevermögen, die schon behandelt sind.

---

258 OLG Koblenz, FamRZ 2002, 887; *Strohal* Rn. 260.
259 Wendl/Dose/*Spieker* § 1 Rn. 257.
260 BGH, FamRZ 2003, 741 ff.

b) Nicht abnutzbares Anlagevermögen

Wirtschaftsgüter des Anlagevermögens, die nicht der AfA unterliegen, wie z.B. 543
h) Grund und Boden,
i) Beteiligungen und
j) andere Finanzanlagen

sind grds. mit den Anschaffungskosten anzusetzen (§ 6 Abs. 1 Nr. 2 EStG).

Wenn aufgrund voraussichtlich dauernder Wertminderung der Teilwert niedriger 544
ist, müssen buchführende Gewerbetreibende den niedrigeren Teilwert ansetzen (§ 6
Abs. 1 Nr. 2 Satz 2 EStG »Teilwertabschreibung«, Rdn. 373 ff.).[261]

Ist wegen einer vorübergehenden Wertminderung zulässigerweise in der Handels- 545
bilanz eine außerplanmäßige Abschreibung vorgenommen worden, darf dies in der
Steuerbilanz (verlangt eine dauernde Wertminderung) als Teilwertabschreibung nicht
erfolgen.

Bei zulässigerweise vorgenommener Teilwertabschreibung ist der Steuerpflichtige bei 546
Wertaufholung verpflichtet, das Wirtschaftsgut in der nachfolgenden Steuerbilanz
wieder mit den nach § 6 Abs. 1 Nr. 2 Satz 1 EStG ergebenden Wert (i.d.R. mit
den Anschaffungskosten) anzusetzen. Hierbei ergibt sich die Zuschreibungspflicht aus
dem Wertaufholungsgebot.

▶ **Beispiel**

Der Handelsbücher führende Gewerbetreibende A hat 2011 ein unbebautes 547
Grundstück für 400.000 € erworben. Dies gehört zum Betriebsvermögen.

Ende 2012 beträgt der Teilwert dieses Grundstücks aufgrund einer voraussichtlich
dauernden Wertminderung 380.000 €.

Diesen Wert hat A in seiner Handels- und Steuerbilanz angesetzt.

Ende 2013 beträgt der Teilwert des Grundstückes 410.000 €.

Lösung

Hier ist A verpflichtet, das Grundstück zum 31.12.2013 und in den Folgejahren mit den historischen Anschaffungskosten von 400.000 € zu bilanzieren
(Zuschreibungspflicht).

Hiervon kann nur abgesehen werden, wenn A nachweist, dass der Teilwert tatsächlich
dauernd niedriger ist.

c) Umlaufvermögen und seine Bewertung

Eine korrigierte Bewertung eines Wirtschaftsgutes (hier des Umlaufvermögens) ist 548
erfolgswirksam mit daraus resultierender Auswirkung auf das Unterhaltseinkommen!

---

261 BMF-Schreiben v. 02.09.2016.

aa) Abgrenzung zum Anlagevermögen und Grundsatz der Bewertung

549 Während das Anlagevermögen dem Unternehmen **dauerhaft** zur betrieblichen Leistungserstellung dient, können die Vermögensgegenstände des **Umlaufvermögens** (treffender der angelsächsische Begriff des working capital) nur einmal ihrem Zweck entsprechend eingesetzt werden. Diese Vermögensgegenstände werden verbraucht, bzw. veräußert oder, z.B. bei Forderungen, in liquide Mittel überführt.

550 Vier wesentliche Gruppen werden dabei unterschieden (§ 266 Abs. 2, B, I–IV HGB):
I.   Vorräte
II. Forderungen
III. Wertpapiere
IV. liquide Mittel/Zahlungsmittel

551 ▶ Die **Bewertung des Umlaufvermögens** weist im Vergleich zum Anlagevermögen zwei wesentliche Unterschiede auf:
  – keine planmäßigen Abschreibungen/AfA, aber Teilwertabschreibung[262] und Gültigkeit des strengen Niederstwertprinzips
  – Wirtschaftsgüter des Umlaufvermögens sind generell mit den Anschaffungskosten oder Herstellungskosten anzusetzen

▶ **Beispiel**

552 A ermittelt seinen Gewinn nach § 5 EStG. Er hat Waren mit Anschaffungskosten i.H.v. 100.000 € gekauft. Der Teilwert beträgt am Bilanzstichtag vorübergehend 90.000 €.

Lösung

Hier muss A in seiner Handelsbilanz den »**niedrigeren Teilwert**« von 90.000 € ansetzen, weil das strenge Niederstwertprinzip gilt.

553 Steuerrechtlich ist eine **Teilwertabschreibung** (Rdn. 373 ff.) nur noch unter der Bedingung zulässig, dass die Wertminderung voraussichtlich dauernd ist, was im Bsp. nicht der Fall ist. Dies führt zum Auseinanderfallen von Handels- und Steuerbilanz. Wäre der niedrigere Teilwert dauerhaft 90.000 €, so hätte A für diesen Fall sowohl in der Handels- als auch in der Steuerbilanz diesen Wert anzusetzen (§ 253 Abs. 4 HGB i.V.m. § 5 Abs. 1 Satz 1 EStG).

Steuerrechtlich wie unterhaltsrechtlich kann man natürlich über die unbestimmten Rechtsbegriffe vorübergehender und dauerhafter Wertminderung trefflich streiten.

bb) Vorratsbewertung durch Einzel- und Gruppenbewertung, wie Festwertverfahren/Durchschnittsmethode/Verbrauchsfolgeverfahren

554 Als **Vorräte** eines Unternehmens werden alle auf Lager, in Arbeit oder auch unterwegs befindlichen Vermögensgegenstände des Umlaufvermögens erfasst, die für die

---

262 BMF-Schreiben v. 02.09.2016., www.bundesfinanzministerium.de.

Leistungserstellung oder als Erzeugnisse, Leistungen oder Waren für die Veräußerung vorgesehen sind (working capital). Üblicherweise werden diese untergliedert (§ 266 Abs. 2, B, I HGB) in:

1. Roh-, Hilfs- und Betriebsstoffe
2. unfertige Erzeugnisse, unfertige Leistungen
3. fertige Erzeugnisse und Waren
4. geleistete Anzahlungen

▶ **Verfahrenshinweis**

Die Erhöhung dieser Bilanzposition (weitere Aktivierung) oder die Reduzierung   **555** dieser Positionen durch Wertberichtigung sind erfolgswirksam und haben damit unmittelbar Einfluss auf das Unterhaltseinkommen.

Die Vorräte sind oft »Spielwiese« für Einkommensmanipulationen.

Das Gegenkonto des entsprechenden aktiven Bestandskontos ist also stets ein erfolgswirksames Konto aus der Gewinn- und Verlustrechnung.

Die im Folgenden erläuterten Verfahren der **Gruppenbewertung** sind, von der »fami-   **556** lienrechtlichen Öffentlichkeit« im Wesentlichen unbemerkt, durch den BGH[263] – auch für das Unterhaltsrecht – »akzeptiert« worden.

Für die Bewertung gilt grds. das Prinzip der **Einzelbewertung**, d.h. für fremd bezo-   **557** gene Gegenstände sind die Anschaffungskosten maßgebend. Da die individuelle Ermittlung der Anschaffungskosten gleichartiger Gegenstände des Vorratsvermögens häufig daran scheitert, weil die Zu- und Abgänge der Vermögensgegenstände nicht einzeln verfolgt werden können, hat der Gesetzgeber unter bestimmten Voraussetzungen die Durchbrechung des Prinzips der **Einzelbewertung** zugelassen und eine **Gruppenbewertung** gestattet, die eine Sammelbewertung und damit eine nicht individuelle Bewertung darstellt (§ 240 Abs. 3 HGB; R 5.4 Abs. 3 und 4 EStR 2012). Die **Kriterien** der möglichen Gruppenbildung finden sich handelsrechtlich in § 240 Abs. 4 HGB, wonach gleichartige Vermögensgegenstände des Vorratsvermögens sowie andere gleichartige oder annähernd gleichwertige bewegliche Vermögensgegenstände zu einer Gruppe zusammengefasst werden dürfen.

▶ **Beispiele**

Bestecke und Handtücher in einem Hotel;   **558**
Bierfässer einer Brauerei aus Holz, Metall oder Kunststoff
mehrjährige Kulturen im Umlaufvermögen bei Einkünften aus Land- und Forstwirtschaft

---

263 BGH, FamRZ 2003, 741, 743, hier zur Bewertung von mehrjährigen Kulturen im Umlaufvermögen bei Einkünften aus Land- und Forstwirtschaft nach einem Erlass des Bundesministeriums der Finanzen, BStBl I 1997, 369.

559   Folgende Verfahren kommen in Betracht:
- Festbewertung
- Durchschnittsmethode
- Verbrauchsfolgefiktionen

560   Nach der **Festbewertung** können Vermögensgegenstände mit einem festen Wert bewertet werden, wenn sie die folgenden Voraussetzungen erfüllen:
- weitgehend gleichbleibende Höhe des Bestandes
- weitgehend gleichbleibender Wert des Bestandes
- weitgehend gleichbleibende Zusammensetzung des Bestandes
- nachrangige Bedeutung des Bestandes

561   Zu Recht wird wegen der wirtschaftlichen Bedeutung gefordert, der Gesamtwert des Ansatzes mit Festwerten dürfe im Verhältnis zur Bilanzsumme max. 5 %[264] bzw. 10 %[265] betragen.

▶ **Beispiele für Anwendungsgebiete für Festwerte sind[266]**

562   kleine Baugeräte,
Bestecke in gastronomischen Betrieben,
Brennstoffvorräte,
Büromöbel,
Ersatzteile,
Feuerlöschgeräte,
Gerüst- und Schalungsteile,
Hämmer,
Hotelgeschirr, -einrichtung, -wäsche,
Kantinenvorräte,
Kleingeräte und Materialien,
Laboreinrichtungen,
Modelle,
Pflanzenkulturen,
Rebstöcke im Weinbau,
Sägeblätter,
Schaufeln,
Schreibmaschinen,
Tische und Stühle,
Treibriemen,
Verbrauchsstoff,
Werkzeuge,
Zangen und Geräte.

---

264 Beck'sches Steuerberater-Handbuch Kap. B Rn. 532.
265 Finanzverwaltung gem. BMF-Schreiben v. 08.03.1993, BStBl I 1993, 277.
266 Vgl. *Federmann/Kußmaul/Müller*, Festwert Stichwort 44.

▶ **Verfahrenshinweis zum Auskunfts- und Beleganspruch**

In der familienrechtlichen Fallbearbeitung ist die Dokumentation der Ermittlung, **563** d.h. die Berechnung der Festbewertung, zu verlangen. Darüber hinaus hat regelmäßig (alle drei Jahre) eine körperliche Bestandsaufnahme/Inventur stattzufinden (R 5.4 EStR 2012), auf die ein unterhaltsrechtlicher Auskunfts- und Beleganspruch besteht.

Bei der **Durchschnittsmethode** wird in der einfachsten Form der gewogene Durch- **564** schnittswert ermittelt, indem aus dem Anfangsbestand und den Zugängen jährlich ein gewogener Durchschnittsbetrag der Anschaffungskosten gebildet wird. Mit diesem Betrag ist der Endbestand zu bewerten.[267]

Verbrauchsfolgefiktionen können gem. § 256 HGB für gleichartige Vermögensge- **565** genstände des Vorratsvermögens gewählt werden. Im Rechnungswesen wird von einer fiktiven Annahme ausgegangen, in welcher Reihenfolge die Gegenstände verbraucht oder veräußert werden (auch Verbrauchsfolgefiktion genannt). Diese Annahme kann zeitabhängig, preisabhängig oder aber anderweitig sachbezogen sein.

Nach § 6 Abs. 1 Nr. 2a EStG, R 6.9 EStR 2012 ist nur die **Lifo-Methode** aner- **566** kannt (Lifo = last in – first out), bei der unterstellt wird, dass die zuletzt angeschafften oder hergestellten Vorräte zuerst veräußert und verbraucht werden und dass sich der Endbestand aus den zuerst erworbenen oder hergestellten Vermögensgegenständen zusammensetzt. Die am Bilanzstichtag vorhandenen Bestände werden mit den Anschaffungs- oder Herstellungskosten der letzten Lagerzugänge bewertet. Ist der Endbestand mengenmäßig größer als die zuerst erworbene oder hergestellte Menge, dann ist die zusätzliche Menge mit dem Betrag der nächsten Lieferung zu bewerten.

cc) Unfertige Erzeugnisse, unfertige Leistungen

Um die unterhaltsrechtliche Leistungsfähigkeit zu reduzieren, kann das Unternehmen **567** bei langfristiger Fertigung und Leistungserstellung, aber auch durch eine »Produktion auf Halde«, den Aufwand in der Gewinn- und Verlustrechnung buchen, ohne dass es schon die Gewinnrealisierung ausweist.

▶ **Beispiel**

Bauunternehmer B hat keine teilfertigen Erzeugnisse in seiner Bilanz 2013 **568** ausgewiesen, obwohl dieses rechtlich nach VOB geboten ist.

Zu den unfertigen Erzeugnissen gehören alle Vorräte, durch deren Be- oder Verarbeitung bereits Aufwendungen, insb. Materialaufwendungen und Fertigungslöhne, entstanden sind, denen aber die Verkaufsfertigkeit noch fehlt.

Die Palette der **unfertigen Erzeugnisse** und **unfertigen Leistungen** kann außerordent- **569** lich groß sein, da z.B. Material mit dem ersten Bearbeitungsschritt bereits zu einem

---

267 Beck'sches Steuerberater-Handbuch, Kap. A Rn. 290; R 6.8 Abs. 4 EStR 2012.

unfertigen Erzeugnis wird und bis zum Abschluss des letzten Bearbeitungsschritts ein unfertiges Erzeugnis bleibt. Dazu gehören auch Produkte, die erst durch den Lagerungsprozess Verkaufsfähigkeit erlangen, wie z.b. Käse, bestimmte Weine und Spirituosen. Bei Dienstleistungsunternehmen tritt an die Stelle der unfertigen Erzeugnisse der Begriff der unfertigen Leistungen. Insb. bei Großaufträgen, bei Montagen bei Kunden, haben sie besondere Bedeutung.

570 Es erfolgt eine **Einzelbewertung** zu den Herstellungskosten. Sie stellen Aufwendungen dar, die durch den Verbrauch von Gütern und die Inanspruchnahme von Diensten für die Herstellung, die Erweiterung oder eine wesentliche Verbesserung eines Vermögensgegenstandes entstanden sind (§ 255 Abs. 2 HGB; R 6.3 EStR 2012).

571 Um einmal – auch für den Familienrechtler – deutlich zu machen, was davon alles umfasst ist oder umfasst (aktiviert!) sein kann, wird die **Ermittlung nach dem Steuerrecht** dargestellt:

Materialeinzelposten

+ Fertigungseinzelkosten

+ Sonderkosten der Fertigung

+ notwendige Materialgemeinkosten

+ notwendige Fertigungsgemeinkosten

<u>+ Werteverzehr des Anlagevermögens</u>

= **Wertuntergrenze nach R 6.3 EStR 2012**

+ allgemeine Verwaltungskosten

+ Aufwendungen für soziale Einrichtungen und betriebliche Altersversorgung

+ Fremdkapitalzinsen des Fertigungsbereichs

<u>+ Gewerbesteuer</u>

= **Wertobergrenze Steuerrecht**

572 Eine **Ableitung** des Wertes ist aber auch retrograd **vom Verkaufswert** wie folgt möglich:

voraussichtlicher Verkaufserlös

– bis zum Verkauf erwartete Aufwendungen

<u>– erwartete Erlösschmälerungen</u>

= **vom Verkaufswert abgeleiteter Wert**

▶ **Verfahrenshinweis zum Auskunfts- und Beleganspruch**

In der familienrechtlichen Fallbearbeitung ist die Dokumentation über die   573
Ermittlung der teilfertigen Erzeugnisse/Leistungen nach obiger Struktur im Zuge
der Auskunftserteilung zu verlangen.

Diese muss den mengenmäßigen Nachweis erbringen von
– Fertigungsmaterial,
– Fertigungslöhnen,
– Fertigungszeiten bei zu erbringenden Dienstleistungen und
– Sondereinzelkosten der Fertigung.
Wegen der Erfolgswirksamkeit dieser Positionen besteht auch ein unterhaltsrecht-
licher Auskunfts- und Beleganspruch.

Soweit das bilanzierende Unternehmen seine Leistung erbracht hat, was selbstver-   574
ständlich auch für selbstständig bewertbare Teilleistungen gilt, hat das Unternehmen
eine erfolgswirksame Forderungsverbuchung vorzunehmen. Dies wird aus unterhaltsrechtlichen aber auch aus steuerlichen Gesichtspunkten »gern unterlassen«, weil
diese Aktivierungspflicht noch nicht unmittelbar mit Liquidität aus einer Gegenleistung korrespondiert. Derartige Positionen werden deshalb auch bei der steuerlichen
Betriebsprüfung stets einer besonderen Überprüfung unterzogen.

▶ **Hinweis**

Auf die Vorlage des Betriebsprüfungsberichts besteht deshalb auch konsequenterweise ein unterhaltsrechtlicher Auskunfts-und Beleganspruch.

Bei langfristigen Fertigungen und natürlich auch Produktionen auf Halde kommt   575
der Bestimmung des Zeitpunkts der Gewinnrealisierung (im unterhaltsrechtlichen
Betrachtungszeitraum!) besonders große Bedeutung zu. Das Bilanzrecht hat hierzu
eine einheitliche Betrachtung bisher nicht gefunden. Allgemein ist man nach wie vor
der Auffassung, dass ein Gewinn durch starre Einhaltung des Realisationsprinzips erst
mit der endgültigen Abnahme des Gesamtprojekts oder Gewerks eines endgültig abre-
chenbaren Teilprojekts ausgewiesen werden darf.

Zunehmend an Bedeutung gewinnt die von der internationalen Rechnungslegung   576
beeinflusste Auffassung, wonach eine Teilgewinnrealisierung gem. dem Projektfort-
schritt bereits während der Herstellungsphase zulässig und erforderlich ist.[268]

dd) Fertige Erzeugnisse und Waren/Geleistete Anzahlungen

Als **fertige Erzeugnisse** werden Vorräte ausgewiesen, deren Herstellung abgeschlossen   577
ist und die verkaufs- und versandfertig sind. Sie werden wie die unfertigen Erzeugnisse
bewertet. **Geleistete Anzahlungen** sind Vorauszahlungen an Dritte für noch zu erbrin-
gende Lieferungen und Leistungen.

---

268 Vgl. m.w.N. Beck'sches Steuerberater-Handbuch, Kap. B Rn. 596.

ee) Forderungen und sonstige Vermögensgegenstände, deren Bewertung und Berichtigung; insb. Forderungen aus Lieferung und Leistung

578 Forderungen aus Lieferung- und Leistungen sind Ansprüche aus zweiseitigen Verträgen (§ 266 Abs. 2, II HGB),
- die i.R.d. normalen Geschäftstätigkeit des Unternehmens geschlossen werden (Lieferung-, Werk-, Dienstleistungsverträge etc.) und
- deren Erfüllung durch das bilanzierende Unternehmen bereits erfolgte,
- während die Leistung des Schuldners (Zahlung des Entgelts) noch aussteht.

Damit gehört die Position »Forderungen aus Lieferungen und Leistungen« zu den Umsatzerlösen und damit zu den Erträgen.

579 Die Forderung entsteht in dem Zeitpunkt, in dem die Lieferung oder Leistung erbracht wird und die Gefahr des zufälligen Untergangs oder der zufälligen Verschlechterung der gelieferten Ware auf den Käufer, bzw. Auftraggeber übergegangen ist. Dann ist sie erfolgswirksam zu buchen.

580 Forderungen dürfen nicht mit Verbindlichkeiten saldiert werden (§ 246 Abs. 2 HGB; Saldierungsverbot).

Sie sind mit den Anschaffungskosten, d.h. mit ihrem Nennwert nach Abzug von Rabatten, Umsatzprämien oder sonstigen Preisnachlässen zu aktivieren.

581 Es gilt der **Grundsatz der Einzelbewertung** gem. § 252 Abs. 1 Nr. 3 HGB, R 6.3 EStR 2012.

582 Zweifelhafte Forderungen sind mit ihrem wahrscheinlich eingehenden Wert zu bilanzieren und uneinbringliche Forderungen sind vollständig abzuschreiben.

583 Neben dieser Einzelbewertung kann auch eine Pauschalbewertung durchgeführt werden, z.B. bei einer großen Anzahl von beitragsmäßig geringen Forderungen. Pauschalwertberichtigungen sind aufgrund von Erfahrungen in der Vergangenheit zulässig.

▶ **Verfahrenshinweis zum Auskunfts- und Beleganspruch**

584 Bei Betriebsprüfungen und Umsatzsteuersonderprüfungen werden diese Positionen stets einer besonderen Überprüfung unterzogen. Auf die Vorlage des Betriebsprüfungsberichts besteht deshalb auch konsequenterweise ebenfalls ein unterhaltsrechtlicher Auskunfts-und Beleganspruch.

Für den Fall von Einzelwertberichtigungen sind für diese die Dokumentation und der Nachweis zu verlangen. Pauschalwertberichtigungen, die den Vorjahren entsprechen, dürften regelmäßig nicht zu beanstanden sein. Die Prüfung des Nachweises erfolgt auf Basis des Entstehungsgrundes, der Konditionen und der Besicherung des Vermögensgegenstandes »Forderung«.

Die Regeln der Teilwertabschreibung zur dauernden Wertminderung sind zu beachten. Problematisch ist die Gewinnrealisierung bei **Abschlagszahlungen**. Vorauszahlungen des Vertragspartners für noch nicht erbrachte Leistungen werden grds. erfolgsneutral und damit ohne Gewinnauswirkungen als Verbindlichkeit gebucht.

Erfolgswirksam und damit als **teilfertige Leistung**[269] bei den Forderungen im Umlaufvermögen sind solche Leistungsphasen zu erfassen, die, ohne dass eine Abnahme stattgefunden hat, gem. einer Gebührenordnung (zB HOAI, RVG und VOB, s.o. Beispiel in Rdn. 567) abgerechnet werden können. Dies gilt dann auch allgemein für alle Werkleistungen gem. § 632a BGB (gesetzlicher Anspruch auf Abschlagzahlungen!).

Gesondert sind weiter auszuweisen (§ 266 Abs. 2, II HGB): 585
– Forderungen gegen verbundene Unternehmen,
– Forderungen gegen Unternehmen, mit denen ein Beteiligungsverhältnis besteht (und Forderungen an Gesellschafter)
– **Sonstige Vermögensgegenstände**

Diese Positionen sind wie alle Verrechnungspreise auf die Frage hin zu überprüfen, ob sie einem **Fremdvergleich** standhalten und damit angemessen sind. Letztlich sind hier noch die sonstigen Vermögensgegenstände zu nennen, wie bspw. Darlehen für Gehaltsvorschüsse, Kautionen, Steuererstattungsansprüche, Schadensersatzansprüchen etc.

▶ **Verfahrenshinweis zum Auskunfts- und Beleganspruch**

In den **Forderungen an Gesellschafter** können als Darlehen getarnte Ausschüttungen 586
und damit Einkommen enthalten sein. Bei diesen Gesellschafterdarlehen ist nach den allgemeinen Kriterien (schriftliche Vereinbarung, tatsächliche Durchführung gemäß dieser Vereinbarung, Fremdvergleich) die Überprüfung auf Ernsthaftigkeit vorzunehmen. Um die Überprüfung möglich zu machen, ist ein Auskunfts- und Beleganspruch gegeben.

ff) Wertpapiere

Wenn die Wertpapiere, z.B. bei Banken und Finanzdienstleistern, nicht dauernd dem 587
Unternehmen dienen, sind sie im Umlaufvermögen auszuweisen. Hierzu gehören auch Anteile an verbundenen Unternehmen, eigene Anteile und sonstige Wertpapiere. Ihre Bewertung folgt dem strengen Niederstwertprinzip, so dass auch vorübergehende Wertminderungen durch eine außerplanmäßige Abschreibung berücksichtigt werden müssen. Die Gründe für eine derartige Wertberichtigung sind durch Vorlage der entsprechenden Dokumentation darzulegen.[270]

(unbesetzt) 588

---

269 BFH, BStBl II 2014, 968; BMF-Schreiben v. 13.05.2015, DStR 2015, 1175 und BFH, 29.06.2015, BStBl I 2015, 542; anders IDW-Schreiben v. 08.04.2015 mit Hinweis auf das Realisationsprinzip des § 252 Abs. 1 Nr. 4 HS. 2 HGB und Palandt/*Sprau* BGB, § 632a Rn. 4 ff.

270 Vgl. auch Beck'sches Steuerberater-Handbuch Kap. B Rn. 817, zur Teilwertabschreibung, Rdn. 373 ff.

gg) Liquide Mittel

589   Unter der Position **liquide Mittel** fasst § 266 Abs. 2, B, IV HGB bspw. Kassenbestände, Bankguthaben und Vermögensgegenstände höchster Liquidität zusammen. Die Bewertung erfolgt grds. nach dem Nennwert/Nominalprinzip. Schwierigkeiten können besonders Bestände an ausländischen Währungen verursachen. Diese sind grds. mit den Anschaffungskosten zu bewerten und im Fall von Wertminderungen nach dem Niederstwertprinzip auszuweisen.[271]

590   Beim Einsatz von elektronischen Kassen sind grds. jetzt alle Einnahmen und Ausgaben einzeln aufzuzeichnen. Die Aufbewahrungspflicht beträgt zehn Jahre, wobei Bedienungsanleitungen und Programmierungsanleitungen bereitzuhalten sind.[272]

591   Nach wie vor ist bei der Veräußerung von Waren von geringem Wert an eine unbestimmte Vielzahl nicht bekannter und nicht feststellbarer Personen nur der tägliche Kassenbericht erforderlich[273] (amtlich geduldete Schwarzeinkünfte).

hh) Aktive Rechnungsabgrenzungsposten/RAP

592   Nach § 250 Abs. 1 HGB sind als **Aktive Rechnungsabgrenzungsposten** auf der Aktivseite alle Ausgaben vor dem Abschlussstichtag auszuweisen, soweit sie Aufwand für eine bestimmte Zeit nach diesem Tag darstellen. Sie sind ein klassisches Instrument der **periodengerechten Gewinnermittlung**, wie die folgenden Beispiele zeigen.

▶ Beispiele

593   Ein Unternehmen schließt eine Haftpflichtversicherung für ein Kfz im Oktober 2012 ab. Im November erfolgt die Beitragsrechnung und Zahlung über 1.000 € für die Zeit für November 2012 bis Oktober 2013, also für 12 Kalendermonate.

Lösung

Nur die Versicherungsprämie für die ersten zwei Monate, den November und den Dezember 2012, stellt periodengerecht zurechenbaren Aufwand für 2012 dar.

Buchungssatz: Versicherungsaufwand an Bank 200 €

Die restlichen 800 €, die im Jahr 2012 schon gezahlt werden, stellen Aufwand für das Jahr 2013 dar und sind in den Aktiven Rechnungsabgrenzungsposten zu erfassen.

---

271   Zur Ordnungsmäßigkeit der Kassenbuchführung: OFD Karlsruhe, Verf. v. 31.10.2016, NWB Dok. ID KAAAF-86337.
272   OFD Karlsruhe, Verf. v. 31.10.2016.
273   BFH, 05.04.2004, BStBl III 1966, 371.

Buchungssatz: RAP an Bank 800 €

Weitere **Beispiele für das Entstehen von Rechnungsabgrenzungsposten:**
- Vorauszahlungen von Miete/Pacht
- Beiträgen
- Zinsen und Honoraren
- Gebühren
- Lagerkosten
- Zuschüssen
- Disagio/Damnum

ii) nicht durch Eigenkapital gedeckter Fehlbetrag

Ist das Eigenkapital durch Verluste (bei Personenhandelsgesellschaften und Einzelunternehmen auch durch Entnahmen) aufgebraucht und ergibt sich ein Überschuss der Passivposten über die Aktivposten, ist dieser Betrag als letzter Posten der Bilanz auf der Aktivseite (bei Kapitalgesellschaften unter der Bezeichnung »**nicht durch Eigenkapital gedeckter Fehlbetrag**«) auszuweisen (§ 268 Abs. 3 HGB).   594

Dieser aktivische Ausweis stellt eine Ausnahme von dem Grundsatz dar, das Eigenkapital des Unternehmens geschlossen auf der Passivseite der Bilanz darzustellen. Dadurch wird aber verhindert, dass Beträge mit negativen Vorzeichen in der Bilanz aufgenommen werden müssen (Achtung: dies wird gelegentlich aber so gehandhabt).   595

Dieser ausgewiesene Fehlbetrag stellt natürlich trotz des aktivischen Ausweises **keinen** Vermögensgegenstand dar. Es handelt sich vielmehr um eine rechnerische bilanzausgleichende Korrekturgröße.   596

Bei **Personengesellschaften und Einzelunternehmen** ist der Ausweis des negativen Kapitals nicht explizit geregelt; ein entsprechender Ausweis empfiehlt sich aber.   597

▶ **Verfahrenshinweis zum Auskunfts- und Beleganspruch**

Bei Überentnahmen ist eine Dokumentation in der Einkommensteuererklärung wegen § 4 Nr. 4a EStG gegeben, auf die ein unterhaltsrechtlicher Auskunfts- und Beleganspruch besteht.   598

11. Passiva der Bilanz und deren Erfolgswirksamkeit durch Bewertung

Die Passivseite der Bilanz (**Passiva; § 266 Abs. 3 HGB**) gibt die Höhe der in der Vergangenheit zur Verfügung gestellten finanziellen und sachlichen Mittel und deren Herkunft an, ohne dass diese den gegenwärtigen liquiden Mitteln entsprechen müssen.[274]   599

Nach der Art der Finanzierung unterscheidet die Betriebswirtschaftslehre zwischen zeitlich begrenztem Fremdkapital (Schulden) von unternehmensexternen Personen,   600

---

274 *Baetge/Kirsch/Thiele* Übungsbuch Rn. 3.

wie z.B. Darlehen von Banken, sowie dem Eigenkapital (Reinvermögen), dass von den Unternehmenseignern z.T. ohne zeitliche Begrenzung zur Verfügung gestellt wird.

a) Eigen- und Fremdkapital

601 Trotz der Vorschriften der §§ 272, 266 Abs. 3 HGB wird das **Eigenkapital** im Gesetz nicht legal definiert und gehört zu den unbestimmten Rechtsbegriffen. Eigenkapital kann weder als Vermögensgegenstand noch herkömmlich als Schuld[275] gem. § 246 Abs. 1 HGB aufgefasst werden und ist primär eine Wertgröße. Das Eigenkapital stellt den Saldo aus den angesetzten und bewerteten aktiven Vermögensgegenständen und der Fremdfinanzierung dar. Die Eigenkapitalbasis des Einzelunternehmers ist nur durch sein Gesamtvermögen begrenzt.

602 Bei Personengesellschaften weisen die **Kapitalkonten** die Beteiligung der einzelnen Gesellschafter aus, die die jeweils geleistete Einlage zzgl. der weiteren Einlagen und Gewinne, abzgl. der Verluste und der Entnahmen aufzeigen. Danach ist bei Personengesellschaften und Einzelunternehmen das Kapital variabel, während bei Kapitalgesellschaften das Kapital, das die Haftung beschränkt, stets zum Nennwert passiviert ist. Mehrbeträge an Kapital werden hier in Kapitalrücklagen (z.B. Zuzahlungen der Gesellschafter in das Eigenkapital und in die gesetzliche Rücklage, grds. 5 % des Jahresüberschusses nach § 150 Abs. 2 AktG) bzw. Gewinnrücklagen gebucht (§ 272 Abs. 2, 3 HGB).

603 Als Gewinnrücklagen dürfen nur Beträge ausgewiesen werden, die im Geschäftsjahr oder in einem früheren Geschäftsjahr aus dem Jahresergebnis gebildet worden sind. Dazu gehören aus dem Jahresergebnis zu bildende gesetzliche oder auf Gesellschaftsvertrag oder Satzung beruhende Rücklagen und andere Gewinnrücklagen aufgrund von Gewinnverwendung (§ 272 Abs. 3 HGB).

604 Die Position »Jahresüberschuss und Jahresfehlbetrag« ist im Gegensatz zum Gewinn-/Verlustvortrag das Ergebnis der jeweiligen aktuellen Periode. Zu unterscheiden ist noch »Bilanzgewinn/Bilanzverlust« (§ 268 Abs. 1 HGB), der sich aus dem Jahresüberschuss/Jahresfehlbetrag zzgl./abzgl. Gewinnvortrag/Verlustvortrag abzgl./zzgl. Ergebnisverwendung errechnet.

605 Problematisch ist die Gliederung der **Gesellschafterkapitalkonten**[276] **bei der GmbH & Co. KG.** Dies gilt insb. für die Abgrenzung, ob es sich um Eigenkapital oder Fremdkapital handelt und damit Vermögen oder Einkommen (damit auch **Abgrenzung Unterhaltseinkommen zu positiven und negativen Vermögenswerten im Zugewinn!**) betrifft. Auch wird die Höhe des **Veräußerungsgewinns** wegen des

---

275 Anders in der angelsächsischen Rechnungslegung, die das Eigenkapital als Fremdkapital von den Unternehmensinhabern versteht, das das Unternehmen letztlich zurückführen muss.

276 Vgl. Hinweise der Steuerberaterkammer zum Ausweis des Eigenkapitals bei Personengesellschaften des Handelsrechts vom 24./25.04.2013.

Buchwertes des Eigenkapitals nach § 16 Abs. 2 EStG für die latente Steuerbelastung und die Möglichkeit der **Verlustverrechnung** nach § 15a EStG beeinflusst.

In der Buchführung werden die Kapitalanteile der Gesellschafter, sowie die Forde- **606** rungen und Verbindlichkeiten zwischen Gesellschaft und Gesellschaftern auf Konten festgehalten. Nach dem **Grundmodell** verfügt der persönlich haftende Gesellschafter nur über ein einziges Konto, auf dem die Einlagen, Gewinne, Verluste und Entnahmen verbucht werden. Das Konto ist ein Gesellschafter-Kapitalkonto und zeigt den jeweiligen Stand/Buchwert des Kapitalanteils.

– **Zwei-Konten-Modell**   **607**

Für den Kommanditisten werden grds. zwei Konten geführt. Auf dem **Kapitalkonto I** ist der Kapitalanteil in Höhe der vertraglich festgesetzten Pflichteinlage ausgewiesen. Verlustanteile mildern dieses Kapitalkonto. Es kann dadurch negativ werden. Dieses ist das Gesellschafter-Kapitalkonto im eigentlichen Sinne. Darüber hinaus ist die Einbringung eines Wirtschaftsguts (bspw. Grundstück) ein tauschähnliches Geschäft und keine Einlage, weil die Gegenleistung in der Gewährung von Gesellschaftsrechten besteht und damit das Kapitalkonto I erhöht wird.[277]

Darüber hinaus wird wenigstens ein **Kapitalkonto II** geführt. Hat der Kommanditist **608** seine Pflichteinlage durch Einzahlung oder Thesaurierung von Gewinnen erbracht, sind weitere Gewinne auf diesem Konto/Darlehenskonto auszuweisen. Privatentnahmen belasten das Konto. Das Guthaben kann jederzeit entnommen werden. Damit weist das Kapitalkonto II eine jederzeit fällige Forderung des Kommanditisten gegen die Gesellschaft aus. Das Konto ist ggü. dem Gesellschafter eine Verbindlichkeit (Fremdkapital). Der Gesellschafter muss eine Forderung im Sonderbetriebsvermögen erfassen. Schon aus formalen Gründen liegt keine Einbringung gegen Gewährung von Gesellschaftsrechten vor, wenn der Gegenwert des übertragenen Wirtschaftsgutes allein dem Kapitalkonto II gutgeschrieben wird.[278] Gesellschaftsvertragliche Regeln bzgl. der Kapitalkonten sind zu beachten. Alternativ können die Gesellschaftsbeschlüsse Regelungen treffen.

– **Drei-Konten-Modell**   **609**

Bei Kommanditisten widerspricht die Haftung »stehengelassener Gewinne« durch spätere Verluste eigentlich der Konzeption der Gesellschaftsform. Daher wird ein **Kapitalkonto III** (Darlehenskonto) eingerichtet, das die entnahmefähigen Gewinnanteile aufnimmt und zur Verbuchung sonstiger Einlagen sowie von Entnahmen dient. Das Kapitalkonto II erfasst dagegen lediglich die nicht entnahmefähigen Gewinne sowie die Verluste; es ist ein Unterkonto von Kapitalkonto I und hat daher **Eigenkapitalcharakter**. Das passivische Darlehenskonto weist somit eine Forderung des Kommanditisten als **Fremdkapital** aus. Im Drei-Konten-Modell dient das Darlehenskonto

---

277 BFH/NV 2015, 1091; IDW HFA 7, Rn. 46 ff., 51.
278 BFH, 29.07.2015 – IVR 15/14, BFH/NV 2016, 453.

folglich dazu, den entnahmefähigen Gewinn und die sonstigen Einlagen und Entnahmen auszuweisen.[279]

610   –   **Vier-Konten-Modell**

Zusätzlich zu den Konten des Drei-Konten-Modells wird ein Verlustverrechnungskonto eingerichtet. Damit soll erreicht werden, dass Verluste nicht primär mit »stehen gelassenen Gewinnen«, sondern nur mit künftigen Gewinnen verrechnet werden (§ 169 Abs. 1 Satz 2 Halbs. 2 HGB).[280]

611   In der Praxis haben sich somit verschiedene Mehrkontenmodelle entwickelt, die im Wesentlichen folgenden Grundsätzen folgen:

I.   Für die Frage, ob es sich um Eigen- oder Fremdkapital handelt, kommt es auf die Bezeichnung der Gesellschafterkonten nicht an! Es ist anhand der gesellschaftsvertraglichen Regelung zu den Gesellschafterkonten zu ermitteln, welche zivilrechtliche Rechtsnatur (Eigenkapital oder Fremdkapital) diese Konten haben.[281]

II.   Ein Gesellschafterkonto ist grds. als Eigenkapital zu qualifizieren, wenn nach dem Gesellschaftsvertrag auf dem Konto auch Verluste gebucht werden. Mit einem Darlehen ist eine Verlustbeteiligung des Gläubigers nicht vereinbar.[282]

III.   Für die Qualifizierung eines Gesellschafterkontos als Eigenkapital ist nicht unbedingt eine laufende Verlustverrechnung erforderlich. Es kann auch die Verrechnung der Verluste im Ausscheidensfall ausreichend sein.[283]

IV.   Die Verzinslichkeit eines Gesellschafterkontos ist für seine Qualifizierung nicht maßgebend, da handelsrechtlich die Verzinsung von Fremdkapital und von Kapitalanteilen i.R.d. Gewinnverteilung gleichermaßen üblich ist.

V.   Davon abzugrenzen ist die **gesamthänderisch gebundene Rücklage**. Hier werden Beträge erfasst, die allen Gesellschaftern zwingend im Verhältnis ihrer Beteiligung am Gesamthandsvermögen der KG zustehen. Eine solche Regelung kann nur aufgrund einer Regelung im Gesellschaftsvertrag oder eines Gesellschafterbeschlusses gebildet werden und stellt zwingend Eigenkapital dar. Damit erfüllt die gesamthänderisch gebundene Rücklage die gleiche Funktion wie die Kapitalrücklage bei der GmbH und ist in der Bilanz der GmbH & Co. KG als Eigenkapital unter der Position »Rücklagen« auszuweisen. Soweit gesellschaftsvertragliche Regelungen nicht entgehen stehen, werden Verluste vorrangig mit den gesamthänderisch gebundenen Rücklagen verrechnet. Dies hat Auswirkungen auf die Ausgleichsfähigkeit der Verluste. Gem. § 15a Abs. 1 Satz 1 EStG darf der einem Kommanditisten zuzurechnende Anteil am Verlust der KG weder mit anderen Einkünften aus Gewerbebetrieb noch mit Einkünften aus anderen Einkunftsarten ausgeglichen werden, soweit ein negatives Kapitalkonto des Kommanditisten entsteht oder sich

---

279   *Spils ad Wilken* Bedeutung der Kapitalkonten bei der Umstrukturierung von Unternehmen, AgrB 2017, 12 f.
280   *Spils ad Wilken* a.a.O., 13.
281   BFH, BStBl II 2008, 812.
282   BFH, BStBl I 1997, 627.
283   BFH, BStBl II 2008, 812.

erhöht.[284] Dabei ist für die Ermittlung des Unterhaltseinkommens auch abzugrenzen, ob nicht Privatdarlehen vorliegen und damit die Zinsen den Privatentnahmen zuzurechnen sind. Es können nämlich nur betrieblich veranlasste Darlehen zum steuerlichen Betriebsvermögen gehören. Die betriebliche Veranlassung der Darlehenshingabe ist anhand einer Gesamtwürdigung zu entscheiden. Die Grundsätze der Willkürung von Privatvermögen sind zu beachten. Dem Fremdvergleich kommt dabei nur indizielle Bedeutung zu. Eine besondere gesellschaftsrechtliche Veranlassung bei der Darlehenshingabe ist zu würdigen. Die betriebliche Veranlassung bei Darlehen ist zu bejahen, wenn diese der Absicherung betrieblicher Kredite dienen.[285]

Die Zuordnung zu den Kapitalkonten des Kommanditisten hat auch Auswirkungen 612 aufseiten Gesellschaft. Überträgt der Kommanditist einer KG dieser ein Wirtschaftsgut, dessen Gegenwert allein seinem Kapitalkonto II gutgeschrieben wird, liegt keine Einbringung gegen Gewährung von Gesellschaftsrechten, sondern eine Einlage vor, wenn sich nach den Regelungen im Gesellschaftsvertrag der KG die mutmaßlichen Gesellschaftsrechte nach dem aus Kapitalkonto I folgenden festen Kapitalanteil richten.[286] Handelt es sich also um eine Einlage, und damit fehlender Gegenleistung, auf das Kapitalkonto II hat die Gesellschaft keine Anschaffungskosten und kann das Wirtschaftsgut nicht abschreiben. Da das Wirtschaftsgut in diesem Fall Gesamthandsvermögen der KG wird, kann auch der Kommanditist wegen Verlust des wirtschaftlichen Eigentums seinerseits keine Abschreibung vornehmen.

Ein tauschähnlicher entgeltlicher Anschaffungsvorgang seitens der Gesellschaft liegt 613 aber nicht nur bei ausschließlicher Buchung auf das Kapitalkonto I (Achtung: Primat der gesellschaftsvertraglichen Regelung!) zur Erlangung bzw. Erweiterung einer Mitunternehmerstellung vor, sondern wenn **zum Teil** auch einem Kapitalkonto II gutgeschrieben oder in eine gesamthänderisch gebundene Rücklage eingestellt wird.[287]

▶ **Verfahrenshinweis zum Auskunfts- und Beleganspruch**

Bei **Körperschaften** findet eine sog. Feststellung des Jahresabschlusses statt. Die 614 Feststellung, also die Billigung des Jahresabschlusses, obliegt bei der GmbH den Gesellschaftern (§ 42a GmbHG), bei der AG dem Aufsichtsrat oder der Hauptversammlung (§ 172 AktG).

Bei Genossenschaften hat nach § 38 Abs. 1 Satz 5 GenG der Aufsichtsrat den Jahresabschluss zu prüfen und über das Ergebnis der Prüfung hat er der Generalversammlung vor Feststellung des Jahresabschlusses zu berichten. Die Feststellung des Jahresabschlusses obliegt nach § 48 Abs. 1 GenG der Generalversammlung.

---

284 BFH, 02.02.2017 – IV R 47/13, BStBl 2017 II S. 391.
285 OFD Frankfurt, Verf. v. 09.12.2016, S 2241a A-005-St213, DStR 2017, 498.
286 BFH/NV 2016, 453.
287 BFH, BStBl II 2009, 464 f.

Bei **Personengesellschaften** wird der Jahresabschluss fakultativ durch die Gesellschafterversammlung festgestellt und die Gesellschafter beschließen die Gewinnverwendung. Dies geschieht häufig durch formelle Gesellschaftsbeschlüsse.

Ein nicht festgestellter Jahresabschluss ist unwirksam und damit nichtig.

Es kann kein Zweifel bestehen, dass die Vorlage dieser Beschlüsse für jedes Geschäftsjahr verlangt werden muss, um das Unterhaltseinkommen zu ermitteln. Die Gewinnverwendung muss nämlich keinesfalls mit der Höhe der Beteiligung an der Gesellschaft korrespondieren.

Die Auskunftsverpflichtung gilt also für beide Beschlüsse: Gewinn**feststellung**sbeschluss und Gewinn**verwendung**sbeschluss des jeweiligen Geschäftsjahres.

In gleicher Weise gehen, fakultativ, regelmäßig **Personengesellschaften** vor, sodass auch bei diesen der Auskunfts- und Beleganspruch geltend zu machen ist. Weitere Informationsquelle ist hier noch die **gesonderte und einheitliche Gewinnfeststellung.**

aa) Entnahmen und Einlagen

615 Entnahmen und Einlagen stellen alle Wirtschaftsgüter dar (Barentnahmen und Bareinlagen, Waren, Erzeugnisse, Nutzungen und Leistungen), die ein (Mit-)Unternehmer dem Betrieb für sich, für seinen Haushalt oder für andere betriebsfremde Zwecke im Laufe des Wirtschaftsjahres entnimmt oder einlegt (vgl. § 4 Abs. 1 Satz 2 EStG).

616 **Disquotale Einlagen** eines Gesellschafters in eine Personengesellschaft, die freiwillig erbracht werden, gelten als freigebige Zuwendungen. Die freigebige Zuwendung ist gem. § 7 Abs. 1 Nr. 1 ErbStG als Schenkung unter Lebenden zu werten, die nicht an die Gesellschaft, sondern an den Gesellschafter erfolgt.[288]

▶ Beispiele

617 – **Geld:** Entnahme aus der Geschäftskasse, Abhebung und Überweisungen von betrieblichen Bankkonten zur Tilgung einer privaten Schuld oder Zahlung privater Verbindlichkeiten
– **Gegenstände/Sachnahmen:** Entnahme von Werkstoffen, Handelswaren oder Gegenständen des Anlagevermögens für den privaten Gebrauch oder Verbrauch, z.B. Tätigkeit der im Arbeitsverhältnis des Unternehmens stehenden Putzfrau im Haushalt des Unternehmers.

---

288 FG Münster, 12.01.2017 – 3K 518/15, EFG 2017, 696.

bb) Unentgeltliche Wertabgaben/Sachentnahmen

Das Steuerrecht kennt zur Vermeidung individueller Ermittlung Pauschbeträge für **618** unentgeltliche **Wertabgaben/Sachentnahmen** für bestimmte Gewerbezweige. Diese werden jährlich angepasst und veröffentlicht.[289]

2015/2016/2017	Jahreswert für eine Person ohne USt in €		
Gewerbezweig	ermäßigter Steuersatz (7 %)	voller Steuersatz (19 %)	Insgesamt
Bäckerei	1.192/1.199/1.142	402/404/381	1.594/1.603/1.523
Fleischerei/Metzgerei	925/930/835	831/835/811	1.756/1.765/1.646
Gaststätten aller Art			
a) mit Abgabe von kalten Speisen	1.166/1.172/1.056	978/983/1.019	2.144/2.155/2.075
b) mit Abgabe von kalten und warmen Speisen	1.608/1.616/1.584	1.755/1.764/1.658	3.363/3.380/3.242
Getränkeeinzelhandel	94/95/99	295/297/283	389/392/382
Café und Konditorei	1.152/1.158/1.106	643/647/602	1.795/1805/1.708
Milch, Milcherzeugnisse, Fettwaren und Eier (Eh.)	643/647/553	67/68/74	710/715/627
Nahrungs- und Genussmittel (Eh.)	1.313/1.320/1.068	750/754/639	2.063/2.074/1.708
Obst, Gemüse, Südfrüchte und Kartoffeln (Eh.)	295/297/258	215/216/221	510/513/479

▶ **Verfahrenshinweis zum Auskunfts- und Beleganspruch**

Die **unentgeltlichen Sachentnahmen** werden als Privatentnahme unter **619** Berücksichtigung der Umsatzsteuer gebucht und stellen auch unterhaltsrechtlich einen zweckmäßigen und nicht zu beanstandenden Betriebsausgabenabzug dar.

Auch hier besteht unterhaltsrechtlich ein Auskunfts- und Beleganspruch auf die Dokumentation der Ermittlung (Berechnungsblatt).

Dabei wird zusätzlich nach ermäßigtem und vollem Umsatzsteuersatz differenziert.

Diese **Pauschbeträge** sind wegen ihrer Höhe und Praktikabilität auch deshalb unter- **620** haltsrechtlich zu übernehmen, da auch der BGH[290] auf pauschalisierte Überlegungen

---

289 http://www.bundesfinanzministerium.de/Content/DE/Standardartikel/Themen/Steuern/ Weitere_Steuerthemen/Betriebspruefung/Richtsatzsammlung_Pauschbetraege/richtsatz-sammlung-pauschbetraege-fuer-unentgeltliche-wertabgaben-anlage127.html.
290 BGH, FamRZ 2003, 741, 743.

des Steuerrechts bei der Bewertung des Umlaufvermögens und nicht zuletzt auch bei der AfA im Anlagevermögen zurückgreift.

cc) Nutzungsentnahmen

▶ **Weitere Beispiele für Nutzungsentnahmen:**

621   – **Nutzungen:** Gegenstände des Betriebsvermögens werden gelegentlich für private Zwecke genutzt.

    – **Leistungen:** Inanspruchnahme von Dienstleistungen des Unternehmens.

▶ **Verfahrenshinweis**

622   Entnahmen und Einlagen beeinflussen nicht den Gewinn, sind also erfolgsneutral (§ 4 Abs. 1 Satz 1 EStG). Sie stellen Vermögensentzug bzw. Vermögensmehrung dar.

Aus diesem Grund ist es Steuerberatern völlig unerfindlich, weshalb Privatentnahmen Anknüpfungspunkt für das Unterhaltseinkommen sein können.

dd) Kosten des KfZ

623   **Fahrzeugkosten**[291] sind steuerlich und unterhaltsrechtlich problematisch, weil die berufliche Fahrzeugnutzung starke Berührung mit der privaten Lebensführung und eine Prestigekomponente hat. Deswegen wird oft hoher Aufwand betrieben. Beim Unternehmer erhöht der private Nutzungsanteil letztlich die betrieblichen Erlöse. Insoweit ergibt sich die Beschränkung aus § 6 Abs. 1 Nr. 4, § 4 Abs. 5 Nr. 6 EStG und zur Angemessenheit § 4 Abs. 5 Nr. 7 EStG.[292]

624   Die **Angemessenheitsprüfung** erlangt steuerrechtlich immer mehr Beachtung. Denn der Sportwagen fördert nicht zwingend den Betrieb und ist somit weder notwendiges noch gewillkürtes Betriebsvermögen.

625   Der Steuerpflichtige/Unterhaltsschuldner muss betriebliche Gründe für die Anschaffung glaubhaft machen. Hilfsweise hat die Rechtsprechung eine Betriebsausgabenkürzung in angemessener Höhe, auch für Pkw der Oberklasse, von 2 € für den betrieblich gefahrenen Kilometer angenommen.[293] Die Angemessenheitsfrage wird aber zwischenzeitlich nicht nur im Zusammenhang bspw. für den Ferrari eines Tierarztes, der noch ein weiteres Fahrzeug im Betriebsvermögen hat, sondern auch bei der gehobenen Mittelklasse, wie bspw. Mercedes C-Klasse, diskutiert. Die Angemessenheitsprüfung

---

291 *Schöppe-Fredenburg* FuR 1998, 114, 153.

292 KFZ bei 1 %-Regelung und § 7g EStG, keine »fast ausschließliche Nutzung«: FG Münster, 11.05.2017 – 13 K 1940/15, rkr.

293 FG Nürnberg, 27.01.2012 – 7 K 966/09, JurionRS 2012, 12402; bestätigt durch BFH, 29.04.2014 – VIII R 20/12, JurionRS 2014, 19058.

führte bspw. durch das FG Rheinland-Pfalz[294] zur Nichtanerkennung der Kosten für ein Luxusmobiltelefon zum Anschaffungspreis von 5.200 €.

Es gilt im **Pauschalierungsfall** die bekannte Regelung, wonach der private steuerliche   **626**
Nutzungsanteil bei Erstzulassung monatlich 1 % des Bruttolistenpreises im Inland einschließlich Umsatzsteuer[295]beträgt.[296] Hinzu kommen prozentuale Zuschläge für Fahrten zwischen Wohnung und Betrieb sowie Familienheimfahrten.

Voraussetzung der 1 %-Regelung ist, dass das Fahrzeug zu mehr als 50 % betrieblich   **627**
genutzt (notwendiges Betriebsvermögen) wird, was oft sehr schwer nachzuweisen sein wird.

Alternativ kann der private Nutzungsanteil durch ordnungsgemäßes **Fahrtenbuch**   **628**
ermittelt werden, was umso sinnvoller ist, je höher der Listenpreis des Fahrzeuges (maßgeblich auch bei gebraucht erworbenen Fahrzeugen) und je höher der tatsäch-liche berufliche Nutzungsanteil ist. Das Fahrtenbuch muss allerdings zeitnah und in geschlossener Form geführt werden. Die Fahrten mit Datum, Fahrziel, aufgesuchten Kunden, einschließlich des an ihrem Ende erreichten Gesamtkilometerstandes müs-sen vollständig und in ihrem fortlaufenden Zusammenhang wiedergeben werden.[297] Eine Benennung der Fahrtziele nur mit Straßennamen oder nur mit Kundennamen ist unzureichend. Insoweit ist auch eine Ergänzung durch separate Aufzeichnungen nicht möglich.[298]

Folgende Angaben müssen enthalten sein: Datum und Kilometerstand zu Beginn   **629**
und Ende jeder einzelnen betrieblich/beruflich veranlassten Fahrt, Reiseziel, Reise-zweck und aufgesuchte Geschäftspartner. Auch Umwege sind zu dokumentieren.

Auf einzelne Angaben kann dann verzichtet werden, wenn wegen der besonderen   **630**
Umstände im Einzelfall die betriebliche/berufliche Veranlassung der Fahrten und der Umfang der Privatfahrten ausreichend dargelegt sind und weitere Überprüfungsmög-lichkeiten nicht beeinträchtigt werden.[299]

Kleinere Mängel führen dann nicht zur Verwerfung des gesamten Fahrtenbuches,   **631**
wenn die Angaben insg. plausibel sind.[300] So reichen bloße Ortsangaben im Fahrten-buch aus, wenn sich der aufgesuchte Kunde oder Geschäftspartner aus der Ortsangabe

---

294 FG Rheinland-Pfalz, 14.07.2011 – 6 K 2137/10, BB 2011, 2005.
295 Das gilt auch bei vorsteuerabzugsberechtigten Steuerpflichtigen.
296 Verfassungsverstoß wegen der 1 %-Regelung und Bemessungsgrundlage des Bruttolis-tenpreises gerügt: OFD Koblenz, Kurzinfo ESt v. 18.01.2012 zu FG Niedersachsen, 14.09.2011, EFG 2012, 396; verfassungsgemäß lt. BFH, 13.12.2012 – VI R 51/11, JurionRS 2012, 34913.
297 BFH, BStBl II 2006, 408.
298 BFH, 01.03.2012, DStR 2012, 1011.
299 BMF-Schreiben v. 18.11.2009 – IV C 6 – S. 2177/07/10004, www.bundesfinanzministerium.de.
300 BFH, 10.04.2008 – VI R 38/06, JurionRS 2008, 16445.

zweifelsfrei ergibt oder wenn sich dessen Name auf einfache Weise unter Zuhilfenahme von Unterlagen ermitteln lässt.

632   Nach den Aufzeichnungen im Fahrtenbuch wird eine Quotelung unter Berücksichtigung der Umsatzsteuer in betriebliche und private Veranlassung vorgenommen.

▶ **Exkurs: Kfz bei nichtselbstständigen Einkünften**

633   Beim **Arbeitnehmer** gelten steuerlich die gleichen Werte und Regeln, §§ 8 Abs. 2; 9 Abs. 1 Satz 4 EStG. Beim auch privat genutzten Dienstwagen ist der meist per »1 %-Regelung[301]« pauschal ermittelte geldwerte Vorteil der Fahrzeugnutzung steuerliches und sozialversicherungsrechtliches Arbeitsentgelt, soweit der Arbeitnehmer sich nicht an den Fahrzeugkosten durch Zahlung an den Arbeitgeber beteiligt. Im Jahresbruttoeinkommen gem. Lohnsteuerkarte ist der geldwerte Vorteil enthalten. Bei der Auswertung von Lohnbelegen ist Sorgfalt geboten. Der Bruttolohn ist nicht immer aufgegliedert. Der auf der Lohnabrechnung errechnete Auszahlungsbetrag ist beileibe nicht das verfügbare Nettoeinkommen. Dieses ist höher, da der Arbeitgeber nach den gesetzlichen Lohnabzugsbeträgen noch den natural geleisteten Geldwert abzieht.

–   **Entfernungspauschale/Pendlerpauschale**

634   Die **Entfernungspauschale[302]/Pendlerpauschale** umfasst Fahrten zwischen Wohnung und Arbeitsstätte sowie Familienheimfahrten bei doppelter Haushaltsführung. **Seit VAZ 2004** liegt der Satz pro Entfernungskilometer trotz stark gestiegener Treibstoffkosten nur noch bei 0,30 € und der Höchstbetrag für die Entfernungspauschale ist auf 4.500 € herabgesetzt. Bei Gesellschafter-Geschäftsführern muss eine fremdübliche Regelung vorliegen, sonst droht eine verdeckte Gewinnausschüttung.[303]

635   –   **Kraftfahrzeugnutzung und Unterhalt**

Die Regeln des Steuerrechts sind restriktiv (bei 100.000 € Bruttolistenpreis 1.000 € **monatlich**), so dass die Rezeption ins Unterhaltsrecht über § 287 ZPO angemessen ist.[304] Diese Übernahme gilt insb. auch für die Angemessenheitsüberlegungen zum eingesetzten Kraftfahrzeug.[305]

---

301 *Moritz* NWB 2010, 141: keine ausschließlich an der Vergangenheit orientierte Prognose; OLG Bamberg, ZFE 2007, 391: beim Führen eines Fahrtenbuchs gelten die Sätze der ADAC-Tabellen; kein Anscheinsbeweis für private Nutzung; BFH, 21.04.2010 – VI R 46/08, Rn. 57b.

302 Wiedereinführung der Altregelung mit dem »Gesetz zur Fortführung der Gesetzeslage 2006 bei der Entfernungspauschale«; ausf. BMF-Schreiben v. 31.08.2009, BStBl I 2009, 891.

303 BMF-Schreiben v. 03.04.2012; BFH, BStBl II 2012, 260 und BStBl II 2012, 266; Schenkungsteuerproblematik nach § 7 Abs. 1 Nr. 1 ErbStG; FG Düsseldorf, 30.11.2016 – 4 K 1680/15, EFG 2017, S. 237.

304 OLG Karlsruhe, 27.08.2015 – 2 UF 69/15.

305 OLG Brandenburg, FamRZ 2014, 219.

▶ **Hinweis**

Teilweise wird auf den »tatsächlichen Vorteil« der Kraftfahrzeugnutzung vorgetragen, abgehoben, so dass dezidierter Vortrag zur Ermittlung des privaten Nutzungsanteils erforderlich ist. Dem steht ein **Auskunfts- und Beleganspruch** ggü.[306]

Das **OLG Celle**[307] geht bei der berufsbedingten Nutzung des Pkws über § 5 Abs. 2 **636** Satz 1 Nr. 2 JVEG von 0,30 € je Kilometer aus. Bei Fahrtstrecken von mehr als 30 Entfernungskilometer kann die Kilometerpauschale auf 0,20 € reduziert werden, wobei damit die Anschaffungskosten des Pkw mit abgegolten sind. Einkommensteuererstattungen, die sich durch die steuerliche Geltendmachung der Fahrtkosten ergeben können, sind gegenzurechnen.

Gelegentlich wird vertreten, mit **ADAC-Tabellen** oder Schätzungen zu arbeiten.[308]

Die **Rechtsprechung** schätzt die Privatvorteile pauschal mit monatlich 128 €,[309] 130 €,[310] 154 €,[311] 200 €,[312] 205 €,[313] 250 €[314] und 255 €.[315] Zur Vermeidung der Willkürlichkeit bei derartigen Schätzungen sollte dann eher der Privatanteil gem. **BFH** mit 2 € pro gefahrenen Kilometer vorgezogen werden.[316]

– Dienstwagenbesteuerung bei Fahrzeug-Pool, sog. Carpool **637**

Einige Unternehmen halten einen Fahrzeug-Pool für Dienstreisen ihrer Mitarbeiter vor. Nicht selten dürfen bestimmte Mitarbeiter Fahrzeuge aus diesem Pool auch privat nutzen.

▶ **Beispiel**

Die A-Autohaus-GmbH verfügt über einen Vorführwagen-Pool von zehn **638** Fahrzeugen. Es handelt sich um »normale« Limousinen, hochwertige Coupés, Cabriolets und Geländewagen. Die beiden Gesellschafter-Geschäftsführer A und B sowie drei Arbeitnehmer haben arbeitsvertraglich das Recht auf einen Firmenwagen, der auch privat genutzt werden darf. Nicht jedem der Arbeitnehmer wird ein Fahrzeug konkret zugeordnet, sondern diese haben die Möglichkeit,

306 OLG Brandenburg, FamRZ 2013, 485.
307 OLG Celle, FamFR 2013, 201.
308 Kleffmann/Klein/Unterhaltsrecht § Rn. 33; OLG Zweibrücken, FamRZ 2008, 1635.
309 OLG Hamm, FamRZ 1992, 1427.
310 OLG Hamm, FamRZ 1998, 1169.
311 OLG München, FamRZ 1999, 1350.
312 BGH, FamRZ 2008, 281.
313 OLG Köln, FamRZ 1994, 897.
314 OLG Bamberg, NJW-RR 1993, 66.
315 OLG Hamm, FamRZ 1999, 513.
316 BFH, 01.03.2012, DStR 2012, 1011; zur Schätzung: *Kuckenburg* FuR 2006, 255.

jeweils ein Fahrzeug aus dem vorhandenen Fuhrpark – je nach Verfügbarkeit – nach Feierabend mit nach Hause zu nehmen und auch privat zu nutzen.

Der Betriebsprüfer hat den geldwerten Vorteil aus der privaten Kfz-Nutzung wie folgt ermittelt:

Summe aller Bruttolistenpreise 280.000 €
anteiliger Bruttolistenpreis (1/5) 56.000 €
davon 1 % geldwerter Vorteil 560 €

Der Betriebsprüfer rechnet somit im Hinblick auf ein BFH-Urteil[317] den nutzungsberechtigten Arbeitnehmern bei einem durchschnittlichen Bruttolistenpreis von 28.000 € einen geldwerten Vorteil für zwei Pkw zu.

639 Nach Ansicht des BFH wird der geldwerte Vorteil nach der »1 %-Regelung« ermittelt: Für jedes Fahrzeug aus dem Pool wird 1 % pro Monat ermittelt und die Summe sämtlicher 1 % durch die Zahl der Mitarbeiter geteilt, die die Fahrzeuge nutzen dürfen. Wenn die Zahl der Fahrzeuge im Pool maximal so hoch ist wie die Zahl der, die Fahrzeuge nutzenden, Mitarbeiter, ergeben sich keine Probleme.

▶ Beispiel

640 Ein Fahrzeug-Pool umfasst zehn Fahrzeuge, die wechselweise von zehn Arbeitnehmern genutzt werden dürfen. Jeder der zehn nutzungsberechtigten Arbeitnehmer erhält als geldwerten Vorteil 1 % der anteiligen Bemessungsgrundlage zugerechnet:

Summe aller Bruttolistenpreise 280.000 €
anteiliger Bruttolistenpreis (1/10) 28.000 €
davon 1 % geldwerter Vorteil 280 €

Für jeden der zehn Arbeitnehmer müssen danach monatlich jeweils 280 € als geldwerter Vorteil der Lohnsteuer unterworfen werden.

▶ Hinweis

641 Da es bislang keine gesicherte Rechtsprechung gibt, empfiehlt sich das Führen eines Fahrtenbuches. Abzugrenzen ist der Fall des Fahrzeug-Pools von dem Fall, dass **einem** Arbeitnehmer **gleichzeitig** mehrere Fahrzeuge zur Verfügung stehen. Dann ist für jedes Fahrzeug der Nutzungswert mit monatlich einem Prozent des Bruttolistenpreises sämtlicher zur Verfügung stehender Fahrzeuge anzusetzen.[318]

642 Der geldwerte Vorteil ist **fahrzeugbezogen**, nicht personenbezogen. Somit ist nicht jedem nutzungsberechtigten Arbeitnehmer 1 % des Bruttolistenpreises zuzurechnen. Vielmehr ist der nach der »1 %-Regelung« ermittelte geldwerte Vorteil entsprechend der Zahl der Nutzungsberechtigten aufzuteilen.

---

317 BFH, 15.02.2002 – VI R 132/00.
318 BMF-Schreiben v. 28.05.1996 – IV b 6 – S 2334 – 173/96, BStBl I 1996, 654 ff.

– 1 %-Regelung als Privatanteil in weiteren Praxisbeispielen 643

▶ **Beispielsfall 1**

A, der eine Apotheke mit 80 Mitarbeitern betreibt, zu denen auch der Sohn des A mit dem höchsten Gehalt der Mitarbeiter gehört, hat 6 Fahrzeuge im Betriebsvermögen, die für betriebliche Fahrten zur Verfügung stehen. Fahrtenbücher werden nicht geführt.

Das Finanzamt unterstellt, dass der Sohn das teuerste der 6 betrieblichen Fahrzeuge, einen Audi A8, privat nutzt und setzt den Sachbezug nach der »1 %-Regelung« fest. Ist das zutreffend?

Lösung Fall 1

Der BFH hat entschieden, dass die »1 %-Regelung« nur dann gilt, wenn der Arbeitgeber seinem Arbeitnehmer tatsächlich einen Dienstwagen zur privaten Nutzung überlässt.

Aus der Bereitstellung des Fahrzeuges zu betrieblichen Zwecken kann nicht aufgrund eines Anscheinsbeweises darauf geschlossen werden, dass das Fahrzeug vom Arbeitnehmer auch privat genutzt wird.[319]

▶ **Beispielsfall 2 nach Urteil des FG München[320]**

Im Betriebsvermögen des U (verheiratet, 1 volljähriges Kind) befinden sich 644
– ein Ford Focus,
– ein Ford Transit mit nur einer Sitzreihe mit 3 Sitzplätzen, Trennwand zum Fondbereich, im Fondbereich nur 1 Fenster und
– ein Mercedes España (Transporter) mit 2 Sitzreihen mit insg. 5 Sitzplätzen, mehreren großen Fenstern im Fondbereich, Werbeaufdrucken rund ums Fahrzeug, einfache Ausstattung, stark verschmutzt.

Für welches/welche Fahrzeuge(e) gilt die »1 %-Regelung«?

Lösung Fall 2

Kombinationskraftwagen werden von der »1 %-Regelung« nicht erfasst, wenn sie aufgrund ihrer objektiven Beschaffenheit und Einrichtung typischerweise so gut wie ausschließlich nur zur Beförderung von Gütern bestimmt und daher als reine Werkstattwagen zu qualifizieren sind.

Eine Abgrenzung erfolgt nach der Anzahl der Sitze, dem äußeren Erscheinungsbild, der Verblendung der hinteren Seitenfenster und dem Vorhandensein einer Abtrennung zwischen Lade- und Fahrgastraum.[321]

---

319 BFH, 21.04.2010 – VI R 46/08, Urt. v. 04.08.2010, www.bundesfinanzhof.de.
320 FG München, 19.05.2010 – 10 K 152/09, NWB Dok. ID VAAAD-52927.
321 BFH, 18.12.2008 – VI R 34/07, BStBl II 2009, 381.

Eine innere oder äußere Verschmutzung beseitigt die Eignung für eine private Nutzung grds. **nicht.**

Anwendung der »1 %-Regelung« im vorliegenden Fall folglich beim Ford Focus und Mercedes España, jedoch nicht beim Ford Transit.

▶ **Beispielsfall 3**

645   Rechtsanwalt R gehört ein Pkw, der notwendiges Betriebsvermögen ist. R hat das Fahrzeug am 03.01.2006 für 46.400 € (40.000 € + 6.400 € damalige USt) gekauft. Zum Zeitpunkt der Erstzulassung hat das Fahrzeug einen Bruttolistenpreis i.H.v. 49.114 €.

Wie errechnet sich der jährliche Privatanteil?

Lösung Fall 3

Abweichend von der Kostenaufteilung mit Hilfe eines Fahrtenbuches, kann der private Nutzungsanteil von Kraftfahrzeugen vereinfacht nach der sog. »1 %-Regelung« vorgenommen werden. Voraussetzung ist, dass das Fahrzeug zu mehr als 50 % betrieblich genutzt wird und damit zum notwendigen Betriebsvermögen gehört (§ 6 Abs. 1 Nr. 4 Satz 2 EStG; R 31 Abs. 9 Nr. 1 LStR; Nachweis ohne Fahrtenbuch schwierig).

Die private Nutzung eines betrieblichen Pkw ist nach § 6 Abs. 1 Nr. 4 Satz 2 EStG für jeden Kalendermonat mit 1 % des inländischen Brutto-Listenpreises anzusetzen, wobei der Listenpreis die auf volle 100 € abgerundete unverbindliche Preisempfehlung des Herstellers für das genutzte Fahrzeug im Zeitpunkt seiner Erstzulassung zzgl. der Kosten für (auch nachträglich eingebaute) Sonderausstattungen und Umsatzsteuer ist. Hierbei spielt es keine Rolle, ob das Fahrzeug gebraucht erworben oder geleast wird. R pauschaliert den privaten Nutzungsanteil des Wagens zulässigerweise nach der »1 %-Regelung« für 2006 wie folgt:

Brutto-Listenpreis	49.114 €
abgerundet auf volle 100 EUR	49.100 €
davon 1 % = Privatanteil für 1 Monat	491 €
Privatanteil für 1 Jahr (491 € x 12)	**5.892 €**

▶ **Beispielsfall 4: Alternative Fahrtenbuch**

646   Fall wie zuvor, Rechtsanwalt R nutzt den Pkw an 30 Tagen im Monat für Fahrten zwischen Wohnung und Kanzlei, die 18,4 km entfernt liegt.

Die tatsächlichen Aufwendungen lt. Fahrtenbuch für die Fahrten zwischen Wohnung und Betriebsstätte betragen 3.100 € im Kalenderjahr 2006.

Wie hoch sind die nicht abzugsfähigen Betriebsausgaben?

Lösung Fall 4

Die private Nutzung kann auch nach der Fahrtenbuchmethode gem. § 6 Abs. 1 Nr. 4 Satz 4 EStG ermittelt werden.

Die Differenz zwischen den tatsächlichen Aufwendungen lt. Fahrtenbuch für Fahrten zwischen Wohnung und Betriebsstätte und dem abzugsfähigen Betrag lt. Entfernungspauschale wird als nicht abzugsfähige Betriebsausgabe berücksichtigt (§ 9 Abs. 1 Nr. 4 EStG).

Für 2006 werden die nicht abzugsfähigen Betriebsausgaben wie folgt ermittelt:

Tatsächliche Aufwendungen lt. Fahrtenbuch in 2009	3.100 €
abzugsfähiger Betrag lt. Entfernungspauschale	
– (30 Arbeitstage x 18 km x 0,30 € x 12 Monate)	–1.944 €
Differenz nicht abzugsfähige Betriebsausgaben für 2006	= 1.156 €

▶ **Beispielsfall 5**

Der Arbeitnehmer A erhält neben seinem Bruttogehalt von 2.500 € ab 2007 einen   **647** gebraucht angeschafften Wagen auch zur privaten Nutzung. Der Bruttolistenpreis im Zeitpunkt der Erstzulassung beträgt 20.477 € und die Entfernung zwischen Wohnung und Arbeitsstätte 30 km. A fährt 2007 an 225 Tagen mit dem Firmenwagen von seiner Wohnung zur Arbeitsstätte.

Wie hoch ist der Nutzungsanteil?

Lösung Fall 5

Der geldwerte Vorteil für A beträgt brutto 387,60 € und wird für 2007 monatlich wie folgt ermittelt:

Geldwerter Vorteil für Privatfahrten	
(1 % von 20.400 €)	204 €
+ Zuschlag für Fahrten zwischen Wohnung und Arbeitsstätte (0,03 % von 20.400 € x 30 km)	183,60 €
= Geldwerter Vorteil insg.	387,60 €

(aus dem Betrag ist die Umsatzsteuer herauszurechnen)

Die Gehaltsabrechnung für A sieht für einen Monat in 2007 beispielhaft wie folgt aus:

Bruttogehalt		2.500 €
+ Sachbezug (Stellung des Pkws)	325,71 €	
+ 19 % USt	61,89 €	387,60 €

= steuer- und sozialversicherungspflichtiges Gehalt	2.887,60 €
– Lohnsteuer/Kirchensteuer/Solidaritätszuschlag	591,86 €
– Sozialversicherungsbeiträge (Arbeitnehmeranteil)	613,62 €
Nettogehalt	1.682,12 €
– Sachbezug	387,60 €
= Auszahlungsbetrag	1.294,52 €

▶ **Beispielsfall 6: Nutzungsvorteil nach Urteil des OLG Hamm[322]**

648   Der private Privatanteil für das Firmenfahrzeug des Geschäftsführers U beträgt unstreitig monatlich 456,36 €. Das Jahresbruttogehalt von U beträgt 60.000 €.

Wir berechnet man den monatlich unterhaltsrechtlich relevanten Nutzungsvorteil für das Fahrzeug?

Lösung Fall 6

Unterhaltsrechtlich muss der steuerliche Nachteil noch fiktiv errechnet und vom tatsächlichen Privatanteil abgezogen werden.

tatsächliches Jahresbrutto	60.000 €
./. Sachbezug	5.476,32 €
fiktives Steuerbrutto	54.523,68 €
darauf entfallende Lohnsteuer	11.736,00 €
darauf entfallende Sondersteuer	645,48 €
fiktive Steuerlast	12.381,48 €
tatsächliche Steuerlast	14.624,41 €
Differenz	2.242,39 €
Steuernachteil monatlich	186,91 €

Daraus errechnet sich ein verbleibender privater Nutzungsvorteil i.H.v. **269,45 €** (456,36 € – 186,91 €).

ee) Schuldzinsenabzugsverbots nach § 4 Abs. 4a EStG

649   Die Regelung des **Schuldzinsenabzugsverbots** bestimmt, dass die betrieblich veranlassten Schuldzinsen, pauschal i.H.v. 6 % der Überentnahme des Wirtschaftsjahrs, zu nicht abziehbaren Betriebsausgaben umqualifiziert werden (sog. Hinzurechnungsbetrag). Der sich dabei ergebende Betrag, höchstens jedoch der um 2.050 € verminderte Betrag der im Wirtschaftsjahr anfallenden Schuldzinsen, ist nach § 4 Abs. 4a Satz 4 EStG dem Gewinn hinzuzurechnen (sog. **Höchstbetrag**).

---

322   OLG Hamm, 30.10.2008 – 2 UF 43/08, JurionRS 2008, 26101.

▶ **Beispiel: Berechnung der Überentnahmen:**   **650**

Einlagen	15.000 €
minus Entnahmen	25.000 €
Entnahmeüberschuss	10.000 €
Jahresverlust	5.000 €
Überentnahmen	10.000 €
Ermittlung des **Hinzurechnungsbetrages**	10.000 €
hiervon 6 %	**600 €**
Verprobung des Höchstbetrages	
tatsächlich gezahlte Zinsen	10.000 €
abzgl. Kürzungsbetrag	2.050 €
Höchstbetrag	**7.950 €**

Der Hinzurechnungsbetrag von 600 € übersteigt den Höchstbetrag von 7.950 € nicht.

Ergebnis: 600 € sind dem Gewinn zuzurechnen.

▶ **Abwandlung des Beispiels**

Überentnahmen durch Entnahme eines Grundstücks i.H.v. 200.000 €   **651**

Ermittlung **des Hinzurechnungsbetrages**	200.000 €
hiervon 6 %	**12.000 €**
Verprobung des Höchstbetrages	
tatsächlich gezahlte Zinsen	10.000 €
abzgl. Kürzungsbetrag	2.050 €
Höchstbetrag	**7.950 €**

Ergebnis: Der Hinzurechnungsbetrag übersteigt den Höchstbetrag. Nur 7.950 € sind dem Gewinn zuzurechnen.[323]

▶ **Verfahrenshinweis zum Auskunfts- und Beleganspruch**

Diese Einschränkung des Betriebsausgabenabzugs ist auch für unterhaltsrechtliche   **652** Zwecke heranzuziehen, insb., wenn die Privatentnahmen ausnahmsweise Anknüpfungspunkt für das Unterhaltseinkommen sein sollten. Folglich besteht ein unterhaltsrechtlicher Auskunfts- und Beleganspruch (Berechnungsblatt

---

323 Berechnungsblatt nach OFD Düsseldorf Abteilung Köln, St 112 K – November 2002; standardisiert in der DATEV-Fibu.

in standardisierten Buchführungen, wie bei der DATEV). Allerdings nur der Gesamtbetrag und nicht die Ermittlung ist auch den Einkommensteuererklärungen zu entnehmen.

ff) Entnahmenbewertung

653   Grds. sind **Entnahmen** mit dem **Teilwert** anzusetzen (§ 6 Abs. 1 Nr. 4 Satz 1 EStG).

654   Bei **Geldentnahmen** entspricht der Teilwert dem Nennwert des Geldbetrages und bei Sachentnahmen sind – bis auf Ausnahmen – diese mit dem Teilwert zu bewerten, wenn dieser über den Anschaffungs- oder Herstellungskosten liegt. Der Teilwert bei Nutzungsentnahmen entspricht grds. den anteiligen, auf die Nutzungsentnahme entfallenden Kosten.

655   Teilwert bei **Leistungsentnahmen** sind die Selbstkosten, die auf die entnommene Leistung entfallen. Die Entnahme ist umsatzsteuerpflichtig.

▶ **Beispiel**

656   A benutzt den zu seinem Betriebsvermögen gehörenden neuen Pkw lt. Fahrtenbuch zu 30 % für private Fahrten. Folgende betriebliche Kosten sind entstanden:

Benzin	2.100 €
Reparaturen	800 €
Steuern und Versicherungen	800 €
AfA	1.250 €
gesamt	4.950 €

Lösung

Als Entnahme muss A 1.485 € (30 % von 4.950 €) ansetzen. Die Einlagen sind grds. mit dem Teilwert im Zeitpunkt ihrer Zuführung anzusetzen (§ 6 Abs. 1 Nr. 5 Satz 1 EStG).

Die Einlage ist höchstens mit den Anschaffungskosten oder Herstellungskosten zu bewerten, wenn das Wirtschaftsgut innerhalb der letzten drei Jahre vor dem Zeitpunkt der Zuführung privat angeschafft oder hergestellt worden ist. Unterliegen Wirtschaftsgüter der Abnutzung, sind die Anschaffungs- bzw. Herstellungskosten um die AfA zu kürzen, die auf die Zeit vor ihrer Einlage entfallen (§ 6 Abs. 1 Nr. 5 Satz 2 EStG).

▶ **Beispiel**

657   A erwirbt zum 04.01.2013 privat ein Fahrzeug für 100.000 € plus 19.000 € Umsatzsteuer, mithin 119.000 €.

Er legt dieses Kraftfahrzeug am 03.01.2014 in den Betrieb ein. Die betriebsgewöhnliche Nutzungsdauer beträgt sechs Jahre. Sonderabschreibungen bzw. erhöhte Absetzungen sind nicht vorgenommen worden.

Lösung

Das Kraftfahrzeug ist hier mit fortgeführten Anschaffungskosten wie folgt anzusetzen:

Anschaffungskosten 4.1.2013 (brutto)	119.000 €
–AfA: 16,66 % von 119.000 € für 2013	–22.610 €
= fortgeführte AK am 03.01.2014	**96.390 €**

Für bestimmte Einlagen ist die Bemessungsgrundlage neu geregelt worden. So sieht   **658** Satz 5 des § 7 Abs. 1 EStG vor, dass bei Wirtschaftsgütern, die nach einer Verwendung zur Erzielung von Überschusseinkünften in ein Betriebsvermögen eingelegt worden sind, die Anschaffungs- oder Herstellungskosten nicht nur um die AfA, sondern auch um die Sonderabschreibung oder erhöhte Absetzung zu mindern sind, die bis zum Zeitpunkt der Einlage vorgenommen worden sind.

gg) Privatentnahmen im Unterhaltsrecht

In der Literatur wird nur noch vereinzelt die Ansicht vertreten, die **Privatentnahmen**   **659** gewährten einen generellen Einblick in die Leistungsfähigkeit des Unterhaltsschuldners.[324] Die h.M. sieht in den Privatentnahmen aber nur eine Hilfs- oder Korrekturgröße zu dem nach steuerlichen Gesichtspunkten ermittelten Gewinn.[325]

Dabei stellen **Privatentnahmen Vermögensentzug aus dem Unternehmen** dar, die   **660** z.B. auch über Fremd- oder Eigenkapital finanziert werden können.

Sie stellen **keinen Unternehmensertrag** dar und werden deshalb bei den Passivposten   **661** der Bilanz, also bei **Vermögenspositionen,** und nicht in der G&V ausgewiesen. Auch der **BGH**[326] hat in seiner Rechtsprechung zum Verbot der **Doppelverwertung** eine konsequente Trennung zwischen Vermögens- und Einkommenssphäre bei der Entwicklung seiner Grundsätze zum individuellen kalkulatorischen Unternehmerlohn vorgenommen.[327]

Wenn generell keine Konkurrenz zwischen Zugewinn und Unterhalt besteht, in dem   **662** für den Zugewinn nur die übertragbaren Bestandteile bewertet werden, wozu der auf

---

324 *Schürmann* FamRZ 2002, 1149 ff.

325 Wendl/Dose/*Kemper* § 1 Rn. 787 ff.; OLG Dresden, FamRZ 1999, 850; BGH, NJW 1992, 1902; OLG Düsseldorf, FamRZ 2005, 211; Kleffmann/Klein/*Kleffmann* Unterhaltsrecht, Grundlagen der Einkommensermittlung, Rn. 100 ff.; *Kuckenburg* S. 153; ders. FuR 2006, 293 f.

326 BGH, FamRZ 2011, 622, 1367; mit Anm. *Kuckenburg* FuR 2011, 512, 515; Anmerkungen, insb. auch aus Sicht des Unternehmensbewerters zu BGH v. 06.02.2008, Doppelverwertung und individueller kalkulatorischer Unternehmerlohn, *Kuckenburg* FuR 2008, 270; zitiert von BGH, FamRZ 2011,1367.

327 *Kuckenburg* FuR 2012, 222 ff., 278 ff.

die persönliche Leistung des Inhabers entfallene Teil des Ertragswerts nicht gehört, hat dies Konsequenzen für das Unterhaltsrecht:

▶ **Hinweis**

Nur der auf die persönliche Leistung des Inhabers beruhende Anteil am Gewinn steht damit für Unterhaltszwecke zur Verfügung.

663   Der Anteil des Gewinns, der sich zugleich als Ausgleich für das **unternehmerische Risiko** und die **Verzinsung des eingesetzten Eigenkapitals** ergibt und damit bspw. nicht auf die Leistungen des Inhabers, sondern auf die Erwirtschaftung durch seine Mitarbeiter zurückgeht, stellt im Umkehrschluss dann **keine relevanten Unterhaltseinkünfte** dar und betrifft den Vermögensbereich.

▶ **Verfahrenshinweis**

664   Mit dieser Rechtsprechung[328] zur Bewertung im Zugewinnausgleich führt das Verbot der Doppelverwertung zur stringenten **Differenzierung** zwischen Einkommens- und Vermögenssphäre. Die Privatentnahmen als Anknüpfungspunkt für das Unterhaltseinkommen scheiden deshalb methodisch aus! Diese Differenzierung verlangt, ebenso wie die Begründung der betriebswirtschaftlichen Notwendigkeit von Gewinnthesaurierungen bei Einzelunternehmen und Personengesellschaften, natürlich substantiierten anwaltlichen Vortrag.

665   Die Privatentnahmen sind außerdem daraufhin zu analysieren, wovon der Unterhaltsschuldner überhaupt gelebt hat. Reichen die Privatentnahmen und Einkünfte aus anderen Einkunftsarten aus, um den Lebensunterhalt zu finanzieren (Indiz für Schwarzeinkünfte)?

666   Es darf auch keine Verpflichtung des Unterhaltsschuldners geben, sich bis zur Insolvenz unwirtschaftlich zu verhalten, weil er auf Kredit die Privatentnahmen eheprägend finanziert hat. Regelmäßig profitierte zudem der unterhaltsberechtigte Ehepartner in der Vergangenheit davon.

667   Die Privatentnahmen bedürfen zudem einer intensiven Analyse, weil auf den Privatkonten des Rechnungswesens oftmals auch Unterhaltszahlungen und Vorsorgeaufwendungen verbucht werden, so dass eine Doppelberücksichtigung im Zuge der Anrechnung von Vorsorgeaufwendungen und Einkommensteuer zu vermeiden ist. In diesem Zusammenhang erlangt die Differenzierung zwischen sog. freien Entnahmen für Essen, Kleidung, Urlaub et cetera und den sog. gebundenen Entnahmen für Versicherungsbeiträge, Steuern und Unterhaltsleistungen et cetera Bedeutung.[329]

668   Privateinlagen sind den Privatentnahmen gegenzurechnen. Dabei gibt es oftmals hohe Einmalzahlungen bei den Privateinlagen, bspw. durch Einlage von

---

328   BGH, FamRZ 2011, 622, 1367; mit Anm. *Kuckenburg* FuR 2011, 512, 515; *Kuckenburg* FuR 2008, 270; zitiert von BGH, FamRZ 2011, 1367.

329   Kleffmann/Klein/*Kleffmann* a.a.O., Rn. 100.

Versicherungssummen in ein Unternehmen. Dann versagt der Ansatz über die Privatentnahmen wegen völlig unrealistischer Werte.

hh) Verlustverrechnungsverbot nach § 15a EStG

Die einem Kommanditisten zuzurechnenden Anteile am Verlust dürfen nicht mit   **669** anderen Einkünften ausgeglichen oder nach § 10d EStG abgezogen werden, soweit ein **negatives Kapitalkonto** entsteht oder sich erhöht (§ 15a EStG). D.h., die Verluste, insb. aus einer KG, können weder mit Einkünften aus Gewerbebetrieb noch mit anderen Einkünften aus anderen Einkunftsarten ausgeglichen werden. Der nicht ausgeglichene Verlust kann dann im späteren Wirtschaftsjahr mit Gewinnen aus dieser Beteiligung verrechnet werden.

Scheidet ein Kommanditist mit derartigen Verlusten und negativ gewordenem Kapi-   **670** talkonto aus der KG aus oder wird in einem solchen Fall die Gesellschaft aufgelöst, ist der nicht vom Kommanditisten auszugleichende Betrag als begünstigter Veräußerungsgewinn i.S.d. § 16 EStG anzusehen. Nur bei unentgeltlicher Übertragung ist die Regelung nicht anwendbar (§ 52 Abs. 33, Satz 3, 4 EStG).

Insb. auch wegen des **Verlustverrechnungsverbots** mit anderen Einkunftsarten nach   **671** § 15a EStG ist für Kommanditisten die **Gliederung des Eigenkapitals**[330] bei Personengesellschaften von besonderer Bedeutung. Dabei bleiben nicht abzugsfähige Betriebsausgaben wie der Investitionsabzugsbetrag unberücksichtigt.

Zum Eigenkapital gehören grds.   **672**
- die eingezahlten Haft- und Pflichteinlagen (inkl. z.B. verlorene Zuschüsse/Einzahlung des Kommanditisten zum Ausgleich von Verlusten),
- die in der Bilanz ausgewiesenen gesamthänderischen Kapital- und Gewinnrücklagen, § 272 Abs. 2 und 3 HGB (nicht jedoch Sonderposten mit Rücklagenanteil, z.B. nach § 6b EStG oder § 7g EStG a.F.),
- variable Kapitalkonten, die zur Verlustverrechnung zur Verfügung stehen,
- das positive oder negative Kapital der Ergänzungsbilanz des jeweiligen Kommanditisten.

Nicht zum Eigenkapitalkonto des Kommanditisten i.S.d. § 15a EStG gehört das   **673** aktive und passive Sonderbilanzvermögen.

ii) Verluste aus Steuerstundungsmodellen, § 15b EStG

Nach § 15b EStG können Verluste in Zusammenhang mit einem **Steuerstundungs-**   **674** **modell** weder mit Einkünften aus Gewerbebetrieb noch mit Einkünften aus anderen Einkunftsarten ausgeglichen werden und sind auch nicht nach § 10d EStG abzuziehen. Ein Steuerstundungsmodell liegt vor, wenn aufgrund einer modellhaften Gestaltung

---

330 Kapitalkonten der Personengesellschaft, Rdn. 602 ff.

steuerliche Vorteile in Form negativer Einkünfte erzielt werden sollen. Dies ist der Fall, wenn aufgrund eines vorgefertigten Konzepts zumindest in der Anfangsphase der Investitionen die Möglichkeit geboten werden soll, Verluste mit übrigen Einkünften zu verrechnen.

b) Sonderposten mit Rücklageanteil (Eigen- und Fremdkapitalcharakter)

675 Durch die Bildung von **Sonderposten mit Rücklageanteil** werden die Dotierungsbeträge bis zum Zeitpunkt der Auflösung des Sonderpostens der **Ertragsbesteuerung** entzogen. Im Zeitpunkt der Auflösung des Sonderpostens unterliegen die Auflösungsbeträge der Ertragsbesteuerung. Aus diesem Grunde stellen diese Posten einen Mischposten aus Eigen- und Fremdkapital dar, die sowohl **Rücklagen- als auch Rückstellungscharakter** trägt. Wegen ihrer Erfolgswirksamkeit wirken sich die Sonderposten mit Rücklageanteil nicht nur bei deren Auflösung auf das steuerliche Ergebnis, sondern auch auf die Unterhaltseinkünfte aus.

676 Als Sonderposten mit Rücklageanteil können von allen bilanzierenden Unternehmen **steuerfreie Rücklagen** und steuerrechtliche Abschreibungen gebildet werden.

677 Praxisrelevante **unversteuerte Rücklagen** sind zurzeit:
- Rücklage für Veräußerungsgewinne, § 6b EStG
- Rücklage für Zuschüsse, R 6.5 EStR 2012
- Rücklage für Ersatzbeschaffung, R 6.6 EStR 2012
- Rücklage nach § 6 Abs. 1 Umwandlungssteuergesetz

678 Zu den auslaufenden Anwendungsfällen zählen;
- Rücklage nach dem Steuerentlastungsgesetz 1999/2000/2002
- Euroumstellungsrücklage nach § 6d S. 3 EStG sowie
- Rücklage nach § 7g EStG a.F. (**Ansparabschreibung**)

679 **Fiskalische Zielsetzung:** Zum Zwecke der Steuerstundung erlaubt das Steuerrecht Abschreibungen auf Vermögensgegenstände des Anlage- und des Umlaufvermögens über das handelsrechtlich gebotene hinaus. Grds. ist der Sonderposten nach Maßgabe des Steuerrechts aufzulösen.

680 Eine vorzeitige Auflösung ist ebenfalls möglich. Erträge aus der Auflösung des Sonderpostens mit Rücklageanteil sind in dem Posten »Sonstige betriebliche Erträge« sowie Einstellungen in den Posten »Sonstige betriebliche Aufwendungen« der G&V gesondert in Steuerbilanz bzw. G&V bei deren Auflösung oder Bildung auszuweisen und im Anhang anzugeben. Letzteres gilt insb. für Kapitalgesellschaften und KapCo-Gesellschaften.

Zuweilen wird die Auflösung aber auch mit negativem Vorzeichen in den »sonstigen betrieblichen Aufwendungen« ausgewiesen. **Aufwendungen mit negativem Vorzeichen stellen Erträge dar.**

681 Nach dem BilMoG ist die Bildung von Sonderposten mit Rücklageanteil nach der Aufhebung der Vorschriften der §§ 247 Abs. 3 und 273 HGB in der Handelsbilanz

nicht mehr zulässig. Steuerliche Wahlrechte können jetzt wegen der Aufhebung des § 5 Abs. 1 Satz 2 EStG a.F. (umgekehrte Maßgeblichkeit der Steuerbilanz für die Handelsbilanz!) unabhängig von der Behandlung im handelsrechtlichen Jahresabschluss ausgeübt werden, mit der Folge, dass der Sonderposten mit Rücklageanteil in der Handelsbilanz nicht mehr erkennbar sein wird.

▶ **Verfahrenshinweis zum Auskunfts- und Beleganspruch**

Bei der Ausübung steuerlicher **Wahlrechte**, die nicht dem handelsrechtlich   682
maßgeblichen Wert entsprechen, ist ein **gesondertes Verzeichnis nach § 5 Abs. 1
Satz 2 und 3 EStG** zu führen, auf das neben der Steuerbilanz ein Auskunfts-
und Beleganspruch besteht. Bei der Neufassung des § 7g EStG erfolgt der
Ausweis des Investitionsabzugsbetrags nicht in Bilanz und G&V, sondern in den
»einzureichenden Unterlagen« also mit der Einkommensteuererklärung.

*aa) Rücklage nach § 6b EStG für die Übertragung stiller Reserven bei Veräußerung
bestimmter Anlagegüter*

Veräußerungsgewinne durch Aufdeckung stiller Reserven sind Bestandteil des   683
steuerrechtlichen Gewinns und damit auch des unterhaltsrechtlich relevanten
Einkommens.[331]

▶ **Hinweis**

Die **stillen Reserven** müssen aber wegen **§ 6b EStG nicht aufgedeckt** werden und   684
sind deshalb in den Steuereinkünften erfolgsneutral. Als **Rücklage nach § 6b EStG**
werden sie ertragssteuerneutral »geparkt«.

Nach § 6b Abs. 4 EStG ist die Voraussetzung, dass   685
I.   der Steuerpflichtige den Gewinn nach § 4 Absatz 1 oder § 5 ermittelt,
II. die veräußerten Wirtschaftsgüter im Zeitpunkt der Veräußerung mindestens sechs
     Jahre ununterbrochen zum Anlagevermögen einer inländischen Betriebsstätte ge-
     hört haben,
III. die angeschafften oder hergestellten Wirtschaftsgüter zum Anlagevermögen einer
     inländischen Betriebsstätte gehören,
IV. der bei der Veräußerung entstandene Gewinn bei der Ermittlung des im Inland
     steuerpflichtigen Gewinns nicht außer Ansatz bleibt und
V.   der Abzug nach Absatz 1 und die Bildung und Auflösung der Rücklage nach Ab-
     satz 3 in der Buchführung verfolgt werden könne.

Das Interesse kann beim **Zugewinnausgleich** gegenläufig sein, in dem der Ausgleichs-   686
pflichtige die Besteuerung durch Aufdeckung der stillen Reserven zur Bildung eines
Passivpostens in seiner Zugewinnausgleichsbilanz oder zur Wertreduzierung des relevanten Wirtschaftsguts vornimmt.

---

331 Wendl/Dose/*Spieker* § 1 Rn. 159.

687   Deckt ein Unternehmen bei der Veräußerung von bestimmten Anlagegütern **stille Reserven** auf, können diese Gewinne steuerneutral auf Investitionsobjekte übertragen werden. Dies geschieht durch eine zeitlich befristete und begünstigte Rücklage.

688   Im § 6b Abs. 1 EStG sind enumerativ die **begünstigten Wirtschaftsgüter** aufgezählt:
      −   Grund und Boden (im engeren Sinne)
      −   Aufwuchs auf Grund und Boden mit dem dazugehörigen Grund und Boden, wenn der Aufwuchs zu einem land- und forstwirtschaftlichen Betrieb gehört, wie der Aufwuchs aller Nutzpflanzen, bspw. Holz, Obstbäume, Rebstöcke etc.
      −   Gebäude
      −   Binnenschiffe

      ▶ **Beispiel (auch für eine Unterhaltsrelevanz)**

689   Landwirt L veräußert eine landwirtschaftliche Nutzfläche mit Aufwuchs für 100.000 €, die einen Buchwert von 30.000 € hat. Der Veräußerungsgewinn würde also 70.000 € betragen, den er erfolgsneutral nach § 6b EStG und damit im Sonderposten mit Rücklageanteil ausweist.

      Das Unterhaltseinkommen ist demgegenüber um 70.000 € zu erhöhen.

690   **Die Begriffe Veräußerung und Veräußerungsgewinn. Veräußerung** ist dabei die entgeltliche Übertragung des wirtschaftlichen Eigentums an einem Wirtschaftsgut. **Veräußerungsgewinn** i.S.d. Vorschrift ist der Betrag, um den der Veräußerungspreis nach Abzug der Veräußerungskosten den Buchwert übersteigt (§ 16 Abs. 2 EStG). Die Übertragung von diesen Veräußerungsgewinnen ist auf die im Wirtschaftsjahr der Veräußerung oder im vergangenen Wirtschaftsjahr angeschafften und hergestellten Wirtschaftsgüter möglich. Erfolgt die Übertragung des Veräußerungsgewinnes nicht im Jahr der Veräußerung, so kann die den steuerlichen Gewinn mindernde **Rücklage** gebildet werden, wenn folgende **Voraussetzungen** erfüllt sind:
      −   Gewinnermittlung erfolgt nach § 4 Abs. 1 oder § 5 EStG.
      −   Das Wirtschaftsgut muss bei der Veräußerung mindestens sechs Jahre ununterbrochen im Anlagevermögen einer inländischen Betriebsstätte gewesen sein.
      −   Die neu angeschafften oder hergestellten Wirtschaftsgüter müssen zum Anlagevermögen einer inländischen Betriebsstätte gehören.
      −   Die Veräußerungsgewinne müssen bei der Gewinnermittlung des im Inland steuerpflichtigen Gewinns außer Ansatz bleiben.
      −   Es muss sich eine ausreichende Dokumentation im Rechnungswesen finden lassen.

691   Die **Rücklage** kann in den folgenden vier Wirtschaftsjahren ganz oder teilweise auf in diesen beiden Wirtschaftsjahren angeschafften oder hergestellten Anlagegütern übertragen werden. Die Frist verlängert sich bei neu hergestellten Gebäuden auf sechs Jahre, wenn mit der Herstellung vor Ablauf des vierten auf die Bildung der Rücklage folgenden Wirtschaftsjahres begonnen worden ist (§ 6b Abs. 3 Satz 3 EStG). Soweit

die Rücklage innerhalb der Frist von vier bis sechs Jahren nicht auf andere Wirtschaftsgüter übertragen werden konnte, ist sie am Schluss des vierten bzw. sechsten auf ihre Bildung folgenden Wirtschaftsjahres gewinnerhöhend unter 6 %-iger Verzinsung aufzulösen (§ 6b Abs. 7 EStG).

bb) Sonderposten für Investitionszulagen und -zuschüsse zum Anlagevermögen (R 6.5 EStR 2012)

▶ **Beispiel**

Die Unterhaltsschuldner-GmbH schafft ein Wirtschaftsgut an mit Anschaffungskosten i.H.v. 100.000 €. Die lineare AfA beträgt 10.000 €.   692

Das Unternehmen hat einen Zuschuss bzw. eine Investitionszulage i.H.v. 12.500 € erhalten. Der Ausweis dieses Zuschusses kann erfolgsneutral oder erfolgswirksam erfolgen.[332]

Gem. R 6.5 EStR ist ein Zuschuss ein Vermögensvorteil, den der Zuschussgeber zur Förderung eines zumindest auch in seinem Interesse liegenden Zweck dem Zuschussempfänger zuwendet. Dieser **Zuschuss kann aus öffentlichen oder privaten Mitteln stammen.**

Der Unternehmer hat ein **Wahlrecht.** Er kann den Zuschuss als Betriebseinnahmen, bei Investitionszulagen steuerfrei, ansetzen. In diesem Fall werden die Anschaffungs- oder Herstellungskosten des betreffenden Wirtschaftsgutes durch die Zuschüsse nicht berührt.

Lösung 1

Der **Ausweis im Rechnungswesen** bei vorgenannter Vorgehensweise:

Sonstige steuerfreie Betriebseinnahmen	12.500 €
AHK	87.500 €
AfA	8.750 €

Die Zuschüsse können demgegenüber erfolgsneutral unmittelbar in einem passivischen Sonderposten eingestellt werden. In diesem Fall werden die Anschaffungs- bzw. Herstellungskosten des Wirtschaftsgutes ungekürzt ausgewiesen und der passivische Sonderposten parallel über die Nutzungsdauer des Wirtschaftsgutes aufgelöst.[333]

---

332 Vgl. zur Investitionszulage BGH, FamRZ 2003, 741, 744 und noch folgende Ausführungen.
333 BFH, BStBl II 1996, 28.

Lösung 2

Der Ausweis im Rechnungswesen bei vorgenannter Vorgehensweise:

AHK	100.000 €
AfA	10.000 €
passivischer Sonderposten mit Rücklageanteil, der parallel über die Nutzungsdauer des Wirtschaftsgutes aufzulösen ist.	12.500 €

▶ **Verfahrenshinweis**

693   Zur Ermittlung des Unterhaltseinkommens muss erkannt werden, in welcher Form der Unternehmer und Unterhaltsverpflichtete das Wahlrecht ausgeübt hat.

694   Der BGH[334] will konsequenterweise **grds.** die **erfolgsneutrale Investitionszulage unberücksichtigt** lassen, da sie keinen Einfluss auf die Leistungsfähigkeit hat. Gleichwohl will der BGH bei der erfolgsneutralen Verbuchung die Auswirkung über die **AfA korrigieren**, weil die Zulage mittelbar auch die unterhaltsrechtliche Leistungsfähigkeit des Steuerpflichtigen herabsetze. Die einkommensmindernde Wirkung ist deshalb durch die Nichtberücksichtigung der entsprechenden AfA auszugleichen, womit die Gewährung der Investitionszulage zu Zwecken des Unterhaltsrechts auf die Dauer der Abschreibung das mit ihr angeschaffte Wirtschaftsgut verteilt.

695   Die AfA Korrektur beläuft sich im obigen Beispiel auf 1.250 € jährlich. Erfolgt die Verbuchung des Zuschusses **erfolgswirksam**, haben unterhaltsrechtliche Korrekturen konsequenter Weise nicht stattzufinden.

cc) Rücklage für Ersatzbeschaffung, R 6.6 EStR 2012

696   Insb. bei gesteigerter Leistungsverpflichtung nach § 1603 BGB stellt sich immer wieder die Frage nach der Aufdeckung stiller Reserven wie bei der **Rücklage für Ersatzbeschaffung.**

▶ **Beispiel**

697   Die Fertigungshalle der Unterhaltsschuldner-GmbH hat einen Buchwert von 100.000 €. Das Gebäude brennt ab und die Versicherung zahlt eine Entschädigung i.H.v. 250.000 €.

Was geschieht mit der aufgedeckten stillen Reserve i.H.v. 150.000 €?

Lösung

Sie kann erfolgsneutral in die Rücklage für Ersatzbeschaffung eingestellt werden.

---

334 BGH, FamRZ 2003, 741, 744; mit Anm. *Gerken* FamRZ 2003, 745.

▶ **Verfahrenshinweis**

Buchführende Land- und Forstwirte, Gewerbetreibende und selbstständig Tätige, **698**
die ihren Gewinn durch Vermögensvergleich ermitteln, können unter bestimmten
Voraussetzungen eine Gewinnverwirklichung aus der Aufdeckung stiller Reserven
durch Übertragung dieser stillen Reserven auf ein Ersatzwirtschaftsgut vermeiden.

Voraussetzung sind nach R 6.6 EStR 2012   **699**
– ein unfreiwilliges Ausscheiden eines Wirtschaftsgutes des Anlage- oder Umlaufvermögens aus dem Betriebsvermögen infolge höherer Gewalt oder zur Vermeidung
eines behördlichen Eingriffs, wobei ein Ausscheiden gegen Entschädigung zur
Aufdeckung stiller Reserven führen muss;
– die Anschaffung oder Herstellung eines funktionsgleichen Wirtschaftsguts (Ersatzwirtschaftsguts) innerhalb einer bestimmten Frist;
– das Ersatzwirtschaftsgut erfüllt dieselbe oder eine entsprechende Aufgabe wie das
ausscheidende Wirtschaftsgut;
– die Berücksichtigung stiller Reserven auch im handelsrechtlichen Jahresabschluss.

In diesen Fällen können die aufgedeckten stillen Reserven (Entschädigung abzgl. **700**
Buchwert des ausgeschiedenen Wirtschaftsguts) auf ein **funktionsgleiches Wirtschaftsgut übertragen** werden. Eine Entschädigung (Brandentschädigung, Ent-
eignungsentschädigung, Zwangsveräußerungserlös) liegt nur vor, soweit sie für das
ausgeschiedene Wirtschaftsgut als solches geleistet worden ist. Entschädigungen für
Folgeschäden (z.B. Aufräumkosten, Umzugskosten) sind bei der Ermittlung der stillen
Reserven nicht zu berücksichtigen.

Der Gewinn kann in eine steuerfreie »**Rücklage für Ersatzbeschaffung**« eingestellt **701**
werden, wenn eine Ersatzbeschaffung geplant ist. Im Zeitpunkt der Ersatzbeschaffung
ist die Rücklage aufzulösen und das Ersatzwirtschaftsgut mit den Anschaffungs- bzw.
Herstellungskosten abzgl. des Betrags der aufgelösten Rücklage zu aktivieren.

Der sich dann ermittelnde Betrag ist Bemessungsgrundlage für die AfA. Ist die Ersatzbeschaffung nicht ernsthaft geplant und zu erwarten, ist die Rücklage aufzulösen und
voll zu versteuern.

Die Rücklage ist ebenfalls gewinnerhöhend aufzulösen, wenn bis zum Schluss des **702**
ersten, bei einem Grundstück oder Gebäude am Schluss des zweiten, auf ihre Bildung
folgenden Jahres ein Ersatzwirtschaftsgut weder angeschafft noch hergestellt oder
bestellt worden ist (Die Frist kann verlängert werden, R 6.6 Abs. 4 S. 4 EStR 2012).

Ähnlich verfahren dürfen Einnahme-/Überschussrechner, die aber schon technisch **703**
keinen Sonderposten bilden können. Die durch eine Entschädigungsleistung offen
gelegte stille Reserve wird in der Weise auf das Ersatzwirtschaftsgut übertragen, dass
sie im Wirtschaftsjahr der Ersatzbeschaffung von den Anschaffung- und Herstellungskosten des Ersatzwirtschaftsguts sofort abgesetzt wird. Der verbleibende Restbetrag ist
auf die Nutzungsdauer des Ersatzwirtschaftsguts zu verteilen (zur erfolgswirksamen
Bildung einer Rückstellung für latente Steuern bei Rücklagen für Ersatzbeschaffung
nach R 6.6 EStR).

▶ **Verfahrenshinweis**

704   Unterhaltsrechtlich kann also der Ertrag aus Aufdeckung einer stillen Reserve,
       der einkommensrelevant ist, in einem Sonderposten mit Rücklageanteil ohne
       Gewinnauswirkung »geparkt« worden sein. Veräußerungsgewinne durch
       Aufdeckung stiller Reserven sind Bestandteil des steuerrechtlichen Gewinns und
       damit auch des unterhaltsrechtlich relevanten Einkommens.[335]

dd) Sonderabschreibungen und Ansparabschreibungen zur Förderung kleiner
*   und mittlerer Betriebe nach § 7g Abs. 3 EStG a.F.*

705 Die bisher in § 7g EStG a.F. kodifizierte **Ansparabschreibung** konnte durch Bildung
      einer Rücklage gewinnmindernd passiviert werden. Durch das Gesetz zur Unter-
      nehmenssteuerreform 2008 wurde die Ansparabschreibung ab der Verkündung der
      Neuregelung am 18.08.2007 durch einen **Investitionsabzugsbetrag** ersetzt, der nicht
      mehr durch Bildung einer Rücklage, sondern durch außerbilanziellen Abzug den
      Gewinn mindert.

706 Bei Anwendung des neuen § 7g EStG g.F. erfolgt der Ausweis nicht mehr im Sonder-
      posten mit Rücklageanteil, sondern außerbilanziell in der Ertragssteuererklärung mit
      unterhaltsrechtlichem Auskunfts- und Beleganspruch auf Vorlage der entsprechenden
      Unterlagen/Dokumentation.

707 Nach der Neuregelung ist der **Investitionsabzugsbetrag** im Sonderposten mit Rück-
      lageanteil **nicht** mehr ausgewiesen. Die Neuregelung stellt einen erheblichen **Nachteil**
      ggü. der bisherigen Regelung dar, weil nicht mehr bei ausbleibender Investition am
      Ende des Investitionszeitraums eine gewinnerhöhende Verzinsung eintritt; vielmehr
      führt die Rückgängigmachung zu einer Gewinnerhöhung i.H.d. Abzugsbetrags im
      Wirtschaftsjahr des Abzugs mit einer Verzinsung nach § 233a AO. Dies macht eine
      Neuveranlagung der relevanten Jahre erforderlich.

708 Die nach bisherigem Recht gebildeten Ansparabschreibungen werden nach den alten
      Regeln aufgelöst. Der **BGH**[336] hat zur Altregelung des § 7g EStG a.F. konsequent
      entschieden, dass eine Ansparabschreibung einem tatsächlichen Werteverzehr nicht
      entsprechen kann, so dass die Position unterhaltsrechtlich unberücksichtigt bleiben
      muss. In Konsequenz zu dieser Überlegung verlangt der BGH in der genannten Ent-
      scheidung eine **fiktive Steuerberechnung**.

▶ **Beispiel**

709   Der Gewinn eines Unternehmens beläuft sich im Jahre 2005 auf 100.000 €, wobei
       80.000 € aus einer Auflösung einer Ansparabschreibung herrühren. Im Jahre 2006
       beläuft sich der Gewinn auf 90.000 € mit einem hierin enthaltenen Anteil einer
       aufgelösten Ansparabschreibung von 50.000 €.

---

335 Wendl/Dose/*Spieker* § 1 Rn. 159.
336 BGH, FamRZ 2004, 1177 ff.

Im Jahre 2004 belief sich der durch eine Ansparabschreibung i.H.v. 30.000 € reduzierte Gewinn auf 60.000 €.

Lösung

Die Auflösung und Bildung von Ansparabschreibungen im obigen Beispiel sind unter fiktiver Neuberechnung der Ertragsteuern zu eliminieren.

ee) Erhöhte Abschreibungen bei Gebäuden in Sanierungsgebieten und städtebaulichen Entwicklungsbereichen nach § 7h EStG

Der Steuerpflichtige kann von den durch Zuschüsse aus Sanierungs- oder Entwick- 710
lungsfördermitteln nicht gedeckten Herstellungskosten, die für Modernisierungs- und
Instandhaltungsmaßnahmen i.S.d. § 177 Bundesbaugesetz aufgewendet worden sind,
anstelle der Abschreibung nach § 7 Abs. 4 oder 5 EStG im Jahr der Herstellung und in
den neun folgenden Jahren jeweils nach der Altregelung Abschreibungen bis zu 10 %
vornehmen. Für Maßnahmen dieser Art, die nach dem 31.12.2003 begonnen worden
sind, betragen die erhöhten Abschreibungen in den **ersten acht Jahren 9 % und in den
darauffolgenden vier Jahren 7 % der Herstellungskosten.**

▶ **Beispiel**

In einer Bilanz werden Herstellungskosten für eine Modernisierungsmaßnahme 711
an einem Gebäude in einem Sanierungsgebiet (auch bei der Einkunftsart
Vermietung und Verpachtung möglich) i.H.v. 100.000 € in einen Sonderposten
mit Rücklageanteil eingestellt.

Lösung

Im Ausgangsbeispiel sind die jährlich vorgenommenen erhöhten Abschreibungen,
weil sie nicht einem tatsächlichen Wertverzehr entsprechen, mit fiktiver Steuerberechnung[337] zu eliminieren.

ff) erhöhte Absetzung für Baudenkmäler nach § 7i EStG

Das im Vorabschnitt genannte, inkl. der Höhe der Abschreibungssätze, gilt auch für 712
im Inland belegene Gebäude, die nach landesrechtlichen Vorschriften als Baudenkmal anerkannt sind.

gg) Rücklage nach § 6 Abs. 1 UmwStG (Umwandlungssteuergesetz)

▶ **Beispiel**

Bei der Auflösung von Forderungen und Verbindlichkeiten zwischen verbundenen 713
Unternehmen im Zuge einer Umwandlung und Vermögensübergang von

---

337 BGH, FamRZ 2004, 1177 ff.

einer Kapitalgesellschaft auf eine Personengesellschaft entsteht ein Gewinn i.H.v. 20.000 €.

Lösung

Erhöht sich der Gewinn im Falle eines Vermögensübergangs von einer Kapitalgesellschaft auf eine Personengesellschaft dadurch, dass Forderungen und Verbindlichkeiten zwischen den beteiligten Rechtsträgern erlöschen oder Rückstellungen aufzulösen sind, so darf die Personengesellschaft insoweit eine den steuerlichen Gewinn mindernde Rücklage bilden, die in den der Bildung folgenden drei Wirtschaftsjahren zu mindestens mit je einem Drittel gewinnerhöhend aufzulösen ist.

714 Zweifelsohne handelt es sich hier unterhaltsrechtlich um einen Gewinn, der dem **Unterhaltseinkommen** zuzurechnen ist. Dieser sollte entsprechend der steuerrechtlichen Regelung ebenfalls über drei Jahre verteilt geschehen.[338] Ebenso ist zu verfahren, wenn der Übergangsgewinn in voller Höhe im Jahr der Realisierung erfolgswirksam ausgewiesen wird.[339]

c) Rückstellungen

715 Rückstellungen sind erfolgswirksam und reduzieren den Gewinn, so dass sie stets der unterhaltsrechtlichen Überprüfung unterliegen.

aa) Allgemeines zu Rückstellungen

716 Weder im Handels- noch im Steuerrecht findet sich eine **Definition** für Rückstellungen. § 249 HGB regelt ausschließlich die Zwecke der Rückstellungen.

Sie stellen eine passivische Außenverpflichtung des Unternehmens dar; betriebswirtschaftlich sind sie Fremdkapital. **Rückstellungen** sind im Gegensatz zu Verbindlichkeiten ihrer genauen Höhe nach nicht bestimmt, was ein gewisses erfolgswirksames Gestaltungspotenzial beinhaltet.

717 Nach § 249 Abs. 1 HGB sind Rückstellungen zu bilden (**Passivierungspflicht**) für
– ungewisse Verbindlichkeiten,
– drohende Verluste aus schwebenden Geschäften,
– unterlassene Aufwendungen für Instandhaltung, die im folgenden Geschäftsjahr innerhalb von 3 Monaten oder für Abraumbeseitigung, die im folgenden Geschäftsjahr **nachgeholt** werden und für
– Gewährleistungen, die ohne rechtliche Verpflichtung erbracht werden.

718 Dies bedeutet, dass Rückstellungen nicht für Schadensausgleich oder gar allgemeines Unternehmerwagnis oder für künftige Ausgaben gebildet werden dürfen.

---

338 BGH, FamRZ 2003, 741 ff.
339 AG Elze – 8 F 12/09, n.v.

Nach der Neufassung von § 249 Abs. 1 und der Streichung von Abs. 2 a.F. HGB durch   **719**
das BilMoG ist die Bildung von Aufwandsrückstellungen für Instandhaltungsmaßnahmen innerhalb von 3 Monaten im folgenden Geschäftsjahr nicht mehr zulässig.

Nach § 253 Abs. 2 Satz 1 HGB n.F. sind Rückstellungen mit einer Restlaufzeit von   **720**
mehr als einem Jahr und mit dem ihrer Restlaufzeit entsprechenden durchschnittlichen Zinssatz der vergangenen 7 Jahre abzuzinsen. Dieser Zinssatz wird von der
Deutschen Bundesbank nach Maßgabe der **Rückstellungsabzinsungsverordnung**
vom 18.11.2009 ermittelt und monatlich, insb. im Internet, bekannt gegeben.

In der **Steuerbilanz** darf für Pensionsrückstellungen höchstens der Teilwert der Pen-   **721**
sionsverpflichtung angesetzt werden (§ 6a EStG). Bei der Teilwertberechnung ist ein
Rechnungszinsfuss von 6 % anzuwenden.

Auch bei der Bildung von Pensionsrückstellungen muss das Maßgeblichkeitsprinzip   **722**
beachtet werden. Üblicherweise führt ein handelsrechtliches Passivierungswahlrecht
zu einem steuerlichen Passivierungsverbot.

Da § 6a EStG die Bildung von Pensionsrückstellungen unter den gegebenen Voraus-   **723**
setzungen aber ausdrücklich erlaubt, ist die Rückstellungsbildung in der Steuerbilanz
auch für Zusagen möglich, die vor dem 01.01.1987 erteilt wurden, obwohl handelsrechtlich ein Passivierungswahlrecht besteht. Für Zusagen, die nach 31.12.1986 erteilt
wurden, folgt aus der handelsrechtlichen Passivierungspflicht auch die Passivierungspflicht in der Steuerbilanz.

Die Rückstellungen werden **definiert** als   **724**
a) Passivposten für Vermögensminderungen oder Aufwandüberschüsse,
b) die den Aufwand vergangener Rechnungsperioden darstellen,
c) durch künftige Handlungen der Unternehmung (Zahlungen, Dienstleistungen
    oder Eigentumsübertragung an Sachen und Rechten) entstehen,
d) nicht den Bilanzansatz bestimmter Aktivposten korrigieren (Saldierungsverbot)
    und
e) sich nicht eindeutig (sonst wären es Verbindlichkeiten), aber hinreichend genau
    qualifizieren lassen.

–   **Zeitpunkt der Rückstellungsbildung**   **725**

Rückstellungen sind zu bilden, wenn
a) eine rechtliche Verpflichtung ggü. Dritten besteht, deren Höhe ungewiss ist **oder**
b) die hinreichende Wahrscheinlichkeit besteht, dass eine rechtliche Verpflichtung
    ggü. einem Dritten zukünftig entsteht **und**
c) mit einer Inanspruchnahme ernsthaft zu rechnen ist.[340]

---

340 BFH, BStBl II 1992, 1010 ff.; BFH, BStBl II 1993, 891.

726   –   **Bewertung von Rückstellungen**

Rückstellungen sind in der Handelsbilanz nach § 253 Abs. 1, Satz 2 HGB mit dem Betrag anzusetzen, der nach vernünftiger kaufmännischer Beurteilung notwendig ist. Grds. ist hier der voraussichtliche Erfüllungsbetrag anzusetzen. Der sich zwangsläufig ergebende Beurteilungsspielraum des Bilanzierenden muss für den Einzelfall objektiviert und von sachverständigen Dritten nachvollzogen werden können.

727   Nach dem weiter geltenden Grundsatz der Vorsicht (§ 252 Abs. 1 Nr. 4 HGB) stellt der Bilanzierende den Betrag ein, den das Unternehmen zur Deckung der Aufwendungen voraussichtlich benötigt.[341]

▶ Hinweis

Hierfür hat das Unternehmen eine Dokumentation zu erstellen, auf die sich der unterhaltsrechtliche **Auskunfts- und Beleganspruch** erstreckt.

728   **Bewertungsregeln des Steuerrechts:**

– Berücksichtigung der Wahrscheinlichkeit der Inanspruchnahme bei gleichartigen Verpflichtungen aufgrund von Erfahrungen der Vergangenheit (§ 6 Abs. 1 Nr. 3a Buchstabe a EStG)

– Bewertung von Sachleistungsverpflichtungen nach den Einzelkosten und angemessenen Teilen der notwendigen Gemeinkosten (§ 6 Abs. 1 Nr. 3a Buchstabe b EStG)

– bewertungsmindernde Berücksichtigung künftiger Vorteile, soweit sie nicht als Forderungen zu aktivieren sind (§ 6 Abs. 1 Nr. 3a Buchstabe c EStG)

– zeitanteilige Ansammlung von Rückstellungen, für deren Entstehung der laufende Betrieb ursächlich ist, insb. bei Kernkraftwerken (§ 6 Abs. 1 Nr. 3a Buchstabe d EStG)

– Abzinsung von Verpflichtungen mit 5,5 %, die in Geld- oder Sachleistungen zu erfüllen sind (§ 6 Abs. 1 Nr. 3a Buchstabe e EStG)

729   Nach den Grundsätzen der »**Wertaufhellung**« sind auch Preis- und Kostensteigerungen in die Bewertung der Rückstellungen einzubeziehen,[342] wenn es sich um Ereignisse handelt, die nach dem Bilanzstichtag aufgrund besserer Erkenntnisse ggü. dem Bilanzstichtag eintreten (§ 6 Abs. 1 Nr. 3a Buchstabe f EStG.

730   Die Bildung von Rückstellungen hat grds. zulasten der entsprechenden Aufwandsart zu erfolgen. Die Inanspruchnahme der Rückstellung berührt dann die spätere Gewinn- und Verlustrechnung nicht mehr.

731   Rückstellungen sind jährlich darauf zu untersuchen, ob und in welchem Umfang sie für den urspr. gebildeten Zweck noch erforderlich sind. Ist dieser entfallen, ist die Rückstellung erfolgswirksam aufzulösen.

---

341   Vgl. zur Bewertung von Urlaubsrückstellungen FG München, 07.05.2007 – 7 K 2505/05, EFG 2007, 1423.

342   Vgl. H 6.11 EStR.

bb) Pensionsrückstellungen

Bei den **Pensionsrückstellungen** handelt sich damit generell um eine für die Ermitt- 732
lung des Unterhaltseinkommens höchst bedeutende Position.

▶ **Beispiel**

Der Ehemann ist Unterhaltsschuldner und Alleingesellschafter der M-GmbH, 733
die einträgliche Gewinne erwirtschaftet und jährlich eine Pensionsrückstellung
i.H.v. 20.000 € erfolgswirksam passiviert, so dass der Gewinn jährlich um diesen
Betrag niedriger ausfällt.

Mit dem am 29.05.2009 in Kraft getretenen **BilMoG** (Rdn. 260 ff.) werden die Vor- 734
schriften für Pensionsrückstellungen modifiziert. An der Passivierung dem Grunde
nach ändert sich durch das BilMoG nichts. Es bleibt beim Passivierungswahlrecht
für Altzusagen und für mittelbare Zusage und bei der Passivierungspflicht für
Neuzusagen.

Die Höhe der Rückstellungen orientiert sich zukünftig am erwarteten **Erfüllungsbe-** 735
trag, so dass zukünftige Gehalts- und Rentensteigerungen einzurechnen sind. Zu den
zukünftigen Gehaltssteigerungen gehören auch sog. Karrieretrends.

Bei der betrieblichen Altersvorsorgung und vergleichbaren langfristig fälligen Ver- 736
pflichtungen kann vereinfachend von einer 15-jährigen Laufzeit ausgegangen werden. Der Rechnungszins entspricht dem 7-Jahres-Durchschnitt des beobachteten
Zinses.

Ist eine **Rückdeckungsversicherung** für die Pensionszusage abgeschlossen, so ist der 737
für diese Rückdeckungsversicherung zu aktivierende Betrag auf der **Aktivseite** unter
den **sonstigen Vermögensgegenständen** auszuweisen. Eine Saldierung mit Pensionsverpflichtungen auch bei Kongruenz ist unzulässig.[343]

Nach dem **BFH**[344] sind Ansprüche aus einer Rückdeckungsversicherung i.H.d. ver- 738
inslichen Ansammlung geleisteter Sparanteile der Versicherungsprämien einschließlich Guthaben aus Überschussbeteiligungen zu aktivieren. Der Wert des Aktivpostens
darf den Buchwert der Pensionsverpflichtung nicht übersteigen.

Das Steuerrecht verlangt eine **Passivierungspflicht** für Neuzusagen. 739

Da zum Zeitpunkt der Bilanzerstellung unklar ist, wann und in welcher Höhe das
Unternehmen Versorgungszahlungen leisten muss, hat eine **Bewertung** der Pensionsverpflichtungen **nach versicherungsmathematischen Grundsätzen** zu erfolgen. Hierbei wird – wie bei jeder Barwertberechnung eine Abzinsung – vorgenommen. Für jede
zukünftige Zahlung wird dabei die Wahrscheinlichkeit ihres Eintretens berücksichtigt.

---

343 BFH, BStBl III 1966, 251.
344 BFH, BStBl II 2004, 654.

740 Nach dem Steuerrecht (§ 6a Abs. 1 Nr. 1 EStG) gilt zu beachten:

I.   Die schriftlich zu erteilende Pensionszusage muss eindeutige Angaben zu Art, Form, Voraussetzungen und Höhe der in Aussicht gestellten künftigen Leistungen enthalten (§ 6a Abs. 1 Nr. 3 EStG).

II. Die Angaben für die finanzmathematische Ermittlung der Versorgungsverpflichtungen (z.B. Rechnungszinsfuß und biometrische Ausscheidewahrscheinlichkeiten) sind ebenfalls schriftlich festzulegen, sofern es zur eindeutigen Ermittlung der Höhe der in Aussicht gestellten Leistung erforderlich ist.[345]

III. Eine Pensionszusage im Beschluss einer Gesellschafterversammlung ohne Mitteilung an den Begünstigten ist unwirksam und stellt keine schriftliche Zusage i.S.d. § 6a Abs. 1 Nr. 3 EStG dar.

IV. Weiter dürfen Pensionszusagen steuerrechtlich nicht gebildet werden, wenn die Pensionsleistung von künftigen gewinnabhängigen Bezügen abhängt (§ 6a Abs. 1 Nr. 2 Halbs. 1 EStG).

V.   Auch eine Regelung, wonach die Versorgungszusagen mit dem Teilwert abgefunden werden können, führt zur Steuerschädlichkeit.

VI. Die Versorgungszusage darf keinen Vorbehalt enthalten, der den Arbeitgeber jederzeit berechtigt, den Anspruch nach freiem Belieben zu kassieren.

▶ **Verfahrenshinweis zum Unterhalts- und Beleganspruch**

741 Unterhaltsrechtlich besteht ein Auskunfts- und Beleganspruch auf die schriftlich erteilte Pensionszusage, die finanzmathematische Ermittlung mit Rechnungszinsfuß und biometrischen Ausscheidewahrscheinlichkeiten zur Überprüfung der vorgenannten steuerrechtlich restriktiven Regelungen.

742 **Pensionsrückstellung nach § 6a EStG für Gesellschafter-Geschäftsführer von Kapitalgesellschaften** dürfen nur gebildet werden, wenn ein steuerlich anerkanntes Arbeitsverhältnis besteht.

743 Dabei ist zu beachten, dass keine **verdeckte Gewinnausschüttung** (vGA)[346] vorliegt, die anzunehmen ist, wenn der Geschäftsführer die Pension nicht mehr erdienen kann.

744 Die **Erdienbarkeit** setzt voraus, dass vom Zeitpunkt der Zusage an das Arbeitsverhältnis noch eine gewisse Mindestdauer hat, was nach einem allgemeinen Drittvergleich zu beurteilen ist.[347]

745 Der BFH hat dabei **drei Zeitgrenzen** für Zusagen an beherrschende Gesellschafter-Geschäftsführer entwickelt:

I.   Das Arbeitsverhältnis muss bei Erteilung der Zusage mindestens zwei bis drei Jahre bestanden haben.[348]

---

345 BMF-Schreiben v. 28.08.2001, BStBl I 2001, 594.
346 Schenkungsteuerproblematik nach § 7 Abs. 1 Nr. 1 ErbStG; FG Düsseldorf, 30.11.2016 – 4 K 1680/15, EFG 2017, 237.
347 BFH, BStBl II 1999, 318; BStBl II 1999, 316.
348 BMF, BStBl I 1999, 512.

II. Ein beherrschender Gesellschafter-Geschäftsführer muss die Pensionszusage grds. mindestens zehn Jahre vor seinem vertraglich vorgesehenen Pensionierungsalter erhalten haben. Unbeachtlich ist, wie lange er vorher im Unternehmen tätig war.[349]

III. Nicht beherrschende Gesellschafter-Geschäftsführer müssen mindestens zwölf Jahre vor ihrem Pensionierungsalter für das Unternehmen tätig gewesen sein und die Zusage muss mindestens drei Jahre vor diesem Zeitpunkt erteilt worden sein.[350]

IV. Als Pensionierungsalter darf höchstens ein Alter von 70 vereinbart worden sein.[351],[352]

Die Frage der **verdeckten Gewinnausschüttung** (vGA) ist i.Ü. nach den Kriterien   **746**
- Ernsthaftigkeit der Zusage (Indiz ist der Abschluss einer Rückdeckungsversicherung),
- Angemessenheit der Zusage (diese ist gegeben, wenn ein nicht beteiligter Geschäftsführer in der Gesellschaft oder in vergleichbaren Unternehmen eine entsprechende Gesamtvergütung erhält[353] und die Pensionszusage 75 % der fiktiven angemessenen Gesamtbezüge nicht überschreitet),
- Verbot der Nachzahlung,
- Verbot des Selbstkontrahierens und der Finanzierbarkeit

zu beantworten.

Häufig findet sich ein Verzicht auf weiteres Anwachsen der Pensionsrückstellung   **747** (future service) unter Beibehaltung bisheriger Versorgung (past service) bei in Schwierigkeiten geratenen Gesellschaften. Nach Ansicht der Finanzverwaltung[354] liegen keine steuerpflichtigen verdeckten Einlagen und auch kein Lohnzufluss bei dem Verzicht vor, was die Maßnahme unterhaltsrechtlich auch akzeptabel macht.

Eine **Finanzierbarkeit** ist gegeben, wenn die künftige Ertragslage des Unternehmens   **748** die Pensionszahlungen ermöglicht.[355] Hieran fehlt es, wenn der Ansatz des Barwerts der künftigen Pensionsleistungen im Zusagezeitpunkt zu einer Überschuldung führte, obwohl die Aktiva mit den Teilwerten angesetzt werden.[356]

Ehegattenpensionszusagen (gilt auch für eingetragene Lebenspartner), die i.R.v. steu-   **749** erlich anzuerkennen Arbeitsverhältnissen (vgl. R 4.8 EStR) erteilt werden, berechtigen zur Bildung von Pensionsrückstellungen. Hieran sind strenge Anforderungen zu stellen, wobei die Finanzverwaltung Anerkennungsgrundsätze postuliert.[357]

---

349 BFH/NV 2000, 892.
350 BFH, BStBl II 2000, 504.
351 BFH, BStBl II 1995, 419, 421.
352 S. hierzu auch *Alber* Wpg 2017, 904.
353 BFH, DB 1988, 2489.
354 OFD Niedersachsen, Verf. v. 15.06.2011, www.ofd.niedersachsen.de.
355 BFH/NV 1993, 330.
356 BMF, BStBl I 1999, 512.
357 Vgl. *Arens* FamRB 2008, 155 ff.

750 **Voraussetzungen** sind danach, dass
     – eine ernstliche gewollte, klar und eindeutig vereinbarte Verpflichtung vorliegt,
     – die Zusage dem Grunde nach angemessen ist und
     – der Arbeitgeber-Ehegatte auch tatsächlich mit der Inanspruchnahme aus der gegebenen Pensionszusage rechnen muss.

751 Auch Einzelunternehmen und Personengesellschaften können Ehegatten eine Pensionszusage erteilen.[358] Gleichzeitige Zusage von Witwenversorgung führt zur Nichtberücksichtigung der Rückstellung. Steuerschädlich ist auch eine Pensionsrückstellung ohne weiteren Arbeitslohn.

752 **Pensionszulage im Unterhaltsrecht**

     Das Unterhaltsrecht braucht hier keine eigenen Bewertungskriterien zu entwickeln. Es kann auf die restriktiven Abgrenzungskriterien des Steuerrechts verwiesen werden, die oben im Einzelnen dargelegt worden sind.

▶ **Verfahrenshinweis**

753 Zur Überprüfung der Rechtmäßigkeit der Pensionsrückstellungen besteht eine familienrechtliche **Auskunfts- und Belegpflicht** bzgl. aller Dokumentationen und Urkunden, die eine Überprüfung der Rechtmäßigkeit nach Steuerrecht möglich machen wie bspw. arbeitsvertragliche Vereinbarung, Erteilung der Pensionszusage, finanzmathematische und biometrische Berechnung, Darlegung und Belege zur Erdienbarkeit und Ernsthaftigkeit der Zusage und deren Angemessenheit.

cc) Steuerrückstellungen (und Erfolgswirksamkeit)

754 Gewinnreduzierende **Steuerrückstellungen** finden sich praktisch in jeder Bilanz und müssen unterhaltsrechtlich auf ihre Angemessenheit überprüft werden. In den Steuerrückstellungen sind als der Höhe nach ungewisse Verbindlichkeiten diejenigen Steuern und Abgaben einzustellen, die bis zum Ende des Geschäftsjahres wirtschaftlich oder rechtlich entstanden sind und am Bilanzstichtag wahrscheinlich geschuldet werden. Sie kommen nur für diejenigen Steuerarten in Betracht, für welche das Unternehmen selbst Steuersubjekt ist (also nicht die Einkommensteuer des Einzelunternehmers oder der Mitunternehmer).

755 **Veranlagte Steuern** sind dort nicht auszuweisen, sondern unter den »**sonstigen Verbindlichkeiten**« mit dem Vermerk »davon aus Steuern«. Auch für Steuern aufgrund einer **durchgeführten Betriebsprüfung** kann eine Rückstellung gebildet werden.

756 Die Berechnung der Steuerrückstellungen erfolgt grds. nach den steuerlichen Vorschriften. Wesentliche Anwendungsfälle betreffen die **Körperschaftsteuer** und die **Gewerbeertragsteuer**.

---

358 BMF-Schreiben v. 03.11.2004.

Die Gewerbesteuerrückstellung konnte bisher näherungsweise mit 5/6 des Betrages **757** der Gewerbesteuer angesetzt werden, die sich ohne Berücksichtigung der Gewerbesteuer als Betriebsausgabe ergeben würde. Durch die Unternehmenssteuerreform gilt für die Veranlagungszeiträume ab 2008 dieses nicht mehr, da die Gewerbesteuer und deren Nebenleistungen keine abziehbaren Betriebsausgaben mehr sind.

Nach einhelliger Meinung[359] sind auch Rückstellungen für **latente Steuern gem.** **758** § 249 HGB für Kaufleute erfolgswirksam zu bilden in den Fällen des Investitionsabzugsbetrags nach § 7g EStG und den sog. steuerfreien Rücklagen gem. § 6b EStG und R 6.6 EStR 2012. Dies gilt insb. dann, wenn eine hinreichende Wahrscheinlichkeit besteht, dass die Beträge ohne Übertragung auf das Wirtschaftsgut aufgelöst werden können. Eine Rückstellung kommt dagegen nicht für Sonderabschreibungen, erhöhte Absetzung und gewinnmindernder Herabsetzung in Betracht.

Die in der Handelsbilanz gebildete Rückstellung ist auch in der Steuerbilanz nachzu- **759** vollziehen und außerbilanziell aufzulösen.

▶ **Beispiel**

Am 31.12.2012 bildet eine junge Bau-GmbH (Kleinst-GmbH gem. § 267a HGB) **760** einen Investitionsabzugsbetrag i.h.v. 100.000 € für die künftige Anschaffung von diversen Baumaschinen. Es besteht eine Investitionsabsicht, jedoch ist die tatsächliche Investition im Zeitpunkt der Bilanzierung noch nicht sicher.

Lösung

Die Bau-GmbH hat zum 31.12.2012 in der Handels- und Steuerbilanz einer Rückstellung für latente Steuern i.H.v. 30.000 € zu bilden. Außerbilanziell ist die Rückstellung dem steuerlichen Gewinn hinzuzurechnen.

▶ **Verfahrenshinweis**

Unterhaltsrechtlich ist die erfolgswirksame Bildung der Steuerrückstellung zu **761** eliminieren.

dd) Sonstige Rückstellungen

Wie alle Rückstellungen reduzieren auch diese den steuerlichen Gewinn und damit **762** das Unterhaltseinkommen.

Unter den »sonstigen Rückstellungen« sind alle diejenigen Rückstellungen zu erfas- **763** sen, für welche kein gesonderter Ausweis vorgeschrieben ist.

Nach § 249 HGB handelt es sich dabei um die folgenden Posten: **764**
– Verbindlichkeitsrückstellungen mit Rückstellungen für ungewisse Verbindlichkeiten und Rückstellungen für Gewährleistungen, die ohne rechtliche Verpflichtung erbracht werden,

---

359 IDW RS HFA 7; Verlautbarung BStBK v. 12.10.2012, DStR 2012, 2296.

- Rückstellungen für drohende Verluste aus schwebenden Geschäften (Drohverlustrückstellungen),
- Aufwandsrückstellungen mit Rückstellungen für im Geschäftsjahr unterlassene Aufwendungen für Instandhaltung und Abraumbeseitigung und
- sonstige Aufwandsrückstellungen.

765 Grds. besteht eine Passivierungspflicht, auch für unterlassene Aufwendungen für Instandhaltung, soweit sie innerhalb von drei Monaten nachgeholt werden; für sonstige Instandhaltungsaufwendungen gelten ein Passivierungswahlrecht und damit ein steuerliches Passivierungsverbot.

766 **Ungewisse Verbindlichkeitsrückstellungen** sind zu passivieren
- für Verpflichtungen ggü. Dritten (Außenverpflichtung, insb. öffentlich-rechtliche Verpflichtung),
- die sicher oder wahrscheinlich be- oder entstehen (Ungewissheit),
- die rechtlich bzw. wirtschaftlich zum Abschlussstichtag verursacht sind,
- wobei mit einer Inanspruchnahme aus der ungewissen Verbindlichkeit ernsthaft zu rechnen ist und wobei
- die Aufwendungen in künftigen Wirtschaftsjahren nicht zu Anschaffungs- oder Herstellungskosten für das Wirtschaftsgut führen.

767 Die Außenverpflichtung besteht bei zivilrechtlicher Verpflichtung, schuldrechtlicher oder dinglicher Art oder aber auch bei öffentlich-rechtlichen Verpflichtungen (**entsteht** bei Fristsetzung nicht schon mit der Bekanntgabe des Verwaltungsakts[360]), wenn diese am Bilanzstichtag bereits entstanden sind.[361] Auch bei faktischer Außenverpflichtung bspw. bei Kulanzleistungen kann eine derartige Rückstellung gebildet werden, wenn sich der Kaufmann dieser Verpflichtung nicht entziehen kann. Die Ungewissheit der Schulden bezieht sich auf deren Höhe und/oder das Bestehen oder Entstehen.

768 Nach § 5 Abs. 1 EStG gelten die handelsrechtlichen Vorschriften auch für die Steuerbilanz. **Eingeschränkt** wird dieser Grundsatz durch § 5 Abs. 3 EStG für **Rückstellungen für Patentverletzungen**, § 5 Abs. 4 EStG für **Rückstellungen für Jubiläumszuwendungen**, § 5 Abs. 4a EStG für **Drohverlustrückstellungen**, § 5 Abs. 4b EStG für Anschaffungskosten, **Entsorgungsverpflichtungen radioaktiver Reststoffe** sowie durch die Bewertungsvorschriften in § 6 Abs. 1 Nr. 3a EStG. Dies führt wiederum zur Möglichkeit und zu einem Beispiel für **Auseinanderfallen** von Handels- und Steuerbilanz.

769 **Unterhaltsrechtlich** akzeptabel können nur die Rückstellungen für ungewisse Verbindlichkeiten sein, die den Regeln des Steuerrechts entsprechen.

770 Unter **Rückstellungen für Gewährleistungen**, die ohne rechtliche Verpflichtung erbracht werden, fallen sog. Garantieverpflichtungen, für die eine rechtliche Verpflichtung nicht besteht, sog. faktische Verpflichtungen und freiwillige Kulanzleistungen.

---

360 BFH, BStBl II 2013, 686.
361 BFH/NV 2008, 1029 ff.

Die Bewertung erfolgt aufgrund einer Schätzung im Vergleich zu Garantieaufwand   771
der Vorjahre. Für gleichartige, regelmäßig wiederkehrende Gewährleistungsrisiken
kommt die Bildung einer Sammelrückstellung in Betracht (H 5.7 Abs. 4 EStH).

Das Passivierungsverbot setzt nach der Rechtsprechung des **BFH**[362] das Vorliegen   772
einer sittlichen oder wirtschaftlichen Verpflichtung voraus, der sich der Unternehmer
nicht entziehen kann.

Eine bilanzierende Ärzte-GbR kann für **Honorarrückforderungen** aufgrund der   773
Überschreitung der Richtgrößen für ärztliche Verordnungen, sogar in der Schlussbi-
lanz, eine Rückstellung bilden.[363] Dies ergibt sich daraus, dass **§ 106 Abs. 5a SGB V**
bei einer Überschreitung des Richtgrößenvolumens um mehr als 25 % eine Rückforderung i.H.d. Mehraufwandes der Krankenkasse gesetzlich vorgibt und die Kenntnis
des Forderungsinhabers gegeben sowie die Wahrscheinlichkeit der Inanspruchnahme
aufgrund der Mitteilung und Schreiben der kassenärztlichen Vereinigung hinreichend
konkretisiert sind.

Auch bei den Rückstellungen braucht das **Unterhaltsrecht** eigene Regeln nicht zu ent-   774
wickeln, Anzuerkennen sind die sonstigen Rückstellungen, die auch das Steuerrecht,
das restriktiver als das Handelsrecht ist, akzeptiert.

ee) ABC der sonstigen Rückstellungen

– Abbruch von Gebäuden und Gebäudeteilen aufgrund vertraglicher oder öffent-   775
  lich-rechtlicher Verpflichtung
– Abfindungen nur bei bestehenden vertraglichen Verpflichtungen[364]
– Abrechnungskosten bspw. für den Bauunternehmer nach § 14 VOB/B
– Altersteilzeit aufgrund gesetzlicher Regelung des Altersteilzeitgesetzes
– Altlastensanierung aufgrund zivilrechtlicher oder öffentlich-rechtlicher Verpflich-
  tung, aber nur bei hinreichender Konkretisierung
– Anpassungsverpflichtungen aufgrund des Bundesimmissionsschutzgesetzes erfor-
  derliche Nachrüstung von genehmigungspflichtigen Anlagen
– Anschaffungs-und Herstellungskosten dürfen nach § 5 Abs. 4b Satz 1 EStG **nicht**
  in die Rückstellung eingestellt werden
– Arbeitnehmer/Ausbildungskosten bei Ansprüchen aus Arbeitsverhältnissen bspw.
  wegen Abfindungen aus dem Arbeitsverhältnis
– Aufbewahrung von Geschäftsunterlagen mit den dazu künftigen Kosten kann eine
  Rückstellung rechtfertigen
– Aufgabe des Betriebes erlaubt **nicht** die Bildung einer Rückstellung für nachträg-
  liche Betriebsausgaben[365]
– Aufsichtsratsvergütung

---

362 BFH, BStBl III 1965, 383.
363 BFH, BStBl II 2015, 523.
364 BFH/NV 1995, 79.
365 BFH, BStBl II 1978, 430.

- Ausgleichsanspruch der Handelsvertreter nach § 89b HGB
- Beihilfe bei Verpflichtungen ggü. ehemaligen Mitarbeitern bei Krankheit etc.[366]
- Berufsgenossenschaftsbeiträge
- Betriebsprüfungskosten und Betriebsprüfungsrisiko sind nach H 5.7 Abs. 3 EStH 2012 rückstellungsfähig
- Bonusverpflichtungen
- Buchführungsarbeiten (ein »Klassiker« der Rückstellungen, vgl. § 249 Abs. 1 HGB; H 5.7 Abs. 3 EStH 2012)
- Bürgschaftsübernahme bei drohender Inanspruchnahme aus der Bürgschaft
- Deputate für Sachleistungen in Form von Kohle, Getränke etc.
- Devisentermin- und Devisenoptionsgeschäfte bei daraus drohenden Verlusten
- Emissionsrechte für die Verpflichtung zur Abgabe von Emissionsrechten gem. § 6 Abs. 1 des Gesetzes über den Handel mit Berechtigungen zur Emission von Treibhausgasen
- Entsorgung bspw. für Rücknahme und Entsorgung von Verpackungen nach der Verpackungsverordnung, gebrauchten Geräten und Materialien (Elektronikschrott und Altöl)
- Garantieverpflichtungen (Gewährleistung) in Form von Einzel-, Pauschal- oder Mischbewertungsverfahren unter Berücksichtigung der durchschnittlichen Inanspruchnahme in der Vergangenheit
- Geschäftsverlegungsrisiken erst bei tatsächlicher Umsetzung des Verlegungsentschlusses
- Gewinnbeteiligungszusagen, Gratifikationen, Tantiemen
- Grundsteuer
- Haftpflichtverbindlichkeiten, insb. Produkthaftpflichtrisiken, wobei die Inanspruchnahme ernsthaft drohen muss
- Heimfallverpflichtung für die Verpflichtung, entschädigungslos oder teilweise entschädigungslos ein auf fremdem Grundstück errichtetes Gebäude zu übereignen
- Jahresabschlusskosten
- Jubiläumszuwendungen nach Steuerrecht eingeschränkt nur dann, wenn die Zusage rechtsverbindlich, unwiderruflich und vorbehaltlos erteilt worden ist
- Konzernhaftung für ungewisse Verbindlichkeiten bei Vorliegen eines qualifiziert faktischen Konzerns
- Kündigungsschutz nicht für die Abfindungszahlung nach Kündigungsschutzgesetz; nur für weitere Lohnzahlungen[367]
- Kulanzleistungen, wenn sich der Kaufmann dieser Verpflichtung nicht entziehen kann, s.o.
- Lohnfortzahlung im Krankheitsfall
- Lohnsteuer, wenn wegen hinterzogener Lohnsteuer ein Haftungsbescheid droht
- Mutterschutz

---

366 BFH, DB 2002, 1636.
367 BFH/NV 1995, 976.

- Pachterneuerungsverpflichtungen bei schuldrechtlicher Verpflichtung bei Verpachtung des Unternehmens im Ganzen zur Substanzerhaltung
- Patent- und Markenzeichenverletzungen bei ernsthaft drohender Inanspruchnahme
- Prozesskosten und Strafverteidigerkosten (Für Prozesskosten ist eine Prozesskostenrückstellung zu bilden, **nicht** für Strafverteidigerkosten, da sie keine Betriebsausgaben sein können.)
- Rekultivierungskosten, insb. aufgrund behördlicher Anordnung wegen der Verpflichtung, den urspr. landschaftsmäßigen Zustand wiederherzustellen
- Schadensersatzverpflichtungen, wenn mit einiger Wahrscheinlichkeit mit Inanspruchnahme gerechnet werden muss
- Sozialpläne
- Stilllegung, Rekultivierung und Nachsorge von Deponien
- Substanzerhaltung; wegen gestiegener Wiederbeschaffungskosten darf keine Rückstellung gebildet werden[368]
- Urlaubsverpflichtungen errechnen sich aus der Entgeltverpflichtung des Unternehmens für noch nicht genommene Urlaubsansprüche der Mitarbeiter; hierfür ist eine Dokumentation zu erstellen, auf die unterhaltsrechtlich ein Anspruch auf Vorlage besteht
- Wechselobligo für das Ausfallrisiko von Wechseln
- Weihnachtsgeld bei rechtlicher Verpflichtung
- Zinsen auf Steuernachforderungen bei hinreichender Wahrscheinlichkeit der Inanspruchnahme
- Zinszahlungen

Bei den genannten Rückstellungen braucht das **Unterhaltsrecht** eigene Prüfungsmethoden nicht zu entwickeln, da das Steuerrecht restriktiv ist.   776

▶ Hinweis

Soweit Rückstellungen nach Steuerrecht gebildet werden dürfen, bezieht sich der   777
unterhaltsrechtliche **Auskunfts- und Beleganspruch** auf

die Dokumentation der Ermittlung sowie

eingehender Begründung der Bildung der Rückstellung dem Grunde nach nebst den dazugehörenden Urkunden.

Zu beachten ist auch, ob, wann und ob in richtiger Höhe die Rückstellung wieder aufgelöst worden ist.

d) Verbindlichkeiten

Unterhaltsrechtlich spielen die **Verbindlichkeiten** zunächst einmal mittelbar über   778
die erfolgswirksame Verzinsung eine Rolle. Weiter ist insb. die Abgrenzung zwischen betrieblichen Verbindlichkeiten und Privatschulden von Bedeutung.

---

368 BFH, BStBl II 1980, 434.

779 Rückstellungen sind dem Grund und der Höhe nach ungewiss, während Verbindlichkeiten sich durch einen Zwang zur Leistung, eindeutige Quantifizierbarkeit dieser Leistung und eine wirtschaftliche Belastung für den Leistenden auszeichnen.

780 Da im Jahresabschluss nach § 246 Abs. 1 HGB alle Schulden aufzunehmen sind, sind Verbindlichkeiten passivierungspflichtig. Nach § 246 Abs. 2 HGB besteht ein Saldierungsverbot mit Forderungen, es sei denn, es besteht eine Aufrechnungslage nach § 387 BGB.

781 Nach § 253 Abs. 1 Satz 2 HGB sind Verbindlichkeiten **handelsrechtlich** mit ihrem Rückzahlungsbetrag anzusetzen. Nach § 253 Abs. 1 Satz 2 HGB sind Rentenverpflichtungen mit ihrem Barwert zu passivieren.

782 In der **Steuerbilanz** sind die Verbindlichkeiten nach § 6 Abs. 1 Nr. 3 EStG unter sinngemäßer Anwendung von § 6 Abs. 1 Nr. 2 EStG anzusetzen, d.h. die Verbindlichkeiten sind mit den Anschaffungskosten oder dem höheren Teilwert zu bewerten.

783 **Unverzinsliche** Verbindlichkeiten, die nicht auf einer Anzahlung oder Vorauszahlung beruhen, sind mit einem Zinssatz von 5,5 %[369] abzuzinsen, wenn deren Laufzeit nicht weniger als 12 Monate beträgt (§ 6 Abs. 1 Nr. 3 EStG).

784 Zur **Abgrenzung betrieblicher Verbindlichkeiten und privater Verbindlichkeiten** muss Folgendes beachtet werden. Eine Kapitalgesellschaft hat kein Privatvermögen, so dass sämtliche Verpflichtungen, die das Unternehmen eigenständig eingeht, zu passivieren sind. Bei Einzelunternehmen und Personengesellschaften ist entscheidendes Abgrenzungskriterium die **betriebliche Veranlassung**.

785 Diese ist dann gegeben, wenn der auslösende Vorgang einen tatsächlichen oder wirtschaftlichen Zusammenhang mit dem Betrieb aufweist. Dies ist insb. der Fall, wenn die Verbindlichkeiten für die Anschaffung von Wirtschaftsgütern des Betriebsvermögens, deren Erneuerung oder Verbesserung, der Ablösung von Betriebsschulden oder der Zuführung liquider Mittel in Zusammenhang stehen.

786 Bei sog. Überentnahmen nach § 4 Abs. 4a EStG (Rdn. 649 ff.) sind die Schuldzinsen nicht abzugsfähig, wenn die Entnahmen die Summe des Gewinns und der Einlagen des Wirtschaftsjahres übersteigen. Dies kann aber durch vorübergehende Einlagen vor Jahresende kompensiert werden im (§ 4 Abs. 4a EStG).

e) Passive Rechnungsabgrenzungsposten/Passive RAP

787 Nach § 250 Abs. 2 HGB sind Einnahmen vor dem Abschlussstichtag periodisch abzugrenzen, soweit sie Erträge für eine bestimmte Zeit nach diesem Tag darstellen. Hier sind aber nur transitorische **Passiva** auszuweisen; antizipative Passiva sind als Verbindlichkeiten oder Rückstellung zu bilanzieren.

---

369 BFH/NV 2013, 1779.

▶ **Beispiel (Rdn. 592 ff.)**

Das Versicherungsunternehmen bucht hier die Versicherungsprämie für die zehn   788
Monate i.H.v. 800 € für das Jahr 2013 als passiven RAP im Jahresabschluss 2012.

Buchungssatz: Bank an RAP 800 €

Die Versicherungsprämie für die zwei Monate November und Dezember 2012
stellt bei ihm Ertrag dar.

Nur die Versicherungsprämien für die ersten zwei Monate, den November und den
Dezember 2012, stellen periodengerecht zurechenbaren Aufwand für 2012 dar.

Buchungssatz: Bank an Ertrag 200 €

12. Bilanzberichtigung und Bilanzänderung, § 4 Abs. 2 Satz 1, 2 EStG

a) Bilanzberichtigung

Nur unter bestimmten Voraussetzungen darf eine beim Finanzamt eingereichte Bilanz   789
berichtigt werden. Eine **Bilanzberichtigung** ist zulässig, wenn ein unrichtiger Bilanzansatz durch einen richtigen Bilanzansatz **korrigiert** wird.[370]

▶ **Verfahrenshinweis zum Unterhalts- und Beleganspruch**

Eine Berichtigung muss erfolgen, falls durch den unrichtigen Bilanzansatz   790
eine Verkürzung von Steuern erfolgt (§ 153 Abs. 1 Nr. 1 AO). Es besteht ein
unterhaltsrechtlicher Auskunfts- und Beleganspruch.

Eine Bilanzberichtigung nach Bestandskraft eines Steuerbescheides ist nur möglich,   791
wenn die Veranlagung nach den Vorschriften der AO noch geändert werden kann.
Dies ist insb. im Zusammenhang mit einer Außenprüfung nach § 173 AO oder
bei einer Steuerfestsetzung unter dem Vorbehalt der Nachprüfung nach § 164 AO
möglich.

b) Bilanzänderung

Von **Bilanzänderung** wird gesprochen, wenn ein zulässiger Bilanzansatz durch einen   792
anderen zulässigen Bilanzansatz ersetzt wird. Eine Bilanzänderung ist unter der Voraussetzung des § 4 Abs. 2 Satz 2 EStG zulässig, d.h., wenn sie Auswirkungen auf den
Gewinn hat.

▶ **Verfahrenshinweis zum Unterhalts- und Beleganspruch**

Auch nach Einreichung der Bilanz bei dem Finanzamt kann eine Änderung erfolgen,   793
soweit sie den Grundsätzen ordnungsgemäßer Buchführung unter Befolgung des
Einkommensteuergesetzes nicht entspricht oder wenn sie in einem engen zeitlichen

---

370 Vgl. zur Bilanzberichtigung bei Änderung der Verwaltungsauffassung OFD Hannover,
     Verf. v. 13.03.2008, S 2141–15-STO 222/221, DStR 2008, 969.

und sachlichen Zusammenhang mit einer Änderung nach § 4 Abs. 2 Satz 1 EStG steht, und zwar soweit die Auswirkungen der Änderung auf den Gewinn reicht.[371]

Es besteht ein unterhaltsrechtlicher Auskunfts- und Beleganspruch.

13. Sonderbilanzen/Ergänzungsbilanzen/Umwandlungen

a) Sonderbilanzen/Sonderbetriebsvermögen

794 Das Bsp. (Rdn. 829) zum Umwandlungs- und Umwandlungssteuerrecht und zu Wertansätzen in Eröffnungsbilanzen wird deutlich machen, dass neben den jährlich zu erstellenden Bilanzen auch andere Bilanztypen wie Sonderbilanzen und Ergänzungsbilanzen, die wegen handelsrechtlicher und steuerlicher Erfordernisse erstellt werden, unmittelbaren Einfluss auf das steuerliche Ergebnis und damit mittelbar auf das Unterhaltseinkommen haben. Ohne diese **Sonderbilanzen** lassen sich die **Unterhaltseinkünfte des Mitgesellschafters** bei Personengesellschaften nicht beurteilen.

795 Das Handels- und Gesellschaftsrecht kennt außer den jährlich zu erstellenden Jahresabschlüssen auch Sonderbilanzen, die bei besonderen außerordentlichen Anlässen zu erstellen sind.

Hierzu zählen bspw.:
– Eröffnungsbilanzen (z.b. bei Neu- und Umgründungen)
– Bilanzen bei nomineller Kapitalerhöhung (z.b. § 209 Abs. 2 AktG)
– Sanierungs-, Kapitalherabsetzungsbilanzen (z.b. §§ 222 ff. AktG, 58 GmbHG)
– Umwandlungs- und Verschmelzungsbilanzen (§ 17 Abs. 2 UmwG)
– Liquidations- bzw. Abwicklungsbilanzen (z.b. §§ 154 HGB, 270 AktG, 71 GmbHG, 89 GenG)
– Insolvenzbilanzen (z.b. § 153 InsO)
– Aufgabebilanz (§§ 16 Abs. 2 Satz 2, 18 Abs. 3 EStG)
– Liquidationseröffnungsbilanz (§ 71 Abs. 1 GmbHG)
– Liquidationsjahresabschluss (§ 71 Abs. 1 GmbHG)
– Liquidationsschlussbilanz (§§ 72, 73 GmbHG)

796 Das Steuerrecht verlangt zudem die Aufstellung von sog. **Sonderbilanzen** bei bestimmten Sachverhalten im Bereich der **Mitunternehmerschaft.**

797 Dort sind für einzelne Mitunternehmer zu erfassen
– aktive und passive Wirtschaftsgüter des Sonderbetriebsvermögens,
– Sondervergütungen i.S.v. § 15 Abs. 1 Nr. 2 EStG, die der Gesellschafter für seine Tätigkeit im Dienst der Gesellschaft oder für die Hingabe von Darlehen oder für die Überlassung von Wirtschaftsgütern bezieht bzw. auf einem schuldrechtlichen Vertrag beruhen,
– sonstige Sonderbetriebseinnahmen und Sonderbetriebsausgaben,
– Gewinne/Verluste aus dem Verkauf des Mitunternehmeranteils.

---

371 BMF-Schreiben v. 18.05.2000, BStBl I 2000, 587.

Sonderbilanzen werden nach den Regeln des Betriebsvermögensvergleichs nach § 4   798
Abs. 1, 5 EStG erstellt. Für die Bewertung der Wirtschaftsgüter gelten die Regeln des
§ 6 Abs. 1 Nr. 4, Nr. 5 EStG für die Übertragung von Sonderbetriebsvermögen in das
Gesamthandsvermögen und umgekehrt.

Zum Begriff des **Sonderbetriebsvermögens:** Bei einer Mitunternehmerschaft wird   799
zwischen dem Betriebsvermögen der Gesamthand und dem Sonderbetriebsvermögen
der einzelnen Mitgesellschafter unterschieden (auch bei der EÜR). Zum Sonderbetriebsvermögen gehören die Wirtschaftsgüter, die in der Verfügungsmacht eines Mitgesellschafters stehen, ohne dass sie Betriebsvermögen der Gesamthand werden.

Dabei bezeichnet das notwendige **Sonderbetriebsvermögen I** die Wirtschaftsgüter, die   800
der Gesellschafter der Gesellschaft zur Nutzung überlässt, und die dem Betrieb der
Personengesellschaft unmittelbar dienen.

Das **Sonderbetriebsvermögen II** umfasst solche Wirtschaftsgüter, die unmittelbar zur   801
Begründung oder Stärkung der Beteiligung des Gesellschafters an der Gesellschaft
eingesetzt werden wie z.b. Darlehen, die der Finanzierung der Beteiligung an der Mitunternehmerschaft dienen.[372]

Das Sonderbetriebsvermögen wird in einer Sonderbilanz und einer dazugehörigen   802
Gewinn- und Verlustrechnung erfasst. In dieser Gewinn-und Verlustrechnung befinden sich die sog. **Sonderbetriebseinnahmen bzw. Sonderbetriebsausgaben.** Hierunter
werden persönlich vereinbarte Beträge bzw. persönlich getragene Aufwendungen definiert, die wirtschaftlich durch die Mitunternehmerstellung veranlasst sind.

Sonderbetriebseinnahmen und -ausgaben gehen in die besondere Gewinnermittlung   803
des Mitunternehmers ein und erhöhen oder mindern die **gewerblichen Einkünfte**
des Mitunternehmers und sind damit unterhaltsrelevant. Bei der Überlassung eines
Gebäudes sind dies z.B. die Mieteinnahmen, die AfA sowie die Aufwendungen für
Instandhaltungen, Grundsteuer etc.

▶ **Verfahrenshinweis zum Unterhalts- und Beleganspruch**

Ist der Mitgesellschafter, der Sonderbetriebsvermögen der Personengesellschaft   804
zur Verfügung stellt, der Unterhaltsschuldner, kann sein Unterhaltseinkommen
nur beurteilt werden, wenn die vorgenannten Informationsquellen (Sonderbilanz
und Sonder-G&V), auf die folglich ein Auskunfts- und Beleganspruch besteht,
vorliegen und in die Berechnung miteinbezogen werden können.

Dies gilt auch bei der EÜR.

Anlage SE = Sonderberechnung für Betriebseinnahmen und/oder Sonderbetriebsausgaben, wie z.B. eine Vergütung für die Tätigkeit im Dienst der Gesellschaft, die
Hingabe von Darlehen und/oder die Überlassung von Wirtschaftsgütern;

---

372 Vgl. BFH, BStBl II 1993, 328.

Anlage AVSE = Anlageverzeichnis zur Anlage SE: diese ist nur zu übermitteln, wenn tatsächlich Sonderbetriebsvermögen vorliegt. Hierbei handelt es sich um Wirtschaftsgüter, die nicht Gesamthandseigentum sind, sondern einem, mehreren oder allen Beteiligten gehören und dem Betrieb der Gesellschaft oder der Stärkung der Beteiligung der Gesellschafter dienen.

b) Ergänzungsbilanzen

805   Ist der Mitunternehmer einer Personengesellschaft nicht mit den seinem Anteil am Gesamthandsvermögen entsprechenden Werten an Wirtschaftsgütern der Personengesellschaft beteiligt, kann sein Unterhaltseinkommen nur dann beurteilt werden, wenn das Ergebnis der nach dem Betriebsvermögensvergleich zu erstellenden **Ergänzungsbilanzen** mit einbezogen wird.

806   Die Wertansätze der aus der Handelsbilanz abgeleiteten Steuerbilanz, ergänzt um die Korrekturen der Ergänzungsbilanz, ergeben insg. die steuerlichen Wertansätze für die jeweiligen Wirtschaftsgüter. Das steuerliche Ergebnis der Mitunternehmerschaft ergibt sich also nur aus der Summe der Ergebnisse der aus der Handelsbilanz abgeleiteten Steuerbilanz, der Ergänzungs- und der Sonderbilanzen. Das in der Ergänzungsbilanz ausgewiesene Kapital eines Mitgesellschafters ist Bestandteil des Kapitalkontos und beeinflusst demnach das Verlustausgleichs- und -abzugspotenzial.[373]

807   Der Begriff »Ergänzungsbilanz« wird im Bilanzsteuerrecht verwendet, ohne dass das Gesetz diesen Begriff, außer in der Vorschrift des § 24 Abs. 2, 3 UmwStG, verwendet.

808   Ergänzungsbilanzen sind in vier Fällen aufzustellen:
- bei Gesellschaftereintritt in eine Personengesellschaft, wobei der eintretende Gesellschafter Aufwendungen tätigt, die nicht mit dem Nominalbetrag des eingeräumten Kapitalkontos übereinstimmen;
- bei Einbringung eines Betriebes nach § 24 UmwStG;
- bei Übertragung einzelner Wirtschaftsgüter aus BV des Mitgesellschafters in die Gesellschaft nach § 6 Abs. 5 Satz 3–5 EStG;
- bei Inanspruchnahme personenbezogener Steuervergünstigungen durch eine Personengesellschaft für einzelne Mitgesellschafter (z.B. §§ 6b, 7d, 7k EStG)

▶ Hinweis

809   Ergänzungsbilanzen sind damit auf den Bereich der Personengesellschaften (Mitunternehmerschaften) beschränkt. Sie enthalten Wertkorrekturen zu den Beträgen, die in der Steuerbilanz der Mitunternehmerschaft für die gesamthänderisch gebundenen Wirtschaftsgüter angesetzt sind.

---

373 Vgl. BMF-Schreiben v. 30.05.1997, BStBl I 1997, 627; ausf. zu den Kapitalkonten der Personengesellschaft: Rdn. 602 ff.

Die erläuterten **Sonderbilanzen unterscheiden sich von den Ergänzungsbilanzen**   810
dadurch, dass es sich hierbei um überlassene Wirtschaftsgüter und Leistungen handelt, die **nicht** zum **Gesamthandsvermögen** der Personengesellschaft gehören.

Die **Ergänzungsbilanz** ist dann aufzustellen, wenn die **Anschaffungskosten** eines in eine   811
Mitunternehmerschaft eintretenden Gesellschafters **nicht mit dem Nominalbetrag des
Kapitalkontos übereinstimmen (Ergänzungsbilanz bei Gesellschaftereintritt).**

▶ Beispiel

Unterhaltsschuldner U tritt in eine Personengesellschaft ein und erhält einen Anteil
am Kapital mit einem Nominalwert von 10.000 €. Als Gegenleistung überträgt
er, das sind seine Anschaffungskosten, ein einzelnes Wirtschaftsgut, z.B. eine
Maschine, mit Teilwert von 25.000 € auf die Personengesellschaft.

Lösung

Die Anschaffungskosten sind also höher als der Nominalwert des Gesellschaftsanteils, so dass für U eine **positive Ergänzungsbilanz** zu erstellen ist.

Die Gesellschaft hat Anschaffungskosten für die Maschine von 10.000 €, was die
Bemessungsgrundlage für ihre Abschreibung dargestellt, während der U in seiner
Ergänzungsbilanz 15.000 € abschreibt.

Sind die Anschaffungskosten des eintretenden Gesellschafters geringer als das einge-   812
räumte Kapitalkonto, so ist der Minderbetrag in einer **negativen Ergänzungsbilanz**
zu erfassen.

Die Wertansätze in den Ergänzungsbilanzen sind in den Folgejahren nach der Maß-   813
gabe der für die jeweiligen Wirtschaftsgüter geltenden Bewertungsvorschriften fortge-
führt (z.B. Abschreibung).

▶ Beispiel

RA1 gründet zusammen mit RA2 eine Rechtsanwalts-GbR zum Zwecke der   814
gemeinschaftlichen Berufsausübung.

RA1 bringt seine Einzelpraxis in die neu gegründete GbR ein, während RA2 eine Aus-
gleichszahlung in Höhe von 200.000 € an RA1 in dessen Privatvermögen erbringt.
Der Praxiswert der einzubringenden Einzelpraxis beläuft sich auf 150.000 €, während der Anteilswert beider Gesellschafter an der GbR je 50.000 € beträgt.[374]

Lösung

Auch bei der Gewinnermittlung nach § 4 Abs. 3 EStG sind die Anschaffungskosten eines Gesellschafters für den Erwerb seiner mitunternehmerischen Beteiligung
in einer steuerlichen »Ergänzungsrechnung« nach Maßgabe der Grundsätze über
die Aufstellung von Ergänzungsbilanzen zu erfassen, wenn sie in der Überschussrechnung der Gesamthand nicht berücksichtigt werden können.

---

374 Beispiel nach BFH/NV 2009, 1879.

In dieser Ergänzungsrechnung schreibt der RA1 den Praxiswert i.H.v. 150.000 € ab. Seine Einkünfte sind ohne die Ergänzungsrechnung sonst nicht ermittelbar.

Diese Ergänzungserfolgsrechnungen gibt es also auch bei einer EÜR (Anlage ER zur Einkommensteuererklärung, Rdn. 901).

c) Umwandlungen

815 Besonders das **Umwandlungsrecht** und das **Umwandlungssteuerrecht** gehören zu den schwierigsten Materien des Steuerrechts. Die Beurteilung der damit zusammenhängenden Steuerrechtsfragen ist deshalb für den steuerrechtlichen Laien praktisch unmöglich und damit haftungsträchtig. Dabei können diese Rechtsinstitute gerade deshalb angewandt werden, um Vermögens- und Einkommensverlagerungen zu bewirken.

816 Die **Umwandlung**[375] von Unternehmen ist in hohem Maße von steuerlichen Aspekten beeinflusst. Relevant ist aus Sicht der beteiligten Unternehmen und ihrer Anteilseigner insb., welche steuerlichen Folgen der Umwandlungsakt selbst auslöst und wie sich die Umwandlung auf die zukünftige steuerliche Belastung von laufenden Einkünften sowie potentielle entgeltliche oder unentgeltliche Übertragungsvorgänge auswirkt.

817 Das Umwandlungsgesetz nennt in § 1 **UmwG** und regelt dann weiter die vier Umwandlungsarten der Verschmelzung und Spaltung (mit den Unterformen der Aufspaltung, Abspaltung und Ausgliederung, Vermögensübertragung und Formwechsel). Das Umwandlungssteuergesetz behandelt wesentliche, aber keinesfalls alle sich daraus ergebenden Umwandlungen (z.B. nicht den Formwechsel einer Kapitalgesellschaft in eine andere Form einer Kapitalgesellschaft oder von einer Personengesellschaft in eine andere Personengesellschaft). Die folgende Darstellung kann nur eine Übersicht geben. Wenn eine der folgenden Umwandlungsarten vorliegt, ist besondere anwaltliche Vorsicht geboten.

818 Die **Darstellung der Umwandlungsarten** wird deutlich machen, in welchen Ausgestaltungen Umwandlungen im weitesten Sinne vorkommen können. Wenn derartige Fallgestaltungen auftauchen, sollte der Familienrechtler einen versierten Steuerrechtler unverzüglich hinzuziehen. Es könnten Einkommens- und/oder Vermögensverschiebungen vorliegen.

▶ Hinweis:

819 Jede Umwandlung ist Sachgründung gegen Gewährung von neuen Anteilen!

aa) Formwechsel

820 Hierunter versteht man den Wechsel der Rechtsform eines Unternehmens in eine andere Rechtsform. Das Gesetz (§§ 190–304 UmwG) geht dabei von Identität des Rechtsträgers aus.

---

375 Vgl. BMF-Schreiben v. 06.12.2011 und 11.11.2011; *Volb* Der Umwandlungsteuererlass, S. 19 ff.

bb) Verschmelzung

Bei der Verschmelzung (§§ 2–122 UmwG) handelt es sich um eine Übertragung **821** des gesamten Vermögens eines Rechtsträgers auf einen anderen, schon bestehenden Rechtsträger (Verschmelzung durch Aufnahme) oder zweier oder mehrerer Rechtsträger auf einen durch die Verschmelzung neu gegründeten Rechtsträger (Verschmelzung durch Neugründung).

cc) Spaltung

Bei der **Aufspaltung** nach § 123 Abs. 1 UmwG überträgt der spaltende Rechtsträger **822** sein gesamtes Vermögen auf mind. zwei Rechtsträger und geht anschließend selbst unter (Auflösung ohne Abwicklung).

Bei der **Abspaltung** nach § 123 Abs. 2 UmwG werden dagegen grds. nur Teile im **823** Vermögen des spaltenden Rechtsträgers (unter Umständen sogar nur ein einzelnes Wirtschaftsgut) auf einen anderen Rechtsträger übertragen; der spaltende Rechtsträger bleibt zivilrechtlich erhalten.

Bei der **Ausgliederung** nach § 123 Abs. 3 UmwG überträgt der spaltende Rechtsträger, **824** wie bei der Abspaltung, nur einen Teil seines Vermögens auf einen anderen Rechtsträger und bleibt selbst zivilrechtlich bestehen.

Bei allen drei Spaltungsarten können der oder die übernehmenden Rechtsträger **825** bereits vor der Spaltung bestehen (Spaltung zur Aufnahme) oder durch die Spaltung erst entstehen (Spaltung zur Neugründung).

dd) Vermögensübertragung

Hier wird ein Betriebsvermögen in eine Personengesellschaft eingebracht. Dabei ist **826** die privilegierende Norm des § 24 UmwStG nur dann anwendbar, wenn das in die Personengesellschaft eingebrachte Vermögen ein Betrieb, Teilbetrieb oder eine Mitunternehmerschaft ist. Die Einbringung von Einzelwirtschaftsgütern ist dagegen nicht begünstigt. Die Übertragung einzelner Wirtschaftsgüter zwischen Mitunternehmern und Mitunternehmerschaften ist in § 6 Abs. 5 Satz 3–6 EStG geregelt.

ee) Anwachsung

Anwachsung bedeutet, dass der gesamthänderische Anteil eines Personengesellschaf- **827** ters am Gesamthandsvermögen nach seinem Ausscheiden aus der Gesellschaft ohne besonderen Übertragungsakt von Rechts wegen anteilig auf seine verbleibenden Mitgesellschafter übergeht (§ 738 Abs. 1 Satz 1 BGB).

gg) Beispiel für eine Umwandlung

Die Bedeutung des Umwandlungsrechts, insb. auch für die familienrechtliche Fallbe- **828** arbeitung, soll das folgende einfache Beispiel erläutern:

▶ **Beispiel**

Rechtsanwalt A, bisher Einzelunternehmer, nimmt Rechtsanwältin B als Gesellschafterin auf. Damit entsteht eine GbR (das ist ein Umwandlungsfall!). Das Betriebsvermögen des A hat einen Buchwert von 50.000 €.

Nach der Vereinbarung der Parteien im Gesellschaftsvertrag gehen beide von einem Verkehrswert des Anteils i.H.v. 150.000 € aus; der Teilwert des Anteils des A beträgt also 150.000 €. In der Vereinbarung findet sich, dass beide Rechtsanwälte hälftig an der Gesellschaft beteiligt sein sollen, während die B eine Kapitaleinlage in das Gesamthandsvermögen der Gesellschaft i.H.v. 150.000 € erbringt (also keine direkte Zahlung von B an A in dessen Privatvermögen wie im obigen Beispiel Rdn. 814).

Der A soll seiner Ehefrau Unterhalt zahlen und fragt nach einer möglichst günstigen steuerlichen Gestaltung, die die Zahllast ggü. der Ehefrau reduziert.

Verfahrenshinweis zum Auskunfts- und Beleganspruch

829　Die Beurteilung der Rechtsfragen verlangt einen unterhaltsrechtlichen Auskunfts- und Beleganspruch hinsichtlich des **Gesellschaftsvertrages**, weil aus der **Eröffnungsbilanz** allein die steuerliche Gestaltung nicht erkennbar ist und die Bilanzierung der gesellschaftsvertraglichen Regelung zu folgen hat.

Die steuerliche Gestaltung muss sich also im Gesellschaftsvertrag wiederfinden, da das Steuerrecht dem Zivilrecht hier uneingeschränkt folgt.

Entspricht die Bilanzierung also nicht dem Zivilrecht, wird die Finanzverwaltung rigoros die Bilanzen ändern und die zivilrechtlichen Regelungen konsequent zur Anwendung bringen.

Lösungsansatz

830　Wie häufig im Umwandlungssteuerrecht hat A ein **Wahlrecht** nach § 24 UmwStG. Die Bilanzierung und damit die steuerliche Auswirkung folgen strikt der gesellschaftsvertraglichen Regelung.

▶ **Lösungsmöglichkeit 1**

831　Dem Unterhaltsschuldner, Rechtsanwalt A, ist die Lösungsmöglichkeit 1 wie folgt zu empfehlen.

Eröffnungsbilanz der GbR (bei Auflösung oder auch Nichtauflösung der stillen Reserven)

eingebrachtes EU	150	Kapital A	150
Geldeinlage B	150	Kapital B	150
Bilanzsumme	300		300

Es liegt eine Einbringung des Betriebes des A in eine neue Personengesellschaft gegen Einräumung einer Stellung als Mitunternehmer i.S.d. § 24 UmwStG vor.

Durch den Teilwertansatz hat A alle stillen Reserven realisiert und damit einen Veräußerungsgewinn von 100.000 € erzielt.

Der Veräußerungsgewinn (§ 24 Abs. 3 Satz 3 UmwStG i.V.m. § 18 Abs. 3 und § 16 Abs. 2 Satz 3 EStG) von 100.000 € ist gem. § 34 EStG zu versteuern.

Neben diesem zu versteuernden Veräußerungsgewinn hat der A natürlich auch seinen laufenden Gewinn aus der GbR zu versteuern. Alle diese Steuern sind in konsequenter Anwendung des In-Prinzips zum Abzug zu bringen und reduzieren die Zahllast ggü. der Ehefrau.[376]

Nicht zu Ende gedacht wäre dabei die Überlegung, dass A das Geld für die Steuern so oder so aufwenden muss.

Der Veräußerungsgewinn aus der Aufdeckung der stillen Reserve seines Einzelunternehmens ist im Fall der Veräußerung oder Übertragung zu versteuern.

Geschieht das später, trägt A diese Steuerlast allein; während er jetzt die Ehefrau an dieser Steuerlast »beteiligen« kann. (Für die Gesellschaft und damit für den Mitgesellschafter ist natürlich ein höheres Abschreibungspotenzial des Firmenwerts durch Aufdeckung der stillen Reserven des urspr. Einzelunternehmens zur Gewinnminderung von Interesse.)

Soll die Versteuerung des Veräußerungsgewinns vermieden werden, wählt man eine **Buchwertfortführung**. A stellt zusätzlich zu obiger Eröffnungsbilanz eine **negative Ergänzungsbilanz** aufstellen:

Negative Ergänzungsbilanz A

Minder-Kapital A	100	Korrekturposten für eingebrachtes Wirtschaftsgut	100

Mit Aufstellung der negativen Ergänzungsbilanz hat A das Einzelunternehmen zum Buchwert in die GbR eingebracht (Ansatz: Gesamthandsbilanz 150 minus negative Wertkorrektur aus Ergänzungsbilanz 100).

Eine Gewinnrealisierung für A scheidet deshalb aus.

Werden in der Bilanz der GbR die eingebrachten Wirtschaftsgüter jährlich mit 10 % gleich 15.000 € abgeschrieben, so sind in der Ergänzungsbilanz die **stillen Reserven** entsprechend mit 10 % = 10.000 € **gewinnerhöhend aufzulösen**.[377] Dies vermeidet die Steuerprogression eines Veräußerungsgewinns.

Das Unterhaltseinkommen kann deshalb nur beurteilt werden, wenn die negative Ergänzungsbilanz mit G&V mit dem ausgewiesenen Gewinn von 10.000 € vorliegt.

---

376 Auch reduzieren sie eine etwaige Zugewinnausgleichsforderung bzgl. des Unternehmens, vgl. BGH, FamRZ 2011, 1367 m. Anm. *Kuckenburg* FuR 2011, 515.
377 BFH, BStBl II 1996, 68.

▶ **Lösungsmöglichkeit 2**

832   Der Ausweis bei **Buchwertfortführung** kann aber auch wie folgt aussehen:

Eröffnungsbilanz der GbR (bei **nicht** vollständiger Auflösung der stillen Reserven)

eingebrachtes EU	50	Kapital A	100
Geldeinlage B	150	Kapital B	100
Bilanzsumme	200		200

Positive Ergänzungsbilanz der B

Aufstellung

erworbene stille Reserven	50	Mehrkapital	50

Die B hat tatsächlich 150.000 € aufgewandt, während ihr Kapitalkonto nur 100.000 € ausweist. Deshalb hat sie die positive Ergänzungsbilanz zu erstellen.

A verliert in dieser Variante ohne gesondertes Entgelt die Hälfte seiner stillen Reserven!

Bei einer jährlichen Abschreibung von 10 % gleich 5.000 € in der Bilanz der GbR ist in der Ergänzungsbilanz der B eine jährliche Abschreibung von weiteren 5.000 € vorzunehmen.

▶ **Lösungsmöglichkeit 3 bei Ansatz eines Zwischenwertes**

833   Die eingebrachten Wirtschaftsgüter sind unter Berücksichtigung der Ergänzungsbilanz der B mit 100.000 €, also mit einem Zwischenwert, angesetzt worden.

A hat B die Hälfte der stillen Reserven verkauft, den auf ihn selbst anfallenden Anteil aber nicht aufgedeckt! Er hat einen Veräußerungsgewinn von 50.000 € realisiert, den er durch eine negative Ergänzungsbilanz, die ein Spiegelbild der Ergänzungsbilanz der B. ist, neutralisieren kann:

negative Ergänzungsbilanz des A

Kapital A	50	veräußerte stille Reserven	50

(Eröffnungsbilanz und positive Ergänzungsbilanz der B wie vor; A löst **periodisch** die stillen Reserven mit 10 % also 5.000 € auf; B schreibt in **gleicher** Höhe ab)

834   Das Beispiel macht deutlich, dass die Gesellschafter wegen divergierender Interessen betreffend die Zuordnung der stillen Reserven und Abschreibungsmodalitäten im Einbringungsvertrag eine **Regelung treffen müssen.**

835   Hinzu kommt, dass auch die Möglichkeit der Einbringung einer Einzelpraxis (Einzelunternehmen) unter Zurückbehaltung von Forderungen i.S.d. § 24 UmwStG möglich ist. Dabei kann der Steuerpflichtige die Forderung ausdrücklich in sein

Privatvermögen übernehmen; tut er das nicht verbleibt ein Restbetriebsvermögen des Einzelunternehmens (mit gesonderter Gewinnermittlung).[378]

▶ **Verfahrenshinweis zum Unterhalts- und Beleganspruch**

Zur Ermittlung der Unterhaltseinkünfte müssen in diesen Fällen die **836** **Ergänzungsbilanzen** mit dazugehöriger Gewinn- und Verlustrechnung verlangt werden, da andernfalls nur der laufende Gewinn aus der GbR unterhaltsrechtlich aufgedeckt werden würde.

Auf die Ergänzungsbilanzen und die dazugehörigen Gewinn- und Verlustrechnungen besteht ein unterhaltsrechtlicher Auskunfts- und Beleganspruch. Dies gilt auch für die fortzuentwickelnden Ergänzungsbilanzen der Folgejahre.

Verzichtet der Einbringende auf die Neutralisierung des Veräußerungsgewinns durch **837** Aufstellung von negativen Ergänzungsbilanzen, hat er den Veräußerungsgewinn zu versteuern. Dies geschieht nach den oben genannten Vorschriften.

Im der letzten Fallvariante beträgt der Veräußerungsgewinn 50.000 €. § 34 EStG **838** kommt nicht in Betracht, weil nicht alle stillen Reserven aufgedeckt worden sind. Auch **Personengesellschaften mit EÜR** (also auch Freiberufler nach § 18 EStG, wie u.a. Rechtsanwälte und Ärzte) können sich der Ergänzungsbilanzen zur Ausübung ihres Bewertungswahlrechts bedienen.[379]

14. Gewinn- und Verlustrechnung (G&V) nach § 275 HGB

Im Gegensatz zur Bilanz, in der die am Bilanzstichtag vorhandenen Vermögensge- **839** genstände und Schulden ausgewiesen werden, wobei das Zustandekommen des Jahresergebnisses und unter Umständen auch seine Höhe nicht ersichtlich werden, gibt die **Gewinn- und Verlustrechnung** als Zeitraumrechnung Auskunft über Art und Höhe der Erfolgsquellen. Die Gewinn- und Verlustrechnung bildet nach § 242 Abs. 3 HGB zusammen mit der Bilanz den Jahresabschluss. Bei Kapitalgesellschaften besteht der Jahresabschluss gem. der §§ 284, 264 HGB darüber hinaus auch noch aus dem »Anhang«.

Im Folgenden braucht nicht mehr auf jede einzelne Position der Gewinn-und Verlustrechnung eingegangen werden, weil vieles schon im Kontext zur Bilanz erörtert wurde.

Die Erfolgswirksamkeit von Rückstellungen bspw. führt im Zuge der doppelten Buch- **840** führung natürlich auch zu einem Ansprechen von Aufwandskonten.

Im Zusammenhang mit Forderungen wurde weiter bspw. die Erfolgswirksamkeit auf die Umsatzerlöse erklärt.

---

378 BFH, 04.12.2012 – VIII R 41/09, DStR 2012, 356.
379 Kirchhof/*Reiß* EStG, § 16 Rn. 316; BFH/NV 2009, 1879.

▶ **Unterhaltsrelevanz**

841   Alle Positionen der Gewinn- und Verlustrechnung haben unmittelbar Einfluss auf den ausgewiesenen Gewinn des Unternehmens und sind damit auch Basisgröße des Unterhaltseinkommens. Sie sind deshalb kritisch zu würdigen, d.h. substantiiert zu bestreiten oder zu erläutern.

▶ **Hinweis**

842   Dies bedeutet ein besonderes Haftungsrisiko für den Verfahrensvertreter, wenn die Rechtsprechung[380] eine voll inhaltliche familienrechtliche Überprüfbarkeit aller Positionen des Rechnungswesens annimmt.

Erfolgswirksam, und damit das betriebliche Ergebnis beeinflussend, sind nur betrieblich veranlasste Aufwendungen.

▶ **Definition der betrieblichen Aufwendungen**

843   **Betriebliche Aufwendungen** sind nur die Aufwendungen, die unmittelbar mit der Erzielung von Einkünften in Zusammenhang stehen. Gem. § 4 Abs. 4 EStG (Betriebsausgaben) und § 9 Abs. 1 EStG (Werbungskosten) werden also bei der Ermittlung der Einkünfte nur Aufwendungen berücksichtigt, die durch die Einkünfteerzielung veranlasst sind.

844   Bei der Frage der Abzugsfähigkeit wird eine Untergrenze dahingehend definiert, dass bei untergeordneter betrieblicher/beruflicher Mitveranlassung (< 10 %) ein Abzug als Betriebsausgaben/Werbungskosten nicht zulässig ist.

845   Bei untergeordneter privater Mitveranlassung (< 10 %) sind die Aufwendungen im vollen Umfang als Betriebsausgaben/Werbungskosten abziehbar.

▶ **Beispiele[381]**

846   Abgrenzung gemischte **private/betriebliche Aufwendungen**

Fall 1

Rechtsanwalt R nimmt 2010 während eines 14-tägigen Urlaubs auf Mallorca an einem eintägigen Fachseminar zum Familienrecht in Calviá teil. Die Flugkosten betragen 115 €, die Kosten für das Hotel in Palma 1.190 € und die für das Seminar 150 €. Für Taxifahrten von Palma nach Calviá und zurück zahlt R 50 €.

Sind die Kosten Betriebsausgaben und wenn ja, in welcher Höhe?

Lösung Fall 1

R kann 212 € als Betriebsausgaben geltend machen.

Die Aufwendungen für die Urlaubsreise selbst sind nicht abziehbar.

---

380 BGH, FamRZ 2006, 387; OLG Frankfurt am Main, FamRZ 2007, 404.
381 Beispiele aus BMF-Schreiben v. 06.07.2010 unter www.bundesfinanzministerium.de.

Die Aufwendungen, die unmittelbar mit dem Fachseminar zusammenhängen, wie die Seminargebühren von 150 €, die Fahrtkosten vom Urlaubsort zum Tagungsort von 50 € und gegebenenfalls ein Pauschbetrag für **Verpflegungsmehraufwendungen**[382] sind als **Betriebsausgaben bzw. Werbungskosten** abziehbar (Flugkosten < als 10 %).

Fall 2

Der niedergelassene Arzt A besucht 2010 einen Fachkongress in Dublin, Irland. Anreise ist Samstagfrüh. Die Veranstaltung findet ganztägig von Dienstag bis Donnerstag statt.

---

382 **Verpflegungspauschalen für Dienstreisen im Inland**
Für eine Dienstreise im Inland werden seit Anfang 2014 Verpflegungsmehraufwendungen zu folgenden Beträgen pro Kalendertag angesetzt:
– Mehrtägige auswärtige Tätigkeiten
– 24 € für jeden Kalendertag, an dem der Arbeitnehmer 24 Stunden von seiner Wohnung abwesend ist,
– jeweils 12 € für den An- und Abreisetag, wenn der Arbeitnehmer an diesem, einem anschließenden oder vorhergehenden Tag außerhalb seiner Wohnung übernachtet, eine Mindestabwesenheitszeit ist nicht erforderlich
– Auswärtige Tätigkeiten ohne Übernachtung
– 12 € für den Kalendertag oder die Nacht, an dem der Arbeitnehmer ohne Übernachtung außerhalb seiner Wohnung mehr als 8 Stunden von seiner Wohnung und der ersten Tätigkeitsstätte abwesend ist.
Maßgebend ist die Abwesenheitsdauer von der Wohnung und der regelmäßigen Arbeitsstätte. Führt jemand an einem Kalendertag mehrere Dienstreisen durch, können die Abwesenheitszeiten an diesem Kalendertag zusammengerechnet werden.
Im Falle einer Einsatzwechseltätigkeit hat der Arbeitnehmer keine regelmäßige Arbeitsstätte, so dass nur die Abwesenheitsdauer von der Wohnung maßgebend ist. Ein Vollzeit-Einsatz von mehr als drei Monaten am selben Einsatzort gilt nicht mehr als Einsatzwechseltätigkeit für diesen Zeitraum. Wird eine Tätigkeit nach 16:00 Uhr begonnen und endet sie vor 08:00 Uhr des darauffolgenden Kalendertages ohne Übernachtung, ist die gesamte Abwesenheitsdauer dem Kalendertag zuzurechnen, der die überwiegende Abwesenheit beinhaltet.
Bis Ende 2013 wurden Verpflegungsmehraufwendungen zu folgenden Beträgen pro Kalendertag angesetzt:
– 24 € bei einer Abwesenheit von 24 Stunden,
– 12 € bei einer Abwesenheit von weniger als 24 Stunden, aber mindestens 14 Stunden,
– 6 € bei einer Abwesenheit von weniger als 14 Stunden, aber mindestens 8 Stunden (§ 4 Abs. 5 Satz 1 Nr. 5 Satz 2 EStG).
Verpflegungspauschalen für Dienstreisen im Ausland
Für Dienstreisen im Ausland gelten vom Zielland abhängige Pauschalen, die meistens über den inländischen Pauschalen liegen. Für nicht aufgeführte Länder sind die Beträge für Luxemburg anzusetzen.

Am Sonntagabend reist er zurück nach Hause. Die Kosten betragen: Hotel 900 €, Kongress 400 €, Flug 500 €.

Wie ist der Aufteilungsmaßstab der Kosten? Wie hoch sind die Betriebsausgaben?

Lösung Fall 2

R hat Betriebsausgaben in Höhe von 908,66 €.

Entgegen der bisherigen Rechtsprechung ist die Reise nach Ansicht des BFH[383] nicht mehr als Einheit zu betrachten. Die Kosten für zwei Übernachtungen – von Dienstag bis Donnerstag –, sowie die Kongressgebühren, sind ausschließlich dem betrieblichen Bereich zuzuordnen und daher vollständig als Betriebsausgaben abziehbar.

Dies sind hier 700 € (Hotel: 3 Übernachtungen x 100 € + Kongresskosten 400 €).

Die Flugkosten sind gemischt veranlasst und entsprechend den Veranlassungsbeiträgen aufzuteilen.

Aufteilungsmaßstab zwischen betrieblichen und privaten Zeitanteilen ist hier 3/9, also 166,66 €. Der Abzug der Verpflegungskosten ist als Betriebsausgaben nur in Höhe der Pauschbeträge für Verpflegungsmehraufwendungen auf die betrieblich veranlassten Tage mit 42 € zulässig (14 € x 3).

Fall 3

Steuerberater S begehrt die hälftige Anerkennung der Kosten für ein Abonnement einer überregionalen Zeitung i.H.v. 26 €, die er neben der regionalen Tageszeitung bezieht, als Betriebsausgabe. Diese überregionale Zeitung informiert umfassend auch über die steuerrechtliche Entwicklung.

Wie hoch ist die Betriebsausgabe?

Lösung Fall 3

»0 €«.

Eine Trennung nach den Veranlassungsbeiträgen ist hier nicht möglich. Es fehlt die Möglichkeit zur Aufteilung nach objektivierbaren Kriterien.

Nach dem BMF-Schreiben[384] kommt ein Abzug der Aufwendungen insgesamt nicht in Betracht, wenn die betrieblich/beruflichen und privaten Veranlassungsbeiträge so ineinandergreifen, dass eine Trennung nicht möglich und eine Grundlage für die Schätzung nicht erkennbar ist.

Bei Dienstreisen vom Inland in das Ausland bestimmt sich der Pauschbetrag nach dem Ort, den der Steuerpflichtige vor 24:00 Uhr Ortszeit zuletzt erreicht hat. Für eintägige Reisen ins Ausland und für Rückreisetage aus dem Ausland in das Inland ist der Pauschbetrag des letzten Tätigkeitsortes im Ausland maßgeblich. (Quelle: wikipedia).

383 BFH, Beschl. v. 21.09.2009, GrS 1/06 unter www.bundesfinanzhof.de.
384 BFH, 04.12.2012 – VIII R 41/09, DStR 2012, 356, Tz. 17.

a) Erlöse/Umsatz

Zu den **Erlösen** gehören: 847
- Erlöse (im engeren Sinne)
- Erlöse aus Schadensersatz
- Erlöse aus Rückstellungsauflösungen
- Erlöse aus gebuchten Privatanteilen
- Erlöse aus Zuschreibungen
- Erlöse aus Auflösung von Pauschalwertberichtigungen auf Forderungen
- Erlöse aus abgeschriebenen Forderungen
- Erlöse aus der Auflösung von Sonderposten mit Rücklageanteil/Ansparabschreibung
- Erlöse aus Investitionszuschüssen.

▶ Hinweis

Außer den Erlösen im engeren Sinne sind die anderen Erlöse nicht regelmäßig   848
und zwingend wiederkehrend. Auch beim »Gegenstück«, den außerordentlichen
Aufwendungen, wird deshalb die Ansicht vertreten, derartige Aufwandpositionen
seien – wie entsprechende Erlöspositionen – im Zuge einer Zukunftsprognose wie
bei der Unternehmensbewertung zu eliminieren. Diese Meinung ist abzulehnen,
weil alle Erlöse und Aufwendungen auf die Ertragskraft des Unternehmens
schließen lassen und im »Lebenszyklus« eines Unternehmens immer einmal wieder
vorkommen.[385]

In den folgenden Randnoten zu den Bilanzpositionen werden unterhaltsrechtlich   849
bedeutsame Auswirkungen auf die Erlöse dargestellt:
- Anlage und Umlaufvermögen (siehe Rdn. 542 ff., 548 ff.)

Verkauf von Anlagevermögen, falls Aufdeckung stiller Reserven:
- Veräußerungspreis
- abzgl. Veräußerungskosten
- abzgl. Buchwert
- gleich Veräußerungsgewinn/Aufdeckung stiller Reserven
- Bestandsveränderungen, auch durch (Pauschal-) Wertberichtigungen (siehe Rdn. 554 ff.)
- Aktivierung teilfertiger Leistungen/Erzeugnisse (siehe Rdn. 567 ff.)
- Erträge aus Auflösungen von Sonderposten mit Rücklageanteil, z.B. § 7g EStG a.F. (siehe Rdn. 705 ff.)
- Sachentnahmen und andere unentgeltliche Wertabgaben (siehe Rdn. 615 ff.)
- Erlöse aus Rückstellungsauflösungen (siehe Rdn. 715 ff.)
- Erlöse aus Zuschreibungen/Wertaufholung.

---

385 Vgl. *Strohal* Rn. 235.

b) Materialaufwand (Wareneinkauf)

850   Zur Bewertung des Vorratsvermögens vgl. Rdn. 554 ff.

Bei der Position **Materialaufwand** handelt es sich um einen besonderen Erfolgsindikator eines Unternehmens, wobei die Überprüfung in der Relation zum Umsatz durch den internen bzw. externen Betriebsvergleich (siehe Rdn. 77 ff.) erfolgen kann.

▶ **Hinweis**

851   Eine derartige betriebswirtschaftliche Überprüfung durch einen externen Betriebsvergleichs fordert der BGH[386] in seiner Rechtsprechung auch vom Familienrechtler, indem in der genannten Entscheidung über das Institut des externen Betriebsvergleichs eine Korrektur der Aufwandsposition »Personalkosten« erfolgt.

▶ **Beispiel**

852   Regelmäßig kauft der Unternehmer U Waren mit einem Wert von i.H.v. ca. jährlich 100.000 € ein.

Im letzten Jahr des unterhaltsrechtlich relevanten Betrachtungszeitraumes kauft U Waren im Wert i.H.v. 250.000 €, die er im ersten Jahr nach dem unterhaltsrechtlich relevanten Betrachtungszeitraum in einem Ausverkauf veräußert oder veräußern will.

Die Manipulation des Ergebnisses wird offenkundig durch den Vergleich der Höhe des Wareneinkaufs in den verschiedenen Jahren, ohne dass es zur tatsächlichen Veräußerung der Wirtschaftsgüter des Umlaufvermögens ausweislich der Gewinn- und Verlustrechnungen gekommen sein muss.

c) Personalaufwand

853   Zum **Personalaufwand** als Posten der Bilanz »Verbindlichkeiten« vgl. Rdn. 778 ff.

Hierzu gehören Löhne, Gehälter und Aufwendungen für Sozialabgaben.

Diese Aufwandsposition ist gerade bei personalintensiven Unternehmen von besonderer Bedeutung.

854   Auch hier ist stets das Instrument des internen Betriebsvergleichs (vgl. Rdn. 77 ff.) heranzuführen, d.h. die Frage, wie hoch die Personalkosten in den verschiedenen zu beurteilenden Jahren im Verhältnis zum Umsatz waren. Natürlich ist auch hier der externe Betriebsvergleich (vgl. Rdn. 77 ff.) schon wegen der Rechtsprechung des BGH[387] zur Anwendung zu bringen, um Haftungsrisiken zu vermeiden. In der genannten Entscheidung hat der BGH tatsächlich entstandene Personalkosten über die Heranführung des externen Betriebsvergleichs, also mit üblicherweise entstehenden Personalkosten vergleichbarer Unternehmen, erheblich zugunsten des Unterhaltgläubigers fiktiv herabgesetzt.

---

386 BGH, FamRZ 2006, 387; OLG Frankfurt am Main, FamRZ 2007, 404.
387 BGH, FamRZ 2006, 387; OLG Frankfurt am Main, FamRZ 2007, 404.

Bei Geschäftsführer-Gesellschaftern ist stets die Angemessenheit der Geschäfts- 855
führervergütung zu beachten, deren Überprüfung nach Kriterien des Steuerrechts
erfolgt.[388]

Zu beachten sind auch stets eine ordnungsgemäße Erfassung und Berücksichtigung 856
der Lohnsteuer bei Sachbezügen, insb. bei der Gestellung von Kraftfahrzeugen[389] oder
sonstige unentgeltliche Zuwendungen wie bspw. Deputate.

Ehegatten- (Lebenspartner-) Arbeitsverhältnisse sind ebenfalls nach allgemeinen Kri- 857
terien des Steuerrechts wie folgt zu überprüfen:
– Liegt eine schriftliche Vereinbarung vor?
– Ist von einer tatsächlichen Durchführung gemäß der schriftlichen Vereinbarung
  auszugehen?
– Hält das Ehegattenarbeitsverhältnis dem Fremdvergleich stand?[390]

▶ **Verfahrenshinweis**

Zur Überprüfung der Personalaufwendungen muss als Dokumentation das Jahres- 858
lohnjournal im Zuge des Auskunfts- und Beleganspruchs verlangt werden.

d) weitere Aufwandspositionen

– **Abschreibungsaufwand** vgl. in Rdn. 403 ff.   859
– **Aufwand für Wertberichtigungen/Verluste aus Abgängen des Anlage- bzw. Um-
  laufvermögens** (vgl. Rdn. 583 ff.)
– **Aufwand für Bildung der Sonderposten mit Rücklageanteil,** insb. § 7g EStG a.F.
  (vgl. Rdn. 490 ff., 675 ff.)
– **Aufwand für Bildung von Rückstellungen** (vgl. Rdn. 716 ff.)
– **Bewirtungs-, Reisekosten und Geschenke**

Nach § 4 Abs. 5 Nr. 2 EStG sind **Bewirtungsaufwendungen** nur noch mit 70 % als
Betriebsausgaben zu berücksichtigen, wenn sie angemessen und ihre betriebliche Veranlassung durch Angabe des Bewirtungsanlasses und der bewirteten Personen nachgewiesen wird.

▶ **Verfahrenshinweis zum Auskunfts- und Beleganspruch**

Auf die steuerrechtlich erforderliche Dokumentation/Nachweis besteht ein unter- 860
haltsrechtlicher Auskunfts- und Beleganspruch. Wenn diese Position einmal von

---

388 *Kuckenburg* Angemessenheit von Geschäftsführervergütungen – insbesondere eigenmäch-
    tige Herabsetzung, FuR 2005, 491.
389 Nach OLG Frankfurt am Main richtet sich der Wert der Privatentnahmen eines betriebli-
    chen Pkw danach, was der Unterhaltspflichtige dadurch erspart, dass ihm der Arbeitgeber
    ein Fahrzeug für den Privatbereich zur Verfügung stellt, OLGR Frankfurt 1997, 166.
390 *Arens* Schuldrechtliche Verträge zwischen Angehörigen und ihre steuerlichen Vorausset-
    zungen, FamRB 2008, 155 ff.; *Perleberg-Kölbel* FuR 2011, 597.

besonderer Bedeutung ist, muss sich eine unterhaltsrechtliche Angemessenheitsüberprüfung anschließen.

861 Bei den **Reisekosten** ist ebenfalls zu beachten, dass eine private Veranlassung nicht
vorliegt.[391] Wie üblich ist zu überprüfen, welche Ergebnisse der interne bzw. der
externe Betriebsvergleich zeigt.

862 Nach § 4 Abs. 5 Nr. 1 EStG dürfen Aufwendungen für Geschenke an Personen, die
nicht Arbeitnehmer des Steuerpflichtigen sind, den Gewinn nicht mindern, es sei
denn, der Wert der Zuwendung übersteigt pro Empfänger 35 € nicht.

▶ **Verfahrenshinweis**

863 Auch hier muss bei entsprechender Bedeutung unterhaltsrechtlich die Vorlage des
steuerlichen Nachweises mit Beleg, Bewirtungsanlass und der Nennung der bewirteten Personen verlangt werden.

– **Mieten/Pachten, Leasing, Disagio**

864 Wie bei den Vorpositionen hat eine Überprüfung nach der Angemessenheit der Höhe
der Aufwendungen zu erfolgen. Dies gilt insb. dann, wenn die Verträge mit nahestehenden Personen geschlossen worden sind, weil die allgemeinen Prüfungskriterien des
Steuerrechts, insb. der Fremdvergleich, heranzuziehen sind.

865 Bei Leasing und Disagio ist zu beachten, dass eine ordnungsgemäße Jahresabgrenzung
über die aktiven Rechnungsabgrenzungsposten zu erfolgen hat (da die RAP bei der
Einnahmen-/Überschussrechnung nicht vorkommen, kann dort der sofortige Abzug
eines Disagios zu erheblicher Ergebnisbeeinflussung führen!).

– **Telefonkosten**

866 Hierbei ist in erster Linie darauf zu achten, ob die Privatanteile ordnungsgemäß bei
den unentgeltlichen Wertabgaben erfasst wurden. Denkbar sind auch unterhaltsrechtliche Angemessenheitserwägungen.

– **Zinsaufwendungen** (vgl. Rdn. 497 ff.)

867 Bei **Zinsaufwendungen** ist die betriebliche Veranlassung zu überprüfen.

868 Immer noch aufzufinden sind die sog. Mehrkontenmodelle, mit denen versucht wird,
private Verbindlichkeiten in geschäftliche Verbindlichkeiten »umzuwandeln«.

Der Gesetzgeber hat diesem in § 4 Abs. 4a EStG mit den Regeln zu den Überentnahmen normativ entgegengewirkt. Der Ausweis der Überentnahmen erfolgt in den
Einkommensteuererklärungen mit Berechnungsanlagen.

---

391 BMF-Schreiben v. 06.07.2010 unter www.bundesfinanzministerium.de.

– **Vorsteuer/Umsatzsteuer/sonstige betriebliche Steuern**

Vorsteuer und Umsatzsteuer sind grundsätzlich erfolgsneutral. Auswirkungen kön- 869
nen sich dann ergeben, wenn im letzten Monat des Geschäftsjahres eine erhebliche
Umsatzsteuerzahllast entsteht und die Vorsteuer diese nur eingeschränkt korrigieren
kann.

▶ **Verfahrenshinweis**

Bei den monatlichen oder quartalsmäßigen Umsatzsteuervoranmeldungen braucht 870
nur die Umsatzsteuer, nicht jedoch zwingend die Vorsteuer gezogen werden, was
in der Jahresumsatzsteuererklärung nachgeholt werden kann. Dies hat natürlich
erheblichen Einfluss auf das Unterhaltseinkommen!

Die **Gewerbesteuer** (vgl. Rdn. 165 ff., 185 ff.) ist als Betriebsausgabe nicht mehr 871
abziehbar, so dass sie in der Steuer-G&V nicht mehr erscheint. Natürlich ist sie unterhaltsrechtlich abzugsfähig,[392] wobei unterhaltsrechtlich zu klären bleibt, ob dieses entsprechend der Einkommensteuer nach dem In-Prinzip oder dem Für-Prinzip erfolgt.

▶ **Verfahrenshinweis**

Wegen der Änderung des Ausweises der Gewerbesteuer besteht ein gesonderter 872
Auskunfts- und Beleganspruch.

Wegen der Ansicht des BGH[393] bedarf jede Aufwandsposition der Überprüfung
und muss daher, der anwaltlichen Vorsicht folgend, notfalls bestritten werden.

Auffälligkeiten macht dabei auch der interne Betriebsvergleich deutlich (vgl.
Rdn. 77 ff.).

15. Anhang, Lagebericht, Abschlussprüfung, Offenlegung

Bei den Kapitalgesellschaften ist der **Anhang** Bestandteil des Jahresabschlusses nach 873
§ 264 HGB.

Dies gilt nach MicroBilG nicht für Kleinstkapitalgesellschaften (§ 264 Abs. 1 Satz 5
HGB; vgl. 204 ff.).

▶ **Verfahrenshinweis**

Fehlt der Anhang, ist der unvollständige Jahresabschluss nichtig! Der Unterhalts- 874
schuldner trägt also keine wirksame steuerliche Gewinnermittlung vor.

Im Anhang sind nach den §§ 284 ff. HGB alle Angaben aufzunehmen, die zu den 875
einzelnen Positionen der Bilanz oder der G&V vorgeschrieben oder die im Anhang zu
machen sind, weil sie in Ausübung eines Wahlrechts erforderlich sind (vgl. ausführlichen Katalog in § 284 Abs. 2 und 285 HGB).

---

392 Zur Anrechnung der Gewerbesteuer im Familienrecht: *Perleberg-Kölbel* FuR 2015, 649.
393 BGH, FamRZ 2006, 387.

876   Darüber hinaus soll der **Lagebericht** nach § 289 HGB den Geschäftsverlauf und die Lage der Kapitalgesellschaft dokumentieren.

877   Der Jahresabschluss und der Lagebericht von Kapitalgesellschaften, die nicht kleine Kapitalgesellschaften nach § 267 Abs. 1 HGB sind, haben eine **Jahresabschlussprüfung** nach §§ 317 ff. HGB durchführen zu lassen.

▶ **Verfahrenshinweis**

878   Der unterhaltsrechtliche Auskunfts- und Beleganspruch erstreckt sich auf diese Prüfungsberichte, da sie eine Auseinandersetzung mit allen relevanten Positionen des Unterhaltseinkommens enthalten.

879   Die **Offenlegung von Jahresabschlüssen** macht den Auskunftsanspruch bei dem im folgenden Hinweis genannten Unternehmen auf Vorlage der Jahresabschlüsse obsolet, weil der Unterhaltsgläubiger selbst Kenntnis davon erlangen kann.

880   Am 01.01.2007 ist das Gesetz über das elektronische Handelsregister sowie das Unternehmensregister (EHUG) vom 10.11.2006[394] in Kraft getreten. Danach ist der elektronische Bundesanzeiger (eBAZ) das zentrale Internetmedium für Unternehmenspublikationen. Als zentrale bundesweite Datenbank gibt es nun ein elektronisches Unternehmensregister.[395]

881   § 326 Abs. 2 HGB erlaubt es Kleinstkapitalgesellschaften (siehe Rdn. 269 ff.), ihrer Offenlegungsverpflichtung durch Hinterlegung ihrer Bilanz nachzukommen. Zu diesem Zweck haben die gesetzlichen Vertreter einen Hinterlegungsauftrag beim Betreiber des Bundesanzeigers zu erteilen. Dabei ist zu erklären, dass die Voraussetzungen des § 267a HGB vorliegen.

▶ **Verfahrenshinweis**

882   Alle Kapitalgesellschaften, Personenhandelsgesellschaften i.S.v. § 264a HGB, Publikumsgesellschaften und eingetragene Genossenschaften unterliegen einer verschärften Offenlegungspflicht von Jahresabschlüssen und Anteilslisten gem. § 325 ff. HGB.

Die Anforderung von hinterlegten Bilanzen ist weiterhin jedermann gestattet, was § 9 Abs. 6 HGB klarstellt. Erforderlich ist ein Antrag an das Unternehmensregister, das nach Zahlung einer Gebühr die Bilanz elektronisch verschickt. Dies erspart langwierige Auskunftsklagen.

Das Register bietet also einen schnellen Zugriff auf die Jahresabschlüsse von Körperschaften etc.!

Verstöße gegen die Offenlegungspflicht werden von Amts wegen und nicht mehr auf Antrag verfolgt und mit Bußgeldern bis zu 50.000 € gegen die gesetzlichen Vertreter geahndet. Die Bußgeldfestsetzung ist mehrfach möglich.

---

394 BGBl I 2006, 2553.
395 www.unternehmensregister.de.

16. Gewinnermittlung ohne Betriebsvermögensvergleich

a) Einnahmen-/Überschussrechnung (EÜR)nach § 4 Abs. 3 EStG

Steuerpflichtige, die keine Bücher führen und keine regelmäßigen Abschlüsse aufstel-　883
len (Freiberufler ohne Größenklassen und Gewerbetreibende sowie Land- und Forstwirte bei einem Umsatz unter 600.000 € bzw. Gewinn unter 60.000 €, § 141 AO),
dürfen ihren Gewinn gem. § 4 Abs. 3 EStG vereinfacht ermitteln.

Steuerpflichtige können als Gewinn den Überschuss der Betriebseinnahmen über die　884
Betriebsausgaben ansetzen, wenn sie nicht aufgrund gesetzlicher Vorschriften verpflichtet sind, Bücher zu führen und regelmäßig Abschlüsse zu machen und auch
freiwillig keine Bücher führen und keine Abschlüsse machen und ihren Gewinn auch
nicht nach Durchschnittssätzen nach § 13a EStG ermitteln.

Die Gewinnermittlungsart nach § 4 Abs. 3 EStG kommt besonders für kleine　885
Gewerbetreibende, wie z.b. Handwerker und Einzelhändler sowie für freiberuflich
Tätige nach § 18 EStG wie z.b. Steuerberater, Ärzte, Rechtsanwälte und Notare in
Betracht.

Bei gewerblichen Unternehmern sowie Land- und Forstwirten regelt § 141 AO, wer　886
zur Bilanzierung verpflichtet bzw. zur Erstellung einer Einnahmen-/Überschussrech-
nung berechtigt ist.

Größenkriterien nach § 141 AO:　　　　　　　　　　　　　　887
– Umsätze einschließlich der steuerfreien Umsätze von mehr als 500.000 € im Ka-
　lenderjahr oder
– selbstbewirtschaftete land- und forstwirtschaftliche Flächen mit einem Wirt-
　schaftswert (§ 46 des Bewertungsgesetzes) von mehr als 25.000 € oder
– ein Gewinn aus Gewerbebetrieb von mehr als 50.000 € im Wirtschaftsjahr oder
– ein Gewinn aus Land- und Forstwirtschaft von mehr als 50.000 € im Kalenderjahr.

Land- und Forstwirte, die weder zur Buchführung verpflichtet sind, noch die Vor-　888
aussetzungen des § 13a Abs. 1 Satz 1 Nr. 2–4 EStG erfüllen, können den Gewinn
entweder nach § 4 Abs. 1 EStG oder nach § 4 Abs. 3 EStG ermitteln (R 13.5 Abs. 1
S. 2 EStR 2012).

Voraussetzung für die Gewinnermittlung nach § 4 Abs. 3 EStG ist, dass der Steuer-　889
pflichtige seine Betriebseinnahmen und seine Betriebsausgaben aufzeichnet. Fehlen
derartige Aufzeichnungen, muss der Gewinn nach den Grundsätzen des § 4 Abs. 1
EStG geschätzt werden (R 13.5 Abs. 1 S. 2 EStR 2005).

Betriebseinnahmen bei EÜR　　　　　　　　　　　　　　890

In Anlehnung an den Begriff Einnahmen nach § 8 Abs. 1 EStG sind Betriebseinnahmen alle Güter, die in Geld oder Geldwert bestehen und dem Steuerpflichtigen i.R.d.
Einkunftsarten Einkünfte aus Land- und Forstwirtschaft, aus Gewerbebetrieb und
selbstständiger Arbeit zufließen.

891 Betriebseinnahmen sind z.B.
  – Einnahmen aus der Veräußerung von Wirtschaftsgütern des Umlaufvermögens,
    wie z.B. von Waren und Erzeugnissen,
  – Einnahmen aus der Veräußerung von Wirtschaftsgütern des abnutzbaren Anlage-
    vermögens, wie z.B. eines Pkw, von Büroeinrichtungsgegenständen usw. (hierbei
    wird der empfangene Geldwert, d.h. die Einnahme, voll als Betriebseinnahme an-
    gesetzt und der noch vorhandene Restbuchwert als Betriebsausgabe abgesetzt.)
  – Einnahmen aus der Veräußerung von Wirtschaftsgütern des nicht abnutzbaren
    Anlagevermögens, wie z.B. von Grund und Boden, Beteiligungen usw. (hierbei
    wird der empfangene Gegenwert, d.h. die Einnahme voll als Betriebseinnahme
    an- und die früheren Anschaffungskosten dagegen als Betriebsausgaben abgesetzt.)
  – Einnahmen aus freiberuflicher Tätigkeit
  – vereinnahmte Umsatzsteuer
  – private Sachentnahmen, wie z.B. Entnahmen von Waren für private Zwecke; diese
    sind nach § 6 Abs. 1 Nr. 4 EStG mit dem Teilwert anzusetzen
  – private Nutzungsentnahmen, wie z.B. die Benutzung des betrieblichen Pkw für
    private Zwecke. Hiermit werden frühere Betriebsausgaben berichtigt: Nutzungs-
    entnahmen sind mit dem Teilwert anzusetzen, d.h. mit den anteiligen tatsäch-
    lichen Ausgaben. Hierfür stehen dem Steuerpflichtigen für die Ermittlung der
    Ausgaben drei Methoden zur Wahl, nämlich: die 1 %-Regelung, die Fahrten-
    buch-Regelung und die Schätzung.
  – Umsatzsteuer auf Privatnutzung von gemischt genutzten Fahrzeugen (Die Um-
    satzsteuer auf Umsätze, die Entnahmen sind, darf sich nicht gewinnmindernd
    auswirken, § 12 Nr. 3 EStG.)
  – vereinnahmte Zinsen, wie z.B. Zinsen aus einer Darlehensforderung
  – Vorschüsse, Teil- und Abschlagzahlungen im Zeitpunkt des Zuflusses
  – Sach- und Geldgeschenke, mit Rücksicht auf die geschäftliche Beziehung.

892 **Keine Betriebseinnahmen sind:**
  – Geldbeträge, die dem Betrieb durch die Aufnahme von Darlehen zufließen,
  – Geldbeträge als durchlaufende Posten, d.h. die im Namen und für Rechnung eines
    anderen
  – vereinnahmt werden. (Hierbei ist die Umsatzsteuer kein durchlaufender Posten
    und deshalb als Betriebseinnahme zu deklarieren.)
  – Geldeinlagen des Steuerpflichtigen
  – übliche Aufmerksamkeiten im Geschäftsleben, wie z.B. für Blumen, Pralinen, Bü-
    cher bis 40 € netto (Freigrenze).

893 **Betriebsausgaben bei der EÜR**

Betriebsausgaben sind Aufwendungen, die durch den Betrieb veranlasst sind. Sie
umfassen grundsätzlich alle Ausgaben eines Betriebes ohne Rücksicht darauf, ob sie
im Veranlagungszeitraum aufgewandt werden oder nicht.

894 Betriebsausgaben nach § 4 Abs. 3 EStG sind z.B.:
  – Ausgaben für die Anschaffung von Wirtschaftsgütern des Umlaufvermögens
  – Ausgaben für die Anschaffung von geringwertigen Wirtschaftsgütern

– AfA-Beträge für Wirtschaftsgüter des abnutzbaren Anlagevermögens ab dem Zeitpunkt der Anschaffung
– Restbuchwerte der verkauften Wirtschaftsgüter des abnutzbaren Anlagevermögens
– gezahlte Zinsen
– private Sacheinlagen
– verausgabte Umsatzsteuerbeträge
– Vorschüsse, Teil- und Abschlagszahlungen zum Zeitpunkt des Abschlusses (es sei denn, es handelt sich um Wirtschaftsgüter des Anlagevermögens)
– Bearbeitungsgebühren (Damnum, Disagio)

▶ **Beispiele für nicht anzuerkennende Betriebsausgaben bei der EÜR**

Keine Betriebsausgaben und somit nicht sofort abzugsfähig sind z.B.:   895
– Ausgaben für die Anschaffung von nicht abnutzbaren Wirtschaftsgütern im Jahr der Anschaffung. Die Absetzung als Betriebsausgabe erfolgt unabhängig von der Zuordnung zum Anlage- bzw. Umlaufvermögen erst im Zeitpunkt der Veräußerung oder Entnahme.
– Ausgabe für die Anschaffung von Wirtschaftsgütern des abnutzbaren Anlagevermögens im Jahr der Anschaffung, es sei denn, es handelt sich um ein geringwertiges Wirtschaftsgut. Als Betriebsausgabe sind nur die jährlichen AfA-Beträge anzusetzen.
– Ausgaben für nicht abziehbare Vorsteuerbeträge nach § 15 Abs. 1a UStG
– Geldbeträge, die zur Tilgung von Darlehen geleistet werden
– uneinbringliche Forderungen
– Verluste, z.B. durch Diebstahl, Unterschlagung oder Schwund von Waren
– Geldstrafen
– Geldentnahmen
– Vorschüsse
– Teil- und Abschlagzahlungen zum Zeitpunkt des Abflusses bei Wirtschaftsgütern des Anlagevermögens

Abzugsverbot von Aufwendungen nach § 4 Abs. 5 EStG bei der EÜR   896

Auch bei der Gewinnermittlung durch EÜR ist das Abzugsverbot des § 4 Abs. 5 EStG zu beachten.

Demzufolge gehören zu den nicht abzugsfähigen Betriebsausgaben:
– Aufwendungen für Geschenke an Nichtarbeitnehmer, es sei denn, es handelt sich um Werbegeschenke bis zu 25 € netto pro Person und pro Jahr und 30 % der als angemessen anzusehenden Bewirtungsaufwendungen und die unangemessenen Bewirtungsaufwendungen
– Mehraufwendungen (§ 4 Abs. 5 Nr. 5 EStG) für Verpflegung, soweit die Pauschbeträge überschritten werden[396]

---

396 BGH, FamRZ 2006, 387; OLG Frankfurt am Main, FamRZ 2007, 404.

- Aufwendungen für Fahrten zwischen Wohnung und Betriebsstätte, soweit bestimmte
- Pauschbeträge überschritten werden
- Schmiergelder und Bestechungsgelder

897 Bei der **EÜR** wird der Gewinn durch Abzug der Betriebsausgaben von den Betriebseinnahmen ermittelt. Der Steuererklärung muss eine Gewinnermittlung nach dem amtlich vorgeschriebenen Vordruck (EÜR) beigefügt werden, § 60 Abs. 4 EStDV.

▶ **Beispiel für eine Einnahmenüberschussrechnung**

898 Der Arzt Dr. M hat im Kalenderjahr 2012 Betriebseinnahmen i.H.v. 500.000 € und Betriebsausgaben i.H.v. 200.000 €.

Lösung

Der Gewinn ermittelt sich wie folgt:

Betriebseinnahmen 500.000 €./. Betriebsausgaben 200.000 €

= Gewinn aus selbstständiger Arbeit 300.000 €

899 Ab VAZ 2005 gibt es die **Anlage EÜR** nach § 60 Abs. 4 EStDV, d.h. eine Gewinnermittlung muss nicht mehr gesondert der Einkommensteuererklärung angelegt werden. Eine einfache Buchführung per Excel-Tabelle ist möglich.

900 Neben der Anlage EÜR gehören zur Einkommensteuererklärung auch die **Anlage AVEÜR**, die die relevanten Informationen über das Anlage- und das Umlaufvermögen beinhaltet, und die **Anlage SZE** zur Ermittlung der nicht abziehbaren Schuldzinsen gem. § 4 Abs. 4a EStG und damit zu den Privatentnahmen (ab VAZ 2009). Diese Anlagen zur EÜR dienen der Finanzverwaltung zur computergestützten Erstellung von Richtsatzsammlungen sowie internem wie externem Betriebsvergleich.

▶ **Hinweis für weitere Anlagen ab EÜR 2015**

901 **Anlage ER** = Ergänzungsrechnung

des Gesellschafters für Korrekturen des Wertansatzes der Wirtschaftsgüter des Gesamthandsvermögens, z.B. bei Gesellschafterwechsel;

Anlage SE = Sonderberechnung für Betriebseinnahmen und/oder Sonderbetriebsausgaben, wie eine Vergütung für die Tätigkeit im Dienst der Gesellschaft, Hingabe von Darlehen und/oder die Überlassung von Wirtschaftsgütern;

Anlage AVSE = Anlageverzeichnis zur Anlage SE ist nur zu übermitteln, wenn tatsächlich Sonderbetriebsvermögen vorliegt. Das sind Wirtschaftsgüter, die nicht Gesamthandseigentum sind, sondern einem, mehreren oder allen Beteiligten gehören und dem Betrieb der Gesellschaft oder Stärkung der Beteiligung der Gesellschafter dienen.

902 In den vorgenannten Fällen kann deshalb eine einfache Buchführung per Excel vorliegen (ohne gesonderte Gewinnermittlung durch EÜR), da der gesetzlichen

Verpflichtung zur Gewinnermittlung nach § 4 Abs. 3 EStG allein durch die Nutzung der Formulare »EÜR« genüge getan wird. Bei Betriebseinnahmen **unter 17.500 €** im Wirtschaftsjahr wird es nicht beanstandet, wenn der Steuererklärung anstelle des Vordrucks eine formlose Gewinnermittlung beigefügt wird.[397]

▶ Hinweis

Ab VAZ 2017 sind grds. alle Steuerpflichtigen, die ihren Gewinn durch EÜR er- 903
mitteln, zur Übermittlung der standardisierten Anlage EÜR nach amtlich vorgeschriebenem Datensatz durch Datenfernübertragung verpflichtet.[398] Die bisherige
Regelung, nach der bei Betriebseinnahmen von weniger als 17.500 € die Abgabe
einer formlosen EÜR als ausreichend angesehen worden ist, läuft aus.

▶ **Verfahrenshinweis zum Unterhalts- und Beleganspruch**

Alle familienrechtlich relevanten Informationen ergeben sich aus den Anlagen 904
EÜR, AVEÜR, SZE, SE und AVSE, so dass der unterhaltsrechtliche Auskunfts-
und Beleganspruch sich obligatorisch darauf beziehen muss.[399] Die EÜR unterliegt
dem unterhaltsrechtlichen Beleganspruch.[400]

Freiberufler sind unabhängig von Umsatz und Gewinn insoweit privilegiert, als sie 905
stets ihren steuerlichen Gewinn durch EÜR ermitteln dürfen. Es gilt im Gegensatz zur
Gewinnermittlung durch Vermögensvergleich das reine **Zufluss- und Abflussprinzip**
gem. § 11 EStG.

Dieses Prinzip wird aber mehrfach durchbrochen: 906
– Durchlaufende Posten sind nicht zu berücksichtigen.
– Darlehensaufnahme und Darlehenshingabe finden ebenso wie die Tilgung keine
  Berücksichtigung.
– Die Vorschriften zur AfA sind zu befolgen, wie auch die Regeln zu den GWG.
– § 4 Abs. 3 Satz 4 EStG regelt entgegen dem Abflussprinzip:
  Die Anschaffungs- oder Herstellungskosten für nicht abnutzbare Wirtschaftsgüter
  des Anlagevermögens, für Anteile an Kapitalgesellschaften, für Wertpapiere und
  vergleichbare nicht verbriefte Forderungen und Rechte, für Grund und Boden
  sowie Gebäude des Umlaufvermögens. Diese sind erst im Zeitpunkt des Zuflusses
  des Veräußerungserlöses oder im Zeitpunkt der Entnahme als Betriebsausgaben
  zu berücksichtigen.
– Steuerfreie Rücklagen können nicht gebildet werden.

---

397 BMF-Schreiben v. 27.10.2015, standardisierte EÜR nach § 60 Abs. 4 EStDV, Anlage EÜR
    2015, www.bundesfinanzministerium.de
398 www.bundesfinanzministerium.de/Content/DE/Standardartikel/Themen/Steuern/Steuerar-
    ten/Einkommensteuer/2017-03-30-standardisierte-einnahmenueberschussrechnung-Anlage-
    EUER.html?pk_campaign=Newsletter-03.2017&pk_kwd=30.03.2017_Standardisierte+
    Einnahmen%C3%BCberschussrechnung+Anlage+E%C3%9CR+
399 *Kuckenburg/Perleberg-Kölbel* Unterhaltseinkommen, Kap. B Rn. 381 ff.
400 *Kuckenburg/Perleberg-Kölbel* Unterhaltseinkommen, Kap. E Rn. 2.

- Regelmäßig wiederkehrende Einnahmen oder Ausgaben (§ 11 Abs. 2 Satz 2 EStG), die kurze Zeit vor oder nach dem Jahr der wirtschaftlichen Zugehörigkeit gezahlt werden, sind im Jahr der wirtschaftlichen Zugehörigkeit zu erfassen.

907   EÜR und Betriebsvermögensvergleich/systematische Abgrenzung

- Im Gegensatz zum Betriebsvermögensvergleich, wonach grundsätzlich die Wertänderungen des Betriebsvermögens erfasst werden, berücksichtigt die Gewinnermittlung nach § 4 Abs. 3 EStG nur die Betriebseinnahmen und die Betriebsausgaben. Allerdings sind auch hier die Vorschriften über die AfA zu beachten.
- Auch Gewinnermittler nach § 4 Abs. 3 EStG haben Betriebsvermögen, das allerdings nicht unmittelbar in Erscheinung tritt. Wertänderungen, z.b. des Teilwertes, bleiben ohne Einfluss auf den Gewinn. Eine Teilwertabschreibung ist also nicht möglich.
- Beim Betriebsvermögensvergleich werden Kreditverkäufe bereits im Zeitpunkt der Lieferung gewinnwirksam erfasst, während sie bei der Einnahmen-/Überschussrechnung erst zum Zeitpunkt der Bezahlung gewinnwirksam werden.
- Beim Betriebsvermögensvergleich wirken sich Krediteinkäufe regelmäßig im Zeitpunkt des Verkaufs erfolgswirksam aus, während sie bei der Einnahmen-/Überschussrechnung erst im Zeitpunkt der Bezahlung der Lieferrechnung gewinnwirksam werden.
- Betriebsausgaben für Waren, die am Ende eines Jahres noch als Bestand vorhanden sind, mindern nicht den Gewinn beim Betriebsvermögensvergleich, während sie bei der Einnahmen-/ Überschussrechnung den Gewinn mindern.
- Beim Betriebsvermögensvergleich beeinflussen Umsatzsteuereinnahmen und Umsatzsteuerausgaben
- grundsätzlich nicht den Gewinn, während sie sich gewinnändernd bei der Einnahmen-/ Überschussrechnung auswirken.
- Grundsätzlich werden periodengerechte Erfolgsabgrenzungen in der Einnahmen-/ Überschussrechnung nicht berücksichtigt. Diese Art der Gewinnermittlung kennt keine Rechnungsabgrenzungsposten und keine Rückstellungen.

▶ **Verfahrenshinweis**

908   Die Erfolgswirksamkeit beim Betriebsvermögensvergleich und der EÜR zeigt eine unterhaltsrechtliche Ungleichbehandlung bei der Ermittlung des Einkommens. Zur periodengerechten Gewinnermittlung in einem bestimmten unterhaltsrechtlichen Betrachtungszeitraum müsste deshalb bei allen vorgelegten EÜR die Vorlage von Bilanzen, dann sogleich eine Unterhaltsbilanz, verlangt werden!

909   Die **Vorteile der EÜR** sind:
- einfache und kostengünstige Erstellungsmöglichkeit
- Liquiditätsvorteile, da der Gewinn nicht bereits im Zeitpunkt der Realisation, sondern erst beim Zufluss der Betriebseinnahmen zu versteuern ist (Steuerungs- und dadurch Vor- oder Nachverlagerungsmöglichkeiten)

Die **Nachteile der EÜR** sind: 910
- Schwankungen von Einnahmen und Ausgaben werden mangels Periodisierung von Erträgen und Aufwendungen nicht verteilt
- Der Steuerpflichtige kann keine Rückstellungen oder Teilwertabschreibungen vornehmen (z.b. Rückstellungen für Pensionsverpflichtungen)

Die **Gestaltungsmöglichkeiten bei der EÜR** sind: 911
- Wahl der Gewinnermittlungsart
  Freiberufler und Gewerbetreibende, die die Größenklassen des § 141 AO nicht überschreiten, können wählen, welche Gewinnermittlungsart sie anwenden wollen.
- Nachträgliche Änderung der Gewinnermittlungsart
  Ein nachträglicher Wechsel von der EÜR zum Betriebsvermögensvergleich ist nicht mehr zulässig, wenn der Steuerpflichtige nicht zu Beginn der unternehmerischen Tätigkeit eine Eröffnungsbilanz erstellt. Dies ist konsequent, weil die Eröffnungsbilanz den Anfangsbestand des Betriebsvermögens ausweist und damit Grundlage der Buchungen für die folgenden Wirtschaftsjahre bildet.
- Gewinnverlagerung durch Ausnutzung der Steuerprogression durch Verlagerung des Zu- und Abflusses von Einnahmen oder Ausgaben.
- Ausgaben für Nutzungsüberlassung:
  Werden Ausgaben für eine Nutzungsüberlassung von mehr als fünf Jahren im Voraus geleistet, sind sie nach § 11 Abs. 2 Satz 3 EStG insg. auf den Zeitraum zu verteilen, für den die Vorauszahlung geleistet wird. Werden z.b. Erbbauzinsen, Mieten oder Pachtentgelte für die Nutzung von Grundstücken von weniger als fünf Jahren im Voraus geleistet, sind diese steuerlich wirksam. So können erheblich Gewinne reduziert werden

▶ Beispiel

Das Unternehmen erwirtschaftet einen Gewinn von 20.000 €. Dabei wurden für   912
vier Jahre im Voraus Erbbauzinsen i.H.v. 16.000 € geleistet, die den Gewinn reduziert haben.

Lösung

12.000 € sind dem Unterhaltseinkommen zuzurechnen (pro Jahr 4.000 € x 3 Jahre).

Ebenfalls unterhaltsrechtlich beachtlich ist die erheblich frühere Erfolgswirksamkeit   913
der Bilanzierung im Gegensatz zur EÜR.[401]

Grds. sind **Vereinbarungen über Vorauszahlungen** nicht unwirksam nach § 42   914
Satz 1 AO.[402] Danach liegt ein Missbrauch von rechtlichen Gestaltungsmöglichkeiten nur dann vor, wenn eine rechtliche Gestaltung gewählt wird, die zur Erreichung

---

401 *Kuckenburg/Perleberg-Kölbel* Unterhaltseinkommen, Kap. B Rn. 145–148 mit Bsp.
402 BFH, BStBl II 1996, 59.

des erstrebten Ziels unangemessen ist, der Steuerminderung dienen soll und durch wirtschaftliche und sonst beachtliche Gründe nicht zu rechtfertigen ist.

915   Also nur in Ausnahmefällen kann von einem steuerrechtlichen Gestaltungsmissbrauch gesprochen werden (bei der unterhaltsrechtlichen Fallbearbeitung kann man sich deshalb nicht einmal auf eine steuerliche Betriebsprüfung, wie sonst, verlassen), weil dies der Gesetzgeber bei der Regelung nach § 4 Abs. 3 EStG billigend in Kauf genommen hat.[403] Dadurch ergeben sich für den Steuerpflichtigen und Unterhaltsschuldner Gestaltungsmöglichkeiten durch das bewusste Herbeiführen eines Zuflusses oder Abflusses, unabhängig von der wirtschaftlichen Verursachung.

b) Gewinnermittlung nach Durchschnittssätzen, § 13a EStG

916   § 13a EStG ist eine Regel nur für Land-und Forstwirte, die nicht verpflichtet sind, Bücher zu führen und regelmäßig Abschlüsse zu machen. Sie ist unter der Voraussetzung vorbehalten, dass selbstbewirtschaftete Flächen vorhanden sind und eine landwirtschaftliche Nutzung erfolgt (vgl. Rdn. 126 ff.).

917   Durchschnittsgewinn ist die Summe aus dem Grundbetrag, § 13a Abs. 4 EStG, den Zuschlägen für Sondernutzungen, § 13a Abs. 5 EStG, den nach § 13a Abs. 6 EStG gesondert zu ermittelnden Gewinnen, den vereinnahmten Miet- und Pachtzinsen sowie den vereinnahmten Kapitalerträgen, § 13a Abs. 6 Satz 1 Nr. 2 EStG.

918   **Gewinnermittlungszeitraum**, § 4a EStG, ist das Wirtschaftsjahr, also der Zeitraum, für den regelmäßig der Gewinn ermittelt wird. Dieser umfasst grds. einen Zeitraum von 12 Monaten. Eine **Ausnahme** liegt vor bei der Eröffnung oder Aufgabe eines Betriebes darf dieser Zeitraum auch weniger als 12 Monate umfassen, § 8b EStDV. Das Wirtschaftsjahr muss nicht mit dem Kalenderjahr übereinstimmen.

919   Bei Land-und Forstwirten ist das Wirtschaftsjahr die Zeit **vom 01.07. bis zum 30.06. eines jeden Kalenderjahres**, § 4a Abs. 1 Nr. 1 EStG.

920   Bei den **Überschusseinkünften** dagegen ist immer das Kalenderjahr Überschussermittlungszeitraum.

921   Nach dem Zuflussprinzip, § 11 Abs. 1 Satz 1 EStG, gelten die Einnahmen innerhalb des Kalenderjahres als bezogen, in dem sie dem Steuerpflichtigen zufließen. Bei **regelmäßig wiederkehrenden** Leistungen, wie z.B. Zinsen und Mieten, die dem Steuerpflichtigen kurz vor Beginn oder am Ende des Kalenderjahres, zu dem sie wirtschaftlich gehören, zufließen, gilt das Zurechnungsprinzip. Wiederkehrende Leistungen gelten in dem Kalenderjahr als bezogen, dem sie wirtschaftlich zugerechnet werden, § 11 Abs. 1 Satz 2 EStG.

---

403   BFH, BStBl II 1986, 284; so schon der Große Senat des BFH im BStBl III 1966, 144.

aa) Änderungen in der Gewinnermittlung nach § 13a EStG[404]

Der Gesetzgeber hat bei der sog. Gewinnermittlung nach Durchschnittssätzen einige **922** Modifizierungen vorgenommen. Diese gelten bei abweichendem Wirtschaftsjahr ab 01.07.2015, bei Wirtschaftsjahr = Kalenderjahr ab 01.01.2015.

Der Gewinngrundbetrag, der bisher in Abhängigkeit vom Einheitswert festgesetzt **923** wird, beträgt nunmehr einheitlich 350 € pro ha. Neu hinzu kommt ein Zuschlag für Tierhaltung i.H.v. 300 € pro Vieheinheit, der jedoch erst ab der 26. Vieheinheit vorzunehmen ist.

Zur Erfassung der Sondernutzungen wird die folgende Tabelle (Rdn. 926) erstellt. **924** Der Betrieb kann seinen Gewinn nach § 13a EStG ermitteln, solange die Grenzen in Spalte 2 nicht überschritten werden, z.B. 0,66 ha Weinbau. Wird auch die Grenze in Spalte 3, z.B. 0,16 ha Weinbau, nicht überschritten, erfolgt kein Gewinnzuschlag. Darüber wird ein pauschaler Gewinnzuschlag von 1.000 € vorgenommen.

Es gibt geänderte und neue Steuerformulare zur Ermittlung des Gewinns aus Land- **925** und Forstwirtschaft nach Durchschnittssätzen[405] (neben Anlage L 2015): Anlage 13a 2015 und Anlage AV13a 2015.

Für ein Wirtschaftsjahr betragen **926**
I.   der Grundbetrag und die Zuschläge für Tierzucht und Tierhaltung der landwirtschaftlichen Nutzung (§ 13a Abs. 4 EStG):

Gewinn pro Hektar selbstbewirtschafteter Fläche	350 €
bei Tierbeständen für die ersten 25 Vieheinheiten*[19]	0 €/Vieheinheit
bei Tierbeständen für alle weiteren Vieheinheiten	300 €/Vieheinheit

Angefangene Hektar und Vieheinheiten sind anteilig zu berücksichtigen.

II. die Grenzen und Gewinne der Sondernutzungen (§ 13a Abs. 6 EStG):

Nutzung	Grenze	Grenze
1	2	3
Weinbauliche Nutzung	0,66 ha	0,16 ha
Nutzungsteil Obstbau	1,37 ha	0,34 ha
Nutzungsteil Gemüsebau		
Freilandgemüse	0,67 ha	0,17 ha
Unterglas Gemüse	0,06 ha	0,015 ha
Nutzungsteil Blumen/Zierpflanzenbau		

---

404 BMF-Schreiben v. 10.11.2015 zu Neuregelung von § 13a EStG.
405 BGBl I 2014, 2426).
406 BGBl I 2014, 2426.

Nutzung	Grenze	Grenze
1	2	3
Freiland Zierpflanzen	0,23 ha	0,05 ha
Unterglas Zierpflanzen	0,04 ha	0,01 ha
Nutzungsteil Baumschulen	0,15 ha	0,04 ha
Sondernutzung Spargel	0,42 ha	0,1 ha
Sondernutzung Hopfen	0,78 ha	0,19 ha
Binnenfischerei	2.000 kg Jahresfang	500 kg Jahresfang
Teichwirtschaft	1,6 ha	0,4 ha
Fischzucht	0,2 ha	0,05 ha
Imkerei	70 Völker	30 Völker
Wanderschäfereien	120 Mutterschafe	30 Mutterschafe
Weihnachtsbaumkulturen	0,4 ha	0,1 ha

927 Bei Vermietung und Verpachtung von Wirtschaftsgütern des land- und forstwirtschaftlichen Betriebsvermögens sind die vollen Bruttoeinnahmen als Gewinnzuschlag zu erfassen. Damit in Zusammenhang stehende Kosten dürfen nicht abgezogen werden.

928 Wie bereits bisher sind weiterhin Gewinne aus der Veräußerung oder Entnahme von Grund und Boden sowie Gebäuden zu erfassen. Künftig sind auch Gewinne aus der Veräußerung von immateriellen Wirtschaftsgütern (z.B. Lieferrechte/Pachtrechte) und Beteiligungen (z.B. Genossenschaftsanteile) zu erfassen. Zum Nachweis der Anschaffungskosten, die im Veräußerungsfall abgezogen werden können, sind die vorgenannten Wirtschaftsgüter in entsprechende Verzeichnisse aufzunehmen, die elektronisch an das Finanzamt zu übermitteln sind.

bb) Wichtigste Neuregelung

929 Veräußerungen oder Entnahmen des übrigen Anlagevermögens, z.B. Maschinen oder Zuchtstuten, sind als Zuschlag zu erfassen, wenn der Bruttoerlös inkl. Umsatzsteuer für das jeweilige Wirtschaftsgut mehr als 15.000 € betragen hat. Der Buchwert, der im Einzelfall zu ermitteln ist aus den historischen Anschaffungskosten abzgl. fiktiver Abschreibungsbeträge laut Abschreibungstabelle, kann gewinnmindernd abgezogen werden. Hier galt die **Empfehlung**, geplante Veräußerungen vor dem 01.07.2015 (Lieferdatum/Besitzübergang ist maßgebend) und damit zuschlagsfrei vorzunehmen.

930 Neu aufgenommen wurde ein Zuschlag für dem Grunde nach gewerbliche Tätigkeiten, die aufgrund Unterschreitens der Drittelumsatzgrenze noch zur Landwirtschaft gerechnet werden können, also der Handel mit Zukaufprodukten sowie Dienstleistungen ggü. Landwirten und Nichtlandwirten. Hier sind zukünftig die vollen Einnahmen zu erfassen und um einen pauschalen Betriebsausgabenabzug von 60 % zu mindern.

Im Gegenzug entfällt der bisherige Zuschlag für Dienstleistungen ggü. Nichtland- 931 wirten. Dies bedeutet, dass zukünftig kein Zuschlag mehr für Einnahmen aus Pensionspferdehaltung vorgenommen werden muss. Vielmehr ist dieser mit dem oben genannten Gewinngrundbetrag abgegolten. Bisher waren die verausgabten Schuld- und Pachtzinsen gewinnmindernd anzusetzen. Zukünftig sind diese ebenfalls mit dem Grundbetrag abgegolten und nicht mehr gesondert anzusetzen.

▶ **Verfahrenshinweis zum Unterhalts- und Beleganspruch**

Einkünfte aus Land- und Forstwirtschaft sind in der Einkommensteuererklä- 932 rung im Mantelbogen einzutragen und ergeben sich dezidiert aus den Anlagen L, 13a 2015 und AV13a 2015 zur Einkommensteuererklärung. Diese Einkunftsart kennt auch zusätzliche betriebswirtschaftliche Jahresabschlüsse zur Beantragung von Subventionen. Auf diese besteht auch ein familienrechtlicher Auskunfts- und Beleganspruch.

Die Gewinnermittlung nach Durchschnittsätzen nach § 13a EStG ist unterhalts- rechtlich unbrauchbar, weil sie aus Vereinfachungsgründen ein unterhaltsrelevantes Ergebnis nicht ermittelt. Diese Einkünfte sind durch eine EÜR oder Bilanz zur Erfüllung der Darlegungs- und Beweislast nachzuweisen.[407]

17. Überschusseinkünfte nach §§ 19, 20, 21, 22, 23 EStG

Während sich die Gewinnermittlungsmethoden auf die Gewinneinkünfte beziehen, 933 ermitteln sich die Einkünfte bei den Überschusseinkunftsarten durch den Abzug der Werbungskosten von den Einnahmen als Überschuss. Wenn die Werbungskosten größer als die Einnahmen ausfallen, handelt es sich um einen Verlust.

a) Nichtselbstständige Einkünfte nach § 19 EStG

aa) Arbeitnehmereigenschaft

Arbeitnehmer i.S.v. § 1 Abs. 1 Satz 1, 2 LStDV sind die Personen, die im öffentlichen 934 oder privaten Dienst angestellt oder beschäftigt sind oder waren und die aus diesem Dienstverhältnis oder einem früheren Dienstverhältnis Arbeitslohn beziehen.[408]

Ein Dienstverhältnis liegt danach vor, wenn der Beschäftigte dem Arbeitgeber seine 935 Arbeitskraft schuldet, d.h., wenn er unter Leitung des Arbeitgebers steht oder im geschäftlichen Organismus des Arbeitgebers dessen **Weisungen** zu folgen verpflichtet ist (§ 1 Abs. 2 Satz 2 LStDV).

Mit den klassischen Merkmalen wie Weisungsgebundenheit, allgemeine Marktteil- 936 nahme (nicht nur ein oder zwei Auftraggeber) und unternehmerisches Risiko kann die

---

407 Wendl/Dose/*Spieker* 6. Aufl., § 1, Rn. 268.
408 Kleffmann/Klein/*Kleffmann* Grundlagen der Einkommensermittlung, Rn. 58 ff.

nichtselbstständige Tätigkeit von der Tätigkeit als Land- und Forstwirt, als Gewerbetreibender und selbstständig Tätiger abgegrenzt werden.

937 Somit ist nicht derjenige Arbeitnehmer, der sich unternehmerisch i.S.v. § 2 Abs. 1 UStG betätigt.

Unternehmer ist danach, wer eine gewerbliche oder berufliche Tätigkeit selbstständig ausübt.

938 Das Unternehmen umfasst die gesamte gewerbliche oder berufliche Tätigkeit des Unternehmers. Gewerblich oder beruflich ist jede nachhaltige Tätigkeit zur Erzielung von Einnahmen, auch wenn die Absicht, Gewinn zu erzielen, fehlt oder eine Personenvereinigung nur gegenüber ihren Mitgliedern tätig wird.

939 Die gewerbliche oder berufliche Tätigkeit wird nicht selbstständig ausgeübt, soweit natürliche Personen, einzeln oder zusammengeschlossen, in einem Unternehmen so eingegliedert sind, dass sie den Weisungen des Unternehmers zu folgen verpflichtet sind, wenn eine juristische Person nach dem Gesamtbild der tatsächlichen Verhältnisse finanziell, wirtschaftlich und organisatorisch in das Unternehmen des Organträgers eingegliedert ist (**Organschaft**).

bb) Scheinselbstständige

940 Die **Scheinselbstständigen** repräsentieren den Personenkreis, deren Einkünfte aufgrund formal unabhängiger Tätigkeit als Gewinn bzw. als Überschuss der Einnahmen über die Werbungskosten von ihnen selbst i.R.d. steuerlichen Einkommensermittlung ermittelt werden. Scheinselbstständige sind Erwerbstätige, die rechtlich als Selbstständige behandelt werden, in Wirklichkeit aber wie abhängig Beschäftigte arbeiten. Betriebswirtschaftlich beruht dieses oft auf Outsourcing.

941 Vorteile für einen Outsourcer sind Einsparungen beim Personal und Material, der Gewährleistung hoher Qualität und der Einhaltung von Zeitvorgaben. Ferner fallen Kapitalbindungen durch einen teuren Maschinenpark weg und arbeitsrechtliche Konsequenzen werden umgangen. Entscheidendes **Abgrenzungskriterium** ist somit, ob der Arbeitnehmer weisungsgebunden ist und/oder im Wesentlichen nur einen Auftraggeber hat.

942 Der BFH[409] hat Abgrenzungskriterien für und wider Selbstständigkeit wie folgt definiert:

Selbstständigkeit:

Selbstständigkeit in der Organisation und bei der Durchführung der Tätigkeit; Unternehmensrisiko (Vergütungsrisiko); wird eine Vergütung für Ausfallzeiten nicht gezahlt, spricht dieses für Selbstständigkeit; Unternehmerinitiative (bloße Umqualifizierung in

---

409 BFH, 14.04.2010 – XI R 14/09, BFH/NV 2010, 2201.

gewerbliche Einkünfte reicht nicht); Bindung nur an bestimmte Tage an den Betrieb; geschäftliche Beziehung zu anderen Vertragspartnern.

Wider Selbstständigkeit: 943

Weisungsgebundenheit für Ort/Zeit, Inhalt der Tätigkeit; fester Arbeitszeit; feste Bezüge; Urlaubsanspruch; Anspruch auf Sozialleistungen; Fortzahlung im Krankheitsfall; Eingliederung in den Betrieb; Schulden der Arbeitskraft und nicht des Erfolgs.

▶ **Hinweis**

Für den Arbeitgeber besteht eine erhebliche Gefahr der Nacherhebung von Sozial- 944 versicherung und Lohnsteuer.

cc) Arbeitslohn

Auszugehen ist von dem Bruttoarbeitslohn, d.h. des Arbeitslohnes vor Kürzung der 945 Abzüge. **Arbeitslohn** sind alle Einnahmen in Geld oder Geldeswert, die dem Arbeitnehmer aus dem Dienstverhältnis zufließen. Es ist gleichgültig, ob es sich um eine einmalige oder laufende Einnahme handelt, ob ein Rechtsanspruch auf sie besteht und unter welcher Bezeichnung und in welcher Form sie gewährt wird (§ 2 Abs. 1 LStDV).[410]

Nach R 70 Abs. 1 u. Abs. 3 LStR gehören zum Arbeitslohn auch 946
– Sachbezüge,
– Lohnzuschläge, z.B. für Mehrarbeit oder Erschwernis,
– Entschädigungen, z.B. für nicht gewährten Urlaub,
– pauschale Fehlgeldentschädigungen, die Arbeitnehmer im Kassen- und Zähldienst gezahlt werden, soweit sie den Freibetrag von 16 € im Monat übersteigen,
– Vergütungen des Arbeitgebers zum Ersatz der, dem Arbeitnehmer berechneten, Kontoführungsgebühren,
– Vergütungen des Arbeitgebers zu den Aufwendungen des Arbeitnehmers für Fahrten zwischen Wohnung und Arbeitsstätte, soweit diese Aufwendungen nicht zu den Reisekosten gehören,
– Fahrtkostenzuschüsse können vom Arbeitgeber mit einem Pauschalsteuersatz von 15 % bis zu einem Betrag erhoben werden, der nach § 9 Abs. 1 Satz 3 Nr. 4 und Abs. 2 EStG als Werbungskosten angesetzt werden könnte, wenn die Bezüge nicht pauschal erhoben würden. Diese pauschal besteuerten Bezüge mindern die abziehbaren Werbungskosten (§ 40 Abs. 2 Satz 3 EStG).

Zu den Barbezügen gehören auch die Abfindungen, die Lohnersatzfunktion haben. 947

---

410 »Bezüge-ABC« der nichtselbstständigen Einkünfte mit Rspr.-Hinweisen: Kleffmann/ Klein/*Kleffmann* Grundlagen der Einkommensermittlung Rn. 58 ff.

▶ **Verfahrenshinweis**

Der Abfindungsbetrag ist unterhaltsrechtlich auf eine angemessene Zeit zu verteilen (Aufhebung der Steuerfreiheit ab VAZ 2006).[411]

948 Nach R 70 Abs. 2 LStR gehören nicht zum Arbeitslohn:
- Leistungen zur Verbesserung der Arbeitsbedingungen, z.b. betriebseigene Dusch- und Badeanlagen
- übliche Zuwendungen bei Betriebsveranstaltungen bis zu einem Höchstbetrag der Freigrenze von 110 € je teilnehmendem Arbeitnehmer (R 72 LStR)
- übliche Aufmerksamkeiten wie Blumen, Pralinen, etc. bis 40 € Freigrenze, die dem Arbeitnehmer aus besonderem Anlass, z.b. Geburtstag, gewährt werden Hingegen gehören Geldzuwendungen regelmäßig zum Arbeitslohn, auch wenn ihr Wert gering ist (R 73 LStR)
- betriebliche Fort- und Weiterbildungsleistungen (R 74 LStR)

dd) Steuerfreie Einnahmen

949 Folgende Einnahmen sind z.b. nach § 3 EStG steuerfrei:
- Elterngeld nach dem Bundeselterngeldgesetz ab 2007
- Leistungen aus Krankenversicherung, Pflegeversicherung und gesetzlicher Unfallversicherung
- Arbeitslosengeld, Kurzarbeitergeld, Arbeitslosenhilfe, Übergangsgeld, Unterhaltsgeld
- Reisekostenvergütungen, Umzugskostenvergütungen und Trennungskostenvergütungen
- Vorteile aus der privaten Nutzung von betrieblichen Personalcomputern und Telekommunikationsgeräten
- Trinkgelder, seit 01.01.2002 in voller Höhe
- Sachbezüge, wenn sie insg. 44 € Freigrenze im Kalendermonat nicht übersteigen[412]
- Sachbezüge, die vom Arbeitgeber nicht überwiegend für den Bedarf des Arbeitnehmers hergestellt, vertrieben oder erbracht werden und deren Abzug nicht pauschal nach § 40 EStG versteuert wird

ee) Sachbezüge

950 Sachbezüge sind nach R 31 Abs. 1 LStR insb. auch Kosten für Wohnung und Unterkunft, Verpflegung und Stellung von Kraftfahrzeugen. Sie sind unterhaltsrechtliches Einkommen.[413]

---

411 FA-FamR/*Gerhardt* Kap. 6 Rn. 42 ff.; Kleffmann/Klein/*Kleffmann* §1 Rn. 22 ff. mit Rspr.-Nachweisen.
412 BGBl I 2011, 2453.
413 BGH, FamRZ 1983, 352.

Sachbezüge sind: **951**
- Deputate in Land- und Forstwirtschaft
- freie oder verbilligte Energiekosten, Kost, Wohnen,[414] Zuschüsse für Telefon[415] und Kontoführung etc.
- Überlassung von Aktien,[416] verbilligter Warenbezug,[417] verbilligte oder freie Fahrten bzw. Flüge
- Gestattung der privaten Nutzung von Dienst-bzw. Firmenfahrzeugen[418]. Überlässt der Arbeitgeber dem Arbeitnehmer einen Pkw, so hat er den privaten Nutzungsanteil mit monatlich 1 % des Bruttolistenpreises anzusetzen, der im Zeitpunkt der Erstzulassung für das Kraftfahrzeug festgelegt ist. Dies gilt auch bei gebraucht erworbenen oder geleasten Fahrzeugen. Hierbei ist der Bruttolistenpreis in volle Euro abzurunden (R 31 Abs. 9 Nr. 1 S. 6 LStR). Dies bezieht sich auf die Privatfahrten als Freizeitfahrten. Darf der Arbeitnehmer das Fahrzeug auch für Fahrten zwischen Wohnung und Arbeitsstätte nutzen, erhöht sich der Wert um jeden Kilometer der Entfernung zwischen Wohnung und Arbeitsstätte um 0,03 % des Bruttolistenpreises.[419]

▶ **Hinweis zur allgemeinen Bewertung der Sachbezüge**

Als Wert gilt der um 4 % geminderte Endpreis, zu dem der Arbeitgeber die Sach-   **952**
bezüge fremden Endverbrauchern anbietet.

Es besteht Steuerfreiheit insoweit, als insg. der rabattfreie Betrag von 1.080 € im Kalenderjahr nicht überschritten wird.

Der laufende Arbeitslohn gilt in dem Kalenderjahr als **bezogen**, in dem der Lohnzahlungszeitraum endet (§ 11 Abs. 1 i.V.m. § 38a Abs. 1 Satz 2 EStG), während die sonstigen Bezüge im Kalenderjahr bezogen werden, in dem sie dem Arbeitnehmer zufließen (§ 11 Abs. 1 i.V.m. § 38a Abs. 1 Satz 3 EStG).

ff) KFZ-Nutzung als Sachbezug

Überlässt der Arbeitgeber dem Arbeitnehmer einen PKW für Privatfahrten [420], so hat   **953**
er den privaten Nutzungsanteil mit monatlich **1 % des Bruttolistenpreises** anzusetzen, der im Zeitpunkt der Erstzulassung für das Kraftfahrzeug festgelegt ist. Dies gilt auch bei gebraucht erworbenen oder geleasten Fahrzeugen. Hierbei ist der Bruttolistenpreis

---

414 OLG Köln, FamRZ 1994, 997.
415 OLG Karlsruhe, FamRZ 1990, 533.
416 OLG Oldenburg, FamRZ 2009, 1911.
417 OLG Hamm, FamRZ 1999, 167.
418 *Schöppe-Fredenburg* FuR 1998, 158.
419 Entfernungspauschale verfassungsgemäß: BVerfG, v. 09.12.2008 – 2 BvL 2/08, JurionRS 2008, 26426.
420 pauschale Schätzungen: 200 €, BGH, FamRZ 2008, 281; 250 €, OLG Bamberg, NJW 1993, 66; 355; 250 €, OLG Hamm, FamRZ 1999, 513, BMF-Schreiben v. 03.04.2012 zur privaten KFZ-Nutzung durch Gesellschafter-Geschäftsführer.

in volle Euro abzurunden (R 31 Abs. 9 Nr. 1 Satz 6 LStR). Die Regelung bezieht sich auf die Privatfahrten als Freizeitfahrten.

954 Darf der Arbeitnehmer das Fahrzeug auch für **Fahrten zwischen Wohnung und Arbeitsstätte** nutzen, erhöht sich der Wert um jeden Kilometer der Entfernung zwischen Wohnung und Arbeitsstätte um 0,03 % des Bruttolistenpreises.[421]

▶ **Beispiel**

955 Der Arbeitnehmer A erhält neben seinem Bruttogehalt von 2.500 € ab 2012 einen gebraucht angeschafften Wagen auch zur privaten Nutzung. Der Bruttolistenpreis im Zeitpunkt der Erstzulassung beträgt 20.477 € und die Entfernung zwischen Wohnung und Arbeitsstätte 30 km.

A fährt in 2012 an 225 Tagen mit dem Firmenwagen von seiner Wohnung zur Arbeitsstätte.

Lösung

Der geldwerte Vorteil für A wird für 2012 monatlich wie folgt ermittelt:

Geldwerter Vorteil für Privatfahrten (1 % von 20.400 €)	204 €
+ Zuschlag für Fahrten zwischen Wohnung und Arbeitsstätte	183,60 € (0,03 % von 20.400 € x 30 km)
= **Geldwerter Vorteil insgesamt**	**387,60 €**

Aus dem Betrag ist die Umsatzsteuer herauszurechnen.

Die **Gehaltsabrechnung** für A sieht für einen Monat in 2012 beispielhaft wie folgt aus:

Bruttogehalt	2.500 €
+ Sachbezug (Stellung des Pkws),	325,71 € netto
+ 19 % USt	61,89 €
= **steuer- und sozialversicherungspflichtiges Gehalt**	**2.887,60 €**
– Lohnsteuer/Kirchensteuer/Solidaritätszuschlag	591,86 €
– Sozialversicherungsbeiträge (Arbeitnehmeranteil)	613,62 €
Nettogehalt	1.682,12 €
– Sachbezug	387,60 €
= **Auszahlungsbetrag**	**1.294,52 €**

---

421 Entfernungspauschale verfassungsgemäß: BVerfG, 09.12.2008 – 2 BvL 2/08, JurionRS 2008, 26426.

Der geldwerte Vorteil für die betriebliche Nutzung des Kfz kann auch mit den **tat-** 956
sächlichen Aufwendungen für das Kraftfahrzeug angesetzt werden, wenn die für das
Kraftfahrzeug insg. entstehenden Aufwendungen durch Belege und das Verhältnis der
privaten zu den übrigen Fahrten durch ein ordnungsgemäßes **Fahrtenbuch** nachgewiesen werden (R 31 Abs. 9 Nr. 2 LStR).

Bei der **unentgeltlichen Überlassung** eines Geschäfts- oder Dienstfahrzeugs,[422] ist 957
unabhängig vom Zeitpunkt der Anschaffung des Fahrzeugs der Vorteil mit 1 % des
Bruttolistenpreises für das Fahrzeug einschließlich aller Sonderausstattungen anzusetzen,[423] für Fahrten zwischen Wohnung und Arbeitsstelle je Entfernungskilometer
monatlich zusätzlich 0,03 % des Listenpreises. Die damit verbundene höhere steuerliche Belastung vermindert den Auszahlungsbetrag und den wirtschaftlichen Vorteil
für den Arbeitnehmer.

▶ **Verfahrenshinweis**

Der zu schätzende geldwerte Vorteil muss nicht identisch sein mit dem steuerli- 958
chen Gehaltsanteil.[424] Oftmals ist der Nutzungsanteil des Firmenwagens geringer
als der Nennwert des Sachbezugs. In der obergerichtlichen Rspr. wird der geldwerte
Vorteil regelmäßig geschätzt, etwa mit den ersparten Kosten, die bei Nutzung öf-
fentlicher Verkehrsmittel erforderlich wären oder mit pauschalen Beträgen, oftmals
zwischen 50 € und 300 €.[425] Sofern durch die Nutzung des Firmenfahrzeugs auch
Fahrten zum Arbeitsplatz abgedeckt werden, entfällt der Ansatz berufsbedingter
Aufwendungen in Gestalt der Fahrtkosten.[426] Die Stellung eines Firmenwagens
ist **unterhaltsrechtlich** jedoch unbeachtlich, wenn sich der Schuldner ein eigenes
Fahrzeug nicht anschaffen würde.[427]

gg) Abzüge vom Lohn

Der Steuerpflichtige kann vom Arbeitslohn unter bestimmten Voraussetzungen zur 959
Ermittlung der Einkünfte absetzen:
– den Versorgungsfreibetrag und Zuschlag zum Versorgungsfreibetrag nach § 19
  Abs. 2 EStG
– die Werbungskosten i.S.v. § 9 EStG oder
– den Arbeitnehmerpauschbetrag sowie

---

422 BGH, FamRZ 2008, 281; vgl. auch *Langheim* FamRZ 2009, 665; *Romeyko* FamRZ 2004,
    242.
423 OLG Hamm, 30.10.2008 – 2 UF 43/08, FPR 09, 62.
424 BGH, FamRZ 2008, 287; OLG Hamm, 30.10.2008 – 2 UF 43/08, FPR 09, 62;
    OLG Karlsruhe, FamRZ 2006, 1759.
425 BGH, FamRZ 2008, 281: 200 €; OLG Hamm, 30.10.2008 – 2 UF 43/08, NJW-
    RR 09, 294; OLG Zweibrücken, FamRZ 2008, 1655; OLG Hamm, FamRZ 1999, 513;
    OLG München, FamRZ 1999, 1350.
426 OLG München, FamRZ 1999, 1250; *Kleffmann* FuR 2000, 147.
427 OLG Hamm, FamFR 2013, 132.

- erwerbsbedingte Kinderbetreuungskosten nach § 4f EStG (bis VAZ 2010) und
- den Pauschbetrag für Versorgungsbezüge nach § 9a Nr. 1b EStG.

hh) Versorgungsfreibetrag/Zuschlag zum Versorgungsfreibetrag

960 Nach § 19 Abs. 2 EStG bleibt seit 2005 von den Versorgungsbezügen ein nach einem Prozentsatz ermittelter und auf einen Höchstbetrag begrenzter Betrag sowie Zuschlag steuerfrei. Versorgungsbezüge sind Bezüge und Vorteile aus früheren Dienstleistungen. Die Bemessungsgrundlage ergibt sich aus § 19 Abs. 2 Satz 4 EStG.[428]

ii) Werbungskosten

961 Werbungskosten bei Arbeitnehmern sind alle Aufwendungen, die ihnen zur Erwerbung, Sicherung oder Erhaltung ihrer Einnahmen aus nichtselbstständiger Arbeit erwachsen (§ 9 Abs. 1 Satz 5 EStG) wie z.B.:
- Beiträge zu Berufsverbänden, auch Gewerkschaftsbeiträge
- Aufwendungen für Fahrten zwischen Wohnung und Arbeitsstätte bei Fernpendlern ab dem 21. Kilometer, wobei die verkehrsmittelunabhängige Entfernungspauschale für jeden vollen Kilometer der Entfernung 0,30 € und die Nachweisgrenze bei Nichtbenutzung eines eigenen oder vom Arbeitgeber überlassenen Pkws 4.500 € beträgt)[429]
- Aufwendungen für Arbeitsmittel
- Absetzungen für Abnutzung
- Aufwendungen für ein häusliches Arbeitszimmer sowie die Kosten der Ausstattung, wenn dieses den Mittelpunkt der gesamten beruflichen Betätigung bildet[430]
- Mehraufwendungen für Verpflegung, wie z.B. bei doppelter Haushaltsführung

jj) Arbeitnehmerpauschbetrag/Pauschbetrag für Versorgungsbezüge

962 Werden keine höheren Werbungskosten nachgewiesen, wird ein Arbeitnehmerpauschbetrag nach § 9a Satz 1 Nr. 1 EStG als:
- Arbeitnehmerpauschbetrag von 920 € (ab VAZ 2011 **1.000 €**) und
- Pauschbetrag für Versorgungsbezüge von **102 €** (§ 9a Satz 1 Nr. 1b EStG) abgezogen.

▶ **Verfahrenshinweis**

963 Fallen beim Unterhaltsverpflichteten mehr als 30 km einfache Entfernung zur Arbeitsstelle an, sind sowohl der Freibetrag gem. § 9 Abs. 1 Nr. 4 Satz 2 EStG (0,30 €/km) als auch die **Werbungskostenpauschale** mit 1.000 € jährlich (ab 2011)

---

428 Z.B. 2012 28,8 %, Höchstbetrag 2.160 €, Zuschlag 648 €; BMF-Schreiben v. 13.09.2010.
429 Zur Verfassungsmäßigkeit BFH, 10.01.2008 – VI R 17/07, DStR 2008, 188; NJW 2008, 608; BVerfG, 09.12.2008 – 2 BvL 2/08.
430 BMF-Schreiben v. 06.10.2017.

gem. § 9a Satz 1 Nr. 1 lit. a EStG zu berücksichtigen. Dies entspricht 109,17 € monatlich.[431]

kk) Kinderbetreuungskosten als Werbungskosten (bis VAZ 2010)

Als außergewöhnliche Belastungen konnten Kinderbetreuungskosten bis 2005 nach 964 § 33c EStG abgezogen werden.

Ab dem Kalenderjahr 2006 sind die Kinderbetreuungskosten entweder als Werbungs- 965 kosten bzw. Betriebsausgaben oder als Sonderausgaben i.S.v. § 10 Satz 1 Nr. 5 und 8 EStG neben dem Pauschbetrag abziehbar.

Als Werbungskosten der Kinderbetreuung bei der Einkunftsart aus nichtselbstständi- 966 ger Arbeit sind folgende Voraussetzungen zu erfüllen:
– Erwerbstätigkeit der Steuerpflichtigen von mindestens 10 Stunden/Woche
– Zusammenleben der Eltern, wobei beide Elternteile erwerbstätig sein müssen
– Kind i.S.d. § 32 Abs. 1 EStG
– Das Kind darf das 14. Lebensjahr nicht vollendet haben oder wegen einer vor Vollendung des 25. Lebensjahres eingetretenen körperlichen, geistigen oder seelischen Behinderung außerstande sein, sich selbst zu unterhalten
– Zugehörigkeit des Kindes zum Haushalt des Steuerpflichtigen
– Nachweis des Steuerpflichtigen durch Vorlage einer Rechnung und des entsprechenden Zahlungsbeleges

Kinderbetreuungskosten sind z.B: 967
– Aufwendungen für die Unterbringung in Kindergärten, Kindertagesstätten, Kinderhorten, Kinderkrippen und Kinderheimen sowie bei Tagesmüttern, Wochenmüttern und in Ganztagspflegestellen
– Aufwendungen für die Beschäftigung von Kinderpflegerinnen, Kinderschwestern und Erzieherinnen
– Hilfen im Haushalt, soweit sie die Kinder betreuen
– Aufwendungen für die Beaufsichtigung von Kindern bei der Erledigung der häuslichen Schulaufgaben

Die Werbungskosten sind i.H.v. 2/3 der Betreuungskosten, **höchstens** aber **4.000 €** 968 **je Kind** abziehbar.

▶ Hinweis

Ab VAZ 2011 sind Kinderbetreuungskosten nicht mehr Werbungskosten, sondern 969 Sonderausgaben nach § 10 Abs. 1 Nr. 5 EStG (Höchstbetrag 4.000 € je Kind; bis 14 bzw. bis 25 Jahre bei Behinderung).

---

431 OLG Köln, FuR 2013, 345.

*II) Arbeitnehmereigenschaft des geschäftsführenden GmbH-Gesellschafters/
unterhaltsrechtlicher Betrachtungszeitraum*

970 Der bei der GmbH angestellte geschäftsführende Gesellschafter bezieht Einkünfte aus **nichtselbstständiger Arbeit** i.S.v. § 19 EStG. Die Gesellschaft hat die Lohnsteuer und die Sozialversicherungsbeiträge abzuziehen.

971 **Unterhaltsrechtlich** ist i.R.d. Prüfung der Leistungsfähigkeit grds. auf das im tatsächlichen Unterhaltszeitraum erzielte **Jahreseinkommen** abzustellen. Wird das Geschäftsführergehalt allerdings entsprechend den jeweiligen Gewinnen- und Verlusten unmittelbar an diese angepasst und verwendet der Geschäftsführer wie ein selbstständiger Kaufmann oder Freiberufler zur Bedarfsdeckung den jeweiligen Gewinn des Betriebes bzw. der Kanzlei oder Praxis als Einkommen, wird er unterhaltsrechtlich als sog. **verkappter Selbstständiger** behandelt. Zur Ermittlung des unterhaltsrelevanten Einkommens ist dann auf einen Durchschnittswert, der dem Unterhaltszeitraum **vorangegangenen drei Jahren**, abzustellen.[432]

972 Die Überprüfung der Angemessenheit der **Herabsetzung der Geschäftsführergehälter** erfolgt nach Regeln des Steuerrechts.[433]

973 In der Krise der Gesellschaft, auch bei der GmbH, kann der Geschäftsführer wegen seiner möglichen Schadensersatzverpflichtung jedoch verpflichtet sein, sich das Gehalt in Analogie zu § 87 Abs. 2 AktG zu reduzieren.[434]

974 Kriterien für eine angemessene Geschäftsführervergütung[435] sind:
- Tätigkeitsfeld des Geschäftsführers
- Größe des Unternehmens
- Ausbildung und Berufserfahrung
- Tätigkeit in mehreren Unternehmen
- Anzahl der Geschäftsführer
- Ertragsaussichten der Gesellschaft
- Verhältnis des Gehalts zur Kapitalverzinsung
- Verhältnis des Gehalts zum Gewinn
- Angemessenheit bei ertragsschwachen Gesellschaften, interner Betriebsvergleich zu Fremdgeschäftsführer
- externer Betriebsvergleich

---

432 OLG Köln, FamRB 2006, 330.
433 FG Münster, 11.12.2012 – 13 K 125/09F, www.nwb-datenbank.de; *Kuckenburg* FuR 2005, 401.
434 OLG Köln, 06.11.2007 – 18 U 131/07, JurionRS 2007, 48020.
435 *Kuckenburg* Angemessenheit von Geschäftsführervergütungen, FuR, 2005, 491 ff., AG Gemünden am Main, 1 F 602/02 n.v.; zum externen Betriebsvergleich: BGH, FamRZ 2006, 387, OLG Frankfurt am Main, FamRZ 2007, 404.

b) Einkünfte aus Kapitalvermögen nach § 20 EStG i.V.m. § 32d EStG

Für die Veranlagungszeiträume ab 2009[436] bringt das Unternehmenssteuerreformge- **975**
setz 2008 mit Neuregelungen zur Einkommensteuer eine völlige Neukonzeption für
die Erhebung der laufenden Einkünfte und Gewinne aus der Veräußerung privater
Kapitalanlagen in Form der Abgeltungsteuer. Der Steuerabzug erfolgt als **Quellen-**
steuer und hat grds. abgeltende Wirkung.

Zu den Einnahmen aus Kapitalvermögen gehören die Erträge des eingesetzten Kapi- **976**
tals als Früchte, nicht jedoch das Kapital selbst. Im Rahmen von Einkünften aus Forst-
und Landwirtschaft, Gewerbebetrieb oder selbstständiger Arbeit, sind die Erträge
diesen Einkunftsarten zuzurechnen, ebenso dann, wenn sie im Zusammenhang mit
Einkünften aus Vermietung und Verpachtung stehen.

Für die Veranlagungszeiträume ab 2009 bringt das Unternehmensteuerreformgesetz **977**
2008 mit Neuregelungen zur die Einkommensteuer eine völlige Neukonzeption für
die Erhebung der laufenden Einkünfte und Gewinne aus der Veräußerung privater
Kapitalanlagen in Form der **Abgeltungsteuer!**

Der Steuerabzug erfolgt als Quellensteuer und hat grundsätzlich abgeltende Wirkung.

▶ **Hinweis**

Nach altem Recht hatte die Kapitalertragssteuer stets Vorauszahlungscharakter. Bei **978**
der jetzigen Regelung ist die Steuer auf die Kapitalerträge grundsätzlich abgegolten.

aa) Höhe der Abgeltungsteuer

Sie beträgt 25 % zzgl. 5,5 % Solidaritätszuschlag und damit insgesamt 26,375 %. Ab **979**
dem VZ 2015 wird auch die **Kirchensteuer** automatisch (vorher nur auf Antrag) einbehalten, wobei die Kirchensteuerabzugsmerkmale erstmalig zwischen September und
Oktober 2014 von der Beteiligungsgesellschaft oder Bank beim Bundeszentralamt für
Steuern abzufragen waren.

Im Fall der Kirchensteuerpflicht ermäßigt sich die Abgeltungssteuer um 25 % der Kir- **980**
chensteuer (d.h. bei 8 % Kirchensteuer: 27,82 %; bei 9 % Kirchensteuer: 27,99 %).

bb) Steuertatbestände

Erfasst werden die folgenden Einkünfte aus Kapitalvermögen unabhängig davon, ob **981**
die Erträge/Gewinne ausgeschüttet oder thesauriert werden:

Zinsen, Dividenden, Gewinnanteile, sonstige Kapitalerträge, verdeckte Gewinnausschüttungen,[437] Veräußerungsgewinne aus Wertpapier-und Termingeschäften sowie

---

436 Ausf. zur Altregelung: *Kuckenburg/Perleberg-Kölbel* Unterhaltseinkommen, Kap. B
    Rn. 470 ff.
437 Schenkungsteuerproblematik nach § 7 Abs. 1 Nr. 1 ErbStG; FG Düsseldorf, 30.11.2016 –
    4 K 1680/15, EFG 2017, S. 237.

Anteilen an Kapitalgesellschaften, Stillhalteprämien aus Optionsgeschäften, Erträge, Wertzuwächse an Investmentfonds und Finanzinnovationen, Vollrisikozertifikaten, Gewinne aus Veräußerungen »gebrauchter« Versicherungspolicen, insb. Kapitallebensversicherungen, Übertragungserträge aus Hypotheken, Grund- und Rentenschulden.[438]

982 Übersicht

Nr.	§ 20 Abs. 1 EStG; laufende Kapitalerträge	Nr.	§ 20 Abs. 2 EStG; Veräußerung/ Einlösung
1	Anteile an Körperschaften	1	Anteile an Körperschaften
2	Auflösung von Körperschaften	2	Dividenden-/Zinsscheine ohne Stammrecht
3	(unbesetzt)	3	Termingeschäfte
4	Stille Gesellschaft; partiarisches Darlehen	4	Stille Gesellschaft; partiarisches Darlehen
5	Hypotheken, Grundschulden	5	Hypotheken, Grundschulden
6	Kapitallebensversicherungen	6	Kapitallebensversicherungen
7	sonstige Kapitalforderungen	7	sonstige Kapitalforderungen
8	Diskontbeträge	8	Übertragung einer Position i.S.d. Abs. 9
9	Leistungen nicht befreiter Körperschaften		
10	sonstige Leistungen		
11	Stillhaltergeschäfte		

cc) Ausnahmen von der Abgeltungsteuer nach § 32d EStG

983 Hierunter fallen Kapitalerträge zwischen nahestehenden Personen, Zahlungen von Kapitalgesellschaften, an denen der Anteilseigner mit mindestens 10 % beteiligt ist, Erträge aus **Back to Back-Finanzierungen,**[439] wenn Gläubiger überlassenes Kapital für die Erzielung von Überschusseinkünften einsetzen. Es gilt der Grundsatz der Subsidiarität (§ 20 Abs. 8 EStG).

▶ Beispiel

984 Ein Steuerpflichtiger führt bei einem Vermietungsobjekt umfangreiche Instandsetzungen durch und finanziert diese durch ein Bankdarlehen i.H.v. 100.000 € zu

---

438 ABC der wichtigsten Finanzprodukte: IDW, Steuerberater- und Wirtschaftsprüfer-Jahrbuch 2012, 765 ff.; Beck'sches Steuerberater-Handbuch 2010/2011, Kap. G Rn. 30.

439 Back-to-back-Finanzierungen sind Fallgestaltungen, bei denen ein Unternehmer bei einer Bank eine Einlage unterhält und die Bank in gleicher Höhe einen Kredit an den Unternehmer oder eine nahestehende Person vergibt, sofern die Bank aufgrund eines rechtlichen Anspruchs oder einer dinglichen Sicherheit auf die Einlage zurückgreifen kann.

6 % Jahreszins. Gleichzeitig legt der Steuerpflichtige bei dieser Bank private Gelder i.H.v. 100.000 € als Anleihen an und erhält einen Jahreszins von 5 %.

dd) Aufwendungen/Werbungskosten nach §§ 9a, 20 Abs. 9 EStG

Der Abzug von Anschaffungskosten sowie unmittelbaren Veräußerungskos-   985
ten erfolgt nur bei Veräußerungsgeschäften. Es gibt keinen Abzug tatsächlicher
Werbungskosten.[440]

▶ **Verfahrenshinweis**

Zur **unterhaltsrechtlichen** Berücksichtigung und Abzugsfähigkeit müssen die Wer-   986
bungskosten gesondert vorgetragen und belegt werden.[441]

Abzugsfähig ist steuerrechtlich nur ein unterhaltsrechtlich irrelevanter Sparer-
Pauschbetrag i.H.v. **801 €** (bei Ehegatten **1.602 €**) per anno.

Abzugsfähig ist die oben genannte Kirchensteuer gem. der speziellen Formel nach
§ 32d Abs. 1 Satz 3 EStG.

ee) Veranlagungsoptionen und Konsequenzen für das Unterhaltseinkommen/ Verlustverrechnung

Da der Einzug der 25 %-igen Abgeltungsteuer grds. an der Quelle erfolgt, besteht für   987
oben genannte Kapitaleinkünfte **keine** Veranlagungspflicht mehr.

▶ **Verfahrenshinweis zum Unterhalts- und Belegsanspruch**

Dies führt **unterhaltsrechtlich** zu einem gesonderten Auskunfts- und Belegsanspruch   988
bzw. einer Darlegungs-und Beweispflicht, weil in der Einkommensteuererklärung
und im Einkommensteuerbescheid mit Ausnahme der Veranlagungsoption, insb.
bei Bescheidung zur Feststellung des vortragsfähigen Verlustes, die Kapitaleinkünfte nicht ersichtlich sind.

Nach § 20 Abs. 6 EStG sind **Verluste** aus Kapitalvermögen nicht mit Einkünften   989
aus anderen Einkunftsarten ausgleich- und auch nicht nach § 10d EStG abzugsfähig.
Zunächst erfolgt eine Verrechnung nach § 43a Abs. 3 EStG; verbleibende positive
Einkünfte werden dann mit Verlusten aus privaten Veräußerungsgeschäften gem. § 23
Abs. 9 und 10 EStG (sog. Altverluste) verrechnet. Nicht ausgeglichene Verluste min-
dern analog § 10d Abs. 4 EStG die Einkünfte aus Kapitalvermögen in den Folgejahren.

Eine **Pflichtveranlagung** besteht nach § 32d Abs. 3 EStG, wenn Kapitalerträge nicht   990
dem Steuerabzug im Inland unterworfen werden (Privatdarlehen, im Ausland erzielte
Erträge). Die Steuerfestsetzung erfolgt zum Abgeltungsteuersatz von 25 %.

---

440 Wegen der Frage der verfassungsrechtlichen Zulässigkeit des Werbungskostenabzugsver-
bots nach § 20 Abs. 9 EStG sind FG-Verfahren anhängig: FG Baden-Württemberg, 9 K
1637/10; FG Münster, 6 K 607/11; FG Köln, 8 K 1937/11.
441 Hierzu auch *Gutdeutsch* FamRB 2012, 382.

991   Eine **Wahlveranlagung** nach § 32d Abs. 4 EStG erfolgt für Kapitalerträge, die der Abgeltungsteuer unterliegen. Der Steuerpflichtige kann eine Steuerfestsetzung zum Abgeltungssteuersatz beantragen, um Sachverhalte zu berücksichtigen, die beim Steuerabzug nicht oder nicht vollständig einbezogen worden sind. Dies betrifft insb. die folgenden Fälle:

– Der Sparer-Pauschbetrag wurde im Abzugsverfahren nicht vollständig ausgeschöpft.

– Der Steuereinbehalt war zu hoch (z.B. keine Berücksichtigung der Anschaffungskosten in Veräußerungsfällen).

– Noch nicht berücksichtigte ausländische Steuern sollen geltend gemacht werden.

– Die Ersatzbemessungsgrundlage nach § 43a Abs. 2 Satz 7 EStG soll angewendet werden.

– Beim Steuerabzug noch nicht berücksichtigte Verluste sollen mit positiven Kapitaleinkünften verrechnet werden.

– Verrechenbare Verluste sollen im Wege des Verlustvortrags festgestellt werden (§ 20 Abs. 6 EStG).

992   **Veranlagungswahlrechte[442] bei der Abgeltungsteuer**

Die Veranlagungswahlrechte im Zusammenhang mit der Abgeltungsteuer gehen zunächst bei Kapitaleinkünften aus dem Privatvermögen grundsätzlich von der Abgeltungsteuer i.H.v. 25% (zzgl. Soli) gem. § 32b Abs. 1 EStG aus.

993   § 32d Abs. 2, 4, 6 EStG enthalten verschiedene Wahlmöglichkeiten, die auf Antrag ausgeübt werden können.

1. Option zum Teileinkünfteverfahren, § 32d Abs. 2 Nr. 3 EStG

Es besteht ein Wahlrecht auf Anwendung des Teileinkünfteverfahrens (immer günstiger bei Spitzensteuersatz!) für Gewinnausschüttungen von Kapitalgesellschaften, einschließlich der Bezüge aus Liquidation und Kapitalherabsetzung. Voraussetzung sind die Beteiligung von mindestens 25 % oder eine Beteiligung von mindestens 1 % und eine berufliche Tätigkeit für die Kapitalgesellschaft. Rechtsfolge ist die Erfassung der Einkünfte i.R.d. Veranlagung mit dem individuellen Steuersatz bei 40 %-iger Steuerfreistellung der Gewinnausschüttungen, § 3 Nr. 40 Satz 1 Buchstabe d EStG, Abzug etwaiger Werbungskosten zu 60 %, § 3c Abs. 2 EStG und keine Gewährung eines Sparer-Pauschbetrages mit 801 € bzw. 1.602 €.

994   2. Veranlagung mit einem individuellen Steuersatz, günstiger Prüfung, § 32d Abs. 6 EStG

Auf Antrag werden die nach § 20 EStG ermittelten Einkünfte in die Veranlagung einbezogen und dem persönlichen Steuersatz unterworfen. Auch hier ist allerdings der Abzug von Werbungskosten ausgeschlossen. Der Sparer-Pauschbetrag wird berücksichtigt. Das Verbot der Verlustverrechnung mit anderen Einkünften ist zu beachten.

---

442 BFH-Urteile, BStBl 2015 II, 892; BStBl 2015 II, 894; BStBl 2015, 806.

Dieses Wahlrecht ist nur sinnvoll, wenn der persönliche Steuersatz niedriger als 25 % ist. Ehegatten mit Zusammenveranlagung können das Wahlrecht nur einheitlich ausüben. Sofern der Antrag nicht zu einer niedrigen Steuer führt, gilt er als nicht gestellt.[443]

3. Veranlagung mit 25 %-igem Steuersatz, § 32d Abs. 4 EStG 995

Der Steuerpflichtige hat das Wahlrecht, die Gewinnausschüttungen, Zinserträge etc. für die Kapitalertragsteuer einbehalten wurde, i.R.d. Steuererklärung anzugeben und beim Steuerabzug für nicht berücksichtigte Umstände geltend zu machen (z.b. bei vergessenem Freistellungsantrag, nicht vollständig ausgeschöpftem Sparer-Pauschbetrag). Diese Einkünfte werden jedoch nicht in die progressive Besteuerung einbezogen, sondern mit dem fixen Tarif i.H.v. 25 % belegt. Die einbehaltene Kapitalertragsteuer wird unter Vorlage der Steuerbescheinigung i.S.d. § 45a EStG auf die Einkommensteuer angerechnet, § 36 Abs. 2 Nr. 2 EStG. Der Antrag ist mit der Steuererklärung zu stellen, d.h. spätestens bei Abgabe der Steuererklärung. Er kann nicht nachgeholt werden.

Für die Praxis ist insb. die **Verlustverrechnung** von Bedeutung, die nach § 20 Abs. 6 EStG vorgenommen wird. Zu beachten ist, dass die Verlustverrechnung i.R.d. Steuerabzugsverfahrens durch die Kreditinstitute vorrangig ist (§ 20 Abs. 6 Satz 1 EStG) und auch im Veranlagungsverfahren nicht mehr korrigiert werden kann. Zudem ist eine Beschränkung der Verlustverrechnung auf Teilbeträge unzulässig. 996

Nicht ausgeglichene Verluste werden von den Kreditinstituten auf das Folgejahr übertragen. Sofern der Steuerpflichtige die nicht ausgeglichenen Verluste bei der ESt-Veranlagung verrechnen möchte, kann er das Wahlrecht des § 43a Abs. 3 Satz 4 und 5 EStG nutzen. Hierzu muss er bei seinem Kreditinstitut bis zum 15.12. des jeweiligen Jahres einen unwiderruflichen Antrag auf Erteilung einer Bescheinigung über die Höhe des nicht ausgeglichenen Verlustes stellen und die Bescheinigung im Veranlagungsverfahren vorlegen. In diesen Fällen scheidet der Verlustübertrag des Kreditinstituts aus. 997

Die Verlustverrechnung im Veranlagungsverfahren ist in nachfolgender Reihenfolge in folgenden Verlustverrechnungskreisen vorzunehmen. 998

▶ Beispiel (ohne Solidaritätszuschlag und Kirchensteuer)

Der ledige Steuerpflichtige A hat in 2015 folgende Kapitalerträge bzw. -verluste erzielt:
- Bank A: Zinserträge (§ 20 Abs. 1 EStG): 20.801 €, einbehaltene Abgeltungsteuer (nach Abzug des Sparer-Pauschbetrages von 801 €): 5.000 €,
- Bank B: Kapitalerträge aus Veräußerungsgeschäften: 16.000 € (davon 4.000 € aus Aktienveräußerungen), einbehaltene Abgeltungsteuer: 4.000 € und

---

443 BMF-Schreiben v. 09.12.2014, BStBl 2014 I, 1608.

– Bank C: Verluste aus Veräußerungsgeschäften (§ 20 Abs. 2 EStG): 12.000 € (davon 5.000 € aus Aktienveräußerungen). Die Verluste wurden auf Antrag des Steuerpflichtigen bescheinigt.

Der zum 31.12.2014 festgestellte vortragsfähige Verlust aus § 23 EStG beträgt 7.000 €. Der Steuerpflichtige beantragt zum Zwecke des Verlustausgleichs eine Veranlagung (§ 32d Abs. 4 EStG).

999 Eine **Günstigerprüfung** erfolgt auf Antrag des Steuerpflichtigen nach § 32d Abs. 6 EStG mit dem individuellen Steuersatz, wenn der persönliche Steuersatz unter 25 % liegt. Die erhobene Abgeltungsteuer wird als Vorauszahlung angerechnet. Der Antrag ist nur bzgl. sämtlicher Kapitaleinkünfte eines Jahres und sämtlicher Kapitalerträge bei Ehegatten möglich.

1000 I.R.d. Günstigerprüfung kann der Steuerpflichtige beantragen, dass seine gesamten Kapitaleinkünfte in die Tarifbesteuerung nach § 32a EStG einbezogen werden sollen (§ 32d Abs. 6 EStG). Im Zuge der Steuerfestsetzung prüft dann das FA, ob es tatsächlich zu einer niedrigeren Steuerfestsetzung kommt. Ist dies nicht der Fall, gilt der Antrag als nicht gestellt.[444]

1001 Bei der Günstigerprüfung sind u.a. die folgenden Aspekte zu beachten:
– Der Antrag ist sinnvoll, wenn der individuelle Steuersatz unter 25 % liegt.
– Zusammenveranlagte Ehegatten können das Wahlrecht nur gemeinsam ausüben.
– Steuerpflichtige müssen alle Kapitalerträge erklären und die entsprechenden Steuerbescheinigungen beifügen.
– Bei der Günstigerprüfung ist die Kirchensteuer auf die Kapitalerträge als Sonderausgabe abziehbar (§ 10 Abs. 1 Nr. 4 EStG).
– Werbungskosten dürfen auch i.R.d. Günstigerprüfung nicht abgezogen werden.

1002 Die Günstigerprüfung dient jedoch nicht nur der Überprüfung, ob die tarifliche Steuerbelastung ggf. unter der Steuerbelastung von 25 % liegt, sondern sie ermöglicht auch den **Ausgleich** von positiven Kapitalerträgen mit negativen Einkünften aus anderen Einkunftsarten.

▶ **Beispiel (ohne Solidaritätszuschlag und Kirchensteuer)**

1003 A (alleinstehend) erzielte in 2015 folgende Einkünfte:
– Negative Einkünfte nach § 15 EStG: 40.000 €,
– positive Einkünfte nach § 21 EStG: 15.000 € und
– positive Einkünfte nach § 20 EStG: 16.000 € (16.801 € Zinserträge abzgl. 801 € Sparer-Pauschbetrag; Kapitalertragsteuer wurde i.H.v. 4.000 € einbehalten).

Stellt A einen Antrag auf Günstigerprüfung, führt dies zur vollständigen Erstattung der einbehaltenen Kapitalertragsteuer, da dem Verlust aus Gewerbebetrieb i.H.v. 40.000 € nur positive Einkünfte i.H.v. 31.000 € gegenüberstehen. Aufgrund

---

444 BMF-Schreiben v. 22.12.09 – IV C 1 – S 2252/08/1004 Rn. 150.

des negativen zvE wird eine Steuer von 0 € festgesetzt und die einbehaltene Kapitalertragsteuer in vollem Umfang erstattet.

Der Antrag auf Veranlagung sollte jedoch nicht vorschnell gestellt werden. Vielmehr ist auch die Einkommensentwicklung der Folgejahre zu berücksichtigen. Bei hohem Einkommen und entsprechender Tarifbelastung kann die künftige Entlastung nämlich durch einen **Verlustvortrag** (§ 10d EStG) höher sein als die Erstattung, die sich aus der Günstigerprüfung ergibt. **1004**

Bei der Anrechnung **ausländischer Steuern** (§ 32d Abs. 5 EStG) ist zu beachten, dass sich die Anrechnung auf die tarifliche Einkommensteuer beschränkt, die auf die hinzugerechneten Kapitaleinkünfte entfällt (§ 32d Abs. 6 Satz 2 EStG). **1005**

ff) Kapitallebensversicherungen

Erträge aus **Kapitallebensversicherungen** unterliegen erst ab dem Veranlagungszeitraum 2005 der Besteuerung (bis 2004: § 20 Abs. 1 Nr. 6 EStG a.F.). Verträge, die nach dem 31.12.2004 abgeschlossen worden sind, also sog. Neuverträge, gehören ab dem Veranlagungszeitraum 2005 zu den Einnahmen aus Kapitalvermögen (§ 20 Abs. 1 Nr. 6 EStG n.F. und nicht § 20 Abs. 1 Nr. 1 EStG). Der Ertrag ist der Unterschiedsbetrag zwischen der Versicherungsleistung und der Summe der Versicherungsbeiträge. Er ist unabhängig von der Laufzeit des Versicherungsvertrages (§ 20 Abs. 1 Nr. 6 Satz 1 EStG). **1006**

▶ Beispiel

A zahlt ab dem Veranlagungszeitraum 2007 insgesamt 100.000 € in eine Kapitallebensversicherung als Neuvertrag ein. Im Alter von 58 Jahren erhält er eine Kapitalauszahlung aus dem Neuvertrag i.H.v. 160.000 €. **1007**

Lösung

Der Ertrag mit 60.000 € unterliegt nach § 20 Abs. 1 Nr. 6 Satz 1 EStG der Besteuerung (160.000 € – 100.000 €).

▶ Hinweis

Nach § 20 Abs. 1 Nr. 6 Satz 2 EStG werden Erträge aus Lebensversicherungen nur mit der Hälfte versteuert, wenn die Vertragslaufzeit mindestens zwölf Jahre beträgt und die Auszahlung des Kapitals erst nach Vollendung des 60. Lebensjahres erfolgt.[445] **1008**

▶ Beispiel

Der 49-jährige A schließt 2007 eine Kapitallebensversicherung ab. Er zahlt von 2007 bis 2020 Beiträge von insgesamt 100.000 € ein und erhält im Alter von 61 Jahren in 2020 die Versicherungssumme i.H.v. 160.000 € ausbezahlt. **1009**

---

445 Vgl. BMF-Schreiben v. 22.12.2005, BStBl I 2006, 92 ff.; Anhang 22 EStH.

Lösung

Der Ertrag unterliegt mit 30.000 € nach § 20 Abs. 1 Nr. 6 Satz 2 EStG der Besteuerung (160.000 € − 100.000 € = 60.000 €: 1/2 = 30.000 €).

A ist bei Auszahlung 61 Jahre alt und die Vertragslaufzeit beträgt mindestens zwölf Jahre.

c) Thesaurierte Gewinne im Familienrecht (Exkurs)

aa) Definition[446]

1010   Als **Gewinnthesaurierung** wird im Steuerrecht die **Ansammlung** von Gewinn verstanden. Der einbehaltene Gewinn wird in diesem Fall den Rücklagen zugewiesen. Rücklagen sind variable Teile des Eigenkapitals, variabel in Bezug auf die Gewinnverwendung oder in Abhängigkeit vom Verwendungszweck (§ 272 Abs. 3 Satz 2, Abs. 4 HGB, § 150 AktG).

1011   Die Bildung von Rücklagen wird mit dem Prinzip des Gläubigerschutzes (der Kapitalsicherung), der Dividendenkontinuität und der Selbstfinanzierung begründet. Der **Gewinn** wird entweder auf gesonderten Rücklagenkonten bilanziert (offene Rücklagen) oder tritt nicht in der Jahresbilanz in Erscheinung (stille Rücklagen).

▶ **Exkurs stille Reserven**

1012   **Stille Reserven** sind die nicht aus der Bilanz ersichtlichen Teile des Eigenkapitals eines Unternehmens.

Sie entstehen durch eine Unterbewertung von Aktiva und/oder Nichtaktivierung aktivierungsfähiger Vermögensgegenstände und/oder einem Verzicht auf mögliche Zuschreibungen und/oder Überbewertung von Passiva.

Es bestehen folgende Möglichkeiten der Bildung stiller Reserven:

▶ – durch Zwangsläufigkeit (z.B. durch Preisschwankungen, Geldwertveränderungen, die aufgrund der gesetzlichen Vorschriften nicht berücksichtigt werden dürfen)
  – durch Ausnutzung von Ermessensspielräumen
  – aufgrund von Schätzfehlern, z.B. bei Abschreibungen oder Rückstellungen
  – aufgrund willkürlicher Bildung

Die Folge der Bildung stiller Reserven ist, dass der Gewinn bzw. das Eigenkapital geringer erscheint als es der Wirklichkeit am Bilanzstichtag entspricht!

Die Auflösung von stillen Reserven erfolgt durch den betrieblichen Prozess im Zeitablauf, durch Gewinnrealisation oder Übergang zu normaler Bewertung. Manchmal werden auch durch die bewusste Auflösung Verluste gedeckt und nicht ausgewiesen.

---

446 *Perleberg-Kölbel* FuR 2016, 80.

Die Bildung und spätere Auflösung der stillen Reserven sind ständig in der Diskussion, da die Möglichkeit der Gewinnverschiebung und -beeinflussung (besonders hinsichtlich der Dividendenpolitik) und damit eine Rückwirkung auf die Bilanz sowie die Gewinn- und Verlustrechnung besteht. Eine übermäßige Dotierung ist als Verstoß gegen das Prinzip der Bilanzwahrheit und Bilanzklarheit anzusehen, während »normale stille Reserven« der kaufmännischen Vorsicht (sog. Bilanzvorsicht) und dem im Handelsrecht verankerten Gläubigerschutz entsprechen.

bb) Wesen der Gewinnthesaurierung

Die **Thesaurierung der Gewinne** vollzieht sich durch die Einbehaltung des in der Periode erzielten Gewinns (d.h. Gewinn nach Steuern, Abschreibung, Ausschüttung).   **1013**

Erwirtschaftet eine Körperschaft in einem Wirtschaftsjahr einen Gewinn, müssen zunächst die etwaigen Verluste der Vorjahre ausgeglichen werden.

Die Verwendung des darüberhinausgehenden Gewinns obliegt der Gesellschaft. Diese   **1014**
hat, wenn nicht etwas Anderes im Gesellschaftsvertrag oder durch Gesetz vorgeschrieben ist, neben der Gewinnthesaurierung die Möglichkeiten, den Gewinn an die Gesellschafter auszuschütten oder den Gewinn in eine Gewinnrücklage einzustellen.

Als **Gewinnrücklagen** dürfen gem. § 272 Abs. 3 HGB nur Beträge ausgewiesen   **1015**
werden, die im Geschäftsjahr oder in einem früheren Geschäftsjahr aus dem Jahresüberschuss gebildet worden sind. Dazu gehören gesetzliche Rücklagen, Rücklagen für Anteile an einem beherrschenden oder mehrheitlich beteiligten Unternehmen, auf Gesellschaftsvertrag oder Satzung beruhende Rücklagen und die sog. anderen Gewinnrücklagen (vgl. § 266 Abs. 3 A Nr. III HGB).

Die drei aufgezeigten Möglichkeiten der Gewinnverwendung können auch kombi-   **1016**
niert werden, wobei folgendes zu beachten ist:

Innerhalb von acht Monaten nach Ablauf des Wirtschaftsjahres oder bei einer kleinen GmbH innerhalb von elf Monaten (§ 42a Abs. 2 GmbHG, § 175 AktG) muss durch Gesellschafterversammlung oder schriftliche Abstimmung über
– den Jahresabschluss des vorangegangenen Wirtschaftsjahres und
– die Gewinnverwendung entschieden werden.

Grds. reicht für die Beschlüsse die **einfache** Mehrheit aus.

Bei einer **Ein-Personen-GmbH** reicht der Beschluss, der unverzüglich zu protokollie-   **1017**
ren und vom Gesellschafter-Geschäftsführer zu unterzeichnen ist, über
– den Jahresabschluss und
– die Gewinnverwendung.

Eine Veröffentlichung des Jahresabschlusses und des Verwendungsbeschlusses erfolgt   **1018**
i.R.d. für die GmbH geltenden Regelungen im elektronischen Bundesanzeiger.[447]

---

447 www.unternehmensregister.de.

cc) Auswirkungen im Unterhaltsrecht

1019 Grds. sind thesaurierte Gewinne dem **Unterhaltseinkommen** zuzurechnen.

1020 Der **BGH**[448] hat bereits 1982 zur Frage Stellung genommen, ob auch ein Gesellschafter-Geschäftsführer zur Vorlage von Bilanzen nebst Gewinn-und-Verlust-Rechnung einer GmbH auskunftspflichtig ist und diesen zur Auskunftserteilung nach § 1605I Abs. 1 und 2 BGB verurteilt. Der Gesellschafter und Unterhaltsschuldner ist daher nicht berechtigt, sich auf die Belange der GmbH oder anderer Mitbeteiligter an der GmbH zu berufen.

1021 Der BGH hat zwar nicht explizit zur Frage Stellung genommen, ob die thesaurierten Gewinne den relevanten Unterhaltseinkünften zuzurechnen sind. Auch zeigt die Entscheidung nicht auf, in welchem Umfang der Unterhaltsverpflichtete an der Gesellschaft beteiligt ist. Sie macht aber inzident deutlich, dass eine Beschränkung auf ausgeschüttete Gewinne nicht hinzunehmen ist. Ein Auskunftsanspruch kann nämlich nur dann gegeben sein, wenn auch thesaurierte Gewinne grds. Unterhaltseinkommen sind. Anderenfalls reichte es aus, lediglich Gewinnverwendungsbeschlüsse und Einkommensteuererklärungen vorzulegen.

▶ **Verfahrenshinweis**

1022 Thesaurierte Gewinne sind daher generell dem Unterhaltseinkommen des Unterhaltsverpflichteten zuzurechnen, was auch mit einem Gleichbehandlungsgedanken zu anderen Gewerbetreibenden zu begründen ist.

Regelmäßig wird beim Einzelunternehmer oder der Personengesellschaft zwanglos der Gewinn als unterhaltsrechtliche Grundlage angenommen, ohne dass die Möglichkeit zur Bildung von Rücklagen, Rückstellungen, etc. besteht, selbst wenn dies einer vernünftiger kaufmännischer Beurteilung entspricht.

dd) Lösungsschema

1023 Zur Problematik der Behandlung thesaurierter Gewinne im Familienrecht, die sowohl bei Überschusseinkünften als auch bei Gewinnermittlungseinkünften eine Rolle spielt, gibt es in der Literatur[449] und Rspr. nur wenige Abhandlungen, wobei *Fischer-Winkelmann* praktikable Lösungsansätze aufzeigt.[450]

(1) Differenzierung zwischen beherrschenden und nicht beherrschenden Gesellschaftern

1024 Für den unterhaltsrechtlichen Ansatz differenziert *Fischer-Winkelmann* zunächst zwischen beherrschenden und nicht beherrschenden Gesellschaftern. Er orientiert sich

---

448 BGH, 07.04.1982 – IVb ZR 678/80, FamRZ 1982, 680.
449 *Fischer-Winkelmann/Maier* FamRZ 1996, 1391 ff.; *Kuckenburg/Perleberg-Kölbel* FuR 2008, 140; FA-FamR/*Kuckenburg/Perleberg-Kölbel* Kap. 13 Rn. 73 ff.
450 *Fischer-Winkelmann/Maier* FamRZ 1996, 1391 ff.

dabei am Steuerrecht, das ebenfalls eine Differenzierung zwischen beherrschenden und nicht beherrschenden Gesellschaftern kennt.

Danach gilt der Gesellschafter als beherrschend, wenn ihm die absolute Mehrheit der Stimmrechte bei der Gesellschaft zusteht, was i.d.R. eine **Beteiligung von mehr als 50 %** voraussetzt. Entgegen *Nickl*[451], der von einer wesentlichen Beteiligung von 75 % ausgeht, ist eine Orientierung an der 50 %-Grenze geboten. Bei mehr als 50 % liegt eindeutig ein beherrschender Gesellschafter vor. **1025**

(2) Differenzierung zwischen Personengesellschaften und Körperschaften

Sodann wird weiter zwischen Personengesellschaften und Körperschaften zu differenzieren sein. Beim **Mehrheitsgesellschafter** ist grds. auch der thesaurierte Gewinn dem Unterhaltseinkommen zuzurechnen. Dies gilt insb., wenn es sich um einen Alleingesellschafter einer GmbH handelt.[452] **1026**

(3) Thesaurierung von Gewinnen beim Einzelunternehmen

Die Problematik der thesaurierten Gewinne wird üblicherweise bei der Beteiligung an Personen- und Kapitalgesellschaften und nicht bei Einzelunternehmen diskutiert. Hierbei wird völlig unkritisch unterhaltsrechtlich mit der **Fiktion** gearbeitet, dass die Gewinne uneingeschränkt dem Unternehmer zur persönlichen Lebensführung (unter Berücksichtigung von Vorsorgeaufwendungen und Steuern) zur Verfügung stehen. Dieser Gedanke lässt betriebswirtschaftliche Überlegungen beiseite, wonach der Unternehmer z.B. die Liquidität des Unternehmens aufrechtzuerhalten hat. **1027**

So gehen z.B. die Abschreibungssätze mit ihrer Anknüpfung an die Anschaffungs- und Herstellungskosten von der Fiktion aus, dass eine Wiederbeschaffung des Anlagegutes zu gleichen Preisen, bspw. nach fünf Jahren und manchmal auch erst nach 20 Jahren möglich ist. Für diesen Fall müssen Rücklagen für die Ersatzbeschaffung gebildet werden, um diesen Finanzbedarf bei Neuanschaffungen nicht nur wegen Inflation, sondern auch wegen Teuerungen aufgrund technischen Fortschritts zu decken. **1028**

▶ **Beispiel aus der Praxis**

Ein Sägereibetrieb hat vor mehr als 25 Jahren eine Sägemaschine angeschafft, die mit dem Erinnerungswert von 1 € in den Büchern geführt wird. Es handelt sich dabei um die einzige Sägemaschine des Anlagevermögens. **1029**

Technische Neuerungen führen dazu, dass bei heutigen Maschinen dieser Art Personal eingespart werden kann, indem die Maschine computergesteuert wird und zudem eine weitaus höhere Arbeitsleistung hat, als das Vorgängermodell. Sie kosten

---

451 *Nickl* FamRZ 1988, 133 ff.; *Fischer-Winkelmann* FamRZ 1996, 1392.
452 *Fischer-Winkelmann* FamRZ 1996, 1397.

aber heute ein Vielfaches von den seinerzeitigen Anschaffungskosten und belaufen sich nicht mehr auf historische 100.000 DM, sondern aktuell auf 250.000 €.

▶ **Verfahrenshinweis**

1030 In derartigen Fällen sollte berücksichtigt werden, dass ein Finanzierungsbedarf zu decken ist, der aus eigenen Rücklagen stammen kann. Zukünftige Investitionen können so weitestgehend unabhängig von einer Fremdfinanzierung vorgenommen werden.

1031 Unabhängig von der Frage, ob das Unternehmen überhaupt ein derartiges Wirtschaftsgut zu 100 % eigenfinanzieren kann, also über die nötige Kreditwürdigkeit für die Fremdfinanzierung verfügt, gibt es noch einen anderen Aspekt: Die Eigenfinanzierung entlastet von Fremdfinanzierung und damit von Zinsen, die sich auch steuerlich entlastend auswirken. Sie reduzieren gleichzeitig das Unterhaltseinkommen.[453]

1032 Beim Einzelunternehmen ist deshalb nicht zwanglos vom steuerrechtlich ermittelten Gewinn auszugehen, ohne dass betriebswirtschaftliche Überlegungen angestellt werden. Dabei ist zu bedenken, dass der Gewinn, betriebswirtschaftlich betrachtet, folgende Elemente repräsentiert:
- Kalkulatorischer Unternehmerlohn
- Ausgleich für das unternehmerische Risiko
- Verzinsung des eingesetzten Eigenkapitals

1033 Dieser Argumentation ist auch der **BGH**[454] in Zusammenhang mit der Beachtung des Verbots der Doppelverwertung beim individuellen kalkulatorischen Unternehmerlohn gefolgt. Der BGH macht damit deutlich, dass nicht zwangsläufig alle Elemente des nach steuerrechtlichen Gesichtspunkten ermittelten Gewinns dem Einkommen zur Verfügung stehen.

▶ **Hinweis**

Die auf der individuellen Leistung des Unternehmers beruhende Ertragskraft des Unternehmens steht damit nicht für Unterhaltszwecke zur Verfügung.

▶ **Verfahrenshinweis**

1034 Dies setzt **Sachvortrag** voraus. Zur Heranziehung betriebswirtschaftlicher Kriterien, die auch bei der Frage der Thesaurierung von Gewinnen nutzbar gemacht werden kann, bekennt sich der BGH, wenn er eine unterhaltsrechtliche Anpassung von Betriebsausgaben per externem Betriebsvergleich vornimmt.[455] Ferner nennt

---

453 *Münch* FamRB 2007, 150.
454 BGH, FamRZ 2011, 1367 ff. unter Hinweis auf *Kuckenburg* FuR 2009, 290 und *Kuckenburg* FuR 2008, 270 m. Anmerkungen zu BGH, 06.02.2008 – XII ZR 45/06; *Kuckenburg* FuR 2011, 515; *Kuckenburg* FuR 2012, 222, 278.
455 BGH, FamRZ 2006, 387 ff.; OLG Frankfurt am Main, FamRZ 2007, 404 ff.

der BGH die Notwendigkeit der Aufrechterhaltung der Liquidität eines Unternehmens in Zusammenhang mit seiner Rechtsprechung zu § 7g EStG.[456]

Insoweit dürften keinerlei Bedenken bestehen, bspw. mindestens pauschale Gewinn- **1035** rücklagen wie bei Gesellschaften, teilweise wie gesetzlich nach §§ 150, 278 Abs. 3 AktG verlangt, von **4 % bis 5 % des Gewinnes** zu bilden. Das dürfte regelmäßig vernünftiger kaufmännischer Beurteilung entsprechen.

(4) Thesaurierung von Gewinnen bei Gesellschaften

Die vorgenannten Grundsätze zur Thesaurierung gelten auch für Gesellschaften. **1036** Erfahrungsgemäß werden in Deutschland nicht mehr als 60 % der Gewinne aus Gesellschaften an die Gesellschafter ausgeschüttet. Die Problematik der Behandlung von thesaurierten Gewinnen in Unternehmen und deren Auswirkung auf das Unterhaltseinkommen wird durch die folgenden Fallgestaltungen offenkundig.

▶ **1. Beispiel**

Der unterhaltsverpflichtete Unternehmer ist an einer GbR neben anderen neun **1037** Gesellschaftern zu 10 % beteiligt.

Da die Gesellschaft einen erheblichen Investitionsbedarf hat, wird bereits im Gesellschaftsvertrag geregelt, dass die Entnahmen der Mitgesellschafter nur 50 % des Gewinnanteils betragen dürfen.

Die anderen 50 % sind in eine Rücklage per Gesellschaftsvertrag einzustellen.

▶ **2. Beispiel**

Der geschäftsführende Gesellschafter einer Ein-Personen-GmbH erwirtschaftet **1038** jährlich 100.000 € Gewinn und beruft sich ausschließlich zur Ermittlung seines unterhaltsrechtlich relevanten Einkommens auf seine angemessenen Einkünfte als Geschäftsführer.

Die Gewinne werden gem. Satzung zur Hälfte in die Kapitalrücklagen eingestellt.

Bzgl. der anderen Hälfte wird bei der Feststellung des Jahresabschlusses ebenfalls eine Rückstellung in die Kapitalrücklage beschlossen.

▶ **3. Beispiel**

Der Gesellschafter M bezieht sich auf seine angemessenen nichtselbstständigen **1039** Einkünfte als Gesellschafter der M-GmbH und verweigert weitere Auskunftserteilung mit Hinweis auf das Geheimhaltungsinteresse der Mitgesellschafter und dem Hinweis, es seien keine Gewinne ausgeschüttet worden.[457]

Ausgangsfrage bei der Thesaurierung von Gewinnen ist: Wie ist eine rechtliche Gleich- **1040** behandlung von Einzelunternehmen und Beteiligungen an Personengesellschaften

---

456 BGH, FamRZ 2004, 1177 ff.
457 Verkürzter Sachverhalt nach BGH, FamRZ 1982, 631 f.

und Kapitalgesellschaften herzustellen? Es geht folgerichtig um die erforderliche paritätische Behandlung von Einzelunternehmen, beherrschenden Gesellschaftern einer Personengesellschaft und beherrschenden Gesellschaftern von Kapitalgesellschaften.[458]

1041 Als **beispielhafte Vorgehensweise** kann genannt werden: Die unterhaltsrechtliche Differenzierung erfolgt zunächst danach, ob es sich um einen beherrschenden oder nicht beherrschenden Gesellschafter handelt. Es handelt sich also um die Frage, wann der Beteiligte auf die Ausschüttungspolitik der Gesellschaft Einfluss nehmen kann. Dies bedeutet konsequenterweise, dass die Höhe der Beteiligung am Gewinn, die nicht identisch mit der Gewinnbeteiligung sein muss, im Vordergrund steht.

▶ **Verfahrenshinweis**

1042 Wenn Gesellschaftsbeteiligungen vorliegen, sind stets alle Gesellschaftsverträge und deren Abänderungen im Auskunftsverfahren zu verlangen. Nur dann kann die Höhe der Beteiligung nachvollzogen werden. Gewinnbeteiligung und Beteiligung am Unternehmen müssen nämlich nicht identisch sein. Der Auskunftsanspruch muss sich konsequenterweise auch auf die Ergebnisverwendungsbeschlüsse der relevanten Jahre beziehen, die bei der GmbH gem. § 46 Nr. 1 GmbHG obligatorisch und bei Personengesellschaften fakultativ sind.

Die weitere Differenzierung erfolgt danach, ob es sich um eine **Personen- oder eine Kapitalgesellschaft** handelt.

Bei der Personengesellschaft ist zunächst von der einheitlichen und gesonderten Gewinnfeststellung auszugehen, also eine weitere Urkunde des Steuerrechts, auf die sich der Auskunftsanspruch erstrecken muss. Diese weist den Gewinnanteil des Gesellschafters aus.

▶ **Verfahrenshinweis zum Unterhalts- und Beleganspruch**

1043 Das Auskunftsbegehren muss sich mithin auch auf die Erklärungen und die Bescheide der einheitlichen und gesonderten Gewinnfeststellung des Unternehmens beziehen. In diesem Kontext ist aber auf die für Einzelunternehmen dargestellte Problematik der etwaigen Notwendigkeit von Rücklagenbildung zu verweisen. Korrekturen vom steuerlichen Gewinn sind grds. nur vorzunehmen, wenn der beherrschende Gesellschafter Einfluss nehmen kann.

▶ **Lösungsvorschlag** (für das unter Rdn. 1037 genannte Beispiel)

1044 Beim **Minderheitsgesellschafter (Beispiel 1)** muss der Betrag der ausgeschütteten Gewinne herangezogen werden, weil der Minderheitsgesellschafter eine Ausschüttung der Gewinne an ihn letztlich nicht bewirken kann. Er wird überstimmt.

Werden jedoch auf diese Weise über Jahre hinweg Gewinne nicht ausgeschüttet, stellt sich bei gesteigerter Leistungsverpflichtung unterhaltsrechtlich die Frage, ob

---

458 OLG Celle, FuR 2001, 509.

eine Veräußerung des Mitunternehmeranteils erforderlich ist. Hier wird erneut der Bereich der potenziellen Leistungsfähigkeit tangiert.

In diesem Zusammenhang ist auf Sonder- und Ergänzungsbilanzen als besondere Problematik bei Personengesellschaften zu verweisen.

Stellt der Mitunternehmer einer Personengesellschaft ein Wirtschaftsgut (Gebäude, Maschine, Lizenz etc.) der Mitunternehmerschaft zur Verfügung, ohne dass diese Gesamthandvermögen werden, hat er eine Sonderbilanz zu erstellen.

▶ **Verfahrenshinweis zum Unterhalts- und Beleganspruch**

Handelt es sich bei diesem Mitunternehmer um den Unterhaltsverpflichteten,   **1045** können die Einkünfte aus der Personengesellschaft nur beurteilt werden, wenn auch die Einkünfte aus der **Sonderbilanz** und der damit verbundenen Sonder-G+V gewürdigt werden. Hierauf muss sich auch das Auskunftsbegehren beziehen.

Ähnliches gilt für **Ergänzungsbilanzen**, wenn beispielsweise ein Einzelunternehmen in eine Personengesellschaft zu Buchwerten eingebracht wird, die dem Verkehrswert nicht entsprechen. Das Ergebnis des Mitunternehmers aus der Personengesellschaft wird daher nur sichtbar, wenn auch die Ergänzungsbilanzen herangezogen werden. Hinsichtlich der Sonder- und Ergänzungsbilanzen besteht deshalb ein Auskunfts- und Beleganspruch.

▶ **Lösungsvorschlag (für die unter** Rdn. 1038 und 1039 **genannten Beispiele)**

Bei den **Kapitalgesellschaften (Beispiele 2 und 3)** hat die Gesellschafterversamm-   **1046** lung einen **Ergebnisverwendungsbeschluss** zu verfassen (§ 29 GmbHG). Diese Gesellschaftsbeschlüsse finden sich regelmäßig nicht in unterhaltsrechtlichen Akten, wenn Beteiligungen an Kapitalgesellschaften vorliegen (Auskunfts- und Beleganspruch). Vorab ist beim Gesellschaftergeschäftsführer zu prüfen, ob seine Einkünfte aus nichtselbstständiger Tätigkeit als Geschäftsführer oder Vorstand angemessen sind.

Beim **Minderheitsgesellschafter** wird davon auszugehen sein, dass nur die Beträge nach Abzug von Steuerfreibeträgen und Werbungskosten zu berücksichtigen sind, die ihm tatsächlich zufließen.

Anderenfalls **(Beispiel 2)** sind dem beherrschenden Gesellschafter unterhaltsrechtlich die thesaurierten Gewinne zuzurechnen.

Rechtfertigung der Handhabung

Dem oben dargestellten **Beispiel 3** (Rdn. 1039) liegt die bereits zuvor erwähnte Entscheidung des BGH[459] v. 07.04.1982 zugrunde, die diese Differenzierung begründet. Der BGH hat im Hinblick auf die Auskunftsverpflichtung bei einem GmbH-Gesellschaftergeschäftsführer die Vorlage **von Bilanzen nebst**

---

459 BGH, 07.04.1982 – IVb ZR 678/80, FamRZ 1982, 680.

Gewinn-und-Verlust-Rechnung im Rahmen eines Beleganspruchs verlangt. Hätte der BGH ausschließlich auf die nichtselbstständigen Einkünfte des Gesellschafter-geschäftsführers abgestellt, wäre die Vorlage von Bilanzen nebst der Gewinn-und Verlust-Rechnungen obsolet. Es würde anderenfalls ausreichen, die Ausschüttungs-beschlüsse vorzulegen.

Ist infolge der Prüfung von einer beherrschenden Stellung von M auszugehen, sind unterhaltsrechtliche Korrekturen vorzunehmen.

▶ **Verfahrenshinweis**

1047 Nach *Wendl*[460] wird eine »Ausschüttungsobliegenheit« nur angenommen, wenn ein rechtliches Können (§ 29 GmbHG) vorliegt und eine fiktive Ausschüttung zumut-bar erscheint (§ 254 AktG analog).

Beim Minderheitsgesellschafter soll danach fiktiv zu prüfen sein, ob eine »Anfech-tungsklage« gegen einen »Nichtausschüttungsbeschluss der Mehrheit der Gesell-schafter« zum Erfolg geführt hätte.

Die berechtigten Interessen der einzelnen Gesellschafter an einer hohen Gewinn-ausschüttung sind ferner ggü. dem Interesse der Gesellschaft abzuwägen.

Für diese gesellschaftsrechtlich nur **eingeschränkt nachprüfbare Abwägung** und insoweit in Betracht kommenden prognostischen Erwägungen (Investitionsbedarf der Gesellschaft) ist der Erkenntnisstand der Gesellschafter zum Zeitpunkt der Beschlussfassung maßgebend.

Generell liegt die Beweislast der Gründe für eine geringere Gewinnausschüttung beim Gesellschafter.

1048 Als **Prüfungsleitfaden** sei dargestellt:
– Ausgangslage ist der steuerliche Überschuss oder Fehlbetrag der letzten drei oder mehr Geschäftsjahre.
– Der Überschuss oder Fehlbetrag ist nach unterhaltsrechtlichen Grundsätzen zu prüfen und zu korrigieren.
– Es wird ferner differenziert zwischen beherrschenden und nicht beherrschenden Gesellschaftern, wobei bei beherrschenden Gesellschaftern unter Berücksichti-gung der Entnahmepolitik, ggf. Gesellschafterdarlehensgewährung bei Körper-schaften zu prüfen ist, was Anknüpfungspunkt für das Unterhaltseinkommen sein kann.
– Eine allgemeine Berufung auf gesellschaftliche Regeln und Gewinnverwendungs-beschlüsse, die eine Gewinnverwendung nicht vornehmen, kann im Zuge der Gleichbehandlung der verschiedenen Einkünfte keine Anerkennung finden.
– Als Lösungsansatz ist weiter auf »betriebswirtschaftlich angemessene Unter-haltseinkünfte« im Zuge einer begründeten Thesaurierung nach den dargestellten Kriterien zu verweisen.

---

460 Wendl//Dose/*Spieker* § 1 Rn. 313.

- Das so korrigierte Jahresergebnis stellt Unterhaltseinkünfte aus Kapitalvermögen ggf. in Form einer betriebswirtschaftlich erforderlichen Thesaurierung oder einer fiktiven Gewinnausschüttung dar.
- Beim Ehegattenunterhalt wird zu berücksichtigen sein, was den ehelichen Bedarf geprägt hat.

(5) Anteilseigner von Kapitalgesellschaften

Anders als bei Personengesellschaften, die nicht selbst der Einkommensteuer unterliegen und bei denen die erwirtschafteten Gewinne unabhängig von ihrer Auskehrung den Gesellschaftern als von ihnen zu versteuernde Einkünfte zugerechnet werden, haben die Anteilseigner von Kapitalgesellschaften nur die tatsächlich an sie ausgeschütteten Gewinne zu versteuern. **1049**

Ab dem Veranlagungszeitraum 2002 galt für ihre Besteuerung auf der Ebene der Anteilseigner das Halbeinkünfteverfahren, das eine Definitivbesteuerung auf der Ebene der Kapitalgesellschaft und des Anteilseigners vorsah. **1050**

Durch das Unternehmenssteuerreformgesetz 2008 ist u.a. für die nach dem 31.12.2008 zufließenden Dividenden aus im Privatvermögen gehaltenen Anteilen eine Abgeltungsteuer i.H.v. 25 % eingeführt und das Halbeinkünfteverfahren durch das Teileinkünfteverfahren ersetzt worden. Es sind die offene und die verdeckte Gewinnausschüttung[461] zu unterscheiden! **1051**

Unter einer **offenen Gewinnausschüttung** versteht man eine den gesellschaftsrechtlichen Vorschriften entsprechende Gewinnausschüttung für ein abgelaufenes Wirtschaftsjahr. Eine von den Beteiligungsverhältnissen abweichende – sog. Inkongruente – Gewinnausschüttung erkennt die Finanzverwaltung bei Vorliegen einer zivilrechtlich wirksamen Gewinnverteilungsabrede grds. an. Voraussetzung soll entweder die Vereinbarung eines abweichenden Gewinnverteilungsschlüssels in der Satzung oder eine wirksame Öffnungsklausel sein, auf deren Grundlage die Gesellschafter einstimmig oder mit Zustimmung des beeinträchtigten Gesellschafters alljährlich über eine abweichende Gewinnverteilung beschließen können.[462] **1052**

Der ausschüttungsfähige Gewinn einer Kapitalgesellschaft bestimmt sich vorrangig nach ihrer Handelsbilanz. Dabei handelt es sich um eine Sonderform der offenen Ausschüttung. Bei einer GmbH sind Vorabausschüttungen handelsrechtlich bereits vor Ablauf des Wirtschaftsjahrs zulässig. Im Gegensatz dazu darf eine AG erst **nach Ablauf** des Wirtschaftsjahrs einen Abschlag auf den voraussichtlichen Bilanzgewinn leisten. **1053**

Verdeckte Gewinnausschüttungen dürfen, ebenso wie offene Gewinnausschüttungen, den Gewinn der Kapitalgesellschaft nicht mindern und sind ihrem Einkommen **1054**

---

461 Schenkungsteuerproblematik des § 7 Abs. 1 Nr. 1 ErbStG; FG Düsseldorf, 30.11.2016 – 4 K 1680/15, EFG 2017, 237.
462 FG Köln, 14.09.2016 – 9 K 1560/14, EFG 2016, 1875.

außerhalb der Bilanz wieder hinzuzurechnen. Unter verdeckten Gewinnausschüttungen werden Vermögensminderung oder verhinderte Vermögensmehrung verstanden, die durch das Gesellschaftsverhältnis veranlasst sind, sich auf die Höhe des Einkommens auswirken und keine offenen Gewinnausschüttungen darstellen (z.B. die Hingabe von un- oder unterverzinslichen Darlehen an Gesellschafter (Gesellschafterdarlehen) oder auch eine Unterpreislieferung an Gesellschafter).

1055 Die **Ausschüttungen einer Kapitalgesellschaft** werden wie folgt der Besteuerung unterworfen:

– **Ebene der Kapitalgesellschaft**

Nicht ausgeschüttete Gewinne unterlagen bei Kapitalgesellschaften bis zum Veranlagungszeitraum 2000 (bei abweichendem Wirtschaftsjahr auch noch im Veranlagungszeitraum 2001) dem sog. **Anrechnungsverfahren** mit einem Steuersatz von 40 % (sog. Tarifbelastung) der Körperschaftsteuer, soweit das Einkommen nicht aus Dividendenerträgen bestand. Für ausgeschüttete Teile des Einkommens minderte sich die Körperschaftsteuer auf 30 % (sog. Ausschüttungsbelastung).

1056 Zur exakten Ermittlung der tatsächlichen Körperschaftsteuerbelastung der zur Finanzierung der Ausschüttung herangezogenen Rücklagen war von den Kapitalgesellschaften für jeden Veranlagungszeitraum eine Gliederung des verwendbaren Eigenkapitals zu erstellen. Wurde eine Ausschüttung z.B. aus zuvor mit 40 % besteuertem Einkommen finanziert, minderte sich die Körperschaftsteuer um 10 %.

1057 Ab dem Veranlagungszeitraum 2001 (bei abweichendem Wirtschaftsjahr 2002) unterlag das Einkommen der Kapitalgesellschaften nach dem sog. Halbeinkünfteverfahren einem einheitlichen Steuersatz von 25 %, unabhängig davon, ob die Gewinne thesauriert oder ausgeschüttet wurden.

1058 Durch die Unternehmenssteuerreform 2008 wurde der Körperschaftsteuersatz von 25 % auf 15 % gesenkt. Dies ist die aktuelle Rechtslage. Zusätzlich fällt der Solidaritätszuschlag i.H.v. 5,5 % an.

▶ Hinweis

Einbehaltene Gewinne einer Kapitalgesellschaft unterliegen in voller Höhe der Körperschaftsteuer.

1059 – **Ebene des Anteilseigners**
      – **Natürliche Person (Anteil im Privatvermögen)**

Nach Einführung des Halbeinkünfteverfahrens blieben Barausschüttungen zzgl. der von der Kapitalgesellschaft für Rechnung des Anteilseigners einzubehaltenden Kapitalertragsteuer bei Zufluss vor dem 01.01.2009 zur Hälfte steuerfrei. Dementsprechend waren auch mit den Dividenden zusammenhängende Werbungskosten nur zur Hälfte abzugsfähig.

1060 Seit dem Veranlagungszeitraum 2009 unterliegen Gewinnausschüttungen auf im Privatvermögen gehaltene Anteile an Kapitalgesellschaften der Abgeltungsteuer.

Gewinnausschüttungen ab dem 01.01.2015 von Kapitalgesellschaften mit natürlichen Personen als Anteilseignern können überdies dem Kirchensteuerabzug unterliegen. Werbungskosten wie z.B. Depotgebühren, Finanzierungskosten etc. können nicht mehr als Werbungskosten abgezogen werden.

Der Steuerabzug erfolgt als Quellensteuer und hat grds. abgeltende Wirkung. Die **1061** Abgeltungsteuer beträgt 25 % zzgl. 5,5 % Solidaritätszuschlag und damit insg. 26,38 %. Im Falle der Kirchensteuerpflicht ermäßigt sich die Abgeltungsteuer um 25 % der Kirchensteuer (d.h. bei 8 % Kirchensteuer: 27,82 %; bei 9 % Kirchensteuer 27,99 %).

Ausnahmsweise steht dem Gesellschafter ein **Wahlrecht** zum Verzicht auf die **1062** Anwendung der Abgeltungsteuer zu,
i. wenn er entweder zu mindestens 25 % an der GmbH beteiligt ist oder
ii. zu mindestens 1 % an der GmbH beteiligt und für diese beruflich tätig ist, z.B. als Geschäftsführer.

Auf Antrag kann auf die Anwendung der Abgeltungsteuer verzichtet werden. **1063** Rechtsfolge ist, dass die Einkünfte nach dem **Teileinkünfteverfahren**, also unter 40 %-iger Steuerfreistellung, dem individuellen Steuersatz zu unterwerfen sind. Die Ausschüttung wird dabei folglich als Einnahme aus Kapitalvermögen nur zu 60 % erfasst.

Bei dieser Einbeziehung in das Veranlagungsverfahren des Anteilseigners werden die Gewinnausschüttungen zu 60 % als steuerpflichtige Einnahmen erfasst, so dass auch 60 % der damit in Zusammenhang stehenden Aufwendungen als Werbungskosten geltend gemacht werden können.

– **Natürliche Person (Anteil im Betriebsvermögen)** **1064**

Befinden sich die Anteile an der Kapitalgesellschaft in einem Betriebsvermögen eines Einzelunternehmers oder einer Personengesellschaft, unterliegen die Gewinnausschüttungen nicht der Abgeltungsteuer, sondern dem Teileinkünfteverfahren. Die einzubehaltende Kapitalertragsteuer ist dann auf die Einkommensteuerschuld des Anteilseigners bzw. der Gesellschafter der Personengesellschaft anzurechnen.

– **Anteilseigner ist eine Körperschaft** **1065**

Ist Anteilseigner eine inländische Körperschaft, waren die Gewinnausschüttungen nach Auslaufen des Anrechnungsverfahrens ohne Rücksicht auf die Beteiligungsquote gänzlich steuerbefreit. Für die nach dem 28.02.2013 zufließenden Dividenden gilt dies nur, wenn die Beteiligung zu Beginn des Kalenderjahres mindestens 10 % des Grund- oder Stammkapitals der ausschüttenden Gesellschaft betragen hat.

Von den steuerfreien Gewinnausschüttungen gelten allerdings 5 % der Erträge **1066** pauschal als Ausgaben, die nicht als Betriebsausgaben abgezogen werden dürfen, unabhängig davon, ob und in welcher Höhe tatsächlich im Zusammenhang mit der Ausschüttung bei der Körperschaft Aufwendungen angefallen sind.

1067 Die Bezüge werden handelsrechtlich bei der Körperschaft innerhalb der Bilanz als Ertrag erfasst und bei der Ermittlung des steuerlichen Einkommens außerhalb der Bilanz wieder abgezogen. Auf die Körperschaftsteuer des Anteilseigners ist eine erhobene Kapitalertragsteuer in voller Höhe anrechenbar.

1068 Bei einem im **Ausland ansässigen Gesellschafter** galt die auf die von einer inländischen Körperschaft ausgeschüttete Dividende entfallende Körperschaftsteuer durch die Erhebung der 25 %-igen Kapitalertragsteuer als abgegolten, so dass sie bei einer Beteiligung von unter 10 % definitiv wirkte. In dieser, im Vergleich zu einem inländischen Gesellschafter ungünstigeren, Behandlung sah der EuGH einen Verstoß gegen die Kapitalverkehrsfreiheit.

1069 Auf diese Rechtsprechung hat der Gesetzgeber mit dem **Gesetz** zur Umsetzung des EuGH-Urteils v. 21.03.2013[463] reagiert. Danach sind Dividenden, die einer Körperschaft nach dem 28.02.2013 aus einer Beteiligung von unter 10 % zufließen, in vollem Umfang körperschaftsteuerpflichtig.

1070 – **Besteuerungsvorgang**
 – **Kapitalertragsteuer**

Die durch Gewinnausschüttungen entstehende Kapitalertragsteuer ist von der ausschüttenden Kapitalgesellschaft für Rechnung des Anteilseigners einzubehalten und abzuführen. Dieser kann sie auf seine persönliche Einkommensteuer anrechnen.

1071 Die auf Gewinnausschüttungen an ihre Anteilseigner einbehaltene Kapitalertragsteuer haben Kapitalgesellschaften für nach dem 31.12.2004 vorgenommene Ausschüttungen bereits in dem Zeitpunkt abzuführen, in dem diese den Anteilseignern zufließen.

1072 – **Solidaritätszuschlag**

Die ausschüttende Kapitalgesellschaft hat einen Solidaritätszuschlag auf die festgesetzte Körperschaftsteuer zu zahlen und auf die bei der Gewinnausschüttung entstehende Kapitalertragsteuer einzubehalten.

1073 – **Gewerbesteuer**

Bei der Gewerbesteuer des Anteilseigners sieht das Gesetz eine Zurechnung der Dividenden zum Gewerbeertrag vor, wenn die Beteiligung an der ausschüttenden Kapitalgesellschaft unter 15 % liegt.

1074 Im Folgenden wird die **Versteuerung von Gewinnen bei der Personengesellschaft und der Körperschaft** verglichen.

Die Gewinne einer **Personengesellschaft** werden den Gesellschaftern (Mitunternehmer) je nach Höhe ihrer Beteiligung zugerechnet. Wenn der Mitunternehmer eine

---

463 BGBl I 2013, 561.

natürliche Person ist, unterliegen diese Gewinne als gewerbliche Einkünfte wie beim Einzelunternehmer der Einkommensteuer.

Besteuerung bei	Besteuerungsart und -höhe			Beispielrechnung in €
Personenunternehmen	Der laufende Gewinn des Unternehmens wird nur auf der Ebene des Personenunternehmers besteuert.			Gewinn 100 € ESt 48 €
	Es ergibt sich eine Spitzenbelastung von 48 %.			
	Wegen § 35 EStG kann die Belastung mit GewSt vernachlässigt werden.			
Kapitalgesellschaften	Ebene der Kapitalgesellschaft	Gewinn wird mit 15 % KSt belastet.	**Gesamtbelastung** aus beiden Ebenen ca. **49,94 %**	Gewinn 100 € **KSt + GewSt** **30 €**
		Ebene des Gesellschafters	Ausgeschütteter Gewinn unterliegt dem Teileinkünfteverfahren d.h. zu 60 % steuerpflichtig	
			bzw. der Abgeltungsteuer i.H.v. 25 %	

1075

▶ **Verfahrenshinweis**

Thesaurierte bzw. einbehaltene Gewinne (thesauros, griech. = Schatz!) werden bei der Unterhaltsberechnung häufig nicht berücksichtigt. Sie werden jedoch generell als fiktive Gewinnausschüttungen dem Unterhaltseinkommen zugerechnet. Die fiktive Steuerbelastung ist zu ermitteln.[464]

1076

d) GmbH-beteiligter Geschäftsführer (Exkurs) und (Abgeltung)-Steuer

aa) Der GmbH-Geschäftsführer als Gesellschafter

Folgende Fallkonstellationen sind zu unterscheiden:

1077

Grds. ist festzuhalten, dass nur solche GmbH-Beteiligungen von der Abgeltungsteuer betroffen sind, die im steuerlichen **Privatvermögen** gehalten werden. Die Kapitalertragsteuer führt grds. zu einer Abgeltung ohne Veranlagung. Dagegen sind GmbH-Beteiligungen nicht betroffen, die in einem Unternehmensvermögen (**Betriebsvermögen**),

---

464 Wendl/Dose/*Spieker* § 1 Rn. 273.

z.B. von einer Mutter-GmbH, in einem Einzelunternehmen oder in einer Personengesellschaft, gehalten werden. Bei betrieblichen und bei institutionellen Anlegern stellt die Kapitalertragsteuer daher weiterhin nur eine »Vorauszahlung« auf die tatsächlich festzusetzende Steuer dar.

1078 In **Veräußerungsfällen** gilt:

Ist der Gesellschafter an einer Kapitalgesellschaft zu irgendeinem Zeitpunkt innerhalb der vergangenen fünf Jahre vor der Veräußerung mit einer Beteiligungsquote von mindestens 1 % beteiligt, gelten die Regelungen des § 17 EStG. Es kommt zum sog. Teileinkünfteverfahren, wonach Veräußerungsgewinne mit 60 % steuerlich erfasst (also zu 40 % befreit) und dem individuellen Einkommensteuersatz unterworfen werden. Entsprechend können auch nur 60 % der in Zusammenhang mit der Beteiligung stehenden Veräußerungskosten steuerlich zum Abzug gebracht werden. Ebenso wirken sich Veräußerungsverluste zu 60 % steuerlich aus.

▶ Hinweis

1079 Schließt der Inhaber von Geschäftsanteilen an einer Kapitalgesellschaft mit seiner Ehefrau eine schuldrechtliche Vereinbarung dergestalt, dass er dieser im Fall der Veräußerung der Anteile 90 % des Verkaufserlöses zahlen will und dieser kein Anspruch auf Übertragung zugestanden wird, führt diese Verpflichtung nicht zu einer Minderung des Veräußerungspreises nach § 17 Abs. 2 EStG.[465]

1080 **Gewinnausschüttungen** unterliegen im Regelfall der Abgeltungsteuer. Die Besteuerung ist mit Einbehalt der 25 %-igen Abgeltungsteuer von der ausschüttenden GmbH für den Gesellschafter abgegolten. Diese Gewinnausschüttung muss daher in der Einkommensteuererklärung grds. nicht mehr aufgeführt werden. Dies bringt allerdings die im Einzelfall nachteilige Folge mit sich, dass der Abzug der tatsächlichen Werbungskosten ausgeschlossen ist, weil nur ein Sparer-Pauschbetrag (von 801 € bei Einzelveranlagung) gewährt wird.

1081 **Ausnahmsweise** steht dem Gesellschafter ein **Wahlrecht** zum Verzicht auf die Anwendung der Abgeltungsteuer zu,
– wenn er entweder zu mindestens 25 % an der GmbH beteiligt ist oder
– zu mindestens 1 % an der GmbH beteiligt und für diese beruflich tätig ist, z.B. als Geschäftsführer.

1082 **Auf Antrag** kann auf die Anwendung der Abgeltungsteuer verzichtet werden. Rechtsfolge ist, dass die Einkünfte nach dem Teileinkünfteverfahren, also unter 40 %-iger Steuerfreistellung einerseits dem individuellen Steuersatz zu unterwerfen sind, andererseits aber auch der Abzug von angefallenen Werbungskosten zu 60 % möglich ist. Sinnvoll ist dies z.B. für fremdfinanzierte Beteiligungen, um die Refinanzierungszinsen steuerlich geltend machen zu können.

---

465 BFH, 31.01.2017 – IX R 40/15, JurionRS 2017, 11825.

Zinsen aus Gesellschafterdarlehen unterliegen dann nicht der Abgeltungsteuer,   1083
wenn sie von der GmbH an einen Gesellschafter gezahlt werden, der zu mindestens
10 % beteiligt ist (eine genau 10 %-ige Beteiligung reicht aus!). Das gilt auch, wenn
der Gläubiger der Zinserträge eine dem in dieser Höhe beteiligten GmbH-Gesellschafter nahestehende Person ist, z.b. bei Zinszahlungen an Ehegatten oder andere
Familienangehörige.

▶ Hinweis

Nach den vorgenannten gesetzlichen Regelungen stellt sich für Gesellschafter, die   1084
z.b. mit mindestens 1 %, aber weniger als 10 % an einer GmbH beteiligt sind,
das Ergebnis ein, dass z.b. Zinserträge aus der Gesellschaft der Abgeltungsteuer
unterliegen, Erträge aus der Veräußerung der Beteiligung jedoch dem individuellen
Steuersatz. Gesellschaftern, die die vorgenannten Optionsvoraussetzungen erfüllen
(also mit mindestens 25 % beteiligt oder aber mit mindestens 1 % beteiligt und für
die GmbH beruflich tätig sind), ist hinsichtlich der jetzt anstehenden Einkommensteuererklärungen zu empfehlen, Vor- und Nachteile der Ausübung der Option
steuerlich zu prüfen.

bb) Der GmbH-Geschäftsführer als Arbeitnehmer

Um unterhaltsrechtlich anerkannt zu werden, müssen Geschäftsführerverträge   1085
zunächst aus steuerlicher Sicht wirksam sein. Es gilt daher, die steuerlichen Regelungen zu betrachten.

Der geschäftsführende GmbH-Gesellschafter bezieht Einkünfte aus nichtselbstständi-   1086
ger Arbeit im Sinne von § 19 Abs. 1 Satz 1 Nr. 1 EStG.

Bei der Behandlung des Geschäftsführergehalts einer **Komplementär-GmbH** muss   1087
unterschieden werden, ob
– das Gehalt von der GmbH oder
– unmittelbar von der KG gezahlt wird und ferner,
– ob der Geschäftsführer an der KG beteiligt ist.

Als Gesellschafter der KG werden dem Geschäftsführer als Mitunternehmer nicht nur   1088
der Anteil am Gewinn der Gesellschaft, sondern auch die Vergütungen, die er von
der Gesellschaft für Dienstleistungen (z.b. Geschäftsführertätigkeiten) bezieht, **als
gewerbliche Einkünfte** in dem Jahr zugerechnet, in dem der Gewinn der Gesellschaft
erzielt wird.

Ist ein **Kommanditist** sozialversicherungspflichtig und erhält er daher Arbeitgeberan-   1089
teile zu seinen Sozialversicherungsbeiträgen, so handelt es sich hierbei nicht um steuerpflichtigen Arbeitslohn, sondern um eine Vergütung für die Tätigkeit im Dienste
der KG, also um gewerbliche Einkünfte.[466]

---

466 BFH, 19.10.1970 – GrS 1/70, BStBl II 1971, 177.

1090 Diese Grundsätze für Gesellschafter einer KG gelten in gleicher Weise für die Kommanditisten einer GmbH & Co. KG. Auch wenn mitarbeitende Gesellschafter (z.b. Gesellschafter-Geschäftsführer) formell einen Arbeitsvertrag mit der Komplementär-GmbH abschließen, wird das Arbeitsverhältnis steuerlich folglich nicht anerkannt und die Vergütungen als Vorabgewinn den gewerblichen Einkünften nach § 15 Abs. 1 Nr. 2 EStG zugerechnet.

1091 Ist der Geschäftsführer auch **zugleich** Anteilseigner der Komplementär-GmbH, sind die GmbH-Anteile (Sonder-)Betriebsvermögen und die Dividenden aus der Komplementär-GmbH sind ebenfalls Teile seines gewerblichen Gewinns. Diese Rechtsfolgen treten aber nur ein, wenn der Gesellschafter-Geschäftsführer gleichzeitig Kommanditist der KG ist.

1092 **Ausnahme:** Ein Arbeitsverhältnis wird steuerlich anerkannt, wenn bei einer Familien-GmbH & Co. KG der Sohn als Geschäftsführer eingesetzt ist, aber nur Anteile an der Komplementär-GmbH hält, die Eltern dagegen Kommanditisten der KG sind. Die Geschäftsführervergütungen des Sohnes sind in diesem Fall Arbeitslohn und können von der KG als Betriebsausgaben abgesetzt werden.

▶ **Verfahrenshinweis zum Unterhalts- und Beleganspruch**

1093 Die Gewinne einer GmbH & Co. KG werden vom Finanzamt einheitlich und gesondert festgestellt und anteilig den Gesellschaftern zugerechnet. Hierauf besteht unterhaltsrechtlich ebenso ein Auskunfts- und Beleganspruch wie auf die Gesellschafts- und Geschäftsführerverträge.

1094 Die **Behandlung der Gehälter erfolgt bei der GmbH** wie folgt:

Grds. können Gesellschafter-Geschäftsführer die gleichen Vergütungselemente beziehen wie die übrigen Arbeitnehmer der GmbH, also ein monatliches Gehalt, Urlaubs- und Weihnachtsgeld, Tantiemen, Versorgungszusagen, betriebsübliche Sozialleistungen, Überlassung eines Firmenwagens zur Privatnutzung sowie unentgeltliche Privatnutzung betrieblicher PC- und Telekommunikationsgeräte.

1095 Die steuerliche und buchhalterische Behandlung der Geschäftsführerbezüge entspricht somit grds. der von Gehältern der übrigen Arbeitnehmer. So muss die GmbH von diesen Bezügen Lohnsteuer, Kirchensteuer und Solidaritätszuschlag sowie – je nach Status des Geschäftsführers – Sozialversicherungsbeiträge einbehalten und an das Finanzamt bzw. die Krankenkasse abführen.

1096 Das Geschäftsführergehalt wird jedoch auf einem besonderen **Aufwandskonto** gebucht:
  – Gesellschafter-Geschäftsführer: Konto 6024 (SKR 04) bzw. Konto 4124 (SKR 03)
  – Fremdgeschäftsführer: Konto 6027 (SKR 04) bzw. Konto 4127 (SKR 03)

Gleiches gilt für Aufwendungen für die Altersversorgung von Geschäftsführern, allerdings gibt es insoweit kein besonderes Konto für Fremdgeschäftsführer.

Daher sind diese Aufwendungen wie folgt zu buchen:　　　　　　　　　**1097**
- Gesellschafter-Geschäftsführer: Konto 6149 (SKR 04) bzw. Konto 4166 (SKR 03)
- Fremdgeschäftsführer: Konto 6140 (SKR 04) bzw. Konto 4165 (SKR 03)

Weiterhin sind folgende Sonderkonten für Gesellschafter-Geschäftsführer in Zusam-　**1098**
menhang mit Gehaltsbuchungen zu beachten:
- Tantiemen an Gesellschafter-Geschäftsführer: Konto 6026 (SKR 04) bzw. Konto 4126 (SKR 03)
- Freiwillige Zuwendungen an Gesellschafter-Geschäftsführer: Konto 6067 (SKR 04) bzw. Konto 4147 (SKR 03)
- Sachzuwendungen und Dienstleistungen an Gesellschafter-Geschäftsführer: Konto 6073 (SKR 04) bzw. 4153 (SKR 03)
- pauschale Steuern für Gesellschafter-Geschäftsführer: Konto 6037 (SKR 04) bzw. Konto 4196 (SKR 03)

Vorausgesetzt, das Gehalt genügt den formalen Anforderungen der Finanzverwaltung　**1099**
an Vereinbarungen der GmbH mit Gesellschafter-Geschäftsführern und ist der Höhe
nach angemessen, ist es bei der **GmbH als Betriebsausgabe** abzugsfähig. Das Gehalt
mindert damit das körperschaftsteuerpflichtige Einkommen und den Gewerbeertrag
der GmbH.

Geschäftsführer müssen nicht auf der Grundlage eines Anstellungsvertrages als Arbeit-　**1100**
nehmer für die GmbH tätig werden, sondern können ggü. der GmbH auch als **Selbstständige** auftreten. Dann erhalten sie von der GmbH kein laufendes Gehalt, sondern
schreiben Rechnungen über die von ihnen erbrachten Leistungen (unter Ausweis von
Umsatzsteuer, sofern sie die Kleinunternehmergrenze von 17.500 € nach § 19 UStG
überschreiten oder zur Umsatzsteuer optieren).

Folgende Merkmale dürfen in diesem Fall nicht vorliegen:　　　　　　　**1101**
- persönliche Abhängigkeit
- Weisungsgebundenheit hinsichtlich Ort, Zeit und Inhalt der Tätigkeit
- feste Arbeitszeiten
- Ausübung der Tätigkeit gleichbleibend an einem bestimmten Ort
- feste Bezüge
- Urlaubsanspruch
- Anspruch auf sonstige Sozialleistungen
- Fortzahlung der Bezüge im Krankheitsfall
- Überstundenvergütung
- zeitlicher Umfang der Dienstleistungen
- Unselbstständigkeit in Organisation und Durchführung der Tätigkeit
- kein Unternehmerrisiko
- keine Unternehmerinitiative
- kein Kapitaleinsatz
- keine Pflicht zur Beschaffung von Arbeitsmitteln
- Notwendigkeit der engen ständigen Zusammenarbeit mit anderen Mitarbeitern

– Eingliederung in den Betrieb
– Schulden der Arbeitskraft und nicht eines Arbeitserfolgs
– Ausführung von einfachen Tätigkeiten, bei denen eine Weisungsabhängigkeit die Regel ist

cc) Abgrenzungen zur verdeckten Gewinnausschüttung (vGA)

1102 Der BFH[467] bewertet generell die unzureichende Durchführung einer Vereinbarung zwischen einem beherrschenden Gesellschaftergeschäftsführer und seiner GmbH als Indiz für eine mangelnde Ernsthaftigkeit des Vereinbarten und somit als vGA.

1103 Unter einer vGA i.S.d. § 8 Abs. 3 Satz 2 KStG ist bei einer Kapitalgesellschaft eine
– Vermögensminderung (verhinderte Vermögensmehrung) zu verstehen,
– die durch das Gesellschaftsverhältnis veranlasst ist,
– sich auf die Höhe des Einkommens auswirkt und
– in keinem Zusammenhang zu einer offenen Ausschüttung steht.

1104 Ist der begünstigte Gesellschafter ein **beherrschender Gesellschafter**, kann eine vGA auch dann vorliegen, wenn die Kapitalgesellschaft eine Leistung an ihn erbringt, für die es an einer
– klaren,
– im Voraus getroffenen,
– zivilrechtlich wirksamen und
– tatsächlich durchgeführten Vereinbarung fehlt.[468]

1105 Eine **Veranlassung durch das Gesellschaftsverhältnis** kann auch darin begründet sein, dass das zwischen der Kapitalgesellschaft und ihrem Gesellschafter abgeschlossene Rechtsgeschäft zwar für die Kapitalgesellschaft günstig ist, jedoch aus Gründen des Fremdvergleichs zu dem Schluss zwingt, dass es von Anfang an nicht ernstlich gewollt war.[469]

1106 Der BFH sieht in der unzureichenden Durchführung einer Vereinbarung zwischen einem beherrschenden Gesellschafter-Geschäftsführer und seiner GmbH oft ein gewichtiges Indiz für eine mangelnde Ernsthaftigkeit des Vereinbarten. Er impliziert eine gesellschaftsrechtliche Veranlassung der Leistungsbeziehung, mithin eine **verdeckte Gewinnausschüttung**.[470] Aus diesem Grund sind Vergütungen an den beherrschenden Gesellschafter einer GmbH nur anzuerkennen, wenn:

---

467 BFH, 13.11.1996 – I R 53/95, BFH/NV 1997, 622.
468 BFH, 14.03.1990 – I R 6/89, BStBl II 1990, 795; Tantieme: FG München, 08.01.2014 – 6 V 2116713 (rkr.), DStRE 2015, 1236.
469 BFH, 23.05.1984 – I R 294/81, BStBl II 1984, 673; BFH, 17.10.1984 – I R 22/79, BStBl II 1985, 69; BFH, 02.07.1986 – I R 144/85, BFH/NV 1987, 398; BFH, 02.12.1992 – I R 54/91, BStBl II 1993, 311; BFH, 16.12.1992 – I R 2/92, BStBl II 1993, 455; BFH, 29.07.1994 – I R 11/94, BStBl II 1994, 952.
470 Schenkungsteuerproblematik nach § 7 Abs. 1 Nr. 1 ErbStG; FG Düsseldorf, 30.11.2016 – 4 K 1680/15, EFG 2017, 237.

– die Vergütung entsprechend den getroffenen Vereinbarungen ausbezahlt wird oder
– einvernehmlich, z.B. durch Verbuchung auf ein für die Gehaltszahlung eingerichtetes und für den Gesellschafter frei verfügbares Verrechnungskonto gutgeschrieben wird oder
– eine Umwandlung in Darlehensansprüche durch eine klare und eindeutige Vereinbarung erfolgt

▶ Hinweis

Es reicht nicht aus, wenn eine buchhaltungstechnische Behandlung der geschuldeten Geldzahlung als Verbindlichkeit oder als Rückstellung erfolgt, sich häufige kurzfristige Auszahlungsverzögerungen ergeben oder Stundungsvereinbarungen getroffen werden. **1107**

Selbst wenn die Ausgestaltungen der Anstellungsverhältnisse einem Beirat übertragen werden, kann eine vGA vorliegen, weil ein Beirat nicht, wie der Aufsichtsrat, gesetzlich vorgeschrieben ist.[471] **1108**

dd) Vergütungen

Vergütungen an den beherrschenden Gesellschafter einer GmbH sind folglich nur anzuerkennen, wenn die Vergütung entsprechend den getroffenen Vereinbarungen ausbezahlt wird oder einvernehmlich z.B. durch Verbuchung auf ein für die Gehaltszahlung eingerichtetes und für den Gesellschafter frei verfügbares Verrechnungskonto gutgeschrieben wird oder eine Umwandlung in Darlehensansprüche durch eine klare und eindeutige Vereinbarung erfolgt, s.o. Rdn. 1094 ff. **1109**

▶ Hinweis:

Vereinbarungen zwischen Gesellschaft und Gesellschafter sind generell anhand folgender Kriterien zu prüfen: **1110**
– klare und eindeutige Vereinbarung,
– die schriftlich im Vorhinein getroffen wird,
– tatsächliche Durchführung gemäß dieser Vereinbarung,
– Vereinbarung wie unter fremden Dritten (Fremdvergleich!).

Bei einer **Herabsetzung der Gehälter**, ist zu prüfen, ob das Einkommen in einem angemessenen Verhältnis zur wirtschaftlichen Situation des Unternehmens steht. In der Krise der Gesellschaft kann der Geschäftsführer wegen einer Schadensersatzverpflichtung gezwungen sein, sein Gehalt in Analogie zu § 87 Abs. 2 AktG zu reduzieren.[472] **1111**

Eine **Tantieme** für den beherrschenden Gesellschafter wird mit Feststellung des Jahresabschlusses fällig, wenn nicht zivilrechtlich wirksam und fremdüblich eine andere Fälligkeit vereinbart worden ist.[473] **1112**

---

471 FG Münster, 11.12.2012 – 13 K 125/09; Rev. zugelassen: BFH, IV R 7/13.
472 OLG Köln, 06.11.2007 – 18 U 131/07, JurionRS 2007, 48020.
473 BGH, 03.02.2011 – VI R 66/09, JurionRS 2011, 14326.

1113   Die OFD Karlsruhe[474] erstellt **Tabellen zur Prüfung** der Angemessenheit von Vergütungen der Gesellschafter-Geschäftsführer von Kapitalgesellschaften.[475]

1114   Der BFH hat in mehreren Verfahren entschieden, ob und wann die, im Anstellungsvertrag des Gesellschafter-Geschäftsführers einer GmbH vereinbarten, aber nicht ausgezahlten, Vergütungen, wie z.b. Weihnachtsgeld und Tantiemen, als Arbeitslohn zu erfassen sind.

1115   Mit **BMF-Schreiben** v. 12.05.2014[476] wird klargestellt, wie die Finanzverwaltung die Entscheidungen des BFH auslegt. Zusammenfassend ergibt sich danach folgende Verwaltungsauffassung:

Dem beherrschenden Gesellschafter fließt eine eindeutige und unbestrittene Forderung gegen »seine« Kapitalgesellschaft bereits mit deren Fälligkeit zu (sog. **Zuflussfiktion**). Ob eine Bilanzierung durch die Gesellschaft erfolgt ist, ist für die Zuflussfiktion unerheblich, sofern eine Verbindlichkeit nach den Grundsätzen ordnungsgemäßer Buchführung hätte gebildet werden müssen.

1116   **Verzichtet** ein beherrschender Gesellschafter-Geschäftsführer auf einen Gehaltsanspruch, liegt eine verdeckte Einlage und damit ein Zufluss der Vergütung vor, wenn der Verzicht nach dem zivilrechtlichen Entstehen des Anspruchs erfolgt ist. Auch hier ist entscheidend, ob in einer zum Verzichtszeitpunkt fiktiv zu erstellenden Bilanz ein Passivposten nach den Grundsätzen ordnungsgemäßer Buchführung hätte gebildet werden müssen.

ee) Rezeption zum Unterhaltsrecht

1117   Unterhaltsrechtlich ist i.R.d. Prüfung der Leistungsfähigkeit grds. auf das im **tatsächlichen** Unterhaltszeitraum erzielte Jahreseinkommen abzustellen. Wenn das **Geschäftsführergehalt** entsprechend den jeweiligen Gewinnen- und Verlusten unmittelbar an diese angepasst wird, und der Geschäftsführer wie ein selbstständiger Kaufmann oder Freiberufler den jeweiligen Gewinn des Betriebes bzw. der Kanzlei oder Praxis als Einkommen zur Bedarfsdeckung verwendet, wird er unterhaltsrechtlich als sog. **verkappter Selbstständiger** behandelt. Zur Ermittlung des Unterhaltseinkommens ist dann auf einen Durchschnittswert der dem Unterhaltszeitraum vorangegangenen drei Jahre abzustellen.[477]

---

474   OFD Karlsruhe, 03.04.2009, S 274.2/84-St 221, www.ofd-karlsruhe.de; *Neumahr/Späth* Board 2013, 123.

475   Zum Fremdvergleich bei Beratervertrag mit der Gesellschaft: FG Sachsen-Anhalt, 13.07.2016 – 3 K 467/16, Revision eingelegt, BFH, I R 77/16.

476   BMF-Schreiben v. 12.05.2014 – IV C 2, S 2743/12/10001, BStBl I 2014, 860.

477   OLG Köln, 11.04.2006 – 4 UF 218/05, FamRZ 2006, 1756.

Das OLG Hamm[478] behandelt Gehälter bzw. Entnahmen wie Einkünfte aus selbst-   1118
ständiger Tätigkeit, wenn sie tatsächlich geflossen sind und für die Lebensführung
zur Verfügung standen, auch wenn die Unternehmensverluste dadurch gestiegen sind.

ff) Gehaltsreduzierungen

Um unterhaltsrechtlich anerkannt zu werden, müssen **Gehaltsreduzierungen** zunächst   1119
aus steuerlicher Sicht wirksam sein. In der Krise einer GmbH steht die Geschäftsführervergütung im Focus steuerlicher Betrachtungen, wobei neben der Angemessenheit der
Gesamtvergütung darauf zu achten ist, dass der Dienstvertrag auch durchgeführt wird.

Bei **akuten Zahlungsschwierigkeiten** können nach dem BFH[479] bedeutsame Vertrags-   1120
abweichungen ausnahmsweise steuerunschädlich sein. Es ist aber zu prüfen, ob außer
der Geschäftsführervergütung auch andere Gläubiger nicht oder nicht pünktlich von
der GmbH befriedigt werden.

Auch die Erhaltung von **Pensionszusagen in Krisenzeiten** ist problematisch. Wird   1121
das Geschäftsführergehalt in Krisenzeiten reduziert, ist zu untersuchen, ob eine daneben bestehende Pensionszusage an den Gesellschafter-Geschäftsführer mit steuerlicher
Wirkung im vollen Umfang aufrechterhalten bleiben darf oder ob die Grundsätze der
sog. Überversorgung zur Anwendung gelangen.

Regelmäßig liegt eine **Überversorgung** vor, wenn die versprochenen Leistungen   1122
zusammen mit eventuell zu erwartenden Ansprüchen aus der gesetzlichen Rentenversicherung und Leistungen aus einer Direktversicherung 75 % der letzten steuerlich
anzuerkennenden Aktivbezüge übersteigen.[480]

Bei der Berechnung ist die **fiktive Jahresnettoprämie** aus der Pensionsanwartschaft   1123
selbst nicht in die Ermittlung der maßgeblichen Aktivbezüge einzubeziehen. Ob
bei der Absenkung der Festbezüge ein Überversorgungsproblem auftritt, hängt auch
davon ab, ob es sich um eine sog. Festbetragszusage oder um eine entgeltabhängige
Zusage handelt.[481]

▶ **Beispiel**

Der 1967 geborene M erhält von seiner GmbH 2007 eine Pensionszusage, die eine   1124
monatliche Altersrente i.H.v. 2.000 € (Festbetragszusage) vorsieht. Das Rentenbe-
ginnalter wird auf das 65. Lebensjahr festgelegt. Von der Gesellschaft erhält er ein
Gehalt i.H.v. monatlich 2.500 €.

Lösung

Die Pensionsrückstellung ist in der Steuerbilanz wegen einer vorliegenden Überversorgung nach § 6a Abs. 4 EStG nur aus einem Betrag i.H.v. monatlich 1.875 €

---

478 OLG Hamm, 25.10.2007 – 6 UF 74/06, BeckRS 2008, 01774.
479 BFH, 13.11.1996 – I R 53/95, BFH/NV 1997, 622.
480 BFH, 31.3.2004 – I R 70/03, BFH/NV 2004, 1343.
481 *Neumann* GmbH-StB 2006, 4.

(= 75 % von 2.500 €) zu berechnen. Es ist eine Korrektur innerhalb der Bilanz vorzunehmen.

In der Handelsbilanz ist, da die zivilrechtliche Verpflichtung weiterhin in der zugesagten Höhe bestehen bleibt, eine Pensionsrückstellung für die vollumfängliche Pensionszusage zu bilden.

Beim Versorgungsberechtigten ergeben sich keine steuerlichen Auswirkungen/ Konsequenzen.[482]

▶ **Verfahrenshinweis zum Unterhalts- und Beleganspruch**

1125   Wird in Unterhaltsstreitigkeiten vom Unterhaltsschuldner die Notwendigkeit von Gehaltsreduzierung ins Feld geführt, empfiehlt sich eine Krisenprüfung, ggf. durch einen Sachverständigen. Oft genügt auch ein Blick in die **Lohn- und Personalkonten**, um festzustellen, ob die Löhne und Gehälter anderer Mitarbeiter des Unternehmens nicht oder nur vorübergehend reduziert worden sind. Zudem lässt sich erkennen, ob neue Mitarbeiter eingestellt oder nach ihrer Entlassung nach einiger Zeit wiedereingestellt worden sind.

Zur Überprüfung und Nachverfolgung ist zu raten, sich **sämtliche Verträge mit allen Novationen und Gehaltsabrechnungen sowie ggf. den Betriebsprüfungsbericht** vorlegen zu lassen.

Die Gründe für eine Krise und eine Herabsetzung der Vergütung müssen substantiiert vorgetragen werden.[483]

gg) Kfz-Überlassung an Gesellschafter-Geschäftsführer einer GmbH

1126   Die Überlassung eines Dienstwagens/KFZ-Dienstwagens mit privater Nutzungsmöglichkeit seitens der GmbH an ihren Gesellschafter-Geschäftsführer setzt den Abschluss einer ausdrücklichen und ausführlichen **Nutzungsvereinbarung** voraus.

1127   Zum Arbeitslohn gehören alle »geldwerten Vorteile«, die für eine Beschäftigung im öffentlichen oder privaten Dienst gewährt werden (§ 19 Abs. 1 Satz 1 Nr. 1 i.V.m. § 8 Abs. 1 EStG). Das gilt **auch** für einen Gesellschafter-Geschäftsführer, dem die private Nutzung des Dienstwagens im Geschäftsführer-Anstellungsvertrag bzw. durch eine fremdübliche Überlassungs- oder Nutzungsvereinbarung ausdrücklich gestattet wird.

1128   Eine Überlassungs- oder Nutzungsvereinbarung kann auch durch eine, ggf. vom schriftlichen Anstellungsvertrag abweichende, **mündliche** oder **konkludente Vereinbarung** zwischen der Kapitalgesellschaft und dem Gesellschafter-Geschäftsführer erfolgen, wenn entsprechend dieser Vereinbarung tatsächlich verfahren wird.

---

482 Vgl. zu den lohnsteuerlichen Folgerungen der Pensionszusage eines beherrschenden Gesellschafter-Geschäftsführers gegen eine Ablösungszahlung und Wechsel des Durchführungsvertrages auch BMF-Schreiben v. 04.07.2017 – IV C 5 – S 2333/16/10002.
483 Zur Krisenprüfung: FA-FamR/*Perleberg-Kölbel* Kap. 18 Rn. 226.

Erfolgt die Überlassung des Fahrzeugs im Rahmen eines Arbeitsverhältnisses, muss die   **1129**
tatsächliche Durchführung der Vereinbarung insb. durch **zeitnahe Verbuchung des
Lohnaufwands und Abführung der Lohnsteuer** (und ggf. der Sozialversicherungsbeiträge) durch die Kapitalgesellschaft nachgewiesen sein.

Erfolgt die Überlassung im Rahmen eines entgeltlichen Überlassungsvertrages, muss   **1130**
auch hier die Durchführung der Vereinbarung – etwa durch die zeitnahe Belastung
des Verrechnungskontos des Gesellschafter-Geschäftsführers – dokumentiert sein.

Bei zulässiger **privater Mitbenutzung**[484] gehört der geldwerte Vorteil zum lohnsteuer-   **1131**
pflichtigen Arbeitslohn. Dieser wird entweder nach der »1 %-Regelung« (§ 6 Abs. 1
Nr. 4 Satz 2 EStG) pauschal ermittelt oder mit den tatsächlichen Fahrzeugkosten
angesetzt (Fahrtenbuchmethode), die auf die private Nutzung des Kraftfahrzeugs entfallen. Bzgl. der Fahrten von der Wohnung zum Betrieb wird der Nutzungsvorteil für
jeden Kalendermonat um 0,03 % des Listenpreises für jeden Kilometer der Entfernung zwischen Wohnung und Betrieb erhöht (§ 8 Abs. 2 Satz 2, 3 EStG).

Nutzt der Gesellschafter-Geschäftsführer den betrieblichen PKW ohne entsprechende   **1132**
Gestattung der Gesellschaft für private Zwecke, liegt grds. eine **verdeckte Gewinnausschüttung** und kein Arbeitslohn vor. Die unbefugte Privatnutzung des betrieblichen
PKW hat keinen Lohncharakter, weil ein Vorteil, den der Arbeitnehmer gegen den
Willen des Arbeitgebers erlangt, nicht »für« eine Beschäftigung im öffentlichen oder
privaten Dienst gewährt wird. Damit zählt der Vorteil nicht zum Arbeitslohn nach
§ 19 Abs. 1 Satz 1 Nr. 1 i.V.m. § 8 Abs. 1 EStG.

Vielmehr ist die ohne Nutzungs- oder Überlassungsvereinbarung erfolgende oder   **1133**
darüberhinausgehende, aber auch die einem ausdrücklichen Verbot widersprechende
Nutzung durch das Gesellschaftsverhältnis, zumindest mit veranlasst. Sie führt infolgedessen zu einer verdeckten Gewinnausschüttung des Gesellschafter-Geschäftsführers.

Die **Rechtsfolgen der vGA** stellen sich wie folgt dar.   **1134**

Bei der **GmbH** stellt die vertragswidrige private Nutzung des betrieblichen Fahrzeugs
durch den Gesellschafter-Geschäftsführer in Höhe der Vorteilsgewährung eine verdeckte Gewinnausschüttung dar. Dieser Vorteil wird aber nicht gem. § 6 Abs. 1 Nr. 4
Satz 2 EStG, sondern nach Fremdvergleichsmaßstäben mit dem gemeinen Wert der
Nutzungsüberlassung zzgl. angemessenen Gewinnaufschlags bewertet.

Aus Vereinfachungsgründen kann es die Finanzbehörde im Einzelfall zulassen, dass die   **1135**
verdeckte Gewinnausschüttung für die private Nutzung eines betrieblichen Fahrzeugs
entsprechend § 6 Abs. 1 Nr. 4 Satz 2 EStG mit 1 % des inländischen Listenpreises
im Zeitpunkt der Erstzulassung zzgl. der Kosten für Sonderausstattung einschließlich
Umsatzsteuer für jeden Kalendermonat bewertet wird; bei Nutzung des Fahrzeugs
durch den Gesellschafter-Geschäftsführer auch für Fahrten zwischen Wohnung und

---

484 Zur Mitbenutzung durch die Ehefrau siehe BFH, 15.07.2014 – X R 24/12, DStR 2014,
     2380.

Arbeitsstätte erhöht sich dieser Wert um die in § 8 Abs. 2 Satz 3 EStG und für Familienheimfahrten im Rahmen einer doppelten Haushaltsführung um die in § 8 Abs. 2 Satz 5 EStG genannten Beträge.

1136 Der Betrag der verdeckten Gewinnausschüttung ist dem Einkommen der GmbH außerbilanziell hinzuzurechnen, soweit sich der zugrundeliegende Sachverhalt bereits einkommensmindernd ausgewirkt hat. Auf diesen Betrag hat die GmbH Körperschaftsteuer, Solidaritätszuschlag und Gewerbesteuer zu entrichten.

1137 Beim **Gesellschafter-Geschäftsführer** führt der Vorteil aus der verbotenen Nutzungsüberlassung zu Einkünften aus Kapitalvermögen (§ 20 Abs. 1 Nr. 1 Satz 2 EStG; Abgeltungsteuer, § 32d, § 43 Abs. 5, § 43 Abs. 1 Satz 1 Nr. 1 EStG).[485]

e) Einkünfte aus Vermietung und Verpachtung nach § 21 EStG

1138 Einkünfte aus **Vermietung und Verpachtung** i.S.d. § 21 Abs. 1 EStG erzielt derjenige, der mit Rechten und Pflichten eines Vermieters Sachen und Rechte i.S.d. § 21 Abs. 1 EStG an andere zur Nutzung gegen Entgelt überlässt.[486] Die Einkünfte sind die **Einnahmen abzgl. der Werbungskosten.**

1139 Besondere einkommensteuerrechtliche (und familienrechtliche) Regelungen gelten für den Nießbrauch und Wohnrechte sowie andere ähnliche Nutzungsrechte[487] und zur Anrechnung des Wohnvorteils.[488] Zur Verlustverrechnung, z.B. bei **Bauherrenmodellen,**[489] gelten nach § 21 Abs. 1 Satz 2 EStG die Vorschriften der §§ 15a und 15b EStG sinngemäß (zum 31.12.2005 erfolgte die Streichung der Eigenheimzulage).

1140 Der Betrieb einer Photovoltaikanlage begründet keine Vermietungseinkünfte, sondern gewerbliche Einkünfte.[490]

1141 Soweit Einheitswerte noch eine Rolle spielen (Grundsteuer, Kürzungsbeträge bei der Gewerbesteuer und Anlagevermögen bei Landwirten) hat der BFH[491] wegen Verstoß gegen den Gleichheitsgrundsatz diese Bewertungsregeln dem Verfassungsgericht vorgelegt. Mit einer Entscheidung ist frühestens 2017 zu rechnen.

1142 Problematisch ist stets die Abgrenzung zur **Liebhaberei.**

---

485 HaufeIndex 2337721.
486 Zu V&V: Bayerisches Landesamt für Steuern, BayLfSt v. 01.09.2014, BeckVerw 288429.
487 BMF-Schreiben v. 08.10.2004, BStBl 2004 I, 933; zur familienrechtlichen Behandlung, Paradigmenwechsel durch: BGH, FamRZ 2015, 1268; *Kogel* Der Nießbrauch im Zugewinn – eine unendliche Geschichte; Palandt/*Brudermüller* BGB, § 1374 Rn. 13, zur alten Rechtslage: *Kuckenburg* Wohnrecht, Leibrenten, Altenteil und Nießbrauch nach der neuen Rechtsprechung des BGH – insbesondere die konkrete Ermittlung des so genannten Vermögenserwerbs, FuR 2008, 316 ff.
488 Kleffmann/Klein/*Kleffmann* Grundlagen der Einkommensermittlung Rn. 255 ff.
489 BGH, FamRZ 2008, 963; BGH, FamRZ 1984, 39.
490 FG BW, 05.04.2017 – 4 K 3005/14.
491 BFH, Beschl. v. 22.10.2014 – II R 16/13; BStBl II 2014, 957.

Bei **Ferienwohnungen** kann die Einkunftserzielungsabsicht fehlen, wenn die Ver- **1143**
mietungsdauer nicht mehr als 20 Tage im Jahr beträgt. Allgemeine Voraussetzung ist
zudem, ob ausschließlich an wechselnde Feriengäste vermietet wird und keine Eigennutzung vorliegt, woraus eine Vermutung der Gewinnerzielungsabsicht resultiert. Der
Vorbehalt der Selbstnutzung führt zur Vermutung fehlender Überschusserzielungsab-
sicht, die nur durch eine konkrete **Überschussprognose** beseitigt werden kann. Die
Überschussprognose sollte sich auf einen Zeitraum von 30 Jahren beziehen und ist
für jedes Objekt gesondert vorzunehmen. Die Einnahmen und Werbungskosten sind
dabei zu schätzen. Die Werbungskosten sollten mit am Sicherheitsabschlag von 10 %
versehen werden. Nur Normal-AfA sollte zu Grunde gelegt werden.

Verluste aus Vermietung und Verpachtung können bei strukturellem Leerstand[492] **1144**
entstehen. Hier ist eine schnelle Reaktion der Wiedervermietungsbemühungen bei
vorheriger Vermietung erforderlich.

Drei Fallgruppen sind zu unterscheiden: **1145**
– Leerstand nach Anschaffung, Herstellung oder Selbstnutzung,
– Leerstand nach vorheriger dauerhafter Vermietung[493] und
– Leerstand wegen strukturell schlechtem Mietmarkt.

▶ **Verfahrenshinweis**

Stets sind Dokumentationen über Marktlage, Vermietungsbemühungen etc. für **1146**
die Steuerveranlagung wie für die Auskunftserteilung hilfreich.

Verbilligte/teilentgeltliche Wohnungsüberlassung (§ 21 Abs. 2 EStG)

Die Entgeltgrenze bei teilentgeltlicher Wohnungsüberlassung nach § 21 Abs. 2 EStG **1147**
belief sich bis zum VAZ 2003 auf 50 % und ab VAZ 2004 auf 56 %. Durch das
Steuervereinfachungsgesetz 2011 wird die Regelung des § 21 Abs. 2 EStG (Grenze
von 56 %) und die Rspr. des BFH (Grenze von 75 %) bei verbilligter Wohnungsüberlassung zusammengefasst und vereinfacht. Ab VAZ 2012 wird bei Überschreiten der
66 %-Grenze von Vollentgeltlichkeit ausgegangen. Unterhalb dieser Grenze erfolgt
eine Aufteilung, wobei die sog. Totalüberschussprognoseprüfung entfällt.

Gem. § 21 Abs. 2 Satz 2 EStG wird die Gewinnerzielungsabsicht gesetzlich vermutet. **1148**
Beträgt das Entgelt für die Überlassung einer Wohnung weniger als 66 % der ortsüblichen Vergleichsmiete, so hat gem. § 21 Abs. 2 Satz 1 EStG eine Aufteilung in
einen entgeltlichen und einen unentgeltlichen Teil zu erfolgen. Es wird also auch der
Werbungskostenabzug gekürzt.

Die Vergleichsmiete ist den Mietspiegeln und hilfsweise Onlineportalen zu entneh- **1149**
men. Dabei ist die steuerliche Anerkennung von Vertragsverhältnissen zwischen
nahestehenden Personen von Bedeutung. Die entsprechenden Verträge müssen

492 BFH, 13.01.2015 – IX R 46/13 zum neunjährigen Leerstand.
493 BFH, 31.01.2017 – IX R 17/16, JM 2017, 299; www.bundesfinanzhof.de; s. auch Rdn. 42.

zivilrechtlich wirksam sein, entsprechend der Vereinbarung durchgeführt werden und dem Fremdvergleich entsprechen.

▶ **Hinweis**

1150   Zu Dokumentationszwecken und zur Verwirklichung des Drittvergleichs[494] sollte der Mietvertrag mit Übergabeprotokoll schriftlich abgeschlossen werden, Kontoauszüge vorgelegt werden (keine Barquittungen) und der Nachweis erbracht werden können, dass der Mieter über finanzielle Mittel zur Begleichung der Miete verfügt.

aa) Einnahmen

1151 § 21 Nr. 1 EStG, Einkünfte aus Vermietung und Verpachtung von **unbeweglichem** Vermögen:[495]

Nur soweit ein Grundstück **nicht** zum Betriebsvermögen gehört, zählen die Erträge, die der Steuerpflichtige aus der Nutzungsüberlassung von Grundstücken oder Privatvermögen erzielt, zu den Einnahmen aus Vermietung und Verpachtung. Hierzu gehören auch Schadensersatzleistungen des Mieters oder Pächters, der Wert von Sach- oder Dienstleistungen bzw. Bau- oder Reparaturaufwendungen des Mieters, die anstelle der Mietzahlungen geleistet werden.

1152 § 21 Nr. 2 EStG, Einkünfte aus Vermietung und Verpachtung von Sachinbegriffen, insb. von **beweglichen** Betriebsvermögen.

1153 § 21 Nr. 3 EStG, Einkünfte aus **zeitlich begrenzter Überlassung von Rechten**, insb. immaterieller Rechte, wie schriftstellerische, künstlerische und gewerbliche Urheberrechte.

1154 § 21 Nr. 4 EStG, Einkünfte aus der **Veräußerung von Miet-und Pachtzinsforderung**, auch wenn sie im Veräußerungspreis von Grundstücken enthalten sind.

1155 Nach **Anlage V 2015** gehören zu den Einnahmen:
- Vereinnahmte Mieten für ortsübliche Überlassung (Tz. 9)
- Mieteinnahmen für andere, nicht Wohnzwecken dienenden Räumen (Tz. 11)
- Einnahmen aus Umlagen, z.B. Wassergeld, Flur- und Kellerbeleuchtung, Müllabfuhr, Zentralheizung etc. (Tz. 13 ff.)
- Vereinnahmte Mieten für frühere Jahre bzw. auf das Kalenderjahr entfallende Mietvorauszahlungen (Tz. 15)
- Einnahmen aus der Vermietung von Garagen, Werbeflächen, Grund und Boden für Kioske etc. (Tz. 16)
- vereinnahmte und erstattete Umsatzsteuer (Tz. 17; 18)
- öffentliche Zuschüsse (Tz. 19, 20)

---

494 BFH/NV 2014, 529.
495 ABC der Einnahmen, IDW StB- und WP-Jahrbuch 2012, 787 ff.

bb) Werbungskosten

Aufwendungen zur Erwerbung, Sicherung und Erhaltung der Einnahmen sind Wer- **1156** bungskosten (§ 9 Abs. 1 Satz 1 EStG).[496]

Grds. können auch die auf die Vermietung/Verpachtung entfallenden Grundstücks- **1157** aufwendungen als Werbungskosten abgezogen werden. Dieses gilt jedoch nicht für Objekte, in denen die Miete für die Überlassung der Wohnung zu Wohnzwecken **weniger als 66 % der ortsüblichen Miete** beträgt. Diese Ausnahmeregelung führt zu einer Aufspaltung in einen entgeltlichen und einen unentgeltlichen Teil.

(1) Schuldzinsen als Werbungskosten[497]

Wenn Schuldzinsen für die Erwerbung, Sicherung oder Erhaltung der Einnahmen aus **1158** Vermietung und Verpachtung dienen, sind sie Werbungskosten. Zu den Werbungskosten gehören auch Geldbeschaffungs- und Finanzierungskosten wie z.B. Bereitstellungszinsen, Grundbuch- und Notariatsgebühren in Zusammenhang mit der Eintragung einer Grundschuld oder Hypothek, Damnum/Disagio und Maklerprovisionen.

(2) Erhaltungs- und Herstellungsaufwand als Werbungskosten (Anlage V 2015, Tz. 39 ff.)

Grundstücksaufwendungen bis zur Fertigstellung des Gebäudes sind **Herstellungs- 1159 kosten.**[498] Nach Fertigstellung eines Gebäudes fallen entweder Erhaltungsaufwand oder Herstellungsaufwand an.

Aufwendungen für die Erneuerung von bereits vorhandenen Teilen, Einrichtungen **1160** oder Anlagen gehören zum **Erhaltungsaufwand.**[499] Aufwendungen werden hierfür i.d.R. durch die gewöhnliche Nutzung des Gebäudes veranlasst, wie z.B. für Reparaturen, Neuanstrich, Erneuerung des Daches, Erneuerung der Heizungsanlage usw. Im Jahr der Verausgabung (§ 11 EStG) können diese Erhaltungsaufwendungen sofort als Werbungskosten abgezogen werden.

Aufwendungen, die durch den Verbrauch von Sachgütern und die Inanspruch- **1161** nahme von Diensten für die Erweiterung oder für die über den urspr. Zustand hinausgehende wesentliche Verbesserung eines Gebäudes entstehen, zählen zum **Herstellungsaufwand.**[500]

Diese Grundstücksaufwendungen gehören zu den Herstellungskosten bzw. Anschaf- **1162** fungskosten eines Gebäudes und können nur über die Nutzungsdauer i.R.d. AfA als

---

496 ABC der Werbungskosten StB- und WP-Jahrbuch 2012, 801 ff.
497 Kleffmann/Klein/*Kleffmann* Grundlagen der Einkommensermittlung Rn. 110.
498 Zur Abgrenzung von AHK und Erhaltungsaufwand bei Instandsetzung und Modernisierung von Gebäuden: BMF-Schreiben v. 18.07.2003, BStBl I 2003, 386; Rdn. 362 ff.
499 R 21.1 Abs. 1 Satz 1 EStR 2005.
500 R 21.1 Abs. 2 Satz 1 EStR 2005.

Werbungskosten abgezogen werden (§ 7 Abs. 4 u. Abs. 5 i.V.m. § 9 Abs. 1 Satz 3 Nr. 7 EStG).

1163 Formelle Gesichtspunkte, wie z.B. die Höhe der Grundstücksaufwendungen oder die zeitliche Nähe spielen als Abgrenzungskriterium im Gegensatz zu früher keine Rolle mehr.[501]

1164 **Es gilt die Faustregel: Aufwendungen über 30 % des Werts sind stets Herstellungskosten.**

▶ **Verfahrenshinweis**

1165 **Unterhaltsrechtlich** gelten notwendige Erhaltungsaufwendungen als berücksichtigungsfähig. Nützliche oder wertsteigernde Modernisierungsmaßnahmen sind zu eliminieren.[502]

1166 Fallen Positionen für Instandsetzung und Instandhaltung außergewöhnlich im Verhältnis zu früheren Jahren aus, so ist zunächst zu überprüfen, ob sich die von dem Unterhaltspflichtigen getroffenen Maßnahmen werterhaltend oder wertverbessernd auf das Objekt auswirken. Bei einer **Wertverbesserung** dürften die entsprechenden Maßnahmen der Vermögensbildung zuzuordnen und zu eliminieren sein. **Instandsetzungsmaßnahmen größeren Umfanges** dürfen ggf. auch über einen längeren Zeitraum zu verteilen sein.[503]

1167 Bei unterschiedlich hohen Aufwendungen ist der Ansatz mit dem errechneten Mittelwert vorzunehmen.[504]

1168 Die **Instandhaltungsrücklage** wird unterhaltsrechtlich nicht akzeptiert, weil sie pauschalen Aufwand darstellt und nicht sicher ist, ob die Rücklage eingesetzt werden muss.[505]

1169 Etwas anderes gilt, wenn konkrete Instandhaltungsmaßnahmen erforderlich sind und bevorstehen. Dann ist eine Rücklagenbildung[506] möglich.

1170 **Sonstige Werbungskosten sind:**[507]
– Grundsteuer
– Gebühren für Müllabfuhr, Wasser, Kanalbenutzung und Straßenreinigung
– Kosten für Zentralheizung, Warmwasserversorgung, Fahrstuhlbetrieb und Hausbeleuchtung
– Schornsteinfegergebühren

---

501 BFH, DB 2002, 1297 ff.; BMF-Schreiben v. 18.07.2003, BStBl I 2003, 386 ff.; Anhang 30 (V) EStH.
502 BGH, FuR 2005, 361.
503 BGH, FuR 2005, 361; OLG Hamm, NJW-RR 2001, 649.
504 BGH, FuR 2005, 361; *Kemper* FuR 2002, 125.
505 BGH, FamRZ 2000, 351; BGH, FamRZ 1984, 3.
506 BGH, FamRZ 2000, 351.
507 ABC der Werbungskosten StB- und WP-Jahrbuch 2012, S. 801 ff.

- Beiträge zu den Hausversicherungen wie Brand-, Haftpflicht, Glas- und Wasserschadenversicherung, nicht Hausratversicherungen
- Ausgaben für Hausbesitzerverein und Hausmeister.

(3) Lineare, degressive AfA und AfA nach § 7 EStG

Zu den Werbungskosten gehört auch die AfA. Bei der AfA ist zu unterscheiden zwischen **1171**
- der linearen AfA, die für alle Gebäude in Betracht kommt, die vom Steuerpflichtigen angeschafft oder hergestellt worden sind (§ 7 Abs. 4 EStG),
- der degressiven AfA, die für Gebäude in Betracht kommt, die vom Steuerpflichtigen hergestellt oder bis zum Ende des Fertigstellungsjahres angeschafft worden sind (§ 7 Abs. 5 EStG) und
- den steuerlichen Abschreibungen ohne entsprechenden Werteverzehr nach § 7c EStG, AfA für Baumaßnahmen an Gebäuden zur Schaffung neuer Mietwohnungen, § 7h EStG, AfA bei Gebäuden in Sanierungsgebieten und städtebaulichen Entwicklungsgebieten, § 7i EStG, AfA bei Baudenkmälern und § 7k EStG, für Wohnungen mit Sozialbindung.
Hierzu: Außersteuerliche Bescheinigungen unterliegen nicht der Festsetzungsverjährung, § 171 Abs. 10 AO, wie z.b. Verwaltungsakte der Denkmalbehörde, und sie müssen objektbezogen sein,[508] z.b. für jede Eigentumswohnung und nicht für das gesamte Gebäude.

Bemessungsgrundlage für die Gebäude-AfA sind die Anschaffungs- oder Herstel- **1172**
lungskosten.

Zu den Herstellungskosten eines Gebäudes gehören neben den reinen Baukosten z.b. **1173**
- die Kosten des Anschlusses an das Stromversorgungsnetz, Gasnetz, die Wasserversorgung und Wärmeversorgung,
- Kosten für Anlagen zur Ableitung von Abwässern, soweit sie auf die Hausanschlusskosten einschließlich der Kanalstichgebühr entfallen, die der Hauseigentümer für die Zuleitungsanlagen vom Gebäude zum öffentlichen Kanal aufwendet, sog. Kanalanschlusskosten,
- Aufwendungen für Fahrstuhlanlagen,
- Aufwendungen für Heizungsanlagen einschließlich der dazugehörigen Heizkörper, auch in Form von Elektrospeicherheizung oder Gaseinzelheizungen,
- Aufwendungen für Küchenspülen,
- Aufwendungen für Kochherde,
- Aufwendungen für lebende Umzäunungen, wie z. B. Hecken, jedoch nur im angemessenen Umfang.

Nicht zu den Herstellungskosten gehören: **1174**
- die Straßenanliegerbeiträge und Erschließungsbeiträge, Kanalanschlussgebühren,
- der Wert der eigenen Arbeitsleistung und die
- Aufwendungen für Waschmaschinen.

---

508 BFH, DStR 2014, 1910.

1175 **Abschreibungsbeginn** bei angeschafften Gebäuden ist der Zeitpunkt der Anschaffung und bei hergestellten Gebäuden der Zeitpunkt der Fertigstellung.

1176 **Fertig gestellt** ist ein Gebäude, wenn die wesentlichen Bauarbeiten abgeschlossen sind und der Bau soweit hergerichtet worden ist, dass der Bezug einer Wohnung zumutbar ist.

1177 **Nicht fertiggestellt** ist ein Gebäude z.b. wenn Türen, Böden und der Innenputz noch fehlen.[509]

1178 Für nachträglich aufgewendete Herstellungskosten gilt, dass diese so zu berücksichtigen sind, als wären sie zu Beginn des Jahres aufgewendet worden.

1179 Die weitere lineare oder degressive AfA bemisst sich nach der bisherigen Bemessungsgrundlage zzgl. der nachträglichen Herstellungskosten.[510]

1180 **Ausweis** der vorgenommenen AfA: In der **Anlage V 2015** zur Einkommensteuererklärung finden sich unter Tz. 33 ff. Norm und Höhe für die vorgenommene Abschreibung, so dass dieses Formular für die Auskunftserteilung, auch für die anderen Einnahmen und Werbungskosten, obligatorisch ist.

1181 Der BFH[511] hat seine Rspr. zur außergewöhnlichen technischen oder wirtschaftlichen Abnutzung (AfA) weiter konkretisiert. Danach ist Maßstab für die Inanspruchnahme dieser Abschreibung immer das bestehende Wirtschaftsgut in dem Zustand, in dem es sich bei Erwerb befindet.

1182 Sie ist vorzunehmen, wenn
– bei einem Umbau bestimmte Teile eines Gebäudes ohne vorherige Abbruchabsicht entfernt werden;
– ein Gebäude abgebrochen wird (z.B. nach Brandschaden, Blitzschlag oder Hochwasser) oder
– nach Ende der Mietzeit erkennbar ist, dass das Gebäude wegen einer auf den bisherigen Mieter ausgerichteten Gestaltung nur eingeschränkt an Dritte (z.B. Supermarktgebäude) vermietbar ist.

1183 Die AfA **ist nicht vorzunehmen** bei
– Baumängeln vor Fertigstellung eines Gebäudes und deren Entdeckung nach Fertigstellung oder Anschaffung;
– wenn ein zum Privatvermögen gehörendes objektiv technisch und wirtschaftlich noch nicht verbrauchtes Gebäude abgerissen wird, um ein unbebautes Grundstück veräußern zu können;
– bei Erwerb eines Wohngebäudes in der Absicht, es alsbald unter Aufgabe erheblicher Bausubstanz grundlegend umzubauen.

---

509 H 7.4, Fertigstellung, EStH.
510 R 7.4 Abs.9 EStR 2005.
511 BFH, 08.04.2014 – IX R 7/13, BFH/NV 2014, 1202.

f) Sonstige Einkünfte nach § 22 EStG

Zu den sonstigen Einkünften gehören ausschließlich: **1184**
– Einkünfte aus wiederkehrenden Bezügen, insb. Renten
– (§ 22 Nr. 1 EStG)
– Einkünfte aus Unterhaltsleistungen (§ 22 Nr. 1a EStG)
– Einkünfte aus privaten Veräußerungsgeschäften i.S.d. § 23 (§ 22 Nr. 2 EStG)
– Einkünfte aus bestimmten Leistungen, wie Einkünfte aus der Gelegenheitsvermittlung und Vermietung beweglicher Gegenstände (§ 22 Nr. 3 EStG)
– Einkünfte aus der Ausübung eines Mandats (z.B. Abgeordnetenbezüge, § 22 Nr. 4 EStG)
– Leistungen aus Altersvorsorgeverträgen (§ 22 Nr. 5 EStG)

Auch diese Einkünfte werden als **Überschuss** der Einnahmen über die Werbungskosten ermittelt. **1185**

Der **Werbungskostenpauschbetrag** des Steuerrechts entspricht keinen tatsächlich entstandenen Werbungskosten und beträgt daher grds. 102 € (Freigrenze bei den Einkünften nach § 22 Nr. 3 EStG 256 €). **1186**

Unterhaltsleistungen sind **sonstige Einkünfte** i.S.d. § 22 Nr. 1a EStG, soweit sie nach § 10 Abs. 1a EStG vom Geber als Sonderausgaben abgezogen werden. **1187**

Der Empfänger der Unterhaltsleistungen hat von seinen Einnahmen eventuell entstandene Werbungskosten abzuziehen, mindestens jedoch einen Werbungskostenpauschbetrag i.H.v. 102 € (§ 9a Satz 1 Nr. 3 EStG). **1188**

▶ Verfahrenshinweis

Die sonstigen Einkünfte werden in die Anlage SO der Einkommensteuererklärung erklärt, während die Besonderheit gilt, dass Rentenbezüge (ab VZ 2005) in das Formular Anlage R einzutragen sind. **1189**

aa) Wiederkehrende Bezüge/Renten aus der Basisversorgung
(§ 22 Nr. 1 Satz 3a aa EStG)

Hauptanwendungspunkt sind Renten aus der gesetzlichen Rentenversicherung und den **Rürup-Renten** nach der Rechtslage ab 2005. **1190**

Für Renten aus der gesetzlichen Rentenversicherung (nicht Unfallrenten der BG), aus landwirtschaftlichen Alterskassen, aus berufsständischen Versorgungseinrichtungen und für Renten aufgrund einer privaten kapitalgedeckten Leibrentenversicherung i.S.d. § 10 Abs. 1 Nr. 2 EStG (Basisrenten und Rürup-Renten) wird ab 2005 schrittweise die nachgelagerte Besteuerung verwirklicht. **1191**

Der Besteuerungsanteil bestimmt sich nicht mehr nach dem Lebensalter bei Renteneintritt, sondern ausschließlich nach dem Jahr des Renteneintritts. Alle Renten mit Beginn ab 2005 werden zu 50 % besteuert. Der steuerpflichtige Rentenanteil **1192** steigt in Schritten von 2 %-Punkten von 50 % im Jahre 2005 auf 80 % im Jahr 2020 und in Schritten von einem 1 %-Punkt ab dem Jahr 2021 bis 100 % im Jahre 2040 an. Der steuerpflichtige Rentenanteil beträgt somit 50 % bei Rentenbeginn im Jahr 2005, 52 % bei Rentenbeginn 2006 usw. und schließlich 100 % bei Rentenbeginn ab 2040.

1193 Der bei Rentenbeginn ermittelte Teil der Rente, der nicht zu versteuern ist, wird im zweiten Jahr des Rentenbezugs betragsmäßig festgeschrieben. Bei zukünftigen Rentenerhöhungen erhöht sich also nur der steuerpflichtige Teil, der steuerfreie Betrag bleibt gleich. Der Rentenanpassungsbetrag wird also voll versteuert.

1194 Es wird schrittweise bis 2040 von der vorgelagerten auf die nachgelagerte Besteuerung übergegangen:

Während die Beiträge zur Altersvorsorge in immer größerem Umfang als Sonderausgaben steuermindernd geltend gemacht werden können, steigt der Besteuerungsanteil an.

1195 Leibrenten aus privaten Rentenversicherungsverträgen, bei denen es sich weder um Riester-Renten noch um Basisrenten handelt, sowie aus Direktversicherungen nach § 40b EStG unterliegen auch weiterhin der Besteuerung mit dem Ertragsanteil. Der Ertragsanteil ist je nach Alter bei Rentenbeginn unterschiedlich hoch und beträgt zwischen 59 % (Rentenbeginn 1 Jahr) und 1 % (Rentenbeginn 97 Jahre).

▶ **Beispiel für Leistungen aus der GRV bzw. Rürup-Rente**

1196 Unterstellt wird, dass neben der Rente keine weiteren steuerpflichtigen Einkünfte erzielt werden und die Höhe der Rente, das steuerfreie Existenzminimum und die übrigen steuerlichen Rahmendaten (z.B. Steuersatz, Solidaritätszuschlag etc.) über den gesamten Zeitraum des Rentenbezugs unverändert bleiben.[512]
   - Brutto-Rente 15.686 €
   - davon steuerfrei 50 % (bezogen auf Renteneintritt 2005) = 7.843 €
   - steuerpflichtig bleiben 7.843 €
   - abzgl. Werbungskostenpauschale 102 €
   - bleiben Einkünfte von 7.741 €
   - abzgl. Sonderausgabenpauschale 36 €
   - abzgl. Vorsorgeaufwendungen 1.286 €
   - bleiben zu versteuern 6.419 €
   - Steuer = 0 €, da Grundfreibetrag (8.004 €) nicht überschritten.

---

512 Nach wikipedia.org/»Rentenbesteuerung«.

Eintritts-jahr	steuerpflich-tiger Anteil	zu versteuern (Berechnung s. o. – Stand: 2012)	Einkom-men-Steuer	Nettorente pro Jahr
2005	50 %	7.792 €	0 €	14.400 €
2006	52 %	8.103 €	0 €	14.400 €
2007	54 %	8.415 €	0 €	14.400 €
2008	56 %	8.727 €	0 €	14.400 €
2009	58 %	9.038 €	17 €	14.383 €
2010	60 %	9.350 €	65 €	14.335 €
2015	70 %	10.908 €	334 €	14.066 €
2020	80 %	12.467 €	647 €	13.753 €
2025	85 %	13.246 €	819 €	13.581 €
2030	90 %	14.025 €	1.009 €	13.391 €
2040	100 %	15.584 €	1.461 €	12.939 €

*bb) Wiederkehrende Bezüge/Renten aus Kapitalanlageprodukten
(§ 22 Nr. 1 Satz 3a bb EStG)*

Hierzu gehören die Leistungen aus Kapitalanlageprodukten, also z.b. nach dem   **1197**
31.12.2004 neu abgeschlossene Kapitallebensversicherungen[513] sowie aus nicht
gesetzlichen privaten Rentenversicherungen.

Sie werden grundsätzlich in Höhe der Auszahlungsdifferenz steuerpflichtig. Wird   **1198**
das Kapital jedoch nach der Vollendung des 60. Lebensjahres, bei Abschluss ab dem
01.01.2012 nach Vollendung des 62. Lebensjahres, und nach einer Laufzeit von 12
Jahren ausgezahlt, sind nur 50 % der Erträge steuerpflichtig.

Wird eine Rente gezahlt, ist nur der Ertragsanteil, abgesenkt gegenüber dem bis-   **1199**
herigen Ertragsanteil, steuerpflichtig. Hierunter fallen Renten aus (alten) privaten
Rentenversicherungen (also vor dem 01.01.2005 abgeschlossen), aus neuen Lebensversicherungen, die keine Basisversorgung darstellen, Veräußerungsleibrenten und
Versorgungsleistungsrenten (Tabelle innerhalb der vorgenannten Norm abgedruckt).

(Zur Problematik der latenten Steuerlast bei der Bewertung der Lebensversicherung
siehe dort Kap. G Rdn. 87).

---

513 Zur Altregelung: StB- und WP-Jahrbuch 2012, 831 ff.; *Kogel* Meilenstein und Wendepunkt in der güterrechtlichen Bewertungspraxis, NJW 2011, 3337, 3340 f.

cc) Einkünfte aus Unterhaltsleistungen/begrenztes Realsplitting (§ 22 Nr. 1a EStG)
   und schuldrechtlichem Versorgungsausgleich (§ 22 Nr. 1c EStG)

1200 Unterhaltsleistungen (**begrenztes Realsplitting**)[514] sind sonstige Einkünfte i.S.d. § 22 Nr. 1a EStG, soweit sie nach § 10 Abs. 1a Nr. 1 EStG vom Geber als Sonderausgaben abgezogen werden.

1201 Der Empfänger der Unterhaltsleistungen hat von seinen Einnahmen eventuell entstandene Werbungskosten abzuziehen, mindestens jedoch einen Werbungskostenpauschbetrag i.H.v. 102 € (§ 9a Satz 1 Nr. 3 EStG).

1202 Ab VZ 2008 werden Einkünfte aus Ausgleichszahlungen im Rahmen des Versorgungsausgleichs in dem Umfang besteuert, wie beim Ausgleichsverpflichteten die Voraussetzungen für den Sonderausgabenabzug nach § 10 Abs. 1 Nr. 1b EStG erfüllt sind.

dd) Einkünfte aus privaten Veräußerungsgeschäften (§ 22 Nr. 2 EStG i.V.m. § 23
   EStG; früher auch Spekulationsgeschäfte), auch als Problem der Steuerlatenz
   in der Bewertung von Vermögensgegenstanden im Zugewinnausgleich
   (»latente Steuer«)

1203 **Private Veräußerungsgeschäfte**[515], früher auch Spekulationsgeschäfte genannt, gehören systematisch zu den sonstigen Einkünften und werden deshalb hier dargestellt.

Sie haben im Kontext zur Bewertung von Vermögensgegenständen im Zugewinnausgleichsverfahren eine zusätzliche Bedeutung erhalten.

1204 Der BGH[516] hat in einem obiter dictum zur latenten Steuerlast (zukünftige steuerliche Belastungen) entschieden, dass aus Gründen der Gleichbehandlung auch bei der Bewertung anderer Vermögensgegenstände (also nicht nur von Unternehmen und Unternehmensbeteiligungen), so etwa bei Grundstücken, Wertpapieren oder Lebensversicherungen, bezogen auf die Verhältnisse zum Stichtag und ungeachtet einer bestehenden Veräußerungsabsicht, die etwaige individuelle latente Steuer wertmindernd in Abzug zu bringen ist.

▶ **Verfahrenshinweis**

1205 Den Bewertern/Sachverständigen dürfte landläufig diese Rechtsprechung nicht bekannt sein.

Insb. Immobilienbewerter, aber auch Bewerter von Kapitalanlagen, werden deshalb meistens einen Abzug der latenten Steuerlast entgegen der vorgenannten

---

514 Zur Versteuerung von Unterhaltsleistungen mit Auslandsbezug: *Hillmer* ZFE 2007, 380.
515 *Münch* Ehebezogene Rechtsgeschäfte, Rn. 3647 ff.
516 BGH, FamRZ 2011, 1367 mit Anm. von *Kuckenburg*, FuR 2011, 515; *Kogel* Meilenstein und Wendepunkt in der güterrechtlichen Bewertungspraxis, NJW 2011,3337; *Kuckenburg* Unternehmensbewertung im Zugewinnausgleichsverfahren, FuR 2012, 222 und 278; *Kuckenburg* Latente Steuern im Zugewinnausgleich, FuR 2015, 95.

Grundsätze nicht vornehmen. Der Sachverständige und das Gericht sind zur Vermeidung von Anwaltsregressen auf diese Rechtsprechung hinzuweisen.

Obwohl in der betriebswirtschaftlichen Bewertungslehre[517] zu Unternehmensbewertung die latente Steuer als wertreduzierendes Element bekannt ist, wird auch dort nicht von individuellen Steuersätzen ausgegangen, weil dort das Problem des Verbots der Doppelverwertung unbekannt ist. Vor dem Hintergrund, dass das Gutachten streitentscheidend ist und deshalb ein objektiver Unternehmenswert zu ermitteln ist, werden objektivierte Steuersätze zur Anwendung gebracht (bei Einzelunternehmen und Personengesellschaften 35 % und bei Beteiligungen an Kapitalgesellschaften seit Geltung der Abgeltungssteuer inkl. Solidaritätszuschlag effektiv 26,375 % zzgl. wegen der üblichen Haltedauer eine hälftige Kursgewinnversteuerung auf thesaurierte Gewinne i.H.v. 12,5 %).[518]

Die Ermittlung der insoweit anfallenden latenten Steuerlast für Veräußerungsgeschäfte folgt den Regeln der §§ 22 Nr. 2 EStG in Verbindung mit § 23 EStG. **1206**

Zu den Einkünften aus Gewerbebetrieb (§§ 15, 16 EStG) gehören demgegenüber die Veräußerungsgewinne aus der Veräußerung eines ganzen Betriebes, Teilbetriebes, Mitunternehmeranteils und des Anteils eines persönlich haftenden Gesellschafters einer KGaG. **1207**

Insb. Einzelunternehmen und Personengesellschaften sind demnach steuerbar nach §§ 15, 16 EStG (mit entsprechendem Verweis auf § 16 EStG im § 18 Abs. 3 EStG für Betriebe Selbstständiger und im § 14 EStG für land- und forstwirtschaftliche Betriebe). **1208**

Veräußerungsgewinne können auch bei Beteiligungen an Körperschaften nach § 17 EStG entstehen. **1209**

Zur Abgrenzung zwischen § 17 EStG, § 23 EStG und § 20 EStG kommt es nach dem 31.12.2008 (Unternehmenssteuerreform 2008) nicht mehr auf eine Frist von einem Jahr zwischen der Anschaffung und der Veräußerung der Beteiligung an. Diese Spekulationsfrist ist weggefallen.

Beträgt die Beteiligungsquote weniger als 1 %, liegen Einkünfte nach § 20 EStG und bei einer Beteiligungsquote gleich und mehr als 1 % Einkünfte nach § 17 EStG vor. Rechtslage vor dem 01.01.2009: Frist zwischen Anschaffung und Veräußerung ≥ 1 Jahr führt unabhängig von der Beteiligungshöhe zu § 23 EStG; Anschaffung und Veräußerung > 1 Jahr, bei Beteiligung < 1 % steuerfrei, bei Beteiligung ≥ 1 % § 17 EStG. **1210**

Die latenten Steuern, die nicht zu den privaten Veräußerungsgeschäften i.S.d. § 23 EStG gehören, werden im Folgeabschnitt dargestellt. **1211**

---

517 Ausf. zu den Unternehmensbewertungsmethoden, insb. im Familienrecht: Klein/*Kuckenburg* FamVermR, Kap. 2, Rn. 1469 ff., 1608 ff.

518 Klein/*Kuckenburg* FamVermR, Kap. 2, 1617 ff., 1620 ff., m.w.N.; *Ballwieser* Unternehmensbewertung, S. 121.

1212 Ab VZ 2009 ist § 23 EStG neu geregelt worden. Achtung: Wertpapiere sind systematisch kein Fall des § 23 EStG mehr, sondern unterliegen unabhängig von der Haltedauer der **Abgeltungsteuer**, (siehe dort unter § 20 Abs. 2 EStG).[519]

1213 Private **Veräußerungsgeschäfte** gem. §§ 22 Nr.2, 23 EStG sind:
– Veräußerungsgeschäfte bei Grundstücken,[520] grundstücksgleichen Rechten und Gebäuden innerhalb von **zehn Jahren** (maßgeblich sind die obligatorischen Verträge[521] zwischen Anschaffung und Veräußerung.

▶ Hinweis:

> Nach der aktuellen BFH-Rspr.[522] liegt eine Veräußerung i.S.d. § 23 Abs. 1 Satz 1 Nr. 1 EStG vor, wenn die rechtsgeschäftlichen Erklärungen beider Vertragspartner innerhalb der Veräußerungsfrist bindend abgegeben worden sind.
>
> Ein nach § 158 Abs. 1 BGB aufschiebend bedingtes Rechtsgeschäft ist für die Parteien bindend. Der außerhalb der Veräußerungsfrist liegende Zeitpunkt des Eintritts der aufschiebenden Bedingung ist insoweit für die Besteuerung nach § 23 Abs. 1 Satz 1 Nr. 1 EStG unerheblich.

Ausgenommen werden die vom Eigentümer selbst genutzten Immobilien. So ist nach § 23 Abs. 1 Nr. 1 Satz 3 EStG der Verkauf von Grundstücken nicht steuerschädlich, wenn das Grundstück im Zeitraum zwischen Anschaffung oder Fertigstellung und Veräußerung ausschließlich zu eigenen Wohnzwecken verwendet wurde oder ein Grundstück im Jahr der Veräußerung und in den beiden vorangegangenen Jahren zu eigenen Wohnzwecken genutzt worden ist.[523]

Ausgenommen sind folglich Wirtschaftsgüter, die im Zeitraum zwischen Anschaffung oder Fertigstellung und Veräußerung ausschließlich zu eigenen Wohnzwecken (1. Alternative) oder im Jahr der Veräußerung und in den beiden vorangegangenen Jahren zu eigenen Wohnzwecken (2. Alternative) genutzt wurden (§ 23 Abs. 1 Satz 1 Nr. 1 Satz 3 EStG). Ein Gebäude wird auch dann zu eigenen Wohnzwecken genutzt, wenn es der Steuerpflichtige nur zeitweilig bewohnt, sofern es ihm in der übrigen Zeit als Wohnung zur Verfügung steht. Unter § 23 Abs. 1 Satz 1 Nr. 1 Satz 3 EStG können deshalb auch Zweitwohnungen, nicht zur Vermietung

---

519 BMF-Schreiben v. 22.12.2008 »Einzelfragen zur Abgeltungsteuer«, Tz. 130 f.
520 Keine Veräußerungen sind: bindendes Angebot, Vorkaufsrecht, Vertrag, bei dem die Genehmigung zur Wirksamkeit aussteht, Vertrag, der mit einem befristeten Rücktrittsrecht versehen ist; hierzu mit finanzgerichtlichem Rechtsprechungsnachweisen: *Münch* Rn. 3662.
521 *Büte* FuR 2003, 390; beim BFH ist derzeit ein Verfahren zur Berechnung der Frist anhängig, bei dem die Grundstücksveräußerung unter einem Genehmigungsvorbehalt stand, vgl. BFH, IX R 23/13.
522 BFH, 10.02.2015 – IX R 23/13, BStBl II 2015, 487.
523 Zur Haftungsfalle: *Perleberg-Kölbel* FuR 2012, 530; *Kuckenburg/Perleberg-Kölbel/*FuR 2017, 553

bestimmte Ferienwohnungen und Wohnungen, die im Rahmen einer doppelten Haushaltsführung genutzt werden, fallen.[524]

– Veräußerungsgeschäfte bei anderen (beweglichen) Wirtschaftsgütern, ausgenommen die Veräußerung von Gegenständen des täglichen Gebrauchs, innerhalb von **einem Jahr** zwischen Anschaffung und Veräußerung.

Die Veräußerungsfrist bei anderen beweglichen Wirtschaftsgütern wird von einem Jahr auf zehn Jahre verlängert, wenn aus deren Nutzung als Einkunftsquelle zumindest in einem Jahr Einkünfte erzielt werden, § 23 Abs. 1 Satz 1 Nr. 1 Satz 2 EStG.

– Als Veräußerung gilt auch die Einlage eines Wirtschaftsgutes in das Betriebsvermögen, wenn die Veräußerung aus dem Betriebsvermögen (innerhalb von zehn Jahren) seit der Anschaffung eines Wirtschaftsgutes erfolgt. Als Veräußerung gilt ebenso die verdeckte Einlage in eine Kapitalgesellschaft. Der Veräußerungspreis ist bei einer Einlage der nach § 6 Abs. 1 Nr. 6 EStG angesetzte Wert und bei einer verdeckten Einlage der gemeine Wert.

– Veräußerungsgeschäfte, bei denen die Veräußerung der Wirtschaftsgüter früher erfolgte als der Erwerb

– Die Besteuerung der Baisse-Spekulationen und der Termingeschäfte erfolgt nunmehr gem. § 20 EStG durch Wegfall des bisherigen § 23 Abs. 1 Satz 1 Nr. 3 und 4 EStG.

Als Anschaffung gilt auch die Überführung eines Wirtschaftsgutes in das Privatvermögen des Steuerpflichtigen.   1214

Beim **unentgeltlichen Erwerb** ist dem Rechtsnachfolger die Anschaffung zuzurechnen. Die Anschaffung einer unmittelbaren oder mittelbaren Beteiligung an einer Personengesellschaft gilt als Anschaffung des anteiligen Wirtschaftsguts.   1215

Zunächst gilt der Vorrang der Besteuerung in anderen Einkunftsarten (§ 23 Abs. 2 EStG). Durch die **Neuregelung** wird die Besteuerung von privaten Veräußerungsgeschäften aus Kapitalanlagen nunmehr einheitlich in den Kapitalerträgen gem. § 20 EStG unter Herausnahme aus § 23 Abs. 1 Satz 1 Nr. 2 a.F. EStG geregelt.   1216

Der Gewinn oder Verlust wird aus dem Unterschiedsbetrag zwischen Veräußerungspreis und Anschaffung-/Herstellungskosten (AHK) bzw. Werbungskosten ermittelt (ggf. Ersatzwert nach §§ 6 Abs. 1 Nr. 4, 16 Abs. 3 EStG oder §§ 20, 21 UmwStG).   1217

Die AHK mindern sich um die AfA, erhöhte AfA und Sonder-AfA, soweit sie bei den Einkünften aus nichtselbstständiger Arbeit, Kapitalvermögen, Vermietung und Verpachtung und sonstigen Einkünften abgezogen werden.   1218

Ab **VAZ 2008** beträgt die Freigrenze nach § 23 Abs. 3 Satz 5 EStG **600 €.**   1219

Altverluste bis VAZ 2008 aus privaten Veräußerungsgeschäften können bis VAZ 2013 sowohl mit Gewinnen aus privaten Veräußerungsgeschäften als auch mit Erträgen aus   1220

---

524 BFH v. 27.06.2017 – IX R 37/16, www.bundesfinanzhof.de.

Kapitalanlagen nach § 20 Abs. 2 EStG verrechnet werden. Danach dürfen Verluste nur bis zur Höhe des Gewinns aus privaten Veräußerungsgeschäften im gleichen Jahr ausgeglichen werden. Wenn auch kein Verlustabzug nach § 10d EStG möglich ist, so können die Verluste jedoch auf Gewinne aus privaten Veräußerungsgeschäften in dem unmittelbar vorausgegangenen VAZ zurück- oder auf den entsprechenden Gewinn im folgenden VAZ vorgetragen werden.

1221 Die **Ermittlung von Veräußerungsgewinn oder -verlust** erfolgt danach wie folgt:

Veräußerungspreis	(Preis, bei wiederkehrenden Bezügen im Zuflusszeitpunkt, bei eingetauschten WG gemeiner Wert, bei Einlagen Teilwert)
– AHK	(um AfA gemindert)
– <u>Veräußerungskosten</u>	<u>(Notar, Makler, Grundbuch usw.)</u>
= Veräußerungserfolg	(**Veräußerungsgewinn oder -verlust**)

g)   Einzelfragen mit Beispielen i.V.m. Grundstücksübertragungen (Eigennutzung und Vereinbarungen im Zugewinnausgleich)

1222 Für **Grundstücksveräußerungen** ist die Regelung des § 23 Abs. 1 Satz 1 Nr. 1 EStG unverändert geblieben, so dass insoweit auf ältere Quellen zurückgegriffen werden kann.[525]

1223 Von der Besteuerung ausgenommen hat der Gesetzgeber eigengenutzte Grundstücke, die gem. den § 23 Abs. 1 Nr. 1 Satz 3 EStG ausschließlich zu eigenen Wohnzwecken oder im Jahr der Veräußerung und in den beiden vorangegangenen Jahren zu eigenen Wohnzwecken genutzt wurden.

▶ **Verfahrenshinweis**

1224 Zieht einer der Ehegatten im Vorfeld der Trennung aus dem bislang gemeinsam genutzten Haus oder der gemeinsam genutzten Wohnung aus, können sich steuerliche Nachteile daraus ergeben.

Es besteht nämlich die Gefahr, dass die Vorschriften über die Eigennutzung nicht eingehalten werden.

▶ **Beispiel 1**

1225 Die Eheleute bewohnten bislang das im alleinigen Eigentum des Ehemannes stehende, in 1996 mit einem Einfamilienhaus bebaute Grundstück. Nach Trennung der kinderlosen Ehe bewohnt die Ehefrau weiter das Objekt. Der Ehemann zieht

---

525 BMF-Schreiben v. 05.10.2000; *Kuckenburg* Spekulation-und Schenkungssteuern im Zugewinnausgleich, FuR 2005, 337 ff.

im Jahr 2002 aus. Später im Jahr 2003 erfolgt die Übertragung des Grundbesitzes vom Ehemann auf die Ehefrau zum Ausgleich des Zugewinns.[526]

Lösung

Die Nutzungsüberlassung an den getrenntlebenden Ehegatten ist nach Meinung des BMF keine Eigennutzung[527] i.S.d. Gesetzes, da der Eigentümer die Wohnung nicht eine ausreichende Zeit zu eigenen Wohnzwecken genutzt hat. Die Steuerpflicht kann umgangen werden, wenn die entgeltliche Scheidungsvereinbarung noch in dem Jahr abgeschlossen wird, in dem der ausgezogene Ehegatte die Immobilie noch mit bewohnt hat. Teilweise wird die Auffassung vertreten, die Steuerpflicht könnte dadurch umgangen werden, dass die Eheleute innerhalb der ehelichen Wohnung getrennt leben. Dies erscheint aber mit den üblicherweise bestehenden Spannungen der Trennungszeit und der daraus resultierenden räumlichen Trennung wenig praxisnah.

▶ **Beispiel 2**

Wie bei Beispiel 1; die Ehefrau verbleibt aber mit den gemeinsamen minderjähri-   **1226** gen Kindern in dem Objekt.

Lösung

In diesem Fall liegt eine unentgeltliche Nutzungsüberlassung der ganzen Wohnung an einen Angehörigen vor. Nach der Rechtsprechung des BFH[528] liegt eine Nutzung des Eigentümers zu eigenen Wohnzwecken auch dann vor, wenn die Wohnung von Kindern bewohnt wird, die einkommensteuerrechtlich berücksichtigt werden, d.h., wenn es sich bei dem Begünstigten um ein zum Kindergeldbezug/ Kinderfreibetrag berechtigtes Kind gem. § 32 Abs. 6 EStG handelt.

Bei dem Ausnahmetatbestand gem. § 23 Abs. 1 Nr. 1 Satz 3 EStG geht es um die Frage »zu eigenen Wohnzwecken«. Der BFH hat in seinem Urteil vom 26.01.1994 den Begriffs »zu eigenen Wohnzwecken« i.S.d. § 10e EStG ausgelegt, der auch in § 23 EStG verwendet wird. Danach gehört die »mittelbare« Eigennutzung an unterhaltsberechtigte Kinder nicht unter den Begriff »zu eigenen Wohnzwecken«. Der Senat hielt es lediglich für angemessen, eine Nutzung »zu eigenen Wohnzwecken« anzunehmen, wenn z.B. ein Kind in einer Eigentumswohnung des Stpfl. auswärtig untergebracht ist und einen selbstständigen Haushalt führt. Die Eigentumswohnung muss aber von Kindern bewohnt werden, die bei dem Stpfl. einkommensteuerrechtlich nach § 32 Abs. 1 bis 5 EStG berücksichtigt werden.

---

526 Beispiele **ohne Solidaritätszuschlag und Kirchensteuer**; Beispielsfälle nach vorgenanntem BMF-Schreiben; weitere bei *Kogel* Meilenstein und Wendepunkt in der güterrechtlichen Bewertungspraxis, BGH, NJW 2011, 3337, 3339 f.; *Büte* Zugewinnausgleich bei Ehescheidung, Rn. 261 ff.; *Münch* Ehebezogene Rechtsgeschäfte, Rn. 3670 ff.

527 *Münch* Rn. 3698 ff.

528 BFH, BStBl II 1994, 544.

▶ **Verfahrenshinweis**

1227   Steuerrechtlich ist die Übertragung von Sachwerten zur Erfüllung der Zugewinn-
         ausgleichsforderung ein entgeltliches Rechtsgeschäft (Erfüllung einer Rechtspflicht
         gegen Übertragung eines Sachwertes und damit tauschähnliches Geschäft), das den
         Veräußerungstatbestand des § 23 EStG erfüllen kann.[529]

         Beispiele 3–5 der Einfachheit halber ohne AfA (hierzu siehe Beispiel 6, Rdn. 1231).

▶ **Beispiel 3**

1228   Das Ehepaar A und B lebt im gesetzlichen Güterstand der Zugewinngemeinschaft.

         Der Ehemann erwarb 1996 für 100.000 € ein Grundstück zum alleinigen Eigen-
         tum, das von ihm seither vermietet wurde.

         Die Ehe wurde im Jahre 2003 geschieden. Der geschiedenen Ehefrau stand darauf-
         hin ein Zugewinnausgleichsanspruch in Höhe von 250.000 € zu. Zur Abgeltung
         dieses Anspruchs übertrug ihr A das Grundstück, das im Übertragungszeitpunkt
         einen Verkehrswert von 250.000 € hatte.[530]

         Lösung

         Der Zugewinnausgleichsanspruch i.S.d. § 1378 BGB ist eine auf Geld gerichtete
         persönliche Forderung an den geschiedenen Ehegatten.

         Im oben genannten Beispielsfall erfüllt A diese Forderung der B, indem er ihr an
         Erfüllung statt (dies ist steuerrechtlich immer ein entgeltliches Tauschgeschäft!) das
         Grundstück übertrug.

         Wird ein Grundstück vom Eigentümer (Steuerpflichtigen) an einen Drit-
         ten zur Tilgung einer dem Dritten – gleich aus welchem Rechtsgrund – zuste-
         henden Geldforderung an Erfüllung statt übereignet, handelt es sich dabei um
         ein Veräußerungsgeschäft für den Steuerpflichtigen und beim Erwerber um ein
         Anschaffungsgeschäft. Veräußerungserlös bzw. Anschaffungskosten sind der For-
         derungsbetrag, der mit der Übertragung des Grundstücks an Erfüllung statt abge-
         golten wurde. Danach hat A das Grundstück innerhalb von zehn Jahren nach dem
         Erwerb wieder veräußert, so dass ein privates Veräußerungsgeschäft vorliegt.

         Der von A zu versteuernde Gewinn beträgt mithin:

Veräußerungserlös	250.000 €
Anschaffungskosten minus	100.000 €
Veräußerungsgewinn	150.000 €

---

529 *Carsten Kleffmann* Steuerliche Auswirkungen der Grundstücksübertragung zur Erfüllung
     des Zugewinnausgleichsanspruchs, FuR 2011, 381 f. mit Beispielen; OFD Frankfurt, FR
     2001, 322; OFD München, DB 2001, 1533.
530 OFD München v. 26.06. 2001, DStR 2001, 1298; zur Schenkungssteuerproblematik bei
     disparitätischen Beträgen; FG Münster, 12.01.2017 – 3 K 518/15, EFG 2017, 696.

▶ **Beispiel 4 (Abwandlung von 3)**

Die geschiedene Ehefrau B hat einen Zugewinnausgleichsanspruch in Höhe von **1229**
250.000 €. Das von A im Jahr 1996 für 100.000 € angeschaffte Grundstück hat im
Jahr 2003 einen Verkehrswert von 300.000 €. A und B vereinbaren deshalb neben
der Grundstücksübertragung, dass die 50.000 €, um die der Grundstückswert den
Zugewinnausgleichsanspruch übersteigt, mit Unterhaltsforderungen verrechnet
wird.

Lösung

Hier werden zwei unterschiedliche Forderungen der B erfüllt: Zum einen der
Zugewinnausgleichsanspruch i.H.v. 250.000 € und zum anderen eine Unterhaltsforderung i.H.v. 50.000 €. A veräußert damit das Grundstück für 300.000 €.

Das von A zu versteuernde Einkommen beträgt:

Veräußerungserlös	300.000 €
Anschaffungskosten minus	100.000 €
Veräußerungsgewinn	200.000 €

Gleichzeitig kann A die durch die Grundstücksübertragung abgegoltenen Unterhaltsforderungen der B im Veranlagungszeitraum der Grundstücksübertragung
grundsätzlich als Sonderausgaben nach § 10 Abs. 1a Nr. 1 EStG abziehen, wenn
die rechtlichen Voraussetzungen erfüllt sind. Hierbei sind die Höchstbetragsgrenzen des § 10 Abs. 1 Nr. 1 Satz 1 EStG mit 13.805 € zu beachten. Dies gilt nämlich
auch dann, wenn Unterhaltsforderungen mehrerer Jahre verrechnet werden.

▶ **Beispiel 5 (weitere Abwandlung von 3)**

Die geschiedene Ehefrau hat einen Zugewinnausgleichsanspruch i.H.v. 250.000 €. **1230**
Das von A 1996 für 100.000 € angeschaffte Grundstück hatte im Jahr 2003 einen
Verkehrswert von 300.000 €. A überträgt das Grundstück an B an Erfüllung statt.
Eine Verrechnung der 50.000 €, um die der Grundstückswert den Zugewinnaus-
gleich übersteigt, mit den Unterhaltsforderungen der Ehefrau, findet hier nicht
statt.

Lösung

Um die Forderung der B i.H.v. 250.000 € zu erfüllen, überträgt ihr A ein Grundstück im Wert von 300.000 € an Erfüllung statt. Da die ausgeglichene Forderung
wertmäßig unterhalb des Grundstückswertes liegt, handelt es sich um ein teilentgeltliches Geschäft. A hat an B insgesamt 5/6 (gleich 250/300) des Grundstücks
entgeltlich veräußert, da er insofern das Grundstück an Erfüllung statt an B zur
Abgeltung des Zugewinnausgleichsanspruchs übertragen hat. In Höhe der übersteigenden 50.000 € (gleich 1/6 des Grundstückes) hat A das Grundstück unentgeltlich an B übertragen (wegen der Freibeträge ist die Schenkungsteuer nicht
tangiert).

Der von A zu versteuernde Gewinn beträgt:

Veräußerungserlös 300.000 € x 5/6	250.000 €
Anschaffungskosten 100.000 € x 5/6 minus	–83.333 €
Veräußerungsgewinn nach § 23 EStG	166.667 €

Im Gegenzug schafft B das Grundstück zu 5/6 entgeltlich an (Anschaffungskosten i.H.v. 250.000 € als AfA-Bemessungsgrundlage) und übernimmt das Grundstück zu 1/6 unentgeltlich von A (Fortführung der Anschaffungskosten des A i.H.v. 100.000 € mal 1/6 gleich 16.667 €). Nur in Höhe des entgeltlich erworbenen Anteils beginnt für B eine neue 10-jährige Veräußerungsfrist i.S.d. § 23 Abs. 1 Nr. 1 Satz 1 EStG. Bezüglich des unentgeltlich erworbenen Grundstücksanteils gilt der Fortführungswert nach § 23 Abs. 1 Satz 3 EStG.

▶ **Beispiel 6**

1231   Ehemann schuldet Ehefrau 2010 Zugewinn von 1 Mio. €.

Er überträgt ihr eine fremd vermietete Eigentumswohnung (Erwerb 2002 mit AHK 500.000 €, 2010 nach AfA 287.500 € und Verkehrswert 750.000 €) sowie ein Wertpapierdepot (Kurswert 150.000 €, AK 50.000 €, nach dem 01.01.2009 angeschafft) und zahlt 100.000 €.[531]

Lösung

Die Übertragung des Grundstücks führt zu einem Veräußerungsgewinn!

Veräußerungsgewinn errechnet sich nach § 23 Abs. 3 Satz 1 EStG:

Veräußerungspreis	750.000 €
um AfA geminderte Anschaffungskosten, § 23 Abs. 3 Satz 4 EStG	287.500 €
Veräußerungsgewinn	462.500 €
Besteuerung: § 32a Abs. 1 Nr. 5 EStG: 0,45 X 462.000 € ./. 15.694 € =	*192.431 €*

Die Übertragung des Wertpapierdepots führt zu einem Veräußerungsgewinn § 20 Abs. 2 und 4 EStG

Veräußerungspreis	150.000 €
./. Anschaffungskosten	50.000 €
Veräußerungsgewinn	100.000 €
Besteuerung nach § 32a Abs. 1 EStG, 25 % Abgeltungsteuer	*25.000 €*
Ertragsteuerzahllast insgesamt	*217.431 €*

---

531 Beispiel nach *von Oertzen* Steuerliche Fallen zwischen Eherecht und ehelicher Lebensqualität, FamRZ 2010, 1785, 1787.

▶ **Hinweis**

Die Steuerfolgen privater Veräußerungsgeschäfte bei Verträgen mit dem Ehepart-   **1232**
ner zum Ausgleich von Zugewinn und Unterhalt sind zu beachten. Dies ist deshalb
besonders haftungsträchtig, weil in derartigen Verträgen ein Verzicht auf weitergehende Ansprüche aus diesen Rechtsverhältnissen erklärt wird. Der Ausgleichs-
pflichtige trägt ansonsten den Steuernachteil allein.

Zudem reduziert die Steuerlast die etwaige Zugewinnausgleichsforderung. Die
Einstellung in Zugewinnausgleichbilanz darf nicht unterlassen werden.

h) Leistungen aus Altersvorsorgeverträgen (§ 22 Nr. 5 EStG)

Gem. § 22 Nr. 5 EStG gehören die Leistungen aus **Altersvorsorgeverträgen** i.S.d.   **1233**
Legaldefinition des § 82 EStG sowie aus Pensionsfonds, Pensionskassen und Direktversicherungen zu den sonstigen Einkünften.

Dabei richtet sich der Umfang der Besteuerung im Wesentlichen danach, ob und   **1234**
inwieweit der Beitrag in der Ansparphase steuerfrei oder steuerlich gefördert wurde.

Eckpunkt der Besteuerung ist die Aufteilung der Leistung entsprechend der Förde-   **1235**
rung in der Ansparphase.

Nach Satz 1 werden die genannten Leistungen vollumfänglich grundsätzlich steuerlich
erfasst.

Nach Satz 2 werden Abweichungen für Leistungen, die nicht auf geförderten Beiträ-   **1236**
gen beruhen, festgesetzt, und zwar:
- lebenslange Renten, Berufsunfähigkeit-, Erwerbsminderung- oder Hinterbliebe-
  nenrenten werden gemäß § 22 Nr. 1 Satz 3a aa EStG erfasst;
- Leistungen aus Versicherungsverträgen, Pensionsfonds, Pensionskassen und Direktversicherungen, soweit sie nicht zur vorstehenden Gruppe gehören, werden
  nach § 20 Abs. 1 Nr. 6 EStG in der Fassung bei Vertragsabschluss erfasst;
- bei anderen Leistungen Besteuerung des Unterschiedsbetrages zwischen Leistung
  und entrichteten Beiträgen, nur die Hälfte bei Auszahlung nach dem 60. Lebensjahr und nach 12 Jahren Vertragslaufzeit.

Satz 3: bei schädlicher Verwendung von gefördertem Altersvorsorgevermögen gilt das   **1237**
ausgezahlte geförderte Altersvorsorgevermögen nach Abzug der rückabgewickelten
Zulage als Leistung, die nach Satz 2 besteuert wird.

18. Latente Steuern bei anderen Vermögenswerten

a) Gewerblicher Grundstückhandel

▶ **Hinweis**

Diese Problematik steht im Kontext zur Auswirkung der latenten Ertragsteuer auf   **1238**
die Vermögenswerte und den zuvor hierzu genannten Folgen beim Vermögenswert

»Grundstück«. Nach dem Steuerrecht ist dieses systematisch keine Fragestellung der Versteuerung von Veräußerungsgeschäften nach §§ 22, 23 EStG, sondern der Gewinnbesteuerung nach § 15, 16 EStG.

1239   Zur Verdeutlichung des Problems folgender **Beispielfall:**[532]

Das Endvermögen des Herrn W besteht aus einer Firma, die einen Wert von 1 Mio. € hat (latente Steuern sind noch nicht abgezogen; siehe hierzu weiter unten). Das Endvermögen von Frau W besteht aus 20 Eigentumswohnungen mit ebenfalls einem Wert von 1 Mio. €.

1240   *Kogel* und *Münch*[533] weisen nach, dass auch bei dieser Fallgestaltung ein Problem der Steuerlatenz bezüglich der Grundstücke über das Institut des gewerblichen Grundstückhandels besteht.

1241   Was ist im Steuerrecht **gewerblicher Grundstückshandel?**[534]

Werden **innerhalb von fünf Jahren im Privatvermögen (Veräußerung aus dem Betriebsvermögen ist stets steuerbar) gehaltene drei Objekte** (in engem zeitlichem Zusammenhang) angeschafft und veräußert, liegt ein gewerblicher Grundstückshandel vor. Unter Objekten sind Ein- und Zweifamilienhäuser, Eigentumswohnungen, Mehrfamilienhäuser, Gewerbeimmobilien, Erbbaurechte, unbebaute Grundstücke, Miteigentumsanteile an Immobilien und Beteiligungen an Grundstücksgesellschaften (Zählobjekte sind die Grundstücke der Gesellschaft, nicht der Beteiligungsanteil) zu verstehen. Bei einem gewerblichen Grundstückshandel[535] unterliegen die Einnahmen der Einkommensteuer und der Gewerbesteuer. In die Drei-Objekt-Grenze sind ererbte Grundstücke nicht mit einzubeziehen. Wird Grundbesitz durch vorweggenommene Erbfolge übertragen, kommt jedoch die **Drei-Objekt-Grenze** zur Anwendung.

1242   Auch die **Einbringung** von mehr als drei Grundstücken in eine **KG**, an der der Eigentümer mehrheitlich beteiligt ist, führt zumindest bei Übernahme der Verbindlichkeiten, die auf den Grundstücken lasten, zu einer entgeltlichen Veräußerung wie an einen Dritten.[536]

1243   Die Entgeltlichkeit kann nur dann vermieden werden, wenn eine Einlage in das Gesamthandsvermögen der KG, die gesamthänderisch gebundene Kapitalrücklage,[537]

---

532 *Kogel* Rn. 3340.
533 *Kogel* Rn. 3340; *Münch* Ehebezogene Rechtsgeschäfte, Rn. 3721 ff.; letzterer diskutiert das Rechtsproblem eher im Kontext zu einer ehevertraglichen Vereinbarung, in der ein Ehegatte dem anderen drei Objekte überträgt.
534 BFH, BStBl II, 1988, 244 ff.; BFH, BStBl II, 1995, 617 ff.; ausführlich BMF-Schreiben v. 28.03.2004, BStBl I, 2004, 434.
535 *Kuckenburg* FuR 2017, 595, 597.
536 FG Baden-Württemberg, 16.04.2013 – 8 K 2832/11, Revisionsbestätigt durch BFH, 28.10.2015 – X R 21/2013.
537 Rdn. 602.

ohne Schuldübernahme der Bankverbindlichkeiten erfolgt (diese führen unweigerlich zur Entgeltlichkeit).[538]

Nach unserer Ansicht hätte man mit dem Zurückhalten der Bankverbindlichkeiten **1244** diese neutral zum Buchwert in das Sonderbetriebsvermögen des Gesellschafters überführen können.

Werden weniger als drei Objekte angeschafft, modernisiert, veräußert, erzielt der **1245** Steuerpflichtige Einnahmen und Ausgaben aus privater Vermögensverwaltung. Die Einnahmen sind dann steuerfrei, wenn die sog. 10-Jahresfrist der §§ 22, 23 EStG überschritten wird.

Die Drei-Objekt-Grenze kann auf zehn Jahre ausgedehnt werden, wenn Umstände **1246** dafür sprechen, dass zum Zeitpunkt der Errichtung, des Erwerbs, der Modernisierung eine Veräußerungsabsicht vorlag. Bei Ehepartnern gilt die Drei-Objekt-Grenze für jeden Ehepartner. Daher können beide Ehepartner drei Grundstücksobjekte innerhalb der fünf Jahre Frist erwerben und wieder (steuerfrei) veräußern.

Rechtsfolgen des gewerblichen Grundstückshandels: **1247**
– Umfang: Erfasst werden nur Objekte, die die Kriterien des Grundstückshandels erfüllen, wobei eine Vermögensverwaltung mit verbleibenden Objekten möglich bleibt;
– Beginn: Für die Einkommensteuer ist der im engen zeitlichen Zusammenhang erfolgte Erwerb/die Bauantragsstellung des ersten Objekts relevant, für die Gewerbesteuer der Verkauf des ersten Objekts (Einlage erfolgt zum Teilwert; Ausnahme § 6 Abs. 1 Nr. 5 Satz 1 Halbs. 2, maximal AHK);
– Gewinnermittlung: nach Auffassung der Finanzverwaltung grundsätzlich nach einem Betriebsvermögensvergleich, wobei die Objekte Umlaufvermögen sind, weil sie nicht dauernd dem Unternehmen dienen (keine AfA, ggf. Teilwertabschreibung);
– Veräußerungsgewinne unterliegen der »laufenden« Einkommensteuer (keine Veräußerungsgewinnbesteuerung nach §§ 16, 34 EStG, sondern Versteuerung nach § 15 EStG für Grundstücke im Umlaufvermögen) und der Gewerbesteuer.

Bei der Bewertung im Zugewinnausgleichsverfahren wird ein **Verkehrswert** ermittelt, **1248** der eine Veräußerung fingiert.[539] Der BGH[540] verlangt wegen der Gleichbehandlung die Berücksichtigung der latenten Steuer auch als Abzugsposten bei den Grundstücken, wobei die Verhältnisse des Stichtages zugrunde zu legen sind. Dies gilt insb. ungeachtet einer bestehenden Veräußerungsabsicht, die eine Steuerpflicht auslösen würde.

Werden also mehr als drei Objekte,wie im Ausgangsfall unter Berücksichtigung der **1249** 10-Jahresfrist in die Zugewinnausgleichbilanz eingestellt, ist wegen der fingierten Veräußerung die daraus resultierende Steuerlast für alle Objekte in Abzug zu bringen.

---

538 BMF-Schreiben v. 11.07.2011, BStBl I, 2011, 713.
539 *Kogel* Rn. 3340.
540 BGH, FamRZ 2011, 1367 mit Anm. *Kuckenburg* FuR 2011, 515.

▶ **Hinweis**

1250   Wenn in der Literatur, laut *Kogel*,[541] andere Autoren die Zehnjahresgrenze des § 23 EStG diskutieren, indem durch entsprechend lange Haltefrist die Steuerverpflichtung zu umgehen wäre, so ist dieses steuerrechtlich falsch. Da es sich nicht um private Veräußerungsgeschäfte i.S.d. §§ 22, 23 EStG handelt, sondern um laufende Gewinne aus dem Umlaufvermögen eines Gewerbebetriebes nach § 15 EStG, kommt es auf eine Haltedauer überhaupt nicht an!

b) Lebensversicherungen

1251   Die laufende Versteuerung nach geltendem Recht ist oben dargestellt (siehe Rdn. 1197 ff.).

(Lebensversicherungen, die vor dem 01.01.2005 abgeschlossen worden sind, waren gem. § 20 Nr. 6 EStG mit ihren Zinsen und Gewinnanteilen nur dann steuerpflichtig, sofern die Lebensversicherung weniger als 12 Jahre bestand.)

1252   Wenn die Rechtsprechung des BGH[542] einen Veräußerungsvorgang (Verkehrswert auf dem Zweitmarkt/und nicht Liquidationswerte) fingiert, stellt sich auch hier die Frage des Abzugs der latenten Steuerbelastung.[543]

1253   Unproblematisch ist dabei nach altem Recht (siehe in der Klammer oben) nur der Fall, dass zum Stichtag die Auszahlung der Lebensversicherung bereits erfolgt ist. Wurde die Lebensversicherung während der Ehe abgeschlossen und war der Auszahlungszeitpunkt noch nicht erreicht, wurde teilweise der Abzug der latenten Steuerlast abgelehnt.[544]

1254   Diese Meinung lässt sich nach der vorgenannten Rechtsprechung des BGH nicht mehr aufrechterhalten, um eine Gleichbehandlung mit anderen Vermögenswerten sicherzustellen.

Dabei ist auf eine stichtagsgenaue Prüfung zu achten.[545]

1255   Bei Lebensversicherungen, die nach dem 01.01.2010 abgeschlossen worden sind, gilt die neue Rechtslage mit Besteuerung, wie oben dargestellt (siehe Rdn. 1197) es sei denn, der Lebensversicherungsvertrag hat 12 Jahre bestanden und läuft erst nach dem 60. Lebensjahr des Versicherungsnehmers aus (50 % des Veräußerungsgewinns unterliegen dann der Besteuerung).

---

541 *Kogel* Rn. 3340 m.w.N.
542 BGH, FamRZ 2011, 1367 mit Anm. *Kuckenburg* FuR 2011, 515.
543 *Kogel* Rn. 3340, 3341; *Büte* Zugewinnausgleich Rn. 163.
544 Nachweise bei *Kogel* Rn. 3340, 3341.
545 *Kogel* Rn. 3341.

Von dieser Ausnahme abgesehen, ist die latente Steuer stets unter der Fiktion der Ver-   1256
äußerung des Vermögensgegenstandes zu berücksichtigen.[546]

Veräußerungsgewinn der Lebensversicherung ist dabei die Differenz zwischen den   1257
eingezahlten Beträgen und der tatsächlich erzielten Versicherungsleistung unter
Berücksichtigung etwaiger Veräußerungskosten.

c) Steuervermeidungsstrategien

Wenn nach der Rechtsprechung des BGH[547] von allen Vermögensgegenständen die   1258
individuelle latente Steuerlast zu den seinerzeit geltenden steuerrechtlichen Regeln
von allen Vermögenswerten in Abzug zu bringen ist, führt dieses zu einer immensen
Erhöhung des Haftungsrisikos des beratenden Rechtsanwalts.

Bei **jedem Vermögenswert** ist im Einzelnen zu prüfen, ob bei einer fingierten Veräu-   1259
ßerung Leistungen zurückzuführen sind oder auf einen Veräußerungserlös Steuern
anfallen würden.

Bei **Veräußerungsverlusten** ist konsequenterweise umgekehrt zu prüfen, wie sich die   1260
daraus resultierende steuerliche Auswirkung durch Verlustverrechnung bzw. Verlustvortrag oder Verlustrücktrag über die Steuerveranlagung werterhöhend auf den Unternehmenswert auswirkt.

Dabei ist bei Kapitalanlagen die Vielzahl von Anlagemodellen zu berücksichtigen.   1261
Kogel[548] nennt dabei unter anderem Schiffsbeteiligungen, Medienfonds, Flugzeug-Leasingfonds bzw. allgemeine steuerliche Abschreibungsmodelle.

Zudem wird zu differenzieren sein, wen der Rechtsanwalt vertritt.

▶ **Verfahrenshinweis**

Es kann sich empfehlen, mit der Einreichung des Scheidungsantrages zur Herbei-   1262
führung des Stichtages noch zu warten, wenn auf diese Weise durch Zeitablauf die
Steuerpflicht entfallen würde. Wird hingegen der Zugewinnausgleichsverpflichtete
vertreten, kann die Steuerlatenz zu einer Reduzierung von Vermögenswerten führen, so dass der Stichtag durch Einreichung des Scheidungsantrages unverzüglich
herbeizuführen ist. Dem können natürlich andere Gesichtspunkte entgegenstehen,
so dass eine umfangreiche und schriftliche Belehrung des Mandanten zu erfolgen
hat.

Glücklicherweise stellt sich diese Beratungsfrage nur für den Fall, dass für die latente   1263
Steuerlast Haltefristen und persönliche Steuervoraussetzungen zu beachten sind.

Die persönlichen Steuervoraussetzungen können bei den Ehegatten unterschiedlich   1264
sein (Problem auch bei der Rückabwicklung von **Schwiegerelternschenkungen!**).

---

546 *Kogel* Rn. 3341; *Büte* Zugewinnausgleich Rn. 163.
547 BGH, FamRZ 2011, 1367 mit Anm. *Kuckenburg* FuR 2011, 515.
548 *Kogel* Rn. 3341; vgl. Kap. F.

1265 Wenn die Problematik des gewerblichen Grundstückshandels nur bei einer der Parteien vorliegt, kann z.b. bei einer **Bruchteilsgemeinschaft von Eheleuten an einem Grundstück nicht von einer Wertneutralität** ausgegangen werden, wie es bisher von der Rechtsprechung angenommen wurde.[549]

Da in allen Zugewinnausgleichfällen die latente Steuer zu immensen Haftungsrisiken führt, ist fachkundiger Rat steuerrechtlich und familienrechtlich gefordert.[550]

1266 In der Literatur werden sog. **Steuervermeidungsstrategien** erörtert.[551]

Die wesentliche Strategie dabei ist die Beachtung der oben dargestellten Steuerrechtsregeln unter besonderer Berücksichtigung von Haltefristen und persönlichen Besteuerungsmerkmalen!

1267 Insb. kann die Zugewinnausgleichsproblematik reduziert werden, indem schon beim Erwerb von Vermögensgegenständen derjenige Ehegatte das zum Alleineigentum erhält, was dieser später bei einer etwaigen Auseinandersetzung auch behalten soll. Bei der Gestaltungsberatung kann dabei auch eine vermögensverwaltende GbR erwogen werden, mit der Möglichkeit, dass die Ehegatten die Beteiligung nach der Scheidung an der GbR fortsetzen, oder aber die Gesellschaftsanteile auf den anderen Ehegatten bzw. die Kinder übertragen, ohne dass eine Veräußerung stattfindet.[552]

1268 Bei allen Gestaltungsüberlegungen ist zur Vermeidung des privaten Veräußerungsgeschäfts die Übertragung an Erfüllung statt und damit eine Entgeltlichkeit zu vermeiden!

1269 Um Teilentgeltlichkeit zu vermeiden, kann dabei ein eigengenutzter Anteil an einem Grundstück entgeltlich veräußert und der andere Teil unentgeltlich übertragen werden. Für die Aufteilung der teils eigengenutzten, teils vermieteten Gebäude ist dabei eine Aufteilung der Flächen obligatorisch, die nicht in der notariellen Urkunde vorgenommen werden sollte. Besser ist eine Bildung von Wohnungseigentum zur Bildung getrennter Veräußerungsobjekte.[553]

1270 Als Vermeidungsstrategie werden Regelungen gem. der §§ 1380, 1382 und 1383 BGB vorgeschlagen.

---

549 *Kogel* Rn. 3341.

550 Z.B. durch das Fachinstitut für familienrechtliche Gutachten, www.iffg.de.

551 *Büte* Zugewinnausgleich Rn. 262; *Münch* Ehebezogene Rechtsgeschäfte, Rn. 3711 ff.; *Haußleiter/Schulz* Vermögensauseinandersetzung Kap. 6 Rn. 36 ff.; FamRMandat-Unterhaltsrecht/*Kuckenburg/Perleberg-Kölbel* § 1 Rn. 655.

552 *Münch* Rn. 3711 f., der eine »vernünftige Organisation der Vermögensverteilung in der Ehe« anrät, woran bei funktionierender Ehe nicht gedacht wird und bei emotionalisierter Scheidung faktisch nicht mehr die Möglichkeit bestehen dürfte.

553 *Münch* Rn. 3716 m.H.a. BMF-Schreiben, BStBl I 2000, 1383 ff., Rn. 32 und *Reich* ZNotP 2000, 375, 416 f.

Im Kontext zu § **1380 BGB** wird vorgeschlagen, eine Unentgeltlichkeit der Übertragung durch **Vorausempfänge** zu vermeiden.[554]

Diese Gestaltungsmöglichkeit ist zumindest steuerrechtlich höchst gefährlich und damit abzulehnen.

Die Anrechnung der Leistung auf den Zugewinnausgleich könnte als tauschähnliches **1271** Geschäft, das als entgeltlich gilt, oder wenn die Anrechnung greift und das Rechtsgeschäft umgestaltet wird, als antizipierte Leistung an Erfüllung statt gewertet werden.[555]

Vorteilhaft bleibt dabei aber, dass durch Übertragung von Vermögensgegenständen **1272** die Unterhaltsbedürftigkeit wegfallen kann, ohne dass ein Unterhaltsverzicht vorliegen oder eine Abfindung für den Unterhalt konstruiert werden muss. Unentgeltlich ist nämlich die Überlassung einer Immobilie ohne Eigentumsänderung als Sachleistung im Unterhaltsrecht.[556]

Weiter könnte eine **Stundung der Zugewinnausgleichsforderung** gem. § **1382 BGB** **1273** in Hinblick auf den Ablauf der Haltefrist helfen.[557] Dabei muss zwingend die Übertragung des Eigentums aufgeschoben werden. Gleichwohl bleibt das Risiko, dass eine aufschiebend bedingte Übertragung angenommen wird. Dies ist insb. dann der Fall, wenn mit der Stundung die Erfüllung der Zugewinnausgleichsforderung durch Übertragung der Immobilie vereinbart wird.[558]

Eine kritische Haltefrist könnte überbrückt werden durch Bestellung dinglicher **1274** Rechte wie Nießbrauchs- und Erbbaurechte. Möglich ist auch ein bindendes Angebot (kein Veräußerungsvorgang, kein gegenseitiger Vertrag), das erst nach Ablauf der Veräußerungsfrist angenommen werden kann. Dabei ist eine Kombination aus Bestellung von dinglichen Rechten und Angeboten zu vermeiden, weil dies der Vorwegnahme der wirtschaftlichen Eigentümerstellung entsprechen könnte, wie etwa gleichzeitige Vermietung mit Anrechnung der Miete auf den Kaufpreis.[559]

In all diesen Gestaltungsfällen ist dringend die zwischenzeitlich kostenpflichtige ver- **1275** bindliche Anfrage beim zuständigen Veranlagungsfinanzamt zu empfehlen.[560]

Letztlich wird die **Zuweisung eines Vermögensgegenstandes** durch das Gericht i.S.d. **1276** § **1383 BGB** empfohlen.[561]

---

554 *Schulz/Hauß* Vermögensauseinandersetzung Kap. 6 Rn. 36.
555 *Münch* Rn. 3714 m.w.N.
556 BFH/NV 2006, 1280.
557 *Schulz/Hauß* Vermögensauseinandersetzung Kap. 6 Rn. 36.
558 *Münch* Rn. 3717 ff.
559 *Münch* Rn. 3719.
560 so auch *Münch* Rn. 3719.
561 MüKo-BGB/*Koch* § 1383 Rn. 5; *Schulz/Hauß* Vermögensauseinandersetzung Kap. 6 Rn. 730 f.; *Büte* Zugewinnausgleich Rn. 262.

1277   Unabhängig von den engen Tatbestandsvoraussetzungen[562], nämlich der Erforderlichkeit, um grobe Unbilligkeit für den Gläubiger zu vermeiden und die Zumutbarkeit für den Schuldner, dürfte eine steuerschädliche Leistung an Erfüllung statt vorliegen. Die Entscheidung des Gerichts ersetzt nur per Gestaltungsurteil die Willenserklärung des Schuldners. Vor allen Dingen lassen die Vertreter dieser Ansicht aber steuerrechtliche Überlegungen, die nicht immer zwingend zivilrechtlichen Überlegungen folgen, außer Acht. Rechtsprechung und Kommentierung zu § 23 EStG interpretieren das Veräußerungsgeschäft, das nur tauschähnlich und damit entgeltlich zu sein braucht, extensiv. Ein privates Veräußerungsgeschäft i.S.d. § 23 EStG wurde sogar bei Abgabe eines Meistgebotes im Zwangsversteigerungsverfahren angenommen.[563]

Die Lösung über § 1383 BGB bleibt ein familienrechtlich schöner, steuerrechtlich aber untauglicher Ansatz.

1278   Insgesamt wird bei den privaten Veräußerungsgeschäften ein Ehegattenprivileg analog der Vorschriften des § 13 Abs. 1 Nr. 4a ErbStG und § 3 Nr. 5 GrEStG gefordert.[564]

1279   Steuerveranlagungen aufgrund privater Veräußerungsgeschäfte zwischen Ehegatten sollten in Hinblick auf Art. 6 GG auf ihre Verfassungsmäßigkeit per Verfassungsbeschwerde überprüft werden.

III. Berücksichtigung von Unterhaltsleistungen im Steuerrecht

1. Unterhaltsleistungen nach § 10 Abs. 1a Nr. 1 EStG

a) Überblick

1280   Ehegattenunterhaltszahlungen fallen unter die begünstigten Aufwendungen. Sie sind zum Sonderausgabenabzug zugelassen. Die Anwendung des begrenzten Realsplittings ist von Interesse, wenn der Unterhaltsschuldner über hohe Einkünfte und der Unterhaltsgläubiger über keine oder nur relativ geringe Einkünfte verfügt. Die Verlagerung der Einkünfte führt zu einem Tarif/Progressionsvorteil und die Einkommensminderung hat eine höhere Steuererstattung zur Folge als die Einkommenshöhe beim Unterhaltsempfänger. Die Steuerentlastung wirkt sich häufig bereits bei der Neubemessung des Unterhalts aus.

1281   Nach Ansicht des **BGH**[565] obliegt es dem Unterhaltsschuldner, mögliche Steuervorteile aus dem Realsplitting zu nutzen. Dies gilt, soweit sich die Verpflichtung aus einem Anerkenntnis oder einer rechtskräftigen Verurteilung ergibt, bzw. diese freiwillig erfüllt wird.[566]

---

562 FAKomm-FamR/*Weinreich* § 1383 BGB Rn. 10 ff.
563 *Münch* Rn. 3718; BFH, BStBl 1989 II, 652; *Arens*, FPR 2003, 426, 428.
564 *Münch* Rn. 3720.
565 BGH, FamRZ 2007, 793 797; *Ranken* ZFE 2005, 183; *Hahne* FF 2009, 226.
566 BGH, FuR 2007, 276; BGH, FamRZ 2007, 793.

Der Antrag kann auf einen **Teilbetrag der Unterhaltsleistungen** beschränkt werden.[567]   **1282**

b) Voraussetzungen

– **Unterhaltsleistung an Ehegatten**   **1283**
– **Scheidung oder dauerndes Getrenntleben**
– **Unbeschränkt steuerpflichtige Empfänger** oder nach § 1a EStG gleichgestellter **EU- oder EWR-Angehöriger**
– **Zustimmung des Empfängers**
– **Antrag des Unterhaltspflichtigen**
– **Steuer-Identifikationsnummer**

aa) Geschiedene oder dauernd getrenntlebende Ehepartner/Lebenspartner

Sowohl Unterhaltsverpflichtete als auch Unterhaltsberechtigte müssen geschieden   **1284** oder dauernd getrenntlebende Ehepartner sein, wobei Unterhaltsleistungen in Fällen der Nichtigkeit oder Aufhebung der Ehe gleichgestellt sind.

Nach § 2 Abs. 8 EStG sind die Regelungen des Einkommensteuergesetzes zu Ehe-   **1285** gatten und Ehen auch auf **eingetragene Lebenspartner und Lebenspartnerschaften** anzuwenden. Die Änderungen im Einkommensteuergesetz sind am 19.07.2013 infolge des Gesetzes zur Änderung des Einkommensteuergesetzes rückwirkend zum VZ 2001 in Umsetzung der Entscheidung des BVerfG v. 07.05.2013[568] in Kraft getreten. Die Rückwirkung bezieht sich auf alle Lebenspartner, deren Veranlagung noch nicht bestandskräftig durchgeführt ist.[569] § 1353 Abs. 1 Satz 1 BGB ist durch das Gesetz zur Einführung des Rechts auf Eheschließung für Personen gleichen Geschlechts neu gefasst worden. Ab dem 01.10.2017 wird gleichgeschlechtlichen Paaren die Eheschließung mit allen Rechten und Pflichten ermöglicht. Gleichzeitig können bisher bestehende eingetragene Lebenspartnerschaften in eine Ehe umgewandelt, neue eingetragene Lebenspartnerschaften aber nicht mehr begründet werden. Paare, die schon vor dem 01.10.2017 eine Lebenspartnerschaft geschlossen haben, können wählen, ob sie in der bisherigen Form weiterleben oder ihre Partnerschaft in eine Ehe umwandeln wollen. Dies ermöglicht § 20a LpartG. Für eingetragene Partnerschaften, die nicht in eine Ehe umgewandelt werden, gilt weiterhin § 2 Abs. 8 EStG, wonach die Regelungen des EStG auch auf Lebenspartner und Lebenspartnerschaften anzuwenden sind.[570]

---

567 R 10.2 EStR 2012.
568 BVerfG, FamRZ 2013, 1103.
569 S. hierzu a. BMF-Schreiben v. 31.07.2013 – IV C 1 – S 1910/13/10065:001.
570 Www.bgbl.de/xaver/bgbl/start.xav?startbk=Bundesanzeiger_BGBl&jumpTo=bg-bl117s2787.pdf#__bgbl__%2F%2F*%5B%40attr_id%3D%27bgbl117s2787.pdf%27%5D__1507187408127.

bb) Unbeschränkte Einkommensteuerpflicht

1286 Der Unterhaltsberechtigte muss unbeschränkt einkommensteuerpflichtig sein.

Ausnahmen: Doppelbesteuerungsabkommen mit Dänemark, Schweiz, Kanada und USA,[571] wenn das Besteuerungsrecht der erhaltenen Unterhaltszahlungen dem Wohnsitzstaat des Empfängers zugewiesen wird. Hier kommt ggf. ein Abzug der Unterhaltsleistungen als außergewöhnliche Belastungen in Betracht, wenn die Voraussetzungen des § 33a Abs. 1 Satz 6 EStG vorliegen.[572]

1287 Unterhaltszahlungen an eine nicht unbeschränkt einkommensteuerpflichtige Person, die ihren gewöhnlichen **Aufenthalt oder Wohnsitz in der EU/EWR** hat, stellen ebenfalls Sonderausgaben dar. Allerdings muss der Nachweis für eine Besteuerung beim Unterhaltsempfänger durch eine Bescheinigung der zuständigen ausländischen Finanzbehörde erfolgen, § 1a Abs. 1 Nr. 1 EStG. Der Sonderausgabenabzug entfällt, wenn es keine steuerliche Vorschrift für die Besteuerung der Unterhaltszahlungen im Wohnsitzland des Unterhaltsempfängers, wie z.B. in Österreich, gibt.

1288 Die Leistungen des Unterhaltsverpflichteten dürfen nicht mit eigenen Einkünften im wirtschaftlichen Zusammenhang stehen, also nicht zu den Werbungskosten oder Betriebsausgaben gehören. Ein Abzug ist auch bei Zusammenhang mit steuerfreien Leistungen ausgeschlossen.[573]

1289 Keinen als Sonderausgabe abzugsfähigen Unterhalt stellen **Rechtsanwaltskosten** dar, die der Unterhaltspflichtige aufwendet, um die Zustimmung zum begrenzten Realsplitting durchzusetzen. Ursächlich ist dann die Durchsetzung zivilrechtlicher Ansprüche. Der BFH[574] sieht darin Nebenkosten, die selbst keine Sonderausgaben sind. Die Kosten können aber ähnlich den Scheidungskosten und den Kosten eines Unterhaltsverfahrens außergewöhnliche Belastungen[575] und insoweit abzugsfähig sein, als sie die zumutbare Eigenbelastung übersteigen.

1290 Anders können solche Kosten beim Unterhaltsberechtigten zu beurteilen sein, denn dort stehen sie in Zusammenhang mit der Durchsetzung von sonstigen Einkünften gem. § 22 Nr. 1a EStG und können unter den Begriff der Werbungskosten in § 9 EStG fallen.

cc) Verpflichtungen aus Unterhalt

1291 Es müssen Unterhaltspflichten bestehen, die anerkannt sind, freiwillig erfüllt werden oder zu deren Zahlung der Steuerpflichtige rechtskräftig verpflichtet worden ist.[576] Es

---

571 Zu grenzüberschreitenden Sachverhalten und § 50 Abs. 1 Satz 3 EStG: *Stiller* DStZ 2011, 154.
572 OFD Frankfurt, Verf. v. 21.02.2007 – S 2221aA – 1 – St 218, DB 2007, 1222.
573 Schmidt/*Heinicke* EStG, § 10 Rn. 50.
574 BFH, BStBl II 1999, 522; FamRZ 2000, 226 (nur LS).
575 *Kuckenburg/Perleberg-Kölbel* FuR 2012, 123.
576 *Kleffmann* FuR 2008, 1721; BGH, FuR 2008, 297; *Hahne* FF 2009, 226; *Melchers* FuR 2008, 524; a.A. OLG Nürnberg, FuR 2008, 512.

muss sich nicht um **laufende oder einmalige Leistungen** handeln.[577] Hierzu zählen auch der Prozesskostenvorschuss[578] und die Steuererstattungen[579], die im Wege des Nachteilsausgleichs gezahlt werden.

Auch Sachleistungen können berücksichtigt werden. Hierzu zählt z.b. auch der Miet- **1292** wert einer unentgeltlich überlassenen Wohnung nebst Aufwendungen für Strom, Heizung, Wasser, Abwasser und Müll.[580]

Befindet sich die Wohnung im **Miteigentum** des geschiedenen oder getrenntlebenden **1293** Ehepartners, kann der überlassende Ehepartner neben dem Mietwert seines Anteils am Miteigentum auch die von ihm aufgrund der Unterhaltsvereinbarung getragenen verbrauchsunabhängigen Kosten gem. § 556 Abs. 1 BGB, §§ 1, 2 BetrKV für den Miteigentumsanteil des anderen Partners als Sonderausgaben abziehen.[581]

Als Wertmaßstab dienen die amtlichen Sachbezugswerte (ab 01.01.2012 die 4. VO **1294** zur Änderung der **SozialversicherungsentgeltVO** v. 02.12.2011; 4. SvEVÄndV),[582] bzw. im Falle der Mietwohnung auch der objektive Mietwert (ortsübliche Miete).

Bei nachehelichem Ehegattenunterhalt aus dem Nachlass: Der BFH[583] hat festge- **1295** stellt, dass der Erbe des Unterhaltspflichtigen die ihm nach § 1586b BGB obliegende Unterhaltslast ggü. dem geschiedenen früheren Ehegatten des Erblassers nicht als Sonderausgabe abziehen darf. Die Abzugsberechtigung gem. § 10 Abs. 1a Nr. 1 EStG ist höchstpersönlicher Natur; die Lage im Verhältnis zum Erben ist eine völlig andere, zumal die Haftung begrenzt ist. Die Aussage des § 45 AO zur Gesamtrechtsnachfolge ist insoweit eingeschränkt.

dd) Antrag je VAZ

Der Steuerpflichtige muss sich für jedes Veranlagungsjahr für den Abzug als Sonder- **1296** ausgaben oder außergewöhnliche Belastung i.S.v. § 33a Abs. 1 EStG entscheiden.
– Der Antrag ist **rechtsgestaltend**, weil aus den in § 12 Nr. 2 EStG ertragsteuerlich unbeachtlichen Unterhaltszahlungen abziehbare Sonderausgaben werden.
– Der Antrag ist nicht nur Verfahrenshandlung, sondern selbst Merkmal des gesetzlichen Tatbestandes[584] und wird erst mit **Eingang** bei dem FA wirksam. Wann die Veranlagung vorgenommen wird, ist ohne Bedeutung.
– Der Antrag ist **nicht fristgebunden** und kann daher noch bis zum Eintritt der Festsetzungsverjährung des ESt-Bescheids gestellt werden. Er kann auf einen

577 FG Schleswig-Holstein, StE 2008, 627.
578 OLG Hamm, FamRZ 1989, 227.
579 BFH, 28.11.2007 – XI B 68/07, FuR 2008, 555.
580 *Engels* Rn. 921.
581 BFH, 12.04.2000, BFH/NV 2000, 1286.
582 BGBl I 2011, 2453.
583 BFH, 12.11.1997 – X R 83/94, FamRZ 1998, 738.
584 BFH, 12.07.1989 – X R 8/84, BStBl II 1989, 957.

Teilbetrag beschränkt werden und ist formlos gültig. Aus Beweisgründen sollte er aber schriftlich oder zur Niederschrift beim FA erklärt werden. Häufig stimmt der Unterhaltsempfänger dem begrenzten Realsplitting erst zu, wenn die Veranlagung beim Unterhaltsschuldner bereits abgeschlossen ist (z.b. nach Abschluss des familienrechtlichen Verfahrens auf Zustimmung). Wird der Antrag daraufhin erst nach Eintritt der Bestandskraft des ESt-Bescheids gestellt, tritt ein Ereignis mit steuerlicher Wirkung für die Vergangenheit ein. Der Bescheid des antragstellenden Unterhaltsschuldners muss dann nach § 175 Abs. 1 Nr. 2 AO geändert werden.[585]

– Der Antrag ist **bedingungsfeindlich** und kann nicht (auch nicht übereinstimmend) zurückgenommen werden. Er kann zwar der Höhe nach begrenzt, nicht aber später eingeschränkt oder herabgesetzt werden. Zulässig ist im Hinblick auf § 175 Abs. 1 Nr. 2 AO seine Erweiterung.

Ausnahme: Der Antrag ist nur zum Zweck der Eintragung eines Freibetrags auf der LSt-Karte oder der Festsetzung von ESt-Vorauszahlungen gestellt worden.

Ein der Höhe nach beschränkter Antrag bzw. die entsprechende Zustimmung können dann nicht für die Folgejahre als betragsmäßig unbegrenzter Antrag bzw. Zustimmung interpretiert werden.

1297 Auch kommt es nicht selten vor, dass noch Unterhaltsnachzahlungen für bereits veranlagte Kalenderjahre geleistet werden: Der Steuerbescheid des Unterhaltsschuldners wird in diesen Fällen aufgrund neuer Tatsachen nach § 173 Abs. 1 Nr. 1 AO geändert.[586] Vorauszahlungen und Nachzahlungen von Unterhaltszahlungen sind – i.R.d. Höchstbetrages von 13.805 € im Kalenderjahr (zzgl. der Beträge nach dem Bürgerentlastungsgesetz Krankenversicherung ab VAZ 2010[587]) – als Sonderausgaben abziehbar,[588] selbst wenn zunächst nur geringere Zahlungen abgezogen worden sind.[589]

ee) Zustimmung

1298 Der Unterhaltsempfänger muss dem Sonderausgabenabzug zustimmen, wobei die Voraussetzungen für die uneingeschränkte Berücksichtigung der geleisteten Unterhaltszahlungen als außergewöhnliche Belastungen über § 33a EStG ersichtlich nicht vorliegen.[590]

1299 Die Zustimmungserklärung kann durch Unterschriftsleistung auf der Anlage U zur Einkommensteuererklärung oder direkt ggü. dem FA erfolgen.

---

585 S.a. FG Münster, 05.09.2012 – 12 K 1948/11E, openJur 2012, 124933; Rev. BFH, X R 33/12.
586 FG Rheinland-Pfalz, DB 2007, 88.
587 *Myßen/Wolter* NWB 2009, 3900.
588 BFH/NV 2001, 673.
589 FG Düsseldorf, v.28.06.2005 – 17 K 6808/02; »Steuertip« 32/05, 4.
590 OLG Brandenburg, 22.10.2015 – 9 UF 72/15, FuR 2016, 534.

Die Zustimmung zum begrenzten Realsplitting gilt beim Unterhaltsgläubiger **bis zu**   **1300**
ihrem Widerruf, der sowohl ggü. dem Wohnsitz-FA des Unterhaltsempfängers als
auch ggü. dem Wohnsitz-FA des Unterhaltsschuldners erfolgen kann.[591] Der Widerruf
gilt ab dem Folgejahr. Die Wirkung des Widerrufs tritt erst mit Zugang beim Finanzamt ein.[592]

Eine **Blanko-Zustimmung** zeigt daher auch für die Folgejahre Wirkungen, wenn sie   **1301**
nicht rechtzeitig widerrufen oder der Höhe nach beschränkt wird.

Bei einem Widerruf muss der Steuerbescheid des Unterhaltsleistenden wegen neuer   **1302**
Tatsachen nach § 173 Abs. 1 Nr. 1 AO selbst dann geändert werden, wenn der Wider-
ruf der Zustimmung den vertraglichen Vereinbarungen zwischen den geschiedenen
Ehegatten widersprechen oder missbräuchlich sein sollte.[593]

▶ **Verfahrenshinweis**

> Der Unterhaltsberechtigte sollte seine Zustimmung lediglich auf ein Kalenderjahr   **1303**
> beschränken, weil er ansonsten auch für die Folgezeit Einkommensteuervoraus-
> zahlungen entrichten muss, selbst wenn die Unterhaltsleistung sich ermäßigt oder
> entfällt.[594]
>
> Bei Beschränkung oder Versäumnis des Widerrufs soll eine nachteilige Berücksich-
> tigung zu vermeiden sein, wenn die Unterhaltsbeteiligten übereinstimmend eine
> sog.»0«-Meldung abgeben und dadurch die Durchführung des Sonderausgaben-
> abzugs vermieden wird.[595]

c) Versteuerung beim Empfänger

Soweit Ehegattenunterhalt mit Zustimmung des Empfängers als Sonderausgabe abge-   **1304**
zogen wird, entstehen in gleicher Höhe beim Empfänger **Einkünfte gem. § 22 Nr. 1a**
EStG. Der Unterhaltsempfänger wird zur Einkommensteuer veranlagt und muss den
Unterhaltsbetrag unter Beifügung der Anlage SO erklären. Ob und in welcher Höhe
sich daraus eine Steuerbelastung oder Steuermehrbelastung ergibt, hängt von seinen
individuellen steuerlichen Daten, insb. von seinen anderen Einkünften ab.

Es kann auch zu **Einkommensteuervorauszahlungen** kommen. Aufgrund des Korres-   **1305**
pondenzprinzips muss der empfangene Unterhaltsgläubiger die tatsächlich erbrachten
Unterhaltsleistungen versteuern. Es kommt daher nicht darauf an, ob der Unterhaltsgläubiger in seiner Steuererklärung einen niedrigeren Betrag angibt. Es ist auf die
tatsächliche Leistung abzustellen.[596] Ob die vom Unterhaltsgläubiger zu erstattende
Einkommensteuer unter den Tatbestand des § 22 Nr. 1a EStG, damit zu den

---

591 BFH, BStBl II 2003, 803.
592 BFH, BFH/NV 2007, 903.
593 BFH, BStBl II 2003, 80.
594 *Kogel* FamRB 2008, 288.
595 *Engels* Rn. 932.
596 Schmidt/*Weber-Grellet* EStG, § 22 Rn. 90.

Unterhaltsleistungen, zu subsumieren ist, ist für den Fall der vorherigen Vereinbarung zu bejahen.[597]

d) Abzugsbeträge

1306 Sonderausgaben belaufen sich auf bis zu 13.805 € (entspricht 1.150,42 € mtl.), § 10 Abs. 1a Nr. 1 EStG. Übersteigen Unterhaltsleistungen den Betrag von **13.805 € im Kalenderjahr**, sind diese vom Abzug ausgeschlossen. Die übersteigenden Beträge können dann auch nicht als außergewöhnliche Belastung berücksichtigt werden. Unterhaltsabfindungen sind betragsmäßig entsprechend zu verteilen.[598]

1307 Durch das Bürgerentlastungsgesetz Krankenversicherung[599] erhöhen sich die Sonderausgaben ab VAZ 2010 um die im jeweiligen Veranlagungszeitraum für die Absicherung des geschiedenen oder dauernd getrenntlebenden Ehegatten aufgewandten **Beiträge zur Kranken- und Pflegeversicherung**, § 10 Abs. 1a Nr. 3, 3a, Abs. 4 Satz 1–3 EStG.

1308 Der Gesetzgeber hat damit die Vorgaben des BVerfG in der Entscheidung v. 13.02.2008[600] umgesetzt, wonach die vorgenannten Beiträge zum Existenzminimum gehören und daher steuermindernd zu berücksichtigen sind.

1309 Es handelt sich um Aufwendungen für Krankenversicherungen und gesetzliche Pflegeversicherungen, soweit diese **existenznotwendig** sind. Die Absetzbarkeit gilt für Beiträge des Steuerpflichtigen zu einer Krankenversicherung für sich selbst, seinen Ehepartner, für den Lebenspartner und jedes Kind, für das ein Anspruch auf Kinderfreibetrag nach § 32 Abs. 6 EStG oder auf Kindergeld besteht. Beitragszahler, die in der gesetzlichen Krankenversicherung versichert sind, können grds. die von ihnen aufgewendeten Beiträge zur Krankenversicherung und Pflegeversicherung als Sonderausgaben abziehen.

1310 Ist in den Beiträgen ein Anspruch auf Krankengeld mit abgedeckt, werden die Beiträge zur gesetzlichen Krankenversicherung um 4 % gekürzt. Beiträge für eine private Krankenversicherung können abgezogen werden, soweit diese einem Basiskrankenversicherungsschutz dienen. Nicht abziehbar sind daher Beitragsanteile, die einen über die medizinische Grundversorgung hinausgehenden Versicherungsschutz finanzieren, wie z.B. Beiträge für eine Chefarztbehandlung oder ein Einzelzimmer im Krankenhaus.

1311 Vorsorgeaufwendungen i.S.v. § 10 Abs. 1 Nr. 3 und 3a EStG können nach § 10 Abs. 4 Satz 1–3 EStG i.H.v. 2.800 € bei privat Versicherten, 1.900 € bei gesetzlich Versicherten und entsprechend bei Zusammenveranlagung i.H.v. 5.600 €/3.800 € je Kalenderjahr abgezogen werden.

---

597 BFH, FamRZ 2008, 888; FG Schleswig-Holstein, StE 2008, 627.
598 BFH, FuR 2008, 605.
599 BGBl I 2009, 1959; *Myßen/Wolter* NWB 2009, 3900.
600 BVerfG, FamRZ 2008, 761.

Übersteigen die Vorsorgeaufwendungen für die Kranken- und Pflegeversicherung   **1312**
i.S.d. §10 Abs. 1 Nr. 3 EStG die nach § 10 Abs. 4 Satz 1–3 EStG zu berücksichtigen
Beträge von 2.800 € bzw. 1.900 €, bzw. bei Zusammenveranlagung 5.600 €/3.800 €,
sind diese abzuziehen, und ein Abzug von weiteren Vorsorgeaufwendungen i.S.d. § 10
Abs. 1 Nr. 3a EStG scheidet aus. Solche Vorsorgeaufwendungen sind z.B. Beiträge für
eine Unfall-, Haftpflicht-, Arbeitslosen-, Erwerbs-, Berufsunfähigkeit- und Risikoversicherung. Diese können sich dann nicht mehr auswirken. Die vollständige Absetzbarkeit von Kranken- und Pflegeversicherungsbeiträgen wird dadurch aber nicht gekappt.

Der Sonderausgabenabzug kann auf einen beliebigen Teilbetrag der Unterhaltsleis-   **1313**
tungen beschränkt werden.[601] Dadurch kann das steuerliche Ergebnis optimiert und
Schaden aus dem Entstehen von Einkünften beim Unterhaltsempfänger vermieden
oder begrenzt werden. Darüberhinausgehende Unterhaltsleistungen sind nicht als
außergewöhnliche Belastungen abzugsfähig.

Die beiden Entlastungsmöglichkeiten schließen sich **gegenseitig** aus.   **1314**

▶ **Beispiel**

Unterhaltsschuldner M erbringt in 2016 an seine geschiedene Ehefrau F, die unbeschränkt einkommensteuerpflichtig ist, Unterhaltsleistungen i.H.v. mtl. 1.200 €.
Darüber hinaus zahlt er für sie Beiträge zur Kranken- und Pflegeversicherung
i.H.v. 3.000 €.

▶ Welche Beträge kann M im Wege des begrenzten Realsplittings als Sonderausgabe
in 2016 berücksichtigen lassen?

Lösung

Bei M sind höchstens 13.805 € zzgl. der für F gezahlten Beiträge für Kranken und
Pflegeversicherung i.H.v. 3.000 €, gesamt also 16.805 €, als Sonderausgaben gem.
§ 10 Abs. 1a Nr. 1 EStG zu berücksichtigen.

Bei F stellen die empfangenen Unterhaltsleistungen sonstige Einkünfte i.S.d. § 22
Nr. 1a EStG dar, und zwar bis zur Höhe des Betrages, der beim S als Sonderausgaben nach § 10 Abs. 1a Nr. 1 EStG abgezogen werden kann. Dies sind 16.805 €.

Da die Unterhaltszahlungen 17.400 € ausmachen (1.200 € x 12 Monate + 3.000 €),
sind von F 16.805 € als steuerpflichtige Einnahmen in 2016 zu betrachten.

Hiervon können ein Werbungskostenpauschbetrag i.H.v. 102 € sowie Sonderausgaben nach § 10 Abs. 1a Nr. 3 EStG i.H.v. hier 3.000 € abgezogen werden, so dass
sich bei F ein Einkommen i.H.v. 13.703 € ergibt (16.805 € – 102 € – 3.000 €).

Die von einer privaten Krankenversicherung **rückvergüteten Beiträge** mindern die   **1315**
im Folgejahr als Sonderausgaben geltend gemachten Beiträge zur Kranken- und

---

601 EStR 2001, 86b Abs. 1.

Pflegeversicherung.[602] **Erstattete Beiträge** zur Basiskranken- und Pflegeversicherung sind mit den in demselben Veranlagungsjahr gezahlten Beiträgen zu verrechnen. Es kommt dabei nicht darauf an, ob und in welcher Höhe der Steuerpflichtige die erstatteten Beiträge im Jahr ihrer Zahlung steuerlich abziehen konnte.[603]

1316 Der im Rahmen eines privaten Krankenversicherungsverhältnisses vereinbarte **Selbstbehalt** stellt keinen Beitrag zur Krankenversicherung dar und kann nicht nach § 10 Abs. 1 Nr. 3a EStG als Vorsorgeaufwendung berücksichtigt werden.[604]

1317 **Bonuszahlungen** der Krankenkasse mindern den Sonderausgabenabzug für Krankenversicherungsbeiträge nicht.[605] Auch ein gesundheitsbewusstes Verhalten mindert nicht den Sonderausgabenabzug.[606]

e) Unterhaltsleistungen an mehrere Unterhaltsberechtigte

1318 Wird an mehrere Unterhaltsberechtigte Ehegattenunterhalt geleistet, werden die Aufwendungen bis zum Höchstbetrag von 13.805 € (zzgl. der Krankenversicherungsbeiträge) je unterhaltsberechtigtem Empfänger abgezogen.[607] **Nicht** übertragen werden können nicht ausgeschöpfte Beträge.

1319 Zahlt der Unterhaltsschuldner an mehrere Ehegatten, gilt der Höchstbetrag für jeden geschiedenen oder getrennt ebenden Ehegatten.

f) Unterhaltszahlungen an nicht unbeschränkt Einkommensteuerpflichtige

1320 Unterhaltszahlungen an nicht unbeschränkt einkommensteuerpflichtige Empfänger, die ihren Wohnsitz oder gewöhnlichen Aufenthalt in einem EU/EWR-Staat haben, sind seit 1996 als Sonderausgaben abzugsfähig.

1321 Ein Abzug ist jedoch nur unter der Voraussetzung möglich, dass die Besteuerung der Unterhaltsleistung beim Unterhaltsberechtigten durch eine **Bescheinigung der zuständigen ausländischen Steuerbehörde** nachgewiesen wird.[608] Nach dem Jahressteuergesetz 2008[609] ist durch eine Änderung des § 1a EStG das Erfordernis aufgegeben worden, dass nahezu sämtliche Einkünfte der deutschen Einkommensteuer unterliegen müssen, damit der Abzug von Unterhaltsleistungen an einen im EU/EWR-Ausland lebenden geschiedenen oder dauernd getrennt lebenden Ehepartner in

---

602 FG Düsseldorf, 06.06.2014 – 1 K 2873/13 E, JurionRS 2014, 19970.
603 BFH, 06.07.2016 – X R 6/14, BFH/NV 2016, 1796–1798.
604 FG Niedersachsen, 06.05.2014 – 9 K 265/12, http://www.rechtsprechung.niedersachsen.de/jportal/portal/page/bsndprod.psml?doc.id=STRE201475243&st=null&showdoccase=1.
605 FG Rheinland-Pfalz, 28.04.2015 – 3 K 1387/14, DStRE 2016, 720–723.
606 BFH, 01.06.2016 – X R 17/15, JurionRS 2016, 23827.
607 R 10.2 Abs. 3 EStR.
608 § 1a Abs. 1 Nr. 1 EStG; H 10.2, nicht unbeschränkt einkommensteuerpflichtiger Empfänger, EStH; Vgl. hierzu auch *Hillmer* ZFE 2007, 376.
609 BGBl I 2007, 3150.

Anspruch genommen werden kann. Dies soll zu einer Gleichstellung mit Unterhaltsleistungen an einen unbeschränkt Einkommensteuerpflichtigen führen.[610]

g) Zustimmungsverpflichtung

Der Unterhaltsschuldner wird infolge des Sonderausgabenabzugs steuerlich entlastet. **1322** Aus diesem Grund hat der Unterhaltsgläubiger grds. dem begrenzten Realsplitting zuzustimmen (unterhaltsrechtliche Nebenpflicht i.S.d. § 1353 Abs. 1 Satz 2 BGB i.V.m. § 242 BGB). Diese Verpflichtung ist Ausfluss des zwischen den geschiedenen oder getrenntlebenden Ehegatten bestehenden Unterhaltsverhältnisses, wonach einerseits die finanziellen Lasten des anderen Ehegatten zu mindern und andererseits die eigenen Interessen zu beachten sind.[611]

Die Verpflichtung besteht **Zug um Zug** gegen die Zusicherung des Nachteilsaus- **1323** gleichs. Dem Unterhaltsschuldner sind alle steuerrechtlichen, sozialrechtlichen und sonstigen wirtschaftlichen Nachteile auszugleichen. Diese Grundsätze gelten ebenso, wenn Unterhaltszahlungen an den jeweiligen Träger der Sozialhilfe vorgenommen werden[612] oder wenn die Finanzbehörde zur Durchführung des begrenzten Realsplittings die Vorlage einer vom Unterhaltsempfänger persönlich unterzeichneten Erklärung fordert.[613]

Die Zustimmungspflicht betrifft eine familienrechtliche Frage im Innenverhältnis **1324** der Beteiligten. Das Finanzamt muss daher nicht prüfen, ob die Verweigerung oder Unterlassung der Zustimmung rechtsmissbräuchlich ist.[614] Die Zustimmung darf nicht von der Zusage einer unmittelbaren Beteiligung an der Steuerersparnis abhängig gemacht werden.[615]

h) Ausgleichspflichtige Nachteile

Steuerliche Nachteile treten bereits dann auf, wenn eine Unterhaltsleistung das **1325** steuerliche Existenzminimum nach § 32a EStG überschreitet (ab VZ 2010 8.004 €/16.008 €, ab VZ 2013 8.130 €/16.260 €, ab VZ 2014 8.354 €/16.708 €, ab VZ 2015 8.472 €/16.944 €, ab VZ 2016 8.652 €/17.304 €, ab VZ 2017 8.820 €/17.640 €und ab VZ 2018 9.000 €/18.000 €). Zinsen nach § 233a AO sind nicht erstattungsfähig, wenn der Unterhaltsempfänger in seiner eigenen Steuererklärung die Unterhaltsleistungen sorgfaltswidrig nicht angegeben hat.

---

610 Zu Unterhaltsleistungen an Angehörige in der Türkei vgl. *Hillmer* ZFE 2008, 251, 254.
611 BGH, FamRZ 1983, 576; BGH, FamRZ 1984, 1211; BGH, FamRZ 1985, 1232; BGH, FamRZ 1992, 534; BGH, FamRZ 1992, 1050; BGH, FamRZ 1998, 953; BGH, FamRZ 2005, 1162; BGH, FamRZ 2010, 717.
612 OLG Köln, FamRZ 2001, 1569.
613 OLG Oldenburg, FamRZ 2011, 1126.
614 BFH, FamRZ 1991, 125.
615 BGH, FamRZ 1984, 1211.

1326   Der Nachteilsausgleich bei der Annahme eines **fiktiven Einkommens** berechnet sich nach der konkreten Steuerpflicht und den tatsächlich entstandenen Steuernachteilen des Unterhaltsberechtigten. Bei der Berechnung des monatlichen Unterhaltsbetrags wird der Nachteilsausgleich nicht zugeschlagen.[616]

1327   Wer nach Treu und Glauben (§ 242 BGB) den Ausgleich selbst übernommener Nachteile verlangen kann, muss aus demselben Rechtsgrund das Ausmaß dieser Nachteile **so gering wie möglich** halten.

1328   Wer die Nachteile ausgeglichen wissen möchte, die aus der Versteuerung einer Unterhaltsleistung entstehen, muss danach jedenfalls diese Unterhaltsleistung so verwenden, dass die auszugleichende Steuerlast möglichst gering bleibt.

1329   Zum Ausgleich der Nachteile, die der Unterhaltsberechtigte übernimmt, damit der Unterhaltspflichtige Steuervorteile für sich in Anspruch nehmen kann, reicht es aus, dass der Pflichtige sich verbindlich zur Erstattung dieser Nachteile bereiterklärt und sodann den Steuermehrbetrag an den Berechtigten erstattet. Ein Freistellungsanspruch steht dem Unterhaltsberechtigten nicht zu.[617]

1330   Ein Anspruch auf Erstattung schon der Steuervorauszahlung und nicht erst des endgültig feststehenden Mehrbetrages kommt nur in Betracht, wenn die Entrichtung der Vorauszahlungsbeträge die Mittel schmälert, die zum Lebensunterhalt des Unterhaltsberechtigten zur Verfügung stehen.

1331   **Steuervorauszahlungen** werden dann als Nachteil angesehen, wenn bereits hieraus finanzielle Nachteile erwachsen, weil sich diese generell erst mit der endgültigen Steuerfestsetzung verwirklichen.[618]

1332   Erfolgt erst nach Eintritt der Bestandskraft der jeweiligen Einkommensteuerbescheide die Zustimmung vom Unterhaltsempfänger oder der Antrag vom Unterhaltsgeber, sind die Bescheide zu ändern. Erst durch die Beantragung zum Sonderausgabenabzug ändert sich der Rechtscharakter des Aufwands. Es kann also so noch später zu Nachteilen beim Unterhaltsempfänger kommen. Ohne Vereinbarung kommt es zu keinem Nachteilsausgleichsanspruch wegen der aufgrund der Zusammenveranlagung mit dem neuen Ehepartner entstandenen Nachteile.[619]

1333   Aufgrund des Realsplittings können sich auch **weitere Nachteile** beim Unterhaltsempfänger zeigen, die vom Unterhaltsleistenden zu erstatten sind. So kann

---

616 OLG München, 23.01.2013 – 3 U 947/12, BeckRS 2013, 02780; *Perleberg-Kölbel* FamFR 2013, 131.

617 OLG Brandenburg, 01.02.2016 – 13 UF 170/14, FuR 2016, 594.

618 OLG Frankfurt am Main, FuR 2007, 430 ff.; OLG Oldenburg, 01.06.2010 – 13 UF 36/10; a.A. OLG Karlsruhe, FamRZ 1992, 67. Nach OLG Hamburg, FamRZ 2005, 519 muss der Unterhaltsschuldner seine Absicht zur Nutzung des Realsplittings zuvor kundgetan haben.

619 BGH, FamRZ 2010, 717 m. Anm. *Schlünder/Geißler* FamRZ 2010, 801; *Engels* FF 2010, 255; BGH, FuR 2010, 347; BGH, FamRB 2010, 144 m. Anm. *Christ* FamRB 2010, 145.

es zu Kürzungen oder gar zum Wegfall von Leistungen kommen, wenn maßgebliche Einkommensgrenzen aufgrund der Unterhaltszahlungen überschritten werden (Grundfreibetrag, Progressionsstufe). Hier sind Fälle aus dem Sozialbereich (Erziehungsgeld und z.B. bei Gebührenermäßigungen nach einzelnen Kindergartensatzungen) anzusprechen.[620]

Von entscheidender Bedeutung ist der Verlust der **Familienkrankenhilfe**, wenn   1334
der mitversicherte Ehegatte Unterhaltsleistungen bezieht, die der Unterhaltsschuldner als Sonderausgaben absetzt. Die Unterhaltsleistungen werden dem Einkommen des Unterhaltsgläubigers gem. § 16 SGB IV zugeschlagen. Die Mitversicherung endet gem. § 10 Abs. 1 Nr. 5 SGB V bereits in der Trennungszeit, wenn die Gesamteinkünfte des Unterhaltsgläubigers 1/7 der monatlichen Bezugsgröße übersteigen (**ab VZ 2016** alte Bundesländer: 415 € bzw. neue Bundesländer: 360 € und für geringfügig Beschäftigte bis 450 €).[621] Innerhalb einer Ausschlussfrist von drei Monaten konnte ab rechtskräftiger Scheidung der aus der Familienversicherung ausgeschiedene Ehegatte eine freiwillige Versicherung in der GKV beantragen.[622] Am 01.08.2013 ist das Gesetz zur Beseitigung sozialer Überforderung bei Beitragsschulden in der Krankenversicherung vom 15.07.2013[623] in Kraft getreten. Die Mitgliedschaft in der gesetzlichen Krankenversicherung nach Beendigung der Familienversicherung ist neu geregelt worden. Zweck der Neuregelung ist die Vermeidung von hohen Beitragsrückständen. Die Vorschrift regelt die Voraussetzungen der **beitragsfreien** (§ 3 Satz 3) **Mitversicherung** von Ehegatten und Kindern der Mitglieder der gesetzlichen Krankenversicherung als **Familienversicherung.**

Diese stellt eine eigenständige Form der Versicherung dar. Sie ist zwar von der Mit-   1335
gliedschaft eines Stammversicherten abhängig, besteht aber kraft Gesetzes, wenn die Voraussetzungen erfüllt sind. Die Familienversicherung begründet **eigene Ansprüche** der danach Versicherten gegenüber der Krankenkasse und unterscheidet sich dadurch grundlegend von der Familienkrankenhilfe des § 205 RVO, die einen Anspruch des Mitgliedes auf Krankenversicherungsleistungen für Familienangehörige begründete.

Nach § 188 Abs. 4 SGB V setzt sich – bei Fehlen eines vorrangigen Versicherungstat-   1336
bestandes – die Versicherung mit dem Tag der Beendigung der Familienversicherung durch Rechtskraft der Ehescheidung als freiwillige Mitgliedschaft fort, wenn das Mitglied nicht innerhalb von zwei Wochen nach erfolgtem Hinweis durch die Krankenkasse seinen Austritt erklärt.

---

620 *Kogel* FamRB 2008, 277, 279; *Butz-Seidl* FuR 1996, 108, 111.
621 BSG, FamRZ 1994, 1239 m. Anm. *Weychardt*; OLG Nürnberg, FamRZ 2004, 1967; *Conradis* FamRB 2007, 304; *Wever* Rn. 809; *Kundler* ZFE 2006, 86.
622 BSG, FamRZ 1994, 1239; OLG Nürnberg, FamRZ 2004, 1967; *Kogel* FamRB 2008, 277.
623 BGBl I 2013, 2423.

▶ **Verfahrenshinweis**

1337   Dieser ist gem. § 188 Abs. 4 Satz 3 SGB V aber nur beim Bestehen einer anderweitigen Versicherung möglich. Mit der freiwilligen Versicherung ist die Verpflichtung zur Zahlung von Beiträgen verbunden. Die Beitragsbemessung richtet sich nach § 240 SGB V. Der Begriff des **Gesamteinkommens** bestimmt sich nach § 16 SGB IV als die **Summe der Einkünfte** i.S.d. Einkommensteuerrechts und umfasst nach der Definition insb. das Arbeitsentgelt und das Arbeitseinkommen. Das BSG räumt dabei dem Steuerrecht für die Ermittlung des Gesamteinkommens Vorrang ein, so dass es auf die **nach Steuerrecht ermittelte Höhe der Einkünfte** ankommt. Je nach Einkunftsart sind daher die Betriebsausgaben (bei Gewinnermittlung nach § 2 Abs. 2 Nr. 1 EStG) oder die Werbungskosten (bei Überschussermittlung nach § 2 Abs. 2 Nr. 2 EStG) als die tatsächlichen Bruttoeinkünfte mindernd zu berücksichtigen. Das BSG vertritt für die Frage des Gesamteinkommens die Ansicht, dass neben den Werbungskosten auch der Sparer-Freibetrag von den Einkünften aus Kapitalvermögen abzuziehen ist.

1338 **Steuerberaterkosten** können auszugleichen sein, wenn dem Unterhaltsberechtigten die Zustimmung ohne die Aufwendung der jeweiligen Kosten nicht zugemutet werden kann. Die Inanspruchnahme eines Steuerberaters ist z.B. erforderlich, wenn in einer sog. Hausfrauenehe die Unterhaltsberechtigte niemals vorher eine Steuererklärung selbst erstellt hat. Auch ein Hinweis auf die doch angebliche Hilfestellung durch die Finanzämter greift hier ins Leere: Die Steuerbehörden haben keine allgemeinen Beratungs- und Auskunftspflichten, sondern nur die sich aus § 89 AO ergebenen Fürsorge- und Betreuungspflichten.[624] Die Auskunftserteilung erstreckt sich nicht auf Fragen des materiellen Rechts. Soweit § 151 AO den § 89 AO ergänzt, wonach Steuererklärungen zu Protokoll im Finanzamt abzugeben sind, ist dies nur bedeutsam bei alleinstehenden oder gebrechlichen Steuerpflichtigen.[625] Jede professionelle Beratung durch einen Rechtsanwalt oder Steuerberater hat zudem den Vorteil, dass eingehend auf alle Aspekte des Steuerpflichtigen eingegangen werden kann. Darüber hinaus wird für falsche Ratschläge gehaftet.[626]

i) Probleme bei der Durchsetzung des Nachteilsausgleichs/Sicherheitsleistung

1339 Der Abzug ist steuerrechtlich nur auf Antrag des Gebers und mit Zustimmung des Nehmers möglich. Die Zustimmung ist nicht formbedürftig, wird aber im Regelfall auf dem Formblatt **Anlage U** der Finanzverwaltung erklärt. Adressat der Zustimmungserklärung ist das Finanzamt. Entgegen langläufiger Meinung besteht kein Anspruch, die Anlage U zu unterschreiben.[627]

---

624 Pump/Leibner/*Kurella* AO Komm. § 89 Rn. 8.
625 Pump/Leibner/*Kurella* AO Komm. § 89 Rn. 46.
626 Pump/Leibner/*Kurella* AO Komm. § 89 Rn. 49.
627 BGH, FamRZ 1998, 954; OLG Karlsruhe, FamRZ 2004, 960; OLG Brandenburg, ZFE 2008, 150.

Wird trotzdem die Unterschriftsleistung unter der Anlage U gefordert, ist dies unrich-   1340
tig. Ein insofern gestellter Antrag wäre unschlüssig. Vielmehr muss klargestellt werden, dass die Zustimmung auch beim Finanzamt direkt erteilt werden kann und keine
Anlage U hierfür notwendig ist.

Wenn die **Erklärung direkt beim Finanzamt** abgegeben wird, muss der Unterhalts-   1341
berechtigte den Unterhaltspflichtigen hiervon in Kenntnis setzen, damit dieser seine
Steuerangelegenheiten korrekt und zeitgerecht bearbeiten kann. Dem Unterhaltspflichtigen ist eine Kopie der Zustimmungserklärung zu übergeben. Sollte Letzteres
nicht der Fall sein, hat der Unterhaltsberechtigte Veranlassung zum Zustimmungsan-
trag gegeben.[628]

▶ **Verfahrenshinweis**

Bei Verwendung der Anlage U zur Einkommensteuererklärung sollte bereits auf   1342
dieser vermerkt werden, dass für das Folgejahr die Zustimmung vorsorglich widerrufen wird. Es ist die eigenhändige Unterschrift des Unterhaltsgläubigers erforderlich. Die Unterschrift des anwaltlichen Vertreters zählt nicht.[629]

j) Sicherheitsleistung, Zurückbehaltungsrecht und Aufrechnung

Bei begründetem Verdacht, dass der Unterhaltsschuldner zum Nachteilsausgleich   1343
nicht bereit oder in der Lage ist (z.B. bei laufenden Zwangsvollstreckungsmaßnah-
men, Insolvenzantrag oder Abgabe der eidesstattlichen Versicherung), kann die
Zustimmung von einer **Sicherheitsleistung** i.H.d. zu erwartenden Nachteile abhängig
gemacht werden.

Dem Unterhaltsgläubiger steht ein **Zurückbehaltungsrecht** zu.[630]   1344

Ggü. dem Anspruch auf Nachteilserstattung nach § 394 BGB darf auch **nicht aufge-**   1345
rechnet werden, weil es sich nach BGH bei dem Anspruch auf Nachteilsausgleich um
einen unterhaltsähnlichen Anspruch handelt.[631]

▶ **Verfahrenshinweis zum Unterhalts- und Beleganspruch**

Hinsichtlich des Einkommensteuerbescheides besteht ein Auskunfts- und Belegan-   1346
spruch.[632]

---

628 OLG Karlsruhe, FamRZ 2004, 960.
629 BFH, FF 2011, 126; BFH, FuR 2011, 418.
630 BGH, FamRZ 1983, 576; verneinend allerdings OLG Zweibrücken für den Fall, dass der
     Unterhaltsschuldner seine Pflicht zum Nachteilsausgleich immer erst nach Inanspruch-
     nahme gerichtlicher Hilfe erbracht hat, OLG Zweibrücken, FamRZ 2006, 791.
631 BGH, NJW 1997, 1441.
632 OLG Karlsruhe, NJWE-FER 2001, 1232.

k) Streitwert und Widerruf

1347 Der Streitwert des Zustimmungsanspruches richtet sich nach Meinung des OLG München[633] nach der erstrebten Steuerersparnis des Unterhaltspflichtigen und nicht nach dem Aufwand für die Zustimmungserklärung. Nach dem OLG Frankfurt am Main[634] ist die Bewertung des Anspruchs auf Zustimmung zum begrenzten Realsplitting gem. § 42 Abs. 1 FamGKG ebenso von dem erstrebten Steuervorteil maßgeblich.

1348 Die erteilte Zustimmung zum begrenzten Realsplitting bindet den Unterhaltsempfänger bis auf Widerruf für die Folgejahre. Widerruft der Unterhaltsempfänger die Zustimmung z.B. im laufenden Kalenderjahr Y, gilt der Widerruf somit erst ab dem Folgejahr Z.

1349 Wird in dem vor dem Kalenderjahr Y vorangegangenen Veranlagungszeitraum X bereits von dem Unterhaltsleistenden der Sonderausgabenabzug in Anspruch genommen, hat im Jahr X die Versteuerung der Unterhaltszahlungen beim Zustimmenden als sonstige Einkünfte nach § 22 Nr. 1a EStG zu erfolgen. § 22 Nr. 1a EStG erfasst Unterhaltsleistungen geschiedener oder dauernd getrenntlebender Ehegatten, soweit diese beim Zahlenden als Sonderausgaben nach § 10 Abs. 1a Nr. 1 EStG abgezogen werden (sog. Korrelationsprinzip).

1350 Häufig kommt es selbst dann zur Festsetzung von Einkommensteuervorauszahlungen und zu Einkommensteuerbescheiden beim Unterhaltsempfänger, wenn der Unterhaltsleistende seine Wahl noch nicht ausgeübt hat.

1351 Dieser kann z.B. für die Jahre Y und Z usw. noch wählen, ob er die Unterhaltszahlungen als Sonderausgaben im Wege des begrenzten Realsplittings oder als außergewöhnliche Belastung in besonderen Fällen nach § 33a EStG steuerlich behandelt wissen möchte. Der Antrag wird mit Eingang bei dem FA wirksam und muss von ihm für jedes Veranlagungsjahr **neu gestellt** werden.

1352 Der Antrag ist rechtsgestaltend, nicht fristgebunden und kann daher bis zum Eintritt der Festsetzungsverjährung seines Einkommensteuerbescheids gestellt werden. Erst durch die Beantragung zum Sonderausgabenabzug ändert sich der Rechtscharakter des Aufwands.

1353 Wird der Antrag nach Eintritt der Bestandskraft des Einkommensteuerbescheids gestellt, tritt ein Ereignis mit steuerlicher Wirkung für die Vergangenheit ein. Der Bescheid ist nach § 175 Abs. 1 Nr. 2 AO zu ändern. Dies gilt jedoch nur dann, wenn die Zustimmungserklärung des Unterhaltsempfängers dem Geber bereits vor Eintritt der Bestandskraft vorlag.[635]

---

633 OLG-Rspr. München 1995, 72.
634 OLG Frankfurt am Main, FamRZ 2017, 467.
635 BFH, 20.08.2014 – X R 33/12, JurionRS 2014, 26731; Abgrenzung zu BFH, 12.07.1989 – X R 8/84, BFHE 157, 484, BStBl II 1989, 957.

Der Antrag ist nicht nur Verfahrenshandlung, sondern selbst Merkmal des gesetzli-   **1354** chen Tatbestandes. Hieraus folgt, dass sich beim Unterhaltsempfänger der Nachteil später noch zeigen oder entfallen kann.

Werden Vorauszahlungen dem Unterhaltsgläubiger erstattet, sollte mit Ansprüchen   **1355** auf Erstattung künftiger Steuerzahlungen **aufgerechnet** werden. Erhält der Unterhaltsgläubiger eine Erstattung und hat tatsächlich keine Nachteile, etwa weil der Unterhaltsschuldner nicht den Sonderausgabenabzug mehr vornimmt, kommt es zu einem **Erstattungsanspruch** nach § 812 BGB.[636]

▶ **Verfahrenshinweis**

Die Zustimmung des Unterhaltsempfängers sollte daher **nur jeweils für ein be-**   **1356** **stimmtes Kalenderjahr** erteilt werden.

Bei Verwendung der Anlage U zur Einkommensteuererklärung sollte bereits auf die-   **1357** ser vermerkt werden, dass für das Folgejahr die Zustimmung vorsorglich widerrufen wird. Es ist die **eigenhändige Unterschrift des Unterhaltsgläubigers** erforderlich. Die Unterschrift des anwaltlichen Vertreters zählt **nicht**.[637]

Der Unterhaltsempfänger muss nicht **darlegen und beweisen**, welche Steuern mit und   **1358** ohne die Unterhaltsleistungen zu erbringen sind. Es reicht vielmehr aus, wenn er den Steuerbescheid vorlegt.[638]

Die **Klärung des Sonderausgabenabzugs** obliegt allein der Finanzbehörde bzw. dem Finanzgericht.[639]

Steuer-Identifikationsnummer §§ 139a ff. AO

▶ **Hinweis**

Nach dem Steueränderungsgesetz 2015[640] (vormals Gesetz zur Umsetzung der   **1359** Protokollerklärung zum Gesetz zur Anpassung der Abgabenordnung an den Zollkodex der Union und zur Änderung weiterer steuerlicher Vorschriften) ist ein Sonderausgabenabzug von der Angabe der ID-Nummer des Unterhaltsempfängers abhängig.

l) Realsplitting und Wiederheirat

Wenn sich der Unterhaltsanspruch nach Wiederheirat des Verpflichteten nach seinem   **1360** fiktiven Einkommen ohne den Splittingvorteil der neuen Ehe errechnet, ist auch ein

---

636 OLG Hamm, NJW 1997, 2761.
637 BFH, FF 2011, 126; BFH, FuR 2011, 418.
638 OLG Hamm, FuR 2014, 729.
639 OLG Schleswig, FuR 2014, 606.
640 BGBl I 2015, 1834.

etwaiger Realsplittingvorteil auf der Grundlage dieses fiktiv nach der Grundtabelle bemessenen Einkommens zu bestimmen.[641]

1361 Keinen Ausgleichsanspruch gibt es hinsichtlich der, infolge der Zusammenveranlagung mit dem neuen Ehegatten, entstandenen Nachteile, wenn hierüber zuvor keine ausdrückliche Vereinbarung vorliegt. Eine weitergehende Steuerbelastung ist generell Folge der von den Ehegatten gewählten Zusammenveranlagung. Durch die Zusammenveranlagung selbst entsteht kein steuerlicher Nachteil, sondern beide in der neuen Ehe verbundenen Steuerpflichtigen erlangen hierdurch einen Vorteil i.R.d. Splitting Verfahrens. Einem scheinbaren Nachteil, der in einer Heranziehung der Einkünfte des Unterhaltsgläubigers zu einer gemeinsamen Veranlagung liegt, steht der Vorteil des neuen Ehegatten ggü., seine zu versteuernden Einkünfte teilweise auf seinen Ehegatten zu verlagern und dadurch einer günstigeren Besteuerung zuzuführen.[642] Folglich kann bei dieser Konstellation nur der Ausgleich des steuerlichen Nachteils gefordert werden, der dem Unterhaltsgläubiger bei getrennter Veranlagung durch die Besteuerung der Unterhaltsbezüge entstanden wäre. Dieser Nachteil ist fiktiv zu berechnen.

1362 Ebenfalls kein steuerlicher Nachteil ist anzunehmen, wenn der Unterhaltsgläubiger bei einer Zusammenveranlagung mit dem neuen Ehegatten als Gesamtschuldner für die gegen beide Ehegatten festgesetzte Steuer gem. § 44 Abs. 1 AO haftet.[643] Jeder Ehegatte hat es schließlich in der Hand, seine Haftung auf den auf ihn rechnerisch entfallenden Anteil zu begrenzen.

▶ Hinweis

1363 Unterhaltsleistungen an geschiedene oder dauernd getrenntlebende Ehepartner können einkommensteuerlich entweder als Sonderausgabe im Wege des begrenzten Realsplittings oder als Abzug als außergewöhnliche Belastung in Betracht kommen.

1364 Werden i.R.d. Realsplittings von dem Unterhaltsverpflichteten Einkommensteuern an den Unterhaltsberechtigten erstattet, handelt es sich um Unterhaltsleistungen.[644]

1365 Zum nachehelichen Ehegattenunterhalt aus dem Nachlass hat der BFH[645] festgestellt, dass der Erbe des Unterhaltspflichtigen die ihm nach § 1586b BGB obliegende Unterhaltslast ggü. dem geschiedenen früheren Ehegatten des Erblassers nicht als

641 BGH, 23.05.2007 – XII ZR 245/04, FuR 2007, 367 ff.; BGH, FamRZ 2007, 1234; BGH, FuR 2008, 297.
642 BGH, 17.02.2010 – XII ZR 104/07, FamRZ 2010, 717 m. Anm. *Schlünder/Geißler* FamRZ 2010, 801; *Engels* FF 2010, 255 = BGH, FuR 2010, 347 = FamRB 2010, 144 m. Anm. *Christ* FamRB 2010, 145.
643 BGH, 17.02.2010 – XII ZR 104/07, FamRZ 2010, 717 m. Anm. *Schlünder/Geißler* FamRZ 2010, 801.
644 BFH, Beschl. v. 28.11.1007 – XI B 68/07, FamRZ 2008, 888.
645 BFH, 12.11.1997 – X R 83/94, FamRZ 1998, 738.

Sonderausgabe abziehen darf. Die Abzugsberechtigung gem. § 10 Abs. 1a Nr. 1 EStG ist höchstpersönlicher Natur, während die Lage im Verhältnis zum Erben eine völlig andere ist, zumal die Haftung begrenzt ist. Die Aussage des § 45 AO zur Gesamtrechtsnachfolge ist insoweit eingeschränkt.

2. Unterhaltsleistungen als außergewöhnliche Belastungen nach § 33a Abs. 1 EStG

a) Vorbemerkung

Unter die besonderen außergewöhnlichen Belastungen fallen auch Unterhaltsaufwendungen nach § 33a Abs. 1 EStG. Weder der Unterhaltsverpflichtete als Steuerpflichtiger noch eine andere Person darf einen Anspruch auf den Kinderfreibetrag oder Kindergeld haben.   **1366**

Hinweis zur Leistungsfähigkeit: Unterhaltsaufwendungen können nur dann als außergewöhnliche Belastungen berücksichtigt werden, wenn diese in einem angemessenen Verhältnis zum Nettoeinkommen des Unterhaltspflichtigen stehen! Im Wesentlichen gehören zum Nettoeinkommen alle steuerpflichtigen Einkünfte und alle steuerfreien Einnahmen. Das Nettoeinkommen ist ggf. um den Investitionsabzugsbetrag nach § 7g EStG zu erhöhen.[646]   **1367**

Unter **Unterhaltsaufwendungen** versteht man das, was Menschen üblicherweise zum Leben benötigen. Hierunter fallen u.a. Aufwendungen zum Bestreiten des Lebensunterhalts, z.B. für Ernährung, Kleidung und Wohnung.[647] Auch die Aufwendungen für eine gehobene Lebensführung gehören hierzu.   **1368**

Ferner:
– Aufwendungen für die Erstattung von Krankenversicherungsbeiträgen an den geschiedenen Ehepartner[648]
– Aufwendungen für die Rückzahlung von Sozialhilfeleistungen, die der Ehepartner während des Scheidungsverfahrens in Anspruch genommen hat
– Zins- und Tilgungsleistungen auf ein Wohnungsbaudarlehen für das Einfamilienhaus des geschiedenen Ehepartners
– Leistungen für die Unterbringung des Ehepartners im Altenheim[649], wenn die Unterbringung allein wegen des Alters erfolgt
– Aufwendungen für die krankheits- oder behinderungsbedingte Heimunterbringung
– Kapitalabfindungen, mit denen eine Unterhaltsverpflichtung abgelöst wird, jedoch beschränkt auf das Jahr der Zahlung[650]

---

646 BFH, FamRZ 2014, 1458.
647 BFH, BStBl III 1966, 534.
648 S. Bürgerentlastungsgesetz ab VZ 2010 BGBl I 2009, 19; BMF-Schreiben v. 13.09.2010, Tz. 53–107; *Myßen/Wolter* NWB 2009, 3900.
649 FG München, DStRE 2010, 229.
650 BFH, 19.06.2008 – III R 57/05, BStBl II 2009, 361.

- kreditfinanzierte Unterhaltsleistungen im Zeitpunkt der Zahlung, Fahrtkosten für erforderliche Besuche bei einer Betreuungs- bzw. Pflegebedürftigkeit
- Aufwendungen für den Unterhalt für Personen im Ausland[651]
- Aufwendungen für behinderte Kinder[652]
- Unterhaltsleistungen für den bedürftigen, im Inland lebenden, ausländischen Lebensgefährten, wenn dieser bei Inanspruchnahme von Sozialhilfe damit rechnen müsste, keine Aufenthaltsgenehmigung zu erhalten oder ausgewiesen zu werden[653]

b) Voraussetzungen für die Berücksichtigung

aa) Unterhaltsverpflichtung

1369 Die unterstützte Person muss dem Steuerpflichtigen oder seinem Ehegatten ggü. gesetzlich unterhaltsberechtigt sein. Es darf kein Anspruch auf einen Freibetrag nach § 32 Abs. 6 EStG oder auf das Kindergeld bestehen. Die unterhaltenen Personen müssen bedürftig sein.

1370 Unter die Unterhaltsberechtigten fallen Eheleute, z.B. auch bei Grenzpendlern im nicht EU- oder EWR-Raum, der getrenntlebende Ehegatte, der geschiedene Ehegatte, die Eltern, die Kinder, die Großeltern, die Enkelkinder, nicht eheliche Kinder, für ehelich erklärte Kinder, Adoptivkinder und die Mutter eines nicht ehelichen Kindes. **Ausnahme:** Geschwister

1371 Diesen Personen gleichgestellt ist der nicht eheliche Lebenspartner, der Partner einer eingetragenen Partnerschaft[654], soweit bei ihm zum Unterhalt bestimmte öffentliche Mittel, wie z.B. Sozialhilfe, Arbeitslosenhilfe gekürzt werden. Als gleichgestellte Personen kommen insb. Partner einer eheähnlichen Gemeinschaft oder in Haushaltsgemeinschaft mit dem Steuerpflichtigen lebende Verwandte und Verschwägerte in Betracht.[655] Seit dem 01.08.2006 können dies auch Partner einer **gleichgeschlechtlichen Lebensgemeinschaft** sein, § 7 Abs. 3c i.V.m. Abs. 3a SGB II und § 20 SGB XII, sog. sozialrechtliche Bedarfsgemeinschaft.

▶ Hinweis

1372 Nach § 2 Abs. 8 EStG sind die Regelungen des Einkommensteuergesetzes zu Ehegatten und Ehen auch auf **eingetragene Lebenspartner und Lebenspartnerschaften** anzuwenden. Die Änderungen im Einkommensteuergesetz sind am 19.07.2013

---

651 BMF-Schreiben, DStR 2010, 1232; Opfergrenze beachten.
652 BFH, DStRE 2010, 794: für die Frage der Zwangsläufigkeit bei Unzumutbarkeit des Einsatzes eigenen Vermögens; *Hillmer* ZFE 2010, 369.
653 BFH, BStBl II 2007, 41.
654 BFH, BStBl II 2006, 883.
655 BFH, BStBl II 2003, 187; auch im Ausland lebende Schwiegereltern BFH, 27.07.2011 – VI R 13/10, FamRZ 2011, 1793.

infolge des Gesetzes zur Änderung des Einkommensteuergesetzes rückwirkend zum VZ 2001 in Umsetzung der Entscheidung des BVerfG vom 07.05.2013[656] in Kraft getreten. Die Rückwirkung bezieht sich auf alle Lebenspartner, deren Veranlagung noch nicht bestandskräftig durchgeführt ist.[657] § 1353 Abs. 1 Satz 1 BGB ist durch das Gesetz zur Einführung des Rechts auf Eheschließung für Personen gleichen Geschlechts neu gefasst worden. Ab dem 01.10.2017 wird gleichgeschlechtlichen Paaren die Eheschließung mit allen Rechten und Pflichten ermöglicht. Gleichzeitig können bisher bestehende eingetragene Lebenspartnerschaften in eine Ehe umgewandelt, neue eingetragene Lebenspartnerschaften aber nicht mehr begründet werden. Paare, die schon vor dem 01.10.2017 eine Lebenspartnerschaft geschlossen haben, können wählen, ob sie in der bisherigen Form weiterleben oder ihre Partnerschaft in eine Ehe umwandeln wollen. Dies ermöglicht § 20a LpartG. Für eingetragene Partnerschaften, die nicht in eine Ehe umgewandelt werden, gilt weiterhin § 2 Abs. 8 EStG, wonach die Regelungen des EStG auch auf Lebenspartner und Lebenspartnerschaften anzuwenden sind.[658]

bb) Bedürftigkeit

Unter **Bedürftigkeit** wird verstanden, wenn die Unterhaltsberechtigten keine oder nur geringe eigene Einkünfte und Bezüge haben und auch kein oder nur ein geringes eigenes Vermögen besitzen.　　　**1373**

Unter dem Begriff **Bezüge** sind alle Einnahmen in Geld oder Geldeswert, die nicht i.R.d. einkommensteuerrechtlichen Einkünfteermittlung erfasst werden, also nicht steuerbare sowie grds. steuerfreie Einnahmen, zu verstehen.[659] Hierzu zählen:　**1374**
- die Teile von Leibrenten, die den Besteuerungsanteil nach § 22 Nr. 1 Satz 3 Buchstabe a Doppelbuchstabe aa EStG übersteigen, der sog. Rentenfreibetrag
- Renten aus der gesetzlichen Unfallversicherung
- Wehrsold nach § 3 Nr. 5 EStG
- Versorgungsfreibetrag inkl. Zuschlag nach § 19 Abs. 2 EStG
- Sparerfreibetrag nach § 20 Abs. 4 EStG
- Zuschüsse eines Trägers der gesetzlichen Rentenversicherung zu den Aufwendungen eines Rentners für seine Krankenversicherung, Wohngeld nach dem Wohngeldgesetz
- § 3 Nr. 58 EStG, pauschal besteuerte Bezüge nach § 40a EStG, die nach § 3 Nr. 40 und Nr. 40a EStG steuerfrei bleibenden Beträge.

656　BVerfG, FamRZ 2013, 1103.
657　S. hierzu a. BMF-Schreiben v. 31.07.2013 – IV C 1 – S 1910/13/10065:001.
658　Www.bgbl.de/xaver/bgbl/start.xav?startbk=Bundesanzeiger_BGBl&jumpTo=bgbl117s2787.pdf#__bgbl__%2F%2F*%5B%40attr_id%3D%27bgbl117s2787.pdf%27%5D__1507187408127.
659　DA-FamEStG 63.4.2.3 Abs. 1 = Dienstanweisung zur Durchführung des steuerlichen Familienausgleichs nach dem X. Abschnitt des EStG.

1375 I.d.R. wird ein **Vermögen** bis zu einem gemeinen Wert, d.h. Verkehrswert von 15.500 EUR, als geringfügig angesehen.

1376 Ein **angemessenes Hausgrundstück** i.S.d. § 90 Abs. 2 Nr. 8 SGB XII, das vom Unterhaltsberechtigten bewohnt wird, bleibt als sog. »Schonvermögen« außer Betracht[660]. Gleiches gilt für eine angemessene selbst genutzte Eigentumswohnung.[661]

1377 Durch das Amtshilferichtlinie-Umsetzungsgesetz[662] ist § 33a Abs. 1 Satz 4 EStG dahingehend ergänzt worden, dass ein angemessenes Hausgrundstück i.s.v. § 90 Abs. 2 Nr. 8 SGB XII unberücksichtigt bleibt. Die Angemessenheit bestimmt sich nach der Zahl der Bewohner, dem Wohnbedarf (z.B. behinderter, blinder oder pflegebedürftiger Menschen), der Grundstücksgröße, der Hausgröße, dem Zuschnitt und der Ausstattung des Wohngebäudes sowie dem Wert des Grundstücks einschließlich des Wohngebäudes.

cc) Höhe des berücksichtigungsfähigen Unterhalts

1378 Der in § 33a Abs. 1 Satz 1 EStG festgelegte Betrag für Unterhaltsaufwendungen für unterhaltsberechtigte Personen beträgt ab VAZ 2010: 8.004 € (von VAZ 2004 bis 2009: 7.680 €), ab VAZ 2013: 8.130 €, ab VAZ 2014: 8.354 €, ab VAZ 2015: 8.472 €, ab VAZ 2016: 8.652 €, ab VAZ 2017: 8.820 € und ab VAZ 2018: 9.000 €.[663]

1379 Nach § 33a Abs. 1 Satz 2 EStG erhöht er sich um die notwendig und tatsächlich erbrachten Aufwendungen für die weiter unten dargestellte Kranken- und Pflegeversicherung nach § 10 Abs. 1 Nr. 3 Satz1 EStG.[664]

1380 Die von einer privaten Krankenversicherung **rückvergüteten Beiträge** mindern die im Folgejahr als Sonderausgaben geltend gemachten Beiträge zur Kranken- und Pflegeversicherung.[665]

1381 Der im Rahmen eines privaten Krankenversicherungsverhältnisses vereinbarte **Selbstbehalt** stellt keinen Beitrag zur Krankenversicherung dar und kann nicht nach § 10 Abs. 1 Nr. 3a EStG als Vorsorgeaufwendung berücksichtigt werden.[666]

dd) Anrechnung der Bezüge

1382 Erhält der Unterhaltsberechtigte eigene Einkünfte und Bezüge, die zur Bestreitung des Unterhalts bestimmt oder geeignet sind, vermindert sich der Höchstbetrag

---

660 R 33a Abs. 2 Nr. 2 EStR 2005, H 33a.1, geringes Vermögen, EStH.

661 BFH/NV 2006, 1069.

662 BGBl I 2013, 1809.

663 § 33a Abs. 1 Satz 1 EStG in der Fassung des Artikels 8 des Gesetzes zur Umsetzung der Änderungen der EU-Amtshilferichtlinie und von weiteren Maßnahmen gegen Gewinnkürzungen und -verlagerungen v. 20.12.2016 (BGBl I 2016, 3000), erstmals anzuwenden ab Inkrafttreten am 01.012017 – s. Art. 19 Abs. 2 des Gesetzes v. 20.12.2016.

664 *Perleberg-Kölbel* FuR 2010, 18.

665 FG Düsseldorf, 06.06.2014 – 1 K 2873/13 E, JurionRS 2014, 19970.

666 FG Niedersachsen, 06.05.2014 – 9 K 265/12, JurionRS 2013, 57687.

entsprechend § 33a Abs. 1 Satz 4 EStG sowie nach § 33a Abs. 1 Satz 5 EStG um die von der unterhaltenen Person als Ausbildungshilfe aus öffentlichen Mitteln oder von Förderungseinrichtungen, die hierfür öffentliche Mittel erhalten, bezogenen Zuschüsse, soweit sie **624 EUR/Kalenderjahr** übersteigen. Bezüge sind auch steuerfreie Gewinne nach §§ 14, 16 Abs. 4 EStG, §§ 17 Abs. 3 und 18 Abs. 3 EStG, steuerfrei bleibende Einkünfte nach § 19 Abs. 2 EStG sowie Sonderabschreibungen und erhöhte Absetzungen, soweit sie die höchstmöglichen Absetzungen für Abnutzung nach § 7 EStG betragsmäßig überschreiten.

▶ **Beispiel**

Unterhaltsschuldner U zahlt im Kalenderjahr 2012 an seine von ihm getrennt lebende **1383** Ehefrau F Unterhalt i.H.v. jährlich 8.004 €.

F hat eigene Einkünfte und Bezüge i.H.v. 1.000 €.

Wie hoch sind die von U geltend zu machenden außergewöhnlichen Belastungen?

Muss F die Unterhaltsleistungen versteuern?

Lösung

Die abziehbare außergewöhnliche Belastung wird bei U wie folgt ermittelt:

ungekürzter Höchstbetrag 8.004 €

<u>Einkünfte und Bezüge der F</u> 1.000 €

übersteigen den anrechnungsfreien Betrag von 624 €

um (= anzurechnende Einkünfte und Bezüge) – 376 €

<u>gekürzter Höchstbetrag (8.004 € – 376 €)</u> 7.628 €

abziehbare außergewöhnliche Belastung 7.628 €

▶ **Variante**

Wie sähe es aus, wenn U auch Kosten für eine Basiskranken- und Pflegeversicherung **1384** für F i.H.v. 3.000 € zahlt?

Lösung Variante

Für den Fall, dass U darüber hinaus Kosten für eine Basiskranken- und Pflegeversicherung für F i.H.v. 3.000 € gezahlt hat, könnte er weitere 3.000 € als außergewöhnliche Belastung i.S.v. § 33a Abs. 1 Satz 1 und 2 EStG berücksichtigen lassen.

Bei der Ermittlung von Einkünften und Bezügen der unterhaltenen Person sind auch im Jahr 2012 die Beiträge zur gesetzlichen Renten- und Arbeitslosenversicherung mindernd abzuziehen.[667]

---

667 FG Sachsen, 14.08.2013 – 2 K 946/13, JurionRS 2013, 44924; Rev. zugelassen.

1385 Durch das Steuervereinfachungsgesetz 2011[668] entfällt die Einbeziehung der, **der Abgeltung unterliegenden, Einkünfte** in die Ermittlung der eigenen Einkünfte und Bezüge infolge des Wegfalls von § 2 Abs. 5b Satz 2 Nr. 2 EStG. **Bei Selbstständigen** ist die Berechnung der abziehbaren Unterhaltsleistungen auf der Grundlage eines Dreijahreszeitraums vorzunehmen. Steuerzahlungen sind von dem zugrunde zu legenden Einkommen grds. in dem Jahr abzuziehen, in dem sie an das Finanzamt geleistet werden.[669]

1386 Liegen innerhalb eines Jahres für **einige Kalendermonate** die Voraussetzungen für eine außergewöhnliche Belastung nicht vor, ermäßigen sich der Höchstbetrag von 8.004 € und der anrechnungsfreie Betrag von 624 € um je 1/12 für jeden vollen Kalendermonat, § 33a Abs. 3EStG.

1387 Aus **Vereinfachungsgründen** sind bei der Feststellung dieser anrechenbaren Bezüge als Kostenpauschale insg. 180 € im Kalenderjahr abzuziehen, wenn nicht höhere Aufwendungen, die in Zusammenhang mit dem Zufluss der entsprechenden Einnahmen stehen, nachgewiesen oder glaubhaft gemacht werden, R 33a.4 EStR.

▶ Hinweis

1388 Das Elterngeld zählt bei der Berechnung des abzugsfähigen Unterhaltshöchstbetrags in vollem Umfang und damit einschließlich des Sockelbetrags (§ 2 Abs. 4 BEEG) zu den anrechenbaren Bezügen des Unterhaltsempfängers i.S.d. § 33a Abs. 1 Satz 5 EStG a.F.[670]

c) Auslandsbezug

1389 Werden Personen unterhalten, die ihren Wohnsitz im Ausland haben, können nach § 33a Abs. 1 Satz 6 EStG Unterhaltsaufwendungen nur insoweit abgezogen werden, als sie nach den **Verhältnissen des Wohnsitzstaates** der unterhaltenen Person notwendig und angemessen sind. Hierbei wird allerdings die gesetzliche Unterhaltsverpflichtung nach inländischen Maßstäben beurteilt.[671]

1390 Bestimmte Voraussetzungen sind zu erfüllen, um als abzugsfähige Aufwendungen anerkannt zu werden. Die Unterhaltsempfänger müssen ggü. dem Steuerpflichtigen oder seinem Ehegatten nach **inländischem Recht** unterhaltsberechtigt sein, § 33a Abs. 1 Satz 1, 5 Halbs. 2 EStG.[672]

1391 Die Angemessenheit und Notwendigkeit von Unterhaltsleistungen an Unterhaltsempfänger ist anhand des Pro-Kopf-Einkommens zu ermitteln.[673]

---

668 BStBl I 2011, 2131.
669 BFH, 28.03.2012 – VI R 31/11, BFH/NV 2012, 1233–1234.
670 BFH, 20.10.2016 – VI R 57/15; veröffentlicht am 14.12.2016, BFH/NV 2017, 218–220.
671 BFH, DB 2010, 2026.
672 BFH, BStBl II 2002, 760.
673 BFH, BFHE 2011, 571; BFH, FamRZ 2011, 562.

Die **Bedürftigkeit** darf nach der sog. konkreten Betrachtungsweise nicht typisierend   **1392** unterstellt werden. Außer den zivilrechtlichen Voraussetzungen sind zusätzlich auch Unterhaltskonkurrenzen zu prüfen.[674]

Die **Unterhaltsempfänger** dürfen keine Kinder sein, für die Ansprüche auf Freibe-   **1393** träge für Kinder nach § 32 Abs. 6 EStG oder Kindergeld bestehen, § 33a Abs. 1 Satz 3 EStG; ebenso wenig nicht dauernd getrenntlebende und nicht unbeschränkt einkommensteuerpflichtige Ehepartner, mit denen kein Veranlagungswahlrecht nach § 26 Abs. 1 Satz 1 i.V.m. § 1a Abs. 1 Nr. 2 EStG oder ausnahmsweise nach § 26c EStG besteht.

Der geschiedene oder getrenntlebende Ehepartner des Steuerpflichtigen darf **kei-**   **1394** **nen Sonderausgabenabzug** nach § 10 Abs. 1a Nr. 1 i.V.m. § 1a Abs. 1 Nr. 1 EStG beantragen.

Die Feststellungslast trägt der steuerpflichtige Unterhaltsschuldner. Dieser hat sich im   **1395** Hinblick auf die Tatbestände im Ausland in besonderem Maße um eine Aufklärung und Beschaffung geeigneter, in besonderen Fällen auch zusätzlicher Beweismittel gem. § 90 Abs. 2 AO, zu kümmern.

Die Unterhaltsbedürftigkeit der unterhaltenen Personen im Ausland muss **nachgewie-**   **1396** **sen** werden. Das Verwandtschaftsverhältnis, der Name, der Geburtsort, die berufliche Tätigkeit, die Anschrift, der Familienstand, weitere im Haushalt lebende Personen, Art und Umfang der eigenen Einnahmen einschließlich der Unterhaltsleistungen von dritter Seite und das Vermögen im Kalenderjahr der Unterhaltsleistung sind bekannt zu geben.

Bei einer **erstmaligen Antragstellung** müssen detaillierte Angaben dazu gemacht wer-   **1397** den, wie der Unterhalt bisher bestritten worden ist, welche jährlichen Einnahmen vor der Unterstützung bezogen worden sind, ob eigenes Vermögen vorhanden war und welcher Wert hiervon auf Grundeigentum entfällt. Geeignete Unterlagen müssen vorgelegt werden (z.B. Steuerbescheide, Rentenbescheide, Verdienstbescheinigungen oder Bescheide der ausländischen Arbeits- oder Sozialverwaltung). Weiter sind Dritte zu benennen, die auch zum Unterhalt beitragen. Darüber hinaus sind Angaben dazu erforderlich, welche Unterhaltsleistungen diese erbracht haben sowie ab wann und aus welchen Gründen die unterhaltene Person selbst nicht für ihren Lebensunterhalt aufkommen konnte. Überweisungsbelege sind zum Nachweis geeignet.[675]

---

674 Änderung der Rspr. BFH, DB 2010, 1916; zur Prüfung der Erwerbsobliegenheit der Ehefrau bei Unterhaltszahlungen im Ausland: BFH, NJW 2011, 414.
675 S.a. BMF-Schreiben v. 07.06.2010 – IV C 4 – S 2285/07/006:001, DOK 2010, 0415753, DStR 2010, 1232.

1398 Unterhaltszahlungen können nicht auf Monate vor der eigentlichen Zahlung **zurück-bezogen** werden.[676] Zur Unterhaltsbedürftigkeit von Eltern im Ausland bedarf es der Glaubhaftmachung.[677]

1399 Erfüllen **mehrere Steuerpflichtige** die Voraussetzungen für einen Freibetrag nach § 33a Abs. 1 EStG und tragen sie gemeinsam zu dem Unterhalt und/oder einer in der Berufsausbildung befindlichen Person bei, wird bei jedem der Teil des sich hieraus ergebenden Betrages abgezogen, der seinem Anteil am Gesamtbetrag der Leistungen entspricht, § 33a Abs. 1 Satz 7 EStG.

1400 Ergänzend zu den BMF-Schreiben v. 07.06.2010 gilt nach § 23 Aufenthaltsgesetz (AufenthG) Folgendes:

Aufwendungen für den Unterhalt von Personen, die eine **Aufenthalts- oder Niederlassungserlaubnis nach § 23 AufenthG** haben, können – unabhängig von einer gesetzlichen Unterhaltsverpflichtung – nach § 33a Abs. 1 Satz 3 EStG berücksichtigt werden.

1401 Voraussetzung ist, dass der Steuerpflichtige eine Verpflichtungserklärung nach § 68 AufenthG abgegeben hat und sämtliche Kosten zur Bestreitung des Unterhalts übernimmt. Die Gewährung von Leistungen bei Krankheit, Schwangerschaft und Geburt nach § 4 Asylbewerberleistungsgesetzes (AsylbLG) ist unschädlich. Werden Kosten durch einen Dritten (z.B. Verein) ersetzt, ist dies mindernd zu berücksichtigen.

1402 Ist die unterhaltene Person in den Haushalt des Steuerpflichtigen aufgenommen, kann regelmäßig davon ausgegangen werden, dass hierfür Unterhaltsaufwendungen i.H.d. maßgeblichen Höchstbetrags erwachsen.[678]

▶ **Hinweis zur Steuer-Identifikationsnummer gem. §§ 139a ff. AO**

1403 Ab **VAZ 2015** ist der Abzug der Unterhaltsleistungen zur Vermeidung eines Missbrauchs nur noch möglich, wenn die Steuer-Identifikationsnummer der unterhaltenen Person in der Steuererklärung des Leistenden genannt wird, sofern der Empfänger der unbeschränkten oder beschränkten Steuerpflicht unterliegt § 33a Abs. 1 Satz 9–11 EStG.

d) Versteuerung

1404 Die Unterhaltsleistungen, die als eine außergewöhnliche Belastung berücksichtigt werden, sind von den Unterhaltsberechtigten im Gegensatz zum begrenzten Realsplitting keine sonstigen Einkünfte i.S.v. § 22 Nr. 1a EStG. Eine Zustimmung von Seiten des Unterhaltsberechtigten ist nicht erforderlich.

---

676 BFH, BFHE 2010, 123.
677 BFH, FamRZ 2011, 372.
678 BMF-Schreiben v. 25.05.2015 – IV C 4 – S 2285/07/0003:006 DOK 2015/0432662, www.bundesfinanzministrium.de

3. Vorsorge bei minderjährigen unverheirateten Kindern

Zur Absicherung einer angemessenen Altersvorsorge[679] kann insb. der nichtselbst- 1405
ständig Erwerbstätige eine zusätzliche Altersvorsorge von bis zu 4 % seines jeweiligen
Gesamtbruttoeinkommens[680] des Vorjahres, ggü. Ansprüchen auf Elternunterhalt von
bis zu 5 % seines Bruttoeinkommens betreiben.[681]

Andere Personen können Aufwendungen für eine angemessene Altersversorgung von 1406
bis zu 24 % des Gesamtbruttoeinkommens, beim Elternunterhalt von bis zu 25 %
einkommensmindernd geltend machen.

Beiträge zur gesetzlichen Rentenversicherung: Beiträge zur gesetzlichen Rentenver- 1407
sicherung bestehen aus dem Arbeitnehmer- und dem Arbeitgeberanteil. Auch der
Arbeitgeberanteil in der gesetzlichen Rentenversicherung zählt zu den abzugsfähigen
Altersvorsorgeaufwendungen.

Altersvorsorgeaufwendungen können bis zu 20.000 € von Ledigen und bis zu 1408
40.000 € von Verheirateten als Sonderausgaben abgesetzt werden. In den Jahren 2005
bis 2024 sind die Beiträge allerdings nur mit einem bestimmten Prozentsatz bis zu
einem entsprechenden anteiligen Höchstbetrag absetzbar.

Im Jahre 2014 sind dies 78 % der eingezahlten Beträge, höchstens jedoch 15.600 € 1409
bei Ledigen und 31.200 € bei Verheirateten. Der Abzugssatz steigt jedes Jahr um 2 %.

Die Beiträge zur gesetzlichen Rentenversicherung trägt zur Hälfte der Arbeitgeber, 1410
den Rest der Arbeitnehmer. Der Arbeitgeberanteil ist steuerfrei. Von den errechneten
78 % der Altersvorsorgeaufwendungen ist daher der Arbeitgeberanteil komplett wieder abzuziehen.

▶ **Beispiel**

AN zahlt 5.000 € in die Rentenversicherung ein, der AG zahlt den gleichen Teil. 1411
Von diesen 10.000 € Jahresbeitrag ist der abzugsfähige Anteil des AN (78 %)
7.800 €. Da hiervon jedoch der Arbeitgeberanteil bereits steuerfrei ist, ist dieser
wieder abzuziehen. Es bleiben 2.800 €, die sich tatsächlich steuermindernd
auswirken.

Nach einer Entscheidung des OLG Brandenburg [682] hat bei **Sparvermögen** i.R.d. 1412
Unterhaltspflicht ggü. minderjährigen unverheirateten Kindern eine Gesamtabwä-
gung zu erfolgen. Rücklagen auf ein Sparkonto können als zusätzliche Altersvorsorge
nicht in Betracht kommen, wenn mit der Rücklagenbildung für eine Altersvorsorge
erst nach der Trennung begonnen wird.

---

679 Vgl. zur Einkommensteuerrechtlichen Behandlung von Vorsorgeaufwendungen BMF-
   Schreiben v. 24.05.2017 – IV C 3 – S 2221/16/10001:004, www.bundesfinanzministe-
   rium.de
680 BGH, FamRZ 2005, 1817; BGH, FamRZ 2008, 963; BGH, FamRZ 2009, 1207.
681 BGH, FamRZ 2004, 792; BGH, FamRZ 2006, 1511.
682 OLG Brandenburg, FamRZ 2014, 219 m.H.a. BGH, FamRZ 2013, 617.

IV. Zu versteuerndes Einkommen nach § 2 Abs. 5 EStG

1. Überblick zum zu versteuernden Einkommen

1413 Das zu versteuernde Einkommen ergibt sich aus dem Einkommen, vermindert um die Freibeträge für Kinder und den Härteausgleich.

Einkünfte aus Land- und Forstwirtschaft gem. § 13 EStG

+   Einkünfte aus Gewerbebetrieb gem. § 15 EStG

+   Einkünfte aus selbstständiger Arbeit gem. § 18 EStG

+   Einkünfte aus nichtselbstständiger Arbeit gem. § 19 EStG

+   Einkünfte aus Kapitalvermögen gem. § 20 EStG

+   Einkünfte aus Vermietung und Verpachtung gem. § 21 EStG

+   sonstige Einkünfte i.S.d. § 22 EStG

=   Summe der Einkünfte gem. § 2 Abs. 2 EStG

–   Altersentlastungsbetrag nach § 24a EStG

–   Entlastungsbetrag für Alleinerziehende nach § 24b EStG

–   Freibetrag für Land- und Forstwirte nach § 13 Abs. 3 EStG
     + Hinzurechnungsbetrag nach § 52 Abs. 3 Satz 3 EStG sowie § 8 Abs. 5 Satz 2 AlG

=   Gesamtbetrag der Einkünfte nach § 2 Abs. 3 EStG

–   Verlustabzug nach § 10d EStG

–   Sonderausgaben nach §§ 10, 10a, 10b, 10c EStG

–   außergewöhnliche Belastungen nach §§ 33–33b EStG

–   sonstige Abzugsbeträge wie z.B. nach § 7 FördG

+   Erstattungsüberhänge nach § 10 Abs. 4b Satz 3 EStG + zuzurechnendes Einkommen
     gem. § 15 Abs. 1 AStG

=   Einkommen nach § 2 Abs. 4 EStG

–   Freibeträge für Kinder nach §§ 31, 32 Abs. 6 EStG

–   Härteausgleich nach § 46 Abs. 3 EStG, § 70 EStDV

=   zu versteuerndes Einkommen nach § 2 Abs. 5 EStG

1414 Wenn die Freibeträge günstiger sind als das Kindergeld, werden i.R.d. Veranlagung die Freibeträge nach § 32 Abs. 6 EStG bei der Ermittlung des zu versteuernden Einkommens abgezogen und das gezahlte Kindergeld wie auch die gezahlten Altersvorsorgezulagen der tariflichen Einkommensteuer hinzugerechnet (§ 2 Abs. 6 Satz 3 EStG).

2. Freibeträge für Kinder/Kindergeld/Günstigerprüfung

Der Familienleistungsausgleich stellt in den Vordergrund, dass Familien durch die **1415** Geburt und Erziehung von Kindern Leistungen für die Gesellschaft erbringen. Diese sollen ausgeglichen werden, weil dies nicht über den Markt geschehen kann. Einkommensteuerlich werden Kinderfreibeträge und das Kindergeld seit 1996 unter dem Titel **Familienleistungsausgleich** geführt. Das Bundesfamilienministerium nennt als Instrumente des Familienleistungsausgleichs das Kindergeld, die steuerliche Freistellung von Kinderbetreuungskosten, das Elterngeld, Betreuungsgeld, die beitragsfreie Mitversicherung von Kindern in der Kranken- und Pflegeversicherung sowie die Anrechnung von Kindererziehungszeiten in der gesetzlichen Rentenversicherung. § 2 Abs. 8 EStG wurde durch das Gesetz zur Änderung des Einkommensteuergesetzes in Umsetzung der Entscheidung des BVerfG v. 07.05.2013[683] neu in das Gesetz aufgenommen. Ein BMF-Schreiben v. 17.01.2014 regelt die Auslegung des Gesetzes und stellt klar, dass Lebenspartner mit Kindern bei der Zusammenveranlagung genauso behandelt werden wie Eheleute. Dazu gehört auch, dass eingetragene Lebenspartner grds. die doppelten Kinderfreibeträge erhalten. Das BMF-Schreiben erläutert ebenso die unterschiedlichen praktischen Fallkonstellationen wie die Stiefkind- und Fremdkindadoption.

a) Freibeträge für Kinder

Zu den Freibeträgen[684] nach § 32 Abs. 6 EStG gehören: **1416**

– der Kinderfreibetrag,

– der Betreuungsfreibetrag und

– der Freibetrag für den Betreuungs- und Erziehungs- oder Ausbildungsbedarf.

---

683 BGBl I 2013, 2397.

684 S. den Erlass der Dienstanweisung zum Kindergeld nach dem Einkommensteuergesetz (DA-KG) Bundeszentralamt für Steuern, 01.07.2014 – St II 2 – S 2280-DA/14/00004. www.bzst.de/.../Steuern.../Kindergeld.../Dienstanweisung/20140722_DAwww.bzst. de/.../Steuern.../Kindergeld.../Dienstanweisung/20140722_DA. Die DA-KG Stand *2017* regelt die Anwendung der seit dem 01.01.2017 geltenden und für die Durchführung des Familienleistungsausgleichs nach dem X. Abschnitt des *EStG* relevanten Vorschriften. Die vorgenommenen Änderungen berücksichtigen den ausgewählten aktuellen Stand der im Bundessteuerblatt bis zum **13.02.2017** veröffentlichten höchstrichterlichen Rechtsprechung, BMF-Schreiben und Weisungen des Bundeszentralamtes für Steuern. *Die DA-KG 2017 regelt nicht die Anwendung der durch das Gesetz zur Beendigung der Sonderzuständigkeit der Familienkassen des öffentlichen Dienstes im Bereich des Bundes zum 14.12.2016 eingetretenen Änderungen zu § 68 Abs. 4 und § 72 Abs. 1 EStG sowie zu § 5 Abs. 1 Nr. 11 FVG. Insoweit gilt die Weisung des BZSt vom 14.12.2016 – BStBl I, 1429.* Die DA-KG *2017* gibt auch die Rechtslage der Jahre 2013 bis 2016 wieder. Sie ist in allen noch nicht bestandskräftig festgesetzten Kindergeldfällen anzuwenden, soweit die zeitliche Anwendbarkeit nicht beispielsweise durch Gesetz oder innerhalb der Dienstanweisung selbst ausdrücklich eingeschränkt wird; A 19.5.2 Abs. 2 DA-KG 2017.

Die Gewährung der Freibeträge hängt davon ab, dass ein Kind nach § 32 Abs. 3, 4, 5 oder 6 EStG zu berücksichtigen ist.

1417 **Kinder** i.S.d. § 32 Abs. 1 EStG sind im ersten Grad mit dem Steuerpflichtigen verwandte Kinder und Pflegekinder.

1418 Ab dem Veranlagungszeitraum 1994 kommt es nicht mehr darauf an, dass das Kind unbeschränkt steuerpflichtig ist.

1419 Eine Berücksichtigung von Kindern ist abhängig von deren Alter, wobei ab 18 Jahren noch weitere Voraussetzungen erfüllt sein müssen.

1420 Es werden **fünf Gruppen von Kindern** nach dem Einkommensteuergesetz unterschieden:
– Kinder unter 18 Jahren (§ 32 Abs. 3 EStG)
– Kinder von 18 bis 24 Jahren (§ 32 Abs. 4 Nr. 2 EStG)
– Kinder von 18 bis 20 Jahren (§ 32 Abs. 4 Nr. 1 EStG)
– Behinderte Kinder (§ 32 Abs. 4 Nr. 3 EStG)
– Kinder über 21 bzw. über 24 Jahre (§ 32 Abs. 5 EStG)

aa) Höhe des Kinderfreibetrages

1421 Der Kinderfreibetrag beträgt für jedes zu berücksichtigende Kind des einzelnen Steuerpflichtigen von VAZ 2010 bis VAZ 2014 2.184 € jährlich bzw. bei zusammenveranlagten Eltern 4.368 € jährlich (§ 32 Abs. 6 Satz 1, 2 EStG). Ab VAZ 2015 erhöht sich der Betrag je Elternteil auf 2.256 € und ab 2016 auf 2.304 €. An den doppelten Freibetrag wird nach der Unterhaltsreform der Mindestunterhalt nach § 1612 BGB geknüpft.[685]

1422 Aufgrund des Gesetzes zur Umsetzung der Änderungen der EU-Amtshilferichtlinie und von weiteren Maßnahmen gegen Gewinnkürzungen und -verlagerungen vom 20.12.2016 beträgt er ab **VZ 2017** 2.358 € und bei einer Zusammenveranlagung 4.716 €.[686]

1423 **Überblick**

Jahr	Summe je Kind (für Eltern)	Betreuungs-Freibetrag (je Elternteil)	Kinderfreibetrag (je Elternteil)	Sächliches Existenzminimum
1983 bis 1985	432 DM			
1986 bis 1989	2.484 DM			
1990 bis 1991	3.024 DM			
1992 bis 1995	4.104 DM			

---

685 Vgl. hierzu *Soyka* FuR 2008, 157 ff.
686 BGBl I, 2016, 3000.

Jahr	Summe je Kind (für Eltern)	Betreu-ungs-Freibetrag (je Elternteil)	Kinderfreibe-trag (je Elternteil)	Sächliches-Existenzmini-mum
1996	6.264 DM			
1997 bis 1999	3.534 € (6.912 DM)			
2000 bis 2001	5.080 € (9.936 DM)	0.774 €		
2002 bis 2007	5.808 €	1.080 €	1.824 €	
2008				
2009	6.024 €	1.080 €	1.932 €	3.864 €
2010 bis 2013	7.008 €	1.320 €	2.184 €	
2014				
2015	7.152 €			2.256 €
2016 …	7.248 €			2.304 €

▶ **Hinweis**

Ab **VAZ 2017** beträgt der Kinderfreibetrag je Elternteil 2.358 €.   **1424**

bb) Zwölftelung

Es ist eine Zwölftelung vorzunehmen, wenn das Kind nicht das gesamte Jahr über zu   **1425**
berücksichtigen ist (§ 32 Abs. 6 Satz 5 EStG).

cc) Eigene Einkünfte des Kindes

Ein Anspruch auf den Kinderfreibetrag und das Kindergeld besteht ab VAZ 2012   **1426**
infolge des Steuervereinfachungsgesetzes 2011 unabhängig von den Einkünften und
Bezügen des Kindes. Nach Abschluss einer erstmaligen Berufsausbildung und eines
Erststudiums wird ein Kind auch dann berücksichtigt, wenn es keiner Erwerbstätigkeit nachgeht.

Eine Erwerbstätigkeit mit bis zu 20 Stunden regelmäßiger wöchentlicher Arbeitszeit,   **1427**
ein Ausbildungsdienstverhältnis oder ein geringfügiges Beschäftigungsverhältnis i.S.d.
§§ 8 und 8a des SGB IV sind hierbei nicht schädlich (§ 32 Abs. 4 EStG).

dd) Auslandskinder

Fragen unbeschränkter Steuerpflicht spielen vorab bei der generellen Berücksichti-   **1428**
gungsfähigkeit eines Kindes keine Rolle, vgl. BMF-Schreiben v. 07.06.2010.[687] Die
Anspruchsvoraussetzungen sind, je nach Nationalität und Wohnsitz/gewöhnlicher
Aufenthalt der Eltern, unterschiedlich. Ein Anspruch kann sich aus § 62 EStG, EU-/

---

687 BMF-Schreiben v. 07.06.2010 – IV C 4 – S 2285/07/0006: 001; BStBl I 2010, 582.

EWR-Vorschriften, Freizügigkeits-Abkommen sowie Sozialabkommen herleiten. Ausländer müssen grds. die Voraussetzungen des § 62 Abs. 2 EStG erfüllen. Dieser beinhaltet aufenthaltsrechtliche Anspruchsvoraussetzungen.

1429 Kindergeldberechtigt nach § 62 EStG sind auch freizügigkeitsberechtigte Ausländer. Dabei handelt es sich um Staatsangehörige der EU- bzw. EWR-Staaten[688] und ihre Familienangehörigen, deren Rechtsstellung vom FreizügG/EU erfasst wird, § 1 Abs. 2 Nr. 1 AufenthG[689] i.V.m. § 2 Abs. 2 FreizügG/EU.[690]

1430 Für einen deutschen Elternteil besteht Anspruch auf Kindergeld, wenn er nach § 1 Abs. 2 EStG unbeschränkt steuerpflichtig ist (z.B. als Auslandsbeamter), § 62 Abs. 1 Nr. 2a EStG.

1431 Elternteile ohne Wohnsitz oder gewöhnlichen Aufenthalt im Inland, die nach § 1 Abs. 3 EStG der erweiterten unbeschränkten Steuerpflicht unterliegen (sog. **Grenzpendler**), besitzen nach § 62 Abs. 1 Nr. 2b EStG ebenso einen Anspruch auf Kindergeld.

1432 Haben kindergeldberechtigte Eltern Berührungspunkte zu verschiedenen EU-Staaten, kann es zu **konkurrierenden Kindergeldansprüchen** in den EU-Mitgliedsländern kommen. Es steht den EU-Ländern frei, eigene Regeln für den Anspruch auf Leistungen und Dienste festzulegen. Jedes Land gewährt bestimmte Familienleistungen, deren Höhe und die dafür geltenden Bedingungen aber sehr unterschiedlich sind. In einigen Ländern werden regelmäßige Zahlungen geleistet, während in anderen Ländern anstelle von Zahlungen je nach Familiensituation steuerliche Vergünstigungen zum Tragen kommen. In diesen Fällen ist der Anspruchsvorrang anhand von EU-Verordnungen zu klären.

1433 Seit dem 01.05.2010 wird die EWG-VO Nr. 1408/71[691] grds. von der VO (EG) Nr. 883/2004[692] abgelöst.[693] Die EWG-VO Nr. 1408/71 gilt in den EU- und EWR-Staaten nur noch für Personen, die nicht vom persönlichen Geltungsbereich

---

688 Zur EU bzw. zum EWR gehören neben der Bundesrepublik Deutschland folgende Staaten: Belgien, Bulgarien, Dänemark, Estland, Finnland, Frankreich, Griechenland, Großbritannien, Irland, Island, Italien, Kroatien, Lettland, Liechtenstein, Litauen, Luxemburg, Malta, Niederlande, Norwegen, Polen, Österreich, Portugal, Rumänien, Schweden, Slowakei, Slowenien, Spanien, Tschechische Republik, Ungarn und Zypern.

689 Fassung aufgrund des Gesetzes zur Verbesserung der Rechte von international Schutzberechtigten und ausländischen Arbeitnehmern v. 29.08.2013, BGBl I 2013, 3484 m.W.v. 06.09.2013.

690 Gesetz über die allgemeine Freizügigkeit von Unionsbürgern (Freizügigkeitsgesetz/EU-FreizügG/EU) v. 30.07.2004, BGBl I 2004, 1950, 1986; Zuletzt geändert durch Art. 8 des Gesetzes v. 17.06.2013, BGBl I 2013, 1555.

691 https://www.haufe.de/personal/personal-office-premium/verordnung-ewg-ueber-soziale-sicherheit-nr-14081971-erlaeuterung_idesk_PI10413_HI523623.html.

692 http://eur-lex.europa.eu/legal-content/DE/TXT/?uri=LEGISSUM:c10521.

693 Die neue Verordnung gilt seit dem 01.04.2012 auch für die Schweiz und seit 01.06.2012 für die EWR-Staaten Island, Liechtenstein und Norwegen.

der VO (EG) Nr. 883/2004 erfasst werden. Von Übergangsfällen abgesehen, ist die EWG-VO 1408/71[694] in der Praxis nur noch für Drittstaatsangehörige im Verhältnis zu Großbritannien von Bedeutung.

Das Niedersächsische FG[695] geht von dem Grundsatz aus, dass die europarechtlichen **1434** Konkurrenzvorschriften wie die VO (EG) Nr. 883/2004 nur dann zur Anwendung kommen, wenn zuvor festgestellt wird, dass ein Kindergeldanspruch nicht nur nach nationalem deutschen Recht, sondern auch nach dem Recht eines weiteren EU-Mitgliedstaates besteht. Zunächst sei zu klären, welcher der beiden Ansprüche auf Familienleistungen nach den **überstaatlichen Konkurrenzregeln** vorrangig ist und ob das EU-Mitgliedsland, dessen Recht nachrangig ist, Kindergeld i.H.d. Differenz zwischen der Familienleistung des anderen Mitgliedslandes und dem nach eigenem Recht zu gewährenden Kindergeld zu leisten habe. Der BFH[696] hat i.R.d. Revisionsverfahrens dem Gerichtshof der Europäischen Union die Fragen der Konkurrenz zur Vorabentscheidung vorgelegt.

Entsprechendes gilt für in Deutschland beschäftigte **schweizerische Arbeitnehmer,** **1435** da die Schweiz aufgrund des mit der EU und ihren Mitgliedstaaten abgeschlossenen Freizügigkeits-Abkommen so behandelt wird, als wäre sie ein Mitgliedstaat der EU. § 62 Abs. 2 EStG findet ebenso bei Staaten, mit denen ein Sozialabkommen besteht, keine Anwendung, derzeit mit den Staaten Serbien und Montenegro, Bosnien und Herzegowina, Marokko, Türkei und Tunesien (H31 EStH).

Der Anspruch auf Kindergeld einer im Inland wohnhaften Beamtin der Bundesrepu- **1436** blik Deutschland für ihr im Inland lebendes, minderjähriges Kind ist nicht deshalb ausgeschlossen, weil sie mit dem **bei der Europäischen Kommission beschäftigten Kindesvater,** der für das betreffende Kind Anspruch auf eine Zulage für unterhaltsberechtigte Kinder hat, nicht verheiratet ist. Sowohl das EU-Beamtenstatut als auch § 63 EStG stellen nicht darauf ab, dass es sich bei dem betreffenden Kind – was gleichheitswidrig wäre – um ein eheliches Kind handelt. Danach darf der Antragstellerin, einer mit dem – nach Art. 67 Abs. 1 Buchst. b EU-Beamtenstatut zulagenberechtigten – Kindesvater nicht verheirateten, als Beamtin unselbständig tätigen und nach §§ 62 ff. EStG kindergeldberechtigten Kindesmutter, der Anspruch auf Kindergeld nicht verweigert werden.[697]

---

694 Die Vorschriften des Titels II der VO Nr. 1408/71 begründeten als Kollisionsregeln keinen unmittelbaren Anspruch auf Kindergeld aus Unionsrecht. Die EWG-Verordnung Nr. 1408/71 stellte supranationales, auf der Grundlage von Art. 42 des Vertrages zur Gründung der Europäischen Gemeinschaften, beruhendes Recht dar. Sie koordinierte die Sozialversicherungssysteme der Mitgliedstaaten der Europäischen Union.
695 NiedersächsischesFG,15.12.11–3K155/11; http://www.rechtsprechung.niedersachsen.de/jportal/portal/page/bsndprod.psml?doc.id=STRE201270322&st=null&showdoccase=1.
696 BFH, Vorlagebeschl. v. 08.05.2014 – III R 17/13, EuGH-Vorlage zur VO Nr. 883/2004, http://juris.bundesfinanzhof.de/cgi-bin/rechtsprechung/document.py?Gericht=bfh&Art=en&nr=30256.
697 BFH, 13.07.2016 – XI R 16/15, JurionRS 2016, 25479.

▶ **Hinweis**

1437 | Für jedes berechtigte Kind erhält ohne Ausnahme **nur ein Berechtigter** eine
     | Leistung. Das muss als oberster Grundsatz bei allen Problemlösungen bedacht
     | werden.

ee) Differenzkindergeld

1438 Die Berechnung des **Differenzkindergeldes** hat nach dem EStG kindbezogen zu
     erfolgen. Eine Kürzung des Differenzkindergeldes bei einzelnen Kindern durch
     Verrechnung eines übersteigenden Betrages bei anderen Kindern ist ausgeschlossen,
     weil es hierfür an einer gesetzlichen – sowohl europarechtlichen als auch nationa-
     len – Regelung fehlt. Räumt die Verordnung den Mitgliedstaaten einen Gestaltungs-
     spielraum ein, obliegt die Befugnis zur Letztkonkretisierung dem Gesetzgeber. Daraus
     folgt, dass sich die Berechnung nach den Vorschriften des EStG bestimmen lassen
     muss. Das EStG hat die Gewährung und Festsetzung des Kindergeldes kindbezogen
     ausgestaltet.[698]

1439 **Obhutsfälle:** Bei mehreren Berechtigten hat derjenige **Vorrang**, der das Kind in seinen
     Haushalt aufgenommen hat, § 64 Abs. 2 Satz 1 EStG.

▶ **Beispiel**

1440 | Ehefrau F trennt sich am 03.04. von Ehemann M, der bisher das Kindergeld
     | bezieht. F nimmt das Kind in ihre neue Inlandswohnung mit: Frühestens[699] ab
     | 01.05. ist F vorrangig kindergeldberechtigt.

dd) Wechselmodell

1441 Lebt ein Kind im gemeinsamen Haushalt[700] von mehreren Berechtigten, nämlich
     von Eltern, von einem Elternteil und dessen Ehegatten, Pflegeeltern oder Großeltern,
     bestimmen diese untereinander ggü. der Familienkasse den Berechtigten nach § 64
     Abs. 2 Satz 2 EStG. Die **Berechtigtenbestimmung** ist vom Antragsteller beizubringen.

1442 Ggf. entscheidet das Familiengericht auf Antrag desjenigen, der ein berechtigtes Inte-
     resse hat, nach § 64 Abs. 2 Satz 3, Abs. 3 Satz 4 EStG durch den Rechtspfleger nach
     § 231 Abs. 2 FamFG; § 25 Nr. 2a RPflG. Bei gemeinsamem Haushalt von einem
     Elternteil und Großeltern sind letztere nachrangig, außer der Elternteil verzichtet auf
     seinen Vorrang.

1443 Bei **nicht zusammenlebenden Elternteilen** ist grds. die Meldung des Kindes maßge-
     bend. Ein Kind kann ausnahmsweise zum Haushalt des Elternteils gehören, bei dem
     es nicht gemeldet ist, wenn der Elternteil dies nachweist oder glaubhaft macht. Die

---

698 BFH, 13.04.2016 – III R 34/15, JurionRS 2016, 23041.
699 Einzelheiten ergeben sich aus den Dienstanweisungen der Finanzverwaltung.
700 § 64 Abs. 2 EStG.

Zahlung des Kindergeldes an einen Elternteil kann ein weiteres Indiz für die Zugehörigkeit des Kindes zu dessen Haushalt sein, wobei in Ausnahmefällen ein Kind auch zu den Haushalten beider getrenntlebender Elternteile gehören kann.[701]

Nach einer Entscheidung des OLG Frankfurt a.M.[702] erfordert die Beurteilung der **1444** gleichwertigen Betreuung im Einzelfall eine schwierige tatsächliche Feststellung. Es handelt sich um ein **Unterhaltsverfahren** nach § 231 Abs. 2 FamFG. Gem. § 112 Nr. 1 FamFG handelt es sich um eine Familienstreitsache.[703]

Die **Berechtigtenbestimmung** und der **Verzicht** auf den Vorrang bleiben bis **1445** zum Widerruf oder Neuantrag **wirksam.** Eine entsprechende Bestimmung lohnt sich ab drei Kindern, was sich jährlich derzeit mit 72 € mehr Kindergeld auswirkt. Insb. bei sog. Patchworkfamilien sollte daher überlegt werden, eine Berechtigungsbestimmung festzulegen. Die im Rahmen eines Vorrangverfahrens von einem Familiengericht getroffene Entscheidung, eine nicht berechtigte Person zum Kindergeldberechtigten zu bestimmen, entfaltet keine Tatbestandswirkung für das Festsetzungsverfahren, wenn dabei der gesetzliche Entscheidungsrahmen überschritten wird. In dem familienrechtlichen Verfahren hat die Familienkasse mitzuwirken und gleichrangige Kindergeldberechtigte zu benennen.[704]

Eine einheitliche Grenze der zeitlichen Aufenthaltsdauer, bei deren Unterschreiten **1446** eine Haushaltsaufnahme generell verneint werden muss, besteht nicht. Es ist vielmehr eine Frage der tatsächlichen Würdigung des FG, ob die jeweilige Aufenthaltsdauer unter Berücksichtigung der besonderen Umstände des Einzelfalles die Annahme rechtfertigt, dass das Kind seinen Lebensmittelpunkt bei beiden Eltern hat.[705]

BGH und isolierter Kindergeldausgleich beim Wechselmodell   **1447**

Nach Ansicht des BGH[706] wird das auf der Grundlage des Einkommensteuergesetzes gewährte staatliche Kindergeld nach §§ 31 Satz 3, 62 ff. EStG als vorweggenommene Steuervergütung an die Eltern gezahlt. Auch wenn beide Elternteile jeder für sich genommen die Voraussetzungen der §§ 62 f. EStG für die Gewährung von Kindergeld erfüllen, wird nach § 64 Abs. 1 EStG nur an einen der beiden Anspruchsberechtigten die Auszahlung des (gesamten) Kindergelds vorgenommen. Umstritten ist beim Vorliegen eines Wechselmodells die Aufteilung des gesetzlichen Kindergelds zwischen den Elternteilen. Eine Vollanrechnung des gesetzlichen Kindergelds auf den Barunterhaltsbedarf würde dazu führen, dass der Kindergeldausgleich im Hinblick auf die im Wechselmodell gleichwertig erbrachten Betreuungsleistungen zu Gunsten des besserverdienenden Elternteils verzerrt würde. Es erscheint deshalb nach Ansicht des BGH

---

701 S. zur Problematik auch *Kleinwegener* FuR 2012, 165.
702 OLG Frankfurt/M, 20.4.2012 – 2 WF 101/12, JurionRS 2012, 36562.
703 OLG Celle, FamRZ 2011, 1240.
704 BFH, 08.08.2013 – III R 3/13: Wirkungen einer familienrechtlichen Bestimmung der kindergeldberechtigten Person, NZFam 2014, 237 m. Anm. *Perleberg-Kölbel.*
705 BFH, 18.04.2013 – V R 41/11, JurionRS 2013, 41230; bearb. *Soyka* FuR 2014, 44.
706 BGH, 20.04.2016 – XII ZB 45/15.

ebenfalls nicht angemessen, den in einem deutlich größeren Umfang zum Barunterhalt herangezogenen Elternteil wirtschaftlich lediglich durch die Hälfte des auf den Barunterhalt entfallenden Anteils am Kindergeld zu entlasten. Auch wenn ein Elternteil nur über Einkünfte unterhalb des notwendigen Selbstbehalts verfügt und sich deshalb an der Aufbringung des Barunterhalts nicht beteiligen muss, kann er demzufolge von dem anderen Elternteil im Wege des familienrechtlichen Ausgleichsanspruchs jedenfalls die Auskehrung eines Viertels des Kindergelds, nämlich die **Hälfte des auf den Betreuungsunterhalt entfallenden Anteils am Kindergeld**, verlangen. Es gibt keinen ausreichenden Grund, den Eltern beim Vorliegen eines Wechselmodells in jedem Einzelfall eine von ihnen mglw. gar nicht gewünschte unterhaltsrechtliche Gesamtabrechnung unter Einschluss des Kindergeldausgleichs aufzuzwingen; es ist vielmehr nicht von vornherein ausgeschlossen, einen Anspruch auf Auskehrung des Kindergelds selbständig geltend zu machen, wenn und solange es an einem unterhaltsrechtlichen Gesamtausgleich zwischen den unterhaltspflichtigen Eltern fehlt.

1448 **Fazit:** Der Anspruch auf Kindergeldausgleich beim Wechselmodell kann isoliert ohne gleichzeitige Abrechnung des Gesamtunterhalts geltend zu gemacht werden.

b) Freibetrag für den Betreuungs-, Erziehungs- oder Ausbildungsbedarf

1449 **Neben** dem Kinderfreibetrag i.H.v. jährlich 1.824 € kann ab dem Veranlagungszeitraum 2002 jährlich ein Freibetrag für den Betreuungs-, Erziehungs- oder Ausbildungsbedarf i.H.v. **1.320 €** in Anspruch genommen werden (§ 32 Abs. 6 Satz 1 EStG). Dieser Betrag verdoppelt sich bei Ehegatten, die zusammen veranlagt werden auf **2.640 €** (§ 32 Abs. 6 Satz 2 EStG).

1450 Voraussetzung ist, dass das Kind zu beiden Ehegatten in einem Verwandtschaftsverhältnis steht.

1451 Der Betreuungsfreibetrag ist – wie der Kinderfreibetrag – ein Jahresbetrag und ermäßigt sich um je 1/12 um jeden Kalendermonat, in dem die Voraussetzungen für den Freibetrag nicht vorliegen (§ 32 Abs. 6 Satz 5 EStG).

▶ **Hinweis**

1452 Ab VAZ 2012 kann aufgrund des Steuervereinfachungsgesetzes 2011 der halbe Kinderfreibetrag des einen Elternteils auf den anderen Elternteil übertragen werden, wenn dieser von seinen Unterhaltsverpflichtungen mangels finanzieller Leistungsfähigkeit freigestellt ist (§ 32 Abs. 6 Satz 6–9 EStG). Gem. § 32 Abs. 6 Halbs. 2 EStG kann auf Antrag eines Elternteils der dem anderen Elternteil zustehende Kinderfreibetrag auf ihn übertragen werden, wenn der beantragende Elternteil seiner Unterhaltspflicht ggü. dem Kind für das Kalenderjahr im Wesentlichen nachkommt oder der andere Elternteil mangels Leistungsfähigkeit nicht unterhaltspflichtig ist. Die Übertragung verstößt generell nicht gegen das Grundgesetz.

Bei der Frage, ob die Schwelle der Unwesentlichkeit überschritten ist, hat eine wertende Betrachtung zu erfolgen. Ein Erfordernis gleich hoher Betreuungsanteil der Eltern sieht nach dem FG Rheinland-Pfalz[707] das Gesetz ebenso wenig vor wie eine Untergrenze von 25 %.

c) Kindergeld, Kinderfreibetrag, Kinderzuschlag und Entlastungsbeitrag

Kindergeld und Kinder- und Betreuungsfreibetrag können nicht zusammen, sondern **1453** nur **alternativ** in Anspruch genommen werden. Ab dem 01.01.2016 verlangt die Familienkasse eine Steuer-Identifikationsnummer sowohl für die Eltern als auch für die Kinder.

aa) Höhe

(1) Kinderfreibetrag

– Anhebung ab 1. Januar 2015 um 144 € auf 7.152 €   **1454**
– Anhebung ab 1. Januar 2016 um weitere 96 € auf 7.248 €
– Anhebung ab 1. Januar 2017 um 108 € auf 7.356 € und
– Anhebung ab 1. Januar 2018 um 72 € auf 7.428 €

(2) Kindergeld

– Anhebung ab 1. Januar 2015 um 4 € monatlich je Kind 188 € bzw. 3. Kind 194 €   **1455**
  und ab dem 4. Kind 219 €
– Anhebung ab 1. Januar 2016 um weitere 2 € monatlich je Kind, folglich 190 € je
  Kind bzw. 3. Kind 196 € und ab dem 4. Kind 221 €
– Anhebung ab 1. Januar 2016 um weitere 2 € monatlich pro Kind, folglich 192 €
  je Kind bzw. 3. Kind 198 € und ab dem 4. Kind auf 223 €
– Anhebung ab 1. Januar 2018 um weitere 2 € pro Kind, folglich 194 € je Kind bzw.
  3. Kind 200 € und ab dem 4. Kind auf 225 €.

(3) Kinderzuschlag für Geringverdiener

Alleinerziehende und Elternpaare haben Anspruch auf Kinderzuschlag für ihre unver-   **1456**
heirateten, unter 25 Jahre alten Kinder, die in ihrem Haushalt leben, wenn
– für diese Kinder Kindergeld bezogen wird,
– die monatlichen Einnahmen der Eltern die Mindesteinkommensgrenze erreichen,
– das zu berücksichtigende Einkommen und Vermögen die Höchsteinkommensgrenze nicht übersteigt und
– der Bedarf der Familie durch die Zahlung von Kinderzuschlag gedeckt ist und
  deshalb kein Anspruch auf Arbeitslosengeld II/Sozialgeld besteht.

Die Mindesteinkommensgrenze beträgt für Elternpaare 900 €, für Alleinerzie-   **1457**
hende 600 €. Den Kinderzuschlag können Eltern nur dann beanspruchen, wenn
ihre monatlichen Einnahmen in Geld oder Geldeswert (z.B. Bruttoeinkommen aus

---

707 FG Rheinland-Pfalz, 04.12.2015 – 4 K 1624/15, JurionRS 2015, 34591.

Erwerbstätigkeit, Arbeitslosengeld I, Krankengeld etc.) die jeweilige Mindesteinkommensgrenze erreichen.

1458 Gleichzeitig darf das zu berücksichtigende Einkommen und Vermögen (Bruttoeinkommen und -vermögen gemindert um etwaige Abzugsbeträge) die Höchsteinkommensgrenze nicht übersteigen. Die Höchsteinkommensgrenze setzt sich aus dem elterlichen Bedarf i.S.d. Regelungen zum Arbeitslosengeld II und dem prozentualen Anteil an den Wohnkosten (Bemessungsgrenze) sowie dem Gesamtkinderzuschlag zusammen.

1459 Ein gleichzeitiger Bezug von Arbeitslosengeld II/Sozialgeld bzw. Leistungen der Sozialhilfe und Kinderzuschlag ist nicht möglich.

1460 Die Höhe des Kinderzuschlages bemisst sich nach dem Einkommen und Vermögen der Eltern und der Kinder; er beträgt
– bis 30.06.2016 höchstens 140 €/Monat je Kind
– ab 01.07.2016 höchstens 160 €/Monat je Kind
– ab 2017 höchstens 170 €/Monat je Kind
und wird zusammen mit dem Kindergeld monatlich gezahlt.

(4) Entlastungsbetrag für Alleinerziehende

1461 Anhebung ab 1. Januar 2015 um 600 € auf 1.908 € sowie um 240 € für jedes weitere Kind. Diese Regelung gilt auch für 2016 und 2017.

1462 Die durch die Anhebung auf 1.908 € eintretende steuerliche Entlastung in der Steuerklasse II wird für 2015 ebenfalls insg. bei der Lohnabrechnung für Dezember 2015 berücksichtigt. Die Arbeitnehmer müssen nicht aktiv werden, um in den Genuss der Entlastungen zu kommen. Der für das zweite und weitere Kind(er) zu berücksichtigende Erhöhungsbetrag von jeweils 240 € kann im Lohnsteuerermäßigungsverfahren 2015 geltend gemacht werden. Hierzu ist ein entsprechender Antrag beim Wohnsitzfinanzamt zu stellen.

1463 **Günstigerprüfung von Amts wegen**: Das Finanzamt prüft i.R.d. Veranlagung zur Einkommensteuer, ob der Freibetrag und der Betreuungsfreibetrag günstiger sind als das für das Kalenderjahr gezahlte Kindergeld. Dies ist die sog. Günstigerprüfung. V.A.w. wird also die günstigere Lösung für den Steuerpflichtigen berücksichtigt.

1464 **Rechtsfolge:** Werden der Kinderfreibetrag und der Betreuungsfreibetrag abgezogen, wird das erhaltene Kindergeld mit der Steuerermäßigung verrechnet, indem die tarifliche Einkommensteuer um den entsprechenden Betrag erhöht wird (§ 2 Abs. 6 Satz 3 EStG).

1465 Der Kinderfreibetrag wirkt sich nach wie vor auf die Höhe des Solidaritätszuschlags und der Kirchensteuer aus.

▶ **Beispiel**

Die Eheleute M und F haben 2013 ein zu versteuerndes Einkommen ohne Freibeträge für Kinder i.H.v. 65.000 € bezogen. Für die minderjährige Tochter T haben sie 2.208 € Kindergeld erhalten.

Die Einkommensteuer lt. Splittingtabelle beträgt 12.808 €.

Lösung

Zu versteuerndes Einkommen	65.000 €
– Kinderfreibetrag	– 4.368 €
– Freibetrag für Betreuungs- und Erziehungs- oder Ausbildungsbedarf	– 2.640 €
Zu versteuerndes Einkommen (neu)	57.992 €
hierauf Einkommensteuer	– 10.574 €
Differenz zwischen 12.808 € und 10.574 €	**2.234 €**

Da die Freibeträge eine um 26 € höhere steuerliche Entlastung bewirken (2.234 €) als **1466** das Kindergeld (2.208 €), werden sie v.A.w. bei der Ermittlung des zu versteuernden Einkommens abgezogen und das Kindergeld wird der Einkommensteuer hinzugerechnet (§ 31 Satz 4 EStG).

bb) Berechnungsbeispiele für VAZ 2016 nach dem Einkommensteuertarif[708]

Die nachfolgenden Beispiele werden mit den Werten für Kindergeld und Kinderfreibetrag **1467** *noch nach der Rechtslage 2016 gerechnet, da die Veranlagung zur Einkommensteuer für das Jahr 2017 erst im Jahr 2018 durchgeführt wird. Zum Jahreswechsel 2017/ 2018 werden die Werte entsprechend angepasst.*

▶ **Berechnungsbeispiel 1: verheiratete Eltern mit einem Kind (nach Splittingtabelle)**

1.) zu versteuerndes Einkommen 24.000 € 24.000 €

Kinderfreibetrag ./. 7.248 €

Bemessungsgrundlage 24.000 €16.752 €

Einkommensteuer 1.160 €0 €

Differenz Einkommensteuer **1.160 €**

Vorteil: Kindergeld um *1.120 €* höher (2.280 ./. 1.160)

2.) zu versteuerndes Einkommen 48.000 € 48.000 €

Kinderfreibetrag ./. 7.248 €

Bemessungsgrundlage 48.000 € 40.752 €

Einkommensteuer 7.338 € 5.322 €

Differenz Einkommensteuer **2.016 €**

---

708 Http://www.kindergeld.org/kinderfreibetrag.html.

Vorteil: Kindergeld um *264 €* höher (2.280 ./. 2.016)

3.) zu versteuerndes Einkommen 72.000 €72.000 €

Kinderfreibetrag ./. 7.248 €

Bemessungsgrundlage 72.000 € 64.752 €

Einkommensteuer 14.858 € 12.450 €

Differenz Einkommensteuer 2.408 €

Vorteil: Kinderfreibetrag um *128 €* höhere Steuerersparnis (2.280 ./. 2.408)

Bei Verheirateten ergibt sich erst ab einem zu versteuerndem Einkommen von ca. 64.000 € ein Steuervorteil durch den Kinderfreibetrag gegenüber dem gezahlten Kindergeld.

▶ Berechnungsbeispiel 2:

1468   lediger Elternteil mit einem Kind (nach Grundtabelle) ohne Kinderfreibetrag/mit Kinderfreibetrag

1.) zu versteuerndes Einkommen 24.000 € 24.000 €

1/2 Kinderfreibetrag ./. 3.624 €

Bemessungsgrundlage 24.000 € 20.376 €

Einkommensteuer 3.669 € 2.661 €

Differenz Einkommensteuer **1.008 €**

Vorteil: Kindergeld um *132 €* höher (1.140 ./. 1.008)

2.) zu versteuerndes Einkommen 48.000 €48.000 €

1/2 Kinderfreibetrag ./. 3.624 €

Bemessungsgrundlage 48.000 € 44.376 €

Einkommensteuer 11.838 € 10.438 €

Differenz Einkommensteuer **1.400 €**

Vorteil: Kinderfreibetrag um *260 €* höhere Steuerersparnis (1.140 ./. 1.400)

3.) zu versteuerndes Einkommen 72.000 €72.000 €

1/2 Kinderfreibetrag ./. 3.624 €

Bemessungsgrundlage 72.000 € 68.376 €

Einkommensteuer 21.845 € 20.323 €

Differenz Einkommensteuer **1.522 €**

Vorteil: Kinderfreibetrag um *382 €* höhere Steuerersparnis (1.140 ./. 1.522)

Bei Alleinstehenden ergibt sich erst ab einem zu versteuerndem Einkommen von ca. 34.000 € ein Steuervorteil durch den Kinderfreibetrag gegenüber dem gezahlten Kindergeld.

▶ **Hinweis**

Die Angaben sind in Zeile fünf der Anlage »Kind« zur Einkommensteuererklärung **1469** zu machen. Sie dienen der Günstigerprüfung. Damit der Arbeitgeber die Abzugsbeträge richtig berechnen kann, werden auf der elektronischen Lohnsteuerkarte die Zahl der Kinder und der jeweilige Kinderfreibetrag bescheinigt.

cc) Kinderfreibeträge und Auswirkungen bei den Steuerklassen

In der **Steuerklasse I** liegt der Kinderfreibetrag ab VAZ 2015 bei 7.152 € und ab VAZ **1470** 2016 bei 7.248 € (7.008 € bis VAZ 2014) pro Kind und pro Jahr.

Das Gleiche gilt auch für die **Steuerklasse II**. Hier kann jedoch noch ein zusätzli- **1471** cher **Alleinerziehendentlastungsbetrag** i.H.v. 1.908 € für das 1. Kind zzgl. 240 € je weiterem Kind geltend gemacht werden. Voraussetzung dafür ist allerdings, dass die steuerpflichtige Person nicht nur alleinerziehend, sondern auch kindergeldberechtigt ist. Dies wird i.d.R. immer der Fall sein, wenn sie das Sorgerecht besitzt und das Kind seinen ständigen Wohnsitz bei ihr hat.

In der **Steuerklasse III** liegt der jährliche Kinderfreibetrag ebenfalls ab VAZ 2015 bei **1472** 7.152 € und ab VAZ 2016 bei 7.248 € pro Kind und pro Jahr. Diese Steuerklasse steht allerdings nur Personen offen, die verheiratet sind und sich gemeinsam mit ihrem Ehe- oder Lebenspartner für das Ehegattensplitting entschieden haben.

Die **Steuerklasse IV**, welche vor allem von Ehepaaren gewählt werden sollte, die in **1473** etwa gleich viel verdienen, teilt die Kinderfreibeträge auf beide Ehepartner auf. Sie liegen dann ab VAZ 2015 bei 3.576 € und ab VAZ 2016 bei 3.624 € pro Person, was in der Gesamtsumme wieder einen Betrag von 7.152 € für VAZ 2015 bzw. für VAZ 7.248 € ergibt. Sollten mehrere Kinder vorhanden sein, wird diese Vorgehensweise für jedes Kind praktiziert.

Die **Steuerklassen V und VI** zeichnen sich unter anderem dadurch aus, dass hier **1474** keinerlei Kinderfreibeträge geltend gemacht werden können. Dabei bleibt die **Steuerklasse V** ausschließlich denjenigen Personen vorbehalten, die mit einem Partner zusammenleben, der in die Steuerklasse III eingeordnet worden ist.

In der **Steuerklasse VI** sind die höchsten Abzüge fällig. Hier wird nicht nur auf die **1475** Kinderfreibeträge, sondern auch auf den jährlichen Grundfreibetrag verzichtet. Diese Steuerklasse gilt ausschließlich für Nebenjobs und für Personen, die ihrem Arbeitgeber keinen aktuellen Steuernachweis vorlegen können. Wer in die Steuerklasse VI eingeordnet worden ist, hat die Kinderfreibeträge in den allermeisten Fällen schon über seinen Hauptjob erhalten und kann sie nicht zweimal in Anspruch nehmen.

1476   Das **Bundeskindergeldgesetz** (BKGG) gilt in der Neufassung vom 28.01.2009[709] weiter. Es regelt das Kindergeld als Sozialleistung[710] in Fällen, die nicht unter den X. Abschnitt des EStG fallen. Es sind dies Sonderfälle mit Auslandsberührung (z.B. Entwicklungshelfer) und Fälle, in denen Kinder für sich selbst Kindergeld benötigen, z.B. Vollwaisen im Inland, die nicht bei einer anderen Person zu berücksichtigen sind. Die Regelungen entsprechen denen des EStG. Leistungen nach § 2 AsylbLG i.V.m. § 28 SGB XII sind bedarfsabhängige Leistungen für den notwendigen Lebensunterhalt von Asylbewerberinnen und Asylbewerbern sowie ihnen gleichgestellten ausländischen Staatsangehörigen und damit dem Kindergeld gleichartige und nachrangige Leistungen.

1477   Hat ein Sozialhilfeträger Leistungen nach dem AsylbLG für Eltern und Kinder erbracht, die in einem Haushalt zusammenleben und eine Bedarfsgemeinschaft bilden, so steht ihm ein Anspruch auf Erstattung des nachträglich festgesetzten Kindergeldes zu.[711]

▶ **Verfahrenshinweis**

1478   Mit Urteil vom 13.05.2015[712] hat der BFH entschieden, dass ein Antragsteller in einer Kindergeldsache, der sich gegen eine mit der behördlichen Einspruchsentscheidung verbundene Kostenentscheidung (§ 77 EStG) zur Wehr setzen möchte, unmittelbar Klage beim Finanzgericht erheben muss.

1479   In dem Urteilsfall hatte die Familienkasse dem Antrag auf Gewährung von Kindergeld erst in der behördlichen Einspruchsentscheidung für einige Zeiträume entsprochen Die dem Antragsteller im Einspruchsverfahren entstandenen Aufwendungen seien nicht zu übernehmen. Der Antragsteller nahm die Entscheidung über seinen Kindergeldanspruch hin. Er legte aber gegen die Ablehnung seines Antrags auf anteilige Übernahme seiner Anwaltskosten Einspruch ein und erhob später Klage, nachdem dieser Einspruch von der Familienkasse als unzulässig verworfen worden war.

1480   Das Einspruchsverfahren gegen Steuerfestsetzungen nach der Abgabenordnung ist »kostenfrei«: Es fallen keine Verwaltungsgebühren an, es gibt aber auch keine Kostenerstattung nach einem erfolgreichen Einspruch. In Kindergeldsachen ist das insoweit anders, als einem Einspruchsführer notwendige Aufwendungen (z.B. für eine Rechtsvertretung) erstattet werden (§ 77 EStG), soweit der Einspruch erfolgreich ist und die Aufwendungen nicht (wie z.B. bei einer Verletzung eigener Mitwirkungspflicht) durch das Verschulden eines Erstattungsberechtigten oder seines Vertreters entstanden

---

709 Geändert durch das JStG-Ergänzungsgesetz 1996 v. 18.12.1995, neu gefasst in der Bekanntmachung v. 28.01.2009, BGBl I 2009, 142, das zuletzt durch Art. 9 des Gesetzes v. 07.12.2011 (BGBl I 2011, 2592) geändert worden ist.

710 Auch hier ist die Bundesanstalt für Arbeit mit der Bezeichnung »Familienkasse« zuständig, jedoch nicht als Finanzbehörde, sondern auf Weisung des Bundesministeriums für Arbeit und Soziales. Es werden Bundesmittel verwandt.

711 BFH, 05.06.2014 – VI R 15/12, JurionRS 2014, 21034.

712 BFH, 13.05.2015 – III R 8/14, JurionRS 2015, 21888.

sind. Wird der Antrag auf Kostenerstattung ganz oder teilweise abgelehnt, geht die im Fachschrifttum überwiegend vertretene Auffassung davon aus, dass gegen diese Kostenentscheidung (zunächst) Einspruch eingelegt werden muss.

Dem hat der BFH **widersprochen:**   **1481**

Gegen die in der Einspruchsentscheidung enthaltene Kostenentscheidung muss unmittelbar Klage erhoben werden. Ein Wahlrecht zwischen Einspruch und Klage besteht nicht. Im Urteilsfall hatte der Kläger daher zu Unrecht zunächst Einspruch gegen die Kostenentscheidung eingelegt. Er war allerdings im Ergebnis dennoch erfolgreich: Die Familienkasse hatte die Einspruchsentscheidung mit einer falschen Rechtsmittelbelehrung versehen, so dass die vom Kläger erhobene Klage wegen der dann geltenden Jahresfrist noch nicht verspätet war.

▶ **Hinweis**

Die Angaben sind in Zeile fünf der Anlage »Kind« zur Einkommensteuererklärung   **1482**
zu machen. Sie dienen der Günstigerprüfung.

Damit der Arbeitgeber die Abzugsbeträge richtig berechnen kann, werden auf der   **1483**
elektronischen Lohnsteuerkarte die Zahl der Kinder und der jeweilige Kinderfreibetrag bescheinigt.

Für ein im Praktikum befindliches Kind besteht nur dann ein Anspruch auf Kindergeld, wenn das Praktikum Teil einer Berufsausbildung ist. Dies ist nicht der Fall,   **1484**
wenn nicht nachgewiesen ist, dass die während des Praktikums ausgeübten konkreten Tätigkeiten in erster Linie Ausbildungscharakter haben. Es ist daher darzulegen, welche Kenntnisse, Fähigkeiten und Erfahrungen konkret vermittelt werden bzw. worden sind. Der erforderliche Nachweis wird nicht geführt, wenn sich eine ausgestellte Bescheinigung auf eine Aufzählung von Ausbildungsinhalten beschränkt, ohne zu erläutern, wann diese vermittelt worden sind.

Eine Behinderung muss nach den gesamten Umständen des Einzelfalls für die fehlende Fähigkeit des Kindes zum Selbstunterhalt ursächlich sein. Der Nachweis, dass   **1485**
ein volljähriges Kind i.S.v. § 32 Abs. 4 Satz 1 Nr. 3 EStG wegen körperlicher, geistiger oder seelischer Behinderung außer Stande ist, sich selbst zu unterhalten, ist nicht geführt, wenn ausweislich einer fachärztlichen Bescheinigung der Grad der Behinderung »50–80« beträgt.[713]

Nach dem BFH[714] ist ein Masterstudium jedenfalls dann Teil einer einheitlichen   **1486**
Erstausbildung, wenn es zeitlich und inhaltlich auf den vorangegangenen Bachelorstudiengang abgestimmt ist (sog. konsekutives Masterstudium). Daher besteht auch nach Abschluss eines Bachelorstudienganges ein Anspruch auf Kindergeld. Ein Kind wird auch dann für einen Beruf ausgebildet, wenn es neben seiner Erwerbstätigkeit ein Studium ernsthaft und nachhaltig betreibt. Das Tatbestandsmerkmal

---

713 BFH, 21.10.2015 – XI R 17/14, JurionRS 2015, 33487.
714 BFH, 03.09.2015 – VI R 9/15, JurionRS 2015, 29977.

einer Berufsausbildung i.S. von § 32 Abs. 4 Satz 1 Nr. 2 Buchst. a EStG enthält kein einschränkendes Erfordernis eines zeitlichen Mindestumfangs von Ausbildungsmaßnahmen. Mehraktige Ausbildungsmaßnahmen sind Teil einer einheitlichen Erstausbildung, wenn sie zeitlich und inhaltlich so aufeinander abgestimmt sind, dass die Ausbildung nach Erreichen des ersten Abschlusses fortgesetzt werden soll und das angestrebte Berufsziel erst über den weiterführenden Abschluss erreicht werden kann.[715]

3. Härteausgleich, § 46 Abs. 3, 4 EStG, § 70 EStDV

1487 Hier sind zwei Grundfälle zu unterscheiden, und zwar:
– der Härteausgleich nach § 46 Abs. 3 EStG und
– der Härteausgleich nach § 46 Abs. 54 EStG i.V.m. § 70 EStDV

1488 Danach gilt:

Betragen die Einkünfte, die nicht der Lohnsteuer zu unterwerfen waren, abzgl. der darauf entfallenden Beträge nach § 13 Abs. 3 EStG und § 24a Satz 5 EStG insg. nicht mehr als 410 €, so wird der Härteausgleich i.H.d. Nebeneinkünfte vom Einkommen abgezogen, § 46 Abs. 3 Satz 1 EStG.

▶ Hinweis

1489 Daraus ergibt sich, dass der Abzugsbetrag demnach 1 bis 410 € betragen kann. Dies gilt ebenso auch bei zusammen veranlagten Ehepartnern. Die Freigrenze von 410 € ist veranlagungsbezogen, d.h. sie erhöht sich nicht bei der Zusammenveranlagung und steht auch bei getrennter sowie bei der gesonderter Veranlagung jedem Ehegatten zu.

V. Steuerliche Veranlagung

1. Veranlagungsarten

a) Vorbemerkung

1490 Bis einschließlich VAZ 2012 gab es sieben Veranlagungs- und Tarifvarianten, die wie folgt noch darzustellen sind, weil z.B. auch der Betrachtungszeitraum vor dem VAZ 2013 noch relevant sein kann:

1491 Einzelveranlagung mit Grundtarif, das Witwen-Splitting, das Sonder-Splitting im Trennungsjahr, die Zusammenveranlagung mit Ehegatten-Splitting, die getrennte Veranlagung mit Grundtarif, die besondere Veranlagung mit Grundtarif oder die besondere Veranlagung mit Witwen-Splitting.

---

715 BFH, 08.09.2016 – III R 27/15, www.bundesfinanzhof.de.

b) Grundfall

Grundfall der Veranlagung zur ESt ist die Einzelveranlagung einer natürlichen Person nach § 25 EStG. Aus dem zu versteuernden Einkommen ist die tarifliche ESt nach dem sog. Grundtarif zu bemessen. Der Tarif steht formelhaft in § 32a EStG. **1492**

c) Wahlrecht

Eheleute können nach § 26 Abs. 1 EStG zwischen der getrennten Veranlagung gem. § 26a EStG, der Zusammenveranlagung gem. § 26b EStG und der besonderen Veranlagung gem. § 26c EStG für das Jahr der Eheschließung wählen. Für zusammenveranlagte Ehegatten und in Sonderfällen kommt der **Splittingtarif** zur Anwendung, § 32a Abs. 5 und Abs. 6 Satz 2 EStG. **1493**

Bei der Zusammenveranlagung von Eheleuten, § 32a Abs. 5 EStG, beträgt die Jahressteuer nach diesem Tarif das Zweifache des Steuerbetrags, der sich für die Hälfte des gemeinsam zu versteuernden Einkommens[716] der Eheleute nach dem Grundtarif ergibt. Nach § 32a Abs. 6 EStG ist das gleiche Verfahren auch für die Berechnung der tariflichen ESt in Sonderfällen[717] anzuwenden. Bei Anwendung des Splittingtarifs verdoppelt sich auch die Freigrenze nach § 3 Abs. 3 SolZG. **1494**

Das Recht auf die Wahl der Zusammenveranlagung stand lediglich Ehegatten und nicht gleichgeschlechtlichen Lebenspartnerschaften zu. **1495**

Verwitwete Alleinerziehende sind aus dem Anwendungsbereich des Ehegattensplittings ausgeschlossen. Dies ist verfassungsgemäß.[718] Auch können nach Ansicht des FG Münster[719] Partner einer nichtehelichen verschiedengeschlechtlichen Lebensgemeinschaft kein Ehegattensplitting in Anspruch nehmen. Nach Ansicht des FG Münster enthält § 1 Abs. 1 LPartG eine Legaldefinition der Begriffe »Lebenspartnerinnen« und »Lebenspartner«. Dies seien zwei Personen gleichen Geschlechts, die ggü. dem Standesbeamten persönlich und bei gleichzeitiger Anwesenheit erklären, miteinander eine Partnerschaft auf Lebenszeit führen zu wollen. Durch diese Erklärung ggü. dem Standesbeamten begründen sie eine »Lebenspartnerschaft« i.S.d. Lebenspartnerschaftsgesetzes. Eines Rückgriffs auf das Sozialrecht bedarf es zur Definition des Begriffes »Lebenspartner« daher nicht. Da das Lebenspartnerschaftsgesetz selbst die in § 2 Abs. 8 EStG aufgenommenen Begriffe »Lebenspartner« und »Lebenspartnerschaften« verwendet und definiert und § 2 Abs. 8 EStG im Kontext des Lebenspartnerschaftsgesetzes in das Einkommensteuergesetz aufgenommen wurde, sei nicht ersichtlich, aus welchem Grund § 2 Abs. 8 EStG über § 1 Abs. 1 LPartG hinausgehen und auch nichteheliche (verschiedengeschlechtliche) und nichteingetragene (gleichgeschlechtliche) Lebenspartnerschaften erfassen sollte. **1496**

---

716 Vorbehaltlich der §§ 32b, 34 und 34b EStG.
717 Verwitwete und Geschiedene unter bestimmten Voraussetzungen.
718 BFH, 17.10.2012 – III B 68/12, FuR 2013, 332.
719 FG Münster, 18.05.2016 – 10 K 2790/14, JurionRS 2016, 18921; FuR 2017, 42.

Das Ehegattensplitting findet auf **verschiedensgeschlechtliche Lebensgemeinschaften** keine Anwendung.[720]

▶ **Hinweis**

1497   Nach § 2 Abs. 8 EStG sind die Regelungen des Einkommensteuergesetzes zu Ehegatten und Ehen jedoch auch auf **eingetragene Lebenspartner und Lebenspartnerschaften** anzuwenden. Die Änderungen im Einkommensteuergesetz sind am 19.07.2013 infolge des Gesetzes zur Änderung des Einkommensteuergesetzes rückwirkend zum VZ 2001 in Umsetzung der Entscheidung des BVerfG vom 07.05.2013[721] in Kraft getreten. Die Rückwirkung bezieht sich auf alle Lebenspartner, deren Veranlagung noch nicht bestandskräftig durchgeführt ist.[722] Für Jahre, in denen das LPartG[723] noch nicht in Kraft war, können Partner nicht die Zusammenveranlagung wählen.[724] § 1353 Abs. 1 Satz 1 BGB ist durch das Gesetz zur Einführung des Rechts auf Eheschließung für Personen gleichen Geschlechts neu gefasst worden. Ab dem 01.10.2017 wird gleichgeschlechtlichen Paaren die Eheschließung mit allen Rechten und Pflichten ermöglicht. Gleichzeitig können bisher bestehende eingetragene Lebenspartnerschaften in eine Ehe umgewandelt, neue eingetragene Lebenspartnerschaften aber nicht mehr begründet werden. Paare, die schon vor dem 01.10.2017 eine Lebenspartnerschaft geschlossen haben, können wählen, ob sie in der bisherigen Form weiterleben oder ihre Partnerschaft in eine Ehe umwandeln wollen. Dies ermöglicht § 20a LpartG. Für eingetragene Partnerschaften, die nicht in eine Ehe umgewandelt werden, gilt weiterhin § 2 Abs. 8 EStG, wonach die Regelungen des EStG auch auf Lebenspartner und Lebenspartnerschaften anzuwenden sind.[725]

1498 Ein **Wahlrecht** genießen Ehegatten nur dann, wenn sie beide unbeschränkt einkommensteuerpflichtig i.S.d. § 1 Abs. 1 oder 2 oder des § 1a EStG sind, nicht dauernd getrennt leben und bei ihnen diese Voraussetzungen zu Beginn des Veranlagungszeitraums vorgelegen haben oder im Laufe des Veranlagungszeitraums eingetreten sind. Es reicht aus, wenn die Voraussetzungen mind. an einem Tag des VAZ gleichzeitig vorgelegen haben, § 26 Abs. 1 Satz 1 EStG. Liegt also am ersten Januar des VAZ unter bestehender Ehe kein dauerndes Getrenntleben vor oder haben die Eheleute erst am 31.12. dieses Jahres die Ehe geschlossen und die eheliche Gemeinschaft aufgenommen, greift das steuerliche Wahlrecht für das gesamte Veranlagungsjahr.

---

720 BGH, 26.04.2017 – II B 100/16, FamRZ 2017, 1356.

721 BVerfG, FamRZ 2013, 1103.

722 S. hierzu a. BMF-Schreiben v. 31.07.2013 – IV C 1 – S 1910/13/10065:001, www.bundesfinanzministerium.de.

723 Gesetz v. 16.02.2001, BGBl I 2001, 266, in Kraft getreten am 01.08.2001, zuletzt geändert durch Gesetz v. 20.06.2014, BGBl I 2014, 786 m.W.v. 27.06.2014.

724 BFH, FamRZ 2014, 1551.

725 Www.bgbl.de/xaver/bgbl/start.xav?startbk=Bundesanzeiger_BGBl&jumpTo=bgbl117s2787.pdf#__bgbl__%2F2F*%5B%40attr_id%3D%27bgbl117s2787.pdf%27%5D__1507187408127.

Der steuerliche Begriff des **dauernden Getrenntlebens** weicht von den Ehescheidungs-   **1499**
voraussetzungen nach dem BGB ab. Hier sind zunächst die für die Finanzverwaltung
bindenden Steuerrichtlinien[726] bedeutsam. Abzustellen ist auf das Gesamtbild der
Lebens- und Wirtschaftsgemeinschaft. Eine dauernde räumliche Trennung hat regelmäßig besonderes Gewicht. Es ist jedoch auf alle Umstände und erkennbaren Absich-
ten abzustellen. I.d.R. sind die Angaben der Ehegatten zugrunde zu legen, es sei denn,
die äußeren Umstände lassen den Fortbestand der Lebensgemeinschaft fraglich erscheinen. Im Scheidungsverfahren getroffene Feststellungen sind nicht zwingend bindend.
Sie haben aber Indizwirkung. Wegen der familienrechtlichen Trennungsfrist (i.d.R.
ein Jahr) kann der Wunsch nach alsbaldiger Scheidung mit dem Wunsch kollidieren,
im Sinne einer Zusammenveranlagung der Eheleute das dauernde Getrenntleben im
steuerrechtlichen Sinne nicht vor dem ersten Januar des betroffenen Veranlagungszeitraumes eintreten zu lassen. Auch bei einer langjährigen räumlichen Trennung kann
daher u.U. noch eine Zusammenveranlagung erfolgen.[727]

Hat in dem Veranlagungszeitraum ein echter, aber gescheiterter **Versöhnungsversuch**   **1500**
stattgefunden, sollte er in geeigneter Weise aktenkundig gemacht werden. Er unter-
bricht anders als in § 1567 Abs. 2 BGB das steuerliche dauernde Getrenntleben.[728]
Ein Versöhnungsversuch muss mind. drei bis vier Wochen dauern,[729] wobei die Rspr.
unterschiedliche Zeiträume des erneuten Zusammenlebens von einem Monat bis zu
sieben Wochen fordert.[730] Erfolgt ein drei- bis vierwöchiger Versöhnungsversuch über
die Jahreswende, besteht für den VAZ des Beginns des Versöhnungsversuchs das Recht
der Zusammenveranlagung und für den Folgeveranlagungszeitraum des Folgejahres.

Die **Feststellungslast** trifft die Ehepartner. Zur Beiziehung der Akten des Famili-   **1501**
engerichts vertritt der BFH[731] die Auffassung, dass ein Verstoß gegen den Grundsatz der Unmittelbarkeit der Beweisaufnahme vorliegt, wenn die Akten gegen den
Widerspruch des Stpfl. beigezogen und verwertet werden, obwohl eine unmittelbare
Beweiserhebung möglich wäre. Ist diese nicht möglich, zumutbar oder zulässig, sind
die Akten dennoch nur im überwiegenden Interesse der Allgemeinheit unter strikter
Wahrung des Gebotes der Verhältnismäßigkeit beizuziehen. Leben Ehegatten zwar
für eine nicht absehbare Zeit räumlich voneinander getrennt, halten sie aber die eheliche Wirtschaftsgemeinschaft dadurch aufrecht, dass sie die sie berührenden wirtschaftlichen Fragen gemeinsam erledigen und gemeinsam über die Verwendung des
Familieneinkommens entscheiden, kann dies dazu führen, dass ein **nicht dauerndes**

---

726 EStR 2008, BStBl I 2008, 1017, R 26b.
727 FG Münster, 22.02.2017 – 7 K 2441/15 E, EFG 2017, 573.
728 Schmidt/*Seeger* EStG, § 26 Rn. 11 ff.; *Liebelt* NJW 1994, 609 jeweils m.w.N.
729 Johannsen/Henrich/*Büttner* BGB § 1361 Rn. 141; *Hausmann* FamRZ 2002, 1612; FA-
    Komm-FamR/*Perleberg-Kölbel* § 26b EStG unter D I 4.1.
730 Hess. FG, 14.04.1988 – 9 K 70/85, EFG 1988, 63: sieben Wochen; FG Münster,
    22.03.1996 – 14 K 3008/94 E, EFG 1996, 921: sechs Wochen; FG Köln, 21.12.1993 –
    2 K 4543/92, EFG 1994, 771: drei bis vier Wochen; FG Nürnberg, 07.03.2005 – VI
    160/2004, DStRE 2004, 938: über einen Monat.
731 BFH, FuR 1991, 360.

Getrenntleben anzunehmen ist. Auch bei einer langjährigen räumlichen Trennung kann daher u.U. noch eine Zusammenveranlagung erfolgen.[732]

1502 Nach dem **OLG München**[733] ist die Frage des dauernden Getrenntlebens für die Wahl der Zusammenveranlagung allein vom Finanzamt zu beurteilen. Das Familiengericht darf daher im Vorfeld einem Ehepartner nicht von vornherein die Erfolgsaussicht absprechen, den anderen Ehepartner zur Zustimmung zur Zusammenveranlagung zu verpflichten. Dies gilt z.b. auch, wenn Eheleute für eine nicht absehbare Zeit räumlich getrennt leben und es daher zweifelhaft ist, ob die Wahlmöglichkeit nach § 26 Abs. 1 Satz 1 EStG besteht.

d) Ausnahmen vom Wahlrecht

1503 Das Wahlrecht nach § 26 Abs. 1 Satz 1 EStG ist gem. § 26 Abs. 1 Satz 2 EStG ausgeschlossen, wenn die Ehe im Veranlagungszeitraum aufgelöst wird und einer der Ehegatten im gleichen Veranlagungszeitraum wieder heiratet und gemeinsam mit seinem neuen Ehegatten wiederum die Voraussetzungen von § 26 Abs. 1 Satz 1[734] EStG erfüllt. Zur Vermeidung von Härten gewährt das Gesetz dem verlassenen Ehegatten für den Veranlagungszeitraum die Vorteile des Splittingtarifs, § 32a Abs. 6 Satz 1 Nr. 2 EStG, obwohl er einzeln zur ESt zu veranlagen ist.

e) Getrennte Veranlagung

1504 Nach § 26 Abs. 2 EStG erfolgt die getrennte Veranlagung, wenn einer der Ehepartner die getrennte Veranlagung wählt. Dies gilt nicht, wenn der wählende Ehepartner keine eigenen Einkünfte erzielt hat oder diese so gering sind, dass keine Einkommensteuerfestsetzung stattfindet bzw. keinem Steuerabzug zu unterwerfen sind.[735] Sonderausgaben und außergewöhnliche Belastungen werden dem Ehepartner **hälftig zugeordnet**. Die Grundtabelle ist anzuwenden, § 32a Abs. 1 Satz 2 EStG und die Steuern der Ehepartner werden in getrennten Steuerbescheiden festgesetzt. Es tritt keine Gesamtschuldnerschaft der Ehepartner ein.

f) Zusammenveranlagung

1505 Die Ehegatten werden bei gewählter Zusammenveranlagung unter Addition ihrer Einkünfte wie ein Steuerpflichtiger behandelt. Im Regelfall bietet die gemeinsame Veranlagung zur Einkommensteuer den Ehegatten durch den Splittingtarif **steuerliche Vorteile**. Voraussetzung ist aber, dass einer der beiden Ehegatten Einkünfte unterhalb des Spitzensteuersatzes erzielt.

---

732 FG Münster, 22.02.2017 – 7 K 2441/15 E, EFG 2017, 573.
733 OLG München, Beschl. v. 05.09.2013 – 4 WF 1317/13.
734 Kein dauerndes Getrenntleben, beiderseits unbeschränkte ESt-Pflicht.
735 R 26 Abs. 3 EStR 2005.

Beim Splittingtarif wird das zu versteuernde Einkommen der Ehegatten zusammen- 1506
gerechnet und anschließend halbiert. Die festzusetzende Einkommensteuer wird an
Hand des so ermittelten hälftigen zu versteuernden Einkommen und der Grundtabelle festgestellt und verdoppelt. Hierdurch entsteht ein Tarifvorteil, da die unteren
Einkommenszonen mit keiner (Grundfreibetrag) oder niedrigerer Steuer als die obe-
ren Tarifzonen belastet sind.

Der **optimalste Vorteil** wird in den Fällen erzielt, in denen ein Ehegatte über keine 1507
eigenen Einkünfte, der andere Ehegatte über hohe Einkünfte (bis zum höchsten Tarif)
verfügt.

Nachteile können sich z.b. bei den beschränkt abzugsfähigen Sonderausgaben erge- 1508
ben, weil die Einkünfte des Ehegatten den eigenen Vorwegabzug mindern können.

Auch der Kirchensteueraufwand kann höher werden, wenn der Ehegatte mit den 1509
höheren Einkünften nicht Mitglied einer Religionsgemeinschaft ist. Darüber hinaus
kann im Zuge von Verlustverrechnungen eine Zusammenveranlagung für einen VAZ
oder mehrere nachteilig sein.

▶ **Beispiel der Auswirkung 2016** 1510

Einkommen A =	0 € Steuer bei EinzelVA A	0 €
Einkommen B =	110.000 € Steuer bei EinzelVA B	37.938 €
Summe:	110.000 €	
Einkommen A+B =	110.000 € Steuer bei ZVA	29.676 €
Maximaler Steuervorteil ohne Soli und KSt:		**8.262 €**

2016 beginnt die niedrigste Tarifzone nach dem Grundfreibetrag von 8.472 € mit 1511
einer Steuerbelastung von 14,0 %. Die höchste Tarifzone beginnt bei Alleinstehenden
ab 53.666 € (zu versteuerndes Einkommen) bzw. bei Verheirateten ab 107.332 € mit
einem Steuersatz von 42,0 %. Hierauf ist der Soli-Zuschlag mit 5,5 % und ggf. die
Kirchensteuer mit 9 % bzw. 8 % zu berechnen. Die **Gesamtsteuerbelastung** liegt
damit bei der Einkommensteuer in der Spitze bei 48,09 %.

Die weitere Tariferhöhung von 42 % auf 45 %, die sog.»Reichensteuer« greift bei 1512
Alleinstehenden ab einem zu versteuernden Einkommen von 254.447 € und bei Verheirateten ab einem zu versteuernden Einkommen von 508.894 €. Zusätzlich ist bei
allen Steuerberechnungen der Solidaritätszuschlag von 5,5 % auf die anfallende Einkommensteuer sowie eine etwaige Kirchensteuer zu berücksichtigen.

g) Besondere Veranlagung des Jahres der Eheschließung bis VZ 2012

Nach § 26c EStG konnte eine besondere Veranlagung bei erneuter Eheschließung 1513
erfolgen. Sie wurde durchgeführt, wenn die Voraussetzungen des § 26 Abs. 1 Satz 1
EStG vorlagen (beide Ehepartner unbeschränkt einkommensteuerpflichtig i.S.d. § 1

Abs. 1 oder 2 oder des § 1a EStG[736], nicht dauernd getrennt lebend und diese Voraussetzungen haben zu Beginn des Veranlagungszeitraums vorgelegen oder sie sind im Laufe des Veranlagungszeitraums eingetreten). Beide Ehepartner mussten sie wählen und wurden nach § 26c Abs. 1 Satz 1 EStG so behandelt, als hätten sie die Ehe nie geschlossen. Sie wurden – ebenso wie bei der getrennten Veranlagung – wie zwei Einzelpersonen behandelt. Grds. wurde ihr Einkommen nach der Grundtabelle versteuert. Allerdings konnte bei Verwitweten und Geschiedenen ggf. die Splittingtabelle gem. § 32a Abs. 6 Nr. 2 EStG angewendet werden.

1514 § 1a Abs. 1 EStG sieht Steuerentlastungen für **Staatsangehörige eines Mitgliedstaates der EU** oder eines Staates des EWR (Island, Norwegen und ab 1996 Liechtenstein; nicht die Schweiz) vor, wenn diese Arbeitnehmer nach § 1 Abs. 1 EStG unbeschränkt steuerpflichtig sind oder nach § 1 Abs. 3 EStG als unbeschränkt steuerpflichtig behandelt werden. Der nicht dauernd getrenntlebende Ehegatte mit Wohnsitz oder gewöhnlichem Aufenthalt in einem EU- oder EWR-Staat kann gem. § 1a Abs. 1 Nr. 2 EStG für die Anwendung des § 26 Abs. 1 Satz 1 EStG (Zusammenveranlagung) auf Antrag als unbeschränkt steuerpflichtig behandelt werden. Bei Anwendung des § 1 Abs. 3 Satz 2 EStG ist auf die Einkünfte beider Ehegatten abzustellen und der Grundfreibetrag nach § 32a Abs. 1 Satz 2 Nr. 1 EStG zu verdoppeln.[737]

1515 Arbeitnehmer mit EU- bzw. EWR-Staatsangehörigkeit und Wohnsitz oder gewöhnlichem Aufenthalt in einem solchem Land unterliegen entweder gem. § 46 Abs. 2 Nr. 7 EStG der Pflichtveranlagung oder können gem. § 46 Abs. 2 Nr. 8 EStG eine Veranlagung beantragen. Für den **Lohnsteuerabzug** gelten §§ 38b und 39c Abs. 4 EStG.[738]

h) Verfahrensfragen zum steuerlichen Wahlrecht

1516 Das Wahlrecht kann schriftlich oder zu Protokoll des Finanzamts ausgeübt werden. Die Benutzung eines **Formblattes** ist nicht vorgesehen. Geben Eheleute keine Erklärung zur Wahl ab, darf das Finanzamt unterstellen, dass sie die Zusammenveranlagung wählen, § 26 Abs. 3 EStG.

1517 Grds. hat das Finanzamt hierbei nicht zu prüfen,[739] ob ein Ehegatte im **familienrechtlichen Innenverhältnis** verpflichtet ist, das Wahlrecht in einer bestimmten Richtung auszuüben. Eine Ausnahme gilt nach der Rspr. des BFH[740] für die Fälle, in denen die Wahl der getrennten Veranlagung rechtsmissbräuchlich ist.[741] So verstößt z.B. das

---

736 Ausnahme für Grenzpendler nach § 1a Abs. 1 Nr. 2 EStG
737 Berscheid/Kunz/Brand/Nebeling, Praxis des Arbeitsrechts, 4. Auflage 2013, A II, Rn. 19 ff.
738 vgl. auch BMF-Schreiben v. 25.08.1995, DStR 1995, 1470; BMF-Schreiben v. 30.12.1996, BStBl. I 1996, S. 1506
739 BFH, FamRZ 1991, 75.
740 BFH, BStBl II 1977, 870 und BFH, NJW 1992, 1471 (sogar bei Steuerstraftat).
741 Schmidt/*Seeger* EStG, § 26 Rn. 22; BFH, FamRZ 2008, 888: Verstoß gegen Treu und Glauben; *Engels* Rn. 14. u.H.a. § 1353 BGB.

Verhalten des versagenden Ehegatten, der keine maßgeblichen Einkünfte hat, gegen das **Schikaneverbot** gem. § 226 BGB.

Eine **Änderung der bereits ausgeübten Wahl**[742] ist zulässig, auch bei Änderungsbe-   **1518** scheiden.[743] Die erneute Wahl wird aber gegenstandslos, wenn der Änderungsbescheid aufgehoben wird.

Das Wahlrecht kann dabei noch so lange ausgeübt werden, bis die Veranlagung eines   **1519** der Ehegatten bestandskräftig abgeschlossen ist.[744] Auch beim Verlustrücktrag gem. § 10d EStG in ein bestandskräftig abgeschlossenes Jahr kommt noch eine Änderung der Wahl in Betracht.[745]

Wird die Veranlagungsart **nachträglich verändert**, wirkt sich dies rechtsgestaltend auf   **1520** die Steuerschuld aus, und zwar rückwirkend auf die Entstehung der Steuer zum Ablauf des Veranlagungszeitraums. Die vorausgegangenen Steuerbescheide werden nicht ver- ändert. Vielmehr wird ein neues selbständiges Veranlagungsverfahren in Gang gesetzt. Die urspr. Steuerbescheide sind nicht zu ändern, sondern aufgrund eines rückwirken- den Ereignisses gem. § 175 Abs. 1 Satz 1 Nr. 2 AO aufzuheben. Daraus folgt, dass bei einem Wechsel der Veranlagungsart Erstattungsbeträge zurückzufordern sind.[746]

Der **Anspruch gegen die Finanzbehörde**, die gewünschte Veranlagung vorzunehmen,   **1521** ist nicht mit der Anfechtungsklage, sondern als ein Anspruch auf erneute Veranla- gung mit der Verpflichtungsklage zu verfolgen.[747] Wird eine Änderung der Art der Veranlagung beantragt, ist das Begehren nicht als Anfechtung der Steuerfestsetzung zu verstehen, sondern als ein – auf Durchführung einer erneuten Veranlagung in einer bestimmten Veranlagungsart gerichtetes – Verpflichtungsbegehren.[748]

Möchte ein Ehegatte nach erfolgter Zusammenveranlagung im Widerstreit mit dem   **1522** anderen Ehegatten getrennt veranlagt werden, ist der andere Ehegatte im **finanzge- richtlichen Verfahren notwendig beizuladen**.[749]

2. Änderungen der Veranlagungsarten ab VAZ 2013

Nach dem Steuervereinfachungsgesetz 2011[750] gibt es nur noch vier Veranlagungsar-   **1523** ten, nämlich die Einzelveranlagung, das Verwitweten-Splitting, das »Sonder-Splitting« im Trennungsjahr und die Zusammenveranlagung mit Ehegatten-Splitting.

---

742 Im Einzelnen hierzu Schmidt/*Seeger* EStG, § 26 Rn. 30 ff.
743 BFH, NJW 1992, 1648.
744 *Liebelt* NJW 1994, 610 m.w.N.
745 BFH, NJW 1989, 2288; *Moog* DStR 2010, 112.
746 BFH, 14.06.2016 – VII B 47/15, JurionRS 2016, 22022.
747 FG Köln, DStRE 2010, 1049.
748 BFH, BStBl II 2004, 980.
749 BFH, NJW 1993, 1288.
750 BGBl I 2011, 2131.

a) Wahlrecht der Ehegatten

1524 Ausnahmsweise kommt für Ehegatten die Ehegattenveranlagung in Betracht, um dem grundgesetzlichen Schutz von Ehe und Familie gerecht zu werden. Hierbei haben die Ehegatten ein Wahlrecht zwischen
- Einzelveranlagung und der
- Zusammenveranlagung.

1525 Die Ehegattenveranlagung setzt voraus:
- rechtswirksame Ehe/Lebenspartnerschaft
- kein dauerndes Getrenntleben
- unbeschränkte Einkommensteuerpflicht oder Behandlung als unbeschränkt einkommensteuerpflichtig

1526 Diese Voraussetzungen müssen zu Beginn des Veranlagungszeitraumes vorliegen oder im Laufe des Veranlagungszeitraumes eintreten.

1527 Änderung des Wahlrechts

Eine Wahländerung ist möglich, wenn
- ein Steuerbescheid, der die Ehegatten betrifft, aufgehoben, geändert oder berichtigt wird (§ 26 Abs. 2 Satz 4 Nr. 1 EStG). Mit der Regelung ist nicht nur der ESt-Bescheid der zusammen veranlagten Eheleute (§ 26b EStG), sondern auch der ESt-Bescheid der einzeln veranlagten Eheleute gemeint (§ 26a EStG). Unerheblich ist es, aufgrund welcher Korrekturnorm die Änderung oder Berichtigung erfolgt; d.h. es kommen die Korrekturnormen der AO und auch solche des Einspruchsverfahrens oder auch die Einspruchsentscheidung (§ 367 Abs. 1 Satz 1 AO) sowie ein Abhilfebescheid (§ 367 Abs. 2 Satz 3 AO) in Frage. Die Änderung der Wahl der Veranlagung hängt vom Antrag eines oder beider Ehegatten ab;
- die Änderung der Wahl der Veranlagungsart der zuständigen Finanzbehörde bis zum Eintritt der Unanfechtbarkeit des Änderungs- oder Berichtigungsbescheids schriftlich oder elektronisch mitgeteilt oder zur Niederschrift erklärt wird. Diese Voraussetzung entspricht geltender Rechtslage und wird von Gesetzgeber im Interesse der Rechtsklarheit ausdrücklich bestimmt;
- der Unterschiedsbetrag aus der Differenz der festgesetzten ESt entsprechend der bisher gewählten Veranlagungsart und der festzusetzenden ESt, die sich bei einer geänderten Ausübung der Wahl der Veranlagungsart ergibt, positiv ist. Die ESt der einzeln veranlagten Ehegatten ist hierbei zusammenzurechnen. Die festzusetzende ESt im Änderungsbescheid und die festzusetzende ESt nach geänderter Ausübung des Veranlagungswahlrechts sind zu vergleichen.

b) Einzelveranlagung, § 26a EStG

1528 Statt einer getrennten Veranlagung ist ab VAZ 2013 eine Einzelveranlagung nach §§ 26a, 52 Abs. 68 EStG vorzunehmen.

1529 Sonderausgaben, außergewöhnliche Belastungen und die Steuerermäßigung nach § 35a (gemeinsame Zurechnung bei der Zusammenveranlagung) werden dabei den

Ehegatten nicht mehr jeweils zur Hälfte zugerechnet, sondern danach, wer die Aufwendungen wirtschaftlich getragen hat. Die bisherige Möglichkeit der freien steueroptimalen Zuordnung bestimmter Konten nach § 26a EStG entfällt.

Beim Abzug der außergewöhnlichen Belastungen nach § 33 EStG wird die zumutbare **1530**
Belastung nach dem Gesamtbetrag der Einkünfte eines jeden Ehegatten bestimmt und nicht, wie bisher bei der getrennten Veranlagung, nach dem Gesamtbetrag der Einkünfte beider Ehegatten.

Übereinstimmend können Ehegatten auch eine Zurechnung entsprechend der tat- **1531**
sächlichen wirtschaftlichen Belastung nach dem sog. »Prinzip der Individualbesteuerung« beantragen.

Eine **Einzelveranlagung kann günstiger sein,** wenn   **1532**
– nur ein Ehepartner Arbeitnehmer ist und der andere Selbstständiger und bei Letzterem sonst sein Vorwegabzug bei den Vorsorgeaufwendungen i.R.d. Günstigerprüfung gekürzt wird;
– ein Verlustrück- oder Verlustvortrag geltend gemacht wird und der andere Ehepartner nicht sehr hohe Einkünfte hat;
– die Eheleute annähernd gleich hohe Einkünfte haben und sich bei Einzelveranlagung für jeden Ehepartner die Möglichkeit ergibt, bestimmte Höchstbeträge oder Freigrenzen auszunutzen;
– ein Partner erhebliche steuerfreie Einkünfte mit Progressionsvorbehalt hat (bspw. Arbeitslosengeld, Krankengeld, Kurzarbeitergeld sowie Auslandseinkünfte aus einem Nicht-EU-Staat, die nach Doppelbesteuerungsabkommen von der deutschen Einkommensteuer freigestellt sind) und beim anderen Partner relativ niedrige steuerpflichtige Einkünfte vorliegen;
– ein Partner erhebliche tarifbegünstigte außerordentliche Einkünfte zu versteuern hat, die einem ermäßigten Steuertarif unterliegen (Fünftelregelung), und der Ehepartner geringe normal besteuerte Einkünfte erzielt hat;
– beide Eheleute als Ruheständler Nebeneinkünfte haben und jedem bei Einzelveranlagung der Härteausgleich gewährt wird;
– ein Ehepartner kirchensteuerpflichtig ist und der andere nicht und Letzterer bei Zusammenveranlagung ein besonderes Kirchgeld zahlen müsste;
– bei Zusammenveranlagung die Einkommensgrenze für die Arbeitnehmer-Sparzulage überschritten würde.

c) Zusammenveranlagung, § 26b EStG

Unbeschränkt einkommensteuerpflichtige Ehegatten können wählen, ob sie die **1533**
Zusammenveranlagung oder die Einzelveranlagung von Ehegatten wollen, sofern sie nicht dauernd getrennt leben. Die Voraussetzungen für eine Ehegattenveranlagung müssen zu Beginn des Veranlagungszeitraums vorgelegen haben oder im Laufe eines Veranlagungszeitraums eintreten. Die Wahl der Veranlagungsart für den betreffenden Veranlagungszeitraum wird durch Angabe in der Steuererklärung bindend und kann nach Eintritt der Unanfechtbarkeit des Steuerbescheides nur noch dann geändert werden, wenn ein, die Ehegatten betreffender, Steuerbescheid aufgehoben, geändert

oder berichtigt wird, die Änderung der Wahl der Veranlagung bis zum Eintritt der Bestandskraft des geänderten Bescheids dem Finanzamt mitgeteilt wird und die Einkommensteuer der Ehegatten nach Änderung der Veranlagungsart niedriger ist. Hier kann auf die Erläuterungen unter Rdn. 1505 verwiesen werden.

1534   Haben beide Ehegatten **keinen Antrag** auf eine bestimmte Veranlagungsart gestellt, geht das Finanzamt davon aus, dass die Ehegatten die Zusammenveranlagung gewählt haben.

1535   Leben Ehegatten durch zwingende äußere Umstände (z.B. Krankheit eines Ehegatten, Verbüßung einer Haftstrafe) für unabsehbare Zeit **räumlich getrennt**, so kann eine eheliche Lebens- und Wirtschaftsgemeinschaft bestehen, wenn die Ehegatten die Absicht haben, diese Gemeinschaft i.R.d. Möglichen aufrechtzuerhalten und nach Wegfall der Hindernisse die volle eheliche Gemeinschaft wiederherzustellen.

1536   Ein Steuerpflichtiger gilt auch weiterhin als verheiratet, wenn sein Ehegatte **vermisst** wird oder als **verschollen** gilt. Daher besteht für den Ehegatten auch das Wahlrecht für die Veranlagungsart. Das Wahlrecht erlischt erst, wenn der Ehegatte für tot erklärt wird, da der Steuerpflichtige vom Tag der Rechtskraft des Todeserklärungsbeschlusses an als verwitwet gilt.

1537   Eine Zusammenveranlagung kann nur erfolgen, wenn beide Ehegatten dies wünschen. Sofern ein Ehegatte durch die fehlende Zustimmung zur Zusammenveranlagung einen Schaden erleidet, besteht eventuell für den anderen Ehegatten eine Zustimmungspflicht zur Zusammenveranlagung. Voraussetzung hierfür ist, dass er durch die Zusammenveranlagung selbst keine Nachteile erleidet. Es ist daher eine Nachteilsausgleichsvereinbarung zu schließen, in der sich der, die Zusammenveranlagung wünschende, Ehegatte verpflichtet, alle Nachteile durch die Zusammenveranlagung zu ersetzen.

▶ Beispiel 1

1538   Die Ehefrau F und der Ehemann M sind seit zehn Jahren verheiratet. Beide haben ihren Wohnsitz und ihren gemeinsamen Aufenthalt in Deutschland. Sie leben während des gesamten Veranlagungszeitraums 2015 nicht dauernd getrennt.

Lösung

Die Ehegatten F und M haben das Wahlrecht für die Veranlagung (Zusammenveranlagung oder Einzelveranlagung von Ehegatten).

▶ Beispiel 2

1539   Die Ehefrau F und der Ehemann M sind seit zehn Jahren verheiratet. Beide haben ihren Wohnsitz und ihren gemeinsamen Aufenthalt in Deutschland. Sie leben während des ersten halben Veranlagungszeitraums 2015 nicht dauernd getrennt. Im zweiten Halbjahr trennen sich die Ehegatten.

Lösung

Die Ehegatten F und M können das Wahlrecht für die Veranlagung wählen (Zusammenveranlagung oder Einzelveranlagung von Ehegatten).

▶ **Beispiel 3**

Die Ehefrau F und der Ehemann M sind seit zehn Jahren verheiratet. Beide haben   **1540**
ihren Wohnsitz und ihren gemeinsamen Aufenthalt in Deutschland. Sie leben
während des gesamten Veranlagungszeitraums 2015 nicht dauernd getrennt. F hat
Einkünfte aus nichtselbständiger Arbeit und M Einkünfte aus V + V. Die Ehegatten
haben ihre Einkommensteuererklärung beim Finanzamt eingereicht. Es wird keine
Angabe zur Veranlagungsart gemacht.

Lösung

Da die Ehegatten kein Wahlrecht ausgeübt haben, werden diese zusammenveranlagt.

▶ **Beispiel 4**

Die Ehefrau F und der Ehemann M sind seit zehn Jahren verheiratet und leben   **1541**
nicht dauernd getrennt. Beide haben ihren Wohnsitz und ihren gemeinsamen
Aufenthalt in Deutschland. M muss Ende Oktober 2014 bis Mitte März 2016 zur
Verbüßung einer Strafe in das Gefängnis. Die Ehegatten wollen die Ehe weiterhin
aufrechterhalten.

Lösung

Für 2015 besteht für die Ehegatten das Veranlagungswahlrecht.

Ermittlung der Einkünfte bei Zusammenveranlagung   **1542**

Bei einer Zusammenveranlagung werden die Einkünfte, die die Ehegatten erzielt
haben
– zunächst getrennt ermittelt,
– dann zu einem einheitlichen Einkommen zusammengerechnet,
– den Ehegatten gemeinsam zugerechnet,
– die Ehegatten als ein Steuerpflichtiger behandelt, soweit dies gesetzlich nicht eingeschränkt ist (z.B. personenbezogener Altersentlastungsbetrag) und
– eine gemeinsame Einkommensteuer nach der Splittingtabelle festgesetzt.

Ehegatten sind auch für den Sonderausgabenabzug als ein Steuerpflichtiger zu behan-   **1543**
deln. Es ist deshalb ohne Bedeutung, ob der Ehemann oder die Ehefrau die Zahlung
geleistet hat. In den Fällen einer Einzelveranlagung kann dagegen grds. nur der Ehegatte oder Lebenspartner die Sonderausgaben zum Abzug bringen, der sie wirtschaftlich getragen hat. Die Sonderausgaben können aber auf übereinstimmenden Antrag
der Ehegatten oder Lebenspartner jeweils zur Hälfte abgezogen werden. Der Antrag
eines Ehegatten, der die Aufwendungen wirtschaftlich getragen hat, ist in Einzelfällen
ausreichend.

▶ **Hinweis**

Eine Ausnahme davon, dass nur derjenige Steuerpflichtige, der durch die   **1544**
Aufwendungen wirtschaftlich belastet ist, auch der Abzugsberechtigte ist,
bilden Aufwendungen zur Basiskranken- und Pflegeversicherung für ein zu

berücksichtigendes Kind. Diese Aufwendungen kann der Steuerpflichtige auch dann als eigene Sonderausgaben abziehen, wenn das Kind Versicherungsnehmer ist.

1545 Über § 10 Abs. 3 Satz 3 EStG besteht so die Gefahr von Kürzungen, bei denen geprüft werden sollte, ob die Abzugsfähigkeit für den einen Ehegatten nicht durch die bei dem anderen Ehegatten anfallenden Kürzungen aufgezehrt wird. So wird über § 10 Abs. 3 Satz 3 Nr. 1a, 1b und 2 EStG bei drei Personengruppen eine Kürzung des Höchstbetrags angeordnet.

1546 Hierzu zählen Steuerpflichtige, welche entweder keine eigenen Beitragsleistungen abführen oder solche die rentenversicherungsbefreit oder sonstig nicht rentenversicherungspflichtig sind und dennoch gesetzlich oder vertraglich einen Anspruch oder Anwartschaftsrechte auf eine Altersversorgung erwerben. Zu nennen sind insoweit:

(1) Mandatsträger i.S.v. § 22 Nr. 4 EStG – etwa Bundes-, Landes- oder Europaabgeordnete;

(2) Beamte, Richter, Soldaten, Geistliche;

(3) AG-Vorstände, GmbH-Gesellschafter-Geschäftsführer, die Anwartschaften auf Altersversorgung aus Vertrag besitzen.

1547 Die Behandlung der Ehegatten als **ein Steuerpflichtiger** erfolgt dabei erst auf der Ebene des Gesamtbetrags der Einkünfte.

1548 Für die Ermittlung des Anrechnungshöchstbetrags bei der sog. **Quellensteuer** ist eine einheitliche Summe der Einkünfte zu bilden.

1549 Wenn zusammenveranlagte Ehegatten ausländische Einkünfte aus demselben Staat bezogen haben, sind bei der für den einzelnen Staat durchzuführenden Höchstbetragsrechnung die Einkünfte und die anrechenbaren ausländischen Steuern der Ehegatten aus diesem Staat zusammenzurechnen. Sollen anrechenbare Quellensteuern nicht angerechnet, sondern bei der Ermittlung der Einkünfte abgezogen werden, muss hierfür ein Antrag gestellt werden. Für zusammenveranlagte Ehegatten besteht keine Verpflichtung das staatenbezogene Wahlrecht einheitlich auszuüben. So besteht die Möglichkeit, dass ein Ehegatte die Anrechnung und der andere Ehegatte den Abzug der ausländischen Steuern beantragt.

1550 Da Ehegatten Gesamtschuldner der Einkommensteuer sind, haben sie die Möglichkeit die **Aufteilung der Gesamtschuld** zu beantragen, wenn etwa ein Ehegatte geringere Einkünfte (z.B. Mieteinkünfte) erzielt hat.

1551 Können **Verluste** eines Ehegatten nicht durch dessen Einkünfte ausgeglichen werden, können sie bei dem anderen Ehegatten abgezogen werden. Ein Verlustabzug bei der Zusammenveranlagung kann auch aus Veranlagungszeiträumen, für die die getrennte Veranlagung gewählt wurde, in Anspruch genommen werden.

1552 Das Veranlagungswahlrecht für Ehegatten setzt voraus, dass beide Ehegatten in Deutschland **unbeschränkt steuerpflichtig** sind und nicht dauernd getrennt leben.

Unbeschränkt einkommensteuerpflichtig sind natürliche Personen, wenn sie im Inland einen Wohnsitz oder gewöhnlichen Aufenthalt haben.

Ist ein Ehegatte in Deutschland unbeschränkt und der andere nicht unbeschränkt **1553** steuerpflichtig, da er weder Wohnsitz noch gewöhnlichen Aufenthalt in Deutschland hat, kann er unter den Voraussetzungen des § **1a Abs. 1 Nr. 2 EStG** für die Anwendung des Veranlagungswahlrechts als unbeschränkt einkommensteuerpflichtig behandelt werden. Dies ist der Fall, wenn der unbeschränkt einkommensteuerpflichtige Ehegatte Staatsangehöriger eines Mitgliedsstaates der EU oder des EWR ist und die Ehegatten nicht dauernd getrennt leben.

d) Gnadensplitting, § 32a Abs. 6 Nr. 1 i.V.m. § 26 Abs. 1 Satz 1 EStG

Das Wahlrecht findet bei einem verwitweten Steuerpflichtigen, für den Veranlagungs- **1554** zeitraum Anwendung, der dem Todesjahr des Ehegatten folgt (Gnadensplitting). Dafür müssen für die Steuerpflichtigen im Zeitpunkt des Todes die Voraussetzungen für das Ehegatten-Wahlrecht vorgelegen haben.

Die Ausübung des Veranlagungswahlrechts für Eheleute steht den Erben des verstor- **1555** benen Ehegatten zu. Der Erbe als Gesamtrechtsnachfolger tritt nämlich grds. auch in die steuerrechtliche Stellung des Erblassers ein.

Sofern die Erben das Wahlrecht nicht ausüben (z.B. kein Antrag auf Einzelveranla- **1556** gung von Ehegatten), kann das Einverständnis der Erben mit der Zusammenveranlagung nur dann unterstellt werden, wenn diese Kenntnis von der Erbenstellung und den steuerlichen Vorgängen des Erblassers haben. Bis zur Ermittlung der Erben ist getrennt zu veranlagen.

▶ **Hinweis**

Geht ein verwitweter Steuerpflichtiger im auf den Tod des Ehegatten folgenden **1557** Jahr eine **neue Ehe** ein, wird ihm das Gnadensplitting nicht mehr gewährt.

Des Weiteren besteht die Möglichkeit zur Gewährung des Gnadensplittings, wenn **1558** die Voraussetzungen des Ehegatten-Wahlrechts für die **neu geschlossene Ehe** nicht vorliegen.

▶ **Beispiel 1**

Die Ehegatten M und F sind verheiratet und leben nicht dauernd getrennt. F verstirbt am 08.11.2014.

Lösung

Aufgrund des Gnadensplittings wird die Einkommensteuer des M auch in 2015 noch nach dem Splittingverfahren berechnet.

▶ **Beispiel 2**

Die Ehegatten M und F sind verheiratet und leben seit September 2014 dauernd **1559** getrennt. F verstirbt am 08.11.2014.

Lösung

Die Einkommensteuer des M wird in 2015 nicht nach dem Splittingverfahren berechnet. Denn die Einkommensteuer eines verwitweten Steuerpflichtigen ist in dem Veranlagungszeitraum, der auf das Kalenderjahr folgt, in dem der Ehegatte verstorben ist, nur dann nach der Splittingtabelle festzusetzen, wenn der Steuerpflichtige und sein verstorbener Ehegatte im Zeitpunkt seines Todes nicht dauernd getrennt gelebt haben.

▶ **Beispiel 3**

1560   Die Ehegatten M und F sind verheiratet und leben nicht dauernd getrennt. F verstirbt am 08.11.2014. Am 19.05.2015 heiratet M erneut.

Lösung

M wird aufgrund der neuen Ehe das Gnadensplitting nicht gewährt.

Er hat aber die Möglichkeit, mit seiner neuen Ehepartnerin die Zusammenveranlagung oder die Einzelveranlagung zu wählen.

3. Bindungswirkungen

1561   Das Steuervereinfachungsgesetz 2011 bestimmt, dass die Wahl einer Veranlagungsart innerhalb eines Veranlagungszeitraums ab Zugang der Steuererklärung beim Finanzamt bindend ist, § 26 Abs. 2 EStG.

1562   **Ausnahme:** Die Steuererklärung kann geändert werden, wenn ein Steuerbescheid der Ehegatten aufgehoben, geändert oder berichtigt wird, die Wahländerung der Finanzbehörde bis zur Unanfechtbarkeit des Änderungs- oder Berichtigungsbescheids schriftlich erklärt bzw. mitgeteilt wird oder sich eine positive Differenz aus dem Wechsel ergibt, § 26 Abs. 2 EStG.[751]

4. Zustimmungsverpflichtung

1563   Aus dem Wesen der Ehe wird familienrechtlich eine sich aus § 1353 Abs. 1 BGB ergebene Verpflichtung abgeleitet, die finanziellen Lasten des anderen Ehepartners nach Möglichkeit zu vermindern, soweit dies ohne Verletzung eigener Interessen möglich ist.[752]

1564   Ein Ehepartner ist daher verpflichtet, einer Zusammenveranlagung zuzustimmen, wenn dadurch die Steuerschuld des anderen Ehepartners verringert und der auf Zustimmung in Anspruch genommene Ehepartner keiner zusätzlichen steuerlichen Belastung ausgesetzt wird.[753]

---

751 Hierzu *Engels* FF 2013, 393.
752 Klein/*Perleberg-Kölbel* FamVermR Kap. 2 Rn. 1054.
753 BGH, FamRZ 1977, 38; BGH, FamRZ 1988, 143; BGH, FamRZ 2002, 1024 m. Anm. *Bergschneider* FamRZ 2002, 1181; BGH, FamRZ 2005, 182 und BGH, FamRZ 2007,

Diese Verpflichtung besteht solange, wie auch eigene steuerliche Nachteile befürchtet   **1565**
werden müssen. Dies gilt auch für das Trennungsjahr.[754] Aus dem Wesen der Ehe
ergibt sich für beide Ehegatten die – aus § 1353 Abs. 1 BGB abzuleitende – Verpflichtung, die finanziellen Lasten des anderen Teils nach Möglichkeit zu vermindern,
soweit dies ohne Verletzung eigener Interessen möglich ist.

Ein Ehegatte ist daher dem anderen ggü. verpflichtet, in eine von diesem gewünschte   **1566**
Zusammenveranlagung zur Einkommensteuer einzuwilligen, wenn dadurch die Steu-
erschuld des anderen verringert und der auf Zustimmung in Anspruch genommene
Ehegatte keiner zusätzlichen steuerlichen Belastung ausgesetzt wird.[755]

Durch die **unberechtigte** Verweigerung der Zustimmung macht sich der betreffende   **1567**
Ehegatte schadensersatzpflichtig.

Die Zustimmung kann **Zug um Zug** von einem Nachteilsausgleich abhängig gemacht   **1568**
werden.

Ein Anspruch auf Zustimmung zur Zusammenveranlagung entfällt: **1569**
– wenn ohne Zweifel keine gemeinsame Veranlagung in Betracht kommt,[756]
– der Berechtigte selbst die getrennte Veranlagung beantragt und der andere Ehepartner bereits in deren Folge eine Erstattung erhalten hat oder
– über längere Zeit hinweg keine gemeinsame Veranlagung gewählt worden ist.[757]

Eine Zusammenveranlagung muss zu einer **geringeren Steuerlast** bei dem Ehepartner   **1570**
führen, der die Zusammenveranlagung begehrt.

Zur Feststellung ist eine **fiktive Vergleichsberechnung** vorzunehmen. Hierbei haben   **1571**
die Ehepartner infolge einer nachwirkenden nachehelichen Solidarität mitzuwirken
und die notwendigen Auskünfte zu erteilen.[758]

– Nachteilsausgleich   **1572**

Dem zustimmenden Ehepartner darf **kein zusätzlicher steuerlicher Nachteil** entstehen. Dieser kann erst ab dem Zeitpunkt entstehen, ab dem die Ehepartner nicht mehr
gemeinsam wirtschaften. Dann ist die Zustimmung zur Zusammenveranlagung von
der Erstattung eines Nachteilsausgleichs abhängig.

1229 m. Anm. *Engels*; Johannsen/Henrich/*Büttner* BGB § 1361 Rn. 141.
754 BGH, FamRZ 2010,269.
755 BGH, 13.10.1976 – IV ZR 104/74, FamRZ 1977, 38, 40; Senatsurteile v. 4.11.1987 –
     IV b ZR 83/86, FamRZ 1988, 143, 144; v. 12.06.2002 – XII ZR 288/00, FamRZ 2002,
     1024, 1025 m. Anm. *Bergschneider* FamRZ 2002, 1181; BGHZ 155, 249, 252 f. =
     FamRZ 2003, 1454, 1455; v. 03.11.2004 – XII ZR 128/02, FamRZ 2005, 182, 183 und
     v. 23.05.2007 – XII ZR 250/04, FamRZ 2007, 1229 m. Anm. *Engels*.
756 BGH, FamRZ 1998, 953; BGH, FamRZ 2005, 182.
757 *Engels* Rn. 206; *Perleberg-Kölbel* FuR 2010, 254 ff.
758 PWW/*Weinreich* § 1353 BGB Rn. 16.

1573   Kein Nachteil entsteht bei einer **sog. familienrechtlichen Überlagerung.** Zwar besteht aufgrund der Gesamtschuldnerschaft im Innenverhältnis eine Ausgleichspflicht nach § 426 Abs. 1 Satz 1 BGB und Ehepartner haften im Verhältnis zueinander zu gleichen Anteilen; dieser Grundsatz gilt allerdings nur dann, wenn nicht etwas anderes bestimmt ist. Eine abweichende Bestimmung kann sich aus Gesetz, Vereinbarung, Inhalt und Zweck des Rechtsverhältnisses oder der Natur der Sache, mithin aus der besonderen Gestaltung des tatsächlichen Geschehens ergeben.[759]

1574   **Vorrangig** ist stets, was die Ehepartner ausdrücklich oder konkludent vereinbaren.

1575   –   **Beispiele**

      Mit der **Steuerklassenwahl III/V** treffen Ehepartner eine anderweitige Bestimmung i.S.d. § 426 Abs. 1 Satz 1 BGB, die dazu führt, dass jeder Ehepartner selbst die im Lohnsteuerabzugsverfahren entrichtete Steuerlast zu tragen hat.[760] Bei Wahl der Steuerklassen III und V für Zeiträume bis zur Trennung kommt es zu einer höheren Liquidität, das dem Familienunterhalt zugutekommt. Ehepartner nehmen mit dieser Steuerklassenwahl in Kauf, dass das höhere Einkommen des einen relativ niedrig und das niedrigere Einkommen des anderen relativ hoch besteuert wird.[761] Ein Nachteilsausgleich unter den Ehepartnern findet nicht statt mit der Folge, dass eine Zustimmung ohne Nachteilsausgleich erklärt werden muss.

1576   Wählen Ehepartner im **Trennungsjahr** noch eine Zusammenveranlagung, kommt es infolge der Steuerentlastung zur Steigerung der Leistungsfähigkeit und somit auch zu einer **Erhöhung der Unterhaltsrente.** Der unterhaltsberechtigte Ehepartner partizipiert von der günstigen Steuerklasse des unterhaltsverpflichteten Ehepartners, weil die Steuerlast bereits bei der Unterhaltsberechnung berücksichtigt wird.

1577   Wird **kein Trennungsunterhalt** gezahlt, besteht dagegen für den Ehepartner mit der ungünstigeren Steuerklasse V kein Grund mehr, seine damit verbundenen Nachteile hinzunehmen.[762] Er kann dann seine Zustimmung von einem Nachteilsausgleich abhängig machen. Bei gleichen Einkommensverhältnissen ist eine monatsbezogene zeitanteilige Quote in Betracht zu ziehen.[763] Haben sich die Einkommensverhältnisse deutlich verändert, muss ein Nachteil nach § 287 ZPO geschätzt werden.[764]

1578   Nach § 10d Abs. 1 EStG sind **negative Einkünfte,** die bei der Ermittlung des Gesamtbetrags der Einkünfte nicht ausgeglichen werden, bis zu einem Betrag von 1.000.000 €, bei Ehegatten, die nach den §§ 26, 26b EStG zusammenveranlagt werden, bis zu einem Betrag von 2.000.000 € vom Gesamtbetrag der Einkünfte des unmittelbar vorangegangenen Veranlagungszeitraums vorrangig vor Sonderausgaben,

---

759   BGH, FamRZ 1983, 795; FamRZ 1980, 664; FamRZ 1995, 216; FamRZ 2006, 1178.
760   BGH, FamRZ 2007, 1229.
761   BGH, FamRZ 2007, 1229 m. Anm. *Engels.*
762   BGH, FamRZ 2007, 1229 m. Anm. *Engels.*
763   *Wever* Rn. 791a.
764   *Engels* Rn. 266 ff. mit Berechnungsbsp.; *Arens* FF 2007, 255 (Anm.)

außergewöhnlichen Belastungen und sonstigen Abzugsbeträgen abzuziehen (Verlustrücktrag). Dabei wird der Gesamtbetrag der Einkünfte des unmittelbar vorangegangenen Veranlagungszeitraums um die Begünstigungsbeträge nach § 34a Abs. 3 Satz 1 EStG gemindert.

Nicht ausgeglichene negative Einkünfte, die nicht nach § 10d Abs. 1 EStG abgezogen 1579 wurden, sind nach § 10d Abs. 2 EStG in den folgenden Veranlagungszeiträumen bis zu einem Gesamtbetrag der Einkünfte von 1.000.000 € unbeschränkt, darüber hinaus bis zu 60 % des 1.000.000 € übersteigenden Gesamtbetrags der Einkünfte vorrangig vor Sonderausgaben, außergewöhnlichen Belastungen und sonstigen Abzugsbeträgen abzuziehen (Verlustvortrag). Bei zusammenveranlagten Ehegatten tritt an die Stelle des Betrags von 1.000.000 € ein Betrag von 2.000.000 €.

Für den Fall der Wahl der **Zusammenveranlagung** bestimmt § 26b EStG, dass die 1580 von den Ehegatten erzielten Einkünfte zusammengerechnet werden, die zusammengerechneten Einkünfte den Ehegatten gemeinsam zuzurechnen sind und die Ehegatten, soweit nicht etwa anderes vorgeschrieben ist, wie ein Steuerpflichtiger behandelt werden. Auf dieser Grundlage ist nach § 32a Abs. 5 EStG das Splittingverfahren anzuwenden.

Abziehbar sind nur die negativen Einkünfte, die der einzeln veranlagte Ehegatte selbst 1581 erlitten hat (§ 62d Abs. 1 EStDV). § 62 Abs. 2 Satz 2 EStDV regelt ab VAZ 2004, dass nach Durchführung eines **Verlustrücktrags** in einem VAZ, in dem die Ehegatten zusammen veranlagt werden, verbleibende Verluste für den Verlustvortrag in künftige VAZ, in denen die Ehegatten nicht mehr zusammen veranlagt werden, aufzuteilen sind. Die Aufteilung erfolgt nach dem Verhältnis, in dem die auf den einzelnen Ehegatten entfallenden Verluste im VAZ der Verlustentstehung zueinanderstehen.

Wenn ein Ehegatte folglich während der Zeit des Zusammenlebens **steuerliche Verluste** erlitten hat, die er im Wege des Verlustvortrags gem. § 10d EStG in einem späteren Veranlagungszeitraum zur Verminderung seiner eigenen Steuerlast nicht mehr einsetzen kann, ist er verpflichtet, dem Antrag auf Zusammenveranlagung zuzustimmen, wenn die Ehegatten im Hinblick auf eine zu erwartende geringere Steuerbelastung die ihnen zur Verfügung stehenden Mittel für ihren Lebensunterhalt oder eine gemeinsame Vermögensbildung verwendet haben und der zustimmende Ehegatte für das Jahr der Zusammenveranlagung keine Steuervorauszahlungen oder Steuerzahlungen zu leisten hatte.[765]

– **Ausnahmen** 1583

Nach einem Scheitern der Ehe sind Fälle denkbar, in denen aufgrund der Verluste bereits Einkommensteuervorauszahlungen angepasst wurden oder nur der andere Ehepartner positive Einkünfte erzielt und die Verluste nutzen kann.

---

765 BGH, FamRZ 2007, 1229 m. Anm. *Engels*; BGH, FamRZ 2010, 269.

1584   Hier stellt sich die Frage, ob dem verlustragenden Ehepartner im Innenverhältnis ein Anspruch auf Nachteilsausgleich ggü. dem Ehepartner mit den positiven Einkünften zusteht. Nach hiesiger Ansicht ist dies zu bejahen.[766]

1585   Für die Bemessung des Nachteilsausgleichs sind alle Jahre heranzuziehen, in denen sich der Verlustausgleich bei dem verlustragenden Ehepartner auswirkt.[767] Es ist eine vollständige steuerliche Entlastung des verlusttragenden Ehepartners im Innenverhältnis herbeizuführen.

1586   Soweit auch nach der Trennung dem verlusttragenden Ehepartner Verluste verloren gehen, weil diese i.R.d. Zusammenveranlagung diese dem Ehepartner mit positiven Einkünften durch die Verrechnung im Gesamtbetrag der Einkünfte zugutekommen, sind auch diese Nachteile auszugleichen. Ein Anspruch ist dann auf den Betrag der Steuerersparnis beim Ehepartner begrenzt.

▶ **Hinweis**

1587   Es kann insoweit ein bereicherungsrechtlicher Anspruch oder ein Anspruch aus § 1353 Abs. 1 Satz 2 BGB in Betracht kommen.[768]

1588   – **Im Insolvenzfall**

Der Insolvenzschuldner bleibt im Rahmen eines **Insolvenzverfahrens** steuerpflichtig. Auch nach Eröffnung des Insolvenzverfahrens bleibt er Eigentümer der Insolvenzmasse. Er verliert lediglich die Befugnis, sein zur Insolvenzmasse gehörendes Vermögen zu verwalten und darüber zu verfügen. Nach § 80 Abs. 1 InsO geht durch die Eröffnung eines Insolvenzverfahrens das Recht des Schuldners, das zur Insolvenzmasse gehörende Vermögen zu verwalten und darüber zu verfügen, auf den Insolvenzverwalter über.

1589   Da der von der Insolvenz betroffene Ehepartner als Insolvenzschuldner weiterhin steuerpflichtig bleibt, wird er durch den Insolvenzverwalter bzw. Treuhänder bei der Erfüllung seiner steuerlichen Pflichten nach §§ 80 Abs. 1 InsO, 34 Abs. 3 AO vertreten. Diese sind Steuerpflichtige i.S.d. § 33 Abs. 1 AO kraft eigener steuerrechtlicher Pflichten. Der Schuldner ist aus diesem Grund nicht mehr in der Lage, die geforderte Erklärung abzugeben.[769]

1590   Nur der Insolvenzverwalter sei nach dem BGH zur Abgabe der Einkommensteuererklärung verpflichtet, nicht der Insolvenzschuldner. Dieser sei nur dazu verpflichtet, die dazu notwendigen Unterlagen zu übergeben. Eine Versagung der Restschuldbefreiung komme nur dann in Betracht, wenn die sich aus der InsO ergebenden Mitwirkungspflichten verletzt werden. Erfahrungsgemäß geben sich manche Finanzverwaltungen

---

766 So a. OLG Köln, FamRZ 1995, 92; *Engels* Rn. 276 ff.
767 So a. *Engels* Rn. 277.
768 So a. *Engels* Rn. 279 mit Beispielen.
769 BGH, 18.12.2008 – IX ZB 197/07, JurionRS 2008, 28507; FA-InsR/*Perleberg-Kölbel* Kap. 21 Rn. 210 ff.

damit zufrieden, dass der Insolvenzverwalter nur die massebefangenen Einkünfte erklärt.

Zur Verfahrensweise vgl. z.B. die Verf. der OFD Magdeburg v. 26.08.2004 – S-0321 – **1591**
3 St 251, Tz. 3.3.2:

»…Hinsichtlich der Einkommensteuer hat der Insolvenzverwalter eine Erklärung über die einkommensteuerlichen Bemessungsgrundlagen abzugeben, soweit diese Besteuerungsgrundlagen ihre Wurzeln in der Insolvenzmasse haben (z.B. Einkünfte, die der Insolvenzverwalter erzielt hat; Sonderausgaben und außergewöhnliche Belastungen, wenn die Zahlungen aus der Insolvenzmasse geleistet werden). Hat der Schuldner außerhalb des Insolvenzverfahrens Ausgaben geleistet, die steuerlich zu berücksichtigen sind (Sonderausgaben, außergewöhnliche Belastungen), ist der Insolvenzverwalter nicht verpflichtet, diese Besteuerungsgrundlagen in die von ihm abzugebenden Steuererklärungen einzubeziehen, da diese Ausgaben nicht seiner Verwaltung unterliegen. Hierüber hat der Schuldner selbst eine Steuererklärung abzugeben. Gleiches gilt für Besteuerungsgrundlagen (Einkünfte, Ausgaben) des Schuldners, soweit diese nicht zur Insolvenzmasse gehören (z.B. pfändungsfreies Arbeitseinkommen) und für Besteuerungsgrundlagen des nicht in Insolvenz befindlichen Ehegatten des Schuldners im Fall der Zusammenveranlagung.«

In der Verf. der OFD Hannover v. 27.01.2003 – S-0550 – 2744 – StH 462/S-0151 – **1592**
2 – StO 321) heißt es dazu:

»Zweifelhaft ist, wie zu verfahren ist, wenn neben insolvenzbefangenen ertragsteuerlichen Besteuerungsgrundlagen auch insolvenzfreie Einkünfte oder insolvenzunabhängige Aufwendungen (§§ 10, 33 ff. EStG) des Schuldners erklärt werden müssen oder der Schuldner zusammen mit seiner Ehefrau veranlagt wird. Der Insolvenzverwalter ist dann nicht zur Abgabe der Einkommensteuererklärung verpflichtet, sondern nur zur Abgabe der insolvenzbezogenen Besteuerungsgrundlagen. Schuldner und Ehefrau trifft die Pflicht, die sonstigen Besteuerungsgrundlagen anzugeben. Das Finanzamt hat die Angaben dann zusammenzuführen und muss ggf. schätzen.«

Verletzt der Insolvenzschuldner bei der Erstellung der Einkommensteuererklärung **1593**
seine Mitwirkungspflicht, so kann die Restschuldbefreiung gem. § 290 Nr. 5 InsO versagt werden.[770]

Weil das Insolvenzverfahren die persönliche Steuerpflicht des Schuldners nicht **1594**
berührt, ist der Schuldner ohne Einschränkungen befugt, **Verluste**, die er vor und während des Insolvenzverfahrens erlitten hat, nach § 10d EStG zu behandeln. § 10d EStG gewährt dem Stpfl. eine subjektiv öffentliche Berechtigung zum Verlustabzug und somit zur Verrechnung der im VAZ ihrer Entstehung nicht ausgeglichener negativer Einkünfte mit positiven Einkünften nachfolgender VAZ.[771]

Es wird keine Abgrenzung zwischen den Einkünften, die vor und nach der Verfahren- **1595**
seröffnung erzielt worden sind, vorgenommen.[772] Eine gesonderte Festsetzung ist nicht vorgesehen und der Insolvenzschuldner ist trotz der Insolvenzeröffnung einheitlich zu

---

770 BGH, 24.03.2011 – IX ZB 97/10, JurionRS 2011, 14196.
771 BGH, FamRZ 2011, 210.
772 BFH, ZIP 1994, 1286.

veranlagen. Dies gilt nicht nur für VAZ nach der Eröffnung des Insolvenzverfahrens, sondern auch für VAZ, die noch vor der Insolvenzeröffnung liegen.[773]

1596   Das **Wahlrecht** selbst geht nicht auf den Insolvenzverwalter/Treuhänder über. Es handelt sich um einen höchstpersönlichen Vermögenswert, der dem nicht von der Insolvenz betroffenen Ehegatten zusteht. Er verbleibt »in der Ehe und wandert nicht zu den Gläubigern eines Ehegatten«.[774]

1597   Wählt der Insolvenzverwalter die **Zusammenveranlagung**, können die Einkünfte des nicht von der Insolvenz betroffenen Ehepartners mit den Einkünften des Insolvenzschuldners bzw. mit denen der Insolvenzmasse gemeinsam der Besteuerung zugeführt werden.

1598   Bei einer Zusammenveranlagung wird ein Verlustausgleich zwischen den positiven und negativen Einkünften des Schuldners und seines Ehepartners erreicht. Nach BGH[775] richten sich auch die Rechte und Pflichten des Insolvenzverwalters nach den eherechtlichen Ansprüchen nach § 1353 BGB.[776]

1599   Das OLG Schleswig[777] verneint eine Zustimmungsverpflichtung ggü. dem Treuhänder für den Fall, dass die infolge der Nutzung des Verlustvortrages vom Finanzamt zu erstattenden Steuern nicht dem **Familienunterhalt** und damit der ehelichen Lebensgemeinschaft zugekommen, sondern vielmehr in die Insolvenzmasse fallen würden. Eine sog. familienrechtliche Überlagerung liege dann nicht vor.

1600   Die Rspr. des BGH führt das OLG Schleswig so konsequent fort, wonach selbst dann, wenn die Eheleute in der Vergangenheit die Nutzung des Verlustvortrages als einen Beitrag zum Familienunterhalt verwendet haben, ein Ehegatte nicht verpflichtet sein soll, ggü. dem Insolvenzverwalter/Treuhänder seine Zustimmung zur Zusammenveranlagung zu erteilen. Der Entscheidung ist vollumfänglich zuzustimmen.

1601   Die Nutzung des Verlustvortrages würde während des Insolvenzverfahrens des insolventen Ehepartners nicht dem Familienunterhalt und damit der ehelichen Lebensgemeinschaft zugekommen. Eine familienrechtliche Überlagerung liegt bei dieser Fallkonstellation nicht vor, weil die zu erwartenden Steuererstattungen nicht die Liquidität der ehelichen Gemeinschaft erhöhen würden. Die Steuererstattungen fielen vielmehr in die Insolvenzmasse der Ehefrau und kämen damit allein ihren Gläubigern zugute.

---

773 Mit der steuerrechtlichen Thematik befasst sich auch der geänderte Anwendungserlass zur AO, BMF-Schreiben v. 03.11.2014 – IV A 3_ S 0062/10008, Dok 2014/0880526, DStR 2014, 2295 ff. unter Rn. 11 ff.
774 *Schlünder/Geißler* Anm. zu BGH, 18.11.2010 – IX ZR 240, 07, FamRZ 2011, 210.
775 U.a. BGH, FamRZ 2007, 1320.
776 hierzu a. *Perleberg-Kölbel* FuR 2010, 254.
777 OLG Schleswig, NZFam 2014, 1097; *Perleberg-Kölbel* NZFam 2014, 1080.

► Hinweis

Lediglich Steuererstattungsansprüche, die vor Aufhebung des Insolvenzverfahrens **1602**
entstehen, gehören zum Insolvenzvermögen und nicht zum insolvenzfreien
Vermögen i.S.v. § 36 Abs. 1 InsO. Steuererstattungsansprüche, die nach Aufhebung
des Insolvenzverfahrens entstehen, werden i.R.d. Restschuldbefreiungsverfahrens
von der Abtretungserklärung des § 287 Abs. 2 Satz 1 InsO nicht erfasst. Im Fall
einer Rückerstattung von Steuern wird aus dem Steueranspruch des Staates ein
Erstattungsanspruch des Steuerpflichtigen nach § 37 Abs. 2 AO, ohne dabei seinen
öffentlich-rechtlichen Charakter zu verlieren. Der Steuererstattungsanspruch hat
somit nicht den Charakter eines Einkommens.[778] Dieser Grundsatz gilt, obwohl das
Veranlagungswahlrecht eines Ehepartners an die vom GG geschützte Existenz der
Ehe anknüpft.[779] Das Veranlagungswahlrecht ist kein Vermögensgegenstand und
somit kein »Vermögensanspruch« i.S.v. § 38 InsO. Ein Anspruch auf Zustimmung
richtet sich gegen den Insolvenzverwalter.

Der Schuldner selbst darf die geforderte Erklärung nicht mehr abgeben.[780] **1603**

Der Anspruch aus § 1353 Abs. 1 BGB stellt keine Insolvenzforderung dar, die – **1604**
ggf. nach Umrechnung, § 45 InsO – zur Tabelle angemeldet und festgestellt werden müsste, §§ 174 ff. InsO. Es handelt sich vielmehr um einen höchstpersönlichen
Vermögenswert, der dem nicht von der Insolvenz betroffenen Ehegatten zusteht. Er
verbleibt »in der Ehe und wandert nicht zu den Gläubigern eines Ehegatten«.[781]

Der Insolvenzverwalter darf die Zustimmung nicht von einem Ausgleich für die Nut- **1605**
zung eines dem anderen Ehepartner zustehenden Verlustabzugs an die Insolvenzmasse
abhängig machen.[782] Allerdings muss der Ehepartner den Insolvenzverwalter im Hinblick auf § 10d Abs. 2 EStG von etwaigen künftigen Nachteilen freistellen.[783] Unerheblich ist, ob das Finanzamt bereits Erstattungen an den Insolvenzverwalter geleistet
hat oder nicht, weil der Erstattungsanspruch nur insoweit erlöschen kann, als er dem
insolventen Ehepartner zustand und das Finanzamt ggü. dem Insolvenzverwalter
einen Rückerstattungsanspruch besitzt.[784]

---

778 FA-FamR/*Perleberg-Kölbel* Kap. 18 Rn. 247.
779 BFH, ZInsO 2011, 1263 m.H.a. BFH, NJW 2007, 2556 = JurionRS 2011, 15951.
780 BGH, FamRZ 2007, 1320; FamRZ 2011, 210; NJW 2011, 2725.
781 *Schlünder/Geißler* Anm. zu BGH, 18.11.2010 – IX ZR 240/07, FamRZ 2011, 210.
782 BGH, FamRZ 2011, 210 m. Anm. *Schlünder/Geißler* FamRZ 2011, 211; BGH,
     NJW 2011, 2725.
783 BGH, FamRZ 2011, 210 m. Anm. *Schlünder/Geißler* FamRZ 2011, 211; BGH,
     NJW 2011, 2725.
784 BFH, 09.08.1996 – VI R 88/93, BStBl II 1997, 112.

5. Schadenersatz bei schuldhafter Verweigerung

1606 Bei schuldhafter Verweigerung der Zustimmung besteht ein Anspruch auf **Schadensersatz**.[785]

1607 Bei der Zustimmung handelt es sich um ein rein geschäftsmäßiges Handeln, für das der Grundsatz nicht gilt, dass die Verletzung der Pflicht zur ehelichen Lebensgemeinschaft keinen Schadenersatzanspruch begründet. Nur diese Pflichten gehören dem eigentlichen, höchstpersönlichen Bereich der Ehe an, nicht dagegen für nur rein geschäftsmäßiges Handeln wie der Verweigerung der Zustimmung zur Zusammenveranlagung.[786]

1608 Der Schaden ist verwirklicht, sobald z.b. infolge der Bestandskraft der Veranlagungsbescheide ein gerichtlicher Antrag auf Zustimmung keinen Erfolg haben kann. Der Schaden ist fiktiv als Teilbetrag der steuerlichen Besserstellung bei Zusammenveranlagung zu berechnen.[787]

1609 Der Mandantschaft ist der Rat zu erteilen, sich zur Schadensminderung auf der steuerrechtlichen Ebene die Bestandskraft der Veranlagung möglichst zu verhindern und gegen den zustimmungspflichtigen Gatten gerichtlichen Antrag auf Zustimmung zu stellen.

6. Verfahrensfragen

1610 Die Zustimmungserklärung ist durch eine gerichtliche Endentscheidung zu ersetzen. Die **Vorlage** einer vollstreckbaren rechtskräftigen Ausfertigung des Beschlusses beim Finanzamt reicht für § 894 Abs. 1 ZPO aus.

7. Zuständigkeiten

1611 Streitigkeiten wegen einer gemeinsamen steuerlichen Veranlagung sind Familiensachen i.S.d. §§ 111 Nr. 10, 266 Abs. 1 FamFG. Nach § 23a Abs. 1 Nr. 1 GVG fallen sie in die sachliche Zuständigkeit der Familiengerichte. Der gerichtliche Antrag ist auf Abgabe einer Willenserklärung zu richten.[788]

▶ **Verfahrenshinweis**

1612 Leistet der Zustimmungspflichtige während des Verfahrens die begehrte Unterschrift, behält sich aber gleichzeitig vor, den Antrag zurückweisen zu lassen, sollte keine Erledigungserklärung abgegeben, sondern der Antrag weiterverfolgt werden. Die Wahl der Zusammenveranlagung kann nämlich noch bis einschließlich VAZ 2012 von jedem Ehegatten bis zur Unanfechtbarkeit des Einkommensteuerbescheides widerrufen werden.[789] Auch ab VAZ 2013 kann es noch zu Änderungen kommen, wenn ein Steuerbescheid der Ehegatten aufgehoben, geändert oder berichtigt wird,

785 OLG Hamm, FamRZ 2001, 98; BGH, FamRZ 2010, 269.
786 BGH, FamRZ 1977, 38; FamRZ 1988, 143; NJW, 2010, 1879 = FamRB 2010, 8299.
787 Bsp. bei *Engels* Rn. 213.
788 OLG Koblenz, FamRZ 2005, 224.
789 BFH, DStR 2005, 1357.

die Wahländerung der Finanzbehörde bis zur Unanfechtbarkeit des Änderungs-
oder Berichtigungsbescheids schriftlich erklärt bzw. mitgeteilt wird oder sich eine
positive Differenz aus dem Wechsel der Veranlagungsart ergibt, § 26 Abs. 2 EStG.

VI. Einkommensteuer

1. Begriff und Ermittlung der Einkommensteuer im Steuerrecht

Als Einkommensteuer bezeichnet man die Steuer, die auf das Einkommen natürlicher   1613
Personen erhoben wird. Spezielle Regelungen gibt es für das inländische Einkommen
und das Welteinkommen.

a) Rechtsgrundlage

Rechtsgrundlage ist hauptsächlich das EStG in der Fassung v. 08.10.2009[790] mit spä-   1614
teren Änderungen und die EStDV. Die Einkommensteuer ist erstmalig im Jahre 1811
in Ostpreußen als Kopfsteuer erwähnt worden und ist heute die bedeutendste Ein-
nahmequelle der öffentlichen Hand. Die Einkommensteuer wird durch Veranlagung
festgesetzt.

b) Ermittlung

Die Ermittlung des zu versteuernden Einkommens (Bemessungsgrundlage) und   1615
der festzusetzenden Einkommensteuer folgt aus § 2 Abs. 1a–5 EStG, R 2 Abs. 1
EStR 2012 und § 2 Abs. 6 EStG, R 2 Abs. 2 EStR 2012.

Das zu versteuernde Einkommen i.S.d. § 2 Abs. 5 EStG wird im Wesentlichen so   1616
ermittelt, dass nach der Feststellung der Einkünfte unter Abzug der Entlastungsbe-
träge, z.B. für Alleinerziehende, der Gesamtbetrag der Einkünfte festgestellt wird.

Unter Abzug der Sonderausgaben und der außergewöhnlichen Belastungen und unter   1617
Abzug des Kinderfreibetrages ergibt sich das zu versteuernde Einkommen, s.o Rdn. 33.

Die festzusetzende Einkommensteuer, § 2 Abs. 6 EStG ergibt sich nach der Ermitt-   1618
lung der tariflichen Einkommensteuer, § 32a Abs. 1 (5 Zonen, d.h. von der 0-Zone
bis zur Proportionalzone II – Spitzensteuersatz von 45 %), Abs. 5 EStG (Splittingverfahren) und nach Abzug von Steuerermäßigungen, z.B. bei Zuwendungen an Parteien, zzgl. des Anspruchs auf Zulage von Altersvorsorge nach § 10a Abs. 2 EStG
und zzgl. des Anspruchs auf Kindergeld oder vergleichbarer Leistungen, soweit in den
Fällen des § 31 EStG das Einkommen um Freibeträge für Kinder gemindert wurde
(Familienleistungsausgleich):

1.	Steuerbetrag	1619
	nach § 32a Abs. 1, 5, § 50 Abs. 1 Satz 2 EStG oder	

---

[790] BGBl I 2009, 3369, ber. 3862.

	nach dem bei Anwendung des Progressionsvorbehalts (§ 32b EStG) oder der Steuersatzbegrenzung sich ergebenden Steuersatz
2.	+ Steuer auf Grund Berechnung nach den §§ 34, 34b EStG
3.	+ Steuer auf Grund der Berechnung nach § 34a Abs. 1, 4–6 EStG
4.	= **tarifliche Einkommensteuer (§ 32a Abs. 1, 5 EStG)**
5.	– Minderungsbetrag nach Punkt 11 Ziffer 2 des Schlussprotokolls zu Artikel 23 DBA Belgien in der durch Artikel 2 des Zusatzabkommens v. 05.11.2002 geänderten Fassung (BGBl II 2003, 1615)
6.	– ausländische Steuern nach § 34c Abs. 1 und 6 EStG, § 12 AStG
7.	– Steuerermäßigung nach § 35 EStG
8.	– Steuerermäßigung für Steuerpflichtige mit Kindern bei Inanspruchnahme erhöhter Absetzungen für Wohngebäude oder der Steuerbegünstigungen für eigengenutztes Wohneigentum (§ 34f Abs. 1 und 2 EStG)
9.	– Steuerermäßigung bei Zuwendungen an politische Parteien und unabhängige Wählervereinigungen (§ 34g EStG)
10.	– Steuerermäßigung nach § 34f Abs. 3 EStG
11.	– Steuerermäßigung nach § 35a EStG (bis VAZ 2009)
12.	– Ermäßigung bei Belastung mit Erbschaftsteuer (§ 35b EStG)
13.	+ Steuer aufgrund Berechnung nach § 32d Abs. 3, 4 EStG
14.	+ Steuern nach § 34c Abs. 5 EStG
15.	+ Nachsteuer nach § 10 Abs. 5 EStG i.V.m. § 30 EStDV
16.	+ Zuschlag nach § 3 Abs. 4 Satz 2 Forstschäden-Ausgleichsgesetz
17.	+ Anspruch auf Zulage für Altersvorsorge, wenn Beiträge als Sonderausgaben abgezogen worden sind (§ 10a Abs. 2 EStG)
18.	+ Anspruch auf Kindergeld oder vergleichbare Leistungen, soweit in den Fällen des § 31 EStG das Einkommen um Freibeträge für Kinder gemindert wurde
19.	= **festzusetzende Einkommensteuer (§ 2 Abs. 6 EStG)**

2. Einkommensteuer im Familienrecht

1620   Im Steuerrecht gilt das **Für-Prinzip**. Der Einkommensteuerbescheid weist aus, welche Steuern für ein bestimmtes Veranlagungsjahr zu zahlen sind. Die familienrechtliche Rspr. präferiert das **In-Prinzip**. Hierbei orientiert sie sich nach den Zahlungsströmen der Ertragsteuer des entsprechenden Veranlagungszeitraums.[791]

---

791   BGH, 19.02.2003 – XII ZR 19/01, FamRZ 2003, 744; BGH, 14.03.2007 – XII ZR 158/04, FamRZ 2007, 882; Johannsen/Henrich/*Büttner* BGB § 1361 Rn. 144; FA-FamR/ *Gerhardt* 8. Aufl., Kap. 6 Rn. 139.

Ausnahme: Fiktive Steuerberechnung, die eine Durchbrechung des In-Prinzips dar- **1621**
stellt. Die tatsächliche Veranlagung nach dem Für-Prinzip wird hierbei mit einer fiktiven Veranlagung verglichen.[792]

Die Rspr. nimmt z.b. eine **fiktive Steuerberechnung** vor bei Verlusten aus Bauher- **1622**
renmodellen[793], im Fall der Nichtausschöpfung steuerlicher Gestaltungsmöglichkeiten[794], bei der Gebäude-AfA[795], bei der Eliminierung von Ansparabschreibungen[796],
bei der Aufteilung der Steuerschuld zwischen Ehegatten nach § 207 AO[797] sowie bei
der Eliminierung des Splittingvorteils des wiederverheirateten Ehegatten.[798]

Unter Aufgabe der älteren Rspr. hat der **BGH** in seiner **neueren Rspr.**[799] mit Einfüh- **1623**
rung der Dreiteilungsmethode den steuerlichen Vorteil aus der erneuten Eheschließung des Unterhaltspflichtigen bei der Bedarfsberechnung wieder mit eingerechnet.
Eine fiktive Einkommensberechnung nach Grundtabelle entfiel erneut.

Nach der Entscheidung des **BVerfG**[800], steht die vom BGH entwickelte Dreiteilungs- **1624**
methode nicht im Einklang mit der Verfassung.

Das Unterhaltseinkommen des geschiedenen Unterhaltsverpflichteten ist bei Wie- **1625**
derheirat ohne Steuervorteil aus der neuen Ehe fiktiv nach der Grundtabelle zu
berechnen.[801] Erst infolge der Scheidung und erneuter Eheschließung des Unterhaltspflichtigen entsteht ein Splittingvorteil durch eine Zusammenveranlagung mit dem
neuen Partner. Dieser Steuervorteil ist scheidungs- und nicht mehr ehebezogen. Er
kann den Bedarf des geschiedenen Ehegatten nicht mehr prägen.

---

792 *Kuckenburg/Perleberg-Kölbel* Unterhaltseinkommen, Kap. B Rn. 720.
793 BGH, 01.10.1986 – IV b ZR 68/85, FamRZ 1987, 36.
794 BGH, 23.05.2007 – XII ZR 250/04, FamRZ 2007, 1229; OLG Hamm, 26.05.1999 – 1
   2 UF 88/98, FamRZ 2000, 311; OLG Schleswig, 20.05.1999 – 13 UF 151/98, FamRZ
   2000, 825.
795 BGH, 01.12.2004 – XII ZR 75/02, FamRZ 2005, 1159–1162.
796 BGH, 19.02.2003 – XII ZR 19/01, FamRZ 2003, 741; BGH, 02.06.2004 – XII ZR
   217/01, FamRZ 2004, 1177.
797 BGH, 31.05.2006 – XII ZR 111/03, FamRZ 2006, 1178 mit Anm. *Wever* 1181; BGH,
   23.05.2007 – XII ZR 250/04, FamRZ 2007, 1229; mit Anm. *Engels* 1231; Bsp. bei
   Kuckenburg/Perleberg-Kölbel FuR 2004, 160 ff.
798 BGH, 11.05.2005 – XII ZR 211/02, FamRZ 2005, 1817; BGH, 28.02.2007 – XII ZR
   37/05, FamRZ 2007, 793, 796; BGH, 23.05.2007 – XII ZR 245/04, FamRZ 2007, 1232;
   BVerfG, 07.10.2003 – 1BvR 246/93 und – 1 BvR 2298/94, NJW 2003, 3466.
799 BGH, 18.11.2009 – XII ZR 65/09, FamRZ 2010, 111, 112 mit Anm. *Herrler* 117.
800 BVerfG, 25.01.2011 – 1 BvR 918/10, FamRZ 2011, 437 ff.
801 *Perleberg-Kölbel* FuR 2011, 309.

3. Verluste

a) Steuerrecht

1626 Bei der Ermittlung der Summe der Einkünfte sind sowohl positive als auch negative Einkünfte der einzelnen Einkunftsarten zu berücksichtigen. Der Verlustausgleich ist von dem Verlustabzug nach § 10d EStG zu unterscheiden.

1627 I.R.d. Veranlagung zur Einkommensteuer können Verluste durch einen horizontalen Verlustausgleich, einen vertikalen Verlustausgleich oder einen Verlustabzug nach § 10d EStG berücksichtigt werden.

aa) Horizontaler Verslustausgleich

1628 Im Rahmen eines horizontalen Verlustausgleichs können Verluste nur innerhalb derselben Einkunftsart berücksichtigt werden. I.d.R. sind Verluste zuerst horizontal auszugleichen.

1629 Unter einem horizontalen Verlustausgleich versteht man die Verrechnung der positiven und negativen Einkünfte **innerhalb einer Einkunftsart** zur Ermittlung der Einkünfte **einer Einkunftsart**.

1630 Überschreiten die positiven die negativen Einkünfte innerhalb einer Einkunftsart, entstehen **positive Einkünfte** dieser Einkunftsart. Überschreiten die negativen die positiven Einkünfte innerhalb einer Einkunftsart, entstehen **negative Einkünfte** dieser Einkunftsart. Beim horizontalen Verlustausgleich erfolgt eine **Verrechnung** der negativen mit den positiven Einkünften innerhalb einer Einkunftsart.

▶ **Beispiel**

1631 Unterhaltsschuldner S erzielt im Veranlagungszeitraum 2015 Einkünfte aus Vermietung und Verpachtung wie folgt:

Aufstellung

Mietobjekt 1	100.000 €
Mietobjekt 2	– 120.000 €

Lösung

Im Wege des horizontalen Verlustausgleichs werden die Einkünfte des S aus derselben Einkunftsart, hier aus V & V mit **– 20.000 €** ermittelt (100.000 € – 120.000 €).

bb) Vertikaler Verlustausgleich

1632 Übersteigen die negativen Einkünfte die positiven Einkünfte der verschiedenen Einkunftsarten, ist ein vertikaler Verlustausgleich nur bis zur Höhe der positiven Einkünfte zulässig und es besteht die Möglichkeit des Verlustabzugs.

Unter einem vertikalen Verlustausgleich versteht man die Verrechnung der positiven   **1633** Einkünfte einzelner Einkunftsarten mit negativen **Einkünften anderer Einkunftsarten** zur Ermittlung der Summe der Einkünfte.

▶ **Abwandlung des Beispiels**

Unterhaltsschuldner S hat neben seinen negativen Einkünften aus V & V   **1634** i.H.v. –20.000 € noch Einkünfte aus selbstständiger Arbeit als Rechtsanwalt i.H.v. 160.000 €.

Lösung

Die Summe der Einkünfte des S beträgt in 2015 140.000 € (160.000 € – 20.000 €).

Übersteigen die negativen Einkünfte die positiven Einkünfte der verschiedenen Einkunftsarten, wird ein vertikaler Verlustausgleich nur bis zur Höhe der positiven Einkünfte möglich.

Grds. ist die Summe der Einkünfte somit positiv oder beträgt mindestens 0 €.

▶ **Weitere Abwandlung des vorigen Beispiels**

Unterhaltsschuldner S hat neben seinen negativen Einkünften aus V & V   **1635** i.H.v. 20.000 € als Rechtsanwalt lediglich Einkünfte aus selbstständiger Arbeit i.H.v. 10.000 € erzielt.

Lösung

Die Summe der Einkünfte des S in 2015 beträgt »0«.

Nicht alle Verluste können mit positiven Einkünften ausgeglichen werden. **Ausge-**   **1636** **schlossen** vom Verlustausgleich sind z.B.:
- Verluste aus gewerblicher Tierzucht oder gewerblicher Tierhaltung (§ 15 Abs. 4 Satz 1 EStG)
- Verluste aus bestimmten Leistungen, z.B. wenn die Werbungskosten die Einnahmen übersteigen (§ 22 Nr. 3 Satz 3 EStG)
  So sind z.B. einem Arbeitnehmer von einem Dritten gezahlte Bestechungsgelder sonstige Einkünfte i.S.d. § 22 Nr. 3 EStG und die Herausgabe der Bestechungsgelder an den geschädigten Arbeitgeber führt im Zeitpunkt des Abflusses zu Werbungskosten bei den Einkünften aus § 22 Nr. 3 EStG. Die Verlustausgleichsbeschränkung des § 22 Nr. 3 Satz 3 EStG ist nach dem BFH [802] verfassungsgemäß.
- Verluste aus privaten Veräußerungsgeschäften, soweit sie Gewinne, die der Steuerpflichtige im selben Kalenderjahr aus privaten Veräußerungsgeschäften erzielt hat, übersteigen (§ 23 Abs. 3 Satz 7 EStG).
  Die nur eingeschränkte Abziehbarkeit von Verlusten aus privaten Veräußerungsgeschäften i.S.d. § 23 Abs. 1 Nr. 2 EStG a.F. durch die vertikale

---

802   BFH, 16.06.2015 – IX R 26/14, BStBl II 2015, 1019.

Verlustausgleichsbeschränkung gem. § 23 Abs. 3 Satz 8 EStG a.F. ist ebenfalls nach Ansicht des BFH[803] verfassungsgemäß. Das gilt ebenso, wenn bereits im Zeitpunkt des Erwerbs eines Wertpapiers feststeht, dass die Zeitspanne zwischen dem Kauf und dem spätestens möglichen Verkaufs- bzw. Einlösezeitpunkt weniger als ein Jahr betragen würde.

cc) Verlustabzug, § 10d EStG

1637 Der Verlustabzug nach § 10d EStG wird unterteilt nach Verlustrücktrag und Verlustvortrag.

1638 Unter dem verbleibenden **Verlustvortrag** versteht man die bei der Ermittlung des Gesamtbetrages der Einkünfte nicht ausgeglichenen negativen Einkünfte, vermindert um die nach § 10d Abs. 1 EStG abgezogenen sowie die nach § 10d Abs. 2 EStG abziehbaren Beträge und vermehrt um den auf den Schluss des vorangegangenen VAZ festgestellten verbleibenden Verlustvortrag.

1639 Verluste, die nicht oder nicht in vollem Umfang durch **Verlustrücktrag** berücksichtigt werden, können nach § 10d Abs. 2 Satz 1 EStG bis zu einem Gesamtbetrag der Einkünfte von 1.000.000 €, bei zusammen veranlagten Ehepartnern bis zu 2.000.000 €, in den folgenden VAZ unbeschränkt abgezogen werden. Ferner ist im Wege des Verlustvortrages ein Verlustabzug bis zu 60 % des 1000.000 €, (bzw. 2.000.000 €, bei der Zusammenveranlagung) übersteigenden Gesamtbetrags der Einkünfte möglich. Dadurch werden Verluste im Wege des Verlustvortrages zeitlich gestreckt und gehen nicht verloren.

1640 Zuständig für die Feststellung ist das für die Besteuerung zuständige Finanzamt. Bei der Feststellung des verbleibenden Verlustvortrags sind die Besteuerungsgrundlagen so zu berücksichtigen, wie sie den Steuerfestsetzungen des Veranlagungszeitraums, auf dessen Schluss der verbleibende Verlustvortrag festgestellt wird, und des Veranlagungszeitraums, in dem ein Verlustrücktrag vorgenommen werden kann, zugrunde gelegt worden sind; § 171 Abs. 10, § 175 Abs. 1 Satz 1 Nr. 1 und § 351 Abs. 2 AO sowie § 42 der FGO gelten entsprechend.

1641 Die Besteuerungsgrundlagen dürfen bei der Feststellung nur insoweit abweichend von § 10d Abs. 4 Satz 4 EStG berücksichtigt werden, wie die Aufhebung, Änderung oder Berichtigung der Steuerbescheide ausschließlich mangels Auswirkung auf die Höhe der festzusetzenden Steuer unterbleibt. Die Feststellungsfrist endet nicht, bevor die Festsetzungsfrist für den VAZ abgelaufen ist, auf dessen Schluss der verbleibende Verlustvortrag gesondert festzustellen ist. § 181 Abs. 5 der AO greift nur, wenn die zuständige Finanzbehörde die Feststellung des Verlustvortrags pflichtwidrig unterlassen hat, § 10d Abs. 4 Satz 2–6 EStG.

---

803 BFH, 28.05.2015 – X B 171/14, JurionRS 2015, 20824.

b) Verluste und Familienrecht

Unterhaltsverpflichtete beabsichtigen nicht selten, Vermögensvorteile durch Steuerersparnisse zu erreichen. Hierfür bieten sich u.a. sog. Verlustzuweisungsgesellschaften an.   **1642**

Als **Verlustzuweisungsgesellschaft** bezeichnet man eine Gesellschaft, deren Gründung und Tätigkeit in erster Linie darauf gerichtet ist, ihren Gesellschaftern eine Minderung der Steuern vom Einkommen dadurch zu vermitteln, dass sie ihnen Verlustanteile zuweist, die diese mit anderen positiven Einkünften im Rahmen ihrer Veranlagung zur Einkommensteuer verrechnen können. Seit 1999 wurden diese durch § 2b EStG bekämpft. Mit dem Gesetz zur Beschränkung der Verlustverrechnung im Zusammenhang mit Steuerstundungsmodellen vom 22.12.2005 hat der Gesetzgeber § 15b EStG als Nachfolgeregelung zu § 2b EStG eingeführt. Für Steuerpflichtige, die entweder nach dem 10.11.2005 ein Steuerstundungsmodell gezeichnet haben oder einem solchen zwar vor diesem Zeitpunkt beigetreten sind, der Außenvertrieb des Fonds aber erst nach dem 10.11.2005 begonnen hat, gelten weitgehende Verlustabzugsbeschränkungen. Abweichend von der bisherigen Verlustverrechnungsbeschränkung (§ 2b EStG) können Verluste in Zusammenhang mit Steuerstundungsmodellen nur noch insoweit steuerlich berücksichtigt werden, als sie als Verrechnungspotenzial für spätere Gewinne aus derselben Einkunftsquelle – also derselben Beteiligung – zur Verfügung stehen (§ 15b Abs. 1 EStG). Die Verlustverrechnungsabzugsbeschränkung betrifft neben gewerblichen Einkünften auch die Einkünfte aus Land- und Forstwirtschaft (§ 13 Abs. 7 EStG), freiberuflicher Tätigkeit (§ 18 Abs. 4 EStG), Kapitalvermögen (§ 20 Abs. 1 Nr. 4 Satz 2 EStG), Vermietung und Verpachtung (§ 21 Abs. 1 Satz 2 EStG) sowie sonstige Einkünfte (§ 22 Nr. 1 Satz 1 EStG). Mit dem »Gesetz zur Anpassung des Investmentsteuergesetzes und anderer Gesetze an das AIFM« erfolgte auch eine Erweiterung des § 15b EStG.   **1643**

Ein **Steuerstundungsmodell** liegt vor, wenn aufgrund einer modellhaften Gestaltung steuerliche Verluste in Form negativer Einkünfte erzielt werden. Dies ist der Fall, wenn dem Steuerpflichtigen aufgrund eines vorgefertigten Konzepts die Möglichkeit geboten wird, zumindest in der Anfangsphase Investitionsverluste mit übrigen Einkünften zu verrechnen. Unter einem vorgefertigten Konzept ist dabei ein Gesamtplan eines von einem an der Investition Interessierten verschiedenen Dritten zu verstehen, der durch die Entwicklung einzelner oder einer Vielzahl aufeinander abgestimmter Leistungen und Maßnahmen die Erreichung des angestrebten Ziels – hier das Generieren hoher ausgleichsfähiger Verluste in der Anfangsphase einer Investition – ermöglichen soll und der jedenfalls in seinen wesentlichen Grundzügen vom Interessenten verwendet werden kann und auch in einer Vielzahl anderer Fälle unabhängig von der äußeren Gestaltung im Einzelnen verwendbar ist.   **1644**

Der Annahme eines vorgefertigten Konzepts steht dabei insb. nicht entgegen, wenn es im Falle von Einzelinvestitionen an die Vorgaben bzw. Verhältnisse des Interessenten angepasst wird. Ein Anbieten des Konzepts ggü. einem größeren Personenkreis ist nicht erforderlich. Eine modellhafte Gestaltung ist gegeben, wenn ein Anbieter   **1645** mithilfe eines vorgefertigten Konzepts, das auf die Erzielung steuerlicher Verluste auf-grund negativer Einkünfte ausgerichtet ist, Anleger wirbt und innerhalb der Anfangs-phase die prognostizierten Verluste 10 v.H. **des gezeichneten und aufzubringenden Kapitals** übersteigen. Betroffen sind hier insb. geschlossene Fonds, wie z.b. Medien-fonds, Schiffsbeteiligungen, soweit sie nur Verluste vermitteln, New Energy Fonds, Leasingfonds, Wertpapierhandelsfonds und Videogame-Fonds, die bisher hohe Ver-lustzuweisungsquoten versprachen.

1646 Die Neuregelung erfasst auch modellhafte Anlagen und Investitionstätigkeiten von **Einzelpersonen** außerhalb einer Gesellschaft oder Gemeinschaft. Ein Steuerstun-dungsmodell soll bei einer Beteiligung an einer ausländischen Personengesellschaft, die den Handel mit Edelmetallen (sog. »**Goldfinger Modell**«) zum Gegenstand hat, nicht zu erkennen sein, wenn der Struktur eine individuelle Gestaltung zugrunde liegt. Allein die allgemeine Darstellung des Steuersparmodells in Zeitschriften, seine Bewerbung, Vermarktung und die Umsetzung im Wesentlichen gleichartiger Kompo-nenten in einer Mehrzahl von Fällen soll für das Vorliegen eines vorgefertigten Kon-zepts nicht ausreichen.

1647 Gibt der Anleger die einzelnen Leistungen und Zusatzleistungen sowie deren Ausge-staltung von Anfang an oder in Abwandlung des zunächst vorgefertigten Konzepts selbst vor, handelt es sich ebenfalls nicht mehr um ein vorgefertigtes Konzept.

   –   **Steuerliche Vorteile durch negative Einkünfte**

1648 Die Verlustabzugsbeschränkung greift nur ein, wenn nach der Konzeption die Anleger steuerliche Vorteile in Form von negativen Einkünften erzielen sollen.

1649 Das Vorliegen einer modellhaften Gestaltung ist ebenfalls zu verneinen, wenn das Anlagekonzept keine steuerlichen Verluste vorsieht und ausschließlich wegen der erzielbaren Erlöse als Geldanlage attraktiv sein soll. Nicht von der Regelung betroffen sind demnach Verluste, die bei der Konzeption nicht abzusehen waren, wie z.b. Ver-luste aus unerwartetem Mietausfall oder im Zusammenhang mit einer Beschädigung des Investitionsobjekts. Nicht unter die Neuregelung fallen insb. Fälle einer unterneh-merischen Tätigkeit, z.B. eines Existenzgründers, der in den ersten Jahren Anlaufver-luste erzielt. Venture Capital und Private Equity Fonds dürften ebenfalls von ihr nicht betroffen sein, da das Konzept dieser Fonds darauf gerichtet ist, Beteiligungen, i.d.R. an Kapitalgesellschaften, zu erwerben und diese z.B. nach Erreichen der Börsenreife gewinnbringend zu veräußern.

   –   **Bauträgermodelle**

1650 Dagegen können Bauträgermodelle unter die neue Verlustverrechnungsbeschränkung fallen, wenn neben dem Verkauf und ggf. der Sanierung der Wohnung noch modell-hafte weitere Leistungen, wie z.B.:

   a) die Übernahme einer Mietgarantie

   oder

   b) die Übernahme einer Bürgschaft für die Endfinanzierung

   c) gegen ein gesondertes Entgelt

von

d) dem Bauträger selbst,

e) ihm nahe stehenden Personen,

f) Gesellschaften, an denen der Bauträger selbst oder ihm nahe stehende Personen beteiligt sind,

oder

g) auf Vermittlung des Bauträgers von Dritten

erbracht werden. Beschränkt sich dagegen der Bauträger nur auf das Vermitteln von erhöhten Abschreibungen wegen Denkmalschutzbauten, dürfte die Anwendung der Neuregelung ausgeschlossen sein. Bei Investitionen in Denkmalschutzbauten und Sanierungsobjekte im Rahmen eines geschlossenen Immobilienfonds dürfte es sich hingegen um eine modellhafte Gestaltung handeln, bei der regelmäßig die 10 %-ige Verlustquote überschritten wird.

– **Beschränkung auf Einkunftsquelle**

Die Verlustverrechnungsbeschränkung bezieht sich auf die einzelne Einkunftsquelle,   **1651** so dass Verluste aus einem Steuerstundungsmodell auch nicht mit Gewinnen aus einem anderen verrechnet werden können. Bei einem Fondsinvestment bildet die Beteiligung an dem einzelnen Steuerstundungsmodell die maßgebliche Einkunftsquelle, während bei modellhaften Einzelinvestitionen jede einzelne für sich genommen eine Einkunftsquelle darstellt.

– **10 %-Grenze**

Verlustzuweisungen unterliegen erst der Verrechnungsbeschränkung, wenn die pro-   **1652** gnostizierten Verluste in der Anfangsphase 10 v.H. des gezeichneten oder aufzubringenden Kapitals überschreiten. Prognostizierte Verluste sind auch solche, die durch Sonderbetriebsausgaben oder Sonderwerbungskosten des Anlegers erzielt werden. Als Anfangsphase soll dabei der Zeitraum gelten, in dem nach dem vorgefertigten Konzept nicht nachhaltig positive Einkünfte erzielt werden. Sie endet, wenn dauerhaft und nachhaltig positive Einkünfte erzielt werden.

Bei **gewerblichen Beteiligungen** erzielt der Unterhaltpflichtige als Mitunternehmer   **1653** Einkünfte aus Gewerbebetrieb gem. § 15 EStG. Gewinne und Verluste werden den Gesellschaften nach §§ 179, 180 AO anteilig zur Besteuerung zugewiesen.[804]

Bei einer **vermögensverwaltenden Verlustzuweisungsgesellschaft** hat der Unterhalt-   **1654** pflichtige Einkünfte aus Vermietung und Verpachtung gem. § 21 EStG.

Im Falle, dass die Beteiligungen **keine steuerliche Anerkennung** erfahren, sind sie   **1655** auch unterhaltsrechtlich relevant. Schließlich ist das steuerliche Einkommen des

---

804 Pump/Leibner/*Perleberg-Kölbel* AO Komm. § 179 Rn. 17.

Unterhaltspflichtigen die Basis für die Ermittlung des Unterhaltseinkommens. Die sog. Verlustbeteiligungen bleiben als Vermögensdispositionen **unberücksichtigt.**[805]

1656 Der **BGH**[806] hat die Ansicht vertreten, dass besonders Verluste aus Bauherrenmodellen das Einkommen des Unterhaltspflichtigen nicht reduzieren darf. Der Unterhaltsberechtigte wird so gestellt, als hätten die vermögensbildenden Aufwendungen nicht stattgefunden.

1657 Zins- und Tilgungsaufwendungen werden nicht berücksichtigt. Konsequenterweise ist hinsichtlich der erzielten Steuervorteile eine fiktive Steuerlast abzuziehen, die ohne die Beteiligung am Bauherrenmodell zu zahlen gewesen wäre. Steuerliche Verlustvorträge außerhalb des Anknüpfungszeitraums bleiben außer Betracht.[807]

1658 Bei Verlusten in Zusammenhang mit Einkünften aus Gewerbebetrieb muss individuell untersucht werden, woraus die Verluste resultieren, insb., wenn der Unterhaltschuldner keine weiteren positiven Einkünfte aus anderen Einkunftsarten erzielt. Es ist ein zeitnaher Dreijahresdurchschnitt zu bilden, um die schwankenden Einkünfte auszugleichen.[808] Die ehelichen Lebensverhältnisse sind zu betrachten.

1659 Zu prüfen ist in diesem Zusammenhang auch, ob der Unterhaltsschuldner seine Gewinnermittlungsart in dem Betrachtungszeitraum gewechselt hat, z.B. von der EÜR zum Betriebsvermögensvergleich. Hier sind Korrekturen vorzunehmen, die häufig schon zu positiven Ergebnissen führen.

4. Steuertarife

a) Tarifzonen

1660 Der Einkommensteuertarif zeigt fünf Tarifzonen auf. In der sog. 0-Zone zeigt sich der Grundfreibetrag, der zur Sicherung des Existenzminimums im Einkommensteuergesetz verankert ist. Für niedrige Einkommen werden keine Einkommensteuern erhoben.

1661 Der **Grundfreibetrag** beläuft sich im Veranlagungszeitraum 2010 auf 8.004 €, §§ 32a Abs. 1 Satz 2 Nr. 1, 52 Abs. 41 (1) Satz 2 Nr. 1 EStG. Der Freibetrag wird laufend an die Lebenshaltungskosten angepasst. Er steigt tendenziell immer weiter an.

1662 Nach dem Gesetz zum Abbau der kalten Progression erhöht sich ab 2013 der Grundfreibetrag auf 8.130 €, ab 2014 auf 8.354 €, ab 2015 auf 8.472 €und ab 2016 auf 8.652 €.

---

805 OLG Hamburg, 28.04.1983 – 16 UF 2/83, FamRZ 1984, 59.
806 BGH, 03.06.1987 – IV b ZR 64/86, FamRZ 1987, 913.
807 OLG Celle, 02.05.2001 – 10 UF 177/99, FuR 2001, 509.
808 OLG Brandenburg, m.H.a. *Wendl/Dose* FamRZ 2014, 219.

Jahr	Grundfreibetrag für Ledige	Grundfreibetrag für Verheiratete (bei gemeinsamer Veranlagung zur Einkommensteuer)
2016	8.652 €	17.304 €
2015	8.472 €	16.944 €
2014	8.354 €	16.708 €
2013	8.130 €	16.260 €
2012	8.004 €	16.008 €
2011	8.004 €	16.008 €
2010	8.004 €	16.008 €
2009	7.834 €	15.668 €
2008	7.664 €	15.328 €

Das EStG unterscheidet hinsichtlich der Höhe der Steuer zwei unterschiedliche Tarife: **1663** den **Grundtarif** und den **Splittingtarif**. Abgeleitet aus dem Tarif werden zur Ermittlung der Einkommensteuer die **Grundtabelle** und die **Splittingtabelle** aufgestellt.

▶ Hinweis

Ab VAZ 2017 beträgt der Grundfreibetrag **8.820 €** und ab VAZ 2018 **9.000 €**.   **1664**

aa) Grundtarif

Der Grundtarif findet Anwendung bei ledigen, verwitweten und geschiedenen Steuer- **1665** pflichtigen, wenn der Splittingtarif, §§ 32a Abs. 5 EStG, nicht gewählt wird. Ferner ist der Grundtarif im Falle der getrennten Veranlagung/Einzelveranlagung und im Falle der sogenannten besonderen Veranlagung anzuwenden.

bb) Splittingtarif

Der Splittingtarif beläuft sich auf das Zweifache des Steuertarifs, der sich für die Hälfte **1666** des gemeinsam zu versteuernden Einkommens der Ehegatten ergibt.

Wenn nur ein Ehegatte Einkünfte erzielt oder die Einkünfte der Ehegatten unter- **1667** schiedlich hoch sind, empfiehlt sich die Zusammenveranlagung. Nach dem Steuertarif steigt die Steuerbelastung mit steigendem Einkommen überproportional an.

Im Fall der Zusammenveranlagung wird jedem Ehegatten die Hälfte des gemeinsam **1668** zu versteuernden Einkommens zugewiesen.

b) Steuertabellen

aa) Grundtabelle

Ledige, Verwitwete, Geschiedene, getrennt lebende Ehegatten, Ehegatten bei Antrag **1669** auf getrennte Veranlagung/Einzelveranlagung ab 2013 gem. § 26a EStG, Ehegatten bei Antrag auf besondere Veranlagung im Jahr der Eheschließung gem. § 26c EStG (entfallen ab VZ 2013), Verheiratete, bei denen ein Ehegatte keinen Wohnsitz oder gewöhnlichen Aufenthalt im Inland hat (z.B. Gastarbeiter, deren Ehegatte weiter im Heimatland lebt).

bb) Splittingtabelle

1670 Ehegatten, die zusammenveranlagt werden, Witwer oder Witwe im Jahr nach dem Tod des Ehegatten (Gnadensplitting), Geschiedene im Scheidungsjahr, wenn sie nicht das ganze Jahr von ihrem Ehegatten getrennt gelebt haben und dieser im Scheidungsjahr wieder neu geheiratet hat.

5. Lohnsteuer, §§ 38 ff. EStG

1671 Die **Lohnsteuer** ist keine eigene Steuer, sondern vielmehr eine Unterart und besondere Erhebungsform der Einkommensteuer. Sie wird bei Einkünften aus nichtselbstständiger Arbeit gem. § 19 EStG direkt vom Lohn abgezogen. Gem. § 38 Abs. 3 EStG behält der Arbeitgeber für den Arbeitnehmer, § 1 Lohnsteuerdurchführungsverordnung (LStDV), die Lohnsteuer ein und führt sie ab.

1672 Der Arbeitgeber handelt regelmäßig für den Arbeitnehmer. Letzterer ist Schuldner der Lohnsteuer, die zu dem Zeitpunkt entsteht, an dem der Lohn an den Arbeitnehmer geleistet wird, § 38 Abs. 2 Satz 1 und 2 EStG. In jedem Falle ist die Lohnsteuer unabhängig davon einzubehalten, ob der Arbeitnehmer zur Einkommensteuer veranlagt wird.

a) Lohnsteuerkarte, § 39 EStG und elektronische Lohnsteuerkarte § 39e EStG

1673 Die **Lohnsteuerkarte** erfasst die persönlichen Merkmale des Steuerpflichtigen. Die letzte in Papierform wird ab 2013 durch das elektronische System »ElsterLohn II« abgelöst. Lohnsteuerliche Merkmale der Arbeitnehmer werden nur noch in diesem System gespeichert, wobei der Arbeitgeber mithilfe der ihm von seinem Arbeitnehmer mitgeteilten Daten, nämlich der Steuer-Identifikationsnummer (2008 war die lebenslang gültige Identifikationsnummer grds. flächendeckend eingeführt worden) und dem Geburtsdatum die für den Lohnsteuerabzug benötigten Daten bei der Finanzverwaltung abruft, § 39e EStG. Die Speicherung der relevanten Daten erfolgt zentral in der sog. ELStAM-Datenbank ELStAM (Elektronische Lohnsteuerabzugsmerkmale) beim Bundeszentralamt für Steuern.

b) Lohnsteuerklassen, § 38b EStG und Faktorverfahren, § 39f EStG

aa) Lohnsteuerklassen

1674 Die Eintragung der Steuerklasse auf der Lohnsteuerkarte des Arbeitnehmers gehört zu den persönlichen einzutragenden Merkmalen.

1675 **Steuerklasse I** gilt für ledige und geschiedene Arbeitnehmer sowie für verheiratete Arbeitnehmer, deren Ehegatte im Ausland wohnt oder die von ihrem Ehegatten dauernd getrennt leben. Verwitwete Arbeitnehmer gehören ab dem Kalenderjahr 2015 ebenfalls in die Steuerklasse I, wenn der andere Ehegatte vor dem 01.01.2014 verstorben ist. In die Steuerklasse I gehören auch Arbeitnehmer, die beschränkt einkommensteuerpflichtig sind oder in einer eingetragenen Lebenspartnerschaft leben.

Steuerklasse II gilt für die unter Steuerklasse I genannten Arbeitnehmer, wenn ihnen **1676** der Entlastungsbetrag für Alleinerziehende zusteht. Voraussetzung für die Gewährung des Entlastungsbetrags ist, dass der Arbeitnehmer alleinstehend ist und zu seinem Haushalt mind. ein Kind gehört, für das ihm ein Freibetrag für Kinder oder Kindergeld zusteht und das bei ihm mit Haupt- oder Nebenwohnung gemeldet ist.

Steuerklasse III gilt auf Antrag für verheiratete Arbeitnehmer, wenn beide Ehegatten **1677** im Inland wohnen, nicht dauernd getrennt leben und der Ehegatte des Arbeitnehmers keinen Arbeitslohn bezieht oder Arbeitslohn bezieht und in die Steuerklasse V eingereiht wird. Verwitwete Arbeitnehmer gehören im Kalenderjahr 2013 in die Steuerklasse III, wenn der Ehegatte nach dem 31.12.2011 verstorben ist, beide Ehegatten an dessen Todestag im Inland gewohnt und nicht dauernd getrennt gelebt haben.

Steuerklasse IV gilt für verheiratete Arbeitnehmer, wenn beide Ehegatten Arbeitslohn **1678** beziehen, im Inland wohnen und nicht dauernd getrennt leben.

Steuerklasse V tritt für einen der Ehegatten an die Stelle der Steuerklasse IV, wenn der **1679** andere Ehegatte auf Antrag beider Ehegatten in die Steuerklasse III eingereiht wird.

Steuerklasse VI gilt bei Arbeitnehmern für die Einbehaltung der Lohnsteuer vom **1680** Arbeitslohn aus dem zweiten und weiteren Dienstverhältnis, wenn sie nebeneinander von mehreren Arbeitgebern Arbeitslohn beziehen.

– Steuerklassenwahl bei Ehegatten 1681

Bezieht auch der andere Ehegatte Arbeitslohn, können die Arbeitslöhne beider Ehegatten erst nach Ablauf des Jahres für die Berechnung der zutreffenden Jahressteuer zusammengeführt werden. Um dem Jahresergebnis möglichst nahe zu kommen, können die Ehegatten zwei Steuerklassenkombinationen und das Faktorverfahren wählen.

– Steuerklassenkombinationen 1682

Die Steuerklassenkombination IV/IV als gesetzlicher Regelfall geht davon aus, dass die Ehegatten gleich viel verdienen. Die Steuerklassenkombination III/V ist so gestaltet, dass die Summe der Steuerabzugsbeträge für beide Ehegatten in etwa der gemeinsamen Jahressteuer entspricht, wenn der Ehegatte mit Steuerklasse III ca. 60 % und der Ehegatte mit Steuerklasse V ca. 40 % des gemeinsamen Arbeitseinkommens erzielt. Das hat zur Folge, dass der Steuerabzug bei der Steuerklasse V im Verhältnis höher ist als bei den Steuerklassen III und IV. Dies beruht auch darauf, dass in der Steuerklasse V der für das Existenzminimum stehende Grundfreibetrag nicht, dafür aber in doppelter Höhe bei der Steuerklasse III berücksichtigt wird. Entspricht das Verhältnis der tatsächlichen Arbeitslöhne nicht der gesetzlichen Annahme von 60:40, so kann es zu Steuernachzahlungen kommen.

▶ **Hinweis**

1683 Aus diesem Grund besteht bei der Steuerklassenkombination 3/5 die Pflicht zur Abgabe einer Einkommensteuererklärung, § 46 Abs. 2 Nr. 3a EStG.

1684 – **Steuerklassenwahl und Unterhalt**

Während der Unterhaltszahlende aus steuerlicher Sicht nicht verpflichtet ist, steuerliche Vorteile in Anspruch zu nehmen, gilt grds. eine unterhaltsrechtliche Obliegenheit, alle zumutbaren Einkünfte zu erzielen. Hieraus folgt generell auch die Verpflichtung, Steuervorteile wahrzunehmen. Unterlässt der Unterhaltsschuldner dies, können ihm fiktive Einkünfte angerechnet werden.[809] Insb. beim Kindesunterhalt müssen erzielbare Steuervorteile genutzt werden, um das Unterhaltseinkommen nicht durch unnötig hohe gesetzliche Abzüge zu vermindern.[810] Alle möglichen Freibeträge[811] sind zu erfassen[812] und Splittingvorteile aus einer neuen Eheschließung zu realisieren. Anderenfalls würde es zu einer Ungleichbehandlung der Kinder aus erster und späterer Ehe und zu einem Verstoß gegen Art. 3 Abs. 1 GG führen.[813]

1685 Fraglich ist, ob die steuerlichen Vorteile bereits im laufenden Kalenderjahr durch Wahl der Steuerklasse und/oder in Form des Eintrags eines Freibetrages beim Lohnsteuerabzug oder später bei Abgabe der Einkommensteuererklärung bzw. bei der Antragsveranlagung in Anspruch zu nehmen sind.[814] Durch die Berücksichtigung von Freibeträgen und Wahl der »richtigen« Steuerklasse ermäßigt sich letztlich die Lohnsteuer, weil Grundlage für ihre Bestimmung der dadurch verringerte Lohn ist.[815] Aus unterhaltsrechtlicher Sicht kann nur die unverzügliche Berücksichtigung beim Lohnsteuerabzug in Betracht kommen.[816] Steuervorteile in Form von Steuererstattungen, sind jedoch dann erst unterhaltsrechtlich zu berücksichtigen, wenn sie tatsächlich anfallen bzw. zufließen.

1686 Folgerichtig hat das **OLG Nürnberg**[817] bekräftigt, dass ein Unterhaltsschuldner ggü. einem unterhaltsberechtigten minderjährigen Kind den Vorteil einzusetzen hat, der

---

809 BGH, FamRZ 1998, 953; BGH, FamRZ 2007, 793.
810 BGH, FamRZ 1983, 576; OLG Bamberg, FamRZ 1987, 1031.
811 Grandel/Stockmann/*Perleberg-Kölbel* SWK FamR, Stichwort Steuerliche Freibeträge Rn. 2 ff. *Perleberg-Kölbel* in: Meyer-Götz Familienrecht, § 8 Rn. 333 ff.
812 OLG Bamberg, FamRZ 1987, 1031.
813 BGH, FamRZ 2005, 1817; BGH, FamRZ 2007, 282; BGH, FamRZ 2008, 2189.
814 Vgl. zum Meinungsstreit *Müller* FuR 2007, 97 ff.
815 Jedem Elternteil steht generell jeweils die Hälfte des Kinderfreibetrages zu, was auf der elektronischen Lohnsteuer- Karte mit einer 0,5 unter dem Hinweis der Zahl der Kinderfreibeträge dargestellt wird. Abweichend davon gibt es bspw. den Hinweis 1,0 auf dem Ausdruck der elektronischen Lohnsteuerkarte, wenn die Steuerklassen III oder V für die Besteuerung gewählt werden oder das Kind von einem der Ehepartner adoptiert worden ist.
816 *Perleberg-Kölbel* FamRMandat – Unterhaltsrecht, § 1 Rn. 862.
817 OLG Nürnberg, 11.12.2014 – 10 U 1/14, FF 2015, 128.

sich aus der Wahl einer günstigeren Steuerklasse für ihn ergibt. Das OLG Nürnberg ist der Ansicht, dass sich der Unterhaltpflichtige fiktiv seinen Steuervorteil anrechnen lassen muss, den er durch Wahl einer günstigeren Steuerklasse erzielen könnte.

Der Unterhaltspflichtige hatte in dem zu beurteilenden Fall – ebenso wie seine Ehe-   **1687**
frau – die Steuerklasse IV gewählt. Günstiger als diese Wahl wäre es angesichts der vorhandenen Gehaltsdifferenz gewesen, Steuerklasse III für den Unterhaltspflichtigen und Steuerklasse V für dessen Ehefrau zu wählen. Den nicht gezogenen Splittingvorteil muss sich der Unterhaltsschuldner daher anrechnen lassen. Diesem Vorteil des Unterhaltsschuldners ist jedoch der Nachteil gegenzurechnen, den die Ehefrau aufgrund der Wahl der für sie ungünstigeren Steuerklasse treffen würde. Der Splittingvorteil des Unterhaltsschuldners ist rechnerisch im Verhältnis seiner Bruttoeinkünfte zu denen seiner Ehefrau zuzurechnen.

Jedem Elternteil steht generell jeweils die Hälfte des Kinderfreibetrages zu, was auf der   **1688**
elektronischen Lohnsteuerkarte mit einer 0,5 unter dem Hinweis der Zahl der Kinderfreibeträge dargestellt wird. Abweichend davon gibt es bspw. den Hinweis 1,0 auf dem Ausdruck der elektronischen Lohnsteuerkarte, wenn die Steuerklassen III oder V für die Besteuerung gewählt werden oder das Kind von einem der Ehepartner adoptiert worden ist.

bb) Faktorverfahren

Ab 2010 ist das sog. »Faktorverfahren« gem. § 39f EStG als Alternative für Ehegatten   **1689**
geschaffen worden, die eine Steuerklassenkombination III/IV oder IV/IV haben. So kann auf der Lohnsteuerkarte jeweils die Steuerklasse IV in Verbindung mit einem Faktor, nämlich **IV-Faktor/IV-Faktor,** eingetragen werden.

Faktor entspricht der voraussichtlichen   **1690**

Einkommensteuer beider Ehegatten nach der Splittingtabelle
Summe der Jahres-Lohnsteuer beider Ehegatten in der Steuerklasse IV

Dafür haben die Ehegatten am Beginn eines jeden Jahres ihre voraussichtlichen Jah-   **1691**
resarbeitslöhne dem Finanzamt zu übermitteln. Auf dieser Grundlage wird die voraussichtliche Höhe der gemeinsamen Einkommensteuer nach Splittingtarif und auch die voraussichtliche Höhe des Lohnsteuerabzugs in der Steuerklasse IV festgestellt.[818] Die beiden Werte werden ins Verhältnis gesetzt, wobei das Ergebnis (»Faktor«), die Finanzbehörde auf den Lohnsteuerkarten der Ehegatten jeweils neben der Angabe »Steuerklasse IV« einträgt.[819]

So ergibt sich der Faktor durch die Division der voraussichtlichen Einkommensteuer   **1692**
nach Splittingtarif durch die Summe der Lohnsteuer für beide Ehegatten nach der Steuerklasse IV.

---

818 *Bißmaier* FamRZ 2009, 1451.
819 Arbeitshilfe: Faktorberechnungen online unter www.abgabenrechner.de/fb2010.

1693 Dem jeweiligen Ehegatten verbleiben hierbei mind. die ihm persönlich zustehenden Abzugsbeträge, wie der Grundfreibetrag, die Vorsorgepauschale, der Sonderausgaben-Pauschbetrag und der Kinderfreibetrag nach § 32 Abs. 6 EStG.

1694 **Rechtsfolge:** Der Vorteil des Splitting-Tarifs erscheint monatlich und wird auf beide Ehegatten verteilt. Dadurch steigert sich der Nettolohn und somit die Liquidität.

1695 Voraussetzung ist ein gemeinsamer freiwilliger Antrag ohne amtlichen Vordruck der Ehegatten bis spätestens zum 30.11. eines Kalenderjahres bei der Finanzbehörde unter Vorlage der Lohnsteuerkarten und unter Angabe der voraussichtlichen Arbeitslöhne des Kalenderjahres beider Ehegatten. Die Ehegatten sind verpflichtet, für den VAZ eine Steuererklärung abzugeben. Die Finanzbehörde stellt die genaue Einkommensteuer fest.

1696   –   **Weitere Auswirkungen** sind:

Das Faktorverfahren berührt nicht nur die steuerrechtliche Situation der Ehegatten. Es steigert sich z.B. die Grundlage für das Arbeitslosengeld und für weitere Leistungen der Agentur für Arbeit, wie das Unterhalts-, Überbrückungs-, Kurzarbeiter- und Insolvenzgeld.[820] Im Falle der wachsenden Familienplanung ist das Faktorverfahren auch wegen des Elterngeldes von einiger Bedeutung. Das Einkommen des § 2 Abs. 1 BEEG entspricht nicht dem Nettoeinkommen i.S.d. EStG. Gem. § 2 Abs. 7 BEEG wird das Einkommen vielmehr nach Abzug der auf Grundlage der gewählten Steuerklasse monatlich anfallenden Lohnsteuer nebst Sozialabgaben ermittelt. Das Elterngeld wird i.H.v. 67 % des Einkommens geleistet. Daher steigert sich wegen des Wechsels zur Steuerklassenwahl IV/IV mit Hilfe des Faktorverfahrens der Elterngeldanspruch.[821]

1697 Für Kinder, die ab dem 01.01.2013 geboren werden, gelten mit dem Gesetz zur Vereinfachung des Elterngeldvollzugs v. 10.09.2012 folgende Vorgaben:
- Auszugehen ist von einem fiktiven Nettoeinkommen, welches sich auf der Basis des durchschnittlichen Bruttoeinkommens abzgl. pauschalierter Steuer- und Sozialabgabenabzüge berechnet.
- Für die Berechnung des pauschalen Steuerabzugs ist grds. die Steuerklasse maßgebend, die sich aus der Lohn-/Gehaltsabrechnung für den letzten Monat im Bemessungszeitraum vor der Geburt des Kindes ergibt.
- Bei einem Steuerklassenwechsel ist die neue Steuerklasse nur dann maßgebend, wenn sie im zwölfmonatigen Bemessungszeitraum überwiegend (also mind. sieben Monate) angewandt wurde.

▶ Beispiel

1698   Das Kind wird im März 2013 geboren. Die Mutter des Kindes hatte bis einschließlich September

---

820 *Perleberg-Kölbel* FuR 2009, 562.
821 *Hosser* FamRZ 2010, 951, 952.

2012 die Steuerklasse V und ab Oktober 2012 die Steuerklasse III. Der im Bemessungszeitraum März 2012 bis Februar 2013 vorgenommene Steuerklassenwechsel ist für die Berechnung des Elterngeldes nicht zu berücksichtigen, da die Mutter lediglich fünf Monate (Oktober 2012 bis Februar 2013) und damit nicht überwiegend die Steuerklasse III hatte.

Der Wechsel der Lohnsteuerklasse tritt erst ab dem Folgemonat des Wechsels ein (§ 39 Abs. 6 EStG). Wechselt man also die Lohnsteuerklasse bspw. am 05.07., gilt diese erst ab August.

Das bisherige Steuerungsmittel, um das Elterngeld zu erhöhen, indem man die **1699** Lohnsteuerklasse wechselt und ein höheres Nettoeinkommen erhält, wird damit erschwert. Bei einem bestehenden Kinderwunsch sollten Ehepaare nunmehr bereits sieben Monate vor dem errechneten Geburtstermin der Wahl der Steuerklasse Beachtung schenken, denn diese gilt als Weichenstellung für die zukünftigen Bezüge beim Elterngeld.

– **Auswirkungen des Faktorverfahrens auf den Unterhalt** sind: **1700**

Im Hinblick auf die gesteigerte Liquidität entscheiden sich die Ehegatten oft für die Steuerklassenkombination III/V. Nach Ansicht des BGH führt diese Wahl bis zur Trennung zu keiner Korrektur der relativ hohen steuerlichen Belastung bei dem Ehegatten mit der Steuerklasse V, weil die Ehegatten noch gemeinsam gewirtschaftet haben.[822] Mit dem Scheitern der Ehe stellt sich eine Zäsur ein.[823] Naturgemäß will der Ehegatte mit der ungünstigeren Steuerklasse V die damit verbundenen Nachteile nicht mehr akzeptieren, wenn kein Trennungsunterhalt gezahlt wird. Nach dem allgemeinen Grundsatz, dass ein Steuerpflichtiger nur für die Steuern aufkommen muss, die auf sein Einkommen entfallen, ist diese Einordnung konsequent.[824]

Bei der Wahl des Faktorverfahrens im Trennungsjahr erscheinen die steuerlichen **1701** Abzüge bereits jeden Monat in der voraussichtlichen Höhe nach dem Splittingtarif. Eine Korrektur mit fiktiver Berechnung der Steuerlast nach Trennung wird obsolet. So wird auch die Frage des Nachteilsausgleichs als Voraussetzung für die Zustimmung zur Zusammenveranlagung gem. § 26b EStG noch im Trennungsjahr nicht mehr streitig sein.[825]

Eine Darlegungs- und Beweislast für ein gemeinsames Wirtschaften in den Monaten **1702** vor der Trennung entfällt.

---

822 BGH, 12.06.2002 – XII ZR 288/00, FamRZ 2002, 1024 m. Anm. *Bergschneider* FamRZ 2002, 1181.

823 BGH, 23.05.2007 – XII ZR 250/04, FamRZ 2007, 1799; BGH, 31.05.2006 – XII ZR 111/03, FamRZ 2006, 1178 mit Anm. *Wever* Rn. 1181.

824 BGH, 23.05.2007 – XII ZR 250/04, FamRZ 2007, 1799.

825 *Perleberg-Kölbel* FuR 2010, 254.

1703 – **Auswirkungen im Insolvenzfall** sind:

Wird ein Ehegatte insolvent, ist eine höhere Liquidität gefragt. Bei dem nicht von der Insolvenz betroffenen Ehegatten ist die geringste monatliche Steuerbelastung zu ermitteln. Das Faktorverfahren kann hierzu beitragen.

▶ **Beispiel zur Ermittlung des Faktors**

1704   Jährliche Lohnsteuer bei Steuerklassenkombination IV/IV:

AN-Ehegatte A: für 36.000 € (monatlich 3.000 € x 12) =	5.509 €
AN-Ehegatte B: für 20.400 € (monatlich 1.700 € x 12) =	1.689 €
Summe der Lohnsteuer bei Steuerklassenkombination IV/IV (entspricht »X«) beträgt	7.198 €
Die voraussichtliche Einkommensteuer im Splittingverfahren (entspricht »Y«) beträgt	**6.990 €.**

Der Faktor ist Y geteilt durch X, also 6.990 €: 7198 € = 0,971 (Der Faktor wird mit drei Nachkommastellen berechnet und nur eingetragen, wenn er kleiner als 1 ist.)

Jährliche Lohnsteuer bei Steuerklasse IV/IV mit Faktor 0,971:

AN-Ehegatte A für 36.000 € (5.509 € x 0,971) =	5.349 €
AN-Ehegatte B für 20.400 € (1.689 € x 0,971) =	1.640 €
Summe der Lohnsteuer bei Steuerklassenkombination IV/IV mit Faktor 0,971 =	**6.989 €**

1705 **Im Beispiel führt die Einkommensteuerveranlagung:**

– bei der Steuerklassenkombination III/V zu einer Nachzahlung i.H.v. 218 € (voraussichtliche Einkommensteuer im Splittingverfahren 6.990 € – Summe Lohnsteuer bei Steuerklassenkombination III/V = 6.772 € [2.648 € + 4.124 €])

– bei der Steuerklassenkombination IV/IV zu einer Erstattung i.H.v. 208 € (voraussichtliche Einkommensteuer im Splittingverfahren 6.990 € – Summe Lohnsteuer bei Steuerklassenkombination IV/IV = 7.198 €)

– bei der Steuerklassenkombination IV/IV-Faktor weder zu einer hohen Nachzahlung noch zu einer Erstattung (in diesem Fall nur Rundungsdifferenz i.H.v. 1 €; voraussichtliche Einkommensteuer Splittingverfahren 6.990 € – Summe der Lohnsteuer bei Steuerklasse IV/IV mit Faktor 6.989 €)

1706 Die Lohnsteuer ist im Faktorverfahren wesentlich **anders** verteilt (5.349 € für A und 1.640 € für B) als bei der Steuerklassenkombination III/V (2.648 € für A und 4.124 € für B).

▶ Verfahrenshinweis

> Die Lohnsteuerverteilung im Faktorverfahren entspricht der familienrechtlichen **1707**
> Verteilung der Steuerlast im Innenverhältnis der Ehegatten.

6. Rechtsprechungen zur Anrechnung der Einkommensteuer im Familienrecht

Die Rspr. folgt überwiegend bei der Anrechnung der Einkommensteuer dem **In-Prin-** **1708**
zip; es wird also ausschließlich nach den Zahlungsströmen der Ertragssteuer des entsprechenden Veranlagungszeitraums gefragt.[826]

▶ Hinweis

> Die Vorauszahlungen im Einkommensteuerbescheid folgen dem Für-Prinzip der **1709**
> steuerlichen Veranlagung und geben somit die Vorauszahlungen an, die, aus welcher
> Steuerart auch immer, auf die veranlagte Steuer eines Kalenderjahres erbracht und
> ggf. vom FA verrechnet worden sind.

Die tatsächlichen Zahlungsströme, die nicht dem Für-Prinzip folgen, müssen mithin **1710**
vorgetragen und belegt werden. Der Verfahrensgegner muss auf Vorlage einer Aufstellung der Zahlungen und Erstattungen und auf die entsprechende Dokumentation mit
Zahlungsbelegen bestehen.

Dabei ist darauf zu achten, dass nicht alle Zahlungen und Erstattungen vollständig aus **1711**
den Privatentnahmen der Buchhaltung ersichtlich sein müssen. Diese könnten über
andere, private Konten geflossen sein![827]

Das in der Literatur präferierte **Für-Prinzip** folgt der tatsächlichen Steuerlast ausweis- **1712**
lich der steuerrechtlichen Veranlagung.[828]

Das In-Prinzip ist wegen seiner Manipulationsmöglichkeiten und seines Verstoßes **1713**
gegen das Prinzip der periodengerechten Jahresabgrenzung der Bilanzierung abzulehnen. Zudem werden Steuerzahlungen und Steuererstattungen berücksichtigt, die zur
Steuerveranlagung gehören können, die außerhalb des unterhaltsrechtlichen Betrach-
tungszeitraums liegen.[829]

---

826 BGH, FamRZ 2003, 744; *Kuckenburg/Perleberg-Kölbel* Unterhaltseinkommen, Kap. B
  Rn. 717 ff.

827 Eingehender: *Kuckenburg/Perleberg-Kölbel* Unterhaltseinkommen, Kap. B Rn. 722 ff. mit
  weiteren Beispielen.

828 *Fischer-Winkelmann* FamRZ 1993, 880 ff., *Kuckenburg/Perleberg-Kölbel* FuR 2004, 160 ff.;
  Kuckenburg/Perleberg-Kölbel Unterhaltseinkommen, Kap. B Rn. 718 f.

829 *Kuckenburg/Perleberg-Kölbel* Unterhaltseinkommen, Kap. B Rn. 721 mit Bsp.; dieselben
  FuR 2004, 160 ff.

1714 Fünf Fälle fiktiver Steuerberechnung sieht die Rspr. vor. Dies stellt eine **Durchbrechung des In-Prinzips** dar, weil eine tatsächliche Veranlagung (Für-Prinzip) mit einer fiktiven verglichen wird:[830]
- Verluste aus Bauherrenmodellen[831]
- Nichtausschöpfung steuerlicher Gestaltungsmöglichkeiten[832]
- Eliminierung von Ansparabschreibungen[833]
- Eliminierung des Splittingvorteils des wiederverheirateten Ehegatten[834]
- Aufteilung der Steuerschuld zwischen Ehegatten nach § 207 AO[835]

7. Gewerbesteuer und Familienrecht

1715   – **Gewerbesteuer – keine Betriebsausgabe mehr im Steuerrecht**

Trotz der Steuerbefreiung von der Grunderwerbsteuer bei Übertragung von Grundstücken unter Ehegatten gem. § 3 Nr. 4 GrEStG nimmt in allen anderen Fällen die wirtschaftliche Bedeutung dieser Steuerart immens zu.

1716 Die Grunderwerbsteuer (GrESt) ist eine Steuer, die beim Erwerb eines Grundstücks oder Grundstückanteils anfällt. Sie wird auf Grundlage des Grunderwerbsteuergesetzes erhoben und ist eine Ländersteuer, die diese an die Kommunen weiterreichen können. Je nach Bundesland beträgt der Steuersatz zwischen 3,5 % (Bayern und Sachsen), 5 % Niedersachsen und 6,5 % (Schleswig-Holstein, seit 01.01.2015 auch Nordrhein-Westfalen und Saarland, seit 01.07.2015 Brandenburg) der Bemessungsgrundlage.

1717 Im Jahr 2012 wurden 7,389 Milliarden Euro Grunderwerbsteuer (GrESt) eingenommen, 2013 waren es 8,39 Milliarden Euro (+ 13,5 %). Die Grunderwerbsteuer macht etwa 1,4 % des Steueraufkommens in Deutschland von rund 619 Milliarden Euro aus und hat an den Steuereinnahmen der Länder einen Anteil von rund 3,8 %.

1718 Zu bedenken sind auch Grundstücksübertragungen durch Gesellschaften bzw. der Zeitpunkt der Verwirklichung des Steuertatbestandes. Hat bspw. eine Gesellschaft ein Grundstück unter einer aufschiebenden Bedingung erworben, so gehört es nach § 1 Abs. 3 GrEStG erst ab Eintritt der Bedingung zu ihrem Vermögen, und zwar dann, wenn bereits zuvor die Auflassung erklärt wird.[836]

---

830 *Kuckenburg/Perleberg-Kölbel* Unterhaltseinkommen, Kap. B Rn. 720.
831 BGH, FamRZ 1987, 36, 37.
832 BGH, FamRZ 2007, 1229, 1231; OLG Hamm, FamRZ 2000, 311; OLG Schleswig, FamRZ 2000, 825.
833 BGH, FamRZ 2003, 741 ff.; FamRZ 2004, 1177 ff.
834 BGH, ZFE 2005 449 ff.; FuR 2007, 367; BVerfG, FamRZ 2003, 1821 = FuR 2003, 507 = NJW 2003, 3466.
835 BGH, FamRZ 2006, 1178; FamRZ 2007, 1229; mit Bsp. *Kuckenburg/Perleberg-Kölbel* FuR 2004, 160 ff.
836 BFH, 11.12.2014 – II R 26/12, NV 2015, 444; anders bei privaten Veräußerungsgeschäften, bei denen die Spekulationsfrist der §§ 22,23 EStG erst mit Eintritt der Bedingung endet, FG Münster, 22.05.2013 – 10 K 15/12, EFG 2013, 1336.

Aufgrund der Unternehmenssteuerreform 2008 stellen nach § 4 Abs. 5b EStG die   **1719**
Gewerbesteuer und die darauf entfallenden Nebenleistungen keine Betriebsausgaben
mehr dar. Die Gewerbesteuer mindert den betrieblichen, nicht aber den steuerlichen
Gewinn.

Diese Regelung gilt sowohl für Personenunternehmen als auch für Kapitalgesellschaf-   **1720**
ten für die nach dem 31.12.2007 beginnenden Erhebungszeiträume. Die Reform
senkte gleichzeitig die Steuermesszahl nach § 11 Abs. 2 EStG von 5 % auf 3,5 % ab
und ließ den bisherigen Staffeltarif für Personenunternehmen entfallen. Unter Begrenzung auf die tatsächlich zu zahlende Gewerbesteuer wurde nach § 35 Abs. 1 EStG der
Anrechnungsfaktor der Gewerbesteuer auf die Einkommensteuer auf 3,8 erhöht.

– **Anrechnung der Gewerbesteuer im Unterhaltsrecht**   **1721**

Der BGH hat sich zur Anrechnung der Gewerbesteuer bislang noch nicht explizit
geäußert.

Das **Oberlandesgericht Saarbrücken**[837] ist der Ansicht, dass die Gewerbesteuer unter-   **1722**
haltsrechtlich zu berücksichtigen sei. Es mindert daher die Unterhaltseinkünfte um
die Gewerbesteuer i.R.d. Berechnung von Trennungsunterhalt bei selbstständigen
Einkünften.

Auch das **BVerwG**[838] vertritt die Auffassung, dass die Gewerbesteuer zu den mit der   **1723**
Erzielung des Einkommens verbundenen notwendigen Ausgaben i.S.v. § 93 Abs. 3
Satz 2 Nr. 2 SGB VIII gehört und hält daher eine Anrechnung nach Maßgabe der
§ 93 Abs. 3 Satz 2 Nr. 3, Satz 4 SGB VIII für möglich.

Auch in der **Literatur** setzt sich allmählich die Ansicht durch,[839] im Unterhaltsrecht   **1724**
vom betrieblichen Gewinn auszugehen, da die Gewerbesteuer berufsbedingten Auf-
wand darstelle. Bei der Ermittlung des unterhaltsrechtlichen Einkommens sei auf die
im Einkommensteuerbescheid ausgewiesene Einkommensteuer abzustellen.[840] Familienrechtler haben sich daher mit der Systematik der Gewerbesteuer zu befassen.

– **Berechnung der Steuerschuld für alle Unternehmen**[841]   **1725**

Um die, aufgrund der Nichtberücksichtigung der Gewerbesteuer entstandene Erhöhung der Bemessungsgrundlage der Gewerbesteuer auszugleichen, wurde für alle
Gewerbebetriebe die Gewerbesteuermesszahl von 5 % auf 3,5 % verringert.

Berechnungsformel: Gewerbesteuer = Gewerbeertrag x 3,5 % x Hebesatz   **1726**

---

837 OLG Saarbrücken, 07.03.2013 – 6 UF 63/12, JurionRS 2013, 41391.
838 BVerwG, 19.03.2013 – 5 C 16.12, JurionRS 2013, 34999.
839 Wendl/Dose/*Spieker* § 1 Rn. 853.
840 Wendl/Dose/*Spieker* § 1 Rn. 854.
841 IHK München, aus Merkblatt: http://www.sisby.de/de/Anhaenge/Berechnung-der-Ge-
    werbesteuer.pdf, Stand 11/2013.

1727   –   **Berechnung der Steuerschuld für Einzel- /Personenunternehmen**

Der bisher für Einzelunternehmen und Personengesellschaften angewendete Staffeltarif entfällt. Der bisherige Grundfreibetrag von 24.500 € bleibt weiterhin erhalten. Die Steuerschuld berechnet sich nach der Feststellung des Gewerbeertrages wie folgt:

1728   Zunächst ist der Gewerbeertrag auf volle 100 € nach unten abzurunden. Der abgerundete Gewerbeertrag ist darauf bei natürlichen Personen sowie bei Personengesellschaften (z.B. OHG, KG) um den Grundfreibetrag von 24.500 €, bei bestimmten sonstigen juristischen Personen, z.B. bei rechtsfähigen Vereinen, um den Grundfreibetrag von 5.000 €,[842] höchstens jedoch i.H.d. abgerundeten Gewerbeertrags, zu kürzen.

1729   –   **Berechnung der Steuerschuld für Kapitalgesellschaften**

Für Kapitalgesellschaften (AG, GmbH, KGaA) gibt es keinen Grundfreibetrag. Durch Multiplikation des Gewerbeertrags mit der Steuermesszahl ergibt sich der Steuermessbetrag. Auf den Steuermessbetrag ist der Hebesatz der jeweiligen Gemeinde anzuwenden.

▶ **Beispiel 1**

1730   Einzelunternehmen mit 90.000 € Gewerbeertrag in München.

Lösung

Gewerbeertrag	90.000 €
abzgl. Freibetrag	24.500 €
korrigierter Gewerbeertrag	65.500 €
65.500 € x 3,5 %	2.292,50 €
Steuermessbetrag (gerundet)	2.292 €
Gewerbesteuerhebesatz in München ist: 490 %	
2.292 € x 490 % =	**11.230,80 €**
	Gewerbesteuer

Bei Einzel-/ Personenunternehmen wird das 3,8-fache des anteiligen Gewerbesteuermessbetrags auf die zu zahlende Einkommensteuerschuld angerechnet.

Anrechnung = 2.292 € x 3,8 = 8.710 € (Voraussetzung ist, dass genügend Einkommensteuer vorhanden ist.)

tatsächliche Belastung: 11.230 €./. 8.710 € = 2. 520 €

---

842 Erhöht von 3.900 € auf 5.000 € durch das Dritte Mittelstandsentlastungsgesetz, BGBl I
    Nr. 15, 550 v. 25.03.2009).

▶ **Beispiel 2**

Kapitalgesellschaft in Ingolstadt mit 90.000 € Gewerbeertrag.   **1731**

90.000 € x 3,5 % = 3.150 € (Gewerbesteuermessbetrag)

3.150 € x 400 % (Hebesatz Ingolstadt) = 12.600 € Gewerbesteuer

tatsächliche Belastung: 12.600 €

– **Anrechnungen bei der Einkommensteuer**   **1732**

Die Einkommensteuer bei Einzelunternehmen und Gesellschaftern von Personen-gesellschaften ermäßigt sich durch eine pauschale Anrechnung der Gewerbesteuer. Sie beläuft sich nunmehr auf das 3,8-fache des Gewerbesteuermessbetrages, da der Anrechnungsfaktor der Gewerbesteuer auf die Einkommensteuer durch die Unter-nehmenssteuerreform 2008 von bisher 1,8 auf 3,8 erhöht worden ist. Mit dem Anrechnungsfaktor bei Einzel- und Personenunternehmern wird erreicht, dass die gewerblichen Einkünfte ggü. den anderen Einkunftsarten ohne Gewerbesteuerbelas-tung eine vergleichbare Belastung erfahren.

Die Anrechnung wird grds. wie folgt vorgenommen: **1733**

Zu zahlender Einkommensteuerbetrag nach Gewerbesteueranrechnung =

tarifliche Einkommensteuer./. 3,8 x Gewerbesteuermessbetrag

So kann die Gewerbesteuer im Regelfall bis zu einem Hebesatz von 380 % (bisher   **1734** ca. 340 %) vollständig auf die Einkommensteuer angerechnet werden, sofern genü-gend Einkommensteuer vorhanden ist.

Die Anrechnung ist dabei auf den Betrag der tatsächlich zu zahlenden Gewerbesteuer   **1735** beschränkt. Unter Berücksichtigung des Solidaritätszuschlags ist sogar bis zu einem Hebesatz von 400 % eine vollständige Anrechnung der Gewerbesteuer auf die Ein-kommensteuer im Regelfall gewährleistet, da der Anrechnungsbetrag die Bemessungs-grundlage des Solidaritätszuschlags (5,5 % der zu zahlenden Einkommensteuer) im Gegensatz zur Kirchensteuer mindert.

▶ **Hinweis**

Zu beachten ist, dass die Steuerermäßigung durch die Anrechnung auf die tarifliche   **1736** Einkommensteuer beschränkt wird (Ermäßigungshöchstbetrag), die anteilig auf die gewerblichen Einkünfte entfällt.[843] Darüber hinausgehende Anrechnungsbeträge gehen daher definitiv verloren.

Zu beachten ist zudem, dass die vollständige Anrechnung auf die Einkommensteuer   **1737** selbst bei einem Hebesatz unter 400 % bei unterschiedlichen Bemessungsgrundlagen

---

843 § 35 Abs. 1 EStG, vgl. BMF-Schreiben v. 24.02.2009 – IV C 6 – S 2296-a/08/10002; www.bundesfinanzministerium.de.

für die Einkommen- und Gewerbesteuer schnell in Gefahr geraten kann. Fällt bspw. bei der Gewerbesteuer durch Hinzurechnungen die Bemessungsgrundlage deutlich höher aus, so kann mangels Einkommensteuer die (vollständige) Anrechnung nicht erfolgreich durchgeführt werden.

1738 Dies kann besonders bei ertragsschwachen Unternehmen mit hohem Fremdfinanzierungsanteil der Fall sein. Eine derartige Gefahr hat durch die Ausweitung der Hinzurechnungstatbestände zugenommen.

1739 – **Steuererklärungen**

Alle gewerbesteuerpflichtigen Einzelunternehmen und Personengesellschaften, deren Gewerbeertrag im Erhebungszeitraum den Grundfreibetrag von 24.500 € überstiegen hat, müssen eine Gewerbesteuererklärung ggü. ihrem zuständigen FA abgeben, ferner Kapitalgesellschaften sowie Vereine, die einen wirtschaftlichen Geschäftsbetrieb unterhalten und deren Gewerbeertrag im Erhebungszeitraum 5.000 € überstiegen hat.

1740 Die Verpflichtung zur Abgabe der Gewerbesteuererklärung zieht die Verpflichtung zu Vorauszahlungen nach sich. Die Vorauszahlungen, die vierteljährlich zum 15.02., 15.05., 15.08. und 15.11. zu leisten sind, werden normalerweise durch den letzten Gewerbesteuerbescheid festgesetzt.

1741 – **Zuständigkeiten**

Für die Feststellung der Besteuerungsgrundlagen, die Festsetzung des Steuermessbetrages und den Erlass des Messbescheides ist das Finanzamt zuständig, in dessen Bezirk sich der Gewerbebetrieb befindet. Unterhält ein Gewerbebetrieb mehrere Betriebsstätten, die in zwei oder mehr Gemeinden liegen, muss der Gewerbesteuermessbetrag nach einem besonderen Maßstab zerlegt werden.

1742 Die Gewerbesteuer wird in einem zweiten Schritt von der jeweiligen Gemeinde durch Gewerbesteuerbescheid festgesetzt. Basis hierfür sind der Steuermessbetrag sowie der individuelle Hebesatz der Gemeinde. Die Gewerbesteuer wird an die Gemeinde entrichtet.

Gewerbesteuerermittlung

1743   Gewinn aus Gewerbebetrieb

+ Hinzurechnungen

– Kürzungen

= maßgebender Gewerbeertrag

– Gewerbeverluste

= Gewerbeertrag (abgerundet auf volle 100 €)

– Freibetrag von 24.500 € für Personenunternehmen bzw.

5.000 € für bestimmte juristische Personen, z.B. Vereine

= verbleibender Betrag

x Steuermesszahl 3,5 v.H.

= Steuermessbetrag nach dem Gewerbeertrag

x Hebesatz der Gemeinde

= **Gewerbesteuerschuld**

– **Unterhaltsrechtliche Konsequenzen**   **1744**

Das unterhaltsrechtliche Auskunftsverlangen hat sich neben dem Einkommensteuerbescheid ebenso auf die Gewerbesteuererklärungen und die Gewerbesteuerbescheide sowie Gewerbesteuermessbescheide als Grundlagenbescheide zu erstrecken. Die Anrechnung auf die Einkommensteuer ergibt sich aus dem Einkommensteuerbescheid.

VII. Aufteilung Einkommensteuerschulden/-steuererstattungen

1. Haftungsmaßstäbe

a) Haftung zusammenveranlagter Ehegatten für die Steuerschuld

Die Finanzbehörde verlangt oft noch Steuernachzahlungen für Veranlagungszeiträume, in denen die Eheleute noch zusammengelebt haben, so auch für das Trennungsjahr. Steuernachzahlungen ergeben sich ferner infolge von geänderten Einkommensteuerbescheiden, z.B. nach Betriebsprüfungen gem. § 193 ff. AO oder bei einer Neuveranlagung infolge der Nichtvornahme von Investitionen i.R.d. Regelung zum Investitionsabzugsverfahren nach § 7g EStG. Hierbei nimmt der Jahressteuerbescheid den Vorauszahlungsbescheid in seinen Regelungsgehalt mit auf. Die durch Steuerabzug erhobene Einkommensteuer wie z.B. die Lohnsteuer und Vorauszahlungen auf die Einkommensteuer werden angerechnet. Eine Abschlusszahlung ist zu leisten, wobei der Unterschiedsbetrag innerhalb eines Monats nach Bekanntgabe des Bescheides (bei verspäteter Abgabe der Steuererklärung innerhalb eines Monats nach Abgabe der Steuererklärung) zu zahlen ist.   **1745**

b) Gesamtschuldnerschaft

Werden Ehepartner zusammenveranlagt, werden sie Gesamtschuldner i.S.v. § 44 Abs. 1 AO. § 44 AO entspricht dem Begriff in § 421 BGB.[844] Das Finanzamt kann wählen, welchen Gesamtschuldner es in Anspruch nimmt.   **1746**

Nach § 155 Abs. 3 Satz 1 AO ist es im Fall der Zusammenveranlagung von Ehepartnern zulässig, **zusammengefasste Steuerbescheide** zu erlassen. Es handelt sich um zwei Bescheide, die nur aus Zweckmäßigkeitsgründen zusammengefasst werden.   **1747**

---

844 Pump/Leibner/*Holzkämper* AO Komm. § 44 Rn. 1

Der zusammengefasste Bescheid beinhaltet mehrere Einzelfallregelungen, d.h. um in einem Bescheid äußerlich zusammengefasste inhaltsgleiche Steuerfestsetzungen ggü. mehreren Steuerpflichtigen, die die gleiche steuerliche Leistung schulden.[845]

1748   Jeder Gesamtschuldner kann die Steuerfestsetzung **selbstständig anfechten** und gegen die Einspruchsentscheidung selbst klagen. Der Zusammenveranlagungsbescheid ist kein einheitlicher Verwaltungsakt, sondern es liegen mehrere selbstständige Verwaltungsakte vor.[846]

1749   Kein Anfechtungsrecht steht dem Ehepartner bzgl. der Einkünfte des anderen Ehepartners zu, die in einem Grundlagenbescheid festgestellt werden, § 180 Abs. 1 Nr. 2a AO. Ansonsten könnte der nicht vom Grundlagenbescheid betroffene Ehepartner den Bescheid in weiterem Umfang anfechten als derjenige, gegen den er gerichtet ist, § 352 AO.[847]

1750   Dabei wird davon ausgegangen, dass die Ehepartner sich mit der Abgabe einer gemeinsamen Steuererklärung gegenseitig auch für die Entgegennahme bzw. Zustellung des Einkommensteuerbescheides **bevollmächtigt** haben.

1751   **Ausnahme:** Die Steuererklärung wird nicht von beiden Ehepartnern unterschrieben.

c) Haftungsbeschränkungen

1752   Gemeinsam veranlagte Ehepartner können beantragen, die Gesamtschuld aufzuteilen, § 44 Abs. 2 Satz 4 AO i.V.m. § 268 AO.

1753   Im **Insolvenzverfahren** steht dem Insolvenzverwalter das Antragsrecht zu, wenn die Insolvenzmasse betroffen ist.[848] Der Antrag bewirkt eine Aufteilung der Gesamtschuld in Teilschulden, soweit sie auf die jeweiligen Einkünfte der Ehepartner entfallen.[849]

1754   Nach Aufteilung der Steuerschuld ist jedwede Verwirklichung der Gesamtschuld über den auf den jeweiligen Ehegatten entfallenden Anspruch hinaus ausgeschlossen[850] und gem. § 226 AO ist die **Aufrechnung** der Finanzbehörde ggü. einem Ehegatten, soweit auf diesen kein Rückstand entfällt, unzulässig.

1755   Gem. § 269 Abs. 1 AO kann jeder Ehegatte als Gesamtschuldner den **Aufteilungsantrag** schriftlich oder zur Niederschrift beim Finanzamt stellen. Der Antrag ist frühestens nach Bekanntgabe des Leistungsgebotes zulässig, §§ 254, 269 Abs. 2 Satz 1 AO. Ein unzulässiger Antrag wird durch die spätere Bekanntgabe des Leistungsgebotes

---

845 BFH/NV 1991, 3
846 Pump/Leibner/*Danelsing* AO Komm. § 155 Rn. 53.
847 Vgl. zu der Feststellung von Besteuerungsgrundlagen Pump/Leibner/*Perleberg-Kölbel* AO Komm. §§ 179 ff.; § 180 Abs. 1 Nr. 2a.
848 S.a. FA-InsR/*Perleberg-Kölbel* Kap. 21 Rn. 150.
849 BFH, BStBl II 2002, 214.
850 *Pump/Fitkau* S. 201.

nicht nachträglich wirksam. Ebenso verbietet sich ein Antrag nach vollständiger Tilgung der rückständigen Steuern, § 269 Abs. 2 Satz 2 AO.

Nach § 19 Abs. 1 Satz 1 AO entscheidet das **Finanzamt**, in dessen Bezirk der Steuerpflichtige seinen Wohnsitz – oder in Ermangelung eines Wohnsitzes – seinen gewöhnlichen Aufenthalt hat, sog.»Wohnsitz-Finanzamt«.   **1756**

d) Inhalt des Aufteilungsbescheids

Im Aufteilungsbescheid werden die Höhe der aufzuteilenden Steuer, der Berechnungszeitpunkt, die Höhe der bei getrennter Veranlagung gem. § 270 AO auf den jeweiligen Ehegatten entfallenen Steuer, die anzurechnenden Beträge und ggf. die Besteuerungsgrundlagen bei abweichenden Angaben der Ehegatten, § 279 Abs. 2 AO geregelt.   **1757**

Nach Beendigung der Vollstreckung darf es **keine** Änderung oder Berichtigung des Bescheides mehr geben, § 280 Abs. 2 AO.   **1758**

Einem gemeinschaftlichen Antrag der Eheleute gem. § 274 AO hat das Finanzamt Folge zu leisten, wobei allerdings die Tilgung der rückständigen Steuer sichergestellt sein muss.   **1759**

Das Finanzamt muss ohne Ermessensspielraum i.S.d. § 5 AO die veranlagte Einkommensteuerschuld fiktiv nach dem Verhältnis der Beträge berechnen und aufteilen, die sich bei getrennter Veranlagung nach Maßgabe des § 26a EStG und der §§ 271–276 AO ergeben würden, § 270 Abs. 1 Satz 1 AO.   **1760**

▶ Berechnungsformel

$$\frac{\text{Steuer aus fiktiver getrennter VA x aufzuteilender Teilbetrag aus der ZVA}}{\text{Summe der Steuerbeträge beider Ehegatten aus den fiktiven EinzelVA}}$$ **1761**

e) Erstattungsanspruch bei Zusammenveranlagung

Im Fall der Zusammenveranlagung werden Eheleute weder Gesamtgläubiger i.S.d. § 428 BGB noch Mitgläubiger i.S.d. § 432 BGB.[851]   **1762**

Übersteigen Vorauszahlungen die festgesetzte Jahressteuer, muss das Finanzamt den Unterschiedsbetrag erstatten, § 36 Abs. 4 Satz 2 EStG. Verwaltungsanweisungen finden sich in zwei BMF-Schreiben v. 30.01.2012. In dem einen BMF-Schreiben[852] wird der Anwendungserlass zu § 37 AO (AEAO zu § 37) neu gefasst und im anderen BMF-Schreiben[853] werden ausführliche Regelungen zur Bestimmung des Erstattungsanspruchs bei Ehepartnern sowie zur Reihenfolge der Anrechnung von   **1763**

---

851 BFH, 17.02.2010 – VII R 37/08, openJur 2011, 88019.
852 BMF-Schreiben v. 30.01.2012 – IV A 3 – S 0062/10007-13, www.bundesfinanzministerium.de.
853 BMF-Schreiben v. 30.01.2012 – IV A 3 – S 0160/11/10001, www.bundesfinanzministerium.de.

Steuerzahlungen unter Berücksichtigung der BFH-Rspr. aufgestellt, die nachstehend wiedergegeben werden.[854] Diese BMF-Schreiben wurden ersetzt durch zwei weitere Schreiben des Bundesministers für Finanzen v. 31.01.2013 und v. 14.01.2015.[855]

1764 Bei **zusammenveranlagten Ehepartnern** steht ein Erstattungsanspruch nach § 37 Abs. 2 Satz 1 AO dem Ehepartner zu, auf dessen Rechnung die Zahlung bewirkt worden ist.[856] Dies gilt auch in Fällen des Verlustabzugs nach § 10d EStG.[857]

1765 Unerheblich ist, auf wessen Einkünften die festgesetzten Steuern beruhen. Solange die Ehe besteht und die Ehepartner nicht dauernd getrennt leben, kann das Finanzamt davon ausgehen, dass derjenige Ehepartner, der auf die gemeinsame Steuerschuld zahlt, mit seiner Zahlung auch die Steuerschuld des anderen Ehepartners begleichen will.[858] Das gilt auch für den Insolvenzfall.[859]

1766 Für die Beurteilung der **Tilgungsabsicht** ist nicht von Bedeutung, ob die Ehepartner sich später trennen oder einer der Ehepartner nachträglich die getrennte Veranlagung beantragt. Erheblich ist allein, wie sich die Umstände dem Finanzamt zum Zeitpunkt der Zahlung darstellen.[860]

1767 Bei **Vorauszahlungen ohne Tilgungsbestimmung** wird davon ausgegangen, dass sich der Ehepartner, der auf einen Vorauszahlungsbescheid Zahlungen vornimmt, damit auch die zu erwartende Einkommensteuer beider Ehepartner tilgen möchte.[861] Ehepartner bevollmächtigen sich schließlich gegenseitig durch ihre beiderseitigen Unterschriften auf der Steuererklärung nicht nur zum Empfang des Steuerbescheids, sondern auch zum Empfang etwaiger Erstattungsbeträge. § 36 Abs. 4 Satz 3 EStG beinhaltet insoweit eine widerlegbare gesetzliche Vermutung.

1768 **Ausnahme:** Die Ehepartner leben inzwischen getrennt oder sind geschieden oder dem Finanzamt wird aus sonstigen Umständen bekannt, dass ein Ehepartner mit der Erstattung an den anderen nicht einverstanden ist.[862]

1769 Die **materielle Erstattungsberechtigung** muss dann geprüft werden, wenn das Finanzamt mit Abgabenrückständen eines der beiden Ehepartner aufrechnen will oder wenn der Erstattungsanspruch nur einem der beiden Ehepartner abgetreten, gepfändet oder

---

854 S.a. *Perleberg-Kölbel* FuR 2012, 297.
855 BMF-Schreiben v. 31.01.2013 und 14.01.2015, IV A 3 – S 0160/11/10001; www. bundesfinanzministerium.de
856 BFH, 30.09.2008 – VII R 18/08, BStBl II 2009, 38 m.w.N.
857 BFH, 19.10.1982 – VII R 55/80, BStBl II 1983, 162, und BFH, 18.09.1990 – VII R 99/89, BStBl II 1991, 47.
858 BFH, 15.11.2005 – VII R 16/05, BStBl II 2006, 453, m.w.N.
859 BFH, 30.09.2008 – VII R 18/08, BStBl II 2009, 38; FA-InsR/*Perleberg-Kölbel* Kap. 21 Rn. 206.
860 BFH, 26.06.2007 – VII R 35/06, BStBl II 2007, 742.
861 BFH, 22.03.2011 – VII R 42/10, BStBl II 2011, 607.
862 BFH, 05.04.1990 – VII R 2/89, BStBl II 1990, 719 und BFH, 08.01.1991 – VII R 18/90, BStBl II 1990, 442.

verpfändet worden ist. Hierbei spielt es keine Rolle, dass die Ehepartner übereinstimmend davon ausgehen, dass der steuerliche Erstattungsanspruch ihnen gemeinsam zusteht.[863]

Zahlt das Finanzamt aufgrund des ggü. einem Ehepartner ergangenen **Pfändungs-**   **1770** **und Überweisungsbeschlusses** auch den auf den anderen Ehepartner entfallenden Erstattungsbetrag an den Pfändungsgläubiger aus, kann es von diesem die Rückzahlung dieses gezahlten Betrages verlangen. Ein Rechtsgrund für die Zahlung lag dann nicht vor.[864]

Der Umstand, dass der Abrechnungsbescheid keine ausdrückliche Ablehnung des   **1771** geltend gemachten Erstattungsanspruchs enthält, führt nicht zu dessen Nichtigkeit wegen mangelnder Bestimmtheit. Zwar muss ein Abrechnungsbescheid die streitigen Steueransprüche grds. im Einzelnen bezeichnen und nach Steuerart, Jahr und Betrag aufgliedern. Dies gilt aber nicht für Steueransprüche, die nach Auffassung des Finanzamts von vornherein nicht entstanden sind, wenn das Bestehen eines Erstattungsanspruchs vor dem Erlass des Abrechnungsbescheids in mehreren Schriftsätzen ausdrücklich erörtert wurde.[865]

f) Aufteilungen

Übersteigen die anzurechnenden Steuerabzugsbeträge, die geleisteten Vorauszahlun-   **1772** gen und die sonstigen Zahlungen die festgesetzten Steuerbeträge, muss das Finanzamt für jeden Ehepartner die anzurechnenden Steuerabzugsbeträge sowie die mit individueller Tilgungsbestimmung geleisteten Vorauszahlungen und sonstigen Zahlungen ermitteln. Zugleich sind alle Zahlungen festzustellen, die beiden Ehepartnern gemeinsam zugerechnet werden müssen.

aa) Steuerabzugsbeträge

Hinsichtlich einbehaltener Steuerabzugsbeträge wie der Lohn- und Kapitalertrag-   **1773** steuer ist der Ehepartner erstattungsberechtigt, von dessen Einnahmen die Abzugssteuer einbehalten worden ist.[866]

Diese Steuer ist letztlich für seine Rechnung an das Finanzamt abgeführt worden.[867]   **1774**

Sind für beide Ehepartner Steuerabzugsbeträge einbehalten und keine Vorauszahlun-   **1775** gen geleistet worden, ist die Aufteilung des Erstattungsanspruchs im Verhältnis des jeweiligen Steuerabzugs des Ehepartners zum Gesamtabzug durchzuführen.[868]

---

863 BFH, 12.03.1991 – VII S 30/90, BFH/NV 1992, 145.
864 BFH, 13.02.1996 – VII R 89/95, BStBl II 1986, 436.
865 BFH, 10.03.2015 – VII R 26/13, JurionRS 2015, 15457.
866 BFH, 19.10.1982 – VII R 55/80, BStBl II 1983, 162.
867 BFH, 05.04.1990 – VII R 2/89, BStBl II 1990, 719.
868 BFH, 01.03.1990 – VII R 103/88, BStBl II 1990, 520.

bb) Vorauszahlungen mit Tilgungsbestimmung

1776 Konnte das Finanzamt bei Zahlung erkennen, dass der leistende Ehepartner nur seine eigene Steuerschuld tilgen wollte, ist dieser allein erstattungsberechtigt. Eine Tilgungsbestimmung muss dabei nicht »ausdrücklich« vorgenommen werden. Sie kann sich vielmehr aus den Umständen des Einzelfalls ergeben, z.B. durch die Angabe des eigenen Namens im Feld »Verwendungszweck« einer Überweisung.[869]

1777 Eine spätere »Interpretation« durch den zahlenden Ehepartner ist nicht relevant. Ist dem Finanzamt das dauernde Getrenntleben der Ehepartner bekannt, ist davon auszugehen, dass der zahlende Ehepartner nur auf eigene Rechnung leisten will.[870]

cc) Vorauszahlungen ohne Tilgungsbestimmung

1778 Vorauszahlungen aufgrund eines an beide Ehepartner gemeinsam gerichteten Vorauszahlungsbescheids ohne individuelle Tilgungsbestimmung sind zunächst auf die festgesetzten Steuern beider Ehepartnern anzurechnen.[871]

1779 Ein nach der Anrechnung der »gemeinsamen« Vorauszahlungen verbleibender Überschuss ist nach Köpfen an die Ehepartner auszukehren. Vorauszahlungen ohne individuelle Tilgungsbestimmung aufgrund eines nur an einen Ehepartner gerichteten Vorauszahlungsbescheids werden nur diesem Ehepartner zugeordnet.

dd) Anrechnungen

1780 Bei Erstattungen infolge Überzahlungen sind die nachstehenden Fälle zu unterscheiden:

(1) Es sind ausschließlich Steuerabzugsbeträge einbehalten und Zahlungen geleistet worden, die individuell den Ehepartnern zuzurechnen sind.

>Hier hat eine Aufteilung des Erstattungsanspruchs im Verhältnis der Summe der jeweiligen Steuerabzugsbeträge und Zahlungen jeder Ehepartner zur Summe der Steuerabzugsbeträge und Zahlungen beider Ehepartner zu erfolgen.

(2) Es sind ausschließlich Vorauszahlungen aufgrund eines an beide Ehepartner gemeinsam gerichteten Vorauszahlungsbescheids ohne Tilgungsbestimmungen geleistet worden.

>Hier muss eine Aufteilung des Erstattungsanspruchs nach Köpfen vorgenommen werden.

(3) Es sind für die Ehepartner sowohl Steuerabzugsbeträge einbehalten und/oder Zahlungen geleistet worden, die individuell zuzurechnen sind, als auch Vorauszahlungen aufgrund eines an beide Ehepartner gemeinsam gerichteten Vorauszahlungsbescheids ohne Tilgungsbestimmungen geleistet worden.

---

869   BFH, 25.07.1989 – VII R 118/87, BStBl II 1990, 41.
870   BFH, 25.07.1989 – VII R 118/87, BStBl II 1990, 41.
871   BFH, 22.03.2011 – VII R 42/10, BStBl II 2011, 607.

>Hier ist zunächst für jeden Ehepartner die Summe der bei ihm anzurechnenden Zahlungen zu ermitteln und anschließend der Erstattungsanspruch der Ehepartner im Verhältnis der Summe der bei dem einzelnen Ehepartner zuzurechnenden Zahlungen zur Summe aller Zahlungen aufzuteilen.

ee) Steuerabzugsbeträge

Hinsichtlich einbehaltener Steuerabzugsbeträge wie der Lohn- und Kapitalertragsteuer **1781** ist der Ehepartner erstattungsberechtigt, von dessen Einnahmen die Abzugssteuer einbehalten worden ist.[872] Diese Steuer ist letztlich für seine Rechnung an das Finanzamt abgeführt worden.[873] Sind für beide Ehepartner Steuerabzugsbeträge einbehalten und keine Vorauszahlungen geleistet worden, ist die Aufteilung des Erstattungsanspruchs im Verhältnis des jeweiligen Steuerabzugs des Ehepartners zum Gesamtabzug durchzuführen.[874]

g) Steuerlicher Erstattungsanspruch bei getrennter Veranlagung/ Einzelveranlagung

Werden Ehepartner getrennt veranlagt (ab VAZ 2013 Einzelveranlagung, §§ 26a **1782** EStG, 52 Abs. 68 EStG) sind bei Erstattungen infolge von Überzahlungen die nachstehenden Fälle zu unterscheiden.

aa) Differenzierungen

(1) Es sind ausschließlich Steuerabzugsbeträge einbehalten und Zahlungen geleistet **1783** worden, die individuell zuzurechnen sind.

>Hier sind bei jedem Ehepartner die jeweiligen Steuerabzugsbeträge und Zahlungen anzurechnen.

(2) Es sind ausschließlich Vorauszahlungen aufgrund eines an beide Ehepartner gemeinsam gerichteten Vorauszahlungsbescheids ohne Tilgungsbestimmung geleistet worden und deren Summe übersteigt die Summe der in den getrennten Veranlagungen festgesetzten Einkommensteuerbeträge.

>Hier ist der Erstattungsbetrag, der bei getrennten Veranlagungen die festgesetzten Einkommensteuerbeträge übersteigt, nach Köpfen aufzuteilen.

(3) Es sind für die Ehepartner sowohl Steuerabzugsbeträge einbehalten und/oder Zahlungen geleistet worden, die individuell zuzurechnen sind, als auch Vorauszahlungen aufgrund eines an beide Ehepartner gemeinsam gerichteten Vorauszahlungsbescheids ohne Tilgungsbestimmungen geleistet worden.

---

872 BFH, 19.10.1982 – VII R 55/80, BStBl II 1983, 162.
873 BFH, 05.04.1990 – VII R 2/89, BStBl II 1990, 719.
874 BFH, 01.03.1990 – VII R 103/88, BStBl II 1990, 520.

> Hier ist wie folgt zu verfahren:

i)   Zuerst sind von den gegen die Ehepartner getrennt festgesetzten Einkommensteuerbeträgen jeweils die anzurechnenden Steuerabzugsbeträge abzuziehen (Zwischensumme I = Soll);

ii)   danach sind von diesen Sollbeträgen (Zwischensumme I) jeweils die Vorauszahlungen abzuziehen, die der einzelne Ehepartner mit individueller Tilgungsbestimmung geleistet hat, und die für jeden Ehepartner danach individuell verbleibenden Beträge zu ermitteln (Zwischensumme II);

iii)   die aufgrund eines gegen beide Ehepartner gerichteten Vorauszahlungsbescheids geleisteten »gemeinsamen« Vorauszahlungen ohne individuelle Tilgungsbestimmung werden nun zunächst auf die Steuern beider Ehepartner maximal bis zum vollständigen »Verbrauch« der jeweiligen (positiven)Zwischensumme II aufgeteilt. Der danach verbleibende Restbetrag ist nach Köpfen auszukehren.

bb) Nachzahlungsüberhang

1784   Wenn keine individuelle Tilgungsbestimmung vorgenommen worden ist, muss wie folgt aufgeteilt und zugeordnet werden:

–   Zuerst sind von den gegen die Ehepartner getrennt festgesetzten Einkommensteuerbeträge jeweils die anzurechnenden Steuerabzugsbeträge abzuziehen (Zwischensumme I = Soll);

–   danach sind von diesen Sollbeträgen (Zwischensumme I) jeweils die Vorauszahlungen abzuziehen, die der einzelne Ehepartner mit individueller Tilgungsbestimmung geleistet hat und die für jeden Ehepartner danach individuell verbleibenden Beträge zu ermitteln (Zwischensumme II);

–   die (aufgrund eines gegen beide Ehepartner gerichteten Vorauszahlungsbescheids) geleisteten »gemeinsamen« Vorauszahlungen ohne individuelle Tilgungsbestimmung werden nun nach Köpfen – allerdings maximal bis zum vollständigen »Verbrauch« der jeweiligen (positiven) Zwischensumme II – aufgeteilt, ein danach verbleibender Restbetrag ist dem Ehepartner mit der höheren Zwischensumme II allein zuzurechnen.

▶ **Beispiel 1: Steuererstattungen bei Anrechnung und Zusammenveranlagung**

1785   Das Finanzamt hat gegen M und F gemeinsame Einkommensteuervorauszahlungen i.H.v. insg. **14.000 €** festgesetzt. Hierauf wurden 8.000 € ohne Tilgungsbestimmung entrichtet.

M hat Vorauszahlungen mit individueller Tilgungsbestimmung i.II.v. 5.000 € und F i.H.v. 1.000 € geleistet. Vom Arbeitslohn des M wurden 10.000 € Lohnsteuer und vom Arbeitslohn der F 5.000 € Lohnsteuer einbehalten.

I.R.d. Zusammenveranlagung wurden gegen M und F Einkommensteuern i.H.v. 20.000 € festgesetzt.

Aufgrund der anzurechnenden Lohnsteuerbeträge (10.000 € + 5.000 € = 15.000 €) und der geleisteten Vorauszahlungen (8.000 € + 5.000 € + 1.000 € = 14.000 €) müssen insg. **9.000 €** erstattet werden.

Wie sind die individuellen Erstattungsansprüche von M und F zu ermitteln?

Lösung Beispiel 1

(1) jeweils anzurechnende Steuerabzugsbeträge:

M: 10.000 €

F: 5.000 €

(2) jeweils anzurechnende Zahlungen mit individueller Tilgungsbestimmung:

M: 5.000 €

F: 1.000 €

(3) hälftige Aufteilung der »gemeinsamen« Zahlungen und Zurechnung des jeweiligen Anteils:

M: ½ von 8.000 € = 4.000 €

F: ½ von 8.000 € = 4.000 €

(4) für jeden Ehepartner sind die nach (1) bis (3) ermittelten Anrechnungsbeträge jeweils zu addieren:

M: 10.000 € + 5.000 € + 4.000 € = 19.000 €

F: 5.000 € + 1.000 € + 4.000 € = 10.000 €

(5) Die Aufteilung des Erstattungsanspruchs i.H.v. 9.000 € erfolgt auf die Ehepartner im Verhältnis der Summe der dem einzelnen Ehepartner zuzurechnenden Zahlungen zur Summe aller Zahlungen:

M: 9.000 € x (19.000/29.000) = 5.896,55 €

F: 9.000 € x (10.000/29.000) = 3.103,45 €

▶ **Beispiel 2: Steuerlicher Erstattungsanspruch bei getrennter Veranlagung/ Einzelveranlagung**

M und F haben die gegen sie gemeinsam festgesetzten Vorauszahlungen (4 x 1786 4.000 € = 16.000 €) ohne individuelle Tilgungsbestimmung entrichtet.

Vom Arbeitslohn wurden jeweils folgende Lohnsteuerbeträge einbehalten:

M: 5.000 €

F: 1.000 €

Es werden getrennte Veranlagungen/Einzelveranlagungen durchgeführt.

M: festgesetzte Einkommensteuer = 15.000 €

F: festgesetzte Einkommensteuer = <u>5.000 €</u>

Summe der getrennt festgesetzten Steuerbeträge = 20.000 €

Summe der hierauf anzurechnenden Beträge = 20.000 €./. 22.000 €

Erstattungsüberhang 2.000 €

Lösung Beispiel 2

Der Betrag von 2.000 € ist nach Köpfen auszukehren.

Die Zurechnung erfolgt wie nachstehend:

(1) Bei jedem Ehepartner sind von den festgesetzten Einkommensteuerbeträgen zunächst jeweils die anzurechnenden Lohnsteuerbeträge abzuziehen (= Sollbeträge):

M: 15.000 €./. 5.000 € = 10.000 €

F: 5.000 €./. 1.000 € = 4.000 €

(2) Im zweiten Schritt werden mangels Zahlungen mit individueller Tilgungsbestimmung die gemeinsamen Vorauszahlungen nun jeweils bis zur Höhe der Sollbeträge bei M und F aufgeteilt.

Der danach verbleibende Restbetrag (2.000 €) ist jedem Ehepartner zur Hälfte zuzurechnen:

»gemeinsame« Vorauszahlungen 16.000 €

M: Sollbetrag: 10.000 €

»vorab« anzurechnen./. 10.000 €./. 10.000 €

vorläufiger Restbetrag 0 €

F: Sollbetrag: 4.000 €

»vorab« anzurechnen./. 4.000 €./. 4.000 €

vorläufiger Restbetrag 0 €

nicht verbrauchte, gemeinsame Vorauszahlungen 2.000 €

(3) Im dritten Schritt werden die nicht verbrauchten gemeinsamen Vorauszahlungen nach Köpfen zugerechnet:

M: ½ von 2.000 € = 1.000 €

F: ½ von 2.000 € = 1.000 €

(4) Die Abrechnungsverfügungen der Steuerbescheide sehen wie folgt aus:

M: 15.000 € festgesetzte Einkommensteuer

./. 5.000 € anzurechnende Lohnsteuer

./. 11.000 € anzurechnende Vorauszahlungen

= 1.000 € Erstattung

F: 5.000 € festgesetzte Einkommensteuer

./. 1.000 € anzurechnende Lohnsteuer

./. 5.000 € anzurechnende Vorauszahlungen

= 1.000 € Erstattung

▶ **Beispiel 3**

Nachzahlungsüberhang   1787

M und F haben die gegen sie gemeinsam festgesetzten Vorauszahlungen (4 x 2.500 € = 10.000 €) ohne individuelle Tilgungsbestimmung entrichtet. Vom Arbeitslohn wurden jeweils folgende Lohnsteuerbeträge einbehalten:

M: 5.000 €

F: 1.000 €

Es werden getrennte Veranlagungen/Einzelveranlagungen durchgeführt:

M: festgesetzte Einkommensteuer = 15.000 €

F: festgesetzte Einkommensteuer = 5.000 €

Summe der getrennt festgesetzten Steuerbeträge = 20.000 €

Summe der hierauf anzurechnenden Beträge =./. 16.000 €

Nachzahlungsüberhang 4.000 €

Lösung Beispiel 3

(1) Von den gegen die Ehepartner festgesetzten Einkommensteuerbeträgen sind zunächst jeweils die anzurechnenden Lohnsteuerbeträge abzuziehen (= Sollbeträge):

M: 15.000 €./. 5.000 € = 10.000 €

F: 5.000 €./. 1.000 € = 4.000 €

(2) Im zweiten Schritt werden – mangels Zahlungen mit individueller Tilgungs-bestimmung – die gemeinsamen Vorauszahlungen nun nach Köpfen – allerdings maximal bis zur Höhe des jeweiligen Sollbetrags (hier identisch mit Zwischen-summe II) – aufgeteilt.

Der danach verbleibende Restbetrag ist dem Ehepartner mit dem höheren Soll allein zuzurechnen:

F: ½ von 10.000 €, maximal aber 4.000 € = 4.000 €

M: ½ von 10.000 €, maximal aber 10.000 € =5.000 €

zzgl. Restbetrag 1.000 €

Summe der bei M anzurechnenden Beträge: 6.000 €

(3) Die Abrechnungsverfügungen der Steuerbescheide sehen wie folgt aus:

M: 15.000 € festgesetzte Einkommensteuer

./. 5.000 € anzurechnende Lohnsteuer

./. 6.000 € anzurechnende Vorauszahlungen

= **4.000 € Abschlusszahlung**

F: 5.000 € festgesetzte Einkommensteuer

./. 1.000 € anzurechnende Lohnsteuer

./. 4.000 € anzurechnende Vorauszahlungen

= **0 € Abschlusszahlung**

▶ **Hinweis:**

1788   Mit BMF-Schreiben v. 10.12.2015[875] hat das BMF den Anwendungserlass zur AO geändert. Anhand von Beispielen wird die Zuordnung bei der Einzelveranlagung oder bei der Zusammenveranlagung erläutert. Im letzten Fall wird anhand tabellarischer Übersichten die Aufteilung von Steuererstattungen auf den insolventen und den nicht-insolventen Ehepartner dargelegt.

2. Aufteilungsmaßstäbe im Familienrecht

1789   Der vom BMF vorgegebene steuerrechtliche Leitfaden unterstützt die familienrechtliche Bearbeitung im ersten Schritt. Im zweiten Schritt hat eine Aufteilung von Steuererstattungen im Innenverhältnis zu erfolgen. Diese vollzieht sich allein nach zivilrechtlichen Maßstäben.

1790   Nach der Familienrechtsprechung[876] hat die Aufteilung eines nach Trennung fällig werdenden Erstattungsanspruchs zusammenveranlagter Ehegatten grds. unter entsprechender Heranziehung des § 270 AO auf der Grundlage einer fiktiven getrennten Veranlagung (Anmerkung: ab 2013 Einzelveranlagung) zu erfolgen.

1791   Diese Vorgehensweise ist einkommensteuerkonform, weil die konkret steuerrechtliche Situation der Ehegatten auf diese Weise berücksichtigt wird. Sie kommt insb. zur Anwendung, wenn nach einer Trennung kein Ehegattenunterhalt gezahlt wird und es infolge der ungünstigen Steuerklassenwahl des ausgleichsberechtigten Ehepartners beim ausgleichspflichtigen Ehepartner zu einem Erstattungsanspruch kommt.

875 BMF-Schreiben v. 10.12.2015 – IV A 3 – S 0062/15/10005-2015/0944849, BStBl
     I 2015, 1018, www.bundesfinanzministerium.de.
876 BGH, 31.05.2006 – XII ZR 111/03, FamRZ 2006, 1178.

Bisher nicht vom BGH geklärt ist die Frage, ob nur der verbleibende Betrag oder der **1792** gesamte Steuerbetrag fiktiv aufzuteilen ist.

Die Aufteilung von Steuerschulden aus einer Einkunftsart kann anders vorzunehmen **1793** sein, wenn sich auf Grund familienrechtlicher Überlagerung eine andere Bewertung als zutreffend erweist.[877]

3. Steuererstattungen im Insolvenzfall

Lediglich **Steuererstattungsansprüche**, die vor Aufhebung des Insolvenzverfahrens **1794** entstehen, gehören zum Insolvenzvermögen und nicht zum insolvenzfreien Vermögen i.S.v. § 36 Abs. 1 InsO. Steuererstattungsansprüche, die nach Aufhebung des Insolvenzverfahrens entstehen, werden i.R.d. Restschuldbefreiungsverfahrens von der Abtretungserklärung des § 287 Abs. 2 Satz 1 InsO nicht erfasst. Im Fall einer Rückerstattung von Steuern wird aus dem Steueranspruch des Staates ein Erstattungsanspruch des Steuerpflichtigen nach § 37 Abs. 2 AO, ohne dabei seinen öffentlich-rechtlichen Charakter zu verlieren. Der Steuererstattungsanspruch hat somit nicht den Charakter eines Einkommens.[878] Dieser Grundsatz gilt, obwohl das Veranlagungswahlrecht eines Ehepartners an die vom GG geschützte Existenz der Ehe anknüpft.[879]

▶ Hinweis:

Es kommt nicht darauf an, ob das Finanzamt bereits Erstattungen an den **1795** Insolvenzverwalter geleistet hat oder nicht, weil der Erstattungsanspruch nur insoweit erlöschen kann, als er dem insolventen Ehepartner zustand und das Finanzamt gegenüber dem Insolvenzverwalter einen Rückerstattungsanspruch besitzt.[880]

Findet eine Zusammenveranlagung statt, erlangt der Insolvenzverwalter zwangsläufig Kenntnis von den Einkommensverhältnissen des nicht insolventen Ehegatten. Dem steht nach Ansicht des BFH[881] nicht das Steuergeheimnis entgegen.

Mit BMF-Schreiben v. 10.12.2015 hat das BMF den Anwendungserlass zur AO geän- **1796** dert.[882] Anhand von Beispielen wird die Zuordnung bei der Einzelveranlagung oder bei der Zusammenveranlagung erläutert. Im letzten Fall wird anhand tabellarischer Übersichten die **Aufteilung von Steuererstattungen** auf den insolventen und den nicht insolventen Ehepartner dargelegt.

---

877 OLG Köln, 19.03.2010 – 4 U 29/09, FamFR 2010, 284 m. Anm. *Kuckenburg.*
878 FA-FamR/*Perleberg-Kölbel* Kap. 18 Rn. 247.
879 BFH, ZInsO 2011, 1263 m.H.a. BFH, NJW 2007, 2556 = JurionRS 2011, 15951.
880 BFH, 09.08.1996 – VI R 88/93, BStBl II 1997, 112.
881 BFH, 15.06.2000 – IX B 13/00, BFHE 191, 247.
882 BMF-Schreiben v. 10.12.2015 – IV A 3 – S 0062/15/10005, www.bundesfinanzministerium.de.

1797 Die einheitlich ermittelte Jahressteuer ist im ermittelten Verhältnis der Einkünfte den verschiedenen insolvenzrechtlichen Vermögensbereichen zuzuordnen.

▶ **Beispiel 1:**

1798 Das Insolvenzgericht eröffnete auf einen Insolvenzantrag vom 01.06.2001 das Insolvenzverfahren über das Vermögen des Schuldners am 01.09.2001. Der Steuerpflichtige erzielte im Jahr 2001 insg. Einkünfte von 120.000 €. Hiervon entfallen 100.000 € auf Zeiträume vor Insolvenzeröffnung und je 10.000 € auf Einkünfte der Insolvenzmasse (einschließlich Einkünfte i. S. v. § 55 Abs. 4 InsO) und des insolvenzfreien Vermögens. Die festzusetzende Einkommensteuer beträgt insg. 12.000 €.

Die einheitlich ermittelte Steuer ist den insolvenzrechtlichen Vermögensbereichen im Verhältnis der Einkünfte aus den unterschiedlichen Vermögensbereichen zu der Summe der Einkünfte zuzuordnen:

Anteiliger Steuerbetrag =

anteilige Einkünfte des Vermögensbereichs

Summe der Einkünfte

× Gesamtsteuerbetrag

	Summe	Insolvenzforderung	Masseforderung	Insolvenzfreies Vermögen
Einkünfte	120.000 €	100.000 €	10.000 €	10.000 €
Steuer	12.000 €	10.000 €	1.000 €	1.000 €

Die einheitlich ermittelte Steuer wird i.H.d. auf den jeweiligen insolvenzrechtlichen Vermögensbereich entfallenden Betrages gegenüber diesem festgesetzt (Insolvenzmasse bzw. insolvenzfreies Vermögen) oder berechnet. Vorauszahlungen und Steuerabzugsbeträge werden i.R.d. Anrechnungsverfügung bei dem insolvenzrechtlichen Vermögensbereich berücksichtigt, aus dem sie geleistet wurden. Steuererstattungsansprüche aufgrund von Steuervorauszahlungen oder Steuerabzugsbeträgen entstehen in den jeweiligen Vermögensbereichen im Zeitpunkt der Entrichtung der Steuer bzw. des Einbehalts der Steuerabzugsbeträge unter der aufschiebenden Bedingung, dass am Ende des Veranlagungszeitraums die geschuldete Steuer geringer ist als die Summe aus geleisteten Vorauszahlungen und Steuerabzugsbeträgen. Eine Verrechnung von Erstattungs- mit Nachzahlungsbeträgen verschiedener Vermögensbereiche i.R.d. Jahresveranlagung ist nicht statthaft. Die Möglichkeit einer Aufrechnung z.B. eines Guthabens im vorinsolvenzrechtlichen oder freigegebenen Vermögen mit Insolvenzforderungen unter Beachtung insb. der §§ 94 ff. InsO bleibt unberührt.

▶ **Beispiel 2 (Fortsetzung von Beispiel 1):**

1799 Am 10.03.2001 zahlte der Schuldner 600 € Vorauszahlungen. Die festgesetzte Vorauszahlung für das II. Quartal zahlte er nicht. Am 10.09.2001 und am

10.12.2001 zahlte der Insolvenzverwalter jeweils 600 € Vorauszahlungen. Das Finanzamt setzte gegen den Schuldner keine Vorauszahlungen für das insolvenzfreie Vermögen fest.

	Summe	Insolvenzforderung	Masseforderung	Insolvenzfreies Vermögen
Einkünfte	120.000 €	100.000 €	10.000 €	10.000 €
Steuer	12.000 €	10.000 €	1.000 €	1.000 €
abzgl. geleistete VZ	1.800 €	600 €	1.200 €	0 €
Ergebnis		9.400 €	−200 €	1.000 €

Zur Tabelle sind 9.400 € als Insolvenzforderung anzumelden. Die auf die Insolvenzmasse entfallende Steuer i.H.v. 1.000 € ist gegenüber dem Insolvenzverwalter festzusetzen. Das sich nach Anrechnung der geleisteten Vorauszahlungen ergebende Guthaben i.H.v. 200 € ist vorbehaltlich der Aufrechnungsmöglichkeit mit weiteren Masseverbindlichkeiten an die Insolvenzmasse zu erstatten. Die auf das insolvenzfreie Vermögen entfallende Steuer i.H.v. 1.000 € ist gegenüber dem Schuldner festzusetzen und der Schuldner zur Zahlung aufzufordern.

▶ **Beispiel 3**

Das Insolvenzgericht eröffnete am 01.10.2001 das Insolvenzverfahren über das Vermögen des Schuldners. Der insolvente Ehegatte/Lebenspartner erzielte im Jahr 2001 insg. Einkünfte von 120.000 €. Hiervon entfallen 100.000 € auf Zeiträume vor Insolvenzeröffnung und 15.000 € auf Einkünfte der Insolvenzmasse sowie 5.000 € auf das insolvenzfreie Vermögen. Der nichtinsolvente Ehegatte/Lebenspartner erzielte 60.000 € im gesamten Jahr. Die einheitlich ermittelte Einkommensteuer beträgt insg. 18.000 €. Vorauszahlungen leisteten die Steuerpflichtigen sowie der Insolvenzverwalter nicht. 1800

Die einheitlich ermittelte Steuer ist den insolvenzrechtlichen Vermögensbereichen im Verhältnis der Einkünfte aus den unterschiedlichen Vermögensbereichen zu den Gesamteinkünften beider Ehegatten/-Lebenspartner zuzuordnen:

Ergibt sich bei Ehegatten/Lebenspartnern bei der Zusammenveranlagung eine Steuererstattung, liegt im Gegensatz zur Gesamtschuldnerschaft bei Steuerschulden keine Gesamtgläubigerschaft vor. Für die Verteilung zwischen ihnen sind die sich aus **§ 37 Abs. 2 AO ergebenden** Grundsätze anzuwenden. Vorauszahlungen aufgrund eines an beide Ehegatten/Lebenspartner gemeinsam gerichteten Vorauszahlungsbescheids ohne individuelle Tilgungsbestimmung sind unabhängig davon, ob die Ehegatten/Lebenspartner später zusammen oder getrennt veranlagt werden, zunächst auf die festgesetzten Steuern beider Ehegatten/Lebenspartner. Dies gilt auch für die vom nicht insolventen Ehegatten/Lebenspartner nach Insolvenzeröffnung ohne individuelle Tilgungsbestimmung geleisteten Vorauszahlungen.

▶ **Beispiel 4**

1801   Im Rahmen einer Zusammenveranlagung von Ehegatten/Lebenspartnern, bei
denen sich nur ein Ehegatte/Lebenspartner in der Insolvenz befindet, ergibt sich
eine Jahressteuer von 18.000 €, die i.H.v. 14.500 € auf den vorinsolvenzrechtlichen
Vermögensteil und i.H.v. 3.500 € auf die Insolvenzmasse entfällt.

Folgende geleistete Vorauszahlungen sind anzurechnen.

– Schuldner		10.000 €
– Insolvenzverwalter sowie		600 €
– nicht insolventer Ehegatte/Lebenspartner	bis zur Insolvenzeröffnung	300 €
	nach Insolvenzeröffnung	8.100 €

Vorauszahlungen und Steuerabzugsbeträge werden bei den insolvenzrechtlichen
Vermögensbereichen berücksichtigt, aus denen sie geleistet wurden.

	Summe	Insolvenz-forderung	Masseforderung	
Steuer	18.000 €	14.500 €	3.500 €	
abzgl. geleistete VZ InsO-Schuldner	10.000 €	10.000 €	–	
abzgl. geleistete VZ InsO-Verwalter	600 €	–	600 €	
abzgl. geleistete VZ nicht insolventer Ehegatte/Lebenspartner	8.400 €	300 €	8.100 €	
Zwischensumme	– 1000 €	4.200 €	– 5.200 €	
	– 515,79 €	– 484,21 €	– 2.779,31 €	– 2420,69 €

Die Verteilung des Erstattungsbetrages auf die Ehegatten/Lebenspartner erfolgt
zunächst nach § 37 Abs. 2 AO. Die anschließende Verteilung des auf den insolventen Ehegatten/Lebenspartner entfallenden Erstattungsbetrages auf den vor- und
nachinsolvenzlichen Zeitraum erfolgt unter Berücksichtigung des sich im Vermögensbereich Insolvenzmasse ergebenden Guthabens aufgrund der dort zu berücksichtigenden geleisteten Vorauszahlungen und Steuerabzugsbeträge.

**1. Schritt: Verteilung des Erstattungsbetrages der Veranlagung zwischen den
Ehegatten/Lebenspartnern**

Insolventer Ehegatte/Lebenspartner:

$$\frac{- 1.000 \ € \times \ (^1/_2 \times 10.000 \ €) + 600 \ € + (^1/_2 \times 8.400 \ €)}{19.000 \ €}$$

$$= - 515,79 \ €$$

Nicht insolventer Ehegatte/Lebenspartner:

$$\frac{-1.000 \text{ € } \times \; (^{1}/_{2} \times 10.000 \text{ €}) + 600 \text{ € } + (^{1}/_{2} \times 8.400 \text{ €})}{19.000 \text{ €}}$$

$$= -484{,}21 \text{ €}$$

2. Schritt: Verteilung des nachinsolvenzlichen Erstattungsbetrages zwischen den Ehegatten/Lebenspartnern

Insolventer Ehegatte/Lebenspartner:

$$\frac{-5.200 \text{ € } \times 600 \text{ € } + (^{1}/_{2} \times 8.100 \text{ €})}{8.700 \text{ €}}$$

$$= -2.779{,}31 \text{ €}$$

Nicht insolventer Ehegatte/Lebenspartner:

$$\frac{-5.200 \text{ € } \times \; ^{1}/_{2} \times 8.100 \text{ €}}{8.700 \text{ €}}$$

$$= -2.420{,}69 \text{ €}$$

Die nachinsolvenzlich begründete Einkommensteuer i.H.v. 3.500 € ist gegenüber dem **1802** Insolvenzverwalter festzusetzen und der sich nach Anrechnung der geleisteten Vorauszahlungen für die Insolvenzmasse ergebende Erstattungsanspruch i.H.v. 2.779,31 € an diese vorbehaltlich der Aufrechnungsmöglichkeit mit Masseverbindlichkeiten zu erstatten.

Zur Insolvenztabelle ist eine Forderung i.H.v. 2.263,52 € (= 2.779,31 € – 515,79 €) **1803** anzumelden, die sich aus dem auf den insolventen Ehegatten/Lebenspartner aus der Veranlagung entfallenden Erstattungsbetrag i.H.v. 515,79 € unter Berücksichtigung des nachinsolvenzlichen Erstattungsbetrages i.H.v. 2.779,31 € zusammensetzt. Gegenüber dem nicht insolventen Ehegatten/Lebenspartner erfolgt eine Steuerfestsetzung i.H.v. 18.000 €. Der anteilig aus der Jahresveranlagung auf diesen entfallende Erstattungsbetrag i.H.v. 484,21 € ist vorbehaltlich etwaiger Aufrechnungsmöglichkeiten zu erstatten.

B. Unterhaltsansprüche in der Insolvenz

I. Unterhaltsansprüche vor Insolvenzeröffnung

1 Unterhaltsansprüche können als Insolvenzforderungen geltend gemacht werden, wenn sie vor Verfahrenseröffnung entstanden sind.[1]

2 Es handelt sich hierbei nach § 231 Abs. 1 FamFG u.a. um Unterhaltsansprüche, d.h.
   – durch Verwandtschaft begründete gesetzliche Unterhaltspflichten,
   – durch Ehe begründete gesetzliche Unterhaltspflichten und
   – Ansprüchen nach § 1615l oder § 1615m BGB.

3 Eine Unterhaltsforderung ist als Geldrente monatlich im Voraus zu zahlen, §§ 1361 Abs. 4 Satz 2, 1585 Abs. 1, 1612 Abs. 3 Satz 1 BGB. Unterhaltsforderungen entstehen in jedem Zeitpunkt, indem ihre Voraussetzungen vorliegen neu und sind monatlich im Voraus zu erfüllen.

4 Demgemäß nehmen nach § 38 InsO die bis zum Zeitpunkt der Eröffnung des Insolvenzverfahrens aufgelaufenen Unterhaltsforderungen am Insolvenzverfahren teil. Die Ansprüche müssen bereits vor Verfahrenseröffnung entstanden sei. Auf eine Durchsetzbarkeit kommt es nicht an. Gem. § 41 InsO gelten nicht fällige Forderungen als fällig.

---

1 *Pape* ZFE 2010, 136.

Der Unterhaltsanspruch des Monats, währenddessen die Eröffnung des Insolvenz- 5
verfahrens erfolgt, ist nicht anteilig als Insolvenzforderung nach § 38 InsO und als
Forderung gegen das insolvenzfreie Vermögen zu betrachten. Vielmehr ist insg. eine
Insolvenzforderung nach § 38 InsO festzustellen. Im Fall einer abweichenden Zah-
lungsweise monatlich im Voraus durch eine Unterhaltsvereinbarung fällt der Unterhaltsanspruch des Monats, in dem das Insolvenzverfahren eröffnet wird, dann nicht in
den Rückstand, wenn der Unterhalt für diesen Monat erst am 3. Werktag des Monats
verlangt wird und dieser Tag nach der Insolvenzeröffnung liegt.[2]

Es handelt sich also um im Zeitpunkt der Eröffnung des Insolvenzverfahrens begrün- 6
dete Vermögensansprüche und der Unterhaltsberechtigte wird hinsichtlich seiner
rückständigen Unterhaltsleistungen Insolvenzgläubiger i.S.v. § 38 InsO. Derartige
Unterhaltsforderungen sind wie andere Insolvenzforderungen auch beim Insolvenzverwalter zur Eintragung in die Tabelle nach §§ 174, 175 InsO anzumelden und
unterliegen auch der Restschuldbefreiung nach §§ 286 ff. InsO, es sei denn, es handelt
sich um Unterhaltspflichtverletzungen und damit um unerlaubte Handlungen, die
nicht von der Restschuldbefreiung umfasst sind.

▶ Verfahrenshinweis

Unterhaltsforderungen, die bis zur Eröffnung eines Insolvenzverfahrens entstanden 7
und aufgelaufen sind, können nicht mehr in einem gesonderten Verfahren
eingeklagt, sondern nur im laufenden Insolvenzverfahren geltend gemacht werden.

II. Unterhaltsansprüche nach § 40 InsO – Erbenhaftung

Familienrechtliche Unterhaltsansprüche gegen den Insolvenzschuldner können im 8
Insolvenzverfahren für die Zeit nach Eröffnung geltend gemacht werden, wenn der
Insolvenzschuldner für das Erbe des Verpflichteten haftet. Es handelt sich hiermit um
die relativ seltenen Fälle des § 1586b Abs. 1 BGB und des § 1615n i.V.m. § 1615l
BGB. Diese Unterhaltsbeträge entstehen also nach der Insolvenzeröffnung und sind
trotzdem Insolvenzforderungen, die anzumelden und zu prüfen sind. Da Ansprüche
auf künftigen Unterhalt mit dem Tod des Unterhaltsschuldners erlöschen, § 1615
Abs. 1 BGB, kann es im Verwandtenunterhaltsrecht keine Ansprüche nach § 40 InsO
geben.[3]

III. Unterhalt aus der Insolvenzmasse nach § 100 InsO

Nach der Ausnahmevorschrift des § 100 InsO kann laufender Unterhalt aus der Insol- 9
venzmasse gezahlt werden. Die Gläubigerversammlung entscheidet nach freiem Ermessen. Ein Anspruch des Schuldners auf Unterhaltsgewährung besteht nicht, so dass bei
Ablehnung dem Schuldner und seiner Familie kein Rechtsmittel zusteht. Im Hinblick
auf eine mglw. fehlerhafte Ermessensentscheidung der Gläubigerversammlung muss

---

2 OLG Naumburg, ZInsO 2004, 400.
3 *Keller* NZI 2007, 143; *Schwarz/Facius* FF 2010, 189.

aber eine gerichtliche Überprüfung zulässig sein, um z.b. den zuständigen Träger der Sozialleistungen zu entlasten. Es kann nämlich nicht Sache allein der Gläubiger sein, die öffentliche Kasse zu belasten, weil zu befürchten steht, dass den Gläubigern die Masse stets wichtiger sein könnte als eine Unterhaltsgewährung zugunsten des Schuldners und seiner Familie. Falls die Gläubigerversammlung Unterhalt gewährt, muss das Gericht den Beschluss aufheben, wenn er gegen den Zweck des Insolvenzverfahrens verstößt.[4]

▶ Hinweis:

10 Übt der Schuldner eine selbständige Tätigkeit aus, ist er nach Abgabe der Erklärung des Insolvenzverwalters i.S.v. § 35 Abs. 2 Satz 1 InsO dafür aus der Insolvenzmasse angemessen zu entlohnen. Abweichend von § 100 Abs. 1 InsO steht dies in Höhe der Pfändungsgrenzen für Arbeitseinkommen (§ 850c ZPO) bzw. des nachgewiesenen höheren Bedarfs (§ 850f Abs. 1 Buchst. a ZPO) nicht im Ermessen der Gläubiger. Daher ist der Schuldner nicht darauf angewiesen, beim Insolvenzgericht einen Antrag nach § 36 Abs. 1 Satz 2, Abs. 4 Satz 1 InsO i.V.m. §§ 850f Abs. 1 Buchst. a, 850i ZPO zu stellen.[5]

11 Die **Gläubigerversammlung** beschließt nicht nur ob, sondern auch in welchem Umfang dem Insolvenzschuldner und seiner Familie Unterhalt zu gewähren ist, wobei der Begriff der Familie nicht definiert worden ist. Vielmehr soll es der Gläubigerversammlung obliegen, den Begriff der Familie festzulegen, die dabei weder an die zivilrechtliche Definition noch an diejenige in § 100 Abs. 2 InsO gebunden ist.

12 Nach § 100 Abs. 2 InsO kann der Insolvenzverwalter mit Zustimmung des Gläubigerausschusses bis zur Entscheidung der Gläubigerversammlung dem Insolvenzschuldner den notwendigen Unterhalt gewähren.[6] Dies gilt in gleicher Weise für den Unterhalt von minderjährigen, unverheirateten Kindern des Insolvenzschuldners, seines Ehegatten, seines früheren Ehegatten, seines Lebenspartners, seines früheren Lebenspartners und des anderen Elternteils des Kindes hinsichtlich des Anspruchs nach den §§ 1615l, 1615n BGB. Es werden **Masseverbindlichkeiten** begründet.

13 § 100 InsO soll nicht der Existenzsicherung dienen. Auch im Insolvenzverfahren greifen die Pfändungsschutzvorschriften zugunsten des erwerbstätigen Schuldners gem. § 36 InsO i.V.m. §§ 850 ff. ZPO. Auf eine GmbH als Komplementärin ist § 100 InsO nicht anwendbar. Ein derartiger Beschluss über Unterhalt für den Geschäftsführer einer GmbH führt zur Nichtigkeit.[7]

---

4 Braun/*Kroth* InsO § 100 Rn. 3.
5 Ahrens/Gehrlein/Ringstmeier/*Piekenbrock* InsO, § 100 Rn. 2.
6 *Janweling* FPR 2012, 163.
7 OLG Celle, ZInsO 2011, 2190.

IV. Nachinsolvenzgläubiger – Unterhaltsansprüche nach Eröffnung des Verfahrens

1. Rechtsstellung

Unterhaltsforderungen nach Eröffnung des Insolvenzverfahrens stellen keine Insol-   14
venzforderungen dar, sondern die Unterhaltsberechtigten werden hinsichtlich ihres
laufenden Unterhalts als neue Gläubiger angesehen. Die Forderungen werden auch
als »**insolvenzfreie Forderungen**« bezeichnet. Es ist daher den unterhaltsberechtigten Gläubigern möglich, Antrag auf zukünftigen Unterhalt zu stellen und dann nach
Erlangung eines Titels, die Zwangsvollstreckung durchzuführen, was § 89 Abs. 2
Satz 2 InsO ausdrücklich deutlich macht. Auch aus Titeln über laufenden Unterhalt
kann generell vollstreckt werden.

▶ **Beispiel**

Über das Vermögen des Unterhaltsschuldners M wird am 03.04.2012 das   15
Insolvenzverfahren eröffnet. Seiner von ihm getrenntlebenden Ehefrau F schuldet er
monatlich Trennungsunterhalt. F pfändet am 02.04.2012 die Gehaltsansprüche des M.

Lösung

F kann wegen ihrer Unterhaltsansprüche gem. § 89 Abs. 2 Satz 2 InsO i.V.m.
§ 850d ZPO das künftige Gehalt von M pfänden. Nach § 114 Abs. 3 InsO kann F
die Bezüge ab Monat April 2012 in den erweiterten pfändbaren Teil der künftigen
Forderungen aus den Bezügen aus dem Dienstverhältnis des M vollstrecken. Diese
fallen nicht in die Insolvenzmasse nach §§ 35, 36 InsO und werden auch nicht an
den Insolvenzverwalter/Treuhänder während des Restschuldbefreiungsverfahrens
abgetreten. Der Unterhaltsgläubiger hat schließlich ein besonderes Schutzbedürfnis.

▶ **Verfahrenshinweis**

Bei Anträgen auf künftigen Unterhalt orientiert sich die Höhe des   16
Unterhaltsanspruchs gegen den Schuldner nach seinem insolvenzfreien Teil
des Vermögens[8]. Da die Lebensstellung der Kinder unterhaltsrechtlich von den
Eltern abgeleitet wird, findet die Bedarfsermittlung durch Berücksichtigung
der geänderten wirtschaftlichen Verhältnisse des Schuldners statt. Ferner ist bei
Trennungsunterhalt von Bedeutung, dass der unterhaltsberechtigte Ehegatte an der
Entwicklung der wirtschaftlichen Verhältnisse teilhat.[9]

2. Gerichtliche Durchsetzung

Unterhaltsforderungen, die nach Eröffnung des Verfahrens entstehen, werden im   17
Gegensatz zu rückständigen Unterhaltsforderungen nicht von der **Restschuldbefreiung** erfasst und können gegen den Insolvenzschuldner eingefordert werden.

---

8 OLG Nürnberg, ZInsO 2005, 443.
9 OLG Koblenz, ZInsO 2002, 833.

18 Bereits anhängige Verfahren auf Zahlung künftigen Unterhalts werden nicht nach § 240 ZPO unterbrochen, wenn das Insolvenzverfahren bereits eröffnet worden ist. Dabei ist es gleichgültig, wenn gleichzeitig Unterhalt für die Vergangenheit geltend gemacht wird.

19 Der Insolvenzeröffnung folgt keine einheitliche Unterbrechung des Rechtsstreits, sondern lediglich der Teil des Streitgegenstandes, der sich auf Unterhaltsrückstände bezieht, wird unterbrochen und über den künftigen Unterhalt, d.h. über künftige Unterhaltsansprüche des Verfahrens, kann durch Teilurteil entschieden werden. Die Unterbrechung soll bei Rechtsstreitigkeiten nicht eintreten, wenn sich die Klage auf das insolvenzfreie Vermögen bezieht, worauf der Norminhalt des § 240 ZPO hinweist:»wenn sie die Insolvenzmasse betrifft«.

▶ **Hinweis**

20 Neugläubiger ist auch ein Gläubiger hinsichtlich eines Anspruchs auf Kostenerstattung eines gegen den Schuldner geführten Rechtsstreits, der nach der Eröffnung des Insolvenzverfahrens begonnen wird. Dies gilt unabhängig von der Tatsache, dass der Schuldner zusätzlich aus einem vor der Insolvenzeröffnung verwirkten Schuldgrundes materielle-rechtlich zur Kostenerstattung verpflichtet ist.[10]

3. Vollstreckung von Unterhaltsansprüchen der Neugläubiger

21 Dem Unterhaltsberechtigten ist grds. ein Zugriff auf den **Neuerwerb** des Insolvenzschuldners während des Verfahrens und des sich anschließenden Restschuldbefreiungsverfahrens verwehrt, weil nach § 35 InsO der Neuerwerb zur Insolvenzmasse gehört und vorrangig den Insolvenzgläubigern zur Verfügung stehen soll. Dies sind auch die Unterhaltsgläubiger, die Unterhaltsansprüche bis zur Eröffnung des Insolvenzverfahrens haben, sog. Altgläubiger.

a) Vollstreckung während des Insolvenzverfahrens

22 Während des Verfahrens kann in das nicht zur Insolvenzmasse gehörende Vermögen, bei Nichtselbstständigen, insb. in den **Vorrechtsbereich** des § 850c ZPO, vollstreckt werden. Dies folgt aus § 89 Abs. 1 InsO, der den Vollstreckungszugriff nur für Insolvenzgläubiger (**Altgläubiger**) für unzulässig erklärt. Wenn der Insolvenzverwalter oder Treuhänder einen dem Schuldner gehörenden Gegenstand aus der Masse freigibt, fällt dieser als sonstiges Vermögen des Schuldners unter das Vollstreckungsverbot des § 89 Abs. 1 InsO.[11]

23 Nach der Insolvenzeröffnung kann folglich die Zwangsvollstreckung wegen Unterhaltsrückständen aus der Zeit vor Eröffnung des Insolvenzverfahrens nicht mehr

---

10 BGH, 06.02.2014 – IX ZB 57/12, JurionRS 2014, 11009.
11 BGH, 12.02.2009 – IX ZB 112/06, NZI 2009, 382.

betrieben werden. Gleiches gilt i.Ü. auch in der Wohlverhaltensphase, wenn dem Schuldner **Restschuldbefreiung** in Aussicht gestellt wird.

Wegen eines im Zeitpunkt der Eröffnung des Insolvenzverfahrens bestehenden Unter- 24
haltsrückstands ist dem Unterhaltsgläubiger eine Pfändung von Forderungen des Unterhaltsschuldners gegen den Drittschuldner verwehrt, die erst nach Eröffnung des Insolvenzverfahrens entstehen. Das gilt auch hinsichtlich des erweitert pfändbaren Betrags.

Die Anwendbarkeit der Vorschriften der §§ 850a ff. ZPO ergibt sich aus § 36 Abs. 1 InsO.

Gem. § 89 Abs. 2 Satz 2 InsO ist die Zwangsvollstreckung wegen eines Unterhaltsan- 25
spruchs des Neugläubigers in den unpfändbaren Teil der Bezüge ausdrücklich zulässig und die Beschränkung für die Pfändung künftigen Arbeitseinkommens gilt nicht. Vielmehr dürfen **Neugläubiger** von Unterhaltsforderungen in den für sie erweitert pfändbaren Teil der Bezüge vollstrecken, §§ 850d, 850f Abs. 2 ZPO.

▶ Beispiel

Unterhaltsschuldner M verdient pro Monat 1.900 € netto. Er ist zwei Personen 26
zum Unterhalt verpflichtet.

Lösung

Pfändbar sind gem. § 850c ZPO nach der Pfändungsfreigrenzentabelle lediglich
40,70 €.

Dieser Betrag ist Gegenstand des Insolvenzverfahrens und wird gem. §§ 35, 36
InsO nur in dieser Höhe von der Insolvenzmasse erfasst.

Der sich ergebende pfändbare Teil i.H.v. 1.859,30 € (1.900,00 € – 40,70 €) steht
in vollem Umfang für den Unterhalt des Schuldners und dessen unterhaltsberechtigten Personen zur Verfügung.[12]

Bei Trennung können beide Unterhaltsgläubiger in den Vorrechtsbereich nach § 850d 27
ZPO vollstrecken. Der Vorrechtsbereich errechnet sich aus der Differenz des Betrages nach § 850c ZPO und dem notwendigen Selbstbehalt des Schuldners. Den unpfändbaren Betrag kann das Vollstreckungsgericht nach § 850f ZPO festsetzen. Bei einem angenommenen Selbstbehalt (§ 850f ZPO) von 1.080 € könnten die beiden Unterhaltsberechtigten einen Betrag i.H.v. 779,30 € nach § 850d ZPO vollstrecken.

b) Vollstreckungsverbote in der Insolvenz

Grds. hat die Eröffnung des Insolvenzverfahrens zwar die Wirkung, dass Lohnpfän- 28
dungen unwirksam werden. Eine Ausnahme gelte aber für die Vollstreckung wegen

---

12 Pfändungsfreigrenzentabelle 2017, https://www.gesetze-im-internet.de/pf_ndfreigrbek_2017/
BJNR075000017.html.

eines Unterhaltsanspruchs, soweit davon der Teil der Bezüge erfasst wird, der für andere Gläubiger nicht pfändbar ist.

▶ **Hinweis für Selbstständige im Insolvenzfall nach BGH[13]**

29   »Zwar erstreckt sich der einem Selbstständigen nach § 850i Abs. 1 ZPO zu belassende notwendige Unterhalt grundsätzlich auch auf dessen Vorsorgeaufwendungen. Denn diese werden im Insolvenzverfahren eines Selbstständigen nicht vorab durch den Insolvenzverwalter beglichen. Darin liegt ein wesentlicher Unterschied zu den Einkünften aus einer abhängigen Beschäftigung, die – nach Abzug der Vorsorgeaufwendungen – als Nettobetrag ausgezahlt werden. Die Pfändungsfreigrenzen des § 850c ZPO sind deshalb nach § 850e ZPO auch nur auf der Grundlage dieser Nettobeträge bemessen. Für Selbstständige sieht § 850i ZPO demgegenüber eine individuellere Regelung vor, wie sich auch aus § 850f Abs. 1a und 1b ZPO ergibt.«

30 Der Unterhaltschuldner hat die Voraussetzungen für die Gewährung weiterer pfändungsfreier Anteile seiner Einkünfte darzulegen. Der Pfändungsschutz für sonstige Einkünfte erfasst alle eigenständig erwirtschafteten Einkünfte und nicht nur Einkünfte aus persönlich geleisteten Arbeiten oder Diensten.[14]

31 Erklärt der Insolvenzverwalter gem. § 35 Abs. 2 Satz 1 InsO die Freigabe der **selbstständigen Tätigkeit**, ist ein Zugriff auf den Neuerwerb unbeschränkt zulässig. Unterhaltsneugläubiger haben ungehinderten Zugriff und der Schuldner kann sich im Wege des § 850i ZPO mit einem Pfändungsschutzantrag wehren.[15] Auch ist eine freigegebene Nebentätigkeit zum abhängigen Beschäftigungsverhältnis denkbar. Falls der Schuldner die Versicherung an Eides statt noch nicht abgegeben hat, können Neugläubiger den Schuldner auch zu deren Abgabe vorladen lassen.

32 Gem. § 850i Abs. 1 Satz 1 ZPO wird der Anwendungsbereich auf Sachbezüge und sonstige Einkünfte aus Vermögen erweitert. § 850i ZPO erfasst nicht nur Einkommen des Schuldners aus Erwerbstätigkeit, sondern sämtliche von ihm erzielten Einkünfte. Der Pfändungsschutz für sonstige Einkünfte erfasst nach Ansicht des BGH somit alle eigenständig erwirtschafteten Einkünfte. Nach der Neufassung des § 850i Abs. 1 ZPO kommt es nach Ansicht des BGH nun nicht mehr darauf an, ob die Einkünfte auf persönlich geleisteten Arbeiten bzw. Diensten beruhen oder auf dem Einsatz von Personal oder Kapital. Einkünfte aus sogenannter kapitalistischer Tätigkeit rechnen daher ebenso zu dieser Einkunftsart wie Einkünfte aus Kapitalvermögen oder Vermietung und Verpachtung. Ferner zählen hierzu Werklohnansprüche und Verkaufserlöse, solange die Einkünfte selbst erzielt, also eigenständig erwirtschaftet werden.

c) Vollstreckung im Restschuldbefreiungsverfahren

33 Für die Insolvenzgläubiger, also auch für die Gläubiger von Unterhaltsansprüchen vor Insolvenzeröffnung gilt das Vollstreckungsverbot des § 294 Abs. 1 InsO. Gem. § 287

---

13 BGH, 31.10.2007 – XII ZR 112/05, JurionRS 2007, 42696.
14 BGH, 26.06.2014 – IX ZB 88/13, JurionRS 2014, 18500.
15 Näher hierzu *Janlewing* FPR 2012, 163.

Abs. 2 Satz 1 InsO hat der Schuldner seine pfändbaren Forderungen auf Bezüge aus einem Dienstverhältnis für die Dauer von sechs Jahren nach der Eröffnung des Insolvenzverfahrens an einen Treuhänder abzutreten. So werden nicht nur alle Vergütungen erfasst, sondern auch alle Renten und Leistungen bei Arbeitslosigkeit. Im obigen Beispiel beträgt die abzutretende Forderung 40,70 €.

Für die Unterhaltsgläubiger besteht auch im Restschuldbefreiungsverfahren die Möglichkeit, in den **Vorrechtsbereich** des § 850d ZPO zu vollstrecken, hier im Beispielsfall 779,30 €.   **34**

4. Bedarfsermittlung in der Insolvenz

– Ehepartner

Übergebührliche Einschränkungen ihrer Lebensverhältnisse müssen sich Ehepartner in der Ehe zurechnen lassen und können mit Trennung und Scheidung die ehelichen Lebensverhältnisse nicht nachträglich korrigieren.   **35**

Bedarfsprägend ist ein verfügbares Einkommen der Ehegatten, also eine bestimmte Geldmenge, die einen darstellbaren Lebensunterhalt abbildet. Wird hierbei auch ein Betrag zur Schuldentilgung verwendet, beeinflusst er die ehelichen Lebensverhältnisse. Der Schuldentilgung steht dann kein wertgleicher oder wertmindernder Vermögenszuwachs, wie etwa bei Tilgung eines Immobilienkredites, ggü. Da sich das Maß des Unterhalts nach § 1578 BGB aus den ehelichen Lebensverhältnissen ableitet, werden alle Veränderungen der wirtschaftlichen und sonstigen Verhältnisse berücksichtigt, die in der Ehezeit angelegt waren und deren Eintritt mit hoher Wahrscheinlichkeit erwartet werden konnten.   **36**

Diese Erwartung hat dann bereits die ehelichen Lebensverhältnisse geprägt. Die ehelichen Lebensverhältnisse werden von der Rspr. nicht als statistische Momentaufnahme im Zeitpunkt der Scheidung angesehen. Es kann und darf daher nur ein objektiver Maßstab bei der Beurteilung dieser »Erwartung« angelegt werden. Ein Leben in »Saus und Braus« ist nicht weiter zu berücksichtigen.[16]   **37**

– Kinder

Die Lebensstellung von minderjährigen und privilegiert volljährigen Kindern richtet sich nach der jeweiligen Lebensstellung der Eltern. Veränderungen der Einkommensverhältnisse der Elternteile sind deshalb aufgrund der Eröffnung des Insolvenzverfahrens auch für den Kindesunterhalt zu berücksichtigen.[17]   **38**

– Selbstständige Tätigkeit und Bedarf

Für den Fall, dass der Insolvenzverwalter eine selbstständige Tätigkeit des Schuldners freigibt, richtet sich der Bedarf nach dem Einkommen der freiberuflichen Tätigkeit.   **39**

---

16 *Hauß* Unterhalt und Verbraucherinsolvenz, FamRZ 2006, 1496.
17 FA-FamR/*Perleberg-Kölbel* Kap. 18 Rn. 359.

Diese kann allerdings mit der insolvenzrechtlichen Verpflichtung belastet sein. Gem. § 35 Abs. 2 Satz 2 und 3 i.V.m. § 295 Abs. 2 InsO sind die Insolvenzgläubiger durch Zahlung so zu stellen, als wäre der selbstständige Schuldner ein angemessenes Dienstverhältnis eingegangen. Die Zahlung muss spätestens am Ende der Wohlverhaltensperiode geleistet werden, um die Restschuldbefreiung nicht zu gefährden.[18]

40 Führt der Insolvenzverwalter die selbstständige Tätigkeit fort, hat das Insolvenzgericht dem Schuldner und den Angehörigen auf Antrag nach § 26 Abs. 1 Satz 2 InsO i.V.m. § 850i ZPO von seinen Einkünften so viel zu belassen, wie dieses ihm und seinen Angehörigen bei einem vergleichbaren Dienstverhältnis an Einkommen verbleiben müsste.[19]

5. Leistungsfähigkeit – Obliegenheiten

– **Einleitung eines Insolvenzverfahrens als Obliegenheit**

41 Zur Steigerung der Leistungsfähigkeit i.R.d. Unterhaltsschuldverhältnisses kann die Obliegenheit zur Einleitung eines Insolvenzverfahrens bestehen, weil ein insolventer Unterhaltsschuldner ggf. sehr viel solventer sein kann als ein lediglich überschuldeter Unterhaltspflichtiger.[20]

– **Kinder**

42 I.R.d. gesteigerten Unterhaltsverpflichtungen ggü. minderjährigen und privilegierten volljährigen Kindern[21] hat daher der BGH eine Obliegenheit zur Einleitung eines Verbraucherinsolvenzverfahrens unter bestimmten Voraussetzungen angenommen.

43 Nach Ansicht des BGH trifft den Unterhaltsschuldner grds. eine **Obliegenheit zur Einleitung der Verbraucherinsolvenz**, wenn dieses Verfahren zulässig und geeignet ist, den laufenden Unterhalt der minderjährigen Kinder dadurch sicher zu stellen, dass ihm Vorrang vor sonstigen Verbindlichkeiten eingeräumt wird. Das gilt nicht, wenn der Unterhaltsschuldner einen Umstand vorträgt und ggf. beweist, dass dieser eine solche Obliegenheit im Einzelfall als unzumutbar darstellt.[22]

44 Eine Unzumutbarkeit könnte z.B. dann vorliegen, wenn der Unterhaltsschuldner in seiner wirtschaftlichen Selbstständigkeit nicht unerheblich eingeschränkt wird, ja, seine berufliche Existenz gefährdet ist oder wenn der Insolvenzantrag nicht zur Restschuldbefreiung führen kann, also wenn Versagungsgründe gem. § 290 InsO vorliegen. Die Interessen der Unterhaltsschuldner und Unterhaltsgläubiger sind allerdings unter Berücksichtigung von Billigkeitsgründen gegeneinander abzuwägen.

---

18 *Janweling* FPR 2012, 163.
19 *Janweling* FPR 2012, 163.
20 *Keller* NZI 2007, 143.
21 BGH, FamRZ 2005, 608; BGH, FamRZ 2008, 137.
22 BGH, FamRZ 2005, 608.

Nach dem BGH[23] entfällt eine gesteigerte Unterhaltspflicht und entsprechende   45
Obliegenheit zur Einleitung eines Insolvenzverfahrens erst mit Eintritt der Volljährig-
keit mit Ausnahme privilegierter volljähriger Kinder.

Diese Pflicht soll nach Ansicht des OLG Hamm allerdings dann entfallen, wenn es dem   46
Unterhaltsschuldner gelungen ist, sämtliche relevanten Schulden mit einem neuen,
langfristig angelegten und in vertretbaren Raten abzutragenden Kredit abzulösen.

Ferner darf sich auch dann keine Verpflichtung ergeben, wenn der Unterhaltsschuld-   47
ner wegen der Subsidiaritätsklausel des § 1603 Abs. 2 Satz 3 BGB nicht verschärft
haftet.

– Ehepartner

Die Pflicht, eine Privatinsolvenz durchzuführen, besteht nicht bei Trennungs- und   48
nachehelichem Unterhalt und im Fall des Aszendentenunterhalts. Der BGH begründet das mit der grds. Möglichkeit getrenntlebender oder geschiedener Ehegatten, den
eigenen Unterhalt selbst sicherzustellen.[24]

Im Hinblick auf das neue Unterhaltsrechtsänderungsgesetz 2008 und die Eigenver-   49
antwortung nach § 1569 BGB und der Unabhängigkeit vom Partner als Grundsatz,
erscheint dies nur konsequent und entspricht der gesellschaftlichen Entwicklung.

– Unverheiratete Mutter

Auch besteht keine Obliegenheit zur Einleitung eines Verbraucherinsolvenzverfahrens   50
bei einem Unterhaltsanspruch der unverheirateten Mutter.[25]

– Prognoseprüfung

Um überprüfen zu können, ob die Einleitung eines Insolvenzverfahrens die Leistungs-   51
fähigkeit des Unterhaltsschuldners erhöht, muss eine Prognose gestellt werden.

Folgende Prüfung empfiehlt sich:
– Besteht eine gesteigerte Unterhaltspflicht ggü. minderjährigen, privilegierten voll-
  jährigen, unverheirateten Kindern nach § 1603 Abs. 2 BGB?
– Liegen die Voraussetzungen für eine Verbraucherinsolvenz mit Restschuldbefrei-
  ungsmöglichkeit vor?
– Droht Zahlungsunfähigkeit oder
– liegt sogar bereits Zahlungsunfähigkeit vor?
– Bestehen keine durchgreifenden Gründe gegen eine spätere Restschuldbefreiung?
– Liegen Gründe im konkreten Einzelfall vor, die einen Insolvenzantrag unzumut-
  bar machen?
– Wie hoch sind die Kosten des Insolvenzverfahrens?

---

23 BGH, FamRZ 2008, 137.
24 BGH, FamRZ 2008, 497.
25 OLG Koblenz, ZFE 2005, 410.

– Wird die wirtschaftliche Selbstständigkeit des Unterhaltsschuldners durch Bestellung eines Treuhänders im Insolvenzverfahren eingeschränkt?
– In welchem Verhältnis steht die Dauer des Insolvenzverfahrens zur voraussichtlichen Unterhaltspflicht ggü. minderjährigen bzw. privilegierten volljährigen Kindern?
– Gibt es erhebliche Einschnitte in die Rechte anderer Gläubiger?

6. Darlegungs- und Beweislast

52 Da allein der potentielle Insolvenzschuldner für die Einleitung eines Regel- bzw. Verbraucherinsolvenzverfahrens in der Lage ist, seine Liquiditätsprobleme darzustellen und zu belegen, muss der Unterhaltspflichtige darlegen, dass keine Zahlungs- bzw. drohende Zahlungsunfähigkeit besteht. Dies gilt auch für die Darlegung und den Beweis für eine Unzumutbarkeit für die Einleitung des Insolvenzverfahrens.

53 Der Unterhaltsberechtigte hat sich daher auf den Vortrag zu beschränken, dass eine Pflicht zur Einleitung des Insolvenzverfahrens besteht, wenn der Unterhaltspflichtige Schulden i.R.d. Prüfung der Leistungsfähigkeit berücksichtigt wissen will.[26]

7. Obliegenheit zur Berufung auf Pfändungsfreigrenzen/Steigerung der vollstreckungsrechtlichen Leistungsfähigkeit

54 Gem. § 36 InsO finden die Vorschriften der ZPO, §§ 850 ff. ZPO entsprechende Anwendung.[27] Dem Schuldner muss das unpfändbare Einkommen verbleiben, wobei die **unpfändbaren Beträge** nach § 850c ZPO zu beachten sind. Die Berufung des Insolvenzschuldners auf entsprechende Heraufsetzung der Pfändungsfreigrenzen führt zu einer Liquiditätssteigerung. Wegen der gesteigerten Unterhaltspflicht nach § 1603 Abs. 2 Satz 1 und 2 BGB ist dem Unterhaltspflichtigen eine Berufung auf die Pfändungsfreigrenzen nach §§ 850a ff. ZPO zuzumuten, damit ihm der nach § 850c ZPO pfändungsfreie Teil seines Einkommens verbleibt.[28]

55 Durch die Steigerung der unterhaltsrechtlichen Liquidität soll verhindert werden, dass der Schuldner öffentliche Hilfe in Anspruch nehmen muss, nachdem vorrangig Drittschulden beglichen werden.

56 Im Hinblick auf die Obliegenheit zur Privatinsolvenz stellt sich für den Familienrechtler die Frage, ob die **Ausschlagung einer Erbschaft** oder eines Vermächtnisses oder im **Unterlassen der Geltendmachung des Pflichtteilsanspruchs**, der schließlich verjährt, gleichfalls eine Verletzung der Obliegenheit darstellt. Die Frage ist zu verneinen, weil dies gesamtvollstreckungsrechtlich zulasten der Ansprüche der Unterhaltsgläubiger führt, die vor Insolvenzeröffnung entstanden sind, obwohl insolvenzrechtlich für den Unterhaltsschuldner als Erben wegen des höchstpersönlichen Charakters keine

---

26 *Krause* FamRZ 2005, 1725.
27 BGH, FamRZ 2008, 137; BGH, FamRZ 2008, 1389.
28 OLG Karlsruhe, FamRZ 2006, 953.

Verpflichtung besteht, das Vermögen des Erblassers zu übernehmen, das Vermächtnis anzunehmen oder Pflichtteilsansprüche zu stellen, § 83 Abs. 1 Satz 1 InsO.[29] Schließlich wird durch diese erbrechtlichen Tatbestände die Masse nicht erhöht.

Im Restschuldbefreiungsverfahren dagegen steht dem Unterhaltschuldner nach § 295   57
Abs. 1 Nr. 2 InsO das hälftige Vermögen zu, das er von Todes wegen oder mit Rücksicht auf ein künftiges Erbrecht erwirbt.

Hierunter fallen Erbschaften und Pflichtteils- oder Vermächtnisansprüche, **Schen-**   58
kungen im Wege der vorweggenommenen Erbfolge, nicht jedoch Schenkungen von Todes wegen gem. § 2301 BGB.

Wenn der Unterhaltsschuldner die vorgenannten höchstpersönlichen Rechte nicht   59
wahrnimmt, wird den Unterhaltsgläubigern als Neugläubigern die Möglichkeit einer erfolgreichen Zwangsvollstreckung in dieses hälftige Vermögen genommen, weil dem Unterhaltsschuldner die Hälfte des Vermögens zusteht. Eine Obliegenheit ist zu bejahen.

Auch etwaig erzielbare Kapitaleinkünfte entstehen erst gar nicht. Letztere   60
müssten ebenfalls fiktiv in eine Unterhaltsberechnung einfließen. Sowohl die unterhaltsrechtliche Leistungsfähigkeit als auch die vollstreckungsrechtliche Leistungsfähigkeit wird vermindert, und es kommt zu einer Obliegenheitsverletzung im Unterhaltsschuldverhältnis.

8. Selbstständige Tätigkeit während des Insolvenzverfahrens

Will der Insolvenzschuldner eine neue selbstständige Tätigkeit aufnehmen oder fort-   61
führen, kann er ein Konzept entwickeln und dies dem Insolvenzverwalter zur Genehmigung vorlegen.

Bei der sog. **Positiverklärung** führt der Insolvenzverwalter die Tätigkeit des Schuld-   62
ners fort. Es entstehen Masseverbindlichkeiten. Die erzielten Einkünfte fließen in vollem Umfang ohne Abzüge in die Insolvenzmasse. Selbst die betrieblich veranlassten Ausgaben bleiben unberücksichtigt. Gem. § 850a Nr. 3 ZPO analog sind jedoch Werbungskosten bei der Bemessung des Unterhalts in Abzug zu bringen. Die wirtschaftlichen Verhältnisse des Schuldners sind frei zu würdigen. Ist die Selbstständigkeit nicht fortführungswürdig, wird der Betrieb nach Entscheidung der Gläubigerversammlung gem. § 157 InsO oder zuvor gem. § 158 InsO mit Zustimmung des Gläubigerausschusses stillgelegt. Setzt der Insolvenzschuldner widerrechtlich seine Selbstständigkeit fort oder beginnt er ohne Absprache eine neue Tätigkeit, so entstehen keine Masseverbindlichkeiten.

Der Insolvenzverwalter kann aber auch gem. § 35 Abs. 2 Satz 1 InsO die **Freigabe**   63
der selbstständigen Tätigkeit erklären, **sog. Negativerklärung.** Ansprüche von Gläubigern, die aus der selbstständigen Tätigkeit des Schuldners herrühren, können nicht

---

29 BGH, FamRZ 2009, 1486; BGH, FamRZ 2010, 460.

im laufenden Insolvenzverfahren geltend gemacht werden. Bei solchen Gläubigern handelt es sich um Neugläubiger. Sie können sich nur an das insolvenzfreie Vermögen des Schuldners halten. Weiter ergibt sich die Rechtsfolge, dass das Vermögen, das aus der selbstständigen Tätigkeit erzielt wird, nicht der Insolvenzmasse zugeordnet wird. Es gehört vielmehr zum insolvenzfreien Vermögen des Schuldners mit der Folge, dass weder Insolvenzgläubiger noch Massegläubiger während des Insolvenzverfahrens auf dieses Vermögen zugreifen können. Von der Freigabewirkung wird nur das aus der selbstständigen Tätigkeit erzielte Vermögen erfasst und nicht das, was der Schuldner aufgrund einer Erbschaft oder Schenkung erwirbt.[30]

▶ **Verfahrenshinweis**

64   Nicht vom **Insolvenzbeschlag** umfasst werden bei Freiberuflerpraxen von Ärzten mit Kassenzulassung die Vertragsarztzulassung und der Vertragsarztsitz. Hierbei handelt es sich um persönliche Rechte, die nicht der Zwangsvollstreckung unterliegen und damit nicht in die Insolvenzmasse fallen. Der Gesellschaftsanteil an einer ärztlichen Gemeinschaftspraxis zählt hingegen zur Insolvenzmasse. Im Fall der Unterhaltspflicht eines selbstständigen Arztes ist der BGH der Ansicht, dass nach Eröffnung des Verbraucherinsolvenzverfahrens dem Schuldner ein weiterer Teil seiner Honoraransprüche belassen werden muss, um seinen notwendigen Lebensunterhalt neben den geschuldeten Unterhaltsleistungen und Bedürfnissen persönlicher und beruflicher Art sicher zu stellen.[31]

9. Besonderheiten im Verfahren – Unterbrechung

65   Ein **anhängiger Unterhaltsprozess** wird nur hinsichtlich der bis zur Insolvenzeröffnung fälligen Ansprüche unterbrochen, obwohl grds. ein Verfahren einheitlich unterbrochen wird, wenn nur Teile des Streitgegenstandes die Masse betreffen.[32] Für die Ansprüche danach, auch für die im Monat der Eröffnung fälligen Ansprüche, wird der Prozess nicht unterbrochen. Über **künftigen Unterhalt** kann durch Teilurteil entschieden werden. Gleiches gilt für das Kostenfestsetzungsverfahren als selbstständiges Verfahren.[33]

▶ **Beispiel**

66   Das Insolvenzverfahren über das Vermögen des Unterhaltsschuldners M ist am 01.04.2017 eröffnet worden.

Lösung

Da der Unterhalt monatlich im Voraus zu erfüllen ist, gehören die Unterhaltsansprüche der Altgläubiger bis einschließlich April 2017 zur Insolvenzmasse.

---

30   Hierzu auch näher *Janlewing* Rn. 163.
31   FA-FamR/*Perleberg-Kölbel* Kap. 18 Rn. 368 ff.
32   OLG Celle, FamRZ 2005, 1746.
33   OLG Köln, FamRZ 2012, 1669 m.H.a. BGH, FamRZ 2008, 1749 und FamRZ 2005, 1535.

Insoweit wird das Verfahren gem. § 240 ZPO unterbrochen. Die Ansprüche ab Mai 2017 sind Unterhaltsansprüche von Neugläubigern.

Ob ein **Verfahrenskostenhilfeverfahren** durch den Eintritt der Insolvenz unterbrochen wird, ist umstritten. Einerseits wird die Ansicht vertreten, dass ein Verfahrenskostenhilfeverfahren unterbrochen wird. Der Antragsteller sei persönlich nicht mehr prozessführungsbefugt und die Insolvenzmasse nicht wirksam vertreten.[34] Eine andere Ansicht will im Verfahrenskostenhilfeverfahren **keine Unterbrechung** stattfinden lassen.[35] Dieser Ansicht wird zugestimmt. Das Verfahrenskostenhilfeverfahren ist vom Hauptsacheverfahren völlig unabhängig. Es setzt weder voraus, dass die Hauptsache bereits anhängig ist, noch dass sie jemals anhängig gemacht wird.[36] Sinn und Zweck des § 240 ZPO ist die Einräumung einer Überlegungsfrist für den Insolvenzverwalter. Er kann den Rechtsstreit aufnehmen oder nicht. Da es sich hier nicht um ein rechtshängiges Verfahren handelt, bedarf der Insolvenzverwalter auch keiner Überlegungsfrist.[37] Es findet ferner keine Unterbrechung statt im Zwangsvollstreckungsverfahren[38] sowie im Verfahren nach § 888 ZPO.[39]

Auskunft- und Belegverpflichtung   68

Wenn die Insolvenzeröffnung in einen auskunftsrelevanten Zeitraum fällt, wird danach unterschieden, ob die Ansprüche zur Auskunft und Rechnungserteilung als Nebenforderung einer Insolvenzforderung oder aus einer Masseforderung resultieren.[40] Folgt der Anspruch als Nebenrecht aus einer Insolvenzforderung oder aus einer Masseforderung, muss der Insolvenzverwalter den Anspruch erfüllen. Sonst ist der Anspruch gegen den Schuldner persönlich zu richten.[41]

67

---

34 Zöller/*Philippi* ZPO § 118 Rn. 15; OLG Köln, MDR 2003, 526; BFH, 27.09.2006, BFHE 214, 293 = ZIP 2006, 2333.
35 BGH, NZI 2006, 543; BGH, NJW 1966, 1126; OLG Dresden, ZIP 1997, 730; OLG Stuttgart, ZInsO 2010, 446.
36 OLGR Stuttgart 2004, 313; OLGR Zweibrücken 2005, 414.
37 KG, FamRZ 2008, 286.
38 BGH, NJW 2007, 3132.
39 OLG Naumburg, FamRZ 2008, 620; zum Ruhen des Verfahrens und zur Aussetzung eines Rechtsstreits nach Aufhebung des Insolvenzverfahrens vgl. *Ganter* NZI 2011, 233 ff.
40 *Janlewing* Rn. 115 ff.
41 BG Ahrens in Ahrens/Gehrlein/Ringstmeier/*Ahrens* InsO, § 38 Rn. 22.

C. Unterhaltsverfahren: Liste anzufordernder und relevanter Unterlagen

1 §§ 235 Abs. 2, 243 FamFG machen den langwierigen und mühsamen Auskunftsantrag obsolet. Das Gericht hat auf Antrag zur Vorlage der folgenden Unterlagen für mindestens drei, besser fünf Jahre, aufzufordern:
- Einkommensteuerberechnungen der Steuerberatung/Wirtschaftsprüfung
- Einkommensteuererklärungen (Mantelbogen nebst allen Anlagen)
- Einkommensteuerbescheide (auch die geänderten)
- Betriebsprüfungsberichte
- Prüfberichte bei den der Pflichtprüfung nach § 267 HGB unterliegenden Unternehmen
- Handelsbilanzen (nebst Erläuterungsberichten)
- Steuerbilanzen (nebst Erläuterungsberichten)
- Konsolidierte Abschlüsse verbundener Unternehmen, u.a. bei Betriebsaufspaltung
- Gewinn- und Verlustrechnungen (nebst Erläuterungsberichten)
- Anhänge zu den Jahresabschlüssen bei Körperschaften nach § 264 HGB
- Lageberichte
- Kontennachweise zur G u V
- Handelsbücher gem. § 258 HGB
- Hauptabschlussberichte
- Gesellschaftsverträge/Gewinnregelungen
- Gewinn-/Verlustverwendungsbeschlüsse
- Gewinnfeststellungsbescheide nach § 179 Abs. 2 AO bei Personengesellschaften
- Handelsregisterauszüge
- Liste der Gesellschafter
- Geschäftsführerverträge mit allen Änderungen (nebst Gehaltskonten, Pensionsverträgen, Verträgen über Dienstwagen)
- Körperschaftsteuerberechnungen der Steuerberatung/Wirtschaftsprüfung
- Körperschaftsteuererklärungen
- Körperschaftsteuerbescheide
- Auflistung der Ergebnisminderungen durch die Ausübung von Bilanzierungs- und Bewertungswahlrechten
- Übersicht über die Entwicklung und Auflösung von Rückstellungen
- Auflistung von verfallbaren und unverfallbaren Anwartschaften bei Pensionsrückstellungen inkl. der versicherungsmathematischen Berechnungen (nach Richttafel 2005G Heubeck)
- EÜR nach § 4 Abs. 3 EStG (mit Kontennachweisen)
- Auflistung der Ergebnisminderungen durch Sonder-AfA, erhöhte, außerplanmäßige und degressive AfA
- Auflistung Schuldzinsen mit Begründung für Betriebsbedingtheit
- Fahrtenbuch
- Telefonlisten
- Liste für Geschenke mit Adressaten

- Auflistung von außerordentlichen, betriebsfremden und periodenfremden Aufwendungen und Erträgen
- Umsatzsteuererklärungen
- Jahresumsatzsteuerbescheide
- Betriebswirtschaftliche Auswertungen
- Summen- und Saldenlisten zum Abschlussstichtag
- Umbuchungslisten
- Sachkonten (vereinzelt/vollständig)
- Anlagenverzeichnisse
- Kontoauszüge des Finanzamts über Einkommensteuerzahlungen und -erstattungen
- Jahresbescheinigungen über Kapitalerträge und Veräußerungsgewinne nach § 24c EStG bis 2008, ab 2009 Einzeldokumentationen über diese Erträge

Im Insolvenzfall: 2
- Gutachten nach § 22 Abs. 1 Satz 2 Nr. 3 InsO
- Überschuldungsbilanzen
- Berichte des Insolvenzverwalters nach §§ 79, 156 Abs. 1, 197 InsO

▶ **Aufforderungsschreiben zur Auskunft und Vorlage von Belegen[1]**

Sehr geehrte/r Frau/Herr (…),   3

hiermit zeige ich die Vertretung des/der (…) an. Eine auf mich lautende Vollmacht füge ich bei.

Ich bin beauftragt worden, (…).

Zur Überprüfung/Berechnung der meiner Mandantschaft zustehenden Unterhaltsansprüche bitte ich Sie, mir spätestens bis zum (…) Auskunft über Ihre Einkünfte in dem Betrachtungszeitraum vom (…) bis (…) sowie über Ihr aktuelles Vermögen durch Vorlage geordneter Verzeichnisse zu erteilen und diese Auskünfte zu belegen.

Für den relevanten Zeitraum sind die Einkünfte insbesondere nachzuweisen durch die Einkommensteuerbescheide, die dazu ergangenen Vorauszahlungs-, Vorauszahlungsanpassungs- und Erstattungsbescheide zuzüglich einer Aufstellung über geleistete Steuerzahlungen (einschließlich etwaiger Nachzahlungen und Vorauszahlungen und erhaltener Steuererstattungen) und die Einkommensteuererklärungen wie Mantelbogen nebst allen Anlagen hierzu, wie z.B. für VAZ 2015.
- Anlage N (Nichtselbstständige Arbeit)
  nebst Verdienstabrechnungen, Arbeits- oder (Geschäftsführer-/Vorstands-) Dienstvertrag einschließlich aller Anlagen, Ergänzungs- und/oder Änderungsvereinbarungen
- Anlage G (Gewerbebetrieb)
  für alle Einzelunternehmen:
  - Einnahmenüberschuss-Rechnung
  oder
  - Jahresabschlüsse, bestehend aus Bilanz nebst Gewinn- und Verlustrechnung, zusätzlich:

---

1 Muster aus *Perleberg-Kölbel* in: Meyer-Götz Familienrecht.

- Summen- und Saldenlisten und
- Sachkonten.

Bei Beteiligungen an einer Personengesellschaft:
- Erklärungen und Bescheide über die einheitliche und gesonderte Gewinnfeststellung nebst Ermittlung des Unterschiedsbetrages zwischen etwaigen Sonderbetriebseinnahmen- und Ausgaben (Anlage zur Erklärung über die einheitliche und gesonderte Gewinnfeststellung),
- Einnahmenüberschuss-Rechnung

oder
- Jahresabschlüsse der Gesellschaft, bestehend aus Bilanz nebst Gewinn- und Verlustrechnung,

zusätzlich:
- Summen- und Saldenlisten und
- Sachkonten.
- Anlage S (Selbstständige Arbeit)
- Anlage EÜR (Einnahmen-Überschussrechnung) nebst Anlagenverzeichnis EÜR, Schuldzinsenberechnung EÜR
- Anlage KAP (Kapitalvermögen) (bei Veranlagungsoptionen nach § 32d Abs. 4, 6 EStG)

  Insb., soweit Einkünfte aus Kapitalvermögen infolge einer gesellschaftsrechtlichen Beteiligung erzielt wurden, zusätzlich:
  - Jahresabschlüsse der Gesellschaft(en) bestehend aus Bilanz, Gewinn- und Verlustrechnung, Anhang und Lagebericht,
  - Summen- und Saldenlisten,
  - Sachkonten,
  - Protokolle der Gesellschafterversammlungen,
  - Feststellungs- und Gewinnverwendungsbeschlüsse,
  - Körperschaftsteuerbescheide und Körperschaftsteuererklärungen,
  - Gliederung des verwendbaren Eigenkapitals.
- Anlage L nebst weiterer Anlage Forstwirtschaft (Land- und Forstwirtschaft)
- Anlage Forstwirtschaft (für tarifbegünstigte Einkünfte aus Holznutzung)
- Anlage V (Vermietung und Verpachtung) nebst allen zugrundeliegenden Aufstellungen der Einnahmen und der Werbungskosten
- Anlage SO (Sonstige Einkünfte)
- Anlage FW (Förderung des Wohneigentums)
- Anlage U (Antrag auf Abzug von Unterhaltsleistungen als Sonderausgaben)
- Anlage Unterhalt
- Anlage AUS (Ausländische Einkünfte und Steuern)
- Anlage N-AUS (Ausländische Einkünfte aus nichtselbstständiger Arbeit)
- Anlage R (Renten und andere Leistungen)
- Anlage AV (Altersvorsorgebeiträge als Sonderausgaben nach § 10a EStG)
- Anlage VL (Bescheinigung vermögenswirksamer Leistungen)
- Anlage Vorsorgeaufwand (Angaben zu Vorsorgeaufwendungen und zu Altersvorsorgebeiträgen)
- Anlage K (Zustimmung zur Übertragung von Kinderfreibeträgen und Freibeträgen für Betreuungs- und Erziehungs- oder Ausbildungsbedarf)
- Anlage Kind
- Anlage Weinbau
- Anlage zur Begünstigung des nicht entnommenen Gewinns (§ 34a EStG)

- Anlage Zinsschranke
- Anlage N-Gre: Anlage N (nichtselbstständige Arbeit) für Grenzgänger
- GewSt 1 A Erklärung zur gesonderten Feststellung des Gewerbeverlustes und zur gesonderten Feststellung des Zuwendungsvortrags
- Anlage EMU Anlage zur Gewerbesteuererklärung (GewSt 1 A)
- Anlage ÖHG Anlage zur Gewerbesteuererklärung (GewSt 1 A) – Spartentrennung – für Unternehmen i.S.d. § 7 Satz 5 GewStG
- GewSt 1 D Erklärung für die Zerlegung des Gewerbesteuermessbetrags
- GewSt 1 D Ergänzung Ergänzungsblatt zur GewSt 1 D 2013

Ferner bitte ich um Übersendung folgender Unterlagen:
- Steuerbescheinigungen der Kreditinstitute nach amtlich vorgeschriebenem Muster nach § 32d EStG (für Kapitalerträge ab VAZ 2009);
- Jahresbescheinigungen über Kapitalerträge und Veräußerungsgewinne nach § 24c EStG bis 2008, ab 2009 Einzeldokumentationen über diese Erträge (Steuerbescheinigungen für alle Privatkonten und/oder Depots über Höhe der Kapitalerträge sowie Verlustbescheinigung i.S.d. § 43a Abs. 3 Satz 4 EStG für alle Privatkonten und/oder Depots usw.

[Grußformel, Rechtsanwalt]

▶ **Verfahrenshinweis**

Oftmals verweigern Finanzbehörden die Auskünfte in Unkenntnis des Unterhalts- **4** rechts.

Mit ihrer Einbeziehung in den Kreis der auskunftspflichtigen Dritten stellt das Gesetz aber das Steuergeheimnis gegenüber dem Aufklärungsinteresse im Unterhaltsverfahren hintenan, und zwar in allen Fällen gesetzlicher Unterhaltspflicht. Vom Finanzamt ist daher Auskunft zu erteilen über alle Positionen, die die Leistungsfähigkeit des Unterhaltsschuldners beeinträchtigen. Denn das Gericht kann den Anspruch nur feststellen und ggf. konkret berechnen, wenn vollständige Informationen erteilt werden. Zweck der Vorschrift der §§ 235, 236 FamFG ist, eine umfassende und sachlich korrekte Klärung der Unterhaltsansprüche zu ermöglichen. Das öffentliche Interesse daran, dass der Steuerpflichtige ggü. den Finanzbehörden alle für die Besteuerung erheblichen Umstände wahrheitsgemäß und umfassend offenbart, damit keine Steuerausfälle eintreten, wird dadurch nicht stärker beeinträchtigt als bisher, da der Pflichtige damit rechnen muss, dass das Finanzamt Auskünfte erteilt[2].

Das Gesetz spricht in § 235 Abs. 1 FamFG von »bestimmten Belegen«, die vorzulegen **5** sind. Unerlässlich sind bekanntlich beim Selbstständigen Gewinnermittlungsunterlagen (Bilanzen mit Summen- und Saldenlisten, Gewinn- und Verlustrechnungen bzw.

---

2 Johannsen/Henrich/*Maier* BGB, § 236 Rn. 9.

Gewinnermittlungen nach § 4 Abs. 3 EStG, Einkommensteuererklärungen, Einkommensteuerbescheide usw.[3]

6   Das jeweilige Finanzamt ist somit verpflichtet, der gerichtlichen Anordnung Folge zu leisten. Es muss die verlangten Auskünfte erteilen und die geforderten Belege vorlegen. Wegen des Vorrangs des Unterhaltsinteresses dem Gericht gegenüber kann es sich nicht auf das Steuergeheimnis berufen. Bei einer Nichtbefolgung sollte die übergeordnete Behörde eingeschaltet werden.[4]

---

3   So auch *Kodal* in: Bork/Jacoby/Schwab: FamFG, 2. Auflage 2013, § 235 Rn. 11; § 236 Rn. 8; *Roßmann* in: Kleffmann/Soyka Praxishandbuch Unterhaltsrecht, Kap. 11 Rn. 121.
4   SBW/*Klein* § 236 Rn. 3 und 5.

D. Unternehmensbewertung im Zugewinnausgleichsverfahren

I. Rechtsfragen oder Tatfragen/Bewertungsanlässe

1 »Heute kennt man von allem den Preis, von nichts den Wert« – Oscar Wilde: Lady Windermeres Fächer III

»Price is what you pay! Value is what you get!« – Spruch aus der angelsächsischen Bewertungslehre

»Die Unternehmensbewertung ist keine exakte Wissenschaft; sie ist ein von vielen Parametern, Unsicherheiten, Fiktionen und Wertung versehener Denkweg, also Jurisprudenz (= Rechtsklugheit) im besten Sinne.« [1]

»Bei der Unternehmensbewertung stößt der Jurist, wieder einmal, an seine Grenzen.« – *Schwab* Handbuch des Scheidungsrechts

2 Rechtlicher Anknüpfungspunkt für die Unternehmensbewertung ist eine gerichtliche Entscheidung oder ein Übertragungsvorgang. Wegen ihrer instanzrechtlichen Konsequenzen[2] gewinnt der Unterschied zwischen den zu entscheidenden Rechtsfragen und den Tatsachenfeststellungen immer mehr an Bedeutung. Sowohl die Rechtsanwendung nach Art. 92 Alt. 1 GG als auch die Tatsachenfeststellungen nach §§ 286, 287 ZPO sind allein dem Gericht übertragen. Während Rechtsfragen unbeschränkt überprüfbar sind, können Tatsachenfeststellungen nur dann überprüft werden, wenn

---

1 *Großfeld/Egger/Tönnes* Rn. 27.
2 *Kuckenburg* FuR 2011, 512.

sie widersprüchlich sind, Denkgesetzen oder allgemeinen Erfahrungssätzen widersprechen oder wenn sie Teile des Bewertungsergebnisses ungewürdigt lassen.[3]

Die zu entscheidende Rechtsfrage[4] ist die Bewertung des Unternehmens. Tatfrage, **3** und deshalb vom Tatrichter modifizierbar, sind dagegen die Auswahl der Bewertungsmethode und die Ermittlung der Parameter der Bewertung, insb. die Prognose der Erträge des Unternehmens und der Kapitalisierungszins.[5]

Der Anlass der Bewertung ist ein juristischer. Die Bewertungsmethoden stammen **4** aber aus dem Wissenschaftsgebiet der Betriebswirtschaftslehre oder stellen vereinfachte Preisfindungen ohne verifizierbare Grundlagen dar.

Die folgenden Ausführungen werden die Unternehmensbewertung zwar darstellen; es dem Juristen jedoch nicht ermöglichen, selbst Unternehmensbewertungen vorzunehmen. Er wird aber in die Lage versetzt, bei der Auswahl der Bewertungsmethode fachkompetent zu beraten und ein Sachverständigengutachten kritisch zu würdigen.

Wenn die Bewertungslehre von der Betriebswirtschaft und dem wirtschaftlichen Prü- **5** fungswesen dominiert wird, sind die Bewertungsanlässe juristisch geprägt.

Die weiteren Darstellungen betreffen alle Arten der Unternehmensbewertungsanlässe.

Die Bewertungsanlässe sind vielfältig: **6**
- Erbfall/Pflichtteilsberechnung/§ 1586b BGB[6]
- Schenkung/vorweggenommene Erbfolge
- Ehescheidung
- Kauf/Verkauf von Betrieben/Unternehmens- und Unternehmensanteilsveräußerung (§ 138 Abs. 2 BGB bei Überschreitung des doppelten Verkehrswerts[7]; Sachmängelhaftung/Minderung, §§ 437 Abs. 2, 441 BGB[8]
- Genehmigung nach §§ 1 und 2 GrdStVG für Veräußerung von lw & fw GrdSt (auch im Betriebsvermögen); Versagung bei groben Missverhältnis von Kaufpreis und Verkehrswert um mehr als 50 % [9]

---

3 BGH, FamRZ 1995, 1270; BGH, FuR 2002, 501, 503; insb. auch zur Unternehmensbewertung BGH, NJW 1999, 781, 787 = FamRZ 1999, 361, 364; BGH, FamRZ 2005, 99, 100; BGH, 2011, 622 = NJW 2011, 999 = FuR 2011, 281; BGH, FamRZ 2011, 1367 = BGHZ 188, 249 = AnwBl 2011, 778 = BRAK-Mitt 2011, 252 = DStR 2011, 1683–1684 = FamRB 2011, 265 = FF 2011, 368–373 = MDR 2011, 1042–1043 = NJW 2011, 2572–2577 = NotBZ 2011, 392–393 = ZEV 2011, 527–528; BGH, FamRZ 2011, 1367 = FuR 2012, 29.
4 *Großfeld/Egger/Tönnes* Rn. 158, 163, 168 f, 262.
5 BGH, Beschl. v. 13.04.2016 – XII ZB 578/14, NZFam 2016, 561; nach dieser Entscheidung ist auch dann ein Teilantrag im Zugewinn möglich, wenn der mit dem Teilantrag geltend gemachte Betrag bereits unstreitig ist.
6 *Piltz* S. 56 ff.
7 BGH, NJW 2014, 1652; *Piltz* S. 82 und 84.
8 Staudinger/*Matusche-Beckmann* § 441 Rn. 19; *Piltz* S. 82.
9 BGH, NJW-RR 2001, 1021; *Piltz* S. 82 f.

- BVVG-Verkäufe; die Bodenverwertungs- und -verwaltungs-GmbH veräußert landwirtschaftliche Nutzflächen der Treuhandanstalt nicht unter dem Marktwert
- Beherrschungs- und Gewinnabführungsvertrag (§ 305 AktG)[10]
- Rechtsformwechsel (§§ 190 Abs. 1, 207 UmwG[11]
- Verschmelzung (§ 29 UmwG)[12]
- Spaltung (§ 123 UmwG)[13]
- Squeeze Out/Ausschluss von Minderheitsaktionären (§ 327a AktG)[14]
- Delisting (§ 38 Abs. 4 Satz 2 BörsG)[15]
- Übernahmeangebot (§ 31 WpÜG)
- Steuerrecht nach BewG, für Ertragsteuer z.b. Veräußerungsgewinne, Erbschaftssteuer gem. § 12 ErbStG und §§ 158–175 BewG, Grundsteuer gem. §§ 2, 48 GrStG, Einheitswert gem. § 48 BewG i.d.F 1974 nach § 12 Abs. 2 HöfeO für Zwecke der Abfindung von Miterben mit den 1,5-fachen des zuletzt festgesetzten Einheitswerts[16]
- Enteignung/öffentliches Recht nach BauGB, LandbeschaffungsG und Enteignungsgesetzen der Länder etc. oft nach Entschädigungsrichtlinien LW, LandR 78, Neuregelung als Entwurf LandR 14 in Planung;[17] Natur- und Wasserschutzmaßnahmen stellen Sozialbindung dar, kennen aber einen »Ausgleich« in Geld oder anderer Maßnahmen[18]
- Beleihung, § 16 PfandbriefG, § 3 Beleihungswertermittlungsverordnung, Basel II[19]
- Kostenrecht (§ 3 GNotKG, Grundsatz der **Verfahrenswertwahrheit** nach den §§ 43, 56 FamGKG,[20]
- Strafrecht, § 266 StGB (Beschlüsse des BVerfG v. 23.06.2010 verlangen die Feststellung eines bezifferten Vermögensnachteils)

7 Hauptanwendungsbereich der Unternehmensbewertung ist das **Gesellschaftsrecht**. Bewertungen sind hier beim **Ausscheiden von Gesellschaftern** zur Ermittlung der Abfindung erforderlich.

8 Zudem gibt es diverse Bewertungsanlässe aus den **aktien- und umwandlungsrechtlichen Vorschriften zum Schutz von Minderheitsaktionären** für bestimmte gesellschaftsrechtliche Umstrukturierungen:

---

10 Klein/*Kuckenburg* FamVermR Kap. 2 Rn. 1437.
11 Klein/*Kuckenburg* FamVermR Kap. 2 Rn.1437.
12 Klein/*Kuckenburg* FamVermR Kap. 2 Rn. 1437.
13 Klein/*Kuckenburg* FamVermR Kap. 2 Rn. 1437.
14 Klein/*Kuckenburg* FamVermR Kap. 2 Rn. 1437.
15 BGH, ZIP 2003, 387.
16 *Piltz* S. 92 ff; Klein/*Kuckenburg* FamVermR Kap. 2 Rn. 1438.
17 *Piltz* S. 87; Klein/*Kuckenburg* FamVermR Kap. 2 Rn. 1438.
18 MüKo-BGB/*Ernst* vor § 903 Rn. 114; *Köhne* S. 338; *Piltz* S. 87 f.
19 *Piltz* S. 88 f.
20 OLG Brandenburg, Beschl. v. 04.08.2014 – 15 WF 83/14, FF 2015, 80, wenn streitige Wertangaben der Beteiligten keine hinreichende Grundlage für die Wertermittlung bilden.

1. Beherrschungs- und Gewinnabführungsvertrag (§ 305 AktG)

Die **Aktie** vermittelt nicht nur eine Beteiligung am Unternehmenswert. Sie ist selbst **9** verkehrsfähig. Der Wert ist nicht allein der Börsenkurs; dieser ist aber zu berücksichtigen[21]. Ausgangspunkt ist der § 305 AktG; dabei ist auszugehen vom Gesamtwert des Unternehmens (arg. § 304 Abs. 2 Satz 1 AktG), wobei dessen Verhältnisse zu berücksichtigen sind (§ 305 Abs. 3 Satz 2 AktG).[22]

Beim Abschluss eines **Beherrschungs- und Gewinnabführungsvertrags** ist ein ange- **10** messener Ausgleich (§ 304 Abs. 1 Satz 1 AktG) zu gewähren oder eine angemessene Abfindung (§ 305 Abs. 1 AktG) zu zahlen. Schuldner ist nicht die beherrschte Gesellschaft, sondern der andere Vertragsteil.[23] Anzusetzen ist »mindestens« der Betrag, der voraussichtlich als durchschnittlicher Gewinnanteil auf die einzelne Aktie verteilt werden könnte (§ 304 Abs. 2 Satz 1 AktG).

Den für die Barabfindung ermittelten Ertragswert nach Steuern rechnet man sodann **11** um eine ewige Dividende mit dem Kapitalisierungszinssatz vor Steuern. Daraus folgt die grds. Gleichwertigkeit von Anspruch und Abfindung.[24]

2. Rechtsformwechsel (§§ 190 Abs. 1, 207 UmwG)

Durch **Umwandlung** kann ein Rechtsträger eine andere Rechtsform annehmen **12** (§ 190 Abs. 1 UmwG). Dann kann es zu einer Zuzahlung (§ 196 UmwG) oder einer Barabfindung (§§ 207 f., 212 UmwG) kommen.

3. Verschmelzung (§ 29 UmwG)

Bei der **Verschmelzung** werden Verschmelzung durch Aufnahme (§§ 4–35 UmwG) **13** und Verschmelzung durch Neugründung (§§ 36–38 UmwG) unterschieden. Diese Maßnahmen machen eine Bewertung der Gesellschaften erforderlich.

4. Spaltung (§ 123 UmwG)

Ein übertragener Rechtsträger kann sein Vermögen aufgespalten, indem er es auf einen **14** anderen übernehmenden Rechtsträger überträgt. Die Aktieninhaber des übertragenen Rechtsträgers erhalten dann Anteile des übernehmenden Rechtsträgers (§ 123 UmwG).

5. Eingliederung (§ 5 Abs. 4, 9 Abs. 1, 56 GmbHG; §§ 27, 36a, 183, 255 Abs. 2, 320 AktG)

Eine Gesellschaft, insbesondere Aktiengesellschaft, kann sich in eine andere Gesell- **15** schaft eingliedern, wenn diese anderen 95 % oder mehr der Aktien/Anteile der einzugliedern Gesellschaft gehören. Mit der **Eingliederung** gehen alle Aktien auf die

---

21 IDW S1, Tz. 15, 142; OLG Stuttgart, Beschl. v 14.02.2008 – 29 W 9/06.
22 *Großfeld/Egger/Tönnes* Rn. 53.
23 *Großfeld/Egger/Tönnes* Rn. 82 ff.
24 *Großfeld/Egger/Tönnes* Rn. 82 m.w.N.

Hauptgesellschaft über, die eingegliederte Gesellschaft geht in die Hauptgesellschaft auf. Die ausgeschiedenen Aktionäre können eine angemessene Abfindung den Aktien der Hauptgesellschaft verlangen, unter Umständen können sie eine angemessene Barabfindung wählen.[25]

6. Ausschluss von Minderheitsaktionären (squeeze out, § 327a AktG)[26]

16 Gehören 95 % der Aktien einem Hauptaktionär, kann die Hauptversammlung beschließen, die Aktien der Minderheitsaktionäre auf den Hauptaktionär zu übertragen»gegen Gewährung einer angemessenen Barabfindung«, § 327a Abs. 1 AktG). Es wird dann von einem aktienrechtlichen»**squeeze out**« (Herausdrängen) gesprochen.

7. Sog. Delisting[27]

17 Die Aktiengesellschaft kann sich von der Börse zurückziehen und damit vom öffentlichen Kapitalmarkt. Die Aktien sind dann schwerer handelbar und verlieren eventuell an Wert. Das **Delisting** darf nicht dem Schutz der Anleger widersprechen (§ 38 Abs. 4 Satz 2 BörsG), weshalb eine angemessene Barabfindung analog § 207 UmwG zu zahlen ist.

18 Besonderheiten der Unternehmensbewertung im **familienrechtlichen Verfahren** werden nachfolgend dargestellt und hervorgehoben. Sie betreffen alle Unternehmensbewertungen, unabhängig von ihrem Bewertungsanlass.

II. Auswahl der Bewertungsmethode

19 Da das Gesetz, außer bei der Bewertung von landwirtschaftlichen Betrieben[28] (§ 1376 Abs. 4 BGB; Ertragswertbewertung), keine Regelungen für eine Bewertung von Unternehmen kennt, hat die Auswahl der Bewertungsmethode durch den sachverständig beratenen Tatrichter zu erfolgen. Dieser muss dem Sachverständigen mit seiner Beauftragung infolge des Beweisbeschlusses die Bewertungsmethode vorgeben. Dabei soll und sollte er sich zuvor sachverständiger Hilfe[29] bedienen, weil ihm regelmäßig die eigene Sachkunde zu den Unternehmensbewertungsmethoden fehlt. Da die Bewertungsmethoden aus der wissenschaftlichen Disziplin der Betriebswirtschaftslehre stammen, ist eine Bewertung ohne Sachverständigenhilfe praktisch unmöglich. Die Auswahlentscheidung des Tatrichters kann vom Instanzgericht nur darauf überprüft werden, ob sie gegen Denkgesetze und Erfahrungssätze verstößt oder sonst auf rechtsfehlerhaften Erwägungen[30] beruht. Insb. darf sie, wie häufig, nicht gänzlich fehlen, indem die Auswahl konkludent dem Sachverständigen überlassen wird.

---

25 *Großfeld/Egger/Tönnes* Rn. 94f.
26 *Großfeld/Egger/Tönnes* Rn. 93.
27 BGH, ZIP 2003, 387.
28 Klein/*Kuckenburg* FamVermR Kap. 2 Rn. 1628 ff.
29 *Burschel* FamRB 2011, 134; siehe Rdn. 26.
30 BGH, FamRZ 1999, 361.

III. Der Wert nach § 1376 BGB

Das Gesetz trifft keine Regelung, **wie** Vermögenswerte zu bewerten sind. Der unbe-   20
stimmte Rechtsbegriff des »Wertes« nach § 1376 BGB ist von der Rspr. mit seiner
Ausnahme in § 1376 Abs. 4 BGB zu konkretisieren.[31] Teilweise wird deshalb dieser
Vorschrift rechtstechnisch keine eigene Bedeutung zugemessen.[32]

Die kongruenten Formulierungen und der Aufbau des § 1376 Abs. 1 und des Abs. 2   21
BGB lassen in grammatikalischer Auslegung jedoch den gesetzgeberischen Willen
erkennen, dass das Anfangs- und Endvermögen in gleicher Weise zu bewerten ist.

Daraus folgt der **Grundsatz der Bewertungskongruenz**[33] der Bewertungskongruenz   22
von Anfangs- und Endvermögen.

Erfolgt z.B. eine Unternehmensbewertung im Endvermögen mit einem Stichtag im   23
Jahr 2011 und eine Bewertung im Anfangsvermögen mit einem Stichtag z.B. in 1975,
haben beide Bewertungen nach den **heute geltenden anerkannten Regeln** der Bewertungslehre zu erfolgen. Die Bewertung im Anfangsvermögen hat deshalb nicht nach
den seinerzeit üblichen und heute völlig überholten Kombinationsmethoden stattzufinden.[34] Wenn die Rspr. des BGH[35] zum strengen Stichtagsprinzip (die latente Steuerbelastung wird individuell nach den zum Stichtag geltenden Steuerregeln ermittelt!)
Rechnung getragen werden soll, können u.E. alternativ die Methoden des Vergangen-
heitsstichtags zur Anwendung gebracht werden.

Letztlich hat die Bewertung unter Berücksichtigung der **latenten Steuerlast** für den   24
Fall der tatsächlichen Veräußerung bzw. eines Schenkungs- oder Erbvorgangs zu erfolgen, was unten noch ausführlich dargestellt wird.[36]

Neben dem Gesetz hilft grds. auch die höchstrichterliche Rspr. zur **Auswahl der**   25
Bewertungsmethode bei der Beantwortung der Frage, wie die Werte von Vermögensgegenständen im familienrechtlichen Verfahren zu bewerten sind, nicht wirklich
weiter.

---

31 Klein/*Kuckenburg* FamVermR Kap. 2 Rn. 1409 ff.
32 FAKomm-FamR/*Weinreich* § 1376 BGB Rn. 1.
33 WP Handbuch II 2014, A, Rn. 541; IDW, S. 13, IDW, FN 2016, 574 ff. Rn. 22 f.; *Ihlau/
    Kohl* WPg 2017, 397 398; Klein/*Kuckenburg* FamVermR Kap. 2 Rn. 1412.
34 HFA 2/1995, Hauptfachausschuss des IDW »Zur Unternehmensbewertung im Familien-
    und Erbrecht«, II, 2.; LG Bremen, AG 2003, 215; OLG Celle, AG 2007, 866; *Großfeld/
    Egger/Tönnes* Rn. 242, 364; krit. *Ruthardt/Hachmeister* WPg 2011, 351 ff. mit Rechtspre-
    chungshinweisen; OLG Düsseldorf, ZIP 2017, 1157; *Popp*, Zum Anwendungszeitraum von
    Bewertungsstandards, WPg 2017, 465 ff. (auch unter Berücksichtigung des früheren kör-
    perschaftssteuerrechtlichen Anrechnungsverfahrens.
35 BGH, FamRZ 2011, 622 und 1367; *Großfeld/Egger/Tönnes* Rn. 269, 364, 242.
36 BGH, FamRZ 2011, 622; BGH, FamRZ 2011, 1367; *Kuckenburg* FuR 2011, 515, 517;
    PWW/*Weinreich* 6. Aufl. 2011, § 1376 Rn. 7; BGH, FamRZ 1989, 1051; OLG Düssel-
    dorf, FamRZ 2008, 516; OLG Dresden, FamRZ 2008, 1857; a.A. *Hoppenz* FamRZ 2006,
    449 ff.

26 Zwar obliegt die Auswahl der Bewertungsmethode dem Tatrichter.[37] Nach ständiger Rspr. ist es seine Aufgabe – sachverständig beraten – die Bewertungsmethode, die im Einzelfall geeignet ist, auszuwählen.[38]

27 Dies ändert aber nichts daran, dass die Wertdefinitionen der Rspr. nur be- und umschreibend bleiben. Danach ist der »volle und wirkliche Wert« zu ermitteln, wobei die Definition deutlich macht, dass dieses nicht der **Verkehrswert** sein muss.[39] Vielmehr können temporäre Wertschwankungen unbeachtlich sein. Wenn vom vollen wirklichen Wert die Rede ist, bedeutet dies grds. den Verkehrswert. Wertermittlungsmethoden des Steuerrechts[40] scheiden daher aus, soweit sie keinen Verkehrswert ermitteln.[41] Auch ein übertriebener »Liebhaberwert« ist unbeachtlich.

28 Der **Familienrichter** sollte infolge seiner Verpflichtung, die sachgerechte Bewertungsmethode zu bestimmen, bereits vor Erlass des Beweisbeschlusses den Sachverständigen hinzuziehen und um dessen Vorschläge zur Bewertung nachsuchen.

29 Der **Anwalt** hingegen hat zur Vermeidung von Beratungsfehlern im Sachvortrag auf die geeignete Bewertungsmethode hinzuweisen bzw. zur Auswahl der Bewertungsmethode durch das Gericht fundiert Stellung zu nehmen.

30 Die folgenden Ausführungen werden dabei eindringlich deutlich machen, dass unterschiedliche Bewertungsmethoden, wegen ihrer Denkmodelle, zu völlig unterschiedlichen Ergebnissen führen![42]

Der Verfahrensbevollmächtigte hat daher die Darlegungs- und Beratungsverpflichtung,[43] auf die für den Mandanten geeignete Bewertungsmethode hinzuwirken.

---

37 BGH, FamRZ 2011, 622 und 1367; *Kuckenburg* FuR 2012, 223, 281; siehe Rdn. 19.

38 BGH, NJW 1999, 781, 787 = FamRZ 1999, 361, 364; BGH, FamRZ 1995, 1270; BGH, FuR 2002, 501, 503; insb. auch zur Unternehmensbewertung, BGH, NJW 1999, 781, 787 = FamRZ 1999, 361, 364; BGH, FamRZ 2005, 99, 100; BGH, FamRZ 2011, 183; BGH, NJW 2011, 999 = FamRZ 2011, 622, Rn. 16; Rspr.-Übersicht *Hachmeister-Ruthardt-Lapenius* WPg 2011, 519 ff.; BGH, FamRZ 2011, 622 und 1367; BGH, FamRZ 2014, 98, Rn. 34; *Kuckenburg* FuR 2012, 222, 278.

39 BGH in ständiger Rspr. z.B. BGH, FamRZ 2005, 99, 100; BGI I, FamRZ 2005, 1974, 1976; BGH, FamRZ 1991, 43, 44; BGH, FamRZ 1986, 37, 39; BGH, FamRZ 1986, 776, 779 und insb. auch BVerfG, FamRZ 1985, 256, 260; *Münch* FamRZ 2006, 1164.

40 Wegen der zu hohen Werte aufgrund der steuerrechtlichen Vorschriften der §§ 203 ff. BewG vergleiche Billigkeitserlass beim Kapitalisierungsfaktor mit 13,75 ab dem 01.01.2016 im vereinfachten Ertragswertverfahren: gleichlautende Ländererlasse der obersten Finanzbehörden der Länder vom 11.05.2017, BStBl 2017, I S. 751.

41 *Jonas* Die Bewertung mittelständiger Unternehmen, WPg 2011, 299, 302.

42 Peemöller/*Kunowski*, 4. Aufl., S. 277.

43 BGH, AnwBl 2016, 267 m.w.N.

Im **selbständigen Beweisverfahren** kann der Anwalt die für den Mandanten günstige   31
(aber ggf objektiv unrichtige) Bewertungsmethode vorgeben![44] Dies setzt fundierte
Kenntnisse der geeigneten Bewertungsmethoden voraus.

Gericht und anwaltliche Parteivertreter dürfen sich bei der Auswahl der Bewertungs-   32
methode nach der vorgenannten Rspr. nicht auf eine geeignete Methodenauswahl
durch den Sachverständigen verlassen oder ihm gar die Auswahl der Bewertungsmethode überlassen.

Dies wäre grob rechtsfehlerhaft und erfolgt oftmals inzident durch den allgemeinen   33
Auftrag an den Sachverständigen im Beweisbeschluss, den Vermögensgegenstand zum
Bewertungsstichtag zu bewerten.

Kenntnisse der Bewertungsmethoden und deren Wirkungsweisen sind darüber hinaus   34
dann erforderlich, sobald das Sachverständigengutachten vorliegt.

Nicht vorhandener oder unsachgerechter Vortrag bei der Auswahl der Bewertungs-   35
methode und bei der kritischen Würdigung des Gutachtens durch den anwaltlichen
Parteivertreter führen unweigerlich zu dessen Haftung.[45]

▶ Hinweis

So hat ein Rechtsanwalt sogar dafür gehaftet, die durch den Sachverständigen   36
festgestellten Flächenangaben in einem Gebäudesachverständigengutachten nicht
überprüft und die darin enthaltenen Fehler nicht entdeckt zu haben.[46]

Aber auch das Gericht handelt rechtsfehlerhaft, wenn es die Auswahl der Bewertungs-   37
methode dem Sachverständigen überlässt.[47]

Letztlich »lebt« die Wertermittlung mit dem Problem, dass gerade kein Marktpreis
vorliegt, der herangezogen werden kann und die Bewertung obsolet macht.

»In diesem Punkt stößt der Jurist (wieder einmal) an seine Grenzen.«[48]   38

aber:

»Bewertung ist eine inexakte Wissenschaft, Bewertung ist mehr eine Kunst als eine
Wissenschaft.«[49]

Die folgenden Ausführungen werden diese Grenzen aufheben, dem Juristen jedoch   39
nicht ermöglichen, selbst Unternehmensbewertungen vorzunehmen. Er wird aber in
die Lage versetzt, bei der Auswahl der Bewertungsmethode fachkompetent zu beraten
und ein späteres Sachverständigengutachten kritisch zu würdigen.

---

44 *Kuckenburg* Editorial »Königsweg«, FuR 2016, 609.
45 Klein/*Kuckenburg* FamVermR, Kap. 2 Rn. 1420 f.
46 OLG Düsseldorf, ZFE 2007, 36; BGH, AnwBl 2009, 306.
47 BGH, NJW 1999, 781, 787 = FamRZ 1999, 361, 364; BGH, FamRZ 2005, 99, 100; BGH,
    FamRZ 2005, BGH, FamRZ 1974, 1976; BGH, FamRZ 2011, 183, BGH, FamRZ 2011, 622.
48 Schwab/*Schwab* Kap. VII Rn. 96.
49 *Großfeld/Egger/Tönnes* Rn. 1.

Wenn die Bewertungslehre von der Betriebswirtschaft und dem wirtschaftlichen Prüfungswesen dominiert wird, so sind die Bewertungsanlässe ohnehin juristisch geprägt.

40 Zwar klingt der Begriff der Unternehmensbewertung betriebswirtschaftlich und es handelt sich dabei auch um die sog. »Königsdisziplin«[50] der Betriebswirtschaftslehre. Doch die umfangreiche Rspr. im Zugewinnausgleichsrecht, aber insb. auch zum Aktienrecht zeigt, dass sich die Gerichte der Sache angenommen haben und sich die Jurisprudenz neben die Betriebswirtschaftslehre gestellt hat.

41 Wenn ein objektivierter Unternehmenswert ermittelt wird, so ist dabei die Qualität der Eingangsdaten von ausschlaggebender Bedeutung. Der Wert ist zwar nach betriebswirtschaftlichen Methoden zu berechnen; diese sind aber nicht allein entscheidend. Vielmehr sind die Bewertungsparameter einzufügen in ein bestimmtes Rechtsverhältnis. »Wir müssen uns von der Zahlengläubigkeit lösen und das **Bewertungsrecht als juristisches Fach** etablieren«[51].

42 Die Unternehmensbewertung muss den **Normzweck** erfüllen; es wird vom **Normwert** gesprochen.[52] Sie ist somit ein Begegnungsfach zwischen Wirtschaftswissenschaftlern und Juristen. Zwar gehen Sach- und Rechtsfragen ineinander über, doch es gilt »da mihi facta, dabo tibi ius«.[53]

43 Dabei dürfen sich die Juristen nicht von der betriebswirtschaftlichen Literatur blenden lassen, die zunehmend mit mathematischen Formeln und Angaben (zum Teil von gebührenpflichtigen Datenbanken) glänzen. Die Bewertung darf nicht zum von außen schwer überschaubaren Feld der Betriebswirtschaftslehre mit seiner Finanzmathematik und deren Rechenlogik werden.[54]

44 Zahlen (auf ausgedruckten Excel-Tabellen) beweisen dabei nichts. Sie sind nichtssagende Quantitäten. Zudem vermitteln sie die Fiktion der Nachprüfbarkeit und wirken dabei als vertrauenswürdig. Die Erläuterungen dazu suggerieren mit ihrer »Dompteursprache« den Eindruck von Objektivierung, wobei sie subjektive Wertungen verdecken (Psychologie der Zahlen):

45 Der Eleganz der betriebswirtschaftlich geprägten mathematischen Modelle ist somit mit Vorsicht zu begegnen. Der Unternehmenswert ist nicht genau festlegbar; eine mathematisch genaue Ermittlung auf den Stichtag gibt es nicht. Zahlen sind keine Zukunft[55] und die Gerichtssprache ist »deutsch«, was auch für die Beschreibung der Zahlenwelt gilt.[56]

---

50 *Großfeld/Egger/Tönnes* Rn. 5.
51 *Großfeld/Egger/Tönnes* Rn. 6 ff.
52 BGH, AG 2016, 359; *Großfeld/Egger/Tönnes* Rn. 191, 212, 232, 262, 269, 295, 399, 802.
53 *Großfeld/Egger/Tönnes* Rn. 9.
54 *Großfeld/Egger/Tönnes* Rn. 17 ff.
55 *Großfeld/Egger/Tönnes* Rn. 17 ff.
56 *Großfeld/Egger/Tönnes* Rn. 41.

Die Unternehmensbewertung ist somit keine exakte Wissenschaft; sie ist ein von   46
vielen Parametern, Unsicherheiten, Fiktionen und Wertungen versehener Denkweg,
also Jurisprudenz (= Rechtsklugheit) im besten Sinne.[57]

Die Verfahren dafür sind keine Algorithmen (in sich geschlossene Rechenformeln),   47
sondern Anweisungen zu einer interdisziplinären Diskussion. Letztlich hat das Gericht
die Verpflichtung, den Wert zu schätzen (§ 738 Abs. 2 BGB, § 105 Abs. 3 HGB,
§ 161 Abs. 2 HGB; vgl. auch § 260 Abs. 2 Satz 3 AktG).

Es bleibt dabei: Das Gericht entscheidet zu seiner freien Überzeugung (§ **287 Abs. 2**   48
ZPO, § 260 Abs. 2 Satz 1 AktG, § 17 Abs. 1 SpruchG, § **37 Abs. 1 FamFG**).[58] Diese
Schätzung und damit letztlich die Wertermittlung ist damit **Sache des Gerichts und**
nicht des Gutachters. Die gerichtliche Schätzung des Unternehmenswerts nach § 287
Abs. 2 ZPO analog setzt eine tragfähige Schätzungsgrundlage voraus. Tragfähigkeit ist
in der Regel bereits dann gegeben, wenn die zur Anwendung gebrachten Parameter und
Methoden nach Auffassung des erkennenden Gerichts geeignet und aussagekräftig,
aber gemessen am Bewertungsziel nicht notwendigerweise zugleich bestmöglich sind.[59]

In der angelsächsischen Lehre zur Unternehmensbewertung wird dieses mit einem   49
Merksatz treffend umschrieben:

»Price is what you pay! Value is what you get!«

IV. Wertermittlung: Prinzipien, Kalküle, Methoden

Drei **Wertkalküle** liegen allen Bewertungsmodellen[60] zugrunde: 50
1. Kalkül: Für den Wert eines Vermögensgegenstandes ist allein der Veräußerungserlös maßgeblich, der erzielt werden kann.
2. Kalkül: Für den Wert eines Vermögensgegenstandes ist allein der Betrag maßgeblich, der für die Wiederbeschaffung des gebrauchten Gegenstandes aufzuwenden
   ist.
3. Kalkül: Für den Wert eines Vermögensgegenstandes ist die Höhe des Barwertes der
   Nutzungen ohne Veräußerung maßgeblich.

Hieraus leiten sich drei **elementare Begriffe der Wertermittlung** [61] in der Reihenfolge   51
der v.g. Aufzählung ab:
1. Veräußerung
2. Wiederbeschaffung
3. Ertrag

---

57 *Großfeld/Egger/Tönnes* Rn. 27 ff.
58 *Großfeld/Egger/Tönnes* Rn. 29 ff., 25, 424 ff.
59 OLG Frankfurt am Main, ZIP 2017, S. 974.
60 Ausf. zu Vor- und Nachteilen der relevanten Bewertungsmethoden: Klein/*Kuckenburg*
    FamVermR Kap. 2 Rn. 1427 ff.
61 Klein/*Kuckenburg* FamVermR Kap. 2 Rn. 1420 ff.; *Kuckenburg* Wertermittlungssystem
    und-begriffe im Zugewinn, FuR 2009, 316 f.

52 Tabellarische Systematisierung der Wertbegriffe:

	Wertbegriffe		
Veräußerungswert	Wiederbeschaffungswert		Ertragswert
Verkaufspreis	Anschaffungswert		Nutzungswert
Liquidationswert	Reproduktionswert		
	Substanz- und Sachwert		
Goodwill: immanent	Goodwill: kumulativ		Goodwill: immanent
		Mittelwert	

		Bewertungsmethoden		
Substanzorientierte Verfahren		Marktorientierte Verfahren	Kapitalwertorientierte Verfahren	
Substanzwert	Liquidationswert		Ertragswertverfahren	DCF-Verfahren

1. Veräußerungswert

53 Der zuerst genannte **Veräußerungserlös**, also ein faktischer Marktpreis, liegt, auf den Bewertungsstichtag des Zugewinnausgleichsverfahrens bezogen, praktisch nie vor.

54 Eine Ausnahme bildet der »**stichtagsnahe Veräußerungspreis**«.

55 Im Kontext zum Stichtag des Zugewinnausgleichs findet aber, von wichtigen Ausnahmen abgesehen, keine Veräußerung statt. Dieser Wertansatz ist nur dann von Bedeutung, wenn ein Veräußerungsvorgang wenigstens stichtagsnah stattfindet. Man spricht dann vom **stichtagsnahen Veräußerungspreis**[62], der in der Unternehmensbewertung mit **zwei Jahren** und in der Bewertung von Betriebsgrundstücken nach § 11 Abs. 2 Satz 2 BewG[63] mit **einem Jahr** angenommen wird. Dem ist auch die Rspr. des BGH gefolgt, wobei **das OLG**[64] **Hamburg** einen stichtagsnahen Veräußerungspreis von ca. **drei Jahren** angenommen hat.

---

62 So schon: IDW Fachgutachten »Zur Unternehmensbewertung im Familien- und Erbrecht«, HFA 2/1995, III, 4 und im Erbrecht: BGH, FamRZ 2011, 214 ff.; *Großfeld/Egger/Tönnes* Rn. 280, 283.

63 *Kuckenburg* Grundstücksbewertung im Zugewinnausgleichsverfahren versus im neuen Schenkungs- und Erbschaftssteuerrecht, FuR 2009, 381, 386.

64 OLG Hamburg, FamRZ 2015, 749.

2. Mittelwertverfahren aus Ertrag und Substanz

Die weiter in Betracht kommenden Prämissen der Wiederbeschaffung und des Ertrags **56** gehen, wie die obigen Kalküle zeigen, von völlig unterschiedlichen Bewertungsmodellen aus. Gleichwohl ist häufig in der Vergangenheit immer wieder versucht worden, kombinierende **Mittelwertmethoden**[65] anzuwenden. Allein wegen der unterschiedlichen Bewertungskalküle ist die Anwendung von irgendwelchen Kombinationsmethoden abzulehnen.[66] Substanzwert- und Ertragswertverfahren führen zu höchst unterschiedlichen Ergebnissen.

Auch das »**Stuttgarter Verfahren**«[67] ist ein derartiges Mittelwertverfahren. Es ist von **57** der überkommenen Rspr. in der Vergangenheit häufig angewandt worden.[68]

In der betriebswirtschaftlichen Unternehmensbewertungslehre werden Mittelwert- **58** verfahren wegen ihrer völlig unterschiedlichen Denkmodelle der kombinierten Methoden abgelehnt. Seit Anfang der achtziger Jahre gilt die Anwendung derartiger Verfahren in der betriebswirtschaftlichen Bewertungslehre als **Kunstfehler**. Jede Mittelung von Substanz- und Ertragswert ist ein theoretisch nicht legitimierbares und praktisch außerordentlich gefährliches »Rechenspiel«.[69]

Auch in der **Grundstücksbewertung**[70] ist die Anwendung von Mittelwertverfahren **59** gem. § 8 ImmoWertV unzulässig. Die Anwendung eines Mittelwertverfahrens macht die Unfähigkeit des Bewerters deutlich, sich für ein bestimmtes Kalkül zu entscheiden. Bei der Anwendung eines Mittelwertverfahrens werden »Äpfel und Birnen« verglichen. Es gilt also ein **Aggregationsverbot**.

Die Auswahl der Bewertungsmethode ist deshalb durch das Gericht im Beschluss/ **60** Urteil darzustellen und zu begründen. Praktikabilitätsgesichtspunkte, wie z.B. die Einfachheit der Ermittlung, dürfen keine Rolle spielen, da der »volle und wahre Wert« zu ermitteln ist. Das Mittelwertverfahren ist nicht verifizierbar und verstößt damit gegen Grundsätze der Logik.

Die Rechtsmittelinstanz kann grds. nicht die Auswahl der Bewertungsmethode über- **61** prüfen. Ein Verstoß gegen Denkgesetze führt aber zur Aufhebung von Entscheidungen

---

65 Zur Arbeitsweise der Mittelwertverfahren ausf.: Klein/*Kuckenburg* FamVermR, Kap. 2 Rn. 1580 ff.

66 *Kuckenburg* Wertermittlungssysteme und-begriffe im Zugewinn, FuR 2009, 316, 317.

67 Geregelt in den Erbschaftsteuerrichtlinien R 97 ff. ErbStR 2003, selbst im Steuerrecht überholt durch Schenkung- und Erbschaftsteuerreform 2009, vgl. *Kuckenburg* FuR 2009, 261 und FuR 2009, 381.

68 BGH, FamRZ 1982, 54 m.w.N.

69 *Moxter* S. 56 ff., 61–63: bezeichnet jede Mittelung von Substanz- und Ertragswert als theoretisch nicht legitimierbares und praktisch außerordentlich gefährliches »Rechenspiel«.

70 *Kuckenburg* Immobilienwertermittlungsverordnung 2010, FuR 2010, 593 und 665.

der Tatsacheninstanz.[71] *»Die Mittelwertverfahren sind in der gerichtlichen Praxis ausgestorben.«*[72]

3. Substanzwert

62 Das **Substanzwertverfahren**[73] geht von der Überlegung aus, was aufzuwenden wäre, um einen identischen Vermögenswert, sogar Unternehmen oder auch Grundstücke, zu reproduzieren.

63 Der Sachwert wird über die Summe der Wirtschaftsgüter im Zuge einer Gesamtbewertung unter going-concern-Gesichtspunkten nach Abzug der Verbindlichkeiten ermittelt. Dies geschieht nicht zu Buchwerten.

64 Die Ermittlung des Substanzwerts[74] erfolgt nach folgendem Schema:
Reproduktionswert des betriebsnotwendigen Vermögens
+ Liquidationswerte des nicht betriebsnotwendigen Vermögens
– Schulden bei Fortführung des Unternehmens
= Substanzwert auf Basis von Reproduktionswerten

Der Bewertung liegt also die Vorstellung einer Unternehmensreproduktion zugrunde. Der Wertansatz richtet sich nach dem Betrag, der notwendig wäre, um das Unternehmen »nachzubauen«.

65 **Vorteile des Substanzwertverfahrens:**
– weniger aufwendig als die Ermittlung zukünftiger Ertrags- oder Cashflowgrößen
– dient als Annäherungswert und mögliche Wertuntergrenze
– »konservative« Wertermittlung mit Fokus auf betriebsnotwendiges Vermögen
– Ergebnis ist die Summe der Kosten, die für eine Neuerstellung des Unternehmens notwendig wären

66 **Nachteile des Substanzwertverfahrens:**
– keine Berücksichtigung des zukünftigen Wachstumspotenzials und von Zahlungsströmen
– keine Aussage zur Rentabilität einer möglichen Investition
– aktuelle Marktpreise bei komplexen Unternehmen kaum zu ermitteln
– Ansatz der »Reproduktion« fragwürdig
– vergangenheitsbezogen
– kann weiche Faktoren, die gerade den Goodwill des Unternehmens ausmachen, nicht abbilden

---

71 BGH, FamRZ 2011, 183; BGH, FamRZ 2011, 622 = NJW 2011, 999; NJW 1999, 781, 787 = FamRZ 1999, 361, 364.
72 Peemöller/*Hannes* S. 1391.
73 Einzelheiten zum Substanzwertverfahren: Klein/*Kuckenburg* FamVermR Kap.2 Rn. 1561 ff.
74 Peemöller/*Sieben/Maltry* S. 761 ff.

Die insoweit veraltete Rspr. des BGH[75] verlangt ein Hinzufügen des Geschäftswerts.   67

Dazu ist die Substanzwertmethode aber nicht in der Lage, weil sich die den einzelnen Wirtschaftsgütern innewohnenden stillen Reserven nicht im Goodwill wiederspiegeln.

Die Schwächen des Wiederbeschaffungswertes werden also schon dadurch deutlich,   68 dass dieser den Goodwill nicht immanent ermitteln kann; d.h., der Substanzwert ist nicht in der Lage, den Goodwill, bestehend aus weichen Faktoren wie Firmenwert, Kundenrelationen, Managementfaktoren, Vorteilen bei inneren Abläufen, Kreditwürdigkeit, Marktstellung, Organisation, Bedeutung eingeführter Markenartikel, funktionierendes Distributionsmanagement, Lieferantenrelationen, Standortvorteilen und anderen Wettbewerbsvorteilen, abzubilden.[76]

In der Praxis wird die Substanzwertmethode nicht mehr verwendet, weil niemand ein   69 Unternehmen erwirbt mit dem Anknüpfungspunkt der Reproduktionskosten.[77]

Bei kleinen Dienstleistungsunternehmen, bspw. einer Versicherungsagentur oder einer   70 Handelsvertretung sind Bewertungsgrößen aus Schreibtischen, Stühlen, Betriebs-Kfz etc. kein Kriterium zum Erwerb. Entscheidend sind die Kundenrelationen und alle anderen weichen Faktoren, die das Substanzwertverfahren nicht abbilden kann. Das Substanzwertverfahren ist nicht in der Lage, einen Goodwill zu ermitteln.

Das IDW meint deshalb auch, dass dem Sachwert bei der Ermittlung des Unternehmens-   71 menswertes keine eigenständige Bedeutung mehr zukommt.[78]

4. Ertragswert und DCF-Verfahren

Unter dem **Ertragswert** versteht man den Barwert einer zeitraumbezogenen, befris-   72 teten (»**modifizierten**« Ertragswertmethode) oder ewigen Rente, in dem der zukünftige, nachhaltig erzielbare und bereinigte Jahresertrag mit einem zu bestimmenden Kapitalisierungszinssatz, auf den Stichtag bezogen, kapitalisiert wird (ausf. unter Rdn. 131 ff.).

Anknüpfungspunkt sind zukünftig zu prognostizierende Erträge, die immanent den   73 Goodwill des Unternehmens abbilden. Die weichen Faktoren, die die anderen Methoden nicht abbilden können, sind in den zukünftigen Zahlungsströmen enthalten. Es bedarf somit auch keiner gesonderten, ohne Bezug zu Zahlungsströmen hergeleiteten, Ermittlung eines Goodwills. Diese Bewertung ist zukunftsbezogen.

Hauptkritik an dieser Methode ist das Problem der damit korrespondierend zu erstel-   74 lenden Prognose. Dieses Argument tritt aber wegen des überragenden Arguments zugunsten der Ertragswertmethode völlig in den Hintergrund.

---

75 BGH, FamRZ 1982, 34.
76 *Kuckenburg* Wertermittlungssystem und -begriffe im Zugewinn, FuR 2009, 316, 317.
77 Peemöller/*Sieben/Maltry* S. 761 ff.
78 IDW S 1 (Institut der Wirtschaftsprüfer Standard 1), Rn. 6; Peemöller/*Hannes* S. 1391; OLG Düsseldorf, 28.01.2009 – I-26 W 7/07, Tz. 42 ff., www.justiz-nrw.de.

75 Niemand würde für einen Vermögensgegenstand, insb. für ein Unternehmen, einen wertbildenden Faktor zugrunde legen, der vergangenheitsbezogen ist. Die Preisvorstellung eines potenziellen Erwerbers bildet sich nicht aus den Erträgen des Vermögensgegenstandes in der Vergangenheit. Ihn interessieren vielmehr ausschließlich die zukünftigen Einnahmen und Zahlungsströme, die er selbst nach dem Erwerb für den Einsatz seines Kapitals erzielen kann. Anderenfalls könnte man alle in der Vergangenheit erfolgreichen und später in Insolvenz geratenen Unternehmen (z.B. Kodak, Quelle, Porst, AEG, Telefunken) veräußern.

»Für das Gewesene gibt der Kaufmann nichts!«[79]

76 Die Ertragswertmethode wird methodisch aus dem Kapitalwertkalkül der Investitionsrechnung abgeleitet. Daraus resultiert auch der Leitsatz des »Vaters« der modernen Bewertungslehre *Moxter*: »bewerten heißt vergleichen«.[80]

77 Hierbei wird ein Bewertungsobjekt einem Vergleichsobjekt (ggf. auch einer Nichtinvestition) gegenübergestellt. Sodann wird aus dem ermittelten oder bekannten Preis des Vergleichsobjekts auf den unbekannten Preis (Wert) des Bewertungsobjekts geschlossen. Dies entspricht exakt der Vorstellungswelt des Stichtagsprinzips im Zugewinnausgleichsverfahren, da der volle wirkliche Wert, d.h. ein von Wertschwankungen unabhängiger Verkehrswert und somit ein fiktiver und potenzieller Marktwert, zu ermitteln ist, der sich allein an den Erträgen der Zukunft orientiert.

a) Discounted Cash-Flow/DCF-Verfahren

78 Der Standard zur Unternehmensbewertung der wirtschaftsprüfenden Berufe, IDW S 1, präferiert neben dem Ertragswertverfahren die **Discounted-Cash-Flow-Methode** (DCF).[81]

79 Bei den DCF-Verfahren wird der Unternehmenswert durch die Diskontierung zukünftiger Cashflows ermittelt. Bei der Ermittlung des Diskontierungssatzes wird auf kapitalmarkttheoretische Modelle zurückgegriffen. Als Ergebnis des Unternehmenswerts wird der Marktwert des Gesamtkapitals bzw. auch des »shareholder value« ermittelt.[82]

80 Von den DCF-Verfahren sollen hier die gängigsten Typen dargestellt werden. Dies sind
1. WACC-Ansatz (weighted average cost of capital),
2. Nettoverfahren (»Equity-Ansatz«, equity = Eigenkapital),
3. Adjusted Present Value-Verfahren (APV-Verfahren).

---

79 Peemöller/*Peemöller* S. 33; *Großfeld/Egger/Tönnes* Rn. 334.
80 *Moxter* Grundsätze ordnungsgemäßer Unternehmensbewertung, 2. Auflage 1983, S. 123.
81 IDW S 1, IDW FN 2008, 271 ff., Rn. 124 ff.
82 Peemöller/*Mandl/Rabel* S. 68 ff.

Weighted Average Cost of Capital = gewichteter Kapitalkostenansatz[83] 81

Es stellt das am meisten verbreitete Bruttoverfahren dar. Der bewertungsrelevante Cashflow ist beim WACC-Ansatz der bei unterstellter vollständiger Eigenfinanzierung des Unternehmens potenziell zur Verfügung stehende Zahlungsüberschuss (Free Cashflow).

– **Vorteile des WACC-Ansatzes:** 82
  – dient als Abzinsungsfaktor für die Unternehmensbewertung
  – stellt eine Mindestrendite für das investierte Kapital dar
  – hat nicht die Nachteile des Ertragswertverfahrens, das auf die Zinsaufwendungen in der Gewinn- und Verlustrechnung abhebt
– **Nachteile des WACC-Ansatzes:** 83
  – vergangenheitsorientierte Kennzahl
  – keine einheitliche Berechnung
  – manipulierbare Kennzahl

b) Nettoverfahren (»Equity-Ansatz«)

Bei diesem Nettoverfahren entsprechen die zu diskontierenden Cashflows den vom 84 Unternehmen erwirtschafteten Einzahlungsüberschüssen, die allein den Eigenkapitalgebern zur Verfügung stehen und als »Flows to Equity« bezeichnet werden. Hier werden auch über die Prognose der Flows to Equity die zukünftigen Eigenkapitalzinsen einschließlich der daraus resultierenden Steuerwirkungen sowie die Veränderungen des Eigenkapitalbestands berücksichtigt.

Die Summe aus dem Barwert der Flows to Equity und der Marktwert des nicht betriebs- 85 notwendigen Vermögens ergibt den Marktwert des Eigenkapitals (shareholder value).[84]
– **Vorteile des Equity-Ansatzes:** 86
  – berücksichtigt Fremdkapitalzinsen sowie die Veränderung des Fremdkapitalbestands
  – eignet sich sehr gut für Unternehmensvergleiche
  – direkter Weg zur Ermittlung des Shareholder Value
– **Nachteile des Equity-Ansatzes:** 87
  – die Prognose des Flow to Equity erfordert eine exakte Planung, die eine Veränderung der Außenfinanzierung beeinflusst
  – zukünftige Veränderungen des Kapitals müssen für die Berechnung bekannt sein
  – die in der Theorie gleichen Ergebnisse der DCF-Verfahren sind in der Praxis nur schwer zu erzielen

c) Adjusted Present Value-Verfahren

Bei diesem Verfahren, auch genannt **Konzept des angepassten Barwertes**, wird zunächst 88 der Wert des Gesamtkapitals unter der Annahme vollständiger Eigenkapitalisierung

---

83 Ausf. Peemöller/*Mandl/Rabel* S. 64 ff.; IDW S 1, Rn. 125 ff.
84 IDW S 1, Rn. 138; Peemöller/*Mandl/Rabel* S. 74 f.

des Unternehmens ermittelt. Die Summe aus dem ermittelten Barwert der Free Cash-flows und dem Marktwert des nicht betriebsnotwendigen Vermögens wird als »Markt-wert des unverschuldeten Unternehmens« bezeichnet.

89   Die Auswirkungen der Fremdfinanzierung des Unternehmens werden erst in einem zweiten Schritt berücksichtigt. Dabei führt die steuerliche Abzugsfähigkeit der Fremd-kapitalzinsen zu einer Erhöhung des Marktwertes des Gesamtkapitals.

90   Die Summe aus dem Marktwert des unverschuldeten Unternehmens und der Markt-werterhöhung aus der Fremdfinanzierung ergibt den Marktwert des Gesamtkapitals für das verschuldete Unternehmen. Wird hiervon der Marktwert des Kapitals abgezo-gen, erhält man den Marktwert des Eigenkapitals (Shareholder Value).[85]

91   **Vorteile des Adjusted Present Value-Verfahrens:**
   –   DCF-Verfahren mit Berücksichtigung von Steuereffekten
   –   transparentere Darstellung der Wertbeiträge der Finanzierung
   –   als Cashflow-Verfahren weniger manipulierbar als das Ertragswertverfahren

92   **Nachteile des Adjusted Present Value-Verfahrens:**
   –   hoher Einfluss des Fortführungswertes am Ende der Planungsperiode
   –   Anwendung des CAPM ist komplex

93   *d) Gegenüberstellung von Ertragswert- und DCF-Verfahren[86]*

	Ertragswertverfahren	DCF-Verfahren
Wertkategorie	Bruttokapitalwert	Bruttokapitalwert
Zielgröße	Wert des Eigenkapitals	Unternehmensgesamtwert
Theoretisch relevante Erfolgsgröße	Auszahlung an Eigentümer	Auszahlungen an Eigentümer zzgl. Fremdkapitalzinsen
Tatsächliche Erfolgsgröße	Einzahlungsüberschüsse	Einzahlungsüberschüsse vor Fremdkapitalzinsen
Kapitalisierungszinssatz	Optimale Alternativrendite der Unternehmenseigner	Gewogene Kapitalkosten des Unternehmens (WACC)
Risikozuschlag	Individuell ermittelter sub-jektiver Risikozuschlag	Kapitalmarktbezogene Ableitung durch CAPM

5. Liquidationswert

94   Der **Liquidationswert** ist der Wert, der bei Veräußerung (durch Veräußerung von Einzel-wirtschaftsgütern und Vermögensgesamtheiten) unter Zerschlagungsgesichtspunkten

---

85   IDW S 1, Rn. 136, 170; Peemöller/*Mandl/Rabel* S. 75 f.
86   *Behringer* Unternehmensbewertung S. 146.

nach Abzug der Verbindlichkeiten und der Liquidationskosten sowie ferner unter Berücksichtigung der Ertragsteuern (§§ 16, 17, 18, 34 EStG) verbleibt.[87]

Die Vermögensgegenstände und Schulden sind hierbei mit dem Marktwert zu bewer- 95
ten, wobei Grundstücke, Gebäude und immaterielle Vermögensgegenstände oft stille Reserven enthalten.

Der Marktwert der Schulden ist i.d.R. der Buchwert. Auch hängt der Marktwert von 96
einer erwarteten Zerschlagungsgeschwindigkeit ab.

Die Liquidationskosten beinhalten z.b. Kosten für einen Sozialplan oder Transakti- 97
onskosten für die Veräußerung der Sachanlagen. Zudem ist die Berechnung dieses Wertes insg. als schwierig anzusehen, da die Zerschlagungssituation für den Bewerter nur schwer zu antizipieren ist.[88]

Die **Berechnungsformel** lautet: 98

Σ	Veräußerungspreise aller Vermögensgegenstände
–	Fremdkapital zu Nominalwerten
–	Kosten der Liquidation, ggf. latente Steuer bei stillen Reserven
=	Liquidationswert

Vorteile der Liquidationsbewertung: 99
– i.d.R. absolute Wertuntergrenze eines Unternehmens
– einfache Berechnung, sofern sich fiktive Marktpreise ermitteln lassen
– für Banken im Firmenkundengeschäft geeignet, um den Wert der Sicherheiten von Bankkrediten im Sanierungsfall zu prüfen
– dient als Kontrollgröße

Nachteile der Liquidationsbewertung: 100
– keine Berücksichtigung zukünftiger Unternehmensentwicklung
– Liquidationswert wird von der Transaktionsdauer beeinflusst
– Synergieeffekte bleiben ggf. unberücksichtigt
– je größer ein Unternehmen, desto schwieriger umzusetzen, da jede einzelne Vermögensposition zu Liquidationswerten zu bewerten ist

Nach IDW S 1[89] ist der Liquidationswert die **Wertuntergrenze** von unrentablen 101
Unternehmen, deren finanziellen Überschüsse unter den Liquidationswerten der Vermögensgegenstände abzgl. der Verbindlichkeiten liegen. Es ist nämlich wirtschaftlich sinnvoller, derartige Unternehmen zu liquidieren als sie fortzuführen.

---

87 Peemöller/*Mandl/Rabel* S. 88; Klein/*Kuckenburg* FamVermR Kap. 2 Rn. 1535 ff.
88 *Moxter* S. 103.
89 IDW S 1, IDW Fn. 2008, 271 ff.=WPg Supplement 3/2008, 68 ff. Rn. 140; *Behringer* Unternehmensbewertung S. 106; FG Nds., 11.04.2000 – 6 K 611/93; *Schröder* Bewertungen im Zugewinn Rn. 106; Klein/*Kuckenburg* FamVermR Kap. 2 Rn. 1535 ff., 1544.

102   Nur bei Vorliegen eines rechtlichen oder tatsächlichen Zwangs zur Unternehmensfort-
      führung erlaubt der Bewertungsstandard gleichwohl die Bewertung mit dem Fortfüh-
      rungswert. Aus ökonomischer Sicht ist dem vollinhaltlich zu folgen.

103   Die gesellschaftsrechtliche wie familienrechtliche Rspr., die Fallgruppen bildet, ist in
      diesem Zusammenhang aber zu beachten (ausf. mit Rechtsprechungsnachweisen).[90]

104   Der Liquidationswert ist zunächst dann maßgeblich, wenn der **Vermögensgegenstand
      als Folge des Zugewinnausgleichs versilbert** werden muss und dieses auch durch
      Stundung nach § 1382 BGB nicht verhindert werden kann oder wenn die tatsächliche
      Liquidation erfolgt.[91] Dies bedeutet, außer in Fällen tatsächlicher Liquidation, u.E.
      eine weitere **Zukunftsprognose.**

      Was gilt bei tatsächlicher Fortführung unrentabler Unternehmen? Ist der Liquidati-
      onswert dann durch einen niedrigeren Ertragswert noch zu unterschreiten?

105   Der BGH geht in früheren Entscheidungen, jetzt auch das OLG Düsseldorf in zwei
      Entscheidungen, davon aus, dass in Fällen tatsächlicher Fortführung eines Unterneh-
      mens nach dem Bewertungsstichtag der **Ansatz eines höheren Liquidationswertes,
      aber auch eines höheren Substanzwertes, die also über dem Ertragswert liegen, nicht
      zulässig** ist und begründet das mit der Freiheit unternehmerischer Entscheidungen.[92]

106   Nach einer weiteren aktienrechtlichen Entscheidung des OLG Düsseldorf kann es
      aber einem unternehmerischen Handeln nicht entsprechen, wenn ein Unterneh-
      men fortgeführt wird, dessen Erfolgsaussichten dauerhaft negativ sind. Danach ist
      der Liquidationswert für ein Unternehmen maßgeblich, das kein operatives Geschäft
      betreibt.[93]

107   Weitere Rspr. differenziert nach den **Umständen und Gründen für die Fortführung**
      des unrentablen Unternehmens.[94] Danach ist es i.d.R. bei Rechtsbeziehungen des
      Unternehmers zu Dritten nur dann gerechtfertigt, den Liquidationswert als Bewer-
      tungsuntergrenze zu unterschreiten, wenn ein rechtlicher oder tatsächlicher Zwang
      zur Unternehmensfortführung (testamentarische Auflage, öffentlich-rechtliche Bedin-
      gung, z.B. Unternehmen des öffentlichen Nahverkehrs[95], oder ein »erhaltenswertes«

90   Klein/*Kuckenburg* FamVermR Kap. 2 Rn. 1541 ff.
91   BGH, FamRZ 1995, 1270, 1271; BGH, FamRZ 1993, 1183, 1185; *Münch* Die Unterneh-
     merehe Rn. 105.
92   BGH, WM 1973, 306; Peemöller/*Hannes* S. 1404 ff.; OLG Düsseldorf, AG 2009, 907 und
     667; *Großfeld/Egger/Tönnes* Rn. 1263; *Kogel* Strategien beim Zugewinnausgleich, 4. Aufl.,
     Rn. 1082.
93   OLG Düsseldorf, 29.07.2009 – I 26 W 1/08.
94   BGH, FamRZ 1986, 776 ff.; BGH, BB 1982, 887; OLG Karlsruhe, WM 1984, 656;
     BayObLG, AG 1995, 509 f.; LG Frankfurt am Main, AG 1996, 187, 188.
95   IDW S 1, Rn. 140.

Unternehmen vorliegt, was dann der Fall sein soll, wenn immerhin der kalkulatorische Unternehmerlohn und damit der Unterhalt erwirtschaftet werden kann.[96]

Grds. sollte der **Liquidationswert als ökonomisch begründete Bewertungsuntergrenze** aufgrund des Schutzzwecks der einschlägigen Vorschriften für die Bewertungsanlässe im Zugewinnausgleich zur Anwendung kommen.[97] **108**

Der h.M. ist u.E. uneingeschränkt zu folgen: die faktische Unternehmensfortführung kann wegen des strengen Stichtagsprinzips nicht den Ansatz eines niedrigeren Ertragswerts rechtfertigen.[98] Zudem geht die Rspr. des BGH[99] von einem fiktiven Veräußerungsvorgang mit Feststellung der **Marktfähigkeit**, nämlich des Verkehrswerts als zu entscheidende Rechtsfrage zum Normzweck oder Normwert des gesetzlichen Bewertungsziels (»**Unternehmensbewertung im Rechtssinne**«)[100] aus. **109**

Dies gibt die **Zweckadäquanz** i.S.d **Zweckadäquanzprinzips** vor. »Der Bewertungszweck bestimmt die Wahl der Verfahrenstechnik; denn der Bewertungszweck entscheidet darüber, welches Gewicht Vereinfachungen und Odjektivierungen haben.«[101] Der Marktteilnehmer würde das ertragsschwache Unternehmen nicht fortführen und wäre vielmehr nur bereit, ein am Liquidationswert orientiertes Entgelt zu entrichten. **110**

Dem folgt auch der aktuelle Bewertungsstandard des IDW zur Unternehmensbewertung im Familien- und Erbrecht, IDW S 13[102], der den älteren Standard, IDW HFA 2/1995, ersetzt. Im Gegensatz zu diesem älteren Standard werden keine Ausführungen zur Bedeutung des Liquidationswerts gemacht, da im Einklang zu IDW S 1[103] nur dann die Liquidationswerte als Bewertungsuntergrenze unterschritten werden dürfen, wenn ein rechtlicher oder tatsächlicher Zwang zur Unternehmensfortführung vorliegt. **111**

Anderenfalls könnte ein Unternehmer bzw. das Management die Abfindungsansprüche Dritter dadurch mindern, dass sie sich unbewusst oder bewusst unökonomisch **112**

---

96 *Münch*, Die Unternehmerehe, Rn. 106; *Münch* Die Bewertung von Gesellschaftsbeteiligungen im Zugewinnausgleich, FamRB 2007, 375, 377.

97 WP-Handbuch 2014, Bd. II, A Rn. 5, 195; Peemöller/*Hannes* S. 1404; *Großfeld/Egger/Tönnes* Rn. 1296 m.w.N; *Behringer* Unternehmensbewertung S. 114 f.; BayObLG, WM 1995, 1580; OLG Düsseldorf, 27.05.2009 – I-26 W 5/07, www.justiz.nrw, mit Rechtsprechungsübersicht; OLG Düsseldorf, AG 2008, 498; *Schröder* Bewertungen im Zugewinn Rn. 106; *Schulz/Hauß* Vermögensauseinandersetzung Kap. 1, Rn. 153, 156 f.; *Büte* Zugewinnausgleich bei Ehescheidung 4. Aufl., Rn. 62; krit.: *Kasperzak/Bastini* Unternehmensbewertung zum Liquidationswert, WPg 2015, 285 ff.; a.A. *Kogel* Strategien beim Zugewinnausgleich, 4. Aufl., Rn. 1082; BGH, FamRZ 1986, 776 ff.; PWW/*Weinreich* § 1376 Rn. 8.

98 Klein/*Kuckenburg* FamVermR Kap. 2 Rn. 1544.

99 BGH, FamRZ 2011, 622 und 1367 m.H.a. BGH, FamRZ 1978, 332.

100 *Schmalenbach* ZfHF 1918, 1; *Großfeld/Egger/Tönnes* Rn. 191, 212, 232, 262 f., 269, 295, 399, 802.

101 *Moxter* S. 8; *Hommel/Dehmel* Unternehmensbewertung S. 33 f.

102 IDW-S 13 FN 2016, 574 ff.

103 IDW S 1 Rn. 140.

verhalten und/oder bei Einzelunternehmen oder Personengesellschaften dann wertmindernde Überentnahmen vornehmen. Der Liquidationswert verhindert damit willkürliche Verwertungsentscheidungen, die durch das verantwortliche Management getroffen werden könnten. Dieses muss nicht zwingend die Interessen des Unternehmens über die Eigeninteressen stellen.[104]

113   Nur ein rechtlicher oder tatsächlicher Zwang zur Unternehmensfortführung kann Anlass sein, bei der Unternehmensbewertung nicht vom Liquidationswert auszugehen.[105] Bei einer durchzuführenden Liquidationsbewertung sind dann noch wie üblich die **latente Ertragsteuer** und die Veräußerungskosten zu berücksichtigen.[106] Dies bleibt aber eine vom Gericht zu entscheidende Rechtsfrage.

114   Die **Prinzipien der Liquidationsrechnungslegung** werden im Folgenden dargestellt:

115   Die Liquidationsrechnungslegung richtet sich an dieselben Adressaten wie der Jahresabschluss, unterliegt den handelsrechtlichen Vorschriften und erfolgt periodisch. Dabei werden alle am Stichtag verwertbaren Vermögensgegenstände aktiviert und sämtliche bestehenden Schulden passiviert.

116   Der Ansatz und die Bewertung der Vermögensgegenstände erfolgen allein in Anbetracht ihrer bevorstehenden Verwertung. Unter Umständen kann ein voraussichtlicher Veräußerungserlös herangezogen werden, wenn sich ein tatsächlicher Verkauf des Vermögensgegenstandes andeutet. Die verwertbaren Aktiva werden zu Veräußerung-, Verkehrs- oder Zeitwerten, Schulden mit ihren Rückzahlung- bzw. Erfüllungsbeträgen bewertet. Diese neue Bewertung lässt die Anschaffungskostenrestriktion außer Acht, sodass alle stillen Reserven aufgedeckt werden müssen.

117   Bei der Ermittlung des Liquidationswerts werden die einzelnen Wirtschaftsgüter mit ihren Zerschlagungswerten bewertet. Dabei wird nicht wie sonst von den Preisen auf dem Beschaffungsmarkt (Wiederbeschaffungspreis, Anschaffungs-/Herstellungskosten), sondern des Absatzmarktes ausgegangen. Die Zerschlagungswerte richten sich allein nach den Bedingungen des Marktes unter Beachtung der Prämisse der Beendigung des Geschäftsbetriebes. Es wird also geprüft, welcher Preis beim Verkauf eines einzelnen Wirtschaftsguts nach Abzug der Ertragsteuer erzielbar ist. Im Grunde liegen die Liquidationswerte fast immer deutlich unter den aktuellen Wiederbeschaffungspreisen.[107]

---

104   *Wagner* Der Liquidationswert als Untergrenze betriebswirtschaftlicher Unternehmensbewertung? WPg 2016, 1090 ff.

105   *Münch* Die Unternehmerehe Rn. 105 m.H.a. *Kuckenburg* Wahl der Bewertungsmethode zur Unternehmensbewertung im Zugewinnausgleichsverfahren, FuR 2005, 401.

106   *Schulz/Hauß* Vermögensauseinandersetzung Kap. 1 Rn. 157; *Hoppenz* Die latente Steuerlast bei der Bewertung im Zugewinnausgleich FamRZ 2006, 449 ff. mit diversen Rechtsprechungsnachweisen; *Büte* Zugewinnausgleich Rn. 62; Klein/*Kuckenburg* FamVermR Kap. 2 Rn. 1427 – Stichwort: Liquidationsbewertung – Rn. 1535 ff.

107   Beck'sches Steuerberater-Handbuch Kap. U Rn. 16.

Zudem ist die Berechnung dieses Wertes insg. als schwierig anzusehen, da die Zer- **118** schlagungssituation für den Bewerter nur schwer zu antizipieren ist.[108] Allerdings spielen bei der fiktiven Liquidation die Faktoren Zerschlagungsintensität und Zerschlagungsgeschwindigkeit[109] eine untergeordnete Rolle.[110]

Von dem Liquidationswert der Vermögensgegenstände sind die Schulden des Unter- **119** nehmens mit ihrem Erfüllungs- bzw. Nominalbetrag abzuziehen. Hierbei sind auch stille Lasten zu berücksichtigen, die sich erst durch die Liquidation ergeben. In Betracht kommen insb. Stilllegungskosten, Kosten für Sozialplan, Abbau- und Abbruchkosten, Vorfälligkeitsentschädigungen.[111]

Zu berücksichtigen sind natürlich auch die Kosten, die unmittelbar mit der Liquida- **120** tion zusammenhängen, wie auch mit der Liquidation etwaig anfallende Ertragsteuern sowie Aufwands- und Kulanzrückstellungen.[112]

Dabei ist aber noch folgende Bemerkung angebracht: Die Bewertungen in Gutachten **121** erfolgt regelmäßig auf Basis vernünftiger kaufmännischer Beurteilung. Dazu kann auf den Begriff des **Fair Value** im Sinne IFRS 13 zurückgegriffen werden, wonach als Preis verstanden wird, was in einem geordneten Geschäftsvorfall zwischen Marktteilnehmern am Bemessungsstichtag für den Verkauf eines Vermögenswertes angenommen bzw. für die Übertragung einer Schuld gezahlt würde.[113]

6. Multiplikatorverfahren, vereinfachte Preisfindung, marktwertorientiere Bewertungsverfahren, Praktikermethoden

Diese den **Mittelwertverfahren** ähnlichen Verfahren sind marktwertorientiert, indem **122** sie entweder eine betriebswirtschaftliche Kennzahl mit einem Faktor multiplizieren, was einem Marktwert entsprechen soll, oder an Marktwerten vergleichbarer Unternehmen ansetzen.[114]

Als betriebswirtschaftliche Kennzahlen wird dabei meist entweder der Umsatz oder **123** der Gewinn des Unternehmens herangezogen, der dann mit einem Faktor multipliziert wird. Dabei erfolgt eine Gewichtung von vergangenheitsorientierten Kennzahlen. Diese Vergangenheitsbezogenheit ist auch der Hauptkritikpunkt an diesen Methoden. Die Befürworter sehen in diesen »Daumenregeln« eine »versteckte Intelligenz«[115].

---

108 *Moxter* S. 103; *Behringer* Unternehmensbewertung S. 114 f.
109 *Moxter* S. 50.
110 *Kasperzak/Bastini* WPg 2015, 292 f.
111 Beck'sches Steuerberater-Handbuch Kap. U Rn. 17.
112 WP-Handbuch, A Rn. 196 ff.
113 *Kasperzak/Bastini* WPg 2015, 285, 292.
114 *Behringer* Unternehmensbewertung S. 147 ff.; *Kuckenburg* Bewertungs- und Berechnungsprobleme unter Beachtung der neuen Rechtsprechung des BGH (Unternehmensbewertungsmethoden), FPR 2009, 290, 292.
115 *Behringer* Unternehmensbewertung S. 149.

124 Die Ermittlung ist einfach, nicht verifizierbar und damit unwissenschaftlich. *Barthel*[116] wendet gegen die Ertragswertmethode ein, gerade die Mitglieder wirtschaftsprüfender Berufe würden bei der Veräußerung ihrer eigenen Unternehmen die Ertragswertmethode nicht zur Anwendung bringen, sondern wie Steuerberater und Wirtschaftsprüfer[117], Rechtsanwälte[118], Ärzte und Tierärzte[119] nach den jeweiligen branchentypischen Regeln umsatzorientiert die Werte ermitteln.

125 Das Problem der Ertragswertmethode sei also ihre Nichtanwendung durch bestimmte Berufsgruppen. Die Komplexität der Unternehmensbewertung wird durch die Multiplikatorverfahren reduziert.

126 Der Bewertungsstandard IDW S 1[120] hält vereinfachte Preisfindungen allerdings nur dafür geeignet, Anhaltspunkte für Plausibilitätsüberlegungen zu liefern. Diese Methoden sind allenfalls bei kleineren Unternehmen sinnvoll.[121] Insb. hat aber der BGH diese vereinfachten Preisfindungen für familienrechtliche Verfahren früher als geeignet erachtet. Gleichzeitig weist der BGH aber schon immer auf die Methodenvielfalt hin und überlässt die Auswahl dem Tatrichter.

127 In seiner neuesten Rspr. rückt der BGH[122] hiervon allerdings ab, indem er die **modifizierte Ertragswertmethode** zur Bewertung von Freiberuflerpraxen heranziehen will und damit den Praktikermethoden eine klare Absage erteilt. Diese Methoden ermitteln keinen Verkehrswert und damit keinen für die Unternehmensbewertung im Zugewinnausgleichsverfahren erforderlichen objektiven Wert. Sie dienen nur der Preisfindung für Vertragsverhandlungen, indem sie nur die Wertobergrenze des Käufers und die Wertuntergrenze des Veräußerers ermitteln[123] (dies ist die Ermittlung subjektiver Unternehmenswerte). Gleichwohl bringt eine neuere Entscheidung des

---

116 *Barthel* Unternehmenswert: Die vergleichsorientierten Bewertungsverfahren. – Vergleichswert schlägt Ertragswert. DB 1996, 149 mit Tabelle zu Branchenkennzahlen; *Schröder* Bewertungen im Zugewinn Rn. 181.
117 Sehr ausf., auch zum hier oft angewandten modifizierten Ertragswertverfahren: Peemöller/ *Leuner* S. 1073 ff., *Schröder* Bewertungen im Zugewinn Rn. 176.
118 BRAK-Mitteilungen 2009, 268 f.
119 Hinweise zur Bewertung von Arztpraxen v. 09.09.2008, www.bundesaerztekammer.de, ambulante Versorgung, Bewertung von Arztpraxen.
120 IDW S 1, Rn. 164 ff.
121 Übersicht über branchenspezifische Bewertungsmethoden der Bayrischen Staatskanzlei unter http://www.ihk-kassel.de/solva_docs/ueberblick_bewertungsmethoden_Dez09.pdf.
122 BGH, NJW 1999, 781 = FamRZ 1999, 361 für eine Steuerberatungspraxis; FamRZ 2011, 183; jetzt auch wieder OLG Hamm, 02.05.2016 – II 14 UF 237/15, FamRZ 2016, 1931; anlehnend unter Bezugnahme auf BGH, FamRZ 2011, 1367, Rn. 50 ff.: *Kuckenburg* FuR 2017, 70.
123 BGH, FamRZ 2011, 622 und 1367; *Kuckenburg* Kurze Anmerkung zu OLG Hamm, Beschl. v. 02.05.2016 – II 14 UF 237/15; *Kuckenburg* Unternehmensbewertung der freiberuflichen Praxis, FuR 2011, 512 ff. und 515 ff.

OLG Hamm[124] bei einer Bewertung für eine Rechtsanwaltskanzlei die überkommenen Kammerrichtlinien wieder zur Anwendung.

Vorteile der Multiplikatorverfahren: **128**
– zeit- und kostensparende Verfahren
– branchenübliche Multiplikatoren sind meist öffentlich zugänglich
– die Verfahren dienen dem relativen Vergleich
– hohe Marktakzeptanz

Nachteile der Multiplikatorverfahren: **129**
– unwissenschaftliche Wertermittlung ohne Berücksichtigung individueller Merkmale
– keine Berücksichtigung zukünftiger Unternehmensentwicklungen, weil vergangenheitsbezogen
– Kapitalkosten und notwendige Investitionen bleiben unberücksichtigt
– kombinieren vielfach Substanzwert und Ertragswert wie Mittelwertverfahren
– berücksichtigen oftmals nicht die höchst relevante Kostenstruktur
– Multiplikatorgröße in keiner Weise verifizierbar
– rechtsfehlerhafte Ermittlung des für die Bewertung im Zugewinn ungeeigneten subjektiven Unternehmenswertes

Letztlich sind diese Verfahren insb. abzulehnen, weil bei der Anknüpfung an Umsatz- **130**
größen die Kosten nicht berücksichtigt werden. Der Wert eines Unternehmens wird maßgeblich dadurch geprägt, ob das Unternehmen bspw. 50 % oder 85 % Kosten ausweist.[125]

V. Ertragswertverfahren und Prinzipien der Unternehmensbewertung nach IDW S 1

In der Praxis das meist verbreitete und anerkannteste Verfahren[126] und damit von über- **131**
ragender Bedeutung ist das **Ertragswertverfahren** nach dem IDW Standard, Grundsätze zur Durchführung von Unternehmensbewertungen, IDW S 1 idF 2008.[127]

Das Ertragswertverfahren ist verfassungsrechtlich unbedenklich.[128] Es ist das in **132**
Deutschland am meisten verbreitete Verfahren zur Unternehmensbewertung[129] und damit bester und plausibelster Weg zu Ermittlung des objektivierten Unternehmenswertes.[130]

---

124 OLG Hamm, FamRZ 2016, 1931; abl. *Kuckenburg* kurze Anmerkungen zu OLG Hamm, Beschl. v. 02.05.2016, FuR 2017,70.
125 Klein/*Kuckenburg* FamVermR Kap. 2 Rn. 1535 ff.
126 OLG Stuttgart, Beschl. v. 05.06.2013 – 20 W 6/10, JurionRS 2013, 38363.
127 IDW S 1, IDW-Fn 2008, 271 ff.
128 BVerfG, BB 2011, 1518, 1520.
129 *Großfeld/Egger/Tönnes* Rn. 234 ff.
130 OLG Düsseldorf, Beschl. v. 27.05.2009 – 26 W 5/05.

133 Bei den Standards des IDW (Institut der Wirtschaftsprüfer) handelt es sich nicht um Rechtsregeln, sondern um allgemeine Erfahrungssätze, die aufgrund fachlicher Erfahrung des IDW, hier Fachausschuss für Unternehmensbewertung und Betriebswirtschaft (FAUB), die aufgrund fachlicher Erkenntnisse gebildet werden und einem dynamischen Prozess unterliegen. Die Mitglieder des Berufstandes (Wirtschaftsprüfer, vereidigte Buchprüfer bzw. entsprechende Partnerschaftsgesellschaften), haben die berufsständischen Verlautbarungen zu beachten und dürfen nur in begründeten und zu begründenden Ausnahmefällen davon abweichen.

134 Die Standards des IDW haben dadurch eine hohe praktische Bedeutung, weil sich Unternehmensbewerter, Gerichte und Gerichtsgutachter ganz überwiegend danach richten; sie stellen den »**state of the art**« der Bewertungslehre dar.[131] Dies gilt insb. bei der Bewertung von Kapitalgesellschaften oder allgemein von Unternehmen, bei denen in gewissem Umfange im besten marxistischen Sinne, Arbeit und Kapital eingesetzt werden.

IDW S 1[132] definiert das Kalkül der finanziellen Überschüsse dann weiter:

»Dieser Wert (Nutzungswert, Anmerkung der Verfasser) ergibt sich grundsätzlich aus den finanziellen Überschüssen, die bei Fortführung des Unternehmens (going-concern-Prinzip, Anmerkung der Verfasser) und Veräußerung etwaigen nicht betriebsnotwendigen Vermögens erwirtschaftet werden (Zukunftserfolgswert).

Nur für den Fall, dass der Barwert der finanziellen Überschüsse, nur die sich bei Liquidation des gesamten Unternehmens ergeben (Liquidationswert), den Fortführungswert übersteigt, kommt der Liquidationswert als Unternehmenswert in Betracht.«[133]

135 Dabei stellt der **Börsenkurs** bei Aktien nach ständiger Rspr.[134] nur die Wertuntergrenze dar. Zur Vermeidung von Haftungsrisiken darf dieser bei börsennotierten Aktien aus Haftungsgründen vom Anspruchsgläubiger nicht mit diesem Wert in die Zugewinnausgleichsbilanz eingestellt werden.

136 Die **modifizierte Ertragswertmethode** des BGH, die keine eigenständige Bewertungsmethode darstellt, kann nur verstanden werden, wenn die Ertragswertmethode nachvollzogen werden kann.

137 **Vorteile des Ertragswertverfahrens:**
– die zukünftig zu prognostizierende Unternehmensentwicklung findet Berücksichtigung
– sie ist die in Deutschland am weitesten verbreitete Methode[135]

---

131 *Großfeld/Egger/Tönnes* Rn. 234 ff.
132 IDW S 1, Rn. 5.
133 IDW S 1, Rn. 5.
134 BGH, 21.07.2003 – II ZB 17/01, Rn. 7; *Großfeld/Egger/Tönnes* Rn. 1222 n.m.N., 201, 283. 291, 299 ff.
135 OLG Stuttgart, 22.09.2009 – 20 W 20/06; OLG Düsseldorf, 10.06.2009 – 26 W 1/07; OLG München, 14.07.2009 – 31 Ws 121/06.

- sie findet Anlehnung an die Investitionsrechnung und vertritt damit die Sichtweise des Investors (der BGH[136] verlangt einen Markt für das zu bewertende Unternehmen!)
- das going-concern-Prinzip findet Berücksichtigung

Nachteile des Ertragswertverfahrens: 138
- die Diskontierungsgrößen sind nicht eindeutig definiert, da sehr starke Schwankungen im Unternehmenswert möglich sind
- der Gewinn ist die am meisten von der Rechnungslegung manipulierte Größe
- der Gewinn entspricht nicht der Ausschüttung an die Inhaber
- nachhaltiger Ertrag (Restwert/terminal value) hat überragenden Einfluss auf den Unternehmenswert

▶ Hinweis

Die folgenden Ausführungen sollen dem Praktiker gleichzeitig helfen, Sachverstän-   139
digengutachten auf deren Richtigkeit und Vollständigkeit kritisch zu würdigen und
sind damit gleichzeitig eine Checkliste.

1. Stichtagsprinzip

Das **Stichtagsprinzip**[137] ist ein bewerterisches Prinzip und dem Rechtsanwender über   140
die §§ 1374 Abs. 1, 1384 BGB vertraut. In der Unternehmensbewertung hat das
Stichtagsprinzip folgende Ausprägung.[138]

Der Bewertungsstichtag **determiniert** bei der Ertragswertbewertung die einzubezie-   141
henden finanziellen **Überschüsse** und alle wertbildenden Kriterien. Es wird kein fiktives Gebilde, sondern ein reales Unternehmen bewertet.

Dies verlangt die Besichtigung bzw. Inaugenscheinnahme eines zum Bewertungsstich-   142
tag noch existierenden Unternehmens durch den Gutachter.[139] Eine »Schreibtischbewertung« ohne Inaugenscheinnahme bzw. Besichtigung des Bewertungsobjekts,
stichprobenartiger Überprüfung des Rechnungswesens und strukturierter Befragung
des Managements ist grds. unzulässig.[140] Der BGH[141] hat in ständiger Rspr. zudem
entschieden, dass der durch den Steuerberater erstellte Jahresabschluss nichts Anderes
als Parteivortrag darstellt.

Wenn man den Parteivortrag, den Jahresabschluss, nicht zwanglos übernehmen kann,   143
muss der Gutachter diesen auf seine Plausibilität hin überprüfen.

---

136 BGH, FamRZ 1978, 332 ff., FamRZ 2011, 1367, FamRZ 2014, 98.
137 FA-FamR/*v. Heintschel-Heinegg* Kap. 9 Rn. 69 ff.
138 Peemöller/*Peemöller* S. 35; *Großfeld/Egger/Tönnes* Rn. 269, 357 ff.; *Kuckenburg* FuR 2005, 298, 301.
139 *Kuckenburg* FuR 2001, 293, 296.
140 *Großfeld/Egger/Tönnes* Rn. 42, 52, 165, 206, 226, 426; *Kuckenburg* FuR 2001, 293.
141 BGH, FamRZ 1985, 357, 359; BGH, FuR 2004, 35, 37.

144   Darüber hinaus muss sich der Gutachter ein wirkliches Bild vom Unternehmen durch Inaugenscheinnahme des Bewertungsobjekts machen, indem er im Zuge der Parteiöffentlichkeit der Beweisaufnahme unter Beteiligung der anderen Verfahrenspartei eine Besichtigung des Bewertungsobjekts mit strukturierter Befragung des Managements vorzunehmen hat.

Großfeld[142] führt hierzu aus:

> »Voraussetzung ist eine zuverlässige Erfassung der Fakten, aber auch der Gesamteindruck. Der Bewerter muss einen Rundgang durch den Betrieb machen, er muss das Unternehmen »verorten« und sich die geographische Lage »veranschaulichen«; er muss auch einen persönlichen Eindruck gewinnen von der Geschäftsleitung.«

▶ Hinweis

145   Wichtig ist dann die Bilanzanalyse. Bei nicht geprüften Abschlüssen hat er (der Gutachter) die Basisdaten »abzuklopfen«. Aber das muss man gesehen (nicht nur gelesen) haben! Rechtsvergleichung (»bewerten heißt vergleichen«, Anm. des Verfassers nach *Moxter*)[143] lebt von »Verortung!«

146   Der Stichtag klärt die **Zurechnung der finanziellen Überschüsse** auf die bisherigen und zukünftigen Eigentümer. Der Bewertungsstichtag ist gesetzlich bestimmt. Im außergerichtlichen Bereich bzw. bei Veräußerungsvorgängen kann der Stichtag vertraglich vereinbart werden. Das Gericht hat den Bewertungsstichtag dem Bewerter vorzugeben (§ 1384 BGB; §§ 253 Abs. 1 und 622 ZPO).

147   Nach der **Wurzeltheorie**[144] können nur die Erkenntnisse berücksichtigt werden, die zum Bewertungsstichtag bekannt waren. Bei dem gerade im Zugewinnausgleich deutlicheren Auseinanderfallen des Bewertungsstichtages und des Zeitpunkts der Durchführung der Bewertung ist daher nur der Informationsstand zu berücksichtigen, der bei angemessener Sorgfalt zum Bewertungsstichtag hätte erlangt werden können. Der Stichtag begrenzt die Berücksichtigung von Informationen auf diejenigen, die zum Stichtag eingeleitet worden sind und für die ein dokumentiertes Maßnahme- bzw. Unternehmenskonzept vorliegt (not documented, not done).[145]

148   Dies gilt auch in Bezug auf den Informationsstand über die **Ertragsteuerbelastung** der finanziellen ausschüttungsfähigen Überschüsse.[146]

---

142   S. Fn. 136.
143   *Moxter* S. 123.
144   *Großfeld/Egger/Tönnes* Rn. 364 ff.
145   IDW S 1, Rn. 32,49; OLG Düsseldorf, 30.09.2015 – I-26 W 10/12, ZIP 2016, 1531.
146   BGH, in st. Rspr. seit DB 1973, 563 ff, 565; OLG Celle, DB 1979, 1031; BVerfG, DStR 1999, 695; OLG Düsseldorf, AG 2000, 323; IDW S 1, Rn. 22, 23; *Kuckenburg* FuR 2005, 298, 301; BGH, FamRZ 2011, 622 und 1367; *Kuckenburg* FuR 2011, 512 ff. und 515 ff.

Das Stichtagsprinzip liefert dem BGH sogar das Argument für die Berücksichtigung   149
der Anwendung des geltenden Steuerrechts zum Stichtag bei der Berücksichtigung der
individuellen latenten Steuerlastindividuelle **latente Steuerlast.**[147]

Methodenänderungen in der Unternehmensbewertung sind rückwirkend vorzu-   150
nehmen. Das bedeutet, dass auch bei weit zurückliegenden Stichtagen im Anfangsvermögen bspw. der Bewertungsstandard IDW S 1 in seiner Fassung von 2008 zur
Anwendung zu bringen ist.[148]

2. Bewertung der wirtschaftlichen Unternehmenseinheit

Bewertungsobjekt ist stets die **wirtschaftliche Unternehmenseinheit.**[149] Alle Kombi-   151
nationen von Produktionsfaktoren können bewertet werden. Das Bewertungsobjekt
muss nicht identisch sein mit der rechtlichen Einheit. Wenn bei der Bewertung aus
dem Unternehmen erzielbare Zahlungsströme an die Eigentümer von Bedeutung
sind, hat eine Abgrenzung dahingehend stattzufinden, ob die Unternehmensgesamt-
heit als Quelle der Nutzung als eine Rechtseinheit bestanden hat.

Darüber hinaus hat eine Abgrenzung zum Privatvermögen, insb. bei personenbezo-   152
genen Unternehmen, unabhängig von ihrer Rechtsform zu erfolgen. Die Abgrenzung
zur Privatsphäre ist bspw. von Bedeutung bei **Betriebsaufspaltungen** (Besitzgesellschaft vermietet Betriebsgrundstück oder wesentliches Anlagevermögen an zu bewertende Betriebsgesellschaft) oder wenn wesentliche Wirtschaftsgüter wie Patente,
Maschinen und Grundstücke nicht Gesamthandsvermögen werden (**steuerrechtliches
Sonderbetriebsvermögen**).

Dies führt zu zusätzlichen Aufwendungen beim Unternehmen, wie bspw. Zins- und/   153
oder Mietaufwendungen. Von Bedeutung ist auch die Absicherung betrieblicher Kredite durch Privatvermögen, bspw. durch Grundschulden oder Bürgschaften. Abzugrenzen sind betriebsnotwendiges und nicht betriebsnotwendiges Vermögen.

a) Betriebsnotwendige Vermögen, insb. zukünftige finanzielle Überschüsse

»Für das Gewesene gibt der Kaufmann nichts!«[150]   **154**

Will man folglich ein Unternehmen bewerten, muss man zukünftige Zahlungsströme
unter going concern-Gesichtspunkten abbilden. Der Ertragswert ergibt sich aus den
Zukunftserfolgswerten.[151] Nur die zukunfts- und prognoseorientierte Ertragswer-

---

147 BGH, FamRZ 2011, 622 und 1367; *Kuckenburg* FuR 2011, 512 ff. und 515 ff.
148 IDW S 13, Rn. 22 f. LG Bremen, AG 2003, 215; OLG Celle, AG 2007, 866; krit.
     Ruthardt/Hachmeister Zur Frage der rückwirkenden Anwendung von Bewertungsstan-
     dards, WPg 2011, 351 ff. mit Rspr.-Hinweisen.
149 Peemöller/*Peemöller* S. 32 f.; IDW S 1, Rn. 59 ff.
150 Peemöller/*Peemöller* S. 33; *Großfeld/Egger/Tönnes* Rn. 334.
151 *Großfeld/Egger/Tönnes* Rn. 332 ff., 456 ff.

termittlung entspricht ausschließlich, im Gegensatz zu vergangenheitsorientierten Methoden, dem **Stichtagsprinzip**.[152]

▶ **Definition**[153] **der Ertragswertmethode**

155 Der Wert des betriebsnotwendigen Vermögens bestimmt sich unter Voraussetzung ausschließlich finanzieller Ziele durch den Barwert der mit dem Eigentum an dem Unternehmen verbundenen Nettozuflüsse an die Unternehmenseigner (Nettoeinnahmen der Unternehmenseigner).

156 Demnach wird der Wert des Unternehmens allein aus seiner Eigenschaft abgeleitet, finanzielle Überschüsse für die Unternehmenseigner zu erwirtschaften. Zunächst ist zu fragen, mit welchen Zahlungen ist über welchen Zeitraum zu rechnen? Dann stellt sich die Frage, was diese Zahlungen am Stichtag wert sind. Dafür zinsen wir Zahlungsströme mit einem Zinssatz (Kapitalisierung) ab. Die persönliche Steuer ist zu berücksichtigen. Mit welchem Zinssatz hat dies zu geschehen? Dieser soll die Rendite vergleichbarer anderer Investitionen widerspiegeln. Dabei ist der Ertragswert finanzmathematisch ein Bruttokapitalwert. Diskontiert werden erwartete Zahlungsmittelzuflüsse und ersparte Zahlungsmittelabflüsse beim Eigner des Unternehmens.[154]

157 Die Bewertung der zukünftigen finanziellen Überschüsse hat danach gem. folgenden **Kriterien** zu erfolgen:
- Der Ertragswert ergibt sich aus den Zukunftserfolgen.[155]
- Es erfolgt eine Prognose der erzielbaren und entziehbaren finanziellen Überschüsse.[156]
- Nettoentnahmen können als Ertragsüberschüsse oder Discounted-Cash-Flows (DFC) ermittelt werden.[157]
- Neben der Plan-Bilanz und der Plan-G&V hat jede Unternehmensbewertung auch eine Finanzbedarfsrechnung[158] zu enthalten, weil Anlage- und Umlaufvermögen sowie Wachstum zu finanzieren sind.[159]
- Persönliche Steuern der Unternehmenseigner sind bei der objektivierten Unternehmensbewertung zu berücksichtigen.[160]
- Managementfaktoren[161] sind zu ermitteln und einzubeziehen.
- Die Bewertung muss sich mit der Frage der Voll- oder Teilausschüttung befassen, da die Höhe der Ausschüttung bedeutender Werttreiber ist.[162]

---

152 Peemöller/*Peemöller* S. 35; *Großfeld/Egger/Tönnes* Rn. 357 ff.
153 IDW S 1, Rn. 4; *Kuckenburg* FuR 2005, 298, 300.
154 *Ballwieser/Hachmeister* Unternehmensbewertung S. 12.
155 *Großfeld/Egger/Tönnes*, Rn. 456 ff.
156 *Großfeld/Egger/Tönnes* Rn. 517 ff.
157 IDW S 1, Rn. 5; *Großfeld/Egger/Tönnes* Rn. 265, 377 f.
158 Peemöller/*Peemöller* S. 36; *Großfeld/Egger/Tönnes* Rn. 471 ff.
159 *Perridon/Steiner/Rathgeber* Finanzwirtschaft der Unternehmung, 15. Aufl. 2009, S. 631 ff.
160 Peemöller/*Peemöller* S. 35 ff., 37; *Großfeld/Egger/Tönnes* Rn. 540 ff.
161 Peemöller/*Peemöller* S. 38.
162 Peemöller/*Peemöller* S. 59; *Großfeld/Egger/Tönnes* Rn. 421 ff., 602 ff.

Die Unternehmensbewertung nach der Ertragswertmethode ist ein Teilgebiet der **158** Investitionstheorie. Die **Investitionstheorie** setzt auf die erwarteten zukünftigen Zahlungsströme auf, wobei eine Kapitalisierung zukünftiger Zahlungsströme die aus theoretischer Sicht richtige Vorgehensweise ist. Zur Ermittlung dieses Barwertes wird ein **Kapitalisierungszinssatz** verwendet, der die Rendite aus einer zur Investition in das zu bewertende Unternehmen adäquaten Alternativanlage (bewerten heißt vergleichen) repräsentiert. Danach wird der Wert des Unternehmens allein aus seiner Ertragskraft, d.h. seiner Eigenschaft, finanzielle Überschüsse für den Unternehmenseigner zu erwirtschaften, abgeleitet.

Dabei spielen regelmäßig nur **zwei Phasen** eine Rolle:[163]   **159**
- In der **ersten Phase** (**Detailplanungsphase/present value**), die einen überschaubaren Zeitraum von drei bis max. sechs Jahren umfasst und bis zur zweiten Phase reicht, sollen detaillierte Planungsrechnungen zur Verfügung stehen, so dass die zahlreichen Einflussgrößen meist einzeln in die Prognose der finanziellen Überschüsse einbezogen werden können.
- Die **zweite Phase** (**Fortführungswert/terminal value**) umfasst den Zeitraum nach dem ersten Planungshorizont. Die Ertragsprognose dieser zweiten Phase basiert i.d.R. auf einer mehr oder weniger pauschalen Fortschreibung der Detailplanung der ersten Phase. Diese zweite Phase wird finanzmathematisch als ewige Rente aufgefasst.[164] Diese zweite Phase sollte beginnen, sobald ein »eingeschwungener Zustand«[165] durch Beendigung der Auswirkungen von Synergien und Investitionen oder bspw. außergewöhnlichem Wachstum in jungen Märkten erreicht ist.

Neben der Plan-Bilanz und der Plan-G&V hat jede Unternehmensbewertung auch **160** eine Finanzbedarfsrechnung[166] zu enthalten, weil Anlage- und Umlaufvermögen sowie Wachstum zu finanzieren sind.[167]

Persönliche Steuern der Unternehmenseigner sind bei der streitentscheidenden Unter- **161** nehmensbewertung zu berücksichtigen.[168] Managementfaktoren[169] sind zu ermitteln und einzubeziehen. Die Bewertung muss sich mit der Frage der Voll- oder Teilausschüttung mit korrespondierender Thesaurierung befassen, da die Höhe der Ausschüttung ein sog. Werttreiber ist. Nur für den Fall, dass der Barwert der finanziellen Überschüsse, die sich bei Liquidation des gesamten Unternehmens ergeben (Liquidationswert), den Fortführungswert übersteigt, kommt der Liquidationswert als Unternehmenswert in Betracht.[170]

---

163 *Großfeld/Egger/Tönnes* Rn. 517 ff.; 609 ff.
164 IDW S 1, Rn. 75 ff.; Peemöller/*Mandl/Rabel* S. 57 ff., 59.
165 *Großfeld/Egger/Tönnes* Rn. 526, 636.
166 Peemöller/*Peemöller* S. 36.
167 *Perridon/Steiner/Rathgeber* Finanzwirtschaft der Unternehmung S. 631 ff.
168 Peemöller/*Peemöller* S. 35, 37 ff.; BGH, FamRZ 2011, 622 und 1367; *Kuckenburg* FuR 2011, 512 ff. und 515 ff.
169 Peemöller/*Peemöller* S. 38; *Großfeld/Egger/Tönnes* Rn. 540 ff.
170 IDW S 1, Rn. 5.

162 Beiläufig arbeitet der IDW Standard die Substanzwertmethode in diesem Zusammenhang mit einem Satz ab:

»Dagegen kommt dem Substanzwert bei der Ermittlung des Unternehmenswertes keine eigenständige Bedeutung zu!«[171]

163 Dabei ist der Ertragswert finanzmathematisch ein Bruttokapitalwert. Diskontiert werden erwartete Zahlungsmittelzuflüsse und ersparte Zahlungsmittelabflüsse beim Eigner des Unternehmens.[172]

b) Nicht betriebsnotwendiges Vermögen

164 Das **nicht betriebsnotwendige Vermögen**[173] ist auszusondern und mit Liquidationswerten einzusetzen.

165 Die Abgrenzung zum betriebsnotwendigen Vermögen erfolgt nach **zwei Kriterien:**[174]
– Funktion des Vermögensgegenstandes für den Betriebszweck und
– Notwendigkeit aus der Sicht des potenziellen Investors.

166 Ein über die Normalsubstanz hinausgehendes Vermögen ist nicht betriebsnotwendig, bspw. überflüssige Liquidität, Vorratsgrundstücke, Finanzanlagen.[175]

167 Kosten der Liquidation sind abzusetzen und steuerliche Folgen für den Investor zu berücksichtigen. Wenn unter bestimmten Voraussetzungen Schulden dem nicht betriebsnotwendigen Vermögen zuzurechnen sind, ist der Liquidationserlös um diesen Betrag zu kürzen. Hat das nicht betriebsnotwendige Vermögen unter bestimmten Voraussetzungen zur Kreditsicherheit gedient, kann sich die Finanzierungssituation ändern.[176]

3. Funktion der Unternehmensbewertung und Bewertungsziel

168 Für die Nachprüfbarkeit eines Gutachtens ist der Bewertungszweck im Gutachten zu dokumentieren und deutlich zu machen, dass die Berechnungen nur in dem dargestellten Beziehungskomplex gelten.[177] Darauf muss auch ein Parteigutachten hinweisen.

---

171 IDW S 1, Rn. 6; *Großfeld/Egger/Tönnes* Rn. 318 ff.
172 *Ballwieser/Hachmeister* Unternehmensbewertung S. 12.
173 Peemöller/*Mandl/Rabel* S. 55 ff., 88; IDW S 1, Rn. 59 ff.
174 *Großfeld/Egger/Tönnes* Rn. 1178 ff.
175 BayObLG (»Paulaner«), AG 1996, 127 ff., danach war Immobilieneigentum brauereieigner Gaststätten nicht betriebsnotwendig.
176 *Großfeld/Egger/Tönnes* Rn. 383.
177 *Moxter* S. 6; Peemöller/*Peemöller* S. 33; WP Handbuch Band II, A Rn. 27 ff.; *Kuckenburg* FuR 2005, 298, 300.

Die Hauptfunktionen[178] sind (sog. »**Kölner Funktionenlehre**«):   169
– Beratungsfunktion zur Ermittlung subjektiver Entscheidungswerte (Kaufpreis-höchstgrenze des potenziellen Erwerbers/Verkaufspreisuntergrenze des potenziellen Veräußerers)
– Vermittlungsfunktion für die Ermittlung eines Einigungswertes
– Funktion als neutraler Gutachter mit der Ermittlung eines objektiven Unternehmenswerts

Das Gerichtsgutachten im Zuge der Beweiserhebung durch das Familiengericht ist 170 streitentscheidend, so dass ein objektiver Unternehmenswert zu ermitteln ist.[179]

4. Nachvollziehbarkeit der Bewertungsansätze

Die Annahmen und das Kalkül im Gutachten sind zu beschreiben und darzustellen.[180] 171 Dabei muss deutlich gemacht werden, von wem die Annahmen stammen:
– Management (im familienrechtlichen Verfahren oftmals ein Verfahrensbeteiligter!)
– Parteigutachter oder Sachverständige

5. Vergangenheitsanalyse

Ausgangspunkt für die Prognose künftiger Entwicklungen und zur Vornahme von 172 Plausibilitätsüberlegungen ist die **Vergangenheitsanalyse**.[181]

Diese basiert i.a.R. auf den Gewinn- und Verlustrechnungen, der Kapitalflussrechnung, 173 den Bilanzen und der internen Ergebnisrechnung (Kosten- und Leistungsrechnung). Zu berücksichtigen sind darüber hinaus die Werttreiber und die Umsatzentwicklung, wichtige Kostenblöcke (fix/variabel), Änderung der Kapitalstruktur, Ausschüttungs-und Investitionspolitik des Unternehmens.

Die Dokumentationen hierfür sind aber bei jungen und kleinen Unternehmen oft- 174 mals wenig ausgereift oder nicht vorhanden.[182] Die in der Vergangenheit wirksamen Erfolgsursachen sind erkennbar zu machen. Falls sie nur in der Vergangenheit eine Rolle gespielt haben, sind sie zu bereinigen.

Darüber hinaus sind die für die Ertragskraft bedeutenden Markt- und Umweltent- 175 wicklungen, wie z.B. politische, gesamtwirtschaftliche und technische Entwicklungen, Branchenentwicklungen, Entwicklung der Märkte und der Marktstellung des Unternehmens zu analysieren.[183]

---

178 IDW S 1, Rn. 12; Peemöller/*Peemöller* S. 7 ff.
179 *Großfeld/Egger/Tönnes* Rn. 215 ff.; Peemöller/*Hannes* S. 1398.
180 IDW S 1, Rn. 66; Peemöller/*Peemöller* S. 33.
181 Peemöller/*Peemöller* S. 41; *Großfeld/Egger/Tönnes* Rn. 433 f.; *Ballwieser/Hachmeister* Unternehmensbewertung S. 17 ff.
182 IDW S 1, Rn. 75 ff.
183 *Kuckenburg* FuR 2005, 298, 302.

176 Bei den Umsätzen ist zu prüfen, ob diese aus Geschäften erzielt worden sind, die für das Unternehmen typisch sind oder ob es in den vergangenen Perioden Umsätze aus sonstigen betrieblichen und außerordentlichen Erträgen gab. Waren die deklarierten Umsätze tatsächlich realisiert, d.h. erfolgte Lieferung und Leistung? Waren die unbaren Umsätze der Periode auch werthaltig, so dass mit einem Eingang der Forderung zu rechnen ist? Bei Umsätzen in Fremdwährungen sind die Kurse zu überprüfen. Umsätze können auch zeitlich verschoben werden durch Werbemaßnahmen, Preisnachlässe oder lange Zahlungsziele an die Kunden. Zu fragen ist auch bei Umsätzen mit verbundenen Unternehmen, ob die Konditionen marktüblich sind. Erfolgten Stornierungen oder gegenläufige Geschäfte, die Umsätze rückgängig machten?[184]

177 Bei den Aufwandspositionen sind insb. zu überprüfen: Materialaufwand, Personalaufwand (einschließlich der Geschäftsführergehälter), Abschreibungen, sonstige betriebliche Aufwendungen.[185]

178 Ziel der Analyse ist die Schaffung eines Ausgangspunktes für Prognose- und Plausibilitätsüberlegungen sowie Verständnis für das Geschäft in der Vergangenheit.

179 Die im Zuge der Vergangenheitsanalyse vorzunehmenden Bereinigungen befassen sich im Wesentlichen mit den folgenden Positionen:
- Aufwendungen und Erträge des nicht betriebsnotwendigen Vermögens, z.B. Erträge aus Beteiligungen, die nicht betriebsnotwendig sind
- Periodenabgrenzung, z.B. Bewertung halbfertiger Arbeiten zu anteiligen Erlösen; Zuordnung aperiodischer Aufwendungen und Erträge, wie etwa Bildung und Auflösung von Rückstellungen
- Bilanzierungswahlrechte, z.B. Änderung von Bewertungsmethoden
- personenbezogene und andere spezifische Ergebnisfaktoren, z.B. kalkulatorischer Unternehmerlohn, besondere Einkaufs- und Absatzbeziehungen
- Verrechnungspreise
- Folgen von Bereinigungen, z.B. Änderung für Vor- oder Folgejahre, ergebnisabhängige Bezüge und Steuern[186]

180 Das Rechnungswesen ist wichtigster Anknüpfungspunkt für die Unternehmensbewertung (gilt für alle Unternehmensbewertungsmethoden) und deshalb vom Bewerter kritisch zu würdigen. Dies setzt grds. eine Besichtigung – »Verortung« des Bewertungsobjekts sog. »Schreibtischbewertung« ist unzulässig – durch den Bewerter voraus.[187]

184 Ausf. *Ballwieser/Hachmeister* Unternehmensbewertung S. 23 ff.
185 *Ballwieser/Hachmeister* Unternehmensbewertung S. 27 ff.
186 *Großfeld/Egger/Tönnes* Rn. 383 ff., 433 ff.
187 *Großfeld/Egger/Tönnes* Rn. 35, 53, 158, 380, 388, 843 m.w.N; *Kuckenburg* FuR 2001, 293, 296.

6. Zukunftsprognose/Prognose der zukünftigen erzielbaren Erträge

»Prognosen sind schwierig, vor allen, wenn sie die Zukunft betreffen« (Karl Valentin).   181
»Die Zukunft ist dunkel«.[188]

Die Prognose der künftigen Unternehmenserträge ist das zentrale Problem jeder zukunftsbezogenen Unternehmensbewertung.[189] Zu ermitteln ist der zukünftige Ertrag in Form von zu erwartenden Zahlungsmittelzuflüssen und ersparten Zahlungsmittelabflüssen beim Eigentümer des Unternehmens. Diese sind bereits um Einzahlungen des Eigentümers (Einlagen und Kapitalerhöhungen) und persönliche Steuern gemindert.[190]

Diese **Zukunftsprognose** hat aber eine Herkunft (»rückblickend vorwärtsschau-   182
en«[191]).[192]

Sie wird, wie bei jeder Unternehmensbewertung, aus dem Rechnungswesen abgeleitet, namentlich aus den Abschlüssen. Dies verlangt anlässlich der Besichtigung des Bewertungsobjekts eine stichprobenartige Überprüfung des Rechnungswesens auf dessen Plausibilität.[193]

Die zukünftig zu erwartenden Erträge hängen von der Geschäftspolitik und den   183
Umweltbedingungen (Verbraucher, Konkurrenten und Wirtschaftsentwicklung) ab.

Von praktischer Bedeutung ist hier das sog. **Phasenmodell**, das eine Zerlegung des   184
Prognosezeitraums in Phasen mit unterschiedlicher Schätzgenauigkeit vorsieht.

Nach IDW S 1 werden in praxi nur noch zwei Phasen eine Rolle spielen: 185
– In der **ersten Phase** (present value), die einen überschaubaren Zeitraum von drei bis max. sechs Jahren umfasst und bis zur zweiten Phase reicht, sollen detaillierte Planungsrechnungen zur Verfügung stehen, so dass die zahlreichen Einflussgrößen meist einzeln in die Prognose der finanziellen Überschüsse einbezogen werden können.
– Die **zweite Phase** (terminal value) umfasst den Zeitraum nach dem ersten Planungshorizont. Die Ertragsprognose dieser zweiten Phase basiert i.d.R. auf einer mehr oder weniger pauschalen Fortschreibung der Detailplanung der ersten Phase. Diese zweite Phase wird finanzmathematisch als ewige Rente aufgefasst.[194]
Diese zweite Phase sollte beginnen, sobald ein »eingeschwungener Zustand« erreicht ist durch Beendigung der Auswirkungen von Synergien und Investitionen oder bspw. außergewöhnlichem Wachstum in jungen Märkten.

---

188 LG Frankfurt, Beschl. v. 21.03.2006 – 3-05 O 153/04.
189 Rspr.-Übersicht *Hachmeister/Ruthardt/Lapenius* WPg 2011, 519 ff.
190 *Ballwieser/Hachmeister* Unternehmensbewertung S. 47 ff.
191 *Großfeld/Egger/Tönnes* Rn. 345 ff.; 456 ff.; IDW S 1 Rn. 32.
192 Zur Vergangenheitsanalyse, s. dort Rdn. 172 ff.
193 *Großfeld/Egger/Tönnes* Rn. 42, 52, 165, 206, 226, 426 m.w.N; *Kuckenburg* FuR 2001, 293, 296.
194 IDW S 1, Rn. 75 ff.; Peemöller/*Peemöller* S. 62.

186 Die Umsatzplanung, die Planung der Aufwendungen, die Planung der Entwicklung des Umlaufvermögens, der Investitions- und Abschreibungsplan, die Planung zur Finanzierung und zu Kosten, sowie der **Zielkapitalstruktur** münden in den vom Bewerter vorzulegenden **Planbilanzen, Plan-G&V,** Investitionsplan und einer **Finanzplanung.**[195] Die Bedeutung der Finanzplanung ergibt sich aus der Anknüpfung an Zins und Zinseszins, weil die Überschüsse von der Finanzierung und deren Kapitalkosten abhängen.

187 Die Finanzbedarfsrechnung stellt den Ausschüttungen den Finanzbedarf einschließlich der Investitionen und der Liquiditätsvorsorge ggü. Ein eventueller Bedarf ist durch die Einbehaltung von Überschüssen, durch Fremdkapital oder durch neues Eigenkapital zu decken.[196] Verfügt das Unternehmen nicht über eine Unternehmensplanung, muss die Planung durch den Bewerter in Abstimmung mit dem Management erstellt werden.

188 In der **übertragbaren Ertragskraft** und nicht beim kalkulatorischen Unternehmerlohn sind die persönlichen Leistungen des Eigentümers, die nicht auf den Erwerber übertragbar sind, zu berücksichtigen. Dies kann die Ertragskraft reduzieren, sich aber auch auf die **Abschmelzungsdauer** auswirken.[197]

189 Dabei ist zu berücksichtigen inwieweit durch den Ansatz und die Höhe der Vergütung eines angenommenen Fremdgeschäftsführers Kompensationseffekte entstehen.[198]

7. Ausschüttungsannahme

190 Wenn das Ertragswertverfahren zur Ermittlung eines objektivierten Unternehmenswertes von den finanziellen Überschüssen ausgeht, ist folgerichtig die Höhe der **Ausschüttung** für den Unternehmenswert von Bedeutung. Der Zufluss der Überschüsse an die Unternehmenseigentümer hängt auch von den thesaurierten Überschüssen und deren Verwendung ab, weil solche Überschüsse die Basis für zukünftige Ausschüttung schaffen.[199]

---

195 Die vom Management vorgelegte Planung ist nur eingeschränkt überprüfbar: OLG München, 14.07.2009 – 31 Ws 121/06; OLG Stuttgart, 22.09.2009 – 20 W 20/06; zur Unmaßgeblichkeit fiktiver Planungen: OLG Stuttgart, 17.03.2010 – 20 W 9/08; zur Zielkapitalstrukturplanung: *Großfeld/Egger/Tönnes* Rn. 629, 894, 480.

196 *Großfeld/Egger/Tönnes* Rn. 478 ff.

197 IDW S 13, Rn. 31, s.u. Rdn. 273; *Ihlau/Kohl* Praxis der Unternehmensbewertung im Familien- und Erbrecht, WPg 2017, 397 f.

198 *Ihlau/Kohl* WPg 2017, 397, 399.

199 IDW S 1, Rn. 26; zur Wertrelevanz der Ausschüttung: WP-Handbuch Band II 2014 Rn. 400 ff.; *Knok* WPg 2015, 327 ff.

Die älteren Bewertungsstandards gingen noch von einer **Vollausschüttungsannahme**   **191**
aus, die Gewinn mit Ausschüttung gleichsetzte. Dies ist nicht realitätskonform, da
empirisch Ausschüttungsquoten von 40–60 % ermittelt worden sind.[200]

> »Soweit die Planung zwei Phasen unterscheidet, ist die Aufteilung der finanziellen Über-
> schüsse auf Ausschüttungen und Thesaurierung in für die erste Phase der Planung (De-
> tailplanungsphase) auf der Basis des individuellen Unternehmenskonzepts und unter
> Berücksichtigung der bisherigen und geplanten Ausschüttungspolitik, der Eigenkapitalaus-
> stattung und der steuerlichen Rahmenbedingungen vorzunehmen. Sofern für die Verwen-
> dung dieser Wertbeträge keine Planungen vorliegen und auch die Investitionsplanung keine
> konkrete Verwendung vorsieht, ist eine sachgerechte Prämisse zur Mittelverwendung zu tref-
> fen. Unterliegen die thesaurierungsbedingten Wertzuwächse einer effektiven Veräußerungs-
> gewinnbesteuerung, so ist dies bei der Bewertung zu berücksichtigen.«[201]

In der zweiten Planungsphase wird das Ausschüttungsverhalten äquivalent zum Aus-   **192**
schüttungsverhalten der Alternativanlage bzw. zur Peer-Group angenommen, soweit
nicht Besonderheiten der Branche, der Kapitalstruktur oder der rechtlichen Rahmenbedingungen zu beachten sind.[202]

Für die thesaurierten Beträge wird die Teilnahme einer kapitalwertneutralen Verwen-   **193**
dung getroffen. Als Ausschüttungsquote der ewigen Rente ist das Ausschüttungsverhalten der Alternativanlage zugrunde zu legen, d.h. i.d.R. der Durchschnitt der
Ausschüttungsquoten einer Peer Group.

Die Einführung der **Abgeltungsteuer** beendet die einkommensteuerfreien Wertbei-   **194**
träge aus der Thesaurierung. So unterliegen diese jetzt einer effektiven Veräußerungsgewinnbesteuerung, die aber nur mit 50 % der Dividendenbesteuerung angerechnet
wird. Dies hat mit der Haltedauer und der Kursrenditen im Bereich von 5 % zu
tun, die zu einer effektiven Kursgewinnbesteuerung in einer Bandbreite von 10 % bis
20 % führen.[203] In Gutachten wird dann vielfach eine effektive Kursgewinnbesteuerung von 12,5 % angenommen.[204] Die Dividendenbesteuerung beläuft sich noch
genauer unter Berücksichtigung des Solidaritätszuschlags damit auf 26,375 % und die
Veräußerungsgewinnbesteuerung dann auf 13,1875 %.[205]

Die Ausschüttungsquote beeinflusst damit den Unternehmenswert aufgrund unter-   **195**
schiedlicher steuerlicher Behandlung von ausgeschüttetem ggü. thesauriertem
Gewinn. Seit Abkehr vom Anrechnungsverfahren und dem Halbeinkünfteverfahren

---

200   IDW S 1 2005, Rn. 44; *Wagner/Jonas/Ballwieser/Tschöpel* WPg 2004, 889; *Großfeld/Egger/*
       Tönnes Rn. 239, 421.
201   IDW S 1, Rn. 35 ff.
202   IDW S 1, Rn. 37; *Großfeld/Egger/Tönnes* Rn. 239, 421.
203   *Wiese* Unternehmensbewertung und Abgeltungssteuer, WPg 2007, 368, 371.
204   *Ballwieser/Hachmeister* Unternehmensbewertung S. 121; *Großfeld/Egger/Tönnes* Rn. 240,
       337, 575.
205   *Großfeld/Egger/Tönnes* Rn. 240, 337, 575; *Ruthardt/Hachmeister* WPg 2016, 692 f.;
       OLG München, 05.05.2015 – 31 Wx 366/13, Rn. 74; OLG Frankfurt am Main,
       26.01.2015 – 21 W 26/13, Rn. 29 f.

bei der Körperschaftsteuer ist eine Vollausschüttung an den Anteilseigner steuerlich oft unvorteilhaft.

196 Die Unternehmensteuerreform 2008[206] führt zu einer Angleichung der Besteuerung zwischen Kapitalgesellschaften und Personengesellschaften und Einzelunternehmen beim Steuersatz und der Anrechnung der Gewerbesteuer, d.h. es liegt praktisch eine steuerliche Rechtsformneutralität vor. In der Literatur wird deshalb sogar vorgeschlagen, bei der Bewertung die Steuer fiktiv bei Personengesellschaften wie bei der Kapitalgesellschaft anzurechnen.[207]

8. Kapitalisierungszins

197 *»Zeit ist Geld!«* Benjamin Franklin

»Zins und Zinseszins sind stärker als die Wasserstoffbombe!« Albert Einstein

Die ertragswertorientierten Verfahren der Unternehmensbewertung beruhen auf der neoklassischen Theorie des Zinses.[208]

198 Zu verschiedenen Zeitpunkten anfallende Zahlungen sollen vergleichbar gemacht werden, weil 100 € heute besser sind als 100 € morgen.

199 Neben dem geschätzten Überschuss ist der **Kapitalisierungszinssatz** entscheidend für den Barwert. Er verdichtet die Überschüsse auf eine Größe am Stichtag.[209]

»Keine Größe scheint bei der Bewertung von Unternehmen in der Praxis so umstritten zu sein wie der Kapitalisierungszinssatz. Sein Hebeleffekt ist bekannt und berüchtigt: Schon geringe Verminderungen des Zinssatzes können den Wert überproportional erhöhen; Erhöhungen des Zinssatzes senken den Unternehmenswert. Diese Effekte machen ihn bei Parteien, die Einfluss auf den Wert nehmen wollen, so beliebt.«[210]

200 Durch die Diskontierungsgrößen soll das Bewertungsobjekt einem Vergleichsobjekt gegenübergestellt werden – »bewerten heißt vergleichen«.[211]

Der Kapitalisierungszins entspricht damit der geforderten Eigenkapitalrendite.

201 Dabei wird der Unternehmenswert (Zukunftserfolgswert) durch Diskontierung der künftigen finanziellen Überschüsse auf den Bewertungsstichtag ermittelt. In der Mehrzahl der Bewertungsfälle ist von einer unbegrenzten Lebensdauer des bewertenden Unternehmens auszugehen.[212]

---

206 FA-FamR/*Kuckenburg/Perleberg-Kölbel* Kap. 13 Rn. 4.
207 *Jonas* WPg 2011, 299, 303; ders. WPg 2008, 826 ff.
208 *Behringer* Unternehmensbewertung S. 107.
209 *Großfeld/Egger/Tönnes* Rn. 681 ff.
210 *Ballwieser* Der Kapitalisierungszinsfuß in der Unternehmensbewertung, S. 736.
211 *Moxter* S. 123.
212 IDW S 1, Rn. 85.

Es kann aber auch sachgerecht sein, von einer begrenzten Lebensdauer auszugehen   **202** (**modifizierte Ertragswertmethode**).[213] Im ersten Fall werden die Barwerte der künftigen finanziellen Überschüsse aus dem betriebsnotwendigen Vermögen mit dem Barwert der zukünftigen finanziellen Überschüsse aus dem nicht betriebsnotwendigen Vermögen addiert.

Bei der begrenzten Lebensdauer werden die finanziellen Überschüsse bis zur Aufgabe   **203** des Unternehmens bzw. bis zum prognostizierten Reproduktionsende zuzüglich des zu prognostizierenden Restwerts des bestehenden Unternehmens herangezogen.[214]

Im ersten Fall werden die Barwerte der künftigen finanziellen Überschüsse aus dem   **204** betriebsnotwendigen Vermögen mit dem Barwert der zukünftigen finanziellen Überschüsse aus dem nicht betriebsnotwendigen Vermögen addiert.

Bei der begrenzten Lebensdauer werden die finanziellen Überschüsse bis zur Aufgabe   **205** und der Restwert des Unternehmens herangezogen.[215]

Finanzmathematisch ermittelt das Ertragswertverfahren unter Berücksichtigung dieser   **206** Überlegungen nach der folgenden **Bewertungsformel**[216] den Unternehmenswert:

$$W = \sum_{t=1}^{m} \frac{E_t}{(1+i+z)} + \sum_{t=m+1}^{m+n} \frac{E_t}{(1+i+z)} + \frac{E}{(i+z)\cdot(1+i+z)^{m+n}} + NBV$$

Die Formel stellt ein 3-phasiges Modell nach *Behringer* dar, der noch eine zweite Phase   **207** für die Jahre 4–6 bzw. 8 annimmt;

NBV	= zu Nettoverkaufserlösen bewertetes nichtbetriebsnotwendiges Vermögen
M	= Dauer der ersten Periode
N	= Dauer der zweiten Periode
I	= Basiszinssatz
Z	= Risikozuschlag
Et	= Periodeneinzahlungsüberschüsse der ersten und zweiten Phase
E	= Periodeneinzahlungsüberschüsse der dritten Phase
T	= Periodenindex

Der Kapitalisierungszins setzt sich aus den im Folgenden dargestellten Komponenten   **208** zusammen:
– Basiszinssatz,
– Risikozuschlag, bestehend aus Marktrisikoprämie und Betafaktor und
– Wachstumsabschlag.

---

213 BGH, FamRZ 2011, 622 und 1367; *Kuckenburg* FuR 2011, 512 ff. und 515 ff.; Peemöller/
   Englert S. 725.
214 IDW S 1, Rn. 86, 87.
215 IDW S 1, Rn. 86, 87.
216 *Behringer* Unternehmensbewertung S. 131.

209 Der Ansatz des Kapitalisierungszinssatzes ist streitentscheidend und damit **vom Gericht im vollen Umfang überprüf- und modifizierbar**. Die wirtschaftliche Bedeutung des Ansatzes des Kapitalisierungszinssatzes macht das sog. »Paulaner-Urteil«[217] deutlich. Das eingeholte Sachverständigengutachten legte einen Kapitalisierungszinssatz von 8,4 % fest, während das Gericht lediglich 5,5 % für angemessen hielt. Dies hatte eine Steigerung des Unternehmenswertes von 88,1 Mio. DM auf 135 Mio. DM zur Folge.

210 Dies macht die finanzmathematische Hebelwirkung des Kapitalisierungszinssatzes (in der obigen Formel i und z) im Nenner deutlich, woraus sich folgende Regel ableiten lässt:

▶ **Hinweis**

Je höher der Kapitalisierungszinssatz, je niedriger der Unternehmenswert;

je niedriger der Kapitalisierungszinssatz, je höher der Unternehmenswert.

211 Es kann aber auch sachgerecht sein, von einer begrenzten Lebensdauer auszugehen (**modifizierte Ertragswertmethode**).[218] Im ersten Fall werden die Barwerte der künftigen finanziellen Überschüsse aus dem betriebsnotwendigen Vermögen mit dem Barwert der zukünftigen finanziellen Überschüsse aus dem nicht betriebsnotwendigen Vermögen addiert.

212 Bei der begrenzten Lebensdauer werden die finanziellen Überschüsse bis zur Aufgabe des Unternehmens bzw. bis zum prognostizierten Reproduktionsende plus Restwert des bestehenden Unternehmens herangezogen.[219]

a) Basiszinssatz

213 Der theoretisch richtige Kapitalisierungszinsfuß wäre eine tatsächliche Alternative zum Unternehmenskauf oder zum Unternehmensverkauf. Gerade die Bewertung im Zugewinnausgleichsverfahren, die unabhängig von einem Veräußerungsvorgang erfolgt, kann diese Voraussetzungen nicht schaffen.[220] Mithin sind Annäherungsverfahren zu verwenden.

214 Beim **Basiszinssatz**[221] wird von einem landesüblichen Zins für Renditen von Anleihen der öffentlichen Hand basierend auf einer **Zinsstrukturkurve** der Bundesbank ausgegangen. Dabei sind allerdings nur Laufzeiten bis zu 30 Jahren zu beobachten und nicht unendliche Laufzeiten, wie von der ewigen Rente gefordert. Dies beeinträchtigt die Vergleichbarkeit der Renditen.

---

217 BayObLG, BB 1996, 259.
218 BGH, FamRZ 2011, 622 und 1367; *Kuckenburg* FuR 2011, 512 ff. und 515 ff.; Peemöller/*Leuner* S. 1073 ff.
219 IDW S 1, Rn. 86, 87.
220 *Behringer* Unternehmensbewertung S. 110.
221 Rspr.-Übersicht *Hachmeister/Ruthardt/Lapenius* WPg 2011, 519 ff.

Die Bundesbank gibt die Parameter für jeden Börsentag bekannt. Dies erfolgt finanz-   215
mathematisch nach der **Svensson-Methode**[222], die die zukünftige Entwicklung
berücksichtigt. Die Zinsstrukturkurve reflektiert den Zusammenhang zwischen Restlaufzeit und Rendite von risikofreien Anlagen. [223]

Zum Ausgleich von kurzfristigen Marktschwankungen wird die Zinsstrukturkurve auf   216
die vergangenen drei Monate bezogen. Zudem wird eine Rundung auf ¼ % und bei
gegenwertigen Zinssätzen unter 1 % auf 1/10 % empfohlen, um Scheingenauigkeiten
zu vermeiden.[224]

(unbelegt)   217

Der Basiszins muss drei Kriterien erfüllen: 218
– **Landesüblichkeit**: Zinsstrukturdaten der Deutschen Bundesbank für börsenno-
  tierte Bundeswertpapiere
– **Risikofreiheit**: Anleihen der öffentlichen Hand.
– **Laufzeitäquivalenz**: Bundesanleihen haben ihre längste Laufzeit mit 30 Jahren, so
  dass die Zinsstrukturkurven über das 31. Jahr konstant fortgeschrieben werden

b) Marktrisikoprämie und Betafaktor

Der Investor hat mit seinem unternehmerischen Engagement Risiken und Chancen.   219
Die Übernahme dieser unternehmerischen Unsicherheit, des Risikos, lassen sich die
Marktteilnehmer durch **Risikoprämien** abgelten. Theorie und Praxis gehen dabei
übereinstimmend davon aus, dass die Wirtschaftssubjekte künftige Risiken stärker
gewichten als zukünftige Chancen (Stichwort der Risikoaversion des Investors).[225]

Die Kapitalanleger gewichten also Ihre Risiken stärker als die Chancen. So versichert   220
man sich gegen Verluste, nicht gegen entgehende Chancen. Der Anleger will im Allgemeinen lieber einen quasisicheren Zins von 10 % als ein Zins, der zwischen 0 %
und 20 % schwankt. So hat sich die gesonderte Erfassung des allgemeinen Risikos
durchgesetzt.[226]

Diese **Marktrisikoprämie** ergibt sich aus der durchschnittlichen langfristigen Diffe-   221
renz zwischen der Rendite eines Aktieninvestments und der Rendite risikoloser Staats-
anleihen, also aus der erwarteten Überrendite bei Anlage in riskante statt in risikolose

---

222 *Svensson* Estimating and interpreting forward intrest rates; Sweden 1992–1994; IWF Wor-
     king Paper 114, Sep. 1994.
223 Peemöller/*Henselmann* S. 101; OLG München, 14.07.2009 – 31 Ws 121/06; *Großfeld/*
     Egger/Tönnes Rn. 237, 675, 691, 703.
224 FAUB, IDW FN 2005, 556.
225 IDW S 1. Rn. 88.
226 OLG München, AG 2008, 29, 30; LG Hannover, Beschl. v. 18.12.2007 – 26 AktE 22/97,
     Rn. 23.

Wertpapiere.[227] Die Marktrisikoprämie wird wegen der Vergleichbarkeit mit der Alternativanlage um persönliche Steuern gekürzt.[228]

222 Für das bis 2008 geltende Halbeinkünfteverfahren beträgt die Marktrisikoprämie typischerweise nach Steuern 5,5 %. Für die ab 2009 geltende Abgeltungsteuer beträgt die Marktrisikoprämie nach Steuern 4,5 %[229] Empirische Erhebungen haben demgegenüber auch höhere Risikozuschläge von weit mehr als 6 % beobachtet.[230]

223 Zudem ist die Finanzmarktkrise zu beachten, die zu extrem niedrigen Basiszinsen bei gleichzeitigem Ansteigen des Risikos geführt hat. Die niedrigen Basiszinsen führen zu überdurchschnittlich hohen Werten.[231] Es wird deshalb in der Literatur empfohlen, die Marktrisikoprämie auf 5 % bis 6 % nach Einkommensteuer bzw. 5,5 % bis 7 % vor Einkommensteuer anzupassen[232] (In der älteren Rspr. [bis ca. 2000] sind auch in Hochzinsphasen größtenteils erheblich niedrigere Risikozuschläge von 0 % bis 2 % ausgeurteilt worden).[233]

224 In welcher Höhe auch immer bedarf die Annahme des Risikozuschlages einer besonderen Begründung im Gutachten und unterliegt dem Schätzungsermessen des Gerichts nach § 287 ZPO.[234]

225 Die Marktrisikoprämie wird mit einem Faktor modifiziert, der die Abweichung des individuellen Risikos des konkreten Unternehmens vom Marktrisiko misst. Dies ist der **Betafaktor**.

226 Zur Beantwortung der Frage, welches Risikomaß bei der Bestimmung der Rendite ausschlaggebend ist, wird der Betafaktor vom Capital Asset Pricing Model (CAPM-CAPM) als zentrales Element der modernen Portfoliotheorie angeboten.[235]

227 Zu berücksichtigen ist auch das **Kapitalstrukturrisiko** der Unternehmensfinanzierung durch Fremdkapital. Je höher der Verschuldungsgrad, desto höher ist das Risiko der

---

227 IDW S 1. Rn. 89.
228 Peemöller/*Mandl/Rabel* S. 64; IDW S 1 Rn. 93.
229 *Behringer* Unternehmensbewertung S. 115; Peemöller/*Baetge/Niemeyer/Kümmel/Schulz* S. 395 ff.
230 *Ballwieser/Hachmeister* S. 106.
231 *Wagner* Auswirkungen der Finanzmarktkrise auf die Ermittlung des Kapitalisierungszinssatzes in der Unternehmensbewertung, WPg 2013, 948 ff.; *Gleißner* Die Marktrisikoprämie: stabil oder zeitabhängig?, WPg 2014, 258 ff.
232 IDW FAUB, FN-IDW 2012, 568; LG Hannover, 25.02.2015 – 23 AktE 7/13; *Ruthardt/ Hachmeister* Unternehmensbewertung im Spiegel der neueren gesellschaftsrechtlichen Rechtsprechung – Entwicklungen in den Jahren 2014 und 2015, WPg 2016, 687 ff. auch mit kritischen Nachweisen.
233 Rspr.-Übersicht bei *Behringer* Unternehmensbewertung S. 114.
234 BayObLG, NZG 2006, 156, 159; LG Dortmund, NZG 2006, 868, 872; OLG München, AG 2008, 28, 30; *Großfeld/Egger/Tönnes* Rn. 776, vgl. auch 755 ff., 780 ff., 1043.
235 IDW S 1, Rn. 9 ff.; Peemöller/*Baetge* u.a. 397 ff.; *Ballwieser/Hachmeister* Unternehmensbewertung S. 119 ff., *Großfeld/Egger/Tönnes* Rn. 800, 873, 932, 972.

Eigenkapitaleigner. Dabei ist theoretisch unbestritten, dass eine höhere Verschuldung unter sonst gleichen Bedingungen mit einem höheren Risiko für die Eigenkapitalgeber verbunden ist.[236] Anstatt einer Erhöhung des Betafaktors kann auch ein Abschlag beim Ertrag erfolgen.

Die Ableitung des Betafaktors des Unternehmens erfolgt aus den Betafaktoren der   **228** Vergleichsunternehmen (Peer Group). Der Betafaktor 1 bedeutet Risiko wie in der Peer Group; höherer Betafaktor = höheres Risiko; niedriger Betafaktor = niedrigeres Risiko.[237]

Alternativ kann der Risikozuschlag, wie dies der älteren Unternehmensbewertungs-   **229** lehre entsprach, auch pauschal ermittelt werden. Die OLG Düsseldorf und München[238] sehen durch das CAPM nur eine »scheinbare Genauigkeit« erreicht. Wenn das CAPM zudem auf die Vergleichsgruppe/Peer Group abhebt, so fehlt es bei KMU gerade an vergleichbaren börsennotierten Unternehmen, was diese Methode impraktikabel wegen fehlerhafter Typisierung macht.[239]

Dies kann insb. bei der streitentscheidenden, objektivierten Bewertung im Zugewinn-   **230** ausgleichsverfahren damit begründet werden, dass der typisierte Investor ebenfalls nicht diversifiziert ist.[240] Ansonsten werden KMU mit Weltkonzernen verglichen.[241]

Selbst das IDW hält das CAPM bei KMU nur noch grds. für geeignet.[242] Bei fehlenden börsennotierten Vergleichsunternehmen könne der Betafaktor auch sachgerecht geschätzt werden.[243]

Aus der angelsächsischen Bewertungslehre stammt das sog. Build-Up-Verfahren,   **231** dass die erwartete Eigenkapitalrendite des zu bewertenden Unternehmens aus einem risikofreien Zinssatz, zzgl. Marktrisikoprämie, zzgl. Immobilität- oder Fungibilitätsprämien, zzgl. Size-Prämie und zzgl./abzgl. Prämie für unsystematische unternehmens- oder industriespezifische Risiken ermittelt.[244] Diese Ermittlung wird zurzeit vom IDW noch abgelehnt.[245]

---

236 Sog. Modigliani-Miller-Theorem; vgl. *Perridon/Steiner/Rathgeber* Finanzwirtschaft der Unternehmung S. 500 ff.; *Jonas* Unternehmensbewertung: Die Bewertung mittelständischer Unternehmen – Vereinfachungen und Abweichungen, WPg 2011, 299 ff., 303.

237 Peemöller/*Baetge* u.a. S. 397 ff., auch zur Ermittlung von Betas börsennotierter Unternehmungen; OLG Celle, AG 2007, 865.

238 OLG München, 14.07.2009 – 31 Ws 121/06; 19.10.2006 – 31 W 92/05, AG 2007, 287; 11.07.2006 – 31 Wx 41/05, AG 2007, 246 ff.; OLG Düsseldorf, 07.05.2008 – I 86 W 16/06; I-26 W 6/06, AG 2008, 822.

239 *Hachmeister/Ruthardt* DStR 2014, 488, 489 f., 493.

240 *Jonas* IDW Vortragsskript vom 15.10.2014, Rn. 57.

241 *Großfeld/Egger/Tönnes* Rn. 800, 873, 932, 972.

242 IDW Praxishinweis 1/2014, IDW-Fn 2014, 282, Rn. 47.

243 IDW Praxishinweis 1/2014, IDW-Fn 2014, 282, Rn. 49.

244 *Hachmeister/Ruthardt* Herausforderungen bei der Bewertung von KMU: Risikozuschlag, DStR 2014, 488, 490 ff. m.w.N.

245 IDW Praxishinweis 1/2014, IDW-Fn 2014, 282, Rn. 47.

232 Die Elemente des Kapitalisierungszinssatzes bzw. der Eigenkapitalkosten sind abschließend zusammenzufassen:

risikofreier Zinssatz + (Marktrisikoprämie x Beta)

c) Wachstumsabschlag/Berücksichtigung wachsender finanzieller Überschüsse

233 Wachstum wird in der »ewigen Rente« durch den **Wachstumsabschlag** modelliert.[246] Die Anlage in festverzinsliche Wertpapiere unterliegt im vollen Umfange der Geldentwertung. Für Unternehmen besteht die Chance, inflationsbedingte Kostensteigerungen mittels Preiserhöhungen an die Abnehmer abzuwälzen und damit der Geldentwertung in gewissem Umfang zu begegnen. Dies ist aber auf Märkten mit hohem Preiswettbewerb zumindest schwierig.[247] Der Wachstumsabschlag ist damit mehr ein Inflationsabschlag.[248]

234 Eine grobe Orientierung liegt bei 45 % bis 50 % der Inflationsrate aller privaten Haushalte, also regelmäßig bei 1 % (ohne Abzug von Steuern).[249] Zulässig und vertretbar sind Faktoren zwischen 0,5 % und 2 %.[250]

9. Nicht betriebsnotwendiges Vermögen

235 Das **nicht betriebsnotwendige Vermögen**[251] ist zu identifizieren und separat zu bewerten.

236 Die Vermögensgegenstände und Schulden sind dann nicht betriebsnotwendig, wenn sie ohne Beeinträchtigung der eigentlichen Unternehmenstätigkeit herauslösbar sind. Betriebsnotwendig sind demgegenüber diejenigen Vermögensgegenstände und Schulden, die das Unternehmen benötigt, um Überschüsse zu erzielen.[252] Die Abgrenzung erfolgt nach dem funktionalen Zusammenhang am Bilanzstichtag.[253]

237 Die Bewertung erfolgt zum Liquidationswert, abzgl. Liquidationskosten, unter Berücksichtigung steuerlicher Folgen für den Investor und ggf. nicht betriebsnotwendiger Schulden.

238 Zu beachten ist die Auswirkung auf die Finanzierungssituation, falls das nicht betriebsnotwendige Vermögen zur Kreditsicherheit dient.

---

246 IDW S1, Rn. 94 ff.
247 *Großfeld/Egger/Tönnes* Rn. 1091.
248 *Großfeld/Egger/Tönnes* Rn. 1091.
249 *Großfeld/Egger/Tönnes* Rn. 1091.
250 OLG Düsseldorf, WM 2009, 2220; OLG Stuttgart, WM 2010, 173, 1 %; OLG Frankfurt am Main, 09.02.2010 – 5 W 38/09.; Rspr.-Übersicht *Hachmeister/Ruthardt/Lapenius* WPg 2011, 519 ff.
251 Peemöller/*Peemöller* S. 45 f.
252 *Großfeld/Egger/Tönnes* Rn. 88, 114, 124, 324, 383, 485, 1178 m.w.N.
253 OLG Stuttgart, AG 2010, 510; OLG Düsseldorf v. 28.8.2014, AG 2014, 817; *Großfeld/Egger/Tönnes* Rn. 1179.

Beispiele für nicht betriebsnotwendiges Vermögen: zu hohe Liquidität, Kunst-   239
sammlungen, Verwaltungsimmobilien in nicht betriebsnotwendiger Premiumlage,
nicht strategische Beteiligungen, Reservegrundstücke, Finanzanlagen, Überbestände
bei Vorräten, Körperschaftssteuerguthaben, Werkswohnungen, Beteiligungen,
Verlustvortrag.[254]

10. Kalkulatorischer Unternehmerlohn

Im Rechnungswesen von Einzelunternehmen und Personengesellschaften findet   240
sich kein Äquivalent für die Tätigkeit des Unternehmers. Einen entsprechenden
pagatorischen Posten gibt es bei den Körperschaften im Personalaufwand für die
Geschäftsführer bzw. Vorstände. Dieser Unterschied wirkt sich natürlich auch auf die
Steuerverpflichtung aus, indem bspw. der Personalaufwand die Steuerlast des Unternehmens reduziert.[255]

Der **kalkulatorische Unternehmerlohn**[256] ist darüber hinaus ein besonderes Pro-   241
blem bei kleineren und mittleren Unternehmen, in denen das Management häufig
ausschließlich aus den Unternehmenseignern besteht. In diesen Unternehmen sind
die persönlichen Kenntnisse, Fähigkeiten und Beziehungen sowie das persönliche
Engagement der Unternehmenseigner oft von herausragender Bedeutung für den
Unternehmenserfolg.[257]

Als Ausgangsgröße für die Bestimmung des angemessenen Unternehmerlohns   242
kann die Vergütung herangezogen werden, die ein nicht am Unternehmen beteiligter Geschäftsführer als Bezüge erhalten würde.[258] Dieser Wert ist ggf. um Zu- oder
Abschläge zu korrigieren, um bspw. außerordentlich starken oder geringen zeitlichen
Einsatz oder besondere individuelle Kenntnisse und Fähigkeiten zu berücksichtigen.
Indikator für gute Managementleistungen sind bspw. über dem Branchendurchschnitt
liegende Renditen.[259]

Auch bei Gesellschaftern bzw. Geschäftsführern ist die Angemessenheit des Entgelts   243
zu überprüfen.[260] Gleiches gilt für die Überprüfung der Angemessenheit des Lohnaufwands von Familienangehörigen.[261]

---

254 *Großfeld/Egger/Tönnes* Rn. 1178 ff.; BayObLG (»Paulaner«), AG 1996, 127 ff., 128: Im-
      mobilieneigentum an brauereieigenen Gaststätten nicht betriebsnotwendig.
255 *Peemöller/Popp/Kunowski* S. 1333 ff. mit konkretem Bsp. für EU, GmbH und GmbH &
      Co KG.
256 WP-Handbuch II A 425 ff.; IDW Praxishinweis 1/2014, IDW-Fn. 2014, 282, Rn. 32.
257 *Peemöller/Helbing/Franken* S. 26, 998, 1013.
258 WP-Handbuch II A 426; IDW Praxishinweis 1/2014, IDW-Fn. 2014, 282, Rn. 32.
259 *Ihlau/Kohl* Praxis der Unternehmensbewertung im Familien- und Erbrecht, WPg 2017,
      397, 398.
260 *Kuckenburg* FuR 2005, 401 ff.; IDW Praxishinweis 1/2014, IDW-Fn. 2014, 282, Rn. 32.
261 WP-Handbuch Band II A 425 f.

244   Oftmals führt die Berücksichtigung des kalkulatorischen Unternehmerlohns zu nicht positiven Ertragswerten, so dass die Unternehmen dann regelmäßig mit dem Liquidationswert zu bewerten sind.[262] Der BGH[263] verlangt deshalb auch konsequenterweise die Ermittlung **eines individuellen kalkulatorischen Unternehmerlohns.**

245   Ausgangspunkt ist danach nicht eine pauschale Ermittlung des Unternehmerlohns, sondern ein den individuellen Verhältnissen entsprechender Unternehmerlohn. Nur auf diese Weise werde der auf den jeweiligen Unternehmensinhaber bezogene Wert eliminiert, der auf dessen Arbeit, persönlichen Fähigkeiten und Leistungen beruht und auf einen Übernehmer nicht übertragbar ist. Daraus schließt der BGH, dass nicht ein pauschal angesetzter kalkulatorischer Unternehmerlohn in Abzug zu bringen ist, sondern der im Einzelfall konkret gerechtfertigte Unternehmerlohn.

246   Grundsatz der Überlegungen des BGH ist die **Problematik der Doppelverwertung.**[264] Er wiederholt seine Rechtsansicht, dass die 2-fache Teilhabe an einem Vermögenswert über den Zugewinn und den Unterhalt nicht stattzufinden habe. Dies sei aber nur dann gegeben, wenn eine Konkurrenz zwischen Zugewinnausgleich und Unterhalt tatsächlich vorliege, was nur dann der Fall sein könne, wenn beim Unterhalt auch der Vermögensstamm herangezogen werde.[265]

247   Der BGH nimmt mithin eine strenge Trennung von Vermögen und Einkommen vor und stellt klar, dass die Ermittlung des Goodwills bei der Unternehmensbewertung aus den Erträgen und Nutzungen des Unternehmens abgeleitet wird, wobei diese auch dem Unterhalt dienen können. Die Nutzungen aus dem Unternehmen sind mithin nur Anknüpfungspunkt und -maßstab für die Bewertung.[266]

248   Ohnehin ist es unterhaltsrechtliche Rechtspraxis, den steuerlichen Gewinn am Einzelunternehmen oder bei Einkünften aus Personengesellschaften als Anknüpfungspunkt für das unterhaltsrechtlich relevante Einkommen zu nehmen, obwohl diese Unterhaltseinkünfte betriebswirtschaftlich neben der Vergütung für den Unternehmer auch das unternehmerische Risiko und die Verzinsung des eingesetzten Eigenkapitals zu repräsentieren haben.[267]

249   Der individuelle kalkulatorische Unternehmerlohn als subjektive Leistung des Unternehmers ist mithin mit dem Einkommen **nicht** gleichzusetzen. Insb. ist auch eine

---

262   WP-Handbuch Band II A Rn. 425 f.

263   BGH, 2008, 316 m. Anm. *Horn* = NJW 2008, 1221 = FuR 2008, 295 m. Anm. *Kuckenburg* FuR 2008, 270; BGH, FamRZ 2011, 622 und 1367 mit Anm. *Kuckenburg* FuR 2011, 512 und 515, zit. in BGH, FamRZ 2014, 98; zur modifizierten Ertragswertmethode des BGH aus der vorgenannten Rspr. s.u. Rdn. 273 ff.

264   Zur modifizierten Ertragswertmethode des BGH aus der vorgenannten Rspr. s.u. Rdn. 273 ff.

265   *Ihlau/Kohl* WPg 2017, 397, 398.

266   BGH, FamRZ 2011, 1367; 2014, 98 ff.; unter Bezugnahme auf *Kuckenburg* FuR 2008, 270 f.; ders. FPR 2009, 290, 293.

267   *Kuckenburg* FuR 2008, 270 f.

Ableitung des individuellen kalkulatorischen Unternehmerlohns nicht aus den **Privatentnahmen** zulässig, was unterhaltsrechtlich eine eindeutige Absage der Privatentnahmen als Anknüpfungspunkt für das unterhaltsrechtlich relevante Einkommen darstellt.[268]

Wie ist der individuelle kalkulatorische Unternehmerlohn zu ermitteln?[269]   **250**

Dabei ist zunächst einmal vom **externen bzw. äußeren Betriebsvergleich**[270] auszugehen, der sich aus Branchenkennzahlen ergibt bzw. aus Vergleichswerten für angestellte Führungskräfte. Dabei ist darauf zu achten, dass auch Bestandteile des vergleichbaren Lohns berücksichtigt werden, die für Sozialleistungen wie für Altersvorsorge aufgewandt werden müssen. Sie sind Bestandteil des Lohns inkl. der Arbeitgeberanteile. Wegen der Mehrleistung des Unternehmers wird vielfach noch mit einem Zuschlag von 15 % operiert.

In der Betriebswirtschaftslehre sind hierzu Bewertungskriterien zur Beurteilung der   **251**
Unternehmerqualität entwickelt worden.

Der Bewerter hat nach subjektiver Einschätzung jede der folgenden Positionen mit   **252**
einer »**Schulnote**« **zwischen 1 und 6** zu versehen und daraus eine Gesamtnote zu bilden. Gem. dieser Note hat ein Zuschlag oder Abschlag auf den objektivierten kalkulatorischen Unternehmerlohn zu erfolgen.

▶ Checkliste[271] zur Ermittlung des individuellen kalkulatorischen Unternehmerlohns: **253**

Merkmal	Indikator
Fachkenntnisse und Branchenerfahrung	Berufserfahrung, Ausbildung
Kaufmännische Kenntnisse	Berufserfahrung, Ausbildung
Kommunikative Fähigkeiten	Persönliche Gespräche mit dem Unternehmer und Geschäftspartnern
Kreativität	Vergangene Tätigkeiten, biografischer Fragebogen, Selbsteinschätzung des Unternehmers
»need for achievement« = »hohes Bedürfnis nach Errungenschaften« = Leistungsbereitschaft	Gespräche mit dem Unternehmer
»internal locus of control« = »interner Ort der Kontrolle« = internes Kontrollsystem	Gespräche mit dem Unternehmer

---

268 BGH, FamRZ 2011, 1367, Rn. 36 m.H.a. *Kuckenburg* FuR 2008, 270 f.
269 konkretes Bsp. für individuellen kalkulatorischen Unternehmerlohn von Rechtsanwälten: *Knief* AnwBl 2010, 92 ff.
270 *Kuckenburg* FuR 2006, 293 ff.; FA-FamR/*Kuckenburg/Perleberg-Kölbel* Kap. 13 Rn. 61, *Kuckenburg/Perleberg-Kölbel* Unterhaltseinkommen, Kap. C Rn. 34 ff.
271 Nach *Behringer* Unternehmensbewertung S. 227.

Risikotoleranz und Risikominimierung	Biografischer Fragebogen, Umgang mit der Unternehmenstransaktion und dem Bewertungsverfahren, Selbsteinschätzung des Unternehmers
Bereitschaft und Fähigkeit, viel zu arbeiten	Gespräche mit dem Unternehmer und seinem Umfeld, Selbsteinschätzung des Unternehmers
Unterstützung im Privatleben	Gespräche mit dem Unternehmer und seinem privaten Umfeld

▶ **Beispiel**

254

Gehalt § 202 Abs. 1 Nr. 2d BewG	60.000 €
13. Monatsgehälter	65.000 €
15 %»Chefzulage«	74.750 €
24 % Vorsorgeaufwendungen	92.690 €
Kaufkraft /757,97*800,39	99.186 €
6 Std. v. 8 Std. täglich	74.389 €
gerundet	75.000 €

255 **Prozesses der Ermittlung eines objektivierten kalkulatorischen Unternehmerlohns** eines Arztes, dem noch individuelle Modifikationen folgen müssen:

Der in der BGH-Entscheidung[272] zitierte *Professor Dr. Knief*[273] hat in mehreren Publikationen zur Ermittlung des individuellen kalkulatorischen Unternehmerlohns Stellung genommen und deutlich gemacht, dass insb. der Ansatz der Bundesärztekammer[274] mit einem pauschalierten Arztgehalt in Höhe von 76.000 € völlig unzureichend ist. Unabhängig davon hat der BGH in der genannten Rspr. aus dem Jahr 2011 der Bundesärztekammermethode, wie allen Kammermethoden, eine klare Absage erteilt, weil diese keine objektiven Unternehmenswerte, sondern nur subjektive Grenzpreise ermitteln.

256 In den genannten Entscheidungen hat der BGH festgestellt, dass immaterielle Faktoren wie Standort, Art und Zusammensetzung der Patienten, die Konkurrenzsituation und ähnliche Faktoren eine Rolle spielen.

---

272   BGH, FamRZ 2011, 1367.

273   *Knief* DStR 2008, 1875; *Knief* Der Betrieb 2010, 289; *Knief* AnwBl 2010, 92; *Knief* Der Betrieb 2009, 866; *Knief* Steuerberaterhinweise 2011.3; zur Ermittlung des individuellen kalkulatorischen Unternehmerlohns s.a. *Kuckenburg* Anmerkungen, insb. aus der Sicht des Unternehmensbewerters zu BGH, 06.02.2008 – XII ZR 45/06, FuR 2008, 270; *Kuckenburg* FPR 2009, 290.

274   Hinweise zur Bewertung von Arztpraxen, Deutsches Ärzteblatt 2008, Heft 51/52, A 4 ff., Anm. 4.6.

Knief nennt dann auch unter Bezugnahme auf die Kriterien des IGES-Gutachtens[275] **257**
einen kalkulatorischen Unternehmerlohn von 140.000 €. Kein angestellter Arzt sei
bereit, eine Freiberuflerpraxis zu erwerben, wenn Gehälter für angestellte Ärzte, wie
mit 76.000 € angenommen, eine Rolle spielten.

Die zitierten Publikationen belegen eindrucksvoll, dass Lage der Praxis, Einsatz des **258**
Praxisinhabers, aber auch zusätzlicher Aufwand für Sozialversicherungen heranzuziehen sind.

Der individueller kalkulatorische Unternehmerlohn ist bei Ärzten bspw. grds. daher **259**
mit 140.000 € anzunehmen. Andere Quellen[276] nennen sogar Beträge zwischen
180.000 € und 300.000 €. Dem haben sich grds. noch individuelle Modifikationen
anzuschließen.

▶ Haftungshinweis

    Die Hauptauskunftsperson ist gerade bei kleineren Unternehmen oft der **260**
    unmittelbar vom Verfahren Betroffene. Die Anwesenheit der Parteivertreter beim
    Außenprüfungstermin und der Inaugenscheinnahme des Bewertungsobjekts im
    Zuge der Beweisaufnahme ist deshalb dringend erforderlich!

11. Korrektur des Unternehmenswerts durch Größenabschlag, Liquiditätsabschlag, Fungibilitätsabschlag, Diversifikationsabschlag und Länderrisikoabschlag

Der Umstand der besonderen Personenbezogenheit von Unternehmen, die von ein **261**
oder zwei Personen besonders abhängig sind, oder bei kleineren personenbezoge-
nen Dienstleistungsunternehmen bzw. Handwerksbetrieben, wird darüber hinaus
in der Bewertungslehre eher durch Erhöhung eines Risikozuschlags und nicht durch
Größenabschlag berücksichtigt. Die entsprechenden Bewertungskriterien nach den
folgenden **Risikokategorien**[277] zur Bewertung von kleineren und mittleren Unternehmen können natürlich auch in die Position des kalkulatorischen Unternehmerlohns
einfließen: **262**

Kategorie	Kennzeichen des Unternehmens	Risikozuschlag
1	Etabliertes Geschäft, gute Marktposition, gutes Manage-ment, stabile Erträge in der Vergangenheit, vorhersehbare Zukunft	6–10 %
2	Genauso wie Kategorie 1, jedoch ist die Branche wettbewerbsintensiver	11–15 %

---

275 IGES-Gutachten, August 2010, www.iges.de.
276 www.gehalt.de/einkommen/ltd-oberarzt/869241; www.verguetungsportal.kienbaum.com.
277 *Behringer* Unternehmensbewertung S. 206.

3	Firmen in sehr wettbewerbsintensiven Branchen, mit wenig Eigenkapital und wenig erfahrenem Management, aber mit guten Erfolgen in der Vergangenheit	16–20 %
4	Kleine Firmen, die von den Kenntnissen von ein oder zwei Personen abhängen oder größere Firmen in stark zyklischen Branchen mit geringer Vorhersehbarkeit	21–25 %
5	Kleine personenbezogene Dienstleistungsfirmen mit einem einzelnen Eigentümer-Unternehmer	26–30 %

263 Auch in der **amerikanischen Bewertungslehre** werden insoweit Abschläge/discounts diskutiert:

size discount	≥ -20 %
marketability discount	≥ -35 %
private company discount	≥ -30 %
lack of control discount	≥ -30 %
=	**Wert nach Abschlägen**

264 All diesen Abschlägen fehlt es an einer theoretischen Begründung. Die Messung von Daten ohne Modellhypothesen führt zu nicht verifizierbaren Aussagen.[278]

265 Insb. gibt es keinen originären Größeneffekt, es gibt aber relevante Faktoren, die häufig mit der Größe des Unternehmens korrelieren:
  – Verschuldung/Finanzierungsrisiko (s.o. beim Betafaktor),
  – Bedeutung einzelner Personen für die Unternehmensführung und für die Kapitalausstattung,[279]
  – Liquidität der Beteiligung, Mobilitätsabschlag und Abschlag für mangelnde Diversifikation.[280]

266 Die mangelnde Liquidität des Unternehmens kann zu Abschlägen führen, was mit der Transaktionskostentheorie (im Gegensatz zu Aktien börsennotierter Unternehmungen) begründet werden kann:

267 Mangelnde Liquidität führt dazu, dass es »Zeit und Geld kostet, etwas zu Geld zu machen«.[281] Dem Gedanken des Mobilitätsabschlages wird das noch anzusprechende Fachgutachten HFA 2/1995 gerecht.

268 So hat auch die Rspr.[282] einen **Fungibilitätsabschlag** anerkannt.

---

278 *Jonas* Die Bewertung mittelständischer Unternehmen – Vereinfachungen und Abweichungen, WPg 2011, 299 ff., 305 ff.
279 *Jonas* WPg 2011, 306.
280 *Jonas* WPg 2011, 306.
281 *Jonas* WPg 2011, 308.
282 OLG Düsseldorf, 31.03.2006 – 1-26 W 5/06; *Behringer* Unternehmensbewertung S. 111.

Denkbar ist auch ein **Diversifikationsabschlag**[283], weil der Investor risikoavers ist, so   **269**
dass eine Risikoverteilung auf weniger als 30 Anteile an einem Unternehmen ein grö-
ßeres Risiko bedeutet als die Streuung der Anteile bei Publikumsgesellschaften. Grds.
bedarf es aber keiner generellen Abschläge bei mittleren und kleineren Unternehmen.

Die relevanten Faktoren, die mit der Größe korrelieren wie Verschuldung, Finanzie-   **270**
rungsrisiko, Bedeutung einzelner Personen für das Unternehmen, Mangel an Diversifikation und Fungibilität, können zu Abschlägen führen. Diese Risiken können aber
auch über die Höhe des Ertrags abgebildet werden.

Bei **Bewertung ausländischer Unternehmen** bedarf es letztlich keines Länderrisikoab-   **271**
schlags. Auch hier werden erhöhte »**Länderrisiken**« über die Minderung der Erträge
erfasst.

12. Steuerliche Besonderheiten bei der Bewertung von Personengesell-
schaften und Einzelunternehmen nach der Ertragswertmethode

– **Verlustvorträge:**[284]   **272**
Ist der Verlustvortrag bei objektivierter Bewertung zu berücksichtigen? Dies ist
abhängig vom Bewertungsanlass. Grds. geht der Verlustvortrag bei Gesellschaften
unter.
– **Ergänzungsbilanzabschreibungen:**[285]
Bei Vorliegen von Ergänzungsbilanzen hat ein Gesellschafter bei einem früheren
Erwerb eines Unternehmens oder Unternehmensteils mehr gezahlt als sein Anteil
wert ist. Hieraus resultiert ein Abschreibungspotenzial, das mit Ausscheiden dieses
Gesellschafters untergeht. Neues Abschreibungsvolumen besteht nur dann, wenn
auch der neue Erwerber mehr zahlt, als der Anteil wert ist.
– **Veräußerungsgewinnbesteuerung:**[286]
Diese ist ein spezielles Problem bei der transaktionsbezogenen Bewertung für die
Grenzpreisfindung und steuerliche Typisierung des Veräußerers. Bei der transakti-
onslosen Bewertung, wie im gerichtlichen Zugewinnausgleichsverfahren, wird die
Problematik über die latente Steuerlast gelöst.
– **Sonderbetriebsvermögen:**[287]
Hier stellt sich ein Abgrenzungsproblem bei den Erträgen, wenn ein Mitunterneh-
mer einen Vermögensgegenstand der Gesamthand zur Verfügung stellt.

---

283 *Jonas* WPg 2011, 307.
284 *Kuckenburg/Perleberg-Kölbel* Unterhaltseinkommen, Kap. B Rn. 551.
285 *Kuckenburg/Perleberg-Kölbel* Unterhaltseinkommen, Kap. B Rn. 332 ff.
286 *Kuckenburg/Perleberg-Kölbel* Unterhaltseinkommen, Kap. B Rn. 85 ff., 280.
287 *Kuckenburg/Perleberg-Kölbel* Unterhaltseinkommen, Kap. B Rn. 326 ff.

VI. Modifizierte Ertragswertmethode

273 Im Kontext zur Ermittlung des Unternehmenswerts von Freiberufler-Praxen, einschließlich Freiberufler-GmbH, entwickelt der XII. Zivilsenat[288] eine Modifikation der Ertragswertmethode, die jetzt sogar in die berufsständischen Verlautbarungen des IDW[289] Eingang gefunden hat. So hat der BGH die **modifizierte Ertragswertmethode** zur Bewertung freiberuflicher Praxen uneingeschränkt für geeignet erachtet.

274 Zwischenzeitlich kann diese Methode auch bei gewerblichen Unternehmen[290], selbst bei einer vollkaufmännischen personalistischen GmbH, statt der Ertragswertmethode wegen hoher Personenbezogenheit zur Anwendung gebracht werden.

275 Dem folgt das IDW in einer neueren Verlautbarung und spricht insoweit von einer nur temporär übertragbaren Ertragskraft bei sog. kleinen und mittelgroßen Unternehmen (KMU), die zu einem zeitlich beschränkten »**Abschmelzungszeitraum**« führt.[291]

276 Dieser Abschmelzungszeitraum, Verflüchtigung des erworbenen Goodwills, ist im Gutachten zu begründen und stellt die Modifikation zur Ertragswertmethode dar. Finanzmathematisch führt das zu der Ermittlung eines Barwerts einer befristeten/zeitigen Rente und nicht der ewigen Rente wie bei der Ertragswertmethode.

▶ **Rentenbarwertformel ohne diskontierten Restwert**

277 $K_0 = W \times [(1 + i)\,n\text{-}1] / [(1 + i)n \times i]$

K_0: Barwert zum Zeitpunkt 0

W: Rente (d.h. bei gleichbleibenden Erträgen)

n: Anzahl der Perioden

i: Kalkulationszinssatz

Rentenbarwertfaktor: $[(1 + i)n\text{-}1] / [(1 + i)n \times i]$

278 Als Anknüpfungszeitpunkt für den Abschmelzungszeitraum werden grundsätzlich steuerliche Abschreibungsregeln genannt bzw. eine Bandbreite von 3 bis 7 Jahre.[292]

279 Nach steuerrechtlichen Bestimmungen ist der entgeltlich erworbene Praxiswert zu aktivieren (steuerrechtliche Aktivierungspflicht). Bei Einzelpraxen wird eine Abschreibungsdauer von 3 bis 5 Jahren angenommen. Bei Gemeinschaftspraxen und/oder

---

288 BGH, FamRZ 2011, 622 und 1367, FamRZ 2014, 98.
289 IDW Praxishinweis 1/2014, IDW-Fn 2014, 282 ff.
290 BGH, FamRZ 2014, 98 ff.
291 Besonderheiten bei der Ermittlung eines objektivierten Unternehmenswerts kleiner und mittelgroßer Unternehmen, IDW Praxishinweis 1/2014 v. 05.02.2014, IDW-Fn 2014, 282 ff., 287 f.; so gleichlautend auch Hinweise der BStBK v. 13.03.2014.
292 IDW Praxishinweis 1/2014, IDW-Fn 2014, 282ff, Rn. 31.

überleitende Tätigkeit gilt eine Nutzungsdauer von 6 bis 10 Jahren.[293] Denkbar sind auch längere Abschmelzungszeiträume.

Wesentliche Elemente der modifizierten Ertragswertmethode werden im Folgenden   **280** dargestellt.

Zur Beachtung des Verbots der Doppelverwertung hat der BGH in der genannten Rspr. das Institut des individuellen kalkulatorischen Unternehmerlohns kreiert und verlangt zudem stichtagsgenau den Abzug der latenten Steuerlast. Dabei wird methodisch grds. von den gewichteten Vergangenheitsergebnissen ausgegangen. Korrekturen dieser Ergebnisse sind nur dann geboten, wenn außerordentliche Umstände und Einflüsse vorgelegen haben. Hierin liegt ein elementarer Unterschied zur Ertragswertmethode des IDW, IDW S 1, die eine auf einer Vergangenheitsanalyse fußende Ertragswertprognose für die Zukunft verlangt.

Besonderes Element der Modifikation der Ertragswertmethode ist dann insb. noch   **281** wegen der besonderen Personenbezogenheit und der damit zusammenhängenden schnelleren Verflüchtigung des Goodwills des Unternehmens, dass nicht von einer unendlichen Lebensdauer des Unternehmens ausgegangen wird. Vielmehr ist der Barwert einer befristeten Rente für eine bestimmte Zeitperiode anzunehmen.

Auch findet entgegen IDW S 1 eine Kombination aus dem ermittelten Ertragswert   **282** und der betrieblichen Substanz (zu diskontierender **Restwert nach Abschmelzungszeitraum**) statt.[294]

▶ Hinweis:

Der bei allen Vermögenswerten gebotene Abzug der latenten Steuerlast hat nach   **283** den tatsächlichen und rechtlichen Verhältnissen des Stichtags zu erfolgen.

Unter Bezugnahme auf seine ständige Rspr. verlangt der BGH bei der Bewertung   **284** im Zugewinnausgleich neben einer Berücksichtigung der Veräußerungskosten den wertmindernden Abzug der **latenten Steuerlast**, und zwar unabhängig von der Frage, ob eine Veräußerung tatsächlich beabsichtigt ist oder nicht.[295] Dabei setzt sich die Entscheidung mit der vereinzelten Kritik[296] in der Literatur auseinander, die eine noch nicht entstandene Steuer nicht wertmindernd berücksichtigt wissen will. Diese beanstandet, dass bei der Bewertung anderer Vermögensgegenstände (Grundstücke, Wertpapiere, Lebensversicherungen etc., die innerhalb der »Spekulationsfrist« veräußert werden) keine latente Steuerlast berücksichtigt wird. Dies sei aus Gründen der

---

293 BMF-Schreiben v. 15.01.1995, BStBl I 1995, 15; *Kuckenburg* FuR 2009, 188.

294 BGH, FamRZ 2011, 622 Tz. 21 ff., Peemöller/*Leuner*, S. 1073 ff., 1075.

295 BGH, FamRZ 2011, 1367, Rn. 47; BGH, FamRZ 2011, 622, Rn. 29 ff.; BGH, FamRZ 1991, 43, 48; BGH, FamRZ 2005, 99, 101.

296 *Hoppens* FamRZ 2006, 449; *Gernhube*r NJW 1991, 2238, 2242; *Tiedtke* FamRZ 1990, 1188, 1193; *Schröder* Bewertungen im Zugewinn Rn. 74.

Gleichbehandlung nicht gerechtfertigt.[297] Die Bewertung einer freiberuflichen Praxis im Zugewinnausgleich erfolgt stichtagsbezogen und losgelöst von einer beabsichtigten Veräußerung (es wird ein Wert ermittelt und nicht ein Preis!). Maßgeblich ist dabei der am Stichtag vorhandene Wert und die damit verbundene Nutzungsmöglichkeit des Unternehmens durch den Inhaber.[298] Diese Nutzungsmöglichkeit, reduziert um die latente Steuerlast, bestimmt den Vermögenswert, vorausgesetzt, Praxen der entsprechenden Art werden im nennenswerten Umfang veräußert.[299] Damit wird sich nochmals eindeutig zum Kriterium der Veräußerbarkeit von Unternehmen bekannt, mit der Folge, dass sich das Sachverständigengutachten mit der Marktfähigkeit des zu bewertenden Unternehmens auseinanderzusetzen hat. Die festzustellende Marktfähigkeit des Unternehmens, also die Prämisse der Verwertbarkeit, führt zur Berücksichtigung der latenten Ertragsteuern.

285   In einem orbiter dictum bekennt sich der BGH aus Gründen der Gleichbehandlung auch zur Berücksichtigung der latenten Steuerlast bei der Bewertung anderer Vermögensgegenstände (Achtung: Zeitpunkt der Stellung und der Zustellung des Scheidungsantrags!). Die latente Steuerlast bezieht sich dabei auf die Verhältnisse am Stichtag und ist ungeachtet einer bestehenden Veräußerungsabsicht relevant.[300]

286   Letztlich klärt der BGH[301] nunmehr die Frage, wie die latente Steuer in Abzug zu bringen ist. Zwar ist am Stichtag nicht bekannt, wann und zu welchem Preis der betreffende Vermögensgegenstand tatsächlich veräußert wird. Für eine stichtagsbezogene Wertermittlung kommt es aber nicht darauf an, welche Ertragsteuern beim künftigen Veräußerungsfall tatsächlich anfallen. Vielmehr ist die zum Stichtag bestehende Steuerlast maßgebend (§§ 18 Abs. 3 i.V.m. § 16 Abs. 2–4, § 17, 34 Abs. 1 und 2 Nr. 1 EStG). Die latente Steuerlast reduziert den Wert des Unternehmens am Stichtag.

▶ Hinweis

287   Die Rspr. zur modifizierten Ertragswertmethode, die den Barwert einer zeitraumbezogenen Rente annimmt und insb. latente Steuerlast führen zu einer erheblichen Reduzierung der Unternehmenswerte.

In der betriebswirtschaftlich geprägten Bewertungslehre wird demgegenüber häufig noch von einer objektivierten Steuerlast ausgegangen.

Wegen der Steuerfolgen ist für den Zeitpunkt der Zustellung des Scheidungsantrags die Steuerrechtslage im Interesse des Mandanten und zur Vermeidung von Haftungsrisiken stets zu bedenken.

---

297   *Kogel* NJW 2007, 556, 558 ff.; *Haußleiter* NJW-Spezial 2008, 164, 165; *Hoppens* FamRZ 2006, 449,450 f.
298   BGH, 02.02.2011 – XII ZR 185/08, Rn. 47.
299   BGH, FamRZ 2008, 761, Rn. 20; BGH, FamRZ 1977, 38, 40.
300   BGH, FamRZ 2011, 1367, Rn. 50.
301   BGH, FamRZ 2011, 1367, Rn. 52; krit. *Kuckenburg* FuR 2011, 512.

Auf die ausführliche Darstellung der Veräußerungsgewinnbesteuerung zu allen Vermögenswerten im Zugewinn einschließlich der Problematik des gewerblichen Grundstückhandels mit Steuervermeidungsstrategien wird auch auf das Fachanwaltshandbuch verwiesen.[302]

VII. Unternehmensbewertungen der freiberuflichen Praxis nach BGH, FamRZ 2011, 622 und 1367

Der BGH hat in seinen Entscheidungen vom 09.02.2011 und 02.02.2011 elementare **288** Grundsätze zur Unternehmensbewertung im Zugewinnausgleichsverfahren präzisiert und weitergeführt.[303][304]

Die fünf Thesen der Rspr. des BGH hieraus lauten: **289**
1. **These: Die freiberufliche Praxis unterliegt dem Zugewinnausgleich.**
2. **These: Die Auswahl der Bewertungsmethode obliegt dem sachverständig beratenen Tatrichter.**
3. **These: Die modifizierte Ertragswertmethode ist für die Bewertung freiberuflicher Praxen geeignet.**
4. **These: Der kalkulatorische Unternehmerlohn wird individuell ermittelt.**
5. **These: Der bei allen Vermögenswerten gebotene Abzug der latenten Steuerlast hat nach den tatsächlichen und rechtlichen Verhältnissen des Stichtags zu erfolgen.**

Zu These 1 und zur Doppelverwertung s. Rdn. 241 & 362. Zu These 3 s. Rdn. 273. Zu These 4 s. Rdn. 241.

1. Auswahl der Bewertungsmethode

In seinen Urteilen stellt der BGH nicht mehr die grds. Frage, ob eine **freiberufliche** **290** **Praxis** überhaupt der Unternehmensbewertung unterliegt.[305] In den Entscheidungsgründen[306] wird vielmehr sogleich klargestellt, dass für die Bewertung einer freiberuflichen Praxis, hier einer Steuerberaterpraxis, die modifizierte Ertragswertmethode die geeignete Methode ist. Ähnlich wie in der Rspr. zum Betreuungsunterhalt wiederholt der BGH permanent die von ihm aufgestellten Grundsätze, dass bei der Bewertung von Vermögensgegenständen nach § 1376 Abs. 2 BGB der objektive (Verkehrs-) Wert

---

302 FA-FamR/*Kuckenburg/Perleberg-Kölbel* 9. Aufl., Kap. 13 Rn. 81 ff.

303 BGH, FamRZ 2011, 622 und 1367 = FuR 2011, 281 und FamRZ 2012, 29; *Kuckenburg* FuR 2011, 512 ff. und 515 ff.

304 *Soyka* FuR 2011, 285; *Borth* FamRZ 2011, 705; *Niepmann* FF 2011, 193; *Koch* FamRZ 2011, 627; *Kuckenburg* FuR 2011, 512.

305 *Kuckenburg* FuR 2008, 270.

306 BGH, FamRZ 2011, 1367, Rn. 17, unter Bezugnahme auf BGH, FamRZ 2011, 622 = FuR 2011, 281 = NJW 2011, 999.

maßgebend ist. Ziel der Wertermittlung ist es daher, die Praxis des Freiberuflers im Zugewinnausgleichsverfahren mit ihrem »vollen, wirklichen« Wert anzusetzen.[307]

291 Die **Auswahl der Bewertungsmethode** ist ausschließlich Aufgabe des sachverständig beratenen Tatrichters. Seine Entscheidung kann von den Instanzgerichten nur daraufhin überprüft werden, ob sie gegen Denkgesetze und Erfahrungssätze verstößt oder sonst auf rechtsfehlerhaften Erwägungen beruht.[308]

292 In den Urteilen vom 09.02.2010 und 02.02.2011[309] wird den umsatzorientierten Verfahren der Standesorganisationen der freien Berufe (**Praktikerverfahren**) eine klare Absage erteilt, weil die Kosten des Unternehmens nicht angemessen berücksichtigt werden können (der Wert eines Unternehmens ist natürlich maßgeblich dadurch geprägt, ob ein Unternehmen bspw. 40 %, 50 % oder 70 % an Kosten hat).

293 Darüber hinaus kann es Umsatzteile geben, die rein personengebunden und deshalb auf den Nachfolger nicht übertragbar oder aus anderen Gründen einmalig sind. Im konkreten Fall wird wegen personengebundener Mandate ein Abzug für gerechtfertigt gehalten.

294 Ein weiterer Abzug kommt auch wegen der Ermittlung regionaler, unternehmensspezifischer und marktmäßiger Besonderheiten in Betracht.[310] Dabei wird ausdrücklich auf die überholten Hinweise der Steuerberaterkammer, Stand 30.06.2010, zur Ermittlung von Steuerberatungspraxen Bezug genommen.

295 Diese Hinweise mit Ansatz des **Umsatzwertverfahrens** ermitteln aber nur einen **subjektiven Wert für die Preisobergrenze des potentiellen Erwerbers und die Preisuntergrenze für den Veräußerer.**[311]

296 Demgegenüber hat die Wertermittlung im Zugewinnausgleich einen **objektivierten**, auszugleichenden Praxiswert zum Ziel. Insoweit folgt die Entscheidung dem Bewertungsstandard des IDW, IDW S 1, der derartige Praktikermethoden allenfalls zu Plausibilitätsüberprüfungen für geeignet ansieht.[312] Die Umsatzwertverfahren der Standesorganisationen sind deshalb zur Bewertung im Zugewinnausgleichsverfahren ungeeignet. Heranzuziehen ist das modifizierte Ertragswertverfahren.[313]

297 Auch personalisierte GmbHs können nach der modifizierten Ertragswertmethode bewertet werden.[314]

---

307 BGH, FamRZ 2011, 1367, Rn. 24; BGH, FamRZ 1999, 361 = NJW 1999, 784.
308 BGH, FamRZ 2008, 761, Rn. 18; BGH, FamRZ 2005, 99, 100; letztere mit Anm. *Kuckenburg* FuR 2005, 401.
309 BGH, FamRZ 2011, 622 = FuR 2011, 281 = NJW 2011, 999.
310 *Barthel* DB 1996, 149, 161.
311 BGH, FamRZ 2011, 1367; vgl. ausf. unter Rdn. 127.
312 BGH, FamRZ 2011, 1367, Rn. 27, 28; IDW S 1 (2008), Rn. 143.
313 BGH, FamRZ 2011, 1367, Rn. 28; mit Verweis auf *Kuckenburg* FPR 2009, 290, 292; IDW S 1 (2008), Rn. 143.
314 BGH, FamRZ 2014, 98.

2. Latente Steuerlast

Unter Bezugnahme auf seine ständige Rspr. verlangt der BGH bei der Bewertung im **298**
Zugewinnausgleich neben einer Berücksichtigung der Veräußerungskosten den wertmindernden Abzug der **latenten Steuerlast**, und zwar unabhängig von der Frage, ob
eine Veräußerung tatsächlich beabsichtigt ist oder nicht.[315]

Dabei setzt sich die Entscheidung mit der vereinzelten Kritik[316] in der Literatur aus- **299**
einander, die eine noch nicht entstandene Steuer nicht wertmindernd berücksichtigt
wissen will.

Diese beanstandet, dass bei der Bewertung anderer Vermögensgegenstände (Grundstücke, Wertpapiere, Lebensversicherungen etc., die innerhalb der »Spekulationsfrist«
veräußert werden) keine latente Steuerlast berücksichtigt wird. Dies sei aus Gründen
der Gleichbehandlung nicht gerechtfertigt.[317]

Die Bewertung einer freiberuflichen Praxis im Zugewinnausgleich erfolgt stichtagsbe- **300**
zogen und losgelöst von einer beabsichtigten Veräußerung (es wird ein Wert ermittelt
und nicht ein Preis!).

Maßgeblich ist dabei der am Stichtag vorhandene Wert und die damit verbundene **301**
Nutzungsmöglichkeit des Unternehmens durch den Inhaber.[318]

Diese Nutzungsmöglichkeit, reduziert um die latente Steuerlast, bestimmt den Ver- **302**
mögenswert, vorausgesetzt, Praxen der entsprechenden Art werden im nennenswerten
Umfang veräußert.[319]

Damit wird sich nochmals eindeutig zum Kriterium der Veräußerbarkeit von Unter- **303**
nehmen bekannt, mit der Folge, dass sich das Sachverständigengutachten mit der
Marktfähigkeit des zu bewertenden Unternehmens auseinanderzusetzen hat. Die festzustellende Marktfähigkeit des Unternehmens, also die Prämisse der Verwertbarkeit,
führt zur Berücksichtigung der latenten Ertragsteuern.[320]

In einem obiter dictum bekennt sich der BGH aus Gründen der Gleichbehand- **304**
lung auch zur Berücksichtigung der **latenten Steuerlast** bei der Bewertung anderer
Vermögensgegenstände (Achtung: Zeitpunkt der Stellung und der Zustellung des
Scheidungsantrags). Die latente Steuerlast bezieht sich dabei auf die Verhältnisse am
Stichtag und ist ungeachtet einer bestehenden Veräußerungsabsicht relevant.[321]

---

315 BGH, FamRZ 2011, 1367, Rn. 47, BGH, FamRZ 2011, 622, Rn. 29 ff.; BGH, Fam-
RZ 1991, 43, 48; BGH, FamRZ 2005, 99, 101.

316 *Hoppens* FamRZ 2006, 449; *Gernhuber* NJW 1991, 2238, 2242; *Tiedtke* FamRZ 1990,
1188, 1193; *Schröder* Bewertungen im Zugewinn, Rn. 74.

317 *Kogel* NJW 2007, 556, 558 ff.; *Haußleiter* NJW-Spezial 2008, 164, 165; *Hoppens* Fam-
RZ 2006, 449,450 f.

318 BGH, 02.02.2011 – XII ZR 185/08, Rn. 47.

319 BGH, FamRZ 2008, 761, Rn. 20; BGH, FamRZ 1977, 38, 40.

320 BGH, FamRZ 2008, 761, Rn. 20; BGH, FamRZ 1977, 38, 40.

321 BGH, FamRZ 2011, 1367, Rn. 50.

305   Letztlich klärt der BGH[322] auch die Frage, wie die latente Steuer in Abzug zu bringen ist. Zwar ist am Stichtag nicht bekannt, wann und zu welchem Preis der betreffende Vermögensgegenstand tatsächlich veräußert wird. Für eine stichtagsbezogene Wertermittlung kommt es aber nicht darauf an, welche Ertragsteuern beim künftigen Veräußerungsfall tatsächlich anfallen. Vielmehr ist die zum Stichtag bestehende Steuerlast maßgebend (§§ 16, 18 Abs. 3 i.V.m § 16 Abs. 2–4, 34 Abs. 1 und 2 Nr. 1, 17 EStG).

306   Das OLG Hamm ist dabei der Ansicht, die Steuerberechnung habe das Gericht selbstständig vorzunehmen.[323]

307   Die latente Steuerlast reduziert den Wert des Unternehmens zum Stichtag.

▶ **Praxistipp**

308   In der betriebswirtschaftlich geprägten Bewertungslehre wird demgegenüber von einer objektivierten Steuerlast ausgegangen.[324]

VIII. Unternehmensbewertung der geschlossenen Immobilienfond KG

309   Der BGH[325] führt unter ausdrücklicher Bezugnahme auf § 287 ZPO aus, dass **geschlossene Immobilienfonds**, die als Kommanditgesellschaft betrieben werden, einer besonderen Bewertung unterliegen. Zwar handelt es sich regelmäßig um eine KG mit der Folge, dass die Unternehmensbewertung nach allgemeinen Grundsätzen, insb. nach der Ertragswertmethode des IDW, angezeigt wäre.

310   Die Rechte an dieser Mitunternehmerschaft sind aber nach BGH überhaupt nicht oder nur schlecht veräußerbar. Diese Prämisse des BGH verkennt aber das Bestehen eines sog. Zweitmarktes für geschlossene Immobilienfonds.[326]

311   Trotz der angeblich mangelnden Verkehrsfähigkeit sind diese Beteiligungen nach Ansicht des BGH gleichwohl nicht wertlos. Der Wert liegt danach in einer langfristigen Investition und Aussicht auf Steuervorteile, die im Hinblick auf die Dauer der Beteiligung erzielt werden.

312   Dies kann zu einer Wertlosigkeit führen, wenn die Steuervorteile vor dem Stichtag bereits in Anspruch genommen worden sind und keine oder nur eine geringe Schlusszahlung zu erwarten ist.

---

322   BGH, FamRZ 2011, 1367, Rn. 52; krit. *Kuckenburg* FuR 2011, 512.
323   OLG Hamm, FamRZ 2016, 1931; krit. *Kuckenburg*, kurze Anmerkung zu OLG Hamm, Beschl. v. 02.05.2016, FuR 2017, 70.
324   Ausf. mit Beispielen: Klein/*Kuckenburg* FamVermR, Kap. 2 Rn. 1602 ff., 1606; Peemöller/*Kunowski* S. 1349.
325   BGH, 17.11.2010 – XII ZR 170/09, FamRZ 2011, 183, Rn. 38 ff.
326   Vgl. z.B. www.geschlossene-fonds.de; www.policenderekt.de; www.zweitmarkt.de.

Entsprechend der Ermittlung des Wertes von **Abschreibungsgesellschaften**[327], die   **313**
auch regelmäßig in Form einer KG betrieben werden, ergibt sich der **Wert nach BGH**
aus Folgendem:

	Veräußerungserlös bei Beendigung der Beteiligung
zzgl.	noch zu erwartender Steuervorteile
abzgl.	Zahlungsverpflichtungen
abzgl.	mit der Veräußerung ausgelöste Steuern

(auch hier wird eine latente Steuerlast berücksichtigt)

Da der tatsächliche Veräußerungserlös bei derartigen Anlagen oftmals nicht dem prog-   **314**
nostizierten entspricht, liegt hier ein besonders schwieriges Prognoseproblem, dass der
BGH unter Anwendung von § 287 ZPO umgeht.

Die genannte Methode liefert nach Ansicht des BGH einen verlässlichen Rückschluss   **315**
auf den zum maßgeblichen Stichtag bestehenden Wert.

IX. Unternehmensbewertung von Immobiliengesellschaften

Auch die Bewertung von **Immobiliengesellschaften** wird häufig von Immobilienbe-   **316**
wertern nach der ImmoWertV vorgenommen.

Es ist aber »state of the art« sogar Ein-Objekt-Gesellschaften nach dem Bewer-   **317**
tungsstandard IDW S 1 zu bewerten.[328] Zum Standard zur Immobilienbewertung,
IDW S 10, der auch eine Ertragswertbewertung kennt, wird eindeutig in Rn. 12
klargestellt:[329]

> »Die Immobilienbewertung ist von der Bewertung von Immobilienunternehmen zu unter-
> scheiden. Während bei der Immobilienbewertung ein bebautes oder unbebautes Grundstück
> im Fokus steht, wird bei der Unternehmensbewertung die wirtschaftliche Unternehmen-
> seinheit und damit das Zusammenwirken aller Werte der einzelnen Bestandteile des Vermö-
> gens und der Schulden bewertet. Dies gilt auch für sogenannte Ein-Objekt-Gesellschaften.
> Immobilienunternehmen werden unabhängig vom Bewertunganlass grundsätzlich nach den
> Grundsätzen des IDW S 1 i.d.F. 2008 bewertet.«[330]

Somit ist in diesen Fällen die Unternehmensbewertungsmethode, IDW S 1, zur   **318**
Anwendung zu bringen. Dabei ist die in der Immobilienbewertung meistens unbe-
rücksichtigte latente Steuerlast abzuziehen, wie das bei allen Vermögenswerten im
Zugewinnausgleich zu geschehen hat.

---

327 BGH, FamRZ 2011, 183, Rn. 40 mit div. Literaturhinweisen.
328 *Kuckenburg* Unternehmensbewertung versus Immobilienbewertung, FuR 2017, 595 ff.
329 IDW S 10, FN IDW 11/2013, S. 503 ff.
330 *Ranker* Die Bewertung von Ein-Objekt-Gesellschaften: Zusammenwirken von IDW S 1
und IDW S 10, WPg 2015, 278 ff.

X. Unternehmensbewertung im Familien- und Erbrecht nach HFA 2/1995 und IDW S 13

319   Die Bewertungsstandards des Berufsstandes der Wirtschaftsprüfer und vereidigten Buchprüfer berücksichtigen auch die besonderen Umstände der Bewertung von Unternehmen und Unternehmensbeteiligungen im Familien- und Erbrecht.

320   Der Bewertungsstandard HFA 2/1995 (HFA = Hauptfachausschuss des IDW)[331], zur **Unternehmensbewertung im Familien- und Erbrecht**, gilt zunächst auch nach Einführung des IDW S 1 i.d.F. 2008 fort.[332] Dieser ist zwischenzeitlich durch den IDW S 13 novelliert worden.[333]

321   Zur Systematisierung und zur Einordnung der Bewertungsanlässe im Familienrecht wird zunächst auf den älteren Standard eingegangen:

322   Der Bewertungsstandard HFA 2/1995 führt zunächst aus, dass die Bewertung in den genannten Verfahren grds. keinen Sonderfall der Bewertung darstellt.[334] Hingewiesen wird in diesem Zusammenhang nochmals auf das strenge Stichtagsprinzip,[335] indem nur Umstände berücksichtigt werden dürfen, die im Stichtag verwurzelt waren.

323   Dies gilt auch bei weit zurückliegenden Stichtagen, die im **Anfangsvermögen** bis zum 01.07.1958 (Einführung der Zugewinngemeinschaft) zurückreichen können. Auch in diesen Bewertungen ist eine **Zukunftsprognose ohne Berücksichtigung der tatsächlichen Entwicklungen** nach dem Stichtag zu erstellen.

324   Weiter weist der Bewertungsstandard darauf hin, dass die Hauptauskunftsperson ein unmittelbar vom Verfahren Betroffener ist, der Interesse daran hat, das Ergebnis zu seinen Gunsten zu beeinflussen.[336] Wenn der Bewerter bspw. der Gerichtsgutachter in einem Zugewinnausgleichsverfahren nicht unzulässiger Weise eine »Schreibtischbewertung« vornimmt, sondern das Bewertungsobjekt im Zuge der Beweisaufnahme in Augenschein und eine Stichprobe des Rechnungswesens nimmt,[337] wird es zu einer strukturierten Befragung des Managements – also bei kleineren Unternehmen gerade des am Unternehmen Beteiligten – kommen müssen.

▶ Hinweis

325   Die Beteiligtenvertreter haben deshalb zwingend an diesem Begutachtungstermin im Zuge der Parteiöffentlichkeit der Beweisaufnahme teilzunehmen. Damit kann

---

331 IDW Prüfungsstandards und Stellungnahmen zur Rechnungslegung, HFA 2/1995.

332 IDW S 1, Fn. 4 zu Rn. 11.

333 IDW Standard: Besonderheiten bei der Unternehmensbewertung zur Bestimmung von Ansprüchen im Familien- und Erbrecht,-IDW S 13,-IDW-FN 2016, 574 ff.

334 HFA 2/1995, I.

335 HFA 2/1995, II, 1, Rn. 125.

336 HFA 2/1995, II, 3.

337 *Kuckenburg* FuR 2001, 293, 296.

der »natürlichen Nähe« des Gutachters zur unternehmerischen Verfahrenspartei entgegengewirkt werden.[338]

Das **Prinzip der Einheitlichkeit der Bewertung** nach § 1376 BGB im Anfangs- und im Endvermögen wird nochmals hervorgehoben. Die an früheren Stichtagen vorherrschenden Methoden, insb. die Kombinationsmethoden und Mittelwertverfahren, sind danach nicht mehr zur Anwendung zu bringen.[339]   **326**

HFA 2/1995 verweist zudem auf die Schwierigkeit der **Informationsbeschaffung** relevanter Informationen gerade bei weit zurückliegenden Bewertungsstichtagen.[340]   **327**

Da alle Bewertungsmethoden auf dem Rechnungswesen fußen, stellt sich die Frage, ob die vorgelegten Elemente des Rechnungswesens ausreichend sind, eine Unternehmensbewertung durchzuführen. Falls eine Bewertung den Gutachter unmöglich ist, greifen die Regeln der Darlegungs- und Beweislast.   **328**

Alle Verfahrensbeteiligten haben also konkret zu überprüfen, ob die vorgelegten, wegen des weit zurückliegenden Stichtages, oftmals raren Unterlagen ausreichend sind, eine Bewertung vorzunehmen.   **329**

Falls keinerlei oder wenige nicht aussagekräftige Unterlagen des Rechnungswesens oder andere Dokumentationen mehr vorhanden sind, ist nach **Beweislastregeln** zu entscheiden.   **330**

Wenn auch kein Sonderfall der Unternehmensbewertung vorliegt, zeigen die bisherigen Ausführungen, dass die Besonderheiten des Rechtsverhältnisses in diesem ersten Bewertungsschritt zu beachten sind.[341]   **331**

Der Bewertungsstandard führt dann noch den **stichtagsnahen Veräußerungspreis** heran. Dies sind Veräußerungspreise, die ein bis zwei Jahre vor bzw. nach dem Stichtag als maßgebliche Orientierungsgröße vorhanden sind, wenn wesentliche Marktveränderungen nicht eingetreten sind und außergewöhnliche oder persönliche Umstände den Kaufpreis nicht beeinflusst haben.[342]   **332**

Das OLG Hamburg[343] geht sogar darüber hinaus, indem es bei einem Veräußerungsvorgang nach drei Jahren noch den Veräußerungspreis heranziehen will und begründet das mit § 287 Abs. 2 ZPO und § 37 Abs. 2 FamFG.   **333**

---

338 *Kuckenburg* FuR 2001, 293, 296.
339 BGH, 29.09.2015 – II ZB 23/14; BGH, 12.03.2001 – II ZB 15/00; HFA 2/1995, II, 1; Rechtsprechungsübersicht bei *Ruthardt/Hachmeister* WPg 2011, 351 ff., *Ihlau/Kohl* WPg 2017, 397, 398.
340 HFA 2/1995, II, 1.
341 HFA 2/1995, I, IDW-FN 1995, S. 309 ff.
342 Rdn. 54 f., HFA 2/1995, III, 4; BGH, BB 1982, 887.
343 OLG Hamburg, FamRZ 2015, 749, 751.

334 In einem zweiten Schritt hat nach HFA 2/1995 die sog. »**Überleitung zum fairen Einigungswert**«[344] stattzufinden, wenn das streitentscheidende Gerichtsgutachten Einigungsfunktion haben soll.

335 Dieser zweite Bewertungsschritt ist bei der Bewertung im Zugewinnausgleich wegen des Grundsatzes der paritätischen Beteiligung des Ehegatten an dem Zugewinnausgleich unterliegenden Vermögen des anderen Ehegatten erforderlich. Der Anspruchsberechtigte erhält mit dem Wirtschaftsgut »Geld« einen mit hoher Fungibilität ausgestatteten Vermögensgegenstand.

336 Demgegenüber verbleibt dem Verpflichteten der Vermögenswert »Unternehmen« mit außerordentlich geringer Fungibilität.[345]

337 Zum Ausgleich dieses Nachteils wird als erstes Element für die Überleitung zum fairen Einigungswert eine Berücksichtigung der **Finanzierungskosten**[346] zur Erfüllung des Zugewinnausgleichsanspruchs genannt. Dieser Nachteil kann aber nur dann anfallen, wenn sich aus der Gesamtvermögenslage ergibt, dass eine derartige Finanzierung auch tatsächlich erforderlich ist. Mit der ständigen Rspr. des BGH wird als zweites Element der Überleitung zum fairen Einigungswert die Berücksichtigung der **latenten Steuerlast**[347] genannt.

338 Die Weitsicht des Bewertungsstandards HFA 2/1995 wird in besonderer Weise wegen des Kontexts zwischen Zugewinnausgleich und Unterhalt deutlich, den die Rspr. des BGH[348] zur **Doppelverwertung** erst in 2008 konkretisiert hat. In HFA 2/1995 heißt es: »Der Gutachter soll darlegen, inwieweit bei der Unternehmensbewertung Sachverhalte berücksichtigt sind, die auch bei der Bemessung von Unterhaltsverpflichtungen von Bedeutung sein können (z.B. Trennung zwischen Unternehmerlohn und Unternehmenserfolg)«.[349]

339 Die letztgenannte Überlegung macht deutlich, dass die Grundsätze des Bewertungsstandards zwingend bei der Begutachtung im familienrechtlichen Verfahren anzuwenden sind.

340 Dieser Standard wird novelliert durch **IDW S 13**.[350]

---

344 HFA 2/1995, I, IV; OLG Hamburg, FamRZ 2015, 749.
345 S.o. zum Fungibilitäts- und Mobilitätsabschlag Rdn. 261.
346 HFA 2/1995, IV, 1.
347 HFA 2/1995, IV, 1, Rspr. des BGH zur latenten Steuerlast s.o. Rdn. 298 ff.
348 BGH, FPR 2008, 248 m. Anm. *Horn* = NJW 2008, 1221 = FuR 2008, 295 m. Anm. *Kuckenburg* FuR 2008, 270, 272.
349 HFA 2/1995, II, 4.
350 IDW Standard: Besonderheiten bei der Unternehmensbewertung zur Bestimmung von Ansprüchen im Familien- und Erbrecht-IDW S 13-IDW-FN 2016, 574 ff.; *Ihlau/Kohl* Praxis der Unternehmensbewertung im Familien-und Erbrecht, WPg 2017, 397 ff.; *Borth* FamRZ 2017, 1739 ff., der auf Abweichungen des IDW S 13 zur Rechtsprechung des BGH beim Restwert/Substanzwert, des tax amortisation benefit und der persönlichen Berücksichtigung der laufenden Ertragsteuerbelastung hinweist.

Die Bewertungsstandards geben den state of the art der Bewertung für die Wirtschafts-prüfer/vereidigten Buchprüfer für Bewertungen im Familien- und Erbrecht wieder. Von diesen Regeln darf nur in begründeten Ausnahmefällen abgewichen werden.

Der Standard passt den alten HFA 2/1195 an die aktuelle Rechtsprechung an und berücksichtigt die Besonderheiten der Bewertung der KMU (kleine-und mittlere Unternehmen).

Inhaltlich kommt es zu folgenden Änderungen: 341

– Der bislang verwendete Begriff des »fairen Einigungswerts« als zu ermittelnder Wert wird ersetzt durch den Begriff des »**Ausgleichs- oder Auseinandersetzungs-anspruchs**«, auf den der Bewerter in seiner Funktion als neutraler Gutachter und vom objektivierten Wert ausgehend, überzuleiten hat.

– Bezug genommen wird auf den IDW Praxishinweis 1/2014: Besonderheiten bei der Ermittlung eines objektivierten Unternehmenswerts kleiner und mittelgro-ßer Unternehmen[351] und die dort enthaltenen Aussagen zur übertragbaren Er-tragskraft und dem ggf. zu berücksichtigenden »**Abschmelzen**« des zukünftigen Ertragspotenzials sowie die vom BGH[352] entwickelten Grundsätze zum **Doppel-verwertungsverbot**.

– Der Grundsatz der Bewertungsstetigkeit für Anfangs- und Endvermögen aus § 1376 BGB wird nochmals hervorgehoben.

– Die bislang als zulässig erachtete Berücksichtigung der Folgen aus der **Finanzie-rung** des Ausgleichs- oder Auseinandersetzungsbetrags wird aufgegeben.

– Berücksichtigt wird die BGH-Rspr.[353] zur Unternehmensbewertung im Zugewinn-nausgleich, wonach unabhängig vom tatsächlichen Geschehensablauf, der Abzug einer sog. **latenten** (i.S.v. einer fiktiven Veräußerung anfallenden) **Steuerlast** zu berücksichtigen ist.

– Bei Bewertungen zu Zwecken der **Pflichtteilsberechnung** wird die latente Steuer nur im Veräußerungsfall oder bei einer Liquidationswertung[354] angenommen.

– Darüber hinaus ist im Einzelfall zu würdigen, ob und ggf. in welcher Höhe ein damit zusammenhängender, abschreibungsbedingter Steuervorteil (**TAB/tax amortisation benefit**)[355] angemessen und damit bei der Ermittlung des Ausgleichs-anspruchs werterhöhend zu berücksichtigen ist. Dabei ist aber zu bedenken, dass die Anschaffungskosten bei Beteiligungen an Kapitalgesellschaften keiner Ab-schreibung unterliegen und dem gedachten Erwerber eines Einzelunternehmens

---

351 IDW Praxishinweis 1/2014, IDW-FN 2014, 282 ff.; gleichlautend: Hinweise der BStBK v. 13.03.2014.

352 BGH, FamRZ 2008, 761.

353 BGH, FamRZ 2011, 1367; ausf.: Klein/*Kuckenburg* FamVermR Kap. 2 Rn. 1602 ff.; *Kuckenburg* FuR 2015, 95.

354 BGH, NJW 1972, 1269 ff., a.A. mit latenter Steuer: OLG Hamm, 10.04.2014 – 10 U 35/13, BeckRS 2014, 11567 und OLG München, 04.04.2012 – 3 U 4952/10, Beck-RS 2012, 08586; für Steuerabzug auch hier: *Ihlau/Kohl* WPg 2017, 397.

355 *Siewert* DS 2016, 188 ff.

oder einer Personengesellschaft durch die Buchwertreduzierung aufgrund der Abschreibung ebenfalls eine Veräußerungsgewinnbesteuerung droht. Dem trägt die endgültige Fassung des Standards Rechnung: Aufgrund der für den Bewertungsanlass eines Zugewinnausgleichs unterstellten Veräußerungsfiktion ist im Einzelfall zu würdigen, ob sich bei einem fiktiven Erwerb aus der Aufdeckung stiller Reserven ein zusätzliches Abschreibungspotenzial beim Erwerber ergibt, dass sich weitestgehend mit dem Steuervorteil des Erwerbers ausgleicht. Dann kann aus Vereinfachungsgründen auf den TAB verzichtet werden. Darüber hinaus ist der TAB insg. fragwürdig, weil bei Beteiligungen an Kapitalgesellschaften über die Regelung zur Veräußerungsgewinnbesteuerung nach § 17 EStG ein Abschreibungspotenzial nicht vorhanden ist. Dieser Anteilswert wird nicht abgeschrieben. Wenn die Regeln der Veräußerungsgewinnbesteuerung gem. §§ 15, 16, 18 Abs. 3 EStG greifen, ist Abschreibungspotenzial durch Anschaffungskosten gegeben. Die Abschreibung reduziert die Buchwerte, was bei Beendigung der Beteiligung wiederum Veräußerungsgewinnbesteuerung beim Erwerber auslöst. Der Steuervorteil aus dem Abschreibungsvolumen wirkt sich dann allenfalls in einer Steuerpause aus, was im Regelfall kaum praktische Bedeutung haben dürfte.

–   Es werden keine Ausführungen mehr zur Bedeutung des **Liquidationswerts**[356] gemacht, da im Einklang mit IDW S 1[357] auch nach der Rspr. inzwischen der Liquidationswert in der Unternehmensbewertung im Familien- und Erbrecht nur dann als Bewertungsuntergrenze unterschritten werden darf, wenn ein rechtlicher oder tatsächlicher Zwang zur Unternehmensfortführung vorliegt.

–   Es wird klargestellt, dass sich die Höhe des **kalkulatorischen Unternehmerlohns** nach der marktüblichen Vergütung einer nicht beteiligten Unternehmensleitung bestimmt, welche den zeitlichen Arbeitseinsatz sowie die individuellen Kenntnisse berücksichtigt.[358]

–   Demgegenüber sind die persönlichen Leistungen eines Eigentümers, die nicht auf einen Erwerber übertragbar sind, nicht im kalkulatorischen Unternehmerlohn zu berücksichtigen, sondern reduzieren die übertragbaren Bestandteile der Ertragskraft.[359]

–   In Abschn. 4.2. wird bei der Frage der **fiktiven Veräußerungsgewinnbesteuerung** von End- und Anfangsvermögen ergänzt, dass im Einzelfall auch eine unmittelbare fiktive Besteuerung der Nettowertsteigerung sachgerecht sein kann.[360]

–   Ferner werden die Ausführungen zur Berücksichtigung eines abschreibungsbedingten Steuervorteils konkretisiert: Aufgrund der für den Bewertungsanlass eines Zugewinnausgleichs unterstellten Veräußerungsfiktion ist im Einzelfall zu

---

356 Ausf. m.w.N: Klein/*Kuckenburg* FamVermR Kap. 2 Rn. 1535 ff.; BGH, FamRZ 1986, 776 ff.; BGH, BB 1982, 887; OLG Düsseldorf, 29.07.2009 – I 26 W 1/08.
357 IDW S 1 Rn. 140.
358 *Ihlau/Kohl* WPg 2017, 397, 398.
359 *Ihlau/Kohl* WPg 2017, 397, 399.
360 *Ihlau/Kohl* WPg 2017, 397, 399 f.

würdigen, ob sich bei einem fiktiven Erwerb aus der Aufdeckung stiller Reserven ein zusätzliches Abschreibungspotenzial beim Erwerber ergibt.
– Wenn dies der Fall ist, ist ein abschreibungsbedingter Steuervorteil beim Erwerber werterhöhend zu berücksichtigen.

Die Gralshüter der Deutschen Bewertungslehre folgen somit den betriebswirtschaftli- **342** chen Überlegungen des XII. Zivilsenats des **BGH**.[361]

Die Regeln der »Bewerterbranche« entheben den Tatrichter gem. BGH[362] nicht **343** von der Verpflichtung der Auswahl der Bewertungsmethode (§§ 286, 287 ZPO, § 738 Abs. 2 BGB gelten wie der Ansatz der latenten Steuer für die Bewertung aller Vermögensgegenstände!).

XI. Anteilsbewertung

Bei der Bewertung von **Unternehmensanteilen** ist teilweise ohne Rückgriff auf den **344** Gesamtwert des Unternehmens die Bewertung des Anteils möglich, wenn sich dieser bspw. wie bei der Aktie aus dem bloßen Kurs unmittelbar ableiten lässt.[363] In anderen Fällen kommt dieser Ansatz aber nur dann in Betracht, wenn ein Kaufpreis vorliegt, der als Bewertungsmaßstab dienen kann.[364]

Der **objektive Wert** eines Unternehmensanteils entspricht ansonsten dem quotalen **345** Anteil des jeweiligen Eigenkapitalgebers am objektivierten Gesamtwert des Unternehmens (streitentscheidende Bewertung im Zugewinnausgleich).[365]

Der **subjektive Wert** eines Unternehmensanteils beinhaltet demgegenüber die Ein- **346** schätzung des Wertes der Beteiligung an einem Unternehmen unter Berücksichtigung individueller Verhältnisse. Dabei spielen auch die Unternehmenspolitik und Risikoeinstellung der Beteiligten eine Rolle.[366]

Zwei Vorgehensweisen zur Ermittlung des Anteilswerts sind denkbar: **347**
– Bei der **indirekten Anteilsbewertung**[367] wird von dem Wert des Unternehmens als Ganzes ausgegangen und dieser wird mit der Anteilsquote des Anteilseigners multipliziert. Anschließend erfolgt ggf. eine Korrektur um pauschale Zu- oder Abschläge, um so indirekt den Anteilswert zu ermitteln. Diese Zu- und Abschläge können sich ergeben aus Angebot und Nachfrage sowie aus Einflussmöglichkeiten der Unternehmenseigner auf die Unternehmenspolitik durch qualifizierte oder einfache Mehrheit (mehr als 50 %), qualifizierte Mehrheit (mehr als 75 %), Sperrminorität (mehr als 25 %) oder Streubesitz. Einflussmöglichkeiten auf die

---

361 *Kuckenburg* FuR 2014, 219.
362 BGH, FamRZ 2011, 622, Rn. 16, 1367, Rn. 34.
363 Peemöller/*Wiechers* S. 913 ff.
364 Peemöller/*Wiechers* S. 913 ff.
365 WP-Handbuch Band II, A 34 ff.; Peemöller/*Wiechers* S. 913 ff.
366 WP-Handbuch Band II, A 34, 35.
367 WP-Handbuch Band II, A 34, 36; Peemöller/*Wiechers* S. 913 ff.

Geschäftspolitik sind dem Gesellschaftsvertrag zu entnehmen. Die Vorlage des Gesellschaftsvertrags muss im Zuge der Geltendmachung des Auskunftsanspruchs zur Beurteilung dieser Frage durchgesetzt werden.

– Bei der **direkten Anteilsbewertung**[368] wird auf die Sicht des einzelnen Anteilseigners und damit nicht auf die Werte des Unternehmens als Ganzes abgestellt. Der Anteilswert wird vielmehr aus den Zahlungsströmen zwischen Unternehmen und dem Anteilseigner abgeleitet. Diese Bewertung ist typisch bei der Anteilsbewertung von Publikumsgesellschaften, indem dem einzelnen Gesellschafter im Gegensatz zum Mitunternehmer keine Informationen (nur Geschäftsberichte statt Jahresabschlüsse, keine Beteiligung bei Gesellschaftsbeschlüssen, Einblick in das Rechnungswesen) zur Verfügung stehen.

XII. Abfindungsregeln in Gesellschaftsverträgen

348 In Gesellschaftsverträgen findet sich häufig eine **Abfindungsregelung**[369] für ausscheidende Gesellschafter, die unter dem Verkehrswert liegt. So kann bspw. nach dem **Stuttgarter Verfahren** eine Buchwertabfindung oder gar ein Ausschluss an der Beteiligung des Gesellschafters am Betriebsvermögen vorliegen.

349 **Verfügungsbeschränkungen** können sich aber auch ergeben aus:
– unterwertige Abfindungsklauseln
– gesellschaftsrechtliche, vertragliche oder faktische Ausschüttung- und Entnahmerestriktionen,
– Vinkulierungsklauseln (Def: Einschränkung der Übertragbarkeit eines Wertpapiers oder Gesellschaftsanteils mit dinglicher Wirkung),
– Ausschüttungssperren,
– Nießbrauchsbelastungen,
– Existenz von Poolverträgen (mit einem Poolvertrag schließen sich mind. zwei rechtlich selbständig bleibende Vertragsparteien zur Erreichung eines gemeinsamen Zwecks für einen unbefristeten Zeitraum zusammen

350 Derart betroffene Gesellschafter wenden im Zugewinnausgleichsverfahren ein, der **Abfindungswert** müsse in die Zugewinnausgleichsbilanz eingestellt werden, weil der Verkehrswert nicht ausgeglichen werde.

351 Nach Gesellschaftsrecht sind **Abfindungsklauseln** schon dann nicht anwendbar, wenn sie unangemessen niedrig sind. Dabei wird zwischen originär sittenwidrigen und damit nichtigen Abfindungsregeln sowie wirksamen, aber unangemessenen Klauseln unterschieden. Bei Nichtigkeit steht dem ausscheidenden Gesellschafter ohnehin der volle Verkehrswert zu. Unangemessenheit der Abfindungsregelung liegt dann aber nur vor, wenn diese erheblich unter dem Verkehrswert liegt. Die Rspr. ist uneinheitlich

---

368 WP-Handbuch Band II, A 34, 36; Peemöller/ *Wiechers* S. 913 ff.
369 OLG Düsseldorf, 01.12.2015 – II-1 UF 2/15.

und die Fachliteratur geht von unproblematischen Abfindungen aus, sobald sie zwischen 70 % und 80 % des Ertragswerts betragen.[370]

Für einen Gutachter bedeutet dies im Umkehrschluss, dass bei vertraglichen Abfindungsätzen unterhalb dieses Schwellenwertes ggf. rechtliche Weisung durch das Gericht einzuholen ist.[371]   **352**

Abfindungsregelungen in Gesellschaftsverträgen sind nach der familienrechtlichen Rspr. des BGH[372] grundsätzlich irrelevant. Die gesellschaftsvertraglichen Abfindungsregeln kommen nur dann zur Anwendung, wenn das gesellschaftsvertragliche Verhältnis zum Zeitpunkt des Stichtages bereits gekündigt worden ist, was regelmäßig nicht der Fall sein wird.   **353**

Wenn sich die Abfindungsklausel infolge ausgesprochener Kündigung aktualisiert hat, dann ist nach Ansicht des BGH der Wert der Beteiligung an dem Unternehmen (nur) nach dem Betrag des Abfindungsanspruches zu bemessen.   **354**

Bei der Entscheidung ging es um eine Steuerberatergesellschaft in Form einer GbR mit einem Dritten als weiterem Gesellschafter. Der BGH begründet seine Entscheidung damit, dass die nachteilige Regelung bzgl. des Ausscheidens aus der Gesellschaft mit Chancen korrespondiert. Bei einem etwaigen Ausscheiden anderer Gesellschafter wächst dem verbleibenden Gesellschafter nämlich ein höherer Anteilswert zu, als er dem Verkehrswert entspricht. Fehlt es an diesem Vorteil, in dem der Ausscheidende, der nicht am Betriebsvermögen beteiligt ist, beim Ausscheiden anderer keinen Wertzuwachs durch Anwachsung erhält, bedarf es nicht der Kündigung des Gesellschaftsvertrages, um die gesellschaftsvertragliche Regelung zum Tragen zu bringen.[373]   **355**

▶ **Exkurs: Stuttgarter Verfahren**

Das Stuttgarter Verfahren[374] ist ein Verfahren zur Bewertung des gemeinen Werts von nicht notierten Anteilen an Kapitalgesellschaften für erbschaftsteuerliche Zwecke. Es ist veraltet und wird seit 2009 nicht mehr angewandt. Nicht börsennotierte Anteile an Kapitalgesellschaften wurden bis 1997 in einem förmlichen Verfahren nach der Anteilsbewertungsverordnung[375] bewertet. Diese Bewertung erfolgte nach dem Stuttgarter Verfahren.   **356**

Ab 1998 ist die Anteilsbewertungsverordnung aufgehoben worden. Seitdem wurde der Wert von nicht börsennotierten Anteilen an Kapitalgesellschaften nur noch für erbschaftsteuerliche Zwecke nach dem Stuttgarter Verfahren ermittelt.

---

370 MüKo-BGB/*Strohn* § 32 Rn. 227; *Geißler* GmbHR 2012, 375; *Ihlau/Kohl* WPg 2017, 397, 401 f.
371 *Ihlau/Kohl* WPg 2017, 397, 401 f.
372 BGH, NJW 1999, 784 = FamRZ 1999, 361.
373 OLG Düsseldorf, 01.12.2015 – II-1 UF 2/15, NZFam 2016, 419 mit Anm. *Kuckenburg*; BFH, 03.11.2015, BFH/NV 2016, 833, 805.
374 *Mannek* NWB 2005 F. 9 S. 2787.
375 BewG 1997 § 113a.

Aktuell ist der gemeine Wert, sofern er nicht aus Verkäufen abgeleitet werden kann, unter Berücksichtigung der Ertragsaussichten der Kapitalgesellschaft oder einer anderen anerkannten, auch im gewöhnlichen Geschäftsverkehr für nichtsteuerliche Zwecke üblichen Methode zu ermitteln. Der Steuerpflichtige kann auch das sog. vereinfachte Ertragswertverfahren anwenden.

Dem Stuttgarter Verfahren liegt die Überlegung zu Grunde, dass ein gedachter Erwerber für die Anteile an einer Kapitalgesellschaft nicht nur den Vermögenswert, sondern auch die künftigen Ertragsaussichten vergüten würde.

Die Finanzverwaltung (in Gestalt der damaligen OFD Stuttgart) hatte zu diesem Zweck auf der Grundlage der BFH-Rspr. ein relativ einfaches und für die Steuerpflichtigen im Allgemeinen recht günstiges Bewertungsverfahren entwickelt. Einzelheiten hierzu sind in den ErbStR 2003[376] geregelt. Die ErbStR 2003 differenzieren zwischen der Regelbewertung und Sonderregelungen für bestimmte Sonderfälle.

357 Auszugehen ist vom **Vermögenswert.** Hierbei werden regelmäßig die Steuerbilanzwerte angesetzt. Verglichen mit dem Nennkapital der Kapitalgesellschaft ergibt sich hieraus ein Wert je 100 € Nennkapital.

358 Sodann ist der sog. **Ertragshundertsatz** zu ermitteln. Hierzu wird aus den tatsächlichen Erträgen (Einkommen, korrigiert um Sondereinflüsse) der letzten drei Jahre der voraussichtliche künftige Jahresertrag abgeleitet. Maßgeblich sind dabei die drei letzten abgelaufenen Wirtschaftsjahre; das im Bewertungszeitpunkt laufende Wirtschaftsjahr bleibt unberücksichtigt. Eine Abweichung kann geboten sein, wenn nach den Verhältnissen des Stichtags offensichtlich ist, dass in Zukunft ein erheblich höherer Ertrag zu erwarten ist.

359 Schließlich wird der **gemeine Wert** berechnet. Dabei wird unterstellt, dass ein Erwerber die Ertragsaussichten mit der langfristigen Verzinsung einer anderen Kapitalanlage vergleichen würde und zu einem höheren Entgelt nur bereit wäre, wenn die Ertragsaussichten diese Verzinsung in einem überschaubaren Zeitraum übersteigen. Als überschaubarer Zeitraum werden fünf Jahre und als langfristige Verzinsung einer anderen Kapitalanlage 9 % (!) angesetzt.

360 Der gemeine Wert beträgt nach dem Stuttgarter Verfahren 68 % der Summe aus Vermögenswert und fünffachem Ertragshundertsatz und ermittelt damit nicht den erforderlichen Verkehrswert!

XIII. KMU und disparitätische Gewinnbeteiligung

361 Der BGH[377] hat in seiner Rspr. die **modifizierte Ertragswertmethode** zur Bewertung freiberuflicher Praxen uneingeschränkt für geeignet erachtet. Zwischenzeitlich kann

---

376 ErbStR 2003 Rn. 97–108.
377 BGH, FamRZ 2011, 622 und 1367 = FuR 2011, 281 und FuR 2012, 29; mit Anm. *Kuckenburg* FuR 2011, 512 und 515 und ausf. FuR 2012, 222 und 278.

nach der Rspr. des XII. Zivilsenats[378] auch bei gewerblichen Unternehmen, selbst bei einer vollkaufmännischen personalistischen GmbH, statt der Ertragswertmethode die modifizierte Ertragswertmethode wegen hoher Personenbezogenheit zur Anwendung gebracht werden.

Dem folgt jetzt auch das IDW in einer neuesten Verlautbarung[379] und spricht inso-   362
weit von einer nur temporär übertragbaren Ertragskraft sog. kleiner und mittelgroßer Unternehmen (**KMU**),[380] die zu einem zeitlich beschränkten »Abschmelzungszeitraum« führt.

Wesentliche Elemente der modifizierten Ertragswertmethode werden noch einmal   363
dargestellt.

Zur Beachtung des Verbots der Doppelverwertung hat der BGH in der genannten   364
Rspr. das Institut des **individuellen** kalkulatorischen Unternehmerlohns kreiert und verlangt zudem stichtagsgenau den Abzug der latenten Steuerlast. Dabei wird methodisch grds. von den ausschüttbaren und zu versteuernden Vergangenheitsergebnissen ausgegangen. Korrekturen dieser Ergebnisse sind dann geboten, wenn besondere Umstände und Einflüsse vorgelegen haben.

Hierin liegt ein Unterschied zur Ertragswertmethode des IDW, IDW S 1, die eine   365
reine auf einer Vergangenheitsanalyse fußende Ertragswertprognose für die Zukunft verlangt.

Besonderes Element der Modifikation der Ertragswertmethode ist wegen der beson-   366
deren Personenbezogenheit und der damit zusammenhängenden schnelleren Verflüchtigung des Goodwills des Unternehmens, dass **nicht** von einer unendlichen Lebensdauer des Unternehmens ausgegangen wird. Vielmehr ist der Barwert einer befristeten Rente für eine bestimmte Zeitperiode anzunehmen. Auch findet entgegen IDW S 1 eine Kombination aus dem ermittelten Ertragswert und der betrieblichen Substanz statt.

Häufig kommt die Besonderheit vor, dass Beteiligungen am Betriebsvermögen und   367
Beteiligungen am **Gewinn & Verlust disparitätisch** sind.

Der Altgesellschafter ist beispielsweise dabei, sich langsam aus der Praxis zurückzuzie-   368
hen und der später hinzugekommene Gesellschafter bekommt einen deutlich höheren Gewinnanteil zugeteilt. Dies kann in einer gesellschaftsvertraglichen Regelung vereinbart oder durch einen Ergebnisverwendungsbeschluss geregelt werden. Faktisch kann

---

378 BGH, FamRZ 2014, 98 ff. = FuR 2014, 170.

379 Besonderheiten bei der Ermittlung eines objektivierten Unternehmenswerts kleiner und mittelgroßer Unternehmen, IDW Praxishinweis 1/2014 v. 05.02.2014 IDW-Fn. 2014, 282 ff., 287 f.; so gleichlautend auch Hinweise der BStBK v. 13.03.2014; https://www.bstbk.de/export/sites/standard/de/ressourcen/Dokumente/04_presse/publikationen/02_steuerrecht_rechnungslegung/20_Hinweise_BStBK_zur_Bewertung_von_KMU.pdf.

380 IDW Praxishinweis 1/2014: Besonderheiten für die Ermittlung eines objektivierten Unternehmenswerts kleiner und mittelgroßer Unternehmen, IDW-FN 2014, S. 282.

sich diese Gewinnverteilung bei Personengesellschaften auch in der gesonderten und einheitlichen Gewinnfeststellung finden.

369   Bei Körperschaften ist die Beschlussfassung zu der Ergebnisverwendung obligatorisch. Da die modifizierte Ertragswertmethode zum einen eine Ertragskomponente durch den Barwert einer zeitraumbezogenen Rente mit dem Reinvermögen kombiniert, kann die Disparität bei den entsprechenden Elementen berücksichtigt werden.

370   Da der Anteilswert im Unternehmen der Höhe der Beteiligung am Betriebsvermögen folgt, entspricht der Anteil am Reinvermögen grundsätzlich dieser Beteiligungsquote.

371   Bei der Ertragswertkomponente/Barwert der zeitraumbezogenen Rente wird die Quote gewählt, den die Gesellschafter für Ihre Gewinnverteilung vereinbaren. Sollte es hierbei jährlich schwankende Quoten geben, muss eine Gewinnanteilsprognose getroffen und zugrunde gelegt werden.

XIV. Bewertung eines landwirtschaftlichen Betriebs §§ 1376 Abs. 4, 1378 BGB

1. Landwirtschaftlicher Betrieb

372   »Landwirte sind reiche Leute mit geringen Einkommen«

Im Gegensatz zu den gewerblichen Betrieben sind die Erträge als wesentlicher Parameter der Ertragswertbewertung bei den meisten **landwirtschaftlichen Betrieben** im Verhältnis zu den Preisen, die man beim Verkauf des Unternehmens erzielen könnte, außerordentlich gering. Aus der wertvollen Substanz wird nur ein geringer laufender Ertrag erzielt; »Landwirte sind reiche Leute mit geringen Einkommen«[381]. Die Bewertung von landwirtschaftlichen Betrieben mithilfe der (aus obigem Grund privilegierenden) Ertragswertmethode des § 1376 Abs. 4 BGB setzt die Landwirtschaftseigenschaft voraus.

373   Wenn das BGB vom landwirtschaftlichen Betrieb (§ 1376 Abs. 4 BGB, § 16 GrdstVG) oder vom Landgut (§§ 2049, 2312 BGB, § 16 Hessische LandgüterO) »spricht«, so ist unstreitig, dass diese Begriffe Synonyme darstellen, die in gleicher Weise zu verstehen sind und somit jedweden landwirtschaftlichen Betrieb bezeichnen[382] (landesrechtliche Höfeordnungen meinen mit dem Begriff des Hofeswerts nichts Anderes).

374   Ein »**Landwirtschaftlicher Betrieb**« ist dabei eine

Besitzung, die eine zum selbstständigen und dauernden Betrieb der Landwirtschaft einschließlich der Viehzucht oder der Forstwirtschaft sowie des Gartenbaus geeignete und bestimmte Wirtschaftseinheit darstellt, die mit nötigen Wohn- und Wirtschaftsgebäuden versehen ist. Sie muss eine gewisse Größe erreichen und für den Inhaber eine selbstständige Nahrungsquelle darstellen.[383]

---

381   *Piltz* Recht und Bewertung landwirtschaftlicher Betriebe, 2. Auflage 2015, S. 37.
382   MüKo-BGB/*Koch* § 1376 Rn. 38; *Piltz* S. 109.
383   *Piltz* S. 110 m.w.N.; PWW/*Zimmer* § 2049 Rn. 3; PWW/*Weinreich* § 1376, Rn. 26 ff.

Hierzu kommen ergänzende Einzelkriterien wie z.b. Flächengröße, Vorhandensein 375
von Inventar, Erhaltungszustand, Leistungsfähigkeit, Nebenerwerb, Selbstbewirt-
schaftung, Verpachtung und Bauland.[384]

Landwirtschaft umfasst damit zunächst Ackerbau, Weidewirtschaft, Tierzucht, Wein- 376
bau, Teichwirtschaft, Imkerei und Erwerbsobstbau.[385] Hierzu zählen auch Gartenbau-
betriebe[386], die Viehzucht, soweit diese mit der Bodennutzung verbunden wird und
nicht mit gekauftem Futter realisiert wird[387] und das Forstgut[388].

Bei sog. »**Doppelbetrieben**«, wie bspw. einer Landwirtschaft mit Gastwirtschaft, 377
Kegelbahn, Lebensmittelgeschäft, Turbinenanlage, deren Strom an das Elektrizitäts-
werk geliefert wird, erfolgt insoweit eine gesonderte Verkehrswertermittlung.[389]

In die Ertragswertbewertung einbezogen wird demgegenüber ein »**Nebenbetrieb**«,[390] z.B. 378
Weingut mit Straußwirtschaft, Molkerei mit Milchverkauf, Nebenbetrieb in Form einer
Käserei, Fischräucherei, Brauerei, Metzgerei, Sägewerk und Hofladen sowie Dienstleistungs-
betriebe, wie eine Schmiede und auch ein Pensionsbetrieb (»Ferien auf dem Bauernhof«).

Für landwirtschaftliche Betriebe[391] bejaht der BGH die Anwendung der Ertragswert- 379
methode gem. § 1376 Abs. 4 BGB[392], selbst wenn es sich um eine **Kommanditgesellschaft**[393] mit steuerlichen **Sonderbetriebsvermögen** handelt. Die Privilegierung nach
dieser Vorschrift tritt auch dann ein, wenn sich die Identität der wirtschaftlichen Nutzung[394] geändert habe und Nebenbetriebe hinzukommen.[395] Dieses gilt auch für den
Hinzuerwerb von Betriebsflächen. Die Erträge aus Pachtflächen bedürfen allerdings der
Untersuchung, ob die **Pachtverhältnisse**[396] dauernd oder nur von begrenzter Dauer sind.

Der BGH bekennt sich nunmehr bei der Anwendung der **Ertragswertmethode** mit 380
etwaigen **Modifikation der Bewertungsparameter** durch den Tatrichter i.S.d. vorgenannten Vorschrift zur sog. **Nettomethode**.[397] Danach wird das Finanzergebnis

---

384 *Piltz* S. 110 m.w.N.
385 *Piltz* S. 112.
386 BGHZ 134, 146; OLG Oldenburg, NJW-RR 1992, 464; streitig Baumschulen: *Piltz*
     S. 113 m.w.N.
387 Zur Pferdepension: BGH, NJW 1996, 528, OLG Hamm, 02.08.2012 – 10 U 118/12,
     JurionRS 2012, 23674.
388 BGH, 22.10.1986 – IVa ZR 76/85, JurionRS 1986, 13632.
389 *Piltz* S. 113.
390 *Piltz* S. 114 m.w.N.
391 BGH, 13.04.2016 – XII ZB 578/14, FamRZ 2016, 1044; JurionRS 2016, 15374; Beck-
     RS 2016, 08262, NZFam 2016, 561 mit Anmerkung *Kuckenburg*.
392 Zum Tatbestandsmerkmal landwirtschaftlicher Betrieb: *Piltz* S. 109 ff.; §§ 2049, 585
     Abs. 1 BGB.
393 *Piltz* S. 29, 85.
394 *Piltz* S. 325.
395 *Piltz* S. 29, 114.
396 *Piltz* S. 29, 114.
397 *Piltz* S. 207.

(Abzug der Zinsen in den Aufwandspositionen) berücksichtigt und anschließend die Verbindlichkeiten nicht mehr gesondert abgezogen.

381 Bei der **Bruttomethode** wird der Ertragswert des Unternehmens ohne Abzug von Zinsen ermittelt und es werden in einem separaten Rechenschritt die verzinslichen Verbindlichkeiten vom Bruttoertragswert abgezogen.

382 Wenn man die Fremdverbindlichkeiten gesondert abziehen will, müsste man auch die positiven Vermögenswerte berücksichtigen. Daran hat sich aber eine Kontrollrechnung[398] anzuschließen, die den allgemeinen Verkehrswert ermittelt, um dem Normzweck der Vorschrift zu genügen.

Damit wird sichergestellt, dass der Verkehrswert nicht geringer ausfällt als der Ertragswert.

383 Die Ermittlung eines **individuellen kalkulatorischen Unternehmerlohns** wird, wie bei der modifizierten Ertragswertmethode, **nicht** gefordert und die Heranziehung eines objektivierten Werts aufgrund landwirtschaftlicher Normdaten durch das zuvor befasste OLG Stuttgart[399] nicht beanstandet. Da der Normzweck des § 1376 Abs. 4 BGB eine Veräußerung denknotwendig ausschließt, werden die **latenten Steuern** wertmindernd nicht abgezogen.

2. Bewertung des landwirtschaftlichen Betriebs bei Ehescheidung

384 Im Falle der Ehescheidung ist zwischen den Güterständen zu differenzieren (Zur Bewertung landwirtschaftlicher Betriebe im Erbrecht[400] und der Bewertung von Weingütern und Weinhandelsbetrieben[401] siehe Fundstellen).

a) Zugewinngemeinschaft und -ausgleich

385 Gem. § 1378 BGB ist die Hälfte des Zugewinns im Fall der Scheidung beim Güterstand der Zugewinngemeinschaft auszugleichen. Im Gegensatz zu anderen Vermögenspositionen nennt das Gesetz eine Bewertungsregel für die Bewertung des landwirtschaftlichen Betriebs in § 1376 Abs. 4 BGB. Es hat eine **Ertragswertbewertung** i.S.d. § 2049 Abs. 2 BGB zu erfolgen. Dabei muss sich der landwirtschaftliche Betrieb im **Anfangs- und Endvermögen** befinden.

386 Weiterhin muss der Landwirt auf **Zugewinn in Anspruch genommen** werden und eine **Weiterführung** und Wiederaufnahme des **Betriebes** durch ihn oder einen Abkömmling erwartet werden können. Das Tatbestandsmerkmal »in Anspruch genommen« zum Erreichen des Schutzzweckes auf Erhalt des landwirtschaftlichen Betriebs führt dazu, dass der Zugewinn stets doppelt in Form einer vergleichenden Kontrollrechnung durch Verkehrswertbewertung

---

398 *Piltz* S. 71.
399 OLG Stuttgart, 15 UF 120/14, JurionRS 2014, 39543.
400 *Kuckenburg* FuR 2016, 495.
401 *Kuckenburg* AgraB 2016, Heft 6, 39 f.

ermittelt werden muss. Nur so kann sichergestellt werden, das tatsächlich nicht ein Zugewinnausgleichsanspruch ggü. dem Ehegatten, der nicht Landwirt ist, vorliegt.[402]

Da der landwirtschaftliche Betrieb zu mind. zwei Bewertungsstichtagen vorhanden   387
sein muss, sind also mind. vier Bewertungen (ggf. Bewertung zum Trennungsstichtag!)
durchzuführen.

Nur wenn der Verkehrswertansatz aller Vermögensgegenstände dazu führt, dass der   388
Ehegattenlandwirt den Zugewinnausgleich schuldet, wird der privilegierende Ertragswert i.S.d. § 1376 Abs. 4 BGB angesetzt. Dieser Ertragswert im Sinne dieser Vorschrift
soll also Zugewinnausgleichsansprüche abwehren und keine begründen.

Ähnlich wie die Ertragswertbewertung bei gewerblichen Betrieben (IDW S 1) wird der   389
Ertragswert bei der Bewertung landwirtschaftlicher Betriebe durch die Bewertungskalküle »zukünftiger Ertrag« und »Kapitalisierungszinsfuß« wesentlich bestimmt. In
§ 2049 Abs. 2 BGB und Art. 137 EGBGB mit Ausführungsgesetzen der Bundesländer finden sich entgegen der Ertragswertbewertung von gewerblichen Unternehmen
Rechtsgrundlagen, insb. **gesetzliche Kapitalisierungsfaktoren.**

Die Wertermittlung erfolgt grds. nach der Formel: 390

Ertragswert = Jahresertrag x Multiplikator

Die Mehrzahl der Bundesländer hat von der Ermächtigung der Festlegung des gesetz-   391
lichen **Multiplikators** Gebrauch gemacht (z.B. Multiplikator 18 in Baden-Württemberg, Bayern, Bremen, Hamburg, Mecklenburg-Vorpommern, Sachsen-Anhalt,
Schleswig-Holstein und Thüringen; Multiplikator 17 in Niedersachsen; Multiplikator
25 in Brandenburg, Berlin, Hessen, Nordrhein-Westfalen, Rheinland-Pfalz und dem
Saarland.[403] Der aktuelle gesetzliche Multiplikator ist bei allen Bewertungsstichtagen
zur Anwendung zu bringen (Grundsatz der Einheitlichkeit der Bewertung).[404]

Der Ertragswert wird nach allgemeinen betriebswirtschaftlichen Grundsätzen   392
ermittelt.[405]

Dabei ordnet § 2049 Abs. 2 BGB an, dass bei der **Ertragswertermittlung** maßgeblich
sind
– die bisherige wirtschaftliche Bestimmung des landwirtschaftlichen Betriebs,
– seine ordnungsgemäße Bewirtschaftung und
– der Reinertrag, den das Landgut nachhaltig gewähren kann.

Die Bestimmung des Reinertrags erfolgt also ohne eventuell mögliche Änderung der
Bewirtschaftung und unter Zugrundelegung eines abstrakten typisierenden Maßstabs.[406]

---

402 *Piltz* S. 71; BGH, Beschl. v. 13.04.2016 – XII ZB 578/14, mit Anm. *Kuckenburg* NZ-
     Fam 2016, 561; FamRZ 2016, 1044; JurionRS 2016, 15374; BeckRS 2016, 08262.
403 *Piltz* S. 197 f.
404 Rdn. 326 ff.; IDW S 13, Rn. 22 f.; Klein/*Kuckenburg* FamVermR Kap. 2 Rn. 1412; *Piltz*
     S. 199.
405 PWW/*Weinreich* § 1376 Rn. 32.
406 *Piltz* S. 183.

393   Die Einsatzparameter sind durch das Gericht modifizierbar/modellierbar, d.h. es besteht sogar die Verpflichtung der **Überprüfung der Bewertungsparameter** durch das Gericht.[407] Wie bei der Verkehrswertermittlung darf auch bei der Ertragswertermittlung auf steuerliche Vergleichszahlen nicht zurückgegriffen werden.[408]

394   Bei der Ertragswertermittlung wird vom steuerlichen Gewinn ausgehend der Nutzungswert des Wohnhauses (Sachentnahme) hinzugezählt und der kalkulatorische Unternehmerlohn einschließlich der Löhne der unentgeltlich mitarbeitenden Familienangehörigen in Abzug gebracht.

395   Der so ermittelte Reinertrag ist um die Positionen zu bereinigen, die einmalig und die für durchschnittliche Zukunftserträge nicht repräsentativ sind; bspw. sind dies Erträge aus der Veräußerung von Anlagevermögen, Entschädigungen, Versicherungszahlungen oder Aufwand für den Verlust von Wirtschaftsgütern.[409]

396   Aus dem Durchschnitt von üblicherweise drei bis fünf Jahren wird ein Trend abgeleitet.[410]

397   Es besteht auch die Möglichkeit, den Reinertrag aufgrund der Daten von Vergleichsbetrieben zu schätzen. Dies ist aber nur dann zulässig, wenn die betriebsindividuellen Zahlen den Maßstäben des § 2049 Abs. 2 BGB nicht genügen.[411]

398   Anders als bei der Bewertung gewerblicher Betriebe wird die laufende Ertragsteuer nicht in Abzug gebracht. Dies hat seinen Grund darin, dass die landwirtschaftlichen Ertragswertmultiplikatoren Erträge vor Einkommensteuer unterstellen.

399   Auch die latente Steuerbelastung/Veräußerungsgewinnbesteuerung wird entgegen den gewerblichen Betrieben nicht in Abzug gebracht, weil bei der privilegierenden Ertragswertbewertung im Zugewinnausgleichsverfahren i.S.d § 2049 Abs. 2 BGB gerade das Fortbestehen des Betriebes und nicht die fiktive Veräußerung Tatbestandsmerkmal des § 1376 Abs. 4 BGB ist.[412]

400   Dieser Normzweck verlangt auch, entgegen der Bewertung von gewerblichen Betrieben, **nicht** den **Liquidationswert als Wertuntergrenze** anzunehmen[413] (Die HöfeO sieht für den Scheidungsfall keine Sondervorschriften, außer für den Zugewinnausgleich nach Tod, vor, was sich aus § 12 X HöfeO ergibt, der vom überlebenden Ehegatten spricht).

---

407   BGH, Beschl. v. 13.04.2016 – XII ZB 178/14, mit Anm. *Kuckenburg* NZFam 2016, 561; *Fleischer/Hüttemann* Unternehmensbewertung S. 6 ff.; *Piltz* S. 184; Klein/*Kuckenburg* FamVermR Kap. 2 Rn. 1418.

408   *Piltz* S. 185 m.w.N; BVerfG, 26.04.1988 – 2 BvL 84/86.

409   Zur Vergangenheitsanalyse: Klein/*Kuckenburg* FamVermR Kap. 2 Rn. 1472 ff.; Rdn. 168 ff.

410   Vgl. zur Zukunftsprognose: Klein/*Kuckenburg* FamVermR Kap. 2 Rn. 1477 ff.; Rdn. 191 ff.

411   *Piltz* S. 191 f. m.H.a. BVerfG, 26.04.1988 – 2 BvL 84/86.

412   Nicht beanstandete Vorgehensweise des OLG Stuttgart, 15.10.2014 – 15 UF 120/14 durch BGH, Beschl. v. 13.04.2016 – XII ZB 578/14, mit Anm. *Kuckenburg* NZFam 2016, 561; *Kuckenburg* FuR 2015, 95 und oben Rdn. 379.

413   *Piltz* S. 350 f.; zum Liquidationswert als Wertuntergrenze bei gewerblichen Unternehmen: Klein/*Kuckenburg* FamVermR Kap. 2 Rn. 1535 ff. und oben Rdn. 94 ff.

Hervorzuheben ist letztlich noch die Anwendung der sog. **Nettomethode**[414] bei der 401
Bewertung im Zugewinnausgleich, bei der ausschließlich Zahlungsströme ausweislich
der Gewinn- und Verlustrechnungen berücksichtigt werden. Ein späterer Abzug von
Verbindlichkeiten wie nach der sog. Bruttomethode wird abgelehnt, weil dann auch
die Vermögenspositionen gesondert anzusetzen wären.

b) Gütergemeinschaft

Bei der Scheidung der Landwirtsehe in **Gütergemeinschaft** gilt die Grundregel des 402
§ 1476 Abs. 1 BGB, wenn der landwirtschaftliche Betrieb zum Gesamtgut i.S.d.
§ 1416 BGB gehört. Dabei wird das nach der Berücksichtigung der Gesamtguts-
verbindlichkeiten verbleibende Vermögen (Überschuss) jedem Ehegatten zur Hälfte
zugeordnet und zwar ohne Rücksicht darauf, was jeder Ehegatte in die Ehe eingebracht oder während der Ehe erworben hat.

§ 1477 Abs. 1 BGB sieht eine Teilung nach den Vorschriften über die Gemeinschaft 403
vor. Dies bedeutet zunächst eine Teilung in Natur und, wenn diese nicht möglich ist,
den Verkauf des Gegenstandes und dann die Verteilung des Erlöses.

Hat ein Ehegatte den Betrieb in die Gütergemeinschaft eingebracht oder während 404
der Gütergemeinschaft geerbt oder geschenkt bekommen, kann er den Betrieb gegen
Ersatz des Werts übernehmen (§ 1477 Abs. 2 BGB). Dies bedeutet eine Übernahme
des Betriebes durch Übereignung. Maßgebend ist dabei der Wertansatz, den der
Betrieb zur Zeit der Übernahme, also nicht zurzeit der Einbringung oder des Erwerbs,
hat.[415] Für die Höhe ist der Verkehrswert ausschlaggebend und nicht der Ertragswert
gem. § 2049 BGB.

Unabhängig von diesem Übernahmeanspruch gem. § 1477 Abs. 2 BGB besteht ein 405
Wahlrecht: Der Einbringende kann den Wert dessen zurückerstattet verlangen und
nicht die Sache selbst, die er in die Gütergemeinschaft eingebracht hat (§ 1478 Abs. 1
BGB). Auch hier ist der Verkehrswert gemeint und nicht der Ertragswert gem. § 2049
BGB.[416] Der so ermittelte Wert ist zu indexieren.

Die Nichtanwendung des § 1376 Abs. 4 BGB und die Ermittlung der Verkehrswerte 406
führen zu höheren Werten, weil die Verkehrswerte der landwirtschaftlichen Betriebe
gewöhnlich stärker steigen als deren Ertragswerte.[417]

c) Gütertrennung

Zwar kennt die Scheidung der Ehe im Güterstand der **Gütertrennung** grds. kei- 407
nen güterrechtlichen Auseinandersetzungsanspruch. Dieser kann sich aber über die

---

414 *Piltz* S. 207 f.; BGH, Beschl. v. 13.04.2016 – 81XII ZB 578/14, mit Anm. *Kuckenburg*
    NZFam 2016, 561.
415 *Piltz* S. 76.
416 *Piltz* S. 76.
417 *Piltz* S. 77.

Rechtsinstitute »Ehegatteninnengesellschaft«, »**ehebedingte Zuwendung**« bzw. »**familienrechtlicher Kooperationsvertrag**« ergeben.[418]

408 Bei der **Ehegatteninnengesellschaft** gelten die Auseinandersetzungsvorschriften der §§ 738, 730 BGB. Maßgebend ist der Verkehrswert und nicht der Ertragswert gem. § 2049 Abs. 2 BGB. Die Höhe des Anteils des Abzufindenden richtet sich nach dem Gesellschaftsvertrag, der stillschweigend geschlossen wurde.

409 Es ist also zu prüfen, ob Hinweise auf eine bestimmte Verteilungsabsicht vorhanden sind. Fehlen diese, greift ergänzend die Regel des § 722 Abs. 1 BGB, wonach jedem Gesellschafter der gleich hohe Anteil am Gesellschaftsvermögen zusteht.[419]

410 Fehlt es am Gesellschaftsvertrag, können gleichwohl ehebedingte oder unbenannte Zuwendungen vorliegen. Die Anspruchsgrundlage ergibt sich aus dem Wegfall der Geschäftsgrundlage i.S.d § 313 BGB, wenn der Ehegatte im Betrieb des anderen mitarbeitet und ohne Lohn Mitarbeit leistet, die über das gem. §§ 1353 Abs. 1 Satz 2, 1360 BGB geschuldete Maß hinausgeht. Diese Leistungen müssen in Erwartung des Fortbestehens der ehelichen Lebensgemeinschaft erbracht werden.

411 Durch die Ehescheidung fällt die Geschäftsgrundlage des familienrechtlichen Vertrages weg, was zum Ausgleichsanspruch des mitarbeitenden Ehegatten führen kann. Auch hier ist der Verkehrswert und nicht der Ertragswert i.S.d. § 2049 Abs. 2 BGB anzusetzen.[420] Die Abfindungszahlung ist um die Einkommensteuer zu mindern.

412 Ein Ausgleichsanspruch kann sich auch aus einem stillschweigend zustande gekommenen Kooperationsvertrag ergeben. Dabei verpflichten sich Ehegatten oder Verlobte durch beiderseitige Leistungen das gemeinsame Vorhaben zu fördern und zu unterstützen. Wenn dieses nicht zustande kommt oder scheitert, kann das zum Wegfall der Geschäftsgrundlage führen, der einen Ausgleichsanspruch begründet.[421]

413 Ein Alleinerwerb durch den Hoferben erfolgt beim güterrechtlichen Zugewinnausgleich bei Tod.

414 Leben die Ehegatten im Güterstand des Zugewinnausgleichs und wird ein Ehegatte nicht Erbe des anderen durch Ausschlagung der Erbschaft oder testamentarische Regelung und wenn dadurch ein anderer erbt, kann der Ehegatte gem. § 1371 Abs. 2, 3 BGB Ausgleich wie im Fall einer Scheidung verlangen und daneben noch den sog. kleinen Pflichtteil.

415 Dies bedeutet grds. gem. § 1376 BGB den Verkehrswert bzw. bei Vorliegen der Tatbestandsvoraussetzungen des § 1376 Abs. 4 BGB den niedrigeren Ertragswert, der auf § 2049 Abs. 2 BGB abhebt. Die Bewertungsregelung für den kleinen Pflichtteil ergibt

---

418 ausf. hierzu Monographien: *Herr* Nebengüterrecht und *Wever* Vermögensauseinandersetzung.

419 BGH, FamRZ 1999, 1580; BGH, 03.02.2016 – XII ZR 29/13; JurionRS 2016, 14510.

420 *Piltz* S. 78 f. m.H.a. BGH, 13.07.1994 – XII ZR 1/93, FamRZ 1994, 1167.

421 *Herr* Nebengüterrecht S. 546 ff., 591 ff.

sich aus § 2312 BGB. Handelt es sich bei dem Nachlassgegenstand um einen Hof i.S.d. HöfeO, errechnet sich der Wert gem. § 12 Abs. 10 HöfeO nach dem Hofeswert und nicht nach dem Verkehrswert.

d) Privilegiertes Anfangsvermögen/Vorweggenommene Erbfolge und Schenkung

Die **vorweggenommene Erbfolge** ist gesetzlich nicht definiert. Sie ist i.d.R. eine **416** Schenkung. oder gemischte Schenkung. Dabei soll ein Zustand bei Lebzeiten herbeigeführt werden, wie er bei der Erbfolge wäre. Sie ist aber ein Geschäft unter Lebenden. Begünstigter kann auch eine Person sein, die nicht gesetzlicher Erbe ist.

Das BGB steht dabei in seinen Rechtsfolgen im Gegensatz zur Höfeordnung. Im **417** Geltungsbereich des BGB löst die Schenkung keine Ansprüche anderer Personen wie potentielle Miterben oder Pflichtteilsberechtigter aus, es sei denn, Abfindungsansprüche sind im Übergabevertrag geregelt. Rechtsfolgen treten erst bei Entstehen von Pflichtteilsergänzungsansprüchen gem. § 2325 BGB ein. Der Hinzurechnungsbetrag richtet sich nach dem Ertragswert.

Gem. § 17 Abs. 2 HöfeO gilt zu Gunsten der nicht bedachten Abkömmlinge der **418** Erbfall hinsichtlich des Hofes zum Zeitpunkt der Übertragung als eingetreten. Entsprechend können die weichenden Erben gem. § 12 HöfeO zum Zeitpunkt der Schenkung die Abfindung verlangen. Dies gilt nicht für den Ehegatten des Übergebers und auch nicht, wenn andere als Abkömmlinge begünstigt sind.

XV. Selbstständiges Beweisverfahren und Adjudikation

Ein geeignetes Mittel, um für Verhandlungszwecke, insb. vor Einleitung des streitigen **419** Verfahrens einen angemessenen Unternehmenswert zu kennen, ist das **selbstständige Beweisverfahren**[422] (§§ 29 FamFG, 485 ff. ZPO). Insb., weil dieses Verfahren die Anwendung der Verfahrenskostenhilfe möglich macht. Bereits in seinem Aufsatz aus dem Jahr 2009 hat *Kogel*[423] die Bezeichnung des selbständigen Beweisverfahrens als »Königsweg« der Bewertung mit einem Fragezeichen versehen.

Die Rspr.[424] hat die Regelungen in §§ 485 ff. ZPO stets großzügig ausgelegt. Tatbe- **420** standsvoraussetzungen sind dabei allerdings, dass sich die Parteien bzgl. des Bewertungsgegenstandes **nicht** schon im gerichtlichen Verfahren befinden und eine Partei ein Interesse daran hat, dass der Wert festgestellt wird.

Das Interesse kann bereits dann angenommen werden, wenn die Feststellung der Ver- **421** meidung des Rechtsstreits dienen kann. Dabei gilt eine reine Schlichtungsmöglichkeit als ausreichend. Leugnen der Einstandspflicht, geltend gemachte Verjährung oder das

---

422 SBW/*Brinkmann* § 29 Rn. 55.
423 *Kogel* FF 2009, 195 ff.
424 OLG Koblenz, FF 2009, 216; OLG Naumburg, FamRZ 2011, 1531; OLG Celle, FamRZ 2008, 1197; OLG Köln, FamRZ 2010, 1585.

Verweigern bzgl. jeglicher gütlichen Einigung schaden nicht (es wird auf die Einigungsfunktion des Sachverständigengutachtens vertraut).

422   Das rechtliche Interesse an der Wertfeststellung wird nur dann verneint, wenn kein Rechtsverhältnis, kein möglicher Verfahrensgegner oder kein Anspruch ersichtlich ist. Letztlich kommt es nicht auf die Erfolgsaussichten des späteren gerichtlichen Verfahrens an.

423   Eine Schwäche des Verfahrens ergibt sich daraus, dass das Gericht bspw. bei der Unternehmensbewertung nur die Zulässigkeitsvoraussetzungen des Antrags prüfen kann und nicht von diesem abweichen oder über diesen nicht hinausgehen darf. So obliegt grds. die Auswahl der Bewertungsmethode dem Tatrichter.[425] Wenn keine Bewertungsmethode im Antrag vorgegeben wird, kann das Gericht seine Aufgabe nicht nachkommen, die Bewertungsmethode gem. dieser Rspr. auszuwählen. Noch misslicher ist, wenn die unrichtige Bewertungsmethode ausgewählt wird. Das macht einen Widerantrag mit der »richtigen« Methode erforderlich.

424   Weitere Rechtsfragen könnten sonst dabei auf den Gutachter übergeleitet werden. Wenn der Antragsteller z.B. beabsichtigt oder unbeabsichtigt bei einem vermeintlichen landwirtschaftlichen Betrieb[426] i.S.d. § 1376 Abs. 4 BGB ausgeht und es sich dabei tatsächlich um einen Gewerbebetrieb handelt, hat der Gutachter die rechtliche Abgrenzung vorzunehmen. Dies hat dann im konkreten Fall die Folge, dass nicht der niedrige Ertragswert des landwirtschaftlichen Betriebs i.S.d. § 1376 Abs. 4 BGB heranzuziehen ist, sondern der Liquidationswert als Wertuntergrenze nach IDW S 1.

425   So wird letztlich die Auswahl der Bewertungsmethode nicht durch das Gericht, sondern durch den Sachverständigen vorgenommen. Dadurch nimmt der Sachverständige, der nur bei der Tatsachenfeststellung helfen soll, die Klärung der rechtlichen Vorfragen vor (hier: Landgut, ja oder nein?).

426   Zudem führt die Vorgabe aus dem Antrag auf Beweissicherung, den Verkehrswert und den Ertragswert zu ermitteln, zu einer erheblichen Kostensteigerung, wenn mehrere Bewertungen vorgenommen werden müssen.

427   Ein weiteres Problem kann auch die Berücksichtigung der **latenten Steuerlast** sein, wenn mangels Sachkenntnis des Gutachters, insb. bei der Immobilienbewertung, deren Berücksichtigung unterbleibt, weil sie nicht im Verfahrensantrag ausdrücklich genannt wird.

428   Das selbstständige Beweisverfahren bleibt, auch wegen der Möglichkeit der Verfahrenskostenhilfe, ein sehr zu begrüßendes Verfahren, selbst wenn es auch wegen der vorgenannten Schwächen keinen Königsweg darstellt.

---

425   BGH, FamRZ 2011, 666 und 1367.
426   *Kuckenburg* FuR 2016, 495.

Andere Alternativen für die vorgerichtliche Streitbeilegung sind zu bedenken, wie **429** die **Adjudikation**[427] im Familienrecht, eine vorläufige Einschätzung in Form einer gutachterlichen Stellungnahme und insb. eine Erörterung der Wertgrößen mit dem Sachverständigen in der mündlichen Verhandlung vor Beweiserhebung (§ 144 ZPO). Mit der letztgenannten Maßnahme können erhebliche Kosten erspart werden, die sich aus häufig vorliegenden fehlerhaften Wertannahmen ergeben.

Der **Wertermittlungsanspruch** nach § 1379 Abs. 1 Satz 2 BGB ist ein zusätzlicher **430** Anspruch, der neben dem Auskunftsanspruch ggf. auch im Wege des Stufenantrages gesondert geltend zu machen ist. I.R.d. Anspruchs ist der auskunftspflichtige Ehegatte nämlich lediglich verpflichtet, die in sein Endvermögen fallenden Gegenstände zu ermitteln und anzugeben, soweit er hierzu selbst imstande ist. Der allgemeine Auskunftsanspruch sieht keine Wertermittlung durch sachverständige Dritte vor.

Ist eine zuverlässige Wertermittlung nicht möglich, kann der Auskunftsberechtigte **431** beim Wertermittlungsanspruch daher auch Dritte zur Wertermittlung einzuschalten. Er hat in diesem Fall den Sachverständigenauftrag zu erteilen und der auskunftspflichtige Ehepartner muss die Tätigkeit des Sachverständigen dulden, unterstützen und die notwendigen Daten zur Verfügung stellen.

Die **Kosten der Wertermittlung** durch den Sachverständigen hat derjenige zu tragen, **432** in dessen Interesse die Wertermittlung erfolgt. Dies ist regelmäßig der Auskunftsberechtigte. Da es sich um Kosten der Verfahrensvorbereitung handelt, sind diese ggf. nach einem späteren Rechtsstreit gem. §§ 80 **FamFG**, 91 **ZPO** zu erstatten, wenn das Sachverständigengutachten verfahrensbezogen und sachdienlich war.

▶ **Verfahrenshinweis**

Ein Antrag zur Auskunft sollte im Hinblick auf eine etwaige spätere Vollstreckung **433** genau gefasst werden. Rechnet zum Vermögen ein Unternehmen oder eine Unternehmensbeteiligung, so ist schon im Antrag zu bezeichnen, welche Belege wie z.B. Bilanzen und Gewinn- und Verlustrechnungen, vorzulegen sind.

Wird eine **Wertermittlung** beansprucht, muss dies im Antrag zum Ausdruck gebracht **434** werden.

Der Antrag kann als **isolierter Auskunftsantrag** und **im Verbund als Stufenantrag** **435** erhoben werden.

Die Möglichkeit der Wertermittlung steht der Zulässigkeit eines **selbständigen** **436** **Beweisverfahrens** nicht entgegen.

Die **Vollstreckung** des Auskunftsanspruchs auf Wertermittlung und Wertfeststellung **437** durch einen Sachverständigen erfolgt nach §§ 95 **FamFG**, 887 **ZPO**.

---

427 *Kuckenburg* FuR 2014, 219.

E. Steuern und Steuervermeidungsstrategien bei den Übertragungen von Immobilien im Rahmen des Zugewinnausgleichs

Vorbemerkung

1 Sowohl bei **Übertragungen** von Immobilien und anderen **Vermögenswerten** wie z.B. Immobilien und Wertpapieren i.R.d. Zugewinnausgleichs als auch aufgrund der neueren Rspr. des BGH zur **latenten Steuer** dürfen Veräußerungsgewinne nicht außer Acht gelassen werden. Diese fallen tatsächlich oder fiktiv (latent) an und müssen in die jeweiligen Vermögensbilanzen unter den Passivposten erfasst werden.

I. Problem der Realteilungen

2 Grundproblem der **Realteilung** wie auch der sog. Spekulationsfälle, d.h. der privaten Veräußerungsgeschäfte, ist die Frage, ob die Übertragungen bei einer Vermögensauseinandersetzung i.R.d. Zugewinnausgleichs von Eheleuten entgeltlich oder unentgeltlich erfolgen. Wird eine Entgeltlichkeit angenommen, ist die Steuerverbindlichkeit in die Ausgleichs- bzw. Vermögensbilanz einzustellen. Private Veräußerungsgeschäfte[1] haben im Kontext zur Bewertung von Vermögensgegenständen im Zugewinnausgleichsverfahren eine zusätzliche Bedeutung erhalten.

3 Der BFH[2] hat bei folgenden Vertragstypen eine Entgeltlichkeit mit steuerlichen Konsequenzen angesehen:
   – Verträge, die nur zwischen Ehegatten auf Erwerb und Veräußerung von Vermögensgütern gerichtet sind,
   – Verträge, die den Austausch von Vermögensgütern vorsehen und diesen in den Gesamtzusammenhang des Zugewinnausgleichs stellen und
   – Verträge, in denen die Übertragung ausschließlich und allein zur Abgeltung des Zugewinns stattfindet.

Für einen teilentgeltlichen Erwerb gilt die **Trennungstheorie**. Es wird dabei der Vorgang in einen entgeltlichen und unentgeltlichen Teil aufgespalten und getrennt betrachtet.[3]

---

1 *Münch* Rn. 3647 ff.
2 BFH, BFH/NV 1999, 173; BFH, BStBl II 2002, 519; BFH, BStBl II 1977, 389.
3 BMF, BStBl I 2000, 1383.

Eine Veräußerung ist auch die Übertragung eines Grundbesitzes nicht nur beim 4
Verkauf, sondern auch bei allen Rechtsgeschäften, die tauschähnlichen Charakter aufweisen. Steuerrechtlich ist auch die Übertragung von Sachwerten zur **Erfüllung der Zugewinnausgleichsforderung** ein entgeltliches Rechtsgeschäft (Erfüllung einer Rechtspflicht gegen Übertragung eines Sachwertes und damit tauschähnliches Geschäft), das den Veräußerungstatbestand der **privaten Veräußerungsgeschäfte** des § 23 EStG erfüllen kann.

Für Grundstücksveräußerungen ist die Regelung des § 23 Abs. 1 Satz 1 Nr. 1 EStG 5
unverändert geblieben, so dass insoweit auf ältere Quellen zurückgegriffen werden kann.[4]

Der BGH[5] hat zudem in einem obiter dictum zur **latenten Steuerlast** (zukünftige 6
steuerliche Belastungen) entschieden, dass aus Gründen der Gleichbehandlung auch bei der Bewertung anderer Vermögensgegenstände (folglich nicht nur von Unternehmen und Unternehmensbeteiligungen, sondern auch bei Grundstücken, Wertpapieren oder Lebensversicherungen, bezogen auf die Verhältnisse zum Stichtag und ungeachtet einer bestehenden Veräußerungsabsicht, die etwaige individuelle latente Steuer wertmindernd in Abzug zu bringen ist.

Die folgenden Beispiele zeigen die Haftungsrisiken auf, wenn eine latente Steuer- 7
pflicht bei der Erstellung der Vermögensbilanzen nicht beachtet oder eine tatsächliche Steuerpflicht bei Übertragungen von Immobilien i.R.d. Zugewinnausgleichs verkannt werden.

▶ Hinweis:

Die **Beispiele** werden **ohne Solidaritätszuschlag und Kirchensteuer** gelöst.

Es wird in den folgenden Beispielen davon ausgegangen, dass die Anschaffung des 8
Grundbesitzes noch innerhalb der Frist nach § 23 Abs. 1 Nr. 1 Satz 1 EStG liegt und bei den Beispielen 1 und 2 die Immobilie bis zur Trennung der Eheleute **zu eigenen Wohnzwecken** entsprechend § 23 Abs. 1 Nr. 1 Satz 3 EStG genutzt wurde.

Ein Wirtschaftsgut dient Wohnzwecken, wenn es dazu bestimmt und geeignet ist, 9
Menschen auf Dauer Aufenthalt und Unterkunft zu ermöglichen. Eine Nutzung zu eigenen Wohnzwecken setzt daher voraus, dass der Eigentümer die Wohnung tatsächlich selbst zu eigenen Wohnzwecken nutzt. Dabei reicht es aus, dass die Wohnung

---

4 BMF-Schreiben v. 05.10.2000 – IV C 3-S2256-26/00, BStBl I 2000, 1383; BMF, Schreiben v. 07.02.2007, BStBl I 2007, 262; *Kuckenburg* FuR 2005, 337 ff.; *Perleberg-Kölbel* FuR 2012, 530; *Marcel Detmering* Private Veräußerungsgeschäfte, Grundlagen, Stand: Dezember 2014, NWB DokID IAAAE-41266, NWB 17/2015, 1222.
5 BGH, FamRZ 2011, 1367 mit Anm. *Kuckenburg* FuR 2011, 515; *Kogel* NJW 2011, 3337; *Kuckenburg* FuR 2012, 222 und 278.

zur jederzeitigen Nutzung zur Verfügung steht. Leer stehende Wohnungen erfüllen diese Voraussetzungen nicht; Gleiches gilt grundsätzlich für Wohnungen, die nur gelegentlich zur vorübergehenden Beherbergung von Personen bestimmt sind, wie Ferienwohnungen.[6] Ein Gebäude wird auch dann zu eigenen Wohnzwecken genutzt, wenn es der Steuerpflichtige nur zeitweilig bewohnt, sofern es ihm in der übrigen Zeit als Wohnung zur Verfügung steht. Unter § 23 Abs. 1 Satz 1 Nr. 1 Satz 3 EStG können deshalb auch Zweitwohnungen, nicht zur Vermietung bestimmte Ferienwohnungen und Wohnungen, die im Rahmen einer doppelten Haushaltsführung genutzt werden, fallen.[7] Ein häusliches Arbeitszimmer dient selbst dann nicht Wohnzwecken, wenn die Aufwendungen nach § 4 Abs. 5 Satz 1 Nr. 6b, § 9 Abs. 5 EStG nicht abziehbar sind. Eigene Wohnzwecke sind auch gegeben, wenn die Wohnung gemeinsam mit Familienangehörigen genutzt wird, wenn sie teilweise – auch an fremde Personen – unentgeltlich überlassen wird. Das gilt auch für die alleinige Überlassung der Wohnung an ein zu berücksichtigendes Kind i.S.d. § 32 EStG.[8] Bei dem Ausnahmetatbestand gem. § 23 Abs. 1 Nr. 1 Satz 3 EStG geht es um die Frage »zu eigenen Wohnzwecken«. Der BFH hat in seinem Urteil v. 26.01.1994 den Begriffs »zu eigenen Wohnzwecken« i.S.d. § 10e EStG ausgelegt, der auch in § 23 EStG verwendet wird. Danach gehört die »mittelbare« Eigennutzung an unterhaltsberechtigte Kinder nicht unter den Begriff »zu eigenen Wohnzwecken«. Der Senat hielt es lediglich für angemessen, eine Nutzung »zu eigenen Wohnzwecken« anzunehmen, wenn z.B. ein Kind in einer Eigentumswohnung des Stpfl. auswärtig untergebracht ist und einen selbstständigen Haushalt führt. Die Eigentumswohnung muss aber von Kindern bewohnt werden, die bei dem Stpfl. einkommensteuerrechtlich nach § 32 Abs. 1 bis 5 EStG berücksichtigt werden. Demgegenüber ist die Überlassung an andere – auch unterhaltsberechtigte – Angehörige nicht begünstigt. Die Regelung des § 4 Satz 2 EigZulG ist auf § 23 EStG nicht übertragbar.[9]

▶ **Beispiel 1**[10]

10   Die Eheleute M und F bewohnten bislang das im alleinigen Eigentum des Ehemanns stehende, 1996 mit einem Einfamilienhaus bebaute Grundstück. Nach Trennung der kinderlosen Ehe in 2002 bewohnt die F weiter das Objekt. M zieht aus. Im darauf folgenden Jahr 2003 erfolgt die Übertragung des Grundbesitzes von M auf F zum Ausgleich des Zugewinns.

---

6   R 7.2 Abs. 1 S. 3 EStR (2012).
7   BFH, 27.06.2017 – IX R 37/16, www.bundesfinanzhof.de.
8   BFH, 26.01.1994 – X R 94/91, BStBl II 1994, 544; BMF v. 05.10.2000 – IV C 3 – S 2256 – 263/00, BStBl I 2000, 1383, Rn. 22; *Glenk* in: Blümich, EStG, § 23 Rn. 49.
9   Allg. Meinung, BMF v. 05.10.2000 – IV C 3 -S 2256 – 263/00, BStBl I 2000, Rn. 22; *Hartmann/Meyer* FR 1999, 1089; *Paus* INF 1999, 513.
10   Beispielsfälle nach vorgenanntem BMF-Schreiben; weitere bei *Kogel* NJW 2011, 3337; *Büte* Zugewinnausgleich Rn. 261 ff.; *Münch* Rn. 3670 ff.

Lösung

Die Nutzungsüberlassung an den getrenntlebenden Ehegatten ist nach Meinung des BMF keine Eigennutzung[11] i.S.d. Gesetzes, da der Eigentümer die Wohnung nicht eine ausreichende Zeit zu eigenen Wohnzwecken genutzt hat. Nach § 23 Abs. 1 Nr. 1 Satz 3 EstG wird von der Steuerpflicht nur dann eine Ausnahme gemacht, wenn der Grundbesitz im Zeitraum zwischen Anschaffung oder Fertigstellung und Veräußerung oder im Jahr der Veräußerung (hier der Zeitpunkt der Übertragung zum Ausgleich des Zugewinns!) und in den beiden vorangegangenen Jahren ausschließlich zu eigenen Wohnzwecken genutzt wurde. Steuerrechtlich ist die Übertragung von Sachwerten zur Erfüllung der Zugewinnausgleichsforderung ein **entgeltliches Rechtsgeschäft** (Erfüllung einer Rechtspflicht gegen Übertragung eines Sachwertes und damit tauschähnliches Geschäft).

▶ Verfahrenshinweis

Die Steuerpflicht kann umgangen werden, wenn die entgeltliche Scheidungsver-   **11**
einbarung noch in dem Jahr abgeschlossen wird, in dem der ausgezogene Ehegatte die Immobilie noch mitbewohnt hat. Teilweise wird die Auffassung vertreten, die Steuerpflicht könnte dadurch umgangen werden, dass die Eheleute innerhalb der ehelichen Wohnung getrennt leben. Dies erscheint aber mit den üblicherweise bestehenden Spannungen der Trennungszeit und der daraus resultierenden räumlichen Trennung wenig praxisnah.

▶ Beispiel 2

Wie bei Beispiel 1; die Ehefrau F verbleibt aber mit den gemeinsamen minderjäh-   **12**
rigen Kindern in dem Objekt.

Lösung

In diesem Fall liegt eine unentgeltliche Nutzungsüberlassung der ganzen Wohnung an einen Angehörigen vor. Nach der Rspr. des BFH[12] liegt zwar eine Nutzung des Eigentümers zu eigenen Wohnzwecken auch dann vor, wenn die Wohnung von Kindern bewohnt wird, die einkommensteuerrechtlich berücksichtigt werden, d.h., wenn es sich bei dem Begünstigten um ein zum Kindergeldbezug/Kinderfreibetrag berechtigtes Kind gem. § 32 Abs. 6 EStG handelt.

▶ Hinweis

Eine Nutzungsüberlassung an den (ggf. geschiedenen oder getrenntlebenden Ehe-   **13**
gatten) oder andere Angehörige reicht folglich zur Annahme eines Ausnahmetatbestandes nicht aus, selbst wenn dieser gemeinsam mit dem minderjährigen Kind dort wohnt.

---

11 *Münch* Rn. 3698 ff.
12 BFH, BStBl II 1994, 544.

Die insoweit weitergehende Regelung des § 4 Satz 2 EigZulG dürfte hier nicht übertragbar sein.[13]

14   Mit einer Nutzung der WG durch ein Kind, für das der Steuerpflichtige Anspruch auf Kindergeld oder einen Freibetrag nach § 32 Abs. 6 EStG hat, ist z.B. die Überlassung einer Eigentumswohnung zu Studienzwecken gemeint.

15   Sind beide Ehepartner Eigentümer und zieht ein Ehepartner aus, ist die Frage der Nutzung zu eigenen Wohnzwecken für jeden Miteigentümer getrennt zu beurteilen.

16   **Haftungsfalle:** Nach der aktuellen BFH-Rechtsprechung[14] liegt eine Veräußerung i.S.d. § 23 Abs. 1 Satz 1 Nr. 1 EStG vor, wenn die rechtsgeschäftlichen Erklärungen beider Vertragspartner innerhalb der Veräußerungsfrist bindend abgegeben worden sind. Ein nach § 158 Abs. 1 BGB aufschiebend bedingtes Rechtsgeschäft ist für die Parteien bindend. Der außerhalb der Veräußerungsfrist liegende Zeitpunkt des Eintritts der aufschiebenden Bedingung ist insoweit für die Besteuerung nach § 23 Abs. 1 Satz 1 Nr. 1 EStG unerheblich. Im vom BFH zu entscheidende Fall hatte der Kläger mit dem Käufer eine Vereinbarung getroffen, nach der der Vertrag nur wirksam werden sollte, wenn eine bestimmte behördliche Freistellungsbescheinigung erteilt wird. Diese Bescheinigung lag erst nach dem Ablauf der gesetzlichen Zehnjahresfrist vor. Streitig war, ob der Gewinn aus der Veräußerung des bebauten Grundstücks zu versteuern war, weil die Bedingung in Form der Entwidmung erst nach Ablauf der zehnjährigen Veräußerungsfrist eingetreten war. Eine Veräußerung i.S.d. § 23 Abs. 1 Satz 1 Nr. 1 EStG liegt nach Ansicht des BFH jedoch auch vor, wenn die rechtsgeschäftlichen Erklärungen beider Vertragspartner innerhalb der Veräußerungsfrist bindend abgegeben worden sind. Ein nach § 158 Abs. 1 BGB aufschiebend bedingtes Rechtsgeschäft ist für die Parteien bindend. Der außerhalb der Veräußerungsfrist liegende Zeitpunkt des Eintritts der aufschiebenden Bedingung ist insoweit für die Besteuerung nach § 23 Abs. 1 Satz 1 Nr. 1 EStG unerheblich.

▶ **Beispiel 3**

17   Das Ehepaar A und B lebt im gesetzlichen Güterstand der Zugewinngemeinschaft. Der Ehemann erwarb 1996 für umgerechnet 100.000 € ein Grundstück zum alleinigen Eigentum, das von ihm seither vermietet wurde.

Die Ehe wurde im Jahre 2003 geschieden. Der geschiedenen Ehefrau stand daraufhin ein Zugewinnausgleichsanspruch i.H.v. 250.000 € zu.

Zur Abgeltung dieses Anspruchs übertrug ihr A das Grundstück, das im Übertragungszeitpunkt einen Verkehrswert von 250.000 € hatte.[15]

---

13 BFH, 26.01.1994 – X R 94/91, BStBl II 1994, 544, *Perleberg-Kölbel* FuR 2012, 530.
14 BFH, 10.02.2015 – IX R 23/13, BStBl II 2015, 487.
15 OFD München, 26.06.2001, DStR 2001, 1298.

Lösung

Der Zugewinnausgleichsanspruch i.S.d. § 1378 BGB ist eine auf Geld gerichtete persönliche Forderung an den geschiedenen Ehegatten.

A erfüllt diese Forderung der B, indem er ihr an Erfüllung statt (dies ist steuerrechtlich immer ein entgeltliches Tauschgeschäft) das Grundstück übertrug. Wird ein Grundstück vom Eigentümer (Steuerpflichtigen) an einen Dritten zur Tilgung einer dem Dritten – gleich aus welchem Rechtsgrund – zustehenden Geldforderung an Erfüllung statt übereignet, handelt es sich dabei um ein Veräußerungsgeschäft für den Steuerpflichtigen und beim Erwerber um ein Anschaffungsgeschäft.

Veräußerungserlös (= Anschaffungskosten bei B) ist der Forderungsbetrag, der mit der Übertragung des Grundstücks an Erfüllung statt abgegolten wurde.

Danach hat A das Grundstück innerhalb von zehn Jahren nach dem Erwerb wieder veräußert, so dass ein privates Veräußerungsgeschäft vorliegt.

Der von A zu versteuernde Gewinn beträgt mithin:

Veräußerungserlös	250.000 €
– Anschaffungskosten	100.000 €
Veräußerungsgewinn	**150.000 €**

▶ **Beispiel 4 (Abwandlung von 3)**

Die geschiedene Ehefrau B hat einen Zugewinnausgleichsanspruch i.H.v. 250.000 €.   **18**

Das von A im Jahr 1996 für umgerechnet 100.000 € angeschaffte Grundstück hat im Jahr 2003 einen Verkehrswert von 300.000 €.

A und B vereinbaren deshalb neben der Grundstücksübertragung, dass ein Betrag i.H.v. 50.000 €, um die der Grundstückswert den Zugewinnausgleichsanspruch übersteigt, mit Unterhaltsforderungen verrechnet wird.

Lösung

Hier werden zwei unterschiedliche Forderungen der B erfüllt, nämlich der Zugewinnausgleichsanspruch i.H.v. 250.000 € und eine Unterhaltsforderung i.H.v. 50.000 €. A veräußert damit das Grundstück für 300.000 €.

Das von A zu versteuernde Einkommen beträgt:

	Veräußerungserlös	300.000 €
./.	Anschaffungskosten	100.000 €
	Veräußerungsgewinn	**200.000 €**

Gleichzeitig kann A die durch die Grundstücksübertragung abgegoltenen Unterhaltsforderungen der B im Veranlagungszeitraum der Grundstücksübertragung grds. als Sonderausgaben nach § 10 Abs. 1a Nr. 1 EStG abziehen, wenn die rechtlichen Voraussetzungen erfüllt sind. Hierbei sind die Höchstbetragsgrenzen des § 10 Abs. 1a Nr. 1 Satz 1 EStG mit 13.805 €/Kalenderjahr zu beachten. Dies gilt auch dann, wenn Unterhaltsforderungen mehrerer Jahre verrechnet werden.

▶ **Beispiel 5 (weitere Abwandlung von 3)**

19

Die geschiedene Ehefrau hat einen Zugewinnausgleichsanspruch i.H.v. 250.000 €.

Das von A 1996 für umgerechnet 100.000 € angeschaffte Grundstück hatte im Jahr 2003 einen Verkehrswert von 300.000 €.

A überträgt das Grundstück an B an Erfüllung statt. Eine Verrechnung der 50.000 €, um die der Grundstückswert den Zugewinnausgleich übersteigt, findet mit den Unterhaltsforderungen der Ehefrau hier nicht statt.

Lösung

Um die Forderung der B i.H.v. 250.000 € zu erfüllen, überträgt ihr A ein Grundstück im Wert von 300.000 € an Erfüllung statt. Da die ausgeglichene Forderung wertmäßig unterhalb des Grundstückswertes liegt, handelt es sich um ein teilentgeltliches Geschäft.

A hat an B insg. 5/6 (gleich 250/300) des Grundstücks entgeltlich veräußert, da er insofern das Grundstück an Erfüllung statt an B zur Abgeltung des Zugewinnausgleichsanspruchs übertragen hat.

In Höhe der übersteigenden 50.000 € (gleich 1/6 des Grundstückes) hat A das Grundstück unentgeltlich an B übertragen (wegen der Freibeträge ist die Schenkungsteuer nicht tangiert).

Der von A zu versteuernde Gewinn beträgt:

	Veräußerungserlös (300.000 € x 5/6)	250.000 €
./.	Anschaffungskosten (100.000 € x 5/6)	83.333 €
	Veräußerungsgewinn nach § 23 EStG	**166.667 €**

Im Gegenzug schafft B das Grundstück zu 5/6 entgeltlich an (Anschaffungskosten i.H.v. 250.000 € als AfA-Bemessungsgrundlage) und übernimmt das Grundstück zu 1/6 unentgeltlich von A.

(Fortführung der Anschaffungskosten des A i.H.v. 100.000 € x 1/6 = 16.667 €).

Nur in Höhe des entgeltlich erworbenen Anteils beginnt für B eine neue 10-jährige Veräußerungsfrist i.S.d. § 23 Abs. 1 Nr. 1 Satz 1 EStG. Bzgl. des unentgeltlich erworbenen Grundstücksanteils gilt der Fortführungswert nach § 23 Abs. 1 Satz 3 EStG.

▶ **Beispiel 6[16]**

Ehemann A schuldet seiner Ehefrau B 2010 einen Zugewinnausgleichsbetrag   **20**
i.H.v. 1.000.000 €.

A überträgt ihr eine fremdvermietete Eigentumswohnung (Erwerb 2002 mit
AHK i.H.v. 500.000 €, Buchwert 2010 nach AfA 287.500 € und Verkehrswert
750.000 €) sowie ein Wertpapierdepot (Kurswert 150.000 €, AK 50.000 €, nach
dem 01.01.2009 angeschafft) und zahlt ferner 100.000 €.

Lösung

Die Übertragung des Grundstücks führt zu einem Veräußerungsgewinn, was bei
der Beratung zu bedenken ist!

Der Veräußerungsgewinn errechnet sich nach § 23 Abs. 3 Satz 1 EStG:

	Veräußerungspreis	750.000 €
./.	Anschaffungskosten	287.500 €
	Veräußerungsgewinn gem. § 23 EStG	**462.500 €**

Besteuerung: § 32a Abs. 1 Nr. 5 EStG: 45 x 462.000 €./.15.694 € = **192.431 €**

Die Übertragung des Wertpapierdepots führt zu einem Veräußerungsgewinn § 20
Abs. 2, 4 EStG.

	Veräußerungspreis	150.000 €
./.	Anschaffungskosten	50.000 €
	Veräußerungsgewinn gem. § 23 EStG	**100.000 €**
	Besteuerung nach § 32a Abs. 1 EStG, 25 % Abgeltungsteuer:	**25.000 €**
	Ertragsteuerzahllast insg. (192.431 € + 25.000 €):	**217.431 €**

II. Steuervermeidungsstrategien

In der Literatur werden **Steuervermeidungsstrategien** erörtert.[17] Die wesentliche Stra-   **21**
tegie dabei ist die Beachtung der dargestellten Steuerrechtsregeln unter besonderer
Berücksichtigung von Haltefristen und persönlichen Besteuerungsmerkmalen.

Insb. kann die Zugewinnausgleichsproblematik reduziert werden, indem schon beim   **22**
Erwerb von Vermögensgegenständen derjenige Ehegatte das zum Alleineigentum
erhält, was dieser später bei einer etwaigen Auseinandersetzung auch behalten soll. Bei
der Gestaltungsberatung kann dabei auch eine vermögensverwaltende GbR erwogen

---

16 Bsp. nach *von Oertzen* FamRZ 2010, 1785.
17 *Büte* Zugewinnausgleich Rn. 262; *Münch* Rn. 3711 ff.; *Schulz/Hauß* Vermögensauseinan-
    dersetzung, Kap. 1 Rn. 820 ff., 1954 ff.

werden, mit der Möglichkeit, dass die Ehegatten die Beteiligung nach der Scheidung an der GbR fortsetzen, oder aber Gesellschaftsanteile auf den anderen Ehegatten bzw. Kinder übertragen, ohne dass eine Veräußerung stattfindet.[18]

▶ **Hinweis**

23   Bei allen Gestaltungsüberlegungen ist zur Vermeidung des privaten Veräußerungsgeschäfts die Übertragung an Erfüllung statt und damit Entgeltlichkeit zu vermeiden.

24   Um **Teilentgeltlichkeit** zu vermeiden, kann dabei ein eigengenutzter Anteil an einem Grundstück entgeltlich veräußert und der andere Teil unentgeltlich übertragen werden. Für die Aufteilung der teils eigengenutzten, teils vermieteten Gebäude ist dabei eine Aufteilung der Flächen obligatorisch, die nicht in der notariellen Urkunde vorgenommen werden sollte. Besser ist eine Bildung von Wohnungseigentum zur Bildung getrennter Veräußerungsobjekte.[19]

25   Als Vermeidungsstrategie werden Regelungen gem. der §§ 1380, 1382 und 1383 BGB vorgeschlagen.

26   Im Kontext zu § 1380 BGB wird erwogen, eine Unentgeltlichkeit der Übertragung durch **Vorausempfänge** zu vermeiden.[20]

27   Diese Gestaltungsmöglichkeit ist zumindest steuerrechtlich höchst gefährlich und damit abzulehnen. Die Anrechnung der Leistung auf den Zugewinnausgleich könnte als tauschähnliches Geschäft, das als entgeltlich gilt, oder wenn die Anrechnung greift und das Rechtsgeschäft umgestaltet wird, als antizipierte Leistung an Erfüllung statt gewertet werden.[21] Vorteilhaft bleibt dabei aber, dass durch eine Übertragung von Vermögensgegenständen die Unterhaltsbedürftigkeit wegfallen kann, ohne dass ein Unterhaltsverzicht vorliegen oder eine Abfindung für den Unterhalt konstruiert werden muss. Unentgeltlich ist nämlich die Überlassung einer Immobilie ohne Eigentumsänderung als Sachleistung im Unterhaltsrecht.[22]

28   Weiter könnte eine **Stundung der Zugewinnausgleichsforderung** gem. § 1382 BGB im Hinblick auf den Ablauf der Haltefrist helfen.[23] Dabei muss zwingend die Übertragung des Eigentums aufgeschoben werden. Gleichwohl bleibt das Risiko, dass eine aufschiebend bedingte Übertragung angenommen wird. Dies ist insb. dann der Fall, wenn mit der Stundung die Erfüllung der Zugewinnausgleichsforderung

---

18 *Münch* Rn. 3711 f., der eine »vernünftige Organisationen der Vermögensverteilung in der Ehe« anrät, woran bei funktionierender Ehe nicht gedacht wird und bei emotionalisierter Scheidung faktisch nicht mehr die Möglichkeit bestehen dürfte.
19 *Münch* Rn. 3716 m.H.a. BMF-Schreiben v. 05.10.2000, BStBl I 2000, 1383 ff., Rn. 32 und *Reich* ZNotP 2000, 375, 416 f.
20 *Schulz/Hauß* Vermögensauseinandersetzung, Kap. 1 Rn. 820 ff.
21 *Münch* Rn. 3714 m.w.N.
22 BFH, NV 2006, 1280.
23 *Schulz/Hauß* Vermögensauseinandersetzung, Kap. 1 Rn. 891 ff.

durch Übertragung der Immobilie vereinbart wird.[24] Eine kritische Haltefrist könnte überbrückt werden durch Bestellung dinglicher Rechte wie Nießbrauchs- und Erbbaurechte.

Möglich ist auch ein **bindendes Angebot**,[25] das erst nach Ablauf der Veräußerungs-   **29** frist angenommen werden kann. Dabei ist eine Kombination aus Bestellung von dinglichen Rechten und Angeboten zu vermeiden, weil dies der Vorwegnahme der wirtschaftlichen Eigentümerstellung entsprechen könnte, wie etwa gleichzeitige Vermietung mit Anrechnung der Miete auf den Kaufpreis.[26]

▶ **Verfahrenshinweis**

Nach der aktuellen bereits unter Rdn. 16 dargestellten BFH-Rspr.[27] liegt eine   **30** Veräußerung i.S.d. § 23 Abs. 1 Satz 1 Nr. 1 EStG vor, wenn die rechtsgeschäftlichen Erklärungen beider Vertragspartner innerhalb der Veräußerungsfrist bindend abgegeben worden sind.

Ein nach § 158 Abs. 1 BGB aufschiebend bedingtes Rechtsgeschäft ist für die Parteien   **31** bindend. Der außerhalb der Veräußerungsfrist liegende Zeitpunkt des Eintritts der aufschiebenden Bedingung ist insoweit für die Besteuerung nach § 23 Abs. 1 Satz 1 Nr. 1 EStG unerheblich.

In all diesen Gestaltungsfällen ist die zwischenzeitlich kostenpflichtige verbindliche Anfrage beim zuständigen Veranlagungsfinanzamt zu empfehlen.[28]

Letztlich wird die **Übertragung eines Vermögensgegenstandes** durch das Gericht   **32** i.S.d. § 1383 BGB empfohlen.[29] Unabhängig von den engen Tatbestandsvoraussetzungen,[30] wenn dies erforderlich ist, um eine grobe Unbilligkeit für den Gläubiger zu vermeiden und die Zumutbarkeit für den Schuldner; dürfte eine steuerschädliche Leistung an Erfüllung statt vorliegen.

Die Entscheidung des Gerichts ersetzt nur per Gestaltungsurteil die Willenserklärung des   **33** Schuldners. Vor allen Dingen lassen die Vertreter dieser Ansicht aber steuerrechtliche Überlegungen, die nicht immer zwingend zivilrechtlichen Überlegungen folgen, außer Acht.

Rspr. und Kommentierung zu § 23 EStG interpretieren das Veräußerungsgeschäft,   **34** das nur tauschähnlich und damit entgeltlich zu sein braucht, extensiv. Ein privates Veräußerungsgeschäft i.S.d. § 23 EStG wurde sogar bei Abgabe eines Meistgebotes im

---

24 *Münch* Rn. 3717 ff.
25 Kein Veräußerungsvorgang.
26 *Münch* Rn. 3719.
27 BFH, 10.02.2015 – IX R 23/13, BStBl II 2015, 487.
28 S.a. *Münch* Rn. 3719.
29 MüKO-BGB/*Koch* § 1383 Rn. 5; *Schulz/Hauß* Vermögensauseinandersetzung, Kap. 1 Rn. 901 ff.; *Büte* Zugewinnausgleich Rn. 262.
30 FAKomm-FamR/*Weinreich* § 1383 BGB, Rn. 10 ff.; PWW/*Weinreich* § 1383 Rn. 5 ff.

Zwangsversteigerungsverfahren angenommen.[31] Die Lösung über § 1383 BGB bleibt ein familienrechtlich schöner, steuerrechtlich aber untauglicher Ansatz.

35   Insg. wird bei den privaten Veräußerungsgeschäften ein Ehegattenprivileg analog der Vorschriften des § 13 Abs. 1 Nr. 4a ErbStG und § 3 Nr. 5 GrEStG gefordert.[32]

Steuerveranlagungen aufgrund privater Veräußerungsgeschäfte zwischen Ehegatten sollten im Hinblick auf Art. 6 GG auf ihre Verfassungsmäßigkeit per Verfassungsbeschwerde überprüft werden.

36   Wenn nach der Rspr. des BGH[33] von allen Vermögensgegenständen die individuelle latente Steuerlast zu den seinerzeit geltenden steuerrechtlichen Regeln von allen Vermögenswerten in Abzug zu bringen ist, führt dieses zu einer immensen Erhöhung des **Haftungsrisikos** des beratenden Rechtsanwalts.

37   Bei allen Vermögenswerten ist im Einzelnen zu prüfen, ob bei einer fingierten Veräußerung Leistungen zurückzuführen sind oder auf einen Veräußerungserlös Steuern anfallen würden. Bei Veräußerungsverlusten ist umgekehrt konsequenterweise zu prüfen, wie die daraus resultierende steuerliche Auswirkung durch Verlustverrechnung bzw. Verlustvortrag oder Verlustrücktrag sich auf die Steuerveranlagung auswirkt.

38   Dabei ist bei Kapitalanlagen[34] die Vielzahl von Anlagemodellen zu berücksichtigen. *Kogel*[35] nennt dabei unter anderem Schiffsbeteiligungen, Medienfonds, Flugzeug-Leasingfonds bzw. allgemeine steuerliche Abschreibungsmodelle.

39   Zudem wird zu differenzieren sein, wen der Rechtsanwalt vertritt. Es kann sich empfehlen, mit der Einreichung des Scheidungsantrags zur Herbeiführung des Stichtags noch zu warten, wenn auf diese Weise durch Zeitablauf die Steuerpflicht entfallen würde. Wird hingegen der Zugewinnausgleichsverpflichtete vertreten, kann die Steuerlatenz zu einer Reduzierung von Vermögenswerten führen, so dass der Stichtag durch Einreichung des Scheidungsantrages unverzüglich herbeizuführen ist.

40   Dem können natürlich andere Gesichtspunkte entgegenstehen, so dass eine umfangreiche, natürlich schriftliche, Belehrung des Mandanten zu erfolgen hat. Glücklicherweise stellt sich diese Beratungsfrage nur dann, wenn für die latente Steuerlast irgendwelche Haltefristen und persönlichen Steuervoraussetzungen zu beachten sind.

---

31   *Münch* Rn. 3718; BFH, 29.03.1989 – X R 4/84, BStBl II 1989, 652; *Arens* FPR 2003, 426, 428.
32   *Münch* Rn. 3720.
33   BGH, FamRZ 2011, 1367 mit Anm. *Kuckenburg* FuR 2011, 515.
34   Vgl. unter Kap. G Rdn. 139 ff.
35   *Kogel* NJW 2011, 3341.

Die persönlichen Steuervoraussetzungen können bei den Ehegatten unterschiedlich **41** sein. Wenn die Problematik z.b. des gewerblichen Grundstückshandels nur bei einer der Parteien vorliegt, kann z.b. bei einer Bruchteilsgemeinschaft von Eheleuten an einem Grundstück nicht von Wertneutralität ausgegangen werden, wie es bisher von der Rspr. angenommen wurde.[36]

Da in allen Zugewinnausgleichsfällen die latente Steuer zu immensen Haftungsrisiken führt, ist fachkundiger Rat steuerrechtlich und familienrechtlich gefordert.[37]

▶ **Hinweis zur Schenkungsteuer**

Nach den Erbschaftsteuerrichtlinien[38] führt selbst ein freiwillig vorzeitig erfolgter **42** Zugewinnausgleich in Fällen des Getrenntlebens der Ehepartner oder während eines Scheidungsverfahrens mangels einer Beendigung der Ehe und damit mangels Beendigung eines Güterstandes nicht zur Steuerfreiheit nach § 5 Abs. 2 ErbStG. In diesen Fällen ist nach Ansicht der Finanzverwaltung zunächst eine steuerbare unentgeltliche Zuwendung i.S.d. § 7 Abs. 1 Nr. 1 ErbStG anzunehmen. Gem. § 29 Abs. 1 Nr. 3 ErbStG erlischt jedoch die Steuer mit Wirkung für die Vergangenheit, soweit in den Fällen des § 5 Abs. 2 ErbStG unentgeltliche Zuwendungen auf die Ausgleichsforderungen angerechnet worden sind. § 29 Abs. 1 Nr. 3 ErbStG verweist ausdrücklich auf § 1380 Abs. 1 BGB. Ein bereits bestandskräftiger Steuerbescheid ist gem. § 175 Abs. 1 Nr. 2 AO aufzuheben. Die Beendigung der Zugewinngemeinschaft stellt ein rückwirkendes Ereignis i.S.v. § 175 AO dar. Durch die ehevertragliche Aufhebung der Zugewinngemeinschaft und die Ermittlung bzw. Festlegung des Ausgleichsanspruchs wird nämlich die Steuerpflicht früherer Schenkungen mit Wirkung für die Vergangenheit beseitigt.[39]

---

36 *Kogel* NJW 2011, 3341.
37 Z.B. durch das Fachinstitut für familienrechtliche Gutachten, www.iffg.de.
38 ErbStRi 12, H 12.
39 Zu weiteren Problematiken von Vereinbarungen: *Perleberg-Kölbel* FuR 2012, 468; FuR 2011, 614; ZFE 2011, 7.

F. Latente Steuer und Auswirkung auf die Bewertung von Vermögensgegenständen im Zugewinnausgleich

Vorbemerkung

1   Der BGH[1] hat bekanntlich in einem obiter dictum erwähnt, dass aus Gründen der Gleichbehandlung auch bei der Bewertung anderer Vermögensgegenstände die etwaige individuelle latente Steuer wertmindernd in Abzug zu bringen ist. Private Veräußerungsgeschäfte[2] haben somit auch im Kontext zur Bewertung von Vermögensgegenständen im Zugewinnausgleichsverfahren eine zusätzliche Bedeutung erhalten.

2   Vielen Bewertern/Sachverständigen dürfte diese Rspr. nicht bekannt sein. Insb. Immobilienbewerter, aber auch Bewerter von Kapitalanlagen, werden deshalb meistens einen Abzug der latenten Steuerlast entgegen der vorgenannten Grundsätze nicht prüfen und ggf. nicht vornehmen.

3   Obwohl in der betriebswirtschaftlichen Bewertungslehre[3] zur Unternehmensbewertung die latente Steuer als wertreduzierendes Element bekannt ist, wird auch dort nicht von individuellen Steuersätzen ausgegangen, weil das Problem des Verbots der Doppelverwertung unbekannt ist. Von dem Ausgangspunkt, dass das Gutachten streitentscheidend ist und deshalb ein objektiver Unternehmenswert zu ermitteln ist, werden objektivierte Steuersätze zur Anwendung gebracht (bei Einzelunternehmen und Personengesellschaften **35 %** und bei Beteiligung an Kapitalgesellschaften seit Geltung der Abgeltungssteuer inkl. Solidaritätszuschlag effektiv **26,375 %** zzgl. wegen der üblichen Haltedauer eine hälftige Kursgewinnversteuerung auf thesaurierte Gewinne von **12,5 %**).[4]

---

1 BGH, FamRZ 2011, 1367 mit Anm. *Kuckenburg* FuR 2011, 515; *Kogel* NJW 2011, 3337; *Kuckenburg* FuR 2012, 222 und 278.
2 *Münch* Rn. 3647 ff.
3 Ausf. zu den Unternehmensbewertungsmethoden, insb. Klein/*Kuckenburg* FamVermR Kap. 2 Rn. 1469 ff., 1608 ff.
4 Klein/*Kuckenburg* FamVermR Kap. 2 Rn. 1617 ff., 1620 ff., m.w.N.; *Ballwieser/Hachmeister* Unternehmensbewertung S. 121.

I. Latente Steuer durch private Veräußerungsgeschäfte

Die Ermittlung der anfallenden latenten Steuerlast für **private Veräußerungsgeschäfte** 4
folgt den Regeln der §§ 22 Nr. 2 EStG i.V.m. § 23 EStG.

Zu den **Einkünften aus Gewerbebetrieb** (§§ 15, 16 EStG) gehören demgegenüber die 5
Veräußerungsgewinne aus Veräußerung eines ganzen Betriebs, Teilbetriebs, Mitunternehmeranteils und Anteils eines persönlich haftenden Gesellschafters einer KGaG.

Insb. Einzelunternehmen und Personengesellschaften sind demnach steuerbar nach 6
§§ 15, 16 EStG (mit entsprechendem Verweis auf § 16 EStG in § 18 Abs. 3 EStG für
Betriebe Selbstständiger und in § 14 EStG für land- und forstwirtschaftliche Betriebe).

Veräußerungsgewinne können auch bei Beteiligungen an Körperschaften nach § 17 7
EStG entstehen.

Zur **Abgrenzung zwischen § 17 EStG, § 23 EStG und § 20 EStG** kommt es nach 8
dem 31.12.2008 (Unternehmensteuerreform 2008) nicht mehr auf eine Frist von
einem Jahr zwischen der Anschaffung und Veräußerung der Beteiligung an. Diese
Spekulationsfrist ist weggefallen. Beträgt die Beteiligungsquote weniger als 1 %, liegen
Einkünfte nach § 20 EStG und bei einer Beteiligungsquote gleich und mehr als 1 %
Einkünfte nach § 17 EStG vor.

▶ **Rechtslage vor dem 01.01.2009**

Frist zwischen Anschaffung und Veräußerung ≤ 1 Jahr führt unabhängig von 9
der Beteiligungshöhe zu § 23 EStG; Anschaffung und Veräußerung > 1 Jahr, bei
Beteiligung < 1 % steuerfrei, bei Beteiligung ≥ 1 % § 17 EStG.

Die **latenten Steuern**, die nicht zu den privaten Veräußerungsgeschäften i.S.d. § 23
EStG gehören, werden nachstehend dargestellt.

II. Latente Steuer durch Veräußerungsgewinne

Die Problematik der Ermittlung der latenten Steuern auf Veräußerungsgeschäfte folgt 10
dem Ertragssteuerrecht. Die latenten Steuern, die den Vermögenswert »Unternehmen
und Unternehmensbeteiligung« belasten sind scharf von der Versteuerung der privaten Veräußerungsgeschäfte nach §§ 22, 23 EstG (s.o. unter Kap. A Rdn. 1203; Kap. A
Rdn. 1251.) abzugrenzen.

Schon der Bewertungsstandard des IDW, HFA 2/1995[5], nennt als zu berücksichti- 11
genden Posten die latente Steuerbelastung des Zugewinnausgleichsverpflichteten.
Dem folgt der IDW S 13[6] mit Hinweis auf die BGH-Rspr. zur latenten Steuerlast.

---

5 HFA 2/1995, IV, 1; ausf. zum Bewertungsstandard des IDW HFA 2/1995 zur Unternehmensbewertung im Familien- und Erbrecht: Klein/*Kuckenburg* FamVermR Kap. 2 Rn. 1608 ff.
6 IDW S 13, Besonderheiten bei der Unternehmensbewertung zur Bestimmung von Ansprüchen im Familien- und Erbrecht, Rn. 38; BGH, FamRZ 2011, 622 und 1367.

Zu den zu erfassenden Ertragsteuern gehören nämlich nicht nur die Zahllasten an das Finanzamt aufgrund der Verwirklichung von Steuertatbeständen.

12 **Veräußerungsgewinn** ist der Betrag, um den der Veräußerungspreis nach Abzug der Veräußerungskosten den Wert des Betriebsvermögens oder den Wert des Anteils am Betriebsvermögen übersteigt, § 16 Abs. 2 EStG.

13 Zu berücksichtigen sind auch die latenten Steuern, die sich aus der Diskrepanz von nach BilMoG ermittelten handelsrechtlichem zu steuerrechtlichem Erfolg ergeben.[7]

14 Die unter dem Begriff »latente Steuerlast« auch im Familienrecht diskutierte Problematik resultiert aus dem **fiktiv** zu versteuernden Veräußerungsgewinn nach §§ 16, 14, 18 Abs. 3, 34 EStG, also nicht nach §§ 22, 23 EStG.

▶ **Definition des Veräußerungsgewinns**

15 Dies ist der Betrag, um den der Veräußerungspreis nach Abzug der Veräußerungskosten den Wert des Betriebsvermögens oder den Wert des Anteils am Betriebsvermögen übersteigt (§ 16 Abs. 2 EstG). Bei Beteiligung an einer Körperschaft mit mehr als 1 % sind die Anschaffungskosten maßgeblich (§ 17 Abs. 1 und 2 EStG).

16 ▶ **Beispiel bei einem Einzelunternehmen mit negativem Kapitalkonto**

Buchwert des Betriebsvermögens (negativ, auch durch Privatentnahmen)	−55.000 €
ermittelter Unternehmenswert	70.000 €
Veräußerungsaufwand, fiktiv, geschätzt	−5.000 €
Veräußerungsgewinn	120.000 €

17 Der überholte Bewertungsstandard des IDW zur Unternehmensbewertung (HFA 2/1983) nahm schon früher einen individuellen Steuersatz an. Der geltende Bewertungsstandard in IDW S 1[8] nimmt einen standardisierten Steuersatz an, wenn ein objektivierter Unternehmenswert zu ermitteln ist. Dabei wird kein konkreter Steuersatz genannt.

18 Dies wird damit begründet, dass eine **subjektive** latente Steuerlast dazu führen würde, dass der Unternehmenswert für jeden Beteiligten, z.B. bei Tausenden von Beteiligten an einer Publikumsgesellschaft, individuell und differenziert mit unterschiedlichen Ergebnissen zu ermitteln wäre.[9] Für eine **objektivierte** latente Steuerlast spricht der streitentscheidende Charakter eines Bewertungsgutachtens in einem Zugewinnausgleichsverfahren.

---

7 *Ballwieser/Hachmeister* Unternehmensbewertung 3. Aufl., S. 31; s.u. Kap. A Rdn. 260 ff.
8 IDW S 1, Rn. 43 ff.
9 *Ruiz de Vargas/Zollner* WPg 2012, 606 ff.

Die Bewertungslehre geht deshalb von einer Typisierung der Ertragsteuer zur 19
Ermittlung eines objektiven Unternehmenswerts bei Bewertungsstichtagen bis zum
05.07.2007 (nach Ratifizierung der Unternehmensteuerreform 2008 durch den Deutschen Bundesrat am 06.07.2007 ist die Abgeltungsteuer bei Erstellung von Bewertungen ab 2009 wegen des Zuflusszeitpunktes maßgeblich[10]) von einem Steuersatz von
35 % aus. Dieser standardisierte Steuersatz entspricht langjährigen Erfahrungen zur
Höhe der Steuersätze in Deutschland.[11]

Bei Bewertung ab 2009 (mit Bewertungsstichtagen ab dem 06.07.2007) ist die Abgel- 20
tungsteuer zu berücksichtigen. Danach unterliegen Einkünfte aus ausgeschütteten
Dividenden und Zinsen einer Abgeltungsbesteuerung von 25 % (zzgl. Solidaritätszuschlag, also effektiv 26,375 %, ggfs. Kirchensteuer). Hinzu kommt wegen der üblichen Haltedauer von Kapitalbeteiligungen eine hälftige Kursgewinnversteuerung mit
12,5 % auf thesaurierte Gewinne.[12] Bei Einzelunternehmen und Personengesellschaften beträgt der Steuersatz für »laufende« Erträge weiterhin 35 %.[13]

▶ Hinweis

Unternehmenswertgutachter, die die Rspr des BGH[14] regelmäßig nicht kennen, 21
werden die latente Steuer entsprechend objektiviert ansetzen und damit nicht die
individuelle latente Steuer gem. BGH[15] berücksichtigen.

Das obige Bsp. macht deutlich, dass der Einzelunternehmer z.B. durch überhöhte
Privatentnahmen und unwirtschaftlichem Verhalten ein negatives Eigenkapitalkonto
verursacht hat, seine Zahllast dem Anspruchsteller ggü. reduzieren kann. Er generiert
durch dieses Verhalten eine höhere latente Steuerlast.

Beim Ausscheiden eines Kommanditisten gegen Entgelt aus einer KG, ergibt sich 22
der Veräußerungsgewinn i.S.d. § 16 Abs. 2 EStG aus der Differenz zwischen den,
dem Ausscheidenden aus diesem Anlass zugewandten Leistungen, und seinem Kapitalkonto[16] (Buchwert), soweit dieses Eigenkapital darstellt. Dies gilt auch für ein
negatives Kapitalkonto. Es führt rechnerisch, s.a. Bsp. zuvor, zur Erhöhung eines
Veräußerungsgewinns, soweit es nicht ausgeglichen wird. Dabei ist unbeachtlich, aus
welchen Gründen das Kapitalkonto negativ geworden ist.[17]

---

10 Peemöller/*Kunowski* S. 301.
11 Peemöller/*Kunowski* S. 301.
12 *Ballwieser/Hachmeister* Unternehmensbewertung S. 121.
13 Peemöller/*Kunowski* S. 298.
14 Ständige Rspr des BGH, zuletzt BGH FamRZ 2011, 1367 m. Anm. Kuckenburg FuR 2011,
    515.
15 BGH, FamRZ 2011, 622 & 1367.
16 Zum Gesellschafterkapitalkonto in der Personengesellschaft s. Kap. A Rdn. 602.
17 BFH/NV 2015, 1485.

23 ▶ **Beispiel mit individueller Steuerlast[18] in geltender 1/5 Regelung**

Veräußerungsgewinn

Sachverhalt

Wert	243.595 €		
Buchwert negativ	56.461 €		
Veräußerungskosten	5.000 €		
Steuerlicher Veräußerungsgewinn	295.056 €		

Lösung

Ertragsteuern: zvE gem. EStB	173.047 €		
ESt		57.554 €	
Soli		3.165 €	
		60.719 €	
Ertragsteuern: zvE plus 1/5 Veräußerungsgewinn			
1/5	59.011 €		
zvE	232.058 €		
ESt		81.120 €	
Soli		4.361 €	
		85.481 €	
Diff X 5		123.806 €	
U-Wert nach Steuern			119.789 €
gerundet			119.800 €

24 Der negative Buchwert führt unter Berücksichtigung der individuellen Steuerlast im vorstehenden Bsp. zu einer Halbierung des ermittelten Unternehmenswerts!

25 In der familienrechtlichen Literatur wird der Abzug der latenten Steuerlast teilweise für entbehrlich gehalten, weil bei der Bewertung anderer Vermögensgegenstände (z.B. Grundstücke, Wertpapiere, Lebensversicherungen), eine latente Steuerlast nicht in Abzug gebracht wird und die Steuerschuld noch nicht entstanden ist.[19]

---

18 Gem. OLG Hamm, FamRZ 2016, 1931 vom Tatrichter zu rechnen.
19 *Hoppenz* FamRZ 2006, 449, 450; *Gernhuber* NJW 1991, 2238, 2242; *Tiedtke* FamRZ 1990, 1188, 1193.

Die Rspr. dagegen nimmt generell eine Abzugsfähigkeit der latenten Besteuerung mit **26** folgender Begründung an:

>»Soweit der Wert danach ermittelt wird, was bei der Veräußerung zu erzielen wäre, darf nicht außer Betracht bleiben, dass wegen der damit verbundenen Auflösung der stillen Reserven dem Verkäufer wirtschaftlich nur der die fraglichen Steuern verminderte Erlös verbleibt. Insoweit geht es um unvermeidbare Veräußerungskosten.«[20]

Dies wird weiter damit begründet, dass die Bewertung einer freiberuflichen Praxis im **27** Zugewinnausgleichsverfahren stichtagsbezogen und losgelöst von einer beabsichtigten Veräußerung erfolgt (es wird ein Wert ermittelt und nicht ein Preis!). Maßgeblich sind dabei der am Stichtag vorhandene Wert und die damit verbundene Nutzungsmöglichkeit des Unternehmens durch den Inhaber.[21]

Mit dieser Aussage bekennt sich der BGH auch inzident noch mal eindeutig zum **28** Kriterium der Notwendigkeit der Veräußerbarkeit von Unternehmen mit der Folge, dass sich Sachverständigengutachten mit der **Marktfähigkeit** des zu bewertenden Unternehmens auseinanderzusetzen haben.[22] Diese festzustellende Marktfähigkeit des Unternehmens[23] führt zur Berücksichtigung der latenten Ertragsteuern.

In einem obiter dictum bekennt sich der BGH aus Gründen der Gleichbehand- **29** lung darüber hinaus zur Berücksichtigung der latenten Steuerlast bei der Bewertung anderer Vermögensgegenstände,[24] was zu den privaten Veräußerungsgeschäften nach §§ 22, 23 EStG schon eingehend ausgeführt wurde.

In dieser Entscheidung klärt der BGH zudem die Frage, **wie** die latente Steuer in fami- **30** lienrechtlichen Verfahren in Abzug zu bringen ist. Zwar ist am Stichtag nicht bekannt, wann und zu welchem Preis der betreffende Vermögensgegenstand tatsächlich veräußert wird. Für eine stichtagsbezogene Wertermittlung kommt es aber nicht darauf an, welche Ertragsteuern beim zukünftigen Veräußerungsfall tatsächlich anfallen könn- ten. Für den BGH ist die zum Stichtag bestehende Steuerregelung maßgebend,[25] d.h. die Anwendung des am **Stichtag geltenden Einkommensteuerrechts**. Dies wird mit dem strengen Stichtagsprinzip begründet und setzt Kenntnis der individuellen Besteu- erungsmerkmale voraus. Hierbei muss für Bewertungen im Anfangsvermögen ggf. auf das Recht bis zur Einführung des Zugewinnausgleichs zum 01.07.1958 zurückgegrif- fen werden.

Gelten mehrere Grundstücke als zum Stichtag veräußert, führt das zur Problematik **31** des gewerblichen Grundstückhandels mit erheblichen Wertreduzierungen und damit verbunden Haftungsrisiko des Anwalts.

---

20 BGH, FamRZ 2011, 622; FamRZ 1991, 43, 48; FamRZ 2005, 99, 101; FamRZ 2011, 1367.
21 BGH, FamRZ 2011, 1367.
22 BGH, FamRZ 1978, 332; *Kuckenburg* FuR 2011, 515, 517, ders. FuR 2012, 222 und 278.
23 BGH, FamRZ 2011, 1367 unter ausdrücklichem Bezug auf BGH, FamRZ 1998, 332.
24 BGH, FamRZ 2011, 1367, 1372; Klein/*Kuckenburg* FamVermR Kap. 2 Rn. 452.
25 BGH, FamRZ 2011, 1367, 1372.

III. Latente Steuer beim gewerblichen Grundstückhandel

32 Der **gewerbliche Grundstückhandel**[26] ist wie folgt zu charakterisieren:
– gewerblicher Grundstückhandel liegt i.d.R. vor, wenn innerhalb von fünf Jahren, mind. drei Objekte veräußert werden.
– Grundstücksverkäufe einer GbR sind einem Gesellschafter, der auch eigene Grundstücke veräußert, bei Prüfung der 3-Objekt-Grenze zuzurechnen.
– Rechtsfolge: Der Veräußerungsgewinn stellt einen gewerbesteuerpflichtigen laufenden Gewinn dar, da Umlaufvermögen veräußert wurde (Betriebsvermögen und nicht Privatvermögen).

▶ **Beispiel**

33 Zur Verdeutlichung des Themas folgender **Beispielfall**[27]:

Das Endvermögen des Herrn W besteht aus einer Firma, die einen Wert von 1 Mio. € hat (latente Steuern sind noch nicht abgezogen. Das Endvermögen von Frau W besteht aus 20 Eigentumswohnungen mit ebenfalls einem Wert von 1 Mio. €.

34 *Kogel* und *Münch*[28] weisen nach, dass auch bei dieser Fallgestaltung ein Problem der Steuerlatenz von Betriebsvermögen bzgl. der Grundstücke über das Institut des gewerblichen Grundstückshandels besteht.

▶ **Gewerblicher Grundstückhandel**[29]

35 Werden innerhalb von **fünf Jahren** im Privatvermögen (Veräußerungen aus dem Betriebsvermögen ist stets steuerbar) gehaltene **drei Objekte** (in engen zeitlichen Zusammenhang) angeschafft und veräußert, liegt ein gewerblicher Grundstückshandel vor. Unter Objekten sind Ein- und Zweifamilienhäuser, Eigentumswohnungen, Mehrfamilienhäuser, Gewerbeimmobilien, Erbbaurechte, unbebaute Grundstücke, Miteigentumsanteile an Immobilien und Beteiligungen an Grundstücksgesellschaften (Zählobjekte sind die Grundstücke der Gesellschaft, nicht der Beteiligungsanteil) zu verstehen. Bei einem gewerblichen Grundstückshandel unterliegen die Einnahmen der Einkommensteuer und der Gewerbesteuer.

36 In die Drei-Objekt-Grenze sind ererbte Grundstücke nicht mit einzubeziehen. Wird Grundbesitz durch vorweggenommene Erbfolge übertragen, kommt jedoch die Drei-Objekt-Grenze bei privilegierten Anfangsvermögen zur Anwendung.

---

26 BMF-Schreiben zum gewerblichen Grundstückshandel v. 26.03.2004.
27 *Kogel* NJW 2011, 3337, 3340.
28 *Kogel* NJW 2011, 3340; *Münch* Rn. 3721 ff.; letzterer diskutiert das Rechtsproblem eher im Kontext zu einer ehevertraglichen Vereinbarung, in der ein Ehegatte dem anderen 3 Objekte überträgt.
29 BFH, BStBl II 1988, 244 ff.; BFH, BStBl II 1995, 617 ff.; ausf. BMF-Schreiben v. 28.03.2004, BStBl I 2004, 434.

Auch die Einbringung von mehr als drei Grundstücken in eine KG, an der der Eigen-   37
tümer mehrheitlich beteiligt ist, führt zumindest bei Übernahme der Verbindlichkeiten, die auf den Grundstücken lasten, zu einer entgeltlichen Veräußerung wie an einen
Dritten.[30]

Die Entgeltlichkeit kann nur dann vermieden werden, wenn eine Einlage in das   38
Gesamthandsvermögen der KG, die gesamthänderisch gebundene Kapitalrücklage[31],
ohne Schuldübernahme der Bankverbindlichkeiten erfolgt (diese führen unweigerlich
zur Entgeltlichkeit).[32]

Unseres Erachtens hätte man mit dem Zurückhalten der Bankverbindlichkeiten diese   39
neutral zum Buchwert in das Sonderbetriebsvermögen des Gesellschafters überführen
können. Werden weniger als drei Objekte angeschafft, modernisiert oder veräußert,
erzielt der Steuerpflichtige Einnahmen und Ausgaben aus privater Vermögensverwaltung. Die Einnahmen sind dann steuerfrei, wenn die sog. 10-Jahresfrist der §§ 22, 23
EStG überschritten wird.

Die Drei-Objekt-Grenze kann auf 10 Jahre ausgedehnt werden, wenn Umstände   40
dafürsprechen, dass zum Zeitpunkt der Errichtung, des Erwerbs oder der Modernisierung eine Veräußerungsabsicht vorlag. Bei Ehepartnern gilt die Drei-Objekt-Grenze
für jeden Ehepartner. Daher können beide Ehepartner drei Grundstücksobjekte
innerhalb der fünf Jahresfrist erwerben und wieder (steuerfrei) veräußern.

▶ **Rechtsfolgen**

- Umfang: Erfasst werden nur Objekte, die die Kriterien des Grundstückhandels   41
  erfüllen, wobei Vermögensverwaltung mit verbleibenden Objekten möglich
  bleibt;
- Beginn: Für die Einkommensteuer ist der in engen zeitlichen Zusammenhang
  erfolgte Erwerb/Bauantragsstellung des ersten Objekts relevant, für die Gewerbesteuer der Verkauf des ersten Objekts (Einlage erfolgt zum Teilwert; Ausnahme § 6 Abs. 1 Nr. 5 Satz 1 Halbs. 2 EStG: maximal AHK);
- Gewinnermittlung: nach Auffassung der Finanzverwaltung grds. Betriebsvermögensvergleich, wobei die Objekte Umlaufvermögen sind, weil sie nicht dauernd dem Unternehmen dienen (keine AfA, ggf. Teilwertabschreibung);
- Rechtsfolge: Veräußerungsgewinne unterliegen der »laufenden« Einkommensteuer (nicht Veräußerungsgewinnbesteuerung nach §§ 16, 34 EStG, sondern
  § 15 EStG für Grundstücke im Umlaufvermögen) und der Gewerbesteuer.

Bei der Bewertung im Zugewinnausgleichsverfahren wird ein Verkehrswert ermittelt,   42
der eine Veräußerung **fingiert**.[33] Der BGH[34] verlangt wegen der Gleichbehandlung

---

30   FG Baden-Württemberg, 16.04.2013 – 8 K 2832/11, Revision unter BFH, X R 21/2013.
31   S.o. unter Kap. A Rdn. 611, Kap. A Rdn. 601.
32   BMF-Schreiben v. 11.07.2011, BStBl I 2011, 713.
33   *Kogel* NJW 2011, 3340 ff.
34   BGH, FamRZ 2011, 1367 mit Anm. *Kuckenburg* FuR 2011, 515.

die Berücksichtigung der latenten Steuer auch als Abzugsposten bei den Grundstücken, wobei die Verhältnisse des Stichtags zugrunde zu legen sind. Dies gilt insb. ungeachtet einer bestehenden Veräußerungsabsicht, die eine Steuerpflicht auslösen würde.

43 Werden also mehr als drei Objekte, wie im Ausgangsfall (unabhängig von einer 10 Jahresfrist!) in die Zugewinnausgleichbilanz eingestellt, ist wegen der fingierten Veräußerung die daraus resultierende Steuerlast für alle Objekte in Abzug zu bringen.

44 Wenn in der Literatur, laut *Kogel*,[35] andere Autoren diese Zehnjahresgrenze des § 23 EStG diskutieren, indem durch entsprechend lange Haltefrist die Steuerverpflichtung zu umgehen wäre, so ist dieses steuerrechtlich falsch. Da es sich nicht um private Veräußerungsgeschäfte i.S.d. §§ 22, 23 EStG handelt, sondern um laufende Gewinne aus dem Umlaufvermögen eines Gewerbebetriebs nach § 15 EStG, kommt es auf eine Haltedauer überhaupt nicht an.

▶ Hinweis

45 Der derzeitige **Spitzensteuersatz** beträgt ohne Kirchensteuer 45 % zzgl. Soli mit 5,5 % hierauf, also 47,475 %. Bei Spitzensteuersätzen, die bei 6-stelligen Veräußerungsgewinnen leicht erreicht werden, halbiert sich praktisch der Verkehrswert!

IV. Latente Steuer bei weiteren Vermögenspositionen

1. Latente Steuer bei Lebensversicherungen

46 Die laufende Versteuerung regelt sich für nach dem 01.01.2005 abgeschlossen **Lebensversicherungen** nach § 20 Abs. 1 Nr. 6 EStG. Wenn die Rspr. des BGH[36] einen Veräußerungsvorgang (Verkehrswert auf dem Zweitmarkt/nicht Liquidationswerte wie Rückkaufswert) fingiert, stellt sich auch hier die Frage des Abzugs der latenten Steuerbelastung.[37]

47 Unproblematisch ist dabei nach altem Recht nur der Fall, dass zum Stichtag die Auszahlung der Lebensversicherung bereits erfolgt ist. Wurde die Lebensversicherung während der Ehe abgeschlossen und war der Auszahlungszeitpunkt noch nicht erreicht, wurde teilweise der Abzug der latenten Steuerlast abgelehnt.[38] Diese Meinung lässt sich nach der vorgenannten Rspr. des BGH nicht mehr aufrechterhalten, um eine Gleichbehandlung mit anderen Vermögenswerten sicherzustellen.

48 Dabei ist auf stichtagsgenaue Prüfung zu achten.[39]

---

35 *Kogel*, 3340 m.w.N.
36 BGH, FamRZ 2011, 1367 mit Anm. *Kuckenburg* FuR 2011, 515.
37 *Kogel* NJW 2011, 3340, 3341; *Büte*, der generellen Steuerrechtsrat empfiehlt: *Büte* Zugewinnausgleich Rn. 163; *Schulz/Hauß* Vermögensauseinandersetzung Kap. 7, Rn. 1985 ff.
38 Nachweise bei *Kogel* NJW 2011, 3340, 3341.
39 *Kogel* NJW 2011, 3341.

Bei Lebensversicherungen, die nach dem 01.01.2010 abgeschlossen worden sind, gilt die neue Rechtslage mit Besteuerung, es sei denn, der Lebensversicherungsvertrag hat 12 Jahre bestanden und läuft erst nach dem 60. Lebensjahr des Versicherungsnehmers aus (50 % des Veräußerungsgewinns unterliegen dann der Besteuerung).

Von dieser Ausnahme abgesehen, ist die latente Steuer stets unter der Fiktion der **49** Veräußerung des Vermögensgegenstandes zu berücksichtigen.[40] Veräußerungsgewinn ist dabei die Differenz zwischen eingezahlten Beträgen und tatsächlich erzielter Versicherungsleistung, unter Berücksichtigung etwaiger Veräußerungskosten.

2. Betriebsaufspaltung und latente Steuern

Zur Darstellung der Definition wird zunächst auf Kap. A Rdn. 174 ff. verwiesen. **50**

Da die Nutzungsüberlassung von Wirtschaftsgütern i.r.d. Betriebsaufspaltung als **51** gewerbliche Tätigkeit i.S.d. § 15 Abs. 3 Nr. 1 EStG vom BFH[41] angesehen wird, sind sämtliche Einkünfte des ansonsten nicht gewerblich tätigen Besitzunternehmens den Einkünften aus Gewerbetrieb zuzuordnen.

▶ Hinweis

Es liegt demzufolge in den Fällen einer Betriebsaufspaltung eine steuerliche **52** Verstrickung von Privatvermögen vor, obwohl der Vermögenswert nicht unternehmerisch in einem steuerlichen Betriebsvermögen verstrickt ist.

3. Wertpapiere

Ab dem 06.07.2007 gilt die sog. Abgeltungsteuer, §§ 20 Abs. 1 Nr. 1, 43 Abs. 1 Nr. 1; **53** 43a Abs. 1 Nr. 1 EstG. Dies gilt es bei dem Ansatz der fiktiven Steuer zu bedenken. Es ist allerdings ein Sparerfreibetrag zu berücksichtigen, vgl. hierzu näher unter Kap. A Rdn. 981.

4. Arbeitnehmersparzulage

Nach § 13 des fünften Gesetzes zur Förderung der Vermögensbildung der Arbeitneh- **54** mer (Fünftes Vermögensbildungsgesetz – 5. VermBG) hat ein Arbeitnehmer unter bestimmten Voraussetzungen einen Anspruch auf die Zulage. Der Anspruch entfällt nach Abs. 5 und die Zulagen sind zurückzuzahlen, wenn Sperrfristen der §§ 4–7 VermBG nicht beachtet werden und die Anlage aufgelöst wird, bzw. zum Stichtag der Bewertung als aufgelöst gilt. Die Verpflichtung ist im letzten Fall fiktiv als Belastung zu berücksichtigen.[42]

---

40 *Kogel* NJW 2011, 3341; *Büte* Zugewinnausgleich Rn. 163.
41 St. Rspr. BFH, 08.11.1971 – GrS 2/71, BFHE 103, 440; BStBl II 1972, 63.
42 *Spieker* NZFam 2015, 394.

G. Bewertung von weiteren positiven und negativen Vermögenswerten

I. Bewertung von Vermögensgegenständen

Im Folgenden soll die Bewertung einzelner sachlich bedeutender Vermögensgegen-   **1**
stände dargestellt werden. Dabei kann auf die Veröffentlichung von *Müting*[1] zurückgegriffen werden.

1. Abfindungen

Abfindungen können dem güterrechtlichen Ausgleich unterliegen, wenn der Abfin-   **2**
dungsanspruch am Stichtag bereits entstanden ist oder zumindest ein bewertbares
Anwartschaftsrecht auf Zahlung der Abfindung begründet wurde.[2] Dies gilt nach
ständiger Rspr. des BGH für alle Arten von Abfindungen unabhängig von ihrem
Rechtsgrund.[3] Selbst solche Abfindungen, die in Zusammenhang mit **Vorruhestandsregelungen** oder **Sozialplänen** gezahlt werden und damit vorrangig **Versorgungscharakter** aufweisen, bilden hiervon keine Ausnahme.[4]

---

1 Klein/*Müting* FamVermR Kap. 2 Rn. 1386 ff.
2 BGH, 09.06.1983 – IX ZR 41/82, NJW 1983, 2244; BGH, 15.11.2000 – XII ZR 197/98,
    FamRZ 2001, 278; OLG Hamm, 26.05.1998 – 7 UF 9/98, FamRZ 1999, 1068.
3 BGH, FamRZ 1988, 362; BGH, 13.11.1997 – IX ZR 37/97, NJW 98, 749.
4 FAKomm-FamR/*Weinreich* § 1376 Rn. 20; BGH, 29.01.1982 – IX ZR 94/80,
    NJW 1982, 279.

3 Der BGH hält bei der Bewertung von Abfindungsleistungen bis heute nachhaltig am Stichtagsprinzip fest. Danach soll es unbeachtlich sein, auf welchen Zeitraum sich die Abfindungszahlung bezieht. Auch Abfindungen und Abfindungszusagen für Ereignisse oder Zeiträume, die nach dem Stichtag liegen, fließen in der Höhe in den Zugewinnausgleich ein, in der sie zum Stichtag vorhanden sind.[5]

4 Die Rspr. des BGH ist nachhaltiger Kritik ausgesetzt. Insb. im Fall **arbeitsrechtlicher Abfindungen** wird gefordert, nach dem **Zweck der Abfindung** zu differenzieren. Dient die Abfindung als Ausgleich für den künftigen Lohnausfall (**Lohnersatzfunktion**), soll sie vom Zugewinnausgleich ausgenommen und allein unterhaltsrechtlich auszugleichen sein. Wird sie hingegen als Entschädigung für den Arbeitsplatz und den damit verbundenen Verlust des sozialen Besitzstands (**Schadensersatzfunktion**) gezahlt, so soll sie dem güterrechtlichen Ausgleich unterliegen.[6]

5 Nach anderer Auffassung ist eine arbeitsrechtliche Abfindung stets vom Zugewinnausgleich auszunehmen, da der Arbeitsplatz als solcher keinen Vermögenswert aufweist und folglich auch die für den Verlust des Arbeitsplatzes gezahlte Abfindung güterrechtlich keine Berücksichtigung finden kann.[7]

6 In der Praxis führen die dargestellten Ansätze zumeist zum gleichen Ergebnis. Dies hat seinen Grund darin, dass eine Überlagerung mit der Rspr. des BGH zur **unzulässigen doppelten Teilhabe** stattfindet. Danach ist ein güterrechtlicher Ausgleich ausgeschlossen, wenn und soweit eine Vermögensposition bereits auf andere Weise, sei es unterhaltsrechtlich oder im Wege des Versorgungsausgleichs, zugunsten des anderen Ehegatten auszugleichen ist[8],wobei die Sicherung des Lebensbedarfs der Teilhabe am Vermögen stets vorgeht.[9]Eine hiervon abweichende Regelung können die Ehegatten nur durch formbedürftige Vereinbarung nach § 1578 Abs. 3 Satz 2 BGB treffen. Ein Wahlrecht, ob die Abfindung güterrechtlich oder unterhaltsrechtlich ausgeglichen wird, steht den Ehegatten nicht zu.[10]

7 Im Ergebnis sind damit **alle Abfindungen mit Lohnersatz- oder Versorgungscharakter** in dem Umfang dem güterrechtlichen Ausgleich entzogen, in dem sie den künftigen Lebens- bzw. Unterhaltsbedarf decken sollen.[11] Wenn und soweit eine Abfindung

---

5 BGH, 29.10.1981 – IX ZR 94/80, BGHZ 82, 145 = FamRZ 1985, 710.

6 *Kogel* FamRZ 2005, 1524; *Schulz/Hauß* Vermögenauseinandersetzung Kap. 1 Rn. 189 ff.

7 *Schulz/Hauß* Vermögensauseinandersetzung Kap. 1 Rn. 189 ff.; MuKo-BGB/*Koch* § 1375 Rn. 11; *Maurer* FamRZ 2005, 757; *Schulz* FamRZ 2006, 1237.

8 BGH, 21.04.2004 – XII ZR 185/01, FamRZ 2004, 1352 = FuR 2005, 39; BGH, 11.12.2002 – XII ZR 27/00, FamRZ 2004, 1352.

9 BGH, 11.02.2004 – XII ZR 265/02.

10 *Schulz/Hauß* Vermögensauseinandersetzung Kap. 1 Rn. 189 ff. m.w.N.; a.A. *Soyka* FuR 2005, 757; *Bergschneider* FamRZ 2004, 1352.

11 OLG München, 15.12.2004 – 16 UF 1410/00, FamRZ 2005, 714; FAKomm-FamR/*Weinreich* § 1376 Rn. 18; PWW/*Weinreich* § 1376 Rn. 10; BGH, 21.04.2004 – XII ZR 185/01, NJW 2004, 2675.; a.A. *Maurer* FamRZ 2005, 757.

demgegenüber nicht zum Ausgleich des weggefallenen Arbeitsentgelts benötigt wird, ist sie als Vermögensbestandteil anzusetzen und als Zugewinn auszugleichen.[12]

Für die Beurteilung, in welcher Höhe eine Abfindung in die Vermögensbilanz eines **8** Ehegatten einzustellen ist, kommt es letztlich auf eine **Prognoseentscheidung** zum Stichtag an.[13]Dabei ist anhand einer ex-ante-Schätzung festzustellen, in welchem Umfang die Abfindung für Unterhaltszwecke einzusetzen ist. Bei arbeitsrechtlichen Abfindungen wird dies i.d.R. der Betrag sein, den der Abgefundene unter Berücksichtigung seiner individuellen Erwerbsmöglichkeiten aller Voraussicht nach für seinen eigenen Lebensbedarf und den Unterhaltsbedarf etwaiger unterhaltsberechtigter Personen benötigt, bis er einen neuen Arbeitsplatz gefunden hat.[14] Bei Vorruhestandsregelungen ist regelmäßig von einem Zeitraum bis zum Eintritt in den Ruhestand ausgehen.[15] Eine nachträgliche Korrektur der Prognoseentscheidung scheidet wegen des strengen Stichtagsprinzips aus.[16]

Hat eine Abfindung ausschließlich **Entschädigungscharakter,** so ist sie mit ihrem **9** jeweiligen (Rest-) Wert am Stichtag als Vermögensposition in das Anfangs- oder Endvermögen eines Ehegatten einzustellen.[17]

2. Abschreibungsgesellschaft

Der Wert der **Beteiligung an einer Abschreibungsgesellschaft,** die gewöhnlich in **10** der Form einer Kommanditgesellschaft betrieben wird, richtet sich nach dem zu erwartenden Veräußerungserlös bei Beendigung der Beteiligung zzgl. zu erwartender Steuervorteile und abzgl. offener Zahlungsverpflichtungen und mit der Veräußerung ausgelöster Steuern.[18]

Beteiligungen an Abschreibungsgesellschaften, die mit negativen Kapitalkonten ein **11** hergehen, stellen in der Zugewinnausgleichsbilanz keinen eigenständigen negativen Vermögenswert dar, weil die einem Ehegatten steuerlich zugewiesenen Verluste nicht zwingend reale Verluste (in entsprechender Höhe) und damit keine eigenständigen Verbindlichkeiten darstellen.[19] Etwas anderes kann gelten, wenn aus gesellschaftsrechtlichen Gründen Nachschussverpflichtungen bestehen oder die Einlage eines Gesellschafters noch nicht (vollständig) einbezahlt wurde.[20]

---

12 OLG Karlsruhe, 24.10.2013 – 2 UF 213/12, FamRB 2014, 82.
13 OLG München, 15.12.2004 – 16 UF 1410/00, FamRZ 2005, 714.
14 OLG Karlsruhe, 24.10.2013 – 2 UF 213/12, FamRB 2014, 82.
15 OLG München, 15.12.2004 – 16 UF 1410/00, FamRZ 2005, 714.
16 OLG München, 15.12.2004 – 16 UF 1410/00, FamRZ 2005, 714.
17 BGH, 27.05.1981 – IVb ZR 577/80, FamRZ 1981, 755; a.A. *Schwab*/Kap. VII Rn. 162; OLG München, 15.12.2004 – 16 UF 1410/00, FamRZ 2005, 714.
18 BGH, 17.11.2010 – XII ZR 170/09, FamRZ 2011, 183.
19 BGH, 23.10.1985 – IVb ZR 62/84, FamRZ 1986, 37; MüKo-BGB/*Koch* § 1376 Rn. 32.
20 *Büte* Zugewinnausgleich Rn. 62.

3. Altersvorsorge mit nachgelagerter Besteuerung

12   Bei **Altersvorsorgeverträgen mit nachgelagerter Besteuerung** werden Alterseinkünfte erst dann versteuert, wenn sie im Alter an den Steuerpflichtigen ausgezahlt werden (§ 22 Abs. 1 EStG). In der Erwerbsphase bleiben die Beiträge zur Altersvorsorge bis zu einem jährlichen Höchstbetrag unversteuert. Ob ein Anrecht auf eine Altersvorsorge mit nachgelagerter Besteuerung dem Zugewinnausgleich oder dem Versorgungsausgleich unterliegt, richtet sich nach den allgemeinen Abgrenzungskriterien.

4. Antiquitäten

13   Bei **Antiquitäten** kommt es auf die Eigentumslage und die tatsächliche Nutzung/ Zweckbestimmung an.[21] Steht die Antiquität im **Alleineigentum eines Ehegatten** oder dient sie ausschließlich der **Kapitalanlage,** so scheidet eine Haushaltsauseinandersetzung zugunsten eines güterrechtlichen Ausgleichs aus.[22] Dient die Antiquität indessen der Einrichtung oder Ausschmückung der ehelichen Wohnung und wurde sie von den Eheleuten während der Ehe gemeinsam angeschafft, so verdrängt § 1568b BGB den güterrechtlichen Ausgleich.[23]

14   Für die Bewertung von Antiquitäten ist vom Veräußerungswert (Auktionswert) auszugehen.[24] Ein besonderes Liebhaberinteresse ist nicht auszugleichen.[73] Daneben ist zu berücksichtigen, ob der Gegenstand gewerblich oder nur in Sammlerkreisen veräußerbar ist. Ist die Antiquität unverkäuflich, so kann allenfalls ein Bruchteil des Anschaffungswerts als Vermögenswert angesetzt werden.

5. Anwartschaftsrecht

15   Das Anwartschaftsrecht ist eine Rechtsposition auf dem Weg zu Vollrechtserwerb, die dem Erwerber einen Anspruch auf künftige Leistung gewährt und bei der der Veräußerer die Rechtsposition des Erwerbers nicht mehr durch einseitige Erklärung zerstören kann[25].Anwartschaftsrechte sind mit ihrem **gegenwärtigen Vermögenswert** in der Ausgleichsbilanz zu berücksichtigen, wenn der Inhaber des Anwartschaftsrechts in bestimmter und bewertbarer Weise bereichert ist[26].Es kommt letztlich darauf an, ob das künftig zum Vollrecht erstarkende Recht am Stichtag bereits einen **objektivierbaren Wert** aufweist, der nicht mehr von einer Gegenleistung abhängig ist.[27]

---

21   Johannsen/Henrich/*Jaeger* BGB § 1376 Rn. 9 m.w.N.

22   BGH, 01.12.1983 – IX ZR 41/83, FamRZ 1984, 144; OLG Naumburg, 04.09.2003 – 8 UF 211/02, FamRZ 2004, 889.

23   OLG Bamberg, 01.07.1996 – 2 WF 48/96, FamRZ 1997, 378.

24   *Büte* Zugewinnausgleich Rn. 96, 131.

25   BGH, 05.01.1955 – IV ZR 154/54, NJW 1955, 544.

26   BGH, 09.06.1983 – IX ZR 56/82, FamRZ 1983, 882; BGH, 14.01.1981 – IVb ZR 525/80, FamRZ 1981, 239; BGH, 22.03.1984 – IX ZR 69/83, 1984, 666.

27   BGH, 15.11.2000 – XII ZR 197/98, BGHZ 146, 64; BGH, 28.01.2004 – XII ZR 221/01, FamRZ 2004, 78; BGH, 09.06.1983 – IX ZR 56/82, FamRZ 1983, 882; *Schulz/Hauß* Vermögensauseinandersetzung Kap. 1 Rn. 434.

Steht zum Stichtag bereits fest, dass das Anwartschaftsrecht zum Vollrecht erstarkt,   **16**
ist der **Wert des Vollrechts** anzusetzen.[28] Andernfalls sind Abschläge zu machen, die
anhand einer Schätzung zu ermitteln sind. Welche Kriterien dabei zugrunde zu legen
sind, hat der BGH bislang nicht bindend festgestellt.[29]

6. Arbeitsgeräte/Arbeitsmittel

Arbeitsgeräte oder Arbeitsmittel, die zur Ausübung eines Praxis- oder Geschäftsbe-   **17**
triebs benötigt werden (Zahnarztstuhl, betrieblicher Pkw, Werkzeug, Filmausrüs-
tung, Büroeinrichtung etc.), stellen nur dann einen gesondert in die Ausgleichsbilanz
einzustellenden Vermögenswert dar, wenn sie nicht bereits als Teil eines Praxis- oder
Geschäftsbetriebs berücksichtigt wurden.

Für die Wertermittlung ist i.d.R. auf den **Wiederbeschaffungswert** abzustellen. Nur   **18**
dann, wenn eine Wiederbeschaffung nicht möglich ist, kann ersatzweise der Anschaffungspreis angesetzt werden, der um den geschätzten Wert der bereits erfolgten
Abnutzung herabzusetzen ist.[30]

7. Bausparvertrag

Ein **Bausparvertrag** ist ein Sparvertrag, der hauptsächlich der Finanzierung von wohn-   **19**
wirtschaftlichen Maßnahmen dient. Die vertraglich vereinbarte Bausparsumme wird
zu einem vertraglich festgelegten Prozentsatz angespart. Der bis zur abgeschlossenen
Vertragssumme fehlende Betrag wird bei Zuteilung des Bausparvertrags als Bauspardarlehen gewährt, so dass der Bausparer bei Zuteilung über die volle Bausparsumme verfügen kann. Es ist demnach zwischen der Ansparphase und der Darlehensphase zu
unterscheiden. Der Bausparer hat einen Rechtsanspruch auf das Bauspardarlehen, der
i.d.R. vererbbar ist.

Bausparverträge sind in der **Ansparphase** mit den bis zum jeweiligen Bewertungs-   **20**
stichtag angesparten Beträgen im Aktivvermögen und mit der zum Bewertungsstichtag bestehenden Darlehensrückzahlungsverpflichtung im Passivvermögen anzusetzen.
Handelt es sich um einen vorfinanzierten Bausparvertrag, bei dem die **Ansparphase**
durch Aufnahme eines weiteren Darlehens finanziert wird, ist gleichzeitig auch die aus
dem zur **Vorfinanzierung** aufgenommenen Darlehen resultierende Rückzahlungsver-
pflichtung als passive Vermögensposition zu berücksichtigen.[31]

In der **Darlehensphase** sind Bausparverträge nur noch i.H.d. zum Stichtag bestehen-   **21**
den Restverbindlichkeiten bei den Passiva zu berücksichtigen.

Da Bausparkonten sowohl als **Einzelkonten** als auch als **Gemeinschaftskonten** geführt   **22**
werden können, hat bei Scheitern der Ehe ggf. ein **interner Ausgleich zwischen den**

---

28 FAKomm-FamR/*Weinreich* § 1376 Rn. 21.
29 BGH, 17.07.2002 – XII ZR 218/00, FamRZ 2003, 153.
30 *Schulz/Hauß* Vermögensauseinandersetzung Kap. 1 Rn. 459, 1819 ff.
31 *Schulz/Hauß* Vermögensauseinandersetzung Kap. 1 Rn. 200.

Eheleuten zu erfolgen. Die internen Ausgleichsansprüche stellen dabei Aktiv- bzw. Passivposten in der Vermögensbilanz des jeweiligen Ehegatten dar.[32]

23   Haben beide Ehegatten in der Absicht, ein gemeinsames Bausparguthaben aufzubauen, Einzahlungen auf das **Einzelkonto** eines Ehegatten geleistet, so ist i.d.R. von einer Bruchteilsgemeinschaft gem. § 741 ff BGB auszugehen. Dabei kommt es maßgeblich auf die Zielvorstellung an, die die Eheleute mit der Einzahlung verfolgt haben.[92] Hat nur ein Ehegatte Einzahlungen auf das Einzelkonto des anderen Ehegatten getätigt, so kann bei Scheitern der Ehe eine Rückforderung nach den Grundsätzen über die Rückabwicklung ehebezogener Zuwendungen erfolgen.[33] Liegt demgegenüber ein **gemeinschaftliches Bausparkonto** vor, so steht am Stichtag noch vorhandenes Guthaben im Fall des Scheiterns der Ehe im Zweifel beiden Ehegatten zur Hälfte zu.[34]

8. Berufsunfähigkeitsversicherung

24   Die **Berufsunfähigkeitsversicherung** oder Berufsunfähigkeitszusatzversicherung gewährt dem Versicherten einen Anspruch auf Zahlung einer vereinbarten Rente, wenn er den zuletzt ausgeübten Beruf nicht mehr ausüben kann. Da bei der Berufsunfähigkeitsversicherung erst dann aus den laufend eingehenden Prämien der Versichertengemeinschaft ein Deckungskapital für den einzelnen Versicherten gebildet wird, wenn dieser berufsunfähig wird, handelt es sich um eine **reine Risikoversicherung,** die weder dem Versorgungsausgleich noch dem güterrechtlichen Ausgleich unterliegt.[35]

25   Etwas anderes gilt für die **Berufsunfähigkeitsversicherung mit Beitrags- oder Prämienrückgewähr,** die eine Kombination aus einer Berufsunfähigkeitsversicherung und einer kapitalbildenden Lebensversicherung darstellt. Hier richtet sich die Bewertung nach den Bewertungskriterien, die für private Lebensversicherungen gelten.

9. Bitcoins

26   Die BaFin hat Bitcoins in der Tatbestandsalternative der **Rechnungseinheiten** gem. § 1 Abs. 11 Satz 1 Kreditwesengesetz (KWG) rechtlich verbindlich als Finanzinstrumente eingeordnet. Rechnungseinheiten sind mit Devisen zu vergleichen, die jedoch nicht auf gesetzliche Zahlungsmittel lauten. Hierunter fallen ebenso Werteinheiten, die die Funktion von privaten Zahlungsmitteln bei Ringtauschgeschäften haben und andere Ersatzwährungen, die aufgrund privatrechtlicher Vereinbarungen als Zahlungsmittel in multilateralen Verrechnungskreisen eingesetzt werden. Die rechtliche Einordnung gilt generell für alle **virtuellen Währungen**/Virtual Currency (VC). Auf die zugrundeliegende Software oder Verschlüsselungstechnik kommt es hierbei nicht an. VC sind kein gesetzliches Zahlungsmittel und daher weder Devisen noch Sorten.

---

32 FAKomm-FamR/ *Weinreich* § 1375 BGB Rn. 12.
33 *Schulz/Hauß* Vermögensauseinandersetzung Kap. 5 Rn. 406.
34 *Schulz/Hauß* Vermögensauseinandersetzung Kap. 5 Rn. 406.
35 FA-FamR/ *Wagner/Gutdeutsch* Kap. 7 Rn. 183.

Sie sind auch kein E-Geld i.S.d. Zahlungsdiensteaufsichtsgesetzes (ZAG). Es gibt keinen Emittenten.[36]

Das BMF stuft Bitcoins als privates Geld und damit ähnlich wie Fremdwährungen ein. Beim Tausch oder Handel von Bitcoins fällt damit zumindest keine Mehrwertsteuer an. Bitcoins sind auch kein Anlageobjekt wie z.b. Aktien, die mit einer Abgeltungssteuer von 25 % belegt sind, wenn diese mit Gewinn verkauft werden. Stattdessen handelt es sich beim Bitcoin-Handel um private Veräußerungsgeschäfte, wodurch etwaige Gewinne nach § 23 EStG steuerpflichtig sind. Werden Bitcoins nach einer Haltedauer von mindestens einem Jahr verkauft, sind etwaige Gewinne aus dem Handel mit Bitcoins grundsätzlich steuerfrei. Steuern bei Bitcoins fallen dann an, wenn Bitcoin-Anleger die **Kryptowährung** nur wenige Monate halten und dann mit Gewinn verkaufen. Bitcoins sind handelbar und somit stichtagsbezogen bewertbar. Sie werden z.B. über *Bitcoin.de*, einem deutschen Marktplatz gehandelt, auf dem ein Bitcoin gegen echte Währung getauscht werden kann. Somit können hier nicht nur Bitcoins erworben, sondern genauso Bitcoins wieder in Euro umgetauscht werden.[37]

27

10. Bürgschaft

Ist ein Ehegatte **Bürge**, dann stellt das zum Stichtag bestehende Bürgschaftsversprechen eine unsichere Verbindlichkeit dar. Der Wert der Verbindlichkeit ist einzelfallbezogen zu schätzen (§ 287 ZPO). Er richtet sich nach der Wahrscheinlichkeit der Inanspruchnahme aus der Bürgschaft.[38] Das Risiko, aus der Bürgschaft in Anspruch genommen zu werden, ist im Wege einer ex-ante Betrachtung zum Stichtag nach betriebswirtschaftlichen Grundsätzen zu beurteilen. Die Ansprüche aus Bürgenregress finden keine besondere Berücksichtigung.[39]

28

Ist ein Ehegatte **Schuldner einer verbürgten Schuld,** so ist die Schuld mit ihrem vollen Nennbetrag ohne Berücksichtigung der durch die Bürgschaft bestehenden Sicherheit in die Zugewinnausgleichsbilanz einzustellen.[40]

29

11. Direktversicherung

Die **Direktversicherung** ist eine Form der betrieblichen Altersvorsorge, bei der der Arbeitgeber (Versicherungsnehmer) auf das Leben eines Arbeitnehmers (versicherte Person und zugleich Bezugsberechtigter) eine Lebensversicherung abschließt, § 1 Abs. 1 BetrAVG. Nach § 2 Abs. 2 Nr. 3 Halbs. 2 VersAusglG unterfallen Anrechte aus Direktversicherungen **unabhängig von der Leistungsform** (Kapitalzahlung oder Rentenzahlung) stets dem Versorgungsausgleich.

30

---

36 https://www.bafin.de/DE/Aufsicht/FinTech/VirtualCurrency/virtual_currency_node.html.

37 https://www.bitcoinmag.de/exchange/bitcoin-de.

38 BGH, 09.06.1983 – IX ZR 41/82, NJW 1983, 2244; BGH, 15.01.1992 – XII ZR 247/90, NJW 1992, 1103.

39 *Braeuer* FPR 2012, 100; *Schulz/Hauß* Vermögensauseinandersetzung Kap. 1 Rn. 473.

40 *Schröder* Bewertungen im Zugewinn Rn. 119; *Braeuer* FPR 2012, 100.

12. Ehegatteninnengesellschaft

31   Von einer **Ehegatteninnengesellschaft** spricht man dann, wenn die Eheleute entweder durch eine ausdrückliche Vereinbarung oder durch stillschweigenden Einsatz beiderseitiger Leistungen einen über den typischen Rahmen der ehelichen Lebensgemeinschaft hinausgehenden Zweck verfolgen, indem sie etwa durch Einsatz von Vermögenswerten oder Arbeitsleistungen gemeinsam ein Vermögen aufbauen oder eine berufliche bzw. gewerbliche Tätigkeit ausüben.[41]

32   Liegt eine Ehegatteninnengesellschaft vor, so gewährt sie den Ehegatten im Zeitpunkt der tatsächlichen Beendigung der Zusammenarbeit einen **Auseinandersetzungsanspruch** nach den allgemeinen Regeln der Liquidation einer Gesellschaft (§§ 730 ff. BGB).[42]

▶ Hinweis

Der Ausgleichsanspruch nach Beendigung der Innengesellschaft besteht unabhängig von einem etwaigen güterrechtlichen Ausgleich.[43]

Der Anspruch ist **nicht subsidiär.**[44] Er besteht auch dann, wenn bereits im Wege des güterrechtlichen Ausgleichs eine angemessene Vermögenszuordnung zwischen den Ehegatten erfolgt.[45]

33   Für die Höhe des Ausgleichsanspruchs kommt es auf das gemeinsam erwirtschaftete **Gesellschaftsvermögen der Gesellschaft** an. Der Anspruch des jeweiligen Ehegatten richtet sich nach der **Höhe seiner Beteiligung.**[46] Je nach Art und Umfang der geleisteten Beiträge kann sich eine unterschiedliche Beteiligungsquote der Ehegatten an der Innengesellschaft ergeben.[47] I.d.R. ist jedoch gem. § 722 Abs. 1 BGB von einer hälftigen Beteiligung auszugehen.

34   Der **Ausgleichsanspruch** entsteht nach § 738 BGB mit der Auflösung der Gesellschaft, i.d.R. also mit der Trennung der Eheleute, spätestens jedoch mit Rechtshängigkeit des Scheidungsantrags, da spätestens zu diesem Zeitpunkt die gemeinsame Zusammenarbeit und Vermögensbildung als beendet anzusehen ist.[48]

---

41 BGH, 30.06.1999 – XII ZR 230/96, BGHZ 142, 137; *Schulz/Hauß* Vermögensauseinandersetzung Kap. 6 Rn. 1626 ff.

42 OLG Karlsruhe, 25.05.2007 – 13 U 183/05, FamRZ 2008, 1080; BGH, 30.06.1999 – XII ZR 230/96, BGHZ 142, 137.

43 BGH, 28.09.2005 – XII ZR 189/02, FamRZ 2006, 607; BGH, 25.06.2003 – XII ZR 161/01, FamRZ 2003, 1454; *Schulz* BGH-Report 2006, 713; a.A. *Schwab* Kap. VII Rn. 292; *Volmer* FamRZ 2006, 844.

44 KG, 08.05.2012 – 17 UF 310/11, FamRZ 2013, 787.

45 FAKomm-FamR/*Weinreich* § 1372 Rn. 29.

46 BGH, 30.06.1999 – XII ZR 230/96, BGHZ 142, 137; *Haas* FamRZ 2002, 205.

47 BGH, 14.03.1990 – XII ZR 98/88, FamRZ 1990, 973.

48 BGH, 14.03.1990 – XII ZR 98/88, FamRZ 1990, 973.

In der güterrechtlichen Ausgleichsbilanz ist der gesellschaftsrechtliche Ausgleichsan-   **35** spruch beim ausgleichsberechtigten Innengesellschafter zu den Aktiva, beim anderen Innengesellschafter zu den Passiva zu rechnen.[49] Dies führt im Ergebnis dazu, dass derjenige Ehegatte, der – ohne Einbeziehung des gesellschaftsrechtlichen Ausgleichsanspruchs – über ein geringeres Anfangs- als Endvermögen verfügt, zur Reduzierung seiner Zugewinnausgleichsforderung dafür Sorge tragen sollte, dass der Ausgleichsanspruch in die Bilanz eingestellt wird.[50] Wird der Anspruch gleichwohl nicht in den Zugewinnausgleich einbezogen, so ist zur Vermeidung einer doppelten Inanspruchnahme des ausgleichspflichtigen Innengesellschafters unbedingt verbindlich zu vereinbaren, dass der andere Ehegatte auf eine spätere Geltendmachung des Ausgleichsanspruchs verzichtet.[51]

13. Erbbaurechte

Das **Erbbaurecht**, auch als **Erbpacht** bezeichnet, ist das Recht des Erbbauberechtigten,   **36** gegen Zahlung eines regelmäßigen Entgeltes (Erbbauzins) auf oder unter der Oberfläche eines fremden Grundstücks ein Bauwerk zu errichten oder zu unterhalten, § 1 ErbbauRG.

Für die güterrechtliche Bewertung erfolgt die Ermittlung des Verkehrswerts des Erb-   **37** baurechts i.d.R. im Wege des **Vergleichswertverfahrens.** Dabei sind als Vergleichswerte die Erlöse aus Verkäufen von Erbbaurechten heranzuziehen, die im Hinblick auf die Grundstücksart, das Bodenwertniveau des Lagegebiets, den erzielbaren Erbbauzinssatz, die Restlaufzeit des Erbbaurechts, einer bei Zeitablauf zu zahlenden Entschädigung, die Möglichkeiten der Anpassung (Wertsicherungsklausel) sowie sonstiger den Wert beeinflussender Umstände vergleichbar sind.

Nach einer älteren Entscheidung erfolgt die Bewertung aus einer Kombination aus   **38** Boden und Gebäudewert[52]. Zusätzlich sind auch die Höhe des Erbbauzinses und die Restlaufzeit des Erbbaurechts zu berücksichtigen.

14. Familienrechtlicher Kooperationsvertrag

Erbringt ein Ehegatte zur Erhaltung und Sicherung der ehelichen Lebensgemeinschaft   **39** regelmäßig und auf Dauer angelegt Leistungen, durch die fremde Arbeitskraft eingespart wird und die über reine Gefälligkeiten hinausgehen, so kann im Einzelfall ein **stillschweigend geschlossener familienrechtlicher Kooperationsvertrag** vorliegen.[53] Beim Scheitern der Ehe kann dem Ehegatten ein Ausgleichsanspruch auf der

---

49 *Schulz/Hauß* Vermögensauseinandersetzung Kap. 5 Rn. 308.

50 Hierzu ausf. mit Berechnungsbeispielen: *Schulz/Hauß* Vermögensauseinandersetzung und Auskunftsantrag: Kap. 6 Rn. 1626 ff., 1665 ff. 308–314.

51 *Schulz* FamRB 2005, 142.

52 OLG Koblenz, FamRZ 1983; *Schulz/Hauß* Vermögensauseinandersetzung Kap. 1 Rn. 492.

53 BGH, 08.07.1982 – IX ZR 99/80, FamRZ 1982, 910; zum Kooperationsvertrag vgl. ausf. *Wever* Vermögensauseinandersetzung S. 323 ff.

Grundlage der Grundsätze über den Wegfall der Geschäftsgrundlage gem. § 313 BGB zustehen.[54]

40 Dies gilt jedenfalls dann, wenn die Eheleute gem. § 1414 BGB die Gütertrennung vereinbart haben. Leben die Eheleute im gesetzlichen Güterstand der Zugewinngemeinschaft, so hat der güterrechtliche Ausgleich stets Vorrang vor dem schuldrechtlichen Ausgleich nach § 313 BGB.[55]Nur im Ausnahmefall kann ein zusätzlicher schuldrechtlicher Ausgleich der Billigkeit entsprechen, wenn die Aufrechterhaltung des durch den Zugewinnausgleich geschaffenen Vermögensstatus schlechthin unangemessen und untragbar wäre.[56]

41 Für den Zugewinn hat dies zur Folge, dass der Ausgleichsanspruch aus einem familienrechtlichen Kooperationsvertrag im Endvermögen der Ehegatten keine Berücksichtigung findet. Nur wenn der Zugewinnausgleich einer Korrektur bedarf, weil das Ergebnis unter Berücksichtigung aller Umstände des Einzelfalls unzumutbar ist, ist ergänzend ein Ausgleichsanspruch nach § 313 BGB zu prüfen.

15. Geldforderungen

42 **Geldforderungen** sind in der Vermögensbilanz mit ihrem **Nominal- oder Nennwert** zu berücksichtigen, sofern sie bewertbar und zum Stichtag bereits entstanden sind.[57]Ob die Forderung erfüllbar, § 271 Abs. 2 BGB, oder fällig ist, ist unbeachtlich.[58]

43 Noch **nicht fällige** unverzinsliche **Forderungen** müssen nach Auffassung des BGH marktüblich abgezinst werden, sofern der Zeitpunkt der Fälligkeit der Forderung erheblich nach dem Stichtag für die Vermögensbewertung liegt.[59]

44 Lässt sich die Werthaltigkeit einer Forderung bezogen auf den Stichtag nicht hinreichend konkret bestimmen, hat der Tatrichter i.R.d. gem. § 287 ZPO durchzuführenden Schätzung, die ihm im Zeitpunkt seiner Entscheidung zugänglichen Erkenntnismöglichkeiten zu nutzen.[60] Solange unklar ist, ob eine Forderung realisiert werden kann, ist sie mit einem Schätzwert in die Vermögensbilanz einzubeziehen.[61]

---

54 BGH, 13.07.1994 – XII ZR 1/93, FamRZ 1994, 1167.
55 BGH, 10.07.1991 – XII ZR 114/89, FamRZ 1991, 1169; BGH, 12.04.1995 – XII ZR 58/94, FamRZ 1995, 1060; *Schulz/Hauß* Vermögensauseinandersetzung Kap. 11 Rn. 2243 ff.
56 BGH, 28.11.2001 – XII ZR 173/99, FamRZ 2003, 230; *Wever* Vermögensauseinandersetzung S.323 ff.
57 BGH, 24.10.1990 – XII ZR 101/89, FamRZ 1991, 43.
58 Palandt/*Brudermüller* BGB § 1375 Rn. 2 m.w.N; *Schulz/Hauß* Vermögensauseinandersetzung Kap. 1 Rn. 511.
59 BGH, 17.07.2002 – XII ZR 218/00, FamRZ 2003, 153; BGH, 30.05.1990 – XII ZR 75/89, FamRZ 1990, 1217; Johannsen/Henrich/*Jaeger* § 1376 Rn. 10; a.A. MüKo-BGB/ *Koch* § 1376 Rn. 15; Staudinger/*Thiele* BGB § 1376 Rn. 41.
60 BGH, 17.11.2010 – XII ZR 170/09, FamRZ 2011, 182.
61 FAKomm-FamR/*Weinreich* § 1376 Rn. 23.

Unsichere und bedingte Forderungen, bei denen Ungewissheit über die Höhe oder 45 den Bestand der Forderung besteht, sind daher anhand einer Schätzung nach § 287 ZPO zu bewerten.[62] Bei der Schätzung ist zu berücksichtigen, ob bzw. mit welcher Wahrscheinlichkeit und in welchem Umfang am Stichtag mit der Realisierung der Forderung gerechnet werden kann. Steht am Stichtag bereits fest, dass die Forderung nicht mehr realisierbar ist, so hat sie keinen Wert.

Das Gleiche gilt für **aufschiebend oder auflösend bedingte/befristete Forderungen,** 46 die unter Berücksichtigung des strengen Stichtagsprinzips nicht analog § 2313 BGB bewertet werden können.[63] Auch bei diesen Forderungen bzw. Rechten kann der wahre Wert nur anhand einer Schätzung ermittelt werden.

Zweifelhafte, dubiose oder bestrittene Forderungen zählen zum Endvermögen des 47 Forderungsinhabers, sofern dieser selbst von ihrem Bestand ausgeht. Der Umstand, dass eine Forderung mglw. uneinbringlich ist oder vom Schuldner bestritten wird, ist lediglich für deren Bewertung von Belang, die der Auskunftspflichtige nicht selbst vorzunehmen braucht.[64]

Ist eine Forderung am Bewertungsstichtag bereits **verjährt,** so bleibt sie nur dann für 48 die güterrechtliche Betrachtung außer Acht, wenn die Einrede der Verjährung zum Stichtag bereits erhoben war und auch kein Erfüllungssurrogat (z.B. § 390 BGB) in Betracht kommt.[65] Auch wenn jederzeit mit der Erhebung der Verjährungseinrede gerechnet werden muss, ist die Forderung unter wirtschaftlichen Gesichtspunkten solange werthaltig, wie von der Einrede kein Gebrauch gemacht wird.

Unbilligen Ergebnissen kann ausnahmsweise über **§ 1381 BGB** Rechnung getragen 49 werden, bspw. dann, wenn die Forderung nahezu das gesamte Endvermögen eines Ehegatten ausmacht und der Schuldner wenige Tage nach dem Stichtag die Einrede der Verjährung erhebt. Dabei ist jedoch zu berücksichtigen, dass § 1381 BGB nicht der Korrektur systemimmanenter Fehler dient. Es bedarf daher stets einer einzelfallbezogenen Feststellung einer groben Unbilligkeit i.S.v. § 1381 BGB.[66]

16. Gesamtschuld

Eine **Gesamtschuld** (§ 421 BGB), für die die Ehegatten im Innenverhältnis antei- 50 lig haften, ist in die Zugewinnausgleichsbilanz einzustellen, sofern sie zum Stichtag bereits entstanden ist. Die Vorschriften über den Zugewinnausgleich verdrängen den Gesamtschuldnerausgleich nicht, unabhängig davon, ob die Leistung eines

---

62 BGH, 17.11.2010 – XII ZR 170/09, FamRZ 2011, 183.
63 BGH, 20.06.1979 – IV ZR 137/77, FamRZ 1979, 787.
64 BGH, 12.11.2008 – XII ZR 134/04, FamRZ 2009, 193.
65 Palandt/*Brudermüller* BGB § 1375 Rn. 14; a.A. *Schulz/Hauß* Vermögensauseinandersetzung Kap. 1 Rn. 667; *Schwab/Schwab* Kap. VII Rn. 53.
66 BGH, 03.05.1995 – XII ZR 71/94, FamRZ 95, 990; a.A. *Schwab/Schwab* Kap. VII Rn. 238.

gesamtschuldnerisch haftenden Ehegatten vor oder nach Rechtshängigkeit des Scheidungsantrags erfolgt.[67]

51   Für die Frage, in welcher Weise gesamtschuldnerische Verbindlichkeiten der Eheleute i.R.d. Zugewinnausgleichs zu berücksichtigen sind, kommt es dabei nicht allein auf die Schuldnerstellung im Außenverhältnis, sondern ebenso auf die Haftungsverteilung im Innenverhältnis an.[68] Die zum Stichtag bestehende Gesamtschuld ist in den Vermögensaufstellungen beider Ehegatten **jeweils in voller Höhe** einzustellen, da jeder Ehegatte im Außenverhältnis in voller Höhe für die gemeinsamen Verbindlichkeiten haftet. Daneben ist der jeweilige Ausgleichsanspruch gegen den anderen Ehegatten aus § 426 BGB – sofern er bereits entstanden ist – als Aktivposten i.H.d. Quote anzusetzen, die gem. § 426 BGB im Innenverhältnis auf den jeweiligen Ehegatten entfällt.[69]

17. Geschlossener Immobilienfonds

52   In Anlehnung an die Wertermittlung nach dem Liquidationswertverfahren bestimmt sich der Wert einer **Beteiligung an einem geschlossenen Immobilienfonds**, der als Kommanditgesellschaft betrieben wird, nach dem Veräußerungserlös bei Beendigung der Beteiligung zzgl. zu erwartender Steuervorteile und abzgl. noch offener Zahlungsverpflichtungen und mit der Veräußerung ausgelöster Steuern.[70]

18. Grundstücke

53   Für die Bewertung von **Grundstücken** ist der jeweilige **Verkehrswert oder Marktwert** am **Bewertungsstichtag** unter Berücksichtigung der gegenwärtigen Situation auf dem Immobilienmarkt maßgeblich. Der Verkehrswert ist der Wert, der als Erlös einer Veräußerung oder sonstigen Verwertung unter Ausnutzung aller Marktchancen unabhängig davon erzielt werden kann, ob er sich sogleich verwirklichen lässt.[71] Ausschlaggebend ist der **volle wirkliche Wert**.[72] Dies gilt auch uneingeschränkt für Grundstücke, die im Gebiet der ehemaligen DDR belegen sind. Der teilweise erhebliche Preisanstieg bei diesen Grundstücken rechtfertigt keine abweichende Bewertung.[73]

---

67 BGH, 06.10.2010 – XII ZR 10/09, FamRZ 2011, 25; BGH, 17.05.1983 – IX ZR 14/82, FamRZ 1983, 795; BGH, 30.09.1987 – IVb ZR 94/86, FamRZ 1987, 1239; BGH, 27.04.1988 – IVb ZR 55/87, FamRZ 1988, 920; BGH, 13.07.1988 – IVb ZR 96/87, FamRZ 1988, 1031; *Kogel* Strategien beim Zugewinnausgleich Rn. 533; *Schulz/Hauß* Vermögensauseinandersetzung Kap. 6 Rn. 1465.
68 OLG Koblenz, 11.06.2008 – 9 UF 64/08, FamRZ 2009, 233.
69 OLG Koblenz, 11.06.2008 – 9 UF 64/08, FamRZ 2009, 233.
70 BGH, 17.11.2010 – XII ZR 170/09, FamRZ 2011, 183; s. ausf. Kap. D Rdn. 309 ff.; *Kuckenburg* FuR 2011, 512; s. weitergehend und kritisch unten Rdn. 170).
71 BGH, 12.07.1989 – IVb ZR 79/88, FamRZ 1989, 1051; *Schulz/Hauß* Vermögensauseinandersetzung Kap. 1 Rn. 237
72 MüKo-BGB/*Koch* § 1376 Rn. 8 BVerfG, 16.10.1984 – 1 BvL 17/80, FamRZ 1985, 256; BGH, 23.10.1985 – IVb ZR 62/84, FamRZ 1986, 37.
73 FAKomm-FamR/*Weinreich* § 1376 Rn. 32

Die Eheleute haben die Möglichkeit, zum Zwecke der Bewertung einer im Zugewin- **54** nausgleich zu berücksichtigenden Immobilie ein **Schiedsgutachten** (§§ 317 ff. BGB) einzuholen. Ein für beide Seiten verbindliches Schiedsgutachten liegt gem. § 319 Abs. 1 Satz 1 BGB dann vor, wenn die Schiedsvereinbarung die Formvorschriften des § 1410 BGB berücksichtigt. Bis zur Rechtskraft der Ehescheidung ist ein Schiedsgutachten über den Verkehrswert einer Immobilie daher nur dann verbindlich, wenn die Schiedsvereinbarung **notariell beurkundet** wurde. Wird der Zugewinnausgleich indessen erst nach der Scheidung durchgeführt und einigen sich die Eheleute erst nach Rechtskraft der Scheidung auf die Einholung eines Schiedsgutachtens über den Verkehrswert der Immobilie, so sind beide Parteien auch dann an das Ergebnis des Gutachtens gebunden, wenn die Vereinbarung formfrei erfolgte. Verbindlich ist das Schiedsgutachten nur dann nicht, wenn es offensichtlich unbillig ist, § 319 Abs. 1 S. 1 BGB.[74] Zur Vermeidung einer nicht unbeträchtlichen Kostenbelastung kommt neben einem Schiedsgutachten auch das selbstständige Beweisverfahren gem. §§ 113 Abs. 1 Satz 2 FamFG, 485 ff. ZPO in Betracht.[75]

Ist zwischen den Eheleuten keine Einigung über den Verkehrswert des Grundstücks zu **55** erzielen, ist dieser ggf. durch Einholung eines gerichtlichen Sachverständigengutachtens anhand der **Verordnung über die Grundsätze für die Ermittlung der Verkehrswerte von Grundstücken – Immobilienwertermittlungsverordnung (ImmoWertV) v. 19.05.2010**[76] zu ermitteln. Die ImmoWertV, die die bis dahin geltende Wertermittlungsverordnung (WertV) abgelöst hat, ist am 01.07.2010 in Kraft getreten und ist seither i.V.m. den zuletzt im Jahr 2006 geänderten **Richtlinien für die Ermittlung der Verkehrswerte von Grundstücken (WertR 2006) v. 10.06.2006 (berichtigt am 01.07.2006)**[77] für die Bewertung von Immobilien verbindlich. Sie gilt unabhängig vom Stichtag für alle Gutachten, die nach dem 01.07.2010 erstellt wurden oder noch erstellt werden. Die bislang einschlägigen Methoden zur Bewertung von Grundstücken sind allenfalls ergänzend heranzuziehen. Hier ist insb. Vorsicht geboten, wenn auf die Rspr. Bezug genommen wird, die aus der Zeit vor Inkrafttreten der ImmoWertV stammt.

Ist ein Sachverständigengutachten beauftragt, hat sich der Gebäudesachverständige **56** zwingend an die Bewertungsvorgaben der ImmoWertV zu halten, da das Gutachten ansonsten unverwertbar ist, vgl. § 1 ImmoWertV.[78]

Diese Vorschriften sehen in § 8 Abs. 1 Satz 2 ImmowertV vor, dass der Immobilienbe- **57** werter die Auswahl der Bewertungsmethode vornimmt und diese zu begründen hat.

---

74 BGH, 09.06.1983 – IX ZR 41/82, NJW 1983, 2244; Palandt/*Grüneberg* BGB § 319 Rn. 3
75 Vgl. Kap. D Rdn. 419; OLG Naumburg, 13.04.2011 – 8 WF 74/11; *Büte* Zugewinnausgleich Rn. 441.
76 BGBl I 2010, 639; Grundstücksbewertung von Betriebsvermögen: IDW S 10, IDW-FN 2013, 503 ff.
77 Wertermittlungsrichtlinien 2006, Beilage 108a/06 zum BAnZ 108/06 v. 10.06.2006 mit Berichtigung, BAnZ 121/06, 4798 v. 01.07.2006.
78 *Kuckenburg* FuR 2010, 593.

Dies widerspricht der familienrechtlichen Sicht, in dem der **Tatrichter**, sachverständig beraten, die **Auswahl der Bewertungsmethode** vornimmt.[79]

58   Gem. § 8 Abs. 1 Satz 1 ImmoWertV sind zur Bewertung von Immobilien das **Vergleichswertverfahren einschließlich des Verfahrens zur Bodenwertermittlung** (§§ 15 und 16 ImmoWertV), das **Ertragswertverfahren** (§§ 17–20 ImmoWertV) oder das **Sachwertverfahren** (§§ 21–23 ImmoWertV) heranzuziehen. Auch ist es im Bedarfsfall möglich, die verschiedenen Verfahren miteinander zu kombinieren. Ein **Mittelwertverfahren (Aggregationsverbot aus § 8 Abs. 1 Satz 3 ImmoWertV)** ist unzulässig und führt i.d.R. auch zu unbrauchbaren bzw. unzutreffenden Ergebnissen.

59   Beim **Vergleichswertverfahren (§§ 15 f. ImmoWertV)** wird der Verkehrswert eines Grundstücks anhand einer ausreichenden Anzahl von Vergleichspreisen ermittelt. Dabei wird auf bereits realisierte Kaufpreise von anderen Grundstücken abgestellt, die im Hinblick auf ihre Lage, Nutzung, Bodenbeschaffenheit und ihren Zuschnitt sowie sonstige Beschaffenheit hinreichend mit dem zu vergleichenden Grundstück übereinstimmen.

60   Das Vergleichswertverfahren setzt i.d.R. voraus, dass eine hinreichende Anzahl von in engen zeitlichen Zusammenhang zum Wertermittlungsstichtag realisierten Kaufpreisen für in allen den Wert wesentlich beeinflussenden Eigenschaften mit dem Bewertungsobjekt übereinstimmenden Vergleichsobjekten in der Lage des Bewertungsobjekts oder in vergleichbarer Lage bekannt ist. Bei fehlenden Vergleichswerten kann auf Vergleichspreise in vergleichbaren Lagen, bei fehlenden Vergleichspreisen auf vergleichbare **Vergleichsfaktoren** zurückgegriffen werden, die gem. § 15 Abs. 2 ImmoWertV mit dem jährlichen Ertrag zu vervielfachen sind.

61   Ein direkter Vergleich, bspw. mit einem benachbarten Grundstück exakt gleichartiger Lage, Größe, Nutzung usw., kommt in der Praxis eher selten vor. I.d.R. wird das indirekte Vergleichswertverfahren zur Anwendung kommen, das insb. bei bebauten Grundstücken dem Umstand Rechnung trägt, dass ein direkter Vergleich aufgrund der meist unterschiedlichen Bebauung regelmäßig ausscheiden dürfte.

62   Das Vergleichswertverfahren findet i.d.R. neben mit dem Sachwertverfahren bei der Bewertung von unbebauten Grundstücken oder solchen Grundstücken Anwendung, die mit weitestgehend typisierten Gebäuden wie Ein- oder Zweifamilien(reihen)häusern, Eigentumswohnungen oder Garagen bebaut sind.[80]

63   Das **Ertragswertverfahren (§§ 17 ff. ImmoWertV)** kommt insb. für die Bewertung von Grundstücken in Betracht, bei denen der nachhaltig erzielbare Ertrag für die Werteinschätzung am Markt im Vordergrund steht. Dies sind Renditeobjekte wie Mietwohngrundstücke (Mehrfamilienhäuser), Geschäftsgrundstücke (Büro- und Geschäftshäuser, Einkaufszentren), gewerbliche Spezialimmobilien

---

79   St. Rspr. des BGH, 17.11.2010 – XII ZR 170/09, FamRZ 2011, 360; BGH, 08.09.2004 – XII ZR 194/01, FamRZ 2005, 99; BGH, FamRZ 2011, 622 und 1367.
80   *Münch* Die Scheidungsimmobilie Rn. 6; *Büte* Zugewinnausgleich Rn. 117; *Metzger* S. 61.

(Parkhäuser, Hotels, Logistikflächen) und gemischt genutzte Grundstücke.[81] Gem. § 17 ImmoWertV erfolgt beim Ertragswertverfahren eine fiktiv getrennte Bewertung von Grund und Boden einerseits sowie baulichen Anlagen andererseits.

Nach § 17 Abs. 2 ImmoWertV wird zwischen dem allgemeinen und dem vereinfachten Ertragswertverfahren unterschieden.

Nach dem allgemeinen Ertragswertverfahren ergibt sich der **Ertragswert eines Grund-** **64** **stücks** aus dem Bodenwert und dem um den Betrag der angemessenen Verzinsung des Bodenwerts verminderten und sodann kapitalisierten Reinertrag (§ 18 Abs. 1 ImmoWertV).

Die **Ermittlung des Bodenwerts** erfolgt gem. § 16 Abs. 1 ImmoWertV vorrangig **65** durch Anwendung des Vergleichswertverfahrens. Dabei kommt es allein auf das fiktiv unbebaute Grundstück an. Abschläge für die Bebauung sind nicht vorzunehmen.

Gem. § 10 ImmoWertV können zur Ermittlung des Bodenwerts neben oder anstelle **66** von Preisen für Vergleichsgrundstücke auch geeignete **Bodenrichtwerte** herangezogen werden. Dies setzt allerdings voraus, dass die Bodenrichtwerte der Marktlage am Bewertungsstichtag entsprechen und nicht vom **Gutachterausschuss der örtlichen Stadt- oder Kreisverwaltung** anhand von zweifelhaften Methoden ermittelt wurden.[82]

Der marktüblich erzielbare jährliche **Reinertrag** eines Grundstücks ergibt sich aus **67** dem **Rohertrag**, also den bei ordnungsgemäßer Bewirtschaftung und zulässiger Nutzung marktüblich erzielbaren Erträgen, abzgl. der Bewirtschaftungskosten, vgl. §§ 18, 19 ImmoWertV.

Bei den **Bewirtschaftungskosten** handelt es sich gem. § 19 Abs. 1, 2 ImmoWertV **68** um die für eine ordnungsgemäße Bewirtschaftung und zulässige Nutzung marktüblich entstehenden jährlichen Aufwendungen, die nicht durch Umlagen oder sonstige Kostenübernahmen gedeckt sind, namentlich die Verwaltungs-, Instandhaltungs- und Betriebskosten sowie das Mietausfallwagnis.

Der ermittelte Reinertrag ist gem. § 18 Abs. 2 Nr. 1 ImmoWertV um den Betrag zu **69** vermindern, der sich aus der angemessenen Verzinsung des Bodenwerts ergibt. Dies gilt nicht für das vereinfachte Ertragswertverfahren, bei dem auf die Bodenwertverzinsung als Teil des Reinertrags verzichtet wird.

Der eigentliche Ertragswert ergibt sich sodann durch Kapitalisierung des verminder- **70** ten Reinertrags mit dem nach § 20 ImmoWertV zu ermittelnden Barwertfaktor, der sich unter Berücksichtigung der Restnutzungsdauer (§ 6 Abs. 6 Satz 1 ImmoWertV) und dem jeweiligen Liegenschaftszinssatz ermittelt.

---

81 OLG Düsseldorf, 14.07.1988 – 6 (9) UF 151/86, FamRZ 1989, 280; OLG Frankfurt am Main, 10.03.1980 – 1 UF 246/79, FamRZ 80, 576; Johannsen/Henrich/*Jaeger* BGB § 1376 Rn. 16; Palandt/*Brudermüller* BGB § 1376 Rn. 12.
82 *Metzger* Anhang: Beispielgutachten S. 103 ff.; *Kuckenburg* FuR 2010, 665.

71 Sowohl für die Ermittlung der Bodenwertverzinsung als auch für die Kapitalisierung des Reinertrags kommt es auf den **Liegenschaftszins** (§ 14 Abs. 3 ImmoWertV) an, der im Ergebnis nichts anderes als einen **Marktanpassungsfaktor** darstellt und von vielen Gutachterausschüssen aus der bei ihnen geführten Kaufpreissammlung (§ 195 BauGB) hergeleitet wird.[83] Der Liegenschaftszins bestimmt damit nachhaltig den Ertragswert des Objekts und verdient vor diesem Hintergrund bei der Feststellung oder Überprüfung von Grundstücksbewertungen im Wege des Ertragswertverfahrens höchste Aufmerksamkeit. I.d.R. variiert der Liegenschaftszins zwischen 4,5 % und 6,5 %.

72 Liegen für die Ermittlung des Ertragswerts eines Grundstücks hinreichend gesicherte Daten für die Bewertung des Reinertrags in einer bestimmten zeitlichen Periode vor, so kann statt der einheitlich über die gesamte Nutzungsdauer erfolgenden Beurteilung des Reinertrags auch eine Ertragswertermittlung nach § 17 Abs. 3 ImmoWertV vorgenommen werden. Als gesicherte Daten kommen bspw. eine Mietpreisbindung oder die bevorstehende Änderung der Ertragslage durch feststehende Faktoren wie einen bereits festgesetzten Bebauungsplan in Betracht. Die periodische Betrachtung kann im Einzelfall Auswirkungen auf die Höhe des Liegenschaftszinssatzes haben.[84]

73 Beim **Sachwertverfahren** (§ 21 bis 23 ImmoWertV) erfolgt die Wertermittlung anhand des **Bodenwerts** (§ 16 ImmoWertV) und des **Sachwerts der nutzbaren baulichen und sonstigen Anlagen**. Der Sachwert ist nicht gleichzusetzen mit dem Verkehrswert eines Grundstücks, da es hierzu an dem erforderlichen Bezug zum Immobilienmarkt fehlt. Die Ermittlung des wahren Werts einer Immobilie ist daher streng genommen allein anhand des Sachwertverfahrens nicht möglich.[85] Ungeachtet dessen findet das Sachwertverfahren in der Praxis regelmäßig bei der Bewertung von eigengenutzten Ein- und Zweifamilienhäusern Anwendung.[86]

74 Für die Bestimmung des Sachwerts ist auf die gewöhnlichen **Herstellungskosten** abzustellen, § 22 ImmoWertV. Dies sind die Kosten, die marktüblich für die Neuerrichtung einer entsprechenden baulichen Anlage aufzuwenden sind, inkl. der Baunebenkosten wie etwa die Kosten für Planung, Baudurchführung, behördliche Prüfungen und Genehmigungen. Die Normalherstellungskosten werden veröffentlicht und können im Normalfall aus den Projektunterlagen entnommen werden. Sind die konkreten Herstellungskosten nicht mehr bekannt, muss auf die historisch angefallenen Herstellungskosten zurückgegriffen werden, die sich aus entsprechenden Baukostentabellen ergeben, die für einen bestimmten Gebäudetyp pro Flächeneinheit Werte ausweisen. Derzeit gebräuchlich ist die Baukostentabelle NHK 2000, die den Wertermittlungsrichtlinien (WertR 2006) als Anlage beigefügt ist.

---

83 *Kuckenburg* FuR 2010, 665.
84 *Kuckenburg* FuR 2010, 665.
85 *Kuckenburg* FuR 2010, 665.
86 BGH, 01.04.1992 – XII ZR 146/91, FamRZ 1992, 918; OLG Düsseldorf, 14.07.1988 – 6 (9) UF 151/86, FamRZ 1989, 280.

Die ermittelten Herstellungskosten sind ferner nach § 22 Abs. 3 ImmoWertV unter 75 Berücksichtigung einer Alterswertminderung (§ 23 ImmoWertV) und mithilfe geeigneter Baupreisindexreihen an die Preisverhältnisse am Wertermittlungsstichtag anzupassen. Die Alterswertminderung ist unter Berücksichtigung des Verhältnisses der Restnutzungsdauer zur Gesamtnutzungsdauer, also der bei ordnungsgemäßer Bewirtschaftung üblichen wirtschaftliche Nutzungsdauer der baulichen Anlagen, zu ermitteln. Dabei ist i.d.R. eine gleichmäßige Wertminderung zugrunde zu legen.

Welches der vorstehend dargestellten Verfahren zur Verkehrswertermittlung von 76 Grundstücken, Häusern oder Wohnungs- und Teileigentum anzuwenden ist, hängt maßgeblich von der **konkreten Nutzungsart** ab.[87] Die Auswahl steht im pflichtgemäßen Ermessen des **Tatrichters.**[88] Es muss also danach differenziert werden, ob es sich bei der Immobilie bspw. um eine eigengenutzte Wohnimmobilie oder um ein **Renditeobjekt** handelt. Renditeobjekte können vielfach ausschließlich mit dem Ertragswertverfahren beurteilt werden.[89] Bei der Bewertung von **Eigenheimen** sowie **Eigentumswohnungen,** die von einem Ehegatten bewohnt werden, erscheint es sachgerechter, auf das Sachwertverfahren zurückzugreifen und erforderlichenfalls gewisse Ab- oder Aufschläge unter Berücksichtigung der allgemeinen Wertverhältnisse am Immobilienmarkt oder des Gebrauchswerts vorzunehmen.[90] Gegen eine isolierte Bewertung von Grundstücken auf der Basis des Veräußerungs- oder Liquidationswerts hat der BGH in Anlehnung an seine Rspr. zu Lebensversicherungsverträgen zu Recht zu bedenken gegeben, dass der hypothetische Veräußerungswert allenfalls dann als alleiniges Bewertungskriterium infrage kommen kann, wenn die Immobilie zur Veräußerung bestimmt ist oder als Folge des Zugewinnausgleichs zwingend veräußert werden muss.[91] Es muss daher stets geprüft werden, ob im konkreten Einzelfall bei Unwirtschaftlichkeit, wie bei Unternehmen, eine **Liquidationsbewertung** wegen Unwirtschaftlichkeit zu erfolgen hat.[92]

Unabhängig von einer konkreten Veräußerungsabsicht des Eigentümers ist bei der 77 Bewertung von Grundstücken regelmäßig die latente **Steuerlast** zu berücksichtigen.[93] Die **latente Steuerlast,** die sich insb. aus der **Besteuerung privater Veräußerungsgeschäfte** nach § 23 Abs. 1 Satz 1 Nr. 1 EStG ergibt (früher sog. **Spekulationssteuer),** mindert den Wert des Grundstücks. Maßgeblich ist der Betrag, der unter Berücksichtigung des individuellen Steuersatzes des Steuerpflichtigen im Jahr der Rechtshängigkeit

---

87 OLG Celle, 16.07.1981 – 12 UF 44/81, FamRZ 1981, 1066; Palandt/*Brudermüller* BGB § 1376 Rn. 12.
88 BGH, 17.11.2010 – XII ZR 170/09, FamRZ 2011, 183; BGH, 23.10.1985 – IVb ZR 62/84, FamRZ 1986, 37.
89 OLG Frankfurt am Main, 10.03.1980 – 1 UF 246/79, FamRZ 80, 576.
90 BGH, 01.04.1992 – XII ZR 146/91, FamRZ 1992, 918; OLG Celle, 16.07.1981 – 12 UF 44/81, FamRZ 1981, 1066; *Schulz/Hauß* Vermögensauseinandersetzung Kap. 1 Rn. 237 ff.; Johannsen/Henrich/*Jaeger* BGB § 1376 Rn. 17.
91 BGH, 17.11.2010 – XII ZR 170/09, FamRZ 2011, 183.
92 BGH, 01.04.1992 – XII ZR 146/91, FamRZ 1992, 918.
93 Vgl. ausf. unter Kap. D Rdn. 298 ff.; BGH, 02.02.2011 – XII ZR 185/08, FamRZ 2011, 1367.

des Scheidungsantrags anteilig auf das Veräußerungsgeschäft entfällt.[94] Ist die **Spekulationsfrist** von 10 Jahren bereits verstrichen, so scheidet die Berücksichtigung einer latenten Steuerlast aus.[95]

78   Zu beachten sind ferner die Voraussetzungen von § 23 EStG.[96] Hier wird häufig übersehen, dass Spekulationssteuern gem. § 23 Abs. 1 Satz 1 Nr. 1 Satz 3 EStG auch dann anfallen, wenn ein Ehegatte, der zugleich Miteigentümer des innerhalb der Spekulationsfrist angeschafften ehelichen Wohnhauses ist, aus dem Haus auszieht und im Zeitpunkt der Veräußerung oder Übertragung seines Miteigentumanteils (auf den anderen Ehegatten) die Immobilie im Jahr der Veräußerung und in den beiden vorangegangenen Jahren nicht mehr fortlaufend zu eigenen Wohnzwecken genutzt hat.

79   Besitzen Eheleute mehr als drei Immobilien, dann können latente Steuern auch unter dem Gesichtspunkt des **gewerblichen Grundstückshandels** anfallen.[97]

80   Die Bewertung eines mit einem **Erbbaurecht** belasteten Grundstücks erfolgt nach Nr. 4.3.2. WertR 2006 ebenso wie die güterrechtliche Bewertung des Erbbaurechts i.d.R. im Wege des **Vergleichswertverfahrens.** Nur dann, wenn sich keine Vergleichswerte ermitteln lassen, erfolgt die Berechnung anhand des **Bodenwert- und Gebäudewertanteils** des Erbbaugrundstücks (vgl. Anlagen 13 und 15 zur WertR 2006).

81   Die Bewertung einer im **Miteigentum** der Eheleute stehenden Immobilie kann ferner immer dann dahinstehen, wenn ein Ehegatte keinen Zugewinn erwirtschaftet hat. Der Wert der Immobilie beeinflusst in diesen Fällen die Zugewinnausgleichsbilanz nicht. Eine Wertermittlung durch Einholung eines Sachverständigengutachtens ist in diesen Fällen **nicht** entbehrlich, weil wegen **unterschiedlicher latenter Steuerbelastung der Ehegatten** die Miteigentumsanteile nicht identische Werte aufweisen! Dies wird in der Literatur übersehen.

82   **Vorübergehende Wertschwankungen,** die Einfluss auf den Veräußerungswert zum Stichtag haben, sind nicht zu berücksichtigen, sofern sie bereits zum Stichtag als vorübergehend erkennbar waren. Ausschlaggebend ist dabei die Sicht eines »nüchternen Betrachters« zum Bewertungsstichtag.[98]

83   Ist eine Immobilie mit einem **Wiederkaufsrecht** gem. §§ 456 ff. BGB belastet, so ist der Verkehrswert des Grundstücks im Verhältnis der Gesamtdauer der Bindungsfrist zur noch verbleibenden Restdauer herabzusetzen.[99] Gleiches gilt im Fall der Belastung eines Grundstücks mit einer sog. **Rückgewähr- oder Rückfallklausel,** bei der die

---

94 BGH, 02.02.2011 – XII ZR 185/08, FamRZ 2011, 1367.
95 a.A. BGH, 17.11.2010 – XII ZR 170/09, FamRZ 2011, 183; *Kogel* Strategien beim Zugewinnausgleich Rn. 769; *Schröder* Bewertungen im Zugewinn Rn. 153 m.w.N.
96 Vgl. Kap. D Rdn. 298 ff.; *Büte* FuR 2012, 413; *Klein* FPR 2012, 324.
97 Vgl. Kap. D Rdn. 298 ff.
98 BGH, 01.04.1992 – XII ZR 146/91, FamRZ 1992, 918.
99 BGH, 07.07.1993 – XII ZR 35/92, FamRZ 1993, 1183; OLG München, 20.01.1992 – 2 UF 1032/91, FamRZ 1992, 819.

Grundstücksübertragung unter einer auflösenden Bedingung (z.B. der Veräußerung oder Belastung des Grundstücks, des Todes eines Elternteils oder der Scheidung vom Ehepartner) gem. § 158 Abs. 2 BGB erfolgt. Auch in diesem Fall ist der Verkehrswert der Immobilie – vergleichbar mit der Situation bei einer unveräußerlichen Gesellschaftsbeteiligung – im Hinblick auf die **Verwertungsmöglichkeit** gemindert. Gleichwohl steht dem Eigentümer das **volle Nutzungsrecht** an der Immobilie zu, so dass die vom OLG München[100] vorgeschlagene pauschale Herabsetzung des Verkehrswerts der Immobilie auf einen geschätzten Bruchteil seines wahren Werts zu keinem sachgerechten Ergebnis führt. Die Wertminderung im Fall der Vereinbarung einer Rückfallklausel ist vielmehr unter Berücksichtigung der voraussichtlichen Dauer der Belastung (ggf. unter Zuhilfenahme der Sterbetafel) zu ermitteln. Darüber hinaus kann ein weiterer Abschlag von pauschal 1/10 bis 1/4 vorzunehmen sein, wenn die Übertragung der Immobilie – wie dies insb. bei Grundstücksübertragungen im Familienkreis üblich ist – nicht zur alsbaldigen Veräußerung erfolgte.

Einen Sonderfall stellt in diesem Zusammenhang die **Rückgewährklausel für den Fall**   84
der Ehescheidung dar. Anders als im Fall sonstiger Grundstücksübertragungen unter Vereinbarung einer auflösenden Bedingung sind hier nicht uneingeschränkt die vom BGH aufgestellten Grundsätze zur Bewertung unsicherer bzw. bedingter Rechtspositionen anwendbar.[101]

Die Einstellung in die Zugewinnausgleichsbilanz erfolgt dabei unter strenger Beach-   85
tung des Stichtagsprinzips.

Beachte zur Bewertung von Immobilien im Betriebsvermögen Bewertungsstandard des IDW, IDW S 10.[102] Danach ist jede Immobiliengesellschaft, auch die bloß vermögensverwaltende Gesellschaft und die Ein-Objektgesellschaft, nach den Regeln der Unternehmensbewertung zu bewerten, weil dadurch die wirtschaftliche Unternehmenseinheit und damit das Zusammenwirken aller Werte der einzelnen Bestandteile des Vermögens und der Schulden bewertet werden können.[103]

19. Kunstgegenstände

Werden **Kunstgegenstände, Gemälde oder vergleichbare Objekte** im ehelichen Haus-   86
halt verwendet oder dienen sie der **Ausschmückung der Ehewohnung**, so stellen sie selbst dann Haushaltsgegenstände dar, wenn sie einen außergewöhnlichen hohen Wert aufweisen und damit den üblichen Wert von vergleichbaren Haushaltsgegenständen übersteigen.[104] Nur dann, wenn sie ausschließlich zur **Kapitalanlage** angeschafft wurden oder **Teil einer persönlichen Sammlung** eines Ehegatten sind, unterliegen sie der

---

100 OLG München, 13.04.2000 – 12 UF 765/00, FamRZ 2000, 1152.
101 *Schulz/Hauß* Vermögensauseinandersetzung Kap. 1 Rn. 253 ff.
102 IDW S 10, WPg 2015, 1077.
103 *Kuckenburg* FuR 2017, 595 ff.
104 BGH, 14.03.1984 – IVb ARZ 59/83, FamRZ 1984, 575; OLG Naumburg, 04.09.2003 –
     8 UF 211/02, FamRZ 2004, 889.

güterrechtlichen Auseinandersetzung.[105] Für die Bewertung eines Kunstgegenstands ist i.d.R. auf den **Veräußerungswert** abzustellen.[106]

20. Lebensversicherungen

87 Ob ein Anrecht aus einer **Lebensversicherung** dem Zugewinnausgleich oder dem Versorgungsausgleich unterliegt, richtet sich gem. § 2 Abs. 2 Nr. 2 und 3 VersAusglG i.d.R. nach der im Versicherungsvertrag vereinbarten **Leistungsart**.[107] Danach lauten die typischen Abgrenzungskriterien: Versorgungsträger, Rente, Altersvorsorge aus Arbeitseinkommen und/oder Vermögen. Demnach ist zu unterscheiden, ob der Lebensversicherungsvertrag auf die **Auszahlung eines Kapitalbetrags** oder die **Zahlung einer Alters- oder Invaliditätsrente** gerichtet ist.

88 Eine reine **Kapitallebensversicherung**, also eine Versicherung, die auf Kapitalbasis[108] abgeschlossen ist, unterfällt regelmäßig dem Zugewinnausgleich. Handelt es sich bei der Lebensversicherung um eine reine **Rentenversicherung**, also eine Versicherung, die auf Rentenbasis abgeschlossen ist, so ist sie gem. § 2 Abs. 2 VersAusglG i.d.R. dem Versorgungsausgleich unterworfen.

89 Eine **Ausnahme von diesem Grundsatz** besteht allerdings dann, wenn die zugesagte Renten- bzw. Versorgungsleistung nicht der Alters- oder Invaliditätsversorgung dient und zu einem erheblichen Anteil schon während des aktiven Erwerbslebens geleistet wird. Die Rentenleistung ersetzt in diesem Fall nicht das bisherige Erwerbseinkommen und kann daher nach Auffassung des BGH keine Berücksichtigung im Versorgungsausgleich finden.[109] Das Rentenanrecht ist in einem solchen Fall ausnahmsweise dem güterrechtlichen Ausgleich unterworfen.

90 Unabhängig von ihrer Leistungsart unterliegen ferner auch Anrechte aus der **betrieblichen Altersversorgung** gem. den Bestimmungen des Gesetzes zur Verbesserung der betrieblichen Altersversorgung – BetriebsrentenG (BetrAVG)[331] sowie Anrechte nach § 5 Altersvorsorgeverträge-Zertifizierungsgesetz (AltZertG)[332] dem Versorgungsausgleich (§ 2 Abs. 2 Nr. 3 Halbs. 2 VersAusglG). Es kommt insoweit nicht darauf an, ob die Anrechte eine Rentenzusage beinhalten oder ob sie auf Leistung eines Kapitalbetrages gerichtet sind. Im Unterschied zu einer rein privaten Lebensversicherung, die i.d.R. der Kapitalbeschaffung zur Finanzierung besonderer Anschaffungen oder

---

105 OLG Naumburg, 04.09.2003 – 8 UF 211/02, FamRZ 2004, 889; OLG Bamberg, 01.07.1996 – 2 WF 48/96, FamRZ 1997, 378; BGH, 01.12.1983 – IX ZR 41/83, FamRZ 1984, 144; BGH, 14.03.1984 – IVb ARZ 59/83, FamRZ 1984, 575.

106 OLG Naumburg, 04.09.2003 – 8 UF 211/02, FamRZ 2004, 889; OLG Bamberg, 01.07.1996 – 2 WF 48/96, FamRZ 1997, 378; BGH, 01.12.1983 – IX ZR 41/83, FamRZ 1984, 144; BGH, 14.03.1984 – IVb ARZ 59/83, FamRZ 1984, 575.

107 FAKomm-FamR/ *Wick* § 2 VersAusglG Rn. 16.

108 Zur fehlerhaften Ausgangsentscheidung des Familiengerichts über den Wertausgleich durch Zuordnung in den schuldrechtlichen Ausgleich: BGH, 30.11.2016 - XII ZB 167/15.

109 BGH, 14.03.2007 – XII ZB 36/05, FamRZ 2007, 889; BGH, 03.11.2004 – XII ZB 83/00, FamRZ 2005, 696.

außergewöhnlicher Ereignisse dient und deren angesparter Wert jederzeit durch Kündigung wirtschaftlich realisiert werden kann, weisen betriebliche Kapitalanrechte und Anrechte aus zertifizierten Vorsorgeverträgen, über die der Berechtigte während der Anwartschaftsphase nicht verfügen kann, Vorsorgecharakter auf.[110]

Wird ein betrieblich erworbenes Anrecht eines Gesellschafter-Geschäftsführers einer **91** GmbH noch vor dem Ende der Ehezeit in eine private Kapitallebensversicherung umgewandelt, dann unterliegt es dem güterrechtlichen Ausgleich.[111]

Mitunter kommt es sowohl bei einer Kapitallebensversicherung als auch bei einer pri- **92** vaten Rentenversicherung vor, dass der Versicherungsvertrag ein Wahlrecht (**Kapital- oder Rentenwahlrecht**) vorsieht. Der Versicherungsnehmer kann dann bis zu einem im Versicherungsvertrag vereinbarten Zeitpunkt zwischen einer Kapitalleistung oder einer wiederkehrenden Rentenleistung wählen. Für die Frage, ob eine solche Versicherung dem Zugewinnausgleich oder dem Versorgungsausgleich unterliegt, kommt es darauf an, ob der Versicherungsnehmer **bis zum jeweiligen Stichtag** für das Anfangs- oder Endvermögen von dem Wahlrecht Gebrauch gemacht hat.[112]

Im Ergebnis kann festgehalten werden, dass folgende privaten Lebensversicherungen **93** dem Zugewinnausgleich unterliegen:
- private Kapitallebensversicherungen ohne Rentenwahlrecht
- private Kapitallebensversicherungen mit Rentenwahlrecht, bei denen das Rentenwahlrecht bis zum Stichtag noch nicht ausgeübt wurde
- private Rentenversicherungen mit Kapitalwahlrecht, bei denen das Kapitalwahlrecht vor der letzten tatrichterlichen Entscheidung über den Versorgungsausgleich ausgeübt wurde

Für die **Bewertung einer Lebensversicherung** ist auf ihren wahren wirtschaftlichen Wert **94** und damit auf ihren nach wirtschaftlichen Gesichtspunkten bemessenen **Verkehrswert** abzustellen, der allerdings nicht mit dem Zeitwertbegriff i.S.v. § 176 Abs. 3 VVG gleichzusetzen ist. Die ältere Rspr. geht von dem **Fortführungswert** der Versicherung aus.[113]

Dieser Ansicht kann nicht mehr gefolgt werden. **95**

---

110 *Koch* Tagungsunterlagen zur 15. Jahresarbeitstagung Familienrecht des Deutschen Anwaltsinstituts (DAI), S. 378.
111 BGH, 06.11.2013 – XII ZB 22/13, FamRZ 2014, 104.
112 BGH, 15.01.1992 – XII ZR 247/90, BGHZ 117, 70 = FamRZ 1992, 411 = NJW 1992, 1103; BGH, 20.01.1993 – XII ZB 59/90, FamRZ 1993, 684; BGH, 10.02.1993 – XII ZB 80/88, FamRZ 1993, 793 = NJW-RR 1993, 1261; BGH, 08.06.2005 – XII ZB 177/03, FamRZ 2005, 1463.
113 BGH, 12.07.1995 – XII ZR 109/94, FamRZ 1995, 1270.

Der **BGH**[114] verlangt bei der Bewertung die Annahme einer Veräußerungssituation. Der Fortführungswert ist damit nicht relevant; vielmehr ist der **Veräußerungspreis** auf dem Zweitmarkt[115] für derartige geldwerte Vermögensvorteile zugrunde zu legen.

96   Dabei ist ebenfalls die **latente Steuerbelastung**, wie bei allen Vermögensgegenständen, stichtagsgenau zu beachten. Diese stellt ein verkehrswertbildender Umstand dar.[116] Dabei ist zu beachten, dass unter Berücksichtigung von § 20 Abs. 1 Nr. 6 EStG keine latenten Steuern anfallen,
1. wenn die Versicherung vor dem 01.01.2005 abgeschlossen wurde,
2. bis zum 01.01.2005 der erste Beitrag eingezahlt wurde und
3. die Versicherung am Stichtag bereits 12 Jahre bestanden hat.

97   Wurde die Versicherung demgegenüber nach dem 01.01.2005 abgeschlossen, sind die daraus erzielten Erträge i.d.R. in vollem Umfang zu versteuern, es sei denn,
– die Versicherungsleistung wird nach Vollendung des 60. Lebensjahres des Steuerpflichtigen und
– nach Ablauf von zwölf Jahren seit dem Vertragsabschluss ausgezahlt.

21. Leibgedinge und gleitender Erwerb

98   Ein **Leibgedinge** (auch als Altenteil, Leibzuchts- oder Auszugsvertrag bezeichnet) ist die Verpflichtung, Naturalleistungen wie Wohnung, Nahrungsmittel und Pflege ggü. einer Person bis zu deren Ableben zu erbringen. Eine Legaldefinition existiert nicht.[117]

99   Ein Leibgedinge wird üblicherweise i.R.v. Betriebs- oder **Hofübergaben** in der Landwirtschaft zwischen Übergeber und Übernehmer vereinbart. Es stellt zumeist eine Kombination aus der Übernahme von Reallasten (§ 1105 ff BGB), beschränkt persönlichen Dienstbarkeiten (§§ 1090 ff BGB) und einer Leibrente (§ 759 BGB) in Form eines auf Lebenszeit angelegten Wohnrechts, der Leistung lebenslanger Geldzahlungen oder der Gewährung von lebenslangen Dienst-, Sach- und Pflegeleistungen dar.

100 Übertragen Eltern auf ihre Kinder (Grund-) Vermögen verbunden mit einem Leibgedinge, so liegt regelmäßig ein Erwerb mit Rücksicht auf ein künftiges Erbrecht gem. § 1374 Abs. 2 BGB vor.[118]

101 Beim Leibgedinge sind die jeweiligen Bestandteile (Wohnrecht, Renten-, Sach- und Pflegeleistungen etc.) jeweils einzeln nach den hierfür geltenden Ausgleichs- und Bewertungsregeln in die Zugewinnbilanz einzustellen. Dabei ist für jeden Bestandteil die Wertreduzierung durch die ständig abnehmende Lebenserwartung des Berechtigten gesondert festzustellen.

---

114 BGH, FamRZ 2011, 622 und 1367.
115 Zweitmarktbörsen (geschl. Fonds), z.B. www.zweitmarkt.de, www.deutscher-zweitmarkt. de, www.zweitmarktboerse.de; vgl. auch www.onvista.de, www.finanzen.net, www.oanda. com, www.marketwatch.com, www.investing.com, www.godmade-trader.de.
116 BGH, FamRZ 2011, 622 und 1367.
117 Palandt/*Bassenge* BGB, Art. 96 EGBGB Rn. 1, 2.
118 BGH, 22.11.2006 – XII ZR 8/05, FamRZ 2007, 978.

Für die Bewertung der Sach- und Pflegeleistungen hat dabei gem. § 96 EGBGB eine   **102**
Umrechnung in Geldbeträge zu erfolgen, deren Jahreswert – wie bei der Leibrente –
unter Berücksichtigung der zu erwartenden Pflegewahrscheinlichkeit und Pflegedauer
zu kapitalisieren ist.[119]

Die Besonderheit der Belastung eines Grundstücks im Anfangsvermögen mit einem   **103**
Leibgedinge, Wohnrecht oder Nießbrauch geht mit dessen stetig sinkenden Wert und
umgekehrt mit einer Steigerung des Grundstückswerts einher. Nach der Rspr. des
BGH ist diese Belastung des Grundstücks bei der Ermittlung des Anfangs- und ggf.
auch Endvermögens mit dem jeweils aktuellen Wert wertmindernd zu berücksichtigen. Darüber hinaus ist der fortlaufende Wertzuwachs der Zuwendung als Folge des
abnehmenden Werts der Belastung auch für den dazwischenliegenden Zeitraum bzw.
die Zeit zwischen dem Erwerb des Grundstücks und dem Erlöschen der Belastung
(sog. **gleitender Erwerbsvorgang**) vom Ausgleich auszunehmen.[120] Um diesen Wertzuwachs zu erfassen, ist eine auf einzelne Zeitabschnitte aufgeteilte Bewertung jedoch
nicht mehr erforderlich. Es kann vielmehr auf die Einstellung des Rechts im Anfangs-
und Endvermögen verzichtet werden.[121]

Ist der Wert des Rechts allerdings gestiegen, weil das belastete Grundstück während   **104**
der Ehe einen **Wertzuwachs** erfahren hat, muss der Wert des Nießbrauchs etc. ohne
weitere Korrekturen in das Anfangs- und Endvermögen eingestellt werden.[122]

Sind auf das Recht Geld und geldwerte Leistungen zu erbringen, sind diese jeweils zu   **105**
kapitalisieren und vom Anfangs- sowie ggf. auch vom Endvermögen abzuziehen[123],
wobei es unerheblich ist, ob die Verpflichtung dinglich abgesichert ist.

▶ Hinweis

Der Normzweck der Bewertung gem. vorstehenden Ausführungen verlangt
dezidierte Vorgaben an den Immobilienbewerter. Dies gilt insb. zum einen bei der
Einstellung des Wertzuwachses bzw. bei Berücksichtigung der latenten Steuerlast.

22. Leibrente

Die **Leibrente** ist gem. § 759 BGB ein einheitlich nutzbares Recht, das i.d.R. auf   **106**
Lebenszeit des Berechtigten oder eines anderen eingeräumt ist und dessen Erträge aus
regelmäßig wiederkehrenden gleichmäßigen Geldleistungen oder anderen vertretbaren Sachen bestehen.[124]

---

119 *Schulz/Hauß* Vermögensauseinandersetzung Kap. 1 Rn. 314 f.
120 BGH, FamRZ 2007, 978; PWW/*Weinreich* § 1374 Rn. 16; ausf. mit Zahlenbeispielen:
     Schulz/Hauß Vermögensauseinandersetzung Kap. 1 Rn. 297 ff.
121 BGH, FamRZ 2015, 1268; anders noch BGH, FamRZ 2007, 978.
122 BGH, FamRZ 2015, 1268; Bsp. für Kapitalisierung einer laufzeitbezogenen Rente (bei
     einer Leibrente): *Schulz/Hauß* Vermögensauseinandersetzung Kap. 1 Rn. 321 ff.
123 BGH, FamRZ 2005, 1974, 1977.
124 Palandt/*Sprau* BGB § 759 Rn. 1.

107 Verfügt ein Ehegatte anlässlich der Ehescheidung über ein unwiderrufliches **Anrecht auf Zahlung** einer Leibrente, so unterliegt das Anrecht, soweit es der **Alterssicherung** dient, gem. § 2 Abs. 2 Nr. 3, Abs. 4 VersAusglG dem **Versorgungsausgleich.** Andernfalls ist die Leibrente güterrechtlich auszugleichen.

108 Hat sich ein Ehegatte zur Zahlung einer Leibrente an einen Dritten verpflichtet, so ist der kapitalisierte Wert des Leibrentenversprechens zum jeweiligen Stichtag güterrechtlich zu berücksichtigen.[125]

109 Stellt das Leibrentenversprechen gleichzeitig eine **Gegenleistung** für die Übertragung eines Grundstücks oder eines anderen Vermögenswerts und damit eine (**Grundstücks-**) **Belastung** dar, dann führt die sinkende Lebenserwartung des Leibrentenempfängers zu einer fortlaufenden Verminderung der Belastung. Der Wert der Zuwendung nimmt damit allmählich zu. Zum **gleitenden Erwerbsvorgang** s. Vorabschnitt Rdn. 103.

110 Für die Bewertung der Leibrente ist es ohne Belang, ob sie nur schuldrechtlich vereinbart oder gleichzeitig dinglich gesichert wurde.[126] Der jeweilige **Wert des Leibrentenversprechens** errechnet sich anhand der Höhe der zu zahlenden Rente, der Laufzeit, für die die Rente zu zahlen ist, und dem Kapitalisierungs- oder Barwertfaktor (Barwert einer laufzeitbezogenen Rente).[127] Bei der Höhe der Leibrente ist auf die **konkret vereinbarte Jahresrente** abzustellen. Dies gilt auch dann, wenn bspw. aus familiären Erwägungen eine unrealistisch geringe Rente vereinbart wurde.

111 Für die Laufzeit kommt es darauf an, ob eine befristete oder lebenslange Leibrente vereinbart wurde. Ist Letzteres der Fall, so ist die **mutmaßliche Lebenserwartung des Leibrentenempfängers** anhand der **aktuellen Sterbetafel** zu ermitteln. Stellt sich im Nachhinein heraus, dass der Berechtigte vor seiner statistischen Lebenserwartung verstorben ist, so ist dies wegen des starren Stichtagsprinzips, das eine Prognose zum Stichtag erforderlich macht, ohne Belang.[128] Bei mehreren Leibrentenempfängern kommt es auf die Lebenserwartung desjenigen mit der längeren Lebenserwartung an, da das Leibrentenversprechen bis zum Ableben des zuletzt versterbenden Berechtigten fortdauert.

112 Der **Kapitalisierungs- oder Barwertfaktor** ergibt sich ebenso wie beim Nießbrauch aus Anlage 1 zu § 20 ImmoWertV. Dabei legt der BGH einen einheitlichen Rechnungszins von 5,5 % zugrunde.[129] Es erscheint jedoch im Einzelfall sachgerechter, auf den am jeweiligen **Stichtag** aktuellen Zinssatz abzustellen.

▶ **Beispiel**

113   – Höhe der Jahresrente: 6.000 €
      – Laufzeit (z.B. Restliche Lebenserwartung): 20 Jahre

---

125 Johannsen/Henrich/*Jaeger* BGB § 1374 Rn. 29.
126 BGH, 22.11.2006 – XII ZR 8/05, FamRZ 2007, 978; *Kogel* FamRB 2006, 1.
127 *Schulz/Hauß* Vermögensauseinandersetzung Kap. 1 Rn. 310 mit Berechnungsbeispiel.
128 OLG Karlsruhe, FamRZ, 15.06.1989 – 2 UF 133/88, 1990, 56.
129 BGH, 15.10.2003 – XII ZR 23/01, FamRZ 2004, 527.

> - Zinssatz: 5,5 %
> - Kapitalisierungsfaktor gem. Anlage 1 zu § 20 ImmoWertV: 11,95
> - Wert der Leibrente: 6.000 € x 11,95 = 71.700 €

Bei der Wertermittlung der Leibrente im Anfangsvermögen hat zusätzlich eine **114** Indexierung des Kapitalwerts nach den allgemeinen Grundsätzen zu erfolgen.

Wegen des strengen Stichtagsprinzips ist es unerheblich, ob die Leibrente tatsächlich geleistet wird. Wird während der Ehezeit auf die Leibrente (teilweise) verzichtet, so stellt dies eine gesonderte Schenkung dar, die als privilegierter Erwerb gem. § 1374 Abs. 2 BGB zu berücksichtigen ist.[130]

23. Nießbrauch

Für das in §§ 1010 ff. BGB geregelte **Nießbrauchrecht** gelten im Hinblick auf seine **115** Erfassung und Bewertung als Vermögensposition i.R.d. Zugewinnausgleichs überwiegend die gleichen Grundsätze wie für das Wohnrecht. Das Nießbrauchsrecht ist je nachdem, ob der Ehegatte nießbrauchberechtigt oder nießbrauchverpflichtet ist, als positiver oder negativer Vermögenswert in die Vermögensbilanz einzubeziehen.[131]

Für die Bewertung des Nießbrauchrechts ist dessen **Ertragswert** maßgeblich. Grund- **116** lage der Wertermittlung ist der wirtschaftliche Vorteil, den der Berechtigte durch das Nießbrauchsrecht erlangt. Dieser besteht v.a. in ersparten, üblicherweise zu zahlenden Mieten oder Pachten bzw. den aus dem Grundstück zustehenden Erträgen sowie ggf. in der Ersparnis weiterer Aufwendungen (z.B. Bewirtschaftungskosten; insb. die Betriebskosten nach der Betriebskostenverordnung BetrKV), soweit sie nicht bereits beim Ansatz der Miete oder Pacht berücksichtigt werden können.

Ist der Nießbrauchberechtigte bspw. gem. § 1047 BGB oder aufgrund vertraglicher **117** Vereinbarung zur Zahlung von Kosten und Lasten verpflichtet (z.B. Zahlungsverpflichtungen aus Abteilung III des Grundbuchs, nicht umlegbare Bewirtschaftungskosten), die normalerweise vom Grundstückseigentümer getragen werden, ist zu beachten, dass diese Kosten und Lasten bei der Wertermittlung des Rechts ausgehend vom Rohertrag wertmindernd zu berücksichtigen sind.

Auch die Unkündbarkeit und die Sicherheit vor Mieterhöhungen stellen werthaltige **118** Merkmale des Nießbrauchs und des Wohnrechts dar. Soweit diese Merkmale nicht bereits beim Ansatz der fiktiven Miete bzw. des Liegenschaftszinssatzes berücksichtigt wurden, erhöhen sie den Wert der Nutzung.

Übersteigen die mit dem Nießbrauch übernommenen Verpflichtungen den Wert der **119** erzielbaren Nutzungen, so vermindert sich der Wert des Nießbrauchrechts mitunter auf null.[132]

---

130   BGH, 22.11.2006 – XII ZR 8/05, FamRZ 2007, 978.
131   BGH, 22.11.2006 – XII ZR 8/05, FamRZ 2007, 978.
132   OLG Stuttgart, 25.10.1985 – 17 UF 27/84, FamRZ 1986, 466.

120 Der **Ertragswert des Nießbrauchs** ist durch Kapitalisierung des Nettowertes der erzielbaren Nutzungen unter Berücksichtigung der anhand der Sterbetafel zu bestimmenden statistischen Lebenserwartung des Berechtigten und damit voraussichtlichen (Rest-) Dauer der Nutzung zu ermitteln (Barwert einer laufzeitbezogenen Rente).[133] Auf die tatsächliche Lebensdauer des Nutzungsberechtigten kommt es wegen des strengen Stichtagsprinzips nicht an, auch wenn der Berechtigte bereits kurz nach dem Stichtag verstirbt.[134]

121 Die erforderliche Kapitalisierung trägt dem Umstand Rechnung, dass die Nutzungen bei fiktiver sofortiger Leistung früher genutzt und verzinst werden können als im Fall monatlicher Leistung (neoklassische Theorie vom Zins). Der fiktive Zinsvorteil mindert demzufolge den Wert des Nießbrauchrechts.

122 Zum sog. **gleitenden Erwerbsvorgang** s.o. Rdn. 103, Leibgedinge.[135]

123 Das Nießbrauchsrecht ist jeweils bezogen auf den maßgeblichen Stichtag in die Vermögensbilanz einzustellen. Dies gilt auch dann, wenn das Nießbrauchsrecht gem. § 1374 Abs. 2 BGB privilegiert erworben wurde. I.d.R. führt dies dazu, dass das Nießbrauchsrecht, sofern es sowohl im Anfangsvermögen als auch im Endvermögen zu berücksichtigen ist, durch das Näherrücken des Todes des Nießbrauchberechtigten im Endvermögen einen geringeren Wert als im Anfangsvermögen aufweist. Die Wertverringerung findet damit beim Zugewinnausgleich volle Berücksichtigung.[406]

24. Persönliche Dienstbarkeiten

124 Das Sachenrecht unterscheidet verschiedene **Dienstbarkeiten** an Grundstücken:
- den Nießbrauch als umfassendes Nutzungsrecht
- die dem jeweiligen Eigentümer eines anderen Grundstücks zustehende Grunddienstbarkeit
- die einer bestimmten Person zustehende beschränkte persönliche Dienstbarkeit
- das Dauerwohnrecht und das Dauernutzungsrecht nach § 31 Wohnungseigentumsgesetz

125 Die Bewertung erfolgt nach den gleichen Kriterien wie beim Nießbrauch (s.o. Rdn. 115).

25. Reallast

126 Ein Grundstück kann in der Weise belastet werden, dass an denjenigen, zu dessen Gunsten die Belastung erfolgt, wiederkehrende Leistungen (z.B. in Form von Rentenzahlungen, Kost und Logis, Freistellung von Kosten, Lieferung von Waren, Betrieb

---

133 BGH, 15.10.2003 – XII ZR 23/01, FamRZ 2004, 527.
134 KG, 12.08.1987 – 18 UF 6287/86, FamRZ 1988, 171.
135 PWW/*Weinreich* BGB § 1374 Rn. 16 m.w.N.; *Schulz/Hauß* Vermögensauseinandersetzung Kap. 1 Rn. 325 ff. mit Zahlenbeispielen.

und Erhaltung von Einrichtungen auf dem Grundstück)[136]zu entrichten sind. Man spricht in diesem Fall von einer **Reallast**, § 1105 BGB.

Die Reallast ist vielfach Teil eines Leibgedinges und nach den hierfür geltenden Bewertungsgrundsätzen, auch zum **gleitenden Erwerbsvorgang**, in die Ausgleichsbilanz einzustellen.[137]   **127**

26. Treuhandvermögen

Ob Treuhandvermögen in die Zugewinnausgleichsbilanz einzustellen ist, hängt davon ab, ob ein Ehegatte einem Dritten im Rahmen eines Treuhandverhältnisses Vermögensgegenstände (Sachen oder Rechte) übertragen hat oder ob einem Ehegatten im Rahmen eines Treuhandverhältnisses Vermögensgegenstände übertragen wurden. Ist Ersteres der Fall, so besteht regelmäßig aufgrund der Treuhandabrede ein Rückforderungsanspruch, der einen Vermögenswert i.S.v. § 1376 BGB darstellt. Im anderen Fall verhält sich das Treuhandvermögen im Zugewinnausgleich selbst dann vermögensneutral, wenn das Treugut zu vollem Recht übertragen wurde.[138]   **128**

Die Darlegungs- und Beweislast trägt in diesem Fall der Ehegatte, der behauptet, über das Vermögen nur als Treuhänder zu verfügen.[139]

27. Urheberrechte/Patente

Für die Bewertung von Urheberrechten ist ebenso wie bei der Bewertung von Patenten und Tantiemen oder Honoraren für mediale oder künstlerische Werke der **Ertragswert** ausschlaggebend.[140] Dieser bemisst sich nach der Wahrscheinlichkeit, mit der aus der vorhandenen Rechtsposition ein Ertrag realisiert werden soll und realisiert werden kann.   **129**

Wird die Rechtsposition bereits verwertet, kann unter Berücksichtigung der konkreten Umstände des Einzelfalls nach der Ertragswertmethode ein entsprechender Wert ermittelt werden. Ruht das Recht, ist also eine Ertragsverwirklichung bislang weder erfolgt noch konkret geplant, so weist das Recht (noch) keinen messbaren Wert auf. Anders ist dies allein bei solchen Rechten zu beurteilen, die nach ihrem konkreten Zweck regelmäßig umsatzbezogen sind. Für die Bewertung ist in diesen Fällen auf den Drittgeschäftsumfang abzustellen.[141]   **130**

---

136 Palandt/*Bassenge* BGB § 1105 Rn. 4.
137 S. Kap. G Rdn. 121; *Schulz/Hauß* Vermögensauseinandersetzung Kap. 1 Rn. 622.
138 *Schröder/Bergschneider* FamVermR Rn. 4.23; BGH, 21.03.1996 – III ZR 106/95, BGHZ 132, 218 = BGH, FamRZ 1996, 792; Staudinger/*Thiele* BGB § 1374 Rn. 3.
139 Finke/Ebert/*Borth* § 8 Rn. 89; BGH, 14.01.1981 – IVb ZR 525/80, FamRZ 1981, 239
140 *Haußleiter/Schulz* Vermögensauseinandersetzung Kap. 1 Rn. 397, *Schwab/Schwab* Kap. VII Rn. 91.
141 *Schwab/Schwab* Kap. VII Rn. 91.

131   Insb. **Patente, Erfindungen und sonstiges weiteres geistiges Eigentum** stellen generell immaterielle Vermögenswerte[142] dar, die in die Zugewinnausgleichsbilanz einzustellen sind. Der Erfinder, bzw. sein Rechtsnachfolger hat nach § 6 Satz 1 PatG auf Grund seiner Eigenschaft als Erfinder ein Recht auf das Patent. Dieses Recht auf das Patent ist im Unterschied zu dem Erfinderpersönlichkeitsrecht übertragbar (§ 15 PatG) und zwar auch schon vor Beginn der Forschung. Auf Grund von vertraglichen Abreden kann das Patent einem anderen als dem Erfinder zustehen, insb. auf Grund von Vereinbarungen. Erfinder können auch beantragen, nicht nach außen bekanntgegeben zu werden, § 63 Abs. 1 Satz 3 PatG. Es können Lizenzen vereinbart werden.

132   Das Recht auf das Patent kann auch auf den Anmelder bei **Arbeitnehmererfindungen** übergehen. Im Arbeitsrecht gilt dabei der Grundsatz, dass sämtliche Arbeitsergebnisse des Arbeitnehmers dem Arbeitgeber zustehen. Der Arbeitgeber ist allerdings verpflichtet, dem Arbeitnehmer bei Inanspruchnahme einer Erfindung eine angemessene Vergütung zu zahlen. Dies gilt für alle Erfindungen im privaten und im öffentlichen Dienst, die patent- oder gebrauchsmusterfähig sind und auch für die nicht schutzfähigen technischen Verbesserungsvorschläge.

133   Für die Bemessung der Vergütung sind insb. die wirtschaftliche Verwertbarkeit der Diensterfindung, die Aufgaben und die Stellung des Arbeitnehmers im Betrieb sowie der Anteil des Betriebs an dem Zustandekommen der Diensterfindung maßgebend (vgl. § 9 ArbnErfG). Die Höhe des Vergütungsanspruchs richtet sich daher vorrangig nach dem wirtschaftlichen Wert der Erfindung. Hierzu hat das Bundesministerium für Arbeit und Soziales die sog. Vergütungsrichtlinien erlassen.[143]

134   Von der Frage des Erfindungspersönlichkeitsrechts ist die Frage der **vermögensrechtlichen Verwertung** der Erfindung zu trennen. Die Verwertung einer Erfindung erfolgt im Wesentlichen als Patent oder als ein anderes Schutzrecht.

135   Die Bewertung von Patenten erfolgt u.a. nach DIN 77100 »Patentverwertung – Grundsätze der monetären Patentverwertung« mit dem sog. »Relief-from-Royalty-Ansatz«. Die DIN 77100 stellt in Ihrer Ausgestaltung eine Fachgrundnorm dar. Sie umfasst keine konkreten Anweisungen und Anleitungen zur Durchführung einer monetären Patentbewertung. Sie ist aber ergänzend zu existierenden gesetzlichen Regelungen und Vorschriften konzipiert. Die Norm DIN 77100 stellt keine neue Vorgehensweise dar, sondern beschreibt langjährige Best Practice-Erfahrung in der betriebswirtschaftlichen und steuerlichen Beratung und ist daher ergänzend bzw. zum Zwecke der Plausibilitätsprüfung heranzuziehen.[144]

136   **Exkurs: Auskunft zu Gebrauchsmustern, Urheber-, Marken- und Patentrechten und zwar sowohl als Erfinder, Miterfinder und/oder Arbeitnehmererfinder**

---

142   Siehe hierzu auch *Pointl* Die Bewertung von immateriellen Vermögenswerten, www. uhy-deutschland.de.

143   http://www.bmas.de/SharedDocs/Downloads/DE/PDF-Gesetze/richtlinien-verguetung-arbeitnehmererfindungen.pdf?__blob=publicationFile.

144   https://www.beuth.de/de/norm/din-77100/140168931?SearchID=380303074.

Das Auskunftsbegehren zu Schutzrechten sollte sich erstrecken auf alle wertbildenden Kriterien, wie
– dem jeweiligen Jahresumsatz bzw. dem Gewinn
– der Art der Verwertung wie z.b. durch Lizenz-, Kauf- und Übertragungsverträge
– bei Arbeitgebererfindungen zu Arbeits- und Dienstverträgen, zu der Freigabe der Erfindungen, zu der unbeschränkten bzw. beschränkten Inanspruchnahme der Diensterfindungen, zu Vergütungsvereinbarungen in Form von laufenden Beteiligungen oder Gesamtabfindungen, Individualabreden, Vergütungsfestsetzungen und sonstigen Verträgen wie z.b. in Form von Prämien, Erfolgsbeteiligungen, zu den Kriterien der wirtschaftlichen Verwertbarkeit für die Berechnung des Erfindungswertes wie zum Jahresumsatz des Arbeitgebers mit dem jeweiligen Schutzrecht entsprechend dem Arbeitnehmererfindergesetz und der Richtlinien für die Vergütung von Arbeitnehmererfindungen im privaten Dienst, zu der Aufgabe und Stellung des Arbeitnehmers als Erfinder im Betrieb, zu Miterfindern sowie dem Anteil des Betriebs an dem Zustandekommen der Diensterfindung, zu den jeweiligen Verlangen einer Neufestsetzung der Vergütung wegen wesentlicher Änderungen der für die Feststellung maßgebenden Umstände gem. § 12 Abs. 6 Arbeitnehmererfindergesetz und zur Unterrichtung des Arbeitgebers von dem Fortgang der Verfahren und dem jeweiligen Schriftwechsel hierzu gem. § 15 Abs. 1 Arbeitnehmererfindergesetz.

Die Auskünfte sind insb. zu belegen durch Vorlage　　　　　　　　　　137
– der jeweiligen Patent- und Markenrecht- sowie Gebrauchsmusteranmeldungen
– Offenlegungsschriften
– Patentschriften
– Patentblätter
– Kaufverträge, Übertragungsverträge, Lizenzverträge und
– bei Arbeitgebererfindungen der Arbeits- und Dienstverträge, der Freigabeerklärungen der Erfindungen, der Erklärungen zur unbeschränkten und/oder beschränkten Inanspruchnahme, der Verträge zu den Vergütungsvereinbarungen und Vergütungsfestsetzungen, dem Schriftwechsel zur Unterrichtung des Arbeitgebers von dem Fortgang der Verfahren gem. § 15 Abs. 1 Arbeitnehmererfindergesetz, der Abrechnungen/Gutschriften (auch z.B. in Form von Prämien, Erfolgsbeteiligungen) der Arbeitgeber in dem Zeitraum vom…bis…

28. Versicherungsagentur (selbstständigen Handelsvertreter)

Für die Bewertung der **Versicherungsagentur eines selbstständigen Handelsvertreters** 138 ist ausschließlich der Substanzwert der Agentur maßgeblich. Darüber hinaus ist i.d.R. weder ein Goodwill noch ein künftiger Ausgleichsanspruch nach § 89b HGB in den Zugewinnausgleich einzubeziehen.[145]

---

145 BGH, 04.12.2013 – XII ZB 534/12, FamRZ 2014, 368 m. Anm. *Kogel.*

139   Den »Tischen und Stühlen« des Substanzwertgedankens wohnt keinerlei Good-
      will inne! Vielmehr ist eine Ertragswertbewertung vorzunehmen; schon wegen der
      Bestandsprovisionen und der ungefährdeten Anwartschaft aus § 89b HGB. Dies gilt
      umso mehr, wenn der BGH[146] von einem fiktiven Veräußerungsvorgang zum Bewer-
      tungsstichtag ausgeht. Zudem ist eine Bewertungskongruenz zur Bewertung der Ver-
      sicherungsmakleragentur aus Grundsätzen der Gleichbehandlung geboten.

29. Versicherungsmakler

140   Die Bewertung einer **Versicherungsmakleragentur** erfolgt i.d.R. nach dem modifizier-
      ten Ertragswertverfahren.[147]

30. Wohnrecht

141   Gem. § 1093 BGB kann an einer Immobilie ein Wohnrecht als beschränkt persönli-
      che Dienstbarkeit bestellt werden. Beim Wohnrechtsinhaber stellt das Wohnrecht eine
      Aktivposition, bei demjenigen, der das Wohnrecht einräumt, eine **Passivposition** dar.

142   Die Bewertung des **Wohnrechts** erfolgt durch Kapitalisierung des Jahresnettowerts
      der erzielbaren Marktmiete unter Berücksichtigung der anhand der Sterbetafel zu
      bestimmenden statistischen Lebenserwartung des Berechtigten und damit der voraus-
      sichtlichen (Rest-) Dauer der Nutzung.[148] Zum sog. gleitenden Erwerbsvorgang s.o.
      Rdn. 98 »Leibgedinge«.[149]

143   Ist der Berechtigte an der Nutzung aus tatsächlichen Gründen gehindert, bspw., weil
      er aus medizinischen Gründen in einem Pflegeheim untergebracht ist, besteht der
      Anspruch i.A. durch die Vermietung zu erzielenden Vorteile.[150]

II. Finanzanlagen

1. Einführung

144   Das Gesetz trifft keine Regelung, wie Vermögenswerte zu bewerten sind und behilft
      sich mit dem unbestimmten Rechtsbegriff des »Wertes« nach § 1376 BGB.[151]

---

146 BGH, FamRZ 2011, 622 und 1367.
147 OLG Köln, 28.02.2012 – 4 UF 186/11, FamRZ 2012, 1713.
148 Barwert einer laufzeitbeschränkten Rente; BGH, 15.10.2003 – XII ZR 23/01, FamRZ
     2004, 527; *Hauß* FPR 2009, 286.
149 Rdn. 98; BGH, FamRZ 2015, 1268; PWW/*Weinreich* BGB § 1374 Rn. 16.
150 *Schulz/Hauß* Vermögensauseinandersetzung Kap. 1 Rn. 356 ff. mit Zahlenbeispielen;
     Hauß Tagungsunterlagen 18. Jahresarbeitstagung Familienrecht des DAI 2015, S. 12 ff.
151 Klein/*Kuckenburg* FamVermR Kap. 2 Rn. 1409 ff.

Wenn eine Bewertung zu erfolgen hat, hat der Tatrichter die Bewertungsmethode, ggf. **145** sachverständig zu beraten, einzelfalladäquat auszuwählen.[152] Dabei hat das Gericht letztlich die Verpflichtung, den Wert zu schätzen (§ 738 Abs. 2 BGB, § 105 Abs. 3 HGB, § 161 Abs. 2 HGB, § 260 Abs. 2 Satz 3 AktG). Das Gericht entscheidet dabei nach seiner freien Überzeugung (§ 287 Abs. 2 ZPO, § 260 Abs. 2 Satz 1 AktG, § 17 Abs. 1 SpruchG, § 37 Abs. 1 FamFG.[153]

Wenn die Rspr. den wahren Wert, also den Verkehrswert, zugrunde legen will, schei- **146** den Bewertungsregeln des Handelsrechtes nach § 253 HGB, mit der Obergrenze des Anschaffungskostenprinzips, des Bewertungsgesetzes nach § 11 BewG, das sich an Vereinfachungs- und Fiskalaspekten orientiert und das vereinfachte Ertragswertverfahren nach § 199 BewG, aus.[154]

2. Grundsätze zur Bewertung von Finanzanlagen

a) Selbstständig bewertbarer Vermögensgegenstand

Die **Finanzanlage** muss wie alle anderen Vermögensgegenstände selbstständig bewert- **147** bar sein[155].

Dies ist schon dann nicht der Fall, wenn sie Betriebsvermögen und damit Teil eines anderen Gesamtvermögenswerts ist, was die Unternehmensbewertung erforderlich macht.

Ein Ansatz als Teil einer Bewertungseinheit ist auch bei (finanzierten) Kapitalanla- **148** gen[156] relevant:
- finanzierte Fondsbeteiligungen,
- Grund- und dazu abgeschlossenes Sicherungsgeschäft (sog. hedge accounting),
- in andere Anlagen eingebettete Derivate,
- bei abgetretenen und mit aufgeteilten Bezugsrechten versehene Lebensversicherungen.[157]

Problematisch ist dabei insb. der erst sich **zukünftig realisierbare Vermögenswert** mit **149** einer Ungewissheit über das Ob und die Höhe des Werts[158], wie z.B. bei Anwartschaftsrechten,»Expektancen«, bei Kapitalanlagen wie Aktienoptionen[159], aber auch z.B. bei geschlossenen Fonds mit Totalverlustrisiko und langfristiger Bindung.

152 BGH, FamRZ 1999, 361; 2011, 622 und 1367; 2014, 98; Klein/*Kuckenburg* FamVermR Kap. 2 Rn. 1415 m.w.N.
153 Klein/*Kuckenburg* FamVermR Kap. 2 Rn. 1434 f. m.w.N.
154 *Schulz/Hauß* Vermögensauseinandersetzung Kap. 1 Rn. 118 m.w.N; *Büte* Zugewinnausgleich, 4. Aufl., Rn. 58; *Jonas* WPg 2011, 299 ff., 302; Klein/*Kuckenburg* FamVermR Kap. 2 Rn. 1414.
155 BGH, FamRZ 2011, 183–188.
156 *Zacher* S.14.
157 BGH, FamRZ 1992, 1155, *Klein* FuR 1995, 307 f; s. Rdn. 87.
158 BGH, FamRZ 2011, 183 ff.
159 Bejahend *Kogel* FamRZ 2007, 950.

b) Vergleichswertorientierte Marktpreisableitung

150 Beobachtete **Marktpreise** können ähnlich dem obengenannten stichtagnahen Veräußerungspreis eine Bewertung ersetzen und zumindest der Plausibilisierung der Wertermittlung dienen.

151 Bewertungsquellen können sein:[160]
– amtliche/öffentliche Börsen,
– Internethandelsplattform/virtuelle Handelsplätze,
– sog. Zweitmarktbörsen/Makler,
– Händler/professionelle Ankäufer/Finanzintermediäre *(financial intermediaries*: dies sind Unternehmen, die auf dem Finanzmarkt als Vermittler zwischen Nachfrage und Angebot der Wirtschaftssubjekte nach Finanzinstrumenten und Finanzierungsinstrumenten treten, diese ausgleichen und umwandeln),
– anbietergestützte oder anbietereigene Zweitmarktnotierungen,
– Rückkaufswerte der Emittenten/Anbieter/Fondsgesellschaft,
– Marktpreise vergleichbarer Kapitalanlagen bzw. Finanzinstrumente.

152 Derartige Kurse/Preise sollten von einer Börse, einem kommerziellen Händler, einer Preisagentur oder Aufsichtsbehörde gestellt werden (sog. Zweitmarkt). Angaben von singulären Erwerbern oder Erwerbsinteressenten können dabei nur nachrangig berücksichtigt werden.

153 Diese marktorientierten Kurse/Preise müssen tatsächliche Transaktionen im ordentlichen Geschäftsgang und nicht »Notverkäufe« oder unverbindliche »asking prices« repräsentieren.

c) Bewertungsmethoden

154 Wenn Preise nicht feststellbar sind, muss der **wahre Wert/fair value** festgestellt werden. Dieser kann bei Fonds bspw. nach der Nettoinventarmethode geschehen bzw. aus Buchwerten, falls diese nach IFRS ermittelt worden sind.

155 Ansonsten erfolgt eine sog. direkte Bewertung nach Effektivzinsmethoden auf Basis der **Ertragswertverfahren** unter Antizipation aller künftigen Zahlungsströme, Abzinsung auf den Stichtag und unter besonderer Berücksichtigung der **Steuerauswirkungen** (Steuervorteile, Steuernachteile, latente Steuer).

156 Bei der **direkten Anteilsbewertung** wird auf die Sicht des einzelnen Anteilseigners und damit nicht auf die Werte des Unternehmens/Emittenten als Ganzes abgestellt. Der Anteilswert wird aus den Zahlungsströmen zwischen Unternehmen und dem Anteilseigner abgeleitet. Diese Bewertung ist typisch bei der Anteilsbewertung von

---

160 *Zacher* S. 15 f.; Zweitmarktbörsen (geschl. Fonds), z.B. www.zweitmarkt.de, www.deutscher-zweitmarkt.de, www.zweitmarktboerse.de; www.zweitmarkt.de; vgl. auch www.onvista.de, www.finanzen.net, www.oanda.com, www.marketwatch.com, www.investing.com, www.godmade-trader.de.

Publikumsgesellschaften, indem dem einzelnen Gesellschafter in keiner Weise die Informationen (nur Geschäftsberichte statt Jahresabschlüsse, keine Beteiligung bei Gesellschaftsbeschlüssen, Einblick in das Rechnungswesen) zur Verfügung stehen, die sonst dem Mitunternehmer zustehen.[161]

d) Marktfähigkeit und Abschlagsfaktoren

Wie bei der Unternehmensbewertung muss stets **Marktfähigkeit** gegeben und fest- 157
gestellt werden.[162] »**Aufgeschobene Realisierbarkeit**« des Vermögenswerts kann zu einem Wertabschlag führen.[163] Gleiches hat bei Rückzahlungs- und Nachschussrisiken bei **geschlossenen Fonds** zu gelten (§ 172 Abs. 4 HGB).

Wertabschläge bei »zu niedrigen« Marktpreisen bzw. Börsenkursen von Kapitalanla- 158
gen wird vom BGH abgelehnt.[164] Wie bei der Unternehmensbewertung sind **Größen-abschläge**, **Liquiditätsabschläge**, **Fungibilitätsabschläge**, **Diversifikationsabschläge** oder **Länderabschläge** abzulehnen.[165] Letztlich sind **Veräußerungskosten** wie z.B. Bankspesen, Makler- und Brokerkosten abzusetzen.[166]

e) Wertzuschläge und Wertaufhellung

Zunächst sind zukünftige Steuervorteile denkbar. 159

Zur Ermittlung des Wertes einer **Abschreibungsgesellschaft**, die i.d.R. in Form einer KG betrieben wird, wird in der Literatur empfohlen, den zu erwartenden Veräuße-rungserlös bei Beendigung der Beteiligung zu ermitteln. Hierzu sind die bis dahin noch zu erwartenden Steuervorteile hinzuzurechnen. Abzuziehen sind noch offene Zahlungsverpflichtungen sowie die mit der Veräußerung ausgelösten Steuern.[167] So urteilt wohl auch der BGH[168], soweit ein Stichtagsbezug gegeben ist.

Allerdings sind die überkommenen, verlustträchtigen und nur auf Steuervorteilen 160
aufbauenden Anlageformen (z.B. Medienfonds, Schiffsfonds, Flugzeugfonds, man-che Immobilienfonds, Leasingfonds) durch die sog. **Totalüberschussprognose** seit der Geltung des § 15b EStG obsolet. Über die Veranlagungsoption bei den Einkünften aus Kapitalvermögen sind spätere Steuererstattungen aus Verlusten zu berücksichtigen.[169]

---

161 Vgl. Kap. D Rdn. 344 ff.; WP-Handbuch Band II, A 34 ff.; vgl. ausf., auch zur indirekten Anteilsbewertung: Klein/*Kuckenburg* FamVermR Kap. 2 Rn. 1612 m.w.N.
162 BGH, FamRZ 2011, 1367 ff., Rn. 49 m.H.a. BGH, FamRZ 1978, 332; 2008, 761, Rn. 20.
163 BGH, FamRZ 2003, 153 ff. = FuR 2002, 501 ff., Rn. 15 f.).
164 BGH, FamRZ 2012, 1479 ff., Rn. 21 ff.; anders teilweise die Literatur: MüKo-BGB/*Koch* § 1376 Rn. 14).
165 Klein/*Kuckenburg* FamVermR Kap. 2 Rn. 1520 m.w.N.
166 BGH, FamRZ 1989, 1276 ff., Rn. 17.
167 *Schröder* Bewertungen im Zugewinn, 4. Aufl., Rn. 153, m.w.N. unter Hinweis auf ein nicht veröffentlichtes Urteil des OLG Hamm, 20.03.1984 – 1 UF 233/82.
168 BGH, FamRZ 2011, 183, Rn. 24 ff.
169 Zur »Liebhaberei«: Kap. A Rdn. 49 ff.

161 Wie bei der Unternehmensbewertung ist eine sog. spätere **Wertaufhellung** [170]nur in ganz eingeschränktem Maße ähnlich der Abgrenzung wertbeeinflussender und wertaufhellender Umstände des Jahresabschlusses gem. § 252 Abs. 1 Nr. 4 HGB zu berücksichtigen. Dies setzt aber eine Stichtagsverknüpfung zwingend voraus.

162 Bei fehlgeschlagenen und defizitären Kapitalanlagen sind etwaige Schadensersatzansprüche bzw. Rückabwicklungsansprüche gegen Emittenten, Banken und Finanzdienstleister zu berücksichtigen.

f) Latente Steuern

163 Wie bei der Bewertung aller Vermögensgegenstände im Zugewinn hat der Abzug der **latenten Steuern**, genauer der fiktiven individuellen stichtagsrelevanten **Veräußerungsgewinnbesteuerung** zu erfolgen.[171]

g) Bewertungsquellen und -material (Auskunftsdokumente)

164 **Auskunftsdokumente** und Informationen sind wie bei anderen Vermögenswerten gem. § 1379 BGB zu beschaffen. Informationsquellen, auch für die Existenz der Finanzanlage, können dabei auch Mail- oder Papierkorrespondenz sein.

165 Als **Informationsquellen** der Bewertungspraxis sind insb. zu nennen:[172]
– Bank- und Depotauszüge, Erträgnismitteilungen, Ankaufs- und Verkaufsbestätigungen;
– Jahresendzusammenfassungen/-depotübersichten/Erträgnisaufstellungen der Banken;
– Internet-/virtuelle Depots bei eBanking;
– Steuererklärungen bzw. Steuerbescheide (ggf. auch bei Abgeltungsteuer über die Veranlagungsoption); bei der Gesellschaft das Betriebsstättenfinanzamt und Wohnsitzfinanzamt beim Ehegatten;
– Auskünfte durch den Steuerberater als Erfüllungsgehilfen (§ 278 BGB; problematisch wegen steuerlicher Sichtweise und Verschwiegenheitsverpflichtung[173]);
– Schrift- bzw. Emailverkehr und Auskünfte von einzelnen Anbietern, Emittenten, Banken, freien Finanzdienstleistern, Vermögensverwaltern;
– Jahresberichte, Jahresabschlüsse, Quartalsberichte, Rundschreiben;
– Börsennotierungen;
– Internethandelsplattformen und Finanzportale, z.B. www.onvista.de, www.finanzen.net, www.oanda.com, www.marketwatch.com, www.investing.com, www.godmade-trader.de;
– Zweitmarktbörsen (geschl. Fonds), z.B. www.zweitmarkt.dc, www.deutscher-zweitmarkt.de, www.zweitmarktboerse.de;

---

170 Kap. A Rdn. 729 ff., 345 ff.
171 Vgl. Kap. D Rdn. 191, 272, 341, 399; BGH, FamRZ 2011, 1367, Rn. 47; Klein/*Kuckenburg* FamVermR Kap. 2 Rn. 1529 m.w.N.
172 *Zacher* S. 18 f.
173 Zustimmend LG Münster, DStR 2014, 919 f. mit Anm. *Wacker*.

- (andere) Finanzmakler/Banken/Finanzintermediäre
- Professionelle Ankäufer bzw. Zweitmarktfonds, z.B. www.asuco.de, www. htb-zweitmarkt.de;
- Sachverständige unter Berücksichtigung familienrechtlicher Besonderheiten und betriebswirtschaftlicher Methoden.

h) Gemischte Schenkungen

Oftmals werden Kapitalanlagen (aber auch Gesellschaftsanteile) zu einem zu niedrigen Kaufpreis an einen Ehegatten oder an Angehörige übertragen, so dass dann **gemischte Schenkungen** vorliegen können.[174] **166**

Die gemischten Schenkungen können dann mit ihrem unentgeltlichen Teil unter § 1374 Abs. 2 BGB fallen. Dies hat die Folge, dass eine Hinzurechnung zum Anfangsvermögen und nicht zum Endvermögen erfolgt. Die Beweislast für die Unentgeltlichkeit trifft folglich den Beschenkten Ehegatten. **167**

Eine Diskrepanz zwischen Anschaffungskosten und dem historischen Verkehrswert ist bei Kapitalanlagen oder bei Unternehmensanteilen ein Indiz für eine gemischte Schenkung. **168**

3. Bewertung von Finanzanlagen/Assets[175]

Die folgende Darstellung ist nur beispielhaft und kann damit nicht abschließend sein. Durch das ab dem 22.07.2013 geltende Kapitalanlagegesetzbuch (KAGB) sind neue Begrifflichkeiten eingeführt worden, die sich nur beschränkt durchsetzen **169**

> **geschlossene Fonds** = geschlossene inländische Publikums-AIF (alternative investment fonds) und
> **offene Investmentfonds** von Wertpapieren = OGAW (Organismen für gemeinsame Anlage von Wertpapieren)

a) Geschlossene (Publikums-) Fonds/Sachwertfonds

Die **geschlossenen Publikumsfonds**, oder auch Sachwertfonds genannt, werden als Publikumspersonengesellschaften (meist in Form der GmbH & Co KG oder auch als GbR), betrieben, welche kollektiv Kapital der Anlegergesellschafter in konkret oder nur abstrakt (sog. Blind Pools) definierte Anlagegegenstände investieren. Der Beitritt und Zeichnungsphase sind zeit- und kapitalmäßig begrenzt (»geschlossen«). **170**

Urspr. waren sie oft stark steuerlich motiviert (sog. »**Abschreibungsgesellschaften**«), wobei die Verlustverrechnungsmöglichkeiten immer weiter, zuletzt über die Totalüberschussprognose nach § 15b EStG, eingeschränkt werden. **171**

---

174 BGH, FamRZ 2014, 98 ff. = FuR 2014, 170.
175 *Kuckenburg* Bewertung von Finanzanlagen, FuR 2017, 373 ff.

▶ **Beispiele von Sachwertfonds**

172 Immobilienfonds, Medienfonds, Schifffonds, sonstige Mobilien bzw. Leasing-Fonds, Lebensversicherungsfonds, Private Equity Fonds.

173 Auch wenn sie oft zum Stichtag nicht fungibel, d.h. kündbar sind, ist der Wert im Zugewinnausgleichsverfahren anzusetzen.[176]

174 Der BGH[177] führt unter ausdrücklicher Bezugnahme auf § 287 ZPO aus, dass geschlossene Immobilienfonds, die als Kommanditgesellschaft betrieben werden, einer besonderen Bewertung unterliegen. Zwar handelt es sich regelmäßig um eine KG mit der Folge, dass die Unternehmensbewertung nach allgemeinen Grundsätzen, insb. nach der Ertragswertmethode des IDW, angezeigt wäre.[178] Die Rechte an dieser Mitunternehmerschaft sind aber nach dieser Rspr. des BGH überhaupt nicht oder nur schlecht veräußerbar.

175 Diese Prämisse des BGH verkennt aber das Bestehen eines mit Fundstellen oben genannten sog. Zweitmarktes für geschlossene (Immobilien-) Fonds.[179] Trotz der angeblich eingeschränkten Verkehrsfähigkeit sind diese Beteiligungen nach Ansicht des BGH gleichwohl nicht wertlos. Der Wert liegt nach Ansicht des BGH in einer langfristigen Investition und Aussicht auf Steuervorteile, die in Hinblick auf die Dauer der Beteiligung erzielt werden. Dies kann aber zu einer Wertlosigkeit führen, wenn die Steuervorteile vor dem Stichtag bereits teilweise oder gar vollständig in Anspruch genommen worden sind und keine oder nur eine geringe Schlusszahlung zu erwarten ist.

176 Entsprechend der Ermittlung des Wertes von Abschreibungsgesellschaften die ebenfalls regelmäßig in Form einer KG betrieben werden, ermittelt sich der Wert nach BGH[180] wie folgt:

	Veräußerungserlös bei Beendigung der Beteiligung,
zzgl.	noch zu erwartender Steuervorteile
abzgl.	(Nach-) Zahlungsverpflichtungen
abzgl.	mit der Veräußerung ausgelöste Steuern (latente Steuerlast oder Verlustvortrag)

---

176 BGH, FamRZ 2011, 622; *Kuckenburg* FuR 2011, 512 ff., 514 f.; Klein/*Müting* FamVermR Kap. 2 Rn. 1393, »geschlossener Immobilienfonds«; vgl. auch *Schulz/Hauß* Vermögensauseinandersetzung Kap. 1 Rn. 544.

177 BGH, FamRZ 2011, 622.

178 Vgl. Kap. D. Rdn. 131 ff.; Klein/*Kuckenburg* FamVermR Kap. 2 Rn. 1409 ff.

179 Zweitmarktbörsen (geschl. Fonds), z.B. www.zweitmarkt.de, www.deutscher-zweitmarkt.de, www.zweitmarktboerse.de, www.zweitmarkt.de; vgl. auch www.onvista.de, www.finanzen.net, www.oanda.com, www.marketwatch.com, www.investing.com, www.godmade-trader.de.

180 BGH, FamRZ 2011, 622; *Kuckenburg* FuR 2011, 512 ff., 514 f.

Da der tatsächliche Veräußerungserlös bei derartigen Anlagen oftmals nicht dem pro-   177
gnostizierten entspricht, liegt hier ein besonders schwieriges Prognoseproblem, das der
BGH unter Anwendung von § 287 ZPO (§ 37 Abs. 2 FamFG) umgeht.

Die genannte Methode liefert nach Ansicht des BGH einen verlässlichen Rückschluss
auf den zum maßgeblichen Stichtag bestehenden Wert.

Richtiger dürfte eine Verkehrswertermittlung nach **Zweitmarktnotierungen** sein.   178
Auch können die Grundsätze der Unternehmensbewertung ohne Berücksichtigung
einer Abfindungsregelung im Gesellschaftsvertrag [181] herangezogen werden.

Nach welcher Bewertungsmethode man auch vorgeht, muss wegen der mitunterneh-   179
merischen Beteiligung eine etwaige **Nachschussverpflichtung** oder Rückzahlungsver-
pflichtung (§ 172 Abs. 4 HGB bzw. § 735 BGB, trotz § 707 BGB) berücksichtigt
werden.

Gleiches gilt für steuerliche Anerkennungsrisiken, bei ggf. rückwirkendem Wegfall der   180
gewährten Steuervorteile und etwaiger Schadensersatzansprüche gegen Dritte (sog.
Prospekt-, Banken- und Vermittlerhaftung).

b) Offene (Publikums-) Fonds/Investmentfonds

Die **offenen Investmentfonds** bzw. **offenen Publikumsfonds** haben ein variables   181
Sondervermögen einer Kapitalanlagegesellschaft, das aus dem Kapital seiner Anleger
gegen Ausgabe von Anteilsscheinen gebildet wird und i.d.R. nach dem Prinzip der
Risikomischung investiert wird.[182]

Die Kapitalverwaltungsgesellschaft (vor Einführung des KAGB im Juli 2013: Kapi-   182
talanlagegesellschaft) sammelt das Geld der Anleger, bündelt es in einem Sondervermögen – dem Investmentfonds– und investiert es in einem oder mehreren
Anlagebereichen.

Das Geld im Fonds wird nach vorher festgelegten Anlageprinzipien z.B. in Aktien,   183
festverzinslichen Wertpapieren, am Geldmarkt und/oder in Immobilien angelegt.
Investmentfonds müssen im Regelfall bei der Geldanlage den Grundsatz der Risikomischung beachten, das heißt, es darf nicht das gesamte Fondsvermögen in nur eine
Aktie oder nur eine Immobilie investiert werden. Durch die Streuung des Geldes auf
verschiedene Anlagegegenstände (Diversifikation) wird das Anlagerisiko reduziert.

▶ Beispiele

Aktienfonds, Rentenfonds bzw. Anleihefonds, gemischte Fonds, Spezial-Fonds,   184
Dachfonds, VV-(vermögensverwaltende) Fonds, globale Fonds, Regionenfonds,
Länderfonds, Fonds mit und ohne Laufzeitbegrenzung, Ausschüttung oder
Thesaurierung, Eurofonds bzw. Fremdwährungsfonds.

---

181 BGH, FamRZ 1999, 361 ff.
182 *Zacher* S. 34.

185 Offene Publikumsfonds sind selbständig mit ihrem **Verkehrswert** anzusetzen. Die Anteilscheine können i.d.R. börsentäglich (Marktpreis) gehandelt werden. Meistens liegen also Kurswerte bzw. Marktnotierungen im Handel vor, die Marktunsicherheiten beinhalten.

Hilfsweise sind der **Ausgabe- und Rücknahmepreis** der Fondgesellschaftsanteile heranzuziehen:

186 Äußerst hilfsweise kann der **Inventarwert** herangezogen werden. Dies ist die Summe der im Sondervermögen enthaltenen Vermögenswerte, wobei der Ausgabepreis durch den anteiligen Inventarwert plus Aufgabeaufschlag (Agio) zur Abdeckung der Vertriebskosten und der Emittentenmarge gebildet wird.

▓ **Ausgabepreis = anteiliger Inventarwert + Ausgabeaufschlag/Agio**

Bei privaten Veräußerungsgeschäften bzw. Veräußerungsgewinnen ist die **latente Steuer**[183] in Abzug zu bringen.

c) Aktien

187 **Aktien** sind verbriefte Mitgliedschaftsrechte (Wertpapiere) an einer AG, SE, KGaA oder einer anderen vergleichbaren Kapitalgesellschaftsform.

188 Der Wert für die familienrechtliche Beurteilung leitet sich aus dem Verkehrswert, **Kurswert**, ab.[184] Da es sich dabei häufig um Börsenpapiere handelt, die auch als vertretbare Kapitalwertpapiere oder Effekten bezeichnet werden, wird der **Verkehrswert** durch den mittleren Tageskurs zum Stichtag (strenges Stichtagsprinzip ohne Berücksichtigung von Kursschwankungen) zzgl. etwa bis zum Stichtag aufgelaufener Zinsen bestimmt.[185] Ggf. sind sog. **Paketzuschläge** zu berücksichtigen.[186]

189 In der Bewertungslehre; IDW S 1 und gesellschaftsrechtlicher Rspr. ist aber unbestritten, dass der Börsenkurs nicht den Verkehrswert repräsentiert. Dieser stellt nur die Wertuntergrenze[187] dar. So werden ausscheidende Aktionäre bei einem **Squeeze out**[188] nicht nach dem Börsenkurs, sondern nach dem Anteilswert im Zuge einer Unternehmensbewertung abgefunden. Dies hat seinen Grund darin, dass die überwiegend im Streubesitz befindlichen Anteile einem Minderheitsabschlag (minority discount) bei Börsenkurs unterliegen.[189]

---

183 BGH, FamRZ 2011, 622 und 1367.
184 Klein/*Müting* FamVermR Kap. 2 Rn. 1407, Stichwort: Wertpapiere.
185 BGH, FamRZ 2001, 413; Palandt/*Brudermüller* BGB § 1376 Rn. 24.
186 MüKo-BGB/*Koch* § 1376 Rn. 14.
187 BVerfG, AG 2011, 873; BVerfG, AG 2011, 128; BGHZ 186, 229; OLG Karlsruhe, AG 2015, 789; *Großfeld/Egger/Tönnes* Rn. 201, 283, 291, 293, 309; IDW S 1, Rn. 14–16, 142.
188 Bei einem »Squeeze-out«(*Ausquetschen*) handelt es sich um den zwangsweisen **Ausschluss von Minderheitsaktionären** aus einer Aktiengesellschaft durch den Mehrheitsaktionär.
189 *Großfeld/Egger/Tönnes* Rn. 293 ff.

Da der BGH[190] auch im Familienrecht eine Verkehrswertbewertung verlangt, darf der   **190** Anspruchsberechtigte im Zugewinnausgleich nicht schlechter gestellt werden als der gesellschaftsrechtlich Berechtigte. Ist die AG nicht börsennotiert, kann der Verkehrswert ohnehin nur durch die **Unternehmensbewertung** ermittelt werden.

Bei **vinkulierten Aktien (Namensaktien)** kommt ein Abschlag wegen fehlender Han-   **191** delbarkeit in Betracht.

Da eine Veräußerung zum Stichtag unterstellt wird, ist die latente Steuer[191] auf Veräu-   **192** ßerungsgewinne gem. § 20 Abs. 2 Nr. 1 EStG in Abzug zu bringen. Denkbar sind aber auch dem Unternehmenswert gegen zu rechnende Steuervorteile bei Verlusten (§ 20 Abs. 6 EStG). Bei Arbeitnehmeraktien erfolgt keine Besteuerung nach § 20 Abs. 8 EStG. Die Versteuerung folgt § 19 EStG.

d) Anleihen und Pfandbriefe

Bei **Anleihen** und **Pfandbriefen** handelt es sich um mittel- und langfristige Kreditauf-   **193** nahmen von Unternehmen, Staaten u.a. gegen Schuldverschreibungen (Wertpapiere) mit meistens fester oder auch variabler Verzinsung (Floating-Rate-Notes).[192]

Sog. »**Junk-Bonds**« sind Anleihen von Emittenten mit zweifelhafter Bonität bei meist   **194** entsprechend höherer Verzinsung.

Pfandbriefe (Covered-Bonds oder gedeckte Schuldverschreibungen) werden als Anlei-   **195** hen definiert, die durch Hypotheken (Hypothekenpfandbriefe) oder öffentliche Kredite (Öffentliche Pfandbriefe) besonders gedeckt sind. Diese dürfen in Deutschland nur von Banken gem. Pfandbriefgesetz ausgegeben werden. Sie bieten hohe Sicherheit bei meist niedriger Verzinsung.[193]

Der Bewertungsansatz erfolgt nach Kurswerten bei vorhandenen Marktnotierungen;   **196** hilfsweise durch Diskontierung der zu erwartenden Zahlungsströme. Ggf. haben Abschläge bei zweifelhafter Bonität des Emittenten zu erfolgen.

Die latente Steuer folgt den üblichen Regeln.

e) Aktien-, Wandel- und Optionsanleihen

Aktienanleihen (Reverse-Convertible-Bonds) werden dadurch charakterisiert, dass   **197** der **Emittent** am Ende der Laufzeit das Wahlrecht zur Rückzahlung oder zur Lieferung von einer vorher festgelegten Anzahl von Aktien, zusätzlich zur laufenden Zinszahlung, hat.

---

190 Ständige Rspr. BGH, FamRZ 2011, 622 und 1367.
191 BGH, FamRZ 2011, 1367.
192 *Zacher* S. 31.
193 *Zacher* S. 31.

198 Bei **Wandelanleihen** (Convertible-Bonds) kann der **Anleger**/Gläubiger nach der Verzinsungsphase (statt Rückzahlung) die Anleihe gegen Aktien (ggf. mit Zuzahlung) eintauschen.

199 Bei **Optionsanleihen** wird dies ggf. in einem selbstständig handelbaren Optionsschein verbrieft.[194]

200 Der Bewertungsansatz erfolgt nach **Kurswerten** bei vorhandenen Marktnotierungen und hilfsweise durch Kombination aus **Diskontierung der Zahlungsströme und Bewertung des Wandlung-/Optionsrechts.**[195] Anpassungen sind ggf. wegen zweifelhafter Bonität und der Unsicherheit des Umtauschwerts bei Wandelanleihen/Optionsanleihen geboten, falls diese nicht bereits eingepreist sind.

Die latente Steuer folgt bei Anlagen im Privatvermögen aus § 20 Abs. 2 EStG.

f) Genussrechte/Genussscheine

201 **Genussrechte** gewähren einen Anspruch auf Teilhabe am laufenden Gewinn und ggf. am (Betriebs-) Vermögen, wobei auch eine Verlustbeteiligung möglich ist. Es liegt eine relativ freie inhaltliche Gestaltungsfreiheit als sog. **Mezzaninekapital**[196] an der Grenze zwischen Eigenkapital und Fremdkapital vor. Genussscheine sind verbriefte Genussrechte, die als Wertpapiere handelbar sind.[197]

202 Der Bewertungsansatz erfolgt nach **Kurswerten** bei vorhandenen Marktnotierungen (Genussscheine). Ansonsten hat eine **Unternehmensbewertung** oder **Barwertermittlung über Diskontierung der zu erwartenden Zahlungsströme** unter Berücksichtigung der latenten Steuer zu erfolgen.[198]

g) Zertifikate

203 Urspr. wurde der Begriff des **Zertifikats** allgemein für Anteilsscheine von Investmentfonds im Sinne einer Urkunde für ausgegebene oder hinterlegte Wertpapiere verwendet.

Der Begriff wird heute in engeren Sinn verwandt für spezielle Schuldverschreibungen (Anleihen) eines Emittenten (regelmäßig Kreditinstitute), bei denen der Anleger zunächst oder statt einer (meist relativ geringen) Verzinsung an der Wertentwicklung

---

194 *Zacher* S. 32.
195 *Zacher* S. 32; *Schulz/Hauß* Vermögensauseinandersetzung Kap. 1 Rn. 213 mit Zahlenbeispielen; *Hauß* Tagungsunterlagen 18. Jahresarbeitstagung Familienrecht des DAI 2015, S. 8 ff.
196 Mezzanine-Kapital oder Mezzanine-Finanzierungen (italienisch: *mezzo*, deutsch: halb, französisch: Zwischengeschoss) beschreibt als Sammelbegriff Finanzierungsarten, die in ihren rechtlichen und wirtschaftlichen Ausgestaltungen eine Mischform zwischen Eigen-und Fremdkapital darstellen.
197 *Zacher* S. 33.
198 *Zacher* S. 33.

anderer Vermögenswerte (Aktien, Indices, Währungen, Rohstoffe oder Waren etc.), dem sog. **Underlying**, partizipiert.[199]

Unter einem »**Underlying**« (bzw. deutsch: Basiswert) versteht man ein Handelsobjekt 204 bzw. Kassamarktinstrument, das einem Termin-, Terminkontrakt- oder Optionsgeschäft zugrunde liegt (z.b. Options- oder Futureskontrakte). Dieses »Underlying« ist die Basis für die Bewertung dieses Termin- oder Optionsgeschäft, somit auch für die Preisfindung des Produkts.

Generell ist für die **Wertermittlung** weniger der Wert des Underlying, sondern die 205 **Struktur der Wette** hierauf entscheidend. Diese erfolgt nach **Kurswerten** bei vorhandenen Marktnotierungen, hilfsweise durch **Barwertermittlung durch Diskontierung der Zahlungsströme** und ggf. kombiniert mit der Bewertung der Rückzahlungsmodalitäten im Einzelfall (Wertentwicklung des Underlying). Falls nicht schon im Kurswert eingepreist sind zweifelhafter Bonität des Emittenten und Unsicherheit der Entwicklung der Schlusszahlung (Totalverlust möglich) zu beachten.[200]

Die **latenten Steuern** folgen den am Stichtag geltenden allgemeinen Besteuerungsregeln. 206

h) Optionen und Futures/Forwards

Unter **Option** versteht man das Recht, eine vorab bestimmte Menge eines Basiswerts 207 in einem bestimmten Tarif oder innerhalb einer bestimmten Zeitspanne zu einem bestimmten Preis zu kaufen (Call-Optionen) bzw. zu verkaufen (Put-Optionen).[201] Dieses Recht wird regelmäßig in Optionsscheinen verbrieft, die einen eigenen Marktwert haben und oft selbstständig an Börsen oder außerbörslich gehandelt werden.

»**Futures**« sind unbedingte Termingeschäfte, die die Verpflichtung zur Lieferung/ 208 Abnahme eines bestimmten Anlagegegenstands zu einem fest vereinbarten Preis in der Zukunft beinhalten.

»**Forwards**« sind im Gegensatz zu »Futures« außerbörslich unbedingte Termingeschäfte.[202]

Auch hier sind verschiedene Basisprodukte (Underlyings) denkbar.

Der Bewertungsansatz erfolgt zum **Marktpreis**, soweit ein Handel möglich und fest- 209 stellbar ist. Hilfsweise kann eine Einzelbewertung aus der Differenz zwischen Wert des Basiswerts (Underlying) und Optionsprämie zum Stichtag mit dem **Zeitwert des Optionsscheins**[203] erfolgen:

Ausgangspunk der Bewertung: 210

Kurs des Basiswerts zum Stichtag, reduziert durch

199 *Zacher* S. 36.
200 *Zacher* S. 36.
201 *Zacher* S. 37 f.
202 *Zacher* S. 37 f.
203 *Zacher* S. 37 f.

    –   Optionsprämie (Strike Price)
    –   Anpassung wegen Abzinsung (Höhe des Diskontierungssatzes?) über Restlaufzeit (Zeitpunkt der Ausübung der Option?)
    –   Anpassung wegen Unsicherheit der Wertentwicklung (Restlaufzeit/Volatilität)
       = Zeitwert

211   Die Schwierigkeiten bei der Bewertung liegen bei der Abzinsung und den Unsicherheitsfaktoren über weitere Wertentwicklung. **Die latente Steuer** ist wie üblich zu berücksichtigen.

i) Swaps

212   Unter »**Swaps**« (englisch: Tausch/Austausch) versteht man den Tausch von Verbindlichkeiten mit unterschiedlichen Konditionen im Rahmen eines strukturierten Produkts zwischen zwei oder mehreren Vertragsparteien (im Regelfall Anleger – Bank). Es werden Zahlungsströme über eine bestimmte Periode ausgetauscht (Unterschied zu Futures/Forwards, die zeitpunktbezogen sind).[204]

▶ **Beispiele für Swaps**

213   Zinsswaps, Währungsswaps, kombinierte Zins- und Währungsswaps, weitere Mischformen bzw. um zusätzliche Komponenten erweiterte Swaps-Produkte.

214   Der Bewertungsansatz[205] erfolgt, soweit es sich **nicht** nur um ein **Sicherungsgeschäft** handelt, über **Marktpreise**, soweit diese im Einzelfall vorliegen (CFD[206]-Broker[207] usw.). Falls keine Marktpreise ermittelbar sind, kann der Wert nur durch **finanzmathematische Berechnungs- und Simulationsmodelle** ermittelt werden (www.much-net. com). Dabei wird das Swaps-Geschäft »zerlegt« und die möglichen Deckungsgeschäfte bewertet. Dies beinhaltet regelmäßig Unsicherheitsfaktoren. Die **latente Steuer** ist wie üblich zu berücksichtigen.

j) Produkte des »Grauen« Kapitalmarkts

215   Hierfür gibt es naturgemäß keine einheitliche Definition. Hierzu gehören manche unregulierten Genussrechtsemissionen, aber auch kollektive partiarische Darlehen. Hinter vielen verbergen sich reine Schneeballsysteme, bei denen die vermeintlichen Renditen, manchmal über Jahre hinweg, aus dem frisch erworbenen Geld der neu hinzugetretenen Anleger an die bisher beigetretenen Anleger ausgezahlt wird.

216   Fraglich ist, ob hier ein Vermögenswert vorliegt, wenn gegen Kapitalanlageregelungen verstoßen wird. Auch sind negative Werte denkbar. Regelmäßig wird ein Marktpreis nicht feststellbar sein. Falls Werthaltigkeit überhaupt gegeben ist, kommt die

---

204   *Zacher* S. 38 f.
205   *Zacher* S. 39.
206   Wie CFD: Contracts For Difference.
207   www.onvista.de

Unternehmensbewertung und/oder die **Bewertung von Anleihen** in Betracht.[208] Zu bedenken sind deshalb diverse Unsicherheitsfaktoren wie zukünftige Fälligkeit, Rückzahlungsverpflichtungen der Anleger, Steuerbarkeit und Steuerhöhe (selbst bei einem Schneeballsystem) und werthaltige Schadensersatzansprüche ggü. Dritten.

Die **latente Steuer** folgt allgemeinen Regeln.

III. Bewertung von Verbindlichkeiten

Für die Bewertung des Vermögens i.R.d. Zugewinnausgleichsverfahrens ist nach   **217**
§ 1376 Abs. 2 BGB der objektive Verkehrswert maßgebend. Ziel der Bewertung ist die Ansetzung mit dem vollen, wirklichen Wert, wobei das Gesetz keine Grundsätze zur Bewertungsmethode vorgibt.

Nach ständiger Rspr. des BGH[209] ist es Aufgabe des sachverständig beratenen Tatrich-   **218**
ters, die **Bewertungsmethode** auszuwählen. Die Entscheidung des Tatrichters kann vom Rechtsbeschwerdegericht nur insoweit überprüft werden, als sie gegen Denkgesetze oder Erfahrungssätze verstößt oder sonst auf rechtsfehlerhaften Erwägungen beruht.

Bewertungsfragen sind häufig die am schwierigsten zu beantwortenden Fragen des   **219**
Güterrechts. Lässt sich die Werthaltigkeit nicht konkret bestimmen, hat der Tatrichter i.R.d. gem. § 287 ZPO möglichen Schätzung die ihm für seine Entscheidung zur Verfügung stehenden Erkenntnismöglichkeiten einzusetzen.[210]

§ 1376 Abs. 3 BGB gibt vor, dass die Vorschriften des § 1376 Abs. 1 und 2 BGB   **220**
entsprechend für die Bewertung von Verbindlichkeiten gelten.

Bereits am Stichtag entstandene **Verbindlichkeiten** sind ebenso wie Forderungen   **221**
generell mit dem **Nennwert/Nominalwert** als Passivposten in die Ausgleichsbilanz aufzunehmen.[211]

Maßgeblich für die Bewertung ist das Entstehen der Forderung, nicht ihre Fälligkeit.   **222**

Auch **unsichere Rechte** sind in den Zugewinnausgleich einzubeziehen. Es ist nicht   **223**
relevant, ob es sich um noch nicht fällige, befristete, schwer vollstreckbare oder aus anderen Gründen wertmäßig am Stichtag nicht sicher bestimmbare Rechte handelt.

Bei der Bewertung von, zum Zeitpunkt des Stichtages der Höhe nach noch nicht   **224**
bestimmbaren, Rechten ist auf den Erkenntnisstand eines optimalen Betrachters am

---

208 *Zacher* S. 40 f.
209 BGH, 06.11.2013 – XII ZB 434/12 Rn. 34, JurionRS 2013, 49772, m.H.a. BGH, 24.10.1990 – XII ZR 101/09, FamRZ 1991, 43 und BGH, 07.05.1986 – IVb ZR 42/85, FamRZ 1986, 776.
210 *Weinreich* FuR 2012, 632.
211 BGH, 24.10.1990 – XII 101/89, FamRZ 1991, 43; Grandel/Stockmann/*Caspary* SWK FamR 2013, Stichwort ABC der Vermögenswerte Rn. 43; Palandt/*Brudermüller* BGB § 1375 Rn. 20; Klein/*Müting* FamVermR Kap. 2 Rn. 1447.

Stichtag abzustellen. Spätere Entwicklungen sind nur dann zu berücksichtigen, wenn sie schon im Ansatz erkennbar waren.

225   Die Grundlagen der Schätzung und ihre Auswertung sind nach der Rspr. des BGH[212] in objektiv nachprüfbarer Weise anzugeben. Unsichere Verbindlichkeiten sind mit dem **Schätzwert** in die Vermögensbilanz einzustellen, wobei es auf die **Wahrscheinlichkeit der Realisierung** ankommt.[213]

226   Wird ein Anspruch gerichtlich geltend gemacht, liegen die Voraussetzungen für die Auflösung einer deswegen gebildeten **Rückstellung** solange nicht vor, als dieser Anspruch nicht rechtskräftig abgewiesen worden ist.[214] Dies gilt vor allem, wenn bereits eine gerichtliche Entscheidung zu Ungunsten des Kaufmanns ergangen ist.

227   Daran ändert sich nichts, wenn dieser zwischenzeitlich in einer weiteren Instanz obsiegt hat, diese Entscheidung aber noch nicht rechtskräftig ist.[215] Denn solange der Prozessgegner gegen die letzte Entscheidung ein (statthaftes) Rechtsmittel einlegen kann, besteht für den Kaufmann ein von ihm regelmäßig nicht einzuschätzendes Risiko, dass in der nächsten Instanz ein für ihn ungünstiges Urteil ergeht[216] aufgrund dessen er in Anspruch genommen wird. Die Beibehaltung der Rückstellung folgt daher dem Grundsatz der Vorsicht nach § 252 Abs. 1 Nr. 4 HGB.

IV. Masseschmälerungshaftung/Ersatzanspruch gegen den Geschäftsführer nach § 64 GmbHG

1. Bewertung eines Anspruchs nach § 64 GmbHG

a) Merkmale und Rechtsfolgen

228   Nach § 64 Satz 1 GmbHG sind die Geschäftsführer einer Gesellschaft zum Ersatz von **Zahlungen** verpflichtet, die **nach Eintritt der Zahlungsunfähigkeit der Gesellschaft** oder nach **Feststellung ihrer Überschuldung** geleistet werden. Dies gilt nach § 64 Satz 2 GmbHG ausnahmsweise nicht für Zahlungen, die auch nach diesem Zeitpunkt mit der Sorgfalt eines ordentlichen Geschäftsmanns vereinbar sind.

229   Der Anspruch nach § 64 GmbHG ist nach h.M. ein **Ersatzanspruch eigener Art.** Er entsteht bereits vor Eröffnung des Insolvenzverfahrens mit der Vornahme der verbotenen Zahlung.[217]

---

212   BGH, 17.11.2010 – XII ZR 170/09, FamRZ 2011, 183; BGH, FamRZ 2004, 368 ff.
213   OLG Karlsruhe, 20.06.2002 – 2 UF 126/98, FamRZ 2003, 682 m.H.a. *Schulz/Hauß* Vermögensauseinandersetzung, Kap. 1 Rn. 434.
214   BFH, BFHE 185, 160, BStBl II 1998, 375.
215   BFH, BFHE 185, 160, BStBl II 1998, 375.
216   BFH, 26.04.1989 – I R 147/84, BFHE 157, 121, BStBl II 1991, 213.
217   BGH, ZInsO 2010, 2101, 2102; *Brünkmans* ZInsO 2011, 2167.

Für den subjektiven Tatbestand des § 64 Satz 1 GmbHG genügt die Fahrlässigkeit hinsichtlich sämtlicher anspruchsbegründender Merkmale, und zwar auch hinsichtlich der Zahlung nach Eintritt der Zahlungsunfähigkeit bzw. Erkennbarkeit der Überschuldung.[218]

Zweck der sog. **Masseschmälerungshaftung** nach § 64 Satz 1 GmbHG ist es, das   **230** Vermögen der insolvenzreifen Gesellschaft im Interesse der gleichmäßigen Befriedigung aller Gesellschaftsgläubiger zu sichern und die bevorzugte Befriedigung einzelner Gläubiger zu verhindern.[219] Der Anspruch ist daher darauf gerichtet, das Gesellschaftsvermögen wieder aufzufüllen.[220]

Der Anspruch aus § 64 Satz 1 GmbHG ist nach der **Rspr.** vom Geschäftsführer unge-   **231** kürzt zu erstatten. Er ist nicht von vornherein um den Betrag zu kürzen, den der durch die Zahlung begünstigte Gläubiger als Insolvenzquote erhalten hätte.[221]

b) Bewertung

Familienrechtlich sind bereits entstandene Verbindlichkeiten generell mit dem **Nenn-   232 wert** als Passivposten in die Ausgleichsbilanz mit aufzunehmen.[222] Die zum Zeitpunkt des Stichtages der Höhe nach noch nicht bestimmbaren Rechte sind zu schätzen und mit dem **Schätzwert** in die Vermögensbilanz einzustellen. Hierbei kommt es auf die Wahrscheinlichkeit der Realisierung an.

Diese Vorgehensweise korrespondiert mit der Bewertung, die ein Insolvenzverwal-   **233** ter oder eine Finanzbehörde vorzunehmen hat. Daher sind Ansprüche gegen die Geschäftsführer eines Gemeinschuldnerbetriebs in Form einer GmbH nach § 64 GmbHG vom Insolvenzverwalter zu ermitteln und festzustellen.

Bei dem Anspruch aus § 64 Satz 1 GmbHG handelt es sich um einen Aktivpos-   **234** ten der insolventen GmbH, deren Wert mit dem realisierbaren Wert der Forderung anzusetzen ist.[223] Die Realisierungschance ist zu schätzen und in den Vermögensstatus einzubringen.[224]

---

218 BGHZ 143; BGH, ZIP 2007, 1265; Baumbach/*Hueck-Haas* § 64 Rn. 84 m.w.N.

219 BGH, ZInsO 2001, 260; BGHZ 143, 184.

220 BGH, ZInsO 2001, 260.

221 BGH, ZIP 2005, 1550.

222 BGH, 24.10.1990 – XII 101/89, FamRZ 1991, 43; Grandel/Stockmann/*Caspary* SWK 2013, Stichwort ABC der Vermögenswerte Rn. 43; Palandt/*Brudermüller* BGB, § 1375 Rn. 11.

223 *Brünkmans* ZInsO 2011, 2167 unter IV Rn. 218 ff.

224 *Wessel* NWB Nr. 38 v. 17.09.2001, 3169.

235   Ebenso wie bei der Rückstellung aus steuerrechtlicher Sicht wird der Wert einer Verbindlichkeit nach dem Grad der Wahrscheinlichkeit ihres Bestehens geschätzt, wobei für
die Bildung mehr Gründe für eine Inanspruchnahme als dagegensprechen müssen.[225]

2. Realisierungschance des Anspruchs nach § 64 GmbHG

a) Eintritt der Zahlungsunfähigkeit

236   Von **Zahlungsunfähigkeit** nach § 17 Abs. 2 Satz 1 InsO ist regelmäßig auszugehen, wenn eine innerhalb von **drei** Wochen nicht zu beseitigende Liquiditätslücke
von 10 % oder mehr besteht und nicht ausnahmsweise mit an Sicherheit grenzender
Wahrscheinlichkeit zu erwarten ist, dass die Liquiditätslücke demnächst vollständig
oder fast vollständig geschlossen wird und den Gläubigern ein Zuwarten nach den
besonderen Umständen des Einzelfalls zuzumuten ist.[226]

237   Der Begriff der Zahlungen wird nach ständiger Rspr. des BGH[227] weit ausgelegt,
was mit dem Schutzzweck der Norm begründet wird. Dieser ist darauf gerichtet, die
gleichmäßige Befriedigung der Gläubiger im Vorfeld der Insolvenz zu sichern und die
bevorzugte Befriedigung einzelner Gläubiger zu verhindern.

b) Masseschmälerung

238   Eine **Masseschmälerung** ist generell bereits dann anzunehmen, wenn Zahlungen auf
ein im Debet geführtes Konto geleistet werden.[228] Für den Zufluss von Zahlungen auf
ein Debetkonto und nicht auf ein Guthabenkonto genügt generell bereits die Angabe
der Kontoverbindung auf der Rechnung.[229]

239   Der Gläubigergesamtheit der Insolvenzschuldnerin steht dieser Vermögenszuwachs
nicht zur Verfügung. Lediglich die Bank profitiert von den Zahlungen, weil das in
Anspruch genommene Kontokorrent dadurch zurückgeführt wird.

---

225 BFH, 20.07.1973 – III R 115/72, JurionRS 1973, 10528; BFH, 27.06.2001 – I R
     45/97, BFHE 196, 216; FG Berlin, 17.12.2004 – 8 B 8279/02, JurionRS 2004, 37104;
     BFH, 06.02.2013 – I R 8/12, BStBl II 2013, 686; BFH, 17.10.2013 – IV R 7/11, BFH/
     NV 2014, 225.
226 BGH, 27.03.2012 – II ZR 171/10, ZIP 2012, 1174 Rn. 10; BGH, 19.07.2007 – IX
     ZB 36/07, BGHZ 173, 286 Rn. 31; BGH, 21.06.2007 – IX ZR 231/04, ZIP 2007,
     1469 Rn. 37; BGH, 12.10.2006 – IX ZR 228/03, ZIP 2006, 2222 Rn. 27; BGH,
     24.05.2005 – IX ZR 123/04, BGHZ 163, 134, 139 ff., BGH, 09.10.2012 – II ZR
     198/11, GmbHR 2013, 31.
227 BGH, GmbHR 1974, 131.
228 BGH, BB 2000, 267; BGHZ 143, 184; BGH, BB 2000, 267; BGHZ 143, 184); vgl.
     hierzu auch *Wagner/Zabel* NZI 2008, 660; *Beck* ZInsO 2007, 1233; *Knof* DStR 2007,
     1536; 1580.
229 OLG Oldenburg, ZInsO 2004, 1084.

Gleichzeitig wird das Gesellschaftsvermögen geschmälert und die Gesellschaft ver- 240
liert durch die veranlassten Zahlungen Forderungen ggü. Drittschuldnern, die der
Gesellschaft und damit allen Gläubigern zustanden. Zu berücksichtigen ist jedoch der
Abzug einer fiktiven Quote, die auf die Bank ohne die Zahlungen entfallen würde.[230]

▶ Hinweis

> Eine Ersatzpflicht nach § 64 Satz 2 GmbHG scheidet selbst dann nicht aus, wenn 241
> der Geschäftsführer in Höhe des Zahlungseingangs wieder Auszahlungen vom
> debitorischen Konto vornimmt, da hier über den urspr. Zahlungseingang wieder
> verfügt wird.[231]

c) Sorgfaltspflichten und Verschulden/Darlegungs- und Beweislast

Die durch den Geschäftsführer veranlassten Zahlungen sind ausnahmsweise dann 242
nicht ersatzpflichtig, wenn sie nach § 64 Satz 2 GmbHG mit der Sorgfalt eines
ordentlichen Geschäftsmanns vereinbar sind. Hierfür ist der Geschäftsführer darle-
gungs- und beweisbelastet.

▶ Hinweis

> Dieser Nachweis wird dem Geschäftsführer kaum gelingen, weil nur solche 243
> Zahlungen, die zur Aufrechterhaltung des Geschäftsbetriebs unabdingbar sind,
> also den sofortigen Zusammenbruch der Gesellschaft verhindern, generell mit
> der Sorgfalt eines ordentlichen Geschäftsmanns vereinbar sind. Hierzu zählen vor
> allem Zahlungen an die Versorgungsträger für Gas, Strom und Wasser. Sonst aber
> ist grds. keine Zahlung, die eine Masseschmälerung herbeiführt, mit der Sorgfalt
> eines ordentlichen und gewissenhaften Geschäftsmanns vereinbar. Dies gilt insb.
> auch für die Zahlungen von Geschäftsführergehältern.

Die Haftungsverwirklichung setzt weiter ein Verschulden des Geschäftsführers voraus. 244
Die Zahlungsunfähigkeit bzw. Krise muss dem Geschäftsführer bekannt gewesen sein.
Eine Fahrlässigkeit im Hinblick auf die für ihn erkennbare Zahlungsunfähigkeit oder
Überschuldung der GmbH reicht hierfür aus. Für eine fehlende Erkenntnis trifft den
Geschäftsführer ebenfalls die Beweislast.[232]

▶ Hinweis

> Diese Beweisführung dürfte aus den folgenden Gründen nicht gelingen. Ein 245
> GmbH-Geschäftsführer kann sich nicht auf fachliche Unkenntnis berufen,
> sondern muss sich bei Übernahme des Geschäftsführeramts in eigener Person
> die notwendigen steuerlichen und handelsrechtlichen Kenntnisse verschaffen.
> Dies gilt auch, wenn er fremde Hilfe durch Angehörige eines rechts- oder
> steuerberatenden Berufs in Anspruch nimmt, um deren sorgfältige Auswahl

---

230 BGH, ZIP 1994,891.
231 BGH, ZIP 2000, 184, 185 f.; *Werres* ZInsO 2008, 1001, 1004 f.
232 Vgl. hierzu generell BGH, BB 2000, 267, BGHZ 143, 184.

und Überwachung sowie eine gewisse Plausibilitätskontrolle vornehmen zu können.[233] Ein GmbH-Geschäftsführer muss sich daher bereits bei Übernahme des Geschäftsführeramts zunächst in eigener Person die notwendigen steuerlichen und handelsrechtlichen Kenntnisse verschaffen und entsprechende Informationen einholen.[234] Zudem muss er für eine Organisation sorgen, die ihm jederzeit eine Übersicht über die wirtschaftliche und finanzielle Situation der GmbH ermöglicht.[235] Bereits bei dem Anschein einer Krise muss er sich bei der Aufstellung einer Liquiditätsbilanz entsprechenden Überblick verschaffen.[236]

d) Entstehung und Verjährung des Anspruchs nach § 64 Satz 1 GmbHG

246   Der Anspruch nach § 64 Satz 1 GmbHG entsteht bereits im Zeitpunkt der ersten Zahlung.[237] Er verjährt gem. § 64 Satz 4 GmbHG in entsprechender Anwendung der §§ 43 Abs. 3 und 4 GmbHG in fünf Jahren. Die Frist beginnt mit den unzulässigen Zahlungen nach Zahlungsunfähigkeit der GmbH.[238]

e) Zusätzliche Prüfungen

247   Bei der Prüfung der Werthaltigkeit des Anspruchs ist auch ein allgemeines Prozessrisiko, die Bonität des Geschäftsführers, ein etwaiger Quotenausgleich, ein Forderungsübergang nach § 426 Abs. 2 BGB und deren Durchsetzbarkeit sowie die etwaige Zahlungspflicht einer D&O-Versicherung zu berücksichtigen.

▶ Hinweis

248   Die Haftung des Geschäftsführers nach § 64 Satz 1 GmbHG für verbotswidrig geleistete Zahlungen nach Eintritt der Insolvenzreife stellt für den Insolvenzverwalter eine bedeutende Möglichkeit dar, um Masse zu generieren. Die Geltendmachung durchsetzbarer Schadensersatzansprüche ist eine insolvenzspezifische Pflicht des Insolvenzverwalters.

249   Unterlässt der Insolvenzverwalter die Geltendmachung pflichtwidrig, kommt eine Schadensersatzverpflichtung nach § 60 InsO in Betracht. Bereits aus diesen Gründen wird der Insolvenzverwalter die gerichtliche Durchsetzung betreiben müssen.

250   Den Insolvenzverwalter trifft zwar die Beweislast hinsichtlich der Zahlungsunfähigkeit und Zahlungen der Gesellschaft. Der Geschäftsführer dagegen ist darlegungs- und beweisbelastet für die etwaige Behauptung, dass die auf das im Soll geführte Konto bei der Bank AG geleisteten Zahlungen mit der Sorgfalt eines ordentlichen Geschäftsmanns vereinbar waren.

---

233   OLG Schleswig, 11.02.2010 – 5 U 60/09, ZInsO 2010, 530.
234   Vgl. BFH, 13.02.1996 – VII B 245/95, LNR 1996, 18188.
235   BGH, WM 2012, 1539.
236   BGH, WM 2012, 1924.
237   Vgl. *Brünkmans* ZInsO 2011, 2167.
238   S.a. BGH, 16.03.2009 – II ZR 32/08, NZG 2009, 582.

Generell kann sich der Geschäftsführer im Falle der Verurteilung vorbehalten, die auf **251** den im Außenverhältnis durch die Zahlung befriedigten Gläubiger entfallene Quote nach Abschluss des Insolvenzverfahrens heraus zu verlangen bzw. anstelle des befriedigten Gläubigers als Insolvenzgläubiger in die Tabelle aufgenommen zu werden oder sich die eventuellen Ersatzansprüche der Gesellschaft gegen die befriedigten Gläubiger nach § 255 BGB analog abtreten zu lassen.[239] Selbst die erfolgreiche Anfechtung der von einem debitorischen Konto geleisteten Zahlungen durch den Insolvenzverwalter bei einer Haftung des organschaftlichen Vertreters ist nicht anspruchsmindernd zu berücksichtigen.[240]

▶ **Verfahrenshinweis**

Ungewisse Rechte dürfen i.R.d. Vermögensauseinandersetzung nicht »unter **252** den Tisch fallen«. Sie können bei der Berechnung des Ausgleichsanspruchs das »Zünglein an der Waage« sein und beim Unterlassen der Einstellung in die Vermögensbilanz zur anwaltlichen Haftung führen. Es ist nicht relevant, ob es sich um noch nicht fällige, befristete, schwer vollstreckbare oder aus anderen Gründen wertmäßig am Stichtag nicht sicher bestimmbare Rechte handelt. Maßgeblich ist die Wahrscheinlichkeit ihrer Realisierung. Ungewisse Rechte sind der Höhe nach zu schätzen und mit ihrem Schätzwert in die Vermögensbilanz einzustellen. Bei der Bewertung ist entsprechend der Wurzeltheorie auf den Erkenntnisstand eines optimalen Betrachters am Stichtag abzustellen. Spätere Entwicklungen sind nur dann zu berücksichtigen, wenn sie schon im Ansatz erkennbar waren. Die Grundlagen der Schätzung und ihre Auswertung sind in objektiv nachprüfbarer Weise anzugeben.

---

239 *Brünkmans* ZInsO 2011, 2167.
240 BGH, 03.06.2014 – II ZR 100/13 in IDW Fachnachrichten 9/14, 558; DB 2014, 1797.

H. Eheliches Güterrecht und Nebengüterrecht in der Insolvenz

I. Verfahrensrechtliche Besonderheiten nach Insolvenzeröffnung

1. Unterbrechung[1]

1 Betreffen Prozesse die Masse, werden sie unterbrochen, wenn im Eröffnungsverfahren einem vorläufigen Insolvenzverwalter die Verwaltungs- und Verfügungsbefugnis übertragen wird, § 240 Satz 2 ZPO i.V.m. § 22 Abs. 1 Satz 1 InsO. Anderenfalls geschieht dies mit der Eröffnung des Insolvenzverfahrens, § 240 Satz 1 ZPO.

2 Die **Unterbrechung** kraft Gesetzes dauert, bis das Verfahren nach den für das Insolvenzverfahren geltenden Vorschriften aufgenommen wird gem. §§ 85, 86 InsO oder bis zur Beendigung des Insolvenzverfahrens.

3 Die Unterbrechung endet also erst durch Bekanntmachung der Aufhebung des Eröffnungsbeschlusses gem. § 34 Abs. 3 InsO oder mit Bekanntmachung der Aufhebung gem. § 200 InsO bzw. § 258 InsO oder Einstellung des Insolvenzverfahrens gem. §§ 207, 211, 212, 213 InsO i.V.m. § 215 Abs. 1 InsO.

4 Auch nach der Rspr. findet im **Verfahrenskostenhilfeverfahren** keine Unterbrechung statt.[2] Sinn und Zweck des § 240 ZPO ist die Einräumung einer Überlegungsfrist für den Insolvenzverwalter. Er kann den Rechtsstreit aufnehmen oder nicht. Da es sich hier nicht um ein rechtshängiges Verfahren handelt, bedarf der Insolvenzverwalter auch keiner Überlegungsfrist[3] Es findet ferner keine Unterbrechung statt im Zwangsvollstreckungsverfahren[4] sowie im Verfahren nach § 888 ZPO.[5]

---

1 S. hierzu a. *Siegmann* AnwBl 2011, 131.
2 OLG Stuttgart, MDR 2010, 285; a.A. OLG Karlsruhe, FamRZ 2006, 956.
3 KG, FamRZ 2008, 286.
4 BGH, NJW 2007, 3132.
5 OLG Naumburg, FamRZ 2008, 620.

▶ **Verfahrenshinweis**

Das **Scheidungsverfahren** und somit auch die **Folgesache Zugewinnausgleich** wird 5
durch die Insolvenz des Antragstellers nicht unterbrochen. Die Insolvenzeröffnung
beendet die Zugewinngemeinschaft nicht und lässt das Vermögen des anderen
Ehepartners unberührt. Zur Insolvenzmasse gem. §§ 35, 36 InsO gehört nur das
Vermögen des insolventen Ehepartners. Der Anspruch auf Zugewinnausgleich nach
§§ 1363 Abs. 2, 1371 ff. BGB fällt erst in die Masse, sofern die Ausgleichsforderung
mit Beendigung des Güterstands entsteht, §§ 1378 Abs. 3 Satz 1 BGB. Im
Verbundverfahren ist der künftige Zugewinnausgleichsanspruch entgegen § 852
Abs. 1 ZPO jedoch nicht pfändbar. Es verbleibt bei § 851 Abs. 1 ZPO, wonach die
Pfändbarkeit von der Übertragbarkeit der Forderung abhängt.[6]

2. Vollmacht und Auftrag

Bei Verfahren mit vermögensrechtlichem Hintergrund im Familienrecht muss beach- 6
tet werden, dass die Verfahren mit Eröffnung des Insolvenzverfahrens unterbrochen
werden und insb. die **Vollmacht** und der Auftrag des Verfahrensbevollmächtigten des
Schuldners erlöschen, §§ 115, 116, 117 InsO, § 168 BGB. Dies gilt auch für die
Prozessvollmacht.[7]

II. Massezugehörigkeit des Zugewinnausgleichsanspruchs

Der Anspruch auf Zugewinnausgleich ist wegen seines höchstpersönlichen Charakters 7
gem. § 852 Abs. 1 und 2 ZPO erst der Zwangsvollstreckung unterworfen und damit
auch nach erfolgter Insolvenz **massezugehörig**, wenn er vertraglich anerkannt oder
rechtshängig ist.

Die **Ausgleichsforderung des nicht insolventen ausgleichsberechtigten Ehepartners** 8
stellt dagegen eine Insolvenzforderung dar, wenn sie vor Verfahrenseröffnung entstanden ist. Die Insolvenzeröffnung beendet die Zugewinngemeinschaft nicht und
lässt das Vermögen des anderen Ehepartners unberührt. Zur Insolvenzmasse gem.
§§ 35, 36 InsO gehört auch nur das Vermögen des insolventen Ehepartners. Der
Anspruch auf Zugewinnausgleich nach §§ 1363 Abs. 2, 1371 ff. BGB fällt erst in
die Masse, sofern die Ausgleichsforderung mit Beendigung des Güterstands entsteht,
§§ 1378 Abs. 3 Satz 1 BGB.

Im Verbundverfahren ist der künftigeZugewinnausgleichsanspruch entgegen § 852 9
Abs. 1 ZPO nicht pfändbar. Es verbleibt bei § 851 Abs. 1 ZPO, wonach die Pfändbarkeit von der Übertragbarkeit der Forderung abhängt.[8]

---

6 OLG Jena, ZInsO 2012, 2201.
7 BAG, NZA 2005, 1076.
8 OLG Jena, ZInsO 2012, 2201.

▶ **Hinweis**

10 Infolge der Vermögensbegrenzung wird kein Zugewinnausgleich geschuldet, § 1378 Abs. 1 Satz 2 BGB. Die ab dem 01.09.2009 geltenden Neuregelungen und Änderungen des Zugewinnausgleichsrechts ergeben nichts anderes, wie sich aus der Begründung zu Art. 1 Nr. 7 ergibt. Verbindlichkeiten sind mit dem stichtagsbezogenen Wert in die **Zugewinnausgleichsbilanz** einzustellen.[9] Als Passivposten sind sie mit dem Nennwert in die Ausgleichsbilanz aufzunehmen.[10] Maßgeblich für die Bewertung ist das Entstehen der Forderung, nicht ihre Fälligkeit. Für die Bewertung von **Verbindlichkeiten** gelten die gleichen Grundsätze wie für Forderungen, s. hierzu unter (Kap. G. Rdn. 217).

11 *Kogel*[11] verlangt bei negativem Anfangsvermögen immer eine wertende Überprüfung vorzunehmen, ob die Schulden voraussichtlich während der Ehe bedient werden können. Je nach Sachlage kann der Wert der Schulden dem Nominalbetrag entsprechen oder mit »0« angesetzt werden.

12 Exkurs: Obliegenheit des Insolvenzschuldners zur Geltendmachung des Zugewinnausgleichsanspruchs

Der Anspruch eines Ehegatten auf Zugewinn fällt nach Ansicht des OLG Jena[12] in die Insolvenzmasse, sofern die Ausgleichsforderung mit der Beendigung des Güterstands, also mit Rechtskraft des Scheidungsbeschlusses, entsteht. Die Pfändbarkeit des materiell-rechtlichen Ausgleichsanspruchs liegt im Verbundverfahren danach erst mit Rechtskraft des Scheidungsbeschlusses vor.[13]

13 Fraglich ist, ob der Insolvenzschuldner verpflichtet ist, während des Insolvenzverfahrens eine Ausgleichsforderung ggü. seinem Ehepartner (gerichtlich im isolierten oder Verbundverfahren) geltend zu machen, damit der Zugewinnausgleichsanspruch massezugehörig wird. Dieses Problem findet in der Literatur und Rspr. bislang kaum Beachtung. Einige Ansichten in der Literatur verweisen auf die Problematik zur Geltendmachung von Erb- und Pflichtteilsansprüchen.

14 Nach Ansicht von *Ahrens*[14] wird für den Pflichtteilsanspruch die Schutzwirkung von § 852 ZPO eingeschränkt. Dieser Anspruch könne vor einer vertraglichen Anerkennung oder Rechtshängigkeit als in seiner zwangsweisen Verwertung aufschiebend bedingter Anspruch gepfändet werden. Der Anspruch sei dann ohne Einschränkung

---

9 *Krause* Kap. IX. Rn. 223 ff.
10 BGH, 24.10.1990 – XII 101/89, FamRZ 1991, 43; Grandel/Stockmann/*Caspary*, SWK FamR Stichwort ABC der Vermögenswerte Rn. 43; Palandt/*Brudermüller* BGB, § 1375 Rn. 20.
11 *Kogel* FamRZ 2013, 1352.
12 OLG Jena, ZInsO 2012, 2201.
13 Johannsen/Henrich/*Jaeger* BGB § 1378 Rn. 8.
14 PG/*Ahrens* ZPO § 852 Rn. 1, 3 und 7 mit Hinweis auf BGH, 08.07.1993 – IX ZR 116/92, FamRZ 1993, 1307.

mit einem Pfandrecht belegt, d.h. es entstehe ein Pfandrecht mit dem Rang des Zeitpunkts der Pfändung. Aufgrund der Verwertungsbeschränkung dürfe dieses aber erst dann verwertet werden, wenn die Voraussetzungen des § 852 Abs. 1 ZPO vorlägen. Gleiches müsse auch für den Anspruch auf Zugewinnausgleich gelten. Aufgrund der besonderen Bindungen zwischen den Beteiligten solle jedoch allein der Anspruchsinhaber bestimmen können, ob er den Anspruch geltend macht. Seine Entscheidungsfreiheit werde durch § 852 ZPO geschützt.

Für das Insolvenzverfahren bedeute dies, dass zwar Familienrechte als höchstpersön- 15 liche Rechte nicht in die Insolvenzmasse fallen, die aus ihnen erwachsenen vermögensrechtlichen Folgeansprüche jedoch massezugehörig sind, wenn sie pfändbar sind. Nach *Ahrens*[15] soll der mit der Beendigung des Güterstands entstehende Anspruch auf Ausgleich des Zugewinns gem. § 1378 Abs. 3 BGB nach § 852 Abs. 2 ZPO wie ein Pflichtteilsanspruch pfändbar sein. Dieser Anspruch könne folglich als aufschiebend bedingter Anspruch gepfändet werden, weswegen auch ein bedingter Insolvenzbeschlag eintrete.

Auch für *Lüdtke*[16] gilt sowohl für den Zugewinnausgleich als auch für den Pflichtteil- 16 sanspruch, dass diese wegen des Persönlichkeitsbezugs erst dann pfändbar sind, wenn der Schuldner nach § 852 Abs. 1 ZPO seinen Willen zur Rechtsverfolgung bekundet hat. Bei einem Erbfall vor oder während des Insolvenzverfahrens sei der Anspruch schließlich auch erst dann massezugehörig, sobald der Schuldner ihn ggü. dem Erben geltend gemacht hat.

Nach der von ihm angeführtenEntscheidung des BGH[17] umfasst § 35 Abs. 1 InsO 17 das gesamte Vermögen, das der Insolvenzschuldner während des Insolvenzverfahrens erlangt. Pflichtteilsansprüche gehören danach ungeachtet § 852 ZPO in vollem Umfang zur Insolvenzmasse, wenn der Erbfall vor der Aufhebung des Insolvenzverfahrens eintritt. Entsprechend der Entscheidung des BGH v. 02.12.2010[18] ist ein Pflichtteilsanspruch der Pfändung erst dann unterworfen, wenn der Schuldner den Pflichtteilsanspruch gerichtlich geltend macht, § 852 Abs. 1 ZPO. Hierüber kann in entsprechender Anwendung von § 836 Abs. 3 ZPO vom Schuldner Auskunft verlangt werden und von diesem Zeitpunkt an kann der Anspruch für die Insolvenzmasse verwertet werden.[19]

▶ Hinweis

Erfolgt die Geltendmachung des Pflichtteils erst nach Verfahrensende, kommt nach 18 Ansicht der vorgenannten Rspr. des BGH in seiner Entscheidung v. 02.12.2010

---

15 Ahrens/Gehrlein/Ringstmeier/*Ahrens* InsO § 35 Rn. 96, 98.
16 HamKomm/*Lüdtke* § 35 Rn. 217, 221 mit Hinweis auf die Entscheidung des BGH, 07.04.2016 – IX ZB 69/15, ZInsO 2016, 961.
17 BGH, 07.04.2016 – IX ZB 69/15, ZInsO 2016, 961.
18 BGH, 02.12.2010 – IX ZB 184/09, ZIP 2011, 135.
19 Zum Zugewinn in der Insolvenz auch: Klein/*Perleberg-Kölbel* FamVermR Kap. 10 Rn. 303 ff.; FA-InsR/*Perleberg-Kölbel* Kap. 21 Rn. 233 ff.

> eine Nachtragsverteilung gem. § 203 InsO in Betracht. Die Nachtragsverteilung könne noch im Schlusstermin vorbehalten werden bzw. ohne Vorbehalt angeordnet werden.

19 Auch in der **Wohlverhaltensphase** stellt nach dem BGH der Verzicht auf die Geltendmachung eines Pflichtteilsanspruchs keine Obliegenheitsverletzung dar.[20] Der persönliche Charakter des Ausschlagungsrechts, der auf den besonderen Beziehungen des Erben zum Erblasser beruhe, sei auch in der Wohlverhaltensphase zu beachten. Selbst wenn dem Schuldner in unverjährter Zeit die Restschuldbefreiung erteilt würde, kann er den Pflichtteil geltend machen, ohne dass er zur hälftigen Herausgabe verpflichtet wäre.[21]

20 Diese erbrechtliche Rspr. ist nach hiesiger Ansicht nicht auf den Zugewinnausgleich übertragbar. Wollte man die Rspr. des BGH auch auf den Zugewinnausgleich übertragen, könnte allein der Anspruchsberechtigte aufgrund der familiären Nähe und einer Verbundenheit zu seinem Ehepartner zulasten der Gläubiger darüber entscheiden, ob er den Zugewinnausgleichsanspruch geltend macht oder nicht. Zudem besteht die Gefahr der Absprachen mit dem Ehepartner. Das Datum der Rechtshängigkeit ist im Gegensatz zum Zeitpunkt des Erbfalls letztlich manipulierbar.

21 Auch *Münch*[22] mahnt i.R.d. Beendigung des Güterstandes zu Recht zur Vorsicht vor einer allgemeinen »Gestaltungsempfehlung«, wenn »ehefremde Gründe« eine Rolle spielen.[23]

III. Nebengüterrecht

22 Zum **Nebengüterrecht** zählen z.B. Ansprüche im Hinblick auf Ehegatteninnengesellschaften, ehebedingte Zuwendungen und familienrechtliche Kooperationsverträge. Alle diese Ansprüche setzen voraus, dass ein Ausgleichsmechanismus erst mit Scheidung der Ehe greifen kann, vgl. BGH.[24]

1. Ehegatteninnengesellschaft

23 Der Anspruch eines **Ehegatteninnengesellschafters** gem. § 738 Abs. 1 Satz 2 BGB ist auf Zahlung des Auseinandersetzungsguthabens gerichtet. Er entsteht generell mit der Auflösung der Gesellschaft, d.h. entweder mit Kündigung oder Tod eines Gesellschafters.

24 Normalerweise beenden die Ehegatten irgendwann ihre Zusammenarbeit. Darin sieht der BGH[25] im Regelfall die konkludente Kündigung der Gesellschaft, wenn und

---

20 BGH, 25.06.2009 – IXZB 196/08, NZI 2009, 563.
21 BGH, 10.03.2011 – IX ZB 168/09, NJW 2011, 2291.
22 *Münch* Rn. 1421.
23 *Perleberg-Kölbel* FuR 2017, 432
24 BGH, FamRZ 1990, 1219.
25 BGH, FamRZ 2006, 607; BGH, FamRZ 1999, 1580; BGH, FamRZ 2016, 965.

soweit es keine Kündigung in anderer Form gibt. Maßgebender Stichtag ist demzufolge nicht unbedingt der Tag, an dem die Ehegatten sich getrennt haben, sondern der Zeitpunkt, zu dem sie ihre Zusammenarbeit tatsächlich beendet haben und der Geschäftsinhaber das Unternehmen allein weitergeführt hat. Selbst nach Trennung der Eheleute kann nämlich die Gesellschaft noch geraume Zeit fortgesetzt werden. Konsequenterweise partizipiert der Ehegatteninnengesellschafter auch noch an den dadurch bedingten Geschäftsergebnissen der Gesellschaft.[26]

Ein möglicher Ausgleichsanspruch kann sich so noch erhöhen, wenn die Ehepartner aus wirtschaftlichen Gründen über die Einreichung des Scheidungsantrags hinaus weiterhin zusammenarbeiten. Steigert das Unternehmen seinen Wert, nimmt der Ehepartner so lange an den Vermögenszuwächsen teil, wie er an der Gesellschaft beteiligt ist, bzw. in der Gesellschaft mitarbeitet. Das Stichtagsprinzip im Zugewinnausgleichsverfahren, Zustellung des Scheidungsantrages, gilt hier gerade nicht.[27]   25

▶ Rechtsfolge

Selbst wenn das Datum der Trennung, der Stichtag der Rechtshängigkeit oder   26
das Datum der Rechtskraft der Scheidung in den Zeitraum des Insolvenzverfahrens fallen, ist nach hiesiger Auffassung der Anspruch auf Ausgleich der Ehegatteninnengesellschaft nicht pfändbar und massezugehörig, wenn die Mitarbeit in der Gesellschaft auch nach Beendigung des Insolvenzverfahrens weiter fortgesetzt wird. § 852 ZPO ist für Ansprüche aus Nebengüterrecht wegen der Ehebezogenheit entsprechend dem Anspruch auf Zugewinnausgleich anzuwenden. Der Anspruch eines Ehegatten oder Lebenspartners auf den Ausgleich des Zugewinns ist nach § 852 Abs. 2 ZPO der Pfändung nur unterworfen, wenn er durch Vertrag anerkannt oder rechtshängig geworden ist.

2. Ehebedingte Zuwendungen und familienrechtlicher Kooperationsvertrag

Eine **ehebedingte bzw. eine ehebezogene Zuwendung** liegt nach der Rspr. des BGH   27
vor, wenn ein Ehegatte dem anderen einen Vermögenswert um der Ehe willen und als Beitrag zur Verwirklichung und Ausgestaltung, Erhaltung oder Sicherung der ehelichen Lebensgemeinschaft zukommen lässt, wobei er die Vorstellung oder Erwartung hegt, dass die eheliche Lebensgemeinschaft Bestand haben und er innerhalb dieser Gemeinschaft am Vermögenswert und dessen Früchten weiter teilhaben werde. Darin liegt die Geschäftsgrundlage der Zuwendung.[28]

Ebenso kann einem Ehepartner bei einem stillschweigend geschlossenen familienrechtlichen Kooperationsvertrag ein Ausgleichsanspruch auf Grundlage der Grundsätze über den Wegfall der Geschäftsgrundlage zustehen.[29]   28

---

26 Klein/*Roßmann* FamVermR Kap. 2 Rn. 347 ff.
27 Umfassend *Kogel* FamRZ 2006, 1799 ff.
28 St. Rspr. BGH, 28.03.2006 – X ZR 85/04, JurionRS 2006, 15952.
29 BGH, FamRZ 1994, 1167.

29 Fehlt es an einem partnerschaftlichen Zusammenwirken oder geht der mit der Leistung verfolgte Zweck nicht über die Verwirklichung der ehelichen Lebensgemeinschaft hinaus, liegt keine Ehegatteninnengesellschaft vor.[30] Da Arbeitsleistungen nicht als ehebezogene Zuwendungen angesehen werden,[31] regelmäßig kein entgeltlicher Arbeitsvertrag vorliegt[32] und auch keine Bereicherungsansprüche für erbrachte Arbeitsleistungen nach Scheitern der Ehe angenommen werden können,[33] würde einem Ehegatten, dessen Ehe nicht im Güterstand der Zugewinngemeinschaft geführt wird, kein Ausgleichsanspruch zustehen. Der BGH[34] nimmt in diesen Fällen daher einen Ausgleichsanspruch auf der Grundlage eines (stillschweigend) geschlossenen familienrechtlichen Vertrags besonderer Art an (sog. familienrechtlicher Kooperationsvertrag).[35] Bei Scheitern der Ehe können danach Ausgleichsansprüche nach den Grundsätzen des Wegfalls der Geschäftsgrundlage nach § 313 BGB gegeben sein. Der sog. familienrechtlichen Kooperationsvertrag hat somit nur Bedeutung, wenn alle anderen Regelungen vorrangig sind, ausscheiden.[36]

▶ Rechtsfolge

30 Auch für diese Fallgestaltungen wird hier die Ansicht vertreten, dass die sich daraus ergebenen Ansprüche nicht in die Insolvenzmasse fallen, wenn diese erst nach Aufhebung des Insolvenzverfahrens entstehen. Auf die Ausführungen zur Ehegatteninnengesellschaft kann insoweit verwiesen werden.

31 **Exkurs: Obliegenheit des Insolvenzschuldners zur Geltendmachung des Anspruchs aus Ehegatteninnengesellschaft, Rückforderung ehebedingter Zuwendungen und familienrechtlichem Kooperationsvertrag**

Nach Rechtsauffassung des BGH[37] soll ein Gläubiger bei einem Ausgleichs- oder Rückforderungsanspruch, der sich daraus ergibt, dass die Ehe gescheitert und damit die Geschäftsgrundlage der ehebezogenen Zuwendung entfallen ist, nicht in die den Ehegatten vorbehaltene, letztlich auf Billigkeitsgesichtspunkten beruhende Vermögensauseinandersetzung zwischen ihnen eingreifen und sie gegen den Willen des Berechtigten erzwingen können.

32 Nach *Münch*[38] ist die in dieser Entscheidung geäußerte Ansicht des BGH auf den Ausgleichsanspruch aus dem Bestehen einer Ehegatteninnengesellschaft übertragbar.

---

30 BGH, FamRZ 1999, 1580; 2006, 607.
31 BGH, FamRZ 1982, 910; BGH, FamRZ 1994, 1167.
32 BGH, FamRZ 1982, 910.
33 BGH, FamRZ 1982, 910, 911 m.w.N.
34 BGHZ 84, 361 = FamRZ 1982, 910; BGHZ 127, 48 = FamRZ 1994, 1167.
35 *Haas* FamRZ 2002, 205 ff.; Klein/*Büte* FamVermR Kap. 2 Rn. 2364 ff.
36 Grundlegend BGHZ 84, 361 = FamRZ 1982, 910, sodann ständig und zuletzt BGHZ 177, 193, 203 = FamRZ 2008, 1822 ff. und BGHZ 197, 110 ff. = FamRZ 2013, 1030.
37 BGH, 20.02.2003 – IX ZR 102/02, FamRZ 2003, 858.
38 *Münch* FamRZ 2004, 1329.

Aufgrund der besonderen Bindungen zwischen den Beteiligten soll allein der   33
Anspruchsinhaber bestimmen können, ob er den Anspruch geltend macht. Seine Entscheidungsfreiheit wird durch § 852 ZPO geschützt.[39]

Exkurs: Widerruf Restschuldbefreiung § 295 Abs. 1 Nr. 3 InsO   34

Auf der Grundlage des umfassenden Katalogs der in Nr. 3 des § 295 Abs. 1 InsO aufgeführten Anforderungen soll das Verhalten des Schuldners während der Treuhandzeit
überprüft werden können. Da die umfassende Auskunfts- und Mitwirkungspflicht des
Schuldners aus § 97 InsO mit der Beendigung des Insolvenzverfahrens erlischt, schafft
§ 295 InsO eine Fortsetzung für das Restschuldbefreiungsverfahren. An die Stelle der
umfassenden insolvenzrechtlichen Pflichten, treten die dort einzeln aufgeführten und
deswegen notwendig begrenzten Obliegenheiten.

Nach § 295 Abs. 1 Nr. 3 InsO darf der Schuldner danach kein von Nr. 2 des § 295   35
Abs. 1 InsO erfasstes Vermögen verheimlichen. Er hat dem Gericht und dem Treuhänder auf Verlangen Auskunft über sein so erlangtes Vermögen zu erteilen.

Von der Vorschrift wird nur das Vermögen erfasst, das der Schuldner von Todes wegen **36**
erwirbt. Hierunter fällt der Erwerb des Erben aufgrund gesetzlicher, testamentari-
scher oder vertraglicher Erbfolge, also auch in Fällen der Mit-, Vor- oder Nacherb-
schaft[40], sofern der Erbfall zeitlich nach Aufhebung des Insolvenzverfahrens eintritt.
Umfasst wird weiterhin der Erwerb aus Vermächtnissen oder Pflichtteilsansprüchen
sowie Abfindungen für einen Erbverzicht und das aus einer Erbauseinandersetzung
bzw. aufgrund eines Vergleichs in einem Erbschaftsstreit Erlangte[41], nicht hingegen
Ansprüche bzgl. des Zugewinnausgleichs im Fall des Todes eines Ehegatten.[42] Ebenfalls nicht erfasst ist der Erwerb unter Lebenden auf den Todesfall, insb. die vollzogene
Schenkung von Todes wegen gem. § 2301 BGB.[43]

Unter Vermögen, das der Schuldner »mit Rücksicht auf ein künftiges Erbrecht 37
erwirbt«, fallen Vermögensgegenstände, die im Zuge der Vorwegnahme der Erbfolge
oder Erbteilung zugewandt werden, wenn also ein künftiger Erbgang vorweggenom-
men werden sollte.[44]

---

39   So auch PG/*Ahrens* ZPO § 852 Rn. 1, 3 und 7.
40   Kohte/Ahrens/Grote/Busch § 295 Rn. 45; MüKo-InsO/*Ehricke* § 295 Rn. 54.
41   FK-InsO/*Ahrens* § 295 Rn. 45; Uhlenbruck/*Sternal* § 295 Rn. 26.
42   HK-InsO/*Waltenberger* § 295 Rn. 18; MüKo-InsO/*Ehricke* § 295 Rn. 54; Kübler/Prütting/
     Bork/*Wenzel* InsO § 295 Rn. 19a; FK-InsO/*Ahrens* § 295 Rn. 45; *Leipold* FS Gaul, S. 367,
     374.
43   *Leibold* FS Gaul, S. 367, 372; MüKo-InsO/*Ehricke* § 295 Rn. 55; FK-InsO/*Ahrens* § 295
     Rn. 45.
44   MüKo-InsO/*Ehricke* § 295 Rn. 58; FK-InsO/*Ahrens* § 295 Rn. 47; Uhlenbruck/*Sternal*
     § 295 Rn. 23; Staudinger/*Thiele* BGB § 1374 Rn. 25, vgl. hierzu näher HamKomm/*Streck*
     § 295 Rn. 10.

▶ **Rechtsfolge**

38   Verheimlicht der Schuldner somit z.B. anderes Vermögen wie unbenannte Zuwendungen o.ä. als das zuvor Aufgeführte, so ist der Versagungsgrund des § 295 Abs. 1 Nr. 2 InsO **nicht** erfüllt. Die Regelung des § 295 Abs. 1 Nr. 2 InsO enthält insoweit ein abschließendes normatives Haftungskonzept, das der Haftungsverwirklichung der Gläubiger aus dem Vermögen des Schuldners klare Grenzen setzt.

39   Dies ergibt sich auch aus dem gesetzgeberischen Willen. In seiner Stellungnahme hatte der Bundesrat i.R.d. Gesetzgebungsverfahrens zu § 295 InsO um Überprüfung gebeten, ob auch sonstiges Vermögen zur Hälfte herausgegeben werden soll. Dies war im weiteren Gesetzgebungsverfahren abgelehnt worden.[45] Wegen dieses ausdrücklichen gesetzgeberischen Willens scheidet daher auch eine **analoge Anwendung auf andere Erwerbsvorgänge** ausdrücklich aus.[46]

IV. Güterrechtsvereinbarungen und ihre Anfechtung

40   Auch ist es im Hinblick auf das **Anfechtungsrecht des Insolvenzverwalters** nicht unbedenklich, Güterrechtsvereinbarungen vor der Eröffnung eines Insolvenzverfahrens zu schließen. Gem. § 133 Abs.4 InsO ist ein vom Schuldner und einer nahestehenden Person entgeltlich geschlossener Vertrag anfechtbar, durch den die Insolvenzgläubiger unmittelbar benachteiligt werden. Die Anfechtung ist ausgeschlossen, wenn der Vertrag zwischen den Ehepartnern früher als **zwei Jahre** vor dem Eröffnungsantrag geschlossen worden ist, § 133 Abs. 4 Satz 2 InsO.[47]

41   Dabei muss der Insolvenzverwalter lediglich die Tatbestandsmerkmale des § 133 Abs. 4 i.V.m. § 138 InsO vortragen. Sodann wird widerleglich vermutet, dass der Schuldner mit Gläubigerbenachteiligungsvorsatz gehandelt und die nahestehende Person dies gewusst hat.[48]

42   Wenn der Schuldner die Vermutung nicht widerlegen kann, muss seine Ehefrau oder ehemalige Ehefrau die erhaltenen Vermögenswerte nach erklärter Anfechtung der Zuwendung an den Insolvenzverwalter herausgeben.

---

45 BT-Drucks. 12/2443 zu § 244 RegE S. 257, 267.

46 MüKo-InsO/*Ehricke* § 295 Rn. 60; Uhlenbruck/*Vallender* InsO, § 295 Rn. 42; Braun/*Lang* InsO, § 295 Rn. 11; a.A. Kübler/Prütting/Bork/*Wenzel* InsO, § 287 Rn. 11, § 295 Rn. 20; wie dies auch für § 1374 Abs. 2 BGB gilt: dazu MüKo-BGB/*Koch* 4. Aufl., § 1374 Rn. 13, vgl. hierzu FK-InsO/*Ahrens* § 295 Rn. 91; *Pape* in: Mohrbutter/Ringstmeier, Insolvenzverwaltung, Handbuch Insolvenzverwaltung, § 295 Rn. 24.

47 Neue Fassung nach dem Gesetz zur Verbesserung der Rechtssicherheit bei Anfechtungen nach der Insolvenzordnung und nach dem Anfechtungsgesetz für Insolvenzverfahren, die ab dem 05.04.2017 eröffnet worden sind, BGBl I 2017, S. 654

48 BGH, BB 2010, 1993.

V. Problem Familienheim

Häufig werden in der Krise auch **Immobilien** auf den anderen Ehepartner übertragen. 43

▶ Beispiel

Unternehmer U ist Alleineigentümer eines Hauses und möchte sich für den Fall 44 der Insolvenz absichern. Er überträgt das Familienheim auf Ehefrau F, möchte aber im Fall der Scheidung nicht mit leeren Händen dastehen. Es wird daher notariell vereinbart, dass U bei der Rechtshängigkeit eines Scheidungsantrags das Haus zurückfordern kann.

Das Unternehmen des U fällt in die Insolvenz.

Lösung

Zunächst muss betont werden, dass keine Schenkungsteuer anfällt, weil das Familienheim auf den Ehepartner steuerfrei übertragen werden kann, § 13 Abs. 1 Nr. 4a ErbStG.

Wegen der unentgeltlichen Zuwendung zugunsten seiner Ehefrau kann der Insolvenzverwalter diese Übertragung anfechten, § 134 Abs. 1 InsO. Voraussetzung dieser Anfechtung ist, dass die Zuwendung innerhalb von vier Jahren **vor** Insolvenzantrag vorgenommen worden ist. In diesem Fall muss das Familienheim von der Ehefrau zur Insolvenzmasse fließen.

Wenn sich F von U trennt, bzw. scheiden lassen will, ist zu unterscheiden. Der Rückforderungsanspruch kann generell gepfändet werden. § 852 Abs. 2 ZPO kann auch nicht entsprechend angewendet werden.[49]

Im Fall der Insolvenz fällt der Rückforderungsanspruch in die Masse.

Bei Trennung kann der Insolvenzverwalter hinsichtlich des Familienheims keine Rechte geltend machen. Der Rückforderungsanspruch ist noch nicht entstanden.

Das Grundbuch ist blockiert. F kann das Haus nicht verkaufen oder belasten.

Bei Scheidung ist der Rückforderungsanspruch entstanden. Er fällt in die Masse und kann vom Insolvenzverwalter durchgesetzt werden.

▶ Verfahrenshinweis

»In der Liebe und in der Insolvenz gibt es keine Regeln.«[50]   45

Rechtsgeschäfte über die Ausgleichsforderung sind vor ihrer Entstehung unwirksam.

Der Zugewinnausgleichsanspruch ist nur dann pfändbar, wenn er durch Vertrag anerkannt oder rechtshängig geworden ist. Im Fall eines bedingten Anspruchs ist die Pfändung nicht im Grundbuch eintragbar. Wenn sich die Ehepartner nicht

---

49 BGH, FamRZ 2003, 858.
50 *Grziwotz* www.lto.de/de/html/nachrichten/779/Die-Zwickmuehle-Gläubiger-oder-Ehegatte.

scheiden lassen und den gesetzlichen Güterstand beibehalten wollen, geht die Pfändung ins Leere.

Im Fall eines »Ehekrieges« helfen keine noch so angemessenen Gestaltungen. Die F als Eigentümerin des Familienheims könnte die Hälfte opfern, nur um dem U (und damit auch sich selbst) zu schaden.

Ein insolventer Gläubiger eines durch eine Vormerkung gesicherten bedingten Rückübertragungsanspruchs kann keine Löschung der Vormerkung beantragen. Dies gilt selbst dann, wenn die Grundstücksübertragung mit Rücksicht auf eine familiäre Verbundenheit stattgefunden hat.[51]

46   Für **nicht selbst genutzte Immobilie** gilt:

Für den Fall, dass kein Familienheim übertragen wird, könnte von der Eintragung einer Rückauflassungsvormerkung abgesehen werden, wobei darauf hingewiesen wird, dass der Pfändungsgläubiger nach Pfändung des Rückübertragungsanspruchs die Eintragung einer Vormerkung mittels einer einstweiligen Verfügung erwirken kann. Wird im Fall eines **Rückforderungsrechts** nur ein Angebot beurkundet, ist die zukünftige Annahme pfändbar.

47   Aufgrund des Gesetzes zur Verbesserung der Rechtssicherheit bei Anfechtungen nach der Insolvenzordnung und nach dem Anfechtungsgesetz ergeben sich folgende Neuerungen für Insolvenzverfahren, die **ab dem 05.04.2017** eröffnet werden:

§ 133 Abs. 2 InsO begrenzt die Anfechtungsfrist für Deckungshandlungen auf die letzten vier Jahre vor dem Insolvenzantrag. Andere Vermögensverschiebungen sind aber weiter für zehn Jahre anfechtbar.

Im Falle kongruenter Deckungen reicht es nicht, dass der Gläubiger die **drohende** Zahlungsunfähigkeit kannte. Es wird die Kenntnis vom Gläubigerbenachteiligungsvorsatz nur vermutet, wenn der Gläubiger die **eingetretene** Zahlungsunfähigkeit kennt (§ 133 Abs. 3 Satz 1 InsO).

---

51   OLG München, NZI 2010, 79.

I. Zugewinn: Auskunft und Liste anzufordernder und relevanter Unterlagen für die Bewertung

I. Unterlagen für die (Unternehmens)-Bewertung der letzten drei bzw. fünf Jahre vor dem Stichtag

– Jahresabschlüsse (Bilanzen, G&Vs, Anhang Anlageverzeichnisse)/Gewinnermitt- **1**
 lungen
– Gesellschaftsverträge und Regelungen zu den Geschäftsführungen einschl. den
 Geschäftsführungsvergütungen (mit allen Novationen)
– Ergebnisverwendungsbeschlüsse (bei Körperschaften obligatorisch – bei Personen-
 gesellschaften fakultativ)
– Summen- und Saldenlisten (SuSa), betriebswirtschaftliche Auswertungen (BWAs)
 (stichtagsgenau bzw. stichtagsnah)
– Kontenblätter; Primanoten und Buchungsbelege
– Darlehensverträge
– Darlehensvaluten und Bank-Saldenbestätigungen zum Stichtag
– Darlegungen zum jeweiligen Darlehnszweck
– Einkommensteuerbescheid bzw. Einkommensteuererklärung mit vorläufiger
 Steuerberechnung durch die Steuerberatung für das Stichtagsjahr
– Jahressteuerbescheinigungen und Auflistung Kapitalanlagen der Bank
– Planungsrechnung/Wirtschaftsplan/Finanzplan
– Jahreslohnjournale
– Umsatzsteuerjahreserklärungen und Umsatzsteuerjahresbescheide
– Gewerbesteuermessbescheide/Gewerbesteuerbescheide
– bei Körperschaften: Körperschaftsteuererklärungen und Körperschaftsteuerbe-
 scheide
– bei Personengesellschaften: Erklärungen und Bescheide zur gesonderten und ein-
 heitlichen Gewinnfeststellung
– Betriebsprüfungsberichte
– Prüfungsberichte und -vermerke bei gesetzlichen und freiwilligen Prüfungen.

II. Anspruchsgrundlagen des § 1379 BGB, insb. des Wertermittlungsanspruchs

Bei den **Auskunftsansprüchen** nach § 1379 BGB ist ein Anspruch auf Auskunft für **2**
das Trennungsvermögen, § 1379 Abs. 1 Satz 1 Nr. 1; 1379 Abs. 2 BGB, nur dann
gegeben, wenn ein genauer Zeitpunkt (Stichtag) feststellbar ist.

Der § 1379 BGB gewährt folgende fünf Ansprüche (auch für das Trennungsvermögen!):
1. Auskunft über das Vermögen im Anfangs- und Endvermögen auf die oben genannten Unterlagen (§ 1379 Abs. 1 Satz 1 Nr. 2 BGB);
2. Beleganspruch (§ 1379 Abs. 1 Satz 2 BGB);
3. Anspruch auf Zuziehung bei der Aufstellung des Bestandsverzeichnisses nach § 260 BGB (§ 1379 Abs. 1 Satz 3 1. Alt. BGB);
4. Anspruch darauf, dass das Verzeichnis auf seine Kosten durch die zuständige Behörde oder durch einen zuständigen Beamten oder Notar aufgenommen wird (§ 1379 Abs. 1 Satz 4 BGB);
5. Wertermittlungsanspruch (§ 1379 Abs. 1 Satz 3 2. Alt. BGB).

3   Wie weit der Anspruch auf Auskunft geht, wird durch den Wertermittlungsanspruch deutlich. Bei dem Wertermittlungsanspruch hat beispielsweise bei der Unternehmensbewertung der vom Berechtigten beauftragte Sachverständige die Möglichkeit auf dessen Kosten das Unternehmen zu besichtigen und sich alle Elemente des Rechnungswesens, die er für erforderlich hält, vorlegen zu lassen. Der allgemeine Auskunftsanspruch geht infolgedessen weit über die Vorlage von Jahresabschlüssen/Gewinnermittlungen hinaus.

J. Schenkungsteuer

Über die schuldrechtliche oder familienrechtliche Verpflichtung hinausgehende **1** Zuwendungen unter den Ehegatten und Familienangehörigen, Schenkung im Wege der vorweggenommenen Erbfolge sowie Erbfälle können die den gleichen Regeln folgende Schenkung- und Erbschaftsteuer auslösen.

Die Wertermittlung der steuerlichen Bemessungsgrundlage ergibt sich aus dem **Bewertungsgesetz**. Diese Bewertungsregeln ermitteln aber **keinen Verkehrswert**, der zur Bewertung im Zugewinnausgleichsverfahren benötigt wird, so dass das Bewertungsgesetz auch eine sog. **Escapeklausel** zu allgemeinen Bewertungsregeln zulässt (§§ 11 Abs. 2 Satz 2, 198 BewG).

I. Novellierungen des ErbStG in den Jahren 2009 & 2016

Das BewG regelt die Bewertung von Vermögenswerten, soweit auf diese öffentliche **2** Abgaben erhoben werden. Relevanz haben diese Bewertungsregeln insb. für die Schenkung- und Erbschaftsteuer.

3 Nachdem das BVerfG dem Gesetzgeber aufgegeben hatte, die Regelungen der Erbschaftsteuer, die auch für Schenkungen gelten, wegen Beachtung des Gleichheitsgrundsatzes zu reformieren, war eine umfangreiche Novellierung des BewG erforderlich geworden. Die Regelungen sind zum 01.01.2009 in Kraft getreten.

4 § 9 BewG regelt den Bewertungsgrundsatz, wonach, wenn nicht etwas Anderes vorgeschrieben ist, der **gemeine Wert** zugrunde zu legen ist. Nach § 9 Abs. 2 BewG ist der gemeine Wert durch den Preis bestimmt, der im gewöhnlichen Geschäftsverkehr nach der Beschaffung des Wirtschaftsguts bei einer Veräußerung zu erzielen wäre. Dabei sind alle Umstände, die den Preis beeinflussen, zu berücksichtigen. Ungewöhnliche oder persönliche Verhältnisse sind nicht zu berücksichtigen.

5 Weiter definiert das Gesetz in § 10 BewG den Begriff des Teilwerts für Wirtschaftsgüter, die dem Unternehmen dienen. Diese sind mit dem Teilwert anzusetzen, wobei dies der Betrag ist, den ein Erwerber des ganzen Unternehmens i.R.d. Gesamtkaufpreises für das einzelne Wirtschaftsgut ansetzen würde. Dabei ist vom Going-Concern-Prinzip auszugehen.

6 Die gesetzliche Regelung aus dem Jahr 2009 musste im Hinblick auf die erbschaftssteuerlichen Begünstigungsregelungen für Betriebsvermögen wegen verfassungsrechtlicher Bedenken geändert werden. Die gesetzgeberische Neufassung wurde am 09.11.2016 mit einer fragwürdigen Rückwirkung auf den 01.07.2016 verkündet. Mit diesem Gesetz[1] ergeben sich im Wesentlichen folgende Änderungen ggü. dem bisherigen Recht:

7 Wie bisher wird das **begünstigte Vermögen** gem. § 13b ErbStG nach Wahl des Erwerbers zu 85 % (**Regelverschonung**) oder zu 100 % (**Optionsverschonung**) von der Steuer befreit, wenn bestimmte Voraussetzungen erfüllt sind. Entscheidet sich der Erwerber für die Regelverschonung von 85 %, muss er den Betrieb mind. fünf Jahre fortführen. Hat der Betrieb mehr als 15 Beschäftigte muss der Erwerber nachweisen, dass die Lohnsumme innerhalb von fünf Jahren nach dem Erwerb insg. 400 % der Ausgangslohnsumme nicht unterschreitet (**Mindestlohnsumme**). Bei der Wahl der Optionsverschonung muss der Erwerber eine Behaltensfrist von sieben Jahren einhalten und nachweisen, dass er in diesem Zeitraum die Mindestlohnsumme von 700 % nicht unterschreitet.

8 Während Betriebe mit bis zu 20 Beschäftigten von der **Lohnsummenregelung** ausgenommen waren, gilt hierfür jetzt eine Beschränkung auf Betriebe mit nicht mehr als fünf Beschäftigten. Darüber hinaus sind die Anforderungen nach der Mitarbeiterzahl gestaffelt:

   – Betriebe mit 6 bis 10 Beschäftigten dürfen bei der Regelverschonung eine Lohnsumme von 250 % der Ausgangslohnsumme innerhalb des Fünfjahreszeitraums nicht

---

1 Erbschaftsteuer- und Schenkungsteuergesetz (ErbStG) in der Fassung der Bekanntmachung vom 27. Februar 1997 (BGBl I S. 378). Zuletzt geändert durch Art. 4 des Gesetzes vom 23. Juni 2017 (BGBl I S. 1682); ErbStR 2011 v. 19.12.2011 mit Anpassungen an das SteueränderungsG 2015.

unterschreiten. Bei der Optionsverschonung beträgt die Lohnsumme 500 % innerhalb von sieben Jahren.

– Für Betriebe mit 11 bis 15 Beschäftigten gelten entsprechend Mindestlohnsummen von 300 % und 565 %.

Beschäftigte in Mutterschutz oder Elternzeit, Azubis, Saisonarbeiter und Lang-   9
zeiterkrankte werden weder bei der Beschäftigtenzahl noch bei der Lohnsumme mitgerechnet.

Beim Erwerb von betrieblichen Vermögen mit einem Wert des begünstigten Ver-   10
mögens von über 26 Mio. Euro (Prüfschwelle) gibt es ein Wahlrecht zwischen einer Verschonungsbedarfsprüfung (**Erlaßmodell**) oder einem abschmelzenden Verschonungsabschlag (**Abschmelzungsmodell**). Für die Prüfschwelle werden alle Erwerbe begünstigten Vermögens von derselben Person innerhalb von zehn Jahren zusammengerechnet.

Bei der **Verschonungsbedarfsprüfung/Erlaßmodell**) muss der Erwerber nachweisen,   11
dass er nicht in der Lage ist, die Steuer aus seinem verfügbaren Vermögen zu begleichen. Zu dem verfügbaren Vermögen zählen 50 % der Summe aus dem bereits vorhandenen oder aus dem mit der Erbschaft oder Schenkung gleichzeitig erhaltenen nicht begünstigten Vermögen. Soweit dieses Vermögen nicht ausreicht, um die Steuer zu begleichen, wird der überschießende Teil der Steuer erlassen.

Alternativ kann sich der Erwerber für ein **Abschmelzmodell** entscheiden. Ausgehend   12
vom normalen Verschonungsabschlag von 85 % oder 100 % für das Vermögen unterhalb von 26 Mio. Euro sinkt der Prozentsatz des Verschonungsabschlags pro zusätzlichen 750.000 Euro über dieser Schwelle um jeweils 1 % bis zu einem begünstigten Vermögen von 90 Mio. Euro. Wird dieser Wert überschritten, beträgt der Verschonungsabschlag 0 %.

Bisher war ein Verwaltungsvermögensanteil von bis zu 50 % unschädlich und eben-   13
falls begünstigt. Jetzt kann nur das begünstigte Vermögen von der Steuer verschont werden, nicht aber das **Verwaltungsvermögen i.S.d. § 13b Abs. 4 ErbStG**. Dies führt zu einem »Alles oder Nichts-Prinzip«, in dem nicht begünstigtes Verwaltungsvermögen ohne Verschonung der Vollversteuerung unterliegt.

Zum Verwaltungsvermögen i.S.d. § 13b Abs. 4 ErbStG gehören kumulativ (Verbund-   14
betrachtung) nach

– Nr. 1 dieser Vorschrift Dritten zur Nutzung überlassenem Grundstücke,
– Nr. 2 Anteile an Kapitalgesellschaften bis 25 % (Ausnahme: Pooling),
– Nr. 3 Kunstgegenstände, Münzen, Edelmetalle, Segelflugzeuge, Oldtimer, Yachten, Briefmarkensammlungen und sonstige Gegenstände, die typischerweise privater Lebensführung dienen (Luxus gehört nicht zum operativen Geschäft),
– Nr. 4 Wertpapiere und vergleichbare Forderungen,
– Nr. 5 Finanzmitteltest (Umlaufvermögen abzgl. Rückstellungen zzgl. Verbindlichkeiten = gewichtetes Umlaufvermögen), bei dem der Freibetrag von 20 % auf 15 % sinkt.

15 Um die Liquidität des Unternehmens zu sichern, sind zudem Barvermögen, geldwerte Forderungen und andere Finanzmittel nach Saldierung mit den betrieblichen Schulden (**Finanzmitteltest**) bis zu einem Anteil von 15 % des Werts des Betriebsvermögens begünstigt.

16 Für diesen Finanzmitteltest ist das Verhältnis zwischen den Finanzmitteln (abzgl. der Schulden) und dem »anzusetzenden Wert« des Betriebs bzw. der Gesellschaft maßgebend (§ 13b Abs. 4 Nr. 5 Satz 1 ErbStG).

– Beträgt der Nettowert der (schädlichen) Finanzmittel 15 % oder weniger als der maßgebende Unternehmenswert, bleiben diese unberücksichtigt (und gehören nicht zum Verwaltungsvermögen).

– Beträgt der Nettowert der (schädlichen) Finanzmittel dagegen mehr als 15 % des maßgebenden Unternehmenswerts, gehören diese zum Verwaltungsvermögen. Der übersteigende Teil an Finanzmitteln ist nach Auffassung des Gesetzgebers nicht betriebsnotwendig und daher nicht begünstigungswürdig.

17 Der Freibetrag von 15 % gilt nur für den Finanzmitteltest und nicht auch für das sonstige Verwaltungsvermögen.

18 Der Katalog von Gegenständen gem. § 13b Abs. 4 Nr. 3 ErbStG, die ausdrücklich als Verwaltungsvermögen zählen, ist erweitert worden. Dazu gehören nun auch Briefmarkensammlungen, Oldtimer, Yachten, Segelflugzeuge sowie sonstige typischerweise der privaten Lebensführung dienende Gegenstände, wenn die Herstellung, Verarbeitung, Vermietung oder der Handel mit diesen Objekten nicht Hauptzweck des Betriebs ist.

19 Verwaltungsvermögen wird bis zu einem Anteil von 10 % des Betriebsvermögens wie begünstigtes Vermögen behandelt. Von der Verschonung ausgenommen ist jedoch junges Verwaltungsvermögen, das dem Betrieb weniger als zwei Jahre zuzurechnen ist.

20 **Rückausnahmen:**

Auch Verwaltungsvermögen, das ausschließlich und dauerhaft der Deckung von **Altersvorsorgeverpflichtungen** dient (Rückausnahme, § 13b Abs. 4 ErbStG), ist begünstigt. Voraussetzung ist aber, dass die entsprechenden Vermögensgegenstände dem Zugriff aller nicht unmittelbar aus den Altersvorsorgeverpflichtungen unmittelbar berechtigten Gläubiger entzogen sind. Gleiches gilt über die Investitionsklausel nach § 13b Abs. 5 ErbStG für Wiederanlage in begünstigtes Vermögen.

21 Eine weitere Rückausnahme bildet die sog. Investitionsklausel für sonstiges Verwaltungsvermögen i.S.d. §§ 13b Abs. 5 ErbStG, wenn der Plan für Investitionen bereits bei Entstehung der Steuern vorliegt, ein Erwerb von Todes wegen gegeben ist und eine Investition von Verwaltungsvermögen in begünstigtes Vermögen innerhalb von zwei Jahren erfolgt.

22 Eine Rückausnahme besteht auch dann, wenn Finanzmittel innerhalb von zwei Jahren nach Entstehen der Steuer dazu verwendet werden, um bei wiederkehrenden saisonalen Schwankungen und fehlenden Einnahmen die Vergütung an Mitarbeiter zu zahlen.

Um die **Optionsverschonung** von 100 % für das begünstigte Vermögen in Anspruch   23
zu nehmen, darf das Verwaltungsvermögen nicht mehr als 20 % des gemeinen Werts
des Betriebs ausmachen. Darüber hinaus gibt es bei einem Anteil des Verwaltungsver-
mögens von mehr als 90 % gar keine Verschonung, auch nicht für eigentlich begünstigtes Vermögen.

In mehrstufigen Unternehmensstrukturen mit Beteiligungsgesellschaften wird das   24
begünstigte Vermögen konsolidiert ermittelt. Ein Ausnutzen des Verwaltungsvermö-
gensanteils auf jeder Beteiligungsebene ist nicht mehr möglich.

Im Erbfall, also nicht bei Schenkungen, zählen Vermögensgegenstände nicht zum Ver-   25
waltungsvermögen, wenn sie innerhalb von zwei Jahren nach dem Tod des Erblassers
für Investitionen im Betrieb verwendet werden, die einer originär gewerblichen Tätigkeit dienen. Eine Investition in eine andere Form von Verwaltungsvermögen ist somit
nicht begünstigt. Zudem muss die Investition auf Grund eines bereits vom Erblasser
vorgefassten Plans erfolgen, also vom Erben lediglich umgesetzt werden.

Wenn bestimmte für **Familienunternehmen** typische gesellschaftsvertragliche oder   26
satzungsmäßige Beschränkungen existieren, gibt es eine Steuerbefreiung als **Vorab-
abschlag** gem. § 13a Abs. 9 ErbStG von bis zu 30 % auf den begünstigten Teil des
Betriebsvermögens. Die Höhe des Abschlags richtet sich nach der im Gesellschaftsvertrag festgeschriebenen prozentualen Minderung der Abfindung für einen ausscheidenden Gesellschafter ggü. dem gemeinen Wert. Zusätzlich müssen Beschränkungen
der Gewinnausschüttungen oder -entnahmen sowie Verfügungsbeschränkung für die
Unternehmensanteile vereinbart sein. Überdies setzt die Steuerbefreiung voraus, dass
die gesellschaftsrechtlichen Beschränkungen mind. für einen Zeitraum von zwei Jahren vor bis 20 Jahre nach dem Vermögensübergang bestehen und tatsächlich praktiziert werden.

Es gilt zu kritisieren, dass Einzelunternehmen mangels Gesellschaftsvertrages und bei   27
Personengesellschaften das Sonderbetriebsvermögen nicht erfasst wird. Zudem kann
eine Abfindungsbeschränkung unterhalb des gemeinen Werts eine Schenkungsteuer-
belastung gem. § 7 Abs. 7 ErbStG auslösen.

Beim **vereinfachten Ertragswertverfahren** wird die Berechnung des gemeinen Werts   28
eines Betriebs geändert, so dass die Werte etwas niedriger ausfallen. Der gemeine Wert
ergibt sich bei diesem Verfahren aus der Multiplikation des nachhaltig erzielbaren
Jahresertrags mit einem Kapitalisierungsfaktor. Dieser Faktor berechnet sich bisher
auf der Grundlage des jeweils aktuellen Basiszinses zzgl. eines festen Zuschlags von
4,5 % (**Kapitalisierungszinssatz**). Da der Kapitalisierungsfaktor der Kehrwert des
Kapitalisierungszinssatzes ist, bedeutete das, je niedriger der Zinssatz, desto höher der
Kapitalisierungsfaktor. Wegen der anhaltenden Niedrigzinsphase beträgt der Kapitalisierungsfaktor für Bewertungsstichtage im Jahr 2016 bisher 17,86 und kann damit
zu hohen Firmenwerten führen. Jetzt wird der Faktor für das **laufende** Jahr 2016 und
die folgenden Jahre auf 13,75 (=KapZins 7,27 %) festgeschrieben. Damit wird für
alle Bewertungsstichtage ab dem 01.01.2016 der bisherige Kapitalisierungsfaktor von

17,8571 ersetzt.[2] Der Faktor kann bei Bedarf durch Rechtsverordnung an die Zinsentwicklung angepasst werden.

29   Im Erbfall, also nicht bei Schenkungen, wird der Teil der Erbschaftsteuer, der auf das begünstigte Betriebsvermögen entfällt, auf Antrag bis zu sieben Jahre gestundet. Im ersten Jahr erfolgt die **Stundung** zinslos, danach gelten die allgemeinen Verzinsungsregelungen der Abgabenordnung für Stundungen. Voraussetzung für die Stundung ist, dass die Vorgaben zur Lohnsumme und Behaltensfrist eingehalten werden. Bei einem Verstoß endet die Stundung.

II. Bewertung von Grundvermögen nach dem BewG

30   Die Bewertung von **Grundvermögen** findet im Steuerrecht nach **vier** verschiedenen Regelungen statt:
1. Gemeiner Wert zum Zweck der Erbschaft-/Schenkungsteuer gem. §§ 157 ff. BewG,
2. Grundbesitzwert zum Zweck der Grunderwerbsteuer nach § 8 Abs. 2 GrEStG,
3. Einheitswerte zum Zweck der Grundsteuer in den alten Bundesländern bzw.
4. Einheitswerte in den neuen Bundesländern, §§ 68 ff. BewG.

31   Die Regelungen für die Bewertung unbebauter Grundstücke finden sich in den §§ 178, 179 BewG.

32   ▶ Danach erfolgt die Bewertung nach der Bewertungsformel:

    Fläche x Bodenrichtwert

Für die bebauten Grundstücke finden sich die Regeln in §§ 180 bis 191 BewG.

33   Das **Vergleichswertverfahren** nach § 183 BewG dient zur Bewertung von Wohnungseigentum, Teileigentum, und Ein- und Zweifamilienhäusern.

34   Das **Ertragswertverfahren** nach §§ 184–188 BewG dient der Bewertung von Mietwohngrundstücken, Geschäftsgrundstücken und gemischt genutzten Grundstücken, für die sich auf dem örtlichen Grundstücksmarkt eine übliche Miete ermitteln lässt.

35   Das **Sachwertverfahren**, das nur dann Anwendung findet, wenn kein Vergleichswert oder keine ortsübliche Miete vorliegt, ist in den Vorschriften der §§ 189 ff. BewG geregelt. Es gilt unter den v.g. Voraussetzungen für Geschäftsgrundstücke und gemischt genutzte Grundstücke.

36   Sonderfälle der Bewertung finden sich für Erbbaurechte und Erbbaurechtsgrundstücke in den §§ 192, 193 und 194 BewG, für Grundstücke auf fremdem Grund und Boden in § 195 BewG und für Grundstücke im Zustand der Bebauung nach § 196 BewG.

---

2 Gleichlautende Ländererlasse der obersten Finanzbehörden der Länder v. 11.05.2017, BStBl 2017, I S. 751.

III. Bewertung von Kapitalgesellschaften nach dem BewG

Nach § 11 Abs. 2 BewG ist für sämtliche **Unternehmen** und Beteiligungen der   37
gemeine Wert als Bewertungsmaßstab vorgesehen. Es gilt der Grundsatz der Rechtsformneutralität und der Gesamtbewertung.

Nach den gesetzlichen Regeln in dieser Vorschrift gilt folgende Prüfungsreihenfolge: 38
1. Ableitung aus Börsenkursen nach § 11 Abs. 1 BewG;
2. Verkäufe unter fremden Dritten nach § 11 Abs. 2 Satz 2 BewG, die weniger als ein
   Jahr zurückliegen (stichtagsnaher Veräußerungspreis);
3. Ermittlung unter Berücksichtigung der Ertragsaussichten oder einer anderen anerkannten, auch im gewöhnlichen Geschäftsverkehr für nichtsteuerliche Zwecke
   üblichen Methode, wobei die Methode anzuwenden ist, die ein Erwerber bei der
   Bemessung des Kaufpreises zugrunde legen würde, also der niedrigste Wert der
   folgenden drei Methoden:
   a. Branchen mit Methoden wie Multiplikatorverfahren, z.B. umsatzabhängig bei
      Freiberuflerpraxen nach BRAK Methode (s.o. Kap. D Rdn. 122 ff.);
   b. betriebswirtschaftliche Bewertungsmethoden wie der IDW Standard IDW
      S 1, den die OFD Rheinland[3] ausdrücklich anerkennt;
   c. **vereinfachtes Ertragswertverfahren**, vgl. § 11 Abs. 2 Satz 4 BewG i.V.m. §§ 199
      bis 203 BewG. Die Vereinfachungen dieser Methode bestehen darin, auf die
      Verwendung von Planzahlen und auf eine individuelle Betrachtung des Risi-
      kos zu verzichten. Stattdessen wird der bereinigte Durchschnitt der letzten drei
      Jahre mit einem pauschalisierten Risikozuschlag von 4,5 % auf den Zinssatz
      verwendet. Die Methode ist aber bei konjunkturell schwankenden Unterneh-
      mensergebnissen ungeeignet, weil eine Bewertung auf Basis von durchschnittli-
      chen Vergangenheitsergebnissen allenfalls zufällig einen marktpreisnahen Wert
      ermittelt. Demgegenüber muss ein gerichtliches Bewertungsgutachten dem
      konkreten Einzelfall gerecht werden und nicht wie das Steuerrecht auf die effi-
      ziente Umsetzung durch eine typisierende Verwaltung abstellen.

Nach §§ 13a, 13b, 19a ErbStG gelten die neuen Verschonungsregeln (s.o. Rdn. 7)   39
und damit eine Steuerbefreiung für Betriebsvermögen, Betriebe der Land- und Forstwirtschaft und Anteile an Kapitalgesellschaften.

IV. Bewertung von Personengesellschaften nach dem BewG

Nach § 199 Abs. 2 BewG kann auch der Anteil des Betriebsvermögens an einer **Perso-**   40
nengesellschaft nach § 97 Abs. 1 Nr. 5 BewG im **vereinfachten Ertragswertverfahren**
ermittelt werden. Nicht berücksichtigt werden dabei aber Sonder- und Ergänzungsbilanzen (und auch deshalb ungeeignet im Zugewinnausgleichsverfahren), sondern nur
das Gesamthandsvermögen (§ 202 Abs. 1 BewG).

Der Ertragswert des Gesamthandsvermögens ist nach § 97 Abs. 1a BewG wie folgt   41
zu ermitteln:

---

3 Oberfinanzdirektion Rheinland v. 15.11.2007 – S. 2244 – 1008 – St 14.

- die Kapitalkonten aus der Gesamthandsbilanz sind den jeweiligen Gesellschaftern vorweg zuzurechnen;
- der verbleibende Wert ist nach den für die Gesellschaft maßgebenden Gewinnverteilungsbeschlüssen auf die Gesellschafter aufzuteilen; Vorabgewinnanteile sind nicht zu berücksichtigen;
- der gemeine Wert des Sonderbetriebsvermögens ist zu ermitteln und dem Gesellschafter zuzurechnen.

Die Summe aller Werte bildet den Wert des Anteils eines Gesellschafters.

V. Bewertung von Wertpapieren, Lebensversicherungen und lebenslänglichen Nutzungen und Leistungen nach dem BewG

42 **Wertpapiere**, die am Stichtag im regulierten Markt zugelassen sind, werden nach § 11 BewG mit dem niedrigsten, am Stichtag für sie notierten Kurs, angesetzt. Dies gilt auch für Wertpapiere im Freiverkehr.

43 Ansprüche aus noch nicht fälligen **Lebensversicherungen** sind mit dem Rückkaufswert (Zerschlagungswert) nach § 12 Abs. 4 BewG zu bewerten.

44 Die Ermittlung des Wertes von **lebenslänglichen Nutzungen und Leistungen** erfolgt nach § 14 BewG. Die Vervielfältiger sind nach aktuellen Sterbetabellen des statistischen Bundesamtes ermittelt. Die Sterbetabellen werden im Bundesteuerblatt veröffentlicht.

VI. Steuerklassen

45 Je nach persönlichem Verhältnis des Beschenkten oder Erben zum Erblasser bzw. Schenker wird der Erwerber in eine von drei **Steuerklassen** eingeordnet.

Im Folgenden: **Freibetrag** nach (§ 16 ErbStG), **Steuerklasse** nach § 15 ErbStG)
- Ehepartner und Lebenspartner einer eingetragenen Lebenspartnerschaft: 500.000 €, Steuerklasse I
- Kinder und Enkelkinder, deren Eltern verstorben sind, sowie für Stief- und Adoptivkinder: 400.000 €, Steuerklasse I
- Enkelkinder: 200.000 €, Steuerklasse I
- Eltern und Großeltern beim Erwerb durch Erbschaft: 100.000 €, Steuerklasse I
- Eltern und Großeltern beim Erwerb durch Schenkung, Geschwister, Kinder der Geschwister, Stiefeltern, Schwiegerkinder, Schwiegereltern, geschiedene Ehepartner und Lebenspartner einer aufgehobenen Lebenspartnerschaft: 20.000 €, Steuerklasse II
- alle anderen Empfänger einer Schenkung oder Erbschaft 20.000 €, Steuerklasse III

VII. Steuersätze und Freibeträge

46 Die Steuer (Steuersätze und Freibeträge) wird nach normierten Prozentsätzen erhoben, welche von Steuerklasse I–III ansteigen und auch innerhalb der Steuerklassen mit

Zunahme des steuerpflichtigen Erwerbs ansteigen (§ 19 Abs. 1 ErbStG). Es bestehen folgende normierte Ausnahmetatbestände.

– **Ehegattenfreibetrag**

Ein Erwerb zwischen Ehegatten i.H.v. 500.000 € bleibt bei der Besteuerung außer   47
Betracht (§ 16 Abs. 1 Nr. 1 ErbStG). Voraussetzung für die Inanspruchnahme dieses Freibetrags ist, dass im Zeitpunkt des Todes des erstversterbenden Ehegatten oder der Ausführung der betreffenden Schenkung eine rechtsgültige Ehe bestanden hat. Ein Getrenntleben der Ehegatten ist ohne Belang. Im Fall der Schenkung kann dieser Freibetrag alle zehn Jahre erneut genutzt werden.

– **Besonderer Versorgungsfreibetrag**

Im Todesfall eines Ehegatten wird dem überlebenden Ehegatten zudem ein besonderer   48
zusätzlicher Versorgungsfreibetrag i.H.v. 256.000 € gewährt (§ 17 Abs. 1 ErbStG). Dieser zusätzliche Freibetrag wird bei Ehegatten, denen aus Anlass des Todes des Erblassers nicht der Erbschaftsteuer unterliegende Versorgungsbezüge zustehen, um den Kapitalwert der Versorgungsbezüge gekürzt (§ 17 Abs. 1 Satz 2 ErbStG, § 14 BewG).

Erbschaftsteuer- und Schenkungsteuersätze nach § 19 ErbStG: 49

Wert des steuerpflichtigen Erwerbs (§ 10) bis einschließlich … Euro	Prozentsatz in der Steuerklasse		
	I	II	III
75.000	7	15	30
300.000	11	20	30
600.000	15	25	30
6.000.000	19	30	30
13.000.000	23	35	50
26.000.000	27	40	50
über 26.000.000	30	43	50

VIII. Steuerbefreiungen

Neben den Freibeträgen sind im ErbStG zahlreiche folgende **Steuerbefreiungen**   50
relevant:
– Für **Hausrat** einschließlich Wäsche und Kleidungsstücke wird bei deren Erwerb durch Personen der Steuerklasse I eine Steuerbefreiung geregelt, soweit die Gegenstände insg. den Wert von 41.000 € nicht übersteigen (§ 13 Abs. 1 Nr. 1 Buchst. a ErbStG).
– Bei dem Erwerb von Hausrat einschließlich Wäsche und Kleidungsstücke und anderer beweglicher körperlicher Gegenstände durch Personen der Steuerklassen

II und III tritt ebenfalls eine Steuerbefreiung ein, soweit der Wert insg. 12.000 € nicht übersteigt (§ 13 Abs. 1 Nr. 1 Buchst. c ErbStG).

– Jeder Erwerb durch Personen der Steuerklasse I in Zusammenhang mit einem **selbst genutzten Familienheim** (einem Grundstück, soweit darin eine Wohnung zu eigenen Wohnzwecken genutzt wird) wird als steuerfrei behandelt (§ 13 Abs. 1 Nr. 4a ErbStG). Seit 2009 gelten hierbei auch solche Grundstücke als begünstigt, die nur teilweise für eigene Wohnzwecke genutzt werden.

– Ferner ist der Erwerb eines Familienheims von Todes wegen durch den Ehegatten und ggf. Kinder von der Steuer befreit, soweit dieses für den Zeitraum von zehn Jahren durch den Erwerber weiterhin zu Wohnzwecken genutzt wird (§ 13 Abs. 1 Nr. 4b ErbStG). Eine Ausnahme gilt, wenn der Erwerber bzw. der Ehegatte aus zwingenden Gründen an einer Selbstnutzung gehindert werden.

IX. Beispiele Erbschaft-/Schenkungsteuer bei Eheleuten

51 ▶ Sachverhalt 1: Ehegatte Alleinerbe, Betriebsvermögen 1 Mio. €, kein anderes übriges Vermögen

Betriebsvermögen § 13b Abs. 1 ErbStG			1.000.000
Betriebsvermögen § 13b Abs. 4 ErbStG (85 %, aufgerundet)			–850.000
verbleiben			150.000
Abzugsbetrag § 13a Abs. 2 ErbStG		150.000	
Abschmelzen			
BV § 13b Abs. 1 ErbStG (nach § 13b Abs. 4 ErbStG)	150.000		
Abzugsbetrag	–150.000		
übersteigender Betrag	0		
davon 50 % (abgerundet)	0	0	
verbleibender Abzugsbetrag		150.000	–150.000
Steuerpflichtiges Betriebsvermögen			0
Vermögensanfall = Bereicherung			0
persönlicher Freibetrag			–500.000
steuerpflichtiger Erwerb			0
Steuersatz 0 %			
Steuer			**0**

Sachverhalt 2: Ehegatte Alleinerbe, Betriebsvermögen 2 Mio. €, kein anderes übriges Vermögen

Betriebsvermögen § 13b Abs. 1 ErbStG	2.000.000
Betriebsvermögen § 13b Abs. 4 ErbStG (85 %, aufgerundet)	–1.700.000
verbleiben	300.000

Abzugsbetrag § 13a Abs. 2 ErbStG	150.000		
Abschmelzen			
BV § 13b Abs. 1 ErbStG (nach § 13b Abs. 4 ErbStG)	300.000		
Abzugsbetrag	–150.000		
übersteigender Betrag	150.000		
davon 50 % (abgerundet)	75.000	–75.000	
verbleibender Abzugsbetrag		75.000	–75.000
Steuerpflichtiges Betriebsvermögen			225.000
Vermögensanfall = Bereicherung			225.000
persönlicher Freibetrag			–500.000
steuerpflichtiger Erwerb			0
Steuersatz 0 %			
Steuer			**0**

Sachverhalt 3: Ehegatte Alleinerbe, Betriebsvermögen 3 Mio. €, kein anderes übriges Vermögen

Betriebsvermögen § 13b Abs. 1 ErbStG	3.000.000
Betriebsvermögen § 13b Abs. 4 ErbStG (85 %)	–2.550.000
verbleiben	450.000

Abzugsbetrag § 13a Abs. 2 ErbStG	150.000		
Abschmelzen			
BV § 13b Abs. 1 ErbStG (nach § 13b Abs. 4 ErbStG)	450.000		
Abzugsbetrag	–150.000		
übersteigender Betrag	300.000		
davon 50 %	150.000	–150.000	

verbleibender Abzugsbetrag	0	0
Steuerpflichtiges Betriebsvermögen		450.000
Vermögensanfall = Bereicherung		450.000
persönlicher Freibetrag		−500.000
steuerpflichtiger Erwerb		0
Steuersatz 0 %		
Steuer		**0**

Sachverhalt 4: Ehegatte Alleinerbe, Gütertrennung, Betriebsvermögen 10 Mio. €, kein anderes übriges Vermögen

Betriebsvermögen § 13b Abs. 1 ErbStG			10.000.000
Betriebsvermögen § 13b Abs. 4 ErbStG (85 %)			−8.500.000
verbleiben			2.500.000
Abzugsbetrag § 13a Abs. 2 ErbStG		150.000	
Abschmelzen			
BV § 13b Abs. 1 ErbStG (nach § 13b Abs. 4 ErbStG)	2.500.000		
Abzugsbetrag	−150.000		
übersteigender Betrag	2.350.000		
davon 50 %	1.175.000	−1.175.000	
verbleibender Abzugsbetrag		0	0
Steuerpflichtiges Betriebsvermögen			2.500.000
Vermögensanfall = Bereicherung			2.500.000
persönlicher Freibetrag			−500.000
steuerpflichtiger Erwerb			2.000.000
Steuersatz 19 %			
Steuer			**380.000**

X. Zuwendungen unter Ehegatten

1. Übersicht

52 Vermögensübertragungen zwischen Ehegatten, die aufgrund der Geschäftsgrundlage des Fortbestands der Ehe vorgenommen werden, stellen sog. **unbenannte** oder **ehebezogene Zuwendungen** dar. Diese sind von Schenkungen zwischen den Ehegatten gem. den §§ 516 ff. BGB zu unterscheiden. Schenkungen, die zwischen Ehegatten vorgenommen werden, können der Schenkungsteuer unterliegen, sofern sie die entsprechenden Voraussetzungen des § 7 Abs. 1 Nr. 1 ErbStG erfüllen:

Als Schenkung unter Lebenden gilt jede freigebige Zuwendung, soweit der Bedachte 53 durch sie auf Kosten des Zuwendenden bereichert wird.

Fehlt es an einem objektiven oder subjektiven Tatbestandsmerkmal, so ist keine 54 Schenkungsteuerpflicht gegeben. Steuerliche gesetzliche Regelungen zu dieser Problematik finden sich insb. in § 5 ErbStG und § 13 ErbStG. Ein Bereicherungswille ist nicht erforderlich.[4]

a) Auffassung des BGH

Nach **Auffassung des BGH**[5] handelt es sich bei diesen unbenannten/ehebedingten 55 Zuwendungen i.d.R. um objektiv unentgeltliche Vermögenstransfers. Bei ihnen liege die Vorstellung oder Erwartung zugrunde, dass die eheliche Lebensgemeinschaft Bestand haben werde; sie würden um der Ehe willen erfolgen und als Beitrag zur Verwirklichung oder Ausgestaltung, Erhaltung oder Sicherung der ehelichen Lebensgemeinschaft erbracht werden und darin ihre Geschäftsgrundlage haben.

▶ Beispiel

Der Ehemann M überträgt der Ehefrau F als Ausgleich dafür, dass sie den Haushalt führt, Barvermögen. Es liegt hier eine unbenannte Zuwendung von M an seine Ehefrau F vor. Dies gilt auch, wenn anderes Vermögen übertragen wird (z.B. eine Immobilie).

b) Auffassung des BFH

Aus der vom BGH statuierten Unentgeltlichkeit der unbenannten Zuwendungen folgt der **BFH**,[6] dass diese dann der **Schenkungsteuer** unterliegen, wenn die 56 Vermögensverschiebungen im Bewusstsein der Unentgeltlichkeit erfolgen. Für den subjektiven Zuwendungstatbestand genügt nach Auffassung des BFH der Wille des übertragenden Ehegatten zur Unentgeltlichkeit. Dieser soll vorliegen, wenn dieser sich bewusst sei, dass seine Leistung ohne rechtlichen Zusammenhang mit einer Gegenleistung erbracht wird.

▶ Beispiel einer schenkungsteuerpflichtigen Zuwendung

Die Ehegatten M und F leben im Güterstand der Zugewinngemeinschaft. Ehemann 57 M wendet seiner Ehefrau F einen Geldbetrag i.H.v. 650.000 € zu.

---

4 BFH, 01.07.1992 – II R 12/90, DStR 1992, 1318 ff. = NJW 1993, 158 ff.
5 BGH, FamRZ 1982, 246; FamRZ 1983, 351; FAKomm-FamR/*Weinreich* § 1380 Rn. 8 ff.
6 Zuletzt BFH, 27.11.2013 – II R 25/12, JurionRS 2013, 53733.

Lösung

Die Zuwendung von M an F unterliegt der Schenkungsteuer nach § 7 Abs. 1 Nr. 1 ErbStG. Unbenannte Zuwendungen sind schenkungsteuerpflichtig.

58 Der BFH[7] hatte bereits 1994 entschieden, dass eine unbenannte Zuwendung nicht deswegen von der Schenkungsteuer ausgenommen ist, weil sie wegen ihres spezifisch ehebezogenen Charakters nach h.M. im Zivilrecht keine Schenkung i.S.d. § 516 BGB darstellt.

59 Dies hat zur Folge, dass unbenannte Zuwendungen der Schenkungsteuer unterliegen. Ihre Schenkungsteuerpflicht beurteilt sich nach den allgemeinen Voraussetzungen des § 7 Abs. 1 Nr. 1 ErbStG, d.h., ob eine objektive und subjektive Unentgeltlichkeit vorliegt.

Der subjektive Tatbestand liegt hier vor, da es nur auf den Willen zur Unentgeltlichkeit durch den zuwendenden Ehegatten M ankommt.

▶ **Hinweis**

60 Der Wille zur Unentgeltlichkeit ist nach Auffassung des BFH gegeben, wenn der Zuwendende in dem Bewusstsein handelt, zu der Vermögenshingabe weder rechtlich verpflichtet zu sein noch dafür eine mit seiner Leistung in einem synallagmatischen, konditionalen oder kausalen Zusammenhang stehende Gegenleistung zu erhalten.

61 Das Tatbestandsmerkmal der objektiven Unentgeltlichkeit ist ebenfalls erfüllt, weil die Führung des Haushalts, die Betreuung der Kinder oder die Unterstützung des anderen Ehegatten durch einen Ehegatten keine Gegenleistung darstellen.

c) Auffassung der Finanzverwaltung

62 Die **Finanzverwaltung** hatte mit einem Erlass aus 1988[8] auf ein früheres, die unbenannte Zuwendung erbschaftsteuerlich anerkennendes Urteil des BFG restriktiv reagiert und die Schenkungsteuerfreiheit der unbenannten Zuwendungen auf Fälle der Übertragung des Eigentums oder Miteigentums an einem Familienwohnheim beschränkt. Mit koordinierten Ländererlaß[9] ist der Erlass mit Wirkung v. 01.06.1994 wieder aufgehoben. Bei Familienwohnungen, die vor diesem Zeitpunkt erworben, vom wohlhabenden Ehegatten allein finanziert, im Grundbuch jedoch auf beide Ehegatten zu 1/2 eingetragen worden sind, bleibt es bei der schenkungsteuerfreien unbenannten Zuwendung.

d) Eingrenzung

63 Eine **Eingrenzung** der Steuerbarkeit ehebezogener Zuwendungen wird dadurch vorgenommen, dass Rücksicht darauf zu nehmen ist, ob und inwiefern die einem Ehegatten

---

7 BFH, 20.09.1994 – VII R 40/93, JurionRS 1994, 18928.
8 Erlaß v. 10.11.1988, BStBl I 1988, S. 513.
9 Erlaß v. 26.04.1994, BStBl I 1994, S. 297.

zugeordnete Vermögensmasse in erster Linie Ergebnis der ehelichen Erwerbsgemeinschaft ist. Vor dem Hintergrund der gemeinsamen Lebensführung und der ehelichen Erwerbs- und Wirtschaftsgemeinschaft ist zu überprüfen, ob etwaige Vermögenszuwächse i.R.d. gemeinsamen Haushaltsführung oder etwa gemeinsamen Altersvorsorge erfolgt sind. Zur gemeinsamen Lebensführung der Eheleute i.R.d. ehelichen Erwerbs- und Wirtschaftsgemeinschaft vorgenommene finanzielle Beiträge eines Ehegatten, sind grds. keine unentgeltlichen und damit steuerbaren Zuwendungen. Dies gilt auch, wenn diese unabhängig von einem zeitnahen Ausgleich bzw. einer entsprechenden Gegenleistung vorgenommen worden sind.

– Präzisierung hinsichtlich der Güterstände 64

Zu beachten ist, dass im Falle des gesetzlichen oder vertraglich vereinbarten Güterstands der Zugewinngemeinschaft der **Zugewinn** selbst **keiner Besteuerung** unterliegt. Wird der Güterstand der Zugewinngemeinschaft durch den Tod eines Ehegatten beendet, gilt der Zugewinn nicht als steuerpflichtiger Erwerb von Todes wegen.

Dies gilt auch, sofern der Güterstand der Zugewinngemeinschaft in anderer Weise als durch den Tod eines Ehegatten beendet wird, etwa durch Änderung des Güterstands, z.B. durch den Wechsel in den Güterstand der Gütertrennung. Auch eine steuerbare Schenkung unter Lebenden kommt dann nicht in Betracht (§ 5 Abs. 1 und 2 ErbStG).

– Kettenschenkung 65

Nach Ansicht des BFH[10] liegt **kein** Gestaltungsmissbrauch vor, wenn Eltern einem Kind ein Grundstück schenken, über das es frei verfügen kann, wenn das Kind im Einverständnis mit den Eltern anschließend seinem Ehegatten einen Miteigentumsanteil schenkt. Es handelt sich nicht um eine anteilige Grundstücksschenkung der Eltern an das Schwiegerkind.

2. Einzelne Zuwendungstatbestände

a) Zuwendung von Immobilien

Eine **Schenkung des Familienheims** ist als Zuwendung nach § 13 Abs. 1 Nr. 4a 66 ErbStG schenkungsteuerfrei. Dies gilt nicht nur für die direkte Schenkung des Familienheims selbst, sondern z.B. auch für die Tilgung eines in Zusammenhang mit dem Kauf oder der Herstellung des Familienheims aufgenommenen Darlehens aus Mitteln eines Ehegatten und zudem für die Begleichung nachträglicher Herstellungs- oder Erhaltungsaufwendungen am gemeinsamen Familienheim.

Für die **Schenkung einer Ferienimmobilie** kann die Steuerbefreiung für das Famili- 67 enheim nach § 13 Abs. 1 Nr. 4a ErbStG nicht in Anspruch genommen werden, wenn sich dort nicht der Mittelpunkt des familiären Lebens befindet. Abgesehen von dem

---

10 BFH, 18.07.2013 – II R 37/11, JurionRS 2013, 45310 und II R 45/11, JurionRS 2013, 47822.

Ehegattenfreibetrag i.H.v. 500.000 € nach § 16 Abs. 1 Nr. 1 ErbStG, lösen diese Zuwendungen regelmäßig Schenkungsteuer aus.

b) Übernahme von Versicherungsprämien

68 Übernimmt ein Ehegatte die laufende Zahlung von Versicherungsprämien für eine vom anderen Ehegatten abgeschlossene **Lebensversicherung**, liegt aufgrund der Befreiung von der Verpflichtung zur Prämienzahlung eine schenkungsteuerpflichtige Zuwendung nach § 7 Abs. 1 Nr. 1 ErbStG vor.

c) Einzahlungen auf gemeinschaftliche Konten und Depots

69 Nach Auffassung der OFD Koblenz[11] sind **gemeinschaftliche Konten**/Oder-Konto und Depots unabhängig von der Herkunft des Geldes bzw. der Wertpapiere nach Maßgabe der Auslegungsregel des § 430 BGB grds. beiden Ehegatten jeweils zur Hälfte zuzurechnen und der nicht einzahlende Ehegatte folglich insoweit bereichert. Etwas anderes soll nur dann gelten, wenn die Beteiligten eine abweichende Vereinbarung und entsprechende tatsächliche Gestaltung nachweisen können. Der **BFH**[12] lehnt diese Verwaltungspraxis teilweise ab. Ehegatten können danach Gemeinschaftskonten/-depots einrichten, ohne dass dies per se einen schenkungsteuerlichen Vorgang darstellt. Durch die bloße Einzahlung auf das gemeinschaftliche Konto/Depot ist nämlich noch nicht die Frage beantwortet, ob der andere Ehegatte hierdurch auch auf Kosten des Einzahlenden bereichert wurde, d.h. ob ein Vermögensübergang stattgefunden hat.

70 Eine freigebige Zuwendung nach § 7 Abs. 1 Nr. 1 ErbStG soll erst dann vorliegen, wenn und soweit der Ehegatte im Verhältnis zum einzahlenden Ehegatten tatsächlich und rechtlich **frei** über das eingezahlte Guthaben **verfügen** kann, den ihm zustehenden Teil endgültig behalten darf und die Zuwendung unentgeltlich ist.

71 Für die Beurteilung, ob eine Schenkung zwischen den Ehegatten vorliegt, ist auf das Verhalten der Ehegatten abzustellen und eine **Gesamtwürdigung des Einzelfalls** vorzunehmen. Maßgeblich ist, wie die Ehegatten das Oder-Konto tatsächlich handhaben und wie sie die Mittel verwenden, die sie nicht für laufende Lebensführung benötigen.

72 Je häufiger der nicht einzahlende Ehegatte auf das Guthaben des Oder-Kontos zugreift, um sich eigenes Vermögen zu bilden, umso stärker spricht dies dafür, dass er hälftig an dem Vermögen berechtigt ist und damit auch eine Schenkung vorliegt. Lässt sich dies allerdings weder aus dem Verhalten der Ehegatten noch aufgrund von schriftlichen oder mündlichen Vereinbarungen abschließend klären, trägt die Finanzverwaltung die Beweislast dafür, dass eine Schenkung vorliegt.

---

11 OFD Koblenz, Verfügung v. 19.02.2002; DStR 2002, 1266.
12 BFH, 07.10.1988 – II R 30/97, JurionRS 1998, 11527; BFH, 25.01.2001 – II R 22/98, JurionRS 2001, 21698.

d) Vermögenstransfers von Einzelkonten

Überträgt ein Ehegatte den Vermögensstand seines **Einzelkontos/**-depots **unentgelt-** 73
lich auf das Einzelkonto/-depot des anderen Ehegatten, trägt nach Ansicht des BFH[13]
der zur Schenkungsteuer herangezogene Ehegatte die Feststellungslast für Tatsachen,
die der Annahme einer freigebigen Zuwendung entgegenstehen. Zu diesen Tatsachen
zählen auch solche, die belegen sollen, dass dem bedachten Ehegatten das erhaltene
Guthaben bereits vor der Übertragung im Innenverhältnis vollständig oder teilweise
zuzurechnen war.

e) Unterhaltszahlungen

Soweit **Unterhaltszahlungen** zur Erfüllung der Verpflichtung zum Familienunterhalt 74
nach § 1360a BGB geleistet werden, sind sie nicht schenkungsteuerbar. Nach § 1360a
BGB umfasst der Familienunterhalt alles, was nach den Verhältnissen der Ehegatten erforderlich ist, um die Kosten des Haushalts zu bestreiten und die persönlichen
Bedürfnisse der Ehegatten und den Lebensbedarf der gemeinsamen unterhaltsberechtigten Kinder zu befriedigen. Damit bemisst sich der Familienunterhalt nicht ohne
weiteres nach den zum Ehegattenunterhalt bei Trennung und Scheidung entwickelten
Grundsätzen. Er ist nach seiner Ausgestaltung nicht auf die Gewährung einer frei
verfügbaren Geldrente für den jeweils anderen Ehegatten, sondern als **gegenseitiger**
Anspruch der Ehegatten darauf gerichtet, dass jeder von ihnen seinen Beitrag zum
Familieneinkommen entsprechend seiner nach dem individuellen Ehebild übernommenen Funktion leistet. Sein Maß bestimmt sich nach den ehelichen Lebensverhältnissen, so dass § 1578 BGB als Orientierungshilfe herangezogen werden kann.

Der Familienunterhalt ist bei deutlich über dem Durchschnitt liegenden Einkünf- 75
ten nach der Methode konkreter Bedarfsbemessung zu ermitteln. Der Familienunterhalt ist in diesen Fällen die Summe der konkret nach Eurobeträgen geschätzten
Einzelbedürfnisse.

In schenkungsteuerlicher Hinsicht steuerbar sind nur diejenigen ausschließlich von 76
einem Ehegatten veranlassten Zuflüsse, die das übliche Maß gemessen am Lebenszu-
schnitt der Ehegatten übersteigen. Nur die Leistungen zur **Vermögensbildung** sind
schenkungsteuerpflichtig. Den Aufbau einer Altersversorgung sieht das Schrifttum
als Bedarfsdeckung an. Der BFH[14] verneint zwar eine freigebige Zuwendung, soweit
eine Unterhaltsverpflichtung besteht. Gleichzeitig lehnt er es ab, den Aufbau einer
Altersversorgung als Erfüllung einer nicht steuerbaren Unterhaltpflicht anzuerkennen. Zwar besteht für den erwerbstätigen Ehegatten aufgrund der §§ 1360, 1360a
BGB eine Verpflichtung, nicht nur für den gegenwärtigen, sondern entsprechend seinen wirtschaftlichen Verhältnissen auch für die dauernde Sicherung des zukünftigen
Unterhalts des anderen Ehegatten zu sorgen. Gleichwohl ergibt sich kein konkreter
Leistungs- oder Zahlungsanspruch gegen den unterhaltsverpflichteten Ehegatten.

---

13 BFH, 29.06.2016 – II R 41/16, JurionRS 2016, 23054.
14 BFH, 17.04.1985 – II R 147/82, JurionRS 1985, 15763.

77   Bei laufenden Zahlungen kommt die Steuerbefreiung des § 13 Abs. 1 Nr. 12 ErbStG
     in Betracht. Demnach bleiben Zuwendungen unter Lebenden zum Zwecke des ange-
     messenen Unterhalts oder zur Ausbildung des Bedachten steuerfrei. Voraussetzung
     für die Steuerfreiheit laufender Zuwendungen ist, dass sie nicht auf Grundlage einer
     gesetzlichen Unterhaltspflicht erbracht werden. Soweit der Bedachte einen Anspruch
     auf die Zuwendungen hat, fehlt es insofern bereits an einer steuerbaren freigebigen
     Zuwendung, deren Vorliegen den Anwendungsbereich des § 13 Abs. 1 ErbStG erst
     eröffnet. In diesem Zusammenhang gelten Zuwendungen als angemessen, die den
     Vermögensverhältnissen und der Lebensführung des Bedachten entsprechen (§ 13
     Abs. 2 Satz 1 ErbStG). Überschreitet allerdings die Zuwendung den Rahmen des
     Angemessenen, ist die Zuwendung nach Maßgabe des § 13 Abs. 2 Satz 2 ErbStG in
     vollem Umfang steuerpflichtig. Die Vorschrift des § 13 Abs. 2 Satz 2 ErbStG statuiert
     damit ein sog. Teilungsverbot. Dies gilt nur dann nicht, wenn mehrere Zuwendungen
     mit unterschiedlichen Zweckbestimmungen gewährt werden.

▶ Hinweis

78   Bei laufenden Zahlungen sollte regelmäßig geprüft werden, ob sie noch dem
     Familienunterhalt oder schon dem Vermögensaufbau dienen. Sofern ein Ehegatte
     bisher nicht beruflich tätig ist, zu Beginn der Ehe kein Vermögen besaß und
     über beachtliches Vermögen verfügt, wird zu vermuten sein, dass er, abgesehen
     von etwaigen Erbschaften und Schenkungen seitens Dritter, von dem anderen
     Ehegatten Vermögen schenkweise erhält.

f) Übernahme der Einkommensteuer

79   Auch wenn Ehegatten zur einkommensteuerlichen Zusammenveranlagung nach
     § 26b EStG optieren und folglich nach § 44 Abs. 1 Satz 1 AO Gesamtschuldner der
     festgesetzten Einkommensteuer und des Solidaritätszuschlags sind, hat jedoch jeder
     Ehegatte für die Steuer, die auf seine Einkünfte entfällt, selbst aufzukommen. Hieraus
     folgt, dass die Aufteilung der Steuerschuld im Innenverhältnis unter entsprechender
     Heranziehung des § 270 AO auf der Grundlage fiktiver getrennter Veranlagung der
     Ehegatten zu erfolgen hat. Soweit ein Ehegatte die im Einkommensteuerbescheid fest-
     gesetzte Steuer aus eigenen Mitteln begleicht, obwohl die Einkommensteuer teilweise
     auf die Einkünfte des anderen Ehegatten entfällt, liegt somit ebenfalls eine freigebige
     Zuwendung i.S.d. § 7 Abs. 1 Nr. 1 ErbStG vor.

g) Gewährung unverzinslicher Darlehen

80   Gelegentlich werden **unverzinsliche Darlehen** zwischen Ehegatten gewährt. Aus
     schenkungsteuerlicher Sicht liegt hier eine freigebige Zuwendung nach § 7 Abs. 1
     Nr. 1 ErbStG vor.

81   Gegenstand der Zuwendung ist die Gewährung des Rechts, das als Darlehen überlassene
     Kapital zu nutzen. Dabei ist es nicht relevant, dass zivilrechtlich in der bloßen vorü-
     bergehenden Gebrauchsüberlassung einer Sache i.d.R. keine das Vermögen mindernde
     Zuwendung liegt, wie sie für eine Schenkung nach § 516 Abs. 1 BGB erforderlich ist.

Die Minderung des Vermögens des Zuwendenden besteht in schenkungsteuerlicher 82
Hinsicht darin, dass er auf einen Ertrag verzichtet, den er bei verkehrsüblichem Verhalten gezogen hätte. Der Verzicht auf die zum Vermögen des Darlehensgebers gehörende Nutzungsmöglichkeit ist eine Vermögensminderung.

Der schenkungsteuerliche Wert bestimmt sich nach dem Kapitalwert der Nutzung. 83
Sind die Nutzungen zeitlich beschränkt, errechnet sich deren Kapitalwert durch die
Multiplikation des Jahreswerts der Nutzung mit dem von der Laufzeit abhängigen
Vervielfältiger (§ 13 Abs. 1 Satz 1 BewG i.V.m. Anlage 9a).

Ist die Nutzung von unbestimmter Dauer, bestimmt sich deren Kapitalwert durch die 84
Multiplikation des Jahreswerts mit dem Faktor 9,3 nach § 13 Abs. 2 Halbs. 2 BewG.
Der Jahreswert der Nutzung einer Geldsumme ist mit einem Anteil von 5,5 % von
dem Geldbetrag anzunehmen, soweit kein anderer Wert feststeht (§ 15 Abs. 1 BewG).

Vergleichsmaßstab für die Feststellung eines anderen Werts ist der marktübliche Zins- 85
satz, der bei Gewährung oder Aufnahme eines Darlehens zu vergleichbaren Bedingungen zu entrichten gewesen wäre. Der marktübliche Zinssatz ist nur äußerst schwierig
festzustellen, da die Darlehen i.a.R. ohne jegliche Sicherheiten gewährt werden und
unter diesen Bedingungen ein Vergleich mit besicherten Bankdarlehen nicht möglich
ist, so dass im Regelfall ein Zinssatz i.H.v. 5,5 % p.a. angesetzt werden muss.

h) Zahlung von gemeinsamen Konto der Ehegatten

Nach ständiger Rechtsprechung[15] werden Zahlungen von einem gemeinsamen Konto 86
der Ehegatten jeweils für Rechnung desjenigen geleistet, der den Betrag schuldet,
sofern keine besonderen Vereinbarungen getroffen werden. Dabei ist es unerheblich,
aus wessen Mitteln das Guthaben auf dem Konto stammt.

i) Schenkungsteuer durch Verzicht

Ein Verzicht jedweder Leistungen eines Ehegatten gegenüber dem anderen kann 87
Schenkungsteuer auslösen.[16] Bei (notariellen) Vereinbarungen sollte deshalb wegen §
42 AO nicht angegeben werden, auf was verzichtet wird. Vielmehr sollte ausschließlich die verbleibende positive Leistung ausgewiesen werden.

▶ Verfahrenshinweis

Das Vermögen ist regelmäßig auf schenkungsteuerpflichtige Sachverhalte zu 88
untersuchen. Stellt man dabei in der Vergangenheit erfolgte schenkungsteuerpflichtige
Zuwendungen fest, können und sollen die bestehenden Heilungsmöglichkeiten
(Klarstellungsvereinbarungen, Güterstandschaukel, Selbstanzeige etc.) in Anspruch
genommen werden, bevor diese Sachverhalte anderweitig aufgedeckt werden.

---

15 BFH, 21.02.2017 - VIII R 10/14.
16 FG Kassel, EFG 2017, 871.

K. Grunderwerbsteuer

1 Die zu Gunsten von Ehegatten bestehenden Steuervergünstigungen beim Grundstückserwerb richten sich im Wesentlichen nach § 3 GrEStG.

Folgende Befreiungstatbestände für die Übertragung von Grundbesitz unter Ehegatten sind zu unterscheiden:

2 **Erwerb unter lebenden Ehegatten:**
   - Schenkung vom Ehegatten – § 3 Nr. 2 Satz 1 GrEStG
   - Anderweitiger Erwerb vom Ehegatten – § 3 Nr. 4 GrEStG
   - Erwerb i.R.d. Vermögensauseinandersetzung nach Ehescheidung – § 3 Nr. 5 GrEStG

3 **Erwerb bei Tod eines Ehegatten:**
   - Überlebender Ehegatte ist Alleinerbe – § 3 Nr. 2 Satz 1 GrEStG
   - Überlebender Ehegatte ist Miterbe und erwirbt Grundstück aus dem Nachlass – § 3 Nr. 3 Satz 1 GrEStG
   - Überlebender Ehegatte ist **kein** Erbe, erwirbt Grundstück aber i.R.d. Auseinandersetzung der Güter-/Zugewinngemeinschaft – § 3 Nr. 3 Satz 2 1. Alt./2. Alt. GrEStG

4 **Interpolation**

Die Befreiungsvorschriften können auch interpolierend zur Anwendung kommen, wenn Grundstückserwerbe oder Erwerbe von Anteilen an Kapital- oder Personengesellschaften mit Grundbesitz in abgekürzter Weise stattfinden, wobei jeder einzelne unterlassene Zwischenerwerb für sich steuerbefreit gewesen wäre. Hierbei dürfen sich allerdings die unterlassenen Zwischenerwerbe nicht als Gestaltungsmissbrauch i.S.v. § 42 AO darstellen.

5 Als Beispiele einer Steuerbefreiung kraft **Interpolation** sind zu nennen der Erwerb i.R.d. Vermögensauseinandersetzung nach einer Scheidung verbunden mit der Einbringung in das Gesamthandsvermögen einer Personengesellschaft (in abgekürzter Weise) oder der Erwerb von Ehegatten bzw. von Verwandten in gerader Linie und die (direkt sich vollziehende) Einbringung in das Gesamthandsvermögen einer Mitunternehmerschaft.

6 **Näheverhältnisse**

Bei den begünstigten Erwerben handelt sich um Grundstücksübertragungen zwischen Verwandten in gerader Linie bzw. Stiefkindern (unter Einschluss deren Ehegatten und – seit 14.12.2010 – Lebenspartner), unter Ehegatten, seit 14.12.2010 auch unter eingetragenen Lebenspartnern[1] oder vom geschiedenen Ehegatten (§ 3 Nr. 5 GrEStG) bzw. (seit 14.12.2010) vom geschiedenen Lebenspartner.

---

1 Diese fallen ab 01.10.2017 unter den Begriff der »Ehe«.

Schenkungsteuer 7

Gem. § 3 Nr. 2 Satz 1 GrEStG schließen sich Grunderwerbsteuer und Schenkungsteuer aus. Die Anwendbarkeit des Schenkungsteuergesetzes verdrängt grds. die Erhebung der Grunderwerbsteuer selbst dann, wenn wegen Unterschreitens der Freibeträge keine Schenkungsteuer anfällt. Dies gilt entgegen der bisherigen Verwaltungspraxis i.R.d. § 1 Abs. 2a GrEStG selbst dann, wenn das Schenkungsteuerrecht an einen anderen Teilumstand des Gesamtsachverhalts anknüpft.

Bei sog. »gemischten Schenkungen« oder Schenkungen unter Leistungs-Auflagen 8 und seit 2009 auch Duldungsauflagen ist nur der »entgeltliche« Anteil grunderwerbsteuerpflichtig. Dies gilt unabhängig von dem Umstand, ob die (Duldungs-) Auflage im Schenkungsvertrag ausbedungen oder zuvor als Eigentümerrecht bestellt und im Vertrag schlicht übernommen wird. Der Wertansatz kann aber differieren: Während i.R.d. Schenkungsteuer wiederkehrende Leistungen oder Duldungspflichten gem. § 16 BewG höchstens mit einem auf den 18,6ten Teil des Steuerwertes gekappten Jahresbetrag abgezogen werden können, bemisst sich die Grunderwerbsteuer hierfür aus dem kapitalisierten, nicht gekappten, Betrag.[2]

Grunderwerbsteuersätze: 9

Bundesland	2013	2014	2015	2016	2017
BW	5,00%	5,00%	5,00%	5,00%	5,00%
Bayern	3,50%	3,50%	3,50%	3,50%	3,50%
Berlin	5,00%	6,00%	6,00%	6,00%	6,00%
Brandenburg	5,00%	5,00%	6,50%	6,50%	6,50%
Bremen	4,50%	5,00%	5,00%	5,00%	5,00%
Hamburg	4,50%	4,50%	4,50%	4,50%	4,50%
Hessen	5,00%	6,00%	6,00%	6,00%	6,00%
MV	5,00%	5,00%	5,00%	5,00%	5,00%
Niedersachsen	4,50%	5,00%	5,00%	5,00%	5,00%
NRW	5,00%	5,00%	6,50%	6,50%	6,50%
Rheinland-Pfalz	5,00%	5,00%	5,00%	5,00%	5,00%
Saarland	5,50%	5,50%	6,50%	6,50%	6,50%
Sachsen	3,50%	3,50%	3,50%	3,50%	3,50%
Sachsen-Anhalt	5,00%	5,00%	5,00%	5,00%	5,00%
SH	5,00%	6,50%	6,50%	6,50%	6,50%
Thüringen	5,00%	5,00%	5,00%	5,00%	6,50%

---

2 *Krauß* Rn. 4974 ff.

L. Ehegattenarbeitsverhältnisse

I. Steuerliche Anerkennung von Ehegattenarbeitsverhältnissen

1   Ehegatten steht es frei, untereinander Verträge zu schließen. Im Rahmen ihrer Ausgestaltung können diese darauf abzielen, die Steuerlast gering zu halten, sofern der vertragliche Bindungswille zwischen den Parteien ernsthaft besteht und die betreffenden Vereinbarungen deutlich, klar und auch wirksam getroffen werden.

2   Ehegattenarbeitsverhältnisse sind steuerlich nur anzuerkennen,[1] wenn sie, wie unter Dritten, schriftlich und mit angemessenen Bezügen, vereinbart worden sind und entsprechend der Vereinbarung auch tatsächlich durchgeführt werden. Vertragliche Gestaltung und Durchführung müssen unter Dritten üblich sein und einem Fremdvergleich standhalten.[2]

3   Die von der Rspr. insoweit herausgearbeiteten Grundsätze gelten sinngemäß auch bei einem Arbeitsverhältnis mit einer Personengesellschaft, in der ein Ehegatte eine beherrschende Gesellschafterstellung[3] innehat und auch bei Darlehnsgewährung zwischen Ehegatten.

4   Für den Arbeitsvertrag besteht grds. Formfreiheit. Beim Ehegattenarbeitsverhältnis ist dennoch unter Regelung aller tragenden Vertragsmerkmale dringend Schriftform zu empfehlen. Es sollten die Arbeitszeit, der Aufgabenbereich, ein Urlaubsanspruch, die Kündigungsfrist und die Arbeitsvergütung geregelt werden.

5   Indizien für die Ernsthaftigkeit des Arbeitsverhältnisses sind regelmäßige Lohnzahlungen auf das Konto des Arbeitnehmerehegatten, Führung ordnungsgemäßer Lohnkonten sowie eine ordnungsgemäße Abführung von Lohnsteuer und Sozialabgaben. Die Lohnzahlung muss betriebsüblich (monatlich) erfolgen. Die ehemalige Rspr., wonach eine Überweisung auf ein Oderkonto der Eheleute schädlich war, ist dank

---

1   EStR 1999 Abschnitt 19 und Hinweise der Finanzverwaltung; BMF-Schreiben v. 23.12.2010.
2   BFH, BStBl II 1997,655; EStH 4.8 »Fremdvergleich«.
3   EStR 2010, 4.8 Abs. 2.

Intervention des BVerfG[4] überholt. Auch ist nicht mehr zwangsläufig ohne nähere Prüfung von einem schenkungsteuerpflichtigen Vorgang auszugehen.[5] Von Barzahlungen und Überweisungen auf ein Gemeinschaftskonto oder gar ein Bankkonto des Arbeitgeberehegatten ist dennoch abzuraten. Problematisch ist die Fortführung des Arbeitsverhältnisses nach Trennung oder gar nach Ehescheidung, wenn eine Freistellung von der Arbeit unter Weiterzahlung des Lohnes erfolgt. Abfindungen unterliegen der Lohnsteuer mit der Steuerermäßigung nach §§ 34, 39b Abs. 3 EStG.

Findet das Arbeitsverhältnis steuerliche Anerkennung, stellen die Lohnzahlungen samt **6** den Arbeitgeberanteilen an Sozialversicherungsbeiträgen und samt Umlagen Betriebsausgaben des Arbeitgeberehegatten dar. Beim Arbeitnehmerehegatten entstehen Einkünfte[6] aus nichtselbstständiger Arbeit, bei denen der Arbeitgeberanteil an den Sozialversicherungsbeiträgen von der Steuer befreit ist. Schon wegen des Pauschbetrags von 1.000 € ab VAZ 2011 für Werbungskosten nach 9a S.atz 1 Nr. 1 Buchstabe a EStG führt das Arbeitsverhältnis im Regelfall zu einer steuerlichen Entlastung, die im kaufmännischen Bereich durch Gewerbesteuerentlastung verstärkt werden kann. Der Effekt der Entlastung durch die Arbeitgeberanteile zur Sozialversicherung kann allerdings durch eine Kürzung des Vorwegabzugs bei den Sonderausgaben (Vorsorgeaufwendungen) relativiert werden.

Wird die steuerliche Anerkennung versagt, ist der gesamte Arbeitgeberaufwand für das **7** Arbeitsverhältnis nicht als Betriebsausgabe zu berücksichtigen. Das gilt auch für den etwa getätigten Aufwand für eine betriebliche Altersversorgung oder eine Direktversicherung. Besondere Probleme ergeben sich auch, wenn Arbeitgeberin eine Kapitalgesellschaft des Ehegatten ist. Es entstehen ggf. »verdeckte Gewinnausschüttungen«. Das Wesen der vGA besteht darin, dass eine Ausschüttung an den Gesellschafter oder an eine ihm nahestehende Person in ein anderes, meist entgeltliches Rechtsgeschäft gekleidet wird und somit in verdeckter Form vorgenommen wird.[7] Die vGA mindert nach § 8 Abs. 3 Satz 2 KStG nicht das Einkommen der Körperschaft.

▶ Hinweis

> Das FG Düsseldorf hat mit Urteil v. 06.11.2012[8] entschieden, dass für die **8** steuerliche Anerkennung die Arbeitsleistung, sofern sie sich nicht aus der Art der Tätigkeit ergibt, durch Festlegung der Arbeitszeiten geregelt oder durch Stundenaufzeichnungen nachgewiesen werden muss. Die Vereinbarung der monatlich 45-stündigen Mitwirkung bei verwaltungstechnischen Arbeiten z.B. in einer Zahnarztpraxis in Abhängigkeit von der betrieblichen Notwendigkeit reicht hierfür jedenfalls dann nicht aus, wenn keine Anschreibungen über die geleisteten Arbeitsstunden erstellt worden sind.

---

4 BVerfG, FamRZ 1996, 1531 und BVerfG, FamRZ 1996, 153.
5 BFH, 23.11.2011 – II R 33/10.
6 Soweit nicht zulässige Lohnsteuerpauschalierung erfolgt.
7 BFH, DB 1989, 458.
8 FG Düsseldorf, 06.11.2012 – 9 K 2351/12 E, WISO 4/2013, 5.

II. Scheinarbeitsverhältnis statt Unterhalt

9   Ein entgeltliches Beschäftigungsverhältnis setzt Willenserklärungen mit der ernsthaften Absicht voraus, die gegenseitigen Pflichten des vereinbarten Arbeitsverhältnisses tatsächlich einzugehen. Es ist von einem Scheinarbeitsverhältnis abzugrenzen, mit dem ein Beschäftigungsverhältnis lediglich vorgetäuscht werden soll. Scheinarbeitsverhältnisse erfreuen sich in der täglichen Praxis nach wie vor größter Beliebtheit. Vielen Unterhaltsberechtigten genügt es nicht, die Unterhaltsaufwendungen als Sonderausgaben nach § 10 Abs. 1 Nr. 1 EStG[9] oder als außergewöhnliche Belastungen nach § 33a Abs. 1 EStG steuerlich geltend zu machen. Ohne Skrupel werden Unterhaltszahlungen auf den Staat und so auf die Steuerzahler/innen, verlagert. Für Unterhaltsberechtigte ergibt sich eine gefährliche Situation. Dies zeigen zwei Entscheidungen des BGH.

10   **Sachverhalt:**[10]

Zur Vorbereitung ihrer Ehescheidung einigten sich die Ehepartner dahin gehend, dass die Ehefrau in einer noch zu gründenden GmbH als »Angestellte in Heimarbeit« eingestellt werden sollte. Geschäftsführer der GmbH sollte der Ehemann werden. Die Ehefrau betreute zu dieser Zeit zwei minderjährige Kinder und verzichtete im Gegenzug auf Unterhalt. Es kam im Anschluss zu Streitigkeiten über ihr Bruttogehalt, wobei sich die Ehefrau auf den Scheinarbeitsvertrag berief. Letztlich wurde die Kündigung ausgesprochen und die Ehefrau klagte gegen die GmbH auf Zahlung von Rückständen aus dem Arbeitsverhältnis. Nachdem zunächst die Vorinstanzen die beklagte GmbH zur Zahlung verurteilten, führte die Revision zur Aufhebung des Urteils und zur Zurückweisung der Sache. Zwar wird generell von der Rspr. eine derartige Gestaltung eines Unterhaltrechtsverhältnisses anerkannt, wenn diese ernsthaft gewollt und sie entsprechend der Vereinbarung auch durchgeführt wird[11]. Wenn allerdings tatsächlich eine Arbeitspflicht des an sich unterhaltsberechtigten Ehegatten tatsächlich nicht gewollt ist, ist das Arbeitsverhältnis gem. § 117 Abs. 1 BGB nichtig. Mangels eines Beschäftigungsverhältnisses löst es keine sozialversicherungsrechtlichen Folgen aus. Es führt darüber hinaus zu einer Versagung der steuerlichen Anerkennung.

11   **Sachverhalt:**[12]

I.R.d. konkreten Bedarfsberechnung für die geschiedene Ehefrau eines Laborarztes kam es nach Ansicht des BGH bei der Unterhaltsbemessung aufgrund konkreter Bedarfsermittlung auf die Qualifikation der Zahlungen aus einem Scheinarbeitsverhältnis nicht an. Weil in Wirklichkeit keine Erwerbstätigkeit stattfand, wurde zur Ermittlung der Bedürftigkeit das Einkommen der Ehefrau nicht um einen Erwerbsbonus gekürzt, sondern vielmehr in vollem Umfang auf den Unterhaltsbedarf angerechnet.

---

9   FAKomm-FamR/*Perleberg-Kölbel* 4. Aufl., § 10 EStG Rn. 1 ff.

10 BGH, 28.06.1984 – IX ZR 143/83, BGH, NJW 1984, 2350 ff.

11 So BVerfGE 13, 290 ff.

12 BGH, 10.11.2010 – XII ZR 197/08.

III. Rechtsfolgen eines Scheinarbeitsverhältnisses

1. Kein Versicherungsschutz

Ein Versicherungsschutz liegt nicht vor, weil Scheinarbeitsverhältnisse keine sozial- **12** versicherungspflichtigen Beschäftigungsverhältnisse darstellen. Die rechtsmissbräuchliche Gestaltung führt nicht zu einer Mitgliedschaft in der Kranken-, Pflege-, Renten-, und Arbeitslosenversicherung.[13] Eine zunächst bestehende Mitgliedschaft kann rückwirkend aufgehoben werden.[14]

2. Keine steuerliche Anerkennung

Scheinarbeitsverhältnisse fallen unter die unwirksamen Rechtsgeschäfte i.S.v. § 41 **13** AO. Ihre steuerliche Anerkennung wird versagt.[15] Sie sind für die Besteuerung ohne Bedeutung[16] und stellen keine Betriebsausgaben, sondern Entnahmen dar.[17] Das Gleiche gilt auch für den etwa getätigten Aufwand für eine betriebliche Altersversorgung oder eine Direktversicherung.[18] Bei juristischen Personen besteht die Gefahr einer vGA, d.h. einer verdeckten Gewinnausschüttung.[19]

3. Strafbarkeit

Ehegattenarbeitsverhältnisse müssen ab 01.01.2005 ein obligatorisches Statusfeststel- **14** lungsverfahren nach § 7a Abs. 1 Satz 2 SGB IV durchlaufen. In diesem Rahmen stellt die Deutsche Rentenversicherung Bund den Status des mitarbeitenden Arbeitgeber-Ehegatten verbindlich fest. Falsche Angaben im Fragebogen zur Feststellung der Versicherungspflicht eines Arbeitsverhältnisses unter Familienangehörigen und Verwandten ggü. der Krankenkasse stellen eine arglistige Täuschung i.S.v. § 45 Abs. 2 Satz 3 Ziff. 1 SGB X und/oder Betrug i.S.v. § 263 StGB dar. Darüber hinaus macht sich auch der unterhaltsberechtigte Ehegatte als Mittäter gem. § 25 Abs. 1 StGB der Steuerhinterziehung nach § 370 AO strafbar.[20]

---

13 LSG Sachsen-Anhalt, 19.05.2011 – L 10 KR 52/07 unter www.sozialgerichtsbarkeit.de.

14 LSG Sachsen-Anhalt, 29.10.2009 – L 10 KR 20/04 unter www.sozialgerichtsbarkeit.de, m.H.a. BSG, 29.09.1998 – B 1 KR 10/96 Rn. 19, juris.

15 Schon BFHE 126, 285 ff. und 318 ff.

16 AEAO zu § 41 unter 2., BMF-Schreiben, zuletzt geändert am 17.07.2008, BStBl I 2008, 694.

17 BFH, BStBl II 1990, 160.

18 FA-FamR/*Kuckenburg/Perleberg-Kölbel* 8. Aufl., Kap. 13 Rn. 281.

19 U.a. *Schulze zur Wiesche/Ottersbach* Verdeckte Gewinnausschüttungen und verdeckte Einlagen im Steuerrecht S. 53.

20 Volk/*Lohr* MAH § 29 Rn. 113 ff.; *Franzen/Gast/Joecks* § 370 Rn. 249a; zur Systematik der Steuerhinterziehungsmethoden und Fälschungsmethoden vgl. *Kottke* S. 69 ff.

15 Nach dem 2. Teil, 1. Abschnitt unter 7, der **Mitteilung in Zivilsachen (MiZi)**[21] sind von den Familienrichtern dienstlich bekannt gewordene Tatsachen, die auf eine Steuerstraftat, eine Steuerordnungswidrigkeit u.ä. schließen lassen (insb. § 116 AO), den entsprechenden Behörden, insb. den Finanzbehörden, mitzuteilen.

4. Unterhaltsrechtliches Eingeständnis

16 Abschluss und Unterhaltung des Scheinarbeitsverhältnisses sind u.U. das Eingeständnis, erwerbsverpflichtet zu sein. Hieraus folgt, dass im Unterhaltsverfahren eine Erwerbsobliegenheit nicht mit Erfolg bestritten werden kann. Kündigt der »Arbeitgeber«, bestehen im Hinblick auf § 1573 BGB keine nachehelichen Unterhaltsansprüche mehr. Der Ehepartner hat zum Einsatzzeitpunkt eine angemessene Erwerbstätigkeit ausgeübt, die seinen Bedarf nach den ehelichen Lebensverhältnissen gedeckt hat.[22] Liegt ein Scheinarbeitsverhältnis vor, verringert der Aufwand für das Arbeitsverhältnis das in der Gewinnermittlung dargestellte Einkommen des Arbeitgebergatten. Es muss für unterhaltsrechtliche Zwecke korrigiert werden. Hierbei ist auch eine entsprechende Korrektur bei der Einkommensteuer und den Zuschlagsteuern vorzunehmen.[23]

5. Nachteile in der Insolvenz des Arbeitgebers

17 Wird die Firma des Unterhaltspflichtigen insolvent, muss der Unterhaltsberechtigte mit einer Kündigung des Arbeitsverhältnisses durch den Insolvenzverwalter rechnen.[24] Die zwischen den Eheleuten gewählte Gestaltung bricht spätestens dann wirtschaftlich zusammen. Hat der Unterhaltsberechtigte zum Einsatzzeitpunkt eine angemessene Erwerbstätigkeit ausgeübt, die seinen Bedarf nach den ehelichen Lebensverhältnissen gedeckt hat,[25] entfallen auch in diesem Fall nacheheliche Unterhaltsansprüche.

6. Haftung des anwaltlichen Vertreters

18 Der anwaltliche Berater ist verpflichtet, die Interessen des Mandanten umfassend und nach allen Richtungen wahrzunehmen und ihn vor vermeidbaren Nachteilen zu bewahren. Er hat dem Mandanten Vor- und Nachteile einer Einigung aufzuzeigen. Das gilt vor allem, wenn wechselseitige Ansprüche erledigt werden sollen. Auch ausdrückliche Einigungsvorschläge des Gerichts entbinden ihn nicht von dieser Verpflichtung. Der anwaltliche Berater hat von einer Einigung abzuraten, wenn diese eine unangemessene Benachteiligung mit sich bringt und die begründete Aussicht besteht, dass in einer streitigen Entscheidung ein wesentlich günstigeres Ergebnis

---

21 Anordnung über Mitteilungen in Zivilsachen, www.verwaltungsvorschriften-im-internet. de/bsvwvbund.
22 FAKomm-FamR/*Klein* 4. Aufl., § 1573 Rn. 15.
23 FA-FamR/*Kuckenburg/Perleberg-Kölbel* 8. Aufl., Kap. 13 Rn. 281.
24 FA-FamR/*Perleberg-Kölbel* 8. Aufl., Kap. 18 Rn. 182.
25 FAKomm-FamR/*Klein* 4. Aufl., § 1573 Rn. 15.

erzielt werden kann.[26] Bei einer strafrechtlich relevanten Handlung hat der Anwalt dem Mandanten ggf. zur Selbstanzeige zu raten. Vertritt er den Mandanten auch in diesem Verfahren, muss vor Abgabe der Selbstanzeige eine besondere Vollmacht erteilt werden, die besonders und ausdrücklich zur Selbstanzeige ermächtigt. Eine allgemeine Vollmacht reicht nicht aus.

26 *Spelmeyer* NJW-aktuell 2011, 16; BGH, NJW 2010, 1357; BGH, AnwBl 2009, 306 ff.;
    BGH, NJW 2000, 1944; BGH, NJW-RR 1996, 567 f.; BGH, NJW 1993, 1993 f.;
    OLG Frankfurt am Main, NJW 1988, 3269 ff.

M. Steuerstrafrecht in der Familie

I. Einleitung

1 Steuerstrafrechtliche Aspekte können auch in Familiensachen bedeutsam werden. Das gilt bei bestehender Ehe und auch in der Trennungsphase. Zu denken ist an das Vorspiegeln des nicht dauernden Getrenntlebens, an fälschlicherweise behauptete Unterhaltsleistungen bei der Geltendmachung des Realsplittings, an Nichtangabe von Kapitaleinkünften, an ein Scheinarbeitsverhältnis der Ehefrau in dem Unternehmen des Ehemannes oder an den Fall der Schwarzarbeit durch Verschweigen von Einkünften in der Unterhaltsberechnung.

II. Steuerhinterziehung, § 370 AO

2 Die **Steuerhinterziehung** ist das sog. Zentraldelikt des Steuerstrafrechts. Die Vorschrift schützt das »öffentliche Interesse am vollständigen und rechtzeitigen Aufkommen der einzelnen Steuern«, aber auch das Vermögen des ehrlichen Steuerschuldners als Teil der (faktischen) Solidargemeinschaft der Steuerzahler.

1. Tatbestandsmerkmale

Die Vorschrift setzt eine **Tathandlung** voraus, nämlich, dass 3
- den zuständigen Behörden über steuerlich erhebliche Tatsachen unrichtige oder unvollständige Angaben gemacht werden, oder
- die Finanzbehörde pflichtwidrig über steuerlich erhebliche Tatsachen in Unkenntnis gelassen wird, oder
- pflichtwidrig Steuerzeichen oder Steuerstempler nicht verwendet werden.

Die Vorschrift setzt außerdem einen Taterfolg: voraus, d.h., durch die Tathandlung 4 muss es zu einer Steuerverkürzung oder einer ungerechtfertigten Vorteilserlangung gekommen sein. Das ist der Fall, wenn die Steuern nicht, nicht in voller Höhe oder nicht rechtzeitig festgesetzt werden (§ 370 Abs. 4 Satz 1 AO).

Die Vorschrift setzt **Vorsatz** und **Unrechtsbewusstsein** voraus. Eine **leichtfertige** Bege- 5 hung einer der Tathandlungen des § 370 Abs. 1 Nr. 1 bis 3 AO ist als leichtfertige Steuerverkürzung eine Ordnungswidrigkeit nach § 378 AO.

2. Täter

Täter können der Steuerschuldner und Dritte, wie z.B. Personen nach §§ 34, 35 6 AO, der steuerliche Berater usw. sein. Für die Tatbestände der § 370 Abs. 1 Nr. 2 und 3 AO kommt als Täter nur in Frage, wer zur Mitteilung der steuerlich erheblichen Tatsachen oder zur Verwendung der Steuerzeichen verpflichtet ist. Diese Verpflichtung kann sich aus Gesetzen, insb. den Steuergesetzen, oder aufgrund Auftrags ergeben.

▶ Hinweis

Bei der **Zusammenveranlagung von Ehegatten** im Einkommensteuerrecht liegt 7 eine Beihilfe oder Mittäterschaft eines Ehegatten nicht schon dann vor, wenn ein Ehegatte die Einkommensteuererklärung mitunterzeichnet, obschon er weiß, dass die Angaben seines Partners über dessen Einkünfte unzutreffend sind. Darin liegt auch keine Steuerhinterziehung i.S.d. § 370 Abs. 1 Nr. 2 AO, weil keine Rechtspflicht besteht, eine entsprechende Erklärung abzugeben und nach § 101 Abs. 1 AO das Recht zusteht, Auskunft zu verweigern.

Eine Pflicht zur Berichtigung einer falschen Steuererklärung trifft zunächst den jewei- 8 ligen Steuerpflichtigen, d.h., der den steuererhöhenden Tatbestand in seiner Person verwirklicht hat. Der zusammen veranlagte Ehepartner ist grds. daher nicht nach § 153 AO verpflichtet, unrichtige Angaben des anderen Ehepartners zu berichtigen.[1]

---

1 *Bruschke* Fehlerhafte Steuererklärung-Berichtigung nach § 153 AO oder Selbstanzeige? m.H.a. BFH, 16.04.2002 - IX R 40/00, Beck RS 2002, 244001417.

> ▶ **Hinweis:**

9   Eine Steuerhinterziehung nach § 370 Abs. 1 Nr. 1 AO stellt auch ein Scheingeschäft nach § 41 AO dar, wie z.B. das Scheinarbeitsverhältnis mit dem Ehepartner.[2]

3. Besonders schwere Fälle der Steuerhinterziehung

10   § 370 Abs. 3 AO zählt fünf Fälle besonders schwerer Steuerhinterziehung auf, die mit einer Freiheitsstrafe von sechs Monaten bis zu zehn Jahren bedroht sind. Danach liegt i.d.R. ein besonders schwerer Fall vor, wenn der Täter u.a.
- in großem Ausmaß Steuern verkürzt oder nicht gerechtfertigte Steuervorteile erlangt (§ 370 Abs. 3 Nr. 1 AO); dies ist bei jeder Steuerhinterziehung über 50.000 € der Fall.
- unter Verwendung nachgemachter oder verfälschter Belege fortgesetzt Steuern verkürzt oder nicht gerechtfertigte Steuervorteile erlangt (§ 370 Abs. 3 Nr. 4 AO), oder
- als Mitglied einer Bande, die sich zur fortgesetzten Begehung von Taten nach § 370 Abs. 1 AO verbunden hat, Umsatz- oder Verbrauchsteuern verkürzt oder nicht gerechtfertigte Umsatz- oder Verbrauchsteuervorteile erlangt (§ 370 Abs. 3 Nr. 5 AO).

4. Erfolg der Handlung

11   § 370 Abs. 1 AO verlangt als **tatbestandsmäßigen Erfolg**, dass der Täter durch die Tat
- Steuern verkürzt (s.a. § 370 Abs. 4 Satz 1 AO) oder
- für sich oder einen anderen nicht gerechtfertigte Steuervorteile erlangt hat (s.a. § 370 Abs. 4 Satz 2 AO).

a) Steuerverkürzung

12   Die **Steuerverkürzung** verlangt keinen tatsächlichen und endgültigen Steuerausfall. Steuern sind schon dann verkürzt, wenn die rechtzeitige und vollständige Verwirklichung des staatlichen Steueranspruchs gefährdet wird, weil sie nicht, nicht in voller Höhe oder nicht rechtzeitig festgesetzt werden; dabei ist es unerheblich, ob die Steuer vorläufig oder unter Vorbehalt der Nachprüfung festgesetzt wird oder es sich um eine Steueranmeldung handelt. Maßgeblich ist der Eintritt des Verkürzungserfolgs (§ 370 Abs. 4 Satz 1 AO).

13   Bei **Nichtfestsetzung der Steuern** ist die Steuerverkürzung erfüllt
- bei Veranlagungssteuern, wenn die Veranlagungsarbeiten für den betreffenden Veranlagungszeitraum im Wesentlichen abgeschlossen sind,
- bei Fälligkeitssteuern, wenn die Steueranmeldung am gesetzlich vorgeschriebenen Tag nicht eingereicht wird.

---

2 *Melchior*, Beck'sches Steuer- und Bilanzrechtslexikon Edition 40 2017, Stand: 01.01.2017.

Bei zu **niedriger Festsetzung** ist die Steuerverkürzung erfüllt, wenn die Steuerfestset- 14
zung zu einer niedrigeren Steuer führt, als sie durch die Verwirklichung des Steuertat-
bestands (§ 38 AO) tatsächlich entstanden ist.
- Bei Veranlagungssteuern tritt der Taterfolg mit der Bekanntgabe des Steuerbescheids ein, in dem die Steuer zu niedrig festgesetzt ist (§ 124 Abs. 1 AO).
- Bei Fälligkeitssteuern tritt der Taterfolg im Zeitpunkt des Eingangs der unrichtigen oder unvollständigen Steueranmeldung bei der Finanzbehörde (§ 168 Satz 1
  AO), in den Fällen des § 168 Satz 2 AO mit Zustimmung durch die Finanzbehörde ein.

Bei **verspäteter Festsetzung** tritt die Verkürzung ein 15
- bei Veranlagungssteuern in dem Zeitpunkt, in dem bei rechtzeitiger Abgabe der
  Steuererklärung die Steuer spätestens festgesetzt worden wäre, d.h. die Veranlagungsarbeiten im Wesentlichen abgeschlossen wären,
- bei Fälligkeitssteuern im gesetzlichen Abgabezeitpunkt.

Die **Steuerverkürzung** kann auch noch nach der Steuerfestsetzung eintreten durch 16
Handlungen, die bewirken, dass die Beitreibung der Steuer verzögert oder verhindert
wird. Dazu reicht die Zahlungssäumnis allein nicht aus, vielmehr ist erforderlich, dass
der Täter unrichtige oder unvollständige Angaben über beitreibungserhebliche Tatsachen macht (§ 370 Abs. 1 Nr. 1 AO) oder die Finanzbehörde über solche Tatsachen
pflichtwidrig in Unkenntnis lässt (§ 370 Abs. 1 Nr. 2 AO).

b) Nicht gerechtfertigte Steuervorteile

Nicht gerechtfertigte Steuervorteile sind u.a. das Erschleichen einer Stundung, eines 17
Erlasses, eines Vollstreckungsaufschubs, einer Aussetzung der Vollziehung, die unzutreffende Eintragung auf der Lohnsteuerkarte, die Erlangung von Steuervergütungen
oder Steuererstattungen.

5. Kompensationsverbot

Bei der Berechnung des Hinterziehungsbetrags gilt das Kompensations- oder Vorteils- 18
ausgleichsverbot nach § 370 Abs. 4 Satz 3 AO. Tatsachen, die die Steuer mindern
können, dürfen nicht berücksichtigt werden. Für den Bereich der Strafzumessung gilt
das Kompensationsverbot nicht.

6. Kausalität

Die Handlungen nach § 370 Abs. 1 AO müssen ursächlich für den Taterfolg sein. 19
Kannte die Finanzbehörde die maßgeblichen Tatsachen, setzt sie aber gleichwohl nicht
die zutreffende Steuer fest, ist nach h.M. in der Literatur der objektive Tatbestand des
§ 370 Abs. 1 AO nicht erfüllt. Eventuell liegt ein Versuch vor.

7. Subjektiver Tatbestand

20 Die Steuerhinterziehung setzt vorsätzliches Handeln des Täters voraus. Der Vorsatz muss die Tathandlung sowie bei den Unterlassungsdelikten seine Aufklärungspflicht umfassen, ferner den Taterfolg und den Ursachenzusammenhang. Bedingter Vorsatz reicht aus.

a) Vorsatz

21 Vorsätzlich handelt, wer die Tat mit Wissen und Wollen begeht; das schließt die strafverschärfenden Umstände nach § 370 Abs. 3 AO mit ein. Der Täter muss ferner den strafbaren Erfolg wollen bzw. zumindest billigen. Der Vorsatz muss sich auf sämtliche Tatbestandsmerkmale erstrecken. Der Vorsatz der Steuerhinterziehung verlangt, dass der Täter den Steueranspruch dem Grunde und der Höhe nach kennt oder zumindest für möglich hält und ihn auch verkürzen will. Für eine Strafbarkeit wegen Steuerhinterziehung bedarf es dabei keiner Absicht oder eines direkten Hinterziehungsvorsatzes. Es genügt, wenn der Täter die Verwirklichung der Merkmale des gesetzlichen Tatbestands für möglich hält und billigend in Kauf nimmt (Eventualvorsatz). Der Hinterziehungsvorsatz setzt deshalb weder dem Grunde noch der Höhe nach eine sichere Kenntnis des Steueranspruchs voraus.

22 Irrt der Täter über ein Tatbestandsmerkmal, liegt ein sog. **Tatbestandsirrtum** (§ 16 StGB) vor mit der Folge, dass er ggf. wegen leichtfertiger Steuerverkürzung nach § 378 AO bestraft werden kann.

23 Eigenständiges Schuldelement ist ferner das Unrechtsbewusstsein des Täters. Ihm muss das Verbotensein seines Tuns oder Unterlassens bekannt sein. Fehlt es ihm (**Verbotsirrtum**), greift § 17 StGB. Er handelt ohne Schuld, wenn er den Irrtum nicht vermeiden konnte. Konnte er den Irrtum vermeiden, kann die Strafe nach § 49 Abs. 1 StGB gemildert werden.

b) Leichtfertiges Handeln

24 Leichtfertiges Handeln kann nach § 378 AO als Ordnungswidrigkeit verfolgt werden.

8. Versuch

25 Der Versuch ist strafbar (§ 370 Abs. 2 AO). Er kann milder bestraft werden als die vollendete Tat (§ 23 Abs. 2 StGB). Versuch liegt vor, wenn der Täter nach seiner Vorstellung von der Tat zur Verwirklichung des Tatbestandes unmittelbar ansetzt (§ 22 StGB).

26 Vom Versuch sind die **straflosen Vorbereitungshandlungen**straflosen Vorbereitungshandlungen zu unterscheiden, denen noch kein Erklärungswert ggü. der Finanzbehörde zukommt, wie z.B. die Fälschung von Belegen, Verwendung gefälschter Belege in der Buchführung, falsche Buchungen, Fertigung unrichtiger Steuererklärungen. Sie können aber nach anderen Vorschriften strafbar sein, wie z.B. nach § 283b StGB, § 379 Abs. 1 AO. Während des Versuchsstadiums ist der Rücktritt möglich (§ 24 StGB i.V.m. § 369 Abs. 2 AO).

9. Strafbefreiung durch Selbstanzeige

Die **Selbstanzeige** (§ 371 AO für Fälle der Steuerhinterziehung, § 378 Abs. 3 AO für 27 Fälle leichtfertiger Steuerverkürzung) ist ein Fall des nur ausnahmsweise strafbefreienden Rücktritts von der vollendeten Tat. Sie ist ein persönlicher Strafaufhebungsgrund und beseitigt rückwirkend den Strafanspruch des Staates. Durch Abgabe einer strafbefreienden Erklärung nach dem StraBEG und Zahlung eines pauschalen, als Einkommensteuer geltenden Betrags konnte der steuerunehrliche Steuerpflichtige in der Zeit vom 01.01.2004 bis 31.03.2005 Strafbefreiung bzw. Befreiung von Geldbußen sowie eine Steuerabgeltung erlangen.

Durch das **Gesetz zur Verbesserung der Bekämpfung der Geldwäsche und Steuerhin- 28 terziehung**[3] ist mit Wirkung vom 03.05.2011 § 371 AO und § 378 Abs. 3 AO hinsichtlich der inhaltlichen Voraussetzungen der Selbstanzeige einschränkend geändert und § 398a AO »Absehen von Verfolgung in besonderen Fällen« eingefügt worden. Nach § 24 EGAO ist bei Selbstanzeigen nach § 371 AO, die bis zum 28.04.2011 bei der zuständigen Finanzbehörde eingegangen sind, § 371 AO in der bis zu diesem Zeitpunkt geltenden Fassung mit der Maßgabe anzuwenden, dass im Umfang der ggü. der zuständigen Finanzbehörde berichtigten, ergänzten oder nachgeholten Angaben Straffreiheit eintritt. Das Gleiche gilt im Fall der leichtfertigen Steuerverkürzung für die Anwendung des § 378 Abs. 3 AO.

Durch das **Gesetz zur Änderung der Abgabenordnung und des Einführungsgeset- 29 zes zur Abgabenordnung vom 22.12.2014**[4] wurden die Rahmenbedingungen für die Abgabe von strafbefreienden Selbstanzeigen mit Wirkung vom 01.01.2015 verschärfend, bei den Voranmeldesteuern aber auch erleichternd geändert; die Änderung gilt für Selbstanzeigen, die nach dem 31.12.2014 erstattet werden. Für vor dem 01.01.2015 eingereichte Selbstanzeigen, über deren Wirksamkeit erst nach dem 31.12.2014 entschieden wird, soll die jeweils mildere Regelung gelten (§ 2 Abs. 3 StGB).

Straffreiheit kann somit erlangt werden, wenn der Täter oder Teilnehmer zu allen 30 unverjährten Steuerstraftaten einer Steuerart innerhalb der letzten zehn Kalenderjahre vor Abgabe der Steuerhinterziehung in vollem Umfang die unrichtigen Angaben berichtigt, die unvollständigen Angaben ergänzt oder die unterlassenen Angaben nachholt, § 371 Abs. 1 AO. Weitere Voraussetzung ist, dass keine Sperrwirkung nach § 371 Abs. 2 AO eingetreten ist und die zu seinen Gunsten hinterzogenen Steuern sowie die Hinterziehungszinsen entrichtet werden, § 371 Abs. 3 AO.

Die Selbstanzeige ist ein persönlicher Strafaufhebungsgrund. Sind mehre Personen an 31 der Steuerhinterziehung beteiligt, z.B. Ehepartner, müssen die Selbstanzeigen koordiniert abgegeben werden, um gemeinsam wirksam werden zu können.[5]

---

3 Schwarzgeldbekämpfungsgesetz v. 28.04.2011, BGBl I 2011, 676.
4 BGBl I 2014, 2415.
5 Beck'sches Steuer-und Bilanzlexikon Edition 40 2017, Stand 01.01.2017, Steueranzeigen Rn. 2.

10. Strafverfolgungsverjährung

32   Im Straf- und im Steuerrecht gelten **unterschiedliche** Verjährungsfristen.

Die Strafverfolgungsverjährung verhindert die Verfolgung der Tat, ihre Ahndung sowie die Anordnung strafrechtlicher Maßnahmen, nicht aber die Anordnung des Verfalls. Sie beträgt fünf Jahre (§ 78 Abs. 3 Nr. 4 StGB), bei besonders schweren Fällen der Steuerhinterziehung (§ 370 Abs. 3 AO) zehn Jahre (§ 376 Abs. 1 AO).

33   Solange die Strafverfolgungsverjährung nicht eingetreten ist, endet die Festsetzungsfrist des § 169 Abs. 2 Satz 2 AO nicht (§ 171 Abs. 7 AO).

Nach § 78a Satz 1 StGB beginnt die Verjährung, sobald die Tat beendet ist. Tritt ein zum Tatbestand gehörender Erfolg erst später ein, so beginnt die Verjährung mit diesem Zeitpunkt, also mit Bekanntgabe des unrichtigen Steuerbescheids (§ 78a Satz 2 StGB).

11. Strafe

34   Die Regelstrafe ist Freiheitsstrafe (von einem Monat bis zu fünf Jahren) oder Geldstrafe (von 5 bis zu 360 Tagessätzen) (§ 370 Abs. 1 AO).

35   § 370 Abs. 3 AO regelt eine Strafverschärfung für besonders schwere Fälle der Steuerhinterziehung. Die aufgeführten Regelfälle stellen keine abschließende Aufzählung dar. Hier liegt der Strafrahmen der Freiheitsstrafe zwischen sechs Monaten und zehn Jahren.

36   § 373 AO enthält eine Strafverschärfung für gewerbsmäßigen, gewaltsamen und bandenmäßigen Schmuggel mit einem Strafrahmen der Freiheitsstrafe von drei Monaten bis zu fünf Jahren. Die Folgen einer **aufgedeckten** Steuerhinterziehung sind somit erheblich.

37 ▶   Straffreiheit ist (zunächst) nicht möglich bei einer Steuerverkürzung von mehr als **25.000 €** pro Tat. Von einer Verfolgung wird jedoch abgesehen, wenn der Täter innerhalb einer ihm bestimmten angemessenen Frist die aus der Tat zu seinen Gunsten hinterzogenen Steuern entrichtet und einen bestimmten Geldbetrag zugunsten der Staatskasse zahlt:
- 10 % bei einem Hinterziehungsbetrag von nicht mehr als **100.000 €**,
- 15 % bei einem Hinterziehungsbetrag von mehr als **100.000 €**, aber nicht mehr als **1 Mio. €**,
- 20 % bei einem Hinterziehungsbetrag von mehr als **1 Mio. €**. (§ 371 Abs. 2, 398a AO)

Im Falle von hinterzogenen Steuern bis zu 50.000 € ist regelmäßig eine Geldstrafe fällig.

12. Verfall

38   Das Gericht ordnet den Verfall dessen, was der Täter oder Teilnehmer für die Tat oder aus ihr erlangt hat, an (§§ 73 ff. StGB).

13. Nichtstrafrechtliche Folgen

a) Steuerrechtlich

Die Steuerhinterziehung kann steuerrechtliche Folgen haben, und zwar insb. auf **39**
– die Verlängerung der Festsetzungsfrist für hinterzogene Steuern auf zehn Jahre (§ 169 Abs. 2 Satz 2 AO),
– die Aufhebung der Änderungssperre nach § 173 Abs. 2 AO,
– Hinterziehungszinsen, § 235 AO,
– die Haftung des Täters oder Teilnehmers für die hinterzogenen Steuerbeträge und die Hinterziehungszinsen, § 71 AO.

b) Verwaltungsrechtlich

Die Steuerhinterziehung kann **verwaltungsrechtliche Folgen** haben wie **40**
– Gewerbeuntersagung (§ 35 Abs. 1 GewO),
– Versagung oder Widerruf der Erlaubnis zum Betrieb einer Gaststätte (§§ 4, 15 GastG),
– Widerruf der Genehmigung zur Personenbeförderung (§ 25 PBefG) oder zum Güterfernverkehr,
– Ausweisung bei Ausländern (§ 45 AuslG, 46 Abs. 1 Nr. 2 AuslG),
– Versagung oder Entzug des Passes (§§ 7, 8 PassG), des Jagdscheins (§§ 17, 18 BJagdG),
– Einleitung berufsrechtlicher Verfahren gegen Steuerberater (§ 109 StBerG), Rechtsanwälte (§ 118 BRAO) oder Wirtschaftsprüfer (§ 83 WiPO).

III. Ehepartner im Steuerstrafverfahren

1. Beteiligungen

▶ **Beispiel 1**

Ehemann M ist Unternehmer und Alleineigentümer einer Segelyacht. Für die **41**
Vertäfelung der Kajüte wird wertvolles Mahagoniholz verwendet. Die erforderlichen Arbeiten werden vom ausführenden Handwerker hingegen als Herstellung von Regalen im Lager des Unternehmens bezeichnet und so in das Rechnungswesen eingestellt. Anlässlich einer Außenprüfung fällt dem ermittelnden Finanzbeamten das wertvolle Holz in den Büchern auf und fragt nach. In diesem Fall sind nicht betriebliche Ausgaben als betriebliche Ausgaben/Aufwand verbucht worden. Die Steuern werden verkürzt. Beide Eheleute erklären die Zusammenveranlagung gem. § 26b EStG und unterzeichnen beide die Einkommensteuererklärung.

Lösung

Hinsichtlich der Beteiligung der Ehefrau F im Steuerstrafverfahren des M ist zu differenzieren:

- Wenn die mitsegelnde Ehefrau von der Fehlbuchung keine Kenntnis hatte, entfällt schon durch den fehlenden Vorsatz jegliche Teilnahme oder Mittäterschaft gem. §§ 25, 27 StGB. Der Vorwurf scheitert bereits an dem subjektiven Tatbestandsmerkmal.
- Ehefrau F wusste von der Fehlbuchung:
  1. Wegen der Kenntnis der Steuerhinterziehung weigert sich F, die gemeinsame Erklärung zu unterzeichnen. Ob der Ehemann von seiner Ehefrau überhaupt verlangen darf, dass seine Ehefrau die gemeinsame Erklärung unterschreibt, beantwortet das familienrechtliche Verhältnis. Gem. § 1353 Abs. 1 Satz 2 Halbs. 2 BGB ist die Ehefrau verpflichtet, ihre Unterschrift zu leisten. Die Literatur ist teilweise der Ansicht, dass die Ehefrau nicht verpflichtet sein kann, wegen der wahrheitswidrigen Bekundungen die Unterzeichnung der gemeinsamen Erklärung zu verweigern. Wenn nämlich lediglich der Ehemann unterzeichnet, führt die fehlende gemeinsame Erklärung unmittelbar zu Ermittlungen der Steuerfahndung gem. § 208 Abs. 1 Satz 1 Nr. 3 AO. Die fehlende Unterschrift von F ist ein starkes Indiz für Unregelmäßigkeiten in der unternehmerischen Sphäre des M. Der Rechtsgedanke des § 52 StPO, das Zeugnisverweigerungsrecht aus persönlichen Gründen, droht missachtet zu werden, wenn es ein Verbot ggü. dem mitunterzeichnenden Ehepartner gäbe, die gemeinsame Steuererklärung zu unterschreiben. Die Rspr. stützt diese Meinung der Literatur und geht richtigerweise davon aus, dass sich der jeweils unterschreibende Ehepartner nur solche Tatsachen erklärt, die ihn auch persönlich betreffen. Insb. die Rspr. folgt daher dem Gesetz, das gerade in den §§ 26 Abs. 1, 26b EStG dem Prinzip der Individualbesteuerung folgt. Erst nach einer Ermittlung der Einkünfte bei beiden Ehegatten werden die Einkünfte bei der Zusammenveranlagung zusammengerechnet und den Ehegatten gemeinsam zugerechnet.
  2. Trotz Kenntnis der Unrichtigkeit unterschreibt die Ehefrau die Steuererklärung. Unter Hinweis auf das oben genannte Prinzip der Individualbesteuerung wird die Ehefrau nicht allein durch die Mitunterzeichnung zum Teilnehmer einer Steuerhinterziehung. Für den Mitunterzeichner ist es auch kein Fall strafbarer Beihilfe. Es ist steuerstrafrechtlich unerheblich, dass die Angaben in der Steuererklärung eben nicht wahrheitsgemäß »nach bestem Wissen und Gewissen« erteilt worden sind, § 150 Abs. 2 AO.
  3. Eine Teilnahme der Ehefrau an der strafbaren Steuerhinterziehung des Ehemannes ist aber dann gegeben, wenn sich der Tatbeitrag der F nicht auf die bloße Leistung der Unterschrift unter die Erklärung beschränkt. Man denkt an die Fälle der psychischen Beihilfe durch Bestärkung des Tatentschlusses des Ehemannes oder an ein massives Eigeninteresse an dem Erfolg der Steuerhinterziehung (gemeinsame Vermögensbildung im Ausland).

Da die bloße Unterschriftsleistung keinen Anfangsverdacht einer Steuerverkürzung i.S.v. § 152 Abs. 2 StPO, §§ 369, 370 AO begründet, ist auch die Einleitung eines Steuerstrafverfahrens gegen die lediglich mitunterzeichnende Ehefrau rechtswidrig, aber nicht anfechtbar. Es könnte aber ein Schadenersatzanspruch gem. § 839

BGB i.V.m. Art. 34 GG gegeben sein, wenn die Einleitung des Verfahrens evident rechtswidrig ist. Da der Adressat einer Durchsuchung gem. § 102 StPO Teilnehmer einer Steuerstraftat oder mind. Tatverdächtiger sein muss, ist eine Durchsuchung gegen die unverdächtige Ehefrau unzulässig. Bei intakter Ehe besteht bei gemeinsamem Hausrat regelmäßig Mitbesitz, so dass eine Durchsuchung rechtmäßig ist. Anders sieht es aus bei einer Durchsuchung eines von der Ehefrau allein genutzten Arbeitszimmers. Mangels Tatverdachts gegen die Ehefrau ist ein Durchsuchungsbeschluss gem. § 103 StPO notwendig. In den Antragsgründen müssen daher Tatsachen stehen, dass sich z.b. die gesuchten Urkunden in diesem Raum befinden.

▶ **Beispiel 2**

Gegen den als Unternehmensberater tätigen Ehemann M läuft ein Steuerstrafver-   42
fahren. Die Ehefrau ist Lehrerin und nichtselbstständig tätig. Die Steuerfahndung durchsucht ein Bankschließfach, das die Ehefrau allein gemietet hat.

Lösung

Nur bei begründeten Verdachtsmomenten, z.B. Urkunden als Beweismaterial gegen den Ehemann befinden sich im Bankschließfach, ist eine Durchsuchung gem. § 103 StPO rechtmäßig, wobei Vermutungen nicht ausreichen.

a) Anzeigenerstattung und Bevollmächtigung

Der Steuerpflichtige muss die Selbstanzeige nicht persönlich erstatten. Wenn aber ein   43
Bevollmächtigter, bspw. ein Rechtsanwalt, die Anzeige fertigt, muss vor Abgabe der Selbstanzeige eine besondere Vollmacht erteilt werden, die besonders und ausdrücklich zur Selbstanzeige ermächtigt. Eine allgemeine Vollmacht reicht nicht aus!

Wenn gleichwohl der Berater mit einer normalen Anwaltsvollmacht die Selbstan-   44
zeige erstattet, tritt die strafbefreiende Wirkung nicht ein und die Tat ist »entdeckt« i.S.v. § 371 Abs. 2 Nr. 2 AO. Auch eine nachträgliche »Heilung« kann durch eine nachgereichte ordnungsgemäße Vollmacht nicht erreicht werden. Die anschließend angesprochene Haftpflichtversicherung könnte durchaus auf die Idee kommen, eine Deckung wegen grober Fahrlässigkeit zu verneinen.

b) Strafbarkeit und Schadenersatz des Beraters

Auch ein Berater begibt sich in große Gefahr, sich selbst strafbar und schadenersatz-   45
pflichtig zu machen.

▶ **Beispiel 1**

Der Mandant deutet an, mehrere Konten in der Schweiz »vergessen« zu haben.   46

Lösung

Wenn der Mandant sich dann nicht zu einer Rückkehr zur Steuerehrlichkeit entschließt, macht sich der Berater in den Folgejahren strafbar, wenn er gleichwohl die entsprechenden Steuererklärungen ohne Angabe der Schweizer Konten fertigt. Wenn dem Steuerpflichtigen keine vorsätzliche Tatbegehung vorgeworfen werden kann, besteht eine Schadenersatzpflicht des Beraters. Der Mandant konnte die Auswirkungen seines Tuns nicht überschauen und hat auf die Auskünfte seines Beraters vertraut.

▶ Beispiel 2

Im Rahmen einer Außenprüfung stellt das Finanzamt fest, dass die private Nutzung des Pkw nicht erklärt worden ist. Das Strafverfahren wird durch einen Strafbefehl abgeschlossen.

Lösung

Da der Steuerpflichtige fahrlässig gehandelt hat, ist ein Mitverschulden des Beraters i.H.v. 2/3 anzunehmen.

2. Anschwärzung und Unterhaltsanspruch

47 Einen spezifisch steuerstrafrechtlichen Bezug haben die Fälle der »Anschwärzung« des Unterhaltpflichtigen durch den Unterhaltsberechtigten wegen Steuerstraftaten beim Finanzamt. Es stellt sich die Frage des Unterhaltsausschlusses gem. § 1579 Nr. 5 BGB und damit die Verletzung des Gegenseitigkeits- und Loyalitätsprinzips. Wenn eine Anzeige aus reiner Befriedigung von Rachegelüsten erfolgt, liegt der Unterhaltsausschluss auf der Hand. Gleiches gilt naturgemäß für wissentlich falsche oder auch leichtfertige Strafanzeigen bei der Behörde. Aber auch wahrheitsgemäße Anschuldigungen stellen eine schwerwiegende Verletzung der ehelichen Solidarität dar, wenn ein eigenes Interesse der Unterhaltsberechtigten fehlt. Schließlich hat die Unterhaltsberechtigte vor der Trennung wohl von den Schwarzeinkünften profitiert und sollte sich nach der Trennung nicht zum denunzierenden Verfolger machen.

48 Im Problemkreis »**Selbstanzeige**« ist zu differenzieren:

Wenn sie nur den Sinn hat, dem Ehepartner zu schaden, fehlt das Eigeninteresse und führt richtigerweise zum Unterhaltsausschluss. Ist hingegen ein Eigeninteresse vorhanden, kann sich die Unterhaltsberechtigte regelmäßig auf das Institut der Wahrnehmung von berechtigten Interessen berufen, was die Anwendung des § 1579 Nr. 5 BGB ausschließt. Es besteht aber eine vorherige Hinweispflicht des Anzeigenden, damit der Ehepartner entsprechend rechtzeitig reagieren und gleichfalls eine Selbstanzeige erstatten kann.

IV. Checkliste zur Selbstanzeige gem. § 371 AO[6]

49 Einkunftsarten

Welche Einkunftsarten sind betroffen?	Ja	Nein
– Einkünfte aus Land- und Forstwirtschaft*		
– Einkünfte aus Gewerbebetrieb*		

---

6 Https://datenbank.nwb.de/Dokument/Anzeigen/478106/?shigh=checkliste%20selbstanzeige &listPos=3&listId=1109026.

Welche Einkunftsarten sind betroffen?	Ja	Nein
– Einkünfte aus selbstständiger Arbeit*		
– Einkünfte aus nichtselbstständiger Arbeit		
– Einkünfte aus Kapitalvermögen		
– Einkünfte aus Vermietung und Verpachtung		
– Sonstige Einkünfte		

*eventuell Auswirkungen auf Umsatzsteuer und ggf. Gewerbesteuer

1. **Welche Einkünfte zu den oben genannten Einkunftsarten wurden nicht erklärt?**
   - Wurden ausländische Einkünfte erzielt und nicht erfasst bzw. versteuert?   50
   - Welche Konten sind betroffen?
     - Sämtliche Einkunftsquellen sind zu ermitteln und mit bisher erklärten Einkünften abzugleichen
     - Ermittlung der Wertpapiergeschäfte mit tatsächlichen Einstandskursen, z.B. bei Depotübertragungen
     - Wurden Einkünfte aus geerbtem oder geschenktem Vermögen erzielt?
   - War ein Trustkonto betroffen?
     - Können Betriebsausgaben oder Werbungskosten geltend gemacht werden?
2. **Bestimmung des maßgeblichen Nacherklärungszeitraums**
   Für welche Veranlagungszeiträume müssen die Einkünfte nacherklärt werden?   51
3. **Ausschlussbestimmungen**
   - Wann war die letzte Betriebsprüfung? Wurde eine Prüfungsanordnung zuge-   52 stellt? Wenn ja, wann?
   - Wurde bereits ein Steuerstrafverfahren eingeleitet? Wenn ja, betrifft das den beabsichtigten Nacherklärungstatbestand?
   - Gibt es Gründe, die für die Annahme einer Tatentdeckung sprechen?
   - Wurde in der Vergangenheit bereits einmal eine Selbstanzeige abgegeben und wurden dabei nur bestimmte Einkunftsquellen offengelegt?
   - Sind voraussichtlich mehr als 25.000 € an Steuern in einem Veranlagungszeitraum nachzuzahlen?
4. **Ermittlung der Einkünfte und Steuerberechnung**
   Wie hoch sind die Einkünfte und wie hoch ist die daraus resultierende Steuer?   53
5. **Zusammenstellung der Unterlagen**
   - Wie können die Einkünfte nachgewiesen werden?   54
   - Welche Nachweise liegen vor?
   - Müssen zusätzliche Nachweise beschafft werden, z.B. Erträgnisaufstellungen ausländischer Banken?
6. **Ermittlung der Nachzahlung**
   - Wie viel Steuer fällt für die obengenannten Einkünfte an (ESt, Soli, KiSt)?   55
   - In welcher Höhe fallen zusätzlich Zahlungen an (Hinterziehungszinsen, Strafzuschläge, etc.)?
   - Wie hoch ist die gesamte Nachzahlung?

N. Steuerrechtsänderungen und Rechtsprechungen

I. Gesetz über elektronische Handelsregister sowie das Unternehmensregister (EHUG)

1 Am 01.01.2007 ist das Gesetz über elektronische Handelsregister sowie das Unternehmensregister (EHUG) vom 10.11.2006[1] in Kraft getreten. Danach ist der elektronische Bundesanzeiger (eBAZ) das zentrale Internetmedium für Unternehmenspublikationen. Als zentrale bundesweite Datenbank gibt es nun ein elektronisches Unternehmensregister unter www.unternehmensregister.de.

---

1 BGBl I 2006, 2553.

II. Unternehmensteuerreform 2008 (für Jahresabschlüsse ab 2009)

Diese Steuerreform ist wegen ihrer Bedeutung als Strukturreform immer noch besonders   2
zu beachten. Besonderer Steuersatz für nicht entnommene Gewinne für Einzelunternehmen und Personengesellschaften (**Thesaurierungsbegünstigung**) bei Anwendung des
Betriebsvermögensvergleichs mit 28,25 % zzgl. Solidaritätszuschlag und ggf. Kirchensteuer sowie einer zusätzlichen Nachversteuerung im Falle der Ausschüttung i.H.v. 25 %
(diese ohne Solidaritätszuschlag und Kirchensteuer).

Investitionsabzugsbetrag nach § 7g EStG (ersetzt die Ansparabschreibung) mit einem   3
Höchstbetrag von 200.000 € und jetzt auch für gebrauchte Wirtschaftsgüter des Anla-
gevermögens mit einem Abzugsbetrag von 40 %. Bei Nichtinvestitionen erfolgt eine
Neuveranlagung mit Nachverzinsung für die Veranlagungszeiträume, in denen der
Investitionsabzugsbetrag in Anspruch genommen wurde. Nur bei vorgenommener
Investition kommt es zu erheblicher Steuerentlastung.

▶ Hinweis

> Der Ausweis der geplanten Investitionen erfolgt in den dem Finanzamt mit der   4
> Ertragsteuererklärung »einzureichenden Unterlagen« (standardisiertes Formular)
> und damit nicht mehr in der Gewinnermittlung, so dass ein zusätzlicher
> unterhaltsrechtlicher Auskunfts- und Beleganspruch auf dieses Dokument gegeben
> ist.

Bei nicht durchgeführter Investition erfolgt eine Neubescheidung der vergangenen   5
VAZ unter Vollverzinsung (§§ 233a; 238 AO). Diese neu veranlagten Einkommensteuerbescheide müssen auch verlangt werden!

Der **Körperschaftsteuersatz** wird von 25 % auf 15 % vermindert. Die Gewerbesteuer-   6
messzahl wird von 5 % auf 3,5 % bei gleichzeitigem Wegfall des Betriebskostenabzugs
der Gewerbesteuer gesenkt. Bei einem Gewerbesteuerhebesatz von 400 % beträgt die
steuerliche Gesamtbelastung 29,83 %, was im internationalen Vergleich nach wie vor
nur Durchschnitt ist.

Das bisherige Halbeinkünfteverfahren wird zum **Teileinkünfteverfahren** (60 % des   7
Gewinns sind steuerpflichtig) und gilt nur noch für Gewinnausschüttungen, Veräußerungsgewinne etc. in Zusammenhang mit Beteiligungen an Kapitalgesellschaften.
Diese Gesellschaften müssen sich im Betriebsvermögen von Einzelunternehmen
oder Personengesellschaften befinden oder es muss sich um Gewinne handeln, die
sich aus der Veräußerung privater Beteiligungen i.S.v. § 17 EStG ergeben (Beteiligung von mind. einem Prozent am Gesellschaftskapital innerhalb der letzten fünf
Jahre).

Die Abschreibung bezogen auf **geringwertige Wirtschaftsgüter** (GWG) ist von 410 €   8
auf 150 € herabgesetzt worden; bei Anschaffungskosten zwischen 150 € und 1.000 €
ist ein Sammelposten zu bilden, der unabhängig von der Haltedauer des Wirtschaftsguts über fünf Jahre linear abzuschreiben ist (beachte unten Jahressteuergesetz 2010).

III. Jahressteuergesetz 2009

9 Das Jahressteuergesetz 2009 führt die **degressive AfA** für bewegliche Wirtschaftsgüter wieder ein. Für angeschaffte Wirtschaftsgüter vor dem 01.01.2006 damit 20 %, in den Jahren 2006 und 2007 je 30 %, im Jahr 2008 0 %, in den Jahren 2009 und 2010 je 25 %, ab 2011 ist der Rechtsstand wie vor der zeitlich befristeten Wiedereinführung, also wieder 0 %.

10 **Abgeltungsteuer** für Kapitaleinkünfte im Privatvermögen unterliegen ab 2009 (Quellenbesteuerung) einem Steuersatz von 25 %, zzgl. 5,5 % Solidaritätszuschlag und damit insg. 26,38 % (d.h. bei 8 % Kirchensteuer beträgt die Abgeltungsteuer 27,82 %; bei 9 % Kirchensteuer 27,99 %). Dies gilt auch für Veräußerungsgewinne. Die abgeltende Wirkung führt dazu, dass die Einkünfte in der Einkommensteuererklärung nicht mehr anzugeben sind. Es gibt eine Veranlagungsoption bei Verlusten oder einem niedrigeren Steuersatz als 25 %. Der Abzug von Werbungskosten ist nicht mehr möglich. Lediglich ein Sparerpauschbetrag von 801 € für Ledige bzw. 1.602 € für Ehepaare ist abzugsfähig, der aber tatsächlichen Aufwendungen nicht entspricht.

▶ Hinweis

11 Durch die Einführung der Abgeltungsteuer entsteht ein weiterer und neuer Auskunfts- und Beleganspruch, weil die Kapitaleinkünfte grds. (Ausnahme Veranlagungsoption) aus den Einkommensteuererklärungen und -bescheiden nicht mehr ersichtlich sind. Tatsächliche Aufwendungen müssen vorgetragen und belegt werden. Die abgeltende Wirkung führt dazu, dass die Einkünfte in der Einkommensteuererklärung nicht mehr anzugeben sind.

IV. Jahressteuergesetz 2010, insb. Auswirkung für Kinder, Familie, Unterhalt und Krankenversicherung gem. Wachstumsbeschleunigungs- und Bürgerentlastungsgesetz

1. Grundfreibetrag

12 Der **Grundfreibetrag** wird auf 8.004 € für Alleinstehende und für Ehepaare auf 16.009 € angehoben.

2. Faktorverfahren

13 Ehepaare haben zusätzlich zu den Steuerklassenkombinationen III/V bzw. IV/IV die Möglichkeit, auf der Lohnsteuerkarte jeweils die Steuerklasse IV in Verbindung mit einem Faktor eintragen zu lassen. Ab 2010 gibt es also eine 3. mögliche Kombination: IV-Faktor/IV-Faktor.

14 Der Vorteil des Splitting-Tarifs kann schon beim monatlichen Abzug der Lohnsteuer auf beide Ehepartner verteilt werden. Dies soll dem weniger verdienenden Ehepartner den Anreiz geben, eine steuer- und sozialversicherungspflichtige Beschäftigung aufzunehmen.

3. Kindergeld

Das **Kindergeld** wird für jedes Kind um 20 € erhöht auf 184 € für das 1. und 2. Kind,   15
190 € für das 3. Kind und 215 € für jedes weitere Kind. Die Freibeträge für Kinder
werden bei zusammenveranlagten Eltern für jedes Kind von insg. 6.024 € auf 7.008 €
angehoben (das heißt Kinderfreibetrag 2.184 € und Betreuungsfreibetrag 1.302 € je
Elternteil).

4. Kranken- und Pflegeversicherung

Die **Kranken- und Pflegeversicherung** war zusammen mit den anderen sonstigen   16
Vorsorgeaufwendungen bisher nur begrenzt abzugsfähig. Der Höchstbetrag beträgt
2.800 €. Voll abziehbar sind aber alle Krankenkassenversicherungsbeiträge, die ein
Leistungsniveau absichern, dass denen der gesetzlichen Kranken- und der sozialen
Pflegepflichtversicherung entspricht (keine Chefarztbehandlung). Dies gilt sowohl für
privat als auch für gesetzlich Krankenversicherte und kann bereits im Lohnsteuerver-
fahren Berücksichtigung finden.

Beiträge zur gesetzlichen Rentenversicherung und zu den berufsständigen Versorgun-   17
gen sowie zur sog. Rürup-Rente werden zu 70 % steuerfrei gestellt und können als
Sonderausgaben abgezogen werden, wenn die Versicherung zertifiziert ist.

5. Begrenztes Realsplitting

Der Höchstbetrag der Unterhaltszahlungen (Sonderausgaben) an den geschiede-   18
nen oder dauernd getrennt lebenden Ehepartner erhöht sich von 13.805 € um
die für den Empfänger übernommenen Beiträge zu einer Basiskranken- und einer
Pflegepflichtversicherung.

6. Außergewöhnliche Belastungen

Der Höchstbetrag gem. § 33a Abs. 1 Satz 2 EStG für Unterhaltszahlungen an gesetz-   19
lich Unterhaltsberechtigte und ihnen gleichgestellte Personen wurde von 7.680 € auf
8.004 € angehoben. Auch dieser Betrag erhöht sich um übernommene Beiträge zu
einer Basiskranken- und einer Pflegeversicherung.

Hat die unterhaltene Person eigene Einkünfte und Bezüge, so vermindert sich die   20
Summe der Unterhaltsaufwendungen um den Betrag, um den diese Einkünfte und
Bezüge den Betrag von 624 € im Kalenderjahr übersteigen, § 33a Abs. 1 Satz 5
Halbs. 1 EStG.

Bei der Ermittlung der Einkünfte und Bezüge der unterhaltenen Person sind auch im   21
Jahr 2012 die Beiträge zur gesetzlichen Renten- und Arbeitslosenversicherung mindernd abzuziehen.[2]

---

2 FG Sachsen, 14.08.2013 – 2 K 946/13; Revision zugelassen.

7. Erbschaftsteuersätze

22   Die **Erbschaftsteuersätze** der Steuerklasse 2 werden 2010 von 30 % bis 50 % auf 15 % bis 43 % gesenkt. Dies entlastet Geschwister und Geschwisterkinder. So beträgt der Steuersatz beim Wert bis zu 75.000 € nur noch 15 % statt bislang 30 %.

8. GWG

23   Die alte Regelung wird wieder eingeführt mit der Sofortabschreibung von beweglichen Wirtschaftsgütern des Anlagevermögens mit Anschaffungs- oder Herstellungskosten bis 410 €. Bei Anschaffungs- oder Herstellungskosten über 150 € ist ein besonderes Verzeichnis zu führen.

24   Es besteht ein Wahlrecht zwischen Sofortabschreibung bis 410 € und Bildung des Sammelpostens für Wirtschaftsgüter bis 1.000 €, der über eine Dauer von 5 Jahren gewinnmindernd aufzulösen ist. Wirtschaftsgüter bis 150 € können in den Sammelposten aufgenommen werden.

V. Steuervereinfachungsgesetz 2011

25   –   Nichtsteuerbarkeit von Veräußerungsgeschäften bei Gegenständen des **täglichen Gebrauchs** (§ 23 EStG): Es wird gesetzlich klargestellt, dass die Veräußerung derartiger Gegenstände nicht steuerbar ist. Begründung ist, dass es »nicht sachgerecht« sei, derartige typische Verlustgeschäfte steuerlich wirksam werden zu lassen.

      –   **Außerordentliche Einkünfte/Bemessung des ermäßigten Steuersatzes (§ 34 Abs. 3 Satz 2 EStG):** Es wird sichergestellt, dass ermäßigt zu besteuernde Einkünfte (Veräußerungsgewinne) mind. dem Eingangssteuersatz unterworfen werden.

      –   Der **Arbeitnehmerpauschbetrag** wird von 920 € auf 1.000 € erhöht. Die **Kinderbetreuungskosten** werden nur noch einheitlich als Sonderausgaben und nicht mehr auch als Werbungskosten oder Betriebsausgaben behandelt.

      –   Es wird eine **Betriebsfortführungsfiktion bei Betriebsunterbrechung und Betriebsverpachtung,** § 16 Abs. 3a und 3b EStG, eingeführt.

      –   **Vollentgeltlichkeit der Vermietung und Verpachtung** bei verbilligter Überlassung bei 66 % der ortsüblichen Miete, § 21 Abs. 2 EStG.

      –   **Wegfall der Einkünfte- und Bezügegrenze für volljährige Kinder** nach § 32 Abs. 4 EStG.

VI. Weitere Änderungen ab 2013

1. Gesetzesänderungen

26   Es erfolgt eine Reduzierung der **Veranlagungsarten** nach §§ 26, 26a EStG. Nach dem **Steuervereinfachungsgesetz 2011**[3] gibt es nur noch vier Veranlagungsarten, nämlich

---

3   BGBl I 2011, 2131.

die Einzelveranlagung, das Verwitweten-Splitting, das Sonder-Splitting im Trennungs-jahr und die Zusammenveranlagung mit Ehegatten-Splitting.

Statt einer getrennten Veranlagung ist ab VAZ 2013 eine Einzelveranlagung nach   27
§§ 26a, 52 Abs. 68 EStG vorzunehmen. Sonderausgaben, außergewöhnliche Belas-tungen und die Steuerermäßigung nach § 35a (gemeinsame Zurechnung bei der Zusammenveranlagung) wurden bei der getrennten Veranlagung den Ehegatten jeweils zur Hälfte zugerechnet. Bei der Einzelveranlagung werden nun Sonderausga-ben und außergewöhnliche Belastungen demjenigen zugeordnet, der sie wirtschaftlich getragen hat.

Beim Abzug der außergewöhnlichen Belastungen nach § 33 EStG wird die zumutbare   28
Belastung nach dem Gesamtbetrag der Einkünfte eines jeden Ehegatten bestimmt und nicht, wie bisher bei der getrennten Veranlagung, nach dem Gesamtbetrag der Einkünfte beider Ehegatten.

Nach dem Gesetz zum Abbau der kalten Progression erhöht sich ab 2013 der **Grund-**   29
freibetrag auf 8.130 € und ab 2014 auf 8.354 €. Der **Eingangssteuersatz** bleibt mit 14 % unverändert.

Ab dem 01.01.2013 ersetzt das neue sog. **ELStAM-Verfahren** grds. die alte Lohnsteu-   30
erkarte aus Papier. Steuerliche Daten, wie z.B. Kinderfreibeträge, Steuerklassen und die Religionszugehörigkeit eines Arbeitnehmers, werden elektronisch gespeichert und vom Arbeitgeber übermittelt.

Nach § 2 Abs. 8 EStG sind die Regelungen des Einkommensteuergesetzes zu Ehe-   31
gatten und Ehen auch auf **eingetragene Lebenspartner und Lebenspartnerschaften** anzuwenden. Die Änderungen im Einkommensteuergesetz sind am 19.07.2013 infolge des Gesetzes zur Änderung des Einkommensteuergesetzes rückwirkend zum VZ 2001 in Umsetzung der Entscheidung des BVerfG v. 07.05.2013[4] in Kraft getre-ten. Die Rückwirkung bezieht sich auf alle Lebenspartner, deren Veranlagung noch nicht bestandskräftig durchgeführt ist.[5]

Ab VAZ 2013 sind nach Art. 2 des Gesetzes zur Umsetzung der Amtshilferichtli-   32
nie sowie zur Änderung steuerlicher Vorschriften[6] **Aufwendungen für die Führung eines Rechtsstreits** vom Abzug ausgeschlossen, wenn es sich nicht um Aufwendungen handelt, ohne die der Steuerpflichtige Gefahr liefe, seine Existenzgrundlage zu verlie-ren und seine lebensnotwendigen Bedürfnisse in dem üblichen Rahmen nicht mehr befriedigen zu können, § 33 Abs. 3a EStG.

---

4 BVerfG, FamRZ 2013, 1103.
5 S. hierzu a. BMF-Schreiben v. 31.07.2013 – IV C 1 – S 1910/13/10065:001, www.bundes-finanzministerium.de.
6 Amtshilferichtlinie-Umsetzungsgesetz – AmtshilfeRLUmsG v. 26.06.2013, BGBl I 2013, 1809.

33 **2. Rechtsprechungen des BFH**

Auch nach Ansicht des BFH[7] sind **Kosten eines Zivilprozesses** grds. keine außerge-wöhnlichen Belastungen. Berührt ein Rechtsstreit jedoch einen für den Steuerpflich-tigen existenziell wichtigen Bereich oder den Kernbereich menschlichen Lebens, kann ein Ausnahmefall vorliegen. Mit zwei Entscheidungen v. 20.01.2016 sowie den Ent-scheidungen v. 18.02.2016 und zwei weiteren Entscheidungen v. 10.03.2016 konkre-tisiert der BFH seine Rspr. zu den Kosten in familienrechtlichen Verfahren. Kosten familienrechtlicher und sonstiger Regelungen in Zusammenhang mit der Eheschei-dung sind grds. nicht mehr als außergewöhnliche Belastung zu berücksichtigen. Das gilt für alle Regelungen, die außerhalb des sog. Zwangsverbundes durch das Familien-gericht oder außergerichtlich getroffen werden. So berechtigt z.b. allein der Umstand, dass der Steuerpflichtige seine Wohnung räumen und herausgeben muss, nicht zum Abzug der Aufwendungen als außergewöhnliche Belastung.[8]

34 Auch Prozesskosten wegen Scheidungsfolgesachen außerhalb des sog. Zwangsver-bunds, wie z.B. die Auseinandersetzung über das gemeinsame Vermögen oder den nachehelichen Unterhalt, entstehen selbst dann nicht zwangsläufig, wenn die Folge-sachen auf Antrag des anderen Ehegatten zusammen mit der Scheidung durch das Familiengericht entschieden werden.[9]

35 Rechtsanwaltskosten wegen eines Zivilprozesses, in dem sich der Steuerpflichtige gegen Unterhaltsansprüche seines Kindes und der Kindesmutter verteidigt, sind ebenso keine außergewöhnlichen Belastungen.[10]

36 Ein Abzugsverbot gilt auch für Streitigkeiten über das Umgangsrecht der (früheren) Ehegatten mit dem gemeinsamen Kind.[11] Kosten familienrechtlicher und sonstiger Regelungen in Zusammenhang mit einer Ehescheidung außerhalb des sog. Zwangs-verbunds sind somit regelmäßig nicht als außergewöhnliche Belastungen zu berück-sichtigen.[12] Den Abzug von Kosten für Scheidungsfolgesachen lehnte der BFH ebenfalls in seinem Urteil vom 14.04.2016 ab.[13]

---

7 BFH, 18.06.2015 – VI R 17/14, www.bundesfinanzhof.de.

8 BFH, 20.01.2016 –VI R 66/12, www.bundesfinanzhof.de (zu FG München, 05.03.2012, EFG 2013, 290).

9 BFH, 20.01.2016 – VI R 70/12, www.bundesfinanzhof.de (zu FG Schleswig-Holstein, 21.02.2012, EFG 2013, 523).

10 BFH, 18.02.2016 – VI R 56/13, www.bundesfinanzhof.de (zu FKG Köln, 26.06.2013, EFG 2013, 1665).

11 BFH, 10.03.2016 – VI R 38/13, www.bundesfinanzhof.de (Abgrenzung zu BFH, 04.12.2001 – III R 31/00, BFHE 198, 94, BStBl II 2002, 382) Zu FG Niedersachsen v. 18.02.2013.

12 BFH, 10.03.2016 – VI 69/12, www.bundesfinanzhof.de (zu FG München, 21.08.2012, EFG 2013, 451).

13 BFH, 14.04.2016 – VI R 56/14, www.bundesfinanzhof.de.

Nach dem Urteil v. 04.08.2016[14] sind konsequenterweise ebenso wenig die Rechts- **37** anwalts- und Gerichtskosten wegen Zugewinnausgleich, Nutzungsentschädigung, Pfändung und Grundbucheintragung nicht als außergewöhnliche Belastungen zu berücksichtigen.

Nach der **aktuellen BFH-Rechtsprechung**[15] sind Scheidungskosten anders als nach **38** der bisherigen Rechtsprechung aufgrund einer seit dem Jahr 2013 geltenden Neuregelung nicht mehr als außergewöhnliche Belastung abziehbar. Die Kosten eines Scheidungsverfahrens fallen unter das neu eingeführte Abzugsverbot für Prozesskosten.

Das Gesetz zur Umsetzung der Amtshilferichtlinie sowie zur Änderung steuerlicher **39** Vorschriften führt u.a. auch die Einführung einer **Lohnsteuer-Nachschau** nach § 42g EStG **ab dem 30.06.2013** ein. Diese schafft für eine Prüfung ohne vorherige Ankündigung eine Rechtsgrundlage und soll die Beteiligung von Lohnsteuer-Außenprüfern an Einsätzen der »Finanzkontrolle Schwarzarbeit« erleichtern. Die Nachschau ist keine Prüfung i.S.v. §§ 193 ff. AO, sondern dient der zeitnahen kursorischen Kontrolle, die die Außenprüfung nicht verdrängen soll.

Mit Urteil vom 21.03.2013[16] hat der **BFH zur 1 %-Regelung** entschieden, dass die **40** unentgeltliche oder verbilligte Überlassung eines Dienstwagens durch den Arbeitgeber an den Arbeitnehmer für dessen Privatnutzung unabhängig davon, ob und in welchem Umfang der Arbeitnehmer den betrieblichen Pkw tatsächlich privat nutzt, zu einem lohnsteuerlichen Vorteil führt. Der Anwendungsbereich der in § 8 Abs. 2 Satz 2–4 i.V.m. § 6 Abs. 1 Nr. 4 Satz 2 EStG normierten 1 %-Regelung ist damit neu bestimmt worden. In zwei weiteren Entscheidungen v. 21.03.2013[17] sowie v. 18.04.2013[18] hat der BFH nochmals verdeutlicht, dass die 1 %-Regelung aber erst zur Anwendung kommt, wenn feststeht, dass der Arbeitgeber dem Arbeitnehmer einen Dienstwagen zur privaten Nutzung arbeitsvertraglich oder doch zumindest auf Grundlage einer konkludent getroffenen Nutzungsvereinbarung tatsächlich überlassen hat. Das Finanzgericht hat sich hiervon mit der erforderlichen Gewissheit zu überzeugen. Ein Beweis des ersten Anscheins kann diese Feststellungen nicht ersetzen.

VII. Gesetz zur Änderung und Vereinfachung der Unternehmensbesteuerung und des steuerlichen Reisekostenrechts ab VAZ 2014

Im Zuge der **Reform des steuerlichen Reisekostenrechts**[19] gibt es neue Vorausset- **41** zungen für die steuerliche Anerkennung einer doppelten Haushaltsführung. Diese

---

14 BFH, 04.08.2016 – VI R 63/14, www.bundesfinanzhof.de.
15 BFH, 18.05.2017 – VI R 9/16, www.bundesfinanzhof.de.
16 BFH, DB 2013, 1528.
17 BFH, DB 2013, 1526.
18 BFH, DB 2013, 1887.
19 Gesetz zur Änderung und Vereinfachung der Unternehmensbesteuerung und des steuerlichen Reisekostenrechts v. 20.02.2013, BGBl I 2013, 285, BStBl I 2013, 188.

gelten auch für bereits bestehende doppelte Haushaltsführungen und verlangen das »Innehaben einer Wohnung« des Arbeitnehmers am Hauptwohnsitz sowie seine »finanzielle Beteiligung an den Kosten der Lebensführung«, § 9 Abs. 1 Satz 3 Nr. 5 Satz 3 EStG n.F.

42   Nicht anerkannt wird damit das Bewohnen nur eines Zimmers im Haushalt der Eltern, weil der Arbeitnehmer eine eigene Wohnung innehaben muss.

43   Das FG Münster[20] hat ebenso entschieden, dass die dreimonatige Grundausbildung im Rahmen eines freiwilligen Wehrdienstes eine **Berufsausbildung** darstellt, sofern der Wehrdienstleistende eine spätere dienstliche Verwendung als Soldat auf Zeit im Mannschaftsdienstgrad anstrebt.

▶ **Hintergrund**

44   Ein Kind, das das 18. Lebensjahr vollendet hat, wird u.a. berücksichtigt, wenn es noch nicht das 25. Lebensjahr vollendet hat und für einen Beruf ausgebildet wird (§ 32 Abs. 4 Satz 1 Nr. 2 Buchst. a EStG). Der III. Senat des BFH hatte hierzu kürzlich entschieden, dass Eltern unter bestimmten Umständen für ein Kind, das freiwilligen Wehrdienst leistet, **Kindergeld** erhalten können. Abhängig von seiner Ausgestaltung und der Art der Durchführung könne im Einzelfall auch der freiwillige Wehrdienst eine Maßnahme der Berufsausbildung gem. § 32 Abs. 4 Satz 1 Nr. 2 Buchst. a EStG darstellen (BFH, 03.07.2014 – III R 53/13).

Sachverhalt

Der Kläger begehrte die Festsetzung von Kindergeld. In der fraglichen Zeit hatte sein Sohn freiwilligen Wehrdienst geleistet. Einen zivilen Ausbildungsberuf bei der Bundeswehr hatte sein Sohn dabei nicht angestrebt. Der Sohn hatte jedoch einen Antrag auf Erstverpflichtung im Mannschaftsdienst gestellt. Diesem Antrag wurde später dahingehend entsprochen, dass er für die Dauer von vier Jahren als Soldat auf Zeit verpflichtet wurde. Die Zeit des freiwilligen Wehrdienstes wurde auf die Dauer des Dienstverhältnisses angerechnet. Ebenso wurde die bestandene Grundausbildung inklusive der Zuerkennung der Ableistung des Sicherungs- und Wachdienstes sowie der Ersthelfer A-Qualifikation, die im Streitzeitraum der Grundausbildung erworben wurden, angerechnet.

45   Hierzu führte das FG aus:
–   Zwar kann die Ableistung des freiwilligen Wehrdienstes nicht zur Berücksichtigung des Kindes nach § 32 Abs. 4 Satz 1 Nr. 2 Buchst. d EStG führen, da der freiwillige Wehrdienst nicht unter die dort abschließend aufgezählten Dienste fällt (vgl. zuletzt BFH, 03.07.2014 – III R 53/13).
–   Allerdings war die Familienkasse verpflichtet, Kindergeld aufgrund des Vorliegens der Voraussetzungen des § 32 Abs. 4 Satz 1 Nr. 2 Buchst. a EStG zu gewähren,

---

20 FG Münster, 13.11.2014 – 11 K 2284/13 Kg; Revision zugelassen.

da sich der Sohn des Klägers im streitigen Zeitraum in einer Berufsausbildung befunden hat.

– Mit der dreimonatigen Grundausbildung durchlief der Sohn des Klägers Ausbildungsabschnitte, die für seine spätere Verwendung bei der Heeresfliegerwaffenschule auch bei seiner Tätigkeit im Mannschaftsdienstgrad erforderlich waren.

– Denn die allgemeine Grundausbildung war Voraussetzung für seine spätere dienstliche Verwendung als Soldat auf Zeit im Mannschaftsdienstgrad und wurde auf seine vierjährige Dienstzeit angerechnet.

– Der Abschnitt der Grundausbildung war auch von Beginn an für den Sohn des Klägers zwingend festgelegt. Bestandteile dieser Grundausbildung waren die Vermittlung von Kenntnissen in den Bereichen Rechte und Pflichten eines Soldaten, politische Bildung, Gefechtsdienst, Waffen- und Schießausbildung sowie Sanitäts- und Wachausbildung.

– Auch die Vermittlung dieser Grundlagen gehört zu den Maßnahmen, bei denen Kenntnisse, Fähigkeiten und Erfahrungen erworben werden, die als Grundlage für die Ausübung eines bei der Bundeswehr angestrebten Berufs, und sei es der Beruf des Soldaten auf Zeit, geeignet sind.

▶ Hinweis

Das FG hat im Streitfall die Revision zugelassen, da auch nach der Entscheidung **46** des BFH v. 03.07.2014 in der Rspr. noch nicht geklärt sei, ob die Grundausbildung eines Wehrdienstleistenden ausreichende Kenntnisse und Fähigkeiten für einen späteren Dienst eines Soldaten auf Zeit im Mannschaftsdienstgrad vermittelt und somit die Ableistung der Grundausbildung eine Ausbildung i.S.d. § 32 Abs. 1 Satz 1 Nr. 2 Buchst. a EStG darstellen kann.

VIII. Gesetzesänderungen ab 2015

1. Gesetz zur Anpassung der Abgabenordnung an den Zollkodex der Union und zur Änderung weiterer steuerlicher Vorschriften

Am 24.09.2014 hat das Bundeskabinett den Entwurf eines Gesetzes zur Anpassung **47** der Abgabenordnung an den Zollkodex der Union und zur Änderung weiterer steuerlicher Vorschriften (**ZollkodexAnpG**) beschlossen. Faktisch handelt es sich damit eher um ein typisches Jahressteuergesetz, mit dem fachlich notwendiger Regelungsbedarf in verschiedenen Bereichen des deutschen Steuerrechts umgesetzt wird. Der Bundesrat stimmte am 19.12.2014 dem Gesetz zur Anpassung der Abgabenordnung an den Zollkodex der Union und zur Änderung weiterer steuerlicher Vorschriften zu.[21]

– **Änderungen im EStG:**   **48**
  – Bestimmte Leistungen des Arbeitgebers, die der besseren Vereinbarkeit von Familie und Beruf dienen, werden steuerfrei gestellt. Dies betrifft bestimmte Vermittlungs- und Beratungsleistungen und die Übernahme von

---

21 ZollkodexAnpG, BGBl I 2014, 2417.

Betreuungskosten bei einem zusätzlichen Betreuungsbedarf (§ 3 Nr. 34a EStG).

– Die Anwendung des **Teilabzugsverbots** des § 3c Abs. 2 Sätze 2–6 EStG wird auf Substanzverluste bei eigenkapitalersetzenden Darlehen ausgeweitet.

– Die Kriterien einer erstmaligen Berufsausbildung werden gesetzlich definiert. Die Voraussetzungen für den Abzug von Aufwendungen für eine **Zweitausbildung** als Werbungskosten oder Betriebsausgaben werden geregelt (§ 9 Abs. 6 EStG und § 4 Abs. 9 EStG).

Der Begriff der Erstausbildung war bis 2013 durch die Rspr. nicht hinreichend geklärt. Ein Urteil des Bundesfinanzhofs Anfang 2013 erschwerte eine sinnvolle Abgrenzung zwischen Erst- und Zweitausbildung. Nach der ab 2015 geltenden Neuregelung muss zum einen eine Berufsausbildung als Erstausbildung, sofern in Vollzeit durchgeführt, einen Zeitraum von mindestens 12 Monaten umfassen. »Vollzeit« heißt hierbei eine Dauer von durchschnittlich mind. 20 Stunden wöchentlich. Zum anderen muss die Ausbildung abgeschlossen werden. Ein Abschluss erfolgt i.d.R. durch eine bestandene Abschlussprüfung. Ist eine Abschlussprüfung nicht vorgesehen, gilt die Ausbildung mit der tatsächlichen planmäßigen Beendigung als abgeschlossen. Keine erste Berufsausbildung sind bspw. Kurse zur Berufsorientierung oder -vorbereitung, Kurse zur Erlangung von Fahrerlaubnissen, Betriebspraktika, Anlerntätigkeiten oder die Grundausbildung bei der Bundeswehr.

– Das bisherige Abzugsvolumen für Beiträge zugunsten einer **Basisversorgung im Alter** wird angehoben (§ 10 Abs. 3 Satz 1 EStG). Ab 2015 wird das Abzugsvolumen für eine Basisversorgung im Alter auf den Höchstbeitrag zur knappschaftlichen Rentenversicherung bzw. für Zusammenveranlagte auf den doppelten Betrag angehoben. Dies bedeutet, dass sich 2015 ein Abzugsvolumen von 22.172 € ergibt. Steigt zukünftig der Höchstbeitrag zur knappschaftlichen Rentenversicherung erhöht sich automatisch auch das Abzugsvolumen für eine Basisversorgung im Alter.

– Die pauschale **Gewinnermittlung nach Durchschnittssätzen für kleinere land- und forstwirtschaftliche Betriebe** wird vereinfacht und zugleich zielgenauer ausgestaltet (§ 13a EStG).

– Die Besteuerung von **geldwerten Vorteilen**, die ein Arbeitgeber seinem Arbeitnehmer i.R.v. Betriebsveranstaltungen gewährt, wird gesetzlich geregelt. Bei Betriebsveranstaltungen sollen Zuwendungen des Arbeitgebers keinen Arbeitslohn darstellen, wenn ihr Wert 110 € nicht übersteigt. Aus der urspr. Freigrenze wird ein Freibetrag werden (§ 19 Abs. 1 Satz 1 Nr. 1a EStG).

▶ Der BFH hat mit seiner neueren Rspr. zur Besteuerung von geldwerten Vorteilen, die Arbeitnehmern i.R.v. Betriebsveranstaltungen gewährt werden, die seit langer Zeit bestehenden und anerkannten Verwaltungsgrundsätze zum Teil abgelehnt. Dies hatte zu einer unklaren und komplizierten Rechtslage geführt. Deshalb wird die Besteuerung dieser Vorteile nun gesetzlich festgeschrieben. Die Neuregelung knüpft an die Bestimmungen der Lohnsteuer-Richtlinien an.

Dabei wird die bisherige Freigrenze von 110 € in einen Freibetrag umgewandelt und alle Aufwendungen, auch die Kosten für den äußeren Rahmen der Betriebsveranstaltung (z.b. Fremdkosten für Saalmiete und »Eventmanager«), in die Berechnung einbezogen. Entsprechend den bisherigen Verwaltungsgrundsätzen werden die geldwerten Vorteile, die Begleitpersonen des Arbeitnehmers gewährt werden, dem Arbeitnehmer als geldwerter Vorteil zugerechnet. Eine begünstigte Betriebsveranstaltung liegt dann vor, wenn sie allen Angehörigen des Betriebs oder eines Betriebsteils grds. offensteht.

– Rückwirkende Einführung einer Steuerbefreiungsvorschrift für den **IN-VEST-Zuschuss für Wagniskapital ab 2013**; § 3 Nr. 71 EStG.

– **Ausgleichsleistungen zur Vermeidung eines Versorgungsausgleichs** nach einer Ehescheidung bzw. der Auflösung einer Lebenspartnerschaft sind ab 2015 als Sonderausgaben abzugsfähig. Im Gegenzug erfolgt eine Versteuerung beim Empfänger (§ 10 Abs. 1a Nr. 3 EStG i.V.m. § 22 Nr. 1a EStG).

– Am 28.01.2015 hat das Bundeskabinett den Bericht über die Höhe des steuerfrei zu stellenden Existenzminimums von Erwachsenen und Kindern für die Jahre 2015 und 2016 beschlossen. Danach sind der steuerliche **Grundfreibetrag und der Kinderfreibetrag** anzupassen. Die Bundesregierung wird die notwendigen gesetzgeberischen Schritte einleiten, die sich aus dem Existenzminimumbericht ergeben. Der 10. Existenzminimumbericht kommt zu dem Ergebnis, dass in den Veranlagungsjahren 2015 und 2016 sowohl beim Grundfreibetrag (derzeit 8.354 €) als auch beim Kinderfreibetrag (derzeit 4.368 €) Erhöhungsbedarf besteht. Der Grundfreibetrag ist um mind. 118 € im Jahr 2015 und um mind. 298 € im Jahr 2016 anzuheben. Der Kinderfreibetrag ist um mind. 144 € im Jahr 2015 und um mind. 240 € im Jahr 2016 anzuheben.

Mit dem am 17.12.2014 verkündetem Urteil[22] hat der Erste Senat des **BVerfG** die **49** §§ **13a, 13b und 19 Abs. 1 ErbStG** für verfassungswidrig erklärt. Die Vorschriften sind zunächst weiter anwendbar; der Gesetzgeber muss bis 30.06.2016 eine Neuregelung treffen.

▶ **Hintergrund**

Der BFH[23] hatte dem BVerfG die Frage vorgelegt, ob § 19 Abs. 1 ErbStG (Tarifvorschrift) in der im Jahr 2009 geltenden Fassung i.V.m. §§ 13a und 13b ErbStG wegen Verstoßes gegen den allgemeinen Gleichheitssatz verfassungswidrig ist. Die §§ 13a und 13b ErbStG sehen für den Übergang von Betriebsvermögen, von qualifizierten Anteilen an Kapitalgesellschaften und von land- und forstwirtschaftlichem Vermögen eine Steuerbefreiung i.H.v. 85 % (Regelverschonung) bzw. 100 % (Optionsverschonung) vor, wenn bestimmte Voraussetzungen hinsichtlich der Zusammensetzung dieses Vermögens (sog. Verwaltungsvermögen),

---

22 BVerfG, 17.12.2014 – 1 BvL 21/12.
23 BFH, 27.09.2012 – II R 9/11.

> seines Erhalts in der Hand des Erwerbers (sog. Behaltensfrist) und der mit dem Vermögen verbundenen Arbeitsplätze (sog. Lohnsummenregelung) erfüllt werden. Nach Auffassung des BFH ist ein Verfassungsverstoß zu bejahen, weil dieses Vergünstigungssystem eine verfassungswidrige Überprivilegierung darstelle. Im Zusammenwirken mit persönlichen Freibeträgen und weiteren Verschonungen sei die Steuerbefreiung die Regel und die tatsächliche Besteuerung die Ausnahme.

50 Hierzu führte das BVerfG weiter aus:
- Zwar liegt es im Entscheidungsspielraum des Gesetzgebers, kleine und mittlere Unternehmen, die in personaler Verantwortung geführt werden, zur Sicherung ihres Bestands und zur Erhaltung der Arbeitsplätze steuerlich zu begünstigen.
- Die Privilegierung betrieblichen Vermögens ist jedoch unverhältnismäßig, soweit sie über den Bereich kleiner und mittlerer Unternehmen hinausgreift, ohne eine Bedürfnisprüfung vorzusehen.
- Ebenfalls unverhältnismäßig ist die Freistellung von Betrieben mit bis zu 20 Beschäftigten von der Einhaltung einer Mindestlohnsumme und die Verschonung betrieblichen Vermögens mit einem Verwaltungsvermögensanteil bis zu 50 %.
- §§ 13a und 13b ErbStG sind auch insoweit verfassungswidrig, als sie Gestaltungen zulassen, die zu nicht zu rechtfertigenden Ungleichbehandlungen führen.
- Die genannten Verfassungsverstöße haben zur Folge, dass die vorgelegten Regelungen insg. mit Art. 3 Abs. 1 GG unvereinbar sind.

51 Ab 2015 ist es nicht mehr erforderlich, einen **Antrag auf Einbehalt von Kirchensteuer** abgeltend besteuerte Kapitalerträge zu stellen. Der Einbehalt für und die Weiterleitung an die steuererhebende Religionsgemeinschaft erfolgt künftig automatisch. »Automatisch« bedeutet, dass die Mitglieder einer steuererhebenden Religionsgemeinschaft nichts weiter veranlassen müssen, um ihren kirchensteuerrechtlichen Pflichten in Zusammenhang mit der Abgeltungsteuer nachzukommen. Dem automatisierten Datenabruf der Religionszugehörigkeit kann schriftlich beim Bundeszentralamt für Steuern (BZSt) widersprochen werden (sog. Sperrvermerk). Dem Widerspruch folgt die Aufforderung zur Abgabe einer Steuererklärung zwecks Festsetzung der Kirchensteuer im Finanzamt.

52 Ab 01.01.2015 gelten neue Regeln für die **strafbefreiende Selbstanzeige** für Steuersünder.[24]

▶ **Hintergrund**

> Ziel des Gesetzes ist es, die Steuerhinterziehung konsequent zu bekämpfen. Die Regelungen der strafbefreienden Selbstanzeige (§ 371 AO) und zum Absehen von Strafverfolgung in besonderen Fällen (§ 398a AO) sind deutlich verschärft worden, aber dem Grunde nach erhalten geblieben.

---

24 BGBl I 2014, 2415.

2. Gesetzesänderungen zur Insolvenzordnung

Das Gesetz zur Verkürzung des Restschuldbefreiungsverfahrens und zur Stärkung   53
der Gläubigerrechte v. 15.07.2013[25] enthält für Insolvenzverfahren, die ab dem
01.07.2014 beantragt werden, insb. Regelungen wie folgt:

– **Berücksichtigung von Unterhalt in der Insolvenz**[26]   54

Die von der Restschuldbefreiung gem. § 302 Nr. 1 InsO ausgenommenen Forderungen werden erweitert.

Die Neuregelung sieht vor, dass von der Erteilung der Restschuldbefreiung folgende
Verbindlichkeiten des Schuldners ausgenommen werden:
– Verbindlichkeiten aus einer vorsätzlich begangenen unerlaubten Handlung,
– Verbindlichkeiten aus rückständigem gesetzlichen Unterhalt, den der Schuldner vorsätzlich pflichtwidrig nicht gewährt hat, oder
– Verbindlichkeiten aus einem Steuerschuldverhältnis, sofern der Schuldner in Zusammenhang damit wegen einer Steuerstraftat nach den §§ 370, 373 oder 374 AO rechtskräftig verurteilt worden ist.

– **Verkürzung des Restschuldbefreiungsverfahrens**   55

Für den Fall, dass im Insolvenzverfahren eine Entschuldung nicht gelingt, kann der
redliche Schuldner eine Befreiung von den restlichen Verbindlichkeiten erhalten. Bislang war dies nur möglich, wenn neben dem Insolvenzverfahren ein sechsjähriges Restschuldbefreiungsverfahren durchlaufen wurde. Künftig ist schon nach der Hälfte der
Zeit ein wirtschaftlicher Neuanfang möglich. Schafft es der Schuldner, innerhalb von
drei Jahren mindestens 35 % der Gläubigerforderungen zur Schuldentilgung bereitzustellen sowie die Verfahrenskosten zu begleichen, kann ihm bereits nach Ablauf dieses Zeitraums Restschuldbefreiung erteilt werden. Kann der Schuldner zumindest die
Verfahrenskosten vollständig bezahlen, ist eine Restschuldbefreiung nach **fünf Jahren**
möglich. Sonst bleibt es bei den bisherigen **sechs Jahren**, § 300 Abs. 1 InsO.

– **Öffnung des Insolvenzplanverfahrens für Verbraucherinsolvenzen**   56

Künftig kann auch im Verbraucherinsolvenzverfahren die flexible Entschuldungsmöglichkeit des Insolvenzplans in Anspruch genommen werden, und zwar unabhängig von einer gesetzlich festgelegten Quote oder einer bestimmten Verfahrensdauer.
Bis zum Schlusstermin eines Insolvenzverfahrens kann jeder Schuldner daher einen
Insolvenzplan vorlegen, in dem auf seinen Einzelfall abgestimmte Regelungen zur
Entschuldung getroffen werden können. Stimmt die Mehrheit der Gläubiger dem
Insolvenzplan zu, ist der Weg zu einem sofortigen wirtschaftlichen Neuanfang frei,
§ 217 ff. InsO.

---

25 BGBl I 2013, Nr. 38 v. 18.07.2013 S. 2379, BR-Drucks. 380/13.
26 Hierzu eingehend *Perleberg-Kölbel* FuR 2014, 643.

▶ **Praxishinweis zur anwaltlichen Haftung**

57 Wie auch schon bisher hat der Schuldner im Verbraucherinsolvenzverfahren mit der Antragstellung eine Bescheinigung einer »geeigneten Person oder Stelle« vorzulegen, die einen vorgerichtlichen Einigungsversuch mit seinen Gläubigern dokumentiert. Diese Bescheinigung kann folglich auch eine Anwältin oder ein Anwalt ausstellen. Zukünftig darf diese Bescheinigung nur ausgestellt werden, wenn eine **persönliche Beratung mit eingehender Prüfung** der wirtschaftlichen Verhältnisse des Schuldners vorausgegangen ist. Ein lediglich telefonischer oder postalischer Kontakt mit dem vorgerichtlichen Berater reicht künftig nicht aus.

58 **Stärkung der Gläubigerrechte**

Gleichzeitig stärkt das Gesetz die Rechte der Gläubiger. Während derzeit die Versagung der Restschuldbefreiung nur im abschließenden Termin vor dem Insolvenzgericht beantragt werden konnte, können Gläubiger nun jederzeit schriftlich dem Schuldenerlass widersprechen. Damit wird die Akzeptanz des Instituts der Restschuldbefreiung insg. weiter verbessert. Stellt der Schuldner einen Restschuldbefreiungsantrag, wird ihm bereits mit Beginn des Insolvenzverfahrens auferlegt, eine angemessene Erwerbstätigkeit auszuüben oder sich zumindest um eine solche zu bemühen, § 290 Abs. 2 InsO.

59 Am 05 04.2017 ist das **Gesetz zur Verbesserung der Rechtssicherheit bei Anfechtungen nach der Insolvenzordnung und nach dem Anfechtungsgesetz**[27] in Kraft getreten.

Für Insolvenzverfahren, die am 05.04.2017 oder später eröffnet worden sind, gelten seither folgende Änderungen:
– Der **Anfechtungszeitraum** für Deckungshandlungen (Bezahlung von erbrachten Lieferungen und Leistungen) ist von zehn auf **vier** Jahre reduziert.
– In diesen Fällen wird hinsichtlich der Kenntnis nicht mehr an die »drohende«, sondern an die »**eingetretene« Zahlungsunfähigkeit** angeknüpft, wenn eine sog. kongruente Deckung vorlag. Dies ist der Fall, wenn die Art und Weise der Zahlung den ursprünglich getroffenen Vereinbarungen entsprach.
– Hat der Gläubiger dem Schuldner **Zahlungserleichterungen gewährt**, wird **vermutet**, dass er eine etwaige Zahlungsunfähigkeit **nicht kannte** – der Insolvenzverwalter muss in diesen Fällen den (Gegen-)Beweis führen, dass der Gläubiger hiervon doch Kenntnis hatte.
– Sog. Bargeschäfte (zwischen Leistung und Gegenleistung liegt ein kurzer Zeitraum) sind nur noch anfechtbar, wenn der Gläubiger erkannt hat, dass sein Schuldner **unlauter** gehandelt hat.
– Für **Arbeitsentgelte** wurde der Zeitraum für das Vorliegen von Bargeschäften sogar auf bis zu **drei Monate** festgeschrieben.
– Anfechtungsansprüche werden nur noch **ab Verzugseintritt** (nicht beginnend ab Insolvenzeröffnung) verzinst.

---

27 BGBl I 2017, 654.

3. Gesetz zur Anhebung des Grundfreibetrags, des Kinderfreibetrags, des Kindergeldes und des Kinderzuschlags

Nach dem **Gesetz zur Anhebung des Grundfreibetrags, des Kinderfreibetrags, des Kindergeldes und des Kinderzuschlags**[28] wurde der steuerliche Grundfreibetrag angehoben und der Steuertarif nach rechts verschoben. Ferner wurden der Kinderfreibetrag, das Kindergeld, der Entlastungsbetrag für Alleinerziehende und der Kinderzuschlag für Geringverdiener angehoben.   **60**

Im Einzelnen erfolgten folgende Anpassungen: **61**

– **Abbau der kalten Progression**

Ein Ausgleich der 2014 und 2015 entstandenen kalten Progression wird durch Anhebung des Grundfreibetrags und Anpassung der Eckwerte des Steuertarifs vollzogen.
2. Grundfreibetrag:
   – Anhebung ab 1. Januar 2015 um 118 € auf 8.472 €.
   – Anhebung ab 1. Januar 2016 um weitere 180 € auf 8.652 €.
3. Anpassung der Eckwerte des Steuertarifs
   – Anhebung der Eckwerte ab 1. Januar 2016 um die kumulierte Inflationsrate der Jahre 2014 und 2015 i.H.v. 1,48 %.

Die durch die Anhebung des Grundfreibetrags eintretende Entlastung für 2015 wurden zusammengefasst bei der Lohnabrechnung für Dezember 2015 berücksichtigt.   **62**

– **Erhöhung der familienpolitischen Leistungen**   **63**
1. Kinderfreibetrag (einschl. Freibetrag für Betreuung und Erziehung oder Ausbildung)
   – Anhebung ab 1. Januar 2015 um 144 € auf 7.152 €.
   – Anhebung ab 1. Januar 2016 um weitere 96 € auf 7.248 €.
2. Kindergeld
   – Anhebung ab 1. Januar 2015 um 4 € monatlich je Kind.
   – Anhebung ab 1. Januar 2016 um weitere 2 € monatlich je Kind.
3. Kinderzuschlag für Geringverdiener (aktuell max. 140 € monatlich):
   – Anhebung ab 1. Juli 2016 um 20 € monatlich.
4. Entlastungsbetrag für Alleinerziehende (für das erste Kind)
   – Anhebung ab 1. Januar 2015 um 600 € auf 1.908 € sowie um 240 € für jedes weitere Kind.
5. **Unterhaltshöchstbetrag** nach § 33a Abs. 1 EStG
   – Der Unterhaltshöchstbetrag wurde für **2015 auf 8.472 €** erhöht. Im Jahr **2016** stieg er auf **8.652 €.** Die Erhöhung entspricht der Anhebung des Grundfreibetrags und führt dazu, dass künftig höhere Unterhaltsleistungen steuerlich berücksichtigt werden können.
6. **Nichtanrechnung** der Kindergelderhöhung 2015 auf andere Leistungen

---

28 BGBl I 2015, 1202.

4. Steueränderungsgesetz 2015

64 Der Bundesrat stimmte am 16.10.2015 dem **Steueränderungsgesetz 2015** (vormals Gesetz zur Umsetzung der Protokollerklärung zum Gesetz zur Anpassung der Abgabenordnung an den Zollkodex der Union und zur Änderung weiterer steuerlicher Vorschriften) zugestimmt.

65 Folgende Regelungen sind hervorzuheben:
– **Einkommensteuer**
  – Erweiterung der ertragsteuerlichen Inlandsbegriffe auf alle der Bundesrepublik Deutschland auf Grund UN-Seerechtsübereinkommen zustehende Hoheitsbereiche (§ 1 Abs. 1 Satz 2 EStG, § 1 Abs. 3 KStG und § 2 Abs. 7 Nr. 1, 2 GewStG)
  – Anpassung der Besteuerung stiller Reserven bei der Veräußerung bestimmter Anlagegüter (§ 6b Abs. 2a EStG) an die Rspr. des EuGH
  – Abschaffung des Funktionsbenennungserfordernisses beim Investitionsabzugsbetrag (§ 7g EStG)
  – Sonderausgabenabzug von Unterhaltsleistungen unter Angabe der ID-Nummer des Unterhaltsempfängers (§ 10 Abs. 1a EStG)
  – Anpassung der Regelung zur Fälligkeit der Dividendenzahlungen an außersteuerliche Bestimmungen (§ 44 Abs. 2 Satz 2 EStG)

IX. Steuerentlastung 2017/2018

66

1.	Anhebung des **Grundfreibetrags** von 8.652 € um 168 € auf 8.820 € (2017) und um weitere 180 € auf 9.000 € (2018).
2.	Anhebung des **Kinderfreibetrags** von 4.608 € um 108 € auf 4.716 € (2017) und um weitere 72 € auf 4.788 € (2018).
3.	Anhebung des monatlichen **Kindergeldes** um jeweils 2 € in den Jahren 2017 und 2018; – für das 1.und 2. Kind von jetzt 190 € auf 192 € (2017) und 194 € (2018); – für das 3. Kind von jetzt 196 € auf 198 € (2017) und 200 € (2018); – für das 4. und jedes weitere Kind von jetzt 221 € auf 223 € (2017) und 225 € (2018).
4.	Anhebung des Kindergeldes nach Bundeskindergeldgesetz entsprechend der Anhebung des einkommensteuerlichen Kindergeldes.
5.	Anhebung des **Kinderzuschlags** zum 01.01.2017 um monatlich 10 € von 160 € auf 170 €o je Kind
6.	Anhebung des Unterhaltshöchstbetrags (§ 33a EStG) entsprechend der Anhebung des Grundfreibetrags von jetzt 8.652 € um 168 € auf 8.820 € (2017) und um weitere 180 € auf 9.000 € (2018).
7.	Ausgleich der »**kalten Progression** durch Verschiebung der übrigen Tarifeckwerte in 2017 um die geschätzte Inflationsrate des Jahres 2016 (0,73 %) und in 2018 um die geschätzte Inflationsrate des Jahres 2017 (1,65 %) nach rechts. Nach der in Kürze erwarteten Vorlage des 2. Steuerprogressionsberichts wird hier ggf. noch eine Anpassung erfolgen.

- **Körperschaftsteuer**   67
  - Anpassung der Körperschaftsteuerbefreiungen für Entschädigungseinrichtungen i.S.d. Einlagensicherungs- und Anlegerentschädigungsgesetzes und für institutsbezogene Sicherungseinrichtungen an die Rechtsänderungen des DGSD-Umsetzungsgesetzes (§ 5 Abs. 1 Nr. 16 KStG)
  - Ausdehnung der Konzernklausel (§ 8c Abs. 1 Satz 5 KStG)
  - Regelung zur Abzinsung von Schwankungs- und Großrisikenrückstellungen in der Steuerbilanz (§ 20 KStG)
  - Verlängerung der bis Ende 2015 befristeten Übergangsregelung zur Auflösung von Rückstellungen für Beitragsrückerstattungen bei Lebensversicherungsunternehmen (§ 21 Abs. 2 Satz 2 Nr. 1 KStG)
- **Umwandlungsteuer**   68
  - Anhebung des absoluten Freibetrags und Begrenzung bei hohen sonstigen Gegenleistungen in Einbringungsfällen nach den §§ 20, 21, 24 UmwStG
- **Umsatzsteuer**   69
  - Klarstellung zum Zeitpunkt des Entstehens der Steuer in Fällen des § 14c Abs. 1 UStG (§ 13 Abs. 1 Nr. 3 UStG)
  - Klarstellung zur Steuerschuldnerschaft des Leistungsempfängers bei Bauleistungen (§ 13b Abs. 2 Nr. 4 Satz 1 UStG)
  - gesetzliche Regelung der Ausnahme von Leistungen an den nichtunternehmerischen Bereich von juristischen Personen des öffentlichen Rechts bei der Anwendung der Steuerschuldnerschaft des Leistungsempfängers (§ 13b Abs. 5 Satz 6, 7 UStG)
- **Erbschaftsteuer**   70
  - Steuerbefreiung für Zuwendungen an im Ausland ansässige »gemeinnützige Körperschaften« (§ 13 Abs. 1 Nr. 16 und § 37 Abs. 9 – neu – ErbStG).
  - Ergänzung der Anzeigepflicht des Erwerbs von Todes wegen (§ 30 Abs. 4 Nr. 1 und § 37 Abs. 9 ErbStG)
- **Grunderwerbsteuer**   71
  - Anpassung der Ersatzbemessungsgrundlage für Zwecke der Grunderwerbsteuer an die Rspr. des Bundesverfassungsgerichts (§ 8 Abs. 2 Satz 1 und 2 sowie § 23 Abs. 14 GrEStG)
- **Bewertung**   72
  - Verschiedene Maßnahmen im Bewertungsrecht, u.a. Anpassung des Sachwertverfahrens an die Sachwertrichtlinie (§ 190 BewG, § 205 Abs. 7, Anlage 22 zu § 185 Abs. 3 Satz 3, § 190 Abs. 4 Satz 2 BewG, § 205 Abs. 10 BewG, Anlage 22, 24 und 25 BewG)
- **Verfahren**   73
  - Redaktionelle Änderung der zur Unterscheidungsnummer der Wirtschafts-Identifikationsnummer abzuspeichernden Daten (§ 139c Abs. 5a AO)
- **EuGüVO und EuPartVO**   74

Der Rat der Europäischen Union hat am 24.06.2016 zwei **Güterrechtsverordnungen** beschlossen. Die Europäischen Güterrechtsverordnungen VO (EU) 2016/1103[29] und

---

29 http://eur-lex.europa.eu/legal-content/DE/TXT/?uri=CELEX%3A32016R1103.

die VO (EU) 2016/1104[30] sind inzwischen am 28.07.2016 in Kraft getreten. Geltungsbeginn für die wichtigsten Regelungen ist der 29.01.2019 (jew. Art. 70). Die Regelungen gelten für die Güterstände von Ehepaaren oder eingetragenen Partnern mit grenzüberschreitendem Hintergrund (d.h. für Paare, die unterschiedliche EU-Staatsbürgerschaften haben und/oder Güter in einem anderen EU-Mitgliedstaat besitzen). Die insg. 18 Mitgliedstaaten Belgien, Bulgarien, die Tschechische Republik, Deutschland, Griechenland, Spanien, Frankreich, Kroatien, Italien, Luxemburg, Malta, die Niederlande, Österreich, Portugal, Slowenien, Finnland, Zypern und Schweden, die sich im Weg der verstärkten Zusammenarbeit für diese weitere Harmonisierung des Familienrechts entschieden haben, haben 30 Monate Zeit, um für die Durchführung der beiden Güterrechtsverordnungen in ihrem Recht zu sorgen. Übereinkommen mit Drittstaaten werden von dem Inkrafttreten der EuGüVO nicht berührt.

75 Die **EuGüVO** findet nur für Ehepartner Anwendung, die nach diesem Zeitpunkt geheiratet bzw. eine Güterrechtswahl getroffen haben. Bis dahin gelten in Deutschland weiterhin die Art. 14 und 15 EGBGB, wobei jedoch der sachliche Anwendungsbereich des Güterstatuts des Art. 15 EGBGB wesentlich enger gefasst ist als der der EuGüVO. Diese erfasst nämlich alle ehebedingten vermögensrechtlichen Verhältnisse. Weil der Anwendungsbereich der EuGüVO Vorfragen außen vorlässt, beinhaltet das unionale IPR künftig eine selbstständige Vorfragenanknüpfung.

76 Art. 22 Abs. 1 EuGüVO enthält für die Ehepartner eine Rechtswahl. Das anwendbare Güterrecht ist nach Art. 26 Abs. 1 EuGüVO dann anzuwenden, wenn die Ehepartner keine güterrechtliche Wahl vereinbart haben. Den Ehepartnern bleibt aber vorbehalten, durch eine andere Rechtswahl das Güterrecht später rückwirkend abzuändern.

77 Abweichungen der **EuPartVO** zur **EuGüVO** ergeben sich i.R.d. objektiven Anknüpfung. Gem. Art. 26 Abs. 1 EuPartVO kommt das Recht des Staates zur Anwendung, in welchem die Partnerschaft begründet bzw. registriert worden ist. Nach Art. 22 Abs. 1 EuPartVO ist eine Rechtswahl möglich.

78 Nach dem **Gesetz zur Einführung des Rechts auf Eheschließung für Personen gleichen Geschlechts**[31] fallen Lebenspartner und Lebenspartnerschaften ab dem **01.10.2017** unter den Begriff »**Ehe**«.

79 **Steuerrechtsänderungen 2018**

Am 02.06.2017 hat der Bundesrat dem **Steuerumgehungsbekämpfungsgesetz**[32] sowie dem **Lizenzschrankengesetz**[33] zugestimmt. Beide Gesetze sind damit faktisch zu »Jahresstcucrgcsctzcn« gcwordcn.

---

30 http://eur-lex.europa.eu/legal-content/DE/ALL/?uri=CELEX%3A32016R1104.
31 BGBl I 2017, S. 2787.
32 BGBl I 2017, S. 1682.
33 BGBl I 2017, S. 681.

Steuerumgehungsbekämpfungsgesetz   80

Mit dem Gesetz zur Bekämpfung der Steuerumgehung und zur Änderung weiterer steuerlicher Vorschriften (StUmgBG) sollen Steuerumgehungen durch die Nutzung von meist im Ausland angesiedelten Domizilgesellschaften erschwert werden. Hierzu sind vor allem durch Änderungen der Abgabenordnung die Möglichkeiten der Finanzbehörden verbessert worden, an Informationen zu gelangen, welche inländischen Steuerpflichtigen »beherrschende« Geschäftsbeziehungen zu Vermögensmassen, Körperschaften, Personengesellschaften oder -vereinigungen unterhalten, deren Sitz oder Geschäftsleitung sich nicht in der Europäischen Union oder der Europäischen Freihandelsassoziation befinden.

Neben der bereits bestehenden **Anzeigepflicht** von qualifizierten Beteiligungen an   81
ausländischen Gesellschaften gem. § 138 Abs. 2 Satz 1 Nr. 3 AO haben steuerpflichtige darüber hinaus gem. § 138 Abs. 2 Satz 1 Nr. 4 AO auch Geschäftsbeziehungen zu Personengesellschaften, Körperschaften, Personenvereinigungen oder Vermögensmassen in Drittstaaten anzuzeigen und zwar unabhängig davon, ob sie an dem Unternehmen formal beteiligt sind oder nicht. Für den Fall einer Verletzung dieser Mitteilungspflicht ist der Anlauf der steuerlichen Festsetzungsfrist und damit der Eintritt der Festsetzungsverjährung gehemmt. Zugleich kann die Pflichtverletzung mit einem Bußgeld von bis zu 25.000 € geahndet werden.

Lizenzschrankengesetz   82

Die primäre Zielsetzung des Gesetzes gegen schädliche Steuerpraktiken im Zusammenhang mit Rechteüberlassungen war ursprünglich die Einschränkung der steuerlichen Abzugsmöglichkeiten für Lizenzaufwendungen und andere Aufwendungen für Rechteüberlassungen, die beim Empfänger aufgrund eines als schädlich einzustufenden Präferenzregimes nicht oder nur niedrig besteuert werden. Zur Verhinderung von Besteuerungsinkongruenzen ist deshalb ein neuer § 4j EStG »Aufwendungen für Rechteüberlassungen« geschaffen worden.

Das Gesetz orientiert sich an dem vom OECD und G 20 für das Vorliegen einer schäd-   83
lichen Steuerpraxis herangezogenen Merkmale der fehlenden substantiellen Geschäftstätigkeit. Zum Beispiel Starbucks zahlt keine Ertragsteuern in Deutschland, weil keine Gewinne erwirtschaftet werden wegen der Betriebsausgaben »Lizenzaufwendungen«.

Zu gleich ist das sog. steuerliche Bankgeheimnis gem. § 30a AO aufgehoben worden!   84

▶ Hinweis

Der geänderte § 3 Nr. 71 EStG (i.d.F. des Lizenzschrankengesetzes) ist **erstmals für**   85
den VZ 2017 anzuwenden (§ 52 Abs. 4 Satz 16 EStG).

Ebenfalls im Lizenzschrankengesetz ist eine gesetzliche Neuregelung der Steuerbefrei-   86
ung von Sanierungsgewinnen geschaffen worden. Damit hat der Gesetzgeber kurzfristig auf die Rechtsunsicherheit reagiert, die infolge der Entscheidung des Großen

Senats des BFH[34] entstanden war. Die Neuregelung enthält Änderungen des EStG (§§ 3a, 3c, 52), KStG (§§ 8, 8c, 8d, 15, 34) und des GewStG (§§ 7b, 36).

87 Weitere Rechtsänderungen

– Änderungen des Erbschaftsteuer- und Schenkungsteuergesetzes

§ 16 ErbStG ist dahingehend geändert worden, dass der Erwerber im Fall der **beschränkten Steuerpflicht** grundsätzlich den Freibetrag erhält, der ihm bei unbeschränkter Steuerpflicht zustehen würde.

88 Durch Änderungen des § 17 ErbStG wird dem überlebenden Ehegatten oder Lebenspartner des Erblassers (§ 17 Abs. 1 ErbStG) sowie einem Kind des Erblassers (§ 17 Abs. 2 ErbStG) der besondere Versorgungsfreibetrag auch in den Fällen der beschränkten Steuerpflicht gewährt.

89 Durch Änderungen der §§ 3 und 9 ErbStG wurde eine Steuerpflicht für Abfindungszahlungen an einen weichenden Erbprätendenten und vergleichbare Abfindungszahlungen begründet.

90 **– Änderungen des Steuerberatungsgesetzes**

Durch einen neu eingefügten § 3c StBerG wird zum Ausdruck gebracht, dass die Regelungen zur Befugnis zur vorübergehenden und gelegentlichen Hilfeleistung in Steuersachen auch für juristische Personen gelten.

91 **– Änderungen des Einkommensteuergesetzes**

Mit Wirkung vom 01.01.2017 ist der sog. »INVEST-Zuschuss für Wagniskapital« durch eine neue Förderrichtlinie des BMWi vom 12.12.2016[35] geändert worden. Dabei wurden die Voraussetzungen des bisherigen Zuschusses zu einer Investition (künftig »Erwerbszuschuss«) geändert und die Förderbeträge erhöht. Zusätzlich wurde ein neuer sog. »Exitzuschuss« geschaffen, der natürlichen Personen als pauschalierter Ausgleich für Steuern auf Veräußerungserlöse gewährt wird. Danach erhält der Investor eine pauschale Steuerkompensation i.H.v. 25 % des Gewinns, der aus der Veräußerung seiner mit dem Erwerbszuschuss geförderten Anteile erzielt wurde. Durch entsprechende Änderungen wurde die Steuerbefreiung nach § 3 Nr. 71 EStG an die neuen Förderbedingungen angepasst.

92 Die erst mit dem EU-Amtshilferichtlinie-Umsetzungsgesetz vom 20.12.2016 geschaffene Regelung des § 4i EStG zur Vermeidung eines mehrfachen Abzugs von (Sonder-) Betriebsausgaben wurde sprachlich überarbeitet und präziser gefasst:

Zur Vermeidung von Missverständnissen wurden die Worte »des Gesellschafters einer Personengesellschaft« aus dem Gesetzestext gestrichen. Sonderbetriebsausgaben können nur im Rahmen der steuerlichen Gewinnermittlung von **Mitunternehmern**

---

34 BFH, 28.11.2016 – GrS 1/15, www.bundesfinanzhof.de.
35 BAnz AT v. 23.12.2016 B1.

vorkommen. Damit beschreibt bereits das Tatbestandsmerkmal der »**Sonderbetriebs-ausgaben**« hinreichend den Kreis derjenigen Steuerpflichtigen, bei denen Sonderbe-triebsausgaben entstehen können.

▶ Hinweis

Der geänderte § 4i EStG ist erstmals für den **VZ 2017** anzuwenden (§ 52 Abs. 1 93
EStG).

In § 6 Abs. 2 Satz 1 EStG wurde die bisherige Wertgrenze von 410 € für eine **Sofort-** 94
abschreibung geringwertiger Wirtschaftsgüter (siehe dort Kap. A Rdn. 532) des
Anlagevermögens angehoben. Künftig ist eine Sofortabschreibung abnutzbarer beweg-licher Wirtschaftsgüter des Anlagevermögens, die einer selbständigen Nutzung fähig
sind, möglich, deren Anschaffungs- oder Herstellungskosten 800 € nicht übersteigen.

Zugleich wurde auch die (untere) Wertgrenze für die Bildung eines **Sammelpostens** 95
angehoben. Wirtschaftsgüter, deren Anschaffungs- oder Herstellungskosten oder der
an deren Stelle tretende Wert 250 € (statt wie bisher 150 €) nicht übersteigen, sind
zukünftig nicht mehr in einen für das Wirtschaftsjahr wahlweise gebildeten Sammel-posten einzubeziehen (§ 6 Abs. 2a Satz 1 EStG). Aufwendungen für Wirtschaftsgüter
mit einem Wert von bis zu 250 € können zur Vereinfachung des Besteuerungsverfah-rens im Jahr der Anschaffung, Herstellung oder Einlage sofort und in voller Höhe
abgezogen werden (§ 6 Abs. 2a Satz 4 EStG).

Korrespondierend mit der Änderung in § 6 Abs. 2a EStG wurden auch die **steu-** 96
erlichen Aufzeichnungspflichten bei der Inanspruchnahme der Sofortabschreibung
für Wirtschaftsgüter nach § 6 Abs. 2 EStG angepasst. Diese Rechtsänderung erfolgte
nicht im Lizenzschrankengesetz, sondern in dem bereits früher abgeschlossenen Zwei-ten Bürokratieentlastungsgesetz. Zur Entlastung der Unternehmen von Aufzeich-nungspflichten ist die Wertgrenze, ab der sofort und in voller Höhe abgeschriebene
Wirtschaftsgüter unter Angabe des Tags der Anschaffung, Herstellung oder Einlage
des Wirtschaftsguts oder der Eröffnung des Betriebs und der Anschaffungs- oder Her-stellungskosten oder des an deren Stelle tretenden Werts in ein besonderes, laufend
zu führendes Verzeichnis aufzunehmen sind, von 150 € auf 250 € angehoben worden
(§ 6 Abs. 2 Satz 4 EStG).

▶ Hinweis

Die neuen Wertgrenzen in § 6 Abs. 2 und 2a EStG finden einheitlich erstmals bei 97
Wirtschaftsgütern Anwendung, die **nach dem 31.12.2017 angeschafft**, hergestellt
oder in das Betriebsvermögen eingelegt werden (§ 52 Abs. 12 Satz 3–5 EStG).

In § 32a Abs. 1 Satz 1 EStG wurde ein Redaktionsversehen beseitigt. Die zweite Stufe 98
der mit dem EU-Amtshilferichtlinie-Umsetzungsgesetz vorgenommenen Tarifände-rung (Erhöhung des Grundfreibetrags auf 9.000 € und Verschiebung der übrigen
Tarifeckwerte um 1,65 % nach rechts) gilt nicht nur für den VZ 2018, sondern auch
für die folgenden VZ.

▶ **Hinweis**

99 Die redaktionelle Anpassung zur Anwendung des Einkommensteuertarifs 2018 tritt am Tag nach der Verkündung des StUmgBG in Kraft und ist damit zeitgleich mit dem Inkrafttreten des § 32a Abs. 1 Satz 1 EStG i.d.F. des Art. 9 Nr. 2 EU-Amtshilferichtlinie-Umsetzungsgesetz **ab 01.01.2018** anzuwenden (§ 52 Abs. 1 EStG i.d.F. des EU-Amtshilferichtlinie-Umsetzungsgesetzes).

100 In § 34a Abs. 6 EStG ist ein **zusätzlicher Nachbesteuerungstatbestand** in den Gesetzeswortlaut eingefügt worden. Damit ist nunmehr ausdrücklich klargestellt worden, dass in Fällen einer unentgeltlichen Übertragung eines Betriebs oder Mitunternehmeranteils nach § 6 Abs. 3 EStG eine Nachversteuerung auch dann durchzuführen ist, wenn die Übertragung auf eine Körperschaft, Personenvereinigung oder Vermögensmasse i.S.d. § 1 Abs. 1 KStG erfolgt, da auch in diesen Fällen ein Wechsel des Besteuerungsregimes stattfindet. Dasselbe gilt, soweit der Betrieb oder Mitunternehmeranteil nach der Übertragung einer Körperschaft, Personenvereinigung oder Vermögensmasse i.S.d. § 1 Abs. 1 KStG als Mitunternehmerin zuzurechnen ist (§ 34a Abs. 6 Satz 1 Nr. 3 EStG n.F.). Die Nachversteuerung kann über einen Zeitraum von 10 Jahren gestreckt vorgenommen werden (§ 34a Abs. 6 Satz 2 EStG).

▶ **Hinweis**

101 Die Klarstellung zur **Thesaurierungsbegünstigung** ist erstmals anzuwenden für Übertragungen von Betriebsvermögen i.S.d. § 34a Abs. 6 Satz 1 Nr. 3 EStG, die **nach dem Tag der Verkündung des Lizenzschrankengesetzes** stattfinden (§ 52 Abs. 34 Satz 2 EStG).

102 Künftig sind **verheiratete Ehegatten**, die beide unbeschränkt einkommensteuerpflichtig sind und nicht dauernd getrennt leben, auch dann in die **Steuerklasse IV** einzureihen, wenn nur ein Ehegatte Arbeitslohn bezieht (§ 38b Abs. 1 Satz 2 Nr. 4 EStG). Zugleich ist die für diesen Sachverhalt nach der bisherigen Gesetzeslage (§ 38b Abs. 1 Satz 2 Nr. 3 Buchst. a Doppelbuchst. aa EStG a.F.) vorgesehene Steuerklassenkombination »III/-« aufgehoben worden, da sie sich als programmtechnisch nicht umsetzbar erwiesen hat und schon bisher gestützt auf eine Übergangsregelung (§ 52 Abs. 39 EStG a.F.) nicht angewandt wurde.

103 Aufgrund dieser Änderung werden Ehegatten bei Heirat nunmehr stets programmgesteuert in die Steuerklasse IV eingereiht (§ 39e Abs. 3 Satz 3 EStG).

104 Darüber hinaus ist künftig der Wechsel von der Steuerklasse III oder V in die Steuerklasse IV auch auf Antrag nur eines Ehegatten möglich mit der Folge, dass beide Ehegatten in die Steuerklasse IV eingereiht werden. Diese Anträge sind nach amtlich vorgeschriebenem Vordruck zu stellen und vom Antragsteller eigenhändig zu unterschreiben (§ 38b Abs. 3 Satz 2 und 3 EStG). Durch eine Änderung in § 39 Abs. 6 Satz 3 EStG wird klargestellt, dass ein Antrag auf Steuerklassenwechsel auch dann durch nur einen Ehegatten gestellt werden kann, wenn nur ein Ehegatte Arbeitslohn bezieht.

▶ **Hinweis**

Die Änderungen treten **am 01.01.2018** in Kraft und sind nach § 52 Abs. 1 EStG   105
(i.d.F. des EU-Amtshilferichtlinie-Umsetzungsgesetzes) erstmals für den **VZ 2018**
anzuwenden. Die bisherige Übergangsregelung in § 52 Abs. 39 EStG wurde
aufgehoben.

Durch eine Ergänzung in § 39b Abs. 2 EStG wurde für den derzeit nur auf Grund-   106
lage von Verwaltungsregelungen möglichen **sog. permanenten Lohnsteuer**-Jahres-
ausgleich bei kurzfristig beschäftigten Arbeitnehmern mit der Steuerklasse VI eine
gesetzliche Grundlage geschaffen (§ 39b Abs. 2 Satz 13–16 EStG). Danach kann ab
2018 auf Antrag des Arbeitgebers der permanente Lohnsteuer-Jahresausgleich auch
bei der Ermittlung des Lohnsteuerabzugs angewendet werden, wenn seit Beginn des
Kalenderjahrs kein durchgängiges Dienstverhältnis zu demselben Arbeitgeber besteht
(§ 39b Abs. 2 Satz 13 EStG). Voraussetzung ist, dass der Arbeitnehmer nach § 1
Abs. 1 EStG unbeschränkt einkommensteuerpflichtig ist, bei der Steuerklasse VI kein
Freibetrag nach § 39a EStG zu berücksichtigen ist, die Dauer der Beschäftigung 24
zusammenhängende Arbeitstage nicht übersteigt. Um der zutreffenden geschuldeten
Steuer möglichst nahe zu kommen, werden vom Arbeitnehmer im laufenden Jahr
bereits bezogene Löhne aus Nebenbeschäftigungen bei anderen Arbeitgebern einbezogen, soweit auf diese der permanente Lohnsteuer-Jahresausgleich nach § 39b Abs. 2
Satz 13 EStG angewendet wurde (§ 39b Abs. 2 Satz 14 EStG). Weitere Voraussetzung für die Anwendung des permanenten Lohnsteuer-Jahresausgleichs ist nach § 39b
Abs. 2 Satz 15 EStG zudem, dass der Arbeitnehmer vor Aufnahme der Nebenbeschäf-
tigung dem permanenten Lohnsteuer-Jahresausgleich unter Angabe seiner Identifikationsnummer gegenüber dem Arbeitgeber schriftlich zustimmt, mit der Zustimmung
zugleich die im laufenden Jahr von anderen Arbeitgebern erhaltenen Löhne für
Nebenbeschäftigungen i.S.d. § 39b Abs. 2 Satz 14 EStG und die darauf erhobene
Lohnsteuer erklärt, mit der Zustimmung versichert, dass ihm bekannt ist, dass die
Anwendung des permanenten Lohnsteuer-Jahresausgleichs dazu führt, dass er eine
Einkommensteuererklärung bei seinem Wohnsitzfinanzamt für dieses Jahr abzugeben
hat (Pflichtveranlagungstatbestand nach § 46 Abs. 2 Nr. 2 und 3a EStG).

Die Erklärungen des Arbeitnehmers i.S.d. § 39b Abs. 2 Satz 15 EStG sind vom Arbeit-   107
geber zum Lohnkonto zu nehmen (§ 39b Abs. 2 Satz 16 EStG).

▶ **Hinweis**

Die Änderungen treten am 01.01.2018 in Kraft und sind nach § 52 Abs. 1 EStG   108
(i.d.F. des EU-Amtshilferichtlinie-Umsetzungsgesetzes) erstmals für den **VZ 2018**
anzuwenden.

Bereits im Bürokratieentlastungsgesetz war das **Faktorverfahren**, durch das für jeden   109
Ehegatten/Lebenspartner steuerentlastende Vorschriften beim eigenen Lohnsteuerabzug berücksichtigt werden, dahingehend geändert worden, dass ein beantragter Faktor
künftig nicht mehr nur für ein Kalenderjahr, sondern für bis zu zwei Kalenderjahre
gültig ist (§ 39f Abs. 1 Satz 9 EStG). Die erstmalige Anwendung der Regelung war

jedoch erst für einen nicht näher konkretisierten Zeitpunkt »nach Abschluss der erforderlichen Programmierarbeiten« vorgesehen (§ 52 Abs. 37a EStG a.F.).

▶ **Hinweis**

110   Durch eine Änderung des § 52 Abs. 37a EStG wird die erstmalige Anwendung des zweijährigen Faktorverfahrens nunmehr für den **VZ 2019** gesetzlich vorgegeben.

111   In einem neu eingefügten § 66 Abs. 3 EStG wird gesetzlich festgelegt, dass das **Kindergeld** rückwirkend nur für die letzten sechs Monate vor Beginn des Monats gezahlt wird, in dem der Antrag auf Kindergeld eingegangen ist. Damit sieht die Regelung abweichend von der bisher geltenden regulären Festsetzungsfrist von vier Jahren gem. § 169 AO vor, dass das Kindergeld über die zurückliegenden letzten sechs Monate hinaus nicht mehr zur Auszahlung gelangen kann. Die Regelung bezweckt eine Erschwerung des missbräuchlichen rückwirkenden Bezugs von Kindergeld durch Ausnutzung des Umstands, dass die den Anspruch begründenden Tatsachen rückwirkend nur schwer überprüfbar sind. Die Regelung hat nur zur Folge, dass das Kindergeld über die zurückliegenden sechs Monate hinaus nicht mehr zur Auszahlung gelangen kann. Der materiell-rechtliche Anspruch wird hierdurch nicht berührt, was insb. für an das Kindergeld anknüpfende Annexleistungen im außersteuerlichen Bereich von Bedeutung sein kann.

▶ **Hinweis**

112   § 66 Abs. 3 EStG ist auf **Anträge** anzuwenden, **die nach dem 31.12.2017** eingehen (§ 52 Abs. 49a Satz 7 EStG). Durch die Anwendungsregelung soll klargestellt werden, dass sich die Änderung des § 66 Abs. 3 EStG nur auf zukünftige Anträge bezieht.

113   Außerdem wurde ein neuer § 69 EStG eingeführt, mit dem das Bundeszentralamt für Steuern (BZSt) zur Datenübermittlung an die Familienkassen verpflichtet wird, wenn es (von den Meldebehörden) erfährt, dass ein Kind, für das Kindergeld gezahlt wird, ins **Ausland** verzogen ist oder von Amts wegen von der Meldebehörde abgemeldet wurde.

114   Das BZSt hat künftig in den genannten Fällen **Identifikationsnummer, Familiennamen, Vornamen, Tag und Ort der Geburt sowie Tag des Auszugs** an die zuständige Familienkasse zu übermitteln. Die zu übermittelnden Daten sind wegen der Anbindung an die Identifikationsnummer auf das Kind bezogen. Die Regelung stellt sicher, dass die Familienkasse schnellstmöglich Kenntnis von der Sachverhaltsänderung erhält. Damit wird die Familienkasse früher als bisher in die Lage versetzt zu beurteilen, ob der Kindergeldanspruch weiterbesteht.

▶ **Hinweis**

115   Wegen des für die technische Umsetzung erforderlichen zeitlichen Vorlaufs soll die Pflicht des BZSt, Daten an die Familienkassen nach § 69 EStG zu übermitteln, **erstmals am 01.11.2019** anzuwenden sein (§ 52 Abs. 49a Satz 7 EStG).

Analog zur Regelung im neu eingefügten § 66 Abs. 3 EStG wurde mit § 6 Abs. 3   **116**
BKKG eine gleichlautende Regelung auch im Bundeskindergeldgesetz geschaffen.
Nach § 20 Abs. 10 BKKG ist § 6 Abs. 3 BKKG auf Anträge anzuwenden, die nach
dem 31.12.2017 eingehen.

– **Änderungen des Investmentsteuerreformgesetzes**   **117**

Außerdem wurde das StUmgBG genutzt, um kurzfristig zwischenzeitlich erkannten
punktuellen Klarstellungsbedarf zum Investmentsteuerreformgesetz vom 19.07.2016
(BGBl 2016 I S. 1730 – InvStRefG) noch vor dem Inkrafttreten des neuen Investmentsteuergesetzes (InvStG 2018) gesetzlich umzusetzen.

Das Investmentsteuergesetz wurde in folgenden Punkten geändert: **118**

Mit einer Änderung in § 33 InvStG 2018 soll gesetzlich klargestellt werden, dass keine
unversteuerten Einkünfte aus inländischen Immobilienerträgen in Dach-/Zielfonds-
konstruktionen erzielt werden können. Damit sollen etwaige Steuerumgehungsmög-
lichkeiten rechtssicher ausgeschlossen werden.

Mit einer weiteren Änderung in § 56 InvStG 2018 soll die korrekte Besteuerung
von Dach-Investmentfonds und Dach-Spezial-Investmentfonds beim Übergang zum
Investmentsteuerreformgesetz sichergestellt werden.

Stichwortverzeichnis

Stichwortverzeichnis

Stichwortverzeichnis

Stichwortverzeichnis

Stichwortverzeichnis

Stichwortverzeichnis

Stichwortverzeichnis